Patrick Horster (Hrsg.)

D·A·CH Security 2007

IT Security & IT Management

herausgegeben von Patrick Horster

In der Buchreihe IT Security & IT Management werden ausgewählte Titel aus den Bereichen der IT-Sicherheit und dem Management von IT-Systemen behandelt. Ziel ist es, einen aktuellen Stand über Forschung und Entwicklung zu geben, administrative und rechtliche Probleme aufzuzeigen sowie existierende Lösungen im relevanten Kontext interdisziplinär zu präsentieren.

In der Buchreihe IT Security & IT Management sind bisher folgende Titel erschienen:

Patrick Horster (Hrsg.)
Elektronische Geschäftsprozesse
ISBN 3-936052-00-X

Petra Wohlmacher
Digitale Signaturen und Sicherheitsinfrastrukturen
ISBN 3-936052-01-8

Patrick Horster (Hrsg.)
Enterprise Security
ISBN 3-936052-02-6

Peter Schartner
Security Tokens
ISBN 3-936052-03-4

Patrick Horster (Hrsg.)
Sichere Geschäftsprozesse
ISBN 3-936052-07-7

Die vorstehenden Bände sind beim IT Verlag in Sauerlach erschienen.

Patrick Horster (Hrsg.)
D•A•CH Security
ISBN 3-00-010941-2

Patrick Horster (Hrsg.)
D•A•CH Security 2004
ISBN 3-00-013137-X

Patrick Horster (Hrsg.)
Elektronische Geschäftsprozesse 2004
ISBN 3-00-014186-3

Patrick Horster (Hrsg.)
D•A•CH Security 2005
ISBN 3-00-015548-1

Patrick Horster (Hrsg.)
D•A•CH Security 2006
ISBN 3-00-018166-0

Patrick Horster (Hrsg.)
D•A•CH Mobility 2006
ISBN 3-00-019635-8

Patrick Horster (Hrsg.)
D•A•CH Security 2007
ISBN 978-3-00-021600-8

Patrick Horster (Hrsg.)

D·A·CH Security 2007

Bestandsaufnahme • Konzepte • Anwendungen • Perspektiven

Die Deutsche Bibliothek – CIP-Einheitsaufnahme
Ein Titelsatz für diese Publikation ist bei
der Deutschen Bibliothek erhältlich.

ISBN 978-3-00-021600-8

Vorwort

Informationstechnik ist unabdingbares Arbeits- und Kommunikationsmittel in Wirtschaftsunternehmen, im öffentlichen Bereich und letztlich auch für den einzelnen Bürger. Alle Beteiligten, Bürger ebenso wie Industrie und öffentliche Verwaltung, sind dabei auf angemessene IT-Sicherheit und ausgewogenen Datenschutz angewiesen. Geschäftsprozesse, etwa beim eBusiness und beim eGovernment, erfordern zudem komplexe Sicherheitsinfrastrukturen, die zwingend ganzheitlich und interdisziplinär zu betrachten sind. Dazu müssen bewährte Geschäftsprozesse angepasst und neue Geschäftsideen entwickelt werden. Innovative Anwendungen, die durch zunehmende Mobilität geprägt sind, sollten dabei den besonderen Bedürfnissen aller Beteiligten gerecht werden, um eine breite Akzeptanz zu erzielen. Zur erfolgreichen Umsetzung ist eine kritische Auseinandersetzung sowohl mit den technischen als auch mit den rechtlichen Rahmenbedingungen und den wirtschaftlichen Faktoren erforderlich.

Die Arbeitskonferenz D·A·CH Security ist eine gemeinsame Veranstaltung der Gesellschaft für Informatik (GI), der Österreichischen Computergesellschaft (OCG), des Bundesverbands Informationswirtschaft, Telekommunikation und neue Medien (BITKOM), der Schweizer Informatiker Gesellschaft (SI) und TeleTrusT Deutschland e.V. Die Konferenz behandelt IT-Sicherheit als interdisziplinäre Aufgabe mit dem Ziel, einen aktuellen Stand der Forschung und Entwicklung zu geben, administrative, organisatorische, rechtliche und technische Probleme aufzuzeigen, sowie existierende Lösungen zu präsentieren.

Die im Rahmen der Arbeitskonferenz D·A·CH Security präsentierten Beiträge umfassen wesentliche Bereiche der sicherheitskritischen Datenverarbeitung, deren Grundlagen und relevante Anwendungsgebiete. So behandeln die Beiträge dieses Bandes das Sicherheits-, Patch-, Identity- und Access-Management und digitale Rechte und Rollen ebenso wie Sicherheitsanalysen, Sicherheitsbewertungen und die Netzwerksicherheit. Außerdem werden IT-Notfallpläne und Wirtschaftlichkeitsbetrachtungen für Notfallmaßnahmen thematisiert. In vielen praxisrelevanten Bereichen sind zudem die Sicherheit von Web Services und sichere Webzugriffe, sichere Prozessintegration und SOA von Interesse. Von besonderer Bedeutung sind PKIs in der Praxis und ihre Erfolgskriterien. Die Privatsphäre, etwa beim Einsatz von RFID, die datenschutzgerechte Vorgangsbearbeitung, ebenso Phishing und die Sicherheit von TANs, die European Citizen Card und Chipkarten im Gesundheitswesen spielen für Privatpersonen eine wesentliche Rolle und werden hier besonders beleuchtet. Weitere im Band diskutierte aktuelle Themen sind Biometrie, Trusted Computing und kritische Informationsinfrastrukturen. Abgerundet wird dieses Spektrum durch die Berücksichtigung rechtlicher Aspekte, etwa bei Komfortsignaturen, dem Mobile Commerce oder beim Business Continuity Management.

Die vorliegenden Beiträge zeigen die Vielfalt sicherheitsrelevanter Themen eindrucksvoll auf. Mein Dank gilt daher auch zunächst den Autoren, ohne die dieser umfangreiche Band nicht hätte entstehen können. Mein Dank gilt weiter denen, die bei der Vorbereitung und bei der Ausrichtung der Konferenz geholfen und zum Erfolg beigetragen haben, den Mitgliedern des Programmkomitees sowie den Mitgliedern des Organisationskomitees. Mein Dank gilt zudem den Partnern: secunet Security Networks AG, Landesinitiative secure-it.nrw, der Universität Klagenfurt und der Forschungsgruppe Systemsicherheit an der Universität Klagenfurt.

Ich hoffe, dass die Arbeitskonferenz zu einem Forum regen Ideenaustausches wird.

Patrick Horster
patrick.horster@syssec.at

Programmkomitee

P. Horster · Uni Klagenfurt (Vorsitz)
R. Ackermann · SAP
H. Baier · FH Bingen
G. Bitz · SAP
J. Bizer · ULD Schleswig-Holstein
C. Busch · Fraunhofer IGD
J. Dittmann · Uni Magdeburg
W. Effing · Giesecke & Devrient
D. Fox · Secorvo
P. Frießem · Fraunhofer SIT
E. Haselsteiner · NXP
D. Hattenberger · Uni Klagenfurt
H. Hellwagner · Uni Klagenfurt
M. Hollick · TU Darmstadt
S. Janisch · Uni Salzburg
D. Jäpel · IBM CH
F. Kollmann · Uni Klagenfurt
U. Korte · BSI
P. Kraaibeek · secunet
W. Kühnhauser · Uni Ilmenau
P.J. Kunz · DaimlerChrysler
S. Lechner · Siemens
H. Leitold · A-SIT
I. Münch · BSI
L. Neugebauer · BITKOM
C. Paar · Uni Bochum
G. Pernul · Uni Regensburg
N. Pohlmann · FH Gelsenkirchen
R. Posch · TU Graz
H. Reimer · TeleTrusT
A. Roßnagel · Uni GH Kassel
P. Schartner · Uni Klagenfurt
D. Sommer · IBM Research
S. Strobel · cirosec
J. Taeger · Uni Oldenburg
S. Teiwes · PWC CH
S. Teufel · Uni Fribourg
G. Weck · Infodas
K.-D. Wolfenstetter · Deutsche Telekom

Organisation

D. Cechak · Uni Klagenfurt
F. Kollmann · Uni Klagenfurt
P. Kraaibeek · secunet

Inhaltsverzeichnis

Heute schon gegoogelt? Privatsphäre und Internet-Suchmaschinen

Christian Russ

Universität Klagenfurt
chr@ifit.uni-klu.ac.at

Zusammenfassung

Der Einsatz von Internet-Suchmaschinen ist allgegenwärtig und im WWW nicht mehr wegzudenken. Speziell Google konnte sich am Online Markt durchsetzen und ist heute die meistgenutzte Suchmaschine weltweit. Google, wie auch andere Online-Dienste, bietet vielfältige Möglichkeiten um das „Online Leben" der Websurfer leichter zu gestalten. Die neuen und kostenlos verfügbaren Online Dienste von Google wie GMail, Google News, Google Maps und ähnliche erfreuen sich größter Beliebtheit und werden uneingeschränkt genutzt. Dabei gibt der unbedarfte Online Benutzer auch einiges von seiner Privatsphäre bekannt, ohne es wirklich bewusst zu wollen. Diese Arbeit analysiert am Beispiel Google die derzeitige technische Handhabe von Online Diensten mit den personenbezogenen und vertraulichen Daten der Internetbenutzer. Dabei wird ein kritischer Blick auf die von Google angebotenen und frei zugänglichen Online Dienste geworfen. Zusätzlich werden die damit verbundenen Datenschutzeingriffe betrachtet, die jeden sorglosen Online Benutzer betreffen können. Viele der von Google und ähnlichen Diensten angewendeten User-Tracking und Profiling-Mechanismen sind zwar für den Betreiber interessant und wichtig, um das Angebot kontinuierlich zu verbessern, eröffnen aber auch kritische Fragen im Lichte des Datenschutzgesetzes.Da im unbegrenzten Web eine weltweit verbindliche Einhaltung des Datenschutzes und die Aufrechterhaltung der Privatsphäre weder realistisch noch durchführbar erscheinen [Heid03], wird abschließend versucht, einige geeignete Maßnahmen, die den Aufenthalt im Internet sicherer gestalten, anzuführen.

1 Einleitung

Das Internet ist in den letzten Jahren von einem technischen Medium für IT-Spezialisten zum Allgemeingut geworden und kann bei den alltäglichen Aufgaben nicht mehr weggedacht werden. Im Zuge der Internetrevolution und der explodierenden Anzahl von Online Angeboten wurde das Auffinden von sinnvollen Inhalten immer schwieriger. Waren anfänglich nur einige wenige Unternehmen, öffentliche Organisationen und private Homepages von „technisch verliebten" Online Benutzern im World Wide Web präsent, so publiziert und kommuniziert heute fast jeder im Internet. Es wird unter anderem über Vorlieben diskutiert, man veröffentlicht Lieblingsfotos oder sucht nach einem Geschenk für seine Liebsten.

Durch diese digitale Informationsexplosion entstand ein permanenter Bedarf, diese Datenwelten schnell und einfach durchsuchen zu können. Aus diesem Grund wurden Internetsuchmaschinen geboren, die es einem unbedarften Online Surfer ermöglichen, in wenigen Sekunden relevante Inhalte eines bestimmten Themenbereichs zu finden.

P. Horster (Hrsg.) · D•A•CH Security 2007 · syssec (2007) 1-13.

Betrachtet man den heutigen Suchmaschinenmarkt, so haben sich über die Jahre, nach einer gewissen Konsolidierungsphase, drei Suchmaschinen etabliert. Sie beherrschen heute quasi den gesamten Internet-Suchverkehr. Dies sind die Suchmaschinen Google, Yahoo und Microsoft MSN. Sie kanalisieren mit 5 Mrd. Anfragen pro Monat über 80% der Online Suchaktivitäten im Web [NiNe06].

Besonders hervorzuheben ist die Marktdominanz von Google, die in den USA ungefähr 50% des Marktes und im deutschsprachigen Raum bis zu 80% ausmacht. Somit ist das Unternehmen der absolute Branchenprimus und kann die meisten Suchanfragen und damit das größte weltweit verfügbare Verhaltensprofil der Internetbenutzer sein Eigen nennen.

Einerseits weist dies auf die Qualität der Google Suche hin, andererseits helfen genau diese Benutzerdaten dem Unternehmen bei der kontinuierlichen Verbesserung der Suchtechnologie. So vollführt Google fortlaufend technische Maßnahmen, welche die „Googler" ständig bei ihren Online Handlungen begleiten und umfangreiche Profile über diese erstellen. Die Aufzeichnung von Datenspuren der sich anonym glaubenden Internetbenutzer ist nichts neues und wurde von Internetpionieren wie Amazon.com, Doubleclick.com oder AOL.com bereits vorgelebt, aber erstmals besitzt ein Unternehmen eine derartige Vormachtstellung, die alle vorherigen Versuche in den Schatten stellt.

2 Datenschutz und Anonymität im Internet

Das Internet ist im Vergleich zu klassischen Kommunikationsmitteln noch sehr jung und kurzlebig. Obwohl ein großer Teil unseres Alltages und unserer beruflichen Aktivitäten mit Hilfe der Internettechnologien erleichtert und beschleunigt wird, sind viele gesellschaftliche und datenschutzrechtliche Fragen großteils ungeklärt. Wie bei vielen anderen Innovationen hinken auch hier die Gesetzgebung und die Kontrolle der Entwicklung im Internet hinterher [ElSo02]. Erst sehr langsam wächst das Bewusstsein, dass das Internet nicht nur positive Dinge zum Vorschein bringt, sondern auch für kriminelle Aktivitäten, Datenmissbrauch oder Kundenmanipulation verwendet werden kann [Thor05].

Verstärkend wirkt dabei der Irrglaube der breiten Öffentlichkeit, dass man sich im Internet anonym und völlig unerkannt, ohne vertrauliche Datenspuren zu hinterlassen, bewegen kann. Dies ist fast unmöglich, da die heutigen Internettechnologien und der Aufbau des Internets gewisse eindeutige Identifikatoren wie z.B. eine IP-Adresse benötigen, um funktionsfähig zu bleiben. Darüber hinaus speichert jeder Webserver bei einem Zugriff auf sein System Informationen über den Browser, die Zeit, die angeklickten Seiten, die Herkunfts-URL und ähnliche Daten automatisch ab. Durch dieses weit verbreitete Fehlverhalten hinsichtlich geschützter Anonymität folgt, dass persönliche Daten auf fremden Webseiten ohne eine gewisse Vorsicht eingegeben werden, SPAM-Mails ohne Kontrolle geöffnet und unseriöse Angebote kritiklos angeklickt werden.

Zwar ist die Skepsis der etwas erfahreneren Web-Surfer bereits größer geworden, trotzdem sind es heute die subtilen und indirekten Methoden und Verfahren, welche die größte Gefahr für die Privatsphäre und den Datenschutz jedes einzelnen darstellen. Hier wiegen sich die Online Benutzer in besonderer Sicherheit und glauben sich in einem völlig „ungefährlichen" Umfeld zu bewegen. Verschärft wird dies bei Online Diensten wie Google, in welche Anwender ein sehr hohes Vertrauen setzen und unbedacht Rückverfolgungsmöglichkeiten und Personalisierungstechnologien durch ihre eigenen Online Aktivitäten fördern.

Dass dies nicht so weit her geholt ist, zeigt der Fall von AOL.com, wo der Internet Konzern im August 2006 20 Mio. anonymisierte Suchabfragen für „Forschungszwecke" versehentlich im Internet publizierte. Es dauerte nicht lange und da hatten findige Reporter die Logs analysiert und bedenkliches zu Tage gebracht. So z.B. Benutzer Nr. 4417749, identifiziert als 62 jährige Mrs. Arnold, die durch ihre Suchanfragen über „starre Finger", „60 Mann alleine stehend" und ihren Hund, es bis in die New York Times [Barb06] geschafft hatte. Obwohl die Person in den Datenlogs nicht explizit personalisiert war, wurde sie durch ihre Suchanfragen schnell ausgeforscht. AOL hatte die Daten zwar unverzüglich vom Web genommen, diese waren aber schon längst über das gesamte Web verteilt[1].

Die eingesetzten User-Tracking, Profiling und Data-Mining Systeme sind darauf spezialisiert, möglichst viel über das Verhalten und die Gewohnheiten der Online Benutzer herauszufinden, um daraus typische Verhaltensmuster ableiten zu können. Dies beginnt bei statischen Auswertungen der Webserverlogs und endet bei Mouse-Tracking und applikationsübergreifenden Tracing-Methoden [AtWS06]. Grundsätzlich ist dies das gute Recht eines profitorientierten Unternehmens, solche Techniken einzusetzen und zu nutzen. Das Problem liegt zumeist aber in der vertraulichen Behandlung der Daten, in der Weitergabe an Dritte oder einfach in der missbräuchlichen Verwendung der Informationen der Online Betroffenen.

Suchmaschinen haben zudem den Vorteil, dass sie nicht nur für ein spezielles Thema wie einen Online Einkauf hilfreich sind, sondern dass sie den umtriebigen Online Surfer in allen seinen Lebenslagen begleiten und damit ein noch weitreichenderes Bild über die Person hinter der Tastatur bekommen. Dass mit jeder anonym geglaubten Suchanfrage Datenspuren des Einzelnen in der Suchmaschine hängen bleiben, ist nur wenigen bewusst und es wird auf diese Tatsache nur im Kleingeschriebenen hingewiesen [Goog06].

Die Verschleierung dieser Aktivitäten ist nicht nur moralisch fragwürdig, sondern ist auch aus datenschutzrechtlicher Sicht theoretisch nicht erlaubt. So gibt doch das österreichische Datenschutzgesetzt DSG 2000 vor, dass „Daten nur nach Treu und Glauben und auf rechtmäßige Weise verwendet werden dürfen. Eine Verwendung nach Treu und Glauben liegt vor, wenn der Betroffene über die Umstände des Datengebrauchs, das Bestehen und die Durchsetzbarkeit seiner Rechte nicht irregeführt oder im Unklaren gelassen wird." ([BMI00] S.4).

3 Die Internetsuchmaschine Google

In dieser Publikation werden wir uns als exemplarisches Beispiel mit der führenden Internetsuchmaschine Google beschäftigen. Viele andere Online Services operieren mit ähnlichen Methoden, um an die begehrten Profildaten ihrer Benutzer zu gelangen. Google wurde nur deshalb gewählt, weil fast jeder Online Benutzer diesen Service einsetzt und weil die Marktdominanz und Quasi-Monopolstellung eine Verschärfung der Situation darstellen [ViMa05].

Heute ist Google allgegenwärtig. Das Verb „to google" wurde 2002 in den US-amerikanischen und seit 2003 in den deutschsprachigen Wortschatz aufgenommen. Darüber hinaus wurde das Unternehmen 2003 als auch 2005 zum „Brand of the Year" vor der Innovations-

[1] Weitere Beispiele und die gesamte publizierte AOL Suchhistory können unter http://www.aolpsycho.com/ eingesehen werden.

schmiede Apple gewählt [Goog07]. Wer googelt nicht gerne schnell noch mal, um eine Definition zu validieren oder mehr über ein Thema herauszufinden? [Heis06].

Mengenmäßig ist Google heute schon bei über 200 Mio. Suchanfragen pro Tag angelangt. Prozentuell gesehen führt Google klar die Liste der Top-Suchmaschinen und konnte diese Vorherrschaft über die letzten Jahre kontinuierlich ausbauen [NiNe06].

Durch den Zukauf führender Online Dienste wie Deja.com (Diskussionsforum) Blogger.com (Weblogs) oder zuletzt YouTube.com (führende Online Videoplattform) konnte Google weitere Datenströme und Benutzerzahlen für sich gewinnen und bündeln (Abbildung 1).

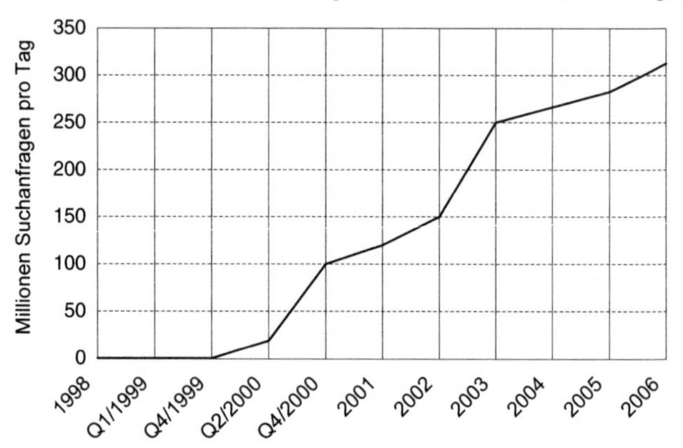

Abb. 1: Geschätzte weltweite Suchanfragen pro Tag bei Google.com

Durch die Zusammenführung verschiedenster Datenquellen und dem kontinuierlichen Ausbau der Reichweite konnte Google mit Ende 2006 auf ein geschätztes Indizierungsvolumen von über 25 Mrd. Webseiten verweisen. Keine andere Suchmaschine kann eine solche Web-Abdeckung anbieten. Diese Tatsache und die guten Suchergebnisse lassen sich als Gründe für die hohe Beliebtheit dieses Dienstes anführen.

Eine weitere Errungenschaft von Google ist die Online Funktion Zeitgeist[2], welche die häufigsten Suchabfragen identifiziert und übersichtlich pro Monat darstellt. Google bezeichnet diesen Service als „... a real-time window into the collective consciousness. The Google Zeitgeist showcases the rising and falling stars in the search firmament as names and places flicker from obscurity to center stage and fade back again." [Goog06]. So waren laut Google Zeitgeist im Februar 2006 die beliebtesten Google Suchabfragen der deutschen Internetuser „Wikipedia, Antivir und Tokio Hotel". Dieses Beispiel deutet schon vage an, welche und wie detaillierte Informationen Google über seine Community besitzen muss, wenn bereits Funktionen wie Zeitgeist frei zugänglich sind.

[2] Google Zeitgeist: http://www.google.com/press/zeitgeist.html

Als weiteres eindrückliches Beispiel für die Korrelation der Online Suchabfragen und der Ereignisse im realen Leben führte Google die Suchwortstatistiken nach dem Terroranschlag auf das World Trade Center in New York am 11.September 2001 an.

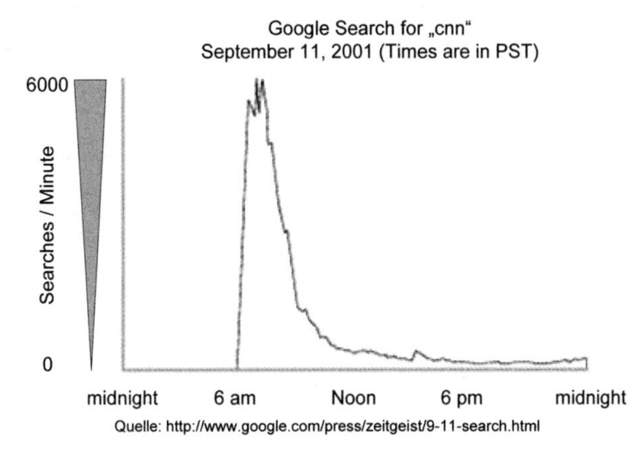

Abb. 2: Plötzlicher Anstieg von Suchanfragen zum 9/11 Terroranschlag bei Google

Innerhalb von Minuten nach dem Anschlag stiegen die Suchanfragen für Begriffe wie „World Trade Center" oder „Pentagon", die direkt mit der Tragödie zu tun hatten, an. Interessanterweise stiegen ebenso die Suchanfragen für den Begriff „Nostradamus", der ja den Weltuntergang prophezeit haben sollte, an diesem Tag massiv an. „Nostradamus" war letztendlich auch der am stärksten ansteigende Suchbegriff des gesamten Jahres 2001. Dieses und andere Beispiele des Zeitgeist Dienstes zeigen, wie intensiv gesellschaftliche Phänomene, Entwicklungen und Trends im Suchverhalten der Onlinebenutzer sichtbar werden und welches Zukunftspotential dieses Echtzeit „Trend-O-Meter" [Sixt06] besitzen könnte.

4 Daten- und Informationspool Google

Nur wenige der Millionen Google Benutzer wissen, dass man beim erstmaligen Besuch der Google-Homepage automatisch eine eindeutige Google Benutzer ID (GID) in Form eines Daten-Cookies, welches über 30 Jahre gültig ist, auf dem Rechner abgelegt bekommt. Diese Identifikationsnummer begleitet von nun an Tag für Tag jeden einzelnen Googler bei seinen Suchen und Recherchen und wird laut Google alleinig für die Speicherung der Benutzerpräferenzen benötigt. Da dieses Cookie aber nicht die Präferenzen selbst, sondern nur die GID am lokalen Rechner ablegt, ist die Behauptung von Google kritisch zu hinterfragen, weil für die Speicherung der Benutzereinstellungen keine eindeutige GID notwendig wäre. Google Suchanfragen mit und ohne diese GID weisen keinen Unterschied in den Suchergebnissen auf, woraus man schließen kann, dass Google diesen weltweit eindeutigen Identifikator für andere Zwecke verwendet [Bage06].

Google selbst schließt auf der Google Datenschutz Center Homepage nicht aus, dass neben den üblichen Datenspuren, die von einem Online Benutzer auf einer Website (Logfiles) hinterlassen werden, auch Benutzeraktivitäten weiterverwendet werden können.

So antwortet Google Deutschland auf die Frage: „5. Welche Informationen erhält Google, wenn ich auf einen Link auf der Google Webseite klicke?". „...Wir verwenden diese Informationen zur Verbesserung der Qualität unserer Dienste und für weitere geschäftliche Zwecke. Zum Beispiel kann Google diese Informationen nutzen, um festzustellen, wie oft Benutzer mit dem ersten Ergebnis einer Suchanfrage zufrieden sind und wie oft sie auf nachfolgende Ergebnisseiten weiterblättern. Auf ähnliche Weise kann Google diese Informationen verwenden, um festzustellen, wie häufig eine Werbung angeklickt wurde, und so berechnen, welche Gebühr der Werbungstreibende bezahlen muss." [Goog06]

Betrachten wir nun einmal hypothetisch welche Daten und Informationen ein Google Poweruser von sich hinterlässt[3] (Abbildung 3). Beginnen wir mit der Google Suchfunktion. Sie teilt dem Beobachter mit, wonach wir suchen, wie häufig wir das machen und was uns davon als Ergebnis gefällt. Mit Sucherweiterungen wie Google Toolbar, Google Desktop oder Google Web Accelerator lassen sich noch zusätzlich alle anderen Webseiten, die Historie und Ziele im Internet dokumentieren, die wir über diese Programme aufrufen. Natürlich indiziert die Google Desktop-Suche auch die lokalen Dateien und Dokumente am eigenen PC, die mit wenigen Mausklicks auf Google Servern gespeichert werden können, natürlich nur zum komfortableren Zugriff des Benutzers. Mit Google Blogger, dem Online Mailtool GMail und Google Groups erfährt man, wie jemand denkt und welche Meinungen vertreten werden. Durch Google Calendar werden Daten wie Zeit und Ort von Terminen und Aktivitäten bekannt gegeben. Mit Froogle und durch das Klicken auf AdWords Werbeanzeigen wird klar, welche Produkte und Interessen Benutzer haben oder was sie gerne kaufen würden. Durch Online Bildtausch Tools wie Picasa bekommt man persönliche Bilder oder sogar persönliche Portraits mitgeliefert und durch Google Earth lassen sich geographische Informationen und weitere Interessen des Surfers herausfinden. Damit auch noch der Freundes- und Bekanntenkreis offenbart wird, verwendet der tüchtige Googler Orkut (Social Network Anwendung mit detailliertem persönlichem Profil), GMail, als auch Google Talk für ein paar Kurznachrichten und Computertelefonate. Schließlich und endlich liefert der pflichtbewusste Google Verfechter noch freiwillig seine Adresse und sein Bankkonto an das Google Checkout Bezahlsystem, damit die Abrechnungen von konsumierten Leistungen oder Einnahmen durch Werbeflächen durchgeführt werden können. Abgerundet wird das Ganze durch das eindeutige Google Konto, welches für eine Vielzahl dieser Dienste bereits eine notwendige Voraussetzung ist, um diese überhaupt nutzen zu können. Für Google wird es damit ein leichtes, diese Applikationsdaten über das Konto logisch zu verknüpfen und Rückschlüsse über das Verhalten des Benutzers zu ziehen [Lanc06, EPIC07].

Alle diese Daten und Informationen sind durch die Nutzung der Google Tools bereits vorhanden und werden auch nachweislich aufgezeichnet. Dies ist bis zu einem gewissen Grad für den ordentlichen Betrieb der Onlinedienste notwendig, als zum Beispiel die Lastverteilungen der Zugriffe gemessen werden, Hackerangriffe und Missbrauch von Benutzern protokolliert werden oder auch die Dienste selbst verbessert werden können. Der Knackpunkt liegt in der Verknüpfung der verschiedenen Datenpools und der Weitergabe der daraus „geschürften" Informationen. Noch gibt Google vor, keine expliziten Pläne zur Vereinigung und Weiternutzung der Benutzerprofile zu hegen [Goog06]. Trotzdem sitzt Google, mit den weltweiten Be-

[3] Eine umfassende Liste der von Google angebotenen Online Dienste: http://www.google.at/intl/de/options/

nutzerdaten und den Echtzeit Datenströmen auf einer Goldmine, die sowohl von kommerzieller Seite als auch für Nachrichtendienste einen unermesslichen Wert darstellt [Patr06].

Überspitzt gesagt hätte Google die technische Möglichkeit in Echtzeit zu sagen, wann eine Person mit ihrem Partner wo auf Urlaub war, welche Bücher sie dabei gelesen hat und ob sie sich danach eine Krankheit zugezogen hat. Wenn die beobachtete Person einen typischen Internetbenutzer repräsentiert, so hat sie sich die Informationen über den Urlaubsort aus dem Internet geholt, vielleicht sogar gebucht, die Reiseversicherung dort abgeschlossen und dazu noch schnell ein paar Urlaubsbücher online bestellt. Nach der Rückkehr werden die Urlaubsbilder im Web ausgetauscht und die Urlaubserinnerungen im eigenen Webblog diskutiert. Welche Potentiale dies für die Markt- und Konsumentenforschung, für die Analyse und Prognose von Verhaltensmustern und für die Trendforschung hat, lässt sich nur erahnen.

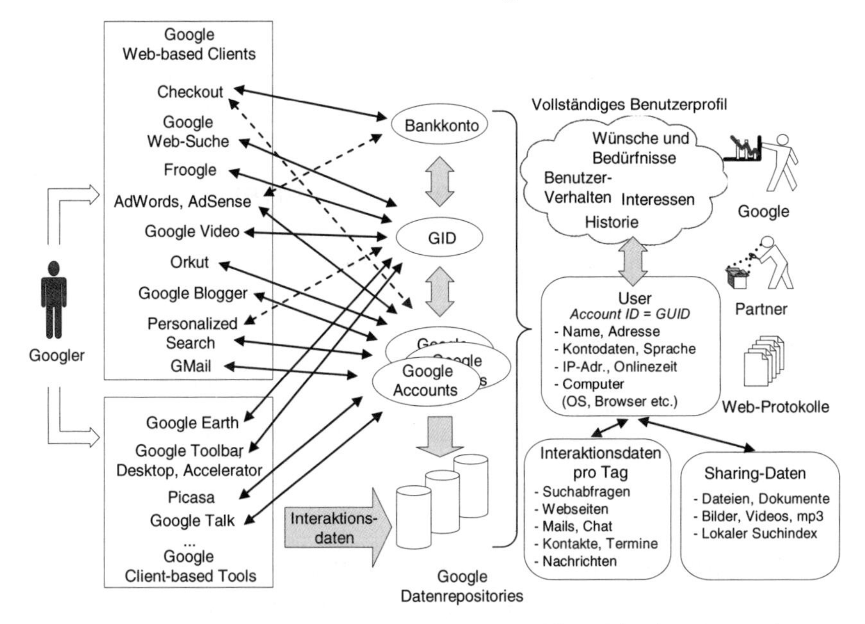

Abb. 3: Google's Möglichkeiten des User-Tracking und Profiling mit heutigen Benutzerdaten

Zugegeben, manche Online Dienste von Google werden noch nicht so intensiv genutzt, aber es ist nur eine Frage der Zeit, bis diese mehr Beachtung finden werden. Zusätzlich hat Google vor kurzem ein integriertes Online Office Paket für den Privat- aber auch für den Geschäftsbereich veröffentlicht[4]. Mit dieser Google Apps Lösung können Einzelpersonen, aber auch SME einen Großteil der betriebswirtschaftlichen und organisatorischen Daten auf dem Webbasierten Service von Google ablegen und verwalten. Ein Teil der unternehmenskritischen In-

[4] Google Apps http://www.google.com/a/

formationen liegt somit im vollen Zugriff von Google und seinen Kooperationspartnern. Zusätzlich schwindeln sich in Online Dienste immer neue Fehler und Sicherheitsschwächen ein, die von findigen Subjekten böswillig benutzt werden können. Die Liste der Sicherheitsprobleme bei Google ist nicht mehr zu vernachlässigen [Arrin07].

Inwieweit und wie weitreichend Organisationen wie z.B. Nachrichtendienste ebenfalls rasterfahndungsähnliche Aktivitäten auf Basis von Suchmaschinendaten durchführen lassen, ist unklar. Dass die Möglichkeiten für einen unkontrollierten Zugriff auf die amerikanischen Suchmaschinenpools vorhanden sind, muss nicht erst seit dem amerikanischen Patriot Act angenommen werden [FeBe06]. Mittels dieser Verfügung ist es den Behörden möglich ohne richterlichen Beschluss beliebige sicherheitsrelevante Daten einzufordern. Das involvierte Unternehmen ist gleichzeitig verpflichtet, weder die Betroffenen noch die Öffentlichkeit von dieser Anordnung zu informieren [Patr06].

Die Zukunft stellt uns hier vor weitere Herausforderungen, wenn diese Informationen und zusätzlichen Daten aus der „pervasive“ Welt mit Mobilfunkdaten, GPS Position und RFID weiter verknüpft werden. Diese Daten können für Mitbewerber, Nachrichtendienste aber auch für kriminelle Organisationen sehr anziehend wirken.

5 Schutzmöglichkeiten des Web-Surfers

Google ist nur ein Beispiel für die Offenheit und Leichtgläubigkeit, wie Online Benutzer mit ihrer Online Privatsphäre umgehen[5]. Viele andere Online Dienste versuchen, vielleicht nicht so effizient wie Google, aber mindestens genauso intensiv, personenbezogene Daten wie Wohn- und Kontaktadressen, persönliche Interessen und Hobbies, soziale Netzwerke und ähnliches zu sammeln und auszuwerten.

Daher bedarf es heute, ähnlich wie im alltäglichen Leben, gewisser Sicherheitsvorkehrungen, um sich weitgehend geschützt im Internet bewegen zu können. In diesem Kapitel werden verschiedene Möglichkeiten dargestellt, die mündigen Internetbenutzern ein gewisses Mindestmaß an Sicherheit und Vertraulichkeit im Internet bieten [KöKö00, EFFo06, Sing06, Thor05]. Es muss aber klargestellt werden, dass absolute Anonymität, Sicherheit und Vertraulichkeit im Internet nie vollständig gegeben sein können.

5.1 Grundregeln des sicheren Surfens

Diese Regeln gehören zur Sicherheitshygiene; sie müssen fixer Bestandteil eines jeden mündigen Online-Surfers sein.

- Vorsicht ist die Mutter der Porzellankiste (z.B. keine persönlichen Daten in Suchmaschinen als Suchbegriffe eingeben, Suchen über die eigene ISP Homepage vermeiden oder fragwürdige Webseiten und Inhalte nicht ungeprüft öffnen).
- Häufiges Wechseln von Online Diensten und gesundes Misstrauen sorgt vor; die virtuelle Reputation ist ebenso wertvoll wie die reale.

---

[5] Yahoo hat im März 2007 zum 10. Geburtstag des Yahoo Mailservices das Datenvolumen auf „unbegrenzt“ umgestellt. Diese Erweiterung wurde sicherlich nicht nur aus benutzerfreundlichen Gründen durchgeführt.

- Keine Personalisierung in Online Diensten nutzen. Wenn notwendig, dann dies nur bei sehr vertrauenswürdigen Diensten im eigenen Land (rechtliche Schutzmöglichkeiten). Ebenso integrierte und vernetzende Online Dienste vermeiden.
- Keine unnützen Web-Browser PlugIns und Clientsoftware installieren, die nicht absolut vertrauenswürdig sind.
- Kernkomponenten wie Betriebssystem, Web-Browser, Office immer aktuell halten.

5.2 Erste Schritte und schnelle Maßnahmen

Diese Maßnahmen erfordern wenige Schritte und bieten eine erste Mindestsicherheit für das betroffene System.

1. Browser Auto-Sicherheitsupdates aktivieren und geeignet konfigurieren [CERT06]:
   - Browser Cookies Einstellungen und Cache anpassen
   - Aktive Inhalte einschränken (Active X, JavaScript, Java, Flash etc.)
   - Nicht vertrauenswürdige bzw. vertrauenswürdige Webseiten festlegen
2. Mail-Client Konfiguration durchführen
   - Aktive Inhalte z.B. HTML, Windows Scripting und JavaScript einschränken
   - Web-Bugs (Micro-Images) blockieren
3. Virenscanner und Personal Firewall mit in- und outbound Datenverkehr einsetzen
4. Verwendung von vertrauenswürdigen Internet http-Proxies
5. Trennung des Administrator- und Standardbenutzer Betriebssystemkontos

5.3 Regelmäßige Maßnahmen

Diese Maßnahmen lassen sich monatlich durchführen und erfordern ebenfalls keinen großen Aufwand. Damit sind auch über längere Zeit eine gewisse Anonymität und aktualisierte Systemsicherheit gewährleistet.

1. Löschen von Web-Browser Cache und Cookies und neuer clientseitigen Speichermöglichkeiten (FlashCookies, userData, DOM-Storage Objects, shared Objects [BaBr07]).
2. Löschen der gespeicherten Browser-Formulareinträge des Autoausfüllmechanismus. Diese können bei manipulierten Webseiten unbemerkt ausgelesen werden [CERT06].
3. Anti-Spyware Software installieren und regelmäßig ausführen [CERT06].
4. Aufklärungsarbeit bei Freunden und Kollegen leisten.

5.4 Erweiterte Maßnahmen

Die fortgeschrittenen Maßnahmen erfordern etwas mehr Zeitaufwand und Know-How, damit sie sinnvoll eingesetzt werden können. Sie bedingen teilweise Einschränkungen im Komfort des Benutzers, weil das Surfverhalten eventuell langsamer, umständlicher oder eingeschränkter werden kann.

- Online Suche über einen Mediatorservice mit einem verschlüsselten und anonymen „Suchwrapper“ durchführen (z.B. www.scroogle.org)

- Opt-Out Cookies aktivieren: Ähnlich einer Robinsonliste kann angegeben werden, ob man bestimmten User-Tracking Methoden zustimmt [Dixo06] Dies funktioniert aber nur, wenn sich die Unternehmen daran halten.
- Verdächtige Downloads und Tools erst in einer Sandbox ausführen und das Verhalten testen (z.B. www.sandboxie.com).
- Einsatz von Anonymisierungs- und Verschlüsselungssystemen: Hier bieten verschiedene kostenlose und kostenpflichtige Anbieter mehr oder weniger vertrauenswürdige Dienste an. Sie unterscheiden sich in Geschwindigkeit, Kosten und Transparenz hinsichtlich der verwendeten Technologien (siehe [EPIC06, CERT06]).
- Einsatz von Passwort Managern und Festplattenverschlüsselung zum Schutz von Klartext-Passwörtern und frei zugänglichen Daten auf dem Rechner.
- Verwendung von Störsoftware zur Erzeugung von zufälligen Verzerrungsdaten (Noise) beim Surfen (z.B. TrackMeNot-PlugIn für den Web-Browser Mozilla.com).

Generell ist es an der Zeit, dass sowohl die staatlichen Organisationen als auch die Bürger hier mehr Transparenz und klare Richtlinien einfordern. Initiativen wie das W3C Projekt Platform for Privacy Preferences[6] (P3P), anonyme Peer-to-Peer Netzwerke und Onion-Routing Technologien[7] sind erste Schritte in diese Richtung. Ein interessantes Projekt stellt Torpark (www.torrify.com) dar, wo eine portable Version des Web-Browsers Firefox mit dem anonymen Tor-Netzwerk[8] automatisch über einen Tor-Proxy verbunden ist. Zudem benötigt der Browser keine Installation, kann also von einem USB-Stick gestartet werden und hinterlässt keine lokalen Daten am Hostgerät. Dies erhöht den Komfort und die Akzeptanz, wenn bereits ein vorkonfigurierter Web-Browser ohne großen Installationsaufwand sicher eingesetzt werden kann.

Auf der anderen Seite stehen solche Ansätze im klaren Widerspruch zu den Trusted Computing[9] Initativen, welche die Authentizität und die Integrität der Online Benutzer gewährleisten. Ebenso darf aber mit den Anonymisierungsversuchen nicht der Anschein aufkommen, dass diese 100% Sicherheit bieten, sondern auch diese besitzen ihre Schwächen und werden von neuen Technologien abgelöst werden müssen [WALS04].

In Abbildung 4 werden die verschiedenen vorgeschlagenen Maßnahmenblöcke nochmals in einer zweidimensionalen Matrix im Hinblick auf den Aufwand der Realisierung und die gesteigerte Sicherheit für den Anwender dargestellt. Die sinnlosen Bereiche sind schattiert und die alltäglichen Praxisempfehlungen in hellgrau dargestellt. Der dunkle Block beinhaltet Methoden, die immer stärker zum Einsatz kommen und zukünftige Ideen betrachten. Trotzdem bleibt der in weiß dargestellte Block, mit hoher Sicherheit und geringem Aufwand, leer bzw. ungelöst.

---

[6] http://www.w3.org/P3P/

[7] Onion Routing verschlüsselt die Routing-Informationen eines Webzugriffs in mehreren Schichten. http://www.onion-router.net/

[8] Das Tor-Netzwerk ist Anwendung der Onion Routing Technologie http://tor.eff.org/

[9] https://www.trustedcomputinggroup.org/

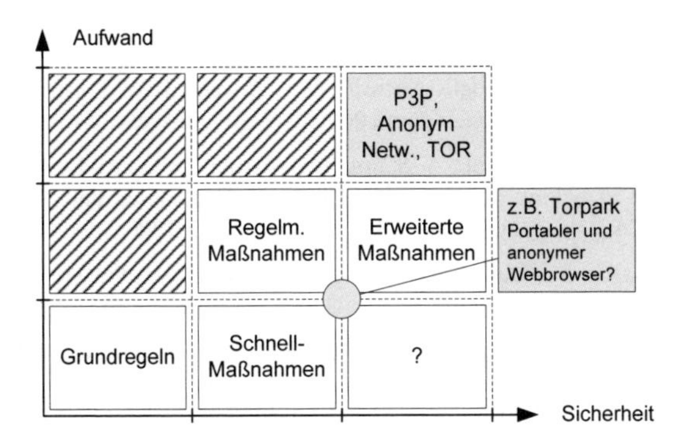

Abb. 4: Gegenüberstellung der einzelnen Maßnahmen

Es wird klar ersichtlich, dass sich der Schutz der Privatsphäre und der Missbrauch in einem ständigen Wettkampf befinden, wobei die Schutzmaßnahmen immer etwas hinterher hinken.

6 Zusammenfassung und Ausblick

Der CEO von Sun Microsystems Scott McNealy soll einmal gesagt haben: "You already have zero-privacy anyway, get over it." [Lang01]. Sollen wir dies einfach akzeptieren, dass wir durch das Internet und den "Ubiquitous Technologien" immer mehr überwachbar und kontrollierbar werden?

Viele Dinge werden nicht so heiß gegessen, wie sie gekocht werden. Ähnlich ist es auch mit dem Schutz der Privatsphäre. Schon wenige einfache Gegenmaßnahmen und etwas Hausverstand erhöhen die eigene Systemsicherheit und erlauben ein relativ anonymes Bewegen im Web und in den vernetzten Lebenswelten. Zudem existieren mit Bestrebungen wie der Privacy Enhancing Technology (PET) Ansätze, die mit einer sehr defensiven Vorgehensweise Technologien entwickeln, um den einzelnen Anwender besser zu schützen [Feder05]. Wirkliche Fortschritte wird der Forschungs- und Entwicklungsbereich aber nur erleben, wenn auch der Anwender bereit ist, für seine Privatsphäre und Sicherheit etwas zu investieren. Ebenso ist auch die Gesetzgebung aufgerufen, sich den Herausforderungen in einer länderübergreifenden Form zu stellen [ElSo02]. Erst wenn das Bewusstsein besteht, dass auch die Online Identität ein schützenswertes Gut ist und hoch gehalten werden muss, dann bleibt das Kräftespiel zwischen Missbrauch und Gegenmaßnahmen in Balance [Lang01].

Mit diesem Beitrag wurde versucht, auf die User-Tracking und Profiling-Mechanismen von Suchmaschinen, im Speziellen von Weltführer Google, kritisch einzugehen. Online Benutzer hinterlassen mehr Spuren im Web, als ihnen oft lieb ist. Daher müssen geeignete Maßnahmen getroffen werden, um sich vor Missbrauch zu schützen. Obwohl die angeführten Maßnahmenblöcke nur einen groben Einblick in den Selbstschutz bieten, sollte mit dem Beitrag das Bewusstsein für einen sensibleren Umgang mit dem Medium Internet vermittelt werden.

Literatur

[Arrin07] M. Arrington: Google: Security Mishaps and User Trust, TechCrunch (2007) http://www.techcrunch.com/2006/10/18/google-security-mishaps-and-user-trust

[AtWS06] R. Atterer, M. Wnuk, A. Schmidt: Knowing the User's Every Move – User Activity Tracking for Website Usability Evaluation and Implicit Interaction, WWW2006, May 22–26, 2006, Edinburgh, UK (2006).

[Bage06] J. Bager: Der Datenkrake – Google und der Datenschutz, c't Magazin, 10/2006, S.168 (2006).

[Barb06] M. Barbaro: A Face Is Exposed for AOL Searcher No. 4417749, New York Times, 09.08.2006, http://www.nytimes.com/2006/08/09/technology/09aol.html ?ex=1312776000&en = f6f61949c6da4d38&ei=5090 (2006).

[BaBr07] J. Bager, H. Braun: Heimliche Akten – Gefahren und Chancen der Cookie-Alternativen, c't 6/2007, S.224-229 (2007).

[BMI00] BMI: Datenschutz 2000 – Datenschutz geht uns alle an, Was ist EKIS?, Republik Österreich Bundesministerium für Inneres, http://www.bmi.gv.at/ downloadarea/datenschutz/Datenschutzgesetz2000_Broschuere.pdf (2000).

[CERT06] CERT: Securing Your Web Browser, Carnegie Mellon University, http://www.cert.org/tech_tips/securing_browser/ (2006).

[Dixo06] P. Dixon: Consumer Tips: How to Opt-Out of Cookies That Track You, World Privacy Forum, http://www.worldprivacyforum.org/cookieoptout.html (2006).

[EFFo06] Electronic Frontier Foundation: Six Tips to Protect your Online Search Privacy, EFF, http://www.eff.org/Privacy/search/searchtips.php#2 (2006).

[EISo02] European Information Society: Privacy Protection, Richtlinie 2002/58/EG des Europäischen Parlaments und des Rates, http://europa.eu.int/information_society/ policy/ecomm/todays_framework/privacy_protection/index_en.htm (2002).

[EPIC06] Electronic Privacy Information Center: EPIC Online Guide to Practical Privacy Tools, Epic.com , http://www.epic.org/privacy/tools.html (2006).

[EPIC07] Electronic Privacy Information Center: Gmail Privacy Page, Epic.com, http://www.epic.org/privacy/gmail/faq.html (2007).

[FeBe06] K. Fehr, D.P. Bernet: CIA untergräbt Bankgeheimnis, NZZ Online, 25.06.2006, http://www.nzz.ch/2006/06/25/wi/articleE8P40.html (2006).

[Feder05] H. Federrath: Privacy Enhanced Technologies: Methods – Markets – Misuse, Proc. 2nd International Conference on Trust, Privacy, and Security in Digital Business (TrustBus '05). LNCS 3592, Springer-Verlag, Heidelberg (2005), 1-9.

[Goog06] Google: Google Datenschutz FAQ, Google Datenschutz Center Homepage, http://www.google.de/privacy_faq.html (2006).

[Goog07] Google: Google Milestones, Google Homepage, Coorporate Information, http://www.google.at/intl/de/corporate/history.html (2007).

[Heis06] Heise Online: Google will richtig "googeln" lassen, Heise.de, http://www. heise.de/newsticker/meldung/76830 (2006).

[Heid03] J. Heidrich: Datenwanderung - Personenbezogene Daten im Visier, IX Magazin für professionelle Informationstechnologie, IX 5/2003 S. 96, http://www. heise.de/ix/artikel/2003/05/096/ (2003).

[KöKö00] M. Köhntopp, K. Köhntopp: Datenspuren im Internet, Computer und Recht (CR) 4/2000; S. 248-257 (2000).

[Lanc06] J. Lanchester: Big Google is watching you, The Sunday Times, 29.01.2006, http://www.timesonline.co.uk/article/0,,2092-2014215,00.html (2006).

[Lang01] M. Langheinrich: Privacy by Design Principles of Privacy-Aware Ubiquitous Systems, In: Ubicomp Proceedings, G.D. Abowd and B. Brumitt and S. Shafer, Lecture Notes in Computer Science, Vol. 2201, pp.273-291, Springer (2001).

[NiNe06] Nielsen / Netratings: Online Search hits all, Online Press Release, Nielsen // Netratings, www.nielsen-netratings.com/pr/pr_060302.pdf (2006).

[Patr06] Patriot Act: National Security Letters (NSL), Virtuelles Datenschutzbüro, http:// www.datenschutz.de/themen/detail/?catchid=1486&artid=2191 (2006).

[Sing06] R. Singel: How to Foil Search Engine Snoops, Wired News, http://www.wired. com/news/culture/0,70051-0.html (2006).

[Sixt06] M. Sixtus: Die Google-Story, Teil 1-4, Sixtus.net Homepage, http://www.sixtus. net/ articles/C0_2_2/ (2006).

[Thor05] A. Thor: Das große Sicherheitsbuch. So schützen Sie Ihren Computer und Ihre Privatsphäre im Internet, Rhombos-Verlag (2005).

[ViMa05] D. Vise, M. Malseed (2005): The Google Story – Inside the Hottest Business, Media and Technology of Our Time, Random House (2005).

[WALS04] M. Wrighty, M. Adlery, B.N. Leviney, C. Shields: An analysis of a threat to anonymous communications systems, ACM Transactions on Information and System Security (TISSEC), Volume 7, Issue 4, pp.489-522 (2004).

Verwendet Ihre Bank sichere TANs?

Marc Fischlin

TU Darmstadt
marc.fischlin@gmail.com

Zusammenfassung

Wir stellen im Folgenden die statistische Auswertung einiger (i)TAN-Listen zweier Banken vor. Dabei stellt sich heraus, dass die Listen einer Bank starke statistische Auffälligkeiten zeigen, die zu einer signifikanten Verbesserung der Vorhersagewahrscheinlichkeit solcher TANs führt.

1 Einleitung

Online-Banking wird heutzutage oft durch PIN/TAN-Verfahren abgesichert, bei denen dem Kunden neben seiner geheimen PIN auch noch eine Liste von Transaktionsnummern zum Schutz einzelner Vorgänge vorliegt. Die TAN ist dabei eine meist sechsstellige, von der Bank erzeugte Dezimalzahl, die dem Kunden zuvor per Post in einer Liste von ca. 100 TANs zugeht.

Die Sicherheit PIN/TAN-basierter Verfahren beruht insbesondere auf der Qualität der PIN – in der Regel vom Kunden gewählt – und der Unvorhersagbarkeit der TANs. Idealerweise sollten diese TANs zufällig erzeugt werden, so dass die Ratewahrscheinlichkeit einer einzelnen, sechsstelligen TAN nur 10^{-6} beträgt. Eine erste Analyse einiger vorliegender TAN-Listen einer mitteldeutschen Bank mit Filial- und Online-Betrieb für ca. 250.000 Privatkunden zeigt allerdings, dass die Vorhersagewahrscheinlichkeit für solche Listen teilweise bis zu 18-mal so hoch ist (experimentell ermittelt). Somit können diese TANs mit einer Wahrscheinlichkeit von ca. $1/55.555$ vorhergesagt werden und liegen daher unter dem Sicherheitsniveau fünfstelliger TANs.

Wir stellen im Folgenden unsere ermittelten Vorhersagewahrscheinlichkeiten vor. Dazu präsentieren wir die grundlegenden statistischen Auswertungen der vorliegenden TAN-Listen und die Auffälligkeiten, die zu Verbesserungen der Ratewahrscheinlichkeiten führen. Wir betonen, dass sich die vorgestellten Ergebnisse auf *indizierte* TANs (iTANs) beziehen, bei denen die TANs nummeriert werden und für jede Aktion eine bestimmte TAN abgefragt wird. Solche iTANs werden von den Banken oft als sicherheitsverstärkend angepriesen. Wie unsere Experimente zeigen, gilt dies allerdings nicht, wenn die TANs selbst nicht gut gewählt werden.

2 Angriffsmodell

Unser Angriffsmodell lässt sich durch folgendes Beispiel motivieren: Auf dem Computer des Kunden wurde ein Trojaner installiert, der die verbrauchten, in der Regel indizierten TANs (und eventuell die PIN) während der Aktionen des Kunden protokolliert. Nachdem einige (i)TANs vom Kunden verwendet wurden, sendet der Trojaner die protokollierten Daten an einen Angreifer. Der Angreifer meldet sich dann bei der Bank unter dem Namen des Kunden an, führt eine

Aktion aus und versucht dazu, aus den erhaltenen Daten eine Vorhersage für die entsprechende (i)TAN zu generieren.

Bei qualitativ guten (i)TANs sollte der Angreifer im obigen Beispiel selbst bei Kenntnis der PIN nur eine geringe Erfolgswahrscheinlichkeit besitzen. Anders dagegen bei schwach erzeugten (i)TANs, bei denen das Erraten eventuell möglich ist. Im Unterschied zu Man-in-the-Middle-Angriffen auf iTAN-Verfahren [News05], bei denen der Angriff nur zu dem Zeitpunkt erfolgen kann, in dem auch der Kunde online ist, kann der Angriff hier auch "offline" erfolgen: Nach der Übertragung der Daten des Trojaners kann der Angreifer den Versuch ohne Unterstützung des Kunden ausführen.

3 Statistische Auswertung der TAN-Listen

Unsere Experimente wurden ohne Unterstützung der Banken ausgeführt und beruhen auf fünf vorliegenden (i)TAN-Listen des Autors für zwei Banken. Um die Qualität der Listen zu ermitteln, haben wir zunächst einfache statistische Auswertungen durchgeführt. Die dabei gefundenden Auffälligkeiten treten für echt zufällig erzeugte TAN-Listen nur sehr selten auf, teilweise können wir solches statistisches Rauschen im Wahrscheinlichkeitsbereich von ca. 10^{-5} bis 10^{-6} quantifizieren.

Bei der Beschreibung der statistischen Merkmale konzentrieren wir uns zunächst auf *eine* iTAN-Liste *einer* Bank A; die Resultate für die anderen Listen werden in Abschnitt 3.5 skizziert. Zunächst fällt auf, dass die 96 iTANs dieser Liste von Bank A nur aus den Dezimalzahlen 1 bis 9 bestehen, während die 0 nie auftritt. Dadurch erhöht sich die Ratewahrscheinlichkeit für Dezimal-TANs von 10^{-6} unmittelbar auf $9^{-6} \approx 1,88 \cdot 10^{-6}$, also fast um den Faktor 2.

3.1 Relative Häufigkeit von Ziffern

Bei einer echt zufällig erzeugten Liste aus Ziffern zwischen 1 und 9 – und damit auch annähernd bei einer durch einen starken Pseudozufallsgenerator erzeugten Liste – sollte jede Ziffer etwa gleich häufig in der kompletten Liste (gemittelt über alle $96 \cdot 6$ Stellen) auftreten, also mit relativer Häufigkeit von $1/9 = 11,11\%$. Bei denen uns vorliegenden TAN-Listen schienen allerdings oberflächlich betrachtet einige Ziffern häufiger aufzutreten als andere, so dass wir zunächst die relative Häufigkeit untersuchten.

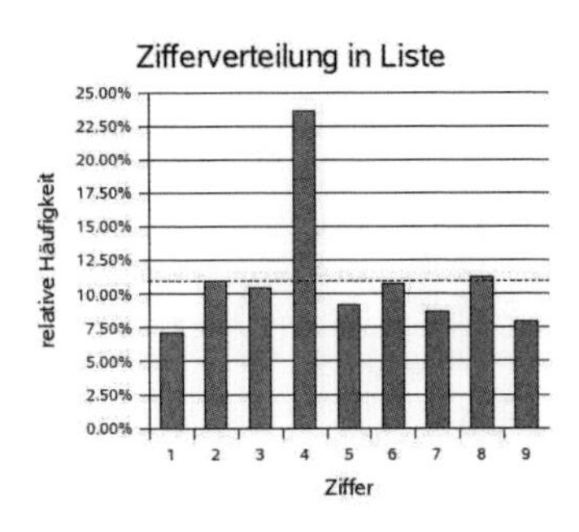

Abb. 1: Statistische Verteilung der Ziffern (erwartet: $11,11\%$)

In Abbildung 1 ist die Verteilung der Ziffern für die vorliegende iTAN-Liste dargestellt. Offensichtlich tritt die Ziffer 4 dabei doppelt so oft wie erwartet auf ($23,61\%$ vs. $11,11\%$), während beispielsweise die Ziffer 1 nur in ca. $7,11\%$ der Stellen vorkommt. Einen ähnlichen Fall gab es bereits einmal bei EC-Karten-PINs [Club97], bei denen manche Ziffern wegen der Umwandlung der Hexadazimalzahlen in Dezimalziffern häufiger auftraten; wir können allerdings keine Aussage machen, ob hier ein vergleichbarer Grund vorliegt.

Solche Abweichungen können übrigens auch bei echt zufällig erzeugten TAN-Listen auftreten. Jedoch lässt sich die Wahrscheinlichkeit, dass in einer solchen TAN-Liste aus $6 \cdot 96$ echt zufällig gewählten Ziffern zwischen 1 und 9 beispielsweise eine Ziffer mehr als doppelt so häufig wie erwartet auftritt, mittels der Chernoff-Schranken (siehe Anhang B) nach oben durch $10^{-5,22}$ abschätzen. Die Wahrscheinlichkeit, dass dies in zwei TAN-Listen (so wie hier in zwei der drei vorliegenden Listen der Bank A) jeweils passiert, sinkt somit deutlich unter die Chance auf einen Sechser im Lotto.

Ein weiteres Merkmal zur Messung der (Nicht)-Uniformität und Ermittlung möglicher Angriffe ist die sogenannte Renyi-Entropie. Sie gibt im wesentlichen die Kollisionswahrscheinlichkeit von Zufallsvariablen wider. In unserem Zusammenhang ist sie daher relevant bezüglich der Fragestellung, wie oft die durch die Bank erzeugten (i)TANs mit unseren Vorhersagen kollidieren. Dieser und weitere Entropie-Begriffe werden ausführlicher im Abschnitt A diskutiert.

Für eine echt zufällig erzeugte TAN (aus den Ziffern 1 bis 9) ist die Renyi-Entropie für die Zifferverteilung gleich $-\log_2 11,11\%$. Für die vorliegende iTAN-Liste beträgt sie dagegen $-\log_2 12,98\%$, liegt also höher und kann daher für die Vorhersage herangezogen werden.

3.2 Relative Häufigkeiten bezüglich Positionen

Eine weitere Auffälligkeit der Listen schienen die Häufigkeiten bezüglich der sechs Positionen zu betreffen. Eine Aufstellung der relativen Häufigkeiten der Ziffern unterteilt nach Positionen bestätigte diese Vermutung. Insbesondere die letzte Stelle der TANs zeigte starke Schwankungen. So tritt die Ziffer 4 hier in ca. 40% aller Fälle auf (statt mit Häufigkeit $11,11\%$ bzw. mit Häufigkeit $23,61\%$, wenn man die Zifferverteilung der kompletten Liste zugrundelegt). Dagegen kommen die Ziffern 1, 3, 7 und 9 nur selten an dieser Position vor (jeweils maximal $4,16\%$). Siehe Abbildung 2.

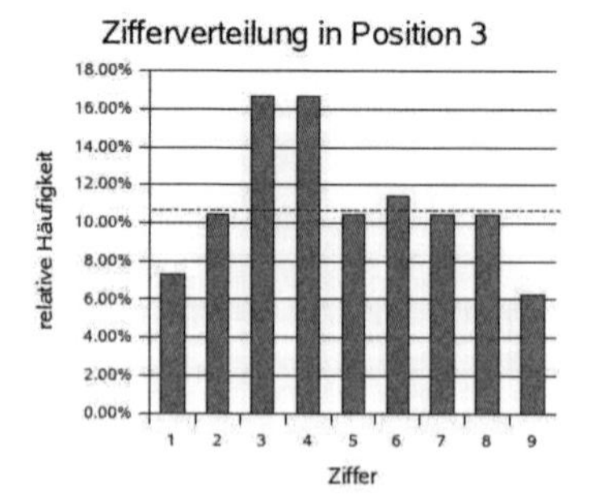

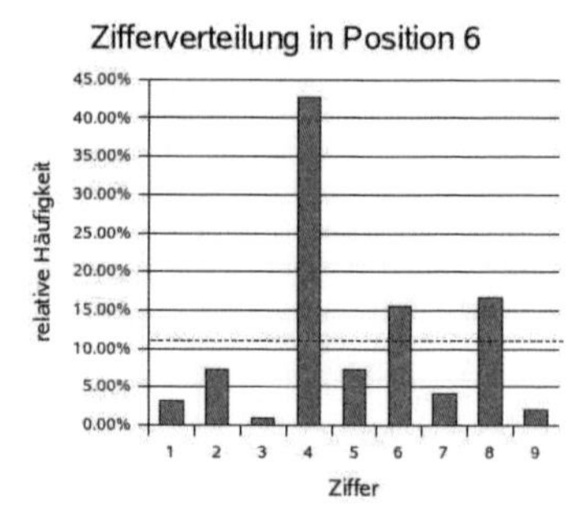

Abb. 2: Statistische Verteilung der Ziffern bezüglich der Positionen 3 und 6 (erwartet: jeweils $11,11\%$).

Dabei ist anzumerken, dass hier bei jeder Position nur 96 Daten vorliegen, also im Durchschnitt jede Ziffer $96/9 = 10,66$ Mal auftreten sollte. Daher sind statistische Abweichungen aufgrund des geringen Stichprobenumfangs möglich. Allerdings zeigt auch hier wieder eine Anwendung der Chernoff-Schranke, dass bei echt zufällig gewählten Ziffern zwischen 1 und 9 folgende Abschätzung gilt: Die Wahrscheinlichkeit, dass es irgendeine Position und irgendeine Gruppe von 4 Ziffern in der Liste gibt, so dass diese Ziffern in dieser Position insgesamt in nur ca. 10% der Fälle getroffen werden (so wie hier die Werte 1, 3, 7 und 9 zusammen in Position 6), beträgt höchsten 10^{-6}.

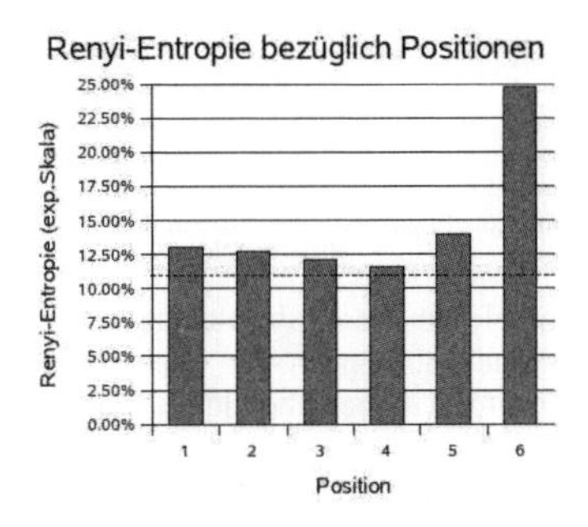

Abb. 3: Statistische ermittelte Renyi-Entropie der einzelnen Positionen (erwartet: $-\log_2 11,11\%$).

Die Renyi-Entropien der Zifferverteilung bezüglich der einzelnen Positionen sind in Abbildung 3 dargestellt (Bemerkung: Grafik ist gemäß $y \mapsto 2^{-y}$ skaliert). Sie liegen alle über dem erwarteten Wert $-\log_2 11,11\%$. Dies legt eine verbesserte Vorhersagestrategie nahe (siehe Anhang A), wenn auch hier wieder der geringe Stichprobenumfang angemerkt sei.

3.3 Ziffernverteilung bezüglich Positionen

Als nächste Statistik betrachten wir die Verteilung einer Ziffer bezüglich der sechs Positionen. Unter optimaler Verteilung sollte jede Ziffer gleich häufig in den Positionen auftreten, also in jeder Stelle in $1/6 = 16,66\%$ der Fälle. Exemplarisch haben wir die Verteilungen der Ziffern 3 und 5 in Abbildung 4 dargestellt. Dabei zeigt sich, dass die 3 am häufigsten an Position 3 vorkommt ($23,36\%$), aber fast nie an der letzten Position ($1,81\%$). Genauso ist Ziffer 5, wenn sie in einer TAN auftritt, in mehr als einem Viertel aller Fälle an der ersten Position zu finden ($29,16\%$).

3.4 Korrelationen

Ein weiterer wichtiger Aspekt sind die Abhängigkeiten zwischen Ziffern. Treten beispielsweise bestimmte Paare von Ziffern zu häufig in einer TAN auf? Wenn, treten dann diese Paare auch oft an bestimmten Positionen auf?

Wir ermittelten deshalb für alle Ziffern x, mit welcher Häufigkeit dann auch eine Ziffer y auftritt, sowie für alle Paare von Ziffern x, y, mit welcher relativen Häufigkeit in einer TAN eine dritte Ziffer z vorkommt, gegeben dass x, y auftreten. Auch hier zeigten sich starke Abweichungen vom erwarteten Wert. Da man hier die Liste der wenigen TANs noch zusätzlich einschränkt,

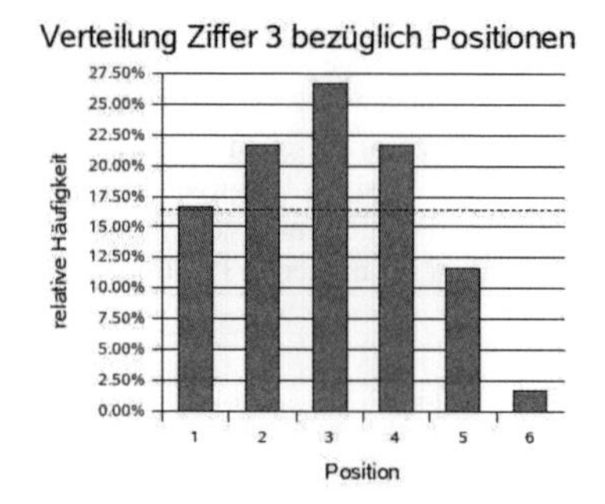

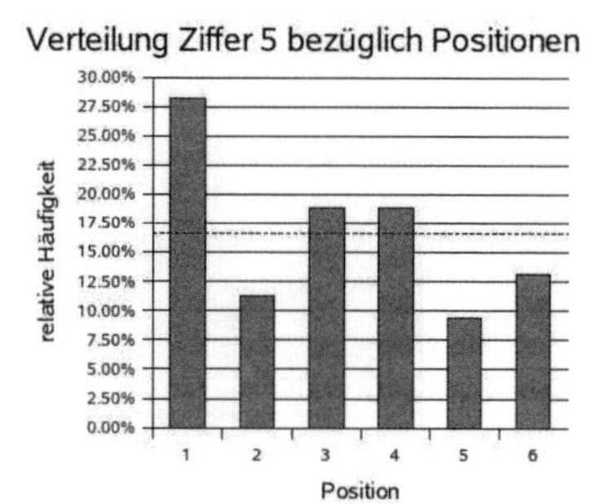

Abb. 4: Statistische Verteilung der Positionen der Ziffern 3 bzw. 5 (erwartet: jeweils $16,66\%$).

lässt sich allerdings nicht ermitteln, ob diese Abweichungen durch die Erzeugung oder statistisches Rauschen entstanden sind. Inbesondere für solche Korrelationsstatistiken sind daher weitere TAN-Listen oder mehr Informationen über den Erzeugungsalgorithmus notwendig.

3.5 Statistiken für andere Listen

Bisher haben wir lediglich die statistischen Merkmale der iTAN-Liste einer Bank A vorgestellt. In Abbildung 5 sind examplarisch Statistiken für weitere TAN-Listen angegeben. Darunter sind drei iTAN-Listen von Bank A (inklusive der bereits ausführlich betrachteten Liste), bestehend aus zwei Listen für einen Kunden 1 und einer Liste für einen anderen Kunden 2. Die Listen umfassen jeweils 96 sechsstellige iTANs aus den Ziffern 1 bis 9. Dazu kommen zwei Listen des Autors für eine Direkt-Bank B, jeweils 100 sechsstellige TANs aus den Ziffern 0 (!) bis 9. Bei den Listen für Bank B handelt es sich um eine iTAN-Liste und eine TAN-Liste; die Bank hat vor kurzem auf indizierte TANs umgestellt. Bemerkenswert bei der relativen Häufigkeit für die Listen von Bank A ist, dass jede der vorliegenden TAN-Listen der Bank "Ausreißer"-Ziffern

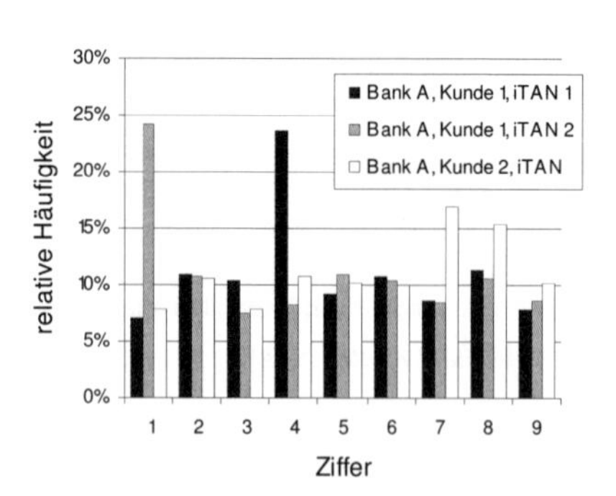

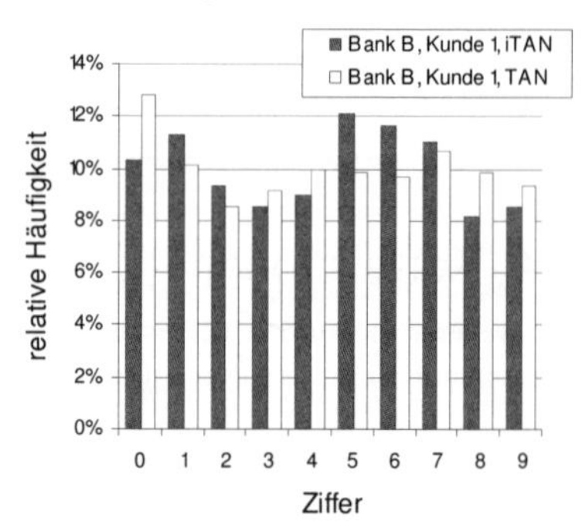

Abb. 5: Statistische Verteilung von Ziffern in Listen.

mit deutlich höhere Trefferquoten besitzt. Bei den Listen von Kunde 1 wird jeweils eine Ziffer mit annähernd doppelter relativer Häufigkeit gewählt, die konkrete Ziffer variiert allerdings mit den Listen. Wir konnten keinen Zusammenhang zwischen dieser Ziffer und anderen Merkmalen der Listen (Kundennamme, Listennummer etc.) herstellen.

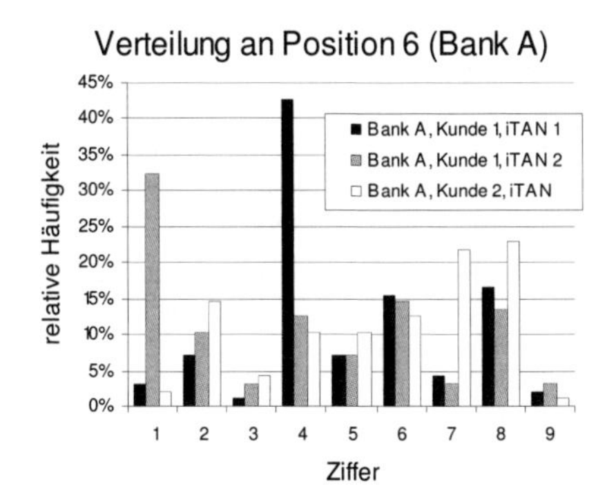

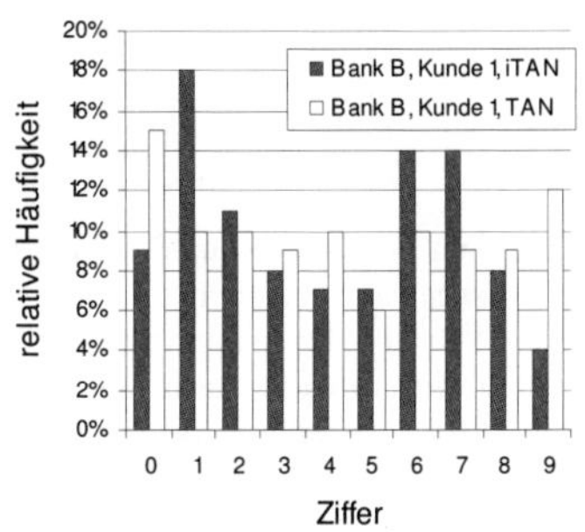

Abb. 6: Statistische Verteilung der Ziffern in Position 6.

In Abbildung 6 sind die Verteilungen der Ziffern in Position 6 für die Listen dargestellt. Statistisch auffällig – außer der Verteilung der Listen von Bank A – erscheint die Schwankung der Werte für die iTAN-Liste von Bank B (linker Balken), beispielsweise wird die Ziffer 1 an Position 6 in 18% aller Fälle getroffen. Dies kann aber noch im Rahmen von statistischem Rauschen liegen.

4 Experimente

Wir haben obige Überlegungen zu den statistischen Merkmalen in ein Programm zur Vorhersage der (i)TANs umgewandelt. Dieses Programm haben wir gegen die fünf vorliegenden (i)TAN-Listen getestet.

4.1 Versuchsdurchführung

Zur Approximation der Vorhersagewahrscheinlichkeit für die gegebenen (i)TAN-Listen bestehend aus $n \in \{96, 100\}$ (i)TANs wiederholen wir folgende Schritte 100-mal:

1. Wir wählen 3 TANs aus der Liste aus, die als "Challenge"-Kandidaten dienen. Dies entspricht der allgemein üblichen Begrenzung der Fehlversuche bei solchen Online-Banking-Verfahren, bevor der Zugang gesperrt wird. Die Wahl erfolgt uniform aus der Menge aller n Zahlen (wobei wir somit zu Gunsten der Banken annehmen, dass die TANs – wie bei indizierten Verfahren wünschenswert – in echt zufälliger Reihenfolge abgefragt werden).
2. Die übrigen $n-3$ TANs dienen als Quelle für den Angriff. Aus diesen Daten wird zunächst eine Statistik für die relativen Häufigkeiten, Renyi-Entopien, Korrelationen etc. berechnet.

3. Zur Approximation der Erfolgswahrscheinlichkeit unseres Verfahrens wiederholen wir nun ebenfalls 100-mal folgenden Versuch (so dass wir insgesamt $100 \cdot 100 = 10.000$ Iterationen ausführen):

   1. Unser Algorithmus berechnet aufgrund der Statistik – und in jeder Iteration unabhängig – einen TAN-Vorhersageversuch, bestehend allerdings nur aus 4 Ziffern und zwei "Jokern" (die Wahl der Positionen der Joker kann variieren). Durch die beiden Joker-Positionen können wir die Erfolgswahrscheinlichkeit leichter approximieren (siehe unten).
   2. Wir vergleichen die 3 Challenge-TANs mit der Vorhersage und werten einen Erfolg für den Angreifer, wenn mindest eine der Challenge-TANs mit dem Rateversuch an den 4 Zifferpositionen übereinstimmt (also 4 der 6 Ziffern korrekt geraten wurden).

   Wir bestimmen aus den Ergebnissen in Schritt 2 eine Approximation p für die Vorhersagewahrscheinlichkeit: Sei E die Anzahl der Erfolge in den 100 Wiederholungen in Schritt 2. Dann approximiert $E/100$ die Erfolgswahrscheinlichkeit des Angreifers, 4 der 6 Ziffern vorherzusagen. Dann ist aber dieser Wert $E/100$ dividiert durch $(\#\text{Ziffern})^2 \in \{81, 100\}$ eine Approximation p für die Erfolgswahrscheinlichkeit, *alle* Ziffern vorherzusagen, wenn die beiden verbleibenden Ziffern zwischen 1 und 9 bzw. 0 und 9 an den Joker-Positionen mit Wahrscheinlichkeit $\frac{1}{9^2} = \frac{1}{81}$ bzw. $\frac{1}{10^2} = \frac{1}{100}$ einfach geraten werden.

Als Vorhersagewahrscheinlichkeit berechnen wir nun den Durchschnitt über alle ermittelten Erfolgswahrscheinlichkeiten p in den 100 Wiederholungen der Schritte 1 bis 3. Insbesondere wird der Angreifer in jeder dieser Wiederholungen zurückgesetzt, und ihm liegen damit keine Ergebnisse der bisherigen Wiederholungen und auch nicht die 3 jeweils verwendeten Challenge-TANs vor; dies entspricht dem Szenario in unserem Trojaner-Beispiel.

Durch die beiden Joker-Positionen erhalten wir trotz der relativ geringen Anzahl Wiederholungen der Schleife in Schritt 3 eine statistisch stabile Aussage über die Erfolgswahrscheinlichkeit zur Vorhersage der 6 Ziffern. Verbesserte Angriffe, die auch die beiden letzten Ziffern noch aus der Statistik der Stichprobe vorherbestimmen statt zu raten, könnten eventuell eine noch höhere Wahrscheinlichkeit erzielen.

4.2 Auswertung

Die triviale – und für echt zufällig erzeugte TANs aus 10 Ziffern auch beste – Angriffsmethode, durch reines Raten eine der 3 Challenge-TANs zu bestimmen, hat die Erfolgswahrscheinlichkeit

$$p_{rnd} = \sum_{i=1}^{3} \binom{3}{i} (10^{-6})^i (1 - 10^{-6})^{3-i} \approx 3 \cdot 10^{-6}.$$

Daher sind wir an der Qualität unseres Angriffs im Vergleich zu diesem maximalen Sicherheitsniveau interessiert. Mit den Experimenten erhielten wir die in Abbildung 1 angegebenen Approximationen für die Vorhersagewahrscheinlichkeiten und den erhöhten Faktor im Vergleich zur echt zufällig erzeugten TANs.

Der Verbesserungsfaktor für die iTAN-Liste 1 von Bank A ergibt sich anscheinend nicht nur aus der auffälligen Verteilung an Position 6 (Ziffer 4 mit ca. 40%). Zum Vergleich betrachte man die Strategie, als letzte Ziffer an Position 6 immer die 4 zu raten, und die restlichen 5 Ziffern

Tab. 1: Experimentell ermittelte Erfolgwahrscheinlichkeit des Programms. Faktor gibt an, wieviel häufiger die Vorhersage im Vergleich zum optimalen Sicherheitsniveau (Faktor **1**) gelingt.

Beschreibung	**Erfolgswahrscheinlichkeit** (experimentell)	**Faktor**
Bank A, Kunde 1, iTAN 1	$p_{A,1,1} = 54,32 \cdot 10^{-6}$	$\frac{p_{A,1,1}}{p_{rnd}} \approx$ **18,10**
Bank A, Kunde 1, iTAN 2	$p_{A,1,2} = 22,22 \cdot 10^{-6}$	$\frac{p_{A,1,2}}{p_{rnd}} \approx$ **7,40**
Bank A, Kunde 2, iTAN	$p_{A,2} = 11,11 \cdot 10^{-6}$	$\frac{p_{A,2}}{p_{rnd}} \approx$ **3,70**
Bank B, Kunde 1, iTAN	$p_{B,1,i} = 2 \cdot 10^{-6}$	$\frac{p_{B,1,i}}{p_{rnd}} \approx$ **0,66**
Bank B, Kunde 1, TAN	$p_{B,1} = 5 \cdot 10^{-6}$	$\frac{p_{B,1}}{p_{rnd}} \approx$ **1,66**

uniform zwischen 1 und 9 zu wählen. Diese Strategie hätte eine Erfolgswahrscheinlichkeit von

$$p = \sum_{i=1}^{3} \binom{3}{i} \cdot \frac{2}{5}^{i} \cdot \frac{3}{5}^{3-i} \cdot \sum_{j=1}^{i} \binom{i}{j} \cdot 9^{-5j} \cdot (1 - 9^{-5})^{i-j} \approx \frac{6}{5} \cdot 9^{-5} = 20,32 \cdot 10^{-6}$$

und wäre damit nur den Faktor ca. $6,77$ besser als p_{rnd}, während das Programm hier (experimentell) einen Faktor von ca. $18,10$ erzielt.

Die Faktoren $0,66$ und $1,66$ für Bank B zeigen, dass hier die erfolgreichen Angriffe auf Bank A nicht greifen. Im Fall $0,66$ ist der Angriff sogar schlechter als der triviale Angreifer, der einfach alle Ziffern rät. Beide Faktoren liegen allerdings unseres Erachtens nach im Bereich der insignifikanten Abweichung.

5 Fazit

Der geringe Stichprobenumfang lässt streng genommen keine verlässliche Aussage über die allgemeine Qualität der (i)TAN-Listen der betreffenden Banken zu. Die statistischen Auffälligkeiten lassen sich jedoch nur mit sehr kleiner Wahrscheinlichkeit durch zufällige Störungen erklären. Wir weisen ferner darauf hin, dass hier nur eine "Black-Box-Analyse" vorliegt: uns waren keine Informationen über die Algorithmen zur Erzeugung der TANs bekannt. Da wir zusätzlich die Angriffe nicht optimiert haben, könnten die tatsächlichen Vorhersagewahrscheinlichkeiten daher insgesamt noch höher ausfallen.

Unabhängig von unseren Resultaten hat Felix "FX" Lindner vergleichbare Auffälligkeiten für TAN-Listen der Citibank festgestellt [Lind06].[1] Bemerkenswert in diesen Fällen ist, dass die Generierung der TAN-Listen vollständig in der Verantwortung der Banken liegt. Folglich sind selbst für einen gut informierten Benutzer, der sich beispielsweise geeignet gegen Phishing-Angriffe schützt, solche schwachen TAN-Listen außerhalb seiner Kontrolle.

Literatur

[Club97] Chaos Computer Club: EC-Karten Unsicherheit. In: Datenschleuder #59, siehe http://ds.ccc.de/ (Juni 1997).

[1] Wir danken den Gutachtern der D·A·CH Security 2007 für diesen Hinweis.

[Lind06] F. Lindner: Citibank wuerfelt nicht. In: Heise Security, siehe http://www.heise.de/security/artikel/78939 (Oktober 2006).

[News05] Heise News: iTAN-Verfahren unsicherer als von Banken behauptet. In: Heise News, siehe http://www.heise.de/newsticker/meldung/63249 (August 2005).

A Shannon-, Renyi-, und Min-Entropie

Zur besseren Verständlichkeit der statistischen Analyse wiederholen wir zunächst einige elementare Fakten über die mathematische Präzisierung des Zufälligkeitsbegriffs, der Entropie.

Entropie ist ein Maß für die Ungewissheit oder auch die Zufälligkeit von Zufallsvariablen. Es gibt verschiedene Entropie-Skalen, die unterschiedliche Maße für die Zufälligkeit ausdrücken. Die drei relavantesten Entropien für uns sind die Shannon-Entropie, die Renyi-Entropie und die Min-Entropie.

Die *Shannon-Entropie* einer Zufallsvariablen X, definiert durch $H(X) = -\sum_x(\text{Prob}\,[X = x] \cdot \log_2 \text{Prob}\,[X = x])$, misst, wieviel Bits zur Beschreibung eines Ausgangs eines Zufallsexperiments benötigt werden. Sie ist maximal, wenn X uniform verteilt ist. Eine optimales Verfahren zur Erzeugung von TAN-Listen sollte daher möglichst hohe Shannon-Entropie haben. Eine rein zufällig gewählte TAN von sechs Ziffern hat die Shannon-Entropie $-\log_2 10^{-6} \approx 19,93$, so dass zur Vorhersage ca. 20 Bits erraten werden müssen. Durch die Beschränkung auf die Dezimalzahlen zwischen 1 und 9 sinkt die maximale Shannon-Entropie auf $-\log_2 9^{-6} \approx 19,02$, also ca. 19 Bits.

Die *Renyi-Entropie* von X, $H_2(X) = -\log_2 \sum_x \text{Prob}\,[X = x]^2$, ist ein Maß für die Kollisionswahrscheinlichkeit der Zufallsvariablen X. Sie misst, wie groß die Wahrscheinlichkeit ist, beim zweimaligen Ziehen den selben Wert zu erhalten. In unserem Zusammenhang sind wir an Kollisionen zwischen einer von der Bank erzeugten TAN und einer von uns geratenen TAN interessiert. Da für die Renyi-Entropie im Vergleich zur Shannon-Entropie stets $H_2(X) \leq H(X)$ gilt, mit Gleichheit genau dann, wenn X uniform verteilt ist, ist die Ungewissheit gemäß Renyi-Entropie für nicht uniform verteilte X kleiner als die der Shannon-Entropie.

Die *Min-Entropie* von X, $H_\infty = -\log \max_x \text{Prob}\,[X = x]$, beschreibt die optimale Vorhersagestrategie für eine Zufallsvariable: Man rate den Wert, der mit der größten Wahrscheinlichkeit von X getroffen wird. In unserem Zusammenhang ist die Min-Entropie also ein Maß für den besten Rateversuch einer TAN. Es gilt stets $H_\infty(X) \leq H_2(X)$ mit Gleichheit nur für uniform verteilte Zufallsvariablen X.

Die Min-Entropie und die Renyi-Entropie sind in unserem Angriffsmodell allerdings nicht unmittelbar geeignet. Da wir die Verteilung einer *kompletten* TAN $T \in \{1, 2, \ldots, 9\}^6$ aus sechs Ziffern nicht kennen, können wir den Wert mit höchster Wahrscheinlichkeit nicht bestimmen. Für die untersuchte TAN-Liste von Bank A beispielsweise kennen wir zwar die (statistische Approximation der) Min-Entropie der Zufallsvariablen $X \in \{1, 2, \ldots, 9\}$, die die Verteilung einer *einzelnen* Ziffer beschreibt. Diese beträgt nämlich $H_\infty = -\log \text{Prob}\,[X = 4] = -\log 23,61\% \approx 2$, da die Ziffer 4 am häufigsten getroffen wird.[2] Allerdings tritt beispielsweise die TAN $444\,444$ (bestehend aus den besten Rateversuchen für die einzelnen Ziffern) nie auf.

Die Renyi- und Min-Entropie für die einzelnen Ziffern oder auch für einzelne Positionen – so

[2] Zum Vergleich: für echt zufällige Dezimalzahlen ist die Min-Entropie $\log 10 \approx 3,32$.

wie in Abbildung 3 dargestellt – vernachlässigen Abhängigkeiten zwischen den Ziffern. Deren Bestimmung liefert uns daher zunächst nur eine Aussage über die Zufälligkeit der TAN-Zahlen: Für sehr gut erzeugte Zahlen sollte diese Entropie dicht an der Shannon-Entropie liegen; sonst signalisiert eine abweichende Min- oder Renyi-Entropie die Nicht-Uniformität der Verteilung. Werden solche Abweichungen für einzelne Ziffern oder Positionen dann für konkrete Angriffe ausgenutzt, muss der Erfolg solcher Heuristiken daher experimentell verifiziert werden.

B Chernoff-Schranke

Mittels der Chernoff-Schranke kann man bei einer Reihe von Experimenten die zufällige Abweichung vom erwarteten Wert abschätzen. Wirft man beispielsweise m-mal eine faire Münze, so erwartet man im Durchschnitt $\frac{1}{2}m$-mal den Ausgang "Kopf". Die Chernoff-Schranke liefert nun die Wahrscheinlichkeit, beispielsweise $\frac{3}{4}m$-mal "Kopf" zu erhalten. Dabei zeigt sich, dass starke Abweichungen vom Erwartungswert sehr unwahrscheinlich sind:

> **Chernoff-Schranke:** Seien $X_1, X_2, \ldots, X_m$ unabhängige Zufallsvariablen mit $\text{Prob}\,[X_i = 1] = p$ und $\text{Prob}\,[X_i = 0] = 1 - p$ für $i = 1, 2, \ldots, m$. Dann gilt für alle Konstanten $c \in (0, 1]$:
>
> $$\text{Prob}\left[\sum_{i=1}^{m} X_i \geq pm + cm\right] \leq e^{-2c^2 m}.$$

Betrachten wir als Beispiel die Abschätzung $10^{-5,22}$ aus Abschnitt 3.1, dass in einer TAN-Liste aus $6 \cdot 96 = 576$ echt zufällig gewählten Ziffern zwischen 1 und 9 eine Ziffer mehr als doppelt so häufig wie erwartet auftritt. Wir betrachten zunächst die Wahrscheinlichkeit für eine feste Ziffer (also z.B. dass die 5 doppelt so oft vorkommt). In diesem Fall sei X_i die Zufallsvariable, die 1 ist, wenn die i-te der $m = 576$ Ziffern gleich unser vorgegebenen Ziffer ist, und 0 sonst. Somit ist $p = \text{Prob}\,[X_i = 1] = \frac{1}{9}$. Im Erwartungswert treffen wir daher diese Ziffer $\sum X_i = pm = 64$ mal.

Um die Wahrscheinlichkeit zu messen, dass unsere Ziffer doppelt so häufig wie erwartet auftritt, setzen wir in der Chernoff-Schranke $c = p = \frac{1}{9}$ und vergleichen somit $\sum X_i$ mit $pm + cm = 2pm$. Damit ergibt sich:

$$\text{Prob}\left[\sum_{i=1}^{m} X_i \geq pm + cm\right] \leq e^{-2c^2 m} \leq e^{-14,22}.$$

Die Wahrscheinlichkeit, dass *irgendeine* der 9 Ziffern doppelt so oft auftritt, beträgt daher maximal $9 \cdot e^{-14,22} \leq 10^{-5,22}$.

Schutz vor Hybrid Phishing und XSS Trojanern durch ONR 17700

Thomas Kerbl

SEC Consult Unternehmensberatung GmbH
t.kerbl@sec-consult.com

Zusammenfassung

Vor wenigen Jahren wurde Phishing zu einer massiven Bedrohung für Online Banking Applikationen. Seither wurden zahlreiche Schritte unternommen, um dieser Bedrohung entgegenzuwirken. Doch kaum scheinen die ersten Maßnahmen Erfolg zu zeigen, finden die Angreifer bereits weitere – technisch ausgefeiltere – Methoden, um Anti-Phishing Maßnahmen zu umgehen und auch geschulte Nutzer zu betrügen. In diesem Artikel wird gezeigt, wie Angreifer Cross Site Scripting Schwachstellen in Online Banking Applikationen ausnützen, um „Hybrid Phishing“ Angriffe und „Cross Site Scripting Trojaner“, auch „XSS Trojaner“ genannt, zu entwickeln. Als Lösung für diese neuen Probleme wird die ONR 17700 präsentiert, eine technische Norm für Webapplikationssicherheit. Sie definiert die Grundpfeiler einer sicheren Webapplikation und ermöglicht als erster Standard innerhalb der EU Webapplikationen auf Sicherheit zertifizieren zu lassen.

1 Einleitung

„Phishing” war bis vor wenigen Jahren noch ein Begriff mit dem nur die technisch Versiertesten etwas anfangen konnten. Aufgrund des rapiden Anstiegs von Phishing Angriffen und den Awareness Maßnahmen von betroffenen Finanzinstituten, ist inzwischen ein großer Teil der Benutzer von Online Banking Systemen mit dem Begriff vertraut.

Neben der wachsenden Bekanntheit von Phishing tragen auch technische Schutzmaßnahmen dazu bei, herkömmliche Phishing Angriffe zu erschweren und teilweise vollständig zu unterbinden. Im ewigen Wettlauf zwischen Angreifer und Verteidiger setzen nun die Angreifer wieder einen Schritt nach vorne, indem sie immer ausgefeiltere Methoden verwenden, um ihre Opfer zu täuschen. Erste Meldungen bestätigen bereits, dass Phishing Angriffe auf ein Niveau vorgedrungen sind, auf dem gezielt Schwachstellen in Webapplikationen – wie z.B. Online Banking Applikationen – ausgenutzt werden, um den Benutzer zu täuschen.

Die früher oft wenig beachtete Schwachstelle „Cross Site Scripting“ – eine Schwachstelle die es ermöglicht, dynamisch Script-Code in eine Serverantwort einzubauen und somit den Benutzerclient zu steuern – bekommt in diesem Kontext eine völlig neue Bedeutung. Mit Hilfe dieser Schwachstellen-Klasse werden nun „Hybrid Phishing“ Angriffe durchgeführt und „Cross Site Scripting Trojaner“ entwickelt. Bei einem Cross Site Scripting Trojaner wird im Gegensatz zu herkömmlichen Trojanern, bei denen der Client direkt über das Netzwerk kompromittiert wird, eine Schwachstelle in der Webapplikation ausgenutzt, um den Client anzugreifen. Dieser Ansatz ist wesentlich effizienter für den Angreifer, da er auch Benutzer angreifen kann, die ihr System auf aktuellem Patchstand haben. Wird ein Cross Site Scripting

P. Horster (Hrsg.) · D•A•CH Security 2007 · syssec (2007) 24-34.

Trojaner verwendet – dies bedeutet, dass der Schadcode auf einem gut besuchten Server versteckt wird – kann sogar vollständig auf Spam und sonstige Social Engineering Tricks verzichtet werden.

Um dieser neuen Bedrohung entgegenzuwirken, muss man an einer anderen Stelle ansetzen als bisher. Bei den herkömmlichen Phishing Attacken waren die Endnutzer das alleinige Ziel der Angreifer, inzwischen müssen auch die Webapplikationen der Banken berücksichtigt werden. Hier hilft die ON-Regel 17700 – „Sicherheitstechnische Anforderungen an Webapplikationen", indem sie Vorgaben definiert, die von Webapplikationen erfüllt werden müssen, um als sicher bewertet werden zu können.

Das Kernziel dieses Beitrags ist es, die neuen Formen von Phishing Angriffen zu präsentieren, und in Folge die Lösungen für diese Probleme aufzuzeigen.

2 Aktuelle und zukünftige Bedrohungsszenarien

2.1 Herkömmliche Phishing Attacken

Bisher waren Phishing Emails großteils reine Social Engineering Angriffe ohne technische Finesse. Der Angreifer präpariert eine Webseite mit ähnlichem Domainnamen wie die Zieldomäne, und gestaltet deren Design und Layout identisch.

Er versendet daraufhin Emails, die den Benutzer auf die gefälschte Seite leiten, um dessen Eingaben auf der Seite mitzuprotokollieren und somit zu stehlen. Dieses Szenario ist bereits exzessiv genutzt worden und daher auch der breiten Masse bekannt, siehe dazu auch [Bund04] und [Bund05].

2.2 Angriffe mit Hilfe von Cross Site Scripting

Cross Site Scripting – häufig aufgrund des langen Namens mit XSS abgekürzt – ist die mit Abstand am häufigsten verbreitete Schwachstelle in Webapplikationen. Sie erlaubt es einem Angreifer entweder temporär über eine präparierte URL oder permanent Scripting Code – meist Javascript – in die Webapplikation einzuschleusen. Wenn der manipulierte Link verwendet oder die permanent veränderte Seite angesurft wird, lädt der Browser das Javascript und führt es aus. Da Javascript vom Browser als nicht vertrauenswürdig behandelt wird, hat der Angreifer damit zwar keinen Zugriff auf den Computer seines Opfers, wohl aber auf die Daten der aktuellen Seite. Unter diesen Daten befindet sich auch die Session ID der Webapplikation. Ein Angreifer kann den Javascript Code so implementieren, dass die Session ID in irgendeiner Form – sei es über Email, SMS oder eine andere Art – an ihn geschickt wird, oder aber er verändert den Inhalt der Seite selbst bzw. leitet Eingaben des Benutzers um.

Cross Site Scripting ist grundsätzlich für alle Anwendungen gefährlich, bei denen dynamisch Benutzerinput in die Webseite eingebaut wird. Es können beispielsweise anfällige Webmail Applikationen mit Hilfe einer solchen Attacke kompromittiert werden. Der Angreifer muss dazu lediglich ein HTML Email mit entsprechendem Javascript an das Opfer senden. Wird das Email vom Opfer geöffnet, sendet der Javascript Code die Session ID an den Angreifer, worauf dieser vollen Zugriff auf die Emails und Kontaktdaten des Opfers hat. Im Gegensatz zu herkömmlichen Viren genügt es dabei, wenn das Opfer das Email liest – Attachments müssen nicht geöffnet werden.

Bei einem Cross Site Scripting Angriff ist die Ursache die verwundbare Webapplikation, der Client selbst muss keine Schwachstelle aufweisen. Cross Site Scripting funktioniert auch dann, wenn der Benutzer alle Patches eingespielt hat, Firewall und Virenschutz verwendet und sonstige Sicherheitsvorkehrungen getroffen hat. Einzige Schutzmaßnahme auf Clientseite ist das Deaktivieren von Javascript, wodurch jedoch der Großteil der Webseiten nicht mehr richtig funktionieren würde. Diese Maßnahme ist daher für den Endnutzer nicht akzeptabel.

Einer der ersten öffentlich gewordenen Fälle von Phishing Angriffen mit Hilfe von XSS kann bei [Heis06] nachgelesen werden.

2.2.1 Hybrid Phishing

Ein moderner Ansatz für Phishing ist das so genannte „Hybrid Phishing". Bei Hybrid Phishing versendet der Angreifer einen präparierten Link und veranlasst den Empfänger dazu, manuell auf den Link zu klicken. Im Unterschied zu den herkömmlichen Phishing Attacken zeigt der Link jedoch auf den echten Webserver des Unternehmens, dessen Kunden er angreifen will. Der Link ist so konstruiert, dass externer Content in die Seite eingebunden wird, um das potentielle Opfer zu täuschen (siehe Abbildung 1).

Dies ist möglich, wenn in der Applikation eine Cross Site Scripting Schwachstelle erfolgreich ausgenützt werden kann. Das Ziel eines solchen Angriffs ist es entweder die Eingaben des Benutzers umzuleiten und mitzuprotokollieren oder die gültige Session ID des Benutzers zu stehlen, um die aktive Session zu übernehmen. Hat der betroffene Benutzer eine gültige Session ID auf dieser Webseite im Browser, kann diese an den Angreifer gesendet werden, ohne dass der Benutzer etwas davon bemerkt.

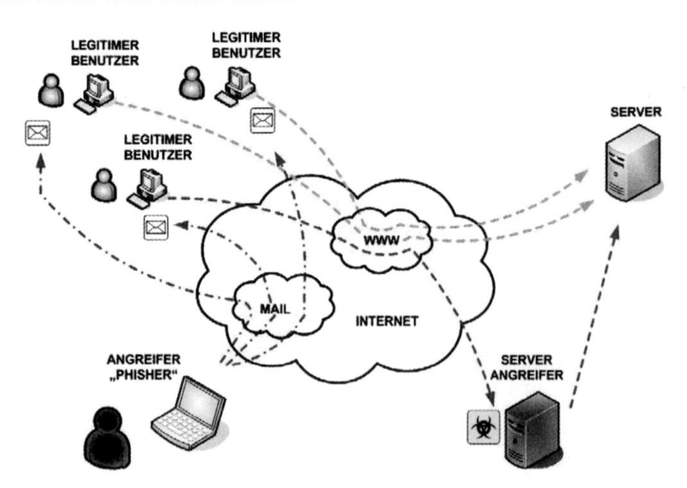

Abb. 1: Prinzipieller Ablauf einer Phishing Attacke

2.2.2 Ablauf einer Hybrid Phishing Attacke

Bevor der Angriff durchgeführt werden kann, muss eine Cross Site Scripting Schwachstelle in der Webapplikation identifiziert werden. Zu Demonstrationszwecken wird eine fiktive Webapplikation auf der Domain gambling.sec-consult.com herangezogen. Dabei handelt es sich um eine Glückspielapplikation, die auf Cross Site Scripting anfällig ist. Um die gefundene Schwachstelle zu verifizieren, wird eine Alert-Box mit Hilfe von Javascript beim Aufruf einer manipulierten URL erzeugt (siehe Abbildung 2). Ist dieser einfache Test erfolgreich, sind auch komplexere Angriffe durchführbar.

Folgende URL wird verwendet, um die Alert-Box zu erzeugen:

http://gambling.sec-consult.com/play.php?game=Roulette%3Cscript%3Ealert (document.cookie)%3C/script%3E

Der Parameter „game“ ist anfällig auf Cross Site Scripting, da der übergebene Wert ungefiltert in die Antwort des Webservers eingebaut wird.

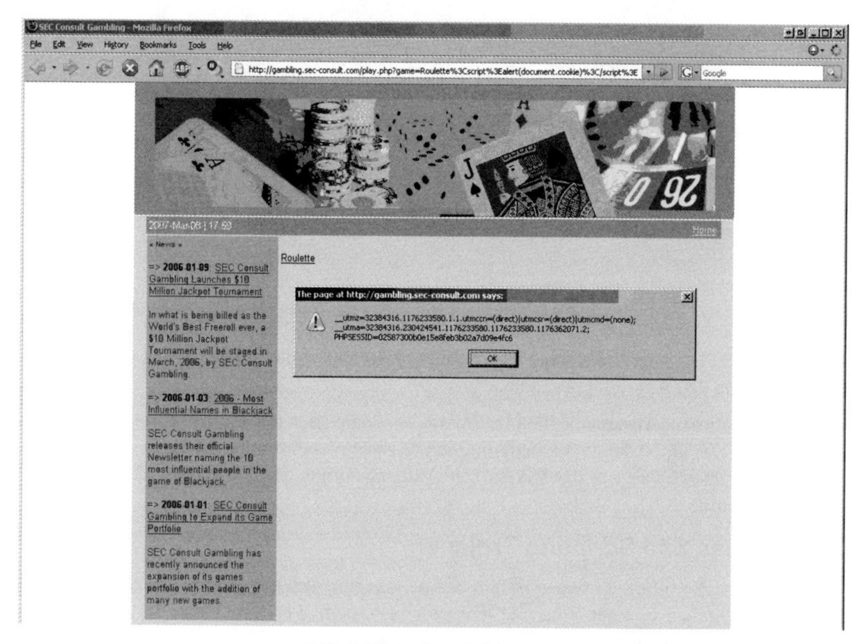

Abb. 2: Webseite mit Alert-Box

Im nächsten Schritt kann ein Angreifer beliebigen Content in die Webseite einfügen bzw. Javascript Code im Kontext der betroffenen Domain zur Ausführung bringen. Zur Demonstration wird mittels eines „iframes“ dynamisch ein Form-Feld eines externen Servers nachgeladen und in die Glückspiel Webapplikation eingebunden (siehe Abbildung 3).

Folgende URL wird verwendet, um den „iframe“ einzubinden:

http://gambling.sec-consult.com/play.php?game=Roulette%3Ciframe%20src=%22http:// phishing.sec-consult.com/cc.php%22%20height=320%20width=420%3E%3C/iframe%3E

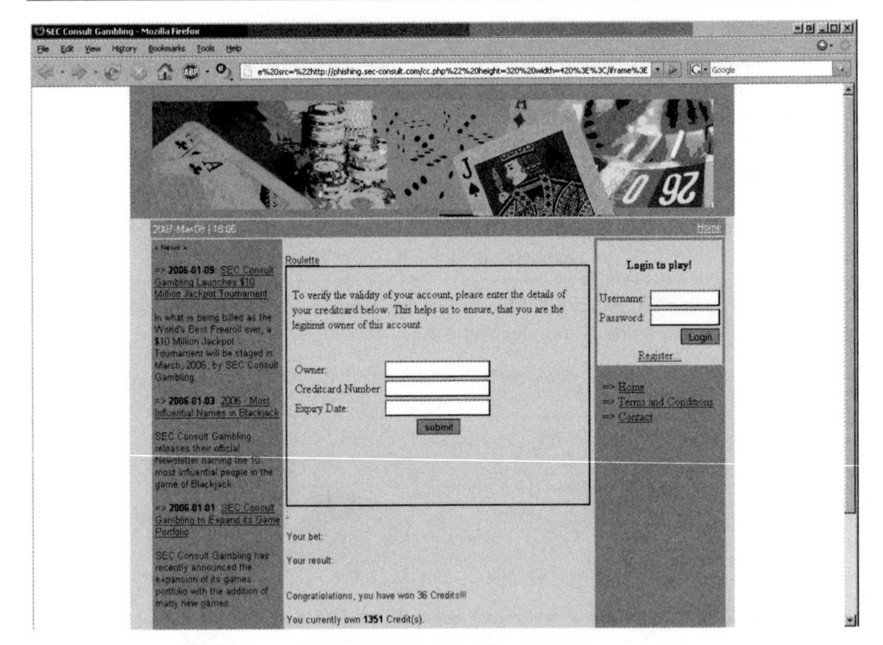

Abb. 3: Webseite mit externem iframe

Gibt ein Opfer des Angreifers seine Daten in das externe Formfeld ein, werden die Daten im Hintergrund an den Angreifer gesendet.

Alternativ zu diesem Ansatz mit Benutzerinteraktion kann auch ein Angriff durchgeführt werden, bei dem das Opfer keine Veränderung der Webseite wahrnimmt. Es kann zum Beispiel automatisiert über Javascript das Cookie zur Authentisierung ausgelesen und dem Angreifer zugesandt werden.

2.2.3 Cross Site Scripting Trojaner

Ein Cross Site Scripting Trojaner ist ein Script, das mit den bereits erläuterten Cross Site Scripting Techniken in einer Webseite temporär bzw. permanent eingebaut wird. Das Script wird im Hintergrund ausgeführt und fängt alle Anfragen und Klicks des Benutzers ab, um sie zum Angreifer zu senden. Sobald ein solcher Trojaner aktiv im Client des Opfers geladen wurde, kann der Angreifer jede Anfrage vom Client an den Server mitlesen und somit Login Daten, Cookies, aufgerufene URLs sowie alle anderen übermittelten Daten einsehen. Dies ermöglicht unter anderem so genanntes „Remote Browsing", also das aktive Verfolgen der Vorgänge im kompromittierten Client und deren Nachbildung im Client des Angreifers. Klickt das Opfer auf einen Link, wird die aufgerufene Seite samt aller Parameter und Cookies auch automatisch im Client des Angreifers aufgerufen und dargestellt. Somit sieht der Angreifer jederzeit, wo sich sein Opfer gerade befindet. Er ist auch in der Lage aktiv in die Session einzugreifen und diese zu übernehmen. Zum Beispiel kann er warten, bis sich das Opfer auf der Webseite eingeloggt hat, um nach erfolgreichem Login die Session zu übernehmen und die Applikation unter der Vorgabe der Identität seines Opfers zu nutzen.

2.2.4 Ablauf einer Attack mittels Cross Site Scripting Trojaner

Der Infektionsweg ist der gleiche wie bei einer Hybrid Phishing Attacke. Der Angreifer nutzt eine Cross Site Scripting Schwachstelle um – entweder temporär über eine manipulierte URL oder permanent durch Hinterlassen des Schadcodes am Server – Javascript im Kontext der jeweiligen Domain im Browser seines Opfers zur Ausführung zu bringen. Bei dieser Form des Angriffs wird jedoch nicht die Darstellung des Seiteninhalts manipuliert oder einmalig eine Session ID gestohlen, vielmehr verankert sich der Trojaner im Client des Opfers und bleibt auch aktiv, wenn dieser innerhalb der betroffenen Domain navigiert.

In der auf Cross Site Scripting anfälligen Glückspiel Webapplikation könnte ein Trojaner in der folgenden Form eingebunden werden:

```
http://gambling.sec-consult.com/play.php?game=Roulette%3Cscript%20src=%22http://
trojan.sec-consult.com/trojan.js%22%3E
```

Folgt das Opfer diesem manipulierten Link, wird der Trojaner von dessen Browser automatisch von der Domain trojan.sec-consult.com nachgeladen und ausgeführt. Von diesem Zeitpunkt an kann der Angreifer Einblick in die Vorgänge des Clients nehmen (siehe Abbildung 4 und Abbildung 5).

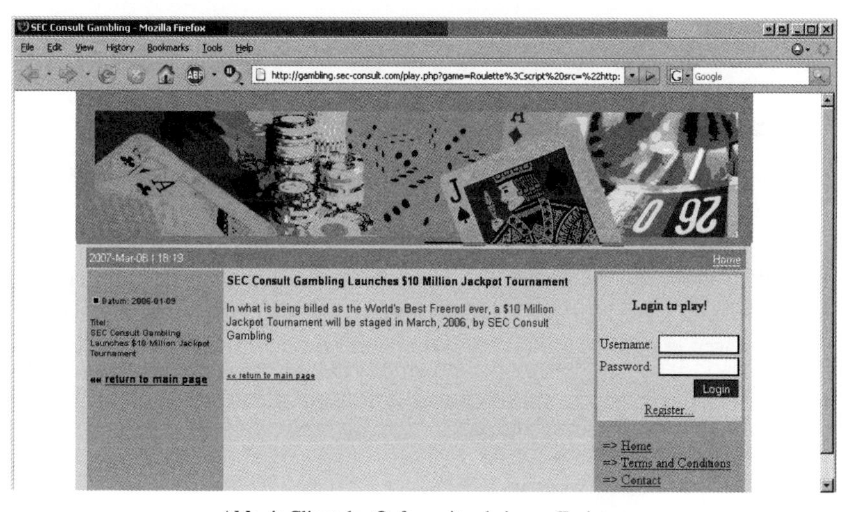

Abb. 4: Client des Opfers mit geladenem Trojaner

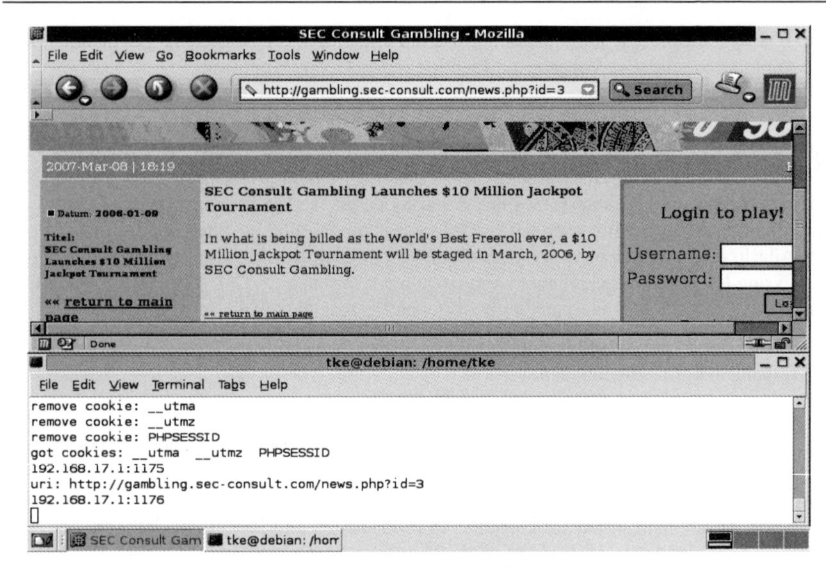

Abb. 5: Sicht des Angreifers

Nach erfolgreichem Login des Opfers kann der Angreifer entweder die dabei entwendeten Zugangsdaten verwenden, um sich ebenfalls einzuloggen, oder direkt die Session des Opfers übernehmen (siehe Abbildung 6).

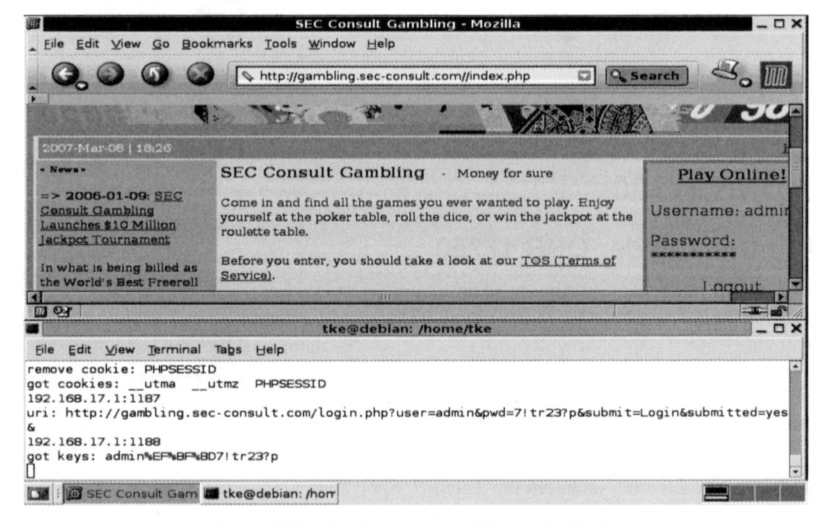

Abb. 6: Sicht des Angreifers nach Login des Opfers

Besonderes Augenmerk sollte dabei auf das untere Fenster der Abbildung gelegt werden. In diesem Fenster sieht man die mitprotokollierten Daten, die der Trojaner versendet. Neben den versendeten HTTP-Parametern werden auch die Tastenanschläge des Opfers übermittelt. Diese Funktionalität wird ebenfalls vom Cross Site Scripting Trojaner zur Verfügung gestellt.

2.2.5 Cross Site Scripting vs. herkömmliche Trojaner

Die Angriffsszenarien von herkömmlichen Trojanern, wie sie in den letzten Monaten vermehrt zum Einsatz gekommen sind, gleichen denen von Cross Site Scripting in einigen Bereichen. Daher ist es wichtig, die wesentlichen Unterschiede dieser beiden Bedrohungen herauszuarbeiten.

Tab. 1: Unterschiede zwischen Cross Site Scripting und herkömmlichen Trojanern.

	Cross Site Scripting	herkömmliche Trojaner
Ursache	Nutzt Schwachstelle am Server, bzw. in der Webapplikation	Nutzt Schwachstelle am Client
Gegenmaßnahmen	Absicherung des Servers bzw. der Webapplikation mittels Inputvalidierung	Absicherung des Clients mittels Virenschutz, Firewall, Patches einspielen, etc.
Angriffsvektoren	• Hybrid Phishing • Cross Site Scripting Trojaner	• Verbiegen von DNS Auflösung • Lokale Browsermanipulation
Verbreitung	Über Phishing Emails oder Webseiten	Über Viren und Würmer

Der wesentliche Unterschied besteht darin, dass bei Trojanern immer eine Schwachstelle am Client genutzt wird, serverseitig ist dies derzeit praktisch noch nicht zu verhindern. Cross Site Scripting hingegen nützt immer eine Schwachstelle in der Webapplikation, dies ist clientseitig derzeit praktisch nicht zu verhindern. Javascript global am Client zu verbieten behindert die Nutzung vieler Webseiten, gezielte Filterung von Javascript ist für Laien derzeit nicht überschaubar. Auch Virenscanner und ähnliche Schutzsoftware ist derzeit nicht in der Lage, diese neue Bedrohung zu erkennen. Eine serverseitige Lösung (z.B. Behebung der Schwachstelle) ist daher notwendig.

3 ONR 17700

3.1 Umfang der ONR 17700

ONR 17700 „Sicherheitstechnische Anforderungen an Webapplikationen“ [Öste05] ist der erste Standard innerhalb der EU, der sich der Thematik Webapplikationssicherheit umfassend annimmt. Unter Federführung des österreichischen Normungsinstituts mit renommierten Sicherheitsberatern und den Sicherheitsverantwortlichen von großen Banken, Industriebetrieben und Behörden wurde ein geeigneter und praktikabler Standard geschaffen. Die ONR 17700 ermöglicht auch eine offizielle EU-weit anerkannte Zertifizierung von Webanwendungen zur Dokumentation des erhöhten Sicherheitslevels.

Behandelt werden unter anderem die Themen Inputvalidierung, Kryptographie, Authentisierung, das Einbinden und Ausführen von Dateien und Programmen, Datenbankanbindungen und Fehlerbehandlungen. Es werden für alle sicherheitsrelevanten Bereiche Vorgaben gegeben, die von sicherheitskritischen Webapplikationen eingehalten werden sollten.

3.2 Wie schützt die ONR 17700 gegen Hybrid Phishing

Um sich vor Hybrid Phishing ausreichend schützen zu können, müssen mehrere Kapitel der ONR 17700 umgesetzt werden:

- Formulare und Benutzereingaben
- Authentisierung und Sitzungsmanagement
- System- und Fehlermeldungen

Ein zentrales Kapitel der ON-Regel 17700 ist „Formulare und Benutzereingaben“. Unter Benutzereingaben sind alle Daten zu verstehen, die an die Webapplikation herangetragen werden können. Die neuen Phishing Methoden funktionieren nur bei solchen Applikationen, bei denen die Validierung solcher Benutzereingaben vernachlässigt wird. Die ONR 17700 fordert entsprechende Filtermechanismen, um Cross Site Scripting zu verhindern.

Zusätzlich müssen die Vorgaben von „Authentisierung und Sitzungsmanagement“ eingehalten werden. Auf diesem Weg kann sichergestellt werden, dass aktive Sitzungen nicht durch Hybrid Phishing Attacken übernommen bzw. manipuliert werden können.

Da Cross Site Scripting Schwachstellen häufig bei Fehlerausgaben auftreten, ist ebenfalls das Kapitel „System- und Fehlermeldungen“ zum Schutz vor Hybrid Phishing relevant. Die Vorgaben an die Verarbeitung von Fehlermeldungen stellen sicher, dass keine Cross Site Scripting Schwachstellen in diesem Bereich auftreten.

Um zu zeigen, welche unterschiedlichen Möglichkeiten zur Implementierung des Kapitels „Formulare und Benutzereingaben“ hinsichtlich Cross Site Scripting existieren, werden drei ausgewählte Filterarten in den folgenden Kapiteln erläutert.

3.2.1 Blacklist Filter

Bei einem Blacklist Filter werden ausgewählte Zeichen verboten. Diese Variante birgt die Gefahr, dass Zeichen übersehen werden, die für einen Angriff ausgenützt werden können. Daher sollte sie nur dann zum Einsatz kommen, wenn die Applikation den Einsatz eines Whitelist Filters aufgrund der hohen Komplexität des notwendigen Inputs nicht zulässt.

Ein möglicher Filter könnte zum Beispiel die Zeichen “, ’, /, \, < und > filtern:

Input vor Filterung	Filter	Input nach Filterung
<script>alert('XSS')</script>	Blacklist: “; ’; /; \; <; >	scriptalert(XSS)script
 Titel 1</br>	Blacklist: “; ’; /; \; <; >	brTitel 1br

Werden Sonderzeichen benötigt, um zum Beispiel ausgewählte HTML Tags zu erlauben, können auch einzelne Zeichenketten in die Blacklist aufgenommen werden.

Input vor Filterung	Filter	Input nach Filterung
<script>alert('XSS')</script>	Blacklist: <script>; </script>	alert('XSS')
 Titel 1</br>	Blacklist: <script>; </script>	 Titel 1</br>

Ein Problem ist hierbei, dass Scriptcode auf unterschiedlichen Wegen zur Ausführung gebracht werden kann. Wenn z.B. nur <script> und </script> gefiltert werden, könnte ein Angreifer mit folgendem Code Javascript ausführen:

```
<img src="https://gambling.sec-consult.com/unbekanntesbild.jpg" onError="alert('XSS')"
></img>
```

Um solche Ausweichmöglichkeiten zu verhindern wird empfohlen, einen Whitelist Filter zu implementieren.

3.2.2 Whitelist Filter

Bei einem Whitelist Filter werden alle Zeichen bzw. Zeichenketten verworfen, die nicht in einer definierten Liste vorkommen. Diese Variante ist dem Blacklist Filter vorzuziehen, da die Gefahr minimiert wird, kritische Zeichen bzw. Zeichenketten im Filter zu übersehen und somit durchzulassen.

Ein möglicher Filter könnte zum Beispiel nur alpha-nummerische Zeichen erlauben, dadurch wären alle Sonderzeichen ausgeschlossen.

Input vor Filterung	Filter	Input nach Filterung
<script>alert('XSS')</script>	Whitelist: A-Z; a-z; 0-9	scriptalertXSSscript
 Titel 1</br>	Whitelist: A-Z; a-z; 0-9;	brTitel1br

Werden Sonderzeichen benötigt, um zum Beispiel ausgewählte HTML Tags zu erlauben, können auch einzelne Zeichenketten in die Whitelist aufgenommen werden.

Input vor Filterung	Filter	Input nach Filterung
<script>alert('XSS')</script>	Whitelist: A-Z; a-z; 0-9; <h1>; </h1>; ; </br>; Leerzeichen	scriptalertXSSscript
 Titel 1</br>	Whitelist: A-Z; a-z; 0-9; <h1>; </h1>; ; </br>; Leerzeichen	 Titel 1</br>

3.2.3 HTML Encoding (explizite Datenkonvertierung)

Eine weitere Möglichkeit, um gezielt gegen Cross Site Scripting vorzugehen, ist der Einsatz von HTML Encoding. Dies bedeutet, dass jeder Parameter, der durch Benutzereingaben manipuliert werden kann, und in die Webseite eingebaut wird, zuvor HTML codiert wird.

Cross Site Scripting wird dadurch effizient verhindert, da anstelle der Zeichen „<“ und „>“, die für Script Tags benötigt werden, „<“ und „>“ verwendet wird. Da der Browser die Zeichen vor der Darstellung dekodiert, sieht der Benutzer zwar die spitzen Klammern, der Browser erkennt die Tags jedoch nicht als solche und führt daher auch keinen Script Code aus.

Input vor Filterung	Filter	Input nach Filterung
<script>alert('XSS')</script>	HTML Encoding	<script>alert('XSS')</script>
 Titel 1</br>	HTML Encoding	 Titel 1</br>

Literatur

[Bund04] Bundesamt für Sicherheit in der Informationstechnik: Datenspionage mit „Phishing-Mails". http://www.bsi.de/av/phishing/phishing.htm (2004).

[Bund05] Bundesamt für Sicherheit in der Informationstechnik: IT-Sicherheit geht alle an (Kapitel „Phishing – Die Täuschung des Benutzers zur Preisgabe seiner Web-Identität). SecuMedia (2005).

[Heis06] Heise Security News: Paypal-Phishing via Cross-Site-Scripting. http://www.heise.de/security/news/meldung/print/74369 (2006).

[Öste05] Österreichisches Normungsinstitut: ON-Regel 17700 (2005).

[Fabi06] D. Fabian: Web Application Security. LEX:ITEC, Ausgabe 1:29-32,2006. LEX: ITEC BURGSTALLER-KOLMHOFER OEG Medien- und Verlagsgesellschaft Linz. ISSN 1817-9150 (2006) .

Erweiterung für BitLocker im Unternehmenseinsatz

Edouard Alligand

Utimaco Safeware AG
edouard.alligand@utimaco.de

Zusammenfassung

Mit Windows Vista hat Microsoft die BitLocker Funktion vorgestellt. BitLocker erlaubt dem Benutzer das gesamte Bootvolume mit leistungsfähiger Krytographie zu verschlüsseln und dadurch werden viele Sicherheitsfragen sowohl für private Benutzer als auch für Unternehmen angesprochen. Wenn Microsoft eine neue Sicherheitsfunktion vorstellt, betrachten wir die positiven und negativen Seiten, und falls notwendig und möglich, sprechen wir die Mängel an. Wir studierten das Produkt und erweiterten seine Funktionen, wo wir glaubten, dass sie nicht ausreichten. In diesem Papier legen wir unsere Gedanken zu den Möglichkeiten von BitLocker in einer Unternehmensumgebung dar und stellen unsere Erweiterungen vor.

1 Einige Worte zum Thema Datensicherheit ...

1.1 Was ist Full Volume Encryption?

Full Volume Encryption bezeichnet die vollständige Verschlüsselung eines Volumes (einer Partition) an Stelle der Verschlüsselung nur einzelner Dateien. Klassische Verschlüsselungs-Software besteht typischerweise aus einer Applikation, die einzelne Dateien erfasst, diese verschlüsselt, und wieder ausgibt. Als Schlüssel dient üblicherweise ein Passwort. Diese Software ist die richtige Wahl, will man die Vertraulichkeit der Datenübertragung über einen unsicheren Kanal gewährleisten.

Diese Software schützt jedoch nicht gegen Diebstahl oder Verlust eines PCs, da der Klartext der Daten auf der Festplatte verbleibt. Dagegen schützen nur verschlüsselte virtuelle Volumes oder die vollständige Verschlüsselung existierender Volumes.

Virtuelle Volumes sind Dateien, die als Volumes eingebunden werden, und transparent ver- und entschlüsselt werden. Das Volume kann nur nach korrekter Authentisierung (typischerweise mit Passwort) eingebunden werden. Dieses System hat den Vorteil, dass man das Volume problemlos von einem Computer zum anderen transportieren kann, und dabei die Vertraulichkeit der Daten nicht gefährdet. Der Nachteil ist allerdings, dass man vorsichtig sein muss im Umgang mit temporären Dateien und, dass man gewissenhaft alle zu verschlüsselnden Dateien in den Container packen muss.

Mit **Full Volume Encryption** wird alles verschlüsselt, von den System-DLLs bis hin zu allen wertvollen persönlichen Daten. Der Hauptnachteil liegt aber darin, dass man die Vertraulichkeit verliert, wenn man leichtsinnigerweise Daten auf ein ungesichertes Medium kopiert. Dafür erhält man, ist das System erst einmal eingerichtet, eine vollständige Verschlüsselung ei-

P. Horster (Hrsg.) · D•A•CH Security 2007 · syssec (2007) 35-45.

nes jeden Bytes auf der Platte bei einem Performanceverlust von typischerweise weniger als 5 Prozent.

Wird das Betriebssystem-Volume verschlüsselt, so fordert ein Pre-Boot Environment (PBE) den Benutzer zur Eingabe seiner Authentisierungsdaten auf. Ein derartiger Sicherheitsmechanismus gewährleistet, dass es extrem schwierig wird, den Betriebssystemschutz zu umgehen.

Microsoft bietet mit BitLocker Full Volume Encryption in Windows Vista an.

1.2 Weshalb Full Volume Encryption?

Wer sein Notebook verliert, möchte sich keine Gedanken darüber machen, ob jede einzelne wichtige Datei korrekt gesichert ist. Mit Full Volume Encryption stellt sich diese Frage erst gar nicht. Und darüber machen sich durchaus nicht nur Firmenanwender, sondern auch Privatanwender Sorgen.

Full Volume Encryption ist nicht die Lösung aller Probleme, da sie zum Beispiel die Datenkommunikation nicht absichert, aber sie reduziert die Konsequenzen von Diebstahl oder Verlust eines PCs erheblich. Microsoft will mit BitLocker diese Probleme lösen.

2 Microsoft BitLocker

BitLocker ist eine Sicherheitskomponente von Windows Vista Enterprise/Ultimate, die Full Volume Encryption offeriert. Näheres dazu findet man in der BitLocker FAQ ([Msft06a]).

2.1 Philosophie

BitLocker wurde entwickelt, um:

- Offline Software-Manipulationen (z. B. mit einer Boot-CD) erheblich zu erschweren
- Die Konsequenzen von Verlust und Diebstahl zu reduzieren.
- Die Ausmusterung von Hardware zu erleichtern.
- Die Integrität des Betriebssystems zu verifizieren (nur mit TPM 1.2)

BitLocker wurde nicht entwickelt, um sich gegen Online-Attacken zu schützen. Es schützt auch nicht gegen Malware oder Angreifer, die sich Zugang zum Computer verschaffen können, um eine hardware-basiertes Abhörgerät zu installieren.

2.2 Was leistet BitLocker?

Vista ist in der Lage, die Betriebssystem-Partition zu verschlüsseln, und den Zugriff entweder mit einem TPM-basierten oder einem USB-basierten Schlüssel abzusichern. Dazu muss der Computer entsprechend konfiguriert werden, da die Betriebssystem-Partition nicht auf der aktiven Partition (die das Pre-Boot Environment enthält) liegen darf (siehe [Msft06b]). Microsoft wird (falls noch nicht passiert) ein Tool herausgeben, das die erforderlichen Umpartitionierungen nach der Installation durchführt.

BitLocker verschlüsselt ein Volume mit AES (vier Varianten verfügbar), und sichert den zugehörigen Schlüssel mit einem oder mehreren „Key Protectors". Ein Key Protector ist ein Mechanismus, der den Schlüssel mit Hilfe eines anderen Secrets aufsperrt. Der „Numerical Key Protector" z. B. gewährt Zugriff auf den Master Key, und erlaubt dessen Entschlüsselung mit Hilfe eines 48-stelligen Passworts.

Derzeit existieren fünf Key Protectors:

Numerical Key Protector Dieser ist immer verfügbar, und wird dann verwendet, wenn kein anderer Protektor zur Verfügung steht. Der Benutzer muss ein 48-stelliges Passwort eingeben, das während der Erstverschlüsselung generiert wurde. Es handelt sich eigentlich um den Wiederherstellungsmechanismus, der sich für die reguläre Anmeldung als reichlich unpraktisch erweist.

External Key Es handelt sich um einen Schlüssel, der auf einem externen Medium gespeichert wird. Dies ist typischerweise ein USB Stick, aber auch andere Medien sind möglich, solange sie vom Pre-Boot Environment ausreichend unterstützt werden. Der Boot Loader versucht, über den „known key path" (d. h., den Pfad zum Schlüssel, der in Bitlocker gespeichert wurde) auf das Medium zuzugreifen, und den Schlüssel zu laden. Der Schlüssel wird im Klartext gespeichert.

TPM Der Schlüssel wird im TPM gespeichert, und keine weitere Authentisierung ist erforderlich. Wird die Festplatte herausgenommen und in einen anderen Computer eingesetzt, so ist kein Datenzugriff möglich. Allerdings liegt die Sicherheit von Windows in diesem Modus ausschließlich in der Sicherheit der Benutzerpassworte. Ebenso wird nur in diesem Modus die Integrität des Bootvorgangs verifiziert.

TPM + PIN Der Benutzer muss eine PIN eingeben, bevor er den Computer booten kann. Dieser Ansatz bietet zusätzlichen Schutz gegen unautorisierten Zugriff. Die PIN besteht ausschließlich aus Ziffern.

TPM + External Key Dieser Protector ist eine Kombination von TPM und External Key. Es gelten dieselben Restriktionen wie beim *External Key* Protector.

Bei jedem Start des Computers wird nach Anmeldedaten gefragt. Stehen diese nicht zur Verfügung, so wird der Zugriff verwehrt.

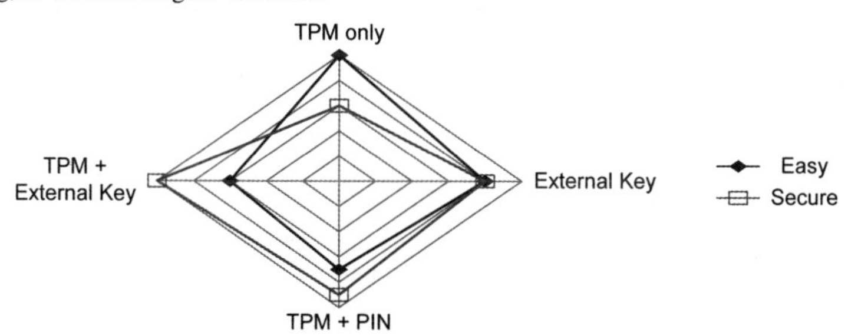

Abb. 1: Sicherheit und Vereinfachung der Benutzung jedes Schutzes

Unter Verwendung des TPM ist BitLocker in der Lage, jede kritische Komponente des boot Prozesses zu validieren, und somit zu gewährleisten, dass der Boot Prozess des Computers nicht manipuliert wurde. Es ist nicht möglich, das TPM mit einem externen Schlüssel und einem Passwort zu kombinieren, um eine Zweifaktor-Authentisierung zu realisieren. Auch ist es nicht möglich, eine Authentisierung mit einer Smartcard oder einem ähnlichen Gerät durchzuführen.

Jeder Schutz hat Vor- und Nachteile. Dies kann zusammengefasst werden in Einfachheit und Maß an Sicherheit. (siehe dazu Abbildung 1). Zum Beispiel ist ein Schutz nur mit TPM bequemer aber weniger sicher als ein Schutz mit TPM + PIN, welches jedoch das Merken des PIN voraussetzt.

2.3 Ist BitLocker sicher?

2.3.1 Sicheres Startup

Das Design von BitLocker basiert in wesentlichem Umfang auf der Sicherheit des TPM. Dieses überprüft die Software-Komponenten zur Bootzeit, und das Volume ist nicht verfügbar, wenn diese Komponenten manipuliert wurden. Der Prozess der Überprüfung des Betriebssystems mit dem TPM wird Secure Startup genannt (siehe [Msft05]).

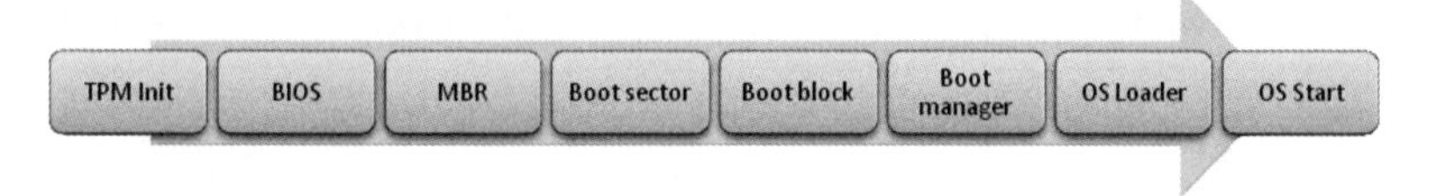

Abb. 2: Secure startup process

Die Überprüfungen dieser Komponenten haben einen Wasserfalleffekt (siehe Abbildung 2); jede überprüfte Komponente resultiert in einem Schlüssel, der für die Prüfung der nächsten Komponente benutzt wird. Das ist keine simple gültig/ungültig–Prüfung sondern eine echte Entschlüsselungskette, was bedeutet, dass bei einem Bruch der Kette der Prozess gestoppt wird.

Secure Startup schützt gegen Offline-Attacken. Dies beinhaltet das Modifizieren von Betriebssystemkomponenten zum Abhören von Verschlüsselungsschlüsseln, das Booten mit anderen Betriebssystemen, die Benutzung Software-Debuggers, usw.

Es schützt nicht gegen Hardware-Debugger (wo sie verfügbar sind), Online-Attacken, Attacken über privilegierte Benutzerkonten, usw.

Natürlich kann jemand das TMP direkt angreifen um geheime Elemente zu extrahieren. Detaillierte Hardware-Attacken gegen das TPM reichen weit über das Thema dieses Papiers hinaus.

2.3.2 Kryptographie

Die Benutzerdaten werden mit AES mit oder ohne Elephant Diffuser verschlüsselt (der Standard ist AES-128 mit Elephant). Microsoft behauptet, dass dieser Diffuser die Sicherheit der Blockverschlüsselung erhöht, und im schlimmsten Fall AES nicht schwächt (für weitere Informationen siehe [Ferg06]). Die Verwendung von Standard-CBC ist nicht ideal für die Blockverschlüsselung (siehe [LiRW02]), dafür sollte es die Sicherheit erhöhen, sofern der Elephant Diffuser nicht beschädigt ist. Die Schlüssellänge beträgt entweder 128 Bit oder 256 Bit, was nach heutigen Standards für langfristigen Schutz ausreicht. Zurzeit ist kein praktikabler Angriff auf AES bekannt [Moh02, Biha05, Nist02].

Der Gebrauch von BitLocker erfordert, dass die Wiederherstellungs-Schlüssel an einem sicheren Ort verwahrt werden. Zum Beispiel sollten Sie den externen Schlüssel bei sich tragen und nicht permanent im oder am Computer aufbewahren.

Man kann natürlich, solange kein Code Review stattfindet, Microsoft einfach nur vertrauen, dass die kryptografischen Algorithmen und Sicherheitsmechanismen korrekt implementiert sind. Generell ist die Auswahl eines Security Providers eine Frage des Vertrauens, entweder in den Hersteller, oder in den Reviewer.

2.4 Inhärente Grenzen der Protektors

Windows Vista unterstützt nur TPM-1.2-Chipsätze und erfordert häufig ein BIOS Update des PCs. Dieses Problem ist sicherlich in der bislang geringen Nutzung des TPM begründet.

Der ausschließliche Schutz durch das TPM erleichtert die Ausmusterung und schützt gegen einfache Offline-Angriffe. Leider werden nur selten starke Passworte (wenn überhaupt) gebraucht, und BitLocker kann einem hier ein falsches Gefühl von Sicherheit vermitteln. Diese Art von Schutz ist die Einzige (zurzeit), die in Vista Ultimate mittels GUI angeboten wird.

Der Gebrauch eines zusätzlichen Faktors neben TPM (PIN oder USB-Schlüssel (bei getrennter Verwahrung)) erhöht den Schutz wesentlich. Es ist nicht möglich TPM, einen PIN und einen USB-Schlüssel gleichzeitig zu benutzen.

Der Wiederherstellungsmechanismus ist begrenzt, und funktioniert nur, wenn der Anwender den Wiederherstellungs-Schlüssel kopiert oder ausdruckt, und an einem sicheren Ort verwahrt. Ebenso ist die Speicherung in einem Active Directory zulässig. Diese Schlüssel werden nicht im Klartext gespeichert. In seiner derzeitigen Form bietet BitLocker keine einfache Verwaltung der Wiederherstellungselemente.

3 BitLocker im Unternehmenseinsatz

3.1 Installation von BitLocker

Um zu funktionieren benötigt BitLocker ein korrekt konfiguriertes Laufwerk. Glücklicherweise gibt es ein Tool, beziehbar über Windows Update, das dem Benutzer erlaubt, diese Laufwerke korrekt neu zu konfigurieren (BitLocker Drive Preparation Tool).

Es ist unbedingt notwendig, dass die aktive Partition (die durch das BIOS gestartet wird) nicht die gleiche ist, wie die Partition, auf der das Betriebssystem liegt. Die aktive Partition sollte 1,5 GB groß und unverschlüsselt sein.

3.2 Standardverhalten

Das *reguläre* Benutzerinterface von BitLocker erlaubt es nur, eine Partition zu verschlüsseln, die nicht die aktive Partition ist. Das System benötigt daher eine aktive Partition im Klartext, die den Bootloader und ein Notfallsystem (falls erforderlich) enthält, um den Computer zu starten.

Dieses Interface erlaubt nur die Verschlüsselung durch TPM 1.2 mit AES 128 + Elephant Diffuser Algorithmus. Der Anwender bekommt das Wiederherstellungs-Passwort angezeigt, und es wird ihm angeboten, dieses auf einem Medium seiner Wahl abzuspeichern.

3.3 Voller Leistungsumfang

Der volle Leistungsumfang von BitLocker wird erst durch die Kommandozeile (`manage-bde`) zugänglich. Damit kann der Anwender zwischen vier kryptografischen Suiten (AES mit 128 oder 256 Bit Schlüssellänge, mit oder ohne Elephant Diffuser) und zwischen unterschiedlichen Authentisierungsmodi wählen. Zudem hat er die Möglichkeit, verschiedene Partitionen zu verschlüsseln. Jedoch muss der Benutzer in diesem Fall den Schlüssel, die Verschlüsselungsparameter und den Wiederherstellungsmechanismus manuell verwalten.

3.4 Administration und Sicherheitsfragen

Wird BitLocker sorgfältig angewandt, so kann es als sicher betrachtet werden. Allerdings ist der Umgang mit den Wiederherstellungsschlüsseln im größeren Umfeld problematisch. Microsoft bietet den Administratoren einen Satz von Werkzeugen (wie den BitLocker Recovery Password Viewer) und Skripts zum Erweitern der Active Directory-Infrastruktur um die BitLocker- und TPM-Administrationsfähigkeiten an.

Diese Werkzeuge gewährleisten, dass die Wiederherstellungsschlüssel auf den Domänen-Server kopiert werden, wenn der Client PC korrekt konfiguriert ist. Diese Werkzeuge gewährleisten jedoch nicht, dass die Wiederherstellungsschlüssel nicht mehr auf dem PC verfügbar sind; das liegt in der Verantwortung des Administrators.

Kurz und gut, es gibt kein zentrales Interface zur Administration der Clients und zum Management der Wiederherstellungsschlüssel, sondern nur einen Werkzeugkasten. Zudem erfordert die rudimentäre BitLocker-Administration Active Directory auf Windows 2003-Level mit SP1. Weitere Informationen zu diesem Thema finde sie in [WhMa07].

3.5 Ergänzungen für BitLocker

Ohne Zweifel wird der Einsatz von BitLocker immer populärer werden. Einige Administratoren werden auf den Einsatz weiterer Sicherheits-Software verzichten wollen, da Vista bereits über eine Full Volume Encryption verfügt. Zugleich werden sie durch den integrierten Einsatz des TPM durch BitLocker in Sicherheit gewogen, zumal sie keine Kompatibilitätsprobleme befürchten müssen.

Wie wir bereits feststellen mussten, ist die BitLocker-Administration unvollständig. Ebenso können gemischte Umgebungen (z. B. BitLocker und ein fremdes Sicherheitsprodukt) zum Einsatz kommen, wodurch sich die Komplexität der Administration weiter erhöht.

Mit Hilfe der Administrationswerkzeuge von SafeGuard Enterprise kann man jedoch BitLocker integrieren und administrieren, sodass dem Kunden ein Höchstmaß an Flexibilität geboten wird.

3.6 Prinzipien der Administration

Das Ziel ist, eine große Anzahl von Computern zu verwalten, ohne Richtlinien für jeden einzelnen Computer definieren zu müssen, da ein Computer einer oder mehreren Gruppen angehört und deren zugewiesene Richtlinien alle relevanten Regeln bestimmen.

Die Administration erlaubt es dem Security Officer die Richtlinie genau zu definieren. Zum Beispiel kann er festlegen, dass alle Massenspeicher mit AES-256 verschlüsselt werden, mit Ausnahme des Laufwerks E:, welches das Recovery des Betriebssystems enthält. Es ist auch möglich, eine schnelle Übersicht über alle Sicherheitsgeräte zu erhalten, vom PDA bis zum klassischen PC.

3.7 Integration von BitLocker und unserem Server

Es obliegt dem Security Officer, globale Sicherheitsrichtlinien zu definieren. Dazu mag er, soweit verfügbar, BitLocker verwenden. Im Unternehmensumfeld kann er aber natürlich nicht jeden Computer einzeln konfigurieren. Vom Sicherheitsgesichtspunkt braucht der Administrator nicht jedes Detail jedes einzelnen Computers zu kennen. Hierbei ist es ein Vorteil, wenn man Sicherheitsrichtlinien klar von der regulären Computer-Administration trennen kann.

Das TransClient Modul (siehe Abbildung 3), das die Richtlinien vom Server erhält, wurde erweitert, um BitLocker auf Vista vollständig steuern zu können. Eine neue Komponente, der „Bitlocker Overseer" kann die Richtlinien übersetzen und passende Anfragen an BitLocker erstellen. Es übersetzt nicht nur die Policies, sondern gewährleistet auch, dass sie nicht mit der Computer-Konfiguration kollidieren. Ist z. B. Windows XP auf einer zweiten Partition installiert, so wird diese Partition nicht mit BitLocker verschlüsselt, um sie bootfähig zu erhalten.

Auf einem Windows XP Computer wird BitLocker durch unsere SGNBase Encryption Engine ersetzt, die Laufwerke und wechselbare Medien verschlüsseln kann. In diesem Fall wird kein „Adapter" (der BitLocker Overseer) mehr benötigt.

Die eigentliche Herausforderung im Design liegt darin, dass wir die Sicherheit von BitLocker nicht abschwächen, sondern erhöhen. Zudem wurde gewährleistet, dass das Gesamtsystem so transparent und einfach wie möglich benutzt werden kann und somit die Implementierung von kritischen Sicherheitsmaßnahmen nicht zur Last wird.

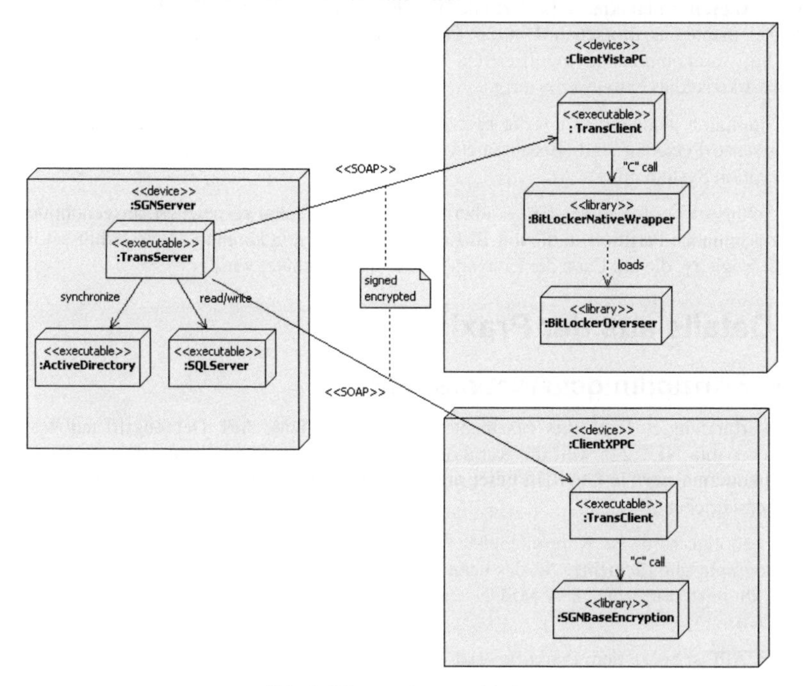

Abb. 3: Utimaco Serverarchitektur

3.8 Design Kriterien

Robustheit Wenn die Komponente ein potenzielles Problem in der Anwendung der Policy feststellt, so wird diese nicht angewandt, und ein Fehler wird an den Server zurückgemeldet. Die Verschlüsselung einer Partition, auf der ein anderes Betriebssystem (z. B. Windows XP) liegt, ist ein typisches Beispiel für einen solchen Fall.

Intelligente Ausführung Die Komponente wendet die Policies in einer sinnvollen Art und Weise an. Hat z. B. der Administrator die Verschlüsselung aller Partitionen mit TPM spezifiziert (obwohl es nur möglich ist, die Bootpartition mit TPM zu schützen), so wird der SafeGuard Enterprise Client die anderen Partitionen mit einem externen Schlüssel verschlüsseln, der auf der Bootpartition gespeichert ist.

Komfort Sobald die Policy empfangen und übersetzt worden ist, wird sie automatisch angewandt. Optionen, die sonst nur über verschiedene Kommandozeilen-Werkzeuge verfügbar wären, werden komfortabel über das Server GUI angeboten.

Sicherheit Ein strenges Management der Wiederherstellungsschlüssel ist notwendig, um die Schwächung von Bitlocker zu vermeiden.

3.9 Sicherheitsüberlegungen

Kommunikation zwischen Client und Server ist verschlüsselt und digital signiert. Das hindert einen Angreifer eigenmächtige Befehle an die Komponente zu senden oder Wiederherstellungselemente auszuforschen. Um das Trans Modul zu beeinträchtigen müsste ein Angreifer die Softwarekomponente modifizieren. Nach erfolgter vollständiger Verschlüsselung der Laufwerke ist dies extrem schwierig.

Das impliziert jedoch, dass vor der Erstverschlüsselung die Computer unzugänglich für nicht autorisierte Personen sind. Beachten Sie, dass diese Einschränkung für jedes Full Volume Encryption System gilt.

Die Schlüssel werden an den Server übermittelt und nicht lokal gespeichert, ausgenommen für die zusätzlichen Partitionen, die mit BitLocker geschützt sein könnten. Diese Schlüssel liegen in der Registry, die am Ende der Erstverschlüsselung geschützt wird.

4 Details aus der Praxis

4.1 Verbindung zu BitLocker?

Die Verbindung zu BitLocker geschieht mit Hilfe vom WMI API. Der Zugriff auf WMI ist einfacher mit .NET 2.0, weil die Kernkomponente des BitLocker Clients, die, die direkt mit WMI kommuniziert, in C++/CLI geschrieben ist. Andere Komponenten sind in „klassischem" C++ geschrieben.

Was benötigt wird, ist Kontrolle über Verschlüsselung, Entschlüsselung, Status und über kryptographische Elemente. All das kann über WMI erledigt werden, vorausgesetzt Sie besitzen Administratorrechte. Das MSDN enthält eine eingehende Beschreibung des BitLocker API.

Dieses API ist bis zu dem Punkt flexibel, bei dem Sie das System mit eigenen Schlüsseln versorgen (im Falle, dass Sie Ihren eigenen Zufallsgenerator verwenden wollen, oder Schlüssel aus einem anderen Verschlüsselungssystem verwenden müssen). In unserem Fall blieben wir beim original Pseudo Random Number Generator (PRNG).

4.2 BitLocker verbessern?

4.2.1 Schlüsselmanagement

Abhängig von der Richtlinie hat jedes Volume einen oder zwei Recovery Protektoren. Der 48-Digit-Password Protector ist immer präsent und ein optionaler externer Key Protektor ist verfügbar. Der Key Protektor ist auf dem Server gespeichert und der Administrator kann damit einen gesperrten Computer bequemer wiederherstellen als mit dem 48-Digit-Password. Standardmäßig verwendet BitLocker nur recovery password für die Wiederherstellung.

Jeder Protektor ist „markiert“ da ansonsten keine Möglichkeit bestünde, einen Login Protektor von einem Recovery Protektor zu unterscheiden.

4.2.2 Weitere Anpassung

Viele BitLocker-Funktionen sind nur über das API zugänglich oder über die Kommandozeile. Zum Beispiel ist das Ändern des Standard TPM-Profiles nicht belanglos, zumal dies eine wichtige Sicherheitsentscheidung darstellt (es legt fest, welche Teile des Systems durch den TPM-Chip verifiziert werden). Genauso verlangt die Auswahl des Algorithmus eine Änderung der Computerrichtlinie (oder den entsprechenden Schalter der Kommandozeile), was dem Benutzer keine Klarheit über die verfügbaren kryptographischen Suiten bietet.

Die Aktivierung dieser Funktionen ist Sache der Verbindung mit dem API über ein Endbenutzer-Interface (in unserem Fall die zentrale Administrationskonsole).

4.2.3 Schutz aller Volumes

Obwohl das GUI nicht erlaubt, ein Volume, außer der Bootpartition zu verschlüsseln (in der Microsoft Terminologie ist das das Volume, das das Betriebssystem enthält), akzeptiert das WMI API gerne, jede Partition außer die aktive (die den Bootmanager enthält und daher natürlich unverschlüsselt bleiben muss) zu verschlüsseln.

Die Verschlüsselung von Volumes mit Ausnahme von Bootvolumes lässt Fragen des Schlüsselmanagements entstehen. Nur das Bootvolume kann durch TPM geschützt werden, was die Auswahl für andere Volumes auf externe Schlüssel (meist ein USB-Stick) einengt. Aus praktischen Gründen sollte man alle Schüssel auf demselben Volume speichern.

Im Sinne der Sicherheit ist es kritisch, alle Volumes verschlüsseln zu können. Windows Vista SP1 könnte diese Option über das GUI anbieten und zurzeit ist es nur über die Kommandozeile (manage-bde) möglich, wodurch der Benutzer die Wiederherstellungsschüssel manuell verwalten muss.

Ist das Bootvolume verschlüsselt, kann jemand die Auto-Unlock Funktion von BitLocker, verfügbar über das API, benutzen. Dabei wird ein externer Schlüssel in die Registry geschrieben, der beim Booten das Volume entsperrt. Tritt dabei ein Fehler auf, wird der Benutzer aufgefordert, diesen Vorgang manuell bei der Anmeldung auszuführen. Das ist dann problematisch, wenn eine Anwendung vor der Anmeldung Zugriff auf das Volume benötigt (typischerweise ein Dienst).

Diese Funktion ist dann sicher, wenn die Registry auf dem Bootvolume, das selbst verschlüsselt ist, gespeichert ist. Wiederum haben wir eine Art von „Wasserfall-Enschlüsselungsmechanismus". Bei unverschlüsseltem Bootvolume steht diese Funktion nicht zur Verfügung.

Zurzeit gibt es keinen Weg, ein Volume ohne das Kommandozeileninterface zu entsperren, weshalb wir zwei Werkzeuge dafür erstellt haben. Eines ist ein Dienst, der auf allen verfügbaren Geräten nach externen Schlüsseln für das automatische Entsperren suchen kann, das andere versetzt den Benutzer über ein benutzerfreundliches Interface in die Lage, auszuwählen, welches Volume gesperrt oder entsperrt werden soll.

4.2.4 Richtlinien

Mit der passenden Erweiterung bietet Windows Server 2003 SP1 in einer up-to-date Active Directory Umgebung ein gewisses Maß an Richtlinienmanagement. Wie bereits erwähnt, ist dieses Maß für den Moment limitiert.

Daher war eines der Ziele BitLocker in ein existierendes Produkt zu integrieren, anstatt ganz von Vorne ein Administratorinterface zu erstellen. Dies bestand aus maßgefertigten Richtlinien für BitLocker, bei denen der Algorithmus, die Art des Schutzes und der Wiederherstellungsmechanismus von einem Punkt aus gewählt werden kann.

Jeder Computer muss in der Lage sein, seine Richtlinie über das Netzwerk zu erhalten und sie bestmöglich anzuwenden. Mit BitLocker benötigt dies zusätzliche Berechnungen, zum Beispiel führt die Verschlüsselung einer Platte, die Windows XP enthält mit BitLocker (dual boot configuration) zu einem nicht benutzbaren Betriebsystem. Es muss verstanden werden, dass TPM nicht für zusätzliche Volumes verwendet werden kann und die aktive Partition nicht verschlüsselt werden kann.

Genauso ist unser System in der Lage ein Volume beliebig zu ver- oder entschlüsseln mit der Möglichkeit, den Algorithmus zu wählen (zum Beispiel wenn ein Upgrade von AES 128 auf AES 256 ansteht).

Ein Dienst im Hintergrund stellt jederzeit sicher, dass eine zugewiesene Richtlinie nicht vom Benutzer oder einem Programm verändert wird. Wird zum Beispiel ein Entschlüsselungsprozess auf einem Volume gestartet, das verschlüsselt sein soll, wird dieser gestoppt. Natürlich kann ein berechtigter Benutzer diesen Dienst deaktivieren; es ist mehr ein Schutz gegen irrtümliche Veränderungen als gegen Angriffe. Dennoch machten wir Anstrengungen, die Notwendigkeit hoher Benutzerrechte zu reduzieren.

4.2.5 Reduzierung der Notwendigkeit von Administratorechten

BitLocker braucht Administratorrechte für die Aktivierung und Konfiguration. Sobald die Konfiguration von einem Dienst erledigt wird, sind diese Rechte nicht mehr notwendig. Der Benutzer hat keine Interaktion mit den Diensten.

Bei Bedarf starten die Dienste ein interaktives Programm, kompatibel mit der Vista Architektur, um dem Benutzer zu erlauben, die PIN zu ändern oder einen externen Anmeldeschlüssel auf einem bestimmten Medium zu speichern.

4.2.6 Wiederherstellung

Das Hauptwiederherstellungssystem von BitLocker ist das „48-digit-password". Der Benutzer muss das Passwort ausdrucken oder in einer Datei speichern, und geht dabei ein hohes Sicherheitsrisiko ein. Mit dem Kommandozeileninterface ist es auch möglich, einen Wiederherstellungsschlüssel, der beispielsweise auf einem USB-Stick gespeichert ist, hinzuzufügen, aber es ist noch immer notwendig, diesen sicher aufzubewahren. In der Theorie sollten diese Wiederherstellungselemente in einem sicheren Raum oder einem Safe aufbewahrt werden. In der Praxis ist ein versperrbarer Schrank das höchste der Gefühle; außerdem besteht der Wunsch das Passwort in der Nähe des Computers aufzubewahren.

Das wurde angesprochen. Die Wiederherstellungsschlüssel werden über das Netzwerk auf einem sicheren Kanal versendet und sind auf dem Server gespeichert. Der Benutzer bekommt die Schlüssel nicht mehr in die Hände, bei Bedarf entsperrt der Administrator den Computer.

5 Zusammenfassung

Mit BitLocker spricht Microsoft Sicherheitsaspekte im Zusammenhang mit Verlust, Diebstahl und Ausmusterung an. Obwohl erfolgreich, hat diese Lösung noch nicht ihre volle Reife erreicht. Viele Funktionen, die sie attraktiv für Unternehmen machen, fehlen.

Wir wollten dieses neue Feature von Windows Vista zusammenfassen und es so ausbauen, dass es eine gangbare Lösung für große Netzwerke darstellt, wo Wiederherstellungsmanagement und Arbeitserleichterung vorrangig sind. Obwohl Utimaco sein eigenes Full Volume Encryption Produkt hat, veranlasst ein pragmatischer Ansatz, sicher zu stellen, dass unsere Lösungen in heterogene Umgebungen passen. Das erlaubt Administratoren, mit neuen Betriebssystemfunktionen zu experimentieren.

Ein Sicherheitsprodukt muss so einfach und komfortabel wie möglich zu benutzen sein. Wenn nicht, wird es möglicherweise fehlerhaft implementiert und benutzt, welches seinerseits einen Sicherheitsaspekt darstellt.

Literatur

[Msft06a] Microsoft Corporation: BitLocker Drive Encryption Frequently Asked Questions (2006).

[Msft06b] Microsoft Corporation: Windows BitLocker Drive Encryption Step-by-Step Guide (2006).

[Ferg06] N. Ferguson: AES-CBC + Elephant diffuser: A Disk Encryption Algorithm for Windows Vista (2006).

[Moh02] T. Moh: On the Courtois-Pieprzyk's Attack on Rijndael (2002).

[Nist02] NIST: AES Questions and Answers (2002).

[Bihm05] Biham et al.: Related-Key Boomerang and Rectangle Attacks, Advances in Cryptology (2005).

[LiRW02] M. Liskov, R. Rivest, D. Wagner: Tweakable block ciphers (2002).

[WhMa07] J. Wheatman, N. MacDonald: Windows Vista BitLocker: Good, but Not Great (2007).

[Msft05] Microsoft Corporation: Secure Startup-Full Volume Encryption: Technical Overview (2005).

Patch Management aus Sicht eines Herstellers

Gordon Thomas Rohrmair · Konstantin Knorr

Siemens AG, CT IC CERT
{gordon.rohrmair | konstantin.knorr@siemens.com}

Zusammenfassung

Das Produkt-Portfolio von großen Technologiekonzernen wie Siemens, GE oder ABB umfasst mehrere tausend Produkte. Einige von ihnen werden in der Steuerung der kritischen Infrastruktur von verschiedenen Ländern eingesetzt. In zunehmendem Maße setzen diese auf Standardprotokollen (wie IP) und Standard-SW/OEM[1]-Komponenten (wie MS Betriebssystem und Apache Webserver) auf. Einzelne Produkte verwenden teilweise über hundert verschiedene OEM Komponenten. Tritt nun eine Sicherheitsschwachstelle in einer dieser Komponenten auf, ist ein Prozess gefragt, der von der Identifikation der Schwachstelle über den Test bis hin zum Roll-out zum Endkunden führt und das – abhängig von der Priorität der Schwachstelle – evtl. unter engen zeitlichen Vorgaben. Die vorliegende Abhandlung beschreibt einen Best Practice Ansatz für diesen Prozess, inklusive der beteiligten Rollen, Prozessschritte und der zeitlichen Abhängigkeiten.

1 Einleitung

Der heutige große Kostendruck, der die Produktpreise kompetitiv halten soll, hat starke Einflüsse nicht nur auf die Wartung und Ausbietung sondern auch auf die Entwicklung der Produkte an sich.

So ist in den letzten Jahren ein Trend hin zu stärkerem Einsatz von vorgefertigten Drittherrsteller-Softwarekomponenten zu verzeichnen. Vorschub verleiht dieser Entwicklung die immer höhere Komplexität / Funktionsvielfalt der Produkte, was in den letzten Jahren zu einer wahren Explosion an eingesetzter OEM Software[2] geführt hat.

Ein anderer Trend, der den Produktlebenszyklus ebenfalls prägt, sind die immer höher werdenden Sicherheitsanforderungen an die Produkte.

[Haar07] diskutiert, dass die Produktsicherheit nicht nur ein Verkaufsargument, sondern in den meisten Fällen sogar gesetzlich vorgeschrieben ist. So hat der Produkthersteller z.B. die Pflicht vor Gefahren zu warnen, die von seinen Produkten ausgehen. Weiter noch - Haar argumentiert, dass es für Unternehmen Pflicht sei, regelmäßig nach Sicherheitsupdates der verwendeten OEM Software Ausschau zu halten und diese zu installieren. Bei einem Unterlassen dieser Pflicht kann es zu Schadensansprüchen kommen die substantiell sind; wenig verwunderlich wenn man betrachtet, welcher Schaden durch einen größeren Sicherheitsvorfall ent-

[1] OEM steht für Original Equipment Manufacturer (z.B. Microsoft)

[2] Beispiele dafür sind: Windoxs XP, Adobe Acrobat Reader oder Mozilla Firefox.

P. Horster (Hrsg.) · D•A•CH Security 2007 · syssec (2007) 46-57.

stehen kann. So hat z.B. der Wurm SQL Slammer Schätzungen nach zwischen 950 und 1,2 Milliarden US Dollar Schaden verursacht [Koca07].

Experten der Carnegie Mellon University (US CERT) bestätigen in einer Studie [Koca07], dass 90% der erfolgreichen Angriffe auf Schwachstellen basieren, zu denen es beim Angriffszeitpunkt bereits einen Patch gab.

Will man das systematische Updaten von seinen Produkten qualitativ und effizient lösen, muss ein dedizierter Patch Management Prozess fest in der Organisation verankert werden.

Im folgenden Artikel geben die Autoren einen Einblick über die Herausforderungen und Lösungsansätze, die beim Aufsetzen und Betreiben eines Patch Management Prozesses für Produkte eines Großunternehmens entstehen können. Wichtig ist hier die Aufgabenverteilung zwischen OEM, Produktproduzent und dem Endkunden. Oft wird ein Patch vom OEM des Produktproduzenten an den Endkunden nach eingehender Prüfung der Relevanz und „Verträglichkeit" des Patches mit dem gesamten Produkt „durchgereicht".

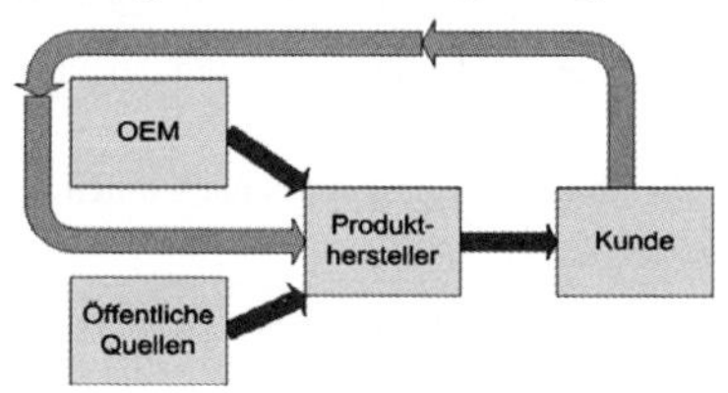

Abb. 1: Schwachstelleninformationsfluss

Natürlich müssen daher die OEM, Produzent und Endkundenprozesse zum Thema Patch Management durch geeignete Interfaces abgestimmt und durch geeignete Verträge / Vereinbarungen geregelt sein.

Nach dieser Einleitung beschreibt Abschnitt 2 grundlegende Konzepte zum Produktlebenszyklus und die Aufgabenstellung des Patch Managements. Abschnitt 3 befasst sich mit dem Patch-Management-Prozess und geht auf die einzelnen Prozessphasen und die beteiligten Parteien ein. Es folgen eine Zusammenfassung und abschließende Bemerkungen.

2 Grundlagen

2.1 Produktentwicklungsprozess

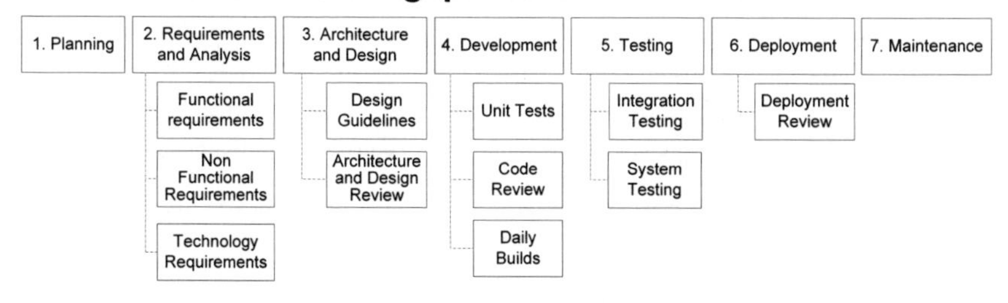

Abb. 2: Produktlebenszyklus nach Microsoft [Mic07b]

Die Produktentwicklung innerhalb von großen Produktherstellern ist ein stark arbeitsteiliger Vorgang, der durch entsprechende Prozessvorgaben in den Produktbereichen vorgegeben wird. Abbildung 2 zeigt die wichtigsten Phasen dieses Prozesses.

Wichtig für das Patch Management sind dabei im Wesentlichen

- die Architecture and Design Phase, in der festgelegt wird, welche OEM-Komponenten verwendet werden
- und die verschiedenen Testphasen, wie Unit, Integration und System Test.

2.2 Aufgabenstellung des Patch Managements

Bevor man sich an die Definition eines Patch Management Prozesses macht, sollte man sich zuerst Gedanken über die groben Ziele dieses Prozesses machen. Aus unserer Sicht ergeben sich fünf Aufgabenbereiche die es zu bewältigen gilt:

- Schwachstellen und die dazugehörigen Updates müssen identifiziert werden
- Updates müssen fehlerfrei sein und sollten die grundlegende Funktionalität der Anwendung nicht verändern
- Die Kommunikation über einen Vorgang muss nach innen und außen transparent sein
- Updates effizient verteilt werden
- Updates müssen eingespielt werden bevor großer Schaden entsteht

2.3 Verwandte Arbeiten

Wie in der Einleitung erwähnt, ist der Patch Management Prozess von exponierter Bedeutung wenn es um Produkt, System oder Host Security geht. So ist es wenig verwunderlich, dass in den letzten Jahren viel über dieses Thema publiziert wurde.

So z.B. hat das National Institute of Standards and Technology (NIST) eine Guideline für einen funktionierenden Patch Management Prozess herausgegeben [NIST05]. Die International Standards Organisation (ISO) hat z.B. in Standard 17799 unter Clause „Technical Vulnerability Management" ebenfalls Stellung zu diesem Thema genommen [ISO05]. Der Unterschied zwischen den genannten und dieser Publikation liegt im Abstraktionsgrad. Der vorliegende Artikel beschreibt ganz konkret wie Patch Management abzulaufen hat.

Weitere Hersteller die zu diesem Thema veröffentlicht haben sind unter anderem SAP und Microsoft. Microsoft hat in [Mic07b] ausführlich den hauseigenen Patch Management Prozess vorgestellt. Zahlreiche Publikationen bauen auf dieser Basis auf, wie z.B. [NISC06].

Der von Microsoft vorgestellte Prozess kann jedoch leider nicht hundertprozentig auf jeden Produzenten angewandt werden, da der Microsoft Patch Management Prozess wenige Schnittstellen zu anderen Herstellern aufweist. In Kontrast dazu, weist der Patch Management Prozess von Lösungsanbietern wie ABB, GE oder Siemens teilweise mehr als 1000 Schnittstellen zu anderen Herstellern, also anderen Patch Management Prozessen, auf (vgl. Abbildung 1).

Der Unterschied zwischen den Patch Management Geschäftsmodellen von SAP und MS auf der einen Seite und ABB, GE und Siemens auf der Anderen wird in Abbildung 1 deutlich. MS oder Sun müssen (fast) keine Updates von anderen Herstellern zu ihren Kunden „durchreichen". ABB, GE und Siemens dagegen sind stark von der Zusammenarbeit mit seinen OEMs abhängig.

3 Der Patch Management Prozess

Der im nachfolgenden Kapitel beschriebene Patch Management Prozess stellt einen Best Practice Ansatz dar. Er wird von einigen Siemens Teilbereichen ganz- oder teilweise umgesetzt. Es sei an dieser Stelle angemerkt, dass es auch Teilbereiche gibt, die ein komplett anderes Vorgehen aufweisen.

Wie bei jedem anderen Prozess, so ist auch bei dem Patch Management Prozess die klare Rollenverteilung zwischen den Teilnehmern von Bedeutung. Im Einzelnen sind dies:

- Produktentwicklung
- Security Responsible Person (SRP): ist verantwortlich für alle sicherheitsrelevanten Vorgänge bei einem oder mehreren Produkten. Sie besitzt also spezielles Produkt Know-How.
- System Test: wird in der Entwicklung und bei Schwachstellentests beauftragt, die Funktionalität des Produkts zu testen
- Evtl. bereichsspezifische Security Office: die für die Pflege von der OEM SW-Produkt-Matrix und den Kontaktdaten der SRPs zuständig sind.
- Corporate Security Services (CSS)[3]: Übernimmt u.a. die Überwachung (Monitoring) von sicherheitsrelevanten Nachrichten und die Beratung bei etwaigen Problemen.
- Service-Abteilung (evtl. auf verschiedenen Ebenen (first, second, third level support)
- Kunde
- OEM

Das Schaubild (vgl. Abbildung 3) zeigt den Ablauf der einzelnen Vorgänge. Tabelle 1 verdeutlicht, welche Parteien in den jeweiligen Prozessschritten involviert sind.

Tab. 1: Aufgabenverteilung innerhalb des Patch Management Prozesses

Prozessschritte	3.1	3.2	3.3	3.4	3.5	3.6	3.7	3.8
Security Responsible Person		x	x	x		x		
System Test				x	x			
Produkt Entwicklung						x	x	
Security Office	Administration von SRP, Produkt- und Feedbackdaten							
Corporate Security Service	x	x						
Service Abteilung			x	x		x		x
Kunde					x (Individ. Grad)		x	

Der Rest des Kapitels beschreibt die einzelnen Prozessschritte in den in Abbildung 3 angegebenen Unterkapiteln.

[3] Bei Siemens übernimmt das Computer Emergency Response Team (CERT) diese Funktionalität.

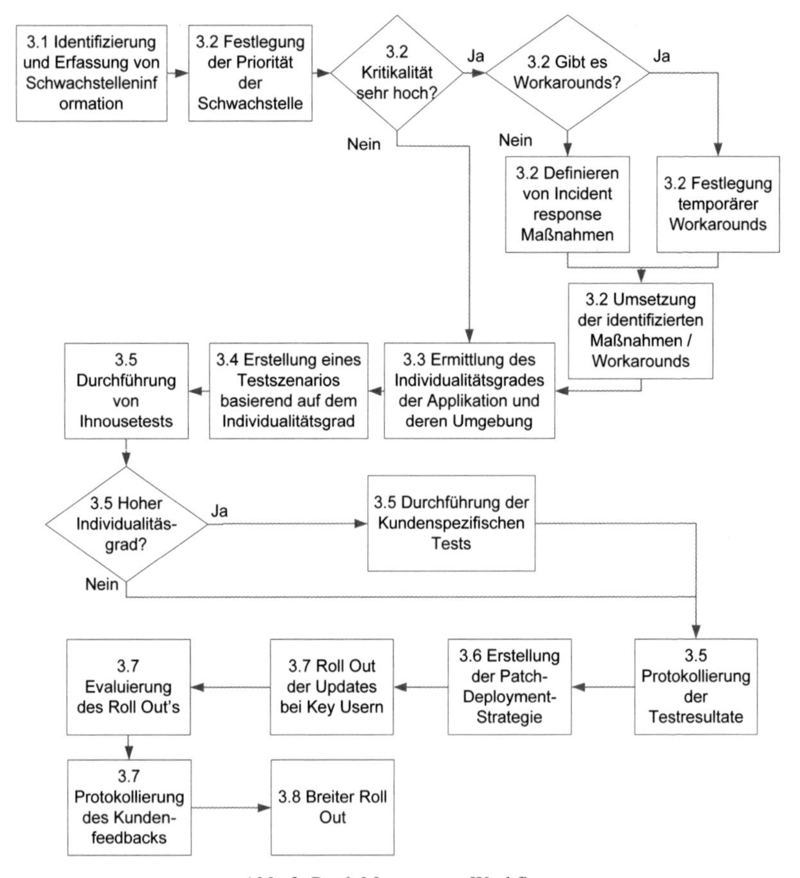

Abb. 3: Patch Management Workflow

3.1 Identifizieren von Schwachstellen und deren Patches

Zuerst muss eine OEM SW-Komponenten-Matrix erstellt werden. Es werden also bei jedem Produkt die verwendeten OEM Bausteine / Komponenten erfasst. Da bei großen Produktherstellern eine Vielzahl von Produkten mit einer Vielzahl von Komponenten existiert, sollte eine Security Responsible Person (SRPs), pro Produkt, ernannt werden. Die SRP ist neben der Erstellung, Pflege der Produkt-Komponenten-Matrix und seiner Rolle im Patch Management Prozess zentraler Anspruchspartner für alle IT Sicherheitsfragen. Aus der Matrix wird vom CSS eine Schlagworttabelle erstellt, die verwendet wird, um das Internet zu scannen und die verfügbare Information zu filtern.

Das CSS verwendet offene und geschlossene Informationskanäle um schnell relevante Schwachstellennachrichten aufzuspüren. Zu den offene Kanälen zählen unter anderem Web

Seiten, Mailing Listen und das globale CERT Netzwerk. Die geschlossenen Kanäle decken den nicht frei verfügbaren Informationsfluss ab. Ein Beispiel hierfür sind OEM Sicherheitsmeldungen - die direkt von den OEMs geliefert werden und durch entsprechende Verträge geregelt sind.

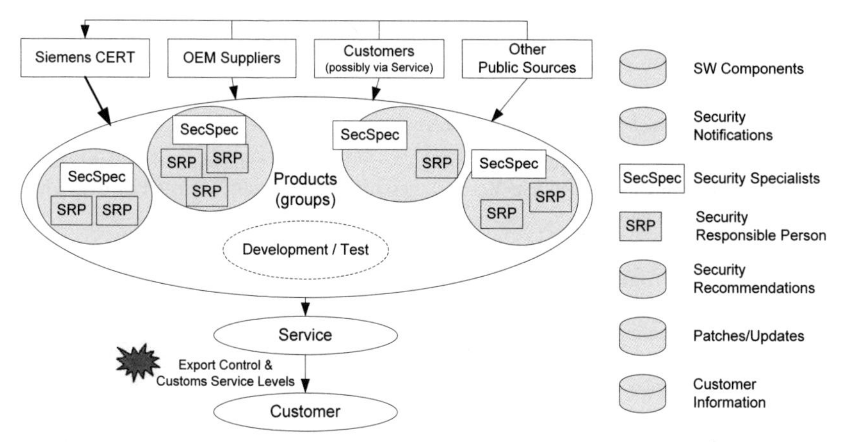

Abb. 4: stellt die involvierten Parteien, Systeme und Informationskanäle dar

Die Ermittlung der betroffenen Systeme erfolgt ebenfalls wieder über die Produkt-Komponenten-Matrix.

Bevor eine Schwachstellenmeldung an die entsprechenden SRPs versand wird, wird die Schwachstelle nach bestimmten Kriterien[4] bewertet und, darauf aufbauend, eine vorläufige produktunabhängige Priorität vergeben.

Die erfasste Schwachstelle bleibt im System allerdings weiterhin aktiv, damit weitere Informationen (wie z.B. bereitstehende Patche oder Exploits) erfasst und gegebenenfalls eine Update-Meldung an die SRPs versand werden kann. Bei Schwachstellen mit einer hohen Priorität bei denen kein Patch verfügbar ist wird vom CSS häufig ein produktunabhängiger Workaround vorgeschlagen.

Oft gibt es kurze Zeit nach der Veröffentlichung erste Patching Erfahrungsberichte von anderen Herstellern oder IT Consultants. Diese Nachrichten werden ebenfalls erfasst und and die entsprechenden Personen weitergeleitet. Oftmals bedeutet eine kleine Mehrinformation eine erhebliche Verringerung des eigenen Zeitaufwands.

Dieser Prozessschritt stellt eine kontinuierliche Aktivität dar, läuft also immer parallel zu den nachfolgenden Schritten.

[4] Die Berechnung und Wertung von Schwachstellen ist ein weites Feld und wird von vielen unterschiedlich vorgenommen. Wir werden diesen Themenkomplex an dieser Stelle nicht weiter ausführen. Der interessierte Leser sei auf [NIAC04] verwiesen.

3.2 Festlegung der Priorität der Schwachstelle

Nachdem der SRP die Schwachstelleninformationen z.B. über E-Mail empfangen und die Relevanz abgeschätzt hat, muss er nun festlegen, ob die produktunabhängige Priorität auch für sein Produkt zutrifft. Der SRP nutzt dazu sein Know-How und seine Kontakte zu anderen Produkt-Wissensträgern (evtl. von verwandten Produkten, Systemtest, Service, SRP-Community)

Wichtig dabei ist, dass auch hier ein Informationssystem den ganzen Prozess unterstützt, das es ermöglicht, entsprechende Daten zu speichern.

Wenn die Schwachstelle nicht relevant ist oder als niedrig prior eingestuft wird, wird entweder der Vorgang mit entsprechendem Vermerk geschlossen oder zum nächsten Prozessschritt (Nummer 3.4) übergegangen.

Für den Fall, dass kein Update existiert und die Priorität auf kritisch gesetzt wurde, muss ein Maßnahmenkatalog (Beispielmaßnahme: Abschalten von Services an Firewalls, Umkonfiguration des Produktes) definiert werden um die Produkte bis zum Updaten zu schützen. Meist wird der Katalog zusammen von SRP, Systemtest und Entwickler definiert. Im Anschluss daran wird der Maßnahmenkatalog an die entsprechenden Servicemitarbeiter oder an den Kunden direkt weitergeleitet.

3.3 Ermittlung des Individualitätsgrades der Applikation

Die SRP ermittelt, ob das betroffene Produkt eine Funktion aufweist, die stark von kundenspezifischen Belangen abhängt. Falls ja, muss der Service / Kunde in die Bewertung der Schwachstelle mit einbezogen werden. Falls das Produkt Standardcharakter aufweist, wird direkt zum Erstellen von Testszenarios übergegangen.

3.4 Erstellung der Tests gemäß dem Individualitätsgrad

Im Allgemeinen lassen sich die Testszenarios in kundenspezifische und kundenunspezifische Tests unterteilen. Die unabhängigen Test Szenarios sind oft schnell erstellt. Meist genügen ein Reboot und ein anschließender kurzer Funktionscheck, um das Produkt zu testen.

Die kundenspezifischen Tests müssen mit dem kundenspezifischen Know-How der jeweiligen Servicemitarbeiter erstellt werden. Häufig stellt schon das Erfassen der Eingangsannahmen über den Systemzustand erhebliche Probleme dar. Darum empfiehlt es sich auch – zumindest für große Produkte / Kunden – immer ein „Serviceheft“ (Zustandsinventur) zu führen. Falls ein solches Dokument vorliegt verringert sich der Erstellungsaufwand erheblich.

Anmerkung: Tests sind an unterschiedlichen Stellen des Prozesses notwendig. Sie beschränken sich also nicht nur auf diesen und den folgenden Arbeitsschritt (3.5 und 3.7) des Patch Management Prozesses. So führt das CSS teilweise produktunabhängige Patch Tests durch – bevor eine Sicherheitsnachricht an den SRP weitergereicht wird.

3.5 Durchführung der Tests

Das Testen in typischerweise der umfangreichste Teil des gesamten Prozesses. Das gilt nicht nur für den Produkthersteller sondern auch für die OEMs.

Zum Umfang der Tests: Der Systemtest ist ohnehin ein fester Teil des Produktlebenszyklus. Daher können die bestehenden Strukturen auch zum Testen von Patchen genutzt werden. Der SRP legt den Umfang der Tests fest – das Spektrum reicht hier vom Schnelltest (Bootet das System wieder) bis zum vollen Regressionstest für alle im Feld befindlichen Produkt-Releases.

Die kundenunabhängigen Tests sollten im eigenen Testlabor ablaufen. Bei den kundenspezifischen Tests können zum einen bestimmte Kooperationspartner (mit ähnlicher Stellung) als Testfall herangezogen werden oder, zum anderen, im eigenen Testlabor die am häufigsten auftretenden Installationen nachgestellt werden. Im Allgemeinen empfiehlt es sich in komplexeren Umgebungen / Szenarios einen Kooperationspartner (friendly customer) mit ins Boot zu holen.

Während die Tests durchgeführt werden, sollten die notwendigen Eingaben sowie die dazugehörigen Ausgaben / Reaktion genau protokolliert werden. Diese Information ist nicht nur für den Test an sich wichtig, sondern dient auch als Grundlage für das Erstellen der Roll-Out (Patch-Deployment) Strategie. Ein einfaches Beispiel für solch eine protokollierte Information ist die. ob ein Reboot benötigt wird. Falls das zu patchende Produkt in einem Hochverfügbarkeitsumfeld eingesetzt wird, hat diese Information entscheidenden Einfluss auf den nächsten Punkt – die Patch-Deployment Strategie.

3.6 Erstellung der Patch-Deployment Strategie

Wie bereits erwähnt dient das genaue Verhalten des Updates als Grundlage für die Patch-Deployment-Strategie. Wichtige Faktoren sind, unter anderem, neben Downtime, benötigte User Interaktion, die Größe des einzuspielenden Updates oder der Zeitpunkt und das Medium (z.B. nächste Load oder Release) über das der Patch verteilt werden soll.

Die Gewichtung der Faktoren kann stark vom Kunden abhängig sein. Fragen wie z.B. „Können wir auf ein Patch-Verteilungssystem von Kunden zugreifen?“ haben entscheidenden Einfluss auf das Ergebnis.

3.7 Roll out der Updates bei Key Usern

Falls die Produkte infrastrukturkritisch sind, gibt es auch noch die Option eines Test-Roll-Outs der bei ausgewählten Kunden durchgeführt wird. Dabei ist besonders darauf zu achten, dass Kundenfeedback (z.B. Anmerkungen von Administratoren protokolliert werden) schnell genug an den Systemtest oder SRP weitergeleitet wird.

Diese Information kann dann dazu verwendet werden, um die etwaige Entwicklung und Umsetzung der Reparaturmaßnahmen voranzutreiben.

3.8 Breiter Roll out (zu allen Kunden)

Falls die vorherigen Phasen erfolgreich durchlaufen wurden, sollte der Roll out des Patches ohne größere Vorkommnisse abgewickelt werden. Ein Punkt, der das Vertrauen des Kunden in den Patch Management Prozess des Herstellers erhöht, ist das Zusammenstellen eines

Patch Berichts (Patch Summary). Das Summary sollte einen kurzen Testbericht und die Information, gegen welche Schwachstellen vorgegangen wurde, beinhalten[5].

4 Diskussion

4.1 Fast Patching

Bei dringlichen Schwachstellen / Updates gibt der Kunde oftmals vor, z.B. durch Service Level Agreements (SLA), wie viel Zeit für einen Vorgang von Prozessschritt 1 (Erfassen der Schwachstelle) bis zum Roll out verstreichen darf.

Für besonders kritische Schwachstellen kann die Zeitanforderung auf 48h begrenzt sein.

Da alle Schritte selten in 48 Stunden durchlaufen werden können, müssen im Vorhinein „Fast-Patching“ Regeln aufgestellt werden:

- So werden beim Erfassen von Priorität 1 Schwachstellen die entsprechenden SRPs sofort mit einer Nachricht informiert. Parallel dazu gibt es auch teilweise die Anforderung, diese Nachricht auch dem Kunden zukommen zu lassen.
- Die SRPs informieren Systemtest und Service und legen die produktspezifische Kritikalität, den minimalen Testrahmen und mögliche Roll-Out Strategien fest.
- Nachdem der stark verkürzte Test ausgeführt wurde, wird eine Nachricht mit der Patch Anweisung (Release Notes) an den Kunden versand.

Fast Patching Workflows sollten effizient gestaltet sein, allerdings ohne die grundlegende Protokollierung der einzelnen Arbeitschritte zu vernachlässigen. Dies ermöglicht es, bei einem Fehlschlagen des Fast Patchings, die einzelnen Schritte zu rekonstruieren und so den Fehler schnell aufzuspüren.

4.2 Die Rolle von Automatic Update Mechanismen

Ein häufig anzutreffendes Argument gegen einen ausführlichen Patch Management Prozess ist die Verwendung von automatisierten Update Funktionen wie z.B. SuSe Linux, Sun, MS WSUS. Im Folgenden sprechen drei Faktoren gegen diese Wahrnehmung:

- Diese Systeme sind meist Hersteller abhängig und verteilen nicht immer nur sicherheitsrelevantes Material (Planungssicherheit für Entwickler des Mehrkomponentensystems, Drittkomponentensystems)
- Verteilung fehlerhafter Updates
- Testen der Updates ist meist nicht vorgesehen
- Selbst wenn diese Probleme gelöst wurden, dann muss immer noch von Kundenseite her das (dauerhafte) Recht bestehen, in seinem Netz, einen Host zu Updaten. Dies dürfte für viele Bereiche ausgeschlossen sein.

Automatische Update Mechanismen decken daher nur einen Teil des gesamten Patch Management Prozesses ab. Ein extrem homogenes Umfeld mit einfach modular aufgebauten Produkten ist selten anzutreffen. Nur in diesem Fall ist die Überlegung, den Patch Management

[5] Bei bestimmten Standards wird diese Information sogar gefordert (z.B. ISO 17799 [ISO05]).

Prozess auf die Funktion der automatischen Update Mechanismen zu beschränken, angebracht.

4.3 Standards, Austauschformate

Um die Kosten zu minimieren und die allgemeine Interoperabilität zwischen anderen Sicherheitsinformationssystemen (wie z.B. [OSVD07] oder [Cert07]) zu steigern, sollte der Austausch der Daten nach allgemeinen Standards erfolgen. Zu den wichtigsten zählen EISPP [EISP04] und DAF [Cert04].

Das EISPP (European Information Security Promotion Program) zielt auf die Standardisierung des Austauschs von sicherheitsrelevanten Informationen ab. Das entstandene Framework erlaubt es nicht nur Informationen in eine bestimmte Form zu bringen sondern auch diese zu interpretieren.

Das DAF (Deutsches Advisory Format) wurde speziell für die Belange von deutschen CERTs von dem EISPP Format abgeleitet; somit können Schwachstelleninformationen im DAF jederzeit in das EISPP Format überführt werden. Beide Formate werden mit einer XML DTD definiert. Dies ermöglicht es, eindeutige Schnittstellen zwischen Security Information Management Systemen zu erstellen.

Für Schwachstellenpriorität gibt es das CVSS (Common Vulnerability Scoring System) [NIAC04]. Die CVSS Nummer wird aus drei Kennzahlen, dem Basic Score, Temporary Score und dem Environment Score berechnet. Jede der drei Kennzahlen steht für ein Set von Schwachstelleneigenschaften die die Schwachstelle eindeutig klassifiziert (z.B. Remote Exploit, Exploit available, No user interaction necessary).

Ein weiterer Aspekt ist die Nummerierung der Schwachstellen. Dies scheint auf den ersten Blick ein kleiner Punkt zu sein, so vergeben die Stellen meist ihre eigenen (internen) Schwachstellenidentifikatoren. Wenn allerdings die Notifikationen auch zum Kunden durchgereicht werden, muss es möglich sein, dass der Kunde (besonders bei Großkunden) seine Schwachstellenmeldungen mit denen vom Produkthersteller verknüpfen kann. Um diese Interoparabilität zu fördern wurde die Common Vulnerability and Exposures (CVE) Nummerierung eingeführt [MITR07]. Allerdings werden diese Nummern teilweise zu langsam den jeweiligen Schwachstellen zugeordnet. Daher sollten neben der CVE auch noch die Hersteller spezifischen Vulnerability IDs, Advisory ID oder Patch ID[6] mit erfasst werden.

Zu guter Letzt muss man sich Gedanken über die Namensgebung der Komponenten machen. Die Common Platform Enumeration (CPE) stellt eine einfache Methodik dar, Produkte mit ihren SW Komponenten eindeutig zu bezeichnen [MIT07b]. Eine klare Namensgebung vereinfacht nicht nur die Zuweisung der Schwachstellen zu Produkten, sondern reduziert auch den allgemeinen Aufwand für die Pflege der Komponenten und dem Erstellen von Schwachstellenstatistiken und Kundenberichten.

[6] Kann je nach Hersteller unterschiedlich sein.

4.4 Zusammenfassung

Patch Management ist ein außerordentlich wichtiger Prozess, da er 90% der erfolgreichen Angriffe die Basis entzieht. Seine Bedeutung wird durch internationale Standards wie ISO 17799 und entsprechende Produkthaftungsgesetzte erhöht.

Da das Patch Testing teilweise nur kundenspezifisch erfolgen kann, sollte der Patch Management Prozess den Kunden einbeziehen. Kundenfeedback muss standardmäßig im Patch-Management Prozess integriert werden, um Kompatibilitätsprobleme, die beim Patch-Test nicht aufgefallen sind, zu erfassen.

Kürzere Produktlebenszeiten, schnellere Programmierung / Zusammenstellen von OEM Software zieht schwerwiegende Konsequenzen für das Patch Management nach sich. Da die Kosten für das Patch Management steigen, sollte es auch ein Faktor in der Produktplanung und Produktentwicklung sein.

Bei einem Produktportfolio mit vielen Interfaces muss es für jedes Produkt oder Platform sowie deren Komponenten einen ausgewiesenen Verantwortlichen geben, der die produktspezifische Auswertung selbst vornimmt oder delegiert sowie den Test und die Release Planung verantwortet.

Zu guter Letzt muss der Patch Management Prozess von einem entsprechenden Informationssystem unterstützt werden. Dieses Informationssystem sollte es ermöglichen jegliche benötigte Information zu speichern, verwalten und zu verteilen. Dabei ist es erforderlich, Standards wie z.B. CVE, CPE , CVSS, oder DAF/EISPP zu unterstützen.

Literatur

[Cert04] CERT: http://www.cert-verbund.de/daf/index.html, 2004.

[Cert07] CERT: http://www.cert.org/, 2007.

[Comp05] Computerwoche, Microsoft erneuert seine Patch-Verteilung, 2005.

[EISP04] European Information Security Promotion Programme, http://www.eispp.org/

[FKG05] T. Forbath, P. Klaher, T. O'Grady: The Total Cost of Security Patch Management: A comparison of Microsoft Windows and open source software, April 2005.

[GFI06] GFI Software, Patch-Verwaltung mit GFI LANguard N.S.S. und Microsoft SUS, Whitepaper, 2006.

[Haar07] T. Haar: Absturzgefahr – Herstellerpflichten zur Sicherheit von Produkten, Xi, 1/2007, Seite 80, Jan 2007.

[ISO05] ISO 17799:2005 Information technology – Code of practice for information security management, 2005.

[Koca05] E. Kocatürk: Patch-Management vermeidet Flickwerk, Computerwoche, http://www.computerwoche.de/produkte_technik/software/556432/ (2005).

[Lind03] P. Lindstrom: Proactive patch management, A Spire research report, Apr 2003.

[Lind04] P. Lindstrom: A patch in time, Information security, Feb 2004.

[Micr07] Microsoft, Informationen zum Thema Patch-Management, http://www. microsoft.com/germany/ms/security/guidance/topics/PatchManagement.mspx#EBAA

[Mic07b] Microsoft's Security Guidance for Patch Management, http://www. microsoft.com/germany/technet/datenbank/articles/900193.mspx

[MITR07] MITRE, Common Vulnerabilities and Exposures, http://cve.mitre.org/, 2007.

[MIT07b] MITRE, Common Platform Enumeration, http://cpe.mitre.org/, 2007.

[NEMA04] NEMA (National Electric Manufacturers Association-USA), Patching Off-the-Shelf Software Used in Medical Information Systems, 2004.

[NIAC04] National Infrastructure Advisory Council, Common Vulnerability Scoring System, Okt 2004.

[Nica03] F.M. Nicastro: Security Patch Management White PaperDatei, International Network Services, http://www.ins.com/downloads/whitepapers/ins_white_paper_security_ patch_mgmt_0303.pdf

[NISC06] National Infrastructure Security Co-Ordinator Centre, Good Practice Guide Patch Management, Okt 2006

[NIST05] Creating a Patch and Vulnerability Management Program, NIST Special Publication 800-40 (version 2.0), Nov 2005.

[OSVD07] Open Source Vulnerability Database, http://www.osvdb.org, 2007.

[Robe04] C. Roberge: Patch management best practices, ecora Whitepaper, 2004.

[Robi03] C. Robinson: Patch deployment best practices in the enterprise, www.rfgonline.com, 2003.

[Schu] J. Schulze: Patch-Management muss weltweit funktionieren, Computerwoche, http://www.computerwoche.de/knowledge_center/it_security/567011/, 2005.

[Secu07] Securityfocus, http://www.securityfocus.com, 2007.

[Seil03] M. Seiler: Keine Chance für Sobig und Blaster, Computerwoche, http://www.computerwoche.de/produkte_technik/weitere_beitraege/540970/ , 2003.

[Syma04] Symantec: Internet Security Threat Report, 2004, http://www.symantec.com/region/de/deresc/download/ISTR_VI.zip

[Syma07] Symantec: DeepSight Threat Management Sytem, http://tms.symantec.com/, 2007.

Wie kann Identity und Access Management Compliance unterstützen?

Marko Vogel

KPMG Deutsche Treuhand-Gesellschaft Aktiengesellschaft
Wirtschaftsprüfungsgesellschaft
mvogel@kpmg.com

Zusammenfassung

Viele Organisationen sehen sich neuen bzw. sich ändernden gesetzlichen Anforderungen und Nachweispflichten ausgesetzt. Um Compliance zu erreichen, d.h. interne Regelungen und externe Gesetze nachweislich zu befolgen, ist ein internes Kontrollsystem notwendig, welches auch den IT-Bereich umfasst. Grund hierfür ist die zunehmende Abbildung von Geschäftsprozessen einer Organisation in IT-Systemen und die damit verbundene Abhängigkeit vom korrekten und sicheren Funktionieren der Systeme. Der Schutz der Organisationswerte und -informationen ist eine wesentliche Forderung, die in vielen Kontrollen adressiert wird. Ein an die Organisationserfordernisse angepasstes Identity und Access Management kann helfen, diese Kontrollen effektiv umzusetzen und entsprechende Nachweise automatisiert zur Verfügung zu stellen. Anhand von konkreten Beispielen wird verdeutlicht, wie internes Kontrollsystem und Identity und Access Management zusammenspielen bzw. worauf zu achten ist.

1 Einleitung

Nahezu alle Organisationen sehen sich einer Vielzahl von unterschiedlichen Regularien ausgesetzt. Dies können nationale Gesetze, aber auch internationale oder branchenspezifische Regelungen oder interne Richtlinien sein. Viele davon haben auch einen Einfluss auf die IT der Organisation. Doch in vielen IT-Bereichen herrscht Verwirrung und Unsicherheit darüber, was konkret umzusetzen ist.

Insbesondere im Umfeld der Fragestellung „Wer hat Zugriff auf welche Organisationswerte und -informationen" fehlen bei vielen Organisationen entsprechende Kontrollen und/oder Nachweise, dass diese Kontrollen wie gefordert funktioniert haben.

2 Compliance

Als Compliance wird die Einhaltung von Gesetzen und Richtlinien, aber auch Verträgen oder freiwilligen Kodizes in Organisationen bezeichnet.

Jedoch ist nicht jedes Gesetz bzw. jede Regelung für alle Organisationen zutreffend. Eine mögliche Kategorisierung kann wie folgt aussehen:

P. Horster (Hrsg.) · D•A•CH Security 2007 · syssec (2007) 58-69.

- Internationale Regularien, wie beispielsweise IFRS (International Financial Reporting Standard) oder Basel II
- Nationale Regularien, wie beispielsweise das deutsche Handelsrecht, das Bundesdatenschutzgesetz oder der amerikanische Sarbanes-Oxley Act
- Branchenspezifische Regularien, wie beispielsweise MaRisk für die Kreditinstitute in Deutschland (Mindestanforderungen an das Risikomanagement) oder HIPAA für das Gesundheitswesen in den USA (Health Insurance Portability and Accountability Act)
- Interne Regularien, wie eine Informationssicherheitsrichtlinie oder ein Risikomanagement-Handbuch

Häufig lassen sich Regularien nicht nur einer dieser Kategorien zuordnen.

Insbesondere große Organisationen sehen sich weltweit einer Vielzahl von Regularien ausgesetzt. Somit gehört es zu den Aufgaben einer Organisation zunächst die für sie gültigen Regularien zu identifizieren.

Auch wenn es viele unterschiedliche Regularien gibt, zeigt sich, dass von ihnen ähnliche Anforderungen adressieren, wie:

- Management von Risiken
- Ordnungsmäßige Organisation des Geschäftsbetriebs
- Steuerung, Kontrolle und Transparenz der Geschäftstätigkeit

Zusätzlich muss nachgewiesen werden können, dass diesen Anforderungen nachgegangen wurde.

3 Internes Kontrollsystem

Zur Umsetzung der regulatorischen Anforderungen – aber auch allgemeiner Geschäftanforderungen – sollte die Geschäftsleitung ein internes Kontrollsystem (IKS) einrichten.

Unter einem internen Kontrollsystem (siehe auch [IDW01]) werden die von der Leitung der Organisation eingeführten Grundsätze, Verfahren und Maßnahmen verstanden, die gerichtet sind auf die organisatorische Umsetzung der Entscheidungen der Organisationsleitung

- zur Sicherung der Wirksamkeit und Wirtschaftlichkeit der Geschäftstätigkeit (hierzu gehört auch der Schutz des Vermögens, einschließlich der Verhinderung und Aufdeckung von Vermögensschädigungen),
- zur Ordnungsmäßigkeit und Verlässlichkeit der internen und externen Rechnungslegung sowie
- zur Einhaltung der für die Organisation maßgeblichen rechtlichen Vorschriften.

Ziel eines internen Kontrollsystems muss es also nicht ausschließlich sein, Compliance zu erreichen. Es kann ebenso dazu genutzt werden, die Effizienz der Geschäftstätigkeit zu erhöhen.

Das interne Kontrollsystem besteht aus Regelungen zur Steuerung der Organisationsaktivitäten (internes Steuerungssystem) und Regelungen zur Überwachung der Einhaltung dieser Regelungen (internes Überwachungssystem).

Zur Einführung und Beurteilung interner Kontrollsysteme wurden entsprechende Frameworks geschaffen, die als Ausgangspunkt dienen können und organisationsspezifisch angepasst werden müssen. So hat beispielsweise das Committee of Sponsoring Organizations of the Treadway Commission (COSO) ein weltweit akzeptiertes Framework für interne Kontrollsysteme entwickelt (siehe [COSO92]).

COSO definiert fünf Komponenten für ein internes Kontrollsystem.

- Das *Kontrollumfeld* bildet den Rahmen, in dem ein internes Kontrollsystem betrieben wird. Es wird bestimmt durch das Leitbild der Organisation. Zum *Kontrollumfeld* gehören beispielsweise Führungsstils und Risiko- und Kontrollkultur, aber auch klare Verantwortlichkeiten und Kompetenz der Mitarbeiter.
- Die zweite Komponente *Risikobewertung* umfasst die zeitgerechte und kontinuierliche Identifikation und Beurteilung der Risiken, die eine Gefährdung der Organisationsziele darstellen als Basis für die Behandlung von Risiken. Dieser Punkt wurde in [COSO04] ergänzt, indem in stärkerem Maße der Schwerpunkt im Bereich des allgemeinen, organisationsweiten Risikomanagements gesetzt wurde.
- Die dritte Komponente *Kontrollaktivitäten* beinhaltet die Gesamtheit der Regelungen und Verfahren zur Sicherstellung der Durchführung aller von der Organisationsleitung beschlossenen Maßnahmen. Diese Regelungen und Verfahren stellen sicher, dass Risiken adressiert und behandelt werden.
- Innerhalb der vierten Komponente *Information und Kommunikation* erfolgt die Etablierung von Informations- und Kommunikationswegen, die gewährleisten, dass alle relevanten Informationen zuverlässig und zeitgerecht erhoben und in geeigneter Form an die zuständigen Personen verteilt werden.
- Die fünfte Komponente *Monitoring* umfasst die ständige Überwachung des internen Kontrollsystems, um es ggf. veränderten Rahmenbedingungen anzupassen und die Effektivität sicherzustellen.

Ein internes Kontrollsystem durchzieht meist die gesamte Organisation, folglich auch den IT-Bereich.

Die Praxis zeigt, dass zur Erfüllung der meisten Anforderungen einer Vielzahl von Regularien ein Basis-Satz an allgemeinen Kontrollen innerhalb des IT-Bereichs implementiert sein sollte. Die konkrete Ausgestaltung kann jedoch je nach Organisation sehr unterschiedlich aussehen.

Da das COSO-Framework jedoch genereller Natur ist, gibt es keine konkreten Vorgaben für IT-Kontrollen (siehe hierzu Abschnitt 3.2).

3.1 Kontrollarten

Innerhalb eines internen Kontrollsystems lassen sich unterschiedliche Arten von Kontrollen identifizieren. Einige Beispiele zur Verdeutlichung sind:

- Durchsicht
  Durchsicht von Unterlagen, die von einem anderen Mitarbeiter oder einem IT-System erstellt wurden auf Auffälligkeiten / ungewöhnliche Transaktionen (4-Augen-Prinzip) oder Analyse von speziellen Kennzahlen bzw. Auswertung von Trends.
- Abstimmung
  Abgleich zwischen verschiedenen Datensammlungen / Dateien und Analysen der festgestellten Abweichungen. Diese Kontrolle grenzt sich von den IT-Kontrollen dadurch ab, dass der Abgleich nicht ausschließlich im IT-System vorgenommen wird.

- Autorisierung
  Genehmigung von Transaktionen / Geschäftvorfällen durch Dritte (i.d.R. Spezialabteilungen oder Vorgesetzte) in Einklang mit den Dienstanweisungen der Organisation. Die Genehmigung wird üblicherweise durch die Erteilung einer Freigabe dokumentiert.
- Funktionstrennung
  Die Trennung von Verantwortlichkeiten für die Veranlassung, Durchführung und die Genehmigung von Transaktionen, um zu verhindern, dass Fehler erfolgen bzw. Unregelmäßigkeiten von einer einzelnen Person durchgeführt werden können.
- System-basierte Kontrollen
  Maschinelle Kontrollen, die innerhalb von IT-Systemen ablaufen und durch die Mitarbeiter nicht verändert werden können (ausgenommen IT-Mitarbeiter mit administrativen Berechtigungen).

Weiterhin kann zwischen präventiven und detektiven Kontrollen unterschieden werden. Präventive Kontrollen sind fehlervermeidend und den Verarbeitungsschritten vorgelagert. So handelt es sich bei der Genehmigung von neuen Zugriffsrechten beispielsweise um eine präventive Kontrolle. Detektive Kontrollen sind fehleraufdeckend und nachgelagert. Die regelmäßige Abstimmung der IST-Berechtigungen der Benutzer gegen die SOLL-Berechtigungen gemäß Funktion in der Organisation stellt eine detektive Kontrolle dar.

3.2 Standards und Frameworks für die IT

Bisher war nur allgemein von einem internem Kontrollsystem bzw. internen Kontrollen die Rede. Was fehlt ist der Bezug zur IT. Welche Kontrollen sind innerhalb der IT zu etablieren? Wie oben bereits erwähnt, kann ein Basis-Satz an Kontrollen helfen, einen Großteil der regulatorischen Anforderungen zu erfüllen. Es existieren mehrere unterschiedliche Standards und Frameworks, die herangezogen werden können, um diese Kontrollen zu definieren. Die folgenden drei Standards werden kurz beschrieben:

- COBIT (Control Objectives for Information and Related Technology)
- ISO/IEC 27001 bzw. ISO/IEC 17799
- IDW PS 330

3.2.1 COBIT

COBIT (Control Objectives for Information and Related Technology, siehe [COBI05]) ist ein international anerkanntes Framework und gliedert die Aufgaben der IT in 4 Domänen (Plane und Organisiere, Beschaffe und Implementiere, Erbringe und Unterstütze, Überwache und Evaluiere) und 34 Prozesse und Controls (Controls nach COBIT sind sowohl Maßnahmen zur Vermeidung oder Erkennung und Beseitigung unerwünschter Zustände als auch Maßnahmen zur Herbeiführung von gewünschten Zuständen. Letzteres wird im üblichen Sprachgebrauch nicht als „Kontrolle“ bezeichnet). Wie schon bei der Definition des internen Kontrollsystems zu sehen war, gilt auch für COBIT, dass es nicht alleine auf Compliance ausgerichtet ist.

COBIT basiert auf dem folgenden Prinzip: *Um die für die Erreichung der Ziele des Unternehmens erforderlichen Informationen bereitzustellen, muss das Unternehmen die IT-Ressourcen (Anwendungen, Infrastruktur, Personal) durch eine strukturierte Menge an Prozessen managen und steuern, die gewährleisten, dass die entsprechenden Services bereitgestellt werden. [COBI05]*

COBIT ist in Anlehnung an COSO erstellt worden und kann als Ausgangspunkt für IT-bezogene Kontrollen herangezogen werden.

3.2.2 ISO/IEC 27001 und ISO/IEC 17799

Der internationale Standard ISO/IEC 27001 (siehe [ISIE05]) liefert ein Modell für Erstellung, Einführung, Betrieb, Überwachung, Wartung und Verbesserung eines dokumentierten Informationssicherheits-Managementsystems. Hierbei werden die Anforderungen, Ziele und Risiken der Organisation berücksichtigt.

Insbesondere der zugehörige Standard ISO/IEC 17799 (siehe [ISOI05])liefert eine Vielzahl an Kontrollen. Der Standard definiert 11 Kontrollbereiche, in denen für 39 Kontrollziele über 100 Kontrollen definiert sind. Die Kontrollbereiche sind: Security Policy, Organizing Information Security, Asset Management, Human Resources Security, Physical and Environmental Security, Communications and Operations Management, Access Control, Information Systems Acquisition, Development and Maintenance, Information Security Incident Management, Business Continuity Management und Compliance.

3.2.3 IDW PS 330

Der Prüfungsstandard 330 - Abschlussprüfung bei Einsatz von Informationstechnologie - des Instituts der Wirtschaftsprüfer (siehe [IDW02]) legt die Berufsauffassung dar, nach der Wirtschaftsprüfer (im Rahmen von Abschlussprüfungen) Systemprüfungen bei Einsatz von Informationstechnologie (IT) durchführen. Der Standard basiert auf den allgemeinen Anforderungen an die Prüfung des internen Kontrollsystems (IDW PS 260) bzw. berücksichtigt die im IDW RS FAIT I (Grundsätze ordnungsmäßiger Buchführung bei Einsatz von Informationstechnologie) konkretisierten Anforderungen an die Führung der Handelsbücher mittels IT-gestützter Systeme, die aus den §§ 238, 239 und 257 HGB resultieren.

Prüfungsgegenstand sind die Prüfungsgebiete IT-Infrastruktur, IT-Anwendungen und IT-gestützte Geschäftsprozesse einschließlich des IT-Umfeldes und der IT-Organisation.

Der Standard definiert nicht, wie ein internes Kontrollsystem in der IT aufzubauen ist. Der Standard zeigt jedoch, wie Wirtschaftsprüfer prüfen. Daraus lassen sich Rückschlüsse auf die notwendigen Kontrollen ableiten.

4 Identity und Access Management (IAM)

4.1 Definition

Häufig wird das Themengebiet Identity und Access Management als reines IT-Thema gesehen. Doch die Fragestellung „ Wer hat Zugriff auch welche Informationen/Werte der Organisation?“ ist wesentlicher Teil eines internen Kontrollsystems und muss in den meisten Fällen durch das Business definiert werden (Wer soll Zugriff haben?), aber auch zu jedem Zeitpunkt beantwortet werden können (Wer hat Zugriff gehabt?).

Es ist wichtig, dass eine Definition des Begriffs IAM diese Aspekte berücksichtigt und umfassend formuliert ist:

„Identity und Access Management umfasst die Richtlinien, Prozesse und Systeme, die nachvollziehbar, effizient und gemäß der Business-Richtlinien verwalten und kontrollieren, wer

Zugriff auf die Organisationsressourcen hat und was diese Identität mit diesen Ressourcen machen darf."

Um diese sehr allgemeine Definition besser fassen zu können, wird der Oberbegriff Identity und Access Management meist in mehrere funktionale Bereiche aufgeteilt (Authentication Management, User Management, Authorisation Management und Monitoring & Audit). **Abb. 1** verdeutlicht die Zusammenhänge zwischen Business und IT sowie den funktionalen Bereichen:

- Authentication Management umfasst die Richtlinien und Prozesse um die Authentifizierung[1] des Benutzers. Hierzu gehören beispielsweise die Prozesse zur initialen Identifizierung von Personen bei Eintritt in die Organisation und der Verwaltung von Token und Kennwörtern.
- User Management beinhaltet die Richtlinien und Prozesse um die Verwaltung des Benutzerlebenszyklus, also vom Eintritt in die Organisation über Veränderungen bis zum Austritt.
- Authorisation Management umfasst die Richtlinien und Prozesse um die Verwaltung der Berechtigungen.
- Monitoring & Audit ist als Querschnittsfunktion über die anderen Bereiche zu sehen. Es dient als Oberbegriff für die Richtlinien, Prozesse und Systeme für die nachweisliche Einhaltung, Überwachung, Überprüfung und Optimierung der Richtlinien und Prozesse. Dies beinhaltet die Dokumentation und das Reporting.

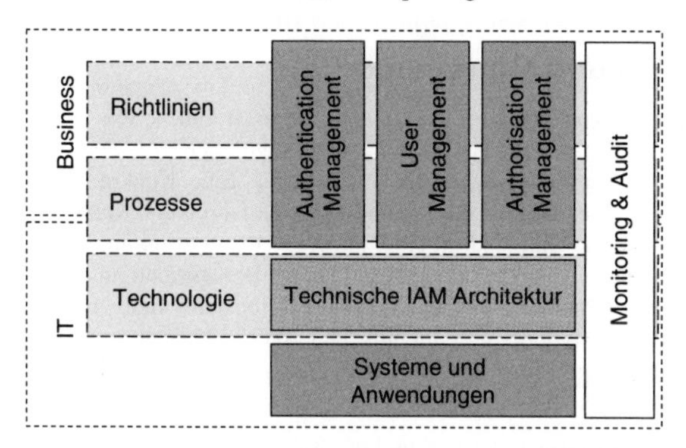

Abb. 1: Komponenten des Identity und Access Managements

Zur Umsetzung der Business-Anforderungen kann der IT-Bereich eine flexible technische IAM Architektur zur Verfügung stellen, die es erlaubt, die in den Richtlinien formulierten Vorgaben zu den funktionalen Bereichen durch effiziente, nachvollziehbare und systemgestützte Prozesse umzusetzen.

Abb. 2 zeigt eine mögliche technische IAM Architektur.

[1] Authentifizierung ist der Prozess zur Feststellung, ob eine Entität (Person oder System) die ist, die sie vorgibt zu sein.

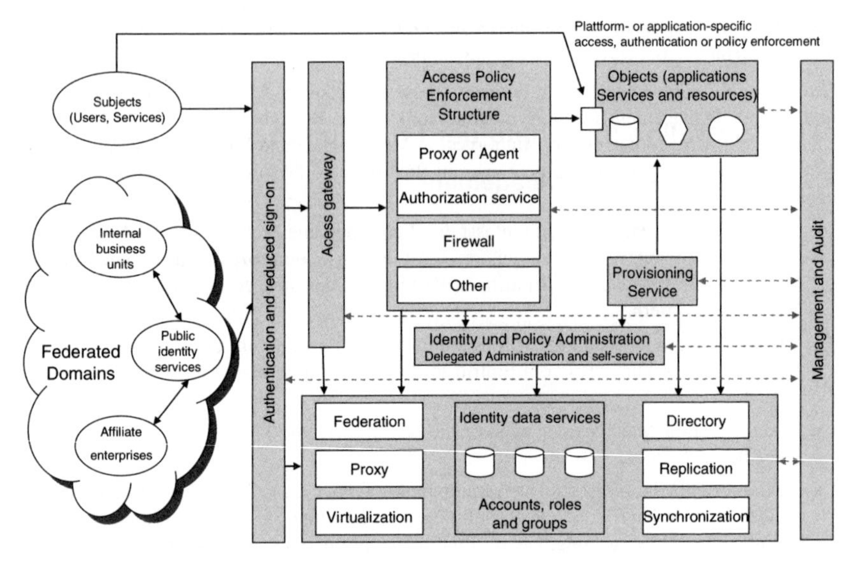

Abb. 2: IAM Architektur [Blum05]

4.2 IAM, IKS und Compliance

Viele IT-Verantwortliche würden gerne klare Vorgaben haben, was aus Compliance-Sicht genau zu tun ist. Stattdessen werden jedoch in den Regularien bzw. den Frameworks Begriffe wie „angemessen" oder „risiko-orientiert" verwendet. Eine Konkretisierung wird bewusst vermieden. Der Grund hierfür ist, dass Grundsätze, Verfahren und Maßnahmen, die in der einen Organisation ausreichend sind, in einer anderen Organisation unzureichend sein können. Selbst innerhalb einer Organisation muss ggf. unter Berücksichtigung von Risikoszenarien eine differenzierte Betrachtung erfolgen. Diese differenzierte Betrachtung gilt auch für die oben beschriebenen Funktionen des Identity und Access Managements bzw. entsprechende technische Lösungen. Dies muss in Identity und Access Management Projekten berücksichtigt werden, um eine sachgemäße Implementierung sicherzustellen.

Betrachtet man die Kontrollen der in Abschnitt 3.2 genannten Frameworks so lassen sich einige dieser Kontrollen den unterschiedlichen Funktionsbereichen des Identity und Access Managements zuordnen.

Durch Identity und Access Management-Lösungen können Prozesse automatisiert werden oder zumindest systemgestützt ablaufen und damit die Effizienz erhöht werden. Gleichzeitig wird durch die implizite Dokumentation von Zuständen und Ereignissen die Nachvollziehbarkeit sichergestellt. Dies gilt auch für die Umsetzung bzw. den Nachweis über die Effektivität der Kontrollen.

In Abschnitt 4.3 erfolgt an einigen Beispielen eine Konkretisierung. Weiterhin soll an den Beispielen verdeutlicht werden, dass Identity und Access Management keine reine IT-Aufgabe ist, sondern gemeinsam mit anderen Bereichen in der Organisation angegangen werden muss. Es wird an den Beispielen aufgezeigt, dass bei einer Implementierung gewisse Randbedingungen bzw. Risikoüberlegungen beachtet werden müssen, damit Identity und Access Management-Lösungen als Teil des internen Kontrollsystems funktionieren können.

4.3 Kontrollen innerhalb der Funktionsbereiche

4.3.1 Authentication Management

Im Bereich der Authentisierung kann beispielsweise folgende Kontrolle formuliert werden:

Für alle relevanten Anwendungen und Systeme besitzt die Organisation angemessene Authentisierungs-Mechanismen, die eine individuelle Zurechenbarkeit erlauben.

Wie bereits erwähnt sind organisationsspezifisch unterschiedliche Aspekte zu berücksichtigen.

Zunächst einmal muss sichergestellt sein, dass individuelle Benutzerkonten in den Systemen verwendet werden und diese eindeutig einer Person zugeordnet werden können. So genannte Sammel- oder Gruppenkonten sind im Regelfall ungeeignet, um Aktivitäten, die in einem System erfolgen, eindeutig einer Person zuordnen zu können.

Weiterhin muss sichergestellt sein, dass vor Vergabe des Benutzerkontos an eine Person, die Angaben zu dieser Person im Vorfeld angemessen verifiziert wurden, da ansonsten eine Zurechenbarkeit nicht möglich ist. Dies wird meist als „Original Identification Process" bezeichnet und liegt häufig im Verantwortungsbereich der Personalabteilung und sollte eindeutig geregelt sein. Dieser Prozess kann je nach Kritikalität der Funktion der Person in der Organisation unterschiedlich sein bzw. erweiterte Arten der Identifikation erforderlich machen.

Dieses Beispiel zeigt schon, warum Identity und Access Management nicht als reine IT-Aufgabe angesehen werden kann.

Weiterhin muss in Abhängigkeit des Risikos entschieden werden, was ein „angemessener" Authentisierungs-Mechanismus ist. Der meist verwendete Authentisierungsmechanismus heutzutage basiert auf Benutzername und Kennwort. Doch gerade bei hoch schutzbedürftigen Informationen kann der Schutz per Kennwort unzureichend sein. Insbesondere wenn keine anderweitigen Schutzmechanismen vorliegen (z.B. der Betrieb der Anwendung in einem separaten Netzwerk).

Neuere Authentisierungsverfahren beruhen auf Besitzverfahren wie z.B. chipkarten-basierte Verfahren - häufig auch als 2-Faktor-Authentisierung bezeichnet - oder auf biometrischen Verfahren wie z.B. Fingerabdruckscannern.

Eine reife IAM Architektur bietet die notwendigen Authentisierungsdienste an und je nach Kritikalität der Daten - dies zu entscheiden obliegt nach einer Risikobetrachtung dem Business - wird der angemessene Dienst ausgewählt.

Weiterhin wird bei der Einführung von IAM-Produkten häufig eine Kennwort-Self-Service-Komponente implementiert, da sich hier meist Einsparungen für die IT in Form von reduzierten Help Desk Calls ergeben. Jedoch sind beim Design solcher Lösungen Risikobetrachtungen notwendig, da unter Umständen die oben genannte Kontrolle gefährdet ist.

Für den Fall, dass es einem Dritten sehr leicht über ein solches Tool möglich wäre, das Kennwort einer anderen Person neu zu setzen, so könnte dieser Dritte das zugehörige Benutzerkonto übernehmen. Somit ist die individuelle Zurechenbarkeit gefährdet.

Eine andere Herangehensweise für das Problem der kennwortbezogenen Help Desk Aufwände stellen so genannte Single-Sign-On-Lösungen dar. Eine Übersicht über Single-Sign-On-Ansätze findet sich in [Voge05]. Idee hierbei ist, dass ein Benutzer sich (im Idealfall) nur noch ein einziges Mal an einem System anmelden muss. Sofern weitere Anmeldungen erfolgen, sind diese aus Benutzersicht transparent. In einem solchen Szenario, in dem für alle Anwendungen nur noch eine Anmeldung notwendig ist, sollte jedoch ebenfalls eine Risikobetrachtung erfolgen, inwieweit z.B. die kennwort-basierte Authentisierung aufgrund der erhöhten Kritikalität noch angemessen ist.

4.3.2 User Management

In diesem Abschnitt soll ebenfalls an Kontrollbeispielen gezeigt werden, wie diese im Zusammenhang mit Identity und Access Management zu sehen sind bzw. welche Überlegungen notwendig sind. Folgende Kontrolle kann formuliert werden:

Es existieren Verfahren für die Verwaltung von Benutzern und deren Berechtigungen für alle relevanten Anwendungen. Diese Verfahren beinhalten eine formelle Freigabe durch die Datenverantwortlichen vor Einrichtung/Löschung von Benutzern bzw. Zuweisung/Entzug von Berechtigungen.

Diese Kontrolle kann innerhalb einer IAM Architektur beispielsweise über einen Antrags- und Genehmigungsworkflow effizient umgesetzt werden. Jedoch müssen wiederum diverse Randbedingungen beachtet werden. Beispielsweise ist klar zu definieren, wer für eine Freigabe verantwortlich ist. Zunächst einmal sollte festgelegt sein, dass der jeweilige Datenverantwortliche hierfür die Verantwortung trägt. Da es in vielen Fällen unpraktikabel ist, dass der Datenverantwortliche alle Freigaben erteilt, muss ein Delegationsmodell definiert werden. Dies kann beispielsweise beinhalten, dass für bestimmte „Standardberechtigungen“, die die Mitarbeiter einer Abteilung benötigen, der jeweilige Abteilungsleiter freigabeberechtigt ist. Dieses Delegationsmodell ist dann im Workflow zu implementieren und sollte von dem Datenverantwortlichen regelmäßig überprüft und freigegeben werden.

Weiterhin ist sicherzustellen, dass die Freigabeberechtigten korrekt im Workflow hinterlegt sind. Sollte im obigen Beispiel ein Abteilungsleiter wechseln und diese Änderung nicht im Workflow abgebildet werden – er also immer noch freigabeberechtigt ist – und eine Freigabe erteilt wird, liegt ein Verstoß vor.

Im Zusammenspiel mit dem funktionalen Bereich *Authorisation Management* (siehe Abschnitt 4.3.3) stellt sich auch die Frage: Was wird eigentlich freigegeben?

Häufig erfolgt eine Freigabe im Sinne von „Der Benutzer soll die gleichen Rechte erhalten wie Person XYZ“. Handelt es sich bei XYZ um einen langjährigen Mitarbeiter, kann es durchaus sein, dass dieser viel mehr Berechtigungen hat als er derzeit verwendet und diese zusätzlichen Berechtigungen nun an alle weiteren Benutzer vergeben werden.

Ebenfalls anzutreffen sind Antragsformulare mit für Nicht-IT-Spezialisten kryptischen Berechtigungsnamen. Die Praxis hat gezeigt, dass gewünschtes SOLL und IST in solchen Fällen schnell auseinander laufen.

Die Art und Weise der Berechtigungsdefinition (siehe Abschnitt 4.3.3) kann also ebenfalls eine wesentliche Rolle spielen, unabhängig von der Nutzung von Workflow-Tools.

Eine weitere Kontrolle im Bereich User Management ist:

In regelmäßigen Abständen erfolgt eine Überprüfung der Benutzerkonten und deren Berechtigungen, um nicht mehr benötigte Benutzerkonten und Berechtigungen zu identifizieren und zu entfernen.

Mit Hilfe von User Management-Systemen ist eine effiziente Unterstützung für diese Kontrolle möglich. Entsprechende Tools können einen Überblick über die Benutzerkonten einer Person liefern bzw. Benutzerdaten zwischen verschiedenen IT-Systemen synchronisieren. Durch Kopplung mit dem IT-System für das Personalwesen (HR-System) ist es möglich, den Prozess der Benutzerkontensperrung bzw. -löschung bei Austritt eines Mitarbeiters zu automatisieren. Hierzu muss sichergestellt sein, dass die benötigte Information rechtzeitig im HR-System hinterlegt ist. Weiterhin ist zu beachten, dass ggf. nicht alle Personen im HR-System gepflegt werden, die Benutzerkonten in den Anwendungen haben (z.B. Externe). Für diesen Personenkreis muss dann ggf. eine manuelle Prüfung erfolgen.

4.3.3 Authorisation Management

Wie in Abschnitt 4.1 bereits beschrieben, umfasst Authorisation Management die Verwaltung der Berechtigungen. Die wesentliche Fragestellung hierbei ist, in welcher Art und Weise werden Berechtigungen definiert. Ein Beispiel für ein Berechtigungsmodell, welches sich über eine Identity und Access Management Architektur abbilden lässt, ist ein systemübergreifendes Rollenmodell. Ein implementiertes Rollenmodell kann helfen, folgende Kontrollen zu adressieren:

1. *Die Zugriffsrechte einer Person (oder eines anderen IT-Systems) zu IT-Systemen und Ressourcen sollten gemäß ihrer Aufgaben bzw. Funktionen in der Organisation beschränkt sein.*
2. *Notwendige Funktionstrennungen (Segregation of Duties) sollten definiert sein. Weiterhin sollte sichergestellt sein, dass die Zugriffsrechte einer Person nicht gegen diese Funktionstrennungen verstoßen. Dies sollte regelmäßig überprüft werden.*

Basiert das Berechtigungsmodell einer Organisation auf Rollen, die sich an den Aufgaben und Funktionen einer Person orientieren, so erleichtert dies erheblich den Nachweis für die Einhaltung der erstgenannten Kontrolle.

Bei Einsatz von Rollenmanagement-Lösungen können ggf. Funktionstrennungen auf Berechtigungsebene hinterlegt und automatisiert bei Vergabe von Rollen geprüft werden. Ausnahmen können direkt mit Begründung dokumentiert werden.

Ein wesentlicher Punkt ist, dass für die Definition der Rollen und Funktionstrennungen die Fachbereiche verantwortlich sind, nicht der IT-Bereich. Im Sinne der Identity und Access Management Architektur kann der IT-Bereich technische Lösungen zur Verfügung stellen, die helfen, Rollenmodelle zu entwickeln und zu verwalten. Die Inhalte sind jedoch durch die Fachbereiche zu erbringen. Diese müssen sich mit dieser Thematik auseinandersetzen.

4.3.4 Monitoring und Audit

Monitoring und Audit stellt eine Querschnittsfunktion dar, die sich durch alle Systeme und Komponenten zieht und für die sich Funktionalitäten in den bisher genannten Identity und Access Management-Lösungen befinden. Im Folgenden werden zwei Kontrollbeispiele aufgeführt, für die die meisten Hersteller eigenständige technische Lösungskomponenten anbieten:

1. *Sicherheitseinstellungen in Systemen und Anwendungen sind gemäß der Sicherheitsrichtlinie konfiguriert und werden regelmäßig geprüft.*

2. *Alle sicherheitskritischen Ereignisse werden geloggt und ausgewertet und es werden ggf. zeitnah angemessene Maßnahmen ergriffen, um das Risiko eines unberechtigten Zugriffs zu reduzieren.*

Sicherheitseinstellungen sind beispielsweise Kennwort-Policies in Systemen, können aber auch die Patchstände der Systeme sein. Neben diesen allgemeinen Sicherheitseinstellungen können noch anwendungsspezifische Sicherheitseinstellungen relevant sein. Für ein SAP-System sind dies beispielsweise bestimmte Einstellungen für audit-relevante Parameter.

Die Umsetzung der oben genannten Kontrollen kann für einen IT-Bereich erhebliche Aufwände bedeuten. Insbesondere wenn berücksichtigt wird, dass es nicht ausreichend ist, die entsprechenden Kontrollen durchzuführen, sondern im Sinne der Compliance auch eine Dokumentation der Tätigkeiten erfolgen muss.

Dies kann auch systemgestützt erfolgen. Entsprechende technische Lösungen können, sofern sachgemäß implementiert, automatisiert Konfigurationsparameter überwachen oder gemäß einem Regelwerk Ereignisse auswerten und entsprechende Meldungen generieren und somit die Nachvollziehbarkeit und Dokumentation sicherstellen. Doch auch hier gilt es wieder Fragestellungen wie „Was sind sicherheitskritische Einstellungen und welchen Wert sollten sie haben?“ individuell im Kontext der Organisation zu beantworten.

5 Fazit

Um die Einhaltung von Gesetzen und anderen Vorschriften sicherzustellen und nachvollziehbar zu gestalten, bedarf es u.a. eines internen Kontrollsystems innerhalb einer Organisation. Dieses tritt immer stärker in den Fokus, da u.a. auch mit der achten EU-Richtlinie die Überwachung der Wirksamkeit des internen Kontrollsystems konkret festgeschrieben wird.

Die Praxis zeigt, dass viele Kontrollen in der IT liegen bzw. einen Bezug zu den IT-Systemen haben. Dies wird gestützt durch die immer stärkere Nutzung von IT-Systemen in den Geschäftsprozessen.

Dort wo Kontrollen erhebliche manuelle Aufwände verursachen, ist es sinnvoll, diese – wo möglich – durch System-Unterstützung oder Automatisierung effizienter zu gestalten. Dies gilt insbesondere für den Bereich Identity und Access Management. Werden entsprechende Softwarelösungen angemessen konzipiert sowie sachgerecht implementiert und betrieben, können sie ein wertvoller Beitrag für das interne Kontrollsystem sein.

Literatur

[Blum05] D. Blum: Identity Management – Reference Architecture Template, Burton Group (2005).

[COBI05] COBIT 4.0 – Control Objectives for Information and related Technology, IT Governance Institute (2005).

[COSO04] COSO Enterprise Risk Management – Integrated Framework, Committee of Sponsoring Organizations of the Treadway Commission (2004).

[COSO92] COSO Internal Control – An Integrated Framework, Committee of Sponsoring Organizations of the Treadway Commission (1992).

[IDW01] IDW Prüfungsstandard 260: Das interne Kontrollsystem im Rahmen der Abschlussprüfung, Institut der Wirtschaftsprüfer (2001).

[IDW02] IDW Prüfungsstandard 330: Abschlussprüfung bei Einsatz von Informationstechnologie, Institut der Wirtschaftsprüfer (2001).

[ISIE05] ISO/IEC 27001:2005(E) – Information technology – Security techniques – Information security management systems – Requirements, International Organization for Standardization / International Electrotechnical Commission (2005).

[ISOI05] ISO/IEC 17799:2005(E) – Information technology – Security techniques – Code of practice for information security management, International Organization for Standardization / International Electrotechnical Commission (2005).

[Voge05] M. Vogel: Single Sign On im Unternehmen, P. Horster (Hrsg.): D·A·CH Security 2005, syssec (2005) 52-63.

Sichere Web Services
Standards, Interoperabilität und Roadmap

Martin Raepple

SAP AG
martin.raepple@sap.com

Zusammenfassung

Die erste Generation von Spezifikationen zur Absicherung von Web Services ist inzwischen über drei Jahre alt und hat in nahezu allen Plattformen Einzug gefunden. Doch wie sieht es mit der Alltagstauglichkeit dieser Standards in Bezug auf die Interoperabilität oder der Eignung zum Einsatz in komplexeren Geschäftsszenarien aus? Welche Sicherheitsstandards werden darüber hinaus benötigt und welchen konkreten Einsatzzweck erfüllen sie? Welchen Einfluss haben diese Standards auf die Entwicklung neuer Applikationen im Rahmen einer serviceorientierten Architektur? Auf diese Fragen soll der folgende Beitrag Antworten liefern und einen Überblick zu den aktuellen Entwicklungen in diesem Bereich geben.

1 WS-Security

Die Web Services Security (WS-Security) Spezifikation hat seit ihrer Verabschiedung als herstellerübergreifender Standard durch die Organization for the Advancement of Structured Information Standards (OASIS) in der Version 1.0 im März 2004 [OASI04] eine breite Akzeptanz in der Industrie gefunden. Seit Februar 2006 liegt eine aktualisierte Version 1.1 vor [OASI06].

1.1 Einleitung

WS-Security liefert das technische Fundament für die Implementierung von Sicherheitsfunktionen bei der Nachrichtenübermittlung auf Basis von SOAP und legt somit die Grundlage zum Aufbau von Sicherheitsarchitekturen im Web Service-Umfeld. Ziel von WS-Security ist also nicht die Spezifikation konkreter Sicherheitsprotokolle, sondern der hierzu notwendigen Mechanismen, zu denen die Übertragung von Authentifizierungsinformationen in Form so genannter Security Tokens zählt, und wie diese in SOAP Nachrichten eingebunden werden. Unter einem Security Token wird dabei eine Sammlung von Claims (Behauptungen) verstanden. Claims bezeichnen wiederum verschiedene Angaben zu einer Instanz, wie beispielsweise deren Name, Identität, Schlüssel oder Rechte. In WS-Security 1.0 werden Zusatzspezifikationen (Token Profile) für beispielsweise Benutzername und Passwort (Username Token Profile), X.509 Zertifikate (X.509 Token Profile) und SAML Assertions (SAML Token Profile) definiert. Mit WS-Security 1.1 sind weitere Mechanismen für Kerberos Tickets oder Rechtebeschreibungen nach dem ISO/IEC 21000-5 Standard für Rights Expression Languages (REL) hinzugekommen.

P. Horster (Hrsg.) · D•A•CH Security 2007 · syssec (2007) 70-82.

Abbildung 1 zeigt den Aufbau einer mit WS-Security gesicherten SOAP Nachricht. Innerhalb des SOAP Headers wird der im Standard beschriebene WS-Security Header eingefügt, der die gesamten Sicherheitsinformationen zur Nachricht beinhaltet. Dazu zählen die verwendeten Security Token, Zeitstempel zum Schutz vor Replay-Attacken (Timestamp), digitale Signaturen gemäß XML Signature Standard sowie Steuerinformationen zu den verschlüsselten Daten in der Nachricht.

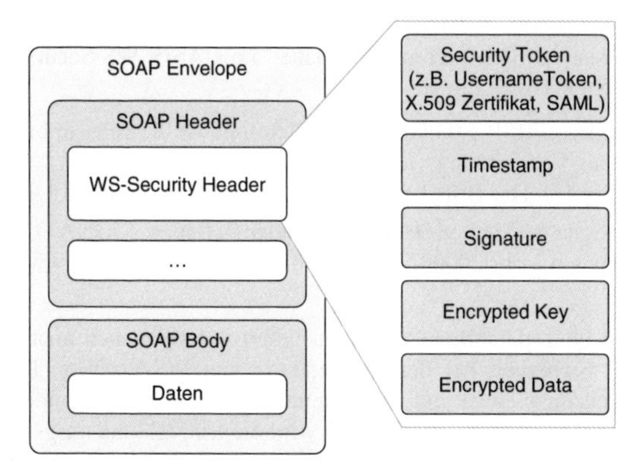

Abb. 1: WS-Security Nachrichtenformat und Security Header

Zusammenfassend stellt WS-Security ein flexibles Framework bereit, mit dessen Hilfe sich die folgenden Anwendungsfälle umsetzen und miteinander kombinieren lassen:

- Schutz der Integrität von SOAP Nachrichten durch XML Signature [XMLS02]
- Schutz der Vertraulichkeit von SOAP Nachrichten durch XML Encryption [XMLE02]
- Authentifizierung von SOAP Nachrichten (z. B. über Benutzername und Passwort, Client-Zertifikate)

1.2 Interoperabilität

Obwohl durch die Standardisierungsarbeit bei Organisationen wie OASIS oder dem W3C bereits ein gemeinsames Verständnis über Protokolle, Nachrichten und Formate im Umfeld von Web Services zwischen den Herstellern verbindlich dokumentiert wird, bleiben in der Praxis immer noch Spielräume bei der Interpretation und letztlich Implementierung der Spezifikationen bestehen. Standards alleine garantieren daher noch keine vollständige Interoperabilität, und es sind weitere Festlegungen auf der Basis der von den Gremien verabschiedeten Spezifikationen notwendig.

Mit dem Ziel, die Interoperabilität von Web Services zu gewährleisten, wurde die Web Services Interoperability Organization (WS-I) gegründet, die Unternehmen wie BEA, IBM, Microsoft und SAP zu ihren Mitgliedern zählt. Das Leistungsangebot von WS-I umfasst daher nicht die Spezifikation neuer Web Service Protokolle, sondern die Erarbeitung von Richtlinien zur Verbesserung der Interoperabilität auf der Grundlage der existierenden Standards. Diese Richtliniendokumente werden als Profile bezeichnet und definieren letztlich Einschränkungen, wo die verabschiedeten Standards keine exakte Regelung getroffen haben oder mehrere

Optionen und damit potentiellen Gefahren für die Interoperabilität zwischen unterschiedlichen Implementierungen bestehen.

1.2.1 WS-I Basic Security Profile

Das *WS-I Basic Security Profile (BSP) 1.0* [BSP10] liegt seit März 2007 nach über vier Jahren Arbeit als endgültige WS-I Spezifikation vor. BSP 1.0 formuliert ausschließlich Richtlinien zum Umgang mit SSL 3.0/TLS 1.0 auf der Transportebene sowie WS-Security 1.0 auf der Nachrichtenebene. BSP 1.0 referenziert daher die OASIS WS-Security 1.0 Spezifikation sowie die zugehörigen Token Profile.

Ein Beispiel für eine im BSP 1.0 empfohlene Richtlinie ist die Einschränkung der zulässigen Algorithmen bei der Verwendung von digitalen Signaturen nach dem XML Signature Standard in WS-Security 1.0. Das BSP 1.0 trifft dazu in Richtlinie R5421 folgende Aussage:

R5421: Any ds:SignatureMethod/@Algorithm element in a SIGNATURE MUST have a value of "http://www.w3.org/2000/09/xmldsig#hmac-sha1" or "http://www.w3.org/ 2000/09/ xmldsig#rsa-sha1"

Ergänzend zu den Interoperabilitätsrichtlinien liefert das BSP auch noch Empfehlungen zur Verbesserung der Sicherheit bei der Verwendung von WS-Security. Diese sind mit dem Buchstaben ‚C' gekennzeichnet und haben keinen Einfluss auf die Konformität einer Implementierung zum Profil. Im folgenden Auszug wird die Empfehlung ausgesprochen, Username Token mit Timestamp und Klartextpasswort immer in die Signatur der SOAP Nachricht mit einzubeziehen, um so die Gefahr einer Replay-Attacke zu minimieren:

C4211: Any SECURITY_TOKEN named wsse:UsernameToken that contains a wsu:Created element and a wsse:Password element with a Type attribute value of "http://docs.oasis-open.org/wss/2004/01/oasis-200401-wss-username-token-profile-1.0#PasswordText" SHOULD be referenced by a ds:Reference in a SIGNATURE in order to prevent replay.

1.2.2 WS-I BSP 1.0 Sample Application

Ende 2006 wurden auf der Basis des *WS-I Basic Security Profile 1.0* [WSI07] erfolgreich Interoperabilitätstests zwischen insgesamt fünf unterschiedlichen Plattformen abgeschlossen. IBM, Microsoft, Novell, Oracle und SAP haben dazu eine einheitliche Testanwendung, die sog. *WS-I BSP Sample Application*, verwendet, die jeder Hersteller gemäß den Vorgaben der *WS-I Sample Application Security Architecture Specification* [WSI06] auf seiner Plattform implementiert und zum freien Download auf der WS-I Website (http://www.ws-i.org) Anwendern und Entwicklern zur Verfügung stellt.

Die WS-I Sample Application basiert auf einem Lieferketten-(Supply Chain Management, SCM)-Szenario, bei dem mehrere Akteure (Händler, Großhändler, Hersteller) Nachrichten untereinander austauschen. Die Anwendung ist so aufgebaut, dass die Endpunkte für die Web Services der unterschiedlichen Akteure unabhängig voneinander konfiguriert werden können. Auf diese Weise lässt sich z. B. der Web Service des Händlers auf der von Plattformhersteller A bereitgestellten Implementierung der WS-I Sample Application verwenden, wohingegen die Endpunkte für die Warenhäuser auf der Plattform der Herstellers B laufen können. Über solche Konfigurationen, die immer zu Beginn eines Testlaufes vom Benutzer festgelegt werden können, lassen sich plattformübergreifende Interoperabilitätstests ohne großen Aufwand umsetzen.

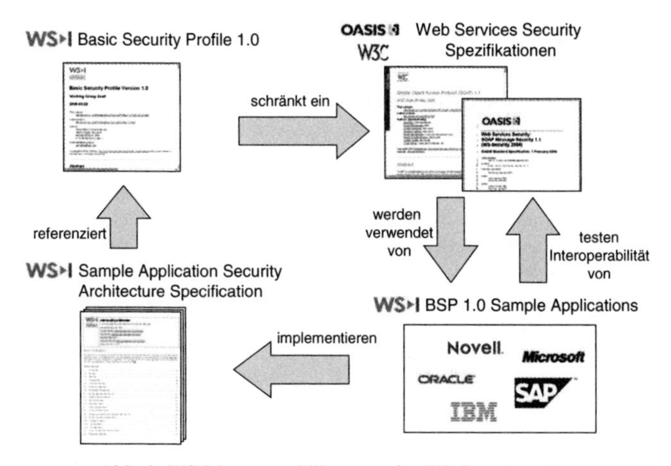

Abb. 2: WS-I Interoperabilitätstests für WS-Security 1.0

Die Erfahrung aus den Tests hat gezeigt, dass der Bedarf an Interoperabiliätsprofilen wie denen von WS-I sehr groß ist, um gerade bei noch neuen Spezifikationen ein hohes Maß an Interoperabilität zu erreichen. In Tabelle 1 sind einige Beispiele aufgeführt, die zu Problemen während der Tests geführt haben, und dank einer entsprechenden Regelung im BSP 1.0 ausgeräumt werden konnten:

Tab. 1: Auswahl aufgetretener Probleme während der WS-I BSP Interoperabilitätstests

Problembeschreibung	Entsprechende Richtlinie im BSP 1.0
Optionales Attribut *EncodingType* fehlte im Element <KeyIdentifier> bei Security Token Referenzen	**R3070** Any STR_KEY_IDENTIFIER that refers to a SECURITY_TOKEN other than a SAML_TOKEN MUST specify an EncodingType attribute.
Optionales Attribut *ValueType* wurde im <Created> / <Expires> Element des Timestamp verwendet	**R3225** Any CREATED MUST NOT include a ValueType attribute. **R3226** Any EXPIRES MUST NOT include a ValueType attribute.
Verwendung des ValueType "...#X509" bei X.509 Tokens (s. X.509 Token Profile 1.0 Errata 1.0 [OAS05])	**R3033** Any X509_TOKEN ValueType attribute MUST have a value of "http://docs.oasis-open.org/wss/2004/01/oasis-200401-wss-x509-token-profile-1.0#X509v3".

1.3 Beispielszenario

Das folgende Beispielszenario soll den Einsatz von WS-Security verdeutlichen. Benutzer *tom* hat über das Mitarbeiterportal seiner Firma Zugriff auf interne sowie externe, außerhalb des Firmennetzes betriebene Web Services, die von Partnern seines Unternehmens *company.com* erbracht werden (siehe Abbildung 2). Ein solcher Partner ist *travelagency.com*, der die Buchung von Dienstreisen für *company.com* übernimmt. Nach der Authentifizierung am Mitarbeiterportal über eine SSL-geschützte Verbindung mit Benutzername und Passwort ist der transparente Zugriff auf alle geschützten Ressourcen (intern und extern) über eine einmalige Anmeldung (Single Sign-On) möglich.

1.3.1 Authentifizierung

Die Authentifizierung am internen Web Service erfolgt gegen das zentrale Benutzerverzeichnis im Unternehmen und verwendet die gleichen Anmeldedaten wie bei der Portalanmeldung, die über ein UsernameToken im WS-Security Header mitgeschickt werden.

Für die Anmeldung an dem externen Flugbuchungsdienst können die Authentifizierungsdaten des Portals nicht verwendet werden, da *tom* hier unter einer anderen Benutzerkennung (*tom@company.com*) registriert ist. In diesem Fall erwartet *travelagency.com* eine SAML Assertion gemäß dem SAML Token Profile im WS-Security Header, deren SAML Subject die dem Partner bekannte Benutzerkennung *tom@company.com* aufweisen muss. Um die SAML Assertion von *travelagency.com* als vertrauenswürdige Aussage anzuerkennen, muss sie von *company.com* digital signiert worden sein, und beide Partner müssen in einem etablierten Vertrauensverhältnis zueinander stehen.

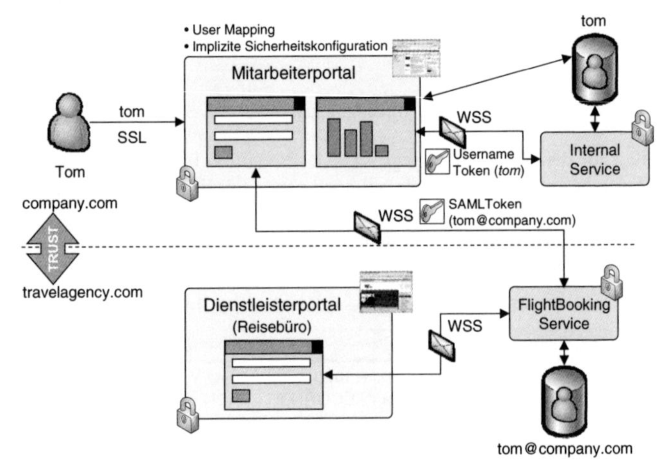

Abb. 3: Einsatz von WS-Security (WSS) im Beispielszenario

1.3.2 Integrität und Verschlüsselung

Die Integritäts- und Vertraulichkeitsanforderungen der Nachrichten müssen in beiden Anwendungsfällen des Szenarios wie folgt berücksichtigt werden:

Für den Zugriff auf den internen Web Service muss das UsernameToken vor unberechtigtem Mitlesen geschützt werden, da es neben dem Benutzernamen auch das Passwort enthält. Daher ist es über XML Encryption im WS-Security Header der Nachricht mit einem symmetrischen Schlüssel verschlüsselt, der selbst wiederum mit dem öffentlichen Schlüssel des internen Dienstes verschlüsselt ist. Um ein wiederholtes Einspielen der Nachricht zu vermeiden, wird ein Timestamp im Header mitgeschickt, der gegen Manipulation von der Signatur des Clients (Portal) geschützt ist. Das UsernameToken sowie die Nutzdaten im SOAP Body der Nachricht sind ebenfalls in die Signatur einbezogen (siehe Abbildung 3).

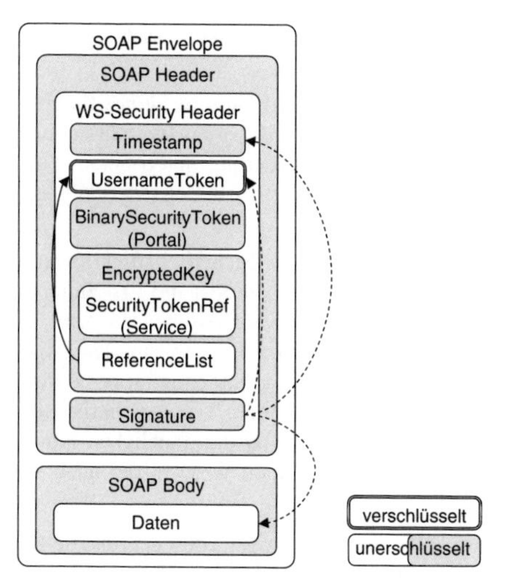

Abb. 4: Struktur des SOAP Requests an den internen Web Service im Beispielszenario

Der externe Web Service-Aufruf für die Flugbuchung muss ebenfalls vor Manipulationen Dritter geschützt werden, hat aber keine besonderen Anforderungen an die Vertraulichkeit der übermittelten Daten, da weder ein geheimes Kennwort in der SAML Assertion enthalten ist, noch die Nutzdaten einen besonderen Wert für einen Angreifer darstellen. Daher erscheint hier die Absicherung mit der Signatur im WS-Security Header über den Zeitstempel, die SAML Assertion und die Nutzdaten der Nachricht ausreichend.

1.4 WS-Security und SOA

Zweifelsohne bieten WS-Security und das WS-I BSP eine solide Basis, um den sicheren und interoperablen Austausch von Nachrichten über Web Services zu gewährleisten. Damit werden allerdings nur die grundlegenden Sicherheitsziele der Authentifizierung, Integrität und Vertraulichkeit adressiert. Mit der zunehmenden Bereitstellung von (Web) Services als Grundlage fachlicher Dienste und Funktionalitäten für neue Anwendungen im Sinne einer *serviceorientierten Architektur* (SOA) wird jedoch maßgeblich das Ziel verfolgt, mit einer stärker an den Geschäftsprozessen ausgerichteten Infrastruktur schneller auf neue Anforderungen reagieren zu können. Hinterfragt man das in Abbildung 3 dargestellte Szenario hinsichtlich seiner Flexibilität und Nachgiebigkeit bei sicherheitsbezogenen Änderungen, dann lassen sich folgende Feststellungen machen:

- Sender und Empfänger müssen sich der getroffenen Sicherheitsvorkehrungen im Vorhinein bewusst sein. Das Mitarbeiterportal muss beispielsweise wissen, dass der Dienstleister für die Anmeldung ein SAML Token mit dem entsprechenden Benutzernamen erwartet. Dieses *implizite* oder *nicht formalisierte Wissen* um die Sicherheitskonfiguration muss bereits zur Entwicklungszeit bekannt sein und ist damit in der Regel eng mit der eigentlichen Implementierung der Geschäftslogik verwoben. Dieser Ansatz steht jedoch im Widerspruch zur viel beschworenen losen Kopplung zwischen Dienstnehmer und Dienstanbieter, die eine zwingende Voraussetzung für die Flexibilität in einer SOA darstellt.

- Sollte *travelagency.com* die Sicherheitskonfiguration seines Flugbuchungsdienstes einmal ändern, um z. B. auf ein neuen Authentifizierungsverfahren umzustellen, dann muss es alle seine Dienstnehmer über diese Änderung unterrichten. Für B2B-Szenarien erscheint das noch möglich, weil sich die Partner in der Regel kennen, was aber z. B. bei B2C häufig nicht mehr der Fall ist.
- Das Mitarbeiterportal übernimmt bestimmte Sicherheitsfunktionen, wie z. B. das Mapping von internen auf externe Benutzernamen oder die Erstellung von Security Token, um die Sicherheitsanforderungen der angeschlossenen Systeme zu erfüllen. Ebenso muss der Flugbuchungsdienst bei *travelagency.com* in der Lage sein, eintreffende SAML Assertions zu verstehen und auf die Authentizität der darin getroffenen Aussagen über den Benutzer überprüfen zu können. Diese sicherheitsbezogenen Aufgaben sollten aus architektonischer Sicht klarer von den fachlichen Funktionen getrennt und an einen separaten Sicherheitsdienst delegiert werden, der auch von anderen Anwendungen genutzt werden kann.

Auf diese und weitere Aspekte soll das im Dezember 2005 gegründete OASIS Web Services Secure Exchange Technical Committee (WS-SX TC, http://www.oasis-open.org/committees/ws-sx) Konzepte in Form neuer Spezifikationen liefern, die auf WS-Security aufbauen.

2 SOA mit WS-SX

Die Arbeiten an der ersten Version der ursprünglich von einem geschlossenen Herstellerkonsortium eingereichten Entwürfen zu den neuen Standards WS-SecurityPolicy [OASI07a], WS-SecureConversation [OASI07b] und WS-Trust [OASI07c], sind voraussichtlich bis Mitte 2007 abgeschlossen, und werden im Folgenden näher beschrieben.

2.1 WS-Trust

WS-Trust liegt ein zentraler Dienst, der Secure Token Service (STS), zugrunde. Ein STS zeichnet sich für die Ausgabe, Prüfung, Erneuerung und Entwertung von Sicherheitstoken jeder Art verantwortlich und definiert dafür *Bindings*, mit denen die entsprechenden Protokollnachrichten beschrieben werden. Alle Bindings verwenden ein *Token Request Framework*, das sich auf nur zwei Nachrichtentypen beschränkt: <wst:RequestSecurityToken> (RST) für die Anfrage an den STS und <wst:RequestSecurityTokenResponse> (RSTR) für dessen Antwort. Spezifische URIs im WS-Addressing [W3C06] <wsa:action> Element ermöglichen es dem STS zwischen den einzelnen Bindings zu unterscheiden. So weist z. B. http://docs.oasis-open.org/ws-sx/ws-trust/200512/RST/Issue die Herausgabe eines neuen Security Tokens an.

2.2 WS-SecureConversation

WS-SecureConversation beschreibt die auf ein konkretes Tokenformat bezogenen Anwendung der in WS-Trust beschriebenen Bindings, indem es im Wesentlichen das Issuance Binding dafür nutzt, ein Handshake-Protokoll zum Aushandeln eines gemeinsamen Schlüssels zu beschreiben. Im Unterschied zu vergleichbaren Sicherheitsprotokollen auf der Transportschicht etabliert WS-SecureConversation einen *Sicherheitskontext* in Form des *Security Context Tokens (SCT)* auf der Nachrichtenebene zwischen Dienstnehmer und Dienstanbieter. Mit dem Sicherheitskontext wird ein symmetrischer Schlüssel referenziert, der für Signatur- und Verschlüsselungsoperationen verwendet werden kann, und damit weniger Rechenkapazität in Anspruch nimmt als asymmetrische Kryptooperationen in WS-Security. Das SCT selbst beinhaltet lediglich einen systemweit eindeutigen Identifikator für den neuen Sicherheitskontext, auf den sich beide Kommunikationspartner im Dialog beziehen, und der mit dem jeweils auf beiden Seiten lokal gespeicherten symmetrischen Schlüssel assoziiert wird. Das in diesem Punkt zustandslose WS-Security kennt keine Assoziation zwischen lokalen Ressourcen (geheimer Schlüssel) und einem gemeinsam verwendeten Identifikator (Sicherheitskontext), was dazu führt, dass beispielsweise bei mehreren verschlüsselten Nachrichten in Folge an den gleichen Adressaten jedes Mal ein neuer temporärer symmetrischer Schlüssel mit dem öffentlichen Schlüssel des Empfängers verschlüsselt wird. Mit WS-SecureConversation wird dieser Prozess nur einmal zu Beginn einer Konversation durchlaufen. Im Anschluss verwenden die Kommunikationspartner wie gewohnt die in WS-Security definierten Mechanismen, referenzieren aber bei Signaturen bzw. verschlüsselten Daten den gemeinsamen Sicherheitskontext.

2.3 WS-SecurityPolicy

Für eine stärkere Entkopplung der Sicherheitskonfiguration von der eigentlichen Implementierung eines Web Services, verbunden mit einer maschinenlesbaren Repräsentation zur verbesserten Automatisierung der Konfiguration, sorgt die WS-SecurityPolicy. Die grundlegenden Sprachkonstrukte zur Beschreibung nicht-funktionaler Anforderungen von Web Services liefert WS-Policy [W3C06a]. Eine Servicerichtlinie (Policy) besteht aus einer Sammlung von Alternativen, aus der sich ein Dienstnehmer die mit seinen Fähigkeiten am besten übereinstimmende heraussuchen und seinen Request entsprechend konfigurieren kann. Jede dieser Alternativen stellt für sich eine vollständige und gültige Liste von Anforderungen dar. Während sich WS-Policy auf das allgemeine Framework mit einem überschaubaren Wortschatz zum Beschreiben der Alternativen beschränkt, erfolgt die domänenspezifische Definition der eigentlichen Anforderungsausdrücke (Policy Assertion) in separaten Spezifikationen. WS-SecurityPolicy legt die zulässigen Assertions für WS-Security, WS-SecureConversation und WS-Trust fest. Dazu zählen

- *Protection Assertions*: Identifizieren die Elemente einer Nachricht, die signiert, verschlüsselt oder grundsätzlich in einer SOAP Nachricht vorhanden sein müssen
- *Token Assertions*: Geben Auskunft über die erwarteten Tokenformate, die zum Schutz der Nachricht verwendet werden sollen
- *Security Binding Assertions*: Beschreiben übergreifende Szenarien wie z. B. Sicherung auf Transportebene über HTTPS (TransportBinding) oder Nachrichtenebene (Symmetric/AsymmetricBinding) als Sammlung elementarer Sicherheitseinstellungen (unterstützte Algorithmen, Notwendigkeit eines Zeitstempels, Verschlüsselung der Signatur etc.)
- *Supporting Token Assertions*: Erforderliche Token, die zusätzlich zu den Signatur- und Verschlüsselungstoken in den Security Bindings Aufgaben wie z. B. eine Benutzeranmeldung über ein UsernameToken wahrnehmen.

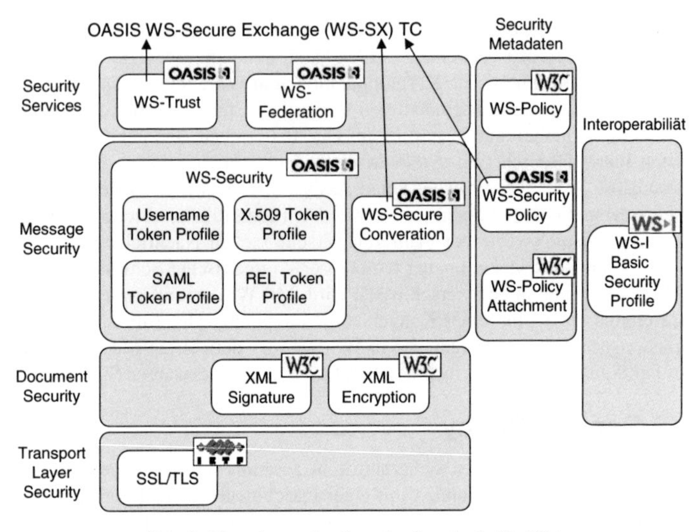

Abb. 5: Einordnung der Security Standards für SOA

Abbildung 5 nimmt eine Einordnung der Sicherheitsstandards im Umfeld von Web Services vor. Wie können die neuen Spezifikationen nun konkret zu einer verbesserten Unterstützung der Flexibilität im Beispielszenario beitragen? Abbildung 6 zeigt die Bereiche, in denen die Standards zum Einsatz kommen:

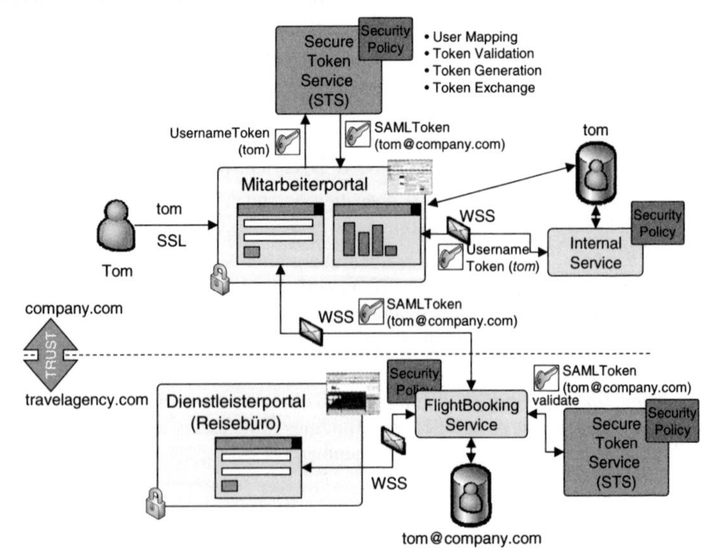

Abb. 6: Anwendung der erweiterten WS-Sicherheitsstandards im Beispielszenario

Das Mitarbeiterportal lagert die Querschnittsaufgaben wie User Mapping[1] und Token Validation/Generation/Exchange auf einen Secure Token Service (STS) aus, mit dem jede Anwendung im Unternehmen über das in WS-Trust standardisierte Token Request Framework kommunizieren kann. Auf diese Weise kann das Portal beispielsweise eine RST an den STS zur Ausstellung eines SAML Token Profiles (<wst:TokenType>) für den Flugbuchungs-Dienst (<wst:AppliesTo>) stellen:

```
...
<wst:RequestSecurityToken Context="http://www.example.com/1">
  <wst:TokenType>
    http://docs.oasis-open.org/wss/oasis-wss-saml-token-profile-
      1.1#SAMLV2.0</wst:TokenType>
  <wst:RequestType>http://docs.oasis-open.org/ws-sx/
    ws-trust/200512/Issue</wst:RequestType>
  <wsp:AppliesTo xmlns:wsp="..." xmlns:wsa="...">
    <wsa:EndpointReference>
      <wsa:Address>http://travelagency.com/FlightBookingService
      </wsa:Address>
    </wsa:EndpointReference>
  </wsp:AppliesTo>
</wst:RequestSecurityToken> ...
```

Die Kenntnis darüber, dass für die Ausgabe des SAML Tokens an das Portal von STS ein UsernameToken erwartet wird, erhält das Portal über die jedem Client zugängliche Security Policy des STS. Gleiches gilt auch für die Kommunikation des Portals mit den internen und externen Dienstanbietern. Das Portal in der Rolle des Dienstnehmers kann beispielsweise über die dem Flugbuchungs-Service zugeordnete Security Policy in Erfahrung bringen, welche Nachrichtenteile signiert und verschlüsselt werden sollen, welches Tokenformat für die Authentifizierung gefordert wird und vieles mehr. Das folgende Listing zeigt einen Auszug aus einer beispielhaften Security Policy, die den zuvor gestellten Sicherheitsanforderungen hinsichtlich Authentifizierung, Integrität und Vertraulichkeit für den externen Dienst entspricht:

```
<wsp:Policy ...>
  <wsp:ExactlyOne>
    <wsp:All>
      <sp:AsymmetricBinding>
        <wsp:Policy>
          <sp:InitiatorToken>
            <wsp:Policy>
              <sp:X509Token sp:IncludeToken="AlwaysToRecipient">
                <wsp:Policy>
                  <sp:WssX509V3Token10/>
                </wsp:Policy>
              </sp:X509Token>
            </wsp:Policy>
          </sp:InitiatorSignatureToken>
```

[1] User Mapping wird nicht vom WS-Trust Standard adressiert, da es sich hierbei um eine Funktionalität auf der Anwendungsebene handelt. Dennoch zählt User Mapping zu den Kernfunktionalitäten eines STS und ist daher eine wichtige Komponente in den ersten am Markt verfügbaren Implementierungen

```
        <sp:RecipientToken>
          <wsp:Policy>
            <sp:X509Token sp:IncludeToken="AlwaysToInitiator">
              <wsp:Policy>
                <sp:WssX509V3Token10/>
              </wsp:Policy>
            </sp:X509Token>
          </wsp:Policy>
        </sp:RecipientSignatureToken> ...
```

Mit der <sp:AsymmetricBinding> Assertion wird ausgedrückt, dass der Sender (das Portal) wie der Empfänger (der Flugbuchungs-Dienst) das für die Signatur des Requests bzw. der Response verwendete X.509 Token (<sp:InitiatorToken> bzw. <sp:Recipient Token>) immer in der Nachricht als Token enthalten sein muss (IncludeToken). Weiterhin wird festgelegt, dass der Zeitstempel (<sp:IncludeTimestamp>) sowie der SOAP Body (<sp:SignedParts>) in die Signatur einbezogen werden müssen.

```
      ... <sp:AlgorithmSuite>
          <wsp:Policy>
            <sp:Basic256/>
          </wsp:Policy>
        </sp:AlgorithmSuite>
        <sp:IncludeTimestamp/>
        <sp:OnlySignEntireHeadersAndBody/>
      </wsp:Policy>
    </sp:AsymmetricBinding>
    <sp:SignedParts>
      <sp:Body/>
    </sp:SignedParts> ...
```

Der eigentliche Authentifizierungsmechanismus wird über eine <sp:SignedSupporting Tokens> Assertion festgelegt, die den Token-Typ (SAML Version 2.0 Token, <sp:Wss SamlV20Token11/>) vorschreibt und gleichzeitig ausdrückt, dass das Token selbst vom Sender zu signieren ist.

```
  ... <sp:SignedSupportingTokens>
        <wsp:Policy>
          <sp:SamlToken sp:IncludeToken="AlwaysToRecipient">
            <wsp:Policy>
              <sp:WssSamlV20Token11/>
            </wsp:Policy>
          </sp:SamlToken>
        </wsp:Policy>
      </sp:SignedSupportingTokens>
    </wsp:All>
  </wsp:ExactlyOne>
</wsp:Policy>
```

3 Ausblick: Security in SOA Frameworks

Am Beispiel der Security Policy für den Flugbuchungs-Dienst wird deutlich, dass der neue WS-SecurityPolicy Standard einerseits ein hohes Maß an Flexibilität bei der Formulierung von Sicherheitsanforderungen liefert, andererseits aber auch ein komplexes Regelwerk darstellt. Von einem Entwickler kann allerdings kaum erwartet werden, dass er das dem Standard zugrunde liegende, über 110 Seiten starke Dokument, in allen Einzelheiten versteht. Er soll sich auf die fachlichen Anforderungen konzentrieren und allenfalls auf einer viel abstrakteren Ebene die nicht-funktionalen Anforderungen wie Sicherheit, Dienstgüte oder Transaktionsverhalten eines Service zur Design-Time beschreiben können.

Neue SOA Frameworks, mit denen die Entwicklung serviceorientierter Applikationen vereinfacht werden soll, kommen dieser Forderung nach. Sie stellen einfache programmiersprachliche Mittel zur Verfügung, mit denen sich die Metadaten aus fachlicher Sicht auf der Ebene von allgemeinen Sicherheitszielen formulieren lassen, wie z. B. Authentifizierung, Vertraulichkeit oder Integrität. Erst zum Zeitpunkt des Deployments eines Service findet eine Zuordnung zu konkreten Policies statt, die dann nicht mehr vom Entwickler, sondern von einem Administrator oder Sicherheitsexperten vorgenommen wird oder sogar automatisiert erfolgen kann. Ebenfalls in dessen Verantwortung liegt die Formulierung und Pflege dieser Policies, die an zentraler Stelle im Unternehmen in sog. *Service Repositories* hinterlegt und im Einklang mit internen und externen Richtlinien und Gesetzen (Compliance) stehen müssen.

Ein Beispiel für ein solches SOA Framework ist die Service Component Architecture (SCA), die gemeinsam von BEA, IBM, Oracle, SAP und anderen Unternehmen gemeinsam entworfen und als Version 1.0 im März 2007 bei OASIS zur Standardisierung eingereicht wurde (*http://oasis-opencsa.org/sca*). Der Spezifikation umfasst ein abstraktes Komponentenmodell für Services, das sog. Assembly Model [OSOA07], sowie dessen Abbildung auf konkrete Programmiersprachen wie z. B. Java oder C++. Innerhalb der sprachspezifischen Ausprägungen des Assembly Models werden bestimmte Programmierkonstrukte verwendet, um dem Entwickler die Möglichkeit zu geben, die nicht-funktionalen Anforderungen seiner Services festzulegen. In Java werden dazu beispielsweise die mit J2SE 5.0 neu eingeführten Code Annotations genutzt, die in SCA als *Intent Annotations* [OSOA07a] bezeichnet werden. Das folgende Beispiel zeigt, wie die einer Service-Komponente in SCA zugrunde liegende Java Klasse mit den SCA Intent Annotations ausgezeichnet wird, um auf der Klassenebene (Methoden- bzw. Operations-übergreifend) eine Verschlüsselung (@Confidentiality)auf der Transportschicht zu fordern, und Methoden-spezifische Authentifizierungsmechanismen (@Authentication) zuzuweisen.

```
@Confidentiality("transport")
public class HelloService {
  @Authentication("message")
  public String hello(String message) {...}

  @Authentication("transport")
  public String ping() {...} }
```

Der Administrator bzw. Deployer kann nun aufgrund dieser Vorgaben und anderer Rahmenbedingungen entscheiden, welche konkreten (WS-Security-) Policies er dem Service zur Laufzeit zuordnet.

Literatur

[OAS04] OASIS, Web Services Security: SOAP Message Security 1.0 (WS-Security 2004)

[OAS05] OASIS, Web Services Security: X.509 Token Profile 1.0 Errata 1.0

[OAS06] OASIS, Web Services Security: SOAP Message Security 1.1 (WS-Security 2004)

[OAS07a] OASIS, WS-SecurityPolicy 1.2 Commitee Draft 02

[OAS07b] OASIS, WS-SecureConversation 1.3 Committee Specification 01

[OAS07c] OASIS, WS-Trust 1.3 Committee Specification 01

[W3C06] W3C, Web Services Addressing (WS-Addressing), W3C Recommendation

[W3C06a] W3C, Web Services Policy 1.2 - Framework, Member Submission

[WSI06] WS-I, Sample Applications Security Architecture Document Working Group Draft

[WSI07] WS-I, Basic Security Profile Version 1.0 Approval Draft

[OSOA07] OSOA, SCA Assembly Model Specification 1.0

[OSOA07a] OSOA, SCA Java Common Annotations and APIs

[XMLS02] W3C, XML-Signature Syntax and Processing, W3C Recommendation

[XMLE02] W3C, XML Encryption Syntax and Processing, W3C Recommendation

Sicherheit in der Prozessintegration mit Web Services und SOA

Karl Flieder

Fachhochschule CAMPUS 02 · Graz
karl.flieder@campus02.at

Zusammenfassung

Dieser Beitrag möchte anhand eines angewandten Forschungsprojektes eine Standortbestimmung zum Thema Sicherheit in der überbetrieblichen, prozessorientierten Anwendungsintegration vornehmen. Das Fallbeispiel einer überbetrieblichen Prozessesintegration hat die gemeinsame Prozessgestaltung und die Umsetzung einer Pilotimplementierung auf Basis einer serviceorientierten Architektur (SOA) mit Web Services als Schnittstellentechnik zum Inhalt. Die relevanten Sicherheitsthemen werden auf zwei organisatorischen und zwei technischen Ebenen diskutiert. Die Gestaltung und Absicherung des gemeinsamen Prozesses gegen äußere und innere Bedrohungsszenarien, stehen im Mittelpunkt der organisatorischen Maßnahmen. Auf den beiden technischen Ebenen wird der Reifegrad von aktuellen und künftigen Sicherheitsstandards bzw. deren Implementierung am Beispiel Prozessintegration diskutiert. Das Ergebnis zeigt, dass sich der größte gemeinsame Nenner hinsichtlich Sicherheit über das schwächste Glied einer Kette definiert. Verbesserungspotenzial bezüglich Sicherheit ist sowohl bei kommerzieller als auch bei Open Source-Software zu finden.

1 Einführung und Motivation

In der Automobilindustrie stellen eine zunehmend reduzierte Fertigungstiefe und die damit einhergehende Verteilung der Produktions- und Entwicklungsprozesse über mehrere Unternehmen hinweg immer höhere Anforderungen an die Gestaltung der Prozesse. Die Hersteller konzentrieren sich zunehmend auf ihre Kernkompetenzen und beziehen maßgebliche Leistungen von ausgewählten Systemlieferanten (vgl. [FrGK06]). In diesem Umfeld sind die Zulieferer nicht selten zugleich auch Entwicklungspartner. Der Trend in der Produktentwicklung geht hin zu einer partnerschaftlichen und unternehmensübergreifenden Zusammenarbeit, wo in vernetzten, virtuellen Entwicklungsteams Experten hoch spezialisierte Aufgaben lösen (vgl. [SBM+06] S. 43 ff.). Weiters führen eine steigende Variantenvielfalt, die Reduzierung der Anzahl der direkten Zulieferer und kürzere Entwicklungszyklen zu einer stärkeren Vernetzung der Unternehmen in Kooperationsprozessen. Das Nutzungspotential erstreckt sich dabei auf drei wesentliche Dimensionen der unternehmerischen Leistungsfähigkeit: Zeit, Kosten und Qualität. Gemäß [RBD+06] werden die Seiten dieses magischen Dreiecks mit den Begriffen Schlankheit, Agilität und Reaktionsfähigkeit beschrieben. Diese Anforderungen verlangen eine dynamische Prozessgestaltung, in deren Folge flexible Lösungen für die Prozesssteuerung und den Datenaustausch zwischen den Kooperationspartnern anzustreben sind.

Ein Prozess auf den diese Beschreibung zutrifft ist das so genannte Änderungsmanagement (*Engineering Change Management*, ECM). Dieses ist Teil einer gemeinschaftlichen Produktentwicklung (*Collaborative Engineering*), die zu einer vielschichtigen Arbeitsteilung führt.

P. Horster (Hrsg.) · D•A•CH Security 2007 · syssec (2007) 83-97.

Heute wird ein neues Fahrzeugmodell meist in enger Kooperation zwischen Endhersteller und ausgewählten Systemlieferanten geplant und gebaut. Eine der Anforderungen bei parallel laufenden Entwicklungsaktivitäten ist es, dass die beteiligten Partner ständig synchronisiert und abgestimmt werden müssen, damit der Serienanlauftermin eingehalten und das Gesamtkonzept sichergestellt werden kann (vgl. [SBM+06], S. 56).

Gegenwärtig führen komplexe und variierende Anforderungen bei Transaktionsbeziehungen über Unternehmensgrenzen hinweg im ECM vielfach noch zu persönlichen Interaktionen einzelner Mitarbeiter, typischerweise über Portale. Bei Portallösungen ergeben sich Nachteile aus einem Medienbruch und aus hohen Kosten für die Entwicklung und Administration. Einige dieser Nachteile konnten durch den Einsatz von *Electronic Data Interchange* (EDI) zwar beseitigt werden, aber auch hier wurde Optimierungspotenzial sichtbar. Eine prozessorientierte Integration, bei der neben den Änderungsdaten auch eventgesteuerte Statusinformationen und Funktionsaufrufe übernommen werden können, ist einer datenorientierten Lösung vorzuziehen. Die Nutzung der „Ressource" Internet verspricht zudem einen Vorteil gegenüber teuren *Value-Added Networks* (VANs), wie sie bei EDI gebräuchlich sind (vgl. [BuWK05], S. 414). Mit aktuellen Schrittmachertechnologien, wie Web Services [BFKL05, WBFT04] (Abbildung 1) und XML (*Extensible Markup Language*) sowie dem Architekturkonzept SOA, stehen entsprechende Standards und Konzepte zur Verfügung, um die Prozessintegration auch umzusetzen. An die Stelle von punktuellen Verbindungen treten dabei durchgängige Kooperationsprozesse. Diese sind durch eine dynamische, asynchrone Interaktion gekennzeichnet und umfassen im Idealfall den gesamten Produktlebenszyklus. Bei der Umsetzung wird eine Modularisierung angestrebt, sodass wiederverwendbare Einheiten, sog. Services, entstehen. Diese Modularisierung wird als jene Alternative angesehen, die kostenintensive persönliche Interaktionen über Portale und starre Standards wie EDI in der Zukunft ablösen soll. Als aktuelles Architekturparadigma für die Bildung von Services im Rahmen von Integrationsprojekten gilt SOA. Als wichtigste Designprinzipien einer SOA werden sehr oft Schnittstellenorientierung, Interoperabilität, Autonomie, Modularität und Bedarfsorientierung genannt (vgl. [HeLÖ06]).

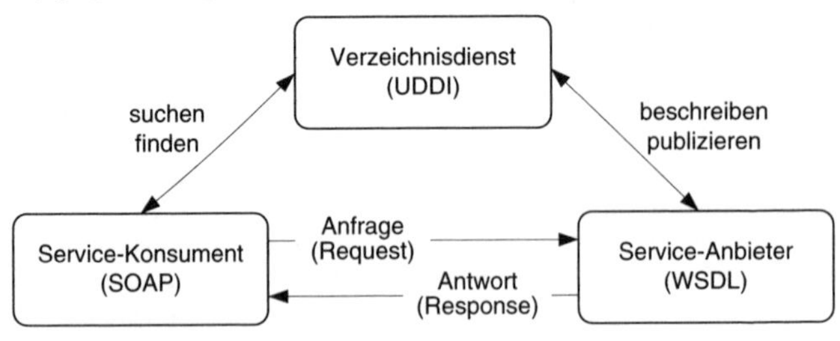

Abb. 1: Web Service-Interaktionen.

Ein Service wird mit seinen Methoden, Parametern und anderen Eigenschaften in einer maschinenlesbaren Form (*Web Service Description Language*, WSDL) beschrieben. Dadurch weiß der Service-Konsument, was dieser Dienst bietet und wie er in Anspruch zu nehmen ist. Standardisierte SOAP-Nachrichten übermitteln Funktionsaufrufe und Parameter. Im Hinblick auf eine Automatisierung sind Verzeichnisdienste wie UDDI (*Universal Description, Discovery, and Integration*) [Kret06, Schm05] vorgesehen.

2 Überbetriebliches Fallbeispiel

Aktuelle technologische Entwicklungen werden am besten an der gängigen Praxis festgemacht. Geschäftsprozesse, wie die zwischen einem Autohersteller und seinen Kunden und Lieferanten, bestehen aus einer Vielzahl voneinander unabhängiger Aktivitäten, die explizite Vereinbarungen über zulässige Abläufe erfordern (vgl. [WeLe06]). Die Informationstechnologie verfügt über verschiedene Lösungsansätze auf unterschiedlichen Abstraktionsebenen, um mehrstufige und komplexe Geschäftsprozesse abzubilden (vgl. [Flie06]). Die Bereitstellung von Anwendungsbestandteilen als Services über Unternehmensgrenzen hinweg rückt auch Themen der Sicherheit, Verfügbarkeit und Zuverlässigkeit in den Mittelpunkt der Überlegungen. Ebenso sind für den Diffusionsprozess von Innovationen Sicherheitsthemen essentiell (vgl. [Roge03]). Der Stellenwert der Sicherheit in überbetrieblichen Kooperationsprojekten entspricht einem Knock-out-Kriterium. Sobald ein Vorhaben als unsicher gilt, darf es in der Regel nicht umgesetzt werden.

Das gegenständliche Fallbeispiel resultiert aus einem Projekt, das unter universitärer Leitung stand und die erstmalige Umsetzung einer durchgängigen Prozessabwicklung im ECM auf Basis einer SOA und mit Web Services als Schnittstellentechnologie zum Inhalt hatte (vgl. [VLLA06]). Die beteiligten Kooperationspartner waren namhafte Unternehmen der Automobilindustrie, Hersteller wie Zulieferer waren vertreten. Ziel dieses angewandten Forschungsprojektes war es, m:n-fähige Services in einer Ende-zu-Ende-Topologie für den überbetrieblichen Prozess *Engineering Change Request* (ECR) zu konzipieren und als Referenzimplementierung umzusetzen. Als Ausgangsbasis diente die VDA-Empfehlung 4965-1 [Pros07]. Dieser derzeit noch unveröffentlichte Standard beschreibt den Referenzprozess für die gemeinschaftliche Bearbeitung von Änderungsanfragen in Kooperationsnetzwerken und legt die Prozessinteraktionen zwischen den Partnern fest. Weiters war ein STEP AP214 konformes Datenmodell sowie die notwendige Funktionalität für den Austausch von PLM-Daten (*Product Lifecycle Management*) über Web Services zu definieren (vgl. [Figa05]).

3 Handlungsebenen

Bei der Planung und Umsetzung eines gemeinsamen ECR-Prozesses ergaben sich sicherheitsrelevante Anforderungen auf verschiedenen Abstraktionsebenen. Es galt prozessbezogene Aufgaben und Aktivitäten, applikationsbezogene Funktionen und Interaktionen sowie systemtechnische Konfigurationen in die Überlegungen einzubeziehen. Insgesamt waren damit sowohl betriebswirtschaftliche als auch technische Abteilungen mit der Umsetzung befasst. Naturgemäß werden einzelne Prozessschritte, und damit auch die entsprechenden Sicherheitsanforderungen, von Mitarbeitern, die verschiedene Rollen innerhalb eines Unternehmens bekleiden, auch unterschiedlich wahrgenommen und beschrieben. Im überbetrieblichen Änderungsmanagement benötigt man jedoch ein einheitliches Verständnis über die Bearbeitungsschritte, den Status, die Bearbeitungsergebnisse und somit auch über die sicherheitstechnischen Notwendigkeiten.

Im Projekt wurden die Sicherheitsanforderungen zunächst nach dem Merkmal des räumlichen Auftretens von Gefahrenpotenzialen eingeteilt. Neben der *äußeren* Sicherheit, bei der von einem Angreifer im Zuge der Kommunikation über ein Netzwerk ausgegangen wird, war auch der *inneren* Sicherheit größte Aufmerksamkeit zu widmen. Schätzungen gehen davon aus, dass bis zu zwei Drittel aller Angriffe von Mitarbeitern getätigt werden. Dennoch muss nicht immer gleich eine Böswilligkeit unterstellt werden. Eine Konfigurationsdatei ist von einem ungeübten Systembenutzer schnell gelöscht, wenn er über die entsprechenden Berechtigungen verfügt. Vertraulichkeit ist sowohl zwischen den Kooperationspartnern als auch gegenüber einem potenziellen Angreifer ein Thema. Maßnahmen waren daher sowohl auf organisatorischer als auch auf technischer Ebene notwendig. Im Zuge der Planung eines gemeinsamen Prozesses und der Umsetzung einer Referenzimplementierung wurden die Sicherheitsanforderungen deshalb in zwei *organisatorische* und zwei *technische* Ebenen unterteilt. Dazu wurde auf das Ebenenmodell von [SiHu05] zurückgegriffen. Diese Gliederung der Sicherheitsthemen war durch die strukturelle Komplexität des Projektes erforderlich. Keinesfalls durften Sicherheitsthemen nur auf die dezentralen Infrastrukturdienste beschränkt bleiben.

- **Ebene 1 – Überbetriebliche Interaktionen.** Ein überbetriebliches Fachkonzept bildete die Grundlage für weitere organisatorische Maßnahmen zur Vorbereitung der späteren Implementierung auf Basis einer serviceorientierten Architektur. Basierend auf einer logischen Sicht wurde zunächst eine einheitliche fachliche Funktionalität und Semantik entwickelt. Im Mittelpunkt stand die Definition eines gemeinsamen Prozesses. Zu den nichtfunktionalen Anforderungen gehörten dabei Themen der Sicherheit.
- **Ebene 2 – Innerbetriebliche Interaktionen.** Im Mittelpunkt der unternehmensinternen Aufgaben standen die jeweiligen Sicherheitsvorgaben der Kooperationspartner. Einzelne Geschäftsobjekte waren hinsichtlich Sicherheit und Sensibilität zu untersuchen. Zum Schutz von Wettbewerbsvorteilen, die sich aus einer spezifischen Prozessabwicklung ergeben, waren interne Rollenmodelle, Kommentare und Begründungen nach außen zu verbergen. In einzelnen Unternehmen kommt das IT-Governance-Framework ITIL (*IT Infrastructure Library*) zum Einsatz (vgl. [TjKa05], S. 18). Dieses bildet die organisatorische Grundlage für die Definierung von Sicherheitszielen. Bestimmte Unternehmen sind von der gesetzlichen Vorgabe *Sarbanes-Oxley Act* (SOX) betroffen und daher zu besonderer Sorgfalt, z. B. hinsichtlich der Userautorisierung, verpflichtet.
- **Ebene 3 – Softwarekomponenten.** Auf dieser technischen Ebene standen die Integrationssysteme und ihre Komponenten im Mittelpunkt der Betrachtungen. Beispielsweise war von den beteiligten Kooperationspartnern eine geeignete PKI-Infrastruktur auszuwählen. Hier galt es, auf Basis einer kritischen Betrachtung aktueller Integrations-Frameworks und ihrer Komponenten, eine Standortbestimmung der Sicherheit in der prozessorientierten Anwendungsintegration über Unternehmensgrenzen hinweg zu erstellen.
- **Ebene 4 – Technische Infrastruktur.** Auf dieser Ebene befassten sich die Kooperationspartner mit der technischen Vernetzung und der Konfiguration ihrer Systeme. Wichtige Sicherheitsanforderungen die Kommunikation betreffend, konnten durch den gezielten Einsatz von Netzwerkkomponenten abgedeckt werden. Cluster-Lösungen sorgen für Hochverfügbarkeit bzw. Ausfallsicherheit und bieten Skalierbarkeit.

4 Sicherheitsfunktionen

Auf Grund der überbetrieblichen Kooperationsform galt es besonderen Wert auf die Absicherung des gemeinsamen Prozesses gegen Bedrohungen wirtschaftlicher und technischer Natur zu legen. Da die Kommunikation bei Web Services über die öffentliche und ungeschützte Ressource Internet erfolgt, waren Sicherungsmaßnahmen auf der Applikationsebene unerlässlich. Rahmenbedingungen hinsichtlich Sicherheitsfragen ergaben sich aus den Anforderungen der zu Grunde liegenden serviceorientierten Architektur.

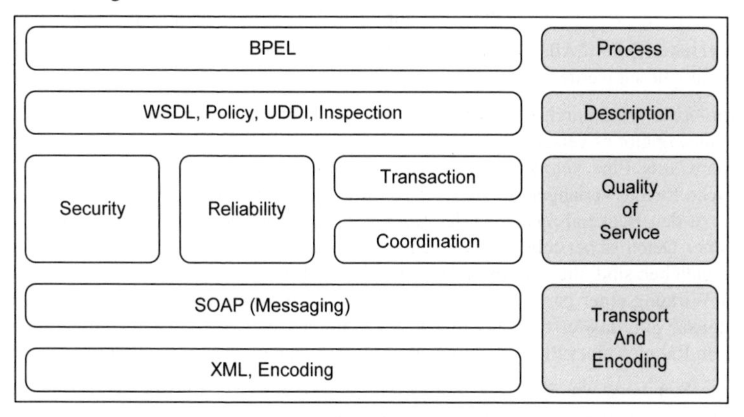

Abb. 2: Einordnung von Sicherheit im Rahmen des Web Service-Stacks

So konnte z. B. ein Zielkonflikt zwischen der Anforderung nach Performance, Flexibilität und Interoperabilität für Web Services, das ist die Fähigkeit von möglichst vielen Service-Konsumenten aufgerufen zu werden, und der Forderung nach bestmöglicher Sicherheit, eruiert werden. Im Rahmen des Web Service-Stacks sind Themen der Sicherheit (*Security*) und Zuverlässigkeit (*Reliability*) der Dienstgüte (*Quality of Service*) zugeordnet (vgl. Abbildung 2).

4.1 Grundlegende Sicherheitsanforderungen

Eine der grundlegenden Voraussetzungen, um ein System zuverlässig betreiben zu können, ist

- **Verfügbarkeit.** Stehen die Daten und Funktionen der involvierten Systeme den berechtigten Benutzern nicht zur Verfügung, funktioniert die gesamte Prozessabwicklung nicht mehr. Je höher der Grad an Technisierung eines Prozesses ist, desto wichtiger ist daher die Systemverfügbarkeit.

Diese Anforderung fand auf der technischen Ebene in der Architekturausprägung der operativen Systeme ihre Berücksichtigung. Dabei war die Auswahl der Hardware genauso ein Thema, wie Aktivitäten auf der Ebene des Betriebssystems (vgl. [Stall01], S. 648 ff.) und auf Applikationsebene. Ein Verlust an Verfügbarkeit kann durch beabsichtigte oder unbeabsichtigte Ereignisse eintreten. Entsprechende Vorkehrungen waren daher auf allen vier Handlungsebenen zu treffen.

Zur Implementierung von sicheren Services braucht man in der Regel *Verschlüsselung*, *Authentifizierung* und *Autorisierung* (vgl. [CHKT06], S. 201). Diese grundlegenden Sicherheitsanforderungen an eine SOA können zumeist im Rahmen einer *Public Key Infrastruktur* (PKI) gelöst werden. Eine PKI beinhaltet drei Anforderungen, die gleichzeitig erfüllt sein müssen, um sich in einem Kooperationsnetzwerk gegenseitig schützen zu können:

- **Authentizität.** Auf der Basis von digitalen X.509-Zertifikaten kann die Identität des Kommunikationspartners zweifelsfrei festgestellt werden. Damit eng verbunden ist die Autorisierung: Ein System kann den Nutzern zuverlässig Verantwortung zuordnen.

- **Integrität.** Es wird sichergestellt, dass alle Daten vollständig und unverändert ankommen. Damit verbunden ist die Signierung mit Zeitstempel und digitalen Unterschriften.
- **Vertraulichkeit.** Alle Daten gehen verschlüsselt über das Netz und können von Dritten nicht gelesen werden.

Vertraulichkeit wird durch eine Verschlüsselung der übertragenen Daten erreicht. Zur *Authentifizierung* gibt es verschiedene Methoden, beispielsweise Username/Passwort, Zertifikate und SmartCards. Eine *Autorisierung* ist dann notwendig, wenn unterschiedliche Rollen unterschiedliche Rechte verlangen. Fragen der Autorisierung waren deshalb vornehmlich mit dem Zugang zu den Backend-Systemen der Kooperationspartner verknüpft. Um die *Integrität* übertragener Daten sicherstellen zu können, ist zu prüfen, ob die empfangenen Daten tatsächlich die gleichen sind, die der Absender verschickt hat. Eine *digitale Signatur* – diese kommt in ihrer Wirkung einer persönlichen Unterschrift gleich – kann die Integrität gewährleisten. Als Prämisse gilt, dass erst das reibungslose Zusammenspiel von Verschlüsselung und Zertifikaten im Rahmen einer PKI alle drei Kernanforderungen gleichzeitig erfüllen kann.

Etablierte Standards wie SSL (*Secure Sockets Layer*), ein Protokoll für die sitzungsbasierte Verschlüsselung und Authentifizierung, bilden eine solide Grundlage für den Aufbau von sicheren Web Service-Architekturen. Damit können die Basisanforderungen Verschlüsselung und Authentifizierung für den Einsatz von Web Services über Unternehmensgrenzen hinweg erfüllt werden. SSL bietet die Möglichkeit zur Server-Authentifizierung sowie optional zur Client-Authentifizierung, um das Abhören, Manipulieren und Fälschen von Nachrichten in Client/Server-Anwendungen zu verhindern (vgl. [BuPa01], S. 269 ff.). Damit eine beiderseitige Authentifizierung erfolgen kann, müssen sowohl der Client als auch der Server über geeignete digitale Zertifikate verfügen. Ein SSL-Zertifikat besteht aus einem öffentlichen und einem privaten Schlüssel. Nach der gegenseitigen Authentifizierung kann die verschlüsselte Übertragung der Daten erfolgen. Der öffentliche Schlüssel wird für die Verschlüsselung der Informationen verwendet, der private für die Entschlüsselung. Dabei erfolgt jedoch keine selektive Verschlüsselung von Teilen der XML-Dokumente. Die SOAP-Nachrichten werden als Ganzes zwischen den Endpunkten der Kooperationspartner auf der Transportschicht gesichert.

4.2 Erweiterte Sicherheitskonzepte

Neben der Sicherung durch SSL auf der Transportschicht (*Transport-Level Security*), die eine universelle Grundsicherung in einer Punkt-zu-Punkt-Topologie ermöglicht, verlangt ein m:n-fähiges Web Service-Netzwerk in letzter Konsequenz eine gegenseitige Absicherung der SOAP-Kommunikation (*Message-Level Security*) auch über Intermediäre, so genannte SOAP-Knoten (vgl. [HaNe05], S. 805 ff.), hinweg. Statt einer Punkt-zu-Punkt-Sicherheit ist eine Ende-zu-Ende-Sicherheit anzustreben. Erst dadurch können Zielkonflikte, wie jener zwischen Flexibilität, Interoperabilität und bestmöglicher Sicherheit gelöst werden. Die Methoden und Parameter von Web Service-Aufrufen dürfen nicht von den Service-Konsumenten oder von Angreifern dazu genutzt werden können, um destruktiven Code auszuführen (vgl. [HaLö04], S. 134). In den beiden folgenden Unterabschnitten werden Konzepte beschrieben, die in der Prozessintegration mit Hilfe von Web Service-Schnittstellen als Techniken zur Sicherung der SOAP-Nachrichten auf der Anwendungsebene eingesetzt werden können.

4.2.1 XML Security

Unter dem Begriff *XML Security* (vgl. [PaRi06], S. 349 ff.) werden Maßnahmen subsumiert, die sich nicht nur auf Web Services beschränken, sondern die Authentizität, Integrität und Vertraulichkeit von XML-Dokumenten zum Inhalt haben. Dennoch spielen sie beim Einsatz von Web Services eine wichtige Rolle, wenn es darum geht eine Datenstruktur gezielt zu schützen oder das Management von Zertifikaten zu gewährleisten. Dazu dienen die beiden folgenden W3C-Empfehlungen:

XML Encryption definiert ein Schema zur Verschlüsselung von XML-Dokumenten und legt damit fest, wie XML-Dokumente ver- und entschlüsselt werden. Damit kann die Vertraulichkeit während eines XML-Datentransfers sichergestellt werden. Folgende Möglichkeiten der Verschlüsselung im angestrebten m:n-Architekturszenario stehen damit zur Verfügung:

- Gesamtes Dokument
- Einzelne Elemente
- Inhalt einzelner Elemente

XML Signature bietet eine Authentifizierung des Senders, die Integrität der Nachricht, die Zurechenbarkeit zu einer Person und die Nicht-Anfechtbarkeit einer Transaktion. XML Encryption gibt dabei die Struktur einer verschlüsselten SOAP-Nachricht vor, jedoch nicht den Algorithmus. XML Signature definiert Regeln und die Syntax für die Signatur von

- Ganzen XML-Dokumenten
- Teilen davon
- Externen Datenobjekten, die über ein XML-Dokument referenziert werden

Es kann zwischen den folgenden drei Signaturtypen unterschieden werden:

- Detached Signature: Die Signatur und das XML-Dokument sind voneinander getrennt
- Enveloped Signature: Die Signatur wird vom XML-Dokument umschlossen
- Enveloping Signature: Die Signatur erfüllt die Aufgabe eines Umschlages und umschließt das gesamte XML-Dokument

Neben XML Encryption und XML Signature gibt es seine Vielzahl weiterer Ansätze, die oftmals auch Überschneidungen in der Funktionalität mit sich bringen. Beispiele sind:

- XML Key Management Spezification (XKMS)
- Security Assertion Markup Language (SAML)
- Extensible Access Control Markup Language (XACML)

4.2.2 WS Security

Diese Spezifikation zur Vereinheitlichung beinhaltet die Idee, den Nachrichtenstandard SOAP um bestehende Standards, wie die im vorigen Abschnitt eingeführten W3C-Empfehlungen XML Encryption und XML Signature und anderer, zu erweitern. Dabei wird SOAP um folgende drei Funktionalitäten angereichert:

- Security Token Propagation (zur Übertragung von Zertifikaten)
- Message Integrity
- Message Confidentiality

Damit kann die kryptografische Sicherung von Web Services in einer Ende-zu-Ende-Topologie erreicht werden. Grundelemente sind so genannte Tokens. Das ist eine in XML gehaltene Sicherheitsinformation. Ein Token kann beispielsweise signiert (X.509-Zertifikat) oder unsigniert (Passwort) sein. Die folgenden *Elemente* repräsentieren die Sicherheitsinformationen:

- UserNameToken
- BinarySecurityToken
- SecurityTokenReference
- XML Digital Signature
- XML Encryption

Beispielsweise dient das Element UsernameToken der Übermittlung von Informationen zur Authentifizierung und das BinarySecurityToken der Übertragung von Binärdaten. Damit können verschlüsselte Zertifikate übermittelt werden (vgl. [Hamm05], S. 119). Eine mit WS Security gesicherte Web Service-Schnittstelle wird nicht über HTTPS, sondern über HTTP aufgerufen. Der Service erwartet eine mittels WS Security geschützte Nachricht, diese muss mit dem öffentlichen Schlüssel verschlüsselt werden. Signiert wird die Nachricht mit dem privaten Schlüssel, eine Authentifizierung mit Username/Passwort ist nicht erforderlich. Die Antwortnachricht kann mit dem privaten Schlüssel entschlüsselt werden, die Signatur kann mir dem öffentlichen Schlüssel überprüft werden. WS Security unterstützt die unabhängige Signierung einzelner Teile einer SOAP-Nachricht, Signaturen lassen sich je nach Bedarf individuell hinzufügen. Bezüglich des Einsatzes im gegenständlichen m:n-Kooperationsnetzwerk ergab sich allerdings das Problem, dass WS Security gegenwärtig noch nicht von allen eingesetzten Integrationswerkzeugen unterstützt wird (Tabelle 1). Zudem existieren Unterschiede in der Implementierung. So wählte beispielsweise SAP mit dem Basic Security Profile 1.0 einen etwas anderen Lösungsansatz, wodurch die Interoperabilität nicht gerade vereinfacht wird.

Tab. 1: Werkzeugunterstützung für WS Security im Projekt.

Produkt	Unterstützung von WS Security
BEA WebLogic 8.3	WS Security 1.0, konnte erfolgreich getestet werden
SAP XI 7.0	Basic Security Profile 1.0 (laut SAP), praktisch nicht getestet
Inubit-IS 4.1	Wird nicht unterstützt, optional wurde Apache Rampart empfohlen
IBM WebSphere 6.0	WS Security 1.0, konnte in der Praxis leider nicht getestet werden

5 Diskussion der Sicherheitsmaßnahmen

Dieses Kapitel befasst sich mit der Umsetzung der Sicherheitsanforderungen in einem geschäftskritischen Kooperationsnetzwerk. Mit dem Begriff SOA wird nicht nur viel Unkenntnis und Halbwissen transportiert, oft wird auch der organisatorische Aufwand für die betriebliche Umsetzung unterschätzt (vgl. [Müll05], S. 448). Einer Open Source-Software wird oft ein höheres Maß an Sicherheit zugesprochen als kommerziellen Produkten. Es wird argumentiert, dass Sicherheitslücken und -probleme schneller als bei kommerzieller Software entdeckt würden, da jeder Einsicht in den Quellcode nehmen kann (vgl. [RVRK05] S. 17). Die persönlichen Erfahrungen des Autors lassen sich mit diesem Argument allerdings nicht schlüssig in Einklang bringen. Ausgehend von den in Abschnitt 3 definierten Handlungsebenen wird zunächst auf die wichtigsten organisatorischen Sicherheitsanforderungen eingegangen. Auf den beiden technischen Ebenen werden Erfahrungen aus der Pilotimplementierung reflektiert.

5.1 Überbetriebliche Interoperation

Auf dieser Handlungsebene wurden grundlegende Entwurfsentscheidungen getroffen. Der Fokus lag zunächst auf dem Design eines öffentlichen Prozesses (*Public Process*) auf Grundlage einer serviceorientierten Architektur. Das Fachkonzept wurde dabei in Form eines *Computational Independent Model* (CIM) [ReSS06] beschrieben. Ein CIM abstrahiert von der technischen Implementierung und konzentriert sich auf die Abbildung der Ablauflogik (Prozessmodell), der Aufbauorganisation (Organisationsmodell) und der Informationsobjekte (Informationsobjektmodell). Im überbetrieblichen Änderungsmanagement benötigt man ein einheitliches Verständnis über die einzelnen Bearbeitungsschritte, die wichtigsten Bearbeitungsergebnisse und über den Status. Deshalb wurden Meilensteine und Synchronisationspunkte ebenso identifiziert und erfasst wie nichtfunktionale Anforderungen, die vor allem die Sicherheit und Zeitrestriktionen betreffen. Eine kritische Betrachtung der Sicherheit und Sensibilität von Geschäftsobjekten dient vor allem der Wahrung von Wettbewerbsvorteilen einzelner Kooperationspartner, die sich aus den unterschiedlichen fachlichen Prozessen ergeben. Dieser Anforderung wurde dadurch Rechnung getragen, dass der gemeinsame öffentliche Prozess Synchronisationspunkte zu den privaten Prozessen jedes einzelnen Teilnehmers enthält. Die firmeninternen Prozessschritte der Kooperationspartner, die in der Regel Wettbewerbsvorteile widerspiegeln, können dadurch geheim (*Private*) bleiben. Die internen Prozesse, insbesondere das Rollenmodell und das Informationsobjektmodell jedes Kooperationspartners, mussten auf den öffentlichen Prozess gemäß VDA-Fachstandard semantisch angepasst werden. Das Prozessmodell spezifiziert die Abfolge von Informationsflüssen und Funktionsaufrufen im Rahmen der systemtechnischen Umsetzung. Einzelne Interaktionsszenarien wurden beschrieben und organisatorische Zuordnungen von Aktivitäten im Rahmen des Rollenmodells getroffen.

5.2 Innerbetriebliche Interoperation

Gesetzliche Vorgaben wie *Sarbanes-Oxley Act* (SOX), *Corporate Governance Codex* und *Basel II* verlangen von der IT nicht nur aus rechtlicher und betriebswirtschaftlicher, sondern auch aus sicherheitstechnischer Sicht Rechenschaftsberichte über die effiziente und effektive Steuerung und Kontrolle. Fragen der Sicherheit stehen vor allem bei SOX im Vordergrund. Aus diesen Gründen war es notwendig den Umgang mit sensiblen Geschäftsdaten zu definieren. So sollen einzelne Informationsobjekte eines Unternehmens nur teilweise bzw. gar nicht an die externen Partner weitergegeben werden:

- Die Transparenz der Ansprechpersonen ist nicht immer gewünscht. Speziell dann, wenn die Kommunikation über einen *Single Point of Contact* (SPoC) ablaufen soll. In diesem Fall ist vorgesehen, dass im Header einer Nachricht nur der Name des jeweiligen Koordinators übertragen werden soll. Sonstige personenbezogene Attribute eines ECR-Informationsobjektes bleiben leer oder werden ebenfalls mit dem SPoC befüllt.
- Eine Unterscheidung zwischen interner und externer Bezeichnungen ist vorzunehmen.
- Ein weiterer sensibler Punkt sind die internen Kommentare. Hier ist zu beachten, dass eine Offenlegung interner Kosten oder qualitativer Angaben in zukünftigen Verhandlungen unerwünschte Konsequenzen haben können.

- Selbst mit der Offenlegung des Änderungsgrundes oder der Begründungen für eine ECR-Genehmigung ist vorsichtig umzugehen, da diese ebenfalls negative Folgen für die Geschäftsbeziehungen haben können.

Die Definition all dieser unternehmensinternen Sicherheitsanforderungen erfolgte als organisatorische Maßnahme im Zuge der Definition des öffentlichen Prozesses. In der Folge bildeten diese Punkte die Vorgaben für die Implementierung einzelner Nachrichten. Die Übertragung des plattformunabhängigen Modells in die lokalen, plattformabhängigen Modelle der beteiligten Kooperationspartner erfolgt im Rahmen der Gestaltung des *Product Specific Models* (PSM). Damit den Anforderungen der unternehmensspezifischen Sicherheitspolitik entsprochen werden konnte, erfolgte die Dokumentation individuell für jeden Projektpartner.

5.3 Softwarekomponenten

In diesem Abschnitt werden unter anderen Erfahrungen mit Software, die nach der "*Blended*"- Strategie (vgl. [Weig06]) vertrieben wird, beschrieben. Im Rahmen der Bereitstellung von Sicherheitsfunktionen für die Pilotimplementierung kamen auch kommerzielle Integrationsserver zum Einsatz, die teilweise auf Open Source und teilweise auf firmenspezifischen Komponenten aufbauen. Im Rahmen einer etwa 3-monatigen Entwicklungsphase konnten signifikante Erfahrungen bezüglich des Stellenwerts von Sicherheit gemacht werden. Eine Grundvoraussetzung, um in der überbetrieblichen Prozessintegration überhaupt Sicherheit zu erreichen, ist das korrekte Absichern der serverseitigen Einrichtungen. Die Mehrheit der Anbieter von Integrationslösungen setzt auf den J2EE-Standard (*Java 2 Platform, Enterprise Edition*). Dieses Framework beinhaltet eine Reihe von Komponenten, die ebenso als eigenständige Produkte einsetzbar sind: Apache Web Server, Apache Tomcat Webcontainer, Apache JBoss Applikationsserver sowie das Java Messaging Service (JMS).

Einzelne Produkte, diese sind häufig im Open Source-Bereich anzutreffen, verwenden Klartext-Passwörter in Konfigurationsdateien oder gar in Usermasken[1]. Können diese nicht ausreichend geschützt werden, stellen sie ein Sicherheitsrisiko dar. Besonders positiv fiel im Rahmen der Pilotimplementierung deshalb das Produkt BEA WebLogic auf: Die Konfigurationsdateien dieses Integrationsservers können bei Bedarf verschlüsselt werden.

5.3.1 Begrenzte Möglichkeiten mit SSL

Zur Erreichung der grundlegenden Anforderungen (siehe Kapitel 4.1), wie die Sicherung der in den Anfrage- und Antwortnachrichten übertragenen Daten, wurde auf den bewährten Sicherheitsmechanismus SSL (*Secure Sockets Layer*) zurückgegriffen. SSL ist in den vorgefertigten Softwarekomponenten der aktuellen Integrationsserver leicht zu konfigurieren. (siehe Abb. 3). Von den beteiligten Kooperationspartnern werden dazu die Zertifikate im Voraus bilateral ausgetauscht. SSL bietet Sicherheit in einer Punkt-zu-Punkt-Topologie. In komplexeren Anwendungsszenarien wird eine Sequenz von Nachrichten über mehrere SOAP-Knoten, das sind Softwarekomponenten, die Anwendungslogik implementieren, versendet Wenn eine über SSL gesicherte SOAP-Nachricht über mehrere Zwischenstationen zum Empfänger gelangen soll, sind jedoch mit dieser Art der Sicherung alle Nachrichten auf den Zwischenstationen als Klartext lesbar (vgl. [Frot06], S. 56). Auch können mit SSL einzelne Teile einer SOAP-Nachricht nicht selektiv verschlüsselt werden. Aus konzeptioneller Sicht ist daher die

---

[1] z.B. Passwort für Proxy-Einstellungen: http://www.soapui.org

Verwendung von SSL in der angestrebten, flexiblen Ende-zu-Ende-Topologie nicht zufrieden stellend. Die technischen Möglichkeiten von WS Security hingegen erscheinen für den professionellen Einsatz in einem m:n-fähigen Web Service-Netzwerk geeignet, um den Transport von SOAP-Nachrichten mittels HTTP über das öffentliche Netz selektiv und umfassend zu schützen. Als Manko kann derzeit noch gewertet werden, dass die Unterstützung für WS Security durch die gegenwärtigen Integrationswerkzeuge noch nicht durchgehend gegeben ist. Für die Pilotimplementierung, wo die primären Ziele der Kooperationspartner anders gewichtet wurden, reichte SSL vorerst aber aus.

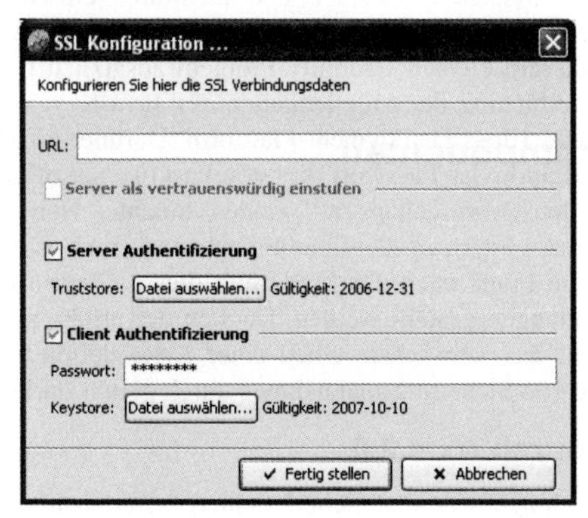

Abb. 3: SSL-Konfiguration in einem Integrationsserver

Der Truststore enthält den öffentlichen Schlüssel des Geschäftspartners, dem vertraut werden soll. Der Keystore enthält ein oder mehrere Zertifikate, mit denen der Client die Authentizität des Servers prüfen kann. Ist für das Zertifikat eine Authentifizierung erforderlich, kann es unter Passwort eingegeben werden. Der URL (*Uniform Resource Locator*), der die Serviceadresse spezifiziert, wurde bewusst ausgeblendet.

5.3.2 Mangelnde Sicherheitsunterstützung durch JBoss

Ein besonders wichtiger Sicherheitsaspekt bei der Benutzung von Zertifikaten und Schlüsseln für die Authentisierung ist der Schutz des privaten Schlüssels in den jeweils eingesetzten Komponenten. Ein privater Schlüssel, der im Rahmen der SSL-Anwendung durch unzureichende Schutzmechanismen eines Produktes kompromittiert wird, kann nicht mehr zur Sicherung verwendet werden.

Im Zuge der Implementierung wurde bei einem Kooperationspartner mit dem Programm Java-Keytool aus der Sun Java SDK ein Truststore erzeugt, in dem die Zertifikate eines oder mehrerer Kooperationspartner gespeichert werden können. Die Integrität eines Keystores selbst wird durch ein Passwort gesichert. Zusätzlich ist für jeden Schlüssel (keyEntry) ein eigenes Passwort anzugeben. Das Java-Keytool bietet keine Exportmöglichkeit für den privaten Schlüssel, was als positiv gewertet werden kann. Die Sicherung der Nachrichtenintegrität und Authentizität erfolgt durch die Bildung einer kryptographischen Prüfsumme, wie z. B. SHA-1 oder MD5. Bei ausführlichen Tests mit dem Apache JBoss-Applikationsserver, dem ein Tomcat-Webcontainer zu Grunde liegt, musste leider festgestellt werden, dass das Passwort für den Schlüssel (keypass) genau dem des Keystores (storepass) entsprechen muss. Jedenfalls wurde eine Fehlermeldung generiert, sobald tatsächlich zwei unterschiedliche Passwörter, die die Sicherheit zweifelsfrei erhöhen könnten, vergeben wurden:

```
java.io.IOException: Cannot recover key at
org.apache.tomcat.util.net.jsse.JSSE14SocketFactory.initProxy
(JSSE14SocketFactory.java:181)
```

Da vom Integrationsserver nur die Kernaussage der Fehlermeldung, „Cannot recover key“, nicht aber die Quelle oder weitere nützliche Angaben an die graphische Oberfläche weitergereicht wurde, konnte die Ursache des Fehlers erst nach längerem Nachforschen ausgemacht werden. Entsprechende Hinweise zu diesem Fehler konnten in der Folge im Internet gefunden werden.[2] Was neben diesem kleinen Usability-Problem zusätzlich bemängelt werden muss, ist die mangelnde Unterstützung der Möglichkeiten des Java-Keytools (zwei separate Passwörter) durch die Apache JBoss Deployment-Plattform. Darüber hinaus ist in der Datei server.xml der JBoss-Installation das Passwort (keystorePass) zu spezifizieren, falls man ein anderes als das Standardpasswort „changeit“ wählen möchte. Neben der Frage nach der Zweckmäßigkeit von Passwörtern in Konfigurationsdateien, muss aus sicherheitstechnischer Sicht wohl oder übel die Frage nach der Marktreife dieses Open Source-Produktes für geschäftskritische Anwendungen gestellt werden. Da sich der größte gemeinsame Nenner hinsichtlich Sicherheit über das schwächste Glied einer Kette definiert, müsste man erwarten können, dass eine Kette von Sicherungsmaßnahmen durch gleich starke Glieder geprägt ist.

5.3.3 Blockade durch Axis 2.0

Der zuvor geschilderte Mangel war aber nicht der einzige. Ein noch schwerwiegenderes Problem kam nach dem Releasewechsel eines Integrationsservers zu Tage. Dabei wurde von der Herstellerfirma des Integrationsservers statt der Vorgängerversion 1.1 die SOAP-Bibliothek Axis 2.0 eingesetzt. Ab dem Zeitpunkt der Umstellung war es leider nicht mehr möglich, ein Web Service außerhalb des Unternehmens aufzurufen. Die Fehlermeldung

```
Connection refused; nested exception is:
java.net.ConnectException: Connection refused; nested exception is:
org.apache.axis2.AxisFault: Connection refused; nested exception is:
java.net.ConnectException: Connection refused
```

ließ zwar die Vermutung zu, dass die Ursache von Apache Axis herrühren könnte, eine Bestätigung seitens der Herstellerfirma konnte aber erst nach ausgiebigen internen Tests und einigen Wochen des Wartens bekommen werden. Die Ursachenforschung beim Hersteller des Integrationsservers mündete schließlich in der Erkenntnis: *„Die Ursache liegt tatsächlich bei Axis 2.0. In Axis 2.0 wird die HTTP-Authentifizierung nicht mehr unterstützt und deshalb blockt ihre Firewall. In der Axis 2.1 wurde dieser Fehler behoben. Leider lässt sich Axis 2.1 nur mit großem Aufwand in die aktuelle IS-Version einfügen [...].“* Die im Userinterface implementierte Funktionalität „Autorisierung gegenüber einer Firewall“ war nicht nur funktionslos, da in der verwendeten Open Source SOAP-Bibliothek Apache Axis 2.0 diese Funktionalität nicht länger unterstützt wurde, sie war zudem auch irreführend. Abhilfe schaffte erst ein Patch, der nach ca. einem Monat zur Verfügung gestellt wurde. Diese Erfahrung nährte die Vermutung, dass Sicherheitsthemen zumindest bei einzelnen Softwareherstellern derzeit noch nicht als zentrales Diskursthema wahrgenommen werden (vgl. [Thur05]). Dem Kunden-

[2] http://www.thawte.com/ssl-digital-certificates/technical-support/keygen/tomcat_keygen.html

wunsch nach sicheren und aufeinander abgestimmten Softwarekomponenten, standen Mängel an den funktionalen Schnittstellen von „Blended Software“ Komponenten gegenüber.

5.4 Technische Infrastruktur – Web Services und Firewalls

Der in Internetforen und Büchern oft erwähnte scheinbare Vorteil XML-basierter Nachrichten, die problemlos Firewalls passieren können, erweist sich im professionellen Umfeld sehr schnell als trügerische Falle. Die Maßnahmen auf der technischen Ebene zur Erreichung von Sicherheit zielten daher vor allem auf die Sicherung der Ressourcen ab. Dies betraf beispielsweise Architekturentscheidungen, Berechtigungskonzepte aber auch Maßnahmen zur Erhöhung der Verfügbarkeit. Einen wichtigen Beitrag hinsichtlich der Verfügbarkeit von virtuellen Maschinen lieferten Clusterlösungen für die eingesetzte Rechner-Hardware. Im konkreten Fall sorgten bei einem Projektpartner ein Master- und zwei so genannte Worker-Nodes nicht nur für eine entsprechende Lastverteilung, sondern auch für die geforderte Ausfallsicherheit. Schließlich wurde für die fachgerechte Absicherung des Betriebes von Netzwerkkomponenten eine Einschränkung der Userberechtigungen für die Ports bis 1024 vorgenommen.

Eine Grundvoraussetzung, um in der überbetrieblichen Prozessintegration überhaupt Sicherheit zu erreichen, ist das korrekte Absichern des Web Servers sowohl beim Service-Anbieter als auch beim Service-Konsumenten. Die Bildung einer demilitarisierten Zone (DMZ) zwischen zwei Paketfiltern, dass sind Router, in der ein Web Server (Integrationsserver) platziert wird und von außen erreichbar ist, gilt dabei als Standard-Design. Damit sind keine direkten Verbindungen zwischen internem Netz und Internet möglich. Steht der Server eines Web Services in einer demilitarisierten Zone, so ist eine Authentifizierung entweder gegenüber einer Firewall oder einem Proxy notwendig. Damit bleibt jeglicher Netzwerkverkehr mit der Außenwelt steuer- und kontrollierbar. Für das bei Web Service-Anwendungen standardmäßig verwendete Protokoll HTTP, aber auch für alternativ mögliche Protokolle wie FTP und SMTP bietet sich darüber hinaus als Sicherungsmaßnahme der Einsatz von Application Layer Firewalls an. Dabei erfolgt die Prüfung der transferierten Inhalte bis zur Ebene 7 des OSI-Modells. Als nachteilig gilt dabei ein hoher Bedarf an Ressourcen und Rechenleistung. Als Vorteil kann gewertet werden, dass die Umsetzung von Netzwerkadressen (*Network Address Translation*, NAT) nicht länger notwendig ist.

6 Zusammenfassung

In dieser Arbeit wurde anhand einer Fallstudie eine Standortbestimmung hinsichtlich Sicherheit in der überbetrieblichen Prozessintegration auf Basis einer SOA und mit Web Services als Schnittstellentechnik unternommen. Theoretische Sicherheitskonzepte, die als Spezifikation bzw. Implementierung vorliegen, wurden dargestellt und auf Basis einer Pilotimplementierung einer kritischen Bewertung unterzogen. Organisatorischen Maßnahmen betreffend Sicherheit in der überbetrieblichen Prozessintegration wurden diskutiert und sicherheitstechnische Schwächen von Open Source-Komponenten aufgezeigt. Die Sicherheitsspezifikation WS Security wird derzeit noch nicht von allen Herstellern gleichermaßen unterstützt, ihr praktischer Einsatz in Ende-zu-Ende-Topologien ist daher nur beschränkt möglich. Hinsichtlich der Anforderung nach m:n-Fähigkeit der Interaktionen waren sowohl auf den organisatorischen als auch auf den technischen Ebenen noch Herausforderungen auszumachen. Beispielsweise zeigten sich in der Praxis auf der organisatorischen Ebene Probleme mit dem korrekten Einhalten von Meilensteinen und von definierten Phasenübergängen zwischen dem gemeinsamen öffentlichen Prozess und den individuellen privaten Prozessen. Auf der technischen Ebene stellte die Konfiguration einzelner Sicherheitskomponenten die Verantwortlichen vor operative Herausforderungen.

Als abschließendes Resümee bietet sich ein Vergleich an. Der Stellenwert von Sicherheit in Integrationsprojekten scheint mit jenem des Umweltschutzes in ökonomischen Projekten vergleichbar zu sein: Als nichtfunktionales Thema wird es in Integrationsprojekten gegenwärtig noch nicht von allen beteiligten Kräften als zentrales Diskursthema wahrgenommen. Das grundsätzliche Bewusstsein ist zwar vorhanden, möglicherweise fehlen aber noch entsprechende Qualitätskriterien, wie sie für funktionelle Anforderungen gestellt werden. Ein Mitgrund liegt möglicherweise auch darin, dass bei Integrationssoftware, kommerzielle wie auch Open Source, gegenwärtig noch ausreichend Potenzial für Verbesserungen hinsichtlich Sicherheit in geschäftskritischen Anwendungen auszumachen ist. Umso größere Bedeutung kommt daher organisatorischen und qualitativen Maßnahmen zu.

Literatur

[BFKL05] J. de Bruijn, D. Fensel, U. Keller, R. Lara: Using the Web Service Modeling Ontology to Enable Semantic E-Business. Comm. ACM 48 (2005) 12.

[BuWK05] P. Buxmann, E. Wüstner, S. Kunze: Wird XML/EDI traditionelles EDI ablösen? Eine Analyse auf Basis von Netzeffekten und einer empirischen Untersuchung. Wirtschaftsinformatik 47 (2005) 6.

[CHKT06] S. Conrad, W. Hasselbring, A. Koschel, R. Tritsch: Enterprise Application Integration: Grundlagen – Konzepte – Entwurfsmuster – Praxisbeispiele. Elsevier (2006).

[Figa05] N. Figay: eCollaborative Concurrent Engineering and PLM Services. EADS CCR. Enterprise Interoperability Day. URL: http://www.omg.org/docs/omg/05-04-15.pdf (2007-04-09)

[Flied06] K. Flieder: Geschäftsprozessmanagement – Geschäftsprozesse mit dem virtuellen Reißbrett steuern? WINGbusiness 39 (2006) 3.

[FrGK06] H-J. Franke, J. Gausemeier, F-L. Krause: Innovationspotenziale in der Produktentwicklung. Hanser (2006).

[Frot06] T. Frotscher: WS-Zukunftssicher. Java Magazin 12 (2006).

[Hamm05] U. Hammerschall: Verteilte Systeme und Anwendungen: Architekturkonzepte, Standards und Middleware-Technologien. Pearson Studium (2005).

[HaLö04] T. Hauser, U. M. Löwer: Web Services – Die Standards. Galileo Press (2004).

[HaNe05] H. R. Hansen, G. Neumann: Wirtschaftsinformatik 2 – Informationstechnik, 9. Auflage. Lucius & Lucius (2005).

[HeLÖ06] R. Heutschi, C. Legner, H. Österle: Serviceorientierte Architekturen: Vom Konzept zum Einsatz in der Praxis. Springer-LNI (2006).

[Kret06] F. Kretzschmar: Negotiations in Service-Oriented Architectures. IBIS – Interoperability in Business Information Systems 1 (2006) 3.

[Müll05] P. Müller: Für Sie gelesen – M. N. Huhns und M. P. Singh: Service-Oriented Computing: Key Concepts and Principles. Wirtschaftsinformatik 47 (2005) 6.

[PaRi06] M. P. Papazoglou, P. M. A. Ribbers: e-Business. John Wiley & Sons (2006).

[Pros07] ProSTEP: Engineering Change Management. URL: http://www.prostep.org/de/projektgruppen/ecm/ (2007-04-09)

[RBD+06] G. Rommel, F. Brück, R. Diederichs, R. D. Kempis, J. Kluge: Einfach überlegen: Das Unternehmenskonzept, das die Schlanken schlank und die Schnellen schnell macht. Schäfer-Poeschel (2006).

[ReSS06] R. Reussner, U. Steffens, N. Streekmann: Projekt MINT – Modellgetriebene Integration von betrieblichen Informationssystemen. OFFIS Oldenburg (2006).

[Roge03] E.M. Rogers. Diffusion of Innovations. Free Press (2005).

[RVRK05] T. Renner, M. Vetter, S. Rex, H. Kett: Open Source Software: Einsatzpotenziale und Wirtschaftlichkeit. Eine Studie der Fraunhofer-Gesellschaft (2005).

[SBM+06] A.-W. Scheer, M. Boczanskyi, M. Muth, W.-G. Schmitz, U. Segelbacher: Prozessorientiertes Product Lifecycle Management. Springer (2006).

[Schm05] V. Schmidtmann: Web Services-basierte Referenzarchitektur für Enterprise Application Integration. Dissertation, Wissenschaftlicher Verlag Berlin (2005).

[SiHu05] M. P. Singh, M. N. Huhns: Service-Oriented Computing: Semantics, Processes, Agents. John Wiley & Sons (2005).

[Stall01] W. Stallings: Operating Systems: Internals and Design Principles. Prentice Hall (2001).

[Thur05] B. Thuraisingham: Directions for Security and Privacy for Semantic E-Business Applications. Comm. ACM 48 (2005) 12.

[TjKa05] A. M. Tjoa, D. Karagiannis: IT Governance: Definition, Standards & Zertifizierung. OCG Journal (2004) 4.

[VLLA06] T. Vogel, C. Legner, J. Löhe, C. Augenstein: SOA in Automotive: Konzept m:n-fähiger Web Services für das Änderungsmanagement. Arbeitsbericht BE HSG/CC BN3/11, Inst. für Wirtschaftsinformatik, Universität St. Gallen (2006).

[WBFT04] D. Wang, T. Bayer, T. Frotscher, M. Teufel: Java Web Services mit Apache Axis. S & S Verlag (2004).

[Weig06] W. Weigend: Kombination von Opensource- und kommerzieller Software-Lösungen für geschäftskritische Anwendungen. JavaSPEKTRUM 4 (2006).

[WeLe06] K. Wende, C. Legner: Evolution of Business Interoperability in the Automotive Industry. eChallenges Barcelona (2006). URL: http://www.alexandria.unisg.ch/Publikationen/30189 (2007-04-09)

Schutz der Privatsphäre in einem webbasierten Multiusersystem

Daniel Slamanig[1] · Christian Stingl[1] · Günther Lackner[2] · Udo Payer[2]

[1]Fachhochschule Technikum Kärnten
{d.slamanig | c.stingl}@cti.ac.at

[2]Technische Universität Graz
{guenther.lackner | udo.payer}@iaik.tugraz.at

Zusammenfassung

Outsourcing-Konzepte werden im Unternehmensbereich in den letzten Jahren immer häufiger eingesetzt. Dabei müssen Aspekte im Bereich der Datensicherheit und des Datenschutzes in hohem Maße berücksichtigt werden. Auch im Consumer-Bereich wird eine Vielzahl von Produkten angeboten, die es Benutzern ermöglichen Daten auf fremden Servern strukturiert zu hinterlegen und webbasiert zu verwalten. Werden hier personenbezogene Daten gespeichert, kann jedoch die Privatsphäre der Benutzer durch unzureichende Sicherheitskonzepte nachhaltig verletzt werden. In dieser Arbeit werden grundsätzliche Anforderungen an derartige Systeme untersucht und diskutiert. Weiters wird ein integriertes Konzept für ein System zur Speicherung, Verwaltung (webbasiert) und zur Erstellung von Freigaben auf Daten (Sharing) auf der Basis einer relationalen Datenbank vorgestellt, das speziell die Privatsphäre der Benutzer fokussiert. Es basiert auf einem Verfahren zur *Pseudonymisierung von Beziehungen* zwischen Datenobjekten, sogenannten *verborgenen Teilidentitäten*, die ein *glaubwürdiges Abstreiten* ermöglichen, und einer *Obfuscation-Technik*, die in Kombination die Privatsphäre der Benutzer gut schützen. Dadurch können Daten auf grundsätzlich nicht vertrauenswürdigen Servern hinterlegt und weder inhaltlich kompromittiert werden, noch sind Insider im Stande, Beziehungen zwischen Benutzern und Datenobjekten, respektive Beziehungen zwischen Benutzern herzustellen. Abschließend wird das vorgestellte Konzept bezüglich Angriffs- und Erweiterungsmöglichkeiten untersucht und weiterführende Punkte vorgestellt.

1 Motivation

Einer Studie des Ponemon-Instituts aus dem Jahre 2006 zufolge, kommt Datendiebstahl Unternehmen sehr teuer zu stehen, wobei der Schaden in 45% aller Fälle durch verlorene bzw. gestohlene Laptops, PDAs oder mobile Datenträger verursacht wird [study06]. Unter anderem ist daher im Unternehmensbereich derzeit ein Trend zur Auslagerung der Datensicherung- bzw. Datenspeicherung zu verzeichnen. Unternehmen nutzen dabei hochverfügbare State-of-the-art-Speicherinfrastrukturen, die von Service-Providern zur Verfügung gestellt werden. Dies ermöglicht eine verlässliche und bequeme Datensicherung bzw. Nutzung der Unternehmensdaten über das Internet, wobei dem Unternehmen die kostenintensive Anschaffung, Verwaltung und der Schutz von Speichermedien erspart bleibt. Gerade bei räumlich dezentralen Unternehmensstrukturen kann dadurch zusätzlich eine unternehmensweite integrierte und konsistente Datenbasis kosteneffizient geschaffen werden, die ortsunabhängig genutzt werden kann. Die

Anzahl der lokal gespeicherten Daten wird somit minimiert und im Fall von Diebstahl bzw. Verlust eines mobilen Endgeräts kann der entstehende Schaden beträchtlich reduziert werden. Alternativ dazu können die Daten auf den Endgeräten verschlüsselt gespeichert werden, wobei hier lediglich die Offenlegung der Daten bei Diebstahl oder Verlust verhindert werden kann.

Der oben beschriebene Ansatz wird auch im Consumer-Bereich von einigen (Internet-) Service-Providern aufgegriffen,[1] wobei von deren Verwendung mit sensiblen Daten aus unserer Sicht aufgrund mangelnder Sicherheitsstandards abzuraten ist. Prinzipiell könnten damit jedoch sensible Daten (z.B. amtliche Dokumente, Gesundheitsdaten, etc.) sowohl gespeichert, als auch anderen Personen zugänglich gemacht werden (z.B. Zeugnisse für einen Nachweis). Speziell bei Abläufen, in die mehrere Personen involviert sind und alle Zugriff auf (sensible) Daten benötigen, kann dieser Ansatz von Vorteil sein (z.B. wissenschaftliche Projekte, Vereine, medizinische Behandlungen, etc.). Jedoch muss erwähnt werden, dass sich die Anzahl der potentiellen Angreifer erhöht. Durch unbemerkt installierte Schadsoftware und/oder abgehörte Kommunikation kann das Verhalten eines Benutzers analysiert und dessen Privatsphäre verletzt werden. Werden Daten webbasiert verwaltet, müssen alle Personen mit Zugriff auf die Server des Providers (speziell Insider) und jene, die sich über das Internet Zugriff verschaffen (z.B. Hacker, andere Benutzer), als zusätzliche potentielle Angreifer betrachtet werden (vgl. z.B. [BoGü02]). Gerade bei der Verwaltung personenbezogener Daten ist der Schutz vor unberechtigtem Zugriff essentiell. Folglich muss solchen Diensten ein integriertes Sicherheitskonzept zugrunde liegen, das für eine vertrauliche und integre Datenübertragung und Datenspeicherung sorgt.

2 Sicherheitsrelevante Anforderungen

Ein wichtiger Aspekt bei der webbasierten Verwaltung von Daten ist die Wahrung der Privatsphäre eines Benutzers und somit ein gewisser Grad an Anonymität. Dabei ist einerseits die *Daten-Anonymität* (Applikationsebene) als auch die *Kommunikationsanonymität* (Netzwerkebene) von Interesse. Letzteres kann im Allgemeinen durch die Verwendung von *anonymen Kommunikationssystemen* gewährleistet werden. Die Idee für diese Systeme wurde 1981 von Chaum [Chau81, Chau88] vorgestellt und in den letzten Jahren wurden auf dieser Basis unterschiedlichste Systeme entwickelt (für einen Überblick siehe [Dane04]), sowie formale Modelle vorgestellt und untersucht [KeAP03, SeDa02]. In dieser Arbeit werden Aspekte der *Daten-Anonymität* betrachtet und vorausgesetzt, dass die Kommunikation über ein anonymes Netzwerk möglich ist und somit die Verkettung von Zugriffen auf das vorgeschlagene System sowohl durch einen *externen* und hauptsächlich jedoch durch einen *internen* Angreifer umöglich ist. Somit liegt der Fokus auf der Betrachtung von *Insiderangriffen*, wobei davon ausgegangen wird, dass ein Insider lediglich *passiv* agiert, d.h. keine Manipulationen vornimmt. Es muss demnach verhindert werden, dass ein *Insider* effizient Informationen über Datenobjekte, Beziehungen zwischen Datenobjekten und Benutzern sowie Beziehungen zwischen Benutzern eruieren kann.

2.1 Datenübertragung

Die sicherheitsrelevanten Anforderungen an die Datenübertragung bei webbasierten Datenspeicherungslösungen sind komplexerer Natur, als jene in (lokalen) Netzwerken. Sollte ein Netzwerk gegen Angreifer von außen ausreichend abgesichert sein, so ist die verschlüsselte

[1] z.B. iDisk von Apple: http://www.apple.com/dotmac/, Xdrive von AOL: http://www.xdrive.com/, Gspace von Google: http://www.getgspace.com/, etc.

Übertragung von Daten innerhalb des Netzwerkes nicht zwingend erforderlich, da alle an der Kommunikation beteiligten Stellen als vertrauenswürdig eingestuft werden könnten. Dies ist im Allgemeinen praktikabel, da der Zugang zum Netzwerk von einer (zentralen) Stelle reguliert und überwacht werden kann. Bei einer Übertragung über das Internet ist der Weg der Daten vor der Übertragung nicht bekannt und eine wie zuvor erwähnte regulative Instanz nicht vorhanden. Ein Angreifer kann durch Einschleusen oder Kompromittieren von Hardware bzw. von Schadsoftware die gesamte Kommunikation und alle übertragenen Daten abhören, Beziehungen zwischen Sendern und Empfängern ermitteln, sowie das Kommunikationsverhalten von Personen analysieren. Wie zuvor angesprochene Kommunikationsnetzwerke, sowie die verschlüsselte Übertragung der Daten sind daher zur Gewährleistung der Vertraulichkeit und Integrität dieser als unerlässlich anzusehen.

2.2 Datenspeicherung

Neben dem Übertragungsweg ist auch das Sicherheitskonzept des Servers zur Verwaltung der Daten von enormer Relevanz. Werden Daten unverschlüsselt abgelegt, serverseitig verschlüsselt oder umgeschlüsselt, so entstehen erhebliche Sicherheitslücken. Ein Angreifer, der über Administratorrechte verfügt, ist in der Lage, sämtliche Inhalte direkt zu lesen bzw. sich Zugriff auf die verwendeten kryptographischen Schlüssel und folglich die Daten zu verschaffen (z.B. ein Speicherabbild des RAM anfertigen). Grundätzlich sollte autorisierten Benutzern und Administratoren ein Zugriff auf private Informationen von anderen Personen durch Sicherheitsrichtlinien untersagt werden. Es muss hier jedoch betont werden, dass ein Sicherheitskonzept nicht ausschließlich auf der Loyalität der Benutzer und Mitarbeiter beruhen darf, sondern durch geeignete (kryptographische) Verfahren gewährleistet werden muss. Des weiteren sollten hinsichtlich der Sicherheit keine Annahmen bezüglich der Vertauenswürdigkeit des Servers aufgestellt werden, sondern von einem unsicheren Server ausgegangen werden (vlg. auch [DVJ+03]). Idealerweise soll die Sicherheit eines Systems ausschließlich auf kryptographischen Primitiven, die nach dem derzeitigen Stand der Technik als sicher angesehen werden, beruhen. Nichtsdestotrotz werden im Allgemeinen Komponenten (Applikation, proprietäre Sicherheitsmodule, Betriebssysteme, Datenbanken, etc.) verwendet, die (häufig) Sicherheitslücken beinhalten und zur Kompromittierung des gesamten Systems führen können. Diese Komponenten sollten im Sicherheitskonzept keine tragende Rolle spielen.

2.3 Anonymität

Der vorgestellten Ansatz kann als *Bulletin Board* aufgefasst werden, auf das Benutzer verschlüsselte Daten ohne jeglichen Personenbezug "posten" und bei Bedarf wieder abrufen können. Jede (autorisierte) Person kann dabei alle Daten des Systems, die natürlich verschlüsselt vorliegen, einsehen, jedoch keine Zusammenhänge zwischen Daten und Benutzern ermitteln (*Unlinkability*). Dies kann beispielsweise in einer vollständig anonymisierten Form durch die Verwendung von Pseudonymen (kurz: nyms) [PfKö00] bzw. Einmalpseudonymen [ScSc05] gewährleistet werden.

Ist es jedoch erforderlich Daten zu sharen und somit auch anderen Benutzern Freigaben (Zugriffsrechte bzw. Referenzen auf Datenobjekte) auf diese zur Verfügung zu stellen, wobei gleichzeitig serverseitige Analysen durch Insider weitestgehend unterbunden werden sollen, so werden die Anforderungen an das System umfangreicher. Würden hier initial unverkettbare Pseudonyme (vorerst nur dem Benutzer bekannt) verwendet werden, müsste ein Pseudonym einer Person, die Daten freigeben möchte, vorab bekannt sein. Eine Person im Besitz dieses

Pseudonyms ist jedoch dann in der Lage alle Daten mit diesem Pseudonym in Verbindung zu bringen.

Um diese Anforderungen jedoch ohne ein zusätzliches System (und folglich einen Medienbruch in Kauf nehmen zu müssen) erfüllen zu können, empfiehlt sich ein öffentliches Benutzerverzeichnis im System, wobei hier die Tatsache, dass ein Benutzer im System registriert ist als nicht kompromittierend vorausgesetzt wird. Zudem scheint dieses öffentliche Benutzerverzeichnis auch hinsichtlich der Usability praktikabler zu sein. In diesem Fall muss jedoch durch geeignete Methoden dafür gesorgt werden, dass keine allgemeine Verknüpfung (*Linkability*) zwischen einer Person und den ihr zugeordneten Daten bzw. Freigaben möglich ist. Die Authentifikation des Benutzers am System sollte deshalb anonym (vgl. [BoFr99, FeSh90]) erfolgen.

3 Konzept

Zur Wahrung der Privatsphäre der Benutzer müssen deren Daten am Server verschlüsselt abgelegt werden. Standard-Verschlüsselungstechniken für Speichermedien liefern keine ausreichende Sicherheit, da Insiderangriffe nicht unterbunden werden können. Diese Methoden schützen im Allgemeinen nur dann, wenn Speichermedien lediglich einem *externen* Angreifer zur Verfügung stehen (z.B. Verlust, Diebstahl, etc.). Jedoch können auch bei Verschlüsselung der inhaltlichen Daten anhand von Analysen der Strukturen und Metadaten im Dateisystem durch autorisierte Personen (z.B. Administratoren) Informationen gewonnen werden, die kompromittierende Aussagen erlauben [StSl06].

Diese Analysen können erschwert werden, indem die hierarchischen Dateistrukturen (Ordner und Dateien) eines Benutzers am Server in einer Datenbank (DB) abgebildet (virtualisiert) werden. Somit können die Daten aller Benutzer beliebig im Dateisystem des Servers abgelegt werden (z.B. flach) und die Zugriffspfade auf die Daten (Referenzen auf Daten ins Dateisystem) sowie deren hierarchische Strukturen werden ausschließlich in dieser DB verwaltet. Da jedoch Administratoren, die Zugriff auf das Dateisystem eines Servers besitzen, im Allgemeinen auch Zugriff auf das Datenbankmanagementsystem (DBMS) respektive die DB besitzen, sind diese Daten noch immer Insiderangriffen ausgesetzt. Einer aktuellen Studie zufolge sind in den USA über 45% der Fälle von Datendiebstahl auf Insider zurückzuführen [CSIFBI]. Die zuvor genannten Angriffe müssen durch die Verwendung von kryptographischen Methoden unterbunden werden und es muss sichergestellt werden, dass ausschließlich autorisierte Personen (Besitzer von Daten und Personen, denen Daten freigegeben wurden) Zugriffspfade ermitteln können. Um externe und interne Angriffe weitestgehend unterbinden zu können, sind neben der Verschlüsselung aller Inhaltsdaten auch die der relevanten Metadaten (z.B. Zugriffspfade am Server) von hoher Relevanz.

Ein integriertes Sicherheitskonzept muss gewährleisten, dass die Daten auf dem Client, dem Server und dem Übertragungsweg geschützt werden. In den letzten Jahren wurde unterschiedlichste Konzepte vorgestellt, die diese Insiderproblematik behandeln (z.B. [Bert05, DVJ+03, EvFG06, HaIM02, JiWa01, OsSh97, SmSa01]). Aspekte des Sharens von Daten wurden für herkömmliche File-Sharing Protokolle (vgl. [ScLS01]) jedoch kaum in diesem Kontext diskutiert. Das hier vorgestellte Konzept behandelt diese Aspekte im Speziellen. Weiters werden folgende Prämissen vorausgesetzt:

- **Trusted Third Party (TTP)**: Eine TTP wird lediglich zur Ausstellung von Zertifikaten verwendet (z.B. eine verfügbare offene PKI).
- **Kryptographische Operationen**: Alle kryptographischen Operationen werden auf dem Rechner (PC, PDA, Chipkarte, etc.) des Benutzers durchgeführt. Dies garantiert, dass Daten zu keinem Zeitpunkt außerhalb dieses Rechners im Klartext vorliegen.
- **Unlinkability**: Obwohl im System ein öffentliches Benutzerverzeichnis existiert, muss es praktisch unmöglich sein, dass Verknüpfungen zwischen Benutzern und gespeicherten Daten hergestellt werden können (auch für System-Insider).
- **Implizites Schlüsselmanagement**: Das Schlüsselmanagement muss sicher und implizit, für den Benutzer verborgen, im System erfolgen, sodass ein Benutzer nach erfolgreicher Authentifikation mit keiner weiteren Passworteingabe konfrontiert wird.
- **Orts- und zeitunabhängiger Zugriff**: Der Zugriff auf die Daten soll mit einem Webbrowser orts- und zeitunabhängig möglich sein.
- **Vertrauenswürdigkeit des Servers**: Es werden keinerlei Annahmen über die Vertrauenswürdigkeit des Servers getroffen.
- **Glaubwürdige Abstreitbarkeit (Plausible Deniability)**: Eine Person kann unter einer zentralen Identität (Benutzer) mehrere *verborgene Teilidentitäten* besitzen. Weder deren Existenz, die Anzahl dieser, noch zugeordnete Daten können im System von anderen Personen ermittelt werden. Weiters kann aus der Kenntnis einer Identität nicht auf die Existenz einer weiteren geschlossen werden. Auch wenn ein Benutzer zur Offenlegung "seiner" Daten gezwungen wird, kann er die Daten einer beliebigen *verborgenen Teilidentität* offenlegen. Es kann ihm jedoch nichts über die Existenz weiterer Daten bzw. *verborgener Teilidentitäten* nachgewiesen werden.

Wie zuvor erwähnt, werden die verschlüsselten Daten (z.B. PKCS#7 Encrypted-data content type [pkcs7]) im Dateisystem des Servers abgelegt. Der Dateiname f einer verschlüsselten Datei kann so gewählt werden, dass ein Angreifer daraus keinen Informationsgewinn erhält, z.B. $f = H(Name||r)$ mit $r \in_R \{0,1\}^n$, wobei r eine Zufallszahl fester Länge und H eine kryptographisch starke Hashfunktion (z.B. SHA-1) ist. Dem Problem von theoretisch möglichen Kollisionen kann z.B. durch die Verwendung eindeutig generierter Bezeichner entgegengewirkt werden (vgl. [ScSc05]). Das Dateisystem kann in einer relationalen DB schematisch wie folgt realisiert sein:[2]

Beispiel 1: Virtualisiertes Dateisystem

PERSON {**PERSON_ID**, IdentifyingAttribute$_1$, ..., IdentifyingAttribute$_k$, Attribute$_1$, ..., Attribute$_m$ }
HASFOLDERS {**HASFOLDERS_ID**, PERSON_ID, FOLDER_ID}
FOLDER {**FOLDER_ID**, Attribute$_1$, ..., Attribute$_n$ }
HASDOCUMENTS {**HASDOCUMENTS_ID**, FOLDER_ID, DOCUMENT_ID}
DOCUMENT {**DOCUMENT_ID**, Attribute$_1$, ..., Attribute$_p$}
SHARE {**SHARE_ID**, PERSON_ID$_{FROM}$, PERSON_ID$_{TO}$, DOCUMENT_ID}

Dabei kann jeder Benutzer eine beliebige Ordnerstruktur anlegen (Rekursion wurde hier weggelassen), beliebig viele Dokumente in den Ordnern hinterlegen und diese anderen Personen freigeben. Jede Person, die Zugriff auf die Datenbank besitzt, kann jedoch alle Beziehungen zwischen Datenobjekten (z.B. Person und Ordner, Ordner und Dokument, Freigaben für Doku-

[2] Die Primärschlüssel bzw. Fremdschlüssel einer Relation sind **fett** bzw. unterstrichen.

mente) sowie Beziehungen zwischen Benutzern ermitteln. Der Zugriff auf die Inhaltsdaten im Dateisystem (im Klartext) ist praktisch unmöglich, da alle Daten verschlüsselt vorliegen. Um diese verbleibende Schwachstelle zu beseitigen, werden alle Beziehungen durch das "Verschleiern" der Fremdschlüssel und folglich "Brechen" der referentiellen Integrität modifiziert. Das Wiederherstellen der Fremdschlüssel darf nur dann möglich sein, wenn ein Benutzer im Besitz eines Geheimnisses k (eines symmetrischen Schlüssels) ist. Somit kann kein unberechtigter Benutzer Beziehungen zwischen Datenobjekten und Benutzern eruieren. Weiters müssen alle Attributwerte einer Relation, die das Ableiten kompromittierender Information aus einzelnen Tupeln ermöglichen, verschlüsselt werden. Diese Attribute werden hier mit γ_i und deren Menge innerhalb einer Relation R als Γ_R bezeichnet (z.B. Ersteller eines Dokuments). Nachfolgender Algorithmus zeigt das beschriebene Verfahren anhand einer One-to-Many (Master-Detail) Beziehung zwischen zwei Relationen.

Algorithmus 1 Pseudonymisierung einer One-to-Many-Beziehung

Input: Master-Relation M und Detail-Relation D, Γ_M, Γ_D und $M.\kappa_1$, $D.\kappa_1$ als Primärschlüssel von M bzw. D, $D.\alpha_1$ als Fremdschlüssel von $M.\kappa_1$ und k ein symmetrischer Schlüssel

1: $r = rand()$
2: $M.\kappa_2 = E(r, k)$
3: **for all** $\gamma_j \in \Gamma_M$ **do**
4: $\quad M.\gamma_j = E(M.\gamma_j, k)$
5: **end for**
6: **for all** $d \in D$ **do**
7: $\quad d.\alpha_1 = r$
8: $\quad$ **for all** $\gamma_j \in \Gamma_D$ **do**
9: $\quad\quad d.\gamma_j = E(d.\gamma_j, k)$
10: $\quad$ **end for**
11: **end for**

In (1) wird ein Zufallswert r erzeugt. Dieser wird mit k verschlüsselt[3] und als "zweiter" Primärschlüssel in M hinterlegt (2). In (3)-(5) werden alle Elemente aus Γ_M mit dem Schlüssel k verschlüsselt. Für alle Detaildatensätze zu diesem Master wird r als "Fremdschlüssel" in D verwendet (6)-(7) und alle Elemente aus Γ_D mit dem Schlüssel k verschlüsselt (8)-(10). Die Verwaltung des Schlüssels k wird nachfolgend behandelt.

Dieses Verfahren wird in weiterer Folge in Anlehnung an die Pseudonymisierung von Daten[4] als *Pseudonymisierung einer Beziehung* bezeichnet [StSl06]. Dieser Algorithmus kann leicht erweitert und auf Many-to-Many-Beziehungen angewendet werden, wobei dies einer Pseudonymisierung der beiden resultierenden One-to-Many-Beziehungen entspricht (siehe Algorithmus 2). Dadurch können alle Beziehungen in einem beliebigen hierarchischen Datenmodell sukzessive pseudonymisiert werden. Zu beachten ist dabei, dass die Fremdschlüssel-Beziehung nicht mehr in der Datenbank vorhanden ist, sondern applikatorisch realisiert werden muss. Konkret bedeutet dies, dass kein Verbund (Join) in der Datenbank durchgeführt werden kann. Die Performanceeinbußen können jedoch als minimal angesehen werden, da über die verschlüsselten "Fremdschlüssel" herkömmliche Indexstrukturen aufgebaut werden können. Dies bedeutet bei hierarchischen Strukturen, dass lediglich eine zusätzliche Entschlüsselungsoperation pro Ebene der Hierarchie clientseitig notwendig ist.

[3] $E(m, k)$ bezeichnet eine symmetrische Verschlüsselungsfunktion einer Nachricht m mit einem Schlüssel k.

[4] Unter Zuhilfenahme eines Geheimnisses k kann die Verbindung zu einem bestimmten Benutzer wiederhergestellt werden. Ohne die Kenntnis von k ist dies praktisch unmöglich.

Algorithmus 2 Pseudonymisierung einer Many-to-Many Beziehung

Input: Master-Relationen M_1, M_2 und Detail-Relation D, Γ_{M_1}, Γ_{M_2}, $M_1.\kappa_1, M_2.\kappa_1, D.\kappa_1$ als Primärschlüssel, $D.\alpha_1$, $D.\alpha_2$ als Fremdschlüssel und k_1, k_2 Schlüssel.

1: $r_1 = rand()$
2: $r_2 = rand()$
3: $M_1.\kappa_2 = E(r_1, k_1)$
4: $M_2.\kappa_2 = E(r_2, k_2)$
5: **for all** $\gamma_i \in \Gamma_{M_1}$ **do**
6: $M_1.\gamma_i = E(M_1.\gamma_i, k_1)$
7: **end for**
8: **for all** $\gamma_j \in \Gamma_{M_2}$ **do**
9: $M_2.\gamma_j = E(M_2.\gamma_j, k_2)$
10: **end for**
11: **for all** $d \in D$ **do**
12: $d.\alpha_1 = r_1$
13: $d.\alpha_2 = r_2$
14: **for all** $\gamma_k \in \Gamma_D$ **do**
15: $d.\gamma_k = E(d.\gamma_k, k_1)$
16: **end for**
17: **end for**

In (1), (2) werden zwei Zufallszahlen r_1 und r_2 generiert. Die Werte r_1 und r_2 werden mit den Schlüsseln k_1 bzw. k_2 verschlüsselt und die Ergebnisse als "zweite" Primärschlüssel in M_1 und M_2 verwendet (3)(4). In (5)-(7) respektive (8)-(10) werden alle Attribute (γ) verschlüsselt. Die Zufallszahlen r_1 und r_2 werden als "Fremdschlüssel" in D hinterlegt (12),(13). In (14)-(16) werden alle Elemente aus Γ_D mit k_1 verschlüsselt. Die Verwaltung der Schlüssel k_1 und k_2 wird nachfolgend behandelt.

Das nachfolgende Beispiel zeigt die Anwendung des Algorithmus 2 auf ein Subschema aus Beispiel 1. Dabei wurden folgende identifizierenden Attribute (*IdentifyingAttribute*) gewählt: *Username* in PERSON, *Folderinfo* in FOLDER, und *Docpath, Info* in DOCUMENT.

Beispiel 2: Pseudonymisierung einer Many-to-Many-Beziehung

Ursprüngliches Subschema:

PERSON {**PERSON_ID**$_1$, Username}
HASFOLDERS {**HASFOLDERS_ID**$_1$, PERSON_ID$_1$, FOLDER_ID$_1$}
FOLDER {**FOLDER_ID**$_1$, Folderinfo}
HASDOCUMENTS {**HASDOCUMENTS_ID**$_1$, FOLDER_ID$_1$, DOCUMENT_ID$_1$}
DOCUMENT{**DOCUMENT_ID**$_1$, Docpath}

Resultierendes Subschema:

PERSON {**PERSON_ID**$_1$, E(PERSON_ID$_2$, k_{PERSON}), Username}
HASFOLDERS {**HASFOLDERS_ID**$_1$, PERSON_ID$_2$, FOLDER_ID$_2$, $E(k_{FOLDER}, k_{PERSON})$}
FOLDER {**FOLDER_ID**$_1$, E(FOLDER_ID$_2$, k_{FOLDER}), E(Folderinfo, k_{FOLDER})}
HASDOCUMENTS {**HASDOCUMENTS_ID**$_1$, FOLDER_ID$_2$, DOCUMENT_ID$_2$, E($k_{DOCUMENT}$, k_{FOLDER})}
DOCUMENT{**DOCUMENT_ID**$_1$, E(DOCUMENT_ID$_2$, $k_{DOCUMENT}$), E(Docpath, $k_{DOCUMENT}$), E(Info, $k_{DOCUMENT}$)}

Den Einstiegspunkt für den Zugriff auf die Daten stellt die Relation PERSON dar. Hierzu wird in der Relation PERSON ein Schlüssel k_{PERSON} verwendet (k_A für Benutzer A), der mittels einer Key-Derivation-Function (KDF) aus dem Passwort des Benutzers abgeleitet wird [pkcs5].

Dieses Passwort ist das einzige Geheimnis, das sich ein Benutzer merken muss. Daraus entsteht jedoch die Notwendigkeit einer sicheren Passwort-/Schlüsselhinterlegung.[5] Bis auf dieses initial benötigte Passwort erfolgt nun das gesamte Schlüsselmanagement sicher in der Datenbank (Schlüssel der Ebene $i+1$ werden verschlüsselt in der Ebene i hinterlegt). Ein Benutzer kann den Zugriffspfad ausgehend von PERSON über alle Ebenen bis zur Relation DOCUMENT ermitteln und aus *Info* den Content Encryption Key des Dokuments ermitteln.

Damit Benutzer Daten sicher untereinander sharen können, müssen sie entweder ein gemeinsames Geheimnis k besitzen oder Geheimnisse im System sicher austauschen können. Hierfür bietet sich die Nutzung einer bestehenden und vertrauenswürdigen PKI bzw. die Nutzung einer PKI auf Basis eines benutzerzentrierten Vertrauensmodells [Zimm95] an. Beim Vereinbaren von Schlüsselinformationen sollte immer darauf geachtet werden, dass neben der Verschlüsselung auch digitale Signaturen zur Wahrung der Authentizität und Integrität verwendet werden. Hierbei muss jedoch gewährleistet werden, dass nur berechtigte Personen Signaturen verifizieren können. Andernfalls könnten Insider Benutzer identifizieren, die Daten sharen. Im Allgemeinen müssen dabei potentielle Angriffe betrachtet werden [Davi01].

Beispiel 3: Sharen von Daten

Ursprüngliches Subschema:

PERSON {**PERSON_ID**$_1$, E(PERSON_ID$_2$, k_{PERSON}), Username}

...

SHARE {**SHARE_ID**, PERSON_ID$_{FROM}$, PERSON_ID$_{TO}$, DOCUMENT_ID}

Resultierendes Subschema:

PERSON {**PERSON_ID**$_1$, E(PERSON_ID$_2$, k_{PERSON}), E(PERSON_ID$_{Master}$, k_{PERSON}), Username, Cert$_{User}$}

...

SHARE {**SHARE_ID**, PERSON_ID$_{Master}$, PERSON_ID$_{TO}$, E($\sigma_{User_{FROM}} || k_{P2P}$, $PK_{User_{TO}}$), E(Info, k_{P2P}), E(P2P_ID, k_{P2P})}

Beispiel 3 illustriert das Prinzip des Sharens von Daten zwischen zwei Benutzern, wobei in weiterer Folge die Benutzer A und B zur Erläuterung herangezogen werden. Jeder Benutzer besitzt einen weiteren zufällig gewählten Fremdschlüssel PERSON_ID$_{Master}$, der in der Relation PERSON mit dem vom Benutzerpasswort abgeleiteten Schlüssel, hier k_A, verschlüsselt wird und dem Benutzer A dazu dient, seine erstellten Freigaben in der Relation SHARE wiederum identifizieren zu können. Ein zufällig gewählter Schlüssel k_{AB} (k_{P2P}) dient dem eigentlichen Sharen der Daten und wird optional vom Benutzer A mit seinem privaten Schlüssel signiert $\sigma_A = S(k_{AB}, SK_A)$[6] und zusammen mit k_{AB} mit dem öffentlichen Schlüssel des Benutzers B in Form eines Shares $E(\sigma_A || k_{AB}, PK_B)$ verschlüsselt. Der Benutzer B kann die an ihn vergebenen Freigaben durch den Fremdschlüssel PERSON_ID$_{TO}$ identifizieren, aus der verschlüsselten *Info* Informationen über den Freigeber gewinnen (falls erwünscht), unter Verwendung des Zertifikats *Cert*$_A$ den signierten Schlüssel verifizieren und über den Fremdschlüssel P2P_ID auf den Content Encryption Key und folglich auf die freigegebenen Daten zugreifen. Dieser P2P_ID wird in der Relation HASDOCUMENTS als weiterer "Fremdschlüssel" verwendet, wobei dieses Tupel

[5] Die Hinterlegung bei einer TTP steht im Widerspruch mit dem hier vorgestellten Ansatz und deshalb empfiehlt sich beispielsweise Threshold Kryptograpie, z.B. [BoFr97], bzw. Secret Sharing [Sham79].

[6] $S(m, SK_X)$ bezeichnet eine Signaturfunktion, wobei eine Nachricht m mit dem privaten Signaturschlüssel SK_X der Person X signiert wird.

den Schlüssel $k_{DOCUMENT}$ zum freigegebenen Datenobjekt mit k_{P2P} verschlüsselt enthält (siehe Beispiel 2). Werden unter Verwendung des vorgestellten Ansatzes personenbezogene bzw. sensible Daten verwaltet, besteht jedoch auch die Gefahr der *erzwungenen Offenlegung* dieser Daten. Beispielsweise könnte ein Benutzer bei einem Bewerbungsgespräch dazu aufgefordert werden, seine personenbezogenen Daten offenzulegen. Dieser Gefahr kann entgegengewirkt werden, indem das System ein *glaubwürdiges Abstreiten* (Plausible Deniability) ermöglicht. Jeder Benutzer kann im System eine bestimmte (feste) Anzahl von *Rollenpseudonymen* (rnym) besitzen (z.B. Gesundheit, Arbeit, Freizeit, amtliche Dokumente, etc.). Diesen kann jeweils eine bestimmte Teilmenge der gesamten Daten eines Benutzers in Form einer *verborgenen Teilidentität* zugeordnet werden. Authentifiziert sich ein Benutzer am System, so wird ihm eine bestimmte *verborgenen Teilidentität* zugewiesen. Aus dieser *verborgenen Teilidentität* kann auf keine weitere geschlossen werden.

Definition 1: Verborgene Teilidentität: Sei $\mathbf{R} = \{R_1, ..., R_n\}$ die Menge der Rollenpseudonyme eines Benutzers und $\mathbf{D}$ die Menge all seiner Daten, so ist eine verborgene Teilidentität $\mathfrak{I}$ ein 2-Tupel (R_i, D_i) der Relation $\mathbf{R} \times \mathcal{P}(\mathbf{D})$, wobei $D_i, D_j, i \neq j$ nicht disjunkt sein müssen.

Jedem der Rollenpseudonyme wird demnach eine Teilmenge der gesamten Daten eines Benutzers zugeordnet, wobei diese Teilmengen unterschiedlicher *verborgener Teilidentitäten* nicht disjunkt sein müssen. Um das glaubwürdige Abstreiten der Existenz bestimmter *verborgener Teilidentitäten* zu ermöglichen, darf einerseits für einen Beobachter nicht feststellbar sein, wie viele dieser Rollen ein Benutzer im System benutzt und andererseits darf der Benutzer von keiner seiner *verborgenen Teilidentitäten* auf andere ihm zugeordnete schließen können.
Dies kann dadurch erreicht werden, dass jedem Benutzer initial eine feste Anzahl $n \in \mathbb{N}$ an Rollenpseudonymen zugeordnet wird (siehe Beispiel 4). Diese sind nach der Initialisierung deaktiviert und werden bei Bedarf aktiviert, wobei deren Status nicht eruierbar ist.

Beispiel 4: Rollenpseudonyme:

PERSON {**PERSON_ID**$_1$, Username}
RNYM {**RNYM_ID**$_1$, E(RNYM_ID$_2$, k_{RNYM}) PERSON_ID$_1$, $E(isVALID, k_{RNYM})$}

Bei der Initialisierung eines Benutzers werden für alle Attribute (mit Ausnahme der Primär- und Fremdschlüssel) der Relation RNYM zufällige Werte (Dummies) gewählt und mit jeweils einem zufällig gewählten symmetrischen Schlüssel k verschlüsselt. Bei der Aktivierung eines Rollenpseudonyms wird ein Passwort für das Rollenpseudonym definiert und ein symmetrischer Schlüssel k_{RNYM} abgeleitet. Damit wird einerseits $isVALID = true||r$, mit $r \in_R \{0,1\}^n$, n fest, und andererseits eine zufällig gewählte RNYM_ID$_2$ verschlüsselt. RNYM_ID$_2$ wird bei der *Pseudonymisierung* zugeordneter Relationen verwendet. Aufgrund der geforderten glaubwürdigen Abstreitbarkeit dürfen inaktive Rollenpseudonyme von aktiven nicht unterscheidbar sein und somit wird erst clientseitig aufgrund des Wertes $isVALID$ entschieden, ob ein Rollenpseudonym aktiv ist. Jedoch dürfen aus diesem Grund keine identischen Passwörter verwendet werden (was bei einer hohen Anzahl an aktiven Rollenspeudonymen ein erhebliches Problem darstellt). Zudem könnten aufgrund zufällig gewählter "Fremdschlüssel" Kollisionen auftreten. Auch aus diesem Grund ist es sinnvoll das verschlüsselte Attribut *isVALID* einzuführen. Dadurch kann bei Kollisionen und somit bei Tupeln, die nicht sinnvoll zu entschlüsseln sind, clientseitig eindeutig entschieden werden, welche zu verwerfen sind. Es muss darauf geachtet werden, dass die Pseudonymisierung, wie sie in den Beispielen 2 und 3 dargestellt wurde, nun ausgehend von der Relationen RNYM durchgeführt werden muss.

Dieser Ansatz ist speziell dann von Vorteil, wenn sensible Daten (z.B. Gesundheitsdaten, Finanzdaten, etc.) verwaltet werden. Dabei kann dass Sharen von Daten durch ein öffentliches Benutzerverzeichnis sehr einfach erfolgen. Trotzdem ist ein Benutzer immer in der Lage das Vorhandensein bestimmter Daten abzustreiten, indem z.B. eine *verborgene Teilidentität* definiert wird, die im Falle einer erzwungenen Offenlegung lediglich nicht kompromittierende Informationen "preisgibt". Wie oben schon erwähnt können bei zufälliger Wahl der "Fremdschlüssel" (z.B. DOCUMENT_ID$_2$) Kollisionen auftreten. Diese Eigenschaft wird in weiterer Folge genutzt, um spezielle statistische Analysen zu unterbinden. Ein mögliches Anwendungsszenario könnte wie folgt aussehen (auf Basis von Beispiel 2): Ein Benutzer besitzt eine Freigabe eines anderen Benutzers auf ein bestimmtes Dokument und kennt in diesem Fall den Wert des Attributes DOCUMENT_ID$_2$. Somit kann er in der Relation HASDOCUMENTS die Anzahl der Freigaben auf genau dieses Dokument bestimmen. Um diese Analysen zu unterbinden wird zusätzlich zur Pseudonymisierung die Injektivität der Abbildung zwischen HASDOCUMENTS und DOCUMENTS gebrochen. Das bedeutet, dass bei der Wahl der Zufallszahlen (für die Fremdschlüssel) in HASDOCUMENTS bewusst Kollisionen erzeugt werden um somit annähernd eine Gleichverteilung dieser Werte zu erreichen. Diese Technik wird hier als *Obfuscation* bezeichnet und kann folgendermaßen realisiert werden:

- **Schwache kryptographische Hashfunktion**: Einerseits können schwache kryptographische Hashfunktionen eingesetzt werden, da bei diesen Kollisionen in einem bestimmten Bereich auftreten (vgl. [DVJ$^+$03]). Andererseits bedingt die Reduktion der Länge des Hashwerts bei starken Hashfunktionen, dass ebenfalls Kollisionen "produziert" werden. Eine exakte Gleichverteilung kann in beiden Fällen nicht garantiert werden.
- **Pseudozufallszahlengenerator (PRNG)**: Bei der Verwendung eines Generators, der Zufallszahlen aus einem bestimmten Bereich erzeugt, kann nahezu eine Gleichverteilung der Werte in einem vorgegebenen Bereich erzielt werden.

Es sei jedoch darauf hingewiesen, dass eine exakte Gleichverteilung der Werte nicht notwendig ist. Weiters muss erwähnt werden, dass durch das Auftreten von Kollisionen clientseitig Datensätze hinsichtlich ihrer Gültigkeit verifiziert werden müssen (Datensäzte für die man keine Berechtigungen besitzt können nicht sinnvoll interpretiert werden und werden deswegen verworfen).

4 Analyse

Clientseitig stellen für einen Benutzer Angriffe auf den privaten bzw. öffentlich zugänglichen Rechner die größte Gefahr dar. Hier liegen die Daten im Klartext vor und so muss grundsätzlich davon ausgegangen werden, dass der Angreifer den Rechner des Nutzers nicht kontrolliert. Prinzipiell können sich Angreifer jedoch mittels Schadsoftware (Trojanische Pferde, Back-Doors oder Root-Kits) unerkannt Zugriff verschaffen. Durch die Verwendung von Smartcards kann letztgenanntes Risiko bezüglich der Kompromittierung von Schlüsselinformationen minimiert werden. Zusätzlich kann der Einsatz von Trusted-Computing-Systemen, wie sie in naher Zukunft verfügbar sein werden, einer großen Anzahl dieser Angriffe entgegenwirken [Felt03].

Ein Angreifer, der beispielsweise Zugriff auf den Server hat, kann auf Basis der Kommunikationsmetadaten (z.B. IP-Adressen) gewisse Informationen ermitteln und folglich Rückschlüsse ziehen. Eine IP-Adresse, die dem initialen Zugriff auf das Benutzerverzeichnis zugeordnet werden kann, ermöglicht eine Verknüpfung weiterer Zugriffe mit dieser und somit mit einem bestimmten Benutzer. Hier können, wie eingangs schon erwähnt, anonyme Kommunikationsnetzwerke bzw. Anonymitätsdienste (z.B. [anon]) eingesetzt werden um externen bzw. internen Angriffen entgegenzuwirken (vgl. [Raym01] für eine Übersicht potentieller Angriffe).

In [StSl06] wurden weitere Analysen bzw. Angriffe vorgestellt, die von Insidern allgemein auf Systeme zur Speicherung von personenbezogenen Daten angewendet werden können. In Zukunft gilt es Angriffe sowohl auf die *Daten-Anonymität*, als auch die *Kommunikationsanonymität* näher zu untersuchen und zu quantifizieren. Dabei sollen auch *aktive* Angriffe betrachtet werden. Von speziellem Interesse sind *Intersection Attacks* [BeFK00]. Dabei können durch Beobachtung der Aktivitäten eines Benutzers über eine längere Zeitperiode, dessen On- und Offline-Verhalten und spezielle charakteristische Verhaltensweisen Informationen über diesen gewonnen werden.

5 Zusammenfassung und Ausblick

In dieser Arbeit wurde ein Konzept vorgestellt, das es erlaubt personenbezogene Daten auf einem prinzipiell nicht vertrauenswürdigen System webbasiert zu verwalten. In einem derartigen Konzept ist neben der Gewährleistung der Vertraulichkeit der Inhaltsdaten, speziell bei der Verwaltung von sensiblen Daten, das Verbergen von Beziehungen zwischen Daten und Benutzern respektive Beziehungen zwischen Benutzern vor Insidern essenziell. Zudem besteht gerade bei zentral und ortsunabhängig verfügbaren Systemen die Gefahr der erzwungenen Offenlegung von Daten. Deshalb muss ein derartiges System ein *glaubwürdiges Abstreiten* des Besitzens von Daten ermöglichen. Im betrachteten Konzept wurde speziell der *disloyale Insider* als Angreifer berücksichtigt.Einige ausgewählte Fragestellungen, die in diesem Zusammenhang zukünftig untersucht werden, sind das berechtigte Löschen von Daten sowie die Einhaltung des Speicherplatzes pro Benutzer (z.B. Privacy Homomorphisms [BrYa87]). Von speziellem Interesse sind derzeit die Fragen der anonymen Authentifikation am System (siehe z.B. [BoFr99, FeSh90]) und die effiziente Verwaltung der Passwörter für die *verborgenen Teilidentitäten*. Derzeit erfolgt die Implementierung eines Prototypen, der für eingehende (statistische) Analysen herangezogen werden kann, um quantitative Aussagen über die probabilistische *Unbeobachtbarkeit* der Benutzer und der *Unverkettbarkeit* ihrer Aktionen treffen zu können.

Literatur

[anon] AN.ON - Anonymität.Online, Java Anonymity Proxy (JAP), http://anon.inf.tu-dresden.de.

[BeFK00] O. Berthold, H. Federrath, M. Köhntopp: Project "Anonymity and Unobservability in the Internet". In Proceedings of the Tenth Conference on Computers, Freedom and Privacy: Challenging the Assumptions CFP '00, pp. 57–65, 2000.

[Bert05] O. Berthold: Effizienter unbeobachtbarer Datenbankzugriff. In Wirtschaftsinformatik 2005, Physica-Verlag, pp. 1267–1286, 2005.

[BoFr97] D. Boneh, M. Franklin. Efficient generation of shared RSA keys. In Proceedings Crypto' 97, pp. 425–439.

[BoFr99] D. Boneh, M. Franklin. Anonymous authentication with subset queries. In proceedings of the 6th ACM conference on Computer and Communications Security.

[BoGü02] C. Boyens, O. Günther. Trust Is not Enough: Privacy and Security in ASP and Web

Service Environments. In Proceedings of the 6th East European Conference on Advances in Databases and information Systems. pp. 8–22, 2002.

[BrYa87] E. Brickell, Y. Yacobi. On privacy homomorphisms. In D. Chaum and W. L. Price, eds., Advances in Cryptology - Eurocrypt87, pp. 117–125.

[Chau81] D. Chaum: Untraceable electronic mail, return addresses, and digital pseudonyms. Commun. ACM 24, 2 (Feb. 1981), pp. 84–90.

[Chau88] D. Chaum. The dining cryptographers problem: unconditional sender and recipient untraceability. J. Cryptol. 1, 1 (Mar. 1988), pp. 65-75.

[CSIFBI] CSI/FBI: Computer Crime and Security Survey 2006, Computer Security Institute. http://www.gocsi.com/forms/fbi/csi_fbi_survey.jhtml

[Dane04] G. Danezis. Better Anonymous Communications. PhD Dissertation, University of Cambridge, Computer Laboratory, 2004. http://homes.esat.kuleuven.be/ gdanezis/.

[Davi01] D. Davis: Defective Sign & Encrypt in S/MIME, PKCS#7, MOSS, PEM, PGP, and XML. In Proceedings of the General Track: 2002 USENIX Annual Technical Conference. Y. Park, Ed. USENIX Association, Berkeley, CA, pp. 65-78, 2001.

[DVJ$^+$03] E. Damiani, S.D. Vimercati, S. Jajodia, et al.: Balancing confidentiality and efficiency in untrusted relational DBMSs. In Proceedings of the 10th ACM Conference on Computer and Communications Security CCS '03, pp. 93–102.

[EvFG06] S. Evdokimov, M. Fischmann, O. Günther. Provable Security for Outsourcing Database Operations. In Proceedings of the 22nd international Conference on Data Engineering (Icde'06), 2006.

[Felt03] E.W. Felten: Understanding trusted computing: will its benefits outweigh its drawbacks?, IEEE Security and Privacy 1, 3 (May. 2003), pp. 60-62.

[FeSh90] U. Feige, A. Shamir. Witness indistinguishable and witness hiding protocols. In Proceedings of the Twenty-Second Annual ACM Symposium on theory of Computing, pp. 416-426, 1990.

[HaIM02] H. Hacigumus, B. Iyer, S. Mehrotra. Providing Database as a Service., IEEE International Conference on Data Engineering (ICDE), pp. 29–40, 2002.

[JiWa01] H. Jingmin, M. Wang. Cryptography and Relational Database Management Systems. In Proceedings of the international Database Engineering & Applications Symposium. IEEE Computer Society, Washington, DC, pp. 273–284, 2001.

[KeAP03] D. Kedogan, D. Agrawal, S. Penz. Limits of Anonymity in Open Environments, Lecture Notes In Computer Science, Vol. 2578, pp. 53-.69, 2003.

[OsSh97] R. Ostrovsky, V. Shoup. Private Information Storage. In Proceedings of The Twenty-Ninth ACM Symposium on Theory of Computing (STOC-97).

[PfKö00] A. Pfitzmann, M. Köhntopp: Anonymity, Unobservability, and Pseudonymity - A Proposal for Terminology. Workshop on Design Issues in Anonymity and Unobservability, Lecture Notes in Computer Science, vol. 2009, Springer, 2000, pp. 1-9.

[pkcs5] PKCS #5 v.2.0: Password-Based Cryptography Specification Version 2.0, Public Key Cryptography Standards, RSA Laboratories, 1999.

[pkcs7] PKCS#7: Cryptographic Message Syntax Standard, Public Key Cryptography Standards, RSA Laboratories, 1993.

[Raym01] J.F. Raymond. Traffic Analysis: Protocols, Attacks, Design Issues and Open Problems. In International Workshop on Designing Privacy Enhancing Technologies: Design Issues in Anonymity and Unobservability, pp. 10–29. 2001.

[ScLS01] V. Scarlata, B.N. Levine, C. Shields. Responder Anonymity and Anonymous Peer-to-Peer File Sharing, Proceedings of IEEE International Conference on Network Protocols (ICNP) 2001.

[ScSc05] P. Schartner, M. Schaffer: Unique User-generated Digital Pseudonyms. Third International Workshop on Mathematical Methods, Models and Architectures for Computer Networks Security (MMM-ACNS 2005), St. Petersburg, Russia 2005.

[SeDa02] A. Serjantov, G. Danezis. Towards an information theoretic metric for anonymity. In Workshop on Privacy Enhancing Technologies, LNCS 2482, pp. 41–53. 2002.

[Sham79] A. Shamir: How to share a secret. Commun. ACM 22, 11 (Nov. 1979), pp. 612–613.

[SmSa01] S.W. Smith, D. Safford. Practical server privacy with secure coprocessors. IBM Syst. J. 40, 3 (Mar. 2001), pp. 683-695.

[StSl06] C. Stingl, D. Slamanig, et al. Realisierung eines sicheren zentralen Datenrepositories. In (Patrick Horster, Ed.) DACH Security 2006, pp. 32–45, syssec Verlag, 2006.

[study06] Ponemon Data Breach Study, Ponemon Institute, Michigan - United States, (Nov. 2006). http://www.ponemon.org/

[Zimm95] P. Zimmermann: The Official PGP User's Guide. Cambridge, MA: MIT Press, 1995.

Datensicherheit bei RFID auf Artikelebene

Mirko Auerbach[1] · Yilmaz Uygun[2]

[1] Forschungsinstitut für Rationalisierung e.V. (FIR) an der RWTH Aachen
mirko.auerbach@fir.rwth-aachen.de

[2] Lehrstuhl für Fabrikorganisation (LFO) der Universität Dortmund
uygun@lfo.uni-dortmund.de

Zusammenfassung

RFID-Anwendungen auf Artikelebene finden eine zunehmende Verbreitung, wobei Datensicherheitsaspekte an Bedeutung gewinnen. Das FIR hat eine Studie zur „Datensicherheit beim Item-Tagging im Bekleidungshandel" durchgeführt und ein Maßnahmenpaket entwickelt. Die diesbezügliche Forschungsarbeit basiert auf einem hybriden Ansatz, wobei zuerst „top-down" das theoretische Gefahrenpotenzial bei RFID auf Artikelebene und die Notwendigkeit zur Datensicherheit analysiert wurden. Auf dieser Grundlage wurde anschließend „bottom-up" eine empirische Studie im Bekleidungseinzelhandel durchgeführt, um die Schlüsselherausforderungen der Datensicherheit zu eruieren. Die hierbei gewonnenen Erkenntnisse stellten die Basis zur Entwicklung eines Maßnahmenpakets dar, welches den herausgearbeiteten Schlüsselherausforderungen der Datensicherheit beim RFID-Item-Tagging begegnet.

1 Grundlagen der RFID-Technologie

RFID ist die Identifikation mit Radiofrequenzen bzw. -wellen und gehört zur Gruppe der automatischen Identifikationssysteme. Bei RFID-Systemen werden Daten auf einen elektronischen Datenträger (Transponder, Tag) gespeichert, ohne Sichtkontakt durch ein entsprechendes Lesegerät ausgelesen und über eine Software dem Anwender zur Verfügung gestellt. Gegenwärtig wird die Identifikation mittels RFID vor allem in der Logistik angewandt; auf Produktebene werden insbesondere in der Bekleidungsindustrie [Frau05] [TeQu05 S. 143 ff.] Pilotprojekte durchgeführt. RFID-Systeme operieren in den drei Frequenzbereichen LF, HF/RF und UHF/Mikrowelle [Fink02 S. 13], die auch ISM-Bänder (Industry, Science und Medicine) genannt werden [Pfla01 S. 113 f.]. Die Betriebsfrequenz wirkt sich u. a. auf die Sendereichweite, die Datenübertragungsrate sowie auf störende Einflüsse aus.

2 Notwendigkeit der Datensicherheit

In den letzten Jahren hat RFID in vielen Branchen starken Anklang gefunden und in absehbarer Zukunft werden die Transponder auch auf einzelnen Produkten zu finden sein. Die Eigenschaften der RFID-Technologie können auch missbraucht werden. Das Auslesen, Missbrauchen, Fälschen und Zerstören der Daten ist ohne geeignete Sicherheitsmaßnahmen prinzipiell möglich. Da bei RFID-Systemen viele Komponenten für die Verarbeitung der entstehenden

P. Horster (Hrsg.) · D•A•CH Security 2007 · syssec (2007) 111-122.

Daten zusammenspielen, muss die Datensicherheit bei jeder relevanten Komponente und bei deren Kommunikationsbeziehungen in allen Prozessschritten gewährleistet werden. In einem ersten Schritt wird durch einen „top-down"-Ansatz das theoretische Gefahrenpotenzial analysiert. Abb. 1 stellt die Komponenten und Kommunikationsbeziehungen eines RFID-Systems dar, die durch entsprechende Sicherheitsmaßnahmen gesichert werden sollten. Die Beziehungen und deren Aufgaben im Front-End-Bereich des Systems sind folgende:

1. Das Verhältnis zwischen den Transponderdaten und dem Transponder für die eindeutige Identifizierung des Transponders durch Daten.
2. Das Verhältnis zwischen Transponder und dem Trägerobjekt, das durch den Transponder eindeutig identifiziert wird.
3. Das Verhältnis zwischen dem Transponder und dem Lesegerät, das auf die Transponderdaten legalen und autorisierten Zugang haben muss.

Im Back-End-Bereich des RFID-Systems, welches in der Abb. 1 in Anlehnung an das EPCglobal-Netzwerk skizziert ist, existieren größere Sicherheitsrisiken als im Front-End-Bereich, welche jedoch nicht RFID-spezifisch sind.

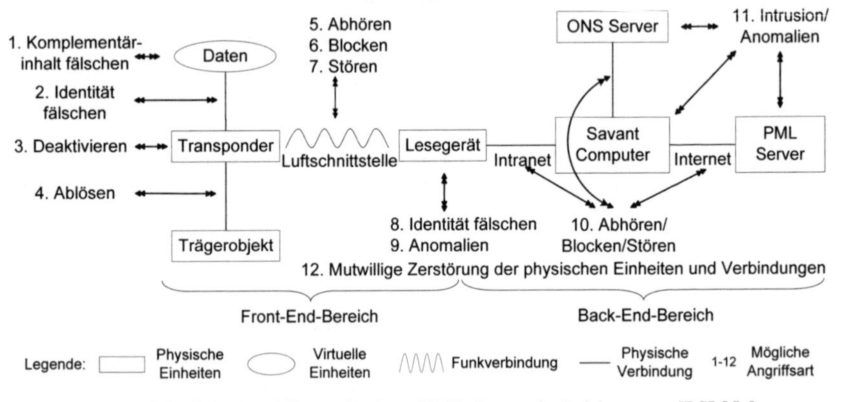

Abb. 1: Mögliche Angriffsarten in einem RFID-System in Anlehnung an [BSI 05a]

Durch gewöhnliche, dynamisch und aufwandsminimal anpassbare IT-Maßnahmen (Firewall, Antivirus-Software, Kryptologie, etc.) können Angriffe auf das Back-End abgewiesen werden. Folgende Beziehungen sind im Back-End-Bereich angriffsgefährdet:

1. Die Beziehung zwischen dem Lesegerät und dem Savant Computer, der die aus dem Lesegerät über das Intranet kommenden Rohdaten (Seriennummer) mittels einer Middleware aufbereitet.
2. Die Beziehung zwischen Savant Computer und ONS-Server. Der Savant Computer sendet die aufbereiteten Daten über das Internet an den ONS-Server und bekommt die entsprechende Adresse eines PML-Servers, der die zugehörigen Daten verwaltet.
3. Die Beziehung zwischen dem Savant Computer und dem PML-Server. Letzterer sendet auf Anfrage des Savant Computers die verknüpften Daten an ihn zurück.

Ebenfalls aufgeführt sind verschiedene Angriffsarten auf ein RFID-System, die in Tabelle 1 ausführlich dargestellt werden. Tabelle 1 zeigt dabaei die Täter, deren Motive und Angriffsarten, die geschädigte Partei und den Angriffsort in einem RFID-System aus Sicht des Systembetreibers auf [Uygu06]. Im weiteren Verlauf werden die Angriffsarten auf den RFID-spezifischen Front-End-Bereich berücksichtigt.

Als Angriffsorte kommen dabei die Supply Chain, der Endkundenkontaktpunkt (z. B. Point of Sale) und der After Sales in Frage. Die folgende Tabelle gibt eine Übersicht über mögliche Täter, deren Motive und Angriffsarten, die dabei zu Schaden kommende Partei und den Angriffsort bei einem Angriff auf ein RFID-System.

Tab. 1: Bedrohungen in einem RFID-System aus Sicht des Systembetreibers [Uygu06]

Täter	Motiv(e)	Angriffsart	geschädigte Partei	Angriffsort
Konkurrenten	finanzielles Motiv	Angriff 1-11	Systembetreiber	Supply Chain, Einkaufsstätte, After-Sales
	Privatsphären-schutz	Angriff 6 Angriff 7	Systembetreiber (staatl. Behörden)	Supply Chain, Einkaufsstätte, After-Sales
Staatliche Behörden	Sicherheitsmotiv	Angriff 5 Angriff 8	Alle	Supply Chain, Einkaufsstätte, After-Sales
System-betreiber	finanzielles Motiv (eigener Vorteil)	Angriff 5 Angriff 8	Verbraucher, Angestellte	Einkaufsstätte
Cyber-terroristen	Selbstprofilierung Amusement / Spaß	Angriff 1-11	Systembetreiber (Alle)	Supply Chain, Einkaufsstätte, After-Sales
Angestellte	Sicherheitsmotiv (Anonymität)	Angriff 1-7	Systembetreiber (staatl. Behörden)	Einkaufsstätte, After-Sales
Verbraucher	Sicherheitsmotiv (Anonymität)	Angriff 1-7	Systembetreiber (staatl. Behörden)	Einkaufsstätte, After-Sales

Die Verhinderung der dargestellten Angriffsarten ist das Ziel von Sicherheitsmaßnahmen, die in Kapitel 4 dargestellt werden, wobei auf die einzelnen Angriffsarten zurückgegriffen wird.

3 Anforderungen des Bekleidungshandels

Aufbauend auf dem theoretischen Gefahrenpotenzial und damit der Notwendigkeit zur Datensicherheit bei RFID-Systemen, werden im nächsten Schritt durch einen „bottom-up"-Ansatz die Beurteilung des theoretischen Gefahrenpotenzials und weitere Probleme durch eine Studie im deutschen Bekleidungseinzelhandel zum Thema „Datensicherheit bei RFID-Anwendungen auf Artikelebene im Bekleidungseinzelhandel" ermittelt. In der Studie wurden die Ziele des RFID-Einsatzes, technische Anforderungen, Sicherheitsmaßnahmen und der Kostenaspekt untersucht. Insgesamt nahmen 23 Bekleidungseinzelhändler teil, überwiegend waren dies Geschäftsführer und Führungskräfte aus den Bereichen IT und Logistik mittelgroßer bis großer deutscher Bekleidungseinzelhändler [AuUy06].

Im Folgenden werden die wichtigsten Erkenntnisse der Studie kurz vorgestellt. Allen Teilnehmern war RFID allgemein bekannt, überwiegend wurden jedoch bis dahin noch keine Projekte durchgeführt. Grund hierfür waren überwiegend die Kosten. Die Studienteilnehmer erwarten den Durchbruch der RFID-Artikeletikettierung in frühestens vier Jahren (2010). Daher kann gegenwärtig auch nicht von einem Bewusstsein für Datensicherheit ausgegangen werden, zumal bisher kaum über die Artikeletikettierung nachgedacht wird. Bei den Zielen des RFID-Einsatzes fiel auf, dass grundsätzlich eine Effizienzsteigerung und Prozessqualitätserhöhung angestrebt wurde, nicht jedoch ein verbessertes Marketing oder neue After Sales Angebote. Im Detail waren die permanente Inventur und die Vermeidung von Out-of-Shelve-Situationen (leere Regale) von besonderem Interesse.

Die Bekleidungseinzelhändler stellten an die Technik folgende Anforderungen: Im Mittel sollten mindestens 75 RFID-Transponder gleichzeitig lesbar sein, fast 50 % der Teilnehmer wollten jedoch sogar über 100 Transponder gleichzeitig gelesen haben. Die durchschnittliche Lebensdauer der Transponder sollte mindestens 3 Jahre betragen, die bei Abnutzung virtuell oder physisch vernichtet werden sollten.

Der ideale Stückpreis für sichere Transponder sollte laut den Befragten unter 5 Eurocent liegen. Bei den Kosten fiel auf, dass weniger die Sicherheitsmaßnahmen als die RFID-Transponder als größte Kostenfaktoren bei RFID-Projekten gesehen werden. Dies kann jedoch damit zusammenhängen, dass Sicherheitsaspekte (noch) nicht im Fokus stehen. Dies kann auf zwei Faktoren zurückgeführt werden. Einerseits kann die fehlende Sensibilität in Sicherheitsfragen daher rühren, das viele Unternehmen noch nicht einmal eine RFID-Einführung planen.

Andererseits kann der Return on Security Investment sehr schwer abgeschätzt werden, da Sicherheitsinvestitionen keinen unmittelbar berechenbaren Nutzen aufweisen und somit die Wirtschaftlichkeit der Sicherheitsinvestitionen sehr schwer ermittelt werden kann.

Um die Gefahren, denen die Transponder und das RFID-System ausgesetzt sind, zu verdeutlichen, wurde im Rahmen der Studie eine prozessorientierte Einteilung in die Supply Chain, die Einkaufsstätte (Point of Sale) und den After Sales vorgenommen (vgl. Abbildung 2).

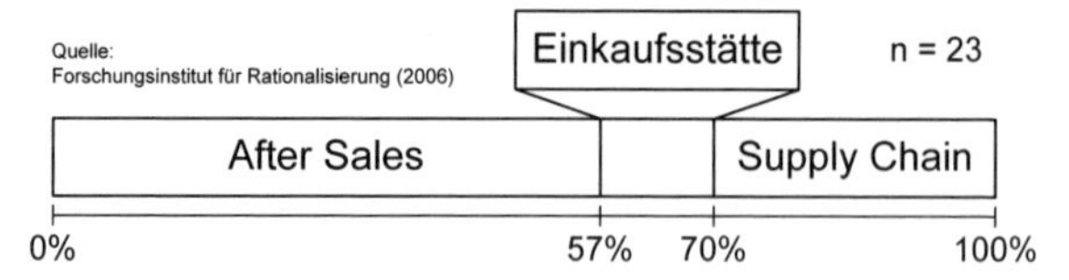

Abb. 2: Gefährdung von RFID-Anwendungen (gefährdete Prozessstufen)

Für rund 57 % der Bekleidungseinzelhändler stellt der After Sales die größte Gefahr für die Datensicherheit dar, gefolgt von der Supply Chain mit ca. 30 %. Die herausragenden erforderlichen Sicherheitsmaßnahmen in den einzelnen Prozessstufen sind für die Supply Chain mit 48 % solche gegen Verletzung der Datenvertraulichkeit (z. B. das Ausspionieren der Daten). In der Einkaufsstätte sind mit 61 % Maßnahmen gegen Datenmanipulation (z. B. Preismanipulation) und im After Sales mit 57 % abermals solche gegen Manipulation (z. B. das arglistige Verändern des Kaufdatums für die Verlängerung des Garantieanspruches) gefordert (vgl. Abbildung 3).

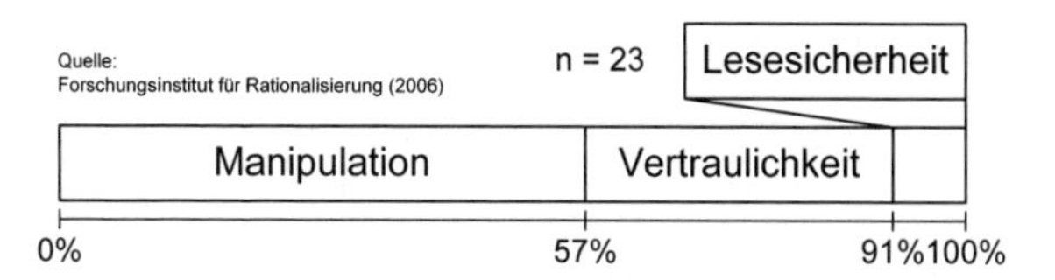

Abb. 3: Befürchtete Gefahren im After Sales

Hinsichtlich der Frage, ob sich die Bekleidungshändler für die Gewährleistung der Datensicherheit eine Selbstverpflichtung oder gesetzliche Regelungen wünschen, antworteten rund 87 % mit einer Selbstverpflichtung entweder in ausschließlicher Form oder in paritätischer Form mit Gesetzen (vgl. Abbildung 4).

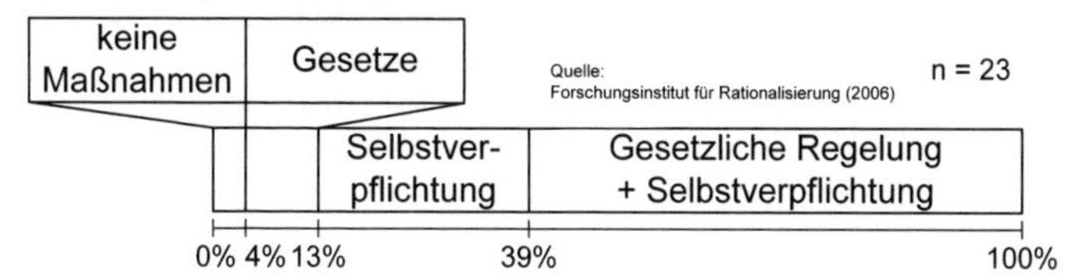

Abb. 4: Geforderte Maßnahmen zur Gewährleistung der Datensicherheit

Die Entwicklung eines Vertrauenssiegels mit dem RFID-Anwendungen hinsichtlich Datenschutz und Datensicherheit durch einen neutralen Dritten geprüft werden können, ist Inhalt des Projekts Trusted-RFID, aus dem dieses Paper entstanden ist.

4 Sicherheitsmaßnahmen

Durch die in den vorigen Abschnitten „top-down"- und „bottom-up" ermittelten Probleme wurden die Schlüsselherausforderungen für die Datensicherheit beim RFID-Item-Tagging eruiert. In diesem Abschnitt wird auf Basis bereits existierender Maßnahmen ein Maßnahmenpaket entwickelt, welches den Schlüsselherausforderungen Rechnung trägt.

4.1 Übersicht

Nachdem in Kapitel 2 die Notwendigkeit der Datensicherheit und in Kapitel 3 die Ergebnisse der Studie zum Item-Tagging im Bekleidungseinzelhandel dargestellt wurden, sollen im Weiteren, basierend auf einer ausführlichen Literaturstudie, Maßnahmen zur Gewährleistung der Sicherheit in einem RFID-System vorgestellt werden. Diese können, wie Tabelle 2 verdeutlicht, acht Maßnahmengruppen zugeordnet werden.

Diese Maßnahmen können generell auf den Standard-Sicherheitsmaßnahmen des Bundesamtes für Sicherheit in der Informationstechnik [BSI 05b] aufsetzen.

Bei einer *Authentifizierung* (Maßnahmengruppe A) wird abgeglichen, ob die Komponenten (Tags und Lesegeräte) zur selben Anwendung gehören. Sie findet vor der eigentlichen Datenübertragung statt. Ohne weitere Maßnahmen kann nach der Authentifizierung generell die Luftschnittstelle angegriffen werden (Angriffe 5 bis 7; vgl. Abbildung1). Die Angriffe 1 und 2 (Dateninhalte fälschen) und die Angriffe 8 und 9 (Lesegeräte) werden hiermit je nach Ausführung besser oder schlechter unterbunden. Die *Verschlüsselung* (Maßnahmengruppe B) zielt in einem RFID-System primär auf die Sicherung der Luftschnittstelle. Das unrechtmäßige Abhören soll unterbunden werden, damit ist zwar weiterhin die Möglichkeit des Aufzeichnens von Personenprofilen gegeben, allerdings wird sie deutlich erschwert, da die Passworte nicht ausgetauscht werden. Durch die Verschlüsselung werden im Allgemeinen die Daten auf den Transpondern mit einem Algorithmus so stark verändert, dass eine Einsicht in den eigentlichen Inhalt verhindert wird. Der hierfür erforderliche hohe Rechenaufwand kann jedoch mit einem verbesserten Authentisierungsprotokoll mit reduzierter Datenmenge minimiert werden [HGS06]. Allen Verschlüsselungsverfahren ist gemein, dass Management und Kommunikation der Schlüssel bei der hohen Komplexität der RFID-Systeme kritisch sind.

Tab. 2: Die wichtigsten RFID-spezifischen Sicherheitsmaßnahmen [Uygu06]

Nr.	Maßnahme	Nr.	Maßnahme
A	**Maßnahmengruppe Authentifizierung**	7	Recoding
1	Symmetrische Authentifizierung	**D**	**Maßnahmengruppe Deaktivierung**
2	Gegenseitige zufallszahlenbasierte Authentifizierung	1	Kill-Funktion (dauerhafte Deaktivierung)
3	Vorprogrammierte Authentifizierung	2	Passwort-Modell (temporäre Deaktivierung)
4	Two-Message Authentication Protocol (T2MAP)	**E**	**Maßnahmengruppe Datenintegrität**
5	Authentifizierung mit abgeleiteten Schlüsseln	1	Antikolllisionsverfahren
6	Authentifizierung ausschließlich des Lesegerätes	2	Prüfsummenverfahren
7	Nachgelagerte Authentifizierung	**F**	**Maßnahmengruppe physische Verfahren**
B	**Maßnahmengruppe Verschlüsselung**	1	Verkürzen des Funkradius
1	Symmetrische Verschlüsselung	2	Abschirmung
2	Stromverschlüsselung	3	Blocker-Tags
3	Asymmetrische Verschlüsselung	4	Datenschutzagenten
4	Hybride Verschlüsselung	**G**	**Maßnahmengruppe Selbstverpflichtung**
C	**Maßnahmengruppe MetaID**	1	Hinweisschilder
1	Hash-Lock-Verfahren	2	Einhaltung von Grundsätzen
2	Randomized-Hash-Lock-Verfahren	**H**	**Maßnahmengruppe Sonstiges**
3	Chained-Hash-Lock-Verfahren	1	Erkennung doppelter EPC-Nummern
4	Hash-basierte ID-Variation	2	Zoning
5	Private ID	3	Veränderung der Funkfrequenz
6	Minimalistische Kryptographie	4	Analyse der Antennenenergie

MetaID-Maßnahmen (Maßnahmengruppe C) zielen primär auf die Sicherung der Transponderdaten und der Luftschnittstelle. Dem Transponder wird eine neue komplementäre oder substituierende Identität gegeben. Ein genereller Angriffspunkt bei MetaID sind die sog. „Replay-Attacken". Dabei können die Transponderdaten ohne relevante Sicherheitsmaßnahmen von einem unbefugten Lesegerät abgefangen und einem systemfremden Transponder (Plagiat) überspielt werden. Prinzipiell können so Plagiate in Umlauf gebracht werden. Bei wiederbeschreibbaren Transpondern können generell Inhalte gelöscht werden. Die *Deaktivierung* (Maßnahmengruppe D) der Transponder zielt auf deren Anonymität ab. Nicht mehr existente Transponder können auch nicht entdeckt und ausgelesen werden. Dadurch kann jedoch das ganze Potenzial der RFID-Technologie, insbesondere im After Sales, nicht ausgeschöpft werden. Die Transponder können entweder dauerhaft oder temporär deaktiviert werden.

Maßnahmen zur *Datenintegrität* (Maßnahmengruppe E) ermöglichen eine fehlerfreie und vollständige Übertragung von Daten über die Luftschnittstelle. Die Transponderdaten können bei Kollisionen nicht und bei Übertragungsfehlern nur fehlerhaft übertragen werden. Daher bezwecken die Maßnahmen zur Datenintegrität in erster Linie die Sicherung der Kommunikation der Luftschnittstelle. *Physische Verfahren* (Maßnahmengruppe F) umfassen all jene Verfahren, die mit einem zusätzlichen physischen Aufwand z. B. zur Abschirmung verbunden sind. Eine *Selbstverpflichtung* der RFID-Systembetreiber (Maßnahmengruppe G) kann auf Basis von Grundsätzen, Prinzipien und Leitlinien oder über eine Zertifizierung durch eine Vertrauensorganisation mittels eines Vertrauenssiegels erfolgen. Es erfolgt eine Verpflichtung zur Einhaltung der Sicherheit einerseits gegenüber Konkurrenten und andererseits gegenüber Kunden. Es existieren *weitere Sicherheitsmaßnahmen* (Maßnahmengruppe H), welche jedoch den einzelnen Maßnahmengruppen nicht zuordenbar sind.

4.2 Maßnahmenpaket 4PPS

Die einzelnen in der Tabelle 2 aufgelisteten Maßnahmen haben bei ausschließlicher Implementierung entscheidende Nachteile. Die Anwendung einer bestimmten Maßnahme ist entweder zu aufwändig (z. B. Assymmetrische Verschlüsselung, Chained-Hash-Lock-Verfahren), zu umständlich (z. B. Blocker-Tags), nicht zweckmäßig (z. B. Kill-Funktion) oder nicht ausreichend (z. B. Einhaltung von Grundsätzen).

Daher wurde ein vier Punkte umfassendes Maßnahmenpaket entwickelt (vgl. Abbildung 5), um diese aufgeführten Nachteile bestmöglich zu beheben und einen ganzheitlichen Schutz zu gewährleisten. 4PPS steht sowohl für „For Public Privacy and Security“ als auch für „4-Punkte-Paket-für-Sicherheit“. Das Maßnahmenpaket beinhaltet sowohl virtuelle als auch physische Maßnahmen die im Folgenden dargestellt werden.

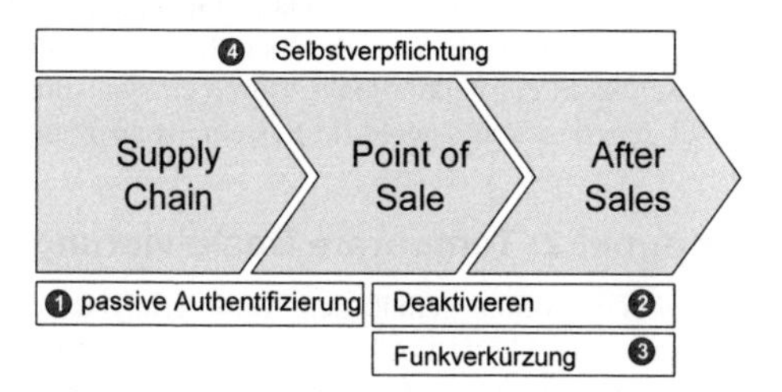

Abb. 5: Das vorgeschlagene 4PPS-Maßnahmenpaket

4.2.1 Maßnahmenpunkt 1: Hash-basierte Authentifizierung

Zuerst erfolgt eine Authentifizierung (vgl. Abbildung 6). Wenn ein Lesegerät die Transponderdaten auslesen möchte, muss dieser zuerst das richtige Passwort mit Hilfe einer mathematischen Funktion übersenden [Lang04]. Das Lesegerät sendet dem Transponder das gehashte Passwort {h(P)}, das der Transponder mit seinem gehashten Passwort vergleicht. Bei Übereinstimmung kann der Transponder seinen Dateninhalt (z. B. EPC) verschlüsselt an das Lesegerät übertragen.

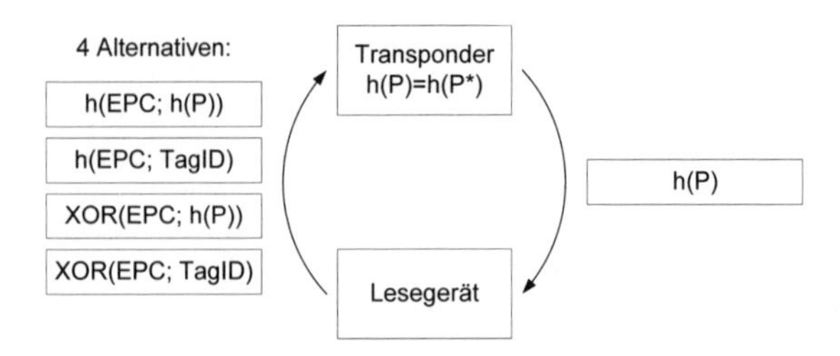

Abb. 6: Die hash-basierte Authentifizierung

Dabei kann man sowohl eine Hashfunktion als auch eine XOR-Verknüpfung verwenden. Letztere kann so verwirklicht werden, dass der Transponder entweder den EPC mit der TagID oder den EPC mit dem gehashten Passwort durch eine XOR-Verknüpfung verschlüsselt. Diese Maßnahme entspricht der Stromverschlüsselung (s. Maßnahme B2). Letztere Maßnahme ist relativ einfach im Back-End-Bereich zurückzurechnen. Im ersten Fall wendet die Back-End-Applikation dann die XNOR-Verknüpfung (die Invertierung der XOR-Verknüpfung) auf alle TagID an und findet demgemäß den richtigen EPC. In der Datenbank muss dabei der Datensatz {EPC; TagID} hinterlegt werden. Demgegenüber kann der Transponder auch eine Hashfunktion einerseits auf den EPC und die TagID {h(EPC; TagID)} oder andererseits eine Hashfunktion auf den EPC und das gehashte Passwort {h(EPC; h(P)} anwenden. Im letzteren Fall muss in der Datenbank dann für jeden EPC zusammen mit dem gehashten Passwort (der ja dem Lesegerät bekannt ist) die entsprechende Hashfunktion ausgeführt und verglichen werden. Bei der ersten Alternative hingegen muss die Applikation für jeden Datensatz {EPC; TagID} die Hashwerte berechnen und vergleichen. Auch in diesem Fall muss dabei der Datensatz {EPC; TagID} hinterlegt worden sein. Dieser Maßnahmenpunkt zielt auf die Sicherung der Supply Chain und des Point of Sale ab. Wie oben bereits erwähnt, ist die Kommunikation und das Management der Schlüssel der heikle Punkt. Durch eine entsprechende, sichere Software können die Schlüssel generiert und sowohl im System als auch auf die Tags übertragen werden.

4.2.2 Maßnahmenpunkt 2: Temporäre Deaktivierung

Beim Verkauf am Point of Sale sollten gemäß den Anforderungen der Bekleidungseinzelhändler die Transponder ohne eine aktive Forderung der Kunden in den gesicherten Modus übergehen. Hierbei sollte die Deaktivierung temporär gültig sein [Bert05 S. 2 f.]. Das zuvor für die Authentifizierung verwendete Passwort kann mit einem neuen überschrieben und dem Kunden übergeben werden. Alternativ kann im Transponder auch die Seriennummer {SerialID} des EPC verschlüsselt werden (EPC=Header+ManagerID+ObjectID+SerialID)), was eine Quasi-Deaktivierung wäre. Beim Auslesen würde der Transponder dann den EPC ohne Seriennummer übertragen. Dadurch kann das Objekt zwar ausgelesen, aber nicht seriell identifiziert und einer bestimmten Person zugeordnet werden (analog zum Barcode). Auf Wunsch des Kunden sollten die Tags durch einen Kill-Befehl, der auch im EPC vorgesehen ist, endgültig deaktiviert werden können. Die dauerhafte Deaktivierung sollte jedoch nicht angestrebt werden, zumal dann alle After Sales Angebote, die RFID möglich macht, nicht genutzt werden können.

4.2.3 Maßnahmenpunkt 3: Verkürzung der Funkfrequenz

An der Kasse sollte dem Kunden auch die Möglichkeit aufgezeigt werden, dass die Antenne abgetrennt werden kann (Maßnahme D1). Diese Maßnahme sollte in erster Linie in Verbindung mit der temporären Deaktivierung erfolgen. Dazu sollten die Transponder auch entsprechend aufgebaut sein [Rind06]. Diese Maßnahme hat den positiven Effekt, dass die Verbraucher bei Ungewissheit über die Deaktivierung durch das manuelle Abreißen der Antenne Sicherheit und Kontrolle erhalten. Somit können die Ängste der Verbraucher vor Verfolgung weitestgehend ausgemerzt werden, da die Transponder sich bei einem späteren Auseleseversuch nicht mehr melden. Gleichzeitig bleiben die Transponderdaten sicher erhalten.

4.2.4 Maßnahmenpunkt 4: Selbstverpflichtung

Alle Prozessstufen sollten mit selbstverpflichtenden Maßnahmen verknüpft werden. Am Point of Sale, wenn die Waren den Besitzer wechseln, sollten Hinweisschilder (Maßnahme G1) sowohl in der Einkaufsstätte, als auch auf den einzelnen Produkten angebracht werden. Einerseits zur unmöglichen Manipulierbarkeit der Transponderdaten, und andererseits zur Gewährleistung der Anonymität. Insbesondere an der Kasse sollten Hinweisschilder mit den Vor- und Nachteilen des automatischen Übergangs in den gesicherten Modus und der Abtrennung der Antenne angeführt werden. Eine ganzheitliche Einhaltung von Grundsätzen (Maßnahme G2), kann beispielsweise durch ein Zertifikat erfolgen [AuSQ05 S. 3 f.]. Einzelhändler, die die Sicherheitskriterien und die Datenschutzgesetze nachweislich erfüllen, sollten durch externe Organisationen ein Zertifikat für den sicheren Umgang mit Daten verliehen bekommen. Dadurch kann das Vertrauen der Verbraucher gestärkt werden.

Durch dieses Maßnahmenpaket wird das *Abhören der Luftschnittstelle* unterbunden. Angreifer die die Übertragung abhören, können auf die eigentlichen Daten nicht rückschließen, da ihnen die TagID bzw. das gehashte Passwort und das Verschlüsselungsverfahren nicht bekannt sind. Eine Rückrechnung ist bei Hashfunktionen ausgeschlossen und bei XOR-Verknüpfungen sehr erschwert. Da dieses Maßnahmenpaket die Verwendung des EPC unterstützt, können *Plagiate* durch Replay-Attacken o. ä. nach dem EPC-Verfahren (s. Maßnahmengruppe H) entdeckt werden. Dabei sollte der Abgleich nicht an der Kasse, sondern zeitlich vorgelagert gemacht werden. Denkbar ist, dass nach jedem Auslesevorgang entlang der Supply Chain und in der Einkaufsstätte die Daten im EPC-Netzwerk abgeglichen werden. Auch wird eine Verfolgbarkeit bzw. Tracking sowohl in der Supply Chain, als auch im After Sales abgewehrt, denn der Transponder wird nicht authentifizierten Lesegeräten die Antwort verweigern.

Die *Überschreibung oder Löschung* von Transponderdaten ist somit auch nicht möglich, da das systemfremde Lesegerät keinen Zugang auf die Transponderdaten hat. Im After Sales können durch die Deaktivierung oder Verkürzung der Funkfrequenz die *Überwachung der Verbraucher* verhindert werden. Letztere können den Funkradius ganz oder bis auf einige Millimeter minimieren. Somit kann auch die unautorisierte Verwendung der Daten der Kunden (z. B. Kundenlaufstudien, Kundenprofile) auf den Transpondern vermieden werden.

Die folgende Tabelle stellt die Vor- und Nachteile der einzelnen Maßnahmen und des vorgeschlagenen Maßnahmenpaketes dar.

Tab. 3: Bewertung der relevanten Sicherheitsmaßnahmen [Uygu06]

Maßnahmen	gesicherte Prozessstufe	Effek-tivität	Prakti-kabilität	Kosten-günstigkeit	Schutz ge-gen Angriffe
Maßnahmengruppe Authentifizierung					
Symmetrische Authentifizierung	SC; POS; AS	++	--	-	1; 2; 8; 9
Authentifizierung abgeleiteter Schlüssel	SC; POS; AS	++	--	--	1; 2; 8; 9
Zufallszahlenbasierte Authentifizierung	SC; POS; AS	++	+	+	1; 2; 5; 8; 9
Vorprogrammierte Authentifizierung	SC; POS; AS	++	+	++	2; 5; 8; 9
Two-Message Authentication Protocol	SC; POS; AS	+/++	+	++	1; 2; 5; 8; 9
Authentifizierung nur des Lesegerätes	SC; POS; AS	o	+	++	8; 9
Nachgelagerte Authentifizierung	SC; POS; AS	--	+	++	2
Maßnahmengruppe Verschlüsselung					
Symmetrische Verschlüsselung	SC; POS; AS	o	--	-	1; 2; 5; 8; 9
Stromverschlüsselung	SC; POS; AS	o	+	++	1; 2; 5; 8; 9
Asymmetrische Verschlüsselung	SC; POS; AS	++	--	--	1; 2; 5; 8; 9
Hybride Verschlüsselung	SC; POS; AS	++	-	-	1; 2; 5; 8; 9
Maßnahmengruppe MetaID					
Hash-Lock-Verfahren	SC; POS	o	++	++	1; 2; 8; 9
Randomized-Hash-Lock-Verfahren	SC; POS	o	o	-	1; 2; 5; 8; 9
Chained-Hash-Lock-Verfahren	SC; POS	+	++	++	1; 2; 5; 8; 9
Hash-basierte ID-Variation	SC; POS	-	-	+	1; 8
Private ID	SC; POS	o	+	++	1; 2; 8; 9
Minimalistische Kryptographie	SC; POS	+	++	++	8; 9
Recoding	SC; POS	-	o	--	1; 2; 8; 9
Maßnahmengruppe Deaktivierung					
Kill-Funktion	SC; POS	++	++	++	1; 2; 5-9
Passwort-Modell	SC; POS; AS	+	++	++	1; 2; 5-9
Maßnahmengruppe Datenintegrität					
Aloha-Verfahren	SC; POS; AS	++	++	++	7
Tree-Walking-Verfahren	SC; POS; AS	o	o	o	7
Prüfsummenverfahren	SC; POS; AS	++	++	++	7
Maßnahmengruppe physische Verfahren					
Verkürzen des Funkradius	AS	++	++	+	1; 2; 5-9
Abschirmung	AS	++	--	+	1; 2; 5-9
Blocker-Tags	SC; POS; AS	o	o	o	1; 2; 5
Datenschutzagenten	SC; POS; AS	+	o	-	1; 2; 5; 8; 9
Maßnahmengruppe Organisation					
Hinweisschilder	SC; POS; AS	o	++	++	-
Einhaltung von Grundsätzen	SC; POS; AS	o	o	++	-
Maßnahmengruppe Sonstiges					
Erkennung doppelter EPC-Nummern	SC; POS	o	+	++	1; 2
Veränderung der Funkfrequenz	SC; POS	o	-	-	(1; 2); 5-7
Analyse der Antennenenergie	SC; POS; AS	o	-	-	5; 8
Zoning	SC; POS; AS	o	+	o	1; 2; 5
Maßnahmenpaket 4PPS					
4PPS	SC; POS; AS	++	++	++	1; 2; 5; (6-7); 8; 9

Das Maßnahmenpaket kann in der Supply Chain und am Point of Sale lediglich die Verhinderung des Blockens und des Störens, die Zerstörung des Transponders und das Ablösen des Transponders vom Trägerobjekt nicht einhalten. Im After-Sales-Bereich können durch die Deaktivierung oder Antennenabtrennung das Blocken und Stören jedoch eingehalten und diese Angriffe abgewehrt werden. Da der Bekleidungseinzelhandel den After-Sales sehr gefährdet sieht, ist hierdurch diese Anforderung voll erfüllt. Die Zerstörung und das Ablösen des Transponders kann jedoch durch die Integration der Transponder in die Produkte (z. B. Einweben) auch in den anderen Prozessstufen abgewendet werden. Der Abtrennbarkeit der Antenne steht die dauerhafte Integration nicht im Wege, zumal die Transponder an die Herstellerlabel abtrennbar angehängt werden können.

5 Zusammenfassung

Die RFID-Technologie auf Artikelebene ist insbesondere im Bekleidungseinzelhandel sehr geeignet. RFID-Systeme bergen jedoch ein hohes Gefahrenpotenzial in sich, so wurde gezeigt, dass zwölf verschiedene Angriffsarten das System entlang der Supply Chain, in der Einkaufsstätte und im After Sales gefährden. In einer empirischen Studie im Bekleidungseinzelhandel wurde der Stand der Praxis hinsichtlich Datensicherheit bei RFID-Anwendungen auf Artikelebene ermittelt. Der After Sales wird als die am stärksten gefährdete Prozessstufe gesehen. Hier sollten vor allem Sicherheitsmaßnahmen gegen Datenmanipulation eingesetzt werden. Der überwiegende Teil der Bekleidungseinzelhändler wünscht zur Gewährleistung der Datensicherheit eine Selbstverpflichtung und keine weitergehenden gesetzlichen Regelungen.

Aufbauend auf einer umfangreichen Literaturstudie wurden bestehende Sicherheitsmaßnahmen dargestellt und kategorisiert. Da diese Sicherheitsmaßnahmen jeweils auf sich selbst gestellt keinen ausreichenden Schutz bieten, wurde das Maßnahmenpaket 4PPS entwickelt. Dieses bietet einen sehr hohen Schutz gegen Angriffe und kann relativ kostengünstig mit wiederbeschreibbaren Transpondern implementiert werden. Es bietet Schutz gegen das Ausspähen von Daten, gegen Plagiate, gegen die Verfolgung von Produkten und Kunden sowie gegen die Überschreibung von Daten. Das vorgeschlagene Maßnahmenpaket kann einen wertvollen Beitrag zur Unterstützung von Unternehmen leisten, wenn sich durch die steigende Zahl der eingesetzten Transponder im Rahmen des Item-Taggings das aufgezeigte Gefahrenpotenzial weiter verschärft und verstärkt geeignete Sicherheitsmaßnahmen getroffen werden müssen.

Ohne geeignete Sicherheitsmaßnahmen kann die Verbreitung des RFID-Item-Taggings durch datenschutzrechtliche Restriktionen gehemmt werden, wenn Verbraucherängste überhand nehmen und Gesetzgeber verschärfte Regelungen erlassen. Der Bekleidungseinzelhandel spielt in diesem Zusammenhang eine entscheidende Rolle, da der Durchbruch des RFID-Item-Taggings in dieser Branche erwartet wird. Geeignete Sicherheitsmaßnahmen in dieser Branche könnten auf andere Branchen mit Endkundenkontakt übertragen und somit wertvolle Zusatzdienste sowohl für die Industrie als auch für die Verbraucher geschaffen werden.

Danksagung

Diese Arbeit wurde teilweise durch die AiF – Arbeitsgemeinschaft industrieller Forschungsvereinigung „Otto von Guerike" e.V. mit Mitteln des BMWi durch das Projekt „Trusted-RFID – Vertrauenssiegel für RFID-Anwendungen“ gefördert (Förderkennzeichen 14912 N). Die Autoren danken der AiF für ihre Unterstützung.

Literatur

[AuUy06] M. Auerbach, Y. Uygun: Sicherheitsanforderungen des Bekleidungseinzelhandels an RFID-Systeme im Endkundengeschäft. Ergebnisse einer deutschlandweiten Studie. In: Unternehmen der Zukunft 03-04/2006. S. 9-10.

[AuSQ05] M. Auerbach, A. Sommer, U. Quiede: Trusted-RFID. Förderung der Akzeptanz von RFID-Anwendungen im Endkundengeschäft durch geprüftes Informationsmanagement. In: Unternehmen der Zukunft 03/2005. S. 3-4.

[Bert05] O. Berthold: Datenschutzgerechte RFID-Technologie. Berlin. (2005). Abrufbar unter: http://www.dbis.informatik.hu-berlin.de/fileadmin/research/papers/conferences/2005-sicherheit-berthold.pdf. [Stand 04.01.2007].

[BSI 05a] Bundesamt für Sicherheit in der Informationstechnik (Hrsg.): Risiken und Chancen des Einsatzes von RFID-Systemen. Bonn. (2005). Abrufbar unter: http://www.bsi.de/fachthem/rfid/studie.htm. [Stand 04.01.2007].

[BSI 05b] Bundesamt für Sicherheit in der Informationstechnik (Hrsg.): IT-Grundschutz-Kataloge. Bonn (2005). http://www.bsi.bund.de/gshb/deutsch/index.htm.

[Fink02] K. Finkenzeller: RFID-Handbuch. Grundlagen und praktische Anwendungen induktiver Funkanlagen und kontaktloser Chipkarten. 3., aktualisierte und erweiterte Auflage. München, Wien: Hanser. (2002).

[Frau05] Fraunhofer Institut für Mikroelektronische Schaltungen: IMS-Teilnahme am Pilotprojekt Kaufhof – Gerry Weber zur Vorbereitung der RFID-Einführung in der Textillogistik (2005). http://www.ims.fraunhofer.de/86.html?&tx_ttnews [pointer]=2&tx_ttnews[tt_news]=8&tx_ttnews[backPid]=6&cHash=96460ccf00

[HGS06] Horst-Görtz-Stiftung: Sicherheits-RFIDs der nächsten Generation: Innovative Public-Key Kryptographie im Kleinstformat. Deutscher IT-Sicherheitspreis. 2. Preis: Erwin Heß und Bernd Meyer, Siemens AG, CT IC 3. (2006). Abrufbar unter: http://www.horst-goertz.de/2_Preis_Siemens.pdf. [Stand 20.03.2007].

[Lang04] M. Langheinrich: Die Privatsphäre im Ubiquitous Computing – Datenschutzaspekte der RFID-Technologie. Institut für Pervasive Computing, ETH Zürich (2004). http://www.vs.inf.ethz.ch/res/papers/langhein2004rfid.pdf

[Pflau01] A. Pflaum: Transpondertechnologie und Supply Chain Management. Elektronische Etiketten – Bessere Identifikationstechnologie in logistischen Systemen? Edition Logistik. Bd 3, P. Klaus (Hrsg.), Deutscher Verkehrs-Verlag. (2001).

[Rind06] K.N. Rindle: Datenschutz im Handumdrehen. Clipped Tags – transparente Deaktivierung von RFID-Tags durch Enthaupten. In: RFID im Blick. URL: http://www.rfidimblick.de/index.php?c=1&s=datenschutz. [Stand 04.01.2007].

[TeQu05] C. Tellkamp, U. Quiede: Einsatz von RFID in der Bekleidungsindustrie – Ergebnisse eines Pilotprojekts von Kaufhof und Gerry Weber. In: Das Internet der Dinge. Fleisch, E. und Mattern, F. (Hrsg.). Berlin, Heidelberg: Springer. (2005). S. 143-160.

[Uygu06] Y. Uygun: Datensicherheit bei RFID-Anwendungen auf Item-Level im Bekleidungseinzelhandel. Masterarbeit. Duisburg/ Aachen. (2006).

Sicherheitsanalyse RFID-basierter Wertschöpfungsketten

Eberhard Grummt[1,2] · Kerstin Werner[1] · Ralf Ackermann[1]

[1]SAP Research CEC Dresden
{eberhard.oliver.grummt | kerstin.werner | ralf.ackermann}@sap.com

[2]Technische Universität Dresden

Zusammenfassung

In globalen Wertschöpfungsketten agierende Unternehmen erkennen zunehmend das Potenzial der RFID-Technologie als Basis für Prozessoptimierungen im Supply Chain Management. Ein flächendeckender Einsatz ist jedoch noch nicht zu verzeichnen, was neben Aspekten der Standardisierung und der Kosten nicht zuletzt durch Sicherheitsprobleme begründet ist. Dieser Beitrag beleuchtet potenzielle Schwachstellen und mögliche Lösungen in RFID-basierten, kooperativen Wertschöpfungsketten auf Basis eines neuen, generischen Architektur-Modells. Dieses umfasst neben einer technischen Sicht auf die zur Erfassung, Verwaltung und kooperativen Nutzung der Informationen notwendigen IT-Systeme auch eine organisatorische Sicht. Diese bezieht unter anderem den physischen Austausch von Transpondern und Abhängigkeiten zu externen Dienstleistern mit ein.

1 Einführung

Die RFID (Radio Frequency Identification)-Technologie ermöglicht das automatische Erkennen von Objekten durch maschinelles Auslesen an ihnen befestigter Funk-Transponder (*Tags*). Gegenüber dem traditionellen Barcode bietet RFID Vorteile hinsichtlich Geschwindigkeit, Speicherkapazität, Fälschungssicherheit, Wiederverwendbarkeit, Wiederbeschreibbarkeit und des entfernten Auslesens ohne Sichtverbindung. Besonders im Bereich des Supply Chain Managements haben diese Eigenschaften und ein stetiger Preisverfall dazu geführt, dass diese Technologie zunehmende Verbreitung findet. Während der innerbetriebliche Einsatz (*closed loop*) schon seit über zehn Jahren Realität ist [ThDi06], ist die flächendeckende überbetriebliche Verwendung von RFID entlang der gesamten Wertschöpfungskette (*open loop*) noch eine Zukunftsvision.

Obwohl unternehmensübergreifender Austausch von Informationen, die Güter in gemeinsam verwalteten Wertschöpfungsketten betreffen, ein hohes Potenzial für Effizienzsteigerungen und Kostensenkungen verspricht, birgt er auch Risiken und Probleme. Zum einen ist es organisatorisch als auch technisch problematisch, den optimalen Grad der Informationstransparenz zwischen Kooperationspartnern zu bestimmen und durchzusetzen [Stra05]. Zum anderen sind einzelne Systemteile und Übertragungskanäle externen Angreifern ausgesetzt.

Diese Arbeit wurde teilweise unterstützt durch das Bundesministerium für Wirtschaft und Technologie im Rahmen des Projekts Ko-RFID

In dieser Arbeit wird ein allgemeines Architektur-Modell für die Beschreibung von RFID-gestützten Wertschöpfungsketten sowohl auf organisatorischer als auch auf technischer Ebene (Abschnitt 2) entwickelt. In diesem werden sowohl die Güter- und Datenflüsse zwischen den beteiligten Unternehmen (horizontale Sicht), die innerbetrieblichen Datenflüsse (vertikale Sicht) als auch die Abhängigkeiten zu dritten Parteien berücksichtigt. Anschließend werden potenzielle Schwachstellen und Sicherheitsrisiken innerbetrieblicher (Abschnitt 3), unternehmensübergreifender (Abschnitt 4) und externer Systeme (Abschnitt 5) anhand des erstellten Modells beschrieben sowie daraus folgende Implikationen diskutiert.

2 Modell RFID-basierter Wertschöpfungsketten

In diesem Kapitel wird auf Basis von Fallstudien zunächst ein abstraktes Modell für Wertschöpfungsketten entwickelt. Anschließend wird ein Modell für Informationssysteme vorgestellt, welche von Teilnehmern RFID-gestützter Wertschöpfungsketten umgesetzt werden, um die Interoperabilität zu gewährleisten. Danach werden zum Betrieb des Systems benötigte externe Dienste wie Verzeichnis- und Authentifizierungsdienste eingeführt, um abschließend ein ganzheitliches Modell vorzustellen. Als Voraussetzung wird die Annahme getroffen, dass jedes RFID-Tag mit einem eineindeutigen, von allen Partnern decodierbaren Identifizierungscode (*ID*) ausgestattet ist, d.h. ein globales Nummerierungsschema existiert.

2.1 Modellierung der Wertschöpfungskette

Um Wertschöpfungsketten in einem abstrakten Modell generisch darzustellen, wurden verschiedene Beispiele und Fallstudien [MRR+05, Ste06b, Ste06a] untersucht, woraus sich ergab, dass in jedem Fall minimal zwei Unternehmen an einer Wertschöpfungskette beteiligt sein müssen. Eines schickt eine bestimmte Lieferung in Umlauf (Ursprungsunternehmen oder Quelle) und ein anderes empfängt sie (Zielunternehmen oder Senke). Reale Wertschöpfungsketten bestehen jedoch zumeist aus mehreren Partnern, denn zwischen Ursprungs- und Zielunternehmen können Lieferungen weitere variable Partner passieren, wie beispielsweise Transportunternehmen, Weiterverarbeitungsbetriebe oder Verteilzentren. Der beschriebene Sachverhalt wird in Abbildung 1 dargestellt, indem Unternehmen 1 und Unternehmen n, die beiden stets vorhandenen Bestandteile von Wertschöpfungsketten, links bzw. rechts abgebildet sind. Zwischen ihnen befindet sich ein Platzhalter für $n - 2$ potenzielle weitere Partner.

Es wurde bereits viel Arbeit dahingehend geleistet, entstehende Bedrohungen bezüglich Datenschutz und Datensicherheit für Endverbraucher zu analysieren und einzuschränken [GaJP05, Lang05, GüSp05]. Ziel des vorliegenden Beitrags ist es hingegen, ausschließlich die Belange von Unternehmen stärker zu beleuchten.

2.2 Modellierung RFID-gestützter Informationssysteme

Ein RFID-gestütztes Informationssystem muss diverse Kernfunktionalitäten bereitstellen. So müssen Tags von Lesegeräten gelesen und ggf. beschrieben, Leseereignisse gefiltert, aggregiert und semantisch angereichert („vorverarbeitet“) sowie diese erweiterten Ereignisse gespeichert werden. Um ihren Austausch mit internen und externen Anwendungen zu ermöglichen, werden Abfrageschnittstellen benötigt. Darüber hinaus ist eine *Anwendungs-Ebene* vorzusehen, die Applikationen zur Steuerung der Funktionalitäten unterer Ebenen sowie zur Steuerung und Überwachung von Geschäftsprozessen beinhaltet. Tabelle 1 fasst die Ebenen und die dort bereitgestellten Funktionalitäten zusammen.

Tab. 1: Funktionalitäten und Ebenen des Modells

Ebene	Funktionalität
(1) Tag-Ebene	Physisches Bereitstellen von Tags
(2) Sensor-Ebene	Lesen und ggf. Schreiben von RFID-Tags
(3) Aufbereitungs-Ebene	Puffern, Formatieren, Filtern, Aggregieren von Leseereignissen
(4) Persistenz-Ebene	Speichern relevanter Daten
(5) Austausch-Ebene	Bereitstellung von Abfrageschnittstellen für interne und externe Systeme
(6) Anwendungs-Ebene	Bereitstellung von Anwendungen

Um einen unternehmensübergreifenden Datenaustausch zwischen beliebigen Unternehmen zu ermöglichen, werden neben der Einhaltung bestimmter Daten- und Schnittstellenkonventionen zwei externe Kerndienste benötigt: ein *Authentifizierungsdienst* und ein *Auffindungsdienst*. Diese müssen von „vertrauenswürdigen Dritten" betrieben werden. Das Modell sieht vor, dass Unternehmen Informationen sowohl auf Basis eigener als auch auf Basis fremder Leseereignisse in ihrer *Persistenz-Ebene* integrieren. Bei welchen Unternehmen Informationen zu einem spezifischen Tag gespeichert sind, kann über einen externen Auffindungsdienst in Erfahrung gebracht werden (diese Architektur entspricht dem *Metadata Integration Server approach* aus [DoAH06]). Es existieren darüber hinaus weitere Ansätze, z.B. kann die Persistenz-Ebene als zentrale, von mehreren Unternehmen genutzte Datenbank modelliert werden.

2.3 Ganzheitliche Modellierung

Die vorgestellten Modelle für Wertschöpfungsketten und Informationssysteme wurden in ein ganzheitliches Modell integriert (siehe Abbildung 1). Zahlen kennzeichnen Teile der unternehmensinternen IT-Systeme, Buchstaben kennzeichnen Datenflüsse in oder zwischen Unternehmen. Im Falle von (F) werden auch physische Objekte, d.h. Güter mit ihren RFID-Tags ausgetauscht. Auf die externen Dienste greifen üblicherweise alle Teilnehmer der Wertschöpfungskette zu (über I und H), aus Übersichtlichkeitsgründen sind die entsprechenden Pfeile aber nur bei Unternehmen 1 eingezeichnet. Gleiches gilt für die Austauschebenen (5), über die alle Teilnehmer netzartig kommunizieren (G).

Ein Datenfluss findet hauptsächlich auf der *Tag-Ebene* (1) und auf der *Austausch-Ebene* (5) statt. Ein Austausch auf anderen Ebenen wie z.B. der *Sensor*-(2) oder *Aufbereitungs-Ebene* (3) [RoFl06] ist prinzipiell denkbar, aber unüblich.

3 Sicherheitsanalyse innerbetrieblicher Systeme

Anhand der modellierten innerbetrieblichen Systemteile werden nun spezifische Bedrohungen und Ansätze zu deren Minimierung beschrieben.

3.1 Tag-Ebene

Ohne entsprechenden Schutz können Transponder (1) innerhalb einer bestimmten Reichweite von kompatiblen Lesegeräten ausgelesen werden. Wenn Angreifer an verschiedenen Stellen von Wertschöpfungsketten die eindeutige Identifikationsnummer eines Transponders auslesen, können sie Lieferbeziehungen aufdecken und ermitteln, wann sich ein Objekt bei wem und wie lange aufhält. Ebenso besteht die Möglichkeit, dass Angreifer sich Tags bemächtigen, die entsorgt oder an Verbraucher übergeben, aber nicht zerstört wurden. Dies ist eine weitere Möglich-

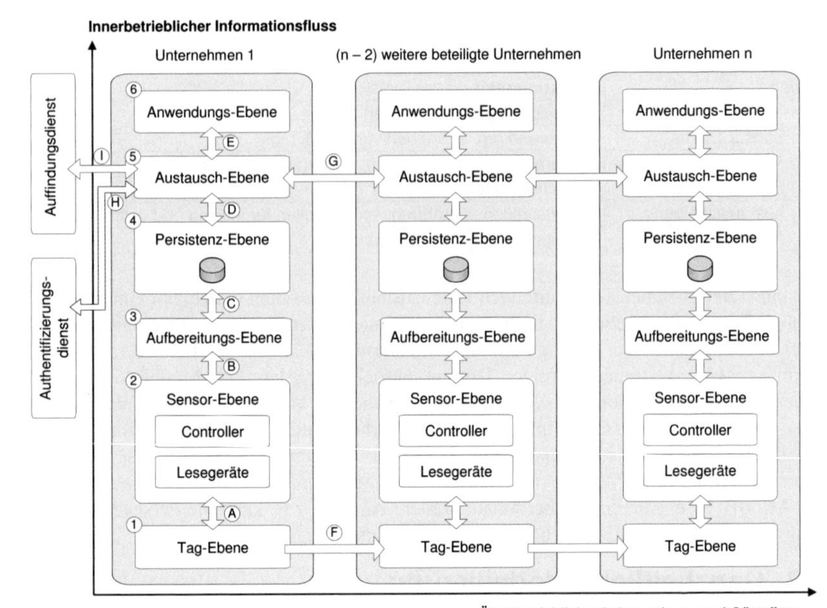

Abb. 1: Modell einer generischen RFID-gestützten Wertschöpfungskette

keit dar, an gespeicherte, vertrauliche Informationen zu gelangen. Eine andere Gefahrenquelle stellen Hersteller von Tags dar, da sie ihre Produkte beispielsweise mit unerwähnten Speicherbereichen oder manipulierter Killfunktionalität [Auto02] ausstatten könnten, um zu gegebenem Zeitpunkt zerstört geglaubte Informationen auszulesen.

Gelingt es einem Angreifer, ein oder mehrere Tags einer Lieferung mit falschen Informationen, z.B. einer falschen Herstellerkennung, zu beschreiben, kann er ohne entsprechenden Schutz unerkannt falsche Informationen in das System einschleusen. Ein anderer Weg, dies zu erreichen, ist das Einschleusen präparierter Transponder in den Güterfluss. Auf diese Weise kann z.B. die Lieferung unbestellter Produkte vorgetäuscht werden. Eine weitere Möglichkeit ist es, entsorgte oder an Verbraucher übergebene, aber nicht deaktivierte Transponder wieder in die Wertschöpfungskette einzubringen.

Sofern die physische Verbindung zwischen Trägerobjekt und Transponder nicht sicher gewährleistet ist, kann ein Angreifer Transponder von einem Objekt an einem anderen anbringen und so die Anwesenheit eines längst entwendeten Objektes suggerieren oder das Vorhandensein eines Objektes an unerwarteten Orten vortäuschen. Auf diese Weise fallen in oberen Systemebenen mit der Realität inkonsistente Daten an.

In [RiCT06] und [rfi] wird beschrieben, wie über präparierte Transponder ein „RFID-Virus" in ein System eingeschleust werden kann. Dieser bewirkte einen Absturz der angeschlossenen Datenhaltung und pflanzte sich auf alle im Anschluss gelesenen Tags des infizierten Systems fort.

Durch einen solchen Angriff kann prinzipiell eine Schadfunktion in einer gesamten Wertschöpfungskette verbreitet werden. Um ihn durchzuführen müssen entweder wiederbeschreibbare Tags innerhalb der Wertschöpfungskette für einen Angreifer zugänglich sein, oder es gelingt ihm, bereits präparierte Tags in den Güterfluss einzubringen.

So genannte *Blocker Tags* [JuRS03] können versteckt angebracht dazu verwendet werden, andere in ihrer Nähe befindliche Tags vor der Erkennung durch ein Lesegerät abzuschirmen. Eine weitere Möglichkeit, Transponder vor einem Lesegerät abzuschirmen, bietet die Verwendung von Metallfolie oder metallisierten Aufklebern, die über abzuschirmenden Tags angebracht werden. Tags können darüber hinaus chemisch, physisch oder durch elektromagnetische Einwirkung, wie beispielsweise durch den in [zap] vorgestellten *RFID-Zapper*, zerstört werden.

Aktive Transponder bieten innerhalb der Wertschöpfungskette einen spezifischen Angriffspunkt, da sie durch übermäßige Lese- und Schreibanfragen vorzeitig entladen und unbrauchbar gemacht werden können. Die Kommunikation zwischen Tags und Lesegeräten der Sensorebene über die Luftschnittstelle (A) kann von Angreifern innerhalb einer bestimmten Reichweite, sofern keine entsprechenden Schutzmaßnahmen ergriffen wurden, mitgehört werden. Es gilt allerdings zu unterscheiden, in welcher Richtung sensible Informationen gesendet werden. Werden sie auf dem Hinkanal, also vom Lesegerät an das Tag gesendet, können sie aufgrund der größeren Signalstärke über weitere Distanzen abgehört werden als auf dem Rückkanal. Geht es lediglich darum aufzudecken, ob überhaupt eine Kommunikation zwischen den beiden Komponenten stattfindet, können Angreifer versuchen zu ermitteln, ob ein elektromagnetisches Feld zwischen ihnen besteht. Wie bei allen ungeschützten Übertragungswegen können auch hier Man-in-the-Middle-Angriffe bzw. Maskeraden durchgeführt werden. Übertragene Informationen können von Angreifern modifiziert oder gelöscht werden. Die Verfügbarkeit der Luftschnittstelle kann beispielsweise durch die Verwendung eines Störsenders in der Umgebung eingeschränkt werden. Des Weiteren können übermäßig viele Daten eingespeist und somit Denial-of-Service-Angriffe durchgeführt werden.

Die angeführten Bedrohungen sollten durch die Wahl geeigneter Schutzmaßnahmen berücksichtig werden. Diesbezüglich können beispielsweise Zugriffsschutzverfahren [JuRS03], Verschlüsselung gespeicherter Informationen [Juel04], Anonymisierung oder Pseudonymisierung [Lang05] als auch physischer Schutz [Bund05] zum Einsatz kommen.

3.2 Sensor-Ebene

Für Komponenten der Sensor-Ebene (2) gilt es zu unterscheiden, welche Abmessungen sie haben. Kleinere Geräte können von Angreifern leichter als größere entfernt und z.B. gegen präparierte Einheiten ausgetauscht werden. Auf diese Weise kann nicht dokumentierte Funktionalität eingeschleust werden. Allerdings können Hersteller dieser Komponenten einen solchen Angriff ebenfalls bei größeren stationären Geräten durchführen.

Ein präpariertes oder vom Angreifer ausgetauschtes Lesegerät kann falsche Informationen auf Tags schreiben bzw. falsche oder unvollständige Informationen über den Device-Controller an höher gelegene Ebenen senden. Ein unberechtigtes Gerät kann darüber hinaus die Identität eines Berechtigten vortäuschen und anschließend falsche oder unvollständige Daten auf Transponder schreiben bzw. an höhere Ebenen schicken. Verfälschte Informationen können ebenso bereits in oberen Ebenen entstanden sein. Deshalb sollten Controller und Lesegeräte die von der Aufbereitungsebene empfangenen Daten überprüfen, bevor sie diese verarbeiten.

Von einem Angreifer präparierte Lesegeräte oder Controller können dazu verwendet werden, übermäßig viele Lese- und Schreibanfragen an Transponder zu senden, wodurch batteriebetriebene Tags entladen und unbrauchbar gemacht werden können. Die Verfügbarkeit der Geräte kann durch Angreifer zusätzlich gefährdet werden, indem der entsprechende Port oder die Kontaktverbindungen zur Energieversorgung sowie zur höher gelegenen Ebene physisch oder chemisch zerstört werden.

Die Kommunikation zwischen Sensor- und Aufbereitungsebene (B) kann von Angreifern mitgehört werden. Wie bereits unter 3.1 beschrieben wurde, können auch hier Man-in-the-Middle-Angriffe bzw. Maskeraden durchgeführt und übertragene Informationen verändert oder gelöscht werden. Des Weiteren können Übertragungswege beschädigt oder sogar durchtrennt werden, sofern ein ungeschützter Zugriff auf sie besteht.

3.3 Aufbereitungs-Ebene

Die Aufbereitungs-Ebene kann als Middleware betrachtet werden, die auf einem oder mehreren Applikationsservern betrieben wird. Diese sind somit den bekannten Risiken durch unerlaubten Zugriff, Schadsoftware und Denial-of-Service-Attacken ausgesetzt. Direkten Zugriff kann sich ein Angreifer durch Passwort-Attacken, Code-Injection, Buffer-Overflows, Viren, Würmer und Trojaner sowie durch physischen Zugriff und Social Engineering verschaffen. Weiterhin kann er versuchen, Informationen an den Schnittstellen zur Sensor-Ebene und zur Persistenz-Ebene zu erlangen. Spezifische Angriffe können durch bewusstes Einschleusen von präparierten Eingabedaten über die Sensor-Ebene (bzw. transitiv über die Tag-Ebene [RiCT06]) durchgeführt werden. Als Ansätze sind Buffer-Overflows [CWP+00] und SQL-Injections [HaVO06] zu nennen. Auch können speziell präparierte Sensorinformationen in Verbindung mit internen Verarbeitungsregeln in unvorhergesehener Weise interagieren und so z.B. Endlos-Verarbeitungsschleifen als auch widersprüchliche oder unerwartete Entscheidungen auslösen. Extrem große Mengen an Eingabedaten, z.B. von präparierten RFID-Readern oder Transpondern, können außerdem die Verfügbarkeit beeinträchtigen, indem sie das System verlangsamen oder zum Absturz bringen.

Gegenmaßnahmen umfassen neben physischer Sicherung Zugriffskontrollen mit starken Schlüsseln/Passwörtern und Authentifizierung über Zertifikate, regelmäßige Backups, redundante Datenhaltung, Firewalls, Log-Dateien und Intrusion Detection-Systeme. Empfehlenswert ist darüber hinaus die gegenseitige Authentifizierung angebundener Systeme der Sensor- und Persistenz-Ebene sowie eine verschlüsselte Datenübertragung, wenn ein Abhören nicht durch physische Maßnahmen unterbunden werden kann, z.B. wenn ein öffentliches Netz als Übertragungsmedium genutzt wird.

3.4 Persistenz-Ebene

Für die persistente Datenhaltung werden vorrangig relationale Datenbanken eingesetzt. Die entsprechenden Datenbank-Server sind ähnlichen Angriffen wie der Applikationsserver der Aufbereitungsebene ausgesetzt. Wird keine angemessene Überprüfung und Filterung der Ereignisdaten der Aufbereitungsebene durchgeführt, kann die (referenzielle) Integrität der Daten angegriffen werden oder gar Schadcode (SQL-Injections) eingeführt werden.

Redundanz und räumliche Verteilung der Datenbankserver kann helfen, die Sicherheit gegen physische Angriffe zu erhöhen.

3.5 Austausch-Ebene

Die Austausch-Ebene stellt Schnittstellen zu unternehmensinternen und -externen Systemen bereit. Auch hier treffen die im Kontext der Aufbereitungs- und Persistenz-Ebene genannten Bedrohungen der Serversicherheit sowie deren Minimierungsansätze zu. Weitere Bedrohungen werden in Abschnitt 4.2 behandelt.

4 Unternehmensübergreifende Systeme

In den folgenden Abschnitten wird die horizontale Informationsübermittlung auf Tag-Ebene (F) sowie auf Austausch-Ebene (G) hinsichtlich Bedrohungen der Datensicherheit analysiert.

4.1 Tag-Ebene

Da auf Transpondern Informationen gespeichert werden und sie mit Trägerobjekten innerhalb von Lieferungen zwischen Partnerunternehmen ausgetauscht werden, findet gleichzeitig eine Informationsübertragung (F) statt. Die übermittelten Informationen unterliegen einerseits den unter 3.1 genannten Bedrohungen und andererseits den Einflüssen, welche sich durch den Kontakt mit diversen Besitzern ergeben. Als Angreifer kommen dadurch nicht nur unternehmensinterne Mitarbeiter oder Eindringlinge in Frage, sondern alle Personen und Systeme, welche entlang der vorhandenen Lieferbeziehungen in ausreichende Nähe von Transpondern gelangen können. Eine Besonderheit besteht allerdings darin, dass Informationen ausschließlich an dem Ort zur Verfügung stehen, an welchem sich Transponder jeweils befinden.

Es gilt zu unterscheiden, ob auf Tags lediglich eine ID (*Data-on-Network*) oder darüber hinaus zusätzliche Informationen (*Data-on-Tag*) gespeichert werden. Die Ermittlung oder gar Verfolgung von Transpondern anhand ihrer ID erlaubt es Angreifern, Mengen, Lieferbeziehungen und Aufenthaltszeiträume in Erfahrung zu bringen. Werden weitere Daten auf Tags gespeichert, entsteht dadurch bezüglich deren Vertraulichkeit, Integrität und Verfügbarkeit eine zusätzliche Bedrohung, welche durch Maßnahmen, wie sie bereits unter 3.1 beschrieben wurden berücksichtigt werden sollten. Zusätzlich müssen hier jedoch die multilateralen Anforderungen der verschiedenen teilnehmenden Unternehmen beachtet werden, was beispielsweise auf einzusetzende Zugriffskontrollen Auswirkungen hat.

4.2 Austausch-Ebene

Bezüglich der externen Schnittstelle der Austausch-Ebene (G) ist insbesondere die Gefahr des unerlaubten lesenden oder schreibenden Zugriffs von externen Angreifern zu adressieren. Denn nur hier und auf der Tag-Ebene werden externen Teilnehmern explizit Zugriffsmöglichkeiten bereitgestellt, die damit auch für Unbefugte einen attraktiven Angriffspunkt, z.B. für Passwort- und Spoofing-Attacken darstellen. Der Zugriff kann direkt auf das System erfolgen oder auf den Netzwerkverkehr, wenn dieser über öffentliche Netze wie das Internet stattfindet. Haben sich externe Angreifer Zugriff zum System verschafft, können sie vertrauliche Informationen auslesen, gefälschte Daten oder gar Programmcode einschleusen.

Zugriffskontrollsysteme mit starker Authentifizierung, Signaturen, starke Passwörter und Verschlüsselung, Firewalls und Demilitarisierte Zonen (DMZ) sowie sorgfältige Prüfung der Eingabedaten sind wichtige Aspekte der Sicherung von Systemen der Austausch-Ebene. Generell treffen bereits diskutierte Aspekte der Serversicherheit auch auf die Austausch-Ebene zu. Grundlegende Entwurfsprinzipien wie Datensparsamkeit und geringstmögliche Privilegierung sollten bereits beim Systemdesign berücksichtigt werden. Bei der potenziell sehr großen Menge an Informationen, verschiedenen feingranularen Berechtigungen und Teilnehmern ist dies mit momentan verfügbaren Verfahren wie rollenbasierter Zugriffskontrolle und manueller Verwaltung von Zertifikaten und Login-Daten nur schwer zu erreichen.

5 Systeme externer Dienstleister

Die benötigten Auffindungs- und Authentifizierungsdienste werden von externen Dienstleistern angeboten. Der Auffindungsdienst ist im Wesentlichen ein Verzeichnisdienst, der Metadaten (Adressen) zu Informationen, die bestimmte RFID-Tags betreffen, speichert. Auf eine Anfrage der Form „Wo finde ich Informationen zu Tag Nr. 84590235?" antwortet der Dienst mit einer Liste von Verweisen auf Dienste der Austausch-Ebene von Firmen, die Informationen zu diesem Tag besitzen. Dadurch kann der Betreiber des Auffindungsdienstes umfangreiche Lieferbeziehungen aufdecken und somit die Vertraulichkeit dieser Informationen kompromittieren. Werden Anfragen generell beantwortet, kann dies ebenso ein beliebiges externes System tun. Soll vor Beantwortung einer Anfrage geprüft werden, ob der Anfragende dazu berechtigt ist, müssen unter Umständen zahlreiche Zugriffs-Policies unterschiedlicher Unternehmen ausgewertet werden.

Ist die Verfügbarkeit des Auffindungsdienstes oder des Authentifizierungsdienstes beeinträchtigt, können davon abhängige Unternehmen starke Funktionalitätseinbußen und damit finanziellen Schaden erleiden.

Die Sicherstellung der Authentizität der Betreiber selbst sowie der Integrität gelieferter Daten ist von großer Bedeutung. Kann ein Angreifer den Auffindungsdienst kompromittieren, kann er Unternehmen auf gefälschte Informationen weiterleiten (analog zu Angriffen mit gefälschten DNS-Einträgen), welche die Geschäftsprozesse des Betroffenen signifikant beeinträchtigen können (insbesondere bei hohem Automatisierungsgrad z.B. der Produktion).

6 Verwandte Arbeiten

Konidala et al. [KoKK07] geben einen Überblick über die EPC-Netzwerk-Architektur und diskutieren potenzielle Sicherheitsprobleme und deren Lösungen an den einzelnen Stationen der Informationsverarbeitungskette. Die Schwächen des vom Industriekonsortium EPCglobal[1] vorgeschlagenen, auf dem *Domain Name System* (DNS) basierenden Auffindungsdienst *Object Name Service* (ONS) werden in [FaGS05] diskutiert. In der Studie „Risiken und Chancen des Einsatzes von RFID-Systemen" [Bund05] des Bundesamt für Sicherheit in der Informationstechnik (BSI) werden Bedrohungen und Lösungsansätze insbesondere auf Tag-, Luftschnittstellen- und Reader-Ebene beleuchtet. Weitere technische Betrachtungen von Aspekten der Datensicherheit und des Datenschutzes finden sich z.B. in [Juel06, PHER06].

7 Zusammenfassung und Ausblick

Die in diesem Beitrag durchgeführte Sicherheitsanalyse hat gezeigt, dass RFID-Transponder ein schwaches Glied innerhalb der betrachteten Systembestandteile darstellen. Durch sie sollen Informationen in Verbindung mit Gütern durch Wertschöpfungsketten transportiert und Zustandsinformationen in nahezu Echtzeit ermittelt werden. Dies hat zur Folge, dass sie nicht wie andere

[1] http://www.epcglobalinc.org

Bestandteile ausschließlich in einer vertraulichen, gut geschützten und überwachten Umgebung aufbewahrt werden können, sondern sich zusätzlich physisch zwischen Unternehmenspartnern bewegen. Dies in Verbindung mit der Möglichkeit des kontaktlosen, entfernten Auslesens vereinfacht bestimmte Angriffe erheblich. Deshalb spielt die Gewährleistung von Vertraulichkeit, Integrität und Verfügbarkeit auf Tag-Ebene durch entsprechende Schutzmaßnahmen, wie sie unter 3.1 und 4.1 genannt wurden, eine sehr wichtige Rolle. Andererseits kann die Notwendigkeit für den Angreifer, sich Tags physisch anzunähern, als Sicherheitsmerkmal gesehen werden. Anders als auf Netzwerke kann der Angriff also nicht von jeder beliebigen physischen Lokation mit Netzwerkzugang durchgeführt werden. Bei der Wahl geeigneter Maßnahmen gilt es gleichzeitig die in diesem Beitrag nicht betrachteten Verbraucherängste hinsichtlich des Datenschutzes zu berücksichtigen. Auf diese Weise könnte die Akzeptanz der Technologie positiv beeinflusst werden.

Das beschriebene ganzheitliche Architekturmodell stellt eine generische Beschreibung RFID-basierter Wertschöpfungsketten dar. Es ermöglicht, konkrete Ausprägungen einzuordnen und bestehende Risiken zu erkennen. Die Zusammenarbeit zwischen Unternehmen in Wertschöpfungsnetzen spielt zunehmend eine wichtige Rolle. Dadurch entstehende Potenziale können besser ausgeschöpft werden, wenn vorhandene Sicherheitsrisiken gezielt durch geeignete Maßnahmen berücksichtigt werden.

In höheren Ebenen findet eine semantische Anreicherung der von RFID-Reader erzeugten Leseereignisse statt. Sie werden z.B. mit Geschäftsprozessen assoziiert. Auf diesen Abstraktionebenen spielt es keine Rolle mehr, mit Hilfe welcher Auto-ID-Technolgie die Daten ursprünglich erfasst wurden. Potenzielle Sicherheitsrisiken und entsprechende Gegenmaßnahmen sind also nicht mehr RFID-spezifisch, sondern im Bereich der klassischen Server- und Netzwerksicherheit zu suchen. Jedoch ist zu berücksichtigen, dass reale Angriffe und tatsächliches Versagen von Gesamtsystemen meist Ergebnis unerwarteter Interaktionen zwischen Systemteilen sind. Deshalb sollten diese in zukünftigen Arbeiten stärker beleuchtet werden.

Zahlreiche sicherheitsrelevante Fragestellungen, die auf den vorgestellten Systemebenen angesiedelt werden können, sind dennoch ungeklärt.

Die im Logistik-Umfeld aufgrund der automatischen Erfassung anfallenden großen Datenmengen führen zu Problemen der manuellen Vergabe von Zugriffsrechten und gleichzeitiger Berücksichtigung von Entwurfsprinzipien wie „gerinstmögliche Privilegierung" und „Datensparsamkeit". Bestimmte Teilnehmer sollen z.B. nur Teile der verfügbaren Informationen über bestimmte Produkte erhalten. Daraus leiten sich interessante Forschungsfragen ab, z.B. wie die Zugriffsrechts-Anforderungen verschiedener Teilnehmer mehrseitig sicher berücksichtigt und Kompromisse ausgehandelt werden können. Auch werfen die großen Datenmengen und die Forderung nach feingranularer Zugriffskontrolle Fragen bzgl. der Modellierung und der Handhabbarkeit von Zugriffsrechten auf.

Die kooperative, firmenübergreifende Nutzung von RFID-Infrastrukturen stellt Herausforderungen an Interoperabilität von Systemen, aber auch an das Vertrauen zwischen einzelnen Teilnehmern. Daraus ergibt sich die interessante Frage, wie Vertrauensverhältnisse in solch einem dynamischen Kontext erfolgreich etabliert, formalisiert und für die Ableitung geltender Regeln für konkrete Kooperation genutzt werden können.

Bezüglich der externen Anbieter von Authentifizierungs- und Auffindungsdiensten sind interessante Fragestellungen, wie die Abhängigkeit von einzelnen Dienstleistern verringert und wie verhindert werden kann, dass dortige Insider Informationen aufdecken und weitergeben können. Als Ziel sollte dabei eine zuverlässige, ausfallsichere Infrastruktur gelten, in der einzelnen Anbietern nur minimal vertraut werden muss.

Literatur

[Auto02] Auto-ID Center: 860 MHz – 930 MHz Class 1 Radio Frequency (RF) Identification Tag Radio Frequency & Logical Communication Interface Specification. Tech. Rep., Auto-ID Center/EPCglobal (2002).

[Bund05] Bundesamt für Sicherheit in der Informationstechnik: Risiken und Chancen des Einsatzes von RFID-Systemen (RIKCHA) - Trends und Entwicklungen in Technologien, Anwendungen und Sicherheit. http://www.bsi.bund.de/fachthem/rfid/RIKCHA.pdf (2005).

[CWP+00] C. Cowan, F. Wagle, C. Pu, S. Beattie, J. Walpole: Buffer overflows: attacks and defenses for the vulnerability of thedecade. In: DARPA Information Survivability Conference and Exposition, 2000 (DISCEX '00) (2000), Bd. 2, 119–129.

[DoAH06] H.-H. Do, J. Anke, G. Hackenbroich: Architecture Evaluation for Distributed Auto-ID Systems. In: DEXA '06: Proceedings of the 17th International Conference on Database and Expert Systems Applications, IEEE Computer Society, Washington, DC, USA (2006), 30–34.

[FaGS05] B. Fabian, O. Günther, S. Spiekermann: Security Analysis of the Object Name Service for RFID. In: International Workshop on Security, Privacy and Trust in Pervasive and Ubiquitous Computing – SecPerU'05, IEEE, IEEE Computer Society Press, Santorini Island, Greece (2005).

[GaJP05] S. Garfinkel, A. Juels, R. Pappu: RFID Privacy: An Overview of Problems and Proposed Solutions. In: IEEE Security and Privacy, 3, 3 (2005), 34–43.

[GüSp05] O. Günther, S. Spiekermann: RFID and the perception of control: the consumer's view. In: Commun. ACM, 48, 9 (2005), 73–76.

[HaVO06] W. G. Halfond, J. Viegas, A. Orso: A Classification of SQL-Injection Attacks and Countermeasures. In: Proc. of the Intern. Symposium on Secure Software Engineering (ISSSE 2006) (2006).

[Juel04] A. Juels: Minimalist Cryptography for RFID Tags. In: Security in Communication Networks, Springer Verlag (2004), 149–164.

[Juel06] A. Juels: RFID Security and Privacy: A Research Survey. In: IEEE Journal on Selected Areas in Communications, 24, 2 (2006), 381–394, http://ieeexplore.ieee.org/xpl/freeabs_all.jsp?arnumber=15891%16.

[JuRS03] A. Juels, R. Rivest, M. Szydlo: The Blocker Tag: Selective Blocking of RFID Tags for Consumer Privacy. In: V. Atluri (Hrsg.), Conference on Computer and Communications Security – ACM CCS, ACM, ACM Press, Washington, DC, USA (2003), 103–111.

[KoKK07] D. M. Konidala, W.-S. Kim, K. Kim: Security Assessment of EPCglobal Architecture Framework. Tech. Rep., Auto-ID Labs (2007).

[Lang05] M. Langheinrich: Die Privatsphäre im Ubiquitous Computing – Datenschutzaspekte der RFID-Technologie. In: E. Fleisch, F. Mattern (Hrsg.), Das Internet der

Dinge – Ubiquitous Computing und RFID in der Praxis, Springer-Verlag (2005), 329–362.

[MRR+05] M. Mähler, K. N. Rindle, A. von Reden, C. Muszynski, C. Weiss, G. Wolfram: RFID - Motor für Innovationen (2005).

[PHER06] P. Peris-Lopez, J. C. Hernandez-Castro, J. Estevez-Tapiador, A. Ribagorda: RFID Systems: A Survey on Security Threats and Proposed Solutions. In: 11th IFIP International Conference on Personal Wireless Communications – PWC'06, Springer-Verlag (2006), Lecture Notes in Computer Science, Bd. 4217, 159–170.

[rfi] http://www.rfidvirus.org/index.html. Zugriff: 08.01.2007.

[RiCT06] M. R. Rieback, B. Crispo, A. S. Tanenbaum: Is Your Cat Infected with a Computer Virus? In: Proc. 4th IEEE Intl. Conf. on Pervasive Computing and Communications (2006).

[RoFl06] C. Roduner, C. Floerkemeier: Towards an Enterprise Location Service. In: SAINT-W '06: Proceedings of the International Symposium on Applications on Internet Workshops, IEEE Computer Society, Washington, DC, USA (2006), 84–87.

[Ste06a] Steinbeis Transferzentrum My eBusiness: Fallstudie: Kaufhof Warenhaus AG, Gerry Weber (2006).

[Ste06b] Steinbeis Transferzentrum My eBusiness: Fallstudie: Metro RFID-Roll-Out (2006).

[Stra05] M. Strassner: RFID im Supply Chain Management - Auswirkungen und Handlungsempfehlungen am Beispiel der Automobilindustrie. Dissertation, Universität St.Gallen, Hochschule für Wirtschafts-, Rechts- und Sozialwissenschaften (HSG) (2005).

[ThDi06] F. Thiesse, M. Dierkes: LotTrack: Echtzeitlokalisierung in der Halbleiterfertigung. In: PPS Management, 1 'RFID in Produktion und Logistik' (2006), 20–23.

[zap] https://events.ccc.de/congress/2005/wiki/RFID-Zapper. Zugriff: 12.11.2006.

Datensammeln – technische Möglichkeiten, rechtliche Grenzen

Doris Hattenberger[1] · Patrick Horster[2] · Peter Schartner[2]

Universität Klagenfurt
[1]Institut für Rechtswissenschaften
doris.hattenberger@uni-klu.ac.at
[2]Institut für Angewandte Informatik
{patrick.horster | peter.schartner}@uni-klu.ac.at

Zusammenfassung

Spätestens seit dem 11. September 2001 (9/11) und den Anschlägen von Madrid und London ist das Thema Überwachung ein Thema, das in der Öffentlichkeit behandelt wird. Datensammlung und Überwachung wird aber nicht nur von staatlichen Organisationen im Rahmen der Kriminalitäts- und Terrorismusbekämpfung betrieben. Vielmehr nutzen auch Firmen und Privatpersonen diverse Technologien und Methoden, um an „interessante" Daten heranzukommen. Dieser Beitrag gibt zunächst einen Überblick über die technischen Möglichkeiten Daten und Informationen zu sammeln. Danach erfolgen ein kurzer Abriss möglicher organisatorischer und technischer Gegenmaßnahmen und die eingehendere Befassung mit den rechtlichen Grenzen des technisch Machbaren.

1 Motivation

Daten und die darin enthaltenen Informationen werden in unserer technologiegestützen Gesellschaft zu einem immer wertvolleren Gut. Spätestens seit dem 11. September 2001 (9/11) und den Terroranschlägen von Madrid und London, haben diverse staatliche Organisationen (im Rahmen der Bekämpfung von Terrorismus oder organisierter Kriminalität) ein starkes Interesse an einer möglichst großflächigen Datensammlung und Auswertung. Ebenso sind Firmen an Daten der Konkurrenz, aber auch an Daten ihrer Kunden interessiert. Die Datensammlung macht aber auch vor Privatpersonen nicht halt. Sie sind zum einen „Opfer" der Sammelwut und zum anderen auch immer öfter selbst aktive Datensammler.

Die im Rahmen der oben beschriebenen Aktivitäten gesammelten Daten können natürlich an vielen Stellen gewinnbringend und zum Wohle der Gesellschaft und des Einzelnen eingesetzt werden. Es ist jedoch auch zu beobachten, dass eine Art der Vorratsdatensammlung stark im Kommen ist: Daten werden ohne Anlass gesammelt (weil sie eben technologiebedingt anfallen) und für spätere Auswertung gespeichert. Die Art der späteren Nutzung steht dabei oft in keinem Zusammenhang zum ursprünglich gedachten Verwendungszweck. Neben dieser Vorratsdatensammlung werden durch Zusammenführen von Daten aus verschiedenen Quellen neue Daten und Informationen gewonnen. Oft stammen diese Daten wiederum aus Anwendungen, die mit dem neuen Verwendungszweck nichts gemeinsam haben.

In diesem Betrag werden zunächst einige technologische Möglichkeiten genannt, die derzeit bereits massiv zur Datenerhebung über einzelne Bürger genutzt werden. Danach folgen Sze-

P. Horster (Hrsg.) · D•A•CH Security 2007 · syssec (2007) 134-147.

narien, die derzeit bereits möglich aber nur wenig bekannt sind, und Szenarien, die uns mit großer Wahrscheinlichkeit in (einer nicht mehr allzu fernen) Zukunft betreffen werden.

2 Technische Möglichkeiten

Informationstechnologie ist aus unserer vernetzten Informationsgesellschaft nicht mehr wegzudenken. Ohne sie würden viele Prozesse nur sehr langsam ablaufen bzw. unmöglich sein. Die folgende (unvollständige) Liste von Diensten und Anwendungen soll die Nützlichkeit dieser Technologien für die Allgemeinheit und den Einzelnen darstellen. Leider haben all diese Technologien auch ihre Schattenseiten. Einerseits fallen durch sie sehr viele personenbezogene Daten an und andererseits können durch Zusammenführung von Daten aus unterschiedlichen Quellen bzw. durch die Nutzung der Daten in einem ursprünglich nicht bedachten Kontext, neue Daten und Informationen gewonnen werden. Manche dieser nicht offensichtlichen Schattenseiten werden in der folgenden Zusammenstellung ebenfalls kurz diskutiert. Weitere (positive und/oder negative) Szenarien bleiben der Phantasie des Lesers überlassen.

- **Internet:** Das Internet ist bereits in den meisten Haushalten mit Internetzugang die Informationsquelle Nummer eins. Selbst einfache Fragen wie „Was ist ein Courtesy Room?“ oder „Wie heißt der höchste Wasserfall der Welt?“ werden nicht durch Nachschlagen in einem Wörterbuch oder einem Lexikon beantwortet, sondern schlicht und einfach „gegoogelt“. Komplexere Suchabfragen oder brandaktuelle Fragestellungen, können mit Hilfe der Papierwelt ohnedies kaum mehr beantwortet werden. Erfolgen diese Suchabfragen immer vom selben Rechner aus, dann wissen zumindest die Betreiber der Suchmaschinen mehr über uns, als uns lieb ist.
  Neben der **Recherche** wird das Internet aber auch zum Bestellen von Waren und Dienstleistungen (z.B. Bücher, Elektronische Geräte oder Tickets) in **Online-Shops** und zu deren Bezahlung mittels **Internet-Banking** genutzt.
- **(Elektronische) Zahlungssysteme:** Bezahlungen mittels **Bankomat- und Kreditkarten** gehören zu unserem Alltagsleben. Wenn wir die Parkgebühr in der Parkgarage mit Kredit- oder Maestrokarte, oder unseren neuen PKW mittels **Online-Banking** bezahlen, nutzen wir informationstechnische Systeme. Letztendlich führt dies dazu, dass eine (nationale oder internationale) Banktransaktion ausgelöst wird, die unser Konto mit einem bestimmten Betrag belastet und gleichzeitig diesen Betrag auf das Konto des „Verkäufers“ aufbucht. Die hierbei anfallenden Datensätze landen wie andere auch (siehe Flugpassagierdaten – “Wenn Sie in die USA reisen, sind Ihre Daten schon vor Ihnen dort!“) möglicherweise nicht nur bei den amerikanischen Geheimdiensten.
- **Mobiltelefonie:** Diese Technologie ist in unserer Gesellschaft allgegenwärtig. Permanente Erreichbarkeit wird immer wichtiger; dementsprechend sinkt die Anzahl der Festnetzanschlüsse. Neben der Sprachtelefonie und Funktionen wie **Kamera**, **Notizbuch**, **Organizer** und Wecker bieten moderne Mobiltelefone auch **Videotelefonie**, **Location-based Services** (mit Antworten zu den Fragen „Wo bin ich?“, „Wie komme ich nach XY?“, „Was ist Interessantes in meiner Nähe?“). Ist die Handy-Ortung für Kinder, ältere Personen und Personen mit einem Handicap von großem Nutzen, so kann diese Technologie natürlich auch zur allgemeinen Überwachung einer Person eingesetzt werden. Bei machen Dienstanbietern reicht es, eine entsprechende Aktivierungs-SMS vom zu überwachenden Handy abzusetzen. Die einzelnen Lokalisierungsanfragen werden

bei vielen Diensteanbietern nicht angezeigt. Die Ortung erfolgt also unbemerkt vom Georteten und ohne dessen Zustimmung.

- **Kundenkarten**, **Mitarbeiterkarten** und **eCard**: Diese Karten dienen der Identifizierung (und teilweise auch der Authentifizierung) einer bestimmten Person. Werden die auf ihnen enthaltenen personenbezogenen Daten mit Daten aus anderen Quellen zusammengeführt, so können auf diesem Weg aussagekräftige Benutzerprofile erstellt werden.
  Wird z.B. die eCard genutzt, um den Benutzer zu authentifizieren, so kann man sich neben dem Namen der Inhaberin bzw. des Inhabers auch noch andere Daten wie Geburtsdatum, Sozialversicherungsnummer, Versicherungsanstalt (siehe Abbildung 1 links) beschaffen. Diese Datensätze können mit geeigneter (und frei verfügbarer) Software ohne weiteres aus der Karte ausgelesen werden.
- **RFID** (Radio-Frequency Identification) und die zugehörigen **Tags** (elektronische Etiketten) können im Bereich der **Warenlogistik** zur Beschleunigung von Abläufen und einer drastischen Kostensenkung und führen. Aber auch als Maßnahme gegen **Produktpiraterie** (**Fälschungsschutz** für hochpreisige Produkte bzw. deren Verpackung) wird RFID bereits heute gewinnbringend eingesetzt. Die eindeutige Identifizierbarkeit der meist sehr kommunikationsfreudigen Tags macht sie – wie wir später sehen werden – aber auch für andere Szenarien interessant.
- **Videoüberwachung** von öffentlichen Plätzen, Verkehrsmitteln und Großveranstaltungen zur Verbrechensprävention (und -detektion) ist sicherlich genauso sinnvoll, wie die **Verkehrsüberwachung** zur Unfall- und Stauwarnung. Mit etwas Phantasie ist es jedoch leicht, nicht ganz so positive Szenarien zu entwickeln.

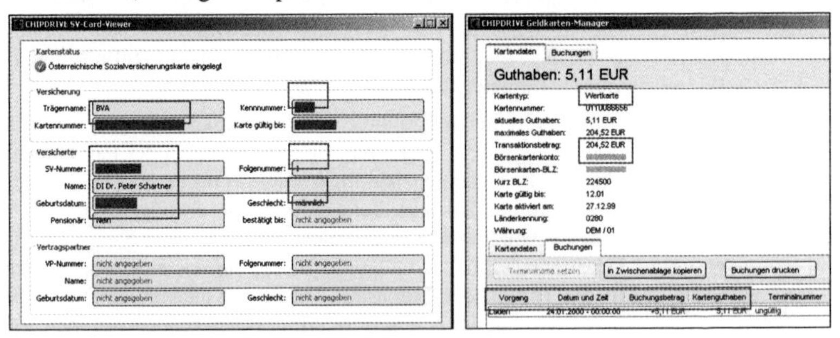

Abb. 1: Öffentlich zugängliche Daten einer eCard und einer (deutschen) Geldkarte

Viele der oben beschriebenen existierenden Dienste und Technologien, haben ohne Zweifel einen großen Nutzen im Sinne von Kostensenkung und Komfortsteigerung. Am Beispiel von RFID soll nun etwas präzisiert werden, wie diese Technologie aber auch für Profilbildung und Überwachung ausgenutzt werden könnte. Neben den technischen Möglichkeiten zum Datensammeln werden wir aber auch kurz die technischen Möglichkeiten diskutieren, die man diesem Sammeltrieb entgegen stellen kann.

2.1 Datensammeln mittels RFID & Bezahlkarten

Neben den bekannten Daten auf dem Magnetstreifen von Bank- und Kreditkarten (Name und Kontonummer) können aber auch Daten aus deren Chip (siehe Abbildung 1 rechts) ausgelesen werden. Neben diversen datenspeichernden Karten wird eine relativ alte Technologie zunehmend eingesetzt, um logistische und produktionstechnische Abläufe zu unterstützen: RFID (Radio Frequency Identification – drahtlose Identifikation). Diese Technologie erlaubt es im Gegensatz zum Barcode, nicht nur den Objekttyp zu bestimmen, sondern auch einzelne Objekte zu identifizieren. Wurden diese Objekte mit einer personalisieren Zahlungskarte (GeldKarte, Maestrokarte oder Kreditkarte) bezahlt, so kann eine Zuordnung zwischen einer Person und einem Objekt erfolgen.

Setzt man nun voraus, dass die IDs der RFID-Tags wie derzeit üblich von jedermann ausgelesen werden können, so kann ein Bewegungsprofil des betreffenden Objekts – und damit auch seines Käufer – erstellt werden. Zudem kann das Profil mit Daten anderer RFID-Etiketten angereichert werden, auch wenn diese nicht mit einer personalisierten Karte bezahlt wurden. Die gleichzeitige Präsenz eines bereits zugeordneten Tags und eines noch nicht zugeordneten Tags ist für diese Profilerweiterung ausreichend.

Als Nebenprodukt können diese (intelligenten) elektronischen Etiketten natürlich auch im Bereich der Diebstahlsicherung eingesetzt werden. Zudem finden sie aber auch im Bereich des Fälschungsschutzes Verwendung. So können z.B. hochwertige und hochpreisige Wirtschaftsgüter wie medizinische Produkte und Medikamente mit RFID-Tags gesichert werden. Bei letzteren wird (derzeit) allerdings nur die Verpackung mit einem Tag versehen.

Dokumente und Urkunden können ebenfalls mit einem RFID-Tag ausgestattet werden. Neben dem Vorteil, dass sie nun leicht automatisiert ausgelesen werden können, bietet diese elektronische Erweiterung wiederum Fälschungsschutz. Ein Beispiel für ein solches Dokument ist der elektronische Pass (ePass), der seit Mitte 2006 von allen EU-Staaten ausgegeben werden muss. Er enthält neben den im Pass aufgedruckten Daten auch eine digitalisierte Version des Fotos. In Zukunft werden digitalisierte Fingerabdrücke (Ende 2007) und Irisabbilder hinzukommen. Zukunftsmusik ist derzeit noch fälschungssicheres elektronisch markiertes Geld, aber auch das wird sicher nicht mehr lange auf sich warten lassen.

In den Bereichen ePass und eMoney kann man von geeigneten und meist auch ausreichenden Schutzmaßnahmen ausgehen. Die Risiken der intelligenten (weil datenspeichernden) aber dennoch dummen (weil sehr kommunikationsfreudigen) Etiketten sind jedoch nicht zu unterschätzen. Vor allem dann nicht, wenn die Daten der Tags mit anderen zusammengeführt werden.

2.2 Mögliche Schutzmaßnahmen (am Beispiel von RFID)

Da die in diesem Beitrag relevanten Daten durch Verwendung von Informationstechnologie anfallen, ist es naheliegend, diese Technologien derart zu modifizieren, dass sie auch den Datenschutz berücksichtigen. Sehr viele der oben genannten Datenquellen könnten mit geeigneten technischen Maßnahmen zum Versiegen gebracht werden. Prinzipiell stehen derzeit zumindest die folgenden Mechanismen zu Verfügung:

- Authentifikation von Tag und/oder Reader)
- Zugriffsschutz (z.B. über Passwortabfrage)

- Verschlüsselung der übertragenen Daten
- Deaktivierung des Tags (elektronisch oder manuell)
- Wahrung der Anonymität des Tags

Auf eine Darstellung der technischen Umsetzung (siehe z.B. [Avoi07, BSI04, JuPG05, Juel05, JuRS03]) wird verzichtet, da sie den Umfang dieses Beitrags sprengen würde.

Die technischen Schutzmaßnahmen sind jedoch meist mit höheren Kosten und möglicherweise auch mit Qualitätseinbußen bei der Nutzung der Technologien verbunden. Beide Faktoren beeinflussen die Umsetzung der Schutzmechanismen negativ: Kunden möchten nicht mehr bezahlen und zudem auch nicht auf Komfort verzichten. Zudem ist das Argument „Ich benötige keinen Schutz, ich habe ja ohnedies nichts zu verbergen" nur allzu oft zu hören.

Aus der letzten Aussage wird offensichtlich, dass technische Schutzmaßnahmen allein nicht ausreichen. Wir benötigen dringend auch organisatorische Schutzmaßnahmen, wie Schulung und Sensibilisierung der Betroffenen. Es sollte allen Betroffenen klar sein, wo wann welche Daten über sie anfallen und in welcher Form diese gespeichert und verarbeitet werden.

Nach Simson Garfinkel [Garf02a, Garf02b] sollten Konsumenten

- die Möglichkeit haben zu erkennen, dass ein bestimmtes Produkt RFID nutzt, indem das Produkt dementsprechend gekennzeichnet ist.

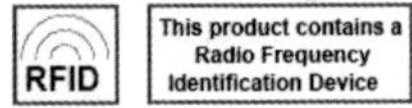

- in der Lage sein, RFID-Tags (dauerhaft) zu deaktivieren oder zu entfernen.
- auch ohne den Tag Zugang zu den entsprechenden Services haben.
- Lese-Zugriff auf die im Tag gespeicherten Daten haben.
- wissen, wann, wo und warum auf ihren Tag von wem zugegriffen wurde.

Allgemein sollten sowohl Benutzer als auch Betreiber zur „Datensparsamkeit" angehalten werden, sodass wirklich nur jene Daten und Informationen bekannt gegeben und erfasst werden, die für den jeweiligen Verwendungszweck unbedingt erforderlich sind.

Beim Stichwort Datensparsamkeit ist es augenscheinlich, dass man Benutzer leichter dazu bringt, weniger Daten preiszugeben, als man Betreiber dazu bringt, weniger Daten zu sammeln. Wir benötigen daher neben den technischen und organisatorischen Maßnahmen auch noch passende rechtliche Rahmenbedingungen, die die Sammlung, Speicherung und den Zugriff auf diese Daten regeln. Zudem sind diese rechtlichen Regelungen gegebenenfalls an neue Technologien anzupassen. Im Folgenden geben wir einen Überblick über die aktuellen rechtlichen Rahmenbedingungen, die der zunehmenden Datensammlung entgegentreten (sollen).

3 Rechtliche Rahmenbedingungen

3.1 Einleitung

Die eingesetzten Technologien generieren in hohem Maße Daten mit Personenbezug; etwa beim Einsatz von Zahlungskarten wer, wann, wie viel bezahlt hat, oder der Aufenthaltsort von Handybenutzern oder das Bewegungsprofil von Personen, die per Zahlkarte mit RFID-Etiketten versehene Produkte erworben haben. Solche Daten, die auf eine bestimmte Person rückführbar sind, sind Teil der Privatsphäre, verstanden als eine Sphäre, die nur den einzelnen selbst angeht, für die man sich nicht zu rechtfertigen braucht. Und diese Sphäre ist angesichts des Fortschreitens der technischen Möglichkeiten des Datensammelns mehr denn je Bedrohungen und Übergriffen ausgesetzt. Die Frage nach den rechtlichen Grenzen des technisch Machbaren stellt sich – der hierarchischen Gliederung der Rechtsordnung entsprechend – auf mehreren Ebenen. Zunächst auf der Ebene des Verfassungsrechts, die den Schutz der Privatsphäre mehrfach zu einem verfassungsgesetzlichen, und damit einem „hochrangigen“, Interesse erhebt. Sie stellt sich sodann aber auch und vor allem auf der Ebene des einfachen Gesetzesrechts, das diese verfassungsgesetzlichen Vorgaben konkretisiert und näher ausgestaltet. Beide Ebenen sind europarechtlich stark durchdrungen. So ist beispielsweise das Recht auf Achtung der Privatsphäre in Art 8 der Europäischen Menschenrechtskonvention (EMRK) garantiert, ein Dokument, das von allen 46 Mitgliedstaaten des Europarates ratifiziert wurde [WWW3]. Dieses Recht kann somit als „gemeinsamer europäischer Verfassungsbestand“ angesehen werden. Davon abgesehen sind die nationalen Datenschutzgesetze der Mitgliedstaaten der Europäischen Union zum einen durch die Richtlinie 95/46/EG zum Schutz natürlicher Personen bei der Verarbeitung personenbezogener Daten und zum freien Datenverkehr [Abl 1995 L 281, 31], und zum anderen durch die Richtlinie 2002/58/EG über die Verarbeitung personenbezogener Daten und den Schutz der Privatsphäre in der elektronischen Kommunikation [Abl 2002 L 201, 37 idF RL 2006/24/EG, Abl 2006, L 105/54] jedenfalls in den Grundzügen und den grundlegenden Prinzipien, auf Grund der diesen Richtlinien eigenen Dichte der Vorherbestimmung aber auch in einigen Details sehr ähnlich. Die folgenden Aussagen nehmen die österreichische Rechtslage zum Ausgangspunkt der Betrachtung. Da mit den folgenden Aussagen auch Relevanz für den „außerösterreichischen“ Rechtsbereich angestrebt wird, wird regelmäßig auch auf die Vorgaben des Europarechts Bezug genommen werden.

3.2 Verfassungsrechtliche Rahmenbedingungen

3.2.1 Recht auf Achtung der Privatsphäre

Auf der Ebene des Verfassungsrechts ist die Achtung der Privatsphäre mehrfach in Form von Grundrechten abgesichert [Hatt07]. [1] Eine erste einschlägige Gewährleistung ist das in Art 8 der EMRK verankerte Recht auf Achtung des Privatlebens. Es soll dem Einzelnen gegenüber dem Staat einen privaten Bereich sichern, in dem er seine Persönlichkeit frei entfalten kann [Öhli05, Rz 812]. Eine begriffliche Fassung des Terminus „Privatleben“ ist bislang nicht gelungen, vielmehr ist man dazu übergegangen, diesen Begriff positiv durch einzelne Beispiele zu konkretisieren. Jedenfalls erfasst ist auch das Recht, darüber zu entscheiden, welche Informationen geheim gehalten und welche preisgegeben werden. Staatliche Informationseingriffe sind beispielsweise das Sammeln und Verarbeiten personenbezogener Daten durch Belauschen, Überwachen oder zu Zwecken der Statistik [Berk99, Rz 463ff; Öhli05, Rz 814]. Und selbstredend ist auch das Sammeln von Daten mithilfe der vorgestellten Möglichkeiten vom Schutzbereich des Grundrechts erfasst.

[1] Zwei dieser grundrechtlichen Absicherungen sollen im Folgenden beispielhaft vorgestellt werden. Weitere Gewährleistungen wären beispielsweise das Fernmeldegeheimnis (Art 10a StGG) und Briefgeheimnis (Art 10 StGG).

Das Privatleben ist nicht absolut geschützt, vielmehr können Eingriffe in dasselbe zulässig sein, wenn sie den in Art 8 Abs 2 EMRK genannten Voraussetzungen entsprechen. Dh diese Eingriffe müssen zum einen **gesetzlich vorgesehen** sein, sie müssen zum zweiten bestimmten, näher genannten **Zielen** dienen und sie müssen drittens **in einer demokratischen Gesellschaft notwendig sein**. Jene Zwecke, die einen Eingriff rechtfertigen können, sind „die nationale Sicherheit“, die „öffentliche Ruhe und Ordnung“, das „wirtschaftliche Wohl eines Landes“, die „Verteidigung der Ordnung“ und die „Verhinderung von strafbaren Handlungen“, der „Schutz der Gesundheit und der Moral“ und die „Rechte und Freiheiten“ anderer. Es ist also Sache des Gesetzgebers, einen angemessenen Ausgleich zwischen einerseits dem Schutz des Privatlebens und andererseits den genannten Interessen herzustellen. Einen solchen Ausgleich versucht auch das Datenschutzgesetz herzustellen.

Dazu ein Beispiel: Österreichische Gesetze, die in jüngster Zeit erlassen wurden, verschaffen dem Staat in immer größerem Ausmaß Zugriff auch auf die von Privaten gesammelten Daten.[2] Rechtfertigungsgrund dafür ist – zumal dieser Zugriff im Rahmen der Verbrechensbekämpfung garantiert wird – die Erhöhung der nationalen Sicherheit. Es handelt sich dabei um zum Teil sehr intensive Grundrechtseingriffe. Ihre Vereinbarkeit mit dem in Art 8 EMRK garantierten Anspruch auf Achtung des Privatlebens hängt von der Bewertung der Gefahren ab, die der öffentlichen Sicherheit und Ordnung vor allem durch die Formen der organisierten Kriminalität drohen. Und entscheidend ist des Weiteren die nähere Ausgestaltung der Eingriffe, weil der Staat den Eingriff möglichst gering halten muss und für den Schutz vor Missbräuchen zu sorgen hat [Berk99, Rz 466].

3.2.2 Grundrecht auf Datenschutz

Während Art 8 EMRK die Privatsphäre in umfassender Weise schützt, wird mit dem in § 1 des österreichischen Datenschutzgesetzes (öDSG) verankerten Grundrecht auf Datenschutz ein Teilaspekt derselben, nämlich der Schutz vor Preisgabe personenbezogener Daten erfasst. Entstehungsgeschichtlich ist das Datenschutzgrundrecht eine Reaktion auf die Einführung und Forcierung der automationsunterstützten Datenverarbeitung, die das Gefährdungspotential für die Privatsphäre erheblich erhöht hat.

Gemäß § 1 öDSG hat „jedermann (…), insbesondere im Hinblick auf die Achtung seines Privat- und Familienlebens, Anspruch auf Geheimhaltung der ihn betreffenden personenbezogenen Daten, soweit ein schutzwürdiges Geheimhaltungsinteresse daran besteht“.

Der Schutzbereich dieses Grundrechts ist in mehrfacher Hinsicht weit gespannt. Es erfasst nicht nur automationsunterstützt verarbeitete Daten, sondern auch solche, die konventionell erfasst werden. Es schützt nicht nur vor Datenpreisgabe, sondern bereits auch vor der Datenermittlung, und erfasst sind nicht nur geheime Informationen des Privat- und Familienlebens, sondern auch wirtschaftsbezogene Informationen, sofern an ihrer Geheimhaltung ein schutzwürdiges Interesse besteht [Berk99, Rz 481]. Vom Schutzanspruch erfasst sind **personenbezogene Daten**: das sind Daten über Personen, deren Identität bestimmt ist, oder deren Identität mit rechtlich zulässigen Mitteln und mit einem vertretbaren Aufwand bestimmt werden kann. Und die geschützte Sphäre erfasst nicht nur jenen Bereich der privaten Lebensgestal-

[2] So ermächtigt § 53 Abs 5 SPG dazu, private Videoaufzeichnungen, die freiwillig übergeben werden, einzusetzen; des Weiteren hat der Staat unter bestimmten Voraussetzungen Zugriff auf die von (privaten) Telekommunikationsdienstleistern verarbeiteten Daten (§ 53 Abs 3a SPG).

tung, der der Öffentlichkeit verborgen ist, sondern auch „Äußerungen der privaten Lebensgestaltung, die sich in einer öffentlichen oder teilöffentlichen Sphäre" abspielen – wie beispielsweise der Besuch kultureller Veranstaltungen. Geradezu selbstverständlich sind die im Zuge der eingangs dargestellten Praktiken anfallenden Daten vom Schutzbereich des Grundrechts erfasst.

Auch das Datenschutzgrundrecht ist nicht absolut gewährleistet. Beschränkungen sind zum einen zulässig, wenn die Verwendung im lebenswichtigen Interesse des Betroffenen liegt oder er dieser der Verwendung zugestimmt hat (§ 1 Abs 2 öDSG; dafür steht das Schlagwort der „informationellen Selbstbestimmung"). Darüber hinaus sind Beschränkungen des Geheimhaltungsanspruches zur „Wahrung überwiegender berechtigter Interessen eines anderen" zulässig.

3.3 Gesetzliche Rahmenbedingungen – Datenschutz

Nach diesem Blick auf die verfassungsgesetzlichen Grundlagen des Schutzes der Privatsphäre soll nunmehr das Augenmerk auf einfachgesetzliche Rahmenbedingungen und dabei auf grundlegende Prinzipien des österreichischen Datenschutzgesetzes gelegt werden. Auf die europarechtliche „Herkunft" und die damit gegebene gemeinschaftsweite Relevanz wird verwiesen werden.

3.3.1 Anwendungsbereich

Die „erste" Anwendungsbedingung und demnach gewissermaßen die „Eintrittspforte" in das öDSG bildet der Begriff der **personenbezogenen Daten**. Darunter fallen Angaben über Betroffene, deren Identität bestimmt oder bestimmbar ist (Art 2 lit a EG-DSRL; § 4 Z 1 öDSG). Dazu zählen beispielsweise Name, Geburtsdatum, Adresse, Lebenslauf, Einkommen, Werturteile, biometrische Daten, aber auch Ton- und Bilddaten, die im Zuge einer akustischen oder optischen Überwachung anfallen, sofern Personenbezug hergestellt werden kann. Vom Begriff erfasst sind des Weiteren Daten, die im Rahmen der eMail- und Internetnutzung oder der Telefonie anfallen, sofern die anfallenden Daten der inneren und äußeren Kommunikation[3] einer Person zuordenbar sind (was bei Vertragshandys oder personenbezogenen Email-Adressen oder der Nutzung passwortgeschützter PCs regelmäßig der Fall ist). Sämtliche der im Einleitungsteil beschriebenen Techniken liefern personenbezogene Daten und sind demnach vom Anwendungsbereich des Gesetzes erfasst.

EG-DSRL (Art 8 Abs 1) und öDSG (§ 4 Z 2) differenzieren innerhalb der personenbezogenen Daten zwischen **sensiblen** und **nicht-sensiblen Daten**. Die Kategorie der sensiblen Daten ist ein abschließend definierter Katalog von Daten, nämlich Daten natürlicher Personen über rassische und ethnische Herkunft, politische Meinung, Gewerkschaftszugehörigkeit, religiöse und philosophische Überzeugung, Gesundheits- und Sexualleben. Ihre Verarbeitung ist nur unter eng begrenzten Voraussetzungen zulässig. Sensible Daten können etwa im Rahmen einer Videoüberwachung anfallen, so zB sichtbare Informationen über den Gesundheitszustand einer Person (Verwendung von Gehhilfen) oder über die Zugehörigkeit zu einer bestimmten ethnischen Gruppe. Solche Daten können aber auch bei der Handy-Ortung oder im Rahmen des durch den Einsatz von RFID-Etiketten generierten Bewegungsprofils anfallen, weil unter

---

[3] Damit sind zum einen Inhaltsdaten, zum anderen die sog Verkehrsdaten wie zB rufende Nummer, angerufene Nummer, Dauer, Zeitpunkt des Gesprächs usw gemeint.

Umständen der Aufenthaltsort auch Rückschlüsse auf die religiöse oder philosophische Überzeugung oder auf die Gesundheit zulässt (sog **potentiell sensible Daten**, weil die anfallenden Daten nicht notwendig sensible Daten sein müssen, weil sich aber ein solcher Bezug auch nicht ausschließen lässt. Zu beachten ist auch, dass sich derartige Vermutungen durch das Zusammenführen von mehreren Protokolldaten durchaus zu einem hohen Grad an Gewissheit verdichten können.)

3.3.2 Datenverarbeitung und Datenverwendung

Art 6 Abs 1 lit d EG-DSRL und § 6 Abs 1 Z 1 öDSG bestimmen als ersten Grundsatz, dass Daten nur nach **„Treu und Glauben“** verarbeitet werden dürfen. Die Bedeutung dieses doch relativ „abstrakten Handlungsauftrages“ lässt sich aus den Materialien zum Gesetzwerdungsprozess erschließen [RV 1613 BlgNR 20. GP zu § 6]. Danach bedeutet Datenverwendung nach Treu und Glauben, dass der Betroffene über die Umstände des Datengebrauchs sowie über das Bestehen und die Durchsetzbarkeit seiner Rechte nicht irregeführt werden darf. Geboten ist demnach eine umfassende Aufklärung des Betroffenen über den Zweck der Datenverwendung, verwendete Datenarten, mögliche Übermittlungsempfänger sowie die Möglichkeiten der Rechtsdurchsetzung.[4]

Das Gebot der Datenverwendung auf **rechtmäßige Weise** wird in der Literatur dahingehend verstanden, dass sämtliche Datenschutzbestimmungen, in welchen Gesetzen auch immer sie statuiert sind, zu befolgen sind [DuRo00, 31; DoPW02, § 6, 64; Brod04].

3.3.3 Zweckbindung

Ein zentraler Grundsatz des Datenschutzrechts ist jener der **Zweckbindung.** Daten dürfen nur für **eindeutige, festgelegte und rechtmäßige Zwecke** verwendet werden (Art 6 Abs 1 lit b EG-DSRL; § 6 Abs 1 Z 2 bis 5 öDSG). Und dieser Zweck begrenzt die Datenverwendung auch nach Umfang und Dauer. In umfänglicher Hinsicht deshalb, weil nur jene Daten verwendet werden dürfen, die für diesen Zweck wesentlich sind (§ 6 Z 3 öDSG); der Dauer nach deshalb, weil Daten auch nicht länger als zur Zweckerreichung notwendig verarbeitet werden dürfen. Ist der Zweck erreicht, so sind diese Daten zu anonymisieren oder zu löschen.[5] Ausdruck der strikten Zweckbindung ist dann noch, dass ein Zweckwechsel innerhalb desselben Unternehmens („Dekontextualisierung“) als Übermittlung gilt, die nur unter besonderen Voraussetzungen zulässig ist (§ 7 Abs 2 öDSG).

Dieser Zweckbindungsgrundsatz setzt der Datenverarbeitung eine wichtige, an sich aber auch ganz selbstverständliche Grenze. Die Voraussetzungen der Zulässigkeit sind für jeden Zweck eigenständig zu prüfen. Und es kann nicht angehen, dass die einmal zulässige Verwendung die Weiterverarbeitung in jedem anderen Kontext erlaubt. Der datenschutzrechtliche Grundsatz der Zweckbindung **verbietet eine Datensammlung auf Vorrat**.

3.3.4 Zulässigkeitsprüfung im Konkreten

Nach dem Konzept der EG-DSRL des öDSG ist die Verarbeitung von Daten grundsätzlich verboten. Dieses Verbot ist nur durch gesetzlich festgelegte Ausnahmesituationen durchbro-

---

[4] 38. Erwägungsgrund der RL 95/46/EG, ABl L 281/31 vom 31.11.1995.

[5] § 6 Z 5 DSG begrenzt die Aufbewahrung „in personenbezogener Form“ bis zur Zweckerreichung. Eine längere Aufbewahrungsdauer könnte sich nur aus besonderen gesetzlichen Vorschriften ergeben.

chen. Eine Verarbeitung personenbezogener Daten bedarf demnach eines gesetzlich verbürgten Rechtfertigungsgrundes.

Erste Zulässigkeitsbedingung für die Durchbrechung des grundsätzlichen Verbotes der Datenverarbeitung ist, dass Zweck und Inhalt der Datenanwendung von den **gesetzlichen Zuständigkeiten** oder **rechtlichen Befugnissen** gedeckt sein müssen. Diese „rechtlichen Befugnisse" ergeben sich beispielsweise aus der gewerberechtlichen Bewilligung, aus einer erforderlichen Konzession (zB Bankkonzession oder Privatfernsehkonzession) aus dem Gesellschaftsvertrag oder den Vereinsstatuten. Auch diese Bezugnahme auf die rechtlichen Befugnisse setzt der Datenverwendung eine inhaltliche Grenze.

Sodann dürfen durch die Datenverwendung **schutzwürdige Geheimhaltungsinteressen** Betroffener nicht verletzt werden. Diese Bedingung wird in der EG-DSRL und im öDSG (§§ 8f) für sensible und nicht-sensible Daten unterschiedlich negativ konkretisiert. So ist beispielsweise die Verwendung nicht-sensibler Daten unter diesem Gesichtspunkt zulässig, wenn die Zustimmung des Betroffenen vorliegt, wenn lebenswichtige Interessen des Betroffenen oder Dritter dies erfordern oder wenn überwiegende berechtigte Interessen des Verarbeiters oder Dritter vorliegen. Der zuletzt genannte Legitimationsgrund verlangt demnach eine - freilich Spielräume eröffnende – Abwägungsentscheidung zwischen einerseits den berechtigten Informationsbedürfnissen einer anderen Person und andererseits den Geheimhaltungsinteressen des Betroffenen. Die Bewertung des Gewichts der jeweiligen Interessen ist den Wertungen der Rechtsordnung zu entnehmen. Dabei ist beispielsweise zu bedenken, dass die Geheimsphäre des Einzelnen gleich mehrfach verfassungsrechtlich abgesichert ist. Diese verfassungsrechtliche Absicherung spielt im geforderten Abwägungsprozess eine gewichtige Rolle.

Qualifizierte Anforderungen sind bei der Verarbeitung sensibler Daten zu erfüllen (Art 8 Abs 2 EG-DSRL, § 9 öDSG). § 9 öDSG zählt in abschließender Form dreizehn Tatbestände auf, die eine Verwendung von Daten rechtfertigen können.

Ist die Datenverarbeitung von den rechtlichen Befugnissen des Auftraggebers gedeckt, und werden auch schutzwürdige Geheimhaltungsinteressen nicht verletzt, so ist zuletzt zu prüfen, ob das schonendste Mittel zur Zielerreichung eingesetzt wurde. Das öDSG verhält demnach zu **maßvollem Vorgehen**. Die Verarbeitung von personenbezogenen Daten ist nur soweit zulässig, als dies zur Zielerreichung unvermeidlich und unerlässlich ist.

3.3.5 Prinzip der Transparenz

Eines der tragenden Prinzipien des Datenschutzrechts ist jenes der Transparenz. Dieses Gebot wird durch mehrere Verhaltenspflichten näher ausgeführt. So ist zunächst bereits aus Anlass der Ermittlung von Daten über bestimmte Umstände zu informieren, nämlich über den Zweck der Datenverarbeitung sowie über Name und Adresse des Auftraggebers (Art 10 EG-DSRL; § 24 öDSG). Mit dieser Verpflichtung soll Transparenz an einem „entscheidenden" Punkt der Datenverarbeitung „einsetzen", nämlich bereits anlässlich des Sammelns von Daten. Das bedeutet nun, dass – sofern keine sondergesetzliche Ermächtigung zu verdeckter Kontrolle besteht – über die Tatsache der Videoüberwachung, der Handy-Ortung oder über die Tatsache der Kontrolle von Internetzugriffen vorab zu informieren ist. In diesem Zusammenhang ist der Einsatz von RFID-Etiketten nicht unproblematisch. Solche Etiketten liefern per se keine personenbezogenen Daten, es besteht daher – so könnte man vorerst schließen – auch keine Informationspflicht. Personenbezogene Daten entstehen „erst", wenn Zahlungskarten verwendet werden. Dann allerdings werden Daten produziert, die über die für die Durchführung der Banktransaktion erforderlichen Daten hinausgehen und mit denen man daher auch nicht rechnet. Mit Rücksicht auf den Schutzzweck der gesetzlichen Bestimmungen meine ich, dass der Einsatz von RFID-Etiketten jedenfalls auch die Informationspflicht nach § 24 öDSG begründet. Die Verletzung dieser Informationspflicht ist verwaltungsstrafrechtlich sanktioniert.

Sodann ist zu beachten, dass grundsätzlich[6] jede beabsichtigte Datenverarbeitung einer Kontrollstelle zu melden ist (Art 18 EG-DSRL; § 17 öDSG). Besteht die Absicht, Strafdaten oder sensible Daten zu verarbeiten – was beispielsweise bei der Videoüberwachung der Fall ist – muss die Verarbeitung von der Datenschutzkommission vorab genehmigt werden (§ 18 Abs 2 öDSG). Auch die Verletzung dieser Meldepflicht ist verwaltungsstrafrechtlich sanktioniert.

Nicht zuletzt ist zu erwähnen, dass den Betroffenen das Recht auf Auskunft hinsichtlich der Tatsache der Verarbeitung der sie betreffenden personenbezogenen Daten, des Zwecks, der verarbeiteten Kategorien von Daten und allfälliger Empfängerkreise eingeräumt ist (Art 12 EG-DSRL; § 26 öDSG).

3.4 Rechtliche Bewertung des technisch Machbaren

Werden nun die eingangs dargestellten Szenarien des Datensammelns und -verarbeitens auf ihre rechtliche Zulässigkeit hin gewürdigt, so dürften sich einige dieser Verhaltensweisen in der „rechtlichen Verbotszone" bewegen. Erinnert sei zunächst an den Grundsatz der Zweckbindung, der ein Datensammeln auf Vorrat schlechthin verbietet. Mit dem Sammeln personenbezogener Daten darf erst begonnen werden, wenn zuvor in eindeutiger Weise festgelegt wird, für welchen Zweck es erfolgen soll. Ein zunächst „anlassloses" Sammeln ist unzulässig. Sodann verbietet eben dieser Grundsatz der Bindung an einen bestimmten Zweck, dass einmal für einen bestimmten Zweck erhobene Daten für einen anderen Zweck weiter verwendet werden. Ist eine derartige Dekontextualisierung beabsichtigt, so ist diese neue Verwendung erneut an den Anforderungen des Datenschutzgesetzes zu messen. Unter diesem Aspekt ist auch das Zusammenführen von Daten aus unterschiedlichen Quellen unzulässig. Und zuletzt verbietet der Grundsatz der Zweckbindung, dass ein „Daten-Gesammelt-Halten" auf Vorrat unzulässig ist. Ist der festgelegte Zweck erreicht, so sind die Daten zu löschen oder zu anonymisieren.

Erinnert sei auch daran, dass eine Datenverwendung stets nur dann zulässig ist, wenn schutzwürdige Geheimhaltungsinteressen der Betroffenen nicht verletzt sind. Grundsätzlich ist das Verarbeiten personenbezogener Daten unzulässig. Jede Ausnahme davon ist rechtfertigungsbedürftig.

Nicht zuletzt ist zu bedenken, dass gemäß dem Verhältnismäßigkeitsgrundsatz stets die „grundrechtsschonendste" Eingriffsvariante zu wählen ist. Hingewiesen sei auch auf die schon dargestellte Informationspflicht bereits anlässlich des Ermittelns von Daten, sowie die Pflicht, eine Datenverarbeitung der Datenschutzkommission zu melden. Auch diesbezüglich meine ich, dass wohl erhebliche Vollzugsdefizite zu konstatieren sind.

---

[6] Ausnahmen bestehen beispielsweise für die Datenverarbeitung aus persönlichen oder familiären Gründen, für Standardanwendungen oder für indirekt personenbezogene Daten. Siehe § 17 Abs 2 DSG.

3.5 Bemerkenswerte Tendenzen

Die dargestellten Szenarien lassen Tendenzen erkennen, die mE Anlass zu kritischer Beobachtung sein müssen. Zum einen scheint es so zu sein, dass das technisch Machbare die Grenzen des Rechts mehr und mehr zu Lasten der Privatsphäre verschiebt. So wurde in der Literatur [Lach06, 30ff] wohl zutreffend darauf hingewiesen, dass im Zusammenhang mit automationsunterstützten Datenerfassungssystemen die Frage, ob man dies als gelindestes Mittel bezeichnen kann, bereits entschieden sei. Die Frage nach alternativen konventionellen oder weniger eingriffsintensiven Verarbeitungsmethoden wird erst gar nicht mehr gestellt. So sind Videoüberwachungsmaßnahmen heute schon derart zur Selbstverständlichkeit geworden, dass ihre Rechtfertigung nicht mehr in Frage gestellt wird. Und zu beklagen ist auch, dass sich die Entwicklung von neuen Technologien ausschließlich an ökonomischen Kriterien zu orientieren scheint, und Aspekte des Datenschutzes unbeachtet bleiben. Zum zweiten ist zu konstatieren, dass der mE doch recht dicht gezogene gesetzliche Rahmen immer wieder nur allzu unbekümmert überschritten wird. Die Ursachen dafür dürften unterschiedlicher Natur sein: Eine Ursache mag sein, dass das Bewusstsein um die (zugegeben komplizierten) datenschutzrechtlichen Grenzen wenig entwickelt ist. Eine andere Ursache mag darin liegen, dass auch das Bewusstsein um die angesichts des technischen Fortschritts auch fortschreitenden Bedrohungen der Privatsphäre nur unzulänglich ausgebildet ist, und daher auch die Einhaltung dieser rechtlichen Grenzen zu selten eingemahnt wird. Die mehrfach gesetzlich vorgesehenen Verpflichtungen zur Transparenz werden entweder ignoriert oder reichen nicht aus, um diesem Mangel abzuhelfen. Nicht zuletzt könnte ein Grund für das Vollzugsdefizit darin liegen, dass der Aufwand für die Rechtsdurchsetzung im Rahmen einer persönlichen Kosten-Nutzen-Analyse als übermäßig eingeschätzt wird. Oder aber auch umgekehrt: dass die Kosten der Rechtsverletzung im Verhältnis zum erlangten Nutzen (zu) gering sind.

4 Resümee und Ausblick

Der technische Wandel hat die Möglichkeiten der Verletzung der Privatsphäre dramatisch erhöht. Was können wir gegen den Missbrauch moderner Technologien unternehmen? Eine Nichtnutzung ist de facto ausgeschlossen. Wir müssen also Gegenmaßnahmen entwickeln, eine allein wird mit Sicherheit nicht ausreichen, die (versuchen) uns (zu) schützen [HoSc07].

Gefragt ist eine mehrseitige Sicherheit, bei der die berechtigten Interessen aller Beteiligten zu berücksichtigen sind, und die jederzeit von allen Beteiligten überprüft werden kann. Gefragt sind organisatorische und technische Gegenmaßnahmen. Zudem sind eine Sensibilisierung der potentiell Gefährdeten und eine Schulung aller Betroffenen zumindest hilfreich, wenn nicht sogar verpflichtend [HoSc07]. Die Tatsache, dass das Datenschutzrecht zuweilen – und wie uns scheint mit steigender Tendenz – ignoriert wird, muss eine deutliche Warnung sein.

Literatur

[Avoi07] G. Avoine: Homepage von “Security and Privacy in RFID Systems”. (http://lasecwww.epfl.ch/~gavoine/rfid/index.html)

[Berk99] W. Berka: Die Grundrechte. Springer (1999).

[Brod04] W. Brodil: Die Kontrolle der Nutzung neuer Medien im Arbeitsverhältnis. In: Zeitschrift für Arbeits- und Sozialrecht 2004, 156.

[BSI04] BSI: „Risiken und Chancen des Einsatzes von RFID-Systemen" (2004). (http://www.bsi.de/fachthem/rfid/studie.htm)

[DaDa85] B. Davy, U. Davy: Aspekte staatlicher Informationssammlung und Art 8 MRK. In: Juristische Blätter 1985, 656.

[DoPW02] W. Dohr, H.-J. Pollirer, E.M. Weiss: Datenschutzrecht, 2. Auflage. Manz (2002).

[DrGr00] H. Drobesch, W. Grosinger: Das neue österreichische Datenschutzgesetz. Juridica-Verlag (2000).

[DuRo00] A. Duschanek, C. Rosenmayr-Klemenz: Datenschutzgesetz 2000. Wirtschaftskammer Österreich (2000).

[Dusc05] A. Duschanek: Kommentar zu § 1 DSG. In: Korinek, Holoubek (Hrsg), Bundesverfassungsrecht, 7. Lieferung. Springer (2005).

[Garf02a] S. Garfinkel: "Adopting Fair Information Practices to Low Cost RFID Systems", Ubi-comp 2002 Workshop, (2002). (http://www.simson.net/clips/academic/2002.Ubicomp_RFID.pdf)

[Garf02b] S. Garfinkel: "An RFID Bill of Rights – Wireless ID tags will soon be everywhere. We need a manifesto!" (2002). (http://www.technologyreview.com/read_article.aspx?id=12953&ch=infotech)

[Gril83] K. Grillberger: Rechtliche Grenzen der Ermittlung von Arbeitnehmerdaten im Arbeitsrecht und Datenschutzgesetz. In: Martinek (Hrsg), Festschrift Floretta, Manz (1983).

[Grub01] B.W. Gruber: Überwachung der dienstlichen Verwendung von Internet und E-Mail. In: Österreichische Juristenkommission (Hrsg), Grundrechte in der Informationgsgesellschaft, Verlag Österreich (2001) 167.

[Hatt05] D. Hattenberger: Die Bedeutung des Datenschutzrechts für das Arbeitsrecht. In: Resch (Hrsg), Die Kontrolle des Arbeitnehmers vor dem Hintergrund moderner Medien, ÖGB-Verlag (2005) 13.

[Hatt07] D. Hattenberger: Recht auf Privatsphäre – Rechtliche, insbesondere datenschutzrechtliche Überlegungen vor dem Hintergrund wachsender Informationsbedürfnisse. In: Bamme, Böszörmenyi (Hrsg), Information und Gesellschaft (2007).

[HoSc07] P. Horster, P. Schartner: Szenarien, die die Welt verändern. In: Bamme, Böszörmenyi (Hrsg), Information und Gesellschaft (2007).

[Jahn00] D. Jahnel: Das Datenschutzgesetz 2000, wichtige Neuerungen. In: Wirtschaftsrechtliche Blätter 2000, 49.

[Jahn04] D. Jahnel: Datenschutzrecht in der Praxis. Dbv-Verlag für die Technische Universität Graz (2004).

[JuPG05] A. Juels, R. Pappu, S. Garfinkel: RFID Privacy: An Overview of Problems and Proposed Solutions. IEEE Security and Privacy, (2005).

[Juel05] A. Juels: RFID Privacy: A Technical Primer for the Non-Technical Reader. In K. Strandburg, ed., Privacy and Identity: The Promise and Perils of a Technological Age, Springer, (2005).

[JuRS03] A. Juels, R. L. Rivest, M. Szydlo: The Blocker Tag: Selective Blocking of RFID Tags for Consumer Privacy, ACM Press, (2003).

[Knyr03] R. Knyrim, Datenschutzrecht, Manz (2003).

[KoRe04] W. Kotschy, S. Reimer: Die Überwachung der Internetkommunikation am Arbeitsplatz – Ein Diskussionsbeitrag aus datenschutzrechtlicher Sicht. In: Zeitschrift für Arbeits- und Sozialrecht 2004, 167.

[Krem06] S. Krempl: Gläsern im Netz – EU-Parlament segnet massive Überwachung der Telekommunikation ab. In: c´t 2006, Heft 1, 18.

[Kunn06] G. Kunnert: Big Brother in U-Bahn, Bus und Bim – Videoaufzeichnung in öffentlichen Verkehrsmitteln aus datenschutzrechtlicher Sicht. Juridikum 2006, 42.

[Kunn06a] G. Kunnert: Die abschnittsbezogene Geschwindigkeitsüberwachung (Section Control) aus datenschutzrechtlicher Sicht. In: Zeitschrift für Verkehrsrecht 2006/17.

[Lach06] K. Lachmayer: Demokratischer Überwachungsstaat im rechtsstaatlichen Spannungsfeld. In: Juridikum 2006, 30.

[Marh86] F. Marhold: Datenschutz und Arbeitsrecht. Signum-Verlag (1986).

[Öhli05] T. Öhlinger: Verfassungsrecht, 6. Auflage. WUV-Verlag (2005).

[Sach05] R. Sacherer: Datenschutzrechtliche Aspekte der Internetnutzung von Arbeitnehmern. In: Recht der Wirtschaft 2005, 173.

[Simi05] S. Simitis: Datenschutz – eine notwendige Utopie. In: Kiesow, Ogorek, Simitis (Hrsg): Dieter Simon zum 70. Geburtstag, Klostermann (2005) 511.

[StAn06] Steiner, Andreewitsch: Videoüberwachung aus datenschutzrechtlicher Sicht. In: Medien und Recht 2006, 80.

[TiPe01] G. Tichy, W. Peissl: Beeinträchtigung der Privatsphäre in der Informationsgesellschaft. In: Österreichische Juristenkommission (Hrsg), Grundrechte in der Informationsgesellschaft, Verlag Österreich (2001) 24.

[West06] D. Westphal: Die Richtlinie zur Vorratsdatenspeicherung von Verkehrsdaten - Neues aus Brüssel zum Verhältnis von Sicherheit und Datenschutz in der Informationsgesellschaft. In: Juridikum 2006, 34.

[Wied02] E. Wiederin: Kommentar zu Art 8 EMRK. In: Korinek, Holoubek: Bundesverfassungsrecht, 5. Lieferung. Springer (2002).

[WWW1] http://futurezone.orf.at/it/stories/141716/ vom 25.10.2006.

[WWW2] T. Streitberger, Privacy am Arbeitsplatz, http://www.it-Law.at.

[WWW3] http://conventions.coe.int/Treaty/Commun/ChercheSig.asp?NT=005&CM=8&DF=1/29/2007&CL=GER

E-Government und der Schutz kritischer Informationsinfrastrukturen

Otto Hellwig

IAIK TU Graz
otto.hellwig@a1.net

Zusammenfassung

Dieser Artikel befasst sich mit der Fragestellung, inwieweit E-Government-Dienste als kritische Informationsinfrastrukturen eingestuft und mit welchen Strategien Maßnahmen zu ihrem Schutz getroffen werden können. Es erfolgt eine Gegenüberstellung einiger unterschiedlicher nationaler und internationaler Modelle und Vorgangsweisen. Schließlich werden strategische Perspektiven in Hinblick auf die immer stärkere IKT-Abhängigkeit staatlicher Dienstleistungen – insbesondere von E-Government-Anwendungen – beleuchtet.

1 Überblick

Seit einigen Jahren werden von vielen Staaten, insbesondere von den OECD-Mitgliedstaaten, intensive Programme zur Förderung von E-Government entwickelt. Dabei wird unter E-Government „the use of information and communication technologies, and particularly the Internet, as a tool to achieve better government" (Definition der OECD) bzw. „Einsatz der Informations- und Kommunikationstechnologien (IKT) in öffentlichen Verwaltungen in Verbindung mit organisatorischen Änderungen und neuen Fähigkeiten, um öffentliche Dienste und demokratische Prozesse zu verbessern und die Gestaltung und Durchführung staatlicher Politik zu erleichtern" (Definition der EU-Kommission) verstanden; das heißt, durch massiven Einsatz von Informations- und Kommunikationstechnologien soll das Service für Wirtschaft und Bürger deutlich verbessert und außerdem die interne Effizienz der Verwaltung erhöht werden.

Gleichzeitig gewinnt das Thema „Schutz kritischer Infrastrukturen" bzw. „Schutz kritischer Informationsinfrastrukturen" (CIIP: Critical Information Infrastructure Protection) immer mehr an Bedeutung, und sowohl auf nationaler wie auf internationaler Ebene hat eine intensive Auseinandersetzung mit der Bedrohungslage der kritischen Infrastrukturen begonnen, die zahlreiche Überlegungen zur Verbesserung von deren Sicherheit, zum Teil unter Einsatz bedeutender finanzieller Mittel, wie z.B. im 7. Rahmenforschungsprogramm der EU, in Gang setzte. Der Bericht „Global Risk 2007" [WEFR07] des World Economic Forum führt die Bedrohung durch „Breakdown of Critical Information Infrastructure" als eines von 23 globalen Risiken auf.

Nun stellt sich die Frage, inwieweit E-Government-Dienste als kritische Informationsinfrastrukturen einzustufen sind. Diese Frage wird national unterschiedlich bewertet. Einen Hinweis liefert das CIIP Handbook [DuWi06, Band1, Seite 338], das eine Aufstellung enthält, welche Sektoren in welchen Ländern als kritisch eingestuft werden. Die Kategorie „Central

P. Horster (Hrsg.) · D•A•CH Security 2007 · syssec (2007) 148-158.

Government/Government Services“ wird demnach in 12 von 20 untersuchten Ländern als kritische Informationsinfrastruktur eingestuft, die Kategorie „Public Administration“ in 8, eine von beiden in 16 von 20 untersuchten Ländern, also einer deutlichen Mehrheit.

Nun ist zu bedenken, dass sich die E-Government-Dienste, zumindest für EU-Europa, sehr dynamisch entwickeln, wie aus dem von der EU-Kommission in Auftrag gegebenen Benchmark ersichtlich ist [CAPG06]. Um nur einen Indikator heranzuziehen: Seit 2001 hat sich die Rate der Full Availability Online Services im EU-Schnitt von 20% auf 50% erhöht, wobei Österreich (als bestes europäisches Land) bei 83% angelangt ist. Andererseits kann einer aktuellen Schweizer Studie [CSSE06] entnommen werden, dass das Risiko, einem gezielten Angriff ausgesetzt zu sein, bei Firmen, die E-Commerce für Einkauf und Verkauf nutzen, deutlich höher ist als bei Firmen, die keine E-Commerce-Aktivitäten haben. Daraus kann man schließen, dass ein forcierter E-Government-Einsatz auch das Gefährdungspotential erhöht.

Einen weiteren Gesichtspunkt bringt der „Symantec Internet Security Threat Report, Trends for July–December 06” [SYM07] ein. Darin wird der öffentliche Bereich (Government Sector) als Hauptquelle für Identitätsdiebstahl aufgrund von Sicherheitslücken genannt. Demnach passieren 25% aller Datendiebstähle, die zu Identitätsdiebstahl führen könnten, im öffentlichen Sektor.

2 CIIP Strategien

Aus dem CIIP Handbook [DuWi06] lassen sich die gängigen nationalen und internationalen Vorgangsweisen und Policies von Staaten und internationalen Organisationen ersehen. Das folgende Schaubild zeigt die dazu eingesetzten Bausteine:

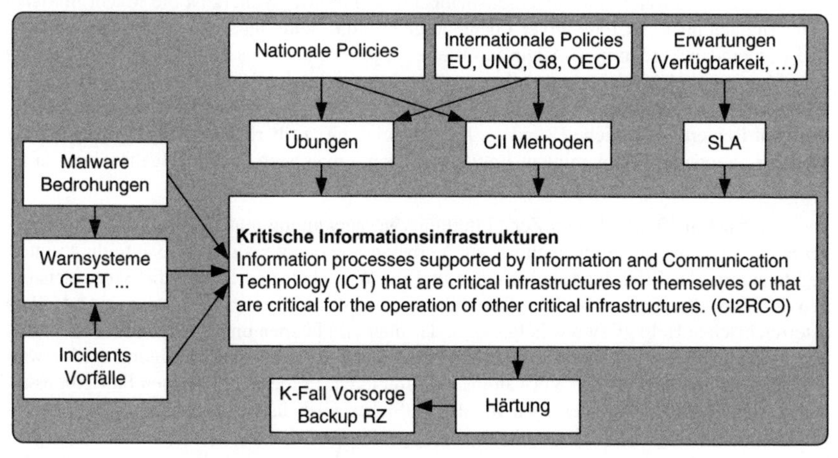

Abb. 1: CIIP Bausteine

Mit Hilfe von Service Levels werden die angestrebten Zuverlässigkeitsparameter (z.B. Verfügbarkeit) für die eingesetzten Systeme definiert. Um das jeweilige Ziel zu erreichen, werden unterschiedliche Methoden wie Risikoanalyse (samt Schwachstellen- und Bedrohungsanalyse), Systemanalyse, Sektorielle Analyse und Interdependenzanalyse eingesetzt. Zum

Teil wird auch die Einhaltung von Standards (z.B. CIP 002-009 in den USA) durch die Aufsichtsbehörde oder eine andere befugte Stelle von den Betreibern gefordert. Übungen werden abgehalten, um die Effizienz der definierten Policies (organisatorisch, methodologisch, Kooperation) und eingesetzten Methoden zu überprüfen. Einen wesentlichen strategischen Baustein stellen proaktive Warnsysteme dar, die dazu dienen, Gefahren möglichst rasch zu erkennen und weiter zu kommunizieren. Zur Härtung der eingesetzten Systeme werden Katastrophenfall-Vorsorge, Notfallpläne und Ausweich- (Backup) Rechenzentren betrieben und genutzt.

Insgesamt ist es jedoch schwierig, umfassende und konsistente Vorgangsweisen zu definieren und einzuhalten, weil die Systeme äußerst komplex sind (z.B. Stromversorgung), unterschiedliche Eigentümer und Betreiber betroffen sind, die sich zum Teil konkurrieren, und die Möglichkeit, Weisungen zu geben, sehr eingeschränkt ist. Demgegenüber ist international allgemein anerkannt, dass der Schutz kritischer Inforationsinfrastrukturen eines gezielten Informationsaustausches und der Kooperation der Stakeholder bedarf.

3 E-Government – Prinzipielle Rahmenbedingungen

Wenn man nun davon ausgeht, dass der öffentliche Bereich zu den kritischen Informationsinfrastrukturen zählt, so wäre zunächst zu definieren, was denn zu diesem Bereich zu zählen ist. Aufgrund der Gewaltentrennung, die ja eines der wesentlichen Kennzeichen von Demokratien ist, sind Legislative (z.B. Parlament), Exekutive (z.B. Ministerien) und Judikative zum öffentlichen Bereich zu zählen. Diese Bereiche sind allerdings funktional getrennt, was bei IKT-Systemen, die mehr als einen Bereich unterstützen, bereits die Frage nach der Zuständigkeit bzw. der Durchführung von Sicherheitsmaßnahmen aufwirft. Weiters ist die Macht in vielen Ländern auch noch auf föderativer Ebene aufgeteilt, das heißt, dass es z.B. Bundes-, Landes und Gemeindebehörden gibt. Allein in Österreich gibt es mehr als 2000 Gemeinden und die Anzahl an österreichischen Ämtern insgesamt beträgt sicher ein Vielfaches davon. Auch hier bestehen keine gemeinsamen Organisationseinheiten oder -prinzipien. Außerdem sind die jeweiligen Regierungsbereiche (Bundes-, Landesregierung) zu berücksichtigen. Je nach Reifegrad der nationalen E-Government-Entwicklung kann man auch davon ausgehen, dass in jedem der aufgezählten Bereiche auch kritische Dienste betrieben werden.

Dieser (absichtlich) sehr hohen Zersplitterung von Verwaltung und Regierung steht der Anspruch von E-Government gegenüber, zur Verbesserung der Verwaltungsabläufe durch interne Steigerung der Effektivität beizutragen und für Wirtschaft und Bürger die Serviceleistungen der Verwaltung zu verbessern. Dies führt zu E-Government-Anwendungen wie z.B. dem österreichischen Help.gv (www.help.gv.at), das über alle Ebenen und Sparten der Verwaltung übergreifend gestaltet ist, um der Wirtschaft und dem Bürger für die Erbringung der Verwaltungsdienste eine „uniforme" Verwaltung zu simulieren. In diesem konkreten Fall gibt es einen Systembetreiber, der hier auch für die IT-Sicherheitsbelange zuständig ist. Mit zunehmender Vernetzung des Help.gv mit Verwaltungsdiensten wird es allerdings schwieriger, IT-Sicherheitszuständigkeit(en) zu lokalisieren, und auf der anderen Seite erhöht sich das Sicherheitsrisiko durch die deutlich erweiterten Möglichkeiten, die Online-Dienste bieten.

Ähnliche Effekte werden erreicht, wenn zentrale Dienste der Verwaltung von einer Organisationseinheit gemeinsam für andere (oder im optimalen Fall für alle anderen mit gleichartigen Bedürfnissen) erbracht werden. Ein Ausfall eines derartigen Dienstes (z.B. PKI) kann zu Ausfällen in anderen Bereichen (Dominoeffekt) führen. Ebenso führt das Konzept der durchgängigen Verwaltungsdienstleistungen (an einem Dienst sind mehrere Behörden beteiligt) zu schwierigen IT-sicherheitstechnischen Problemstellungen.

Jedenfalls werden in all den genannten Bereichen von Verwaltung und Regierung E-Government-Anwendungen genutzt und betrieben, die unterschiedlich kritisch und auch sehr unterschiedlich geschützt sind. Es ist daher eine komplexe Herausforderung, nationale Maßnahmen für den Schutz der kritischen Informationsinfrastruktur E-Government zu setzen. Die Kooperation der Behörden untereinander zum Thema IT-Sicherheit ist nicht oder kaum geregelt, auch Behörden auf der gleichen Verwaltungsebene (zentral, regional und lokal) kooperieren nur wenig.

Erschwerend wirkt sich dabei auch die demokratiepolitisch wichtige Trennung von Exekutive, Legislative und Justiz aus.

Obwohl sich alle diese Institutionen in staatlicher Hand befinden, vereinfacht das nicht die Problematik der Cyber-Security gegenüber anderen kritischen Infrastrukturen wie z.B. der Stromversorgung, da es sich um ein komplexes Zusammenspiel von Organisationseinheiten handelt, die nicht alle zentral gesteuert werden können.

Ein weiterer Punkt trifft ebenfalls spezifisch auf E-Government zu: Während es bei kommerziellen Anwendungen, wie z.B. Lohnverrechnung für alle Betriebe die gleiche Voraussetzung gibt, die durch Standardsoftware entsprechend abgedeckt werden kann, so wird die Besoldung der Staatsbediensteten gesetzlich geregelt und jeweils je nach Verwaltungsebene individuell gestaltet, was mit Standardsoftware schwierig oder nur mit hohem Zusatzaufwand nachzuvollziehen ist.

4 Vorgangsweisen zum Schutz von E-Government

Der Verwaltung/Regierung (Government) kommen im Rahmen einer CIIP-Policy zwei Rollen zu: einerseits national CIIP-Maßnahmen (für kritische Infrastrukturen, wie Stromversorgung, Telekommunikation …) zu setzen und andererseits im eigenen Bereich (für Services und Dienste der Verwaltung) selbst durchzuführen. Dies ist allerdings, wie bereits ausgeführt, aufgrund der Zersplitterung der Verwaltung äußerst schwierig.

Eine Sichtung der Vorgangsweisen in unterschiedlichen Staaten zeigt, dass folgende Strategien gewählt wurden:

a) Rechtliche Regelung (z.B. in den USA)
b) Zentrale IKT-Zuständigkeit (Informatikstrategieorgan Bund ISB in der Schweiz)
c) IT-Sicherheitsbehörde (BSI in Deutschland)
d) Zentrale Koordinationsstelle (z.B. Plattform digitales Österreich)
e) Servicebezogene Ansätze (eRecht Regelungen im BGBl-Gesetz, Bürgerkarte in Österreich)
f) OECD-Ansatz [OECD06]

Dabei ist allerdings zu beachten, dass es national kaum eine durch alle Verwaltungseinheiten durchgängige Vorgangsweise gibt, dass die gesetzten Maßnahmen zum Teil auf die Zentral- oder Bundesverwaltungsebene oder auch auf einzelne Dienste beschränkt sind. Es gibt hier eine Vielzahl von Mischformen, die im Einsatz sind.

Im Folgenden wird auf die genannten Vorgangsweisen in einigen ausgewählten Staaten kurz eingegangen:

4.1 Vorgangsweise in den USA

Das Studium der Vorgangsweise der USA ist insofern interessant, als es grundsätzlich auf einem, zumindest auf Bundesebene, stringentem Konzept aufbaut und auch bei weitem am besten öffentlich zugänglich dokumentiert ist. Somit kann auch auf die Grenzen bzw. Schwächen dieses Ansatzes eingegangen werden.

In den USA wurde der Federal Information Security Management Act (FISMA) als Teil des Electronic Government Act im Jahr 2002 in Kraft gesetzt. Mit dem FISMA werden den amerikanischen Bundesbehörden (also nicht auf niedrigerer Verwaltungsebene) sehr umfangreiche IT-Sicherheitsvorkehrungen vorgeschrieben, die auch durch entsprechende Standards und Richtlinien des NIST (National Institute of Standards and Technology) sowie des FIPS (Federal Information Processing Standard) unterstützt werden. Weiters sind regelmäßige Audits vorgesehen, deren Resultate auch veröffentlicht werden. Obwohl das Gesetz aus dem Jahr 2002 stammt, verbessert sich die Bewertung der IT-Sicherheit der Ministerien in den USA nur sehr langsam. Hat im Jahr 2001 der Erfüllungsprozentsatz 53% betragen, so ist er bis 2005 lediglich auf 67,4% gestiegen wobei einige Ressorts wie das DHS (Department of Homeland Security, zuständig für CIIP in den USA!) (2005: 33,5%) und das State Department (2005: 37,5%) sehr niedrige Werte aufweisen [USA05].

FISMA sieht folgende Vorgangsweise vor, die durch dafür geschaffene nationale Standards und Richtlinien unterstützt wird:

- Definition der Systemgrenzen (bzw. aller Systemteile Hardware, Software, Netzwerke, Applikationen) (NIST SP 800-18 Rev 1).
- Bestimmung der Sensibilität des Systems. Kriterien sind Vertraulichkeit, Integrität und Verfügbarkeit, die mit den Werten niedrig, mittel und hoch bewertet werden. Anleitungen sind der Norm NIST SP 800-60 bzw. FIPS-199 zu entnehmen.
- Systemdokumentation der Systemgrenzen, der Einzelkomponenten, Informationstypen, verantwortliche Personen, Beschreibung der User, Verbindungen zu anderen Systemen sowie Implementierungsdetails für alle Sicherheitskomponenten und -vorkehrungen (NIST SP 800-18 Rev 1)
- Durchführung der Risikoabschätzung durch Identifikation der Schwachstellen und Bedrohungen sowie der vorhandenen Sicherheitsvorkehrungen (NIST SP 800-30 und SP 800-53)
- Auswahl und Implementierung der Sicherheitsvorkehrungen für das System laut FIPS 200 bzw. NIST SP 800-53 Rev 1. Letztere Publikation mit dem Titel „Recommended Security Controls for Federal Information Systems“ enthält entsprechende Vorschläge für technische, operationelle und organisatorische Sicherheitsvorkehrungen
- Zertifizierung der Systeme: entweder durch Selbstzertifizierung bei Systemen, die laut FIPS 199 als „low“ eingestuft sind, d.h. dass der Verlust der Vertraulichkeit, Integrität und Verfügbarkeit nur einen beschränkten Effekt auf die Geschäfte des betroffenen Amtes hätte, oder, falls die FIPS 199 Einstufung des Systems „moderate“ oder „high“ ist, muss die Zertifizierung durch einen Externen erfolgen.

- Die Akkreditierung des Systems erfolgt schließlich durch ein dazu befugtes Organ und erfolgt eine Dokumentation dieser Akkreditierung. Falls die Akkreditierung erfolgt, wird eine Nutzungsbewilligung (authorization to operate: ATO) erteilt, die üblicherweise für 3 Jahre gültig ist
- Kontinuierliches Monitoring: Die Dienststellen sind verpflichtet, festgelegte Sicherheitsvorkehrungen regelmäßig zu überprüfen und die Systemdokumentation aktuell zu halten.

Weiters ist eine jährliche Berichterstattung vorgesehen und zwar durch das „Office of Management and Budget“. Aus dem letzten verfügbaren Bericht vom 1. März 2006 [USA06] lassen sich folgende globale Entwicklungen erkennen, die zwar deutliche Verbesserungen zeigen, allerdings bei einigen Werten nach wie vor nicht ausreichend erscheinen:

Tab. 1: Sicherheitsstatus der IKT Systeme in den US Bundesbehörden [USA06]

Security Status and Progress from FY 2002 to FY 2005				
Percentage of Systems with a:	FY 2002	FY 2003	FY 2004	FY 2005
Certification and Accreditation	47%	62%	77%	85%
Tested Contingency Plan	35%	48%	57%	61%
Tested Security Control	60%	64%	76%	72%

Der große Vorteil der US-Vorgangsweise besteht darin, dass eine einheitliche Regelung zumindest auf Bundesebene geschaffen wurde. Damit sind alle Ministerien gezwungen, sich mit Cyber Security Fragen auseinander zu setzen und werden auch alljährlich geprüft bzw. bewertet. Mit den von FISMA vorgegebenen Regelung wird das Knowhow einer modernen IT-Sicherheits-Vorgangsweise festgelegt und durch entsprechende Informationen (eigene Homepage http://csrc.nist.gov/sec-cert/), Normen und Standards konkretisiert.

Allerdings werden zur Strategie der USA auch einige Kritikpunkte geäußert:

- So bemängelt die Cyber Security Industry Alliance (CSIA) [CSIA07], dass die FISMA Regelungen ineffizient (Papierproduktion statt Sicherheitsvorkehrungen), nicht klar genug, nicht konsistent (die Praxis unterschiedlicher Audits ist nicht einheitlich) seien, und dass sich die einzelnen Agenturen auf sehr unterschiedlichen Levels der Umsetzung befänden.
- Die Firma Symantec hat sich im Jahr 2005 zu den Resultaten der „FISMA Report Cards“ (d.h. der Aufstellung über die Bewertung der einzelnen US Bundesdienststellen) geäußert. Symantec geht dabei von der Feststellung aus, dass mehr als die Hälfte der amerikanischen Ministerien bei der Cyber Security Bewertung mit dem Grad D (aus einer Liste von A bis F, wobei A die beste Bewertung ist) ausgewiesen wurden, das heißt mit einer unterdurchschnittlichen Einstufung. Symantec regt an, die „Cyber Securitiy Strategie“ für die amerikanischen Ministerien neu zu überdenken und von einer strategischen und holistischen Sicht auszugehen, die der rasanten Entwicklung bei Malware und Angriffen aus dem Internet sowie beim verstärkten IKT-Einsatz für E-Government Rechnung trägt.
- Unterstützt werden diese kritischen Stimmen durch Prüfberichte des amerikanischen Rechnungshofes (GAO: U.S. Government Accountability Office), unter anderem der Bericht aus der „High-Risk Series“ GAO-07-310 [GAO07], der E-Government als nationalen „High-Risk“ Bereich beurteilt. Insgesamt konstatierte er eine positive Entwick-

> lung der Situation allerdings ausgehend von einem anfänglich niedrigem Sicherheitsniveau, äußert aber doch einiges an Kritik. „However, significant information security weaknesses at federal agencies continue to place a broad array of federal operations and assets at risk of fraud, misuse, and disruption. Although recent reporting by these agencies showed some improvements, GAO found that many still have not complied consistently with FISMA's overall requirement to develop, document, and implement agencywide information security programs. For example, agencies are not consistently
>
> - developing and maintaining current security plans,
> - creating and testing contingency plans, and
> - evaluating and monitoring the effectiveness of security controls managed by contractors.
>
> Without consistent implementation of information security management programs, weaknesses in information security controls will persist. "

Zusammenfassend kann gesagt werden, dass in den USA E-Government als kritische Informationsinfrastruktur eingestuft wird und intensive Anstrengungen erfolgen, ein adäquates Schutzniveau zu erreichen. Dazu sind auch Maßnahmen wie die Schaffung eines Government CERT zu zählen. Die durch FISMA gesetzlich definierte Vorgangsweise ist allerdings verwaltungstechnisch sehr aufwändig und erfordert einen Formalismus, der offenbar nicht lückenlos durchgehalten wird.

4.2 Vorgangsweise in der Schweiz und Deutschland

In der Schweiz ist die Situation auf Bundesebene einfacher, da mit dem Informatikstrategieorgan Bund (ISB) eine Stelle besteht, die auf Bundesebene Sicherheitsvorgaben formulieren und durchsetzen kann (aufgrund der Bundesinformatikordnung aus 2003, konkretisiert durch die „Weisungen über die Informatiksicherheit in der Bundesverwaltung" des ISB). Dadurch ergibt sich zumindest auf Bundesebene eine einheitliche Regelung, die auch durch entsprechende Berichterstattung überwacht wird. Unterstützt werden die Dienststellen zusätzlich u.a. durch den „Leitfaden E-Government" aus dem Jahr 2006 sowie den eGovernment-Standard eCH-0043 „Informationssicherheit im eGovernment".

Mit der E-Government Strategie Schweiz, die am 24. Jänner 2007 vom Bundesrat verabschiedet wurde, eröffnen sich allerdings Perspektiven, um E-Government Strategien und Projekte von Bund und Kantonen gemeinsam zu verfolgen, wobei auch die Behandlung IT-sicherheitsrelevante Themen wie elektronische Zertifikate angestrebt werden. Im Rahmen der neuen Koordinationsgremien könnte eine Schweizer Strategie für den Schutz der kritischen Informationsinfrastruktur E-Government entwickelt werden.

In Deutschland nimmt das BSI (Bundesamt für Sicherheit in der Informationstechnologie) eine wesentliche Position ein. Konkrete Handlungsanleitungen für Behörden liefert das „E-Government-Handbuch", das als „Nachschlagewerk und zentrale Informationsbörse zum Thema «Sicheres E-Government» konzipiert" ist. Die Inhalte dienen jedoch „nicht als Vorgabe oder Regelung, vielmehr haben sie empfehlenden Charakter." Durch den empfehlenden Charakter und die dezentralisierte Vorgangsweise ist derzeit keine Gesamtstrategie im Sinne von CIIP erkennbar.

4.3 Vorgangsweise in Österreich

Die österreichische Herangehensweise hat den großen Vorteil, dass sie alle Verwaltungsebenen umfasst. So können zentrale Themen gemeinsam erarbeitet und umgesetzt werden [IKT06]. Das entsprechende Koordinationsgremium ist die „Plattform Digitales Österreich“ auf der Ebene der Bundesregierung. Die Plattform koordiniert im aktuellen Arbeitsprogramm "IKT-Strategie 2005+" die Zusammenarbeit aller Kooperationspartner seitens des Bundes, der Länder, Städte, Gemeinden und der Wirtschaft im E-Government und stellt ein abgestimmtes Vorgehen sicher. Das österreichische E-Government Gesetz stellt eine Basis für die sichere Abwicklung von IKT-Verfahren dar, insbesondere durch die gesetzliche Verankerung der Bürgerkarte.

Als Unterstützung für die einzelnen Dienststellen gibt es das österreichische IT-Sicherheitshandbuch mit entsprechenden Handlungsanleitungen. Gemeinsame Vorkehrungen auf der Bundesebene für Backup und Katastrophenfälle wurden durch das ZAS (Zentrales Ausweichrechenzentrum des Bundes) geschaffen und stehen somit allen Bundesdienststellen zur Verfügung.

Abgesehen von diesen nationalen übergreifenden Vorkehrungen gibt es auch einige spezifische Vorgangsweisen, die nicht in eine generelle Strategie hinein passen.

So gibt es spezifische gesetzliche Regelungen für besonders sensible Anwendungen wie z.B. eRecht – das Gesetz im Internet (Österreichisches System zur elektronischen Kundmachung und Unterstützung des Rechtserzeugungsprozesses). Diese Anwendung ist dadurch besonders sensibel, dass sie den Gesetzwerdungsprozess in den Ministerien und im Parlament unterstützt, wobei im Parlament und im Bundeskanzleramt getrennte Systeme eingesetzt werden (Trennung Legislative Exekutive), die allerdings über definierte Mechanismen kooperieren. Die Kundmachung des Rechts erfolgt ebenfalls elektronisch.

Der Gesetzgeber hat aufgrund der besonderen Kritikalität dieser Anwendung im Abschnitt „Sicherung der Authentizität und Integrität“ im §8 des „Bundesgesetz über das Bundesgesetzblatt 2004“ [BGBl04] Folgendes bestimmt:

„(3) Von jedem Dokument sind mindestens drei Sicherungskopien und vier beglaubigte Ausdrucke zu erstellen. Je eine Sicherungskopie und je ein beglaubigter Ausdruck sind an das Österreichische Staatsarchiv und an die Österreichische Nationalbibliothek abzuliefern und von diesen zu archivieren. Ein beglaubigter Ausdruck ist der Parlamentsbibliothek zu übermitteln.“

Hier wird also nicht ausschließlich auf elektronische Kopien vertraut, sondern es werden noch zusätzlich Papierkopien verlangt.

Insgesamt gibt es in Österreich zwar keine detaillierten Vorgaben, wie die IT-Sicherheit bei E-Government zu gewährleisten ist, dafür aber übergreifende Gremien, die eine umfassende Sicht und Handlungsmöglichkeit gestatten.

4.4 Vorgangsweise der OECD

In der Publikation [OECD06] veröffentlicht die OECD ihren Prüfbericht über die Risikomanagement Policies in Norwegen, und zwar auf dem Gebiet der Informationssicherheit. Auch diese Studie beschränkt sich auf die Ebene der Zentralverwaltung. Interessant ist, dass die OECD nicht nur die Situation in Norwegen bewertet, sondern auch erläutert, was sie als „best practice“ ansieht. Allerdings relativiert die OECD in der Einleitung ihre Bewertung: „acknowledging the difficulty of constructing a coherent, complete and effective policy approach in this emerging field of policymaking.” Obwohl die Studie aus dem Blickwinkel „Risikomanagement bei IKT Systemen der Zentralverwaltung“ und nicht „E-Government“ durchgeführt wurde, können die Aussagen und Ergebnisse durchaus auf E-Government umgelegt werden.

Die OECD weist darauf hin, dass die Arbeit von Regierung und Verwaltung in hohem Maß von IKT-Systemen abhängt. Das ist für einzelne Systeme schon länger der Fall (Finanzsysteme), aber die rasante Veränderung betrifft den Grad der Gesamtabhängigkeit und die Zugriffsmöglichkeiten auf Dienstleistungen über das Netz.

Für den „Schutz der Regierungssysteme“ wird von der OECD empfohlen, die Agenden für IT-Sicherheit auf wenige Akteure zu verteilen und Informationssicherheit als integrierenden Bestandteil von E-Government zu entwickeln. Aufgrund der voneinander unabhängigen ministeriellen Strukturen ist die OECD der Ansicht, dass eine koordinierte Vorgangsweise absolut notwendig ist, um einen konsistenten Schutz zu garantieren.

Die OECD sieht dazu folgende Vorgangsweise als „best practice“:

1. “Setting security standards, including legislation and regulations” (einheitliche IT-Sicherheitsstandards)
2. “Providing advice on the implementation and operation of the standards” (Unterstützung der Behörden)
3. “Auditing the operation of the standards” (Überprüfung)

Dabei ist es allerdings wesentlich, dass es klar definierte Zuständigkeiten und Akteure gibt, die ausreichende Kompetenz besitzen und handlungsfähig sind.

5 Schlussfolgerungen

Sensible E-Government-Dienste (z.B. Finanzgebarung des Staates, Elektronischer Akt, elektronische Systeme zur Kundmachung von Gesetzen) zählen zu den kritischen Informationsinfrastrukturen eines Staates.

Die Intensität der Nutzung und die Abhängigkeit der öffentlichen Verwaltung/der Regierung von IKT werden aber derzeit noch vielfach unterschätzt, obwohl sich E-Government in kurzer Zeit sehr dynamisch entwickelt hat. Diese Einschätzung ist darauf zurückzuführen, dass in einzelnen staatlichen Bereichen (z.B. Steuerverwaltung) schon seit langer Zeit Verfahren mit IKT abgewickelt wurden und die Schutzmechanismen dafür auch ausreichend waren. Dabei wird jedoch nicht berücksichtigt, dass es mittlerweile kaum mehr Bereiche in Verwaltung und Regierung gibt, die ohne IKT-Unterstützung operationell sind und dass die Intensität dieser IKT-Unterstützung stark erhöht wurde. Weiters werden diese Dienste immer intensiver vernetzt und zu Verfahren ausgebaut, die von Wirtschaft und Bürgern online genutzt werden können, wodurch sich das Risiko erhöht.

Die von den einzelnen Staaten bisher eingeschlagenen Vorgangsweisen haben eine Reihe von zum Teil strukturell bedingten Schwachstellen:

- Die meisten Vorgangsweisen beschränken sich auf die Ebene der Bundesverwaltung, obwohl Cyber-Security sicher auch ein Thema der Landes- und Gemeindeebene darstellt, und nehmen kaum Rücksicht auf die Frage, wie mit der funktionellen Unabhängigkeit von Behörden aufgrund der Gewaltentrennung umzugehen ist.

- Selbst wenn einheitliche Standards vorgegeben werden, gibt es keine einheitliche umfassende Sicht der E-Government-Landschaft und es erfolgt keine einheitliche Bewertung der Kritikalität der einzelnen Verwaltungsdienste oder Applikationen. Dies obliegt zumeist den betroffenen Ämtern und Dienststellen, von denen es (auch bereits in einem Land von der Größe Österreichs) Tausende gibt.
- Das allgemeine Bewusstsein bezüglich der Abhängigkeit der Funktionsfähigkeit des Staates von IKT ist relativ niedrig und daher auch die Investitionsbereitschaft nicht ausreichend

Das Konzept „Kritische Informationsinfrastrukturen“ laut „International CIIP Handbook 2006“ [DuWi06] bietet eine Darstellungsform dieses Themenkomplexes, die eine neue und ganzheitliche Sicht auf Infrastruktur ermöglicht, und sollte daher auch auf E-Government angewendet werden.

In der Studie „Global Risk 2007“ des World Economic Forum werden zwei Aktionssschwerpunkte genannt, die zur Entschärfung der Situation beitragen können:

- „Improving insight“: die Risiken besser erforschen und damit neue Handlungsmöglichkeiten eröffnen.
- „Enhancing information flow“: Informationsflüsse zwischen Entscheidern und jenen, die betroffen sind, verbessern, um Warnnetzwerke aufzubauen, die Öffentlichkeit zu informieren und optimale Vorgehensmodelle auszutauschen.

Meines Erachtens sollte auch dem Thema „Implementing through institutions“ Augenmerk geschenkt werden, weil der öffentliche Sektor Rahmenbedingungen und Strukturen für den Umgang mit dem CII-Risiko benötigt.

Es gibt daher bereits strategische Überlegungen ([WEFR07] und [OECD06]), die auf E-Government als kritische Informationsinfrastruktur angewendet werden können und sollten, um in der komplexen und zersplitterten Behördenlandschaft mit konsistenten Strategien das Cyber-Risiko zu minimieren. Es bietet sich folgende Vorgangsweise an:

- Behandlung der Verwaltung/Regierung als eigenen Sektor (im Sinne einer sektoriellen Studie über CIIP)
- Untersuchung der Situation der IT-Sicherheit des gesamten Sektors
- Durchführung einer Interdependenzanalyse, die die Abhängigkeiten vernetzter Dienste beleuchtet und mögliche Dominoeffekte analysiert
- Durchführung von gemeinsamen übergreifenden Maßnahmen (z.B. Schaffung eines Government CERT)
- Schaffung von übergreifenden IT-Sicherheits-Koordinationsgremien, um eine Handlungsbasis trotz Zersplitterung der Organisationseinheiten zu erhalten
- Regelmäßige Aktualisierung der Risikoeinschätzung, da sich der Kostendruck auf Verwaltung/Regierung wohl weiter verstärken wird und integrierte, übergreifende IKT-Lösungen Einsparungseffekte ermöglichen, aber unter Umständen das Risiko von Zwischenfällen erhöhen.

Literatur

[BKA02] Bundeskanzleramt: Katastrophenvorsorge- und Ausfallssicherheitsüberlegungen im ITBereich.Wien, Oktober 2002.

[DuWi06] M. Dunn, I. Wigert: International CIIP Handbook 2006 – An Inventory of 20 National and 6 International Critical Information Infrastructure Protection Policies. ETH Zürich, 2006.

[EGov04] E-Government-Gesetz - E-GovG: Bundesgesetz über Regelungen zur Erleichterung des elektronischen Verkehrs mit öffentlichen Stellen, BGBl. I Nr. 10/2004.

[IKT06] Digitales Österreich: Behörden im Netz – Das österreichische E-Government ABC. Stabsstelle IKT-Strategie des Bundes, Wien, 2006.

[OECD06] OECD: Reviews of Risk Management Policies, Norway, INFORMATION SECURITY, 2006.

[OECD05] OECD: The Promotion of a Culture of Security for Information Systems and Networks in OECD Countries: Dokument DSTI/ICCP/REG(2005)1/FINAL

[BGBl04] Bundesgesetz über das Bundesgesetzblatt 2004, BGBl. I Nr. 100/2003 in der geltenden Fassung

[USA05] http://reform.house.gov/UploadedFiles/Federal%20Computer%20Security% 20 Grades%20 -%202001-2005.pdf

[USA06] www.whitehouse.gov/omb/inforeg/reports/2005_fisma_report_to_congress.pdf

[CAPG06] Capgemini, Online Availability of Public Services: How Is Europe Progressing? Web Based Survey on Electronic Public Services Report of the 6th Measurement June 2006, www.capgemini.com

[CSSE06] Center for Security Studies der ETH-Zürich, Informationssicherheit in Schweizer Unternehmen, 2006, www.melani.admin.ch

[WEFR07] World Economic Forum; Global Risk Network; www.weforum.org/en/initiatives/globalrisk

[SYM07] Symantec Internet Security Threat Report, Trends for July–December 06; http://www.symantec.com/de/de/about/theme.jsp?themeid=threat_report

[SYM05] Symantec: Addressing the Latest FISMA Report Cards; www.symantec.com/enterprise/library/article.jsp?aid=addressing_the_latest_fisma_report%20_cards 11

[CSIA07] Cyber Security Industry Alliance (CSIA) https://www.csialliance.org/issues/fisma/

[GAO07] GAO (U.S. Government Accountability Office) High Risk Series GAO-07-310, Jänner 2007 (www.gao.gov)

Applikations-Profile der European Citizen Card

Gisela Meister · Henning Daum

Giesecke & Devrient GmbH
{gisela.meister | henning.daum}@gi-de.com

Zusammenfassung

Ob Personalausweis, Identitätsausweis oder Identitätskarte, die zum Nachweis der Identität gebräuchlichen Dokumente sind derzeit bis auf wenige Ausnahmen nur ein eingeschweißtes Blatt Papier oder ein Stück Kunststoff ohne weitere elektronische Funktionalität. Nach der beschlossenen und weitgehend auch bereits umgesetzten Novellierung der Reisepässe ist jedoch eine Überarbeitung der nationalen Ausweisdokumente absehbar. Diese können zusätzlich zur Funktion als Identitätsdokument IT-Dienste, beispielsweise zur Authentisierung und Autorisierung von Schreib- und Lesezugriffen und zur Erstellung von elektronischen Signaturen erlauben. Da diese Ausweise im europäischen Raum durchaus auch als grenzüberschreitende Reisedokumente akzeptiert werden, ist eine Harmonisierung dieser Bestrebungen auch im Rahmen dieser Dienstleistungen erforderlich, die auf den europaweit standardisierten Diensten der European Citizen Card (ECC, prTS 15480 [ECC05]) aufbauen. Diese definiert für das als Chipkarte ausgeführte Dokument neben den physikalischen Eigenschaften und den logischen Datenstrukturen auch eine limitierte Anzahl von Applikationsprofilen. Jedes Applikationsprofil legt neben der bereits durch die internationale Standardisierung [ICAO04] festgelegten Reisepass-Funktionalität und deren Datenstruktur einen spezifischen Funktionsumfang auch verpflichtend für IT-Zusatzapplikationen fest. Durch die Anzeige des benutzen Profils in der Karte wird es der Anwendungssoftware ermöglicht, auch über nationale oder auch Anwendungsgrenzen hinweg einfach und performant ID Karten zur Absicherung der elektronischen Kommunikation im Netz einzusetzen, wie es z. B. von der deutschen Regierung im Rahmen der eCard-Initiative für den zukünftigen Personalausweis, aber auch für die deutsche Gesundheitskarte geplant ist.

1 Historie

Blickt man in der Geschichte des Personalausweises zurück, so wurden erste Dokumente, die dieser Kategorie zuzuordnen sind, in Papierform, oftmals auch in Buchform ausgegeben. Der Zweck ist immer, den Bürgern ein Dokument zum Identitätsnachweis an die Hand zu geben und zwar auch denjenigen, die keinen Reisepass besaßen. In manchen Ländern haben andere Dokumente wie beispielsweise der Führerschein diese Aufgabe teilweise übernommen.

In den 80er Jahren wurden aus den reinen papierbasierten Dokumenten zunehmend Ausweise im Kartenformat. Zunächst wurden Papierinletts zwischen zwei transparente Kunststofflagen einlaminiert. Dies war bereits eine Vorstufe zu Plastikkarten, wie sie in den 90er Jahren begannen sich international in verschiedensten Ausführungsformen zu verbreiten.

Begleitet wurde dieser Trend durch die Entwicklung langlebiger Kartenmaterialien und durch die Integration von Chips in die Karten. Die ersten ID-Karten mit Chip, wie sie z. B. in Finnland benutzt wurden, waren mit einem kontaktbehafteten Chip ausgestattet.

P. Horster (Hrsg.) · D•A•CH Security 2007 · syssec (2007) 159-165.

Generell besteht der Wunsch vieler Staaten, dem Karteninhaber neben der reinen Personenidentifikation zur Nutzung als Reisedokument und zum Nachweis des Wohnsitzes, auch IT-Zusatzfunktionen für den elektronischen Geschäftsverkehr anzubieten. Die Intention für die Unterstützung elektronischer Dienste zur Identifikation, Authentisierung und Signaturerstellung (IAS-Dienste) ist hierbei, die elektronische Handlungsfähigkeit des Bürgers zu vereinfachen und zu erweitern und so neue Angebote zum Nutzen von Bürgern, Wirtschaft und Verwaltung beispielsweise durch eGovernment-Anwendungen zu ermöglichen.

2 IAS-Dienste

Public-Key-Verfahren sind eine wichtige Grundlage für Dienste zur Identifikation, Authentisierung und Signaturerstellung (IAS-Dienste). In vielen europäischen, auf Public-Key-Infrastruktur (PKI) basierenden Projekten wie z. B. der deutschen Gesundheitskarte eGK und der französischen Identitätskarte INES wird hierfür bisher das RSA-Verfahren eingesetzt. Allmählich etabliert sich parallel dazu die Public-Key-Kryptographie unter Verwendung elliptischer Kurven. So wurde Mitte 2005 der europäische CEN Chipkarten Standard prEN 14890 [SSCD06] zur sicheren Signaturerstellung (Secure Signature Creation Devices, SSCD) um die Nutzung elliptischer Kurven ergänzt. Dabei wurde besonders auf Kompatibilität zur technischen Spezifikation der European Citizen Card prTS 15480 [ECC05] geachtet, der bereits über diese Dienste verfügte. Alle IAS-Dienste sind daher jetzt in beiden Dokumenten auch auf Basis elliptischer Kurven angeglichen.

Der Teil 2 des Entwurfs zur technischen Spezifikation der European Citizen Card prTS 15480 legt einen Satz von Basisdiensten und darüber hinaus eine Gruppe erweiterter Dienste wie folgt fest:

- **Geräteauthentisierung:** Für bestimmte Applikationen, z. B. speziell bei Nutzung einer kontaktlosen Schnittstelle RFID ist es unumgänglich, dass sich das externe Lesegerät gegenüber der Karte authentisiert. Diese externe Authentisierung, die zusammen mit der Auswertung einer Autorisierungs-Info wie Lese-Schreib-Recht im Zertifikat als Rollen-Authentisierung bezeichnet wird, basiert meist auf einem Challenge-Response-Verfahren. Nach der externen Authentisierung wird in der Karte ein Sicherheitszustand gesetzt, der dem externen Gerät Zugriffsrechte gewährt.

  Bei Verwendung asymmetrische Kryptographie, wird zunächst der öffentliche Schlüssel des Terminals oder allgemein der Außenwelt über eine Kette von kartenprüfbaren Zertifikaten (card verifiable certificates, CV-Zertifikate), ausgehend von einem bereits auf der Karte hinterlegten Ankerzertifikat importiert und somit die Vertrauenskette bis zu diesem Schlüssel aufgebaut. Anschließend fordert das Terminal von der Karte eine Challenge an, erzeugt dann in der Regel mit seinem privaten Schlüssel eine Signatur zu der Challenge, die zur Karte gesendet wird. Die Karte verifiziert diese Signatur mittels des zugehörigen, vorab importierten, öffentlichen Schlüssels des Terminals. Die Rechte des Terminals, beispielsweise die bereits beschriebenen Zugriffsrechte, sind im CV-Zertifikat des öffentlichen Teils des Terminalschlüsselpaars enthalten.

  Im Falle der Verwendung symmetrischer Kryptographie für diesen Service sind diese Rechte an die verwendeten Schlüssel gebunden und implizit bekannt. Aktuell ist für die Umsetzung im deutschen Personalausweis (allerdings nicht für die Reisepass-Anwendung) eine passwordbasierte Geräteauthentisierung auf Basis des vom Bundesamt für Sicherheit in der Informationstechnik (BSI) spezifizierten Protokolls

PACE in Diskussion, das auf entsprechenden ISO-Standards basiert [ISO11770]. Dieses Protokoll dient zur Absicherung der kontaktlosen Schnittstelle zwischen Karte und Terminal, analog dem Basic-Access-Protokoll (BAC) [ICAO04], das für den Reisepass entwickelt wurde und auch für die Reisepass-Anwendung des Personalausweises gemäß den ICAO-Anforderungen verbindlich ist.

- **Autorisierter Zugriffsdienst:** Für den autorisierten Schreib- und/oder Lese-Zugriff z. B. auf Adress–Informationen, wird ein weiterer IAS-Service in der Karte benötigt: Das zu verwendende Geräte-Authentisierungsprotokoll ist davon abhängig, ob die Applikation über die kontaktlose oder die kontaktbehaftete Schnittstelle angesprochen wird. Der Service dient dazu, einen sicheren Kanal zwischen der Applikation auf der Karte und dem Terminal in einer unsicheren Umgebung (z. B. an einem öffentlichen Terminal über das Internet) aufzubauen.

  - Aus Datenschutz-Gründen (Privacy) ist bei Nutzung des zurzeit sich in Standardisierung befindlichen ersten Applikationsprofils (vgl. 3), ein zur Nutzung im Internet geeignetes Protokoll konform zur Applikation für maschinenlesbare Reisedokumente (MRTD-Applikation) vorgesehen. Es basiert auf dem vom BSI vorgeschlagenen Extended-Access-Protokoll [EAC06], das für den europäischen Reisepass zur gegenseitigen Authentisierung mit einem Grenzkontroll-Terminal vorgesehen ist. Dabei wird neben der Autorisierung auch elektronisch die Echtheit des Terminals und des Dokumentes geprüft, ohne dass die Karte hierbei eine Challenge des Terminals signiert, die ansonsten gewisse Information über Ort und Zeit versteckt enthalten könnte.

  - Bei der Nutzung des ersten Profils, das auf rein kontaktloser Nutzung basiert, ist die Verwendung eines passwortbasierten Protokolls, wie das im vorhergehenden Abschnitt beschriebene PACE-Protokoll verpflichtend, um über die Passworteingabe eine implizite Einwilligung des Benutzers zum Start einer neuen Session zu erhalten. Im kontakt-orientierten Fall geschieht dies durch das Einschieben der Karte. Es ist geplant, dieses Protokoll auch für den Online-Einsatz im Netz zu erweitern und mit so genannten Berechtigungszertifikaten im Kontext von ID-Management zu koppeln, um rollenspezifische Leserechte einräumen zu können.

- **Client-Server-Authentisierung:** Zusätzlich wird ein Service zur kartenbasierten Unterstützung einer Client-Server-Authentisierung angeboten, wie z. B. dem bekannten im Internet-Kontext genutzten TLS-Protokoll. Hierfür kann entweder das RSA-Verfahren oder auch ein auf elliptischen Kurven basierendes Verfahren benutzt werden.

  Bei diesem Service dient die Authentisierungsfunktion als Toolbox für den PC, um den Aufbau eines sicheren Kanals zwischen dem PC des Kartenhalters und einem entfernten Dienst, beispielsweise dem Server einer eGovernment-Anwendung im Internet zu unterstützen. Diese Signaturen werden dann vom angeschlossenen Gerät (z. B. dem PC des Kartenhalters) in kryptographischen Protokollen verwendet, die ECC selbst ist an diesen Protokollen nicht weiter beteiligt.

- **Verschlüsselung:** Primär für die Nutzung zur E-Mail-Verschlüsselung ist ein Encryption-Key-Decipherment-Service vorgesehen: Zur Verschlüsselung bzw. Entschlüsselung des Nachrichten/Dokumenten-Chiffrierschlüssels kann das RSA- bzw. das Diffie-Hellman-Verfahren verwendet werden.

3 Profile und Anwendungen

Die in Teil 2 der Spezifikation prTS 15480 festgelegten Dienste werden im Teil 4 zu Anwendungsprofilen zusammengesetzt. So kann z. B. für eine Signaturanwendung eine Benutzerauthentisierung als Dienst zwingend vorgeschrieben werden. Die aktuell verfügbaren Profile sind nach einem festen Schema aufgebaut, das zum einen gewährleistet, dass alle notwendigen Angaben vorhanden sind und andererseits die Vergleichbarkeit und Lesbarkeit verbessert. Daher ist ein Profil-Template Teil der Spezifikation, das das Erstellen neuer Profile erleichtert.

Es stehen derzeit die folgenden Profile zur Verfügung:

Profil 1:
eID-Applikation mit zwingender ICAO-Funktionalität und wahlweiser Signaturfunktion

Kern des Profils ist die eID-Anwendung, die die nationale Ausweisfunktion anbietet. Hierfür werden die Daten des Ausweisinhabers strukturiert nach Datengruppen auf der Karte abgelegt. Die Zugriffsrechte werden für die Datengruppen einzeln über das Zertifikat des Lesegeräts gesteuert: Ausgehend von der CA werden mit jedem Zertifikat der Kette die Rechte sukzessive weiter eingeschränkt, eine spätere Rechtausweitung lässt die Karte nicht mehr zu. Einzelne Datengruppen können über die Zugriffsrechte auch neu beschrieben werden, sodass beispielsweise bei einer Adressänderung des Ausweisinhabers diese auch auf der Karte durchgeführt werden kann. Diese Vorgehensweise macht deutlich, dass für einen Zugriff generell eine EAC-Authentisierung nötig ist. Die Sicherung gegen unbefugtes Auslesen erfolgt über das PACE-Verfahren.

Die MRTD-Anwendung ist kompatibel zu den ICAO-Vorgaben [ICAO04], so dass eine Karte nach Profil 1 aus technischer auch als Reisepass-Ersatz geeignet ist. Die Zugriffskontrolle erfolgt daher ICAO-konform analog nach Basic Access Control und Extended Access Control (s. u.).

Entsprechend der eCard-Strategie der deutschen Bundesregierung sind Karten entsprechend dem Profil 1 mit einer Anwendung für die qualifizierte elektronische Signatur vorbereitet. Um Initialkosten jedoch ist die Nutzung optional und daher keine Signaturzertifikate enthalten bzw. aktiviert.

Profil 1 wurde im Rahmen des Deutschen Industrieforums (DIF AG 1) in Zusammenarbeit mit dem BSI erstellt, um eine Kompatibilität zu dem zukünftigen deutschen Personalausweis sicherzustellen.

Um eine Interoperabilität zu gewährleisten, werden im Profil bestimmte Minimalfunktionalitäten u. a. nach prTS 15480-2 festgelegt. Für bestimmte Merkmale (z. B. elektronischer Zugriff auf Personendaten) ist jedoch eine gesonderte Vereinbarung zwischen den Ausgabestaaten nötig.

Das Profil legt für die Anwendungen eID, ICAO und SIG eine kontaktlose Schnittstelle nach ISO/IEC 14443 mit zufälliger UID als verpflichtend fest, eine kontaktorientierte Schnittstelle wird nicht angeboten.

Folgende Kartendienste sind definiert, für detaillierte Spezifikationen wird auf die definierenden Dokumente verwiesen, d. h. auf die ICAO-Spezifikation, prEN 14980, die EAC-Spezifikation usw.:

- **Passive Authentisierung:** Die passive Authentisierung erlaubt dem Terminal die Korrektheit der von der Karte präsentierten Daten der ICAO-Anwendung zu prüfen, indem eine Signatur des Herausgebers über die Daten geprüft wird. Stimmt diese, kann daraus "passiv" auf die Echtheit der Karte geschlossen werden. Dieser Dienst kann jedoch nicht für veränderliche Daten wie beispielsweise die Adresse des Ausweisinhabers genutzt werden.
- **Basic Access Control (BAC):** Bei diesem Dienst erzeugt das Terminal aus den aufgedruckten, maschinenlesbaren Daten der ECC einen Schlüssel. Dieser ist im Laufe der Personalisierung auch auf der Karte abgelegt worden, so dass dieser nun beiden Kommunikationsparteien bekannt ist. So kann eine verschlüsselte Verbindung aufgebaut werden. Die Karte kann über die korrekte Funktion dieser Verbindung schließen, dass das Terminal die aufgedruckten Daten lesen konnte, und somit die Karte im Sinne des Besitzers willentlich genutzt wird. Dies ist speziell für kontaktlose Karten interessant, in denen der Vorgang des Einsteckens entfällt.
- **Extended Access Control Chip- und Terminalauthentisierung:** Im Rahmen des zweistufigen Extended-Access-Control-Verfahrens wird zunächst eine Diffie-Hellman-Schlüsselvereinbarung durchgeführt (Chip-Authentisierung) und anschließend zertifikatsbasiert die Echtheit des Terminals durch die Karte geprüft (Terminal-Authentisierung). Eine Prüfung der Echtheit der Karte kann danach beispielsweise über passive Authentisierung erfolgen.
- **Password Authenticated Connection Establishment (PACE):** Das PACE-Protokoll prüft die Echtheit des Terminals anhand eines vom Besitzer der ECC einzugebenden Passworts, das je nach Anwendung auch auf der Karte aufgedruckt sein kann. Anders als beim BAC-Verfahren wird dieses Passwort jedoch nicht für die Verschlüsselung eingesetzt, sondern verwendet, um ein gemeinsames, flüchtiges Schlüsselpaar über eine Diffie-Hellman-Schlüsselvereinbarung zu etablieren. Die so etablierten Schlüssel sind wesentlich stärker als die BAC-Schlüssel, die auf der vergleichsweise kleinen Entropie der maschinenlesbaren Zone (und somit auf den Ausweisdaten) basieren. Darüber hinaus wird durch die Flüchtigkeit der Schlüssel jede Sitzung anders verschlüsselt, das Brechen eines Schüsselpaars erlaubt also nicht, vorab mitgeschnittene Sitzungen ebenfalls zu entschlüsseln, wie es beim BAC-Protokoll möglich ist.
- **Secure Messaging:** Dieses Standard-Verfahren zur verschlüsselten Kommunikation zwischen Terminal und Karte schließt sich an die einzelnen Verfahren zur Schlüsselvereinbarung (BAC, EAC, PACE) an.
- **Online-Geräteauthentisierung:** Bei diesem Dienst wird eine verschlüsselte Verbindung zwischen einem entfernten System und der Karte aufgebaut, wobei ein lokaler Rechner unterstützend mitwirkt. Hierbei wird zunächst die EAC-Chipauthentisierung zwischen dem entfernten Rechner und der Karte durchgeführt, anschließend ein PACE-Verfahren zwischen dem lokalen Lesegerät und der Karte und anschließend die Echtheit des entfernten Systems über eine Terminalauthentisierung sichergestellt.
- **Signaturdienst:** Ein Signaturdienst ist installiert, jedoch ohne Schlüssel und Zertifikate, diese muss der Benutzer nachträglich auf die Karte laden, wenn er den Signaturdienst nutzen möchte.

Für eine Interoperabilität hinsichtlich der kartenprüfbaren Zertifikate (CV-Zertifikate) zu erreichen, wird für die MRTD-Applikation das Format nach TR-03110 [EAC06] und für die eID- sowie die Signaturapplikation das Format nach prEN 14890 [prEN14890] festgelegt. Ergänzend wird die Struktur des hierin enthaltenen CHAT-Datenobjekts spezifiziert, das die mit dem Zertifikat verbunden Zugriffsrechte (s. o.) festlegt. Abschließend werden die Datenstrukturen der Karte definiert, neben der Hierarchie von Elementary Files und Dedicated Files auch der Inhalt der Datengruppen für die eID-Anwendung.

Profil 2:
ESIGN-Applikation und wahlweise Signaturfunktion basierend auf RSA

Dieses Profil beschreibt eine Smartcard mit der Unterstützung für eine verpflichtende ESIGN-Applikation in wahlweiser Ergänzung mit einer Funktionalität für digitale Signaturen, es basiert auf der Spezifikation der deutschen Gesundheitskarte (eGK).

Im Gegensatz zum ersten Profil handelt es sich um eine kontaktorientierte Karte, die sowohl für die ESIGN- wie für die Signaturapplikation ein Interface nach ISO/IEC 7816-3 mit dem Transportprotokoll T=1 vorschreibt. Das asymmetrische Basisverfahren für die Kartendienste ist in diesem Profil RSA.

Für Karten nach diesem Profil sind folgende Dienste definiert:

- **Kartenidentifikation:** Identifikation der Karte anhand einer PAN (Primary Account Number)
- **Benutzerverifikation:** Verifikation des Karteninhabers mittels einer PIN
- **Geräteauthentisierung:** Dieser Dienst realisiert die Authentisierung zwischen der Außenwelt und der Karte. Dies kann ein symmetrisches Verfahren mit einem vorab ausgetauschten, gemeinsamen Geheimnis sein, aber auch ein asymmetrisches Verfahren basierend auf CV-Zertifikaten. Wahlweise kann zusätzlich zur Authentisierung eine Schlüsselvereinbarung für Secure Messaging erfolgen.
- **Secure Messaging:** Dieses Standard-Verfahren dient zur verschlüsselten Kommunikation zwischen Terminal und Karte.
- **Client-Server-Authentisierung:** Die Karte fungiert als krytographisches Werkzeug zum Aufbau gesicherter Verbindungen, z. B. zwischen einem Heimrechner und einem entfernten Server.
- **Encryption-Key-Decipherment-Dienst:** Die Karte entschlüsselt einen Dokumentenschlüssel innerhalb eines hybriden Verfahrens; die eigentliche Dokumentenentschlüsselung erfolgt außerhalb der Karte.
- **Signaturdienst:** Ein Signaturdienst ist installiert, jedoch ohne Schlüssel und Zertifikate, diese muss der Benutzer nachträglich auf die Karte laden, wenn er den Signaturdienst nutzen möchte.

Profil 2 unterstützt CV-Zertifikate nach dem Format entsprechend prEN 14890.

Weitere Profile: Augenblicklich enthält der Entwurf des Teil 4 der prTS 15480 keine weiteren Profile. Dies wird sich in Zukunft jedoch ändern. Um den Entwurf neuer Profile zu erleichtern, wurde ein entsprechendes Profil-Template integriert. Dieses stellt darüber hinaus sicher, dass die Profile identische Strukturen haben und so einfacher lesbar und vergleichbar sind, darüber hinaus wird einem Profil-Autor so Hilfestellung gegeben, welche Angaben in einem Profil benötigt werden.

Literatur

[EAC06] Technical Guideline, Advanced Security Mechanisms for Machine Readable Travel Documents – Extended Access Control (EAC), Version 1.01, Bundesamt für Sicherheit in der Informationstechnik (BSI), 2. November 2006, siehe http://www.bsi.de/fachthem/epass/EACTR03110_v101.pdf

[ECC05] CEN prTS 15980 Identification card systems – European Citizen Card, Part 1: Physical, Electrical and Transport Protocol Characteristics, Draft November 2005, Part 2: Logical data structures and card services, CEN TC224 WG15, Draft November 2005

[ICAO04] ICAO TR PKI, Technical Report, PKI for Machine Readable Travel Documents offering ICC Read-Only Access, ICAO, Version 1.1, 1st October 2004, siehe http://www.icao.int/mrtd/download/documents/TR-PKI%20mrtds%20ICC%20read-only%20access%20v1_1.pdf

[ISO11770] ISO/IEC 11770 Information technology – Security techniques – Key management – Part 4: Mechanisms based on weak secrets, 2006

[ISO15946] ISO/IEC 15946, Information technology – Security techniques – Cryptographic techniques based on elliptic curves, Part 1 – General, 2002, Part 2 – Digital signatures, 2002, Part 3 – Key establishment, 2002

[ISO7816-4] ISO/IEC 7816 Identification cards – Integrated circuit cards, Part 4: Organization, security and commands for interchange, 2004, Part 8: Commands for security operations, 2004, Part 11: Personal verification through biometric methods, 2004, Part 13: Commands for application management in multi-application environment, FCD, 2006

[prEN14890] CEN prEN 14890 Application Interface for smart cards used as secure signature creation devices CEN TC224 WG16, Draft February 2007

[RFC2631] Diffie Hellman Key Agreement Method, RFC 2631, E. Rescorla, June 1999, siehe http://www.ietf.org/rfc/rfc2631.txt

[SSCD06] CEN prEN 14890 Application Interface for smart cards used as Secure Signature Creation Devices, CEN TC224 WG16, Part 1: Basic Services, draft, 17th July 2006, Part 2: Additional Services, draft, 17th July 2006

Datenschutzgerechte Vorgangsbearbeitung im eGovernment

Jan Peters[1] · Stefan Audersch[2] · Philip Laue[3]

[1]Fraunhofer Institut für Graphische Datenverarbeitung
jan.peters@igd.fraunhofer.de

[2]Zentrum für Graphische Datenverarbeitung Rostock
audersch@rostock.zgdv.de

[3]Universität Kassel
p.laue@uni-kassel.de

Zusammenfassung

Eine Möglichkeit zur effizienteren und bürgerfreundlicheren Vorgangsbearbeitung in der öffentlichen Verwaltung, besteht darin, einzelne auf einem identischen Lebenssachverhalt beruhende Genehmigungsverfahren in einem ämterübergreifenden Workflow zu bündeln. Am Beispiel der Genehmigung einer Großveranstaltung stellt der Beitrag kurz das Workflow-System, die juristische Ontologie und die auf Webservices basierende Infrastruktur vor. Um trotz des ämterübergreifenden Datenumgangs die Einhaltung des datenschutzrechtlichen Zweckbindungsgrundsatzes zu gewährleisten, ist es notwendig, beim Austausch von Dokumenten Zugriffsrechte durch ein entsprechendes Technikkonzept zu forcieren. Dieses auf partieller Verschlüsselung von XML-Dokumenten basierende Technikkonzept wird im Rahmen des Beitrags erläutert: Es wird dargestellt, welche Erweiterungen der Webservice-Infrastruktur notwendig sind und wie diese zusätzlichen Module im Zusammenhang mit der juristischen Ontologie und dem Workflow-System die notwendigen Zugriffsrechte weitgehend automatisiert gewährleisten können. Anforderungen für die technische Umsetzung waren dabei insbesondere die Verwendung von Standards unter Berücksichtigung aktueller Forschungsergebnisse sowie die Übertragbarkeit der Realisierung auf andere Anwendungsszenarios.

1 Einleitung

Die Beantragung von Genehmigungen stellt einen typischen Kontakt zwischen Bürgern und Unternehmen mit der öffentlichen Verwaltung dar. Oftmals müssen sie dabei wegen einer Anfrage bei verschiedenen Behörden mehrmals die gleichen Angaben machen. So sind beispielsweise Daten wie Name, Adresse oder Geburtsdatum für alle Verfahren identisch. Diese für den Antragssteller oftmals lästigen Mehrfachangaben sind oft auch mit zeitaufwändigen Behördengängen verbunden. Innerhalb der Verwaltung werden anschließend von den unterschiedlichen Behörden wiederum häufig identische Stellungnahmen weiterer Fachbehörden eingeholt. Dies führt zu zeit- und kostenintensiven Doppelanfragen. Diese Problematik wurde bereits in den vergangenen Jahren erkannt. Als Reaktion wurden im Rahmen unterschiedlicher

P. Horster (Hrsg.) · D•A•CH Security 2007 · syssec (2007) 166-177.

E-Government-Initiativen verschiedene Lebenslagenkonzepte entwickelt, die den Verwaltungsablauf bürgerfreundlicher, effektiver und kostengünstiger gestalten sollen. Der folgende Beitrag stellt im Sinne dieser Bemühungen am Beispiel der Genehmigungsverfahren zur Durchführung einer Großveranstaltung einen weiteren Realisierungsansatz vor. Durch ein optimiertes Workflow Management unterschiedlicher Fachverfahren sollen dabei zum einen Effizienz und damit indirekt auch die Bürgerfreundlichkeit der öffentlichen Verwaltung gesteigert werden, zum anderen aber auch datenschutzrechtliche Grundsätze nicht unterlaufen werden. Grundlage für den Beitrag stellen dabei die Arbeiten im Rahmen des VESUV-Projekts (www.vesuv-projekt.-de) dar, das vom Bundesministerium für Wirtschaft und Technologie gefördert wird. Dem dort entwickelten Anwendungsszenario „Event-Management" liegt die Idee zugrunde, in der Hansestadt Rostock (www.rostock.de) ein zentrales Dienstleistungsbüro „Veranstaltungen" einzurichten.

2 Genehmigung einer Großveranstaltung

Im Folgenden wird im Rahmen des eGovernment-Szenarios „Genehmigung einer Großveranstaltung" zunächst der rechtliche und technische „Ist-Zustand" der öffentlichen Vorgangsbearbeitung betrachtet. Anschließend werden die datenschutzrechtlichen Anforderungen dargestellt, die bei einer notwendigen Neustrukturierung der Verwaltungsprozesse für ein optimiertes Workflow Management-System zu beachten sind.

2.1 Betrachtung des „Ist-Zustands"

Um eine Großveranstaltung wie beispielsweise eine Messe oder einen Markt durchführen zu können, sind in der Regel zwei verschiedene Genehmigungen erforderlich. Soweit die Veranstaltung auf öffentlichen Flächen stattfinden soll, ist dafür eine straßenrechtliche Sondernutzungsgenehmigung notwendig. Aus gewerberechtlicher Sicht bedarf es eines Bescheids über die Festsetzung der Veranstaltung (§§ 64 ff. GewO.). Für beiden Verfahren sind grundsätzlich verschiedene Behörden der jeweiligen Kommune zuständig. Für die Sondernutzungserlaubnis ist dies in der Regel das Ordnungs- oder Straßenverkehrsamt und für den Festsetzungsbescheid das Gewerbeamt. Der Antragsteller muss daher bei beiden Behörden einen Antrag stellen. Auch wenn es in beiden Anträge um die Durchführung einer Großveranstaltung geht, sind beide Genehmigungsverfahren rechtlich voneinander unabhängig. Die Erteilung der Sondernutzungserlaubnis ergeht unabhängig von der gewerberechtlichen Festsetzung der Veranstaltung. In beiden Verfahren werden im Wesentlichen von den gleichen Fachbehörden – wie beispielsweise vom Grünamt oder vom Brandschutz- und Rettungsamt – Stellungnahmen eingeholt. Dabei sind eine Vielzahl personenbezogener Daten, wie Name, Anschrift oder Geburtsdatum des Veranstalters, für beide Verfahren von Relevanz. Dagegen sind bestimmte Daten nur für eines der beiden Verwaltungsverfahren von Bedeutung. So findet beispielsweise nur im Rahmen des gewerberechtlichen Festsetzungsverfahrens eine Prüfung statt, ob der Antragssteller die zur Durchführung der Veranstaltung notwendige Zuverlässigkeit besitzt (§ 69a Abs. 1 Nr. 2 GewO.). Im Rahmen des Sondernutzungsverfahrens spielt die Frage der Zuverlässigkeit dagegen keine Rolle.

Zur Bearbeitung der unterschiedlichen Verwaltungsprozesse innerhalb der Fachbehörden werden bereits heute vielfach verschiedene IuK-Technologien genutzt. Nachdem die Anträge vom Antragsteller überwiegend händisch ausgefüllt wurden, werden die Daten vom Sachbearbeiter des jeweils zuständigen Fachamts in das zumeist proprietäre Fachverfahren eingepflegt. Dort werden sie mittels E-Mail-Routinen oder unterschiedlicher Vorgangsbearbeitungssysteme wie beispielsweise fachamtsspezifischer Workflow Management-Systeme weiterverarbeitet. Soweit die Bearbeitung eine behördenübergreifende Kommunikation erfordert, erfolgt diese derzeit auf dem herkömmlichen Postweg, auf der Basis von Telefongesprächen oder mittels Fax und E-Mail.

2.2 Datenschutzrechtliche Anforderungen

Werden unterschiedliche Fachverfahren in einem Vorgangsbearbeitungssystem miteinander verbunden, so muss ein damit verbundener Umgang mit personenbezogenen Daten so ausgestaltet sein, dass er nicht in unzulässiger Weise in das Recht auf informationelle Selbstbestimmung der Art. 2 Abs. 1 i.V.m. Art. 1 Abs. 1 GG eingreift. Grundsätzlich hat danach der einzelne das Recht, selbst zu entscheiden, wann und innerhalb welcher Grenzen persönliche Lebenssachverhalte offenbart werden (BVerfGE 65, 1, 42f.). Ausfluss der informationellen Selbstbestimmung ist ein striktes, an die datenverarbeitende Stelle adressiertes, Zweckbindungsgebot [TiEh98, Yild04]. Danach darf der durch Einwilligung oder gesetzlichen Erlaubnistatbestand festgelegte konkrete Zweck von der datenverarbeitenden Stelle nicht auf weitere oder andere Datenverwendungen ausgeweitet werden. Wird der zugewiesene Aufgabenbereich überschritten, so stellt dies eine Zweckänderung oder Zweckentfremdung und damit einen erneuten Eingriff in das Recht auf informationelle Selbstbestimmung dar [RoPG01, Yild04]. Bei der Zweckbindung handelt es sich nicht nur um einen Nebenzweck datenschutzrechtlicher Regelungen, sondern sie bildet das zentrale Element des Datenschutzrechts [Bull99, Kuts99, Zezs03].

Um den Betroffen wirksam vor unzulässigen Zweckänderungen oder Zweckentfremdungen zu schützen, bedarf es sowohl Weitergabe- und Verwertungsverboten als auch organisatorischer Schutzvorkehrungen. In der öffentlichen Verwaltung wird ein solcher Schutz durch eine „informationelle Gewaltenteilung" realisiert. Danach darf jede Stelle nur die für ihre Aufgabenerfüllung erforderlichen Daten sammeln und nutzen [RoPG01]. Der Staat bildet dabei keine Informationseinheit, sondern es ist zwischen den verschiedenen Aufgabenbereichen des Staates zu unterscheiden [Heuß87]. Zur Abgrenzung der einzelnen Aufgabenbereiche wird ein „funktionaler Behördenbegriff" zugrunde gelegt. Die Organisation der staatlichen Verwaltung muss so gestaltet sein, dass eine Kenntnisnahme der Daten durch unzuständige Fachbehörden ausgeschlossen ist [Tune96, TiEh98]. Datenverarbeitende Stelle ist damit nicht die Gemeinde als organisatorische Einheit, sondern, bezogen auf den jeweiligen Zweck, das zuständige Fachamt. Die Gemeinde wird damit in einzelne, den jeweiligen Aufgaben entsprechende, in sich geschlossene und voneinander abgeschottete Teile aufgespalten [Simi87].

Die dargestellten Grundsätze bleiben nicht ohne Auswirkungen auf die datenschutzgerechte Ausgestaltung einer optimierten Vorgangsbearbeitung. Soweit dort verschiedene Fachverfahren miteinander gekoppelt werden, sind nach dem „funktionalen Behördenbegriff" unterschiedliche datenverarbeitende Stellen mit einem jeweils eigenen Aufgabenbereich beteiligt. Um ihre Aufgaben erfüllen zu können, bedürfen sie zum Teil unterschiedlicher personenbezogener Daten des Antragsstellers. So dürfen Daten, die Rückschlüsse auf die Zuverlässigkeit des Antragsstellers zulassen, nur im gewerberechtlichen, nicht jedoch im Sondernutzungsverfahren Verwendung finden. Entsprechend ist in einem optimierten Workflow zu berücksichtigen, dass

- die Daten beider Verfahren nur von der Stelle verarbeitet und genutzt werden dürfen, in deren Aufgabenbereich der Datenumgang fällt.
- technisch-organisatorische Vorkehrungen getroffen werden, die eine Zweckänderung oder Zweckentfremdung ausschließen.

Ein technisches System zur optimierten Vorgangsbearbeitung bedarf daher zum einen eines wirksamen Zugriffsschutzes, um einen zweckgebundenen Datenumgang sicherzustellen. Zum anderen ist aber auch festzuhalten, dass jede Lösung einer einheitlichen Datenhaltung, die diesen datenschutzrechtlichen Anforderungen nicht entspricht, unzulässig ist.

3 Bausteine der VESUV-Systemarchitektur

Im Rahmen des VESUV-Projekts wurde ein Behördenclient entwickelt, der nicht spezifisch für ein Fachverfahren ist sondern generisch eine Workflow-Steuerung anbietet, die Kommunikation mit Bürgern (Antragstellung) als auch mit anderen Ämtern erledigt und weitere Werkzeuge wie ontologiegestützte, juristische Assistenz bei der Bescheiderstellung anbietet. Mit einem solchen Behördenclient können verschiedene Fachverfahren abgewickelt werden, und entsprechend Synergien genutzt werden. Dieser Behördenclient ist dabei erweiterbar angelegt, und basiert auf Technologien aus den Bereichen Webservices, Workflow Management und Semantic Web.

Zur Integration von Fachverfahren und zur Dienstekomposition werden semantische Informationen genutzt und juristische Regelmodelle ontologiebasiert in die Vorgangssteuerung integriert. Zudem erlauben semantische Informationen eine wissensbasierte Assistenzunterstützung für den Sachbearbeiter innerhalb manuell zu bearbeitender Entscheidungsprozesse.

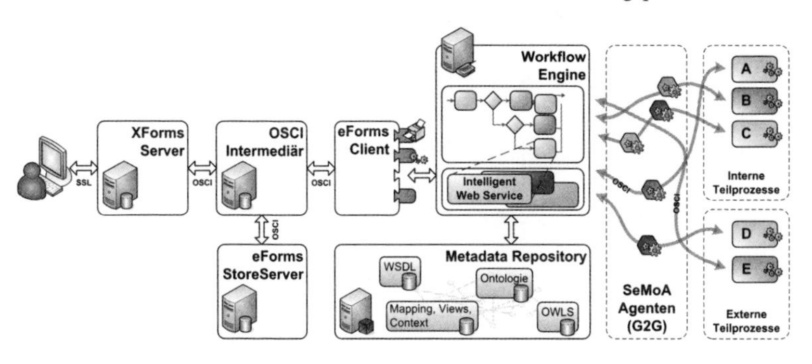

Abb. 1: VESUV-Systemarchitektur

Die VESUV-Systemarchitektur (einen Überblick liefert Abbildung 1) basiert auf der eForms-Direct-Frameworkarchitektur [AuCF03, Fran05], welche um zusätzliche Komponenten erweitert wurde.

3.1 Workflow Management

Bei der Workflow-Engine handelt es sich um die OpenSource-Engine ActiveBPEL (www.-activebpel.org). Für diese wurden die zwei spezifizierten Workflows (Sondernutzung und Festsetzung) in BPEL4WS (Business Process Execution Language for Web Services) umgesetzt [Andr03].

Das Verfahren der mehrfachen Antragstellung bei identischem Lebenssachverhalt wird dabei dahingehend optimiert, dass die Angaben aus den beiden zuvor separaten Anträgen (Antrag auf Sondernutzung und Antrag auf Festsetzung) in einem Dokument erfolgen. Dadurch werden dem Bürger unnötige Doppeleingaben erspart.

Das bei der Erstellung des Antrages durch den Antragsteller erzeugte XML-Dokument wird anschließend auf der Basis von OSCI-Technologie [OSCI02] an die Behörde übermittelt. Das Format des Dokuments selbst beruht auf einer für das Eventmanagement entwickelten XML-Struktur, die an die Entwicklungen der OSCI-XÖV-Standards [Leit06] angepasst ist.

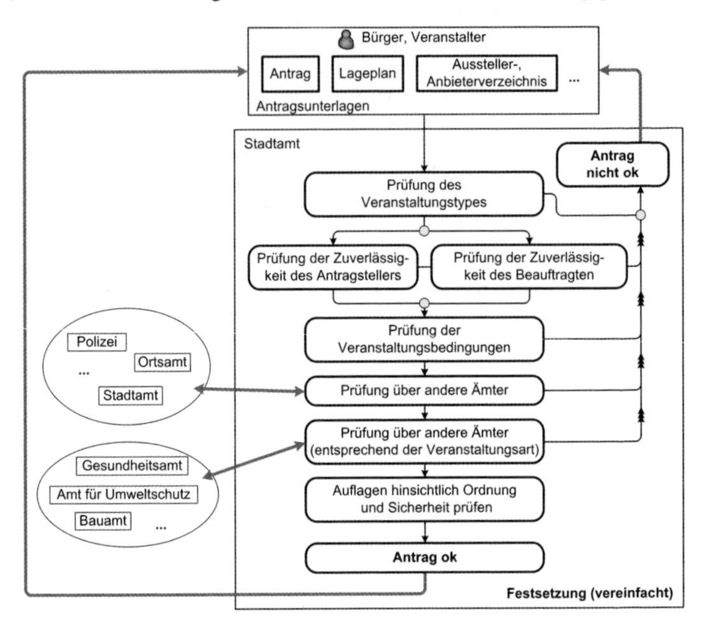

Abb. 2: Antrag auf Festsetzung (vereinfacht)

Die Bearbeitung des eigentlichen Verwaltungsprozesses erfolgt anschließend in der Workflow-Engine sowie in den angebundenen Fachverfahren. Innerhalb der Festsetzungsprüfung (siehe Abbildung 2) erfolgen neben verschiedenen komplexen Entscheidungsprozessen (z.B. Prüfung des Veranstaltungstyps, Prüfung der Zuverlässigkeit des Antragstellers) Kommunikationen mit verschiedenen Ämtern und Institutionen (u.a. Polizei, Gesundheitsamt, Amt für Stadtgrün, Bauamt, IHK). Ausgehend von den Informationen über die Veranstaltung und ihren Zuständigkeiten erteilen diese Ämter Auflagen, Hinweise oder Ablehnungen. Abschließend werden vom Stadtamt die verschiedenen Auflagen hinsichtlich ihrer Relevanz für Ordnung und Sicherheit (Schutz der Veranstaltungsteilnehmer und der Allgemeinheit) in Hinweisen und Auflagen für den Bescheid untersucht.

Den beteiligten IT-Diensten (Fachverfahren) aus den verschiedenen eingebundenen Ämtern werden die notwendigen Daten dabei in Form des dem Antrag (bzw. dem Workflow) assoziierten XML-Dokuments übermittelt, das durch das Fachverfahren bearbeitet und anschließend wieder an die Workflow-Engine zurück gesendet wird.

3.2 Metadaten Repository

Das Metadaten Repository verwaltet alle Metadaten und ermöglicht den Zugriff auf diese Daten für alle anderen Komponenten. Die Abbildung der Metadaten und Ontologien erfolgt dabei auf der Basis von RDF (Resource Description Framework) und OWL (Web Ontology Language). Das Repository beinhaltet Metadaten, die für die Abarbeitung des Workflows, der Dienste-Komposition und zur Entscheidungsunterstützung (Assistenz) notwendig sind. Hierzu gehören unter anderem eine juristische Ontologie, domänenspezifische Ontologien (Gewerbewesen, Event-Management) sowie eine Ontologie, die die Organisations- und Funktionseinheiten der Hansestadt Rostock abbildet [AuFS06].

Durch diese semantischen Informationen lässt sich abhängig vom Workflow auch ableiten, welchen Ämtern welche Daten aus dem Antragsdokument des Bürgers zur Verfügung stehen dürfen bzw. müssen. Zusammen mit weiteren Metadaten aus dem Metadaten Repository (angebundene Fachverfahren und deren Schnittstellen) wird aus diesen Workflow-abhängigen Zugriffsregeln jeweils dynamisch eine für den nächsten Webservice-Zugriff gültige Konfiguration erstellt. Aufgrund dieser Konfiguration initiieren die Sicherheitsmodule im Webservice-System die partielle Verschlüsselung bzw. Signatur des übermittelten XML-Dokuments. Diese Sicherheitsmodule können wiederum so in den Kommunikationskanal zu den Fachverfahren integriert werden, dass die notwendigen Sicherheitsanforderungen transparent für den eigentlichen Nachrichten- und Kontrollfluss umgesetzt werden (siehe auch Abschnitt 4.3).

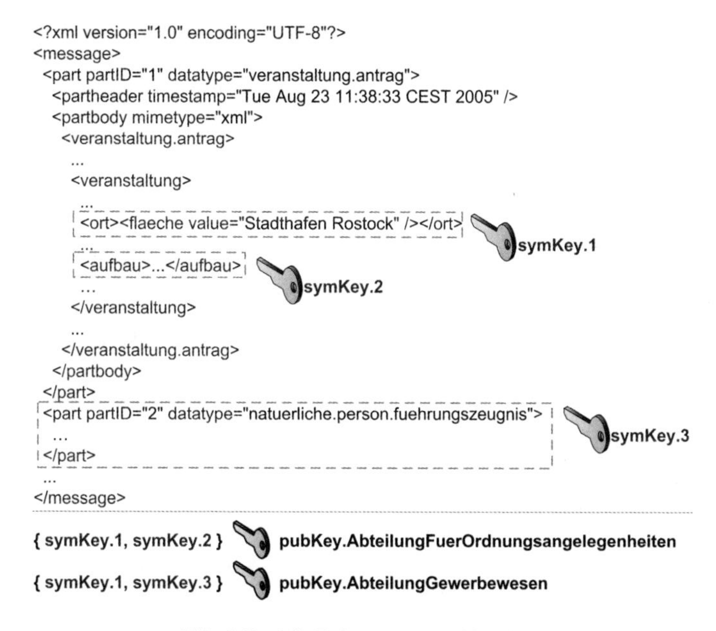

Abb. 3: Partielle Dokumentenverschlüsselung

4 Technische Umsetzung

Um den Verfahrensablauf bei Mehrfachanträgen im Rahmen ämterübergreifender Verwaltungsprozesse zu optimieren, ist eine Vernetzung der verschiedenen Fachverfahren unerlässlich. Proprietäre Systementwicklungen für das einzelne Fachamt haben sich aufgrund einer damit verbundenen dezentralen Datenhaltung zwar als datenschutzkonform, zugleich aber auch als zu ineffektiv und kostspielig erwiesen. Dagegen vermag eine gemeinsame Vorgangsbearbeitung innerhalb eines Vorgangsbearbeitungssystems zwar zu einer kostengünstigeren und effizienteren Verwaltungsorganisation beizutragen. Sie ist aber ohne weitere Schutzvorkehrungen aufgrund der mit ihr verbundenen gemeinsamen Datenhaltung, mit dem Grundsatz der „informationellen Gewaltenteilung" nicht zu vereinbaren. Herkömmliche Methoden der Verschlüsselung zur Sicherung des Zugriffsschutzes bei einer gemeinsamen Vorgangsbearbeitung von Mehrfachanträgen, die beispielsweise durch aktuelle OSCI-Infrastrukturen umgesetzt werden, stellen zwar gegebenenfalls sicher, dass nur die jeweils berechtigte Stelle Zugriff auf die Daten erlangt. Sie erweisen sich jedoch insbesondere dann als unflexibel, wenn unterschiedliche Nutzer in einem gemeinsamen Datenbestand auf unterschiedliche Daten Zugriff erhalten sollen, wie dies in dem dargestellten Beispiel der Sondernutzungs- und Gewerbeverfahren im Rahmen des Genehmigungsverfahrens zur Durchführung einer Großveranstaltung der Fall ist.

Ziel muss es daher sein, eine flexible ämterübergreifende Vorgangsbearbeitung zu ermöglichen, ohne dabei gegen datenschutzrechtliche Grundsätze zu verstoßen. Da die ämterübergreifende Kommunikation durch entsprechende Fachverfahren auf Basis von Webservice-basierten IT-Diensten umgesetzt wurde, bauen die entwickelten Sicherheitsmodule und -protokolle auf existierenden Standards auf.

Im Folgenden wird nach einer kurzen Darstellung relevanter Webservice-Security-Standards der im Rahmen des VESUV-Projekts entwickelt Realisierungsansatz vorgestellt. Anschließend wird die Integration der Sicherheitsmodule in das Webservice-System beschrieben.

4.1 Relevante Webservice-Standards

In der VESUV-Systemarchitektur werden zwischen der Workflow-Engine und den entsprechenden Fachverfahren typischer Weise die im Rahmen der Antragserstellung generierten XML-Dokumente als Parameter von Webservice-Aufrufen übermittelt. Die Parameter und Rückgabewerte werden dabei im „Body" der ausgetauschten SOAP-Nachrichten [W3C03] gekapselt, die darüber hinaus weitere Metainformationen in optionalen oder abhängig von der Anwendung ggf. notwendigen „Headern" enthalten können.

Zur Umsetzung von Sicherheitsanforderungen stehen eine Reihe von Protokollspezifikationen zur Verfügung, die auf verschiedenen Ebene des Webservice-spezifischen Protokoll-Stack [W3C04], einzeln oder in Kombination miteinander, eingesetzt werden können. Durch SSL/TLS [FrKK96] kann beispielsweise die Vertraulichkeit und Integrität der zwischen zwei Rechnersystemen ausgetauschten Daten auf Transportebene gewährleistet werden. Optional ist auch die gegenseitige Authentifikation der beiden an der Webservice-Kommunikation beteiligten Rechnersysteme möglich. Ende-zu-Ende-Sicherheit über intermediäre Knoten kann durch diese Protokolle allerdings nicht realisiert werden. Zum Schutz einzelner XML-Dokumente oder XML-basierter Protokolle stehen die beiden W3C-Spezifikationen XML Digital Signature (XML DSig) [Bart02] und XML Encryption (XML Enc) [ImDS02] zur Verfügung. Diese definieren grundlegende Datenstrukturen und Mechanismen mit denen im Fall von XML DSig die Integrität von XML-Strukturen sowie die eindeutige Bindung der signierten Daten an die signierende Instanz und somit Rechtsverbindlichkeit sicher gestellt werden kann. In Ergänzung dazu lässt sich durch XML Enc die Vertraulichkeit ausgewählter XML-Strukturen erreichen. Informationen über die signierende Instanz oder zur Entschlüsselung notwendigen Daten werden dabei XML-konform in das gleiche Dokument integriert. Beide Spezifikationen sind sowohl unabhängig von den verwendeten kryptographischen Verfahren als auch von der Semantik der zu signierenden bzw. zu verschlüsselnden XML-Strukturen. Mit WS-Security (WSS) [Atki02] wurden durch OASIS spezielle SOAP-Header standardisiert, die die durch XML DSig und XML Enc anfallenden Zusatzinformationen aufnehmen, ohne die Syntax und das entsprechende XML-Schema einer SOAP-Nachricht zu verletzen. Zudem definiert WSS weitere SOAP-Header, die im Rahmen der Webservice-Kommunikation die Authentizität und Autorisation [OASI04] beteiligter Instanzen wiedergeben. Da in heutigen Webservice-basierten Dienstinfrastrukturen allerdings auch weitaus komplexere Sicherheitsanforderungen und Sicherheitsmechanismen umgesetzt werden müssen, wurde von IBM und Microsoft bereits früh mit der Planung neuer Sicherheitsstandards begonnen [IBMi02]. Diese Bemühungen münden mittlerweile in verschiedenen Spezifikationen und Standards: WS-Policy [Schl06], WS-SecurityPolicy [Nada06b], WS-SecureConversation [Nada06a], WS-Trust [Nada06c], etc.

4.2 Realisierungsansatz

Ausgehend von der Feststellung, welche Daten aus den beiden Fachverfahren an welche der unterschiedlichen, am jeweiligen Fachverfahren beteiligten Fachämter zu übermitteln sind, lassen sich die Daten aus dem XML-Dokument in kleinste gemeinsame Teile zusammenfassen. Dabei werden die Daten aus dem XML-Dokument so aufbereitet, dass sowohl diejenigen Daten ermittelt werden, die eine Fachbehörde für beide Fachverfahren benötigt, als auch diejenigen Teile des XML-Dokuments identifiziert werden, die nur für eines der Fachverfahren von Relevanz ist. So wird beispielsweise das Grünamt für beide Verfahren um eine Stellungnahme gebeten und benötigt dafür identische Angaben. Dagegen sind Angaben zur Zuverlässigkeit des Antragsstellers nur bei der Entscheidung über die gewerberechtliche Festsetzung der Veranstaltung zu berücksichtigen. Die so gebildeten kleinsten gemeinsamen Teile werden zur weiteren Bearbeitung an die jeweiligen Fachämter übermittelt und tragen damit zu einer Optimierung der Ablauforganisation bei.

Der notwendige Zugriffschutz auf die für die jeweiligen Fachämter bestimmten Teile erfolgt durch ein angepasstes Verschlüsselungsverfahren. Abhängig vom Workflow werden die für die Kommunikation innerhalb des Systems verwendeten XML-Dokumente dabei logisch in Teilstrukturen zerlegt, die durch Verschlüsselung jeweils nur von einer bestimmten Empfängergruppe gelesen werden können (siehe Abbildung 3). Alle nicht entschlüsselbaren XML-Teilstrukturen werden bei der Bearbeitung durch den Empfänger ignoriert. Zusätzlich kann durch eine Signatur von Teilstrukturen bzw. des gesamten Dokuments die durch ein Fachverfahren (also im Namen eines Amtes) umgesetzten Änderungen an dieses Amt gebunden werden.

Bei der Verschlüsselung kommen dabei sowohl symmetrische als auch asymmetrische Verfahren zum Einsatz. Mit dem symmetrischen Schlüssel werden die einzelnen Teile separat verschlüsselt. Hierbei wird für jedes Teil ein neuer Schlüssel erzeugt. Mit Hilfe der asymmetrischen Schlüssel (Public Key) der einzelnen Empfänger werden diese symmetrischen Schlüssel anschließend für die einzelnen Empfänger nochmals gesondert verschlüsselt. Somit kann beim Empfang eines Dokuments nur der berechtigte Empfänger mit seinem privaten, asymmetrischen Schlüssel die entsprechenden symmetrischen Schlüssel ermitteln und daraufhin den für ihn notwendigen Inhalt des Dokuments entschlüsseln.

Sind einzelne Dokumententeile für verschiedene Empfänger von Relevanz, so ist es für die Verschlüsselung notwendig zu wissen, welche Elemente für welchen Empfänger bestimmt sind. Die jeweils dynamische Konfiguration der Sicherheitsmodule pro Webservice-Aufruf wird dabei aufgrund der verschiedenen ontologischen Informationen (Datenstrukturen, Verwaltungsstruktur, Verwaltungsaufgaben) sowie der Nutzung der Workflow-Beschreibung umgesetzt. Speziell die Verknüpfung von Aufgabenverteilung und Beschreibung der Datenstruktur beinhalten bereits indirekt, welche Dokumentteile für welche Empfänger notwendig und zweckgebunden sind.

Grundlage für die technische Realisierung bieten die WS-Security Standards, die (wie in Abschnitt 4.1 beschrieben) wiederum auf die Spezifikationen XML Digital Signature und XML-Encryption zurückgreifen. Im VESUV-Framework wurden auf Basis der WS-Security Spezifikationen Sicherheitsmodule für das Webservice-System entwickelt und in den Kommunikationskanal zwischen Workflow-Engine und Fachverfahren integriert.

Notwendige Voraussetzung für diesen Realisierungsansatz ist eine Public Key Infrastruktur (PKI), im Rahmen derer jedem durch ein Fachverfahren in die Dienste-Infrastruktur integriertem Amt ein zertifiziertes kryptographisches Schlüsselpaar zugewiesen werden kann. Im aktuellen Wirkungskreis der VESUV-Anwendung deckt diese PKI die beteiligten Ämter in der Hansestadt Rostock ab.

4.3 Integration in die Softwarearchitektur

Die Umsetzung der feingranularen Verschlüsselung eines Dokuments erfolgt mittels Sicherheitsmodule, die die Verschlüsselung und Signatur bzw. Entschlüsselung und Signaturprüfung durchführen. Da für den Webservice-basierten Dokumentenaustausch sowohl auf Seite der Workflow-Engine als auch auf der Seite der Fachverfahren das Webservice-Framework Apache AXIS [Apac04] eingesetzt wird, lässt sich das Handler-Konzept[1] von AXIS nutzen, um die Sicherheitsmodule transparent für den eigentlichen Nachrichten- und Kontrollfluss in die einzelnen Komponenten zu integrieren.

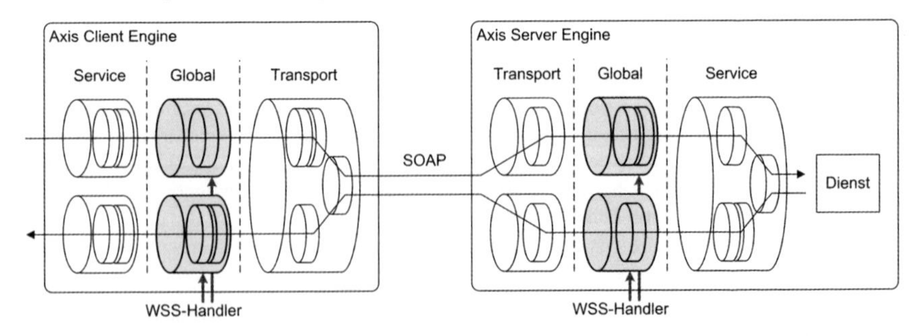

Abb. 4: Integration der Sicherheitsmodule als globale AXIS-Handler

Wie in Abbildung 4 zu sehen, werden die Sicherheitsmodule in die globalen Handler-Pipelines des AXIS-Frameworks integriert. Jedes Dokument, das via SOAP-Anfrage (request) an das

[1] Apache AXIS Architecture – ws.apache.org/axis/java/architecture-guide.html

ausgehende Handler-Modul übergeben wird, wird durch das Sicherheitsmodule feingranular verschlüsselt und vom Sender signiert.

Das eingehende Handler-Modul entschlüsselt entsprechend alle Bereiche des Dokuments, die aufgrund der Identität des Empfängers (des Amtes) offen gelegt werden können und verifiziert die geleisteten Signaturen. Analog agieren die Handler-Module in der Antwort-Pipeline (response) für den Rücktransport der bearbeiteten Dokumente zum Aufrufer.

Das jeweils ausgehenden Sicherheitsmodule benötigen dabei neben dem XML-Dokument die Information, welche Teilstrukturen des XML-Dokuments für welche Ämter verschlüsselt und welche Teilstrukturen signiert werden müssen. Zur Identifikation dieser XML-Teilstrukturen werden XPath-Ausdrücke [W3C06] verwendet. Die Sicherheitsmodule integrieren die notwendigen Metainformationen (Zertifikate, sichere Schlüsselcontainer für symmetrische Schlüssel, etc.) konform zur WSS-Spezifikation als optionale Header in die SOAP-Struktur.

Im Rahmen des Projekts verwenden wir zu diesem Zweck Apache WSS4J (ws.apache.org/-wss4j/) zusammen mit der integrierten Implementierung von XML Digital Signature und XML Encryption. Die aktuelle Version 1.5.0 von Apache WSS4J unterstützt die Verschlüsselung von mehreren XML-Teilstrukturen mit dem gleichen symmetrischen Schlüssel. Dieser kann dann im Kontext eines speziellen WSS-Header allerdings nur für einen Empfänger asymmetrisch verschlüsselt im Dokument abgelegt werden. XML-Teilstrukturen, die für mehrere Empfänger zur Verfügung stehen sollen, müssten entsprechend mehrmals verschlüsselt im Dokument abgelegt werden. Da dies für unsere Zwecke nicht optimal ist, wurde das WSS4J-Framework dahingehend erweitert, dass nun ein symmetrischer Schlüssel für mehrere Empfänger asymmetrisch verschlüsselt und als WSS-konforme SOAP-Header in der SOAP-Nachricht abgelegt werden kann.

5 Diskussion und Zusammenfassung

Ein datenschutzrechtlicher Schutz vor Zweckänderungen und Zweckentfremdung wurde bislang durch eine räumliche getrennte papierbasierte Aktenhaltung gewährleistet. Im Zuge der technischen Entwicklungen wurden die Daten daneben auch auf den Servern der jeweiligen Fachbehörden vorgehalten. Häufig ging die physische Datenaufteilung mit der Entwicklung proprietärer Fachverfahren einher, die einen Datenaustausch zusätzlich erschwerten. Durch die Architektur des optimierten Workflows wird der datenschutzrechtliche Zweckbindungsgrundsatz nicht durch dezentrale Aufbewahrung und Verarbeitungsmechanismen, sondern durch ein auf Zugriffsrechte und Verschlüsselung basierendes Technikkonzept gewährleistet. Indem die Daten, angepasst an das jeweilige Fachverfahren, in Teile zusammengefasst und mit den öffentlichen Schlüsseln derjenigen Fachämter verschlüsselt werden, die im weiteren Verfahren auf die Daten zugreifen müssen, wird sichergestellt, dass das jeweilige Fachamt nur auf die Daten Zugriff erhält, deren Kenntnis zur Erledigung seiner Aufgaben erforderlich ist. Gleichzeitig wird mit diesem auf den jeweiligen Verwendungskontext angepassten Zugriffschutz die Möglichkeit eröffnet, personenbezogene Daten auch in ämterübergreifenden Workflows zu bearbeiten, ohne durch eine dadurch bedingte Datensammlung gegen das Gebot der „informationellen Gewaltenteilung" zu verstoßen. Die herkömmliche Form des dezentralen Datenumgangs aufgrund proprietärer Fachverfahren lässt sich so in datenschutzkonformer Weise durch effizientere Methoden der ämterübergreifenden Vorgangsbearbeitung ergänzen. Dass Daten, die für beide Verfahren von Relevanz sind, für notwendige Stellungnahmen gemeinsam an weitere Fachämter übermittelt werden und von diesen einsehbar sind, stellt ebenfalls keinen Verstoß gegen den Zweckbindungsgrundsatz dar. Der Datenumgang für mehrere Zwecke und damit eine gemeinsame Datenübermittlung ist vom Grundsatz der Zweckbindung nicht ausgeschlossen (BVerfGE 65, 1 (61 ff.).).

Ein für ämterübergreifende Prozesse optimierter Workflow ermöglicht eine synchrone Nutzung der Daten unterschiedlicher Fachverfahren, vermeidet damit unnötige Doppeleingaben, bündelt Informationen und übermittelt sie zur gemeinsamen Bearbeitung an Drittbehörden. Trotz des damit verbundenen ämterübergreifenden Datenumgangs wird durch einen XML-basierten, an die jeweilige Fachbehörde angepassten, Zugriffsschutz die Einhaltung des datenschutzrechtlichen Zweckbindungsgrundsatzes gewährleistet. So wird sowohl das Ziel eines bürgerfreundlichen und zugleich effektiven sowie kostengünstigen Verfahrensablaufs verwirklicht als auch der Grundsatz der „informationellen Gewaltenteilung" gestärkt.

Literatur

[Andr03] T. Andrews, et al.: Business Process Execution Language for Web Services, Version 1.1 (2003).

[Apac04] Apache: Axis Architecture Guide. Tech. Rep. Version 1.1, The Apache Software Foundation (2004), http://ws.apache.org/axis/java/architecture-guide.pdf.

[Atki02] B. Atkinson, et al.: Specification: Web Service Security (WS-Security). Tech. Rep. Version 1.0, IBM developerWorks (2002), ftp://www6.software.ibm.com/software/developer/library/ws-secure.pdf.

[AuCF03] S. Audersch, T. Courvoisier, G. Flach: eFormsDirect - XML-basiertes E-Government-Framework für intelligente Formulare auf der Basis von XForms. (2003).

[AuFS06] S. Audersch, G. Flach, J. Schulz: Semantikbasierte eGovernment-Dienste für komplexe, ämterübergreifende Verwaltungsprozesse. In: R. Tolksdorf (Hrsg.), Berliner XML-Tage 2006, Köllen, Berlin, Germany (2006), 29–40.

[Bart02] M. Bartel, et al.: XML-Signature Syntax and Processing. W3C recommendation, World Wide Web Consortium (W3C) (2002), http://www.w3.org/TR/xmldsig-core/.

[Bull99] H. P. Bull: Aus aktuellem Anlaß: Bemerkungen über Stil und Technik der Datenschutzgesetzgebung (1999).

[Fran05] A. Franz: Semantik-gestützte Workflow-Steuerung und Dienste-Komposition in organisationsübergreifenden eGovernment-Umgebungen. Diplomarbeit, Univerität Rostock (2005).

[FrKK96] A. O. Freier, P. Karlton, P. C. Kocher: The SSL Protocol, Version 3.0. Internet draft, Netscape (1996), http://wp.netscape.com/eng/ssl3/.

[Heuß87] H. Heußner: Zur Zweckbindung und zur informationellen Gewaltenteilung in der Rechtsprechung des Bundesverfassungsgerichts. In: Ein Richter, ein Bürger, ein Christ: Festschrift für Helmut Simon (1987).

[IBMi02] IBM, Microsoft: Security in a Web Services World: A Proposed Architecture and Roadmap. White paper, developerWorks: Web services (2002), http://www-128.ibm.com/developerworks/library/specification/ws-secmap/.

[ImDS02] T. Imamura, B. Dillaway, E. Simon: XML Encryption Syntax and Processing. W3C recommendation, World Wide Web Consortium (W3C) (2002), http://www.w3.org/TR/xmlenc-core/.

[Kuts99] M. Kutscha: Datenschutz durch Zweckbindung - ein Auslaufmodell? (1999).

[Leit06] O. Leitstelle: XÖV-Framework 1.0 – Leitlinien für die Standardisierung. Tech. Rep., OSCI Leitstelle, Bremen (2006), http://www.osci.de/.

[Nada06a] A. Nadalin, et al.: WS-SecureConversation 1.3. Oasis committee draft, Organization for the Advancement of Structured Information Standards (OASIS) (2006), http://docs.oasis-open.org/ws-sx/ws-secureconversation/200512/.

[Nada06b] A. Nadalin, et al.: WS-SecurityPolicy 1.2. Oasis committee draft, Organization for the Advancement of Structured Information Standards (OASIS) (2006), http://docs.oasis-open.org/ws-sx/ws-securitypolicy/200512/.

[Nada06c] A. Nadalin, et al.: WS-Trust 1.3. Oasis committee draft, Organization for the Advancement of Structured Information Standards (OASIS) (2006), http://docs.oasis-open.org/ws-sx/ws-trust/200512/.

[OASI04] OASIS: Security Assertions Markup Language (SAML), Version 2.0. Working draft, Organization for the Advancement of Structured Information Standards (OASIS) (2004), http://www.oasis-open.org/committees/security.

[OSCI02] Bremen Online Services GmbH, cit GmbH, OSCI Leitstelle, PPI Financial Systems GmbH, SAP AG, Stadtverwaltung Hagen: OSCI-Transport 1.2 – Spezifikation. Tech. Rep., OSCI Leitstelle, Bremen (2002), http://www.osci.de/.

[RoPG01] A. Roßnagel, A. Pfitzmann, H.-J. Garstka: Modernisierung des Datenschutzrechts, Gutachten im Auftrag des BMI (2001).

[Schl06] J. Schlimmer: Web Services Policy 1.2 - Framework (WS-Policy). W3c member submission, World Wide Web Consortium (W3C) (2006), http://www.w3.org/Submission/2006/SUBM-WS-Policy-20060425/.

[Simi87] S. Simitis: Von der Amtshilfe zur Informationshilfe - Informationsaustausch und Datenschutzanforderungen in der öffentlichen Verwaltung (1987).

[TiEh98] M.-T. Tinnefeld, E. Ehmann (Hrsg.): Einführung in das Datenschutzrecht. R. Oldenbourg, München Wien (1998).

[Tune96] L. Tuner: Zur Notwendigkeit einer Entflechtung von Amtshilfe und Datenschutz (1996).

[W3C03] W3C: Simple Object Access Protocol (SOAP), Version 1.2. W3C recommendation, World Wide Web Consortium (W3C) (2003), http://www.w3.org/TR/soap/.

[W3C04] W3C: Web Services Architecture. W3C working group note, World Wide Web Consortium (W3C) (2004), http://www.w3.org/TR/2004/NOTE-ws-arch-20040211/.

[W3C06] W3C: XML Path Language (XPath), Version 2.0. W3C proposed recommendation, World Wide Web Consortium (W3C) (2006), http://www.w3.org/TR/xpath20.

[Yild04] N. Yildirim: Datenschutz im Electronic Government (2004).

[Zezs03] F. von Zezschwitz: Konzept der normativen Zweckbegrenzung (2003).

meinprof.de · meinarzt.de · meinanwalt.de Bewertungsportale im Internet

Lambert Grosskopf

Rechtsanwalt
Lehrbeauftragter für Urheber- und Medienrecht
an der Hochschule und Universität Bremen
lawoffice@grosskopf.eu

Zusammenfassung

Ranking spielt nicht nur im Rahmen von Basel II und Solvency eine Rolle, sondern kann auch Hilfe sein, um den passenden Hochschullehrer, Arzt oder Rechtsanwalt zu finden. So können auf der Website meinprof.de[1] bereits schon heute Studenten ihre Dozenten benoten und Kommentare zu deren Lehrveranstaltungen abgeben, was manche Professoren als „Lizenz zum Pöbeln" ansehen und deshalb mit Hilfe des Datenschutzes versuchen, ihre öffentliche Bewertung durch ihre „Kunden" zu verhindern[2]. Auch Bewertungen über Ärzte oder Rechtsanwälte und auch Köche können von jedermann über weitere Portale wie etwa qype.com abgegeben werden. Datenschützer halten etwa bei meinprof.de nicht nur den Namen und Vornamen der Professoren sowie ihr Lehrgebiet an einer betreffenden Hochschule für personenbezogene Daten, sondern auch die in den Benotungen und Bewertungen enthaltenen Werturteile, weil sie der Darstellung der persönlichen und sachlichen Verhältnisse einer Person dienen sollen. Die Werturteile sollen sich – jedenfalls wenn sie im praktischen Zusammenhang auf eine Person angewendet werden – nicht darin erschöpfen, die Subjektivität des Urteilenden auszudrücken, sondern auch eine datenschutzrechtlich relevante informative Aussage über den Betroffenen bezwecken[3].

1 Meinungs- und Äusserungsfreiheit

Bewertungsportale sind Meinungsforen. Bei den von den Bewertungsportalen gesammelten Bewertungen, Empfehlungen und Kommentaren von Dritten handelt es sich um Werturteile. Werturteile sind durch die subjektive Beziehung des sich Äussernden zum Inhalt seiner Äusserung, d.h. durch das Element der Stellungnahme, des Dafürhaltens oder Meinens geprägt

[1] Siehe auch meinprof.at.

[2] Siehe AG Berlin-Tiergarten BeckRS 2007 02547. Das LG Berlin als Berufungsinstanz hat in einem Hinweisbeschluss dem klagenden Hochschullehrer inzwischen mitgeteilt, dass unabhängig von der Frage, ob der Urteilstenor des AG Berlin-Tiergarten bestimmt genug ist und ob es sich bei den angegriffenen Äusserungen „echt das letzte dieser Typ" und Psychopat und das lebt er an seinen Studenten ausgiebig aus" nicht um Meinungsäusserungen handelt, die die Grenze zur unzulässigen Schmähkritik noch nicht überschreiten, die Betreiberin des Meinungsportals nicht als Störerin auf Unterlassung in Anspruch genommen werden könne, weil sie keine ständige Prüfungspflicht treffe und die beanstandeten Äusserungen unverzüglich nach einem Hinweis des Hochschullehrers aus dem Forum entfernt habe.

[3] Siehe Dix, DuD 2006, 330; Schilde-Stenzel, RDV 2006, 104.

P. Horster (Hrsg.) · D•A•CH Security 2007 · syssec (2007) 178-188.

und vom Grundrecht der Meinungsfreiheit gedeckt (Art. 5 Abs. 1 GG)[4]. Das Grundrecht der Meinungsfreiheit findet nach Art. 5 Abs. 2 GG seine Schranken unter anderem in den Vorschriften der allgemeinen Gesetze. Diese Gesetze sind freilich ihrerseits im Lichte der grundlegenden Bedeutung der Grundrechte des Art. 5 Abs. 1 GG auszulegen und anzuwenden und so in ihrer grundrechtsbeschränkenden Wirkung selber wieder einzuschränken[5]. Dabei hat das BVerfG seit Beginn seiner Rechtsprechung der Meinungsfreiheit wegen ihrer herausragenden Bedeutung für die menschliche Persönlichkeit und die demokratische Staatsordnung einen besonders hohen Rang zuerkannt, der bei der Abwägung mit anderen Rechtsgütern ins Gewicht fällt[6]. Dieser hohe Rang wirkt sich vornehmlich bei Mitteilungen aus, die nicht im privaten Interesse, sondern in öffentlichen Angelegenheiten gemacht werden. Hier spricht eine Vermutung zugunsten der Redefreiheit. An die Zulässigkeit öffentlicher Kritik dürfen daher keine überhöhten Anforderungen gestellt werden. Der Grundrechtsschutz erfasst auch die Modalitäten der Meinungsäusserung. Der sich Äussernde soll nicht nur den Inhalt, sondern auch den Ort und die Form seiner Äusserung frei bestimmen dürfen[7]. Eine öffentliche Evaluation von Lehrveranstaltungen und Lehrenden, die Darlegung der Qualität der ärztlichen oder rechtlichen Versorgung ist mithin - solange in den Bewertungen, Empfehlungen und Kommentaren keine Formalbeleidigung enthalten sind oder sie die Menschenwürde nicht verletzen oder keine reine Schmähkritik darstellen - vom Grundrecht der Meinungsfreiheit gemäss Art. 5 Abs. 1 GG gedeckt. Art. 5 Abs. 1 Satz 1 GG schützt aber auch Tatsachenmitteilungen, weil und soweit sie Voraussetzung der Meinungsbildungsfreiheit sind, die Art. 5 Abs. 1 GG in seiner Gesamtheit gewährleisten will. Lediglich die erwiesen oder bewusst unwahre Tatsachenbehauptung kann den Schutz des Grundrechts von vornherein nicht beanspruchen, weil sie keinen Beitrag zur Meinungsbildung leistet[8].

Die Beurteilten und die Datenschützer übersehen daher zuvörderst den grundrechtlichen Schutz für das Sammeln und die Verwendung von personenbezogenen Daten und Informationen, und zwar in erster Linie durch die Informationsfreiheit. Informationsfreiheit meint nicht nur Unterrichtung aus Informationsquellen, sondern gleichermassen Unterrichtung an der Quelle[9]. Die besondere Bedeutung, die der Informationsfreiheit auch im internationalen Bereich zugemessen wird, zeigt sich in Art. 19 der allgemeinen Erklärung der Menschenrechte vom 10. Dezember 1948, nach der

> „jeder das Recht der Meinungs- und Äusserungsfreiheit (hat), insbesondere das Recht, wegen seiner Überzeugung nicht beunruhigt zu werden und Nachrichten und Gedanken durch jedes Ausdrucksmittel und unabhängig von Grenzen einzuholen, zu empfangen und zu verbreiten.“

Ebenso bestimmt Art. 10 Abs. 1 Satz 1 und 2 der Konvention zum Schutze der Menschenrechte und Grundfreiheiten vom 4. November 1950:

---

[4] Siehe nur BVerfG NJW 1992, 1439, 1440 – Begriff der Tatsachenbehauptung.

[5] Siehe bereits BVerfG NJW 1958, 257 – Grundrecht der freien Meinungsäusserung, Kollision mit Zivilrecht.

[6] Siehe ebenda.

[7] Vgl. BVerfG NJW 1980, 2069 – Anforderungen an die Zulässigkeit öffentlicher Kritik.

[8] Siehe BVerfG NJW 1983, 1415 – Bezeichnung der CSU als „NPD Europas“ im Wahlkampf.

[9] Siehe Maunz-Dürig-Herzog-Scholz, GG, Art. 5 I/II RdNr. 87.

> „Jeder hat Anspruch auf freie Meinungsäusserung. Dieses Recht schliesst die Freiheit der Meinung und die Freiheit zum Empfang und zur Mitteilung von Nachrichten oder Ideen ohne Eingriffe öffentlicher Behörden und ohne Rücksicht auf Landesgrenzen ein."

Jedermann hat also das Menschenrecht, aus seinen Wahrnehmungen und Beobachtungen, auch wenn sie eine andere Person betreffen, Informationen und Daten werden zu lassen und damit grundsätzlich nach eigenem Belieben umzugehen. Diese Kommunikationsfreiheit hat für eine freiheitlich-demokratische Grundordnung eine „schlechthin konstituierende" Bedeutung[10].

Die Informationsfreiheit schützt ein aktives Handeln zur Informationsverschaffung, um sich eine Meinung bilden und äussern zu können[11], aber auch diejenigen, die eine Meinung vermitteln. Daher ist z.B. auch der Buchverleger[12] und der Tonträgerhersteller[13] sowie der Mediendiensteanbieter qua Definition als Quasirundfunkanbieter, aber auch der Telemedienanbieter Grundrechtsträger im Sinne der Informationsfreiheit[14].

Das Angebot von Bewertungsportalen ist also zunächst anhand der Informationsfreiheit zu prüfen, wobei sich die Informationsfreiheit nicht am Datenschutz messen lassen muss, sondern der Datenschutz an der Informationsfreiheit, weil durch den Datenschutz in die Informationsfreiheit eingegriffen wird. Datenschutzrichtlinien[15] und –gesetze[16] sind wegen ihrer grundrechtsbeschränkenden Wirkung nach der Wechselwirkungstheorie ihrerseits im Lichte der Informationsfreiheit auszulegen, wobei der für eine demokratische Grundordnung schlechthin konstituierenden Meinungsäusserungsfreiheit ein besonderes Gewicht einzuräumen ist[17].

Die Informationsfreiheit steht nicht schlechthin unter dem Vorbehalt des einfachen Gesetzes. Die allgemeinen Gesetze müssen vielmehr im Lichte der besonderen Bedeutung dieses Grundrechts für den freiheitlichen demokratischen Staat ausgelegt werden; sie sind so zu interpretieren, dass der besondere Wertgehalt des Grundrechts auf jeden Fall gewahrt bleibt[18]. Demgemäss ist auch darauf zu achten, dass eine Auslegung der Datenschutzrichtlinien und –gesetze nicht mit anderen Grundrechten oder anderen allgemeinen Grundsätzen, wie dem Grundsatz der Verhältnismässigkeit, kollidiert[19].

Der Schutz der Kommunikationsfreiheiten besteht allerdings nur, sofern es sich um allgemein zugängliche oder ohne Zutun des Betroffenen oder Dritter erschliessbare Daten und Informa-

---

[10] Vgl. BVerfG NJW 1958, 257 – Grundrecht der freien Meinungsäusserung.

[11] Siehe BVerfG NJW 1970, 235 – Umfang und Abgrenzung des Grundrechts der Informationsfreiheit.

[12] Siehe BVerfG NJW 1971, 1645 – Umfang der Kunstfreiheitsgarantie bei Ehrverletzungen.

[13] Vgl. BVerfG NJW 1974, 689 – Schallplatten.

[14] Siehe VG Düsseldorf MMR 2005, 794 – Sperrungsverfügung gegen Access-Provider; Starck in: von Mangoldt/Klein/Starck, Grundgesetz, Band 1, 4. Auflage 1999, Art. 5 Abs. 1,2 RdNr. 97 m.w.N.

[15] Datenschutzrichtlinie für elektronische Kommunikation (2002/58/EG) AmtsBl. L 201/37 - DSRL.

[16] Bundesdatenschutzgesetz, BGBl. 2003, 66.

[17] Siehe grundlegend zur Wechselwirkungstheorie BVerfG NJW 1958, 257 – Lüth; Hesse, Grundzüge des Verfassungsrechts, 20. Aufl., Heidelberg 1995, RdNr. 72.

[18] Siehe ebenda, st. Rspr., zuletzt BVerfG NJW 2006, 207 – „IM-Sekretär" Stolpe.

[19] Siehe dazu die Auslegungsmaximen des EuGH bei der DSRL: EuGH, Rs. C-101/01, Slg. 2003, I-12971, RdNr. 87 – Linquist.

tionen handelt, was bei den Angaben „Titel", „Name", „Schwerpunkt" und „Fachrichtung" der Fall ist, da sie einerseits durch die Teilnahme an Lehrveranstaltungen, einen Arzt- oder Anwaltsbesuch selber erschlossen werden können. Sie können zudem aus allgemein zugänglichen Quellen, wie etwa den auch im Web veröffentlichten Vorlesungsverzeichnissen der Hochschulen, Ärztetafeln der Kassenärztlichen Vereinigungen oder Verzeichnissen der Rechtsanwaltskammern entnommen werden. Diese Verwendungsfreiheit findet aber ihrerseits ihre Grenze am Informationsverfügungsrecht anderer sowie am Gebot, auf das informationelle Selbstbestimmungsrecht des Betroffenen Rücksicht zu nehmen.

Bei den Angaben „Titel", „Name", „Schwerpunkt" oder „Fachrichtung" handelt es sich um personenbezogene Daten. Diese Angaben werden von den Bewertungsportalen gespeichert (§ 3 Abs. 4 Nr. 1 BDSG) und Dritten bei einer Abfrage übermittelt (§ 3 Abs. 4 Nr. 3 BDSG). Nach dem BDSG ist grundsätzlich jede Verarbeitung personenbezogener Daten verboten. Sie ist nur erlaubt, wenn das BDSG oder eine andere Rechtsvorschrift dies erlaubt oder anordnet sowie bei einer Einwilligung des Betroffenen (§ 4 Abs. 1 BDSG). Nach § 29 Abs. 1 BDSG ist die Speicherung von Daten zum Zwecke der Übermittlung jedoch zulässig, wenn kein Grund zur Annahme besteht, dass der Betroffene ein schutzwürdiges Interesse hat oder die Daten aus allgemein zugänglichen Quellen entnommen sind, es sei denn, dem schutzwürdigen Interesse des Betroffenen ist auch dann Vorrang einzuräumen. Es ist also im Einzelfall abzuwägen zwischen den Interessen des Betroffenen und der denen der Bewertungsportale und zu ermitteln, wie etwaige Beeinträchtigungen und die Schutzwürdigkeit der Interessen des Betroffenen im Hinblick auf die Gesamtumstände einschliesslich der Interessen der Bewertungsportale zu gewichten sind. Dabei sind nach ständiger Rechtsprechung des BGH Art, Inhalt und Aussagekraft der beanstandeten Daten an den Aufgaben und Zwecken zu messen, denen ihre Speicherung dient. Nur wenn diese am Verhältnismässigkeitsgrundsatz ausgerichtete Abwägung, keinen Grund zu der Annahme bietet, dass die Speicherung der in Frage stehenden Daten zu dem damit verfolgten Zweck schutzwürdige Belange des Betroffenen beeinträchtigt, ist die Speicherung zulässig[20].

Das Interesse der Betroffenen ist die Verhinderung der Speicherung und Übermittlung ihrer Daten generell durch Bewertungsportale. Grundsätzlich beeinträchtigt eine Speicherung und Übermittlung von Daten, die unter dem Schutz des allgemeinen Persönlichkeitsrechts stehen, schutzwürdige Belange der Betroffenen. Jedoch ist die Speicherung und Übermittlung von den Betroffenen hinzunehmen, wenn der Zweck, zu dem die Speicherung und Übermittlung erfolgt, mit der Belastung des Selbstbestimmungsrechts zu vereinbaren ist. Die Speicherung und Übermittlung der Angaben „Titel", „Name" und „Schwerpunkt" durch Bewertungsportale ist etwa von dem Interesse von Studenten bestimmt, Informationen über Lehrende und deren Lehrveranstaltungen zu erhalten, damit ihnen gegebenenfalls die Möglichkeit eröffnet wird, alternative Studienangebote wahrzunehmen. So handelt es sich bei dem Internetportal „meinprof.de" also um ein Art Hinweissystem, in das Bewertungen, Empfehlungen und Kommentare von Studenten einfliessen, die bereits eine Lehrveranstaltung des Betroffenen besucht haben. Im Unterschied zu regelmässig hochschulintern durchgeführten Evaluationen erfolgt über das Internetportal „meinprof.de" die Auswertung der Bewertungen zwar automatisch und ist auch für jedermann einsehbar, also auch von Dritten, die nicht an der betreffenden Hochschule studieren, jedoch besteht auch für Dritte ein Interesse sich über das Lehran-

[20] Siehe BGH NJW 1986, 2505 – Zulässige Speicherung personenbezogener kreditrelevanter Daten über Ein-Mann-GmbH-Gesellschafter.

gebot an Hochschulen zu informieren, weil sie etwa erwägen, sich um einen Platz an einer Hochschule zu bewerben. Gegen die Evaluation des Internetportals „meinprof.de" kann daher nicht eingewandt werden, die öffentlich zugängliche Übermittlung stelle einen nicht hinzunehmenden Eingriff in die Persönlichkeitsrechte der Betroffenen dar, weil die Allgemeinheit ein nicht zu leugnendes Interesse hat, sich über die Qualität des Lehrangebotes an einer Hochschule zu informieren. Informieren kann sich die Allgemeinheit jedoch nur, wenn auch „Ross und Reiter" genannt werden. Es besteht daher ein berechtigtes Interesse an der Kenntnis der personenbezogenen Daten der Lehrenden, da diese Kenntnis für die von den Empfängern beabsichtigten Ziele und Zwecke erforderlich ist[21]. Bewertungsportale dienen der Verbreiterung des Erfahrungshorizonts, denn ohne solche Internetportale könnten z.B. Studierende nur auf der Grundlage der persönlichen Erfahrungen durch Besuch einer Vielzahl von Lehrveranstaltungen das Lehrangebot einer Hochschule bewerten. Das Internetportal „meinprof.de" ist deshalb eine Entscheidungshilfe bei der Planung eines Studiums, wie auch die Bewertungsportale über Ärzte und Rechtsanwälte eine Entscheidungshilfe für Auswahl der nachgesuchten ärztlichen oder anwaltlichen Leistung sind.

2 Datenschutz vs Meinungsfreiheit

Die Einräumung eines prinzipiellen Vorranges des Datenschutzes führt dazu, dass jede private Datenerhebung und Datenverarbeitung per se unzulässig ist, wenn sie nicht eine spezielle Rechtsgrundlage in Datenschutzrichtlinien und –gesetzen findet, wodurch der Jedem zukommende verfassungsrechtliche Schutz seiner Interessen und insbesondere die Informationsfreiheit jeglichen Inhalts entkleidet wird, weil dann niemand mehr in Ausübung der Kommunikationsrechte seine Meinung über einen anderen äussern darf, weil er dabei auch Angaben über dessen persönlichen und sachlichen Verhältnisse an andere weitergibt, also personenbezogene Daten nutzt und weitergibt.

Die Durchsetzung eines prinzipiellen Vorranges des Datenschutzes wirkt dann als verfassungswidrige Zensur, weil unter Zensur nicht nur eine staatliche Massnahme gegenüber irgendeiner Mitteilung zu verstehen ist, sondern auch Massnahmen anderer Art, die einen Druck auf einen Anbieter von Informationen ausüben, Meinungsäusserungen nicht zu veröffentlichen oder bereits veröffentliche Meinungsäusserungen zurückzuziehen. Gleiches gilt, wenn Bewertungsportale verpflichtet werden, im Wege der autoritären Präventivzensur die Einstellung von Meinungsäusserungen in einem Internetportal den Beurteilten zunächst mitzuteilen und so gewissermassen den Beurteilten „von Amts wegen" die Möglichkeit einzuräumen, durch Widerspruch die Aufnahme der Meinungsäusserungen in ein Bewertungsportal zu verhindern.

Ausgangspunkt bei der Überprüfung von Bewertungsportalen muss das grundsätzliche Recht sein, sich von jedem anderen ein eigenes Bild zu machen und seine Feststellungen auch kundzutun. Regulative dieser Kundgabe sind nur zulässig, solange sie strikt meinungsneutral bleiben, da niemand einen Anspruch darauf hat, dass jemand, der die Motive und den Erfolg des Handelns eines Beurteilten in Zweifel zieht, zum Schweigen gebracht wird. Dieser Ausgangspunkt führt dazu, dass nicht jede Kundgabe von Daten, sondern eine Kundgabe von Daten nur dann unzulässig ist, wenn sie in das Allgemeine Persönlichkeitsrecht des Beurteilten eingreifen, wenn es sich um Schmähkritik oder Formalbeleidigungen handelt, was ohne jeden

[21] Vgl. BGH NJW 1984, 1886 – Anspruch auf Bekanntgabe des Datenempfängers.

Zweifel aber bei der Vergabe von Noten nicht möglich ist, da Noten stets keine rational darstellbaren Grössen sind. Niemand kann mit Hilfe eines allgemeingültigen Bewertungsmassstabes eine absolut richtige Note errechnen. Der Bewertende vollzieht vielmehr einen von keinem anderen nachvollziehbaren Akt der wertenden Erkenntnis, weshalb eine Benotung immer Meinungsäusserung und nicht Tatsachenbehauptung ist. Von daher unterliegt auch die Benotung von Prüfungsleistungen keiner gerichtlichen Nachprüfung[22], und es können auch nicht die von Bewertungsportalen auf der Grundlage der Meinungsäusserungen der Bewertenden ermittelten Gesamtnoten als reine zusammenfassende Werturteile einer Richtigkeitskontrolle unterzogen werden[23].

Allein durch die Möglichkeit, Kommentare zu den Leistungen der Beurteilten abgeben zu können, kann es überhaupt zu unzulässigen Äusserungen kommen. Allerdings steht dem Betroffenen in diesen Fällen der zivilrechtliche Weg offen, gegen den Äussernden und unter bestimmten Umständen auch gegen das Bewertungsportal vorzugehen, weshalb überhaupt kein Anlass zum Einschreiten aus dem Gesichtspunkt des Datenschutzes gegeben ist, da dem Betroffenen in diesem Fall nicht an der (Nicht-)Verwendung von personenbezogenen Daten gelegen ist, sondern nur an der Verhinderung nach seiner Ansicht überzogener Kritik. Einer „Prozessstandschaft" des Datenschutzes bedarf er hierzu nicht. Solange also keine Hinweise für unzulässige Äusserungen vorliegen, besteht schon zivilrechtlich keine Möglichkeit, die Äusserung zu verhindern. Es kann dann auch nicht das Datenschutzrecht instrumentalisiert werden, um diese Meinung ihrer selbst willen zu verhindern, zumal die Regulierung von Meinungsäusserung ohne jeden Zweifel nicht in den Schutzzweck des Datenschutzes fällt. Auch können die aus dem Datenschutz folgenden Befugnisse nicht grösser/umfangreicher sein als der zivilrechtliche Anspruch des Betroffenen gegen den Täter/Störer. Mit anderen Worten: der Datenschutz kann nicht solche Äusserungen verbieten, die der Betroffene zivil- und verfassungsrechtlich hinzunehmen hat.

Das Informationsgrundrecht gewährleistet jedermann das Recht, seine Meinung frei zu äussern: Jeder soll frei sagen können, was er denkt, auch wenn er keine nachprüfbaren Gründe für sein Urteil angibt oder angeben kann[24]. Unerheblich ist, ob die Äusserung „wertvoll" oder „wertlos", „richtig" oder „falsch", „emotional" oder „rational begründet" ist[25]. Handelt es sich im Einzelfall um einen Beitrag zum geistigen Meinungskampf in einer die Öffentlichkeit wesentlich berührenden Frage, dann spricht die Vermutung für die Zulässigkeit der freien Rede[26]. Auch scharfe und übersteigerte Äusserungen fallen grundsätzlich in den Schutzbereich der Meinungsfreiheit. Da es der Sinn jeder zur Meinungsbildung beitragenden öffentlichen Äusserung ist, Aufmerksamkeit zu erregen, sind angesichts der heutigen Reizüberflutung aller Art einprägsame, auch starke Formulierungen hinzunehmen[27]. Im Interesse freier Rede müs-

---

[22] Siehe BVerfG NJW 1991, 2005 – Gerichtliche Kontrolle von berufsbezogenen Prüfungen; AG Potsdam, Urt. v. 10. 12. 2004 - 22 C 289/04, BeckRS 2005, 10685 – keine Richtigkeitskontrolle von ebay-Bewertungen; Janal in NJW 2006, 870 zu den eingeschränkten rechtlichen Möglichkeiten der Unterbindung virtueller Mund-zu-Mund-Propaganda.

[23] Siehe dazu Andexer/Lehmann, in: Hoeren/Müglich/Nielen, Online-Auktionen, 2002, S. 226; Mallmann, in: Simitis BDSG, 5. Aufl., § 35 RdNr. 8, § 20 RdNr. 27.

[24] St.Rspr. seit BVerfG NJW 1958, 257 – Grundrecht der freien Meinungsäusserung.

[25] Siehe BVerfG NJW 1972, 811 – Grundrechte von Strafgefangenen.

[26] Siehe BVerfG NJW 1958, 257 – – Grundrecht der freien Meinungsäusserung.

[27] Siehe BVerfG NJW 1969, 227 – Tonjäger; vgl. auch Fussnote 2.

sen also Schärfen und Überspitzungen des öffentlichen Meinungskampfes hingenommen werden. Die Befürchtung, wegen einer wertenden Äusserung gerichtlichen Sanktionen ausgesetzt zu werden, trägt die Gefahr in sich, öffentliche Kritik und öffentliche Diskussion zu lähmen oder einzuengen und damit Wirkungen herbeizuführen, die der Funktion der Meinungsfreiheit in der durch das Grundgesetz konstituierten Ordnung zuwiderlaufen[28]. Betrifft ein Beitrag zur Meinungsbildung eine die Öffentlichkeit wesentlich berührende Frage – wie etwa die Bildung in der Wissensgesellschaft, die Qualität der medizinischen oder juristischen Versorgung –, so dürfen bei der Auslegung der die Meinungsfreiheit beschränkenden Gesetze an die Zulässigkeit öffentlicher Kritik keine überhöhten Anforderungen gestellt werden[29].

Wird der Datenschutz dazu verwendet, eine öffentliche Kundgabe einer Meinung als solche zu verbieten, liegt dies nicht mehr im Rahmen eines „allgemeinen Gesetzes“, da durch die Schrankenziehung der „allgemeinen Gesetze“ die Freiheit nicht praktisch illusorisch gemacht werden darf. Folglich ist eine solche Auslegung/Anwendung von Datenschutzrichtlinien oder Datenschutzgesetzen verfassungswidrig, da auch für den Bereich des Datenschutzes gelten muss, dass eine Meinungsäusserung nur dann unzulässig ist, wenn sie eine Schmähkritik oder eine Formalbeleidigung darstellt. Aber selbst dann, wenn Meinungsäusserungen nicht generell vom Datenschutz ausgenommen werden, müssen Meinungsäusserungen und Persönlichkeitsrechte des Beurteilten im Wege der praktischen Konkordanz in einen möglichst schonenden Ausgleich gebracht werden, bei dem jedes Grundrecht seine Wirkung möglichst gut entfalten kann, weshalb dem Reputationsinteresse der Beurteilten kein genereller Vorrang vor der freien Auseinandersetzung um ihre Leistungen aus dem Gesichtspunkt des Datenschutzes eingeräumt werden kann. Es kann nicht die Kundgabe von Benotungen und Bewertungen per se als unzulässig beurteilt werden, nur weil mit der Kundgabe auch die Angabe von personenbezogenen Daten einhergeht. In Betracht kommt also nicht ein Entweder - Oder, sondern nur ein möglichst optimaler Ausgleich von rivalisierenden Verfassungsrechtsgüter. Ein solcher Ausgleich kann im Wege der praktischen Konkordanz jedoch bereits dadurch hergestellt werden, wenn den Bewertenden eine Möglichkeit eingeräumt wird, zu den Bewertungen und Benotungen gesondert auf einfache Weise Stellung zu nehmen.

3 Speicherung und Übermittlung

Die Speicherung und Übermittlung von Angaben wie „Titel“, „Name“, „Schwerpunkt“ oder „Fachrichtung“ sind privilegiert, da die Daten aus allgemein zugänglichen Quellen entnommen werden können[30]. Öffentlich zugänglich ist eine Informationsquelle, wenn sie technisch geeignet und bestimmt ist, der Allgemeinheit, d. h. einem individuell nicht bestimmbaren Personenkreis, Informationen zu verschaffen[31], mit anderen Worten: wenn sie öffentlich i. S. der hergebrachten juristischen Terminologie ist[32]. Allgemein zugänglich sind Quellen wie im Internet vorgehaltene Vorlesungsverzeichnisse von Hochschulen, Ärztetafeln der Kassenärztlichen Vereinigungen oder Anwaltsverzeichnisse, wobei unerheblich ist, ob die Daten auch die-

---

[28] Siehe BVerfG NJW 1980, 2069 –Anforderungen an die Zulässigkeit öffentlicher Kritik.

[29] Siehe BVerfG NJW 1976, 1680 – Äusserungen von Werturteilen; BVerfG NJW 1971, 819 – Schmid-Spiegel.

[30] Siehe etwa § 29 Abs. 1 Satz 1 Nr. 2 BDSG.

[31] Siehe nur BVerfG NJW 1970, 235 - Umfang und Abgrenzung des Grundrechts der Informationsfreiheit.

[32] Siehe BVerfG NJW 1986, 1243 - Einsichtnahme in Behördenakten zu Forschungszwecken.

sen Quellen entnommen wurden, da es ausreicht, wenn sie diesen Quellen entnommen werden können[33].

Der Verwendung dieser aus allgemein zugänglichen Quellen herrührenden Daten in Bewertungsportalen können keine entgegenstehenden schutzwürdigen Interessen der Betroffenen gegenüberstehen, da sich die Verwendung dieser Daten nicht gegenüber der Verwendung der identischen Daten in auch im Internet vorgehaltenen Verzeichnissen von Hochschulen, Ärzte- oder Anwaltskammern unterscheidet. Die jeweiligen auf den Internetseiten dieser Institutionen bereitgehaltenen Daten können weltweit abgerufen werden und zwar von Jedermann, i.e. ist der Abruf nicht nur beschränkt etwa auf die an der jeweiligen Hochschule eingeschriebenen Studenten oder die in einer Stadt lebenden Patienten oder Ratsuchenden. Bei dem Abruf der Daten von den Internetseiten der Institutionen wird nicht – insbesondere nicht durch Post-Ident-Verfahren oder durch Vorlage entsprechender Nachweise oder durch einen Abgleich der IP-Adresse[34] – überprüft, ob der Abruf der Daten von einem „Berechtigten" erfolgt. Vielmehr sind die identischen Daten unbeschränkt abrufbar, wobei unerheblich im Verhältnis zu den Bewertungsportalen ist, ob die Verwendung der Daten auf den Internetseiten der Institutionen mit ausdrücklicher oder konkludenter Einwilligung der Betroffenen erfolgt, da bei Daten, die aus allgemein zugänglichen Quellen entnommen werden gemäss § 29 Abs. 1 Satz 1 Nr. 2 des Bundesdatenschutzgesetzes bei Nutzung keine erneute Einwilligung der Betroffenen eingeholt werden muss[35]. § 29 Abs. 2 des Bundesdatenschutzgesetzes sieht deshalb auch keine generelle Benachrichtigungspflicht vor. Es kommt letztlich bei der Bewertung von den in Rede stehenden Bewertungsportalen nur darauf an, ob gemäss § 29 Abs. 2 Nr. 2 des Bundesdatenschutzgesetzes ein Grund zu der Annahme besteht, dass der Betroffene ein schutzwürdiges Interesse daran hat, dass die aus allgemein zugänglichen Quellen entnommenen Daten nicht nochmals übermittelt werden. Ob ein Interesse des Betroffenen an dem Ausschluss der erneuten Übermittlung schutzwürdig ist, ist nach der Fallvariante a des § 29 Abs. 2 Nr. 1 des Bundesdatenschutzgesetzes zu ermitteln. Nach § 29 Abs. 2 Nr. 1 lit. a des Bundesdatenschutzgesetzes ist Übermittlung zulässig, wenn dem Dritten, dem die Daten übermittelt werden, ein berechtigtes Interesse an ihrer Kenntnis glaubhaft dargelegt. Ein „berechtigtes Interesse" im Sinne von § 29 Abs. 2 Nr. 1 lit. a des Bundesdatenschutzgesetzes liegt vor, wenn die Kenntnis für die vom Empfänger beabsichtigten Ziele und Zwecke erforderlich ist[36]. Ein berechtigtes Interesse ist weniger als ein „rechtliches Interesse", weshalb das Interesse nicht ausdrücklich positivrechtlich formuliert sein muss. Ein berechtigtes Interesse liegt immer bereits dann vor, wenn die Kenntnis der Daten für die vom Empfänger beabsichtigten Ziele und Zwecke erforderlich ist[37].

Ziel und Zweck einer Abfrage in einem Bewertungsportal ist es, sich über die Lehrangebote an den Hochschulen, über die Leistungen von Ärzten oder Rechtsanwälten zu informieren. Es gibt also keinen Nichtberechtigten, da etwa die im Internetportal „meinprof.de bereitgehaltenen Informationen neben den an der jeweiligen Hochschule Immatrikulierten, den in- und ausländischen Studienplatzwechseln, den Schülern als angehenden Studenten sowie jeweils

[33] Siehe BGH NJW 1989, 2819 - Kein gesetzliches Recht auf Gestattung der Mikroverfilmung des gesamten Handelsregisters.

[34] Siehe zur Geolocation Hoeren MMR 2007, 3.

[35] Siehe § 29 Abs. 1 Satz 1 Nr. 2 BDSG; a.A. Schilde-Stenzel, RDV 2006, 104, 107.

[36] Vgl. BGH NJW 1984, 1886 – Anspruch auf Bekanntgabe des Datenempfängers.

[37] Siehe ebenda.

auch deren Eltern und sonstige Verwandte sowie Freunde, den sich um eine neue Stelle an der Hochschule bewerbenden Wissenschaftler auch den sich mit der Bildung bezw. Bildungsausgaben befassenden Bürger interessieren. Von daher hat auch die Allgemeinheit ein nicht zu leugnendes Interesse, sich über die Qualität des Lehrangebotes an einer Hochschule zu informieren. Informieren können sich die Genannten und die Allgemeinheit jedoch nur, wenn auch „Ross und Reiter" genannt werden. Es besteht daher ein berechtigtes Interesse an der Kenntnis der personenbezogenen Daten der Lehrenden, da diese Kenntnis für die von den Empfängern beabsichtigten Ziele und Zwecke erforderlich ist. Gleiches gilt hinsichtlich anderer Berufsgruppen, wie bei Ärzten oder Rechtsanwälten. Es gibt deshalb auch keinen von durch Ziele und Zwecke einer Anfrage ausgeschlossenen Kreis von Personen, wie etwa bei einem vom Bundesgerichtshof entschiedenen Fall, wo für die Beurteilung eines Antragstellers in einer Hauptversammlung einer Aktiengesellschaft dessen Familien- und Einkommensverhältnisse zu Recht als bedeutungslos und deren Übermittlung daher als rechtswidrig angesehen wurden[38].

Der Datenschutz kann nicht dazu missbraucht werden, unter Berufung auf einen oft vermeintlichen Persönlichkeitsschutz Publizität einzuschränken, für die gute Gründe bestehen. Bewertungsportale als Meinungsforen kann auch nicht unter Hinweis auf datenschutzrechtliche Bestimmungen untersagt werden, Meinungsäusserungen über Hochschullehrer, Ärzte oder Rechtsanwälte unter Angabe von „Titel", „Name" und „Schwerpunkt" etc. zu sammeln. Das BVerwG hat deshalb in der sog. Kohl-Entscheidung auch festgestellt, dass zur Wahrung der Grundrechte des Betroffenen die Zweckbindung von zugänglich gemachten personenbezogenen Informationen zwar sichergestellt sein muss, und diese nicht etwa an Dritte weitergegeben oder veröffentlicht werden dürfen, was jedoch nicht für etwa aus allgemein zugänglichen Quellen stammende oder auf diesen aufbauende Informationen gilt[39]. Die Bewertungsportale sind deshalb auch nicht verpflichtet, nach der erstmaligen Speicherung der aus allgemein zugänglichen Quellen herrührenden Daten wie „Titel", „Name", „Schwerpunkt" oder „Fachrichtung" die Betroffenen zu informieren. Nach § 33 Abs. 2 Satz 1 Nr. 7 lit. a des Bundesdatenschutzgesetzes ist über die Entnahme dieser Daten nicht zu berichten, zumal die Benachrichtigung wegen der Vielzahl der betroffenen Fälle auch unverhältnismässig für die Bewertungsportale wäre und personenbezogene Daten, die nach § 29 Abs. 1 Nr. 2 des Bundesdatenschutzgesetzes weitgehend frei gespeichert werden können, auch generell nicht der Benachrichtigungspflicht unterliegen[40].

§ 34 Abs. 1 des Bundesdatenschutzgesetzes räumt den Betroffenen zudem aber auch ein Recht auf Auskunft über die zu ihrer Person gespeicherten personenbezogenen Daten ein. Diese Auskunft bezieht sich nicht nur auf die gespeicherten Daten selbst, sondern auch auf Herkunft und Empfänger dieser Daten. Allerdings können die Bewertungsportale gegenüber dem Auskunftsanspruch ein überwiegendes Interesse an der Wahrung ihres Geschäftsgeheimnisses nach § 34 Abs. 1 Satz 3 des Bundesdatenschutzgesetzes geltend machen, da nicht zu erwarten ist, dass weiterhin Bewertungen abgegeben werden, wenn damit gerechnet werden muss, der jeweilige Hochschullehrer, Arzt oder Rechtsanwalt könne in Erfahrung bringen, wer welche Bewertung abgegeben hat. Damit wäre das Angebot der Bewertungsportale ins-

---

[38] Siehe ebenda.

[39] Siehe BVerfG NJW 2004, 2462 - Herausgabe und Verwendung von Unterlagen mit personenbezogenen Informationen.

[40] A.A. Dix, in: Simitis BDSG, 5. Aufl., § 33 RdNr. 71 – Im Zweifel sollte stets eine Benachrichtigung erfolgen.

gesamt obsolet und insoweit zählt die Herkunft der Daten zu den Geschäftsgeheimnissen der Bewertungsportale im Sinne von § 34 Abs. 1 des Bundesdatenschutzgesetzes[41]. Gleiches gilt im Hinblick auf die ebenfalls gesetzlich vorgeschriebene Auskunft über Daten von Empfängern, d.h. der Personen, die Daten aus dem Bewertungsportal abgerufen haben, da dann der jeweilige Hochschullehrer, Arzt oder Rechtsanwalt in Erfahrung bringen könnte, wer welche Bewertung über ihn abgerufen hat[42].

4 Haftung von Bewertungsportalen

Bei den in ein Bewertungsportal eingestellten Bewertungen, Empfehlungen und Kommentaren handelt es sich nicht um eigene Inhalte der Betreiber. Die Betreiber eines Bewertungsportals können deshalb nur nach den Grundsätzen der Störerhaftung in Anspruch genommen werden, wenn rechtswidrige Äusserungen in dem von ihnen unterhaltenen Internetforum von Dritten veröffentlicht werden und die Bewertungsportale nach Kenntnis von inkriminierten Äusserungen nicht aktiv werden[43]. Störer sind die Bewertungsportale aber nur dann, wenn zwischen der behaupteten Rechtsgutsverletzung durch einen Dritten und dem als Rechtsgutsverletzung in Betracht kommenden Verhalten der Bewertungsportale ein adäquater Ursachenzusammenhang besteht[44] und das Bewertungsportal (Mit-)Täter oder Teilnehmer der rechtsgutsverletzenden Handlung ist[45]. Wer nur durch Einsatz technischer Mittel an der von einem anderen vermeintlich vorgenommenen Rechtsgutsverletzung beteiligt war, kann demgegenüber rechtserheblich einwenden, dass er im konkreten Fall nicht gegen eine Pflicht zur Prüfung auf mögliche Rechtsverletzungen verstossen hat[46]. Eine etwa bestehende Verpflichtung, geeignete Vorkehrungen zu treffen, durch welche eine Rechtsverletzung soweit wie möglich verhindert wird, muss zudem aber auch zumutbar sein[47]. Eine Verantwortlichkeit eines Meinungsportals als Störer kommt also nur in Betracht, wenn es um ein adäquat ursächliches Mitwirken an fremden Rechtsgutsverletzungen geht. Eine Haftung des Störers kann nicht aus Mitwirkungshandlungen an solchen Verstössen Dritter hergeleitet werden, die dem Bewertungsportal als Störer rechtlich nicht zugerechnet werden können[48].

Für Betreiber eines Internetforums kommt deshalb eine Haftung als Störer im Regelfall nicht in Betracht, soweit lediglich der Vorgang des Einstellens eines Beitrags durch Dritte in Frage steht[49]. Eine generelle Verpflichtung zu einer vorherigen „Eingangskontrolle“ existiert nicht. Auch eine allgemeine Pflicht zur nachträglichen Überprüfung von Bewertungsinhalten trifft die Bewertungsportale nicht, soweit hierfür kein konkreter Anlass besteht, da eine proaktive

[41] Siehe Dix, in: Simitis BDSG, 5. Aufl., § 34 RdNr. 25.

[42] Vgl. § 34 Abs. 4 i.V.m. § 33 Abs. 2 Satz 1 Nr. 7 b BDSG.

[43] Siehe BGH Urteil vom 27. März 2007 - VI ZR 101/06 – Pressemitteilung vom 27. März 2007; Urteil des OLG Düsseldorf vom 07. Juni 2006 zur Geschäfts-Nr. 15 U 21/06, soweit ersichtlich bisher nur veröffentlicht unter Beck RS 2006 07146 und http://www.netlaw.de/entscheidungen/2006-06-07-olg-d-i-15-u-21-06.xml

[44] Siehe OLG Hamburg CR 1995, 603 – Mitstörer bei Urheberrechtsverletzung.

[45] Siehe BGH NJW 2003, 2525 – Buchpreisbindung; BGH NJW-RR 2003, 1685 – Ausschreibung von Vermessungsleistungen.

[46] Siehe BGH GRUR 1999, 418, 420 – Möbelklassiker; BGH GRUR 1997, 313 – Architektenwettbewerb.

[47] Siehe BGH GRUR 1984, 54 – Kopierläden.

[48] Siehe OLG Hamburg MMR 2006, 398 – Cybersky.

[49] Siehe BGH Urteil vom 27. März 2007 - VI ZR 101/06 – Pressemitteilung vom 27. März 2007.

Überprüfung den Bewertungsportalen nicht zuzumuten ist. Eine solche Pflicht würde den ganzen Betrieb eines Bewertungsportals in Frage stellen. Jedoch sind die Bewertungsportale gehalten, nach Kenntnisnahme von inkriminierten Äusserungen diese zu sperren. Eine bloße Distanzierung von den inkriminierten Äusserungen genügt hingegen nicht[50].

---

[50] Siehe ebenda.

Rechtliche Rahmenbedingungen der „Komfortsignatur“

Detlef Hühnlein

secunet Security Networks AG
Detlef.Huehnlein@secunet.com

Zusammenfassung

Diese Arbeit beleuchtet die rechtlichen Rahmenbedingungen der „Komfortsignatur“ in Deutschland, bei der die Identifikation des Signaturschlüsselinhabers (z.B. mit einer PIN) und individuelle Willenserklärung (z.B. durch Erfassen eines Fingerabdrucks) voneinander entkoppelt sind, so dass qualifizierte elektronische Signaturen für häufig wiederkehrende Geschäftsvorfälle (z.B. Signatur von elektronischen Rezepten im Gesundheitswesen) in einer komfortablen Art und Weise erstellt werden können. Die Betrachtung der rechtlichen Rahmenbedingungen und der daraus resultierenden Prüfungsanforderungen zeigen, dass es grundsätzlich möglich ist, „Komfortsignatur“-Systeme im Einklang mit den Anforderungen des Signaturgesetzes und der Signaturverordnung zu gestalten.

1 Einleitung

Im Zuge der Einführung der elektronischen Gesundheitskarte müssen Leistungserbringer (z.B. Ärzte, Apotheker) im Gesundheitswesen künftig in verschiedenen Geschäftsprozessen qualifizierte elektronische Signaturen erzeugen und prüfen. Beispielsweise muss ein Arzt eine elektronische Verschreibung von Arzneimitteln (eRezept) gemäß § 2 Abs. 1 Nr. 10 AMVV mit einer qualifizierten elektronischen Signatur gemäß Signaturgesetz (§ 2 Nr. 3 SigG) versehen. Umgekehrt leitet sich die Pflicht zur Prüfung dieser Signatur bei der Dispensierung[1] der Verordnung aus § 17 Abs. 5 Satz 2 ApBetrO ab. Da für die Erzeugung einer qualifizierten elektronischen Signatur im Regelfall die Eingabe einer sechsstelligen PIN nötig ist (vgl. Abschnitt 2.1), wird eine starke Beeinträchtigung der Abläufe in der Praxis durch die Erstellung von qualifizierten elektronischen Signaturen für elektronische Rezepte befürchtet[2].

Als mögliche Alternative für die jeweilige Eingabe der sechsstelligen PIN für jedes Rezept wurde das in Abbildung 1 dargestellte Verfahren zur „Komfortsignatur“ diskutiert (vgl.

[1] Für die Dispensierung des Arzneimittels in der Apotheke ist gemäß § 17 Abs. 6 Nr. 2 ApBetrO *keine* eigenhändige Unterschrift bzw. qualifizierte elektronische Signatur nötig. Es genügt vielmehr das Hinzufügen eines Namenszeichen bzw. einer elektronischen Signatur gemäß § 2 Nr. 1 SigG, wobei „der Apothekenleiter die Rückverfolgbarkeit zum jeweiligen Unterzeichner und deren Dokumentation sicherzustellen hat“. Gemäß § 22 Abs. 1 Satz 3 ApBetrO dürfen an der Dokumentation „keine Veränderungen vorgenommen werden, die nicht erkennen lassen, ob sie bei oder nach der ursprünglichen Eintragung vorgenommen worden sind.“

[2] Beispielsweise äußerte sich kürzlich ein Vertreter der Ärzteschaft [ÄZO06] wie folgt: "Jetzt unterschreibt ein Arzt die Rezepte schnell mal am Tresen, das geht zack-zack. In Zukunft muss er für jedes Rezept eine sechsstellige PIN eingeben. [...] Wenn das bei der flächendeckenden Einführung der Karte immer noch so ist, dann ist das elektronische Rezept tot."

P. Horster (Hrsg.) · D•A•CH Security 2007 · syssec (2007) 189-200.

[KiSc06]). Hierbei wird in einem ersten Schritt die sichere Signaturerstellungseinheit in einer sicheren Umgebung gesteckt und durch die Eingabe der PIN für die generelle Nutzung aktiviert. Jede individuelle Signatur (Schritt 2 bis n) wird nun durch zusätzliche Mechanismen, wie z.B. biometrische Verfahren, ein RFID-Token oder einfach eine kürzere (z.B. vierstellige) PIN ausgelöst. Aktuell wird darüber diskutiert, ob ein solches Verfahren grundsätzlich konform zu den rechtlichen Rahmenbedingungen des deutschen Signaturgesetzes und der Signaturverordnung sein kann und wie eine Realisierung der „Komfortsignatur“ im Detail aussehen müsste.

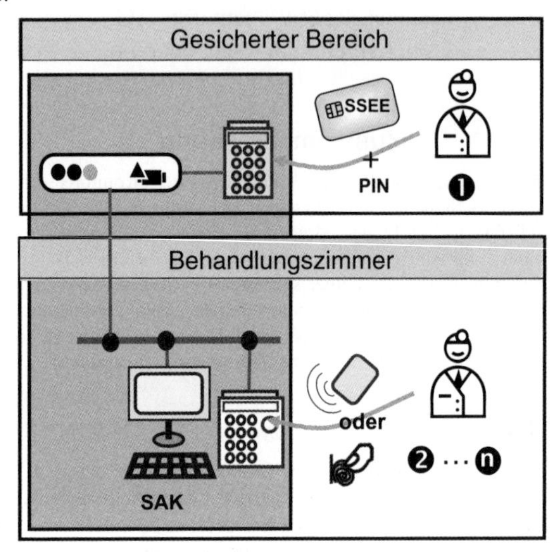

Abb. 1: "Komfortsignatur"-System

Diese Arbeit trägt die rechtlichen Rahmenbedingungen der „Komfortsignatur“ zusammen und beleuchtet einige daraus resultierende technische und organisatorische Aspekte einer möglichen Realisierung und Prüfung.

An der Erzeugung von qualifizierten elektronischen Signaturen sind sichere Signaturerstellungseinheiten (SSEE) gemäß § 2 Nr. 10 SigG und Signaturanwendungskomponenten (SAK) gemäß § 2 Nr. 11 SigG beteiligt. Deshalb werden in den Abschnitten 2 und 3 die für die „Komfortsignatur“ relevanten rechtlichen Rahmenbedingungen für diese Komponenten zusammengetragen, um zu untersuchen, ob die Realisierung eines solchen Systems im Einklang mit den Vorgaben der deutschen Signaturgesetzgebung möglich ist. In Abschnitt 4 werden schließlich die wesentlichen Ergebnisse dieser Arbeit zusammengefasst.

2 Sichere Signaturerstellungseinheiten

Gemäß § 2 Nr. 10 SigG sind „'sichere Signaturerstellungseinheiten' Software- oder Hardwareeinheiten zur Speicherung und Anwendung des jeweiligen Signaturschlüssels, die mindestens die Anforderungen nach § 17 oder § 23 dieses Gesetzes und der sich darauf beziehenden Vorschriften der Rechtsverordnung gemäß § 24 erfüllen und die für qualifizierte elektronische Signaturen bestimmt sind".

Für die Erzeugung von qualifizierten elektronischen Signaturen sind gemäß § 17 Abs. 1 Satz 1 SigG „sichere Signaturerstellungseinheiten einzusetzen, die [...] *gegen unberechtigte Nutzung der Signaturschlüssel schützen.*" Diese grundsätzliche Anforderung wird durch § 17 Abs. 1 SigV folgendermaßen präzisiert: „Sichere Signaturerstellungseinheiten nach § 17 Abs. 1 Satz 1 des Signaturgesetzes müssen gewährleisten, dass der Signaturschlüssel erst nach Identifikation des Inhabers durch *Besitz und Wissen* oder durch *Besitz und ein oder mehrere biometrische Merkmale* angewendet werden kann."

Für die Identifikation des Signaturschlüsselinhabers gegenüber der sicheren Signaturerstellungseinheit sind drei grundsätzliche Möglichkeiten zu unterscheiden:

- Identifikation durch Besitz und Wissen
- Identifikation durch Besitz und Biometrie
- Identifikation durch Besitz und Wissen und zusätzlicher Biometrie

Bei all diesen Varianten muss der Signaturschlüsselinhaber also im Besitz der sicheren Signaturerstellungseinheit sein. Gemäß § 854 Abs. 1 BGB wird der Besitz einer Sache „durch die Erlangung der tatsächlichen Gewalt über die Sache erworben." Daraus und aus der Definition der fortgeschrittenen elektronischen Signatur in § 2 Nr. 2 c) SigG leitet sich ab, dass der Signaturschlüsselinhaber die sichere Signaturerstellungseinheit unter seiner alleinigen Kontrolle halten muss. Dies bedeutet allerdings nicht, dass er die Signaturkarte bei sich tragen muss, sondern es wäre auch denkbar, dass die Karte – wie in Abb. 1 angedeutet - an einem nur für ihn zugänglichen Ort gesteckt ist und der Zugriff auf die Karte durch weitere technische und organisatorische Maßnahmen geschützt ist.

2.1 Identifikation durch Besitz und Wissen

Neben dem Besitz der Karte erfolgt die Identifikation des Signaturschlüsselinhabers in diesem Fall durch Wissen, d.h. durch die Kenntnis seiner persönlichen Identifikationsdaten. Gemäß § 15 Abs. 2 Nr. 1 a) SigV müssen Signaturanwendungskomponenten (siehe auch Abschnitt 3) gewährleisten, dass „die Identifikationsdaten nicht preisgegeben und diese nur auf der jeweiligen sicheren Signaturerstellungseinheit gespeichert werden". Als Identifikationsdaten können dezimale Personal Identification Numbers (PIN) oder beliebige aus ASCII-Zeichen bestehende Passwörter dienen. Wie lang eine PIN oder ein Passwort mindestens sein muss, leitet sich aus der in der Signaturverordnung geforderten Stärke der Sicherheitsfunktionen ab.

Gemäß Anlage 1 I. 1.1. b) SigV muss die Prüfung der sicheren Signaturerstellungseinheiten mindestens die Prüftiefe [CC] *EAL 4* oder [ITSEC] *E 3* umfassen. Außerdem werden in Abschnitt I. 1.2. der Anlage die Anforderung bzgl. der Schwachstellenbewertung und der Mechanismenstärke dahingehend präzisiert, dass bei der Prüfung gemäß [ITSEC] die Mechanismenstärke *„hoch"* sein muss und bei [CC] zusätzlich zur hohen Stärke der EVG-Sicherheitsfunktionen (AVA_SOF) „gegen ein *hohes Angriffspotenzial* zu prüfen und eine *vollständige Missbrauchsanalyse* durchzuführen" ist. Wie in der amtlichen Begründung [SigVBeg] zu § 11 Abs. 3 SigV erläutert, bedeutet das, dass bei der Prüfung der sicheren Signaturerstellungseinheiten neben den Anforderungen aus EAL 4 zusätzlich die aus EAL 6 entliehenen Vertrauenswürdigkeitskomponenten AVA_VLA.4 (Hohe Widerstandsfähigkeit) und AVA_MSU.3 (Analysieren und Testen auf unsichere Zustände) gefordert sind.

Die hohe Stärke der EVG-Sicherheitsfunktionen (SOF-hoch) ist in [CC] Abschnitt 2.3 dadurch definiert, dass „die Analyse zeigt, dass die Funktionen einen geeigneten Schutz gegen geplantes oder organisiertes Brechen der EVG-Sicherheit durch Angreifer bieten, die über ein hohes Angriffspotential verfügen." Nach Table B.2 (Anhang B.8) geht man bei einer Stärke der EVG-Sicherheitsfunktionen von SOF-hoch davon aus, dass ein erfolgreicher Angriff in der Praxis nicht durchführbar ist („successful attack beyond practicality"). Vor diesem Hintergrund legte man unter Federführung des Bundesamtes für Sicherheit in der Informationstechnik bei der Erstellung des Maßnahmenkatalogs für das erste deutsche Signaturgesetz im Jahr 1997 [BSI97] (vgl. Maßnahme M-Chip 7.1, Identifizierung und Authentifizierung des Benutzers, Seite 244) fest, dass eine hohe Stärke der EVG-Sicherheitsfunktionen (bzw. Stärke der Sicherheitsmechanismen gemäß [ITSEC]) den Einsatz einer 6-stelligen PIN mit einem Fehlbedienungszähler von 3 und einer mindestens 8-stelligen PUK erforderlich macht. Auch wenn dieser Maßnahmenkatalog durch die Novellierung des Signaturgesetzes streng genommen nicht mehr verbindlich ist, so fußt die heutige Bestätigungspraxis bzgl. der Frage der notwendigen PIN-Länge immer noch auf der damaligen Festlegung. Darüber hinaus sind jedoch auch alternative Verfahren denkbar, durch die eine unbefugte Nutzung des Signaturschlüssels gewährleistet ist, sofern im Zuge der Evaluierung der Nachweis der Stärke der EVG-Sicherheitsfunktionen durch das in [CEM] Anhang B.8 erläuterte Verfahren erbracht wird.

Die Identifikation durch Besitz und Wissen ist der heute in der Praxis gebräuchliche Fall – *alle* existierenden sicheren Signaturerstellungseinheiten (vgl. [BNAProd]) nutzen zur Identifikation des Signaturschlüsselinhabers entsprechende PINs (bzw. ASCII-Passworte).

Zur Frage, ob die PIN für jede zu erstellende Signatur eingegeben werden, muss führt die amtliche Begründung [SigVBeg] zu § 15 Abs. 1 SigV im vierten Absatz folgendes aus:

„Sichere Signaturanwendungskomponenten können so gestaltet werden, dass optional vor jeder Signatur, nach einer zuvor festgelegten Anzahl von Signaturen oder nach bestimmtem Zeitablauf bei Nichtbenutzung der Signaturerstellungseinheit die Identifikationsdaten erneut eingegeben werden müssen. Es liegt im *Ermessen des Nutzers,* wie er – *abhängig von seinem individuellen Bedarf und der Anwendungsumgebung* – verfährt. Im Regelfall sollte vor jeder neuen Signatur auch eine erneute Identifikation erfolgen, oder es sollte nur ein kurzes ‚Zeitfenster' geöffnet bleiben, innerhalb dessen weitere Signaturen möglich sind."

Hieraus – wie auch aus den Betrachtungen zur Signaturanwendungskomponente in Abschnitt 3 – geht hervor, dass es im Sinne des Verordnungsgebers ist, dass ein Nutzer – abhängig von seinem individuellen Bedarf und der Anwendungsumgebung – mit einer Eingabe der PIN auch mehrere Signaturen erzeugen und die Signaturerstellungseinheit für einen bestimmten Zeitraum für die Erstellung von Signaturen aktivieren kann. Außerdem erscheint es erwähnenswert, dass der Verordnungsgeber davon ausgeht, dass die Deaktivierung der Signaturerstellungseinheit nach einer bestimmten Anzahl erstellter Signaturen oder nach einer bestimmten Zeit durch die Signaturanwendungskomponente – also nicht zwingend durch die sichere Signaturerstellungseinheit selbst – geschieht. Demzufolge ist die Existenz von sicheren Signaturerstellungseinheiten, die nach einer einmaligen Identifikation technisch dazu in der Lage sind eine unbegrenzte Anzahl an Signaturen erstellen zu können durchaus im Sinne des Verordnungsgebers.

Betrachtet man die Bestätigungsurkunden der sicheren Signaturerstellungseinheiten näher (vgl. [BNAProd]), so ist ersichtlich, dass auch eine Reihe von sicheren Signaturerstellungseinheiten existieren, die eine solche „Massensignatur-Fähigkeit“ besitzen. Etwa die Hälfte aller heute existierenden sicheren Signaturerstellungseinheiten kann – z. T. mit zusätzlichen Bedingungen an das Auslieferungsverfahren und die Einsatzumgebung – in einer Massensignatur-fähigen Konfiguration betrieben werden. Die individuellen Anforderungen hierzu sind in der jeweiligen Bestätigungsurkunde aufgeführt.

Während die Ausgabe solcher Karten an gewöhnliche Signaturschlüsselinhaber - außerhalb von besonders geschützten Trust Center Umgebungen – teilweise mit besonderen Auflagen (persönliche Übergabe, ausführliche Unterrichtung zu spezifischen Risiken der Massensignatur etc.) verbunden oder gar in der Bestätigung ausgeschlossen ist, so ist die generelle Existenz von Massensignatur-Karten, die zur Komfortsignatur eingesetzt werden können, nicht nur im Sinne des Verordnungsgebers, sondern auch in der Praxis gegeben.

In der Spezifikation des elektronischen Heilberufsausweises ist die für die Komfortsignatur notwendige Massensignatur-Fähigkeit bereits berücksichtigt (vgl. [HBA-1], Seite 17):

„For the usage of the private key for qualified electronic signatures, a 'security status evaluation counter' shall be supported, i.e. it shall be possible to configure that

- each time or
- after n times (n in the range 1 ... 254) or
- only once

before using the private signature key a user verification with PIN.QES is required during a session. The initial value of this 'security status evaluation counter' will be fixed during personalization. The security status evaluation counter and its initial value are related to objects like a private key, but refer to the PIN management.”

Das Schutzprofil [HBA-PP] umfasst nicht die Funktionalität für die Nutzung des Heilberufsausweises als sichere Signaturerstellungseinheit. Da auch die Schutzprofile für sichere Signaturerstellungseinheiten [SSCD-PP] nicht näher auf Aspekte der Massensignatur-fähigen Personalisierung eingehen, können die detaillierten Anforderungen an den Ausgabeprozess und der Einsatzumgebung – unter Berücksichtigung der sonstigen Rahmenbedingungen aus dem Signaturgesetz und der Signaturverordnung - vollständig im Rahmen der Bestätigung durch eine Stelle gemäß § 18 SigG in Abstimmung mit der Bundesnetzagentur als zuständiger Behörde gestaltet werden.

2.2 Identifikation durch Besitz und Biometrie

Gemäß § 15 Abs. 1 Satz 1 SigV kann die Identifikation des Signaturschlüsselinhabers auch durch „Besitz und ein oder mehrere biometrische Merkmale“ erfolgen. Allerdings gibt § 15 Abs. 1 Satz SigV hierzu folgendes zu bedenken: „Bei Nutzung biometrischer Merkmale muss hinreichend sichergestellt sein, dass eine *unbefugte Nutzung des Signaturschlüssels ausgeschlossen* ist und eine dem wissensbasierten Verfahren *gleichwertige Sicherheit* gegeben sein.“ Somit muss auch in diesem Fall eine hohe Stärke der Sicherheitsfunktionen erreicht werden.

Die folgenden Angaben aus [BEM] (Table 11) können hier als Anhaltspunkt[3] dienen:

[3] Die Zuordnung zwischen der Stärke der EVG-Sicherheitsfunktionen und der False Acceptance Rate ist nicht verbindlich geregelt. Rz. 75 in [BEM] führt hierzu folgendes aus: *„Strength of Function (SOF) is an important*

Tab. 1: SoF und FAR

Stärke der EVG-Sicherheits-funktionen	Maximale False Acceptance Rate (FAR)
SoF-niedrig	0.01 (1 von 100)
SoF-mittel	0.0001 (1 von 10.000)
SoF-hoch	0.000001 (1 von 1000.000)

Demnach müsste zum Erreichen einer hohen Stärke der EVG-Sicherheitsfunktionen eine False Acceptance Rate von etwa 1 zu einer Million erreicht werden. Um dies im Rahmen einer Evaluation mit einer Sicherheit von 95 % nachweisen zu können, dürfte bei rund 3 Millionen Stichproben kein einziger Fehler auftreten. Wohl insbesondere aus diesem Grund gibt es bislang kein Produkt, das eine [CC]-Evaluierung mit der notwendigen Stärke der EVG-Sicherheitsfunktionen vorweisen kann. Insbesondere existiert also derzeit auch keine sichere Signaturerstellungseinheit, die die Anforderung des Signaturgesetzes *allein* mit biometrischen Mitteln erfüllen würde.

2.3 Identifikation durch Besitz und Wissen und Biometrie

Neben der oben erläuterten Identifikation des Signaturschlüsselinhabers durch Besitz und Wissen oder Besitz und Biometrie ist auch eine Kombination der beiden Verfahren möglich. Wie in Anlage 1 I 1.2 Satz 3 SigV erläutert, „genügt für den Mechanismus zur Identifikation durch biometrische Merkmale eine Bewertung der Sicherheitsmechanismen mit *‚mittel'*, wenn diese *zusätzlich* zur Identifikation durch Wissensdaten genutzt werden.“

Unklar bleibt hier, ob es ausreichend ist, dass die Identifikation durch Wissensdaten für sich genommen bereits die Mechanismenstärke „hoch“ erreichen muss, also eine sechsstellige PIN nötig ist, oder ob durch die Kombination mit dem biometrischen Verfahren, das für sich betrachtet eine mittlere Mechanismenstärke erreichen muss, auch eine kürzere PIN ausreicht.

Für den praktischen Einsatz ist aber auch dieses Verfahren derzeit nur bedingt geeignet, da es derzeit scheinbar auch keine gemäß [ITSEC] oder [CC] evaluierten biometrischen Produkte gibt, für die eine mittlere Mechanismenstärke nachgewiesen werden konnte.

Allerdings scheint ein solcher Nachweis unter statistischen Gesichtspunkten nicht grundsätzlich unmöglich zu sein. Insbesondere wenn bei der Evaluation das in [BEM] erläuterte Verfahren der sog. „Cross Comparison“, bei dem jedes Testmuster mit allen gespeicherten Vergleichsmuster konfrontiert wird, verwendet werden kann, so könnten die mindestens notwendigen 30.000[4] Testmuster bereits mit rund 250[5] Probanden generiert werden.

part of the evaluation of a biometric device. It is related to False Accept Rate (FAR), but the correspondence between FAR and SOF is not simple or clearly defined."

[4] Tritt bei rund 30.000 unabhängigen Testmustern *kein* Fehler auf, so kann mit einer Sicherheit von 95 % geschlossen werden, dass die FAR kleiner als 10^{-4} ist, womit eine mittlere Mechanismenstärke vorliegt.

[5] Unterstellt man, dass man mit 250 zufällig gewählten Testpersonen beim jeweiligen Vergleich der aktuellen Testmuster mit allen gespeicherten Vergleichsmustern $(250 \cdot 249)/2= 31125$ weitgehend unabhängige Kombinationen erhält, so könnte der Nachweis der mittleren Mechanismenstärke im Idealfall bereits mit rund 250 Testpersonen durchgeführt werden.

3 Signaturanwendungskomponenten

„Signaturanwendungskomponenten" sind in § 2 Nr. 11 SigG definiert als „Software- und Hardwareprodukte, die dazu bestimmt sind,

a) Daten dem Prozess der Erzeugung oder Prüfung qualifizierter elektronischer Signaturen zuzuführen oder

b) qualifizierte elektronische Signaturen zu prüfen oder qualifizierte Zertifikate nachzuprüfen und die Ergebnisse anzuzeigen".

Aus dem Signaturgesetz erwächst für eine Signaturanwendungskomponente im Hinblick auf die „Komfortsignatur" also insbesondere die Anforderung die *zu signierenden Daten der Erzeugung der Signatur* in der sicheren Signaturerstellungseinheit *zuzuführen.*

Weitere Anforderungen sind in § 17 Abs. 2 SigG definiert:

„Für die Darstellung zu signierender Daten sind Signaturanwendungskomponenten erforderlich, die die Erzeugung einer qualifizierten elektronischen Signatur vorher eindeutig anzeigen und feststellen lassen, auf welche Daten sich die Signatur bezieht. Für die Überprüfung signierter Daten sind Signaturanwendungskomponenten erforderlich, die feststellen lassen,

1. auf welche Daten sich die Signatur bezieht,
2. ob die signierten Daten unverändert sind,
3. welchem Signaturschlüssel-Inhaber die Signatur zuzuordnen ist,
4. welche Inhalte das qualifizierte Zertifikat, auf dem die Signatur beruht, und zugehörige qualifizierte Attribut-Zertifikate aufweisen und
5. zu welchem Ergebnis die Nachprüfung von Zertifikaten nach § 5 Abs. 1 Satz 2 geführt hat.

Signaturanwendungskomponenten müssen nach Bedarf auch den Inhalt der zu signierenden oder signierten Daten hinreichend erkennen lassen. Die Signaturschlüssel-Inhaber sollen solche Signaturanwendungskomponenten einsetzen oder andere geeignete Maßnahmen zur Sicherheit qualifizierter elektronischer Signaturen treffen."

Im Kontext der „Komfortsignatur" muss die Signaturanwendungskomponente also insbesondere *klar erkennbar machen, dass eine Signatur erzeugt werden soll.*

Die Begründung [SigGBeg] zu § 17 Abs. 2 SigG stellt weiterhin klar, dass mit dieser Vorschrift Anhang IV der Richtlinie [EGSRL] umgesetzt wird. Da es sich hierbei nur um eine Empfehlung handelt, ist dieser Anhang „zwar nicht verbindlich umzusetzen, eine Umsetzung ist jedoch nach Artikel 3 Abs. 6 [EGSRL] ausdrücklich erwünscht, um die Entwicklung und die Nutzung von Signaturprüfeinheiten zu fördern. Die Vorschrift nimmt darüber hinaus eine Präzisierung dahingehend vor, dass alle bei Anwendung (Erzeugung oder Prüfung) qualifizierter elektronischer Signaturen relevanten Sicherheitsaspekte erfasst werden."

Weiterhin wird in der Begründung klargestellt, dass der Einsatz geeigneter Signaturanwendungskomponenten im Ermessen des Signaturschlüssel-Inhabers liegt:

„Die Nutzung geeigneter Signaturanwendungskomponenten bleibt in das *Ermessen der Signaturschlüssel-Inhaber* gestellt. Unabhängig davon wird mit Satz 2 die Notwendigkeit zum Einsatz geeigneter Signaturanwendungskomponenten unterstrichen. Mit der Formulierung ‚soll' in Satz 3 wird im Hinblick auf die Richtlinie und unterschiedlichen Auslegungsmöglichkeiten des Signaturgesetzes zugleich klargestellt, dass die Verwendung von geeigneten Signaturanwendungskomponenten nicht Voraussetzung für die Erzeugung einer qualifizierten elektronischen Signatur ist. Dies ergibt sich schon daraus, dass aus einer elektronischen Signatur nicht ersichtlich ist, welche Signaturanwendungskomponente bei ihrer Erzeugung zum Einsatz kam. Hinzu kommt, dass im Einzelfall auch ‚andere geeignete Maßnahmen' (z.B. PC oder Laptop unter ständiger Kontrolle und ohne Anschluss an ein Kommunikationsnetz) ausreichend Sicherheit bieten können.“

Hierdurch verdeutlicht der Gesetzgeber (siehe auch [BrTe01] und [BoEi02]), dass bei der Realisierung von „gesetzeskonformen“ Signaturanwendungskomponenten ein gewisser Handlungsspielraum existiert. Insbesondere ist die Abgrenzung zwischen dem Evaluationsgegenstand (EVG) der Signaturanwendungskomponente, bei der die Prüfungsanforderungen aus Anlage 1 der Signaturverordnung zu beachten sind (z.B. [CC] EAL 3 +[6]), und deren Einsatzumgebung *nicht* klar definiert. Demnach würde selbst ein „Komfortsignatur“-System, bei dem die Freischaltung der sicheren Signaturerstellungseinheit *innerhalb* des EVG geschieht, die Willenserklärung für die Erstellung der Signatur aber mittels Biometrie, Besitz eines RFID-Tokens o.ä. *außerhalb* des EVGs der Signaturanwendungskomponente bzw. der sicheren Signaturerstellungseinheit realisiert wird, *nicht* gegen verbindliche Anforderungen des Signaturgesetzes verstoßen.

Allerdings verdeutlicht der Wortlaut der Begründung auch, dass im Evaluationsgegenstand der Signaturanwendungskomponente „alle bei Anwendung (Erzeugung oder Prüfung) qualifizierter elektronischer Signaturen relevanten Sicherheitsaspekte erfasst werden“ sollen. Demnach sollte auch der – zweifellos sicherheitsrelevante - Akt der Willensbekundung Teil des Evaluationsgegenstands sein und demnach einem Angreifer mit hohem Angriffspotenzial widerstehen. Kommen hierbei zusätzlich zur Identifikation durch Wissensdaten biometrische Mechanismen zum Einsatz, so ist für diese mindestens eine mittlere Stärke der Sicherheitsfunktionen nachzuweisen (vgl. Abschnitt 2.3).

Ein „Komfortsignatur“-freundliches Schutzprofil für eine Signaturanwendungskomponente könnte demnach so gestaltet sein, dass es eine Trennung der Identifikation durch Besitz und Wissen und der späteren Willenserklärung grundsätzlich ermöglicht und es dem Hersteller bei Bedarf überlässt, im Rahmen der Evaluation nachzuweisen, dass der Akt der Willenserklärung einem Angreifer mit hohem Angriffspotenzial widersteht.

§15 Abs. 2 und Abs. 4 SigV machen weitere Angaben zu den Anforderungen an Signaturanwendungskomponenten:

„(2) Signaturanwendungskomponenten nach § 17 Abs. 2 des Signaturgesetzes müssen gewährleisten, dass

1. bei der Erzeugung einer qualifizierten elektronischen Signatur
   a) die Identifikationsdaten nicht preisgegeben und diese nur auf der jeweiligen sicheren Signaturerstellungseinheit gespeichert werden,
   b) eine Signatur nur durch die berechtigt signierende Person erfolgt,

[6] Wie bei den in Abschnitt 2 betrachteten sicheren Signaturerstellungseinheiten müssen bei einer Prüfung gemäß [CC] die aus EAL 6 entliehenen Vertrauenswürdigkeitskomponenten AVA_MSU.3 und AVA_VLA.4 berücksichtigt werden. Außerdem sind hier die durch die Abhängigkeit mit AVA_VLA.4 resultierenden Komponenten ADV_IMP.1 und ADV_LLD.1 aus EAL 4 zu beachten.

c) die Erzeugung einer Signatur vorher eindeutig angezeigt wird und

2. bei der Prüfung einer qualifizierten elektronischen Signatur

a) die Korrektheit der Signatur zuverlässig geprüft und zutreffend angezeigt wird und

b) eindeutig erkennbar wird, ob die nachgeprüften qualifizierten Zertifikate im jeweiligen Zertifikat-Verzeichnis zum angegebenen Zeitpunkt vorhanden und nicht gesperrt waren.“

Für die „Komfortsignatur“ sind hier insbesondere die Anforderungen in Nr. 1 bedeutsam. Die Begründung [SigVBeg] zu §15 Abs. 2 SigV geht nun näher darauf ein, was dies im Einzelnen bedeutet:

„Damit die Erzeugung einer Signatur nur durch die berechtigte Person erfolgen kann, dürfen bei der Aktivierung der Signaturerstellungseinheit die Identifikationsdaten (z. B. die PIN) beim Vergleich mit den auf der Signaturerstellungseinheit gespeicherten Referenzdaten nicht auslesbar oder speicherbar sein (Nummer 1 Buchst. a)). Ihre Geheimhaltung ist zu jedem Zeitpunkt zu gewährleisten. Die Signaturkomponente darf nicht ohne Anwendung der Identifikationsdaten genutzt werden können, es sei denn, Signaturen sollen für ein *festes Zeitfenster* oder eine *bestimmte Anzahl* ohne jeweilige Identifizierung erzeugt werden. In diesem Falle ist sicherzustellen, dass *Unberechtigte keine Signaturen veranlassen können* (Nummer 1 Buchst. b)). Die Erzeugung einer Signatur muss durch einen *Warnhinweis* vorher angezeigt werden (Nummer 1 Buchst. c)). Insbesondere bei der automatischen Erzeugung von Signaturen ("Massensignaturen") muss sichergestellt sein, dass Signaturen nur zu dem voreingestellten Zweck (z. B. Signaturen zu Zahlungsanweisungen bei Großanwendern) und durch eine zuvor *geprüfte und abgenommene Anwendung* vorgenommen werden können.“.

Demnach ist es im Sinne des Verordnungsgebers, dass der Signaturschlüssel-Inhaber die sichere Signaturerstellungseinheit durch einmalige Eingabe der Identifikationsdaten „für ein festes Zeitfenster oder eine bestimmte Anzahl“ an Signaturen aktiviert. Allerdings ist in diesem Fall anderweitig sicherzustellen, dass „Unberechtigte keine Signaturen veranlassen können“. Sofern die dafür notwendige Funktionalität Teil des Evaluationsgegenstandes ist, ist hierbei die Widerstandsfähigkeit gegen einen Angreifer mit hohem Angriffspotenzial nachzuweisen. Außerdem muss „die Erzeugung einer Signatur durch einen Warnhinweis vorher angezeigt werden“. Im Kontext der Komfortsignatur impliziert dies, dass die generelle Aktivierung der sicheren Signaturerstellungseinheit mit einem deutlichen Warnhinweis versehen sein sollte und auch das Auslösen der jeweiligen Signaturerzeugung ein willentlicher Akt sein sollte.

Ähnlich wie bei der Massensignatur (vgl. [HüKn03], [RoFD03]) sollte „sichergestellt sein, dass Signaturen nur zu dem voreingestellten Zweck“ (z. B. nur Signatur von gewöhnlichen[7] elektronischen Rezepten) „und durch eine zuvor geprüfte und abgenommene Anwendung vorgenommen werden können.“ Demnach können auch hier weitere organisatorische Maßnahmen, wie z.B. eine Beschränkung[8] des Verwendungszwecks des spezifischen „Komfortsignatur“-Zertifikates gemäß § 7 Abs. 1 Nr. 7 SigG für die Signatur von elektronischen Re-

[7] Es erscheint z.B. sinnvoll, für die Signatur von Betäubungsmittelrezepten eine Einzelsignatur zu fordern.

[8] Um dies zu erreichen, könnte beispielsweise die folgende Beschränkung in das qualifizierte Zertifikat aufgenommen werden: "Diese Signatur ist nur für Verordnungen von Heilmitteln vorgesehen, die nicht dem Betäubungsmittelgesetz unterliegen."

zepten oder die stichprobenartige Überprüfung der im Laufe eines Tages erstellten Signaturen, vorgesehen werden. Alternativ dazu ist auch eine technische Lösung denkbar, bei der die Signaturanwendungskomponente nur für bestimmte Dokumententypen, die beispielsweise anhand ihres XML-Schematas erkannt werden können, die Erzeugung einer Signatur mit der freigeschalteten Signaturerstellungseinheit anstößt.

Die Antwort zu Frage 18 der FAQ der BNetzA[9], die sich auf die „Massensignatur“ bezieht, sollte auch im Kontext der „Komfortsignatur“ berücksichtigt werden:

„Trotz Verwendung dieser technischen Hilfsmittel werden die Erklärungen aus den signierten Dokumenten dem Absender zugerechnet. Daher sollte bei derartigen „automatisch" erstellten Signaturen immer ein besonderer Schutz gegen Missbrauch implementiert werden. Dieser Schutz sollte sich an dem Aktivierungszeitraum orientieren, was von einem verschlossenen Stahlschrank für Karte und Kartenleser, bis hin zur TrustCenter Umgebung reichen kann.“

4 Zusammenfassung

Während das Signaturgesetz und die Signaturverordnung in Deutschland für die Identifikation des Signaturschlüsselinhabers (vgl. Abschnitt 2) unterschiedliche Verfahren zulassen, ist derzeit nur die in Abschnitt 2.1 diskutierte Identifikation durch Besitz und Wissen in der Praxis umgesetzt. Auf dieser Basis kann bereits heute ein „Komfortsignatur“-System im Einklang mit den Anforderungen von SigG und SigV gestaltet werden, bei dem die Mechanismen zur individuellen Willenserklärung (mit RFID-Token, Biometrie etc.) in der Signaturanwendungskomponente anstatt in der sicheren Signaturerstellungseinheit realisiert werden. Für die Zukunft ist es jedoch vorstellbar, dass auch geprüfte und bestätigte sichere Signaturerstellungseinheiten mit biometrischen Verifikationsmechanismen auf der Chipkarte existieren werden. Damit hier eine reibungslose Migration ermöglicht wird, sollte diese Zukunftsperspektive – wie beim eCard-API-Framework [BSI07] und dem entsprechenden Standard für die „European Citizen Card“ [CEN15480-3] geschehen – bereits beim Design heutiger Systeme berücksichtigt werden.

5 Danksagung

Die vorliegende Arbeit profitierte vom fruchtbaren Gedankenaustausch mit einer Reihe von Personen. Besonders herzlich sei Dr. Harald Ahrens, Klaus Keus, Dr. Gunter Lassmann, Thomas Stange und Dr. Christoph Sutter gedankt.

[9] Siehe http://www.bundesnetzagentur.de/enid/FAQ/Antwortss8_wt.html

Literatur

[ÄZO06] Ärztezeitung: Neue Gesundheitskarte kommt nur im Kriechgang voran, Ärztezeitung online vom 16.06.2006, via http://www.aerztezeitung.de/docs/2006/06/16/02ao1601.asp?cat=/computer

[AMVV] Verordnung über die Verschreibungspflicht von Arzneimitteln (Arzneimittelverschreibungsverordnung, AMVV), via http://www.gesetze-im-internet.de/amvv/index.html

[ApBetrO] Verordnung über den Betrieb von Apotheken (Apothekenbetriebsordnung, ApBetrO), via http://www.gesetze-im-internet.de/apobetro_1987/index.html

[BEM] Common Criteria Biometric Evaluation Methodology Working Group: Common Biometric Evaluation Methodology - Common Criteria Common Methodology for Information Technology Security Evaluation - Biometric Evaluation Methodology Supplement (BEM), Version 1.0, August 2002, via http://www.cesg.gov.uk/site/ast/biometrics/media/BEM_10.pdf

[BGB] Bürgerliches Gesetzbuch, via http://bundesrecht.juris.de/bundesrecht/bgb/

[BNAProd] Bundesnetzagentur: Produkte für qualifizierte elektronische Signaturen, via http://www.bundesnetzagentur.de/enid/Elektronische_Signatur/Produkte_pi.html

[BoEi02] A. Bovenschulte, M. Eifert: Rechtsfragen der Anwendung technischer Produkte nach Signaturgesetz, DuD, 2002, S. 76 - 78

[BrTe01] G. Bröhl, A. Tettenborn: Das neue Recht der elektronischen Signaturen: kommentierende Darstellung von Signaturgesetz und Signaturverordnung, Bundesanzeiger-Verlag, Köln, 2001

[BSI97] Bundesamt für Sicherheit in der Informationstechnik: BSI Handbuch für digitale Signaturen – auf Grundlage von SigG und SigV von 1997, Version 1.1, Stand: 18.11.1997, via http://www.bsi.de/esig/basics/techbas/masskat/bsikat.pdf

[BSI07] Bundesamt für Sicherheit in der Informationstechnik: eCard-API-Framework, Technische Richtlinie des BSI TR-03112, 2007

[CC] Common Criteria for Information Technology Security Evaluation (CC), Version 2.1, August 1999, via http://www.bsi.de/cc/downcc21.htm

[CEM] Common Methodology for Information Technology Security Evaluation, Version 1.0, August 1999, CEM-99/045, Part 2: Evaluation Methodology, via http://www.bsi.de/cc/cem-pdf.zip

[CEN15480-3] CEN/TC 224/WG15: Identification card systems — European Citizen Card — Part 3: European Citizen Card Interoperability using an application interface, Working Draft for prCEN/TS 15480-3, 2007

[EGSRL] Richtlinie 1999/93/EG des Europäischen Parlaments und des Rates vom 13. Dezember 1999 über gemeinschaftliche Rahmenbedingungen für elektronische Signaturen

[HBA-1] German Health Professional Card and Security Module Card, Part 1: Commands, Algorithms and Functions of the COS Platform, V. 2.1.0, 21.02.2006,

via
http://www.bundesaerztekammer.de/30/eArztausweis/70Download/060221a_HPC_P1_COS_V2_1_0.pdf

[HBA-PP] Bundesamt für Sicherheit in der Informationstechnik: Protection Profile – Professional Health Card (PP-HPC), PP-0018, via
http://www.bsi.de/zertifiz/zert/reporte/PP0018b.pdf

[HüKn03] D. Hühnlein, Y. Knosowski: Aspekte der Massensignatur, In P. Horster (Hrsg.), D·A·CH-Security 2003, IT-Verlag, S. 293–307

[ITSEC] Kriterien für die Bewertung der Sicherheit von Systemen der Informationstechnik, August 1992, http://www.bsi.de/zertifiz/itkrit/itsec-dt.pdf

[KiSc06] W. Killmann, V. Schenk: Konzept für die Komfortsignatur mit dem Heilberufsausweis, Version 0.6, Stand: 06.07.2006

[SigG] Gesetz über Rahmenbedingungen für elektronische Signaturen und zur Änderung weiterer Vorschriften, vom 16.05.2001, BGBl. 2001 Teil I Nr. 22, S. 876 ff, via http://bundesrecht.juris.de/sigg_2001/index.html

[RoFD03] A. Roßnagel, S. Fischer-Dieskau: Automatisiert erzeugte elektronische Signaturen, MMR 3, 2004. S. 133, via http://www.uni-kassel.de /fb7/oeff_recht/publikationen/ pubOrdner/AR_SFD_MMR_autoSig.pdf

[SigGBeg] Begründung zu SigG, via http://www.dfn-pca.de/bibliothek/sigg/germany/begruendung-zum-signaturgesetz-2001-05-16.pdf

[SigV] Verordnung zur elektronischen Signatur, vom 16.11.2001 BGBl. 2001 Teil I Nr. 59, S. 3074 ff), via http://bundesrecht.juris.de/sigv_2001/index.html

[SigVBeg] Begründung zu SigV, via http://www.dfn-pca.de/bibliothek/sigg/germany/begruendung-zur-signaturverordnung-2001-11-16.pdf

[SSCD-PP] CEN: Workshop Agreement CWA 14169 - Secure Signature-Creation Devices "EAL 4+", März 2002, via http://www.a-sit.at/pdfs/cwa14169.pdf siehe auch:
Protection Profile - Secure Signature-Creation Device Type 3, Version 1.05, via http://www.bsi.de/zertifiz/zert/reporte/PP0006b.pdf
Protection Profile - Secure Signature-Creation Device Type 2, Version 1.04, via http://www.bsi.de/zertifiz/zert/reporte/PP0005b.pdf
Protection Profile - Secure Signature-Creation Device Type 1, Version 1.05, via http://www.bsi.de/zertifiz/zert/reporte/PP0004b.pdf

Anwendungen des M-Commerce Grenzen in Recht und Technik

Nils Krüger[1] · Susanne Boll[2]

[1]OFFIS
Nils.Krueger@offis.de

[2]Carl von Ossietzky Universität Oldenburg · Department für Informatik
boll@informatik.uni-oldenburg.de

Zusammenfassung

Mobile Kommunikationsgeräte durchdringen alle Bereiche des Lebens. Neben Telefonaten, Spielen und Informationsbeschaffung gewinnt der M-Commerce, also der Handel auf mobilen Geräten, immer mehr an wirtschaftlicher Bedeutung. Nach Juniper Research [Jnpr06] wird der M-Commerce bis zum Jahr 2010 einen Umsatz von ca. 50 Milliarden Euro weltweit erreichen. Problematisch für den M-Commerce ist jedoch, dass den gesetzlichen Anforderungen des Verbraucherschutzes nicht immer oder nur schwer entsprochen werden kann. Zumutbare Darstellung der Allgemeinen Geschäftsbedingungen sowie die Einhaltung der Informations- und Transparenzpflichten auf mobilen Geräten mit kleinen Displays sind nicht oder nur schwer realisierbar. Zur Entwicklung von Lösungen für den rechtskonformen M-Commerce ist eine differenzierte Betrachtung praxisrelevanter Anwendungen des M-Commerce auf ihre Grenzen im technischen und rechtlichen Bereich notwendig. Der Artikel erarbeitet ein differenziertes Verständnis der technischen und rechtlichen Grenzen in den konkreten Anwendungsfällen. Entlang einer getrennten Betrachtung der einzelnen Fälle werden konkrete informationstechnische und rechtliche Lösungen, wie etwa die Hinterlegung der Informationen als Ersatz der Speicherung und ein automatischer Abgleich der AGB für einzelne Anwendungsfälle aufgezeigt.

1 Hintergrund

Nicht nur die kommerzielle Relevanz des M-Commerce, sondern auch der Schutz der Verbraucher macht es notwendig, den Handel am und mit dem mobilen Gerät rechtskonform zu gestalten. Hierzu soll zunächst betrachtet werden, wie sich M-Commerce definiert und welche Anwendungen sich im M-Commerce heute finden. Eine ausführliche Definition des M-Commerce findet sich bei Juniper Research [Jnpr06], die neben dem Begriff des M-Commerce auch eine systematische Unterteilung in verschiedene Anwendungsbereiche vornimmt. Dort wird eine Einteilung des M-Commerce in drei Bereiche vorgenommen: Im *Mobile Entertainment* können Klingeltöne, Musik, Bilder und Spiele heruntergeladen werden. Unter *Mobile Ticketing* fällt das Buchen von Eintritts- oder Fahrkarten. Der dritte Bereich, das Bezahlen mit mobilen Geräten im stationären Einzelhandel, wird mit *Point-Of-Sale* bezeichnet. Darüber hinaus wird in [Paul05] ein weiterer Bereich identifiziert, das *Mobile Shopping*, also der Kauf von beweglichen Waren per Internet über ein mobiles Endgerät.

P. Horster (Hrsg.) · D•A•CH Security 2007 · syssec (2007) 201-212.

Diesen Bereichen des M-Commerce ist gemein, dass gesetzlichen Anforderungen nicht immer oder nur schwer entsprochen werden kann: Der Gesetzgeber fordert eine *zumutbare Darstellung der Allgemeinen Geschäftsbedingungen (AGB)* vor Vertragsschluss, um diese wirksam in den Vertrag mit einzubeziehen (§ 305 BGB). Mobile Geräte mit kleinen Displays eignen sich jedoch häufig nicht für eine zumutbare Darstellung langer Texte, wie die der AGB. Zusätzlich muss der Verwender der AGB diese für eine dauerhafte Wiedergabe zur Verfügung stellen, um Rechtsnachteile zu vermeiden (§§ 312c, 312d BGB). Mobile Geräte haben nur begrenzten Speicherplatz für eine dauerhafte Wiedergabe der AGB. Ein Verzicht auf den Einbezug von AGB ist ein Nachteil für den Diensteanbieter, da er dann gezwungen ist, Verträge nach den Grundsätzen abzuwickeln, die vom Gesetzgeber vorgegeben sind. Zudem müssen die *Informations- und Transparenzpflichten* des Fernabsatz-, Telemedien- und Datenschutzrechts beachtet werden. Analog zu den AGB fordert das Gesetz eine klare und verständliche Darstellung dieser Informationen vor Abschluss des Kaufvertrags. Eine Nichtbeachtung verringert das Vertrauen der Kunden und ermöglicht Sanktionen. Das Kostenrisiko durch Abmahnungen und Unterlassungsklagen, wenn gegen Rechtsnormen verstoßen wird, ist erheblich.

Im M-Commerce treffen rechtliche Randbedingungen und Beschränkungen mobiler Geräte aufeinander. Um die Grenzen von technischen und rechtlichen Randbedingungen eines rechtskonformen M-Commerce auszuloten, ist eine differenzierte Betrachtung der verschiedenen Anwendungsfälle notwendig, da die Anwendungsfälle sich sowohl in ihren rechtlichen Rahmenbedingung als auch in ihren Verkaufsabläufen unterscheiden. Ziel unserer nachfolgenden Betrachtung ist es, konkrete informationstechnische und rechtliche Handlungsanweisungen und Richtlinien zu erarbeiten, die einen rechtskonformen M-Commerce in verschiedenen Bereichen erlauben und damit Verbrauchern und Anbietern die notwendige Rechtssicherheit bieten.

Konkretes Ziel dieses Artikels ist somit die genaue Identifizierung der Probleme im Spannungsfeld zwischen Rechtswissenschaften und Informatik durch Spezialisierung auf die verschiedenen Anwendungsfälle, die aktuell im M-Commerce zu finden sind. In heute vorliegenden Arbeiten [Rank04] [Paul05] [Röss06] werden die Probleme der zumutbaren Darstellung und der dauerhaften Wiedergabe aus einer juristischen Perspektive getrennt betrachtet. Im Gegensatz dazu will der vorliegende Artikel für die einzelnen Anwendungsfälle untersuchen, wo deren rechtlichen Grenzen liegen und welche technischen Beschränkungen die Einhaltung erschweren.

Unsere Arbeiten stehen im Kontext eines Forschungsprojektes, das diesen Widerspruch durch neue informationstechnische Lösungen aufzuheben sucht. Diese Lösungen sollen rechtskonform in solch einer Weise abgesichert werden, dass es zu einer Optimierung im Interesse von Anbietern und Verbrauchern kommt. Ohne die verbraucherschützenden Vorschriften des Fernabsatzrechts ins Leere laufen zu lassen oder auf die Einbeziehung von AGB verzichten zu müssen, lassen sich nach diesem Ansatz die Geschäftsmodelle des M-Commerce durch die zu entwerfenden informationstechnischen und rechtlichen Lösungen realisieren.

2 Anwendungsfälle des M-Commerce

Im Folgenden werden vier Anwendungsfälle genauer betrachtet: Mobile Entertainment, Mobile Ticketing, Point-Of-Sale und Mobile Shopping. Für jeden Anwendungsfall gibt der Artikel zunächst eine Definition, welche Art des M-Commerce unter diesem Begriff zu verstehen ist. Weiterhin wird der Kaufvorgang in seinen einzelnen Schritten beschrieben. Die juristischen Bestandteile des Vertragsabschlusses werden identifiziert, wobei jeder Schritt des Kaufvorgangs unter juristische Tatbestände subsumiert wird, um den Zeitpunkt zu ermitteln, an dem der Vertrag zustande kommt. Dieser Zeitpunkt ist sowohl für die Informations- und Transparenzpflichten als auch für die Einbeziehung von AGB von Bedeutung. Abschließend werden die technischen Grenzen für die Einhaltung rechtlicher Vorgaben aufgezeigt, die auf den jeweiligen Anwendungsfall zutreffen. Eine Übersicht der Vorschriften, die die Rechtsgrundlage für die einzelnen Informationspflichten sind, liefert Tabelle 1 nach Betrachtung der einzelnen Fälle.

2.1 Mobile Entertainment

Unter Mobile Entertainment versteht man den Kauf von Klingeltönen, Musik, Logos und Spielen zum direkten Herunterladen mit einem Mobiltelefon. Der Anbieter preist sein Angebot durch Werbung im Fernsehen, Internet oder in Zeitschriften an. Die Werbung konzentriert sich auf die Vermittlung der Bestelldetails und lässt wenig Raum für weitere Informationen. Wenn über den Kauf gleichzeitig ein Dauerschuldverhältnis (Abonnement) eingegangen wird, erscheint in der Werbung neben dem Stückpreis ein kurzer Hinweis auf die Kündigungsmöglichkeit. Weitere Informationen, vor allem AGB und ausführliche Anbieterinformationen, sind nicht in der Werbung enthalten.

Der Bestellvorgang erfolgt in aller Regel per Kurznachricht (SMS) mit vorgegebenen alphanumerischen Kürzeln an eine Kurzwahlnummer. Daraufhin sendet der Anbieter einen WAP-Push-Link[1] an das Mobiltelefon. Mit einem WAP-Browser kann anschließend der bestellte Inhalt über den Link abgerufen und auf das Mobiltelefon heruntergeladen werden.

Für das Zustandekommen eines Kaufvertrags sind zwei übereinstimmende Willenserklärungen nötig, die erste wird mit *Angebot*, die zweite mit *Annahme* bezeichnet. Die Werbung seitens des Anbieters ist kein verbindliches Angebot, sondern stellt eine Aufforderung zur Abgabe eines Kaufangebots[2] dar [MaSc06]. Die Kundin gibt mit der Bestell-SMS ein verbindliches Kaufangebot ab und bestätigt über die Eingabe des Codes ihre Übereinstimmung mit den Kaufbedingungen aus der Werbung. Durch die Zusendung des WAP-Push-Links nimmt der Anbieter das Angebot an, der Kaufvertrag kommt zustande [Beck06].

Für einen rechtskonformen Vertragsabschluss muss der Anbieter sämtliche in Tabelle 1 genannten Informationspflichten erfüllen. Die Kommunikation erfolgt ausschließlich über Kurznachrichten. Lange Texte (z.B. AGB oder Datenschutzerklärung) über Kurznachrichten zu versenden ist technisch möglich [3GPP06], stößt aber auf Probleme bei der Übertragungsdauer und dem Speicherplatz des Endgeräts. Die Displaygröße und die Navigation durch längere Texte sind juristisch auf Zumutbarkeit der Darstellung zu untersuchen, beides kann aber weitgehend als nicht zumutbar betrachtet werden.

---

[1] WAP ist ein Standard für Internetseiten auf einem Mobilgerät. Ab der Version 1.2 des Standards kann das Mobilfunknetz Daten an die Endgeräte verschicken, auch wenn diese keine angefordert haben. Wird eine URI (Uniform Resource Identifier) verschickt, handelt es sich um einen WAP-Push-Link. Eingehende WAP-Push-Nachrichten präsentieren sich dem Benutzer ähnlich einer SMS.

[2] Auch *invitatio ad offerendum*; die Internet-, Fernseh- und Zeitschriftenwerbung wird wie eine Schaufensterauslage angesehen. Sie enthält keinen Rechtsbindungswillen, da sie an einen unbestimmten Personenkreis gerichtet ist. Der Anbieter behält sich vor zu prüfen, ob er den angebotenen Vertrag erfüllen kann. [DEE+01]

2.2 Mobile Ticketing

Unter den Begriff Mobile Ticketing fällt die Buchung mit anschließendem Kauf von Fahrkarten oder Eintrittskarten. Es gibt viele unterschiedliche Umsetzungen, die entweder mit Telefonie, SMS oder WAP als Kommunikationsmedium arbeiten.

Bei Angeboten, die nur ein Ticket (z.B. eine Busfahrkarte für die gesamte Innenstadt) anbieten, reicht ein Anruf (Variante 1) zur Bestellung aus. Dabei wird die Kundin über die übermittelte Telefonnummer registriert, die erfolgreiche Registrierung automatisch angesagt und ihr der Fahrschein anschließend per Kurznachricht bestätigt. Bei Angeboten mit einer Auswahl verschiedener Tickets gibt es zwei Umsetzungen: Die Kundin kann entweder mit Hilfe vorher vereinbarter Kürzel per SMS (Variante 2) ihren Ticketwunsch spezifizieren oder der Anbieter stellt eine WAP-Seite (Variante 3) zur Verfügung, die die Kundin in mehreren Schritten durch den Bestellvorgang führt. Die Umsetzung per SMS eignet sich nur begrenzt für ein komplexes Ticketangebot. In allen Varianten bekommt die Kundin nach erfolgreichem Ticketkauf eine Bestätigung per SMS oder MMS. Wie diese Beispiele zeigen bedingt die Komplexität des Buchungsvorgangs das mögliche Medium.

Der Anruf in Variante 1 stellt das verbindliche Kaufangebot dar, was durch den Anbieter mit Versenden der Bestätigungs-SMS angenommen wird. Der Kaufvertrag kommt mit dem Versand der Bestätigung zustande. Diese Lösung ist nur mit vorheriger Registrierung umsetzbar, da der Anruf nur dann ein verbindliches Kaufangebot darstellen kann, wenn die Kundin vorher über den damit verbundenen Erklärungswillen aufgeklärt wurde. In Variante 2 ist ebenso eine vorherige Registrierung notwendig, da die Kundin über die zu verwendenden Kürzel und deren Erklärungsinhalt aufgeklärt werden muss. Die Bestell-SMS der Kundin stellt das Angebot, die Bestätigung des Anbieters die Annahme dar, womit der Vertrag zustande kommt. Bei der Variante 3 ist, wie bei klassischen Internetshops, die WAP-Seite nur als Aufforderung zur Abgabe eines Angebots anzusehen. Die Bestellung der Kundin ist das Angebot; die Bestätigung des Anbieters ist die Annahme, mit der der Kaufvertrag zustande kommt.

Alle Varianten sind nur nach vorheriger Anmeldung über einen anderen Kanal nutzbar. Damit werden die Einschränkungen der mobilen Geräte umgangen, weil sämtliche Informationspflichten, die auf dem mobilen Gerät nicht zumutbar dargestellt werden können, unter Nutzung eines anderen Kanals erfüllt werden können. Die Variante per WAP könnte auch für spontane Käufe ohne vorherige Registrierung einsetzbar sein, da im Gegensatz zu den anderen Varianten keine komplexen Bestellkürzel oder eine bestimmte Telefonnummer bekannt sein müssen. In der Praxis wird das zurzeit. jedoch nicht angeboten, da die Ticketzustellung auf das Mobilgerät nicht mit jedem Endgerät funktioniert und die Bezahlung ohne vorherige Registrierung unsicher ist. Eine Besonderheit für das Ticketing ist die Privilegierung der Personenbeförderung im Gesetz (§§ 305a Ziffer 1, 312b III 6. BGB): Beförderungsbedingungen können unter bestimmten Voraussetzungen Teil des Beförderungsvertrags werden, auch wenn sie der Kundin bei Vertragsabschluss nicht vorgelegen haben. Diese Privilegierung stellt eine Vereinfachung dar, da während des Vertragsabschlusses auf Informationspflichten des Fernabsatzrechts und den Hinweis auf die AGB verzichtet werden kann. Für Verträge im Bereich des Ticketing, die nicht zum Bereich Personenbeförderung gehören, gilt nur die Privilegierung nach § 312b III Nr. 6 BGB. Damit entfällt im Wesentlichen nur die Widerrufsbelehrung[3].

[3] Zum Widerspruch zwischen den Vorschriften des § 312b III Nr. 6 und § 312e BGB vgl. [KKPS04].

2.3 Point-Of-Sale

In Deutschland bislang kaum verbreitet ist das Bezahlen mit mobilen Geräten, allen voran mit Mobiltelefonen, das so genannte Mobile Payment. Mit Point-Of-Sale wird das Bezahlen im stationären Einzelhandel, also in Läden und an Automaten, mit dem Mobiltelefon bezeichnet. Das Telefon wird dabei zur Geldbörse.

Der Kaufvorgang beim Point-of-Sale ist ein klassischer Kauf ohne die Benutzung elektronischer Kommunikationsmittel; die Bezahlung per M-Payment ist der Teil des Kaufvorgangs, der dem M-Commerce zuzurechnen ist. Für den Bezahlvorgang gibt es unterschiedliche Möglichkeiten: Bei der telefonischen Variante nennt die Kundin bei der Bezahlung ihre Kundennummer (meist die Handynummer). Der Verkäufer sendet dem M-Payment-Anbieter per Onlineverbindung die Details des Bezahlvorgangs. Der Anbieter lässt sich mit einem automatischen Anruf die Zahlung von der Kundin durch Eingabe einer Geheimzahl bestätigen. Bei der Variante per SMS sendet die Kundin die Details des Bezahlvorgangs (Betrag, Kennung des Empfängers, Geheimzahl) mit einer SMS an den Anbieter. Dieser bestätigt dem Empfänger die Bezahlung, nachdem er die Geheimzahl geprüft hat.

Bei beiden Varianten gibt die Kundin durch Auswahl der Ware ein Kaufangebot ab, das durch Freigabe der Ware an einer Kasse oder durch einen Automaten angenommen wird. Der Kaufvertrag kommt nach erfolgtem Zahlungsvorgang zustande. Neben dem Kaufvertrag über die Ware schließt die Kundin noch einen weiteren Vertrag über die Bezahlung ab. Die Kundin hat mit einem M-Payment-Anbieter einen Rahmenvertrag über die Zahlungsabwicklung geschlossen und jeder Bezahlvorgang ist ein Vertrag, der den Bedingungen des Rahmenvertrags unterliegt.

Im stationären Einzelhandel kann der Verkäufer sämtliche Informations- und Transparenzpflichten durch Aushang erfüllen. Seine AGB kann er ebenso per Aushang in den Vertrag einbeziehen. Die eingeschränkte Darstellung und Interaktion mobiler Geräte wird dadurch umgangen. Auch beim M-Payment-Vertrag werden die eingeschränkte Darstellung und Interaktion mit mobilen Geräten umgangen, da sämtliche Informationspflichten bereits bei Abschluss des Rahmenvertrags erfüllt worden.

2.4 Mobile Shopping

Mobile Shopping ist der Kauf von beweglichen Waren bei Internetshops über mobile Endgeräte äquivalent zum gewohnten Fernabsatz per Internet. Bietet ein Internetshop ein für mobile Endgeräte erstelltes Portal an, muss der Anbieter auch auf alle Beschränkungen der mobilen Geräte Rücksicht nehmen. In manchen Fällen ist die Nutzung des mobilen Portals nur nach Registrierung im Internetshop möglich.

Zum Einkauf muss die Kundin das Portal mit dem Browser ihres mobilen Gerätes betreten. Der Anbieter des Shops stellt ihr dort eine Möglichkeit zur Navigation zur Verfügung, um das Angebot zu durchsuchen und Produktinformationen abzurufen. Ähnlich wie bei Internetshops wird die Metapher des Einkaufswagens genutzt, in den per Klick Waren zum Einkauf gelegt werden können. Hat eine Kundin ihre Auswahl abgeschlossen, werden ihr die ausgewählten Waren zur Kontrolle noch einmal angezeigt und persönliche Daten für Lieferung und Bezahlung abgefragt. Die Waren können per Versand, direkter Lieferung oder Abholung erhalten werden.

Analog zu den Internetshops im klassischen Fernabsatz per Internet stellt die Darstellung der Waren im Portal die Aufforderung zur Abgabe eines Kaufangebots dar. Die Kundin gibt in dem Moment ein verbindliches Kaufangebot ab, in dem sie den Einkaufsvorgang abschließt und ihre Daten zur Lieferung und Zahlung hinterlässt. Der Anbieter nimmt das Angebot entweder konkludent durch Lieferung an oder bestätigt die Annahme per Kurzmitteilung. Der Kaufvertrag kommt mit der Annahme zustande.

Der Anbieter muss über das mobile Portal sämtliche Informations- und Transparenzpflichten erfüllen. Technisch ist die Bereithaltung der Angaben und Informationen als formatierter Text per WAP oder XHTML möglich. Eine individualisierte Anpassung der Seitenlänge, Schriftgröße und Navigation kann mit Hilfe der vom Browser übermittelten Darstellungsparameter des mobilen Geräts vorgenommen werden. Der Shop des Anbieters hat die Möglichkeit, individuell für jeden Browser nach dessen Fähigkeiten zu entscheiden, ob eine vorgegebene Grenze der Zumutbarkeit unterschritten wird. Der Anbieter kann damit vorgeben, ab welcher Grenze er selbst eine Zumutbarkeit für vertretbar hält und Vertragsabschlüsse mit Geräten unterhalb dieser Grenze automatisch ablehnen. Allerdings trifft den Anbieter der gesamte Umfang der gesetzlichen Verbraucherschutzpflichten, die auch im Falle einer Anpassung auf einzelne Geräte juristisch nicht zumutbar darstellbar sind.

Tab. 1: Rechtsgrundlagen der Informationspflichten

<table>
<tr><th></th><th>Mobile Entertainment</th><th>Mobile Ticketing</th><th>Point-of-Sale</th><th>Mobile Shopping</th></tr>
<tr><td>Impressums-pflicht</td><td>§ 5 TMG
§ 1 I Nrn. 1-3 BGB-InfoV[4]</td><td>§ 5 TMG</td><td rowspan="3">entfällt[5]</td><td>§ 5 TMG
§ 1 I Nrn. 1-3 BGB-InfoV</td></tr>
<tr><td>Daten zum Leistungs-austausch</td><td>§ 1 I Nrn. 4-9, 11 BGB-InfoV</td><td>entfällt nach § 312b III Nr. 6 BGB</td><td>§ 1 I Nrn. 4-9, 11 BGB-InfoV</td></tr>
<tr><td>Widerrufs-belehrung</td><td>§ 1 I Nr. 10 BGB-InfoV</td><td>entfällt nach § 312b III Nr. 6 BGB</td><td>§ 1 I Nr. 10 BGB-InfoV</td></tr>
<tr><td>AGB</td><td>§ 305 II Nrn. 1-2
§ 312c II BGB</td><td>§ 305 II Nrn. 1-2 BGB</td><td>§ 305 II Nrn. 1-2 BGB</td><td>§ 305 II Nrn. 1-2 und
§ 312c II BGB</td></tr>
<tr><td>Techn. Informationen zum Vertragschluss</td><td>§ 312e I Nrn. 1-4 BGB</td><td>§ 312e I Nrn. 1-4 BGB</td><td rowspan="2">entfällt</td><td>§ 312e I Nrn. 1-4 BGB</td></tr>
<tr><td>Datenschutz-erklärung</td><td>§ 4 III BDSG[6]</td><td>§ 13 TMG</td><td>§ 13 TMG</td></tr>
</table>

3 Diskussion Hemmnisse des M-Commerce

Im vorangehenden Abschnitt wurden die verschiedenen Anwendungsfälle des M-Commerce identifiziert und die Kontroverse zwischen Pflichtenerfüllung und technischer Einschränkung

[4] Die Informationspflichten von TMG und BGB-InfoV überschneiden sich an dieser Stelle weitgehend.

[5] Der Kaufvertrag wird nicht über ein elektronisches Kommunikationsmittel geschlossen. Die verbleibende Informationspflicht bzgl. der AGB kann per Aushang erfüllt werden. Für den M-Payment-Vertrag wurden alle Pflichten bereits bei Abschluss des Rahmenvertrags erfüllt.

[6] Einkäufe per SMS sind telekommunikationsgestützte Dienste und fallen nicht unter das TMG, es gelten die allgemeinen Vorschriften des BDSG; s.a. [TaRo07].

beschrieben. Tabelle 1 hat zusammenfassend die Rechtsgrundlagen der Pflichten jedem Anwendungsfall zugeordnet. Für alle Anwendungsfälle lassen sich die Probleme auf generische Grundprobleme reduzieren:

- Der Konflikt zwischen technischer Darstellbarkeit umfangreicher Texte und der Rechtspflicht der zumutbaren bzw. klaren und verständlichen Darstellung;
- die Vorschrift, der Kundin zu ermöglichen, die AGB abzuspeichern, wozu nicht jedes Gerät imstande ist;
- die geringe Übertragungsrate von und zum Gerät und die damit erzeugten langen Wartezeiten unter dem Gesichtspunkt der rechtlichen Zumutbarkeit.

Diese Spannungsfelder werden im Folgenden ausführlich diskutiert und Lösungsmöglichkeiten vorgestellt.

3.1 Zumutbarkeit der Darstellung

Das zentrale Problem des M-Commerce mit mobilen Geräten sind die eingeschränkte Darstellungsfläche und begrenzte Interaktionsmöglichkeiten, und der daraus entstehende Konflikt zwischen technischer Darstellbarkeit umfangreicher Texte und der Rechtspflicht der zumutbaren bzw. klaren und verständlichen Darstellung. Die Displays sind im Vergleich zu einem Desktop-PC kleiner und die Schriftarten für Fließtext schlechter lesbar. Die teilweise umfangreichen AGB und gesetzlich verpflichtenden Informationen finden also hiermit eine Grenze in ihrer Darstellbarkeit.

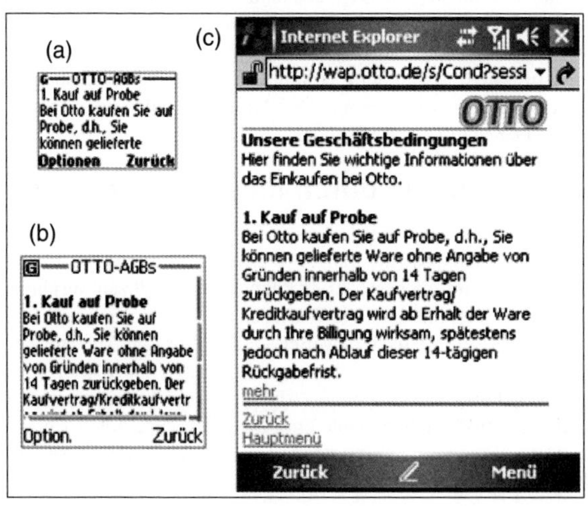

Abb. 1: Darstellung von AGB auf verschiedenen Mobilgeräten [Otto07]

In Abbildung 1 werden die AGB der OTTO GmbH & Co KG in der Darstellung der WAP-Browser verschiedener Mobilgeräte gezeigt. Unter (a) die Darstellung in einem WAP 1.2 Browser (Nokia 6510 mit 96x64 Pixel), unter (b) in einem WAP 2.0 Browser (Nokia 6230 mit 128x128 Pixel) und unter (c) in einem PDA mit XHTML-Browser (O_2 Xda Neo mit 240x320 Pixel). Man erkennt die Unterschiede in der darstellbaren Textmenge. Kann der

PDA (c) noch vollständige Absätze komplett darstellen, reicht die Anzeige des Nokia 6230 (b) nur noch für einzelne Sätze. In der noch kleineren Anzeige des Nokia 6510 (a) findet nicht einmal ein Satz genug Raum.

Der im Gesetz (§ 305 II Nr. 2 BGB) in diesem Zusammenhang benutzte Begriff der „Zumutbarkeit“ wird dort nicht weiter definiert. Urteile in Bezug auf die zumutbare Darstellung auf mobilen Geräten sind bislang nicht ergangen. Ältere Urteile [OLGK97] und [LGFR92], die Aussagen zu Zumutbarkeit für BTX-Terminals machen, können lediglich als Anhaltspunkt für den mobilen Bereich genommen werden. Aus juristischer Perspektive verbleibt also ohne eine genauere Definition der Zumutbarkeit durch den Gesetzgeber ein Risiko für den Anbieter. Das gilt analog für die Begriffe „klar und verständlich“ bezogen auf die Informations- und Transparenzpflichten (§ 312c I BGB).

3.2 Gewährung der Möglichkeit zur Speicherung

Der Anbieter ist gesetzlich verpflichtet, der Kundin die Möglichkeit zu verschaffen, die AGB „in wiedergabefähiger Form zu speichern“ (§ 312e BGB). Die Widerrufsbelehrung nach § 355 BGB muss der Anbieter der Kundin in „Textform“ mitteilen, was nach § 126b BGB ebenfalls eine Speicherung bedeutet. Dies kollidiert mit der technischen Unmöglichkeit der Speicherung auf bestimmten Geräten. Mobile Geräte haben eine begrenzte Speichergröße und nur aktuelle Modelle mit mehreren Megabyte Speicherplatz können neben anderen Benutzerdaten den Inhalt mehrerer AGB speichern. Alte Geräte, die nur die frühe Version WAP 1.x unterstützen, bieten gar keine Möglichkeit, aus dem Browser heraus Dateien zu speichern. Alternativ zur Speicherung auf dem Gerät könnte der Anbieter die Texte an eine eMail-Adresse oder Faxnummer der Kundin senden. Das erfordert, dass die Kundin zum Zeitpunkt des Vertragsschlusses eine eMail-Adresse oder Faxnummer besitzt und diese auch nennen kann. Das kann allerdings nicht vorausgesetzt werden. Der Anbieter ist also nicht immer in der Lage, eine Speicherung bei der Kundin zu ermöglichen.

3.3 Lange Wartezeiten durch niedrige Übertragungsraten

Ein weiteres Problem ist die geringere Datenrate bei Übertragungen zu den Endgeräten. Die Übertragung langer Texte kann in einer langen Wartezeit resultieren, aber auch kurze Hinweise und Links zum Impressum oder den AGB können die Wartezeit verlängern, da sie regelmäßig mit übertragen werden müssen. Die Wartezeit muss unter den Aspekten der Zumutbarkeit und der Angemessenheit juristisch bewertet werden. Für den Anbieter ist eine lange Wartezeit auch wirtschaftlich von Interesse, denn mit der Länge der Wartezeit steigt die Gefahr, dass Kunden vom Angebot Abstand nehmen: Abhängig vom Mobilfunktarif muss die Kundin für die Übertragung der zusätzlichen Daten ein möglicherweise hohes Entgelt bezahlen. Mobilfunknetze der dritten Generation und fallende Datenübertragungspreise z.B. Pauschalpreise werden dieses Problem abschwächen.

4 Technische Hilfsmittel und juristische Auswege

Ausgehend von den diskutierten technischen und rechtlichen Hemmnissen des M-Commerce wollen wir nachfolgend vier mögliche Lösungsmöglichkeiten beschreiben. Die Lösungsmöglichkeiten verfolgen unterschiedliche Ansätze, die eines oder teilweise auch mehrere der Hemmnisse angehen.

- Statt der Speicherung bei der Kundin könnte der Anbieter sämtliche Daten bei einem Treuhänder hinterlegen.
- Jede Kundin muss sich einmalig vor dem ersten Vertragsabschluss stationär oder über einen anderen geeigneten Kanal registrieren.
- Durch Vorlesen des Textes zusammen mit einer Navigations- und Interaktionsmöglichkeit während des Vorlesens wird die Anzeige des Textes auf dem Display multimedial ergänzt.
- Die AGB werden automatisch abgeglichen, wobei die Kundin durch vorher getroffene Einstellungen die Aushandlung kontrolliert.

4.1 Treuhänderische Hinterlegung

Als Lösungsansatz in Bezug auf das Problem der Speicherung langer Texte auf mobilen Geräten können die Texte bei einem Treuhänder hinterlegt werden. Der Treuhänder fungiert als sicherer Ort gegen Manipulationen seitens des Anbieters. Die Anforderungen an eine Speicherung müssen gewährleistet sein: Die Kundin muss jederzeit die Informationen wiedergeben lassen können und sie müssen über einen längeren Zeitraum aufbewahrt werden, damit auch Bestandteile alter Verträge zugreifbar sind.

Juristisch muss geklärt werden, ob dieser Lösungsansatz im Rahmen des geltenden Rechts umsetzbar ist oder ob eine Gesetzesanpassung erforderlich ist. Nach den Buchstaben der Gesetze ist eine Hinterlegung von Pflichtinformationen nicht vorgesehen.

Technisch muss eine Umsetzung entwickelt werden, die für beide Seiten leicht zu handhaben ist und mit aktueller Sicherheitstechnologie eine Authentizität der Texte gewährleistet. Aufgrund der Vielzahl unterschiedlicher Mobilgeräte von verschiedenen Herstellern ist zu prüfen, ob vorhandene gemeinsame Standards ausreichen, eine Hinterlegung umzusetzen. So wäre eine Hinterlegung auf dem WAP-Server des Treuhänders denkbar, wobei der Link per WAP-Push an das Mobilgerät gesendet werden kann. Die Authentizität könnte mit dem im WAP-Standard enthaltenen Sicherheitsfunktionen garantiert werden.

Für das Mobile Entertainment könnte die Hinterlegung eine Lösung des Problems darstellen, dass die AGB spätestens mit der Leistungserfüllung der Kundin zur Verfügung zu stellen sind. Da die Leistungserbringung direkt auf dem Mobilgerät erfolgt, kann der Anbieter nicht auf die Möglichkeit wie etwa beim Mobile Shopping zurückgreifen, die AGB zusammen mit der Ware zu versenden.

4.2 Vorherige Registrierung

Um das Problem der zumutbaren Darstellung auf dem mobilen Gerät zu umgehen, findet sich der Lösungsansatz, mit einer einmaligen Registrierung vor dem ersten Kauf sämtliche verbraucherschutzrechtlichen Pflichten im Voraus zu erfüllen. Die Kundin meldet sich z.B. im Ladengeschäft, per Post oder per Internet für die Nutzung des Shops an. Der Anbieter kann dann schriftlich oder per Internet die AGB zur Verfügung stellen und genauso die Informations- und Transparenzpflichten erfüllen.

Juristisch ist diese Lösung nach bisher geltendem Recht zweifelhaft. Zwar lässt § 312b IV BGB eine Rahmenvereinbahrung für „Vorgänge gleicher Art“ zu, jedoch muss geklärt werden, wie weit die Gleichartigkeit ausgelegt werden kann (Für eine weitreichende Auslegung: [Röss06] Nr. IIa, [Paul05] S. 145 ff.).

Technisch ist diese Lösung leicht umsetzbar. Über eine Authentifikation der Kundin muss gesichert werden, dass ausschließlich mit vorheriger Registrierung ein Zugriff auf das mobile Angebot zugelassen wird.

Leider ermöglicht dieser Ansatz keine spontanen mobilen Kaufvertragsabschlüsse. Damit diese nicht komplett ausgeschlossen werden müssen, sind andere Lösungsansätze zu untersuchen. Ungünstig stellt sich die Situation für den Anbieter dar, wenn er in seinen Bedingungen etwas ändern möchte. In dem Fall müsste jede Kundin erneut über andere Kanäle sein Einverständnis bekunden.

4.3 Multimediale Aufbereitung mit Interaktionsmöglichkeit

Eine andere Möglichkeit, die Anzeige der Texte auf kleinen Displays zu umgehen, ist die akustische Wiedergabe. Da ein einfaches Vorlesen schnell ermüdend sein kann, müssen der Kundin zusätzliche Interaktionsmöglichkeiten gegeben werden, damit sie die Sprachausgabe ihren Hörgewohnheiten anpassen kann. Dazu gehören z.B. eine Auswahl verschiedener Stimmen, Steuerung der Sprechgeschwindigkeit und eine Möglichkeit im Text zu springen und mit Hilfe eines Inhaltsverzeichnisses oder einer Kurzübersicht zu navigieren.

Zusätzlich zum Text könnten Piktogramme regelmäßig wiederkehrende Klauseln schnell erfassbar machen. Eine Symbolik, wie sie für andere fest umrissene Anwendungsbereiche wie z.B. für die Textilpflege international verbreitet sind, könnte entwickelt werden, die leicht merkbare und eindeutig erkennbare Symbole definiert. Die Piktogramme könnten an Stelle des Inhaltsverzeichnisses benutzt werden, so dass der Kundin zu Beginn nur Piktogramme präsentiert werden. Mit einem Klick auf ein Piktogramm bekommt sie eine Erläuterung, die der entsprechenden AGB-Klausel entspricht.

Juristisch muss eine multimediale Umsetzung auf Zumutbarkeit überprüft werden. Vermutlich wird auch beim Vorlesen die Länge des Textes ein entscheidendes Kriterium für die Zumutbarkeit sein. Piktogramme erfüllen zwar nicht die Textform nach § 126b BGB, die für AGB vom Gesetz gefordert wird, können aber die Zumutbarkeit erhöhen.

Technisch bedeutet dieser Lösungsansatz Aufwand im Rahmen der Gestaltung einer umfassenden akustischen Benutzungsoberfläche. Es muss ein gutes Sprachsynthesesystem gefunden oder die Möglichkeit evaluiert werden, ob natürlich gesprochene Aufzeichnungen einsetzbar sind. Wenn Aufzeichnungen erstellt werden, müssen diese mit der Textfassung auf dem gleichen Stand gehalten werden; bei jeder Änderung der AGB müssen die entsprechenden Textpassagen komplett neu aufgezeichnet werden.

4.4 Automatischer Abgleich nach Voreinstellungen

Anstatt die Zumutbarkeit der Darstellung zu erhöhen, vermeidet der Lösungsansatz des automatischen Abgleichs die Darstellung weitestgehend. Die Idee ist die Kodifizierung von AGB in technisch lesbare Standardklauseln. Die Kundin benutzt dann eine Software, der sie einmalig ihre Voreinstellungen zu allen Standardklauseln eingibt. Die Software prüft und bestätigt dann bei jedem Vertragsabschluss die kodifizierten AGB des Anbieters. Bei Differenzen lehnt die Software den Vertragsschluss ab und gibt der Kundin evtl. die Möglichkeit, ihre Voreinstellungen für den einzelnen Vertragsschluss anzupassen.

Juristisch ist so ein automatischer Abgleich nicht vorgesehen. Nach Pauly, der diesen Ansatz selbst vorschlägt, lassen sich die gesetzlichen Vorschriften jedoch so auslegen, dass dieser Lösungsansatz rechtskonform ist (siehe [Paul04] S. 125 ff, [Paul05] S. 184 ff).

Die technische Umsetzung stößt bei der Software für die Kundin auf das Problem der Vielzahl unterschiedlicher Endgeräte. Es muss eine Möglichkeit gefunden werden, für eine möglichst große Anzahl von Modellen eine passende Software zu entwickeln. Dazu könnten entweder vorhandene Gerätestandards die Möglichkeit bieten, die Software einheitlich umzusetzen, oder es muss ein spezieller Standard entwickelt werden, der dann von den Geräteherstellern umzusetzen ist.

5 Zusammenfassung und weitere Arbeiten

Das Marktpotential des M-Commerce resultiert in einem dringenden Handlungsbedarf, um beim Handel über das mobile Endgerät aus Sicht der Verbraucher und Anbieter Rechtssicherheit zu erreichen. Betrachtungen aus juristischer Perspektive wie [Paul05], [Röss06] und [TaRo07] zeigen die Problematik auf, die in diesem Artikel an konkreten Anwendungsfällen sowohl aus informationstechnischer als auch aus juristischer Perspektive analysiert wird. An konkreten Betrachtungen zum Vertragsabschluss bei typischen und praxisrelevanten Beispielen im Mobile Entertainment, Mobile Ticketing, Point-Of-Sale und im Mobile Shopping wurde diskutiert, wo die informationstechnischen und juristischen Grenzen zu finden sind. Um M-Commerce rechtskonform zu gestalten, wurden Lösungsansätze im Spannungsfeld zwischen Informatik und Rechtwissenschaften vorgestellt, die in unseren weiteren Arbeiten detailliert und auch konkret in die Praxis umgesetzt werden.

Literatur

[3GPP06] 3GPP Technical Specification: TS 23.040 V6.8.1 (2006-10) Technical realization of the Short Message Service (SMS). Valbonne (2006).

[Beck06] H.G. Bamberger, H. Roth: Beck'scher Onlinekommentar BGB. Beck München (2006).

[DEE+01] Dörner, Ebert, Eckert, Hoeren, Kemper, Schulze, Staudinger: BGB Handkommentar. Nomos Baden-Baden (2001) 115 § 145 Rn. 4-5.

[Jnpr06] Juniper Research: Mobile Commerce Strategies – Ticketing, Retail, Payment & Security, Januar 2006. Entnommen aus: tns infratest – Monitoring Informationswirtschaft, 9. Faktenbericht 2006.

[KKPS04] C. Kessel, K. Kuhlmann, V. Passauer, M. Schriek: Informationspflichten und AGB-Einbeziehung auf mobilen Endgeräten. In: Kommunikation und Recht 11/2004, Recht und Wirtschaft Frankfurt (2004).

[LGFR92] LG Freiburg, Urteil vom 7.4.1992 (Az.: 9 S 139/90).

[MaSc06] P. Mankowski, M. Schreier: Klingeltöne auf dem vertragsrechtlichen Prüfstand. In: Verbraucher und Recht 6/2006, Nomos Baden-Baden (2006) 209-248.

[OLGK97] OLG Köln, Urteil vom 21.11.97 (Az.: 19 U 128/97).

[Otto07] OTTO GmbH & Co KG: Allgemeine Geschäftsbedingungen (Stand April 2007); http://pda.otto.de/s/Cond?file=agb

[Paul04] D.A. Pauly: Rechtsverbindliche Kommunikation. In: Elektronische Geschäftsprozesse 2004. IT Verlag Sauerlach (2004).

[Paul05] D.A. Pauly: M-Commerce und Verbraucherschutz, Universität Oldenburg Institut für Rechtswissenschaften Oldenburg (2005).

[Rank04] J.S. Ranke: M-Commerce und seine rechtsadäquate Gestaltung: Vorschläge für vertrauenswürdige mobile Kommunikationsnetze und -dienste; Nomos Baden-Baden 2004.

[Röss06] M. Rössel: Transparenzgebote im M-Commerce. In: IT Rechtsberater 10/2006. Dr Otto Schmidt Köln (2006).

[TaRo07] J. Taeger, E. Rose: Informationspflichten beim Klingeltonvertrieb im M-Commerce. In: Kommunikation und Recht 5/2007. Recht und Wirtschaft Frankfurt (2007).

Business Continuity Management Rechtliche Grundlagen und Entwicklungen

Udo Steger

Heymann & Partner
u.steger@heylaw.de

Zusammenfassung

Unter Business Continuity (BC), deutsch „Betriebliche Kontinuität" versteht man die Aufrechterhaltung des Betriebs (Kontinuität) eines Unternehmens im Falle von Notsituationen, z.B. im Falle eines Ausfalls der öffentlichen Infrastruktur am Ort des Betriebs durch Naturkatastrophen, Krieg, etc. Business Continuity Management (BCM) bezeichnet dementsprechend die organisatorische Vorbereitung solcher Notfälle, insbesondere die dann zu ergreifenden Maßnahmen und das Vorhalten entsprechender Notfall-Einrichtungen.

1 Business Continuity Management im Recht[1]

Das Verständnis von BCM in Deutschland ist dabei historisch bedingt stark militärisch geprägt[2]. Seit dem 2. Weltkrieg war es den Kriegsparteien durch die Fortschritte beim Flugzeugbau erstmals möglich, weit von der Front entfernte Rüstungs- und andere zivile Produktionsstätten des Gegners in großem Maßstab anzugreifen. Um angesichts solcher Bombenangriffe die Rüstungsproduktionskapazität zu erhalten, wurden für so genannte „kriegswichtige Betriebe" staatlich angeordnete Maßnahmen zu deren Schutz bzw. Erhalt durchgeführt, z.B. die Verlegung von Betrieben unter die Erde. In der jungen Bundesrepublik stand der Erhalt der öffentlichen Infrastruktur, der Schutz der Zivilbevölkerung und die Aufrechterhaltung der öffentlichen Sicherheit und Ordnung für den Fall einer kriegerischen Auseinandersetzung auf deutschem Boden sowie im Fall von Naturkatastrophen (der heutige Schwerpunkt) im Fokus der Planungen, wie es in Art. 73 Nr. 1 und 35 Abs. 2 und 3 GG zum Ausdruck kommt[3]. Diese Fokussierung auf Sicherung der öffentlichen Infrastruktur wird z.B. in der Definition des Bundesamts für Sicherheit und Informationstechnik (BSI) deutlich, wonach als so genannte „kritische Infrastrukturen" „...Organisationen und Einrichtungen mit wichtiger Bedeutung für das staatliche Gemeinwesen, bei deren Ausfall oder Beeinträchtigung nachhaltig wirkende Versorgungsengpässe, erhebliche Störungen der öffentlichen Sicherheit oder andere dramatische Folgen eintreten würden"[4] gelten.

[1] Der Beitrag ist aus der Perspektive des Deutschen Rechts geschrieben, an einigen Stellen wird – ohne Anspruch auf Vollständigkeit- auf equivalente Regelungen in der Schweiz und Österreich hingewiesen.

[2] siehe v. Rössing, Betriebliches Kontinuitätsmanagement, Bonn 2005, S. 17ff.

[3] *Stober/Eisenmenger*, Katastrophenverwaltungsrecht - Zur Renaissance eines vernachlässigten Rechtsgebietes, NVwZ 2005, 121.

[4] Foliensatz des BSI von 2005, „Einführung in den Schutz Kritischer IT-Infrastrukturen", abzurufen unter

P. Horster (Hrsg.) · D•A•CH Security 2007 · syssec (2007) 213-226.

In der privaten Wirtschaft waren Maßnahmen zur Notfallplanung und Krisenbewältigung bislang stark auf die Bereiche Informationstechnologie und (IT-) Sicherheit im Unternehmen beschränkt. Da IT-Systeme heute die Hauptlast bei der Abwicklung der Geschäftsprozesse eines Unternehmens tragen, erkannte man schon bald, dass die Existenz eines Unternehmens auf dem Spiel stehen kann, wenn IT-Systeme und Daten- und Kommunikationsnetze auch nur kurzzeitig ausfallen.[5] Dementsprechend werden IT-Sicherheit und BCM oft als deckungsgleiche „IT-Themen" angesehen. Eine erfolgreiche Unternehmensführung erfordert deshalb neben der Wahrnehmung von Chancen auch die Beherrschung der (Sicherheits-) Risiken, die sich aus dem Einsatz von IT-Systemen ergeben.

Da die Risiken mit Versicherungen meist nicht angemessen abzudecken sind, ist eine Vorsorge in Form von BCM ökonomisch vernünftig.

Unsere globalisierte, postindustrielle Wirtschaft und Gesellschaft ist zwar abhängig von der Verfügbarkeit und Integrität von IT-Systemen und der daran angeschlossenen weltumspannenden Daten- und Kommunikationsnetze. BCM ist aber viel mehr als nur eine Gewährleistung der IT-(Betriebs-)sicherheit durch die Absicherung solcher Systeme gegen Stromausfälle, Brand oder Unwetter. Die verbreiteten „just-in-time"- Logistik- und Fertigungskonzepte führen zu einer stark erhöhten wechselseitigen Abhängigkeit der Unternehmen von Pünktlichkeit und Liefertreue, mithin der Verfügbarkeit von Waren. Störungen in den zugrunde liegenden Produktions- und Transport-Systemen (die freilich oft mit Hilfe von IT-Systemen gesteuert werden) können sich dabei kettenreaktionsartig auf ganze Abnehmerketten auswirken. Der Ruf als zuverlässiger Lieferant ist für ein Unternehmen der oft entscheidende Wettbewerbsfaktor, und schon der geringste Zweifel daran kann dazu führen, dass Kunden verloren gehen. Deshalb ist ein ganzheitlicher Ansatz erforderlich, der die an den jeweiligen Betriebsstandorten des Unternehmens, Zulieferer oder Service Provider vorhandenen politischen Strukturen, lokalen Infrastrukturen und die sich aus ungünstigen Umweltbedingungen ergebenden Risiken berücksichtigt, um die Aufrechterhaltung des Betriebs auch unter widrigen Bedingungen sicherzustellen.

Auch wenn es kein allgemeines „IT-Sicherheits" oder gar „BKM-Gesetz" gibt, hat der Staat vielfältige Regelungen in diesem Bereich geschaffen, nicht zuletzt deshalb, weil mit der zunehmenden Privatisierung ehemals staatlich betriebener öffentlicher Infrastrukturen (Telekommunikation, Strom, Postdienst, Krankenhäuser usw.) auch ein Kontrollverlust einher ging. Der Schutz öffentlicher „kritischer Infrastrukturen" wurde daher immer schwieriger, und gerade in Deutschland erschwert auch die stark ausgeprägte föderale Struktur eine zentral gesteuerte Risikovorsorge. Eine Möglichkeit, diesen Kontrollverlust auszugleichen, wird zunehmend genutzt: der Staat legt der Wirtschaft und insbesondere den privaten Betreibern der ehemals öffentlichen Infrastrukturen Pflichten zur Risikovorsorge im Wege rechtlicher Auflagen auf. Dies schließt auch Anforderungen an die IT-Sicherheit mit ein.

Die Verfasser einer vom BSI in Auftrag gegebenen Studie[6], die den Bestand von Regelungen zum Schutz kritischer Infrastrukturen unter dem Aspekt der IT-Sicherheit untersuchten, ka-

---

www.bsi.bund.de/fachthem/kritis/KRITIS_Einfuehrung.pdf.

[5] vgl. die wohl erste Studie zu dem Thema von *D. O. Aasgaard* et al., An Evaluation of Data Processing 'Machine Room' Loss and Selected Recovery Strategies, MISRC Working Papers (University of Minnesota, 1978).

[6] *Holznagel/Koenig*, Gutachten zur rechtlichen Analyse des Regelungsumfangs zur IT-Sicherheit in kritischen Infrastrukturen im Auftrag des BSI von 2002, überarbeitet 2005. Ausgewertet wurden über 650 Gesetze/Verordnungen im Hinblick auf den Schutz kritischer Infrastrukturen.

men dementsprechend zu dem Ergebnis, dass der rechtliche Schutz kritischer Infrastrukturen durch eine Vielzahl von allerdings sehr speziellen, allgemein wenig bekannten und überwiegend sektorspezifischen Regelungen (Stromversorgung, Telekommunikation, usw.) gewährleistet wird, die eine ganz unterschiedliche Rechtsqualität haben, häufig nicht Gesetzesrang erreichen (z.B. die regulatorischen Anforderungen des Bundesaufsichtsamts für Finanzdienstleister (BaFin)) und oft nur für bestimmte Krisensituationen wie den Verteidigungsfall gelten[7].

Als eine der wenigen allgemein geltenden Querschnittsnormen wurde die im Aktiengesetz (AktG) niedergelegte allgemeine Pflicht der Unternehmensleitung zum Risikomanagement identifiziert, die aufgrund ihres generalklauselartigen Ansatzes auch Aspekte der IT-(Betriebs-) Sicherheit und des BCM umfasst. Diese Norm ist Ausfluss, aber auch Grundlage eines Regelungs- und Regulierungsumfelds, das sich in den letzten Jahren unter dem Stichwort „Corporate Governance" als Reaktion auf spektakuläre Unternehmenszusammenbrüche entwickelt hat. Ziel ist es dabei, Anleger besser zu schützen[8], indem die Unternehmensleitung verstärkt in die Haftung genommen wird und erleichterte Klagemöglichkeiten geschaffen wurden. Aufgrund der Abhängigkeit der Unternehmen von der Verfügbarkeit ihrer IT-Systeme ist hierbei das Maß der Befassung der Unternehmensleitung mit den Themen IT-Sicherheit und IT-Notfallplanung ein wesentlicher Aspekt. Im Schadensfall kann es daher eine ganz zentrale Frage werden, ob die Unternehmensleitung den ihr obliegenden Pflichten ordnungsgemäß nachgekommen ist und eine angemessene Risikoabwägung und Risikovorsorge (einschließlich BCM) vorgenommen hat. Vor diesem Hintergrund ist zu erwarten, dass auch zukünftig immer mehr staatliche Regelungsvorgaben Aspekte des Business Continuity Managements zumindest mittelbar berücksichtigen werden. Die möglichen Regelungsmechanismen sowie einige Beispiele zu bestehenden Regelungen im Hinblick auf BCM sollen im Folgenden vorgestellt werden.

2 Rechtliche Grundlagen von BCM-Anforderungen

Man kann im Wesentlichen folgende rechtlich-normative Gestaltungsmöglichkeiten für heutige und zukünftige BCM Anforderungen unterscheiden:

Gesetzliche Anforderungen sind direkt normierte gesetzliche Pflichten, die im Zuge eines parlamentarischen Verfahrens zustande gekommen sind. Sie können bei Nichtbeachtung mit repressiven Mitteln (Bußgelder, usw.) durchgesetzt werden. Grob lassen sich hierbei abstrakte und konkrete gesetzliche Anforderungen unterscheiden. Konkret die Betriebssicherheit von IT-Systemen adressiert z.B. § 9 Bundesdatenschutzgesetz (BDSG) in Verbindung mit der Anlage hierzu[9]. Abstrakte Anforderungen umfassen die Absicherung von IT-Systemen als Teil allgemeiner Sorgfaltspflichten, z.B. die aus § 91 Abs. 2, 93 Abs. 1 AktG[10] abzuleitende Pflicht der Unternehmensleitung zur Risikovorsorge. Für die Praxis lassen sich aus solchen gesetzlichen Anforderungen jedoch nur selten konkrete Hinweise für eine Umsetzung ableiten. Eine Konkretisierung durch hierzu ergehende Rechtsprechung fehlt für den Bereich des

[7] z.B. die Telekommunikations-Sicherstellungs-Verordnung, TKSiV.

[8] Siehe insbesondere das Transparenz- und Publizitätsgesetz (TransPuG), BGBl. 2002 I, 2681.

[9] Equivalente Regelungen in Österreich: § 9, 14 Datenschutzgesetz 2000.

[10] Equivalente Regelungen in Österreich: §§ 82, 84 Abs. 2 Aktiengesetz 1965.

BCM fast völlig, im Hinblick auf IT-Sicherheit liegen vereinzelt Urteile vor[11].

Verwaltungsvorschriften sind Regelungen wie Ministerialerlasse, Verfügungen, Richtlinien oder Anordnungen, die innerhalb der Verwaltung zur internen Organisation ergehen. Grundsätzlich haben Verwaltungsvorschriften keine Außenwirkung, können dies aber mittelbar entfalten, wenn sie die Verwaltungspraxis durch Vorgaben für die Auslegung und Konkretisierung gesetzlicher Anforderungen durch die Verwaltung regeln. So adressieren die Rundschreiben des BMF zu den „Grundsätzen zum Datenzugriff und zur Prüfbarkeit digitaler Unterlagen" (GDPdU) unmittelbar nur die Finanzverwaltungen, haben aber mittelbar erhebliche Auswirkungen auf die IT-Systeme der Steuerpflichtigen, z.B. deren Verfügbarkeit.[12]

Eine Sonderrolle spielen *Regulatorische Anforderungen* von Aufsichtsbehörden, z.B. die Veröffentlichungen der BaFin, die auf diesem Weg die im Kreditwesengesetz (KWG)[13] und Wertpapierhandelsgesetz (WpHG) enthaltenen gesetzlicher Generalklauseln zumeist im Wege von Rundschreiben, Verlautbarungen oder Richtlinien konkretisiert, ohne eine unmittelbare Verbindlichkeit zu haben[14], und die auch BCM-spezifische Pflichten für die beaufsichtigten Institute aufstellen. Diese norminterpretierenden Verwaltungsvorschriften binden die BaFin zwar nur intern. Angesichts der weitgehenden Befugnisse der BaFin besteht jedoch ein faktischer Zwang zur Einhaltung, da die BaFin die beaufsichtigten Unternehmen anhand dieser Maßstäbe misst.

Allgemeine Richtlinien und Standards für Business Continuity wie z.B. z.B. ISO 17799, BS7799 oder BS PAS 56 bzw. BS25999 haben keinen Rechtscharakter. Ihre praktische Bedeutung ist aber nicht zu unterschätzen, da sie wichtige Hinweise für die praktische Umsetzung von BCM geben können. In Streitfällen kann ihre Beachtung als Interpretationshilfe bei der Auslegung von generalklauselartigen gesetzlichen Vorgaben herangezogen werden[15]. Zertifizierungen[16] können einem Unternehmen bzw. dessen Leitung den Nachweis pflichtgemäßen Handelns oder die Entkräftung des Vorwurfs grob fahrlässigen Handelns erleichtern, z.B. indem die Anwendung der „Sorgfalt eines ordentlichen und gewissenhaften Geschäftsleiters" (§ 93 Abs. 1 AktG) dokumentiert wird. Bei öffentlichen Vergabeverfahren werden solche Standards und entsprechende Zertifizierungen[17] zunehmend auch als Wertungskriterien und Vertragsbestandteile verwendet. Sie haben deshalb zumindest für die Bieter faktisch eine Bindungswirkung.

---

[11] z.B. OLG Hamm MMR 2004, 487; LG Hamburg MMR 2001, 831; AG Köln DuD 2001, 298.

[12] Equivalente Regelungen in der Schweiz: Geschäftsbücherverordnung (GeBüV), Verordnungen über elektronisch übermittelte Daten und Informationen (EIDI-V) (Art. 3 und 6 (GeBüV). Vgl. hierzu *Klas/Geis*, AWV-Informationen Heft 6/2006, S. 4ff.

[13] Equivalente Regelung in Österreich: Bankwesengesetz, die aufsichtliche Praxis ist dort aber anders, vgl. *Hillinger*, Outsourcing und Offshoring bei Banken aus aufsichtlicher Sicht, PWC Financial Services Newsletter Nr. 16 (Dez. 2005/Jan. 2006).

[14] *Reischauer/Kleinhans*, KWG, zu § 6 KWG, Rz. 10.

[15] Zur Ausfüllung des Sorgfaltsmaßstabs durch (a) DIN-Normen siehe z.B. BGHZ 103, 341; BGHZ 139, 17; (b) technische Regeln siehe z.B. BGHZ 54, 335; (c) durch Richtlinien des Spitzenverbandes der Banken siehe OLG Köln NJW 1990, 2262.

[16] z.B. der Datenschutzaudit nach § 9a BDSG, der allerdings selbst noch einer allgemeingültigen gesetzgeberischen Konkretisierung bedarf.

[17] z.B. für den Bereich der IT-Sicherheit das „IT-Grundschutzhandbuch" (GSHB) des BSI.

3 Rechtliche Anforderungen an Business Continuity

3.1 Datenschutz und Datensicherheit

Das BDSG stellt die rechtliche Grundlage für die Gewährleistung des Datenschutzes und der Datensicherheit dar. Da wegen der weitgreifenden Definition in § 3 Abs. 1 BDSG personenbezogene Daten bei einer Vielzahl von Datenverarbeitungsvorgängen anfallen, kommt dem BDSG eine Funktion als Querschnittsgesetz zu, daneben existieren vielfach auch sektorspezifische Datenschutznormen (z.B. Sozialdatenschutz).

Im Hinblick auf BCM sind Vorgaben in den allgemeinen, technisch-organisatorischen Anforderungen zum Schutz von personenbezogenen Daten in § 9 BDSG i.V.m. der zugehörigen Anlage enthalten. Die in der Anlage aufgeführten Konzepte sind insbesondere im Hinblick auf Datensicherheit auch allgemein gültig ("good practice"), z.B. Zutritts-, Zugangs-, Zugriffs-, Weitergabe-, Eingabe-, Auftrags- und Verfügbarkeitskontrolle und damit eine wichtige gesetzgeberische Vorgabe für die Bestimmung einer „angemessen" sicheren Einrichtung von IT-Systemen. Im Hinblick auf BCM ist insbesondere Nr. 7 der Anlage zu § 9 BDSG zu erwähnen, wonach zu gewährleisten ist, *dass personenbezogene Daten gegen zufällige Zerstörung oder Verlust geschützt sind (Verfügbarkeitskontrolle)* und damit auch entsprechende Vorsorgemaßnahmen verlangt.

Die Regelung trägt Erwägungsgrund 25 und Art. 17 Abs. 1 der EG-Datenschutzrichtlinie[18] Rechnung. Darunter fallen etwa der Schutz vor Wasserschäden, Stromausfall, Blitzschlag oder sonstigen Naturgewalten. Über § 11 Abs. 4 BDSG gilt dies auch für den Dritten, der Daten im Auftrag verarbeitet[19]. In der Praxis wird allerdings oft versäumt, die konkrete Umsetzung der Anforderungen der Anlage zu § 9 BDSG vertraglich zu regeln, z.B. durch ein ausführliches Datensicherheitskonzept in dem beschrieben ist welche technisch-organisatorischen Maßnahmen denn nun konkret zu treffen sind.

3.2 Unternehmensorganisation

Das Gesetz zur Kontrolle und Transparenz im Unternehmensbereich (KonTraG)20 hat durch die Änderung des § 91 Abs. 2 AktG die Pflicht des Vorstands einer AG hervorgehoben, geeignete Maßnahmen zu treffen, um Entwicklungen, die den Fortbestand der Gesellschaft gefährden, frühzeitig zu erkennen und ein entsprechendes Überwachungssystem einzurichten. Außerdem muss nach § 289 Abs. 1 2. Halbs. HGB die Unternehmensführung im Lagebericht nunmehr auch auf die Darstellung von Risiken der künftigen Unternehmensentwicklung eingehen. Durch die so normierte Pflicht zur Einrichtung eines Risikomanagement-Systems sowie eine entsprechende Berichtspflicht sollen Unternehmensinsolvenzen vermieden werden[21]

[18] Richtlinie 95/46/EG des Europäischen Parlaments und des Rates vom 24. Oktober 1995 zum Schutz natürlicher Personen bei der Verarbeitung personenbezogener Daten und zum freien Datenverkehr (ABl. L 281 vom 23.11.1995, 31-50) („EU-Datenschutzrichtline").

[19] Der enge Zusammenhang ergibt sich schon daraus, dass der Inhalt von § 11 BDSG von Art. 17 Abs. 2 und 3 der Datenschutzrichtlinie vorgegeben wird.

[20] KonTraG = „Gesetz zur Kontrolle und Transparenz im Unternehmensbereich" vom 27.4.1998, BGBl I 1998, 786.

[21] vgl. Begründung zum KonTraG, BT-Drucks. 13/9712, 11.

§ 91 Abs. 2 AktG ist jedenfalls sinngemäß auf die GmbH[22] und nach allgemeiner Ansicht über Ausstrahlungswirkung auch auf andere Gesellschaftsformen anwendbar. Die Unternehmensleitung muss sich über alle für das Unternehmen relevanten Risiken umfassend und rechtzeitig informieren. Hierzu gehört auch die Identifizierung „Unternehmenskritischer Systeme", was nicht nur IT-spezifische Risiken umfasst sondern auch Risiken z.B. aus der Produktion, Verwaltung, Buchführung. Hiermit korrespondiert die allgemeine Sorgfaltspflicht der Unternehmensleitung gem. § 93 Abs. 1 AktG[23], angemessene Sicherungsmaßnahmen zu ergreifen, wenn Risiken erkannt worden, z.B. die Aufstellung eines Notfallkonzepts, die Bestimmung von Zuständigkeiten oder, soweit Versicherungsschutz erlangt werden kann[24], die angemessene Versicherung von IT-Risiken[25]. Versäumt die Unternehmensleitung dies, kann dies eine Pflichtverletzung bedeuten und entsprechende Haftungsrisiken begründen[26].

Mit der gesetzlichen Umsetzung von „Basel II"[27] wurde im Zuge der den Kreditinstituten nun obliegenden Pflicht zum Risikomanagement das „Rating" eines Unternehmens als zentrales Entscheidungskriterium dafür eingeführt, ob und zu welchen Konditionen ein Unternehmen Kredite bekommt. Hierbei erfolgt eine Ermittlung der im Unternehmen vorhandenen Risiken unter dem Gesichtspunkt des sich daraus ergebenden Schuldnerausfallrisikos. Hiernach sind Risiken, die sich aus der Nutzung von IT-Systemen ergeben, als zentraler Bestandteil der operationellen Risiken anzusehen und es ist zu prüfen, ob die Sicherheit der unternehmensbezogenen Daten gewährleistet und ausreichende Notfallvorsorge getroffen wurde.

3.3 Buchführung, Rechnungslegung, Prüfung

In vielen Unternehmen entstehen immer mehr Informationen und Dokumente nur noch in digitaler Form, teilweise sind sie gar nicht mehr für eine Präsentation in Papierform ausgelegt. Problematisch hierbei ist, dass elektronisch gespeicherte Daten sehr flüchtig sind, was insbesondere bei elektronischer Buchführung relevant wird: Soll eine elektronisch durchgeführte Buchführung ordnungsgemäßer Gegenstand der Buch- und Steuerprüfung sein können, muss sie deshalb nicht nur inhaltlich den Prüfungsanforderungen entsprechen (d.h. die „richtigen" Daten enthalten), sondern verbindlich/integer und (innerhalb angemessener Frist verfügbar sein. Rechtliche Anforderungen an die Ausgestaltung von solchen elektronischen Buchführungssystemen implizieren daher mittelbar immer auch „Continuity" im Sinne einer jederzeitigen, langfristigen Verfügbarkeit von Daten auch bei bzw. trotz zwischenzeitlichen Auftretens von Notfällen.

In diesem Zusammenhang sind die rechtlichen Anforderungen der GoBS zu beachten, dies

---

[22] vgl. insoweit auch die Begründung zum Regierungsentwurf, BT-Drucks. 13/9712, 15: „Es ist davon auszugehen, dass für Gesellschaften mit beschränkter Haftung je nach ihrer Größe, Komplexität, ihrer Struktur usw. nichts anderes gilt und die Neuregelung Ausstrahlungswirkung auf den Pflichtenrahmen der Geschäftsführer auch anderer Gesellschaftsformen hat."

[23] Bei der GmbH in § 43 Abs. 1 GmbHG geregelt.

[24] vgl. *Koch*, Versicherbarkeit von IT-Risiken (Berlin 2005), Rz. 84 und 178.

[25] *Bockslaff*, Die eventuelle Verpflichtung zur Errichtung eines sicherungstechnischen Risikomanagements durch das KonTraG, in: NVersZ 1999, 104 (insbes. 107ff.).

[26] siehe *Rodewald/Unger*, Corporate Compliance - Organisatorische Vorkehrungen zur Vermeidung von Haftungsfällen der Geschäftsleitung, in: BB 2006, 113ff.

[27] Kapitalmarktadäquanz-Richtlinien-Umsetzungsgesetz v. 17.11.2006, in Kraft getreten am 18.11.2006, BGBl. 2006 I 2637 ff. v. 22.11.2006.

sind Regeln zur Buchführung mittels Datenverarbeitungssystemen[28], die nur teilweise (z.B. in § 257 HGB) kodifiziert sind. Konkrete Vorgaben zur IT-Notfallplanung sind insbesondere in der mit „Datensicherheit“ überschriebenen Tz. 5 der GobS enthalten. Danach sind Maßnahmen zu ergreifen, „*...durch die für die gesicherten Programme/Datenbestände die Risiken hinsichtlich Unauffindbarkeit, Vernichtung und Diebstahl im erforderlichen Maß reduziert werden.*“ Nach Tz. 8 ist „*...zu gewährleisten, dass die gespeicherten Buchungen sowie die zu ihrem Verständnis erforderlichen Arbeitsanweisungen und sonstigen Organisationsunterlagen jederzeit innerhalb angemessener Frist lesbar gemacht werden können.*“ Dies impliziert mittelbar auch eine Absicherung der entsprechenden IT-Systeme, da sonst keine Verfügbarkeit der Daten binnen angemessener Frist sicherzustellen ist. Die zugehörigen GDPdU[29] regeln, dass das Finanzamt auf elektronischem Weg Einsicht in die EDV-Buchführung nehmen können muss. Erste Rechtsprechung hierzu liegt vor[30].

Zukünftig werden sich Buchführungssysteme an dem internationalen Standard „International Financial Reporting Standard“ (IFRS) messen lassen müssen. Da die IFRS vergleichsweise häufig geändert werden, dürfte die Sicherstellung der Lesbarkeit und Verfügbarkeit von Daten über Aufbewahrungszeiträume von bis zu 10 Jahren zunehmend Bedeutung erlangen.

3.4 Sektorspezifisch: Banken und Finanzdienstleister

Das Kreditwesengesetz (KWG) bildet die rechtliche Grundlage der Bankenaufsicht. Die Kernvorschrift für aufsichtsrechtliche Organisationsanforderungen an Kreditinstitute und Finanzdienstleistungsinstitute ist § 25a KWG. In Abs. 1 der Norm werden organisatorische Anforderungen an eine ordnungsgemäße Geschäftsorganisation einschließlich angemessener Sicherheitsvorkehrungen für den Einsatz der IT-Systeme aufgestellt, in Abs. 2 werden der Auslagerung von Funktionen, die für die Durchführung der Bankgeschäfte oder Finanzdienstleistungen wesentlich sind (beispielsweise der Betrieb von IT-Systemen), gewisse Grenzen gesetzt. Die Bundesanstalt für Finanzdienstleistungsaufsicht (BaFin) hat ihre näheren Anforderungen an die konkrete Umsetzung der Anforderungen an das Risikomanagement gem. § 25a Abs. 1 KWG und an die Auslagerung von Geschäftsbereichen auf Dritte gem. § 25a Abs. 2 KWG in zwei Rundschreiben zusammengefasst, den sogenannten „MaRisk“[31] und dem „RS 11/2001“[32].

Die in § 25a Abs. 1 KWG[33] geregelte Pflicht eines Instituts zum effizienten IT-Risiko- und Kontrollmanagement impliziert eine Absicherung gegen Notfälle. Das korrespondierende

[28] Grundsätze ordnungsmäßiger DV-gestützter Buchführungssysteme (GoBS) gemäß BMF-Schreiben vom 7. November 1995 - IV A 8 - S 0316 - 52/95- BStBl. 1995 I S. 738.

[29] Grundsätze zum Datenzugriff und zur Prüfbarkeit digitaler Unterlagen (GDPdU) gemäß BMF-Schreiben vom 16. Juli 2001 - IV D 2 -S 0316 - 0136/01.

[30] FG Rheinland-Pfalz, Urteil vom 20.01.2005, Az.: 4 K 2167/04.

[31] Rundschreiben Nr. 18/2005 vom 20.12.2005, „Mindestanforderungen an das Risikomanagement“, auf den Webseiten der BaFin abzurufen unter http://www.bafin.de/rundschreiben/89_2005/051220.htm. Equivalente Regelung in der Schweiz: Rundschreiben der Eidg. Bankenkommission, Auslagerung von Geschäftsbereichen (Outsourcing) vom 26. August 1999; letzte Änderung am 22. August 2002.

[32] Rundschreiben Nr. 11/2001 vom 6.12.2001, „Auslagerung von Bereichen auf ein anderes Unternehmen gemäß § 25a Abs. 2 KWG“, auf den Webseiten der BaFin abzurufen unter http://www.bafin.de/rundschreiben/93_2001/rs11_01.htm.

[33] Equivalente Regelung in der Schweiz: Art. 9 Bankenverordnung v. 1972.

MaRisk-Rundschreiben zielt dabei vor allem auf die Einrichtung angemessener institutsinterner Leitungs-, Steuerungs- und Kontrollprozesse ab[34]. Dementsprechend enthalten die MaRisk explizit die Forderung nach einer Vorsorge für Notfälle in Form eines Notfallkonzepts, dessen Wirksamkeit und Angemessenheit regelmäßig durch Notfallübungen zu überprüfen ist. Die Ergebnisse der Notfalltests sind den jeweiligen Verantwortlichen mitzuteilen[35]. Das Notfallkonzept muss Geschäftsfortführungs- sowie Wiederanlaufpläne umfassen. Die Geschäftsfortführungspläne müssen gewährleisten, dass im Notfall zeitnah Ersatzlösungen zur Verfügung stehen, die Wiederanlaufpläne müssen innerhalb eines angemessenen Zeitraums die Rückkehr zum Normalbetrieb ermöglichen. Das so zu erstellende Notfallkonzept muss die im Notfall zu verwendenden Kommunikationswege festzulegen und den beteiligten Mitarbeitern zur Verfügung stehen[36].

Mit der in Form des FRUG[37] bevorstehenden Implementierung der MiFID[38] in Deutschland kommt auf die betroffenen Institute eine Vielzahl von neuen organisatorischen Anforderungen zu. Danach sind Verfahren zur Risikobewertung sowie wirksame Kontroll- und Sicherheitsmechanismen für Datenverarbeitungssysteme[39] einzuführen, gemäß Art. 7 Abs. 1a der DRL[40] sind Risiken zu identifizieren und einer individuellen Bewertung zu unterziehen. Die IT-Notfallplanung wird dabei mehrfach erwähnt, zum einen als Teil der generellen Verpflichtung hinsichtlich der Verfügbarkeit im Falle einer Unterbrechung der (IT) Systeme[41], zum anderen wird das Vorhandenseins eines Notfallplans und dessen kontinuierliche Einhaltung angeordnet[42]. War im Referentenentwurf[43] des FRUG noch vorgesehen, die Anforderungen weiter zu konkretisieren und als Teil eines neugestalteten § 25a Abs. 1 KWG gesetzlich zu regeln, hat sich die Bundesregierung in ihrerem Gesetzesentwurf mit vergleichsweise geringen Änderungen begnügt. Dementsprechend findet sich in der Begründung des Gesetzesentwurfes nunmehr der Verweis auf die bestehenden MaRisk[44]. Es lässt sich aber bezweifeln, ob ein versteckter Verweis auf die MaRisk, die zudem letztlich nur eine verwaltungsinterne Regelung darstellt, den europarechtlichen Anforderungen an eine Umsetzung der MiFID genügt[45].

---

[34] Die MaRisk löste nicht nur drei ältere Rundschreiben ab, sondern antizipierte auch die gut ein Jahr später erfolgte Änderung des § 25 a Abs. 1 durch die deutsche Umsetzung der Eigenmittelrichtlinie, das „Gesetz zur Umsetzung der neu gefassten Bankenrichtlinie und der neu gefassten Kapitaladäquanzrichtlinie" vom 17.11.2006 (BGBl I 2006 Nr. 53 vom 22.11.2006).

[35] MaRisk, AT 7.3, Rz. 1.

[36] MaRisk, AT 7.3, Rz. 2.

[37] vgl. Finanzmarkt-Richtlinie-Umsetzungsgesetzes („FRUG"), BT-Drucks. 16/4028 und 16/4037.

[38] Richtlinie 2004/39/EG („MiFID") vom 21.4.2004, ABl. L 145 vom 30.4.2004, S. 1.

[39] vgl. Art. 13 Abs. 5

[40] Durchführungsrichtlinie 2006/73 („DRL") vom 10.8.2006, ABl. L 241/26 vom 2.9.2006.

[41] vgl. DRL, Art. 5 Abs. 3.

[42] vgl. DRL, Art. 14 Abs. 2 k).

[43] Referentenentwurf des Bundesfinanzministeriums vom. 14.9.2006, abzurufen unter http://www.jura.uni-augsburg.de/prof/moellers/materialien/ materialdateien/040_deutsche_gesetzgebungsgeschichte/Finanzmarkt RiL_UmsetzungsG/.

[44] vgl. Gesetzesentwurf des FRUG (oben Fn. 37), Begründungsteil, S. 74.

[45] *Spindler/Kasten*, Organisationsverpflichtungen nach der MiFID und ihre Umsetzung, in: AG 2006, 785ff (787) unter Verweis auf EuGH, Urt. vom 11.8.1995, Rs. C-433/93 (Slg. 1995, I-2303) sowie *Mülbert*, Bankenaufsicht und Corporate Governance - Neue Organisationsanforderungen im Finanzdienstleistungsbereich, in:

Zweck des § 25 a Abs. 2 KWG ist die Sicherung der Steuerungs-, Weisungs- und Kontrollmöglichkeiten der Geschäftsleitung eines Instituts sowie der aufsichtsrechtliche Zugriff auf Leistungen, die im Rahmen einer Auslagerung (Outsourcing) auf einen Dritten verlagert werden[46]. Gerade Banken können bei einem Ausfall der ausgelagerten Leistungen erhebliche Schäden drohen. Der Ausfall eines IT-Dienstleisters, der für ein Institut wesentliche IT-Systeme bereitstellt, kann zu einem kurzfristigen Zusammenbruch führen. Nach den im RS 11/2001 niedergelegten Anforderungen der BaFin[47] muss daher der ausgelagerte Bereich Teil des internen Kontrollsystems des auslagernden Instituts bleiben[48]. Es müssen im Auslagerungsvertrag Regelungen zum Austausch des Dienstleisters vorgesehen werden sowie eine kurzfristige Lösungsmöglichkeit vom Vertrag einschließlich entsprechender Herausgabepflichten vereinbart sein[49]. Das Risiko des Ausfalls oder der Schlechtleistung des Dienstleisters muss in das Risikomanagement und Risikocontrolling der Institute aufgenommen werden. Dem Umstand, dass andere Dienstleister als Ersatz nicht zur Verfügung stehen ist im Rahmen der notwendigen Notfallpläne durch geeignete Vorkehrungen Rechnung zu tragen[50]. § 25 a Abs. 2 KWG sowie das RS 11/2001 bewirken somit, dass auch Unternehmen, die sonst nicht dem KWG unterfallen, sich in gewissem Maß bankaufsichtlichen Anforderungen unterwerfen müssen, dies kann zu einer Verbesserung der Absicherung dieser Unternehmen führen.

Zumindest partielle Überschneidungen zu § 25a Abs. 2 KWG bestehen zu den in §§33ff. WpHG geregelten Anforderungen an Wertpapierdienstleistungsunternehmen, insbesondere im Hinblick auf § 33 Abs. 1 Nr. 1 WpHG. Diese Regelung wurde durch eine Richtlinie des BAWe[51] konkretisiert. Danach zählen zu den notwendigen Mitteln und Verfahren auch Vorkehrungen, um bei Systemausfällen und -störungen Verzögerungen bei der Auftragsausführung oder -weiterleitung möglichst gering zu halten. Auf Auslagerungen im Sinne des § 33 Abs. 2 WpHG, der zu § 25 a Abs. 2 KWG fast wortgleich ist, findet das RS 11/2001 Anwendung[52]. Im Zuge des FRUG ist eine weitgehende Angleichung des § 33 WpHG an § 25a KWG geplant bzw. es wird explizit auf das KWG verwiesen[53].

3.5 Sektorspezifisch: Telekommunikation

Telekommunikationsnetzwerke sind eine für das Funktionieren der Wirtschaft oder der Verwaltung eines Staates kritische Infrastruktur, dies gilt nicht erst seit der Verbreitung des Internets. Dementsprechend existieren in diesem Bereich gesetzliche Anforderungen um die die

---

BKR 2006, 349 (354).

[46] § 25a KWG entspricht hinsichtlich seiner rechtlichen Bedeutung dem durch das KontraG eingefügten § 91 Abs. 2 AktG, vgl. *Braun* in: Boos/Fischer/Schulte-Mattler, Kreditwesengesetz, (2. Aufl. 2004) zu § 25a RZ 5.

[47] vgl. *Lensdorf/Schneider*, Das Rundschreiben des Bundesaufsichtsamtes für Kreditwesen zur Auslagerung von wesentlichen Bereichen von Kredit- und Finanzdienstleistungsinstituten gemäß § 25 a Abs. 2 KWG, in: WM 2002, 1949.

[48] RS 11/2001, Tz. 28.

[49] RS 11/2001, Tz. 31.

[50] RS 11/2001, Tz. 40.

[51] vgl. Ziffer 2.2 der „Richtlinie zur Konkretisierung der Organisationspflichten von Wertpapierdienstleistungsunternehmen gemäß § 33 Abs. 1 WpHG“ vom 25.10.1999.

[52] vgl. RS 11/2001, Tz. 4.

[53] vgl. Gesetzesentwurf des FRUG (oben Fn. 37), S. 32ff.

Aufrechterhaltung der Funktionsfähigkeit der Telekommunikationsnetze zu sichern. So sind nach § 109 Abs. 2 Telekommunikationsgesetz (TKG) Betreiber von Telekommunikationsanlagen, die dem Erbringen von Telekommunikationsdiensten für die Öffentlichkeit dienen, verpflichtet, Vorkehrungen zum Schutz gegen Störungen, die zu erheblichen Beeinträchtigungen von Telekommunikationsnetzen führen können, zu treffen. Gem. Abs. 3 derselben Norm müssen sie ein Sicherheitskonzept zu erstellen, aus dem hervorgeht, von welchen Gefährdungen der Anlagen auszugehen ist und welche technischen Vorkehrungen oder sonstigen Schutzmaßnahmen getroffen oder geplant sind.[54]

Bei Nichtbeachtung drohen hier weitere einschneidende Maßnahmen der Bundesnetzagentur (§§ 115, 149 TKG). Nach dem Gesetz zur Sicherstellung des Postwesens und der Telekommunikation (PTSG), §. 9 Abs. 2 kann das Bundesministerium für Wirtschaft und Arbeit zur Sicherung der Zwecke des Zivilschutzes gegenüber Anbietern von Post- und Telekommunikationsdienstleistungen baulicher Maßnahmen zum Schutz von Anlagen oder Einrichtungen sowie zum Schutz der Beschäftigten solcher Unternehmen anordnen, die zur Aufrechterhaltung des Betriebes unerlässlich sind.

4 Business Continuity Anforderungen – Adressaten

Primärer Adressat ist die *Unternehmensleitung*, d.h. bei Aktengesellschaften der Vorstand (§§ 93 Abs. 1), bei GmbH der Geschäftsführer (§ 43 Abs. 1 GmbHG). Kommt ein Vorstand oder Geschäftsführer eines Unternehmens seinen Pflichten nicht nach, kann sich gegenüber der Gesellschaft eine persönliche Haftung auf Schadensersatz gemäß den § 93 Abs. 2 AktG, § 43 Abs. 2 GmbHG wegen Nichtanwendung der erforderlichen Sorgfalt (§ 93 Abs. 1 AktG und § 43 Abs. 1 GmbHG) ergeben[55]. Als Maßnahme des Risikomanagements stellt die IT-Notfallplanung eine wesentliche Aufgabe der Geschäftsleitung dar, die von der Verantwortung her nicht delegierbar ist, auch wenn die tatsächliche Umsetzung durch Mitarbeiter oder Dritte erfolgt[56].

Kontrollorgan der Unternehmensleitung ist die *Unternehmensaufsicht*, d.h. der Aufsichtsrat, der die dem Vorstand obliegende Geschäftsführung zu überwachen hat, § 111 Abs. 1 AktG. Dies gilt analog für einen eventuellen Aufsichtsrat der GmbH[57]. Angesichts spektakulärer Unternehmenspleiten, die oft dem Versagen des Aufsichtsorgans zugeschrieben wurde, ist hierbei ein Trend in der Gesetzgebung zu beobachten, Auskunftsrechte und Überwachungspflichten, aber auch Haftungstatbestände der Aufsichtsräte zu erweitern, z.B. mittels des Transparenz- und Publizitätsgesetzes. Allerdings besteht die Pflicht des Aufsichtsorgans zur Überwachung der Unternehmensleitung nur in dem Ausmaß, in dem diese selbst zur Gewährleistung von BC verpflichtet ist. Weitere (mittelbare) Adressaten von sind die *Mitarbeiter des Unternehmens*, die hierzu als Teil ihrer arbeitsvertraglicher Pflichten verpflichtet sein können, insbesondere leitende Mitarbeiter, z.B. der CIO.

---

[54] vgl. *Bock* in: Beckscher TKG-Kommentar (3. Aufl 2006) zu § 109 TKG, Rz. 30ff.

[55] Folglich etabliert sich die Rechtspflicht zur Einrichtung eines (angemessenen) Risikomanagementsystems immer mehr zu einem allgemeinen Grundsatz ordnungsgemäßer Geschäftsführung.

[56] anschaulich hierzu Ziff. 4.1 der Richtlinie zur Konkretisierung der Organisationspflichten von Wertpapierdienstleistungsunternehmen (Fn. 51).

[57] Dies gilt analog für die GmbH, sofern ein obligatorischer Aufsichtsrat (i.d.R. gem. § 77 BetrVG 1952) eingerichtet wurde, bei fakultativen Aufsichtsräten (§ 52 GmbH) vorbehaltlich einer abweichenden Regelung im Gesellschaftsvertrag.

Adressaten sind schließlich auch die *Aufsichtsbehörden*, die die Einhaltung des öffentlichen Ordnungsrahmens kontrollieren, z.B. die BaFin, die jeweiligen Datenschutzbeauftragen und die Datenschutz-Aufsicht (§ 38 BDSG). Problematisch hierbei ist oft, dass sich aufgrund der Verwendung von unbestimmten Rechtsbegriffen in Generalklauseln mehrere Aufsichtsbehörden zuständig fühlen könnten. Es bleibt abzuwarten, ob einmal ein Unternehmen aufgrund mangelnder Sicherheitsvorkehrungen von der Gewerbeaufsichtsbehörde als eine Gefahr für die öffentliche Sicherheit und damit als „unzuverlässig" i.S.d. § 35 Gewerbeordnung (GewO) eingestuft wird.

BC-Anforderungen adressieren *Dritte* wie z.B. externe (IT-) Dienstleister oft nicht unmittelbar, ihre Pflichten müssen deshalb vertraglich geregelt werden (anders aber z.B. im KWG wo es Mindestpflichten gibt). Der Vertrag sollte daher Regelungen vorsehen, wonach sich der Dritte u.a. in die Notfallplanung des Unternehmens einzufügen hat, gemeinsame Übungen vorgenommen werden oder Möglichkeiten zur Überprüfung des Dienstleisters vorgesehen werden. Insbesondere bei Übergangssituationen (Merger, Second Generation Outsourcing) ist es dabei wichtig, zu regeln, ab wann ein Dienstleister für Notfallplanung verantwortlich wird. Dennoch wird das Unternehmen stets eine nicht delegierbare Letztverantwortung behalten. Einen wesentlichen Einfluss wird die Art der Notfallplanung durch den Dienstleister auch auf den Anwendungsbereich einer *force majeure* Klausel haben.[58] Wird im Vertrag nämlich die Erstellung eines Notfallplans vorgesehen, führt dies dazu, dass die Anwendbarkeit einer Regelung zur „höheren Gewalt" eingeschränkt wird[59]. Viele Katastrophen oder Notfälle sind deshalb nicht mehr unvorhersehbar oder unvermeidbar und begründen deshalb keine Befreiung von der Leistungspflicht.

5 Drohende Sanktionen, Haftungsrisiken

Das *Unternehmen* kann bei Fehlen eines wirksamen Business Continuity Managements in schuldrechtlicher Hinsicht aus Verzug haften, bis hin zum Vertretenmüssen der Nichterfüllung, z.B. wenn aufgrund mangelnder Notfallvorsorge ein Liefertermin nicht eingehalten werden kann oder gar nicht mehr geliefert werden kann. In diesem Zusammenhang können auch gegebenenfalls gegenüber den Kunden vereinbarte Vertragsstrafen verwirkt werden. Selbst wenn ein Schadensersatzanspruch abgewendet werden kann, kann Business Continuity Management zu unvorhergesehenen Kosten und Organisationsaufwand führen. So können bei einem durch fehlendes Business Continuity Management begründeten „schlechtem Risiko und einem hierauf basierenden schlechten Basel II Rating höhere Refinanzierungskosten entstehen. Haftungsrelevant ist auch das Risiko, dass bei Schadensersatzansprüchen des Unternehmens gegenüber Dritten bei Fehlen eines gebotenen Business Continuity Managements ein Mitverschulden gem. § 254 BGB zugerechnet wird, was im Extremfall zu einer Reduzierung der Ansprüche auf Null führen kann, wenn mangelhafte IT-Notfallvorsorge den Schaden mit verursacht oder erhöht hat[60]. Daneben drohen weitere Nachteile, z.B. Image-/Reputationsschäden.

---

[58] vgl. dazu *Steger*, Rechtliche Verpflichtungen zur Notfallplanung im IT-Bereich, CR 2007, 137ff.

[59] vgl. hierzu auch *Heymann/Lensdorf*, Mustervertrag „Outsourcing" in: *Redeker* (Hrsg.), Handbuch der IT-Verträge, Ziff. 5.4, dort § 27 (Rz. 609ff.)

[60] So z.B. im Fall OLG Hamm CR 2004, S. 654, bei dem ein Unternehmen aufgrund von Reparaturarbeiten durch einen IT-Dienstleister einen Datenverlust erlitt, es vorher aber unterlassen hatte, eine Datensicherung anzufertigen.

Die *Unternehmensleitung* und die *Unternehmensaufsicht* haften dem Unternehmen im Fall einer Pflichtverletzung auf Schadensersatz, z.B. aufgrund § 93 Abs. 2 AktG, wenn der Vorstand eine Pflicht verletzt, aufgrund § 116 Abs. 1 AktG der Aufsichtsrat, wenn dieser es versäumt, bei einer erkannten Pflichtverletzung des Vorstands Schadensersatz zu fordern. Nach § 317 Abs. 4 HGB hat der Abschlussprüfer bei börsennotierten Aktiengesellschaften im Rahmen der Jahresabschlussprüfung das Vorhandensein eines Überwachungssystems i.S.d. § 91 Abs. 2 AktG zu prüfen und bei der Lageberichterstattung auch den Inhalt dieses Systems und seine Aussagekraft zu beurteilen[61]. Die Nichtbeachtung führt regelmäßig dazu, dass der Abschlussprüfer den uneingeschränkten Bestätigungsvermerk für den Jahresabschluss gemäß § 322 HGB verweigern wird[62], was für das Institut angesichts nach § 334 HGB drohender Bußgelder, eines eventuellen Imageschadens insbesondere im Verhältnis zu Aktionären und Gläubigern und nachteiliger Auswirkungen bei der Entlastung von Vorstand und Aufsichtsrat gemäß § 120 AktG, eine besonders empfindliche Sanktion ist.

BDSG, KWG, AktG oder das Handelsgesetzbuch (HGB) enthalten auch *Strafvorschriften*, nach denen in einzelnen Fällen sogar Haftstrafen verhängt werden können, praktisch wird letzteres aber nur ganz selten relevant[63]. Praktisch relevanter sind allerdings bankaufsichtliche Maßnahmen, z.B. ein Bußgeld (§ 56 KWG[64]) oder die Anordnung von Maßnahmen durch die BaFin (§ 6 Abs. 3 KWG).

Versicherungsrechtlich kann das Fehlen eines behaupteten Business Continuity Managements den Verlust von Versicherungsschutz nach sich ziehen. Versäumt es ein Versicherungsnehmer, den Versicherer über alle bekannten Umstände (= die bekannt sein müssen, z.B. aufgrund § 91 Abs. 2 AktG) und die für den Versicherer von Bedeutung sind, zu informieren, liegt ein Obliegenheitsverstoß vor, der zum Verlust oder zur Einschränkung des Versicherungsschutzes führt (z.B. Säumnis, wesentliche Änderungen des Umfelds um einen versicherten Gegenstand anzuzeigen).

6 Gewährleistung von Business Continuity

Fraglich ist, wie aus rechtlicher Richt BCM durch das Unternehmen zu gewährleisten ist. Grundsätzlich ist aus haftungsrechtlicher Sicht zu empfehlen, Maßnahmen in Bezug auf Business Continuity zu dokumentieren, damit diese im Ernstfall (d.h. wenn im Anschluss an einen Schadensfall eine Pflichtverletzung behauptet wird) nachgewiesen werden können.

Auf der Ebene der Unternehmensleitung solle im Innenverhältnis festgelegt werden, wer konkret für die Ermittlung und Beobachtung der einschlägigen Business Continuity Anforderungen verantwortlich ist. Im Sinne von § 91 Abs. 2 AktG sollte am Anfang eine Risikobestimmung und Bestandsaufnahme im Hinblick auf erforderliche Maßnahmen stehen. Anschließend ist eine kontinuierliche Überwachung und Anpassung erforderlich, da sich Geschäftsrisiken, die Umweltbedingungen und vor allem die IT-Landschaft eines Unternehmens ständig

[61] siehe hierzu *Skopp/Greipl*, Die Prüfung des IT-Systems durch den Abschlussprüfer, in: DSWR 2006, 2ff.

[62] Er muss sich dabei auch ein Bild des Risikobewusstseins der Unternehmensleitung verschaffen, vgl. Risikofrüherkennungssystem nach § 317 VI IDW PS 340 Tz. 22, in: WPg 1999, 658.

[63] Die Strafbarkeit nach § 44 BDSG setzt voraus, dass vorsätzliches Handeln gegen Entgelt oder die Absicht, sich oder einen anderen zu bereichern oder einen anderen zu schädigen gegeben ist. Ferner muss der Betroffene Strafantrag gestellt haben, § 44 Abs. 2 BDSG.

[64] Bis EUR 50.000, § 56 Abs. 4 KWG.

ändern. Business Continuity ein Prozess, kein Ziel, welches bei Erreichen abgehakt werden kann. Insofern sollten die mit einem umfassenden BCM verbundenen Aufgaben nicht nur Teil des Arbeitsalltags der Adressaten werden, sondern das Unternehmen muss auch intern sowie in den Beziehungen zu seinen Dienstleistern und Lieferanten für Aktualisierungs- und Änderungsmechanismen sorgen.

Im Rahmen des betrieblichen Vertragsmanagements sind die für den Betrieb der IT-Systeme relevanten Verträge zu überprüfen und die davon umfassten Leistungen und Service Level im Hinblick auf ihre Kritikalität für den Betrieb des Unternehmens und die sich bei einem Ausfall der Leistungen ergebenden Folgen hin zu überprüfen. Verträge mit Dienstleistern sind nicht nur im Hinblick auf IT-Notfallplanung sind Verträge auf ihre konkrete Umsetzung hin zu überprüfen und anschließend mit der eigenen IT-Notfallplanung zu koordinieren. Gegebenenfalls sind Vertragsänderungen oder -modifikationen auszuhandeln. Bei neuen Verträgen ist auf eine konkrete Beschreibung, wie die Anforderungen der Anlage zu § 9 BDSG umgesetzt werden, zu bestehen, z.B. im Wege eines mit dem Auftragsdatenverarbeiter vertraglich vereinbartes Datenschutz-, Datensicherheits- und Notfallkonzeptes[65]. Allzuoft wird jedoch nur auf die Anlage verwiesen, ohne dass die Parteien konkret vereinbaren, welche technisch-organisatorischen Maßnahmen konkret zu treffen sind.

Business Continuity Standards können bei der Umsetzung der einzelner Anforderungen hilfreich sein, da sie häufig unter Beteiligung von Praktikern bzw. der jeweiligen Interessengruppen geschrieben sind und konkrete Handlungsempfehlungen enthalten[66]. Hilfreich kann auch die Orientierung an den Standards sein, anhand derer geprüft wird, z.B. die Prüfungsstandards (PS) des Institutes der Wirtschaftsprüfung (IDW) wie IDW PS-330. Zertifizierungen über die Einhaltung bestimmter Normen sind allerdings kein „Beweis" für eine genügende Risikovorsorge, da die Prüfung oft nur stichtagsbezogen erfolgt. Außerdem ist stets zu berücksichtigen, dass die jeweiligen Normen unterschiedliche Schwerpunkte haben, z.B. ITIL welches mehr die Prozessseite adressiert, oder COBIT welches mehr die Kontrollen adressiert.

7 Fazit und Ausblick

Risikovorsorge und Business Continuity Management sind heute ständige Pflichtaufgaben der Unternehmensleitung, insbesondere (a) die realistische Einschätzung der aus IT-Systemen erwachsenden Risiken, (b) die Einführung geeigneter Kontrolle- und Überwachungssysteme, und (c) die Planung und Vorhalten von Vorsorgemaßnahmen, sonst drohen erhebliche juristische und ökonomische Nachteile. Im Bereich der Banken- und Finanzdienstleister ist aktuell eine weitere Zunahme der Regelungen für die IT-Notfallplanung zu beobachten. Zunehmende Bedeutung wird auch die IT-Sicherheit bekommen, denn die Sicherheit eines IT-Systems ist von dessen Verfügbarkeit nicht zu trennen und immer mehr Dokumente, Geschäftsprozesse, Vermögenswerte sind nur noch elektronisch vorhanden bzw. nur noch mit Hilfe von IT-Systemen nutzbar. Die Sicherheit und Verfügbarkeit dieser Systeme ist daher für die Sicherstellung der betrieblichen Kontinuität entscheidend. Eine zunehmende Anzahl von Kooperationen mit Dritten, unternehmenskritische, grenzüberschreitende (Liefer-)Beziehungen und die Tatsache, dass IT-Systeme in immer mehr Fällen die Hauptlast der Umsetzung von Koopera-

[65] vgl. hierzu auch *Heymann/Lensdorf*, Mustervertrag „Outsourcing" in: *Redeker* (Hrsg.), Handbuch der IT-Verträge, Ziff. 5.4, dort § 24 (Rz. 546ff.)

[66] z.B. BS 7799/DIN 17799, DIN/ISO 27001:2005, PAS 56/BS 25999-1 (2006), 25999-2 (2007).

tionen mit Dritten tragen, erfordern geeignete Vorsorge gegen Ausfälle, insbes. bei Outsourcing, BPO, Joint Ventures, aber auch bei post-merger Situationen. Dabei werden Standards immer wichtiger werden, denn der Kostendruck auf Seiten der Dienstleister erfordert die kostengünstige Realisierung solcher IT-Notfallplanungen in „genormter" Qualität, insbesondere mit einheitlichem Vokabular (siehe z.B. auch ITIL). Allerdings kann die Einhaltung solcher Standards stets nur Indiz für pflichtgemäßes Verhalten sein, die Verantwortlichkeit der Unternehmensleitungen wird bleiben.

Schutz von FinTS/HBCI-Clients gegenüber Malware

Hanno Langweg[1] · Jörg Schwenk[2]

[1]Rheinische Friedrich-Wilhelms-Universität Bonn
Norwegian Information Security Laboratory – NISlab
hanno@hanno-langweg.de

[2]Ruhr-Universität Bochum
joerg.schwenk@rub.de

Zusammenfassung

Als Schutzmaßnahme gegen Phishing-Angriffe auf browserbasiertes Onlinebanking wird HBCI-unterstütztes Homebanking empfohlen. Wir zeigen, dass die heute verfügbaren Homebanking-Clients keinen wirksamen Schutz gegenüber Malware-Angriffen bieten. Dies ist bemerkenswert, da die Angriffsmethoden schon lange bekannt sind, ein Angriff leicht durchführbar ist und das Angriffsszenario im Bereich Erstellung elektronischer Signaturen bereits diskutiert wurde.

1 Einführung

Seit dem Jahr 2004 verbreitet sich eine neue Form der Internetkriminalität in verschiedenen Formen, die hauptsächlich Banken und Betreiber von Zahlungssystemen (z.B. Paypal) zum Ziel hat.

In der ersten Variante, die unter dem Schlagwort "Phishing" bekannt ist, wird eine gefälschte HTML-E-Mail als Spam versandt, die das Logo des angegriffenen Instituts, einen auf Techniken des Social Engineering beruhenden suggestiven Text und einen oder mehrere Hyperlinks enthält. Wenn das Opfer dem Link folgt, wird eine gefälschte Webseite angezeigt, auf der es aufgefordert wird, persönliche Informationen wie die persönliche Identifikationsnummer (PIN) und, falls dieser Sicherheitsmechanismus von der Bank angewandt wird, eine oder mehrere Transaktionsnummern (TAN) einzugeben. Diese Information wird vom Angreifer dazu verwendet, Geld vom Konto des Opfers auf andere Konten zu transferieren.

In der zweiten, "Pharming" genannten Ausprägung, wird die Namensauflösung im Domain Name System (DNS) manipuliert, um das Opfer beim Aufruf der Seite www.musterbank.de (auch bei manueller Eingabe oder Aufruf über ein Lesezeichen) automatisch auf den Server des Angreifers umzuleiten. Dies kann durch eine Manipulation der lokalen DNS-Einstellungen (hosts.txt oder Default-Nameserver) mittels Trojanischer Pferde (typischerweise getarnt als Telekom- oder Ebay-Rechnung "rechnung.pdf.exe") geschehen, oder durch sog. DNS Cache Poisoning im Internet. Die lokale Variante wurde hierbei schon häufig beobachtet, die globale nur im Zusammenhang mit der Verbreitung von Malware. Auch hier verwendet der Angreifer die erbeutete PIN und TAN, um Geld vom Konto des Opfers zu transferieren.

P. Horster (Hrsg.) · D•A•CH Security 2007 · syssec (2007) 227-238.

Obwohl sowohl Phishing- als auch Pharming-Angriffe im Prinzip durch genaue Überprüfung der SSL-Verbindungsdaten erkannt werden könnten, hat sich in der Praxis gezeigt, dass "normale" Internetnutzer diese Angaben so gut wie nie beachten [DhTH06]. Deshalb machen sich viele Angreifer nicht die Mühe, eine SSL-Verbindung nachzuahmen, obwohl dies prinzipiell möglich wäre.

Die dritte, gefährlichste Variante verwendet Malware, die sich in den Browser als Erweiterung einfügt (z.B. als Browser Helper Object in den Microsoft Internet Explorer), und dort bei aktiver SSL-Verbindung zwischen Kunde und Bank einzelne Eingabefelder (z.B. das Zielkonto der Überweisung) verändert, oder neue Eingabefelder einfügt. Das Opfer kann dies nicht erkennen, da hier auch die SSL-Verbindung authentisch ist. Antivirensoftware erkennt diese Angriffe nicht zuverlässig, da diese Malware in kleinen Stückzahlen gezielt verteilt wird.

Alle bekannten Angriffe richten sich gegen Browser-basiertes Onlinebanking. Dies legt in Deutschland die Empfehlung nahe, stattdessen das Home Banking Computer Interface (HBCI) mit Spezialsoftware und einem Chipkartenleser mit Signaturchipkarte zu verwenden. Ziel dieser Arbeit ist es abzuschätzen, ob sich dadurch das Sicherheitsniveau signifikant erhöhen würde. Angriffe mit Trojanischen Pferden gegen HBCI und allgemein gegen elektronische Signaturen sind lange bekannt [Chao97, Ndr01, CrSL01, Lang06]. Diese waren bislang aber eher akademischer Natur. Heute ist Malware/Crimeware dagegen zu einem echten Handelsobjekt geworden, das einen Wert repräsentiert und mit dem man Geld verdienen kann.

Da Keylogger zu den ältesten und am weitesten verbreiten Varianten von Malware gehören, beschränken wir uns auf HBCI mit Klasse-2-Chipkartenleser (mit Tastatur) oder Klasse-3-Chipkartenleser (mit Tastatur und Display) und Chipkarte mit MAC- oder Signaturfunktionalität. Die HBCI-Varianten, die mit PIN/TAN, Diskette oder USB-Stick als Sicherheitsmedium arbeiten, sind unter diesem Gesichtspunkt als unsicher von der Untersuchung ausgenommen.

Wir geben eine Einführung in HBCI, diskutieren Angriffsszenarien lokaler Schadsoftware ("Malware") und wie sich diese bei marktgängigen Produkten darstellen. Im Anschluss gehen wir auf einige Schutzmechanismen ein, die bei begrenztem Herstellungsaufwand die gezeigten Angriffe signifikant erschweren.

2 FinTS/HBCI als Schutzmaßnahme gegen Phishing

Seit 1984 wurden PIN/TAN-Verfahren im Banking über BTX/Datex-J eingesetzt. Diese Verfahren waren nicht kompatibel zum Internet. Von verschiedenen Banken wurden proprietäre Standards für die Verbindung Kunde–Bank entwickelt, für Internet-Banking über Finanzsoftware und Web-Browser. Im Hintergrund wurde in der Regel weiterhin das BTX-System mit PIN/TAN-Verfahren eingesetzt, das über ein Gateway an die moderne Internetwelt angeschlossen wurde. Bis hierher gab es keine einheitlichen Standards (keine Multibankfähigkeit der Softwareprodukte) und kaum Sicherheit. Es war z.B. kein Statusabruf möglich ("ist nach Leitungsstörung die Transaktion durchgeführt worden oder nicht?"). Seit 1996 wurde dann das HomeBanking Computer Interface (HBCI) entwickelt. Grundsätze bei der Entwicklung waren:

- Jede Nachricht wird grundsätzlich verschlüsselt
- Es gibt keine TANs mehr
- Offener Standard für alle Banken

- Nutzung über jeden Internet-Provider möglich
- Multibankfähigkeit

Geschützt wurde die Übertragung der Transaktionen zwischen dem Client des Bankkunden und dem Rechenzentrum der Bank. Ähnlich wie bei der Erzeugung allgemeiner elektronischer Signaturen wurde vorausgesetzt, dass eine Manipulation der Transaktion vor der Verschlüsselung nicht stattfände und dass die Signaturschlüssel nicht preisgegeben würden.

Nach Integration neuer Geschäftsvorfälle wurde mit HBCI Version 2.2 auch die Möglichkeit eingeführt, PIN/TAN über HBCI einzusetzen. Dabei wurde keine der in HBCI spezifizierten (kryptographischen) Sicherheitseigenschaften genutzt. Mit FinTS 3.0 wurde dies ganz offiziell spezifiziert. Man setzte auf SSL-Verschlüsselung mit Server-Authentifizierung als Sicherheitsmechanismus. Die PIN/TAN-Daten wurden in das Signaturelement von FinTS integriert; eine FinTS-eigene Verschlüsselung war nicht vorgesehen.

Die von Banken als sicherster Weg, elektronische Bankgeschäfte zu betreiben, beworbene Variante ist HBCI-Homebanking mit Nutzung einer Chipkarte. Diese enthält die Signaturschlüssel und führt den Signaturvorgang in einem geschützten Modul aus. Werde dies mit einem Chipkartenleser mit eigener Tastatur zur PIN-Eingabe kombiniert, sei man gegen Phishing wie auch gegen Keylogger gefeit.

3 Lokale Malware-Angriffsszenarien

Für die untersuchten Angriffsszenarien legen wir die folgenden Annahmen zugrunde. Die Homebankingsoftware wird in einer Umgebung ausgeführt, die dem sogenannten Standardfall "Geschützter Einsatzbereich" beim Einsatz von Software für die Erzeugung elektronischer Signaturen entspricht. [Bund05a] Dies ist gerechtfertigt, da die Schutzmöglichkeiten durch den Nutzer ähnlich sind und die Softwarestruktur vergleichbar ist. Wie bei der Signaturerzeugung werden Benutzereingaben entgegengenommen, Daten aus Dateien gelesen, Daten mit Hilfe einer Chipkarte signiert und verschlüsselt und diese dann zu einem Ort außerhalb der Kontrolle der Anwendung oder des Benutzers (hier: zum Rechenzentrum der Bank) übertragen.

Wir betrachten weiter nur Angriffe von lokal ausgeführter Schadsoftware. Wie diese auf den lokalen Rechner gelangt, ist nicht erheblich. Wir gehen davon aus, dass vom Angreifer ein Weg gefunden wird, andere Schutzmechanismen wie Firewall oder Antivirussoftware zu umgehen, beispielsweise durch Ausnutzen einer Schwachstelle im Browser oder weil die Schadsoftware der Antivirussoftware noch nicht bekannt ist. Für die Nutzung von Chipkarten wird häufig ein Klasse-2-Leser empfohlen, da dieser gegen Keyloggersoftware schütze. Nimmt man die Existenz solcher Software an – und rechtfertigt dadurch den Einsatz eines Klasse-2-Lesers –, so sind dies keine geringeren Voraussetzungen als in unserer Ausgangsstellung.

Als Testplattform wird Microsoft Windows XP Professional SP2 verwendet. Es werden nur dokumentierte Funktionen genutzt, die jeder Anwendung zur Verfügung stehen. Insbesondere gehen wir von der Annahme aus, dass die Schadsoftware nur mit normalen Benutzerrechten, also ohne Administratorrechte, ausgeführt wird.

Bei unseren simulierten Angriffen untersuchen wir nur solche, die ein sachkundiger Angreifer ohne besondere Ausrüstung im Laufe eines Tages finden und die ein Laie automatisiert durchführen kann. Der Common Evaluation Methodology [Iso04] zufolge entspricht dies einem niedrigen Angriffspotential.

In der Homebankingsoftware werden Finanztransaktionen vorbereitet. Diese werden nach Erstellen oder zu einem späteren Zeitpunkt zum Sicherheitsmedium HBCI-Chipkarte übertragen. Die Karte wird zuvor durch Eingabe der PIN durch den Benutzer direkt am Kartenterminal oder in der Anwendungssoftware freigeschaltet. Nach der Signatur der Transaktion durch die Karte werden die Daten an die Anwendungssoftware übermittelt, die diese dann zum Rechenzentrum der Bank überträgt.

Alle von uns untersuchten Schwachstellen der Software sind architekturelle Schwachstellen, d.h. Schwachstellen im Software-Entwurf. Es werden keine Nachlässigkeiten bei der Implementierung, wie beispielsweise Buffer Overflows, ausgenutzt. Die Resultate können daher produktübergreifend verglichen und für künftige Produktverbesserungen gezielt genutzt werden.

3.1 Ändern von Transaktionsdaten

Transaktionen, die der Benutzer in der Anwendungssoftware erstellt, werden vor der Kommunikation mit der Bank verändert, indem z.B. Betrag und/oder Empfängerkonto verfälscht werden.

3.2 Einfügen zusätzlicher Transaktionen

Es werden weitere Transaktionen in der Anwendungssoftware gespeichert, die der Benutzer nicht erstellt hat. Bei der nächsten Kommunikation mit der Bank könnten diese dann – sofern der Benutzer die anstehenden Transaktionen nicht ein weiteres Mal prüft – an die Bank übertragen werden.

3.3 Abfangen der PIN

Sofern kein Klasse-2-Leser verwendet wird, wird versucht, die Eingabe der PIN in der Anwendungssoftware zu erkennen und die PIN zu ermitteln.

3.4 Manipulation Kommunikation Software zu Chipkarte

Es wird der Chipkartenterminal-Gerätetreiber ausgetauscht oder ein zusätzlicher im System platziert und die Homebankingsoftware dazu bewegt, diesen zu nutzen. Es wird geprüft, ob die Anwendungssoftware eine Manipulation des Gerätetreibers erkennt und ob die Kommunikation mit der Karte auf Protokollebene gesichert ist.

3.5 Schadcode im Adressraum der Software

Ein Angreifer, der im Adressraum der Anwendungssoftware eigene Programmteile ausführen kann, arbeitet mit allen Privilegien, die die Anwendungssoftware besitzt. Die weitere Ausführung der Anwendungssoftware kann im Anschluss nicht mehr als vertrauenswürdig angesehen werden. Es wird geprüft, ob die Standardinstallation plausible Zugriffsrechte setzt, ob die Anwendung unvernünftige Konfigurationen erkennt (wie z.B. Vollzugriff für alle Benutzer auf alle Dateien), ob Module der Anwendung verändert oder ersetzt werden können, ohne dass dies erkannt wird, und ob Gerätetreiber für die Ansteuerung des Chipkartenterminals ohne Erkennung verändert oder ersetzt werden können.

3.6 Ändern von Transaktionsprüfdaten

Von der Bank per Datenleitung abgeholte Kontoauszüge werden in bestimmten Transaktionen gezielt verändert, um manipulierte Transaktionen zu verschleiern.

4 Untersuchte Produkte

Für den Test wurden Konten bei einer Sparkasse, einer Genossenschaftsbank und einer Privatbank verwendet. Bei allen Banken wurde als Sicherheitsmedium eine HBCI-Chipkarte verwendet, außer bei der Sparkasse war auch die Nutzung eines USB-Sticks als Sicherheitsmedium möglich.

Die Auswahl der Homebanking-Produkte erfolgte nach Presseberichten über populäre Produkte und auf Empfehlung der Banken, wo es sich um bankeigene Produkte handelte. Die genutzten Konten werden im Namen der Autoren geführt. Keine Bank und kein Kunde wurde durch die simulierten Angriffe geschädigt.

Als Chipkartenleser wird ein Klasse-2-Leser SPR532/Chipdrive pinpad 532 verwendet. Die Installation erfolgt stets unter Microsoft Windows XP Professional SP2 unter Verwendung eines Administrator-Kontos. Es werden Updates der Produkte nur dann genutzt, wenn diese automatisch installiert werden. Zwischen Kauf und Installation liegen wenige Wochen, daher sollte ein Kunde nicht auf unmittelbare Updates angewiesen sein, es sei denn, er wird beim Kauf oder per Beipackzettel ausdrücklich darauf hingewiesen.

Ausgeführt werden die Anwendungssoftware und die simulierten Angriffe im Anschluss stets mit einem normalen Benutzerkonto ohne besondere Zugriffsrechte.

4.1 StarMoney 5.0 Sparkassen-Edition

StarMoney ist nach Herstellerangaben Marktführer bei Homebankingsoftware in Deutschland mit einem Marktanteil von knapp 50%. Es wurde von der kontoführenden Bank (hier: Sparkasse) empfohlen. Auf der Verpackung prangt ein Logo "maximale Sicherheit bei allen Transaktionen". Geliefert wird die Software mit CD und gedrucktem Handbuch. Die Dokumentation enthält keine Hinweise zur Client-Sicherheit.

Die Installation erfolgt standardmäßig unterhalb des Programme-Ordners. Da offenbar einige der ca. 2.000 dort abgelegten Dateien während der Ausführung des Programms verändert werden müssen, empfiehlt der Hersteller die Nutzung vermöge eines Administrator-Kontos. Alternativ könne anderen Benutzern Schreibzugriff eingeräumt werden. In der Support-FAQ liest sich das so: "1. Geben Sie für die Benutzer, die mit StarMoney arbeiten sollen, die Rechte für Schreib- und Lesezugriff bzw. Vollzugriff für das Verzeichnis C:\Programme frei. 2. Installieren Sie StarMoney in ein vom Standardvorschlag abweichendes Verzeichnis." Unabhängig von der Wahl des Zielordners prüft das Installationsprogramm und auch die Homebankingsoftware nicht, ob die Zugriffsrechte sinnvoll gesetzt sind. Da offensichtlich kein Schutz gewünscht ist, verwundert dies nicht.

StarMoney greift für die Benutzeroberfläche auf einen integrierten Microsoft Internet Explorer zurück. Eine Sammlung von (modifizierbaren) HTML- bzw. CHM-Dateien dient zum Zusammensetzen der für den Benutzer sichtbaren Elemente. Die eigentlichen Programmfunktionen sind in mehreren Bibliotheksdateien (DLLs) gekapselt.

Bei Verwendung von FinTS PIN/TAN werden die Legitimationsdaten über die PC-Tastatur eingegeben. Selbst ohne Abfangen der Tastatureingaben können durch Schadprogramme alle Daten über dic Dialogelemente von StarMoney abgefragt werden, einschließlich der PIN. Ist die Benutzerdatenbank passwortgeschützt, kann das Passwort bei der Eingabe ebenfalls über die Dialogelemente abgefragt werden. Umfangreiches und fehleranfälliges Protokollieren von Tastatureinaben entfällt. In einer passwortgeschützten Datenbank können dann die Online-Banking-PIN und TANs/iTANs gespeichert (und vom Angreifer ausgelesen) werden. StarMoney weist dabei allerdings deutlich darauf hin, dass dies ein Sicherheitsrisiko darstellt.

Bei Verwendung von FinTS HBCI mit Chipkarte kann die Chipkarten-PIN an einem Klasse-2-Chipkartenleser eingegeben werden. Sie ist in dem Fall nicht durch Schadprogramme ermittelbar.

Ein Ändern, Ergänzen, Einfügen oder Löschen von Transaktionen ist mittels simulierter Benutzereingaben problemlos möglich. Es erfolgt seitens StarMoney keine Erschwerung. Um die Fernbedienung vor dem Benutzer zu verbergen, kann z.B. ein Screenshot angefertigt werden, der dann die folgenden Aktionen verdeckt.

Ein Auswechseln des Chipkartenlesergerätetreibers ist möglich. Hierzu muss eine Konfigurationsdatei verändert werden, auf die standardmäßig nur Hauptbenutzer und Administratoren Zugriff haben. Ist der Angreifer kein Hauptbenutzer, so kann das Konfigurationsprogramm für den Kartenleser dazu bewegt werden, Schadkode auszuführen. Da dieses Programm mit mindestens Hauptbenutzer-Privilegien gestartet wird, kann in einem weiteren Schritt die Konfigurationsdatei geändert und so der Verweis auf die Datei des Gerätetreibers manipuliert werden. Ist erst einmal die Ausführung von Instruktionen im Adressraum der angegriffenen Anwendung möglich, können Transaktionen beliebig verfälscht werden, bevor diese von der HBCI-Chipkarte signiert und später an die Bank übermittelt werden.

4.2 Quicken 2007 Einzelversion 14 Release 14.00

Quicken war seinerzeit von einer ActiveX-basierten Schadsoftware des Chaos Computer Clubs ferngesteuert worden. [Chao97] Die aktuelle Version erhielten wir auf CD und inklusive gedrucktem Handbuch. In der Dokumentation heißt es unter Systemvoraussetzungen: "Wenn Sie unter Windows 2000 oder XP mit Quicken arbeiten möchten, müssen Sie in Windows über Administrator-Rechte verfügen. Mit nur eingeschränkten Windows-Rechten können Sie viele Funktionen in Quicken nicht ausführen." Eine Ausführung in einem normalen Benutzerkonto führt zu sporadischen Fehlermeldungen, scheint aber keine gravierenden Nachteile in der Funktionalität zu haben. Daher werden für die Ermittlung der Angreifbarkeit durch Schadsoftware keine Administratorrechte vorausgesetzt.

Die Installation der über 800 Dateien erfolgt standardmäßig unterhalb des *Programme*-Ordners. Dateizugriffsrechte werden aus dem übergeordneten Ordner vererbt. Unabhängig von der Wahl des Zielordners prüfen das Installationsprogramm und auch die Homebanking-Software nicht, ob die Zugriffsrechte sinnvoll gesetzt sind.

Architekturell setzt Quicken auf eine Aufteilung der Funktionen in einzelne Bibliotheksdateien. Teilweise werden Komponenten anderer Anbieter eingebunden (z.B. DataDesign HBCI Banking Application Components), die ihre Integrität über elektronische Signaturen verifizieren lassen. Teile der Benutzeroberfläche sind über Dateien unterhalb des Installationsordners konfigurierbar.

Wird keine HBCI-Chipkarte verwendet, kann die Online-Banking-PIN aus den Elementen der Benutzeroberfläche abgefragt werden. Umfangreiches und fehleranfälliges Protokollieren von Tastatureinaben entfällt.

Bei Verwendung von FinTS HBCI mit Chipkarte kann die Chipkarten-PIN an einem Klasse-2-Chipkartenleser eingegeben werden. Sie ist in dem Fall nicht durch Schadprogramme ermittelbar.

Ein Ändern, Ergänzen, Einfügen oder Löschen von Transaktionen ist mittels simulierter Benutzereingaben problemlos möglich. Quicken signalisiert standardmäßig das Speichern einer neuen Transaktion mittels eines Tons. Diese Benachrichtigung kann jedoch unterdrückt werden. Um die Fernbedienung vor dem Benutzer zu verbergen, kann z.B. ein Screenshot angefertigt werden, der die folgenden Aktionen verdeckt, und es kann die Tonausgabe temporär abgeschaltet werden. Quicken ist kompatibel mit Chipkartenlesern mit Display, z.B. Omnikey 3821, nutzt das Display allerdings nicht.

Ein Auswechseln des Chipkartenlesergerätetreibers ist möglich. Die Konfigurationsdaten werden in der Systemregistrierung abhängig vom jeweiligen Benutzerkonto abgelegt. Hier haben alle unter diesem Benutzerkonto ausgeführten Prozesse standardmäßig Vollzugriff. Ist erst einmal durch Ändern des Verweises auf die Gerätetreiberdatei die Ausführung von Instruktionen im Adressraum der angegriffenen Anwendung möglich, können Transaktionen beliebig verfälscht werden, bevor diese von der HBCI-Chipkarte signiert und später an die Bank übermittelt werden.

4.3 WISO Mein Geld 2006

"Mein Geld" wird mit gedrucktem Handbuch und einem USB-Stick ausgeliefert. Auf diesem ist die Software ohne vorherige Installation sofort lauffähig. Der USB-Stick bietet die Möglichkeit, einen Schreibschutz zu aktivieren, dieser ist jedoch bei Lieferung nicht aktiviert.

Die Anwendung ist in eine ausführbare Datei und mehrere Bibliotheksdateien unterteilt. Für HBCI werden die DataDesign HBCI Banking Application Components eingesetzt, die ihre Integrität über elektronische Signaturen verifizieren lassen.

Das Handbuch gibt einige Hinweise zum sicheren Betrieb der Software, u.a. wird empfohlen, eine Firewall zu installieren und ein Anti-Viren-Programm zu aktivieren. Man solle zudem nicht auf Phishing-Mails hereinfallen und dafür sorgen, dass das Betriebssystem immer auf dem neuesten Stand sei. Kennwörter sollten nicht auf dem PC gespeichert werden.

Beim Start des Programms unter einem normalen Benutzerkonto wird folgende Meldung angezeigt: "Um die Mein Geld Stick Edition nutzen zu können, müssen Sie am lokalen System als Administrator angemeldet sein." Da es ausreicht, das Programm über den Dienst *Ausführen als* unter einem Administratorkonto zu starten, setzen wir für die Ermittlung der Angreifbarkeit durch Schadsoftware keine Administratorrechte voraus.

Ein Abfragen der Online-Banking-PIN aus den Elementen der Benutzeroberfläche ist in der Regel nicht möglich. Dies gelingt nur, wenn die DataDesign-Komponenten für die Passwortabfrage zuständig sind, z.B. bei der erstmaligen Einrichtung eines Zugangs mittels FinTS PIN/TAN.

Bei Verwendung von FinTS HBCI mit Chipkarte kann die Chipkarten-PIN an einem Klasse-2-Chipkartenleser eingegeben werden. Sie ist in dem Fall nicht durch Schadprogramme ermittelbar.

Ein Ändern, Ergänzen, Einfügen oder Löschen von Transaktionen ist mittels simulierter Benutzereingaben problemlos möglich. Um die Fernbedienung vor dem Benutzer zu verbergen, kann z.B. ein Screenshot angefertigt werden, der die weiteren Aktionen verdeckt.

Ein Auswechseln des Chipkartenlesergerätetreibers ist möglich. Da konstruktionsbedingt der Schreibschutz des USB-Sticks nicht aktiviert sein darf (schließlich werden dort auch die Benutzerdaten abgelegt), hat Schadsoftware unbeschränkten Zugriff auf Dateien der Banking-Software. So ist es möglich, eine Bibliotheksdatei gleichlautenden Namens im Programmordner abzulegen. Diese wird dann bei Ansteuerung des Chipkartenlesers geladen. Schadsoftware, die unter einem normalen Benutzerkonto ausgeführt wird, erlangt durch das Laden durch WISO Mein Geld Administratorrechte. Danach ist nicht nur die Banking-Software vollständig manipulierbar, sondern auch weite Teile des Betriebssystems.

4.4 VR-NetWorld Software Version 3.0

Die Software der Volks- und Raiffeisenbanken kommt mit CD und gedrucktem Handbuch. Sie besteht architekturell aus einer Sammlung von gut 50 Bibliotheksdateien für die einzelnen Teilfunktionen. Für die Ansteuerung des Chipkartenlesers wird auf die dem Betriebssystem bekannten Geräte zurückgegriffen. Die Installation erfolgt standardmäßig unterhalb des *Programme*-Ordners. Unabhängig von der Wahl des Zielordners prüft das Installationsprogramm und auch die Homebankingsoftware nicht, ob die Zugriffsrechte sinnvoll gesetzt sind.

Wird keine HBCI-Chipkarte verwendet, kann die Online-Banking-PIN aus den Elementen der Benutzeroberfläche abgefragt werden. Umfangreiches und fehleranfälliges Protokollieren von Tastatureingaben entfällt.

Bei Verwendung von FinTS HBCI mit Chipkarte kann die Chipkarten-PIN an einem Klasse-2-Chipkartenleser eingegeben werden. Sie ist in dem Fall nicht durch Schadprogramme ermittelbar.

Ein Ändern, Ergänzen, Einfügen oder Löschen von Transaktionen ist mittels simulierter Benutzereingaben problemlos möglich. Um die Fernbedienung vor dem Benutzer zu verbergen, kann z.B. ein Screenshot angefertigt werden, der die dann folgenden Aktionen verdeckt.

Ein Auswechseln des Chipkartenlesergerätetreibers ist möglich. Hierzu muss eine gleichlautende Datei in den Programmordner eingebracht werden. Diese wird dann geladen, auch wenn die beabsichtigte Datei sich in einem Ordner des Betriebssystems befindet. Ist erst einmal durch Ändern des Verweises auf die Gerätetreiberdatei die Ausführung von Instruktionen im Adressraum der angegriffenen Anwendung möglich, können Transaktionen beliebig verfälscht werden, bevor diese von der HBCI-Chipkarte signiert und später an die Bank übermittelt werden.

4.5 Vergleich

Die Testergebnisse für alle untersuchten Produkte sind in der folgenden Tabelle 1 wiedergegeben. Die erste Spalte nennt Produkt und Version, die weiteren Spalten stellen die Angriffsarten und Anfälligkeiten der Produkte dar.

Tab. 1: Vergleich der getesteten Produkte.

Produkt	TA ändern	TA einfügen	PIN abfangen	Karten-kommunikation	Code ausführen	Kontoauszug
StarMoney 5.0 Sparkasse	Ja	Ja	Ja*	n/t*	Ja*	Ja
Quicken 2007	Ja	Ja	Ja*	n/t*	Ja	Ja
WISO Mein Geld 2006	Ja	Ja	Nein*	n/t	Ja*Admin	Ja
VR-NetWorld 3.0	Ja	Ja	Ja*	n/t	Ja*	Ja

TA: Transaktion; n/t: nicht getestet; *: siehe Text

Alle getesteten Produkte sind für Angriffe durch lokale Schadsoftware anfällig. Transaktionen können per Fernsteuerung nach Belieben erstellt, geändert oder gelöscht werden, die Anzeige in der Banking-Software kann so manipuliert werden, dass der Benutzer keine Kontrollmöglichkeit hat. Fast alle lassen ein einfaches Auslesen der PIN zu, wenn diese nicht am Kartenleser eingegeben wird. Alle Produkte ermöglichen das Einschleusen fremder Instruktionen in ihren Adressraum, wenn auch ggf. abhängig von ungünstig gesetzten Zugriffsrechten vor der Installation. In einem Fall führt dies sogar zu einer möglichen Erlangung von Administratorrechten. Die Kommunikation mit der Chipkarte erfolgt bei Client-Applikationen im Homebanking nach gültiger Spezifikation ohne Secure Messaging und wurde daher nicht gesondert getestet.

Keiner der ausgeführten Angriffe wurde durch Virenscanner oder Firewall verhindert. In keinem Fall wurde der Benutzer von der Software über laufende Angriffsversuche informiert oder der Angriff gezielt erschwert.

5 Diskussion

Die gezeigten Schwachstellen lassen sich mit begrenztem Aufwand finden und ausnutzen. Die Angriffsmethoden sind im Grundsatz schon länger bekannt, und wurden in der Vergangenheit auch schon versuchsweise bei Homebanking-Software angewendet (vgl. [Chao97, Ndr01]). Umso verblüffender ist es, dass die Angriffe heute weiterhin funktionieren. Gerade die Empfehlung eines Klasse-2-Kartenlesers mit eigener Tastatur – zur Abwehr von Keyloggern – setzt das Vorhandensein lokaler Schadsoftware voraus. Daher sollten weitergehende Schutzmechanismen gegen lokale Schadsoftware berücksichtigt werden.

In der Folge kann der Benutzer bei Vorhandensein lokaler Schadsoftware nicht davon ausgehen, dass Banktransaktionen korrekt ausgeführt werden. Kontrolliert er seine Transaktionen vorwiegend über die von der Bank zur Homebanking-Software übertragenen Kontoauszüge, so kann auch diese Anzeige manipuliert werden, um Transaktionen zu verschleiern. Er hat im Zweifel gegenüber der Bank auch weniger Möglichkeiten, sich gegen Transaktionen zu wehren, die gegen seinen Willen erfolgt sind, da HBCI per Chipkarte als sicherer im Vergleich zu PIN/TAN beurteilt wird.

6 Technische Maßnahmen gegen lokale Malware

Die hier gezeigten Angriffsmethoden lassen sich durch eine Kombination bewährter Maßnahmen wirkungsvoll entschärfen.

Eine sichere Installation erfordert die Herstellung einer sicheren Initialkonfiguration, wozu auch sinnvoll gesetzte Zugriffsrechte gehören sowie die Erkennung ungünstig gesetzter Zugriffsrechte.

Ausführbare Module können mit elektronischen Signaturen versehen werden, um ihre Integrität und Authentizität vor einer Ausführung feststellen zu können. Dies gilt ebenso für Module von Drittanbietern und Teile des Betriebssystems. Zusätzlich werden vollständige Pfadangaben benötigt, um auszuschließen, dass unerwünschte Dateien von einem anderen Ort zur Ausführung kommen.

Das Auslesen sensitiver Daten aus Dialogelementen wird mittlerweile in Signatur-Clients verhindert. Im Test achtete nur ein einziges Homebanking-Programm darauf. Unabhängig davon ist der Einsatz von Klasse-2-Lesern sinnvoll, um Keylogger wirkungslos zu machen. Allerdings muss dann auch bedacht werden, dass die PIN-Eingabe vom Benutzer eindeutig einer Aktion zugeordnet können werden muss. Bisweilen wird der Benutzer zum Aktualisieren eines Kontos mehrfach zur PIN-Eingabe aufgefordert, ohne dass klar ist, auf welchen Vorgang sich die Freigabe bezieht. Ggf. könnte auch eine Freischaltung helfen, die die Karte mittels eines Sitzungsschlüssels und Secure Messaging an eine Anwendung bindet. Wird die elektrische Kommunikation zur Karte unterbrochen, muss eine erneute Freischaltung erfolgen.

Eingabe und Änderung von Transaktionsdaten wie auch die Anzeige gespeicherter Transaktionen erfordern einen geschützten Kanal zwischen Anwendung und Benutzer. Dieses Konzept eines *Trusted Path* kann auf verschiedene Weise umgesetzt werden. In Hardware bieten sich Klasse-3-Leser bzw. solche nach FINREAD-Spezifikation an. Für mehr Geld lassen sich auch dedizierte Geräte herstellen. [Frau03] In Software kann auf Mechanismen des Betriebssystems Microsoft Windows zurückgegriffen werden. [Lang04]

Zusätzlich kann eine Fernbedienung erschwert werden, indem Aktionen bewusst verlangsamt werden [CaSt01] oder indem dem Benutzer, z.B. durch ein akustisches Signal, eine Bedienung angezeigt wird. Dynamische Änderungen der Benutzeroberfläche, CAPTCHAs (automatisierter Turing-Test, z.B. Mustererkennung) und ein Verzicht auf Standard-Dialogelemente erhöhen ebenfalls den Aufwand bei einer Automatisierung von Angriffen.

Trusted Computing (TC)-Technik könnte unterstützend wirken. Allerdings lassen sich die meisten Mechanismen bereits heute ohne TC umsetzen. Zum anderen wird niemand ein TC-kompatibles Betriebssystem nutzen, nur um damit Homebanking zu betreiben. Für Reboot im Single-Application-Modus gibt es bereits mit *Moneypenny* eine (durch den Neustart unkomfortable) Alternative, Homebanking ohne Einwirkung anderer Prozesse auszuführen.

Für elektronische Signaturen wurde vom BSI das Projekt SISI (Sichere SignaturInfraStruktur) aufgelegt. Dessen Ergebnisse ließen sich auch auf den Anwendungsfall Homebanking übertragen. Leider gibt es nur wenig öffentliche Information darüber. [Tctr03, Bund05b]

7 Verwandte Arbeiten

In [Chao97] wird gezeigt, wie Quicken mittels eines ActiveX-Applets ferngesteuert werden kann. Dabei wird in einer Sammelüberweisung eine zusätzliche Überweisung ergänzt, die bei der nächsten Kommunikation mit der Bank übertragen wird. Es wird kein HBCI eingesetzt; TANs sind in einer TAN-Liste auf dem PC gespeichert bzw. ein Angreifer hofft, dass die Transaktion vom Benutzer übersehen und bestätigt wird.

Abfangen einer an der PC-Tastatur eingegebenen PIN und TAN und ihre Verwendung für eine missbräuchliche Transaktion demonstrieren [Hryc00, Ndr01]. Dabei wird die IP-Adresse des Angreifers der Bank gegenüber bekannt.

Angreifbarkeit des PIN/TAN-Verfahrens diskutiert [WFLB05], Phishing-Angriffe auf iTAN unter Einsatz von Man-in-the-Middle-Techniken erläutert [Arbe05].

Verwundbarkeit elektronischer Signaturverfahren, die eine ähnliche Architektur wie HBCI-Banking mit Chipkarte aufweisen, wird in [CrSL01, SpCL02, Lang06] analysiert.

8 Zusammenfassung

Heute übliche Homebanking-Clients mit einer hohen Marktdurchdringung weisen nahezu keinen Schutz gegenüber Angriffen lokaler Schadsoftware auf. Dies verwundert aus drei Gründen: 1. Die Angriffsmethoden und ihre Gegenmaßnahmen sind lange bekannt. 2. Die Schutzmaßnahme Klasse-2-Chipkartenleser impliziert, dass lokale Schadsoftware relevant ist. 3. In Bezug auf allgemeine elektronische Signaturen – nicht nur Banktransaktionen – hat man die Bedrohung schon vor längerer Zeit erkannt.

Da Homebanking-Produkte häufig auch von Banken vertrieben oder empfohlen werden, tragen jene eine Mitverantwortung gegenüber ihren Kunden. Derzeit erhält die Bank eine kryptographisch stark signierte Transaktion von ihren Kunden, während diese mit ungeschützten Client-Anwendungen in einer schwächeren Position sind. Es bleibt zu hoffen, dass die Anwendungen robuster werden, bevor die Schwachstellen durch organisiertes Verbrechen zum Nachteil der Bankkunden ausgenutzt werden.

Literatur

[Arbe05] Arbeitsgruppe Identitätsschutz im Internet: iTAN nur in Verbindung mit SSL sicher. Pressemeldung vom 11.11.2005. https://www.a-i3.org/images/stories/ pressemeldung/pressemeldung_itan_lang.pdf

[Bund05a] Bundesnetzagentur: Einheitliche Spezifizierung der Einsatzbedingungen für Signaturanwendungskomponenten. Version 1.4, 2005-07-19. http://www.bundesnetzagentur.de/ media/archive/2648.pdf

[Bund05b] Bundesamt für Sicherheit in der Informationstechnik: Jahresbericht 2004. (2005).

[Chao97] Chaos Computer Club: Glasfaser bis in die Brieftasche. Pressemitteilung vom 28.01.1997. http://www.ccc.de/press/releases/1997/CCC19970128.html

[CaSt01] M.C. Carlisle, S.D. Studer: Reinforcing Dialog-Based Security. In: Proceedings of the 2001 IEEE Workshop on Information Assurance and Security (2001) S. 24-29.

[CrSL01] A.B. Cremers, A. Spalka, H. Langweg: Vermeidung und Abwehr von Angriffen Trojanischer Pferde auf Digitale Signaturen. In: Bundesamt für Sicherheit in der Informationstechnik (Hrsg.): 2001 – Odyssee im Cyberspace? Sicherheit im Internet! Tagungsband 7. Deutscher IT-Sicherheitskongress des BSI 2001. S. 113-125.

[DhTH06] R. Dhamija, J.D. Tygar, M. Hearst: Why Phishing Works. In: Proceedings of the SIGCHI conference on Human Factors in computing systems (2006) S. 581-590.

[Frau03] Fraunhofer-Institut für Sichere Telekooperation SIT: TruPoSign. Trusted Pocket Signer (2003). http://www.sit.fraunhofer.de/cms/de/forschungsbereiche/sde/projekte_sde/TruPoSign.php.

[Iso04] ISO 18045:2004: Methodology for IT security evaluation (2004).

[Hryc00] J. Hrycaj: Fun with internet banking (2000). http://pamphlet.ffm.ccc.de/b0t0m/ebanking.html

[Lang04] H. Langweg: Building a Trusted Path for Applications Using COTS Components. In: Proceedings of NATO RTO IST Panel Symposium on Adaptive Defence in Unclassified Networks (2004) S. 21-1–21-14.

[Lang06] H. Langweg: Malware Attacks on Electronic Signatures Revisited. In: J. Dittmann (Hrsg.): 'Sicherheit 2006'. Konferenzband der 3. Jahrestagung Fachbereich Sicherheit der Gesellschaft für Informatik (2006) S. 244-255.

[Ndr01] NDR: Panik bei den Banken – wie sicher ist Online-Banking wirklich. ARD Ratgeber Technik, Sendung vom 14.10.2001.

[SpCL02] A. Spalka, A.B. Cremers, H. Langweg: Trojan Horse Attacks on Software for Electronic Signatures, Informatica 26 (2002) S. 191-204.

[Tctr03] TC TrustCenter AG: TC TrustCenter selected by the German Federal Office for Information Security (BSI). Pressemeldung vom 26.06.2003. http://www. trustcenter.de/press/en/ releases/tc-trustcenter_news_sisi_en.htm

[WFLB05] A. Wiesmaier, M. Fischer, M. Lippert, J. Buchmann: Outflanking and Securely Using the PIN/TAN-System. Proceedings of the 2005 International Conference on Security and Management (2005) 313-319. arxiv.org/pdf/cs.CR/0410025

Verteiltes Packet-Sniffing als Sicherheitswerkzeug in MANETs

Alexander Wenzel[1] · Alexander Finkenbrink[1]
Marko Jahnke[1] · Jens Tölle[1] · Stefan Karsch[2]

[1]Forschungsgesellschaft für Angewandte Naturwissenschaften
{wenzel | finkenbrink | jahnke | toelle}@fgan.de

[2]Fachhochschule Köln
stefan.karsch@inf.fh-koeln.de

Zusammenfassung

Packet-Sniffing bezeichnet das Erfassen von Netzwerkverkehr in Form von Paketen bzw. Frames auf den unteren Netzwerkebenen. Es bildet die notwendige technische Grundlage für verschiedene Aufgaben im Bereich des Netzwerk-Managements und der Sicherheit. In infrastrukturbasierten (drahtgebundenen) Rechnernetzen wird Packet-Sniffing oft durch entsprechende Sensoren an zentralen Stellen des Netzwerkes realisiert, um jeglichen Verkehr erfassen zu können. Grundlegend anders gestaltet sich die Erfassung von Netzwerkverkehr in drahtlosen, mobilen Adhoc-Netzen (MANETs), in denen keine zentrale Infrastruktur existiert. Um in diesen Netzen eine umfassende Überwachung des Verkehrs erreichen zu können, muss potentiell jeder Netzwerk-Knoten in der Lage sein, Packet-Sniffing zu betreiben, was aber wegen der Überlappung der Emfangsreichweiten zu Mehrfacherfassungen (Duplikaten) führen kann und durch den zusätzlichen Aufwand auch Auswirkungen auf die Batterielebensdauer der Knoten hat. Dieser Beitrag befasst sich mit der Beschreibung eines realisierten Sensors für die verteilte Datenerfassung.

1 Einführung

Viele Aufgaben im Bereich des Netzwerk-Managements und bei der Sicherstellung des ordnungsgemäßen Betriebs von Rechnernetzen basieren auf dem sog. *Packet-Sniffing*, dem Mitschneiden von Paketen. Viele Kenndaten von Netzwerken sind erst durch Beobachtung der über die Leitungen übertragenen Informationen bestimmbar.

Die Erkennung potentieller Angriffe gegen Rechnernetze anhand bestimmter, für missbräuchliches Verhalten repräsentativer Signaturen durch so genannte netzwerkbasierte Intrusion-Detection-Systeme (kurz *NIDS*) erfolgt auf dieser Basis. Verfahren, die auf der Ermittlung einer vollständigen Verkehrsstatistik beruhen, sind konkrete Anwendungsfelder des Packet-Sniffings.

In den meisten Fällen ist eine vollständige Überdeckung des Netzwerkverkehrs mit entsprechender Sensorik notwendig, um hinreichend sichere Aussagen treffen zu können; dies ist insbesondere in mobilen Adhoc-Netzwerken (*MANETs*) zunächst nicht immer möglich, weil ein Netzwerkknoten nur denjenigen Netzwerkverkehr erfassen kann, der das Funkmedium innerhalb seiner Empfangsreichweite nutzt.

P. Horster (Hrsg.) · D•A•CH Security 2007 · syssec (2007) 239-250.

2 Packet-Sniffing: Prinzip und Anwendungen

In diesem Abschnitt werden die Prinzipien des Packet-Sniffings und deren Eigenschaften erläutert sowie Anwendungen beschrieben, die sich dieses Verfahren zu nutze machen.

2.1 Prinzip und Funktionsweise

Der aktuell am weitesten verbreitete Standard zur Kommunikation in drahtgebundenen lokalen Netzen ist IEEE 802.3 (Ethernet). Dem ursprünglich eingesetzten Verfahren liegt die Idee zugrunde, dass mehrere Netzstationen das gleiche Übertragungsmedium im Zeitmultiplex nutzen. Damit ist prinzipiell von jeder Netzstation aus ein lesender Zugriff auf alle im Netz übertragenen Pakete möglich. Diesen Lesevorgang bezeichnet man als Packet-Sniffing. Das Prinzip des Packet-Sniffing ist grundsätzlich auch auf andere „Broadcast-Netze", wie bspw. IEEE 802.11-basierende Funknetze übertragbar. Diese arbeiten nach dem CSMA/CA-Verfahren (Carrier Sense Multiple Access / Collision Avoidance), welches einen jederzeit möglichen Lesezugriff zum Erkennen der Belegung des Netzes voraussetzt. Eine Eigenschaft von Funknetzen ist die begrenzte Funkreichweite der Stationen. Deshalb muss davon ausgegangen werden, dass ein einzelner Knoten im allgemeinen nicht den gesamten Datenfluss des Netzes erfassen kann. Auch der zeitgleiche Datenfluß in räumlich getrennten Bereichen ist eine zu beachtende Eigenschaft eines Funknetzes.

Bei IP-basierten Netzen besitzt jeder der an das Netz angeschlossenen Rechner einen Netzadapter, der für die Umsetzung der rechnerinternen Datendarstellung in ein netzprotokollkonformes Format auf OSI-Layer 2 sorgt. Beim Empfang von Nachrichten übergibt der Netzadapter alle an einen Rechner gerichteten Pakete an das Betriebssystem zur weiteren Verarbeitung. Hierbei werden zunächst nur an diesen Rechner gerichtete Pakete weitergereicht. Das Verwerfen der übrigen Pakete erfolgt unter anderem aus Effizienzgründen Hardware-basiert durch den Netzadapter. Packet-Sniffing erfordert ein anderes Verhalten des Netzadapters: Anwendungen, die Packet-Sniffing nutzen sollen, erfordern die Verfügbarkeit aller über das Netz übertragenen Pakete für das Anwendungsprogramm. Die meisten der aktuellen Netzadapter für IP-basierte Netze besitzen die Möglichkeit, sie in den *Promiscuous Mode* zu versetzen. Hierbei werden alle über das Netz übertragenen Pakete an das Betriebssystem bzw. eine Anwendung weitergeleitet. Auch für die IEEE 802.11-Protokollfamilie sind Netzadapter verfügbar, die dies ermöglichen.

Die frei verfügbare Funktionsbibliothek *Libpcap* [Lipcap] ermöglicht auf Unix-basierten Systemen eine transparente Umschaltung des Netzadapters auf den Promiscuous Mode und liefert den Anwendungen alle über das entsprechende Netzsegment übertragenen Pakete.

2.2 Anwendung: Signaturbasierte Netzwerk-IDS

Eine verbreitete Anwendung des Packet-Sniffing sind Systeme zur netzbasierten Erkennung von Angriffen (Network Intrusion Detection Systems - NIDS). Diese Systeme erfassen den gesamten Netzverkehr und analysieren ihn im Hinblick auf typische Angriffsmuster. Wird ein Muster erkannt, so erfolgt eine Alarmierung, etwa, um entsprechende Gegenmaßnahmen einzuleiten. Ein Beispiel für ein Werkzeug zur netzbasierten Angriffserkennung ist *Snort* [Roes99]. Snort nutzt Libpcap und setzt zur Analyse Mustererkennung (Pattern-Matching) ein. Die im System hinterlegten Angriffsmuster werden nach dem Konzept der regulären Ausdrücke in einer systemspezifischen Syntax formuliert.

2.3 Anwendung: IP-Verkehrsstatistik

RMON bedeutet *Remote Monitoring* und ist ein in [Wald00] festgelegter Standard zur Erfassung und Speicherung von statistischen Netzwerkkenndaten. Erfasste Daten werden in der MIB (*Management Information Base*) gespeichert. Diese Einträge können durch SNMP-Requests (*Simple Network Management Protocol*) abgefragt werden und dienen der Überwachung von Rechnernetzen im Rahmen von Wartung und Diagnose.

Mit den dadurch gewonnenen Daten und auch den durch Packet-Sniffing erhaltenen Informationen über den geflossenen Verkehr können in einem weiteren Verarbeitungsschritt detailliertere Kenntnisse über den aktuellen Zustand des Netzes gewonnen werden. Ein Beispiel hierfür ist die in [TöWa02] durchgeführte automatische Erkennung von typischen Verkehrsstrukturen sowie die Erkennung von plötzlichen Veränderungen dieser Strukturen. Diese Anwendung kann sowohl als Anomalieerkennung dem Bereich der Intrusion-Detection als auch dem Bereich des Netzwerkmanagements zugeordnet werden.

3 Routing und Packet-Sniffing in MANETs

Es werden im weiteren einige Routing-Protokolle für MANETs grundlegend beschrieben und die Auswirkungen der MANET-Eigenschaften auf das Packet-Sniffing erläutert. Anschließend werden Anwendungsfälle geschildert, bei denen das Packet-Sniffing als Sicherheitswerkzeug in MANETs eingesetzt wird.

3.1 Routing-Protokolle

Im Folgenden werden zwei unterschiedliche Herangehensweisen zum Routing in MANETs genannt.

- **Proaktive Routingprotokolle:** Unter Verwendung der so genannten proaktiven Protokolle unterhält jeder Knoten eine Tabelle von Routen zu jeweils allen anderen Knoten des MANETs und aktualisiert diese Tabelle – meist in regelmäßigen Abständen – durch den Austausch entsprechender Management-Informationen. Der Bestimmung der jeweiligen Routen liegen die aus dem "klassischen" drahtgebundenen Routingprotokollen bekannten Techniken des Link State Routing bzw. des Distance Vector Routing zugrunde.

  Die bekanntesten Vertreter proaktiver Protokolle sind das Optimized Link State Routing (*OLSR* [ClJa03]) sowie das Destination-Sequenced Distance Vector Routing (*DSDV* [PeBh94]).

  Durch den Austausch von Management-Nachrichten ist generell von einem Kommunikationsoverhead auszugehen; der Vorteil besteht jedoch in der Tatsache, dass keine Verzögerungen durch Bestimmung einer Route vor dem Versand eines Paketes entstehen.

- **Reaktive Routingprotokolle:** Bei reaktiven Protokollen werden die Routen, die ein Paket durch das Netzwerk nimmt, erst unmittelbar vor dem Versand bestimmt. Dies geschieht durch das so genannte *Fluten* (engl. Flooding) des Netzes mit Anfragenachrichten, bis der entsprechend vorgesehene Empfänger des Paketes unter Angabe des ermittelten Weges antwortet. Zu den prominentesten Vertretern reaktiver Protokolle gehören Dynamic Source Routing (*DSR* [JoMH03]) sowie das Adhoc On-Demand Distance Vector Routing (*AODV* [PeBD03]).

  Reaktive Protokolle besitzen keinen ständigen Kommunikationsoverhead; allerdings ist vor dem Versand eines neuen Paketes erst der Routenaufbau abzuwarten, was zu entsprechenden Verzögerungen führt.

Es sind auch hybride Verfahren bekannt, wie etwa das *Zone Routing Protocol* (ZRP [HaPS02]), bei dem jeder Knoten die Routen zu seinen unmittelbaren Nachbarn proaktiv verwaltet und nur Routen zu weiter entfernt liegenden Empfängern beim Paketversand ermittelt werden müssen.

3.2 Auswirkungen auf das Packet-Sniffing

Das für den hier beschriebenen Kontext wesentliche Charakteristikum eines MANETs ist die Tatsache, dass es keine definierten Orte im Netzwerk gibt, an dem der Fluss aller Netzpakete vollständig und verlässlich beobachtet werden kann. Wegen potentiell instabiler Funkverbindungen und vor dem Hintergrund potentiell hoher Mobilität der Knoten ist außerhalb des Netzwerkes nicht bekannt, welche Route ein Paket auf seinem Weg vom Sender zum Empfänger nimmt, sodass kein Hinweis auf die Stelle gegeben ist, an der ein Paket erfasst werden muss.

Damit müsste, um jederzeit eine vollständige Erfassung aller Netzwerkverbindungen zu garantieren, auf jedem einzelnen Netzwerkknoten eine entsprechende Sensoreinheit installiert sein. Dies ist aus zwei Gründen nicht praktikabel:

1. **Energie (Promiscuous Mode):** Da die Netzwerkpakete aller in der Empfangsreichweite befindlichen Knoten nur im o.g. Promiscuous Mode erfolgen kann, ist die Verwendung des Energiesparmodus eines WLAN-Funkadapters, der eine Abschaltung des Empfangs nach Lesen der IEEE 802.11-Präambel bewirkt, um Batteriekapazität zu sparen, nicht möglich. Der Energieaspekt beim System-Monitoring wurde bereits 2001 in einem Papier von Ko et al. [KBR+01] aufgeworfen.
2. **Überlappung (Duplikate):** Durch sich überlappende Empfangsreichweiten der einzelnen Knoten ist es sehr wahrscheinlich, dass Pakete von mehreren Knoten simultan erfasst werden. Auch ein erneutes Erfassen auf dem weiteren Weg des Paketes ist denkbar. Dies hätte zur Folge, dass die erfassten Netzwerkpakete bei der zentralen Sammlung von Duplikaten befreit werden müssten, was insbesondere vor dem Hintergrund der nur begrenzt exakten zeitlichen Synchronisierung der einzelnen Knoten eine aufwändige Aufgabe darstellt.

Wie von Anjum et al. [AnSS03] bereits 2003 diskutiert, stellen insbesondere reaktive Routing-Protokolle eine Hürde für die konventionelle Netzwerkbeobachtung dar. In dieser Arbeit wurden verschiedene Routingprotokolle (darunter DSDV, AODV und DSR) hinsichtlich der Wahrscheinlichkeit untersucht, dass ein durchgeführter Angriff durch Überwachung mit einem einzigen, zufällig ausgewählten MANET-Knoten erkannt werden kann.

3.3 Anwendung: Watchdog für Blackhole-Angriffe

Das so genannte Watchdog-Prinzip (vgl. [MGLB00], [KKSW04]) beschreibt ein auf Packet-Sniffing basierendes Verfahren in einer Multihop-Umgebung, um Knoten zu erkennen, die Pakete verwerfen oder deren Inhalt manipulieren. Hierzu zeichnet der Watchdog-Knoten die wesentlichen Eigenschaften der von ihm weitergegebenen Pakete auf und vergleicht diese mit denjenigen, die er von dem weiterleitenden Knoten bei der Weitergabe zum nächsten Knoten empfängt. Wird innerhalb einer geeigneten Zeitspanne kein Paket mit Eigenschaften empfangen, das den zuvor aufgezeichneten entspricht, so wird dies unter Abwägung mit den potentiell vorhandenen Fehlerquellen (s.u.) mit einer gewissen Wahrscheinlichkeit als mutmaßlich nicht weitergeleitetes Paket interpretiert. Bei Überschreitung eines geeigneten Schwellwertes wird dieser Vorfall an die entsprechenden IDS-Komponenten gemeldet. Da diese Methode auf optimale Bedingungen (ausreichende Funkausbreitung mit geringen Interferenzen) angewiesen ist, die zwangläufig nicht immer gegeben sind, sollte das Verfahren mit weiteren Erkennungsmechanismen kombiniert werden.

Ein weiteres Beispiel (vgl. [DjBa05]) für eine Situation unter nicht optimalen Bedingungen stellt der Fall dar, in dem der weiterleitende Knoten das entsprechende Paket aufgrund von Energiesparoptionen mit geringerer Sendeleistung zum Empfänger leitet, so das der Watchdog-Knoten das Paket nicht mehr empfangen kann. Dies würde nach Überschreitung des Schwellwertes einen Alarm auslösen. Dieser Effekt lässt sich aber auch von einem Angreifer ausnutzen, indem er das Paket genau dann weiterleitet, wenn der Empfängerknoten sich in einem Sendevorgang befindet. Dadruch ist aus der Sicht des Watchdog-Knotens das Paket korrekt weitergeleitet, da dieser die Kollision der Pakete nicht bemerkt. Der Angreifer schickt in diesem Fall trotz Kollision das entsprechende Paket kein zweites mal. In einem weiteren Angriffszenario mit zwei kooperierenden Angreifern besteht die Möglichkeit, dass der erste Angreifer das weiterzuleitende Paket zum zweiten Angreifer sendet und dann dieser das Paket verwirft. Somit hat der Watchdog-Knoten den ersten Angreifer nicht detektiert, obwohl im zweiten Schritt das ursprüngliche Paket verworfen wurde.

3.4 Anwendung: Routing-Integritätsprüfung

Die Plausibilitätsprüfung von Routingpaketen ist ein weiteres sinnvolles Mittel zur Erkennung von Angreifern in einem MANET. Einen möglichen Angriffspunkt stellen beispielsweise die aus OLSR bekannten HELLO-Pakete dar, mit denen Links zu gefälschten oder praktisch nicht erreichtbaren Knoten vorgetäuscht werden. Damit verändert sich dann das Routing der anderen Knoten im Netz, womit verschiedenen Effekte (z.B. Blackhole) erzielt werden können.

Wie auch in [DZRR06] diskutiert, gibt es unterschiedliche Möglichkeiten, diese und andere Störungen in einem OLSR-Netz zu entdecken. Hierbei werden zum Beispiel die eintreffenden TC-Pakete auf plausible, d.H. topologisch mögliche Veränderungen im Sinne des Routings hin geprüft. Wenn ein Routing-Paket verschickt wird, welches eine Veränderung der Routing-Struktur verursacht, muss sich diese Tatsache in den darauf folgenden empfangenen Paketen widerspiegeln. Wenn dies nicht der Fall ist, kann hier möglicherweise ein Angriff stattgefunden haben. Auch ein Abgleich der Informationen aus HELLO- und TC-Paketen dient der Plausibilitätsüberprüfung der eingehenden Routing-Pakete. Ein anderer Ansatz der Absicherung gegen das Verändern der Routing-Paket ist die in [HoHF05] beschriebene Erweiterung um eine Kontroll-Nachricht, die ein authentifiziertes Antwortpaket veranlasst.

3.5 Sicherstellung der Netzüberdeckung im MANET

Anomalieerkennungen in MANETs stellen Verfahren dar, mit denen beispielsweise durch einen zentralen Ansatz Bedrohungen erkannt werden können. Das so genannte *Cluster Based Anomaly Detection* Verfahren (CBAD, vgl. [TöWa02]) wurde ursprünglich als Anomalieerkennung für kabelgebundene Netzwerke entworfen, bei der verschiedene statische Flussparameter der Verkehrsstruktur als Graph aufgezeichnet werden und signifikante Veränderungen dieser Struktur als potentieller Angriff gemeldet werden.

Routing-Angriffe gegen OLSR in MANETs stellen Bedrohungen dar, die beispielsweise durch einen zentralen Ansatz zur Anomalieerkennung, bei der die Topologie des Netzes als Graph dargestellt wird, erkannt werden können. Dieser zur Zeit in einem Forschungsprojekt untersuchte Ansatz wird als Topology-Graph based Anomaly Detection (TOGBAD) bezeichnet und stellt eine Erweiterung zu CBAD dar. Hierbei wird versucht manipulierte HELLO-Nachrichten zu detektieren, indem Plausibilitätstests auf einer zentralen Knoten-Instanz durchgeführt werden. Die Verwendung von TOGBAD und CBAD setzen voraus, dass eine netzüberdeckende Überwachung aller im MANET befindlichen Knoten vorhanden ist.

Wie von Subhadrabandhu et al. [SuSA06a], [SuSA06b] dargelegt, stellt die Bestimmung einer minimalen, das gesamte MANET überdeckenden Untermenge der Knoten zur Überwachung mittels eines NIDS ein NP-vollständiges Problem in der Anzahl der Überwachungsknoten dar. Die Autoren stellen als Lösung des genannten Problems zwei approximative Algorithmen vor, die die Auswahl der Überwachungsknoten in polynomieller Zeit vornehmen können. Diese vergleichen sie mit der o.g. optimalen Lösung und der zufälligen Wahl von Knoten. Der erste Algorithmus (*Greedy-MC*, "Gierige" Maximum Coverage) sieht zwischen allen Knoten des Netzes allerdings eine zusätzliche Kommunikation vor, während der zweite Algorithmus (*MUNEN-MC*, Maximum Unsatisfied Neighbours in Extended Neighbourhood) den zusätzlichen Nachrichtenverkehr nur innerhalb der Knotennachbarschaft voraussetzt. Darüber hinaus wird eine Heuristik vorgeschlagen, die sehr effizient arbeitet, aber auf geometrischen Annahmen (insbesondere einer kreisförmigen Funkausbreitung) basiert.

4 Verteilte Sensoren für MANET-Verkehrsstatistiken

Ein Ansatz, der sich die Eigenschaften eines proaktiven Routingprotokolls zu nutze macht, um eine Menge von netzüberdeckenden Überwachungsknoten zu bestimmen, wird in diesem Abschnitt dargestellt.

4.1 Szenario

Im hier betrachteten Fall geht man von einem MANET mit einer Knotenanzahl von 5-15 Knoten aus, in dem mobile Kleingeräte (High-Performance-PDAs bzw. Ultra-Mobile-PCs) miteinander infrastrukturlos vernetzt sind. Die Geräte stellen ihren Benutzern verschiedene Dienste (z.B. VoIP, Geo-Informationssystem) zur Verfügung. Da die mobilen Geräte über aufladbare Batterien betrieben werden, ist bei der Implementierung von Betriebsystemen wie Dienstprogrammen eine unnötige Belastung von CPU, Speicher sowie Übertragungsmedium zu vermeiden.

Trotz der genannten Einschränkungen bezüglich der zur Verfügung stehenden Ressourcen wird als Routing-Protokoll das proaktive OLSR eingesetzt.

4.2 Verwendung von MPRs als Überwachungsknoten

Wegen der Verwendung von OLSR erscheint es denkbar, die so genannten MPRs des OLSR-Protokolls für die Überwachung einzusetzen. Sie dienen zur effizienten Verteilung der Routing-Nachrichten im Netz und sollen ein Fluten des Netzes verhindern. Sie stellen im optimalen Fall eine minimale Überdeckung des Netzes bezüglich der Funkreichweite (Sende- und Empfangsüberdeckung) dar und würden somit auch die Filterung der Duplikate erleichtern.

Jeder Knoten wählt einen oder mehrere Knoten als "seine" MPRs aus, von dem oder denen er weiß, dass diese Kontakte zu weiter Entfernten Knoten unterhälten. Im allgemeinen konvergiert dieses Verfahren recht schnell und benötigt keine aufwändigen Rechen- oder Speicheroperationen, um den gewünschten Effekt zu erzielen.

Zwar setzt die im Folgenden vorgestellte Verfahrensweise auf OLSR auf; der Einsatz des Verfahrens ist jedoch bei jedem proaktiven sowie hybriden MANET-Routingprotokoll möglich, das zur Verringerung von Flutungsvorgängen MPRs oder MPR-ähnliche Techniken verwendet. Bei reaktiven Protokollen sind den Knoten ihre jeweiligen Nachbarn a priori nicht bekannt, und so kann auch der beschriebene Ansatz nicht unmodifiziert eingesetzt werden.

4.3 Sonderfälle bei der Erfassung

Es gibt einige Sonderfälle, in denen das vorgestellte Konzept nicht problemlos anwendbar ist. In manchen Szenarien, in denen sich das mehrfache Erfassen der Pakete von zwei MPR-Knoten zwangsweise durch ihre Position ergibt (siehe Abbildung 1).

Knoten A und B wurden als MPR gewählt. Die Knoten A, B und D befinden sich in einem gemeinsamen Funkradius und können direkt miteinander kommunizieren. Da nun aber Knoten A und B MPR und somit aufzeichnende Knoten sind, würden beide Knoten die Pakete verarbeiten, die von Knoten D gesendet werden.

Eine Lösungsmöglichkeit besteht darin, dass MPR-Knoten die Pakete verwerfen, die bereits von anderen MPR-Knoten in der direkten Nachbarschaft aufgezeichnet wurden. Dazu wird die Netztopologie aus dem OLSRd zu Hilfe genommen, um zu erkennen, welche anderen MPR-Knoten die gleichen Nachbarn aufweisen und dementsprechend auch identische Pakete aufzeichnen. Die Entscheidung, wer Pakete des Knotens aufzeichnet, der sich in der Funkreichweite von zwei oder mehr MPR-Knoten befindet, könnte an statischen Kriterien, wie zum Beispiel der Wertigkeit des letzten Blockes einer IP-Adresse, ausgemacht werden. Eine Regel für die Auswahl würde dann so aussehen: MPR_A 10.0.0.1 hat eine höhere Priorität als MPR_B 10.0.0.2 und wird zum Aufzeichnen der Duplikate ausgewählt.

Dieser Lösungsansatz könnte das Problem der doppelt aufgezeichneten Pakete deutlich reduzieren. Da allerdings dieses Verfahren auf den Daten des OLSRd aufbaut, diese aber aufgrund der Paketlaufzeiten nicht auf jedem Knoten im Netz und zu jeder Zeit synchron sind, tritt auch hier ein Problem auf. Es handelt sich um die Problematik der Zeitdifferenz zwischen MPR-Knoten-Auswahl und dem Aufzeichnungsbeginn der Pakete.

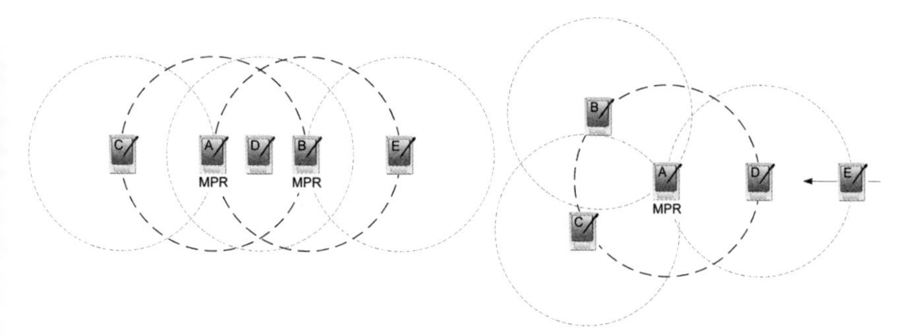

Abb. 1: Doppelte Paketaufzeichnung

Abb. 2: Paketverlustszenario

In Abbildung 2 wird gezeigt, dass Knoten A von Knoten B, C und D als MPR ausgewählt wurde. Knoten E ist anfangs außerhalb der Reichweite aller Knoten, nähert sich aber Knoten

D. Sobald Knoten D und E in Funkreichweite sind, wird auch Knoten D zum MPR. In der Zeitdifferenz zwischen dem Erkennen des neuen Knotens E und dem Beginn der Aufzeichnung können Pakete verloren gehen, die von Knoten E ausgehen. Dieses Szenario wird hier nur rein theoretisch vorgestellt. Es ist bislang noch keine Aussage über die Häufigkeit des Auftretens solcher Situationen und damit dem Stellenwert des Problems getätigt. Hierzu sind weitergehende Simulationen unterschiedlicher Szenarien notwendig.

Die oben erwähnte Zeitdifferenz würde sich nur einschränken lassen, wenn die einzelnen Knoten die eingehenden Management-Pakete untersuchten, da über diese die Bekanntmachung ausgewählter MPR-Knoten stattfindet. Zwischen einer solchen Management-Paketauswertung und dem Beginn der Aufzeichnung können jedoch weiterhin Pakete verloren gehen. Diese Tatsache würde sich nur umgehen lassen, indem sämtliche Knoten Pakete aufzeichneten; dies ist aber hinsichtlich des Ressourcenaufwandes nicht erwünscht.

4.4 Implementierung und Funktionsweise eines Sensors

Im Folgenden wird die Arbeitsweise des konzipierten und realisierten Sensors auf Basis von OLSR für die verteilte Datenerfassung beschrieben. Hierbei ist zu erwähnen, dass die Sensoren auf den verschiedenen Knoten unabhängig voneinander, also ohne direkte Kommunikation miteinander, operieren.

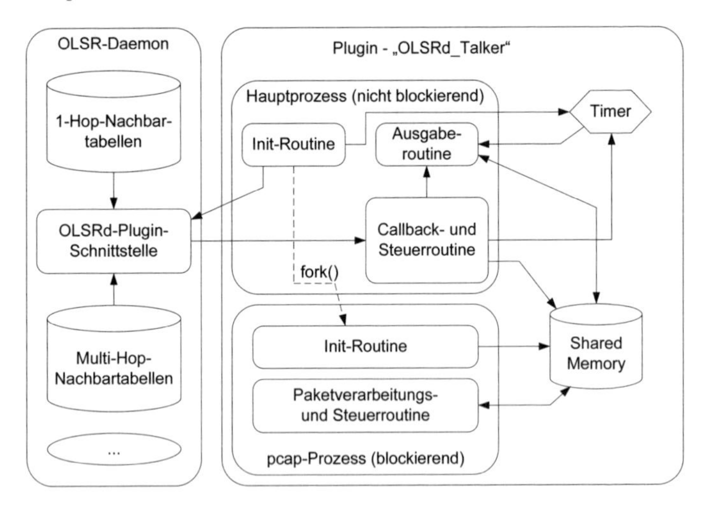

Abb. 3: Schematische Darstellung der Prozessstruktur des Sensors

Abbildung 3 zeigt neben dem OLSR-Daemon den groben Ablauf der Prozessstruktur des Sensors (Plugin). Die Initialisierungs-Routine des Hauptprozesses meldet das Plugin beim OLSRd an, registriert eine Callback-Routine und initialisiert den Timer. Die Callback- und Steuerroutine wird bei Änderungen in der Netztopologie aufgerufen. Sobald dem Knoten der MPR-Status zugewiesen wird (siehe Abschnitt 4.2), welches er wiederum aus den Topologiedaten entnehmen kann, weist der Hauptprozess den Nebenprozess (pcap-Prozess) an, mit der Paketaufzeichnung zu beginnen. Wenn dies geschehen ist, werden die Datenpakete auf Sonderfälle hin überprüft (siehe Abschnitt 4.3) und in den internen Datenstrukturen für das spätere Versenden abgelegt. Außerdem wird mit Hilfe der durch den Timer in vorgegebenen Zeitintervalle (vergl. [Lett06]) eine Übertragung der Verbindungsstatistiken samt Topologiedaten zu den zentralen IDS-Komponenten veranlasst.

Die Absicherung der Informationspakete kann beispielsweise zukünftig mit einem symmetrischen Verschlüsselungsverfahren, wie es in Version 3 von SNMP (siehe [CMPS02]) zu finden ist, sichergestellt werden. Ein weiterer möglicher Ansatz zur Absicherung ist der Einsatz einer so genannten *Plausible-deniability*-Technik (glaubwürdiges Abstreiten), deren Eigenschaften sich *TrueCrypt* (siehe [Truecrypt]), ein freies Open-Source-Programm zur Verschlüsselung von Festplatten, zu nutze macht. Ein besonderes Sicherheitsmerkmal von TrueCrypt ist die Eigenschaft, dass es einen äußeren und inneren Container für die Datenhaltung verwenden kann. Wird der Besitzer eines Knotens beispielsweise psychisch oder physisch bedroht und gezwungen, sich gegenüber dem System zu authentizieren, so gewährt er nur Zugang in den äußeren Container. Der versteckte und mit anderen Authentifikationsmerkmalen geschützte innere Container, welcher in diesem Fall die Informationspakete selbst wären, bleibt unentdeckt. Weitere Details der Implementierung der Sensorik finden sich in [Wenz06].

5 Testumgebung und Testergebnisse

Für die durchgeführten Tests am Sensor wurde eine spezielle Testumgebung aufgebaut, die aus einer Kombination von realen und virtuellen Knoten besteht. Sie verfügt über eine automatisierte Emulation von Bewegungseffekten auf das Netz unter Berücksichtigung eines beliebigen Funkausbreitungsmodells und vordefinierter Bewegungsdaten. Es können dadurch reproduzierbare Änderungen in der Netztopologie dargestellt werden und zudem über entsprechende Schnittstellen den laufenden Anwendungen (z.B. Navigationskomponenten) synchrone Geokoordinaten zur Verfügung gestellt werden. Außerdem wurden zwei Knoten mit einem Crossoverkabel verbunden, um so zeitlich exakte Messergebnisse zu erhalten. Die auftretenden Steuerbefehle der Testprogramme konnten über das drahtgebundene Netz versandt werden und haben das Funkmedium somit nicht belastet. Mithilfe des Paket-Generators [LPGen] aus dem Netzwerk-Subsystem des Linux-Systemkerns, wurden bei diesem Test UDP-Pakete ohne Nutzdaten mit stetig steigendem Ziel-Port im LAN verschickt. Um zudem einen genauen Überblick über die verschickten Pakete und den darauf wirklich gezählten Verbindungen zu erlangen, wurden mit Hilfe des Tools „netcat" [Netcat] alle verwendeten Ports zum Empfang geöffnet, da sonst jedes UDP-Paket, welches an einen nicht verwendeten Port gesendet wird, eine ICMP-Meldung auslöst. Bei einer Übertragungsrate von 2500 Pkt/s wurde die Verarbeitungsgeschwindigkeit des Sensors getestet. In der Abbildung 4 ist zu erkennen, dass der Sensor erst ab ca. 4000 Verbindungen mit der Verarbeitung aller neu eintreffenden Verbindungen überfordert ist und diese somit teilweise verwirft. Eine wesentliche Ursache ist die nicht optimierte, lineare Datenhaltung der Verbindungsstatistikpakete im Speicher. Hier liegt Potential für weitere Verbesserungen der Leistungsfähigkeit des Sensors. Weiterhin wurde das in Abschnitt 4.3 beschriebene Problem der zeitlichen Differenz zwischen MPR-Knoten-Auswahl und dem Aufzeichnungsbeginn näher untersucht. Hierzu wurde ein Szenario gewählt, in dem einem bestimmten Knoten der MPR-Status manuell zugewiesen werden kann. Während der Tests wurden parallel zu der Paketaufzeichnung im OLSRd-Plugin alle Pakete in einem weiteren Programm (Wireshark, [Wireshark]) aufgezeichnet. Anschließend wurden Datenpakete mit unterschiedlichen Intervallen verschickt. Zur eindeutigen Bestimmung der verlorenen Pakete wurde die fortlaufende so genannte IP-Identifikationsnummer verwendet. Hierzu wurden nach

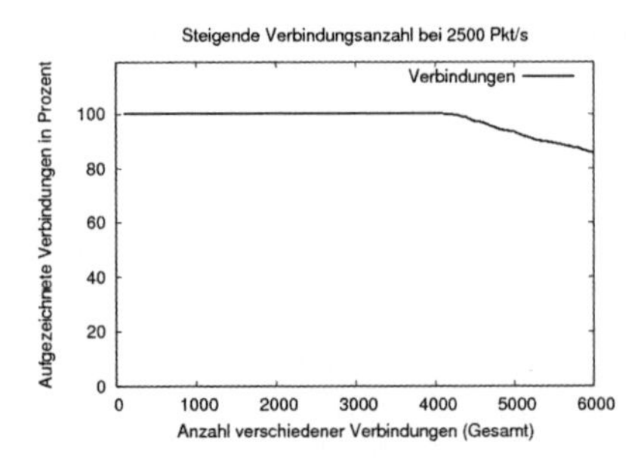

Abb. 4: Paketverluste (hohe Verbindungsanz.)

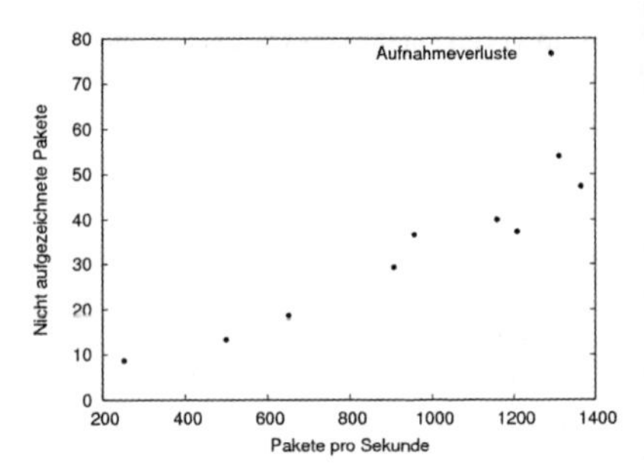

Abb. 5: Aufnahmeverluste (MPR-Knotenerk.)

der Testdurchführung die Log-Dateien des OLSRd-Plugins mit der Wireshark-Aufnahme verglichen, um so nach der MPR-Auswahl des Knotens durch die HELLO-Pakete die Anzahl der nicht aufgezeichneten Pakete zu bestimmen. Das Ergebnis ist in Abbildung 5 dargestellt. Hier ist zu erkennen, dass mit ansteigender Paketanzahl pro Sekunde auch die Aufzeichnungsverluste ansteigen. Diese und weitere Aspekte werden in [Wenz06] näher ausgeführt.

6 Diskussion

Unter Verwendung eines Routing-Protokolls, das über einen MPR-Mechanismus verfügt, ist der Nutzen des hier vorgestellten Verfahrens zur verteilten Verkehrsstatistikerfassung in MANETs vor allem bei der Einsparung von Batterieleistung zu sehen. Die Verwendung der in Abschnitt 3.5 genannten Ansätze würde eine erhebliche Redundanz in den Management-Prozess einbringen und somit die Batterie über Gebühr belasten. Um sowohl eine höhere Reduktion des Batterieverbrauches, als auch eine größere Detektierbarkeit von Angriffen zu ermöglichen, wird derzeit ein rollenbasiertes Sicherheitsmodell analysiert. Hierbei übernimmt jeder Knoten z.B. zu randomisierten Zeiten andere Überwachungsaufgaben. Dadurch kommt es zum einen zusätzlich zur Energieeinsparung und zum anderen wird es einem Angreifer erschwert, zu bemerken, wer ihn momentan überwacht. Davon unbeeinträchtig muss die Verkehrsstatistikerfassung sein, da diese zu jederzeit vollständig benötigt wird. Verfahren, die auf geometrischen Annahmen bezüglich der Funkausbreitung basieren, können darüber hinaus in realen Umgebungen auf Schwierigkeiten stoßen, etwa durch Dämpfung, Reflexion und Beugung. Diese Schwierigkeiten können durch einen steigenden Grad an Mobilität noch einmal verstärkt werden. Daher basiert der vorgestellt Ansatz auf der Nutzung der MPRs, wodurch zwar eine Minimalität an Sensor Knoten nicht gegeben ist, wohl aber eine vollständige Abdeckung des Netzes erreicht wird. Ein nicht zu vernachlässigender Nachteil des MPR-Ansatzes besteht in den Sonderfällen, die bei bestimmten Konfigurationen bezüglich der relativen Positionen und der Funkausbreitung entstehen können. Insbesondere bei plötzlichen Topologieänderungen kann beispielsweise der Fall eintreten, dass mehrere Knoten als MPR von einem weiteren ausgewählt wurden, sodass für einen gewissen Zeitraum Duplikate nicht zu vermeiden sind. Einigen dieser Sonderfälle kann man durch pragmatische Methoden begegnen, so etwa die A-Posteriori-Elimination von Duplikaten an zentraler Stelle, sofern der Auswerteeinheit außer den Paketen die MPR-Rollen zum jeweiligen Erfassungszeitpunkt bekannt sind.

7 Zusammenfassung und Ausblick

Das vorliegende Papier stellte die Grundlagen und Einsatzbereiche des so genannten Packet-Sniffing in Rechnernetzen vor. Häufig eingesetzte Bibliotheken wurden ebenso beschrieben wie Anwendungen, die davon Gebrauch machen. Darauf folgend wurden die Grundzüge von mobilen Adhoc-Netzwerken (MANETs) unter besonderer Berücksichtigung der dort verwendeten Routing-Protokolle vorgestellt. Der typische Aufbau von Adhoc-Netzen erschwert die umfassende Sammlung von versendeten Datenpaketen zum Zwecke der Netzwerküberwachung und Problemerkennung erheblich. Nachdem einige existierende Arbeiten zur Lösung der durch den Einsatz in MANETs entstehenden Herausforderungen vorgestellt wurden, folgte die Präsentation eines Ansatzes, der sich bestimmte Mechanismen so genannter proaktiver Routingprotokolle zu Eigen macht. Diese Verfahren besitzen dynamisch bestimmte, herausgehobene Knoten (MPRs), deren eigentlicher Zweck die effiziente Verteilung von Informationen an alle Teilnehmer des Netzes ist, ohne dass alle Knoten die Nachricht durch Fluten weiterleiten müssen. Die dazu notwendige Überdeckung des gesamten Netzes kann im Gegenzug auch zu einer Überwachung aller Netzteilnehmer genutzt werden. Dieser Ansatz wurde implementiert und untersucht. Auftretende Probleme durch Nicht- oder Mehrfacherfassung einzelner Datenpakete wurden vorgestellt und Lösungsansätze dazu aufgezeigt. Zu den anstehenden Arbeiten bei der Weiterentwicklug der Sensorik zählt die Abstraktion vom verwendeten Routingprotokoll durch Verwendung festgelegter Schnittstellen. Eine weitere Beurteilung zur Weiterentwicklung der Verfahren folgt durch den Einsatz in Adhoc-Testnetzen, sowohl im praktischen Einsatz als auch zur reproduzierbaren Untersuchung besonderer Szenarien durch eine Bewegungsemulation der dem Adhoc-Netz zugehörigen Geräte.

Literatur

[AnSS03] F. Anjum, D. Subhadrabandhu, S. Sarkar. Signature based Intrusion Detection for Wireless Ad-Hoc Networks: A Comparative study of various routing protocols. In: Proc. of IEEE Vehicular Technology Conference (VTC), 2003.

[ClJa03] T. Clausen, P. Jacquet. Optimized Link State Routing Protocol (OLSR). RFC3626, 2003.

[CMPS02] J. Case, R. Mundy, D. Partain, B. Stewart. Introduction and Applicability Statements for Internet-Standard Management Framework. RFC3410, 2002.

[DjBa05] D. Djenouri, N. Badache. New Approach for Selfish Nodes Detection in Mobile Ad hoc Networks. In: Security and Privacy for Emerging Areas in Communication Networks, 2005.

[DZRR06] D. Dhillon, J. Zhu, J. Richards, T. Randhawa. Implementation & Evaluation of an IDS to Safeguard OLSR Integrity in MANETs. In: Proc. of International Conference On Communications And Mobile Computing, Canada, 2006.

[HaPS02] Z. Haas, M. Pearlman, P. Samar. The Zone Routing Protocol (ZRP) for Ad Hoc Networks. IETF Internet Draft, http://www.ietf.org/proceedings/02nov/I-D/draft-ietf-manet-zone-zrp-04.txt, 2002.

[HoHF05] F. Hong, L. Hong, C. Fu. Secure OLSR. In: Proc. 19th International Conference on Advanced Information Networking and Applications (AINA'05) Volume 1, Califonia, USA, 2005.

[JoMH03] D. Johnson, D. Maltz, Y. Hu. The Dynamic Source Routing Protocol for Mobile Ad Hoc Networks (DSR). Internet Draft, 2003.

[KBR+01] C. Ko, P. Brutch, J. Rowe, G. Tsafnat, K. Levitt. System Health and Intrusion Monitoring Using a Hierarchy of Constraints. In: Proc. of the Conference on Recent Advances in Intrusion Detection (RAID), 2001.

[KKSW04] F. Kargl, A. Klenk, S. Schlott, M. Weber. Advanced Detection of Selfish or Malicious Nodes in Ad hoc Networks In: Proc. of 1st European Workshop on Security in Ad-Hoc and Sensor Networks (ESAS 2004). Springer Lecture Notes in Computer Science, Heidelberg, 2004.

[Lett06] S. Lettgen. Simulation und Bewertung einer ressourcenschonenden Intrusion-Detection-System-Architektur für Mobile Ad-Hoc Netze. Diplomarbeit, Universität Bonn, Informatik IV, 2006.

[Lipcap] Libpcap – Packet Capture Library – Libpcap. http://www.tcpdump.org/.

[LPGen] Linux Packet Generator Howto. http://linux-net.osdl.org/index.php/Pktgen

[MGLB00] S. Marti, T.J. Giuli, K. Lai, M. Baker. Mitigating Routing Misbehavior in Mobile Ad Hoc Networks. In: Proc. of MOBICOM 2000, August 2000.

[Netcat] The GNU Netcat – Official homepage. http://netcat.sourceforge.net/

[PeBD03] C. Perkins, E. Belding-Royer, S. Das. Ad hoc On-Demand Distance Vector (AODV) Routing. RFC3561, 2003.

[PeBh94] C. Perkins, P. Bhagwat. Highly dynamic Destination-Sequenced Distance-Vector routing (DSDV) for mobile computers. In: Proc. of the conf. on Communications architectures, protocols and applications (SIGCOMM'94), London, UK, 1994.

[Roes99] M. Roesch. Snort – Lightweight Intrusion Detection for Networks. In: Proc. of USENIX LISA '99 conference, 1999.

[SuSA06a] D. Subhadrabandhu, S. Sarkar, F. Anjum. A Framework for Misuse Detection in Ad Hoc Networks - I., IEEE Journal on Selected Areas Of Communication, 2006.

[SuSA06b] D. Subhadrabandhu, S. Sarkar, F. Anjum. A Framework for Misuse Detection in Ad Hoc Networks - II., IEEE Journal on Selected Areas Of Communication, 2006.

[TöWa02] J. Tölle, C. de Waal. A Simple Traffic Model Using Graph Clustering For Anomaly Detection. In: Proc. of Applied Simulation and Modelling (ASM), Greece, 2002.

[Truecrypt] TrueCrypt, Free open-source disk encryption software for Windows Vista/XP/2000 and Linux http://www.truecrypt.org/

[Wald00] S. Waldbusser. Remote Network Monitoring Management Information Base. RFC2819, 2000.

[Wenz06] A. Wenzel. Sensorik für Intrusion-Detection Systeme in mobilen Ad-Hoc-Netzwerken. Diplomarbeit, Fachhochschule Köln, Campus Gummersbach, Institut für Informatik, 2006.

[Wireshark] Wireshark – The world's most popular network protocol analyzer. http://www.wireshark.org

Integritätsprüfung von entfernten Rechnersystemen

Marian Jungbauer · Norbert Pohlmann

FH Gelsenkirchen · Institut für Internet Sicherheit
{jungbauer | pohlmann}@internet-sicherheit.de

Zusammenfassung

Weltweit steigt der Bedarf an schnellem und kostengünstigem Informationsaustausch. Das Internet als weit verfügbare Kommunikations-Infrastruktur bietet, mit Einschränkungen bei der Sicherheit, eine Basis für diesen Austausch. Da die im Netz befindlichen Rechnersysteme nicht auf ihre Systemintegrität und somit ihre Vertrauenswürdigkeit geprüft werden können, ist eine vertrauenswürdige Kommunikation nur bedingt möglich. Diese Einschränkung gilt auch für Intranets. Besucher und Außendienstmitarbeiter, die ihre Rechnersysteme sowohl außerhalb als auch innerhalb des Firmennetzes einsetzen, können mit diesen Rechnersystemen eine Bedrohung für das Unternehmensnetz und somit für das Unternehmen, darstellen. Durch die Benutzung der Rechnersysteme außerhalb des Firmennetzes arbeiten diese auch außerhalb der Schutzmaßnahmen und des Kontrollbereichs der Unternehmens-IT. Diese Lücke wollen Lösungsansätze – wie z.B. Trusted Network Connect (TNC) – durch die Messung der Integrität von Endpunkten schließen. Die Konfigurationen der Endpunkte lassen sich sowohl auf Software- als auch auf Hardwareebene messen und über den Abgleich von definierten Sicherheitsregeln eine Policy-gesteuerte Zugriffssteuerung realisieren. Erst durch die Feststellung der Integrität eines Rechnersystems ist eine vertrauenswürdige Kommunikation möglich.

1 Einleitung

„Sei höflich zu allen, aber freundschaftlich mit wenigen; und diese wenigen sollen sich bewähren, ehe du ihnen Vertrauen schenkst.“
George Washington

Noch vor wenigen Jahren wurden geschäftliche Daten und Dokumente persönlich oder über Postdienste ausgetauscht. Besonders für den Transport sensibler Daten mussten vertrauenswürdige Kommunikationswege, wie die kostenintensive, persönliche Übergabe oder ebenfalls kostenintensive firmeneigene Postdienste, genutzt werden. Da sich bei dieser Datenübermittlung zum Einen der Weg der Daten, zum Anderen die Menge der an der Übermittlung beteiligten Personen kontrollieren ließen, konnten diese Kommunikationsformen vertrauenswürdig gestaltet werden.

Mit Einführung der elektronischen Datenübertragung, wie Fax und E-Mail, wurde es möglich Daten schneller von einem Punkt zu einem anderen zu übertragen. Dies führte aber zu einem Verlust der Vertrauenswürdigkeit. Durch die Übertragung über öffentlich genutzte Kommunikationsnetze kann der Weg der Daten nicht mehr zuverlässig überprüft werden. Dies gilt ebenfalls für die Kommunikation über die immer weiter fortschreitende Vernetzung innerhalb von Firmen.

P. Horster (Hrsg.) · D•A•CH Security 2007 · syssec (2007) 251-262.

Durch die Globalisierung vergrößern sich sowohl die Distanzen, die Menge, als auch die Wichtigkeit der auszutauschenden Informationen zwischen Firmen oder ihren Niederlassungen. Zusätzlich wirkt auf alle betrieblichen Prozesse ein erhöhter Kosten- und Zeitdruck was zum Einen Einfluss auf die Strukturen vorhandener Netzwerke ausübt, zum Anderen die bestehenden Mittel zur vertrauenswürdigen Datenübermittlung unwirtschaftlich werden lässt.

Klassische, örtlich begrenzte Netzwerke (Intranets) auf der ganzen Welt werden daher immer enger zu großen, örtlich unbegrenzten, Firmennetzen zusammengeführt und auch für sensible Kommunikation genutzt. Des Weiteren benötigen Heim- und Außendienstmitarbeiter schnellen, sicheren und ortsunabhängigen Zugriff auf Daten im Firmennetz. Transaktionen, insbesondere im B2B-Bereich, laufen verstärkt auf elektronischem Weg zu anderen Organisationen.

Durch diese Faktoren wurden die statischen Netz-Infrastrukturen in Firmen durch heterogene und dynamische Netze abgelöst [Hart05].

1.1 Problemstellung

Die besonders durch die zunehmende Globalisierung vergrößerten Distanzen zwischen Kommunikationspartnern lässt die Verwendung eigenständiger Netzwerke (Corporate Networks) zu vertretbaren Kosten nicht mehr zu. Das Internet, als einzige verfügbare Alternative, bietet Flexibilität und kostengünstige Nutzung, bietet aber durch den Mangel an Sicherheit keine Möglichkeit einer uneingeschränkten, vertrauenswürdigen Kommunikation.

Außendienstmitarbeiter nutzen ihre Rechnersysteme in vielen Umgebungen mit unterschiedlichen Sicherheitsmechanismen und unterschiedlichem Sicherheitsanforderungen. Heimarbeiter verwenden ihre PCs meist auch für private Zwecke. Mitarbeiter nehmen immer häufiger ihre Notebooks mit nach Hause. Durch die zeitweilige oder dauerhafte Auslagerung von Rechnersystemen außerhalb des Firmennetzes, und somit auch außerhalb der lokalen Schutzmaßnahmen, sind diese Rechnersysteme größeren Gefahren ausgesetzt. Kommt es zu einer Kompromittierung durch Malware, erfolgt durch die Reintegration in das Firmennetz (direkt oder über das Internet) eine Umgehung der firmeneigenen Sicherheitsmechanismen.

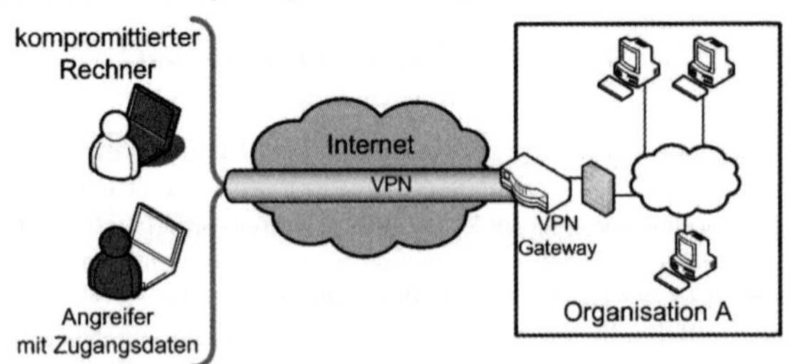

Abb. 1: Mögliche Gefährdungen über VPN

Zur sicheren Integration von Heim- und Außendienstmitarbeitern über öffentliche, unsichere Netzwerke werden heute meist Virtual Private Networks (VPNs) in Form von Software-Clients genutzt. Aber auch Verbindungen von ganzen Netzwerken laufen über VPNs, hier in Form von VPN-Gateways an den Zugangspunkten der Netzwerke zum Internet. Die VPN-Technologien setzen meist auf eine Nutzerauthentifikation sowie eine verschlüsselte und integritätsgesicherte Datenübertragung. Sie bieten aber keine Prüfung der Systemintegrität der zugreifenden Rechnersysteme. Deshalb ist keine Aussage über die Vertrauenswürdigkeit der zugreifenden Rechnersysteme möglich, was ein Sicherheitsrisiko darstellt.

Netzwerkverbindungen über VPNs bieten somit an ihren Zugangspunkten keinen Schutz vor Angriffen durch die zugreifenden Rechnersysteme. Abbildung 1 zeigt zwei mögliche Gefährdungen eines Netzwerks durch die Nutzung einer durch VPN abgesicherten Kommunikationsverbindung.

Da eine Überprüfung der Integrität des Rechnersystems fehlt, ist zum einen kein Schutz des Rechnernetzes mit seinen angeschlossenen Rechnersystemen und Diensten, vor einem durch **Malware kompromittierten Rechnersystem** möglich.

Zum anderen kann nicht festgestellt werden, dass das Rechnersystem mit dem kommuniziert wird, auch wirklich das Rechnersystem ist, das es vorgibt zu sein. Gelangt ein Angreifer an Zugangsdaten eines VPNs, so kann er diese für einen **unberechtigten Zugriff** nutzen.

1.2 Anforderungen an heutige Rechnernetze

Die Anforderungen an heutige und zukünftige Netzwerke sind vielfältig. Neben Flexibilität in Konfiguration und räumlicher Ausdehnung sollen sie so sicher sein, dass über eine vertrauenswürdige Kommunikation sicherheitskritische Anwendungen stattfinden können.

Wie in der Problemstellung erläutert, bieten Technologien wie VPNs schon heute einen gesicherten Transport von Daten, sowie eine Möglichkeit Netzwerke flexibel zu erweitern. Sie bieten aber keine Sicherheitsmechanismen, die die Vertrauenswürdigkeit der vom Anwender genutzten Rechnersysteme gewährleisten können.

Ziel neuer Sicherheitssysteme muss die Überprüfbarkeit der Vertrauenswürdigkeit der beteiligten Rechnersysteme und die Herstellung sicherer Kommunikation sein. Es müssen neben den bekannten Angriffen auf Netzwerke (Netzkomponenten und Leitungen) auch die Angriffe über mit Malware kompromittierte Rechnersysteme sowie Angriffe durch Dritte mittels gestohlener Zugangsdaten verhindert werden!

2 Vertrauenswürdige Netzwerkverbindungen

Da vertrauenswürdige Netzverbindungen eine wichtige Vorrausetzung sind, werden die Randbedingungen im Folgenden erläutert.

2.1 Definition: Vertrauenswürdige Kommunikation

Eine Kommunikation kann erst als vertrauenswürdig angesehen werden, wenn die Vertrauenswürdigkeit aller beteiligten Kommunikationspartner gegeben ist. Dabei gilt zu beachten, dass die Vertrauenswürdigkeit für jede Kommunikationsrichtung getrennt betrachtet werden muss. Das heißt, dass man mit einer Person, der man selbst vertraut, ein vertrauliches Gespräch führen kann, ohne dass das Gegenüber einem dieses Vertrauen selbst entgegenbringt. Zusätzlich zur persönlichen Vertrauenswürdigkeit muss auch das Umfeld indem die Kommunikation stattfindet vertrauenswürdig sein. Findet die Kommunikation an einem bestimmten Ort statt, so muss der Ort als vertrauenswürdig eingestuft werden, also zum Beispiel frei von Abhöreinrichtungen sein. Findet die Kommunikation über eine größere Distanz statt, so muss zusätzlich der Übertragungsweg, beispielsweise ein Postdienst mit all seinen Mitarbeitern und

Räumlichkeiten vertrauenswürdig sein. Die Anforderungen die ein Kommunikationspartner an eine vertrauenswürdige Kommunikation stellt, legt er in einer Policy fest. In dieser Policy könnte definiert sein, welchen Botendienst er für vertrauenswürdig hält und wie die Lieferung verpackt sein muss, damit eine eventuelle Kompromittierung sichtbar wird.

2.2 Vertrauenswürdigkeit bei Netzwerkverbindungen

Bei einer Kommunikation über Rechnernetze müssen alle an der Kommunikation beteiligten Personen und Rechnersysteme vertrauenswürdig sein. Dabei handelt es sich neben den beteiligten Personen und den eingesetzten Rechnersystemen (Endpunkte) auch um sämtliche Netzelemente wie Hubs, Switches, Router und Firewalls.

Die Vertrauenswürdigkeit eines Rechnersystems bzw. Netzelements ist hauptsächlich von seiner Integrität abhängig. Das bedeutet, dass ein Endpunkt nur vertrauenswürdig sein kann, wenn alle Systemkomponenten, das heißt Hard- und Software (vorhandene Einsteckkarten, Betriebssystem, Anwendungen, usw.), sich in einem unverfälschten und nicht-kompromittierten Zustand befinden. Das Problem dabei ist, dass heutzutage eine Kompromittierung nicht direkt, sondern nur indirekt über weitere Software messbar ist bzw. verhindert wird. Dies geschieht zum Beispiel durch die Nutzung eines aktuellen Virenscanners und einer Personal-Firewall. Nur solange diese Programme installiert sind und einen aktuellen Datenstand aufweisen, kann die Wahrscheinlichkeit einer Kompromittierung als gering betrachtet werden.

Dabei muss bedacht werden, dass eine vorhandene Integrität keinen standardisierten Zustand eines Rechnersystems darstellt. Vielmehr ist die Integrität von den Sicherheitsrichtlinien (Policies) der Kommunikationspartner abhängig. So kann der Betreiber eines Netzwerkes die Integrität eines Rechnersystems durch die Nutzung eines aktuellen Betriebsystems und definierten Anwendungen als bewiesen ansehen, während ein anderer Betreiber zum Beweis der Integrität einen zusätzlich installierten Virenscanner, Personal Firewalls, usw. verlangt.

Genau hier setzen die neuen Konzepte zur Etablierung vertrauenswürdiger Netzwerkverbindungen an. Sie ermöglichen eine Überprüfung der Konfiguration der Endpunkte schon beim Aufbau einer Netzwerkverbindung. Welche Konfigurationen aus Hard- und Software in einem Netzwerk erlaubt sind, kann vom Netzbetreiber über Policies festgelegt werden. Nur bei Erfüllung der Policies wird einem anfragenden Endgerät ein Zugriff auf das Netzwerk mit seinen Diensten gewährt.

Bei diesen neuen Sicherheitskonzepten wird auch von einem Wechsel der Schutz-Strategie von Netzwerken und deren Dienste gesprochen werden. Durch die Überprüfung der Rechnersysteme **vor** dem Netzzugriff findet ein Wechsel von der Gefahren-Reaktion hin zur Prävention statt. Während heute mit Intrusion-Detection-Systemen (IDS) versucht wird, anhand von abnormalen Messwerten im Netzwerkverkehr kompromittierte Rechnersysteme zu erkennen (Reaktion) verhindern die präventiven Sicherheitskonzepte, dass Rechnersysteme mit einer fehlerhaften oder unerwünschten Systemkonfiguration und somit einer eventuellen Kompromittierung, überhaupt in das Netz gelangen und die dort vorhandenen Dienste nutzen können.

3 Umsetzungen

Es existieren mehrere Ansätze die eine Integritätsprüfung zur Erhöhung der Vertrauenswürdigkeit bieten. Die wohl wichtigsten Vertreter sind Trusted Network Connect (TNC), Microsoft NAP und Cisco NAC.

- **Trusted Network Connect:** Mit der Trusted Network Connect-Spezifikation (TNC) entwickelt die Trusted Computing Group einen Ansatz zur Realisierung vertrauenswürdiger Netzwerkverbindungen. Die Entwicklung findet durch die Trusted Network Connect-Subgroup [Trus06] mit über 75 vertretenen Firmen statt. Ziel ist die Entwicklung einer offenen, herstellerunabhängigen Spezifikation zur Überprüfung der Endpunkt-Integrität. Dieser Ansatz wird im folgenden Kapitel genauer vorgestellt.
- **Microsoft NAP:** Die Firma Microsoft entwickelt mit der „Microsoft Network Access Protection“ (Microsoft NAP) eine Lösung einer Policy-basierenden Zugriffssteuerung [Micr06a]. Microsoft NAP soll mit der auf Microsoft Vista aufbauenden Server-Version verfügbar werden. Client-Software wird sowohl für Vista als auch für Windows XP entwickelt. Die Steuerung des Netzwerkzugriffs erfolgt mittels vorhandener Technologien wie 802.1x und bietet unter anderem Unterstützung für VPNs. Dadurch ist NAP weitestgehend hardwareunabhägig. Auf Softwareseite werden mit dem Network Policy Server (NPS) sowie der nötigen Clients Softwareprodukte von Microsoft vorausgesetzt.
- **Cisco NAC:** Cisco Network Admission Control (Cisco NAC) ist Teil der „Self-Defending Network“-Strategie und gehört ebenfalls zu den Policy-basierten Zugriffssteuerungen [Cisc04]. Die Sicherung der Netzwerkverbindung findet im Gegensatz zu den anderen Lösungen auf tieferen Protokoll-Schichten und somit „früher“ statt. Um diesen Ansatz realisieren zu können, werden im ganzen Netz spezielle NAC-fähige Netzkomponenten benötigt. Das führt zu einer zwingenden Bindung an Hardware von Cisco.

4 TNC im Detail

Die durch die Trusted Computing Group vorangetriebene Trusted Network Connect-Spezifikation (TNC) soll als offene und herstellerunabhängige Spezifikation die Realisierung von vertrauenswürdigen Netzwerkverbindungen ermöglichen. Die Hauptspezifikation liegt aktuell (April 2007) in Version 1.1 vor [Tru+06].

TNC versucht dabei nicht vorhandene Sicherheitstechnologien zu ersetzen, sondern auf diese aufzusetzen. So werden beispielsweise Sicherheitstechnologien für den Netzwerkzugriff („802.1x“ und „VPN“), für den Nachrichtentransport („EAP“, „TLS“ und „HTTPS“) und für die Authentifizierung („Radius“ und „Diameter“) unterstützt. Durch diese Eigenschaften soll sich TNC leicht in bestehende Netzinfrastrukturen integrieren lassen.

4.1 Phasen

Alle durch TNC bereitgestellten Funktionen lassen sich in drei Phasen einordnen:

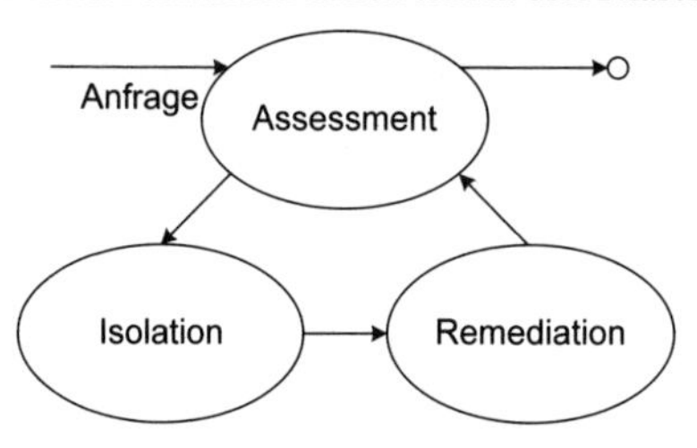

Abb. 2: Zusammenhang der Phasen von TNC

Die Assessment Phase umfasst alle Aktionen vom Versuch eines Verbindungsaufbaus zu einem TNC-geschützten Netzwerk bis zur Entscheidung über dessen Vertrauenswürdigkeit.

In dieser Phase werden Messwerte vom Rechnersystem an einen Server im Netzwerk gesendet und dort anhand von Policies verglichen. Durch diesen Vergleich ist eine Entscheidung über die Vertrauenswürdigkeit möglich.

Wird das Rechnersystem, bei Nichterfüllung der Policies, als nicht-vertrauenswürdig eingestuft, gelangt es in die Isolation Phase. In dieser Phase wird das zugreifende Rechnersystem in einen geschützten Netzwerkbereich isoliert, welcher vom restlichen Netz abgeschottet ist. Eventuell mit Malware kompromittierte Rechnersysteme oder Rechnersysteme von Angreifern erlangen so keinen Zugriff auf das Netzwerk und die dort angebotenen Dienste.

Die Remediation Phase bietet den isolierten Rechnersystemen die Möglichkeit, ihre Integrität, zum Beispiel über die Installation fehlender Sicherheitssoftware, wiederherzustellen, und nach einer erneuten Überprüfung, Zugriff auf das Netzwerk mit seinen angebotenen Dienste zu erlangen.

Sowohl die Isolation- als auch die Remediation-Phase sind durch die TNC-Spezifikation nicht vorgeschrieben und müssen somit nicht zwangsläufig implementiert werden.

4.2 Struktur

Grundsätzlich wird in der TNC-Spezifikation zwischen drei Elementen unterschieden.

Das Rechnersystem, mit dem eine Netzwerkverbindung zu einem TNC-Netzwerk aufgebaut werden soll, wird Access Requestor (AR) genannt. Auf dem Access Requestor befinden sich TNC-Komponenten für Verbindungsanfrage, Messwertermittlung und Messwertübermittlung.

Die Messung der einzelnen Komponenten des Rechnersystems findet durch so genannte „Integrity Measurement Collectors" (IMC) statt. Für jede zu messende Komponente existiert dabei ein passender IMC, beispielsweise einer für das installierte Betriebssystem und SW-Anwendungen, für die installierte Hardware, Virenscanner und einer für die Personal-Firewall. Zum Systemstart werden die IMCs vom TNC-Client auf dem zugreifenden Rechnersystem initialisiert, um bei einem Verbindungsaufbau Messwerte von den jeweiligen Komponenten sammeln zu können.

Die Art der möglichen Messwerte ist dabei zunächst nicht begrenzt. Bei einem Virenscanner können zum Beispiel Informationen über Hersteller und Alter der Virensignatur wichtig sein, bei einem angeschlossenen Drucker die Version der Firmware. Damit ein IMC diese detaillierten Messwerte sammeln kann, bedarf es einer sehr genauen Kenntnis der zu messenden Hardware/Software. Diese Kenntnis besitzt meist nur der Hersteller von Hardware beziehungsweise Software. Eine Mitarbeit durch die Hersteller bei der Erstellung oder Bereitstellung eines IMC ist also zwingend notwendig.

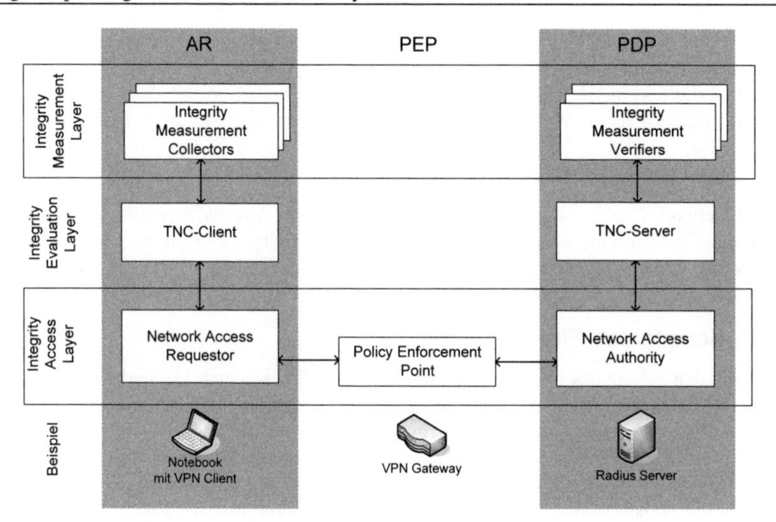

Abb. 3: Struktur von TNC

Auf Seiten des Netzwerks existieren zwei TNC-Elemente:

Der Policy Decision Point (PDP) stellt die Gegenseite zum Access Requestor (AR) dar. Es handelt sich dabei um einen Server, der die Aufgabe hat die Messwerte eines Access Requestors zu sammeln und mit Hilfe von Policies eine Zugriffsentscheidung zu formulieren. Diese Entscheidung wird anschließend der ausführenden Stelle für den Zugriff mitgeteilt.

Die Network Access Authority (NAA) im Policy Decision Point entscheidet, ob ein AR Zugriff bekommen soll oder nicht. Dazu fragt der NAA den TNC Server, ob die Integritätsmessungen des ARs mit der Security Policy übereinstimmen.

Auf dem PDP stellen so genannte „Integrity Measurement Verifier" (IMV) das Gegenstück zu den IMCs des AR dar. Auch hier existieren mehrere IMVs für die unterschiedlichen Aspekte und Sicherheitskomponenten. Für jeden zu überprüfenden Aspekt und jede Sicherheitskomponente muss es, neben dem IMC, auch einen passenden IMV geben (siehe Abbildung 3). Sie vergleichen die übermittelten Messwerte anhand der in den Policies festgelegten Regeln und teilen ihr Ergebnis dem TNC-Server im PDP mit. Dieser kann mit diesen Teilergebnissen eine Entscheidung über den Zugriff auf das Netzwerk mit seinen Diensten treffen und diese Gesamtentscheidung dem Policy Enforcement Point über die NAA mitteilen.

Der Policy Enforcement Point (PEP) ist das TNC-Element am Eintrittspunkt des Netztes. Seine Aufgaben sind die Entgegennahme und Weiterleitung von Verbindungsanfragen sowie die Ausführung der Handlungsentscheidung des PDPs.

Der PEP stellt als Eintrittspunkt den zuerst zu adressierenden Verbindungspunkt des Netzwerkes dar. Ankommende Verbindungsanfragen eines AR werden direkt an den PDP weitergeleitet. Nachdem ein PDP seine Entscheidung über die Vertrauenswürdigkeit des AR getroffen hat, teilt er diese dem PDP mit, der gemäß dieser Entscheidung handeln muss.

Ein PEP kann laut TNC-Spezifikation sowohl ein eigenständiges Rechnersystem als auch in den PDP oder in anderes Netzwerk-Equipment integriert sein. Dadurch wird es möglich, den PEP flexibel direkt in ein VPN-Gateway zu integrieren oder, um vorhandene Netzwerkstrukturen unberührt zu lassen, vor beziehungsweise hinter dieses Gateway zu platzieren.

4.3 Anwendungsfelder

Trusted Network Connect soll möglichst flexibel bei vielen Anwendungen zum Einsatz kommen können, weshalb die Spezifikation sehr allgemein gehalten ist. Zwischen den vielfältigen Anwendungsfeldern stechen zwei klassische Einsatzgebiete heraus, die hier genauer betrachtet werden.

4.3.1 Schutz des Firmennetzes

TNC kann den Schutz des Intranets vor externen Angriffen erhöhen. Heimarbeiter und insbesondere Außendienstmitarbeiter, die sich in ständig wechselnden Sicherheitsumfeldern aufhalten, wählen sich heute, zwecks Datenzugriff, meist über VPNs in das eigene Firmennetz ein. Wurde ein Rechnersystem eines Außendienstmitarbeiters kompromittiert, so stellt ein Zugriff über das VPN eine Umgehung der Sicherheitsmaßnahmen, beispielsweise einer Firewall, des Firmennetzes dar. Die Malware auf dem kompromittierten Rechnersystem erhält Zugriff auf das Firmennetz und die darin angeschlossenen weiteren Rechnersysteme.

Durch eine Erweiterung des VPN-Zugriffs mit TNC-Funktionalität lässt sich die Integrität der Rechnersysteme vor dem Zugriff auf das Netzwerk mit seinen Diensten überprüfen, um diesen gegebenenfalls, also bei Nichterfüllung der Sicherheitspolicy, zu unterbinden. Durch die Nutzung der TPM-Funktionen ist es sogar möglich, einen VPN-Zugang an bestimmte Rechnersysteme zu binden, um etwa einen Zugriff mittels gestohlener Zugangsdaten zu verhindern.

4.3.2 Direkter Schutz des Intranets

Neben dem Einsatz zum Schutz vor Angriffen von außen lässt sich TNC auch zum Schutz vor Angriffen von innen einsetzen. Durch die Ausstattung aller Rechnersysteme im Intranet mit TNC-Funktionen können Angriffe von innen präventiv abgewendet werden. So können zum Beispiel Rechnersysteme von Gästen zuverlässig auf ihre Integrität geprüft werden, bevor sie einen Zugang erlangen.

4.3.3 Weitere Einsatzfelder

Neben diesen klassischen Einsatzgebieten lässt sich TNC noch viel spezieller einsetzen. Aufgrund der offenen Spezifikation, lassen sich auch VPN-Gateways als Endpunkt ansehen. So wird eine sichere Anbindung von Niederlassungen an ein Firmennetz mittels TNC-Mechanismen ermöglicht.

Es ist auch denkbar, das Diensteanbieter im Internet, zum Beispiel Banken, von ihren Kunden verlangen, einen aktuelle Virenscanner sowie eine Personal-Firewall installiert zu haben, um weder den Kunden selbst noch die angebotenen Dienste zu gefährden.

5 Kritische Diskussion

Im Folgenden werden sowohl einige Aspekte von TNC, wie die Vertrauenswürdigkeit der erfassten Messwerte, die Administration und die Sicherheit, als auch die vorgestellten Lösungen im Allgemeinen, wie die gegenseitige Kompatibilität, kritisch diskutiert.

5.1 Vertrauenswürdigkeit der Messwerte

Die Sicherheit von TNC ist abhängig von der Vertrauenswürdigkeit der Messwerte. Diese müssen korrekt gemessen und unverfälscht an den TNC-Server übermittelt werden können.

Da bei heutigen Rechnersystemen keine Möglichkeit besteht eine korrekte und unverfälschte Messung sowie Übertragung der ermittelten Daten zu garantieren, führt dies zwangsläufig zu einem Paradoxon. Wurde die Hardware oder das Betriebssystem eines Rechnersystems kompromittiert, müssen auch die Messwerte als nicht mehr vertrauenswürdig angesehen werden, da diese durch die Malware jederzeit beeinflusst werden können. Da die Messwerte aber zur Entdeckung von fehlender Integrität, und somit eventueller Kompromittierung, genutzt werden sollen, entsteht durch die ständige Gefahr der unbemerkten Fälschung ein dauerhaftes Misstrauen gegenüber den Messwerten.

Die TNC-Spezifikation bietet durch seine optionale und direkte Unterstützung des Trusted Platform Moduls (TPM) grundsätzlich die Möglichkeit in Verbindung mit einer Sicherheitsplattform Manipulationen der Hardware und Software zu verhindern und die Übertragung der Messwerte durch Signierung vor Manipulationen zu schützen. Solange aber die Betriebsysteme, die zur Messung genutzt werden, keine vertrauenswürdige Ermittlung der Messewerte ermöglichen, bleibt die erreichte Sicherheit aber weiterhin begrenzt. Erst mit Einführung von geeigneten Sicherheitsplattformen, wie zum Beispiel der Turaya Sicherheitsplattform des EMSCB Projektes [Emsc07][LiPo07], lassen sich auch die Messwerte aller Sicherheitskomponenten vertrauenswürdig ermitteln.

Dieses Problem ist aber nicht als spezifisches Problem von TNC und ähnlichen Ansätzen zu sehen, sondern als Gesamtproblem heutiger Rechnersysteme, das durch die zukünftige Nutzung von Sicherheitsplattformen, die auf Trusted Computing aufbauen, gelöst werden kann.

5.2 Administration

Wie viele Sicherheitstechnologien verursachen auch Policy-basierte Ansätze einen erhöhten Administrationsaufwand vor und während des Betriebs eines Netzwerks. Für alle im Netz befindlichen Endpunkte müssen Zugriffsregeln für jede erdenkliche Konfiguration definiert werden, was besonders in heterogenen Netzwerken, das heißt in Netzwerken mit vielen verschiedenen Rechnersystemen und Konfigurationen, einen hohen Aufwand bedeutet. Dabei ist auch zu beachten das Policies für ortsungebundene Rechnersysteme so gestaltet werden müssen, dass sie in anderen Netzwerken keine Nebeneffekte erzeugen. Schreiben zwei Firmen nicht nur Virenscanner, sondern unterschiedliche Hersteller vor, so kann dies auf dem Notebook eines Außendienstmitarbeiters, der in beiden Firmen tätig ist, zu Inkompatibilitäten führen.

Des Weiteren muss geklärt werden, wie die Daten der Policies optimal aktuell gehalten werden können. So muss zum Beispiel jederzeit bekannt sein, welche Versionsnummer die aktuelle Virensignatur eines Virenscanners hat, ob die eingesetzte Personal-Firewall aktuell (das heißt frei von bekannten Sicherheitslücken) ist und welcher Stand die Patch-Datenbank zum eingesetzten Betriebssystem und den verwendeten Anwendungen haben muss. Diese Informationen müssen von den Herstellern der einzelnen Komponenten bereitgestellt und dem Netzbetreiber in geeigneter Form zur Verfügung gestellt werden. Ein Netzbetreiber ist somit nicht nur beim Aufbau des Netzes auf die Hersteller, die ihre Software mit IMC und IMV-Funktionen ausstatten müssen, angewiesen, sondern auch während des Betriebes. Hier müssen neue Formen der Zusammenarbeit und vertragliche Aspekte zur Haftung geklärt werden.

5.3 Sicherheit

Ein weiteres „Problem" des TNC-Ansatzes ist die netzabhängige Sicherheit. Das heißt, dass die Messung, und somit auch der Schutz der Daten und Endgeräte, nur bei vorhandener Verbindung zum Netzwerk möglich sind. Wird ein Rechnersystem ohne eine aktive Netzwerkverbindung kompromittiert, so ist die Sicherheit aller zuvor aus dem Netzwerk kopierten Daten gefährdet.

Dieser Aspekt muss durch andere Sicherheitsmechanismen, wie zum Beispiel Enterprise Rights Management Systeme gelöst werden.

5.4 Kompatibilität

Die meisten Lösungen sind grundsätzlich proprietär und deshalb meist inkompatibel zueinander. Ausnahme bietet hier die TNC-Spezifikation, bei der Offenheit zu einer der wichtigsten Anforderungen gehört. Da der Markt noch nicht aufgeteilt ist, besteht durch diese Inkompatibilität de Gefahr „auf das falsche Pferd" zu setzen. Dies gilt besonders für Lösungen die die Anschaffung komplexer Hardware erfordern.

Anfang Februar 2007 hat Cisco angekündigt den zu Cisco NAC gehörenden Client, der Cisco Trust Agent (CTA), als Open Source zu veröffentlichen [Robe07]. Des Weiteren haben Cisco und Microsoft angekündigt, ihre Produkte interoperabel zu gestalten [Micr06b]. Trotz allem bleiben beide Produkte proprietär, das heißt Hersteller und Anwender sind von der Firmenpolitik von Cisco und Microsoft abhängig.

6 Forschung im Institut für Internet-Sicherheit

Das Institut für Internet-Sicherheit (ifis) forscht im Bereich vertrauenswürdiger Netzwerkverbindungen mittels TNC. Basierend auf einer Open Source Implementierung von TNC die an der FH Hannover in Form zweier Master-Arbeiten [HeSW06] entstanden ist, wurde eine Testumgebung aufgebaut, um den Einsatz von TNC zu simulieren und den weiteren Forschungsbedarf zu identifizieren. Ergebnisse dieser Forschung werden dabei auf den Seiten des Instituts für Internet-Sicherheit [Ifis07] veröffentlicht.

Aus den vorhandenen Ergebnissen arbeitet zurzeit ein Team im Institut für Internet-Sicherheit an den folgenden Aufgabenstellungen.

- Die Anforderungen und Vorraussetzungen zum Einsatz von TNC in VPN-Gateways zur Verbindung zweier Netzwerke untersuchen und entsprechend umzusetzen.
- Es wird ein allgemeiner Policy Manager entwickelt, der auch für das Management, das heißt Planung, Erzeugung und Verwaltung, von TNC konformen Policies eingesetzt werden kann.

7 Fazit

Im Zuge der immer stärkeren Vernetzung innerhalb und zwischen Firmen über unsichere Kommunikationsnetze ist eine Erhöhung der Vertrauenswürdigkeit von Netzwerkkommunikation unabdingbar.

Es existieren verschiedene Lösungsansätze die die Feststellung der Endpunkt-Integrität ermöglichen und so dazu beitragen können, die Vertrauenswürdigkeit zu erhöhen. Im Gegensatz zu proprietären Lösungsansätzen besitzt TNC durch seine Offenheit einen großen Vorteil. So ist TNC weder an die Hardware noch an Software bestimmter Hersteller gebunden. Dies ermöglicht eine Akzeptanz und Adaption durch alle Hersteller von Systemkomponenten und Netzwerktechnologie, was einen wichtigen Faktor für den Erfolg darstellen wird.

Es ist aber zu beachten, dass alle Ansätze allein stehend die Vertrauenswürdigkeit nur bedingt erhöhen werden. Erst mit Einsatz sicherer Betriebssystemstrukturen kann die Integrität der Komponenten gewährleistet werden. Da TNC weder ein TPM noch spezielle Betriebssystemstrukturen voraussetzt, lässt es sich aber schon heute schrittweise in vorhandene Netzwerke integrieren und ermöglicht so einen sanften Umstieg in eine vertrauenswürdige Kommunikation.

Literatur

[Cisc04] Cisco Systems GmbH, Die Evolution des Self-Defending Network, 2004. http://www.cisco.com/global/AT/pdfs/prospekte/Securtiy_CNAC_032004.pdf

[Emsc07] Das EMSCB-Projekt, www.emscb.de

[HeSW06] TNC Implementierung der FH Hannover: TNC@FHH Prof. Dr. Josef von Helden, Martin Schmiedel, Daniel Wuttke – 2006 http://www.inform.fh-hannover.de /de/forschung/forschungsprojekte/tnc/index.html

[Hart05] M. Hartmann, Trusted Network Connect – Netzwerkhygiene auf hohem Niveau, 2005, Datenschutz und Datensicherheit (DuD)

[Ifis07] Forschung des Instituts für Internet-Sicherheit im Bereich TNC. https://www. internet-sicherheit.de

[JuPo06] M. Jungbauer, N. Pohlmann: „Vertrauenswürdige Netzwerkverbindungen mit Trusted Computing - Sicher vernetzt?“ IT-Sicherheit – Management und Praxis, DATAKONTEXT-Fachverlag, 6/2006.

[LiPo07] M. Linnemann, N. Pohlmann: „Turaya – Die offene Trusted Computing Sicherheitsplattform", in "Open Source Jahrbuch 2007", Hrsg.: B. Lutterbeck, M. Bärwolff, R. Gehring, Lehmanns Media, Berlin, 2007

[Micr06a] Microsoft Corporation, Network Access Protection – Homepage 2006. http://www.microsoft.com/technet/network/nap/default.mspx

[Micr06b] Microsoft Corporation, NAP-Whitepaper, 2006. http://www.microsoft.com/technet/network/nap/naparch.mspx

[Micr06b] Microsoft Corporation, Cisco and Microsoft Unveil Joint Architecture for NAC-NAP Interoperability, 2006 http://www.microsoft.com/presspass/ press/2006/sep06/09-06SecStandardNACNAPPR.mspx

[Robe07] Paul F. Roberts: “Cisco going open source with NAC client” – 07. Februar 2007 http://www.infoworld.com/article/07/02/07/HNciscotca_1.html

[Trus06] Trusted Computing Group: Trusted Network connect Subgroup, 2006 https://www.trustedcomputinggroup.org/groups/network

[Tru+06] Trusted Computing Group, TCG Trusted Network Connect TNC Architecture for Interoperability, 2006 https://www.trustedcomputinggroup.org/ specs/TNC/TNC_Architecture_v1_1_r2.pdf

Sicherer Webzugriff in Zeiten von Viren und Trojanern

Frank Rustemeyer

secunet Security Networks AG
frank.rustemeyer@secunet.com

Zusammenfassung

Um den immer kürzeren Zyklen zwischen Entdeckung von Schwachstellen und Angriffen auf der Basis von aktiven Inhalten gerecht zu werden, sind innovative Lösungskonzepte für den Webzugriff erforderlich, wenn gleichzeitig die Sicherheit des internen Netzes einer Organisation erhalten bleiben soll. Dieser Artikel stellt eine Lösung vor, die beim deutschen Bundeskanzleramt für den sicheren Webzugriff realisiert wurde. Dabei laufen die Webbrowser nicht auf den Arbeitsplatz-PCs, sondern auf in einer speziellen DMZ platzierten „Surf-Servern". Lediglich die Anzeige der Fensterinhalte wird über das XWindow-Protokoll an die Clients im internen Netz übertragen. Eine Reihe sorgfältig abgestimmter Schutzmaßnahmen auf den Surf-Servern bietet einen hohen Schutz gegen Angriffe von außen.

1 Ausgangssituation

Für viele Mitarbeiter in Unternehmen und öffentlichen Institutionen ist der Zugriff auf das World Wide Web (WWW) ein wichtiges Instrument ihrer Tätigkeit geworden. Die Möglichkeit, vom eigenen Arbeitsplatz aus im Web zu recherchieren und Web-Angebote zu nutzen, wird deshalb häufig als unverzichtbar eingestuft.

Der Zugriff auf das Web bringt aber Risiken mit sich: Moderne Web-Browser sind komplexe Softwarekomponenten mit einem sehr mächtigen Funktionsumfang, in denen immer wieder Schwachstellen gefunden und meist schon unmittelbar nach ihrer Veröffentlichung auch durch präparierte Webseiten ausgenutzt werden, um auf diesem Wege Schadcode auf den Rechner des Anwenders aufzubringen. Eine besondere Gefahr geht dabei von sogenannten „aktiven Inhalten" aus, also Teilen von Web-Angeboten, die durch das Ausführen von Programmen und Skripten auf dem Rechner des Websurfers eine dynamische Gestaltung der Web-Inhalte ermöglichen. Es wird daher immer wieder empfohlen, die Unterstützung von aktiven Inhalten in der Konfiguration des Webbrowsers oder bereits auf den Proxyservern komplett zu deaktivieren [GSHB06, M4.100]. Dem stehen zahlreiche Web-Angebote gegenüber, die aber ohne Unterstützung aktiver Inhalte nicht oder nur sehr eingeschränkt nutzbar sind.

In diesem Zielkonflikt ist es für die Sicherheitsverantwortlichen schwer, in einer Organisation einen bedarfsgerechten Web-Zugriff vom Arbeitsplatz aus zu ermöglichen und gleichzeitig das erforderliche Sicherheitsniveau für die Arbeitsplatzrechner und das interne Netz zu gewährleisten.

P. Horster (Hrsg.) · D•A•CH Security 2007 · syssec (2007) 263-271.

2 Lösungsidee

Wenn man davon ausgeht, dass das Rennen zwischen dem Auffinden von neuen Schwachstellen und deren Behebung durch die Browser- und Betriebssystemhersteller nicht dauerhaft gewonnen werden kann, stellt sich die Frage, wie ein erfolgreicher Angriff beim Websurfen erkannt und in seinen Auswirkungen so weit eingeschränkt werden kann, dass die resultierenden Gefahren beherrschbar sind.

Ein Lösungsansatz hierfür besteht darin, den Webbrowser in eine Ablaufumgebung zu bringen, die von den internen Systemen so abgetrennt ist, dass auch bei einem erfolgreichen Angriff eine unmittelbare Gefährdung der internen Systeme nicht gegeben ist. Dies kann erreicht werden, in dem man eine Terminal-Server-Architektur nutzt, um die Ablaufumgebung des Webbrowsers vom Arbeitsplatz zu entkoppeln:

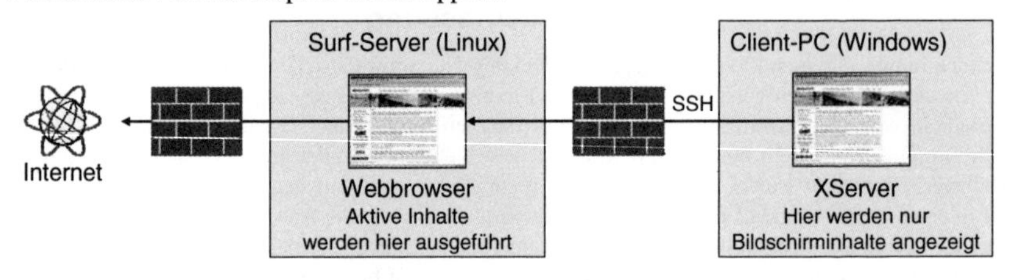

Abb. 1: Das ReCoBS-Prinzip

Die Webbrowser aller Nutzer laufen auf einer gemeinsamen Serverumgebung, und nur die Ein- und Ausgabedatenströme werden an die Arbeitsplatzrechner übertragen und dort visualisiert. „Aktive Inhalte" werden damit nicht mehr auf dem Arbeitsplatzrechner, sondern auf dem Terminalserver ausgeführt. Der Arbeitsplatzrechner erhält auch keine direkten Datenströme mehr aus dem Internet, sondern ausschließlich Ein- und Ausgabedaten im vom Terminalserver verarbeiteten Protokoll. Angriffe auf Protokollebene treffen dadurch ebenfalls den Terminalserver und nicht mehr den Arbeitsplatzrechner.

Dieser Lösungsansatz wurde auch vom deutschen Bundesamt in der Informationstechnik im Rahmen des Projektes „ReCoBS (Remote Controlled Browser Systems)" verfolgt und entwickelt. Anregungen aus diesem Projekt sind in den hier dargestellten Lösungsansatz eingeflossen [BSI07].

3 Realisierung

Für die Realisierung sind eine Reihe von weiteren Festlegungen zu treffen, die in den folgenden Abschnitten diskutiert werden.

3.1 Realisierung des Surf-Servers

Durch die Entkopplung der Ablaufumgebung von den Client-Rechnern ist es prinzipiell möglich, auf dem Surf-Server ein anderes Betriebssystem zum Einsatz zu bringen als auf den Nutzerclients. Weil Windows als Client-Betriebssystem nach wie vor eine umfassende Verbreitung hat, richten sich die meisten Angriffe auf Windows-basierte Client-Umgebungen. Die

Wahl eines anderen Betriebssystems für den Surf-Server senkt daher das Risiko eines erfolgreichen Angriffs bereits deutlich ab.

Das hier beschriebene Lösungskonzept sieht deshalb Linux als Betriebssystem vor. Dies bringt den Vorteil mit sich, dass die grafische X-Window-Benutzeroberfläche von Linux bereits netzwerkfähig ist, also eine Terminal-Server-Umgebung ohne das Erfordernis einer speziellen Software ermöglicht [SGMC97]. Als Web-Browser wurde die freie Software *Mozilla Firefox* ausgewählt. Hier sind alternative Lösungen möglich, bzw. es können auch mehrere Webbrowser zur Auswahl durch den Nutzer bereitgestellt werden, sofern diese unter dem gewählten Betriebssystem (hier Linux) lauffähig sind.

Zur Lastverteilung und zur Sicherung der Verfügbarkeit können mehrere Surf-Server zum Einsatz kommen, die über ein DNS-Round-Robin-Verfahren angesprochen werden.

3.2 Realisierung und Anbindung der Clients

Auf den Arbeitsplatzrechnern muss ein sogenannter *XWindow Server* (X-Server) zur Anzeige der Fensterinhalte des Webbrowsers und zur Entgegennahme von Nutzereingaben gestartet werden. X-Server sind als freie Implementierung und als kommerzielle Software erhältlich. Die kommerziellen Produkte in diesem Bereich bringen meist einen größeren Funktionsumfang mit sich und sind z. T. auch in der Performance (Kompression der Datenübertragung, Darstellung graphischer Informationen) optimiert.

Um den Surf-Server nutzen zu können, müssen die Clients in der Lage sein, eine Verbindung zu diesem Server aufzubauen. Dies ist in der Firewallkonfiguration entsprechend zu berücksichtigen. Dabei wurde in der Lösungsarchitektur Wert darauf gelegt, dass der Verbindungsaufbau immer vom Client ausgehen muss, so dass ein potenziell kompromittierter Surf-Server von sich aus nicht in das interne Netz zugreifen kann. Die Verbindung selbst wird mit dem kryptographischen Protokoll ssh abgesichert, das auch eine sichere zertifikatsbasierte Nutzerauthentisierung ermöglicht.

3.3 Sichere Datei-Downloads und Drucken

Oft bieten die Webangebote auch Dateien zum Download an, die für die Arbeit der Anwender wichtig sein können. In der hier vorgestellten Architektur erfolgt ein solcher Datei-Download zunächst auf den Surf-Server. Um den Anwendern Zugriff auf die Dateien zu erlauben, ohne auf diesem Weg ein Einfallstor für Angriffe zu öffnen, muss ein geeigneter Mechanismus realisiert werden.

Dies kann geschehen, in dem ein Skript auf dem Surf-Server die heruntergeladenen Dateien in Empfang nimmt und per E-Mail an den Anwender verschickt. Auf diesem Wege passiert die Datei die im E-Mail-Server vorgesehenen Filtermechanismen (Virenschutz, Content Filter, Filterung „gefährlicher" Dateitypen) und wird erst dann dem Nutzer am Arbeitsplatz zugestellt, wo eine Verwendung in gewohnter Weise erfolgen kann.

Derselbe Mechanismus kann auch zum Ausdrucken von Web-Inhalten Anwendung finden: Der Browser wird dazu so konfiguriert, das ein Ausdruck von Webseiten nicht direkt an einen Drucker gesendet wird, sondern in eine Datei auf dem Surf-Server erfolgt. Hier wird sie wiederum von einem Skript in Empfang genommen, das die Druckdaten in das PDF-Format wandelt und per E-Mail dem Anwender zustellt. Dieser kann das PDF-Dokument lokal betrachten und über die gewohnten Mechanismen ausdrucken.

3.4 Gesamtarchitektur

Die folgende Abbildung verdeutlicht die Architektur der Lösung und ihre einzelnen Elemente:

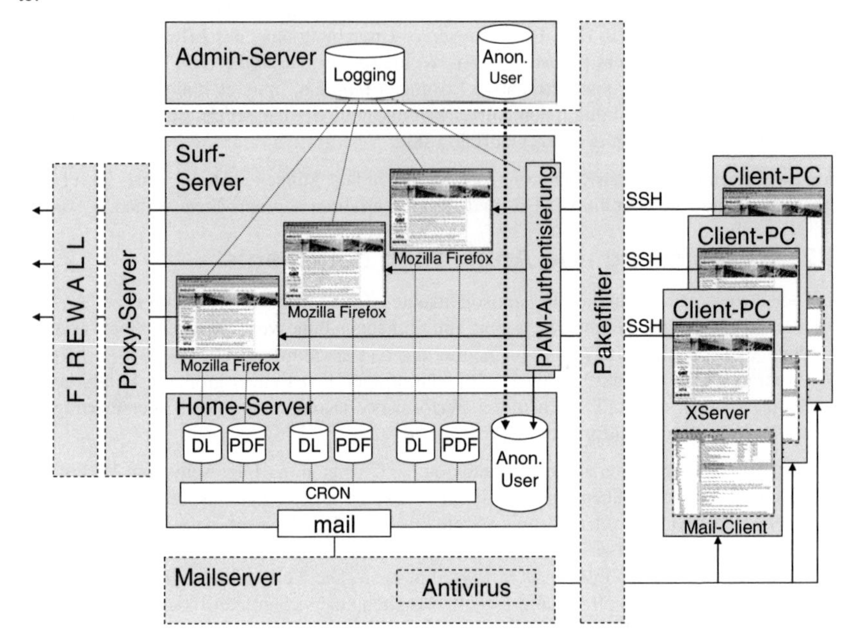

Abb. 2: Lösungsarchitektur

Die Lösung besteht aus verschiedenen Servern, die in einer DMZ sicher aufgestellt sind. Das zentrale Element bildet dabei der Surf-Server, auf dem die Web-Browser (hier: Mozilla Firefox) unter einem Linux-Betriebssystem laufen, und von dem über einen Proxy-Server ein Zugriff aufs Internet besteht. Der Surf-Server ist redundant ausgelegt, um ausreichend parallele Internetzugriffe in einer akzeptablen Performance zu bieten.

Die Surf-Server greifen gemeinsam auf einem „Home-Server" zu, auf dem anonymisierte Benutzerprofile der berechtigten Nutzer hinterlegt sind. Der Home-Server ermöglicht auch eine persistente Speicherung von persönlichen Einstellungen wie z. B. Bookmarks, so dass diese Informationen unabhängig davon bereit stehen, über welchen der redundanten Surf-Server ein Benutzer auf das Internet zugreift. Der Home-Server stellt auch Spool-Verzeichnisse bereit, in denen Downloads (DL) und Druckjobs (PDF) der jeweiligen Browsersitzung zwischengespeichert werden. Ein zeitgesteuerter Prozess (CRON) erkennt neue Downloads oder Druckjobs in diesen Spoolverzeichnissen und leitet Sie per E-Mail an den Nutzer weiter, dem die zugehörige Browsersitzung zuzuordnen ist. Dabei kann auf einen üblicherweise vorhandenen Mailserver inklusive der dort realisierten Mechanismen zum Virenschutz oder zum Content Filtering zurückgegriffen werden.

Ein über einen Paketfilter von den übrigen Servern abgetrennter Admin-Server erlaubt die Administration der berechtigten anonymisierten Nutzerprofile auf dem Home-Server. Das Logging der Surf- und Home-Server erfolgt über das syslog-Protokoll ebenfalls auf dem Admin-Server, so dass Log-Einträge im Falle eines erfolgreichen Angriffs auf diese Systeme vor einer nachträglichen Verfälschung geschützt sind.

Auf den Nutzer-Clients wird ein XServer installiert, der eine über *Secure Shell (SSH)*-gesicherte Verbindung in die DMZ zu den Surf-Servern aufbaut. Die Clients authentisieren sich dabei zertifikatsbasiert mit einem lokal auf dem PC gespeicherten SSH-Schlüssel an einem PAM-Modul auf dem Surfserver, der anhand des Zertifikats das entsprechende anonymsierte Nutzerprofil auf dem Home-Server zuordnen kann. Durch die Anonymisierung werden auch bei einem erfolgreichen Angriff auf den Surf-Server keine personenbezogenen Daten über die internen Nutzer offenbar.

Downloads und gedruckte Webseiten als PDF werden per Mail an die Mitarbeiter zugestellt und können über einen gewöhnlichen Mail-Client empfangen, abgespeichert oder ausgedruckt werden.

3.5 Multimediale Inhalte

Der Transfer der Anzeigedaten über das X-Protokoll vom Surf-Rechner zum Arbeitsplatzrechner hat eine ausreichende Performanz für die Darstellung von Webseiten und -formularen, bringt aber für die Anzeige von bewegten Bildern (Videos) deutliche Einschränkungen mit sich. Hier empfehlen sich vorab Tests der Durchsatzraten im Netz und am Surf-Server. Der Einsatz von X-Servern, die eine Kompression des XWindow-Protokolls unterstützen, kann hier deutlich zur Verbesserung der Darstellungsqualität und gleichzeitig zur Reduktion der Netzlast beitragen.

Die Einbindung von Sound-Ausgabe hat sich über das X-Protokoll als nicht machbar erwiesen. Hier müssen entweder kommerzielle X-Server zum Einsatz kommen, die das Protokoll um Sound-Ausgabemechanismen erweitern, oder es müssen zusätzliche Sound-Server auf den Clients eingerichtet werden. Dabei sind weitere Schwierigkeiten zu beachten, wie z. B. die Möglichkeit der Umsetzung des Grundsatzes von der Verbindungsaufnahme vom Arbeitsplatzrechner aus und die Möglichkeiten zur Synchronisierung von Audio und Video beim Abspielen von Filmen.

3.6 Zusätzliche Sicherheitsmaßnahmen

Der Grundgedanke des hier vorgestellten Konzeptes besteht darin, das Angriffsziel vom Arbeitsplatzrechner weg auf die dedizierten Surf-Server zu lenken. Angriffe auf den Surf-Server müssen daher im Betrieb der Lösung ständig erwartet werden. Zusätzliche Sicherheitsmaßnahmen müssen dafür sorgen, dass Angriffe auf den Surf-Server erkannt und abgewehrt werden, bevor ein kompromittierter Surf-Server als Ausgangsplattform für weitere Angriffe auf die IT missbraucht werden kann.

Neben den allgemeinen üblichen Sicherheitsmaßnahmen (Datensicherung, sichere Aufstellung der Server, etc.) sind deshalb folgende zusätzlichen Maßnahmen vorgesehen:

- Vermeidung/Anonymisierung von Nutzerdaten,
- Abgesetztes Logging,

- Change-Root-Umgebung,
- Softwareintegritätscheck/Automatisierte Re-Installation.

Die einzelnen Maßnahmen werden im Folgenden näher beschrieben. Zusätzlich sind die laufende Überwachung des Systems im Betrieb und ein zeitnahes Patch- und Sicherheitsmanagement zwingende Voraussetzungen für den Erhalt der Systemsicherheit.

3.6.1 Vermeidung/Anonymisierung von Nutzerdaten

Bei einem erfolgreichen Angriff auf den Surf-Server besteht trotz der Abtrennung des Surf-Servers vom internen Netz die Gefahr, dass die auf dem Server vorgefundenen Informationen für weitergehende Angriffe auf das interne Netz missbraucht werden. Deshalb ist bei der Entwicklung des Surf-Servers grundsätzlich darauf zu achten, hier keine internen Daten verfügbar zu machen. Dies bedeutet, dass z. B. IP-Adressen des internen Netzes durch eine Network Address Translation (NAT) auch vor dem Surf-Server verborgen werden. Die Nutzerprofile werden anonymisiert angelegt, d. h. es werden keine Mitarbeiternamen oder Namen von Benutzerkonten im internen Netz verwendet, sondern es werden durchnummerierte Benutzerkonten ohne Bezug zum Inhaber angelegt. Vom Surf-Server generierte Mails an den Benutzer (z. B. beim PDF-Druck) werden auf dem E-Mail-Server auf die echte Mailadresse abgebildet.

3.6.2 Abgesetztes Logging

Alle Meldungen und Ereignisse werden über das syslog-Protokoll auf dem Admin-Server protokolliert, der von der DMZ mit dem Surf-Server durch einen Paketfilter abgetrennt ist. Aktivitäten im Zusammenhang mit einem Angriff auf den Surf-Server werden daher außerhalb des angegriffenen Systems aufgezeichnet. Dadurch wird es dem erfolgreichen Angreifer deutlich erschwert, seine Spuren zu verwischen und so dem Betreiber weiterhin ein intaktes System vorzutäuschen.

3.6.3 Change-Root-Umgebung

Angriffe auf das System im laufenden Betrieb sind primär durch präparierte Webseiten oder Dateien zu erwarten, die den Benutzern beim Surfen im Internet untergeschoben werden. Solche Angriffe laufen dann im Kontext des Benutzerkontos, unter dem der Webbrowser bzw. das entsprechende Plugin zur Dateiwiedergabe auf dem Surf-Server laufen. Die Sicherheit des Systems wird deshalb erhöht, wenn dieses Benutzerkonto nur über die absolut notwendigen Berechtigungen im System verfügt, weil dann weniger Schaden auf dem System angerichtet werden kann bzw. die Hürde für einen weitergehenden Angriff auf höher privilegierte Administrator- bzw. Systemkonten wesentlich höher gelegt wird.

Eine geeignete Maßnahme ist hier das Starten des Webbrowsers aus einer minimalisierten „Change-Root-Umgebung", die den Zugriff aus dem Benutzerkonto heraus auf einen definierten Teil des Dateisystems beschränkt. Zentrale Dateien wie z. B. die Konfigurationsdateien des Betriebssystems sind damit für den Benutzer (und damit auch für einen Angreifer) unsichtbar. Um genau zu ermitteln, welche Dateien (z. B. Bibliotheken) für den reibungslosen Ablauf des Webbrowsers und seiner Plugins erforderlich sind und damit in der Change-Root-Umgebung sichtbar sein müssen, ist einiger Aufwand erforderlich, der sich aber durch den Sicherheitsgewinn auszahlt.

Beim Start einer Sitzung auf dem Surf-Server wird der Webbrowser automatisch in der definierten Change-Root-Umgebung gestartet. Um zu verhindern, dass ein Angreifer aus der

Change-Root-Umgebung ausbricht, in dem er Schadprogramme in den Login-Vorgang einbringt und so auf das System zugreift, bevor die Change-Root-Umgebung aktiv ist, verwendet der Login-Vorgang eine spezielle, auf die zum Starten der Change-Root-Umgebung unbedingt erforderlichen Funktionen reduzierte Login-Shell.

3.6.4 Softwareintegritätscheck/Automatisierte Re-Installation

Wie oben ausgeführt, bildet der Surf-Server den zentralen Angriffspunkt der Architektur. Deshalb ist es besonders wichtig, die Integrität dieses Servers laufend zu überwachen und sicherzustellen. Deshalb wird für den Surf-Server ein Integritätsschutzkonzept umgesetzt, das aus einem regelmäßigen Reboot von einem Read-Only-Medium, einer anschließenden Prüfung der Softwareintegrität und einer abschließenden kompletten Re-Installation des Betriebssystems besteht:

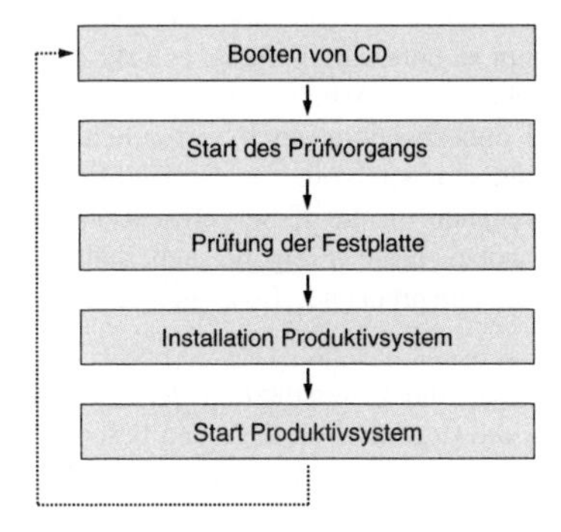

Abb. 3: Täglicher Integritätscheck mit Re-Installation

Der hier dargestellte Zyklus wird auf den Surf-Servern einmal alle 24 Stunden angestoßen, wobei dies für redundant ausgelegte Surf-Server zeitversetzt erfolgen kann, so dass das System während der Prüfung und Re-Installation einer Surf-Servers auf den übrigen Surf-Servern weiter benutzt werden kann. Ausgelöst wird der Zyklus vom Admin-Server aus, der über die iLO-Funktionalität („Integrated Lights Out", siehe [HPDC06]) der Hardware einen Neustart veranlasst, der nicht vom auf der Maschine laufenden Betriebssystem unterdrückt oder beeinflusst werden kann.

Beim Rebooten lädt das System ein Linuxsystem von einer Read-Only-CD, das nun die Prüfung und Re-Installation des Systems vornimmt. Zunächst wird mit einem Integritätsprüfprogramm ermittelt, ob Systemdateien oder Berechtigungen auf dem Surf-Server gegenüber einer auf dem Admin-Server hinterlegten Referenzdatenbank verändert wurden. Sofern keine Veränderung entdeckt wurde, wird dennoch eine komplette Re-Installation des Surf-Servers von der DVD angestoßen, so dass auch eine ggf. unerkannte Manipulation den Prüfzyklus von 24 Stunden nicht überleben kann.

Sofern beim Integritätscheck eine Veränderung entdeckt wird, werden die erkannten Veränderungen protokolliert und anschließend wie oben beschrieben eine Re-Installation von DVD vorgenommen.

Das auf dem Surf-Server frisch installierte System wird anschließend gebootet und damit wieder für 24 Stunden in Betrieb genommen. Durch den hier beschriebenen Mechanismus wird sichergestellt, dass auch ein erfolgreicher Angriff auf einen Surf-Server spätestens innerhalb von 24 Stunden erkannt und beseitigt wird.

3.7 Offene Punkte

Die meisten der untersuchten X-Server, die auf den Arbeitsplatz-PCs die Anzeige der Browserfenster vom Surf-Server ermöglichen, erlauben das Kopieren und Einfügen von Text aus der Windows-Zwischenablage in die X-Server-Fenster. Dies ist für die Arbeit mit dem System durchaus angenehm, weil z. B. Formulierungen von Webseiten direkt in die Zwischenablage kopiert oder umgekehrt Texte in Web-Formularfelder aus der Zwischenablage eingefügt werden können.

Die Zwischenablage eröffnet aber auch einen Kommunikationskanal zwischen dem Browserfenster und dem Betriebssystem auf dem Arbeitsplatzrechner, der u. U. ausgenutzt werden kann, um das Sicherheitskonzept zu unterlaufen. So ist es z. B. denkbar, dass aktiver Code auf einer Webseite die Zwischenablage des Arbeitsplatzrechners ausliest. Es kann nicht ausgeschlossen werden, dass dabei unbeabsichtigt auch vertrauliche Informationen preisgegeben werden. Hier wäre ein Mechanismus sinnvoll, der das Einfügen von Inhalten aus der Zwischenablage des Arbeitsplatzrechners in die X-Server-Session nur nach expliziter Freigabe durch den Nutzer erlaubt, wobei diese Freigabe außerhalb des X-Servers im Client-Betriebssystem erfolgen müsste. Entsprechende Lösungen scheinen bisher nicht verfügbar zu sein.

Zurzeit ist deshalb zu empfehlen, die Unterstützung der Windows-Zwischenablage im X-Server zu deaktivieren, sofern die Organisation das oben beschriebene Risiko des Informationsabflusses über die Zwischenablage nicht in Kauf nehmen will.

In zukünftigen Szenarien könnte ein noch weitergehender Schutz der Arbeitsplatzrechner realisiert werden, in dem der X-Server dort nicht mehr direkt unter dem Arbeitsplatzbetriebssystem ausgeführt wird, sondern innerhalb einer Virtuellen Maschine abläuft. Solche Szenarien werden z. B. mit Komponenten wie dem *Virtual Desktop* der SINA-Architektur möglich, die von der Firma secunet Security Networks AG für das Bundesamt für Sicherheit in der Informationstechnik entwickelt wird.

4 Akzeptanz und Praxiserfahrung

Das gegenüber einem Webzugriff direkt vom Arbeitsplatzrechner aus deutlich höhere Sicherheitsniveau der vorgestellten Lösung bringt auch Nachteile für die Anwender mit sich, die sich vor allem in der Darstellungsgeschwindigkeit und Performanz äußern. Für die normale Web-Nutzung ist dies akzeptabel, aber gerade bei multimedialen Inhalten entstehen spürbare Einschränkungen.

Es ist daher wichtig, den Mitarbeitern gegenüber die Vorteile und die Beweggründe der Lösung frühzeitig und umfassend zu kommunizieren, um die Akzeptanz der Lösung zu fördern. Mitarbeiter, die die Sensitivität des internen Netzes verstehen und die Risiken eines direkten Webzugriffs kennen, werden die hier vorgestellte Lösung eher mittragen als Mitarbeiter, die ohne tieferes Verständnis den Web-Zugriff am Arbeitsplatz mit dem PC zuhause vergleichen.

Eine auf dem hier ausgeführten Konzept beruhende Lösung wurde im deutschen Bundeskanzleramt umgesetzt und Anfang 2007 in den Wirkbetrieb überführt. Bei ca. 500 Mitarbeitern wurde eine Architektur mit drei parallel betriebenen Surf-Servern gewählt. Das bisherige Feedback der Nutzer ist positiv, da zuvor der Zugriff auf das WWW nur über einzelne, vom übrigen Netz abgesetzte PCs möglich war. Die Möglichkeit eines Internetzugriffs vom Arbeitsplatz ohne Gefährdung des sensiblen internen Netzes stellt eine Bereicherung der Arbeitsmöglichkeiten für die Mitarbeiter dar.

Literatur

[BSI07] Bundesamt für Sicherheit in der Informationstechnik: Sichere Web-Nutzung mittels Remote-Controlled Browsers System (ReCoBS), in: Modulare Erweiterungen von Sicherheitsgateways, Bundesanzeigerverlag (2007).

[GSHB06] Bundesamt für Sicherheit in der Informationstechnik: IT-Grundschutzkataloge, Bundesanzeigerverlag (2006).

[HPDC06] Hewlett-Packard Development Company: Integrated Lights-Out technology: enhancing the manageability of ProLiant servers, technology brief, HP (2006).

[SGMC97] R. Scheifler, J. Gettys, A. Mento, D. Converse: X Window System: Core and Extension Protocols. Butterworth-Heinemann (1997).

Sichere Zugangskontrolle im heterogenen Web-Conferencing

Christian Russ [1] · Hans-Jörg Sonnleitner [1] · Gerold Hübner [2]

[1] Infineon Technologies IT-Services GmbH
{russ | sonnleitner}@infineon.com

[2] Microsoft Deutschland GmbH
geroldh@microsoft.com

Zusammenfassung

In einer globalen Wirtschaft mit über den Erdball verteilten Standorten, Geschäftspartnern und Anwendern stehen viele international agierende Unternehmen vor der Situation, die Produktivität und die Flexibilität der Geschäftsprozesse steigern zu müssen, ohne dabei die Kostenentwicklung aus dem Auge zu verlieren. Der Einsatz von Web-basierten Konferenzsystemen (Web-Conferencing) ist eine der vielen Optimierungsmöglichkeiten, die es den Unternehmen und ihren Anwendern erlauben, durch neue Technologien geographische Grenzen zu durchbrechen um virtuelle Meetings und Online Veranstaltungen abzuhalten. Der größte Nutzen in Web-Conferencing Systemen liegt in der Einsparung von Reisen, der Vermeidung von Leerzeiten und in der wieder gewonnenen Flexibilität der Mitarbeiter. Dies macht Unternehmen besser gerüstet für den dynamischen, sich ständig verändernden Markt und schafft eine Effizienzsteigerung, die noch vor wenigen Jahren niemand vorhersehen konnte. Web-Conferencing Systeme haben durch den einfachen Einsatz bereits eine sehr hohe Akzeptanz erreicht. Folglich werden in solchen Online Sessions Team- und Projektmeetings abgehalten, Verkaufspräsentationen durchgeführt und damit immer häufiger auch vertrauliche Inhalte ausgetauscht. Aus diesem Grund sind geeignete Sicherheitsmaßnahmen notwendig, sodass kein Missbrauch oder Diebstahl des unternehmenskritischen Know-how geschehen kann. Neben den Standardaufgaben zur Sicherung der IT-Systeme [Röss05], stehen Betreiber solcher Web-Conferencing Systeme vor der Herausforderung, einen sicheren Verteilungsmechanismus der Zugangsdaten zu garantieren. Dabei müssen Faktoren wie die Heterogenität der Clientsysteme, möglichst minimale Systemvoraussetzungen, die Praktikabilität und die finanziellen Aufwendungen gemeistert werden, um für die verschiedensten Anwendungsszenarien gewappnet zu sein. Das Problem besteht dabei in der Gratwanderung zwischen Anwendbarkeit und Offenheit vs. Sicherheit und Kontrolle. In diesem Beitrag werden Techniken diskutiert, die es in offenen und grenzüberschreitenden Web-Conferencing Systemen erlauben, eine Zugangskontrolle zu nutzen, die einerseits mit technisch vertretbarem Aufwand realisierbar ist und andererseits den Anforderungen der inhomogenen IT-Landschaft der Konferenzteilnehmer Rechnung trägt.

1 Einleitung

Web-Conferencing (WebConf) und Desktop Sharing werden in international agierenden Unternehmen immer häufiger eingesetzt, um den steigenden Anforderungen der dynamischen Wirtschaftsmärkte gerecht zu werden. Große Konzerne wie auch SME haben das Potential von Web-Conferencing erkannt, um damit die täglichen Geschäftsprozesse schneller, effizienter und kostengünstiger meistern zu können. Kurzfristig einberufene Online Konferenzen, vir-

P. Horster (Hrsg.) · D•A•CH Security 2007 · syssec (2007) 272-283.

tuelle Verkaufspräsentationen und ad-hoc Meetings sind Wege, mit denen weit entfernte Teams, Geschäftspartner oder Kunden in kürzester Zeit und ohne großen technischen Aufwand mittels Web-Conferencing zusammengeführt werden können.

Neben den bekannten Sicherheitsrisiken der heute im Internet zugänglichen Web-Anwendungen[1], stellen die Zugangs- und Zugriffskontrollen im Web-Conferencing spezielle Gefahren dar. Um eine Online Session vor unerlaubtem Zugriff zu schützen, werden die virtuellen Räume üblicher Weise mit Passwörtern bzw. mit Personal Identifier Numbers (PIN) abgesichert. Diese Passwörter können durch hinreichende Komplexitätsanforderungen vor Angriffen gesichert werden, aber es besteht die schwierige Aufgabe die vertraulichen PINs den einzelnen Teilnehmern zukommen zu lassen. Zwar existieren heute verschiedenste Sicherheitsstrukturen, die eine sichere Verteilung eines Schlüssel über unsichere Netzwerke gewährleisten, trotzdem haben sich diese als teilweise sehr kostspielig, zeitaufwendig und kompliziert erwiesen [Sham79], [SaTY05]. Die Wahl der besten Lösung für einen speziellen Web-Conferencing Anwendungsbereich, lässt sich nicht immer sofort erkennen und bedingt eine genauere Analyse der Vor- und Nachteile der einzelnen Lösungsalternativen.

Nach einer kompakten Einführung in das Thema Web-Conferencing betrachten wir die typischen Sicherheitskonzepte dieser Systeme und deren Probleme. Danach wird auf den speziellen Bereich der Zugangskontrolle Rücksicht genommen und abschließend werden verschiedene Lösungsvorschläge für die Realisierung eines solchen Mechanismus diskutiert.

2 Web-Conferencing und Desktop-Sharing

Die Hauptmotive für den Einsatz von Web-Conferencing Systemen sind in **Abb. 1** klar dargestellt. Wie bei vielen IT-Systemen werden hier die in Zusammenhang stehenden Faktoren der Kosteneinsparung, der gesteigerten Produktivität und der daraus resultierenden gesteigerten Leistungsfähigkeit als wesentliche Vorteile aufgezeigt.

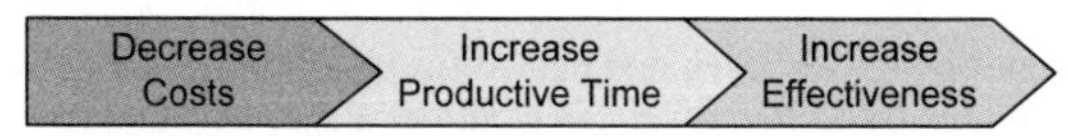

Abb. 1: Die wichtigsten Vorteile des Web-Conferencing (Quelle: [Fros05] S.7)

Möglich wird dies, weil sich Web-Conferencing auf zwei wichtige physikalische Größen des Geschäftslebens positiv auswirken kann:

- **Entfernung (S):** Mittels Web-Conferencing können weit entfernte Teilnehmer von verschiedensten Orten virtuell an einem Punkt vereint werden.
- **Zeit (T):** Durch den Einsatz von Web-Conferencing können Vorbereitungszeiten, Verwaltungszeiten, Reisezeiten und andere Leerzeiten minimiert werden.

Dies gilt auch für den Web-Conferencing Einsatz, der die Produktivität und die Effizienz durch grenzüberschreitende Real-Time Kommunikation steigern kann [Fros05] [AuDM06].

Heutige Web-Conferencing Systeme der zweiten Generation bieten wesentlich mehr Funktionen im Vergleich zu alten Punkt-zu-Punkt Sharing Tools [NiGr06] MS Netmeeting. Sie basieren auf einer Client-Server Architektur und den standardisierten Internetprotokollen TCP/IP

[1] Mehr Details unter OTHA: Initiative for open authentication, http://www.openauthentication.org/

und HTTPS. Ihre wesentlichen technischen Stärken liegen im weltweiten Zugriff, in der Skalierbarkeit und in der plattformunabhängigen Nutzung.

Die typischen und bewährten Anwendungsbereiche von Web-Conferencing sind virtuelle Team- und Statusmeetings, gefolgt von E-Learning Unterstützung und Projekt- und Vertriebspräsentationen [NiGr06]. Der Nutzen eines gut funktionierenden Web-Conferencing Systems ist enorm, wenn man sich als einfaches Beispiel vorstellt, dass ein Vertriebsmitarbeiter damit theoretisch 2 bis 3 weltweit verteilte Kundenpräsentationen an einem Tag abhalten kann, anstatt im besten Fall, in drei Tagen die Kunden vor Ort „abzuklappern" und dazwischen die Zeit im Flugzeug zu verbringen. Dies setzt natürlich voraus, dass für die angeführten Termine keine Vorort-Präsenz wie bei Verkaufsabschlussmeetings oder kritischen Entscheidungen notwendig ist.

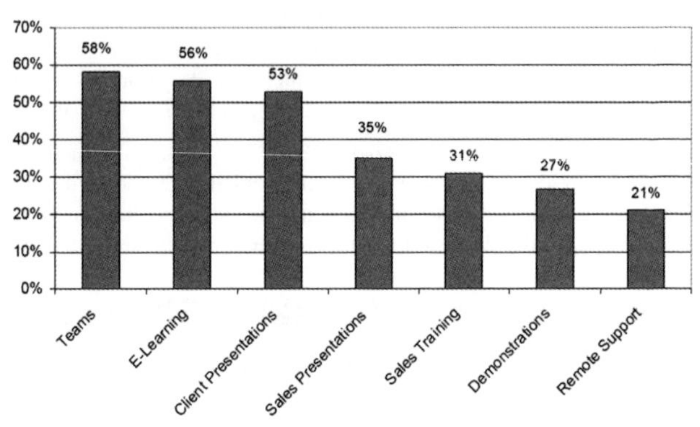

Abb. 2: Top 10 Anwendungsbereiche im Web-Conferencing (Quelle: [NiGr06] S.3)

Um den breiten Anwendungsbereichen und den Anforderungen gerecht zu werden, bieten die heutigen Web-Conferencing Systeme ein reichhaltiges Paket an Funktionen und Methoden an. Typische Funktionen von Web-Conferencing Systemen sind [MaBH04]:

- Benutzerseitige Funktionen
  - Erstellung, Verwaltung und Verteilung von „ad-hoc" und geplanten Sessions
  - Desktop- und Application Sharing mit Übergabe der Kontrolle (Fernzugriff)
  - Whiteboard, Chat, Discussion Boards und Abstimmungsfunktionen
  - Audio- und Videoconferencing
  - Upload und Austausch von Dokumenten, Aufnahme und Abspielen von Sessions
- Administrationsdienste
  - Benutzerberechtigung und Berechtigungsrollen
  - Monitoring- und Reportingfunktionen und Administrationstools

Der Markt der Web-basierten Conferencing und Desktop-Sharing Systeme konnte in den letzten Jahren einen massiven Anstieg verzeichnen. Ebenso scheint für die Zukunft das Interesse an Web-Conferencing Lösungen ungebrochen zu sein und wird noch einiges an Relevanz, sowohl in Großunternehmen als auch in kleineren Unternehmen, gewinnen. Bis 2009 wird, laut einer Studie von Frost & Sullivan, alleine in Europa ein Umsatz bis zu 260 Mio. US-Dollar erwartet [Fros05].

Gerade wegen des steigenden Interesses der Unternehmen in neue Web-Conferencing Technologien zu investieren, ist das Angebot der Softwarehersteller sehr umfangreich. So lassen sich heute über 100 Web-Conferencing Anbieter finden, die eCollaboration Tools und ähnliches anbieten [MaBH04], [CoZo07], [Wool07].

Laut einer Studie von Forrester [Scho06] stammen derzeit die vier führenden Web-Conferencing Systeme von WebEx [WebE06], Microsoft Live Meeting [Micr06], IBM Lotus Sametime [Same06] und Acrobat Connect (vormals Macromedia Breeze) [Adob06]. Alle diese Systeme bieten im Großen und Ganzen das volle Paket der zuvor angeführten Funktionen an. Die Unterschiede liegen in Detailfunktionen, in der Zielplattformunterstützung, in der Flexibilität und in den Lizenzmodellen [Mcke05].

Ein weiterer Unterschied zwischen den Lösungsanbietern besteht in der Betriebsform des Web-Conferencing Systems. So bieten einige Anbieter wie Lotus Sametime oder Acrobat Connect eine „in-house“ Intranetlösung an. Andere Hersteller wie WebEx oder Adobe Connect offerieren wiederum nur reine Hosted-Service Lösung (ASP). Es werden aber auch Zwischenlösungen angeboten, die die Intranetauthentifizierung mit einem externen Hosted-Service verbinden; hier wäre das System von MS Live Meeting zu nennen[2]. Abhängig vom Betriebsmodell stellen sich sowohl für das nutzende Unternehmen als auch für den Betreiber (ASP) unterschiedliche Anforderungen, die einen sicheren und stabilen Betrieb gewährleisten.

3 Sicherheit im Web-Conferencing

Die heutigen angebotenen Sicherheitskonzepte in Web-Conferencing Systemen unterscheiden sich im Wesentlichen nicht von allgemeinen Web-Anwendungen. So werden die bekannten Sicherheitsebenen und Dimensionen für eine vertrauliche, unversehrte und verbindliche Kommunikation betrachtet [CuE+02], [Micr05], [Schne06]:

- **Zugriffssicherheit:** Betrifft alle Maßnahmen und Techniken für einen sicheren, authentifizierten und autorisierten Zugriff auf die Online Sessions wie auch auf die allgemeinen Konferenzinformationen. Dies beinhaltet Themen wie die physikalische Zutrittskontrolle zu den Datencentern und die Verfügbarkeit von qualifiziertem Wartungspersonal.
- **Transportsicherheit:** Betrifft die Vorkehrungen, die notwendig sind, damit die Kommunikation zwischen den Kommunikationspartnern und dem Konferenzserver sicher und vertraulich erfolgen. Es muss dabei beachtet werden, dass bestehende Sicherheitskonzepte wie Firewalls und ähnliches nicht ausgehebelt werden.
- **Datensicherung:** Betrifft die Mechanismen und Vorkehrungen, die notwendig sind, um die am Konferenzserver gespeicherten Daten vertraulich, persistent und konsistent zu halten und sie vor unerlaubtem Zugriff zu schützen. Hier müssen zusätzliche Punkte

[2] Microsoft hat für 2007 eine Web-Conferencing Lösung mit den Namen „MS Office Communications Server“ angekündigt, die ebenfalls „in-house“ betrieben werden kann und neue Sicherheitsfeatures anbieten wird.

wie Backup Strategien, sowie garantierte Löschung von vertraulichen Konferenzdaten in Hosted-Services Umgebungen (ASP) berücksichtigt werden.

- **Verfügbarkeit und Skalierbarkeit:** Durch die hohen Performance- und Geschwindigkeitsanforderungen sind 24/7 Verfügbarkeit und Skalierbarkeit von Meetings für Kleingruppen bis zu hunderten Online Teilnehmern, ein wichtiger Faktor für das Gesamtverhalten eines Web-Conferencing Systems geworden.

Zusätzliche, in diesem Papier nicht weiter erläuterte Betrachtungspunkte für sichere Web-Conferencing Systeme sind:

- Maßnahmen gegen den gezielten Angriff von Hackern und DoS Attacken.
- Geeignete Techniken zur Verwaltung von Berechtigungen bzgl. der Inhalte und der Funktionen während einer Session. Was darf man kopieren, herunterladen oder aufnehmen usw.
- Fehlertoleranzen und Funktionsfähigkeit der Web-Conferencing Systeme trotz bestehender Sicherheitsstrukturen wie z.B. Unternehmens- und Desktop-Firewalls.
- Problematik der Kontrolle von Vertraulichkeitsstufen in Unternehmen und ihre Handhabung in Web-Conferencing Sessions. Wo liegt der Kompromiss zwischen Datenverschlüsselung und dem Monitoring des konferierten Inhaltes? Hier eröffnen sich neben den unternehmerischen, auch dienstrechtliche (Betriebsrat) und juristische Fragen.
- Handhabung und Richtlinien des erlaubten Fernzugriffs mittels Web-Conferencing Funktionen und die Problematik der Einschleusung von Viren, Würmern und anderen bösartigen Elementen.

4 Spezielle Herausforderung des externen Zugangs

Web-Conferencing Systeme sollten per Definition sehr offen und einfach sein, um möglichst mit allen potentiellen Online Konferenzteilnehmern zusammenarbeiten zu können. Diese notwendige Offenheit stellt die Betreiber und Nutzer von Web-Conferencing Systemen vor neue Herausforderungen, die in abgeschotteten Intranet Applikationen so nicht gegeben sind. Beispiele von Sicherheitsrisiken der Web-Conferencing Systeme können Schwächen in den Konsolen ([Heis06], [IBM07]) oder auch in den Zugriffs- und Verschlüsselungsfunktionen [IBM06] sein.

Steht ein Unternehmen vor der Einführung eines Web-Conferencing Systems der zweiten Generation, dann muss es sich unter anderem mit dem Identity Management (IDM) auseinander setzen. Bestehende „in-house“ IDM Lösungen besitzen geeignete Techniken um der Organisation und ihren Angehörigen eine geeignete Sicherheitsinfrastruktur zu bieten. Anders sieht es mit externen Teilnehmern einer Web-Conferencing Session aus. Sie müssen oft kurzfristig und ohne großen Aufwand in eine Online Session eingeladen werden können. Dabei eröffnet sich die Frage, wie hier die Authentifizierung durchgeführt werden kann, obwohl man über den unsicheren Kanal Internet operieren muss. Infolgedessen steht man vor der speziellen Herausforderung der sicheren und effizienten Zugangskontrolle für die einzelnen Teilnehmer einer Web-Conferencing Session.

Bei Web-Conferencing Lösungen treten, durch die umfangreichen Heterogenitätsanforderungen, zusätzliche erschwerende Faktoren auf. So muss ein ubiquitäres System folgende Anforderungen bestmöglich erfüllen:

- **Multi-Plattform Konsolen:** Der Zugriff auf eine Web-Conferencing Session muss von den führenden Betriebssystemplattformen wie Windows, Unix, MacOS, Linux möglich sein.
- **Schneller und einmaliger Zugang notwendig:** Für spezielle Bereiche wie Vertriebsaktivitäten muss die Teilnahme an eine Web-Conferencing Session in wenigen Minuten aufgesetzt sein und gleichzeitig von den Teilnehmern in kürzester Zeit zugreifbar sein. Somit ist ein langwieriger IDM-Prozess nicht praktikabel.
- **Minimale Systemvoraussetzungen am Client:** Sowohl die Anforderungen an die Hardware als auch an die vorinstallierte Software der Teilnehmer müssen möglichst gering sein. Es dürfen keine speziellen Verschlüsselungs-, Komprimierungs- oder Kommunikationsprotokolle notwendig sein, um an einer Web-Conferencing Session teilnehmen zu können. Oft lässt die IT-Politik des Teilnehmerunternehmens gar keine manuelle Installation weiterer Softwarekomponenten zu.

5 Lösungsansätze und Bewertungen

Wie zuvor erwähnt, betrachtet dieser Beitrag den speziellen Bereich der sicheren und einfachen Verteilung der Zugangsschlüssel einer Web-Conferencing Session[3]. Dafür werden in diesem Kapitel mögliche Lösungsansätze und ihre Vor- sowie Nachteile angeführt. Die einzelnen Ansätze sind anhand ihrer Komplexität und Kostenintensität gereiht. Da jede dieser Lösungen nur für gewisse Anwendungsbereiche geeignet scheint, wird abschließend eine vergleichende Bewertungsmatrix der einzelnen Vorschläge angeführt. Sie sollte bei der Auswahl eines konkreten und sinnvollen Lösungsansatzes helfen.

Verteilung des PIN als unverschlüsselte E-Mail (UEM)

Diese Grundform, die von allen Web-Conferencing Systemen unterstützt wird, ist die Verteilung aller Zugangsinformationen durch eine unverschlüsselte E-Mail. D.h. es muss vom Teilnehmer nur die E-Mailadresse bekannt sein und alle Informationen wie der Weblink zum Konferenzserver, der Benutzername und der PIN werden direkt zugesandt.

Vorteile	Nachteile
• Sofort einsetzbar, kein zusätzliches Setup • Keine zusätzlichen Systemvoraussetzungen auf der Teilnehmerseite • Intuitiv verständlich und unbegrenzt nutzbar • Für Sofortbesprechungen geeignet	• Geringe Sicherheit • Keine eindeutige Authentifizierung garantiert • Nur für „non-confidential" Inhalte geeignet • Leicht abzuhören

Persönliche Authentifizierung über Video oder Audio-Kanal (PAK)

Dieses sehr einfache Konzept nimmt an, dass sich die Konferenzteilnehmer alle persönlich kennen und sich mittels ihrer Stimme oder eines visuellen Bildes im Zuge der Videoübertragung bekannt geben. Da für eine sinnvolle Web-Konferenz ohnehin eine Audiounterstützung vorhanden sein muss, benötigt diese Variante keinen zusätzlichen Aufwand.

[3] Es wird bei diesen Lösungsansätzen ausgegangen, dass der Web-Conferencing Server „in-house" gehostet wird und allen Sicherheitsmaßnahmen bzgl. Transport- und Datensicherheit berücksichtig wurden.

Vorteile	Nachteile
• Sofort einsetzbar und kein Setup • Keine zusätzlichen Systemvoraussetzungen auf der Teilnehmerseite • Intuitiv verständlich und nutzbar • Für Sofortbesprechungen geeignet	• Keine eindeutige Authentifizierungsnachweise gegeben • Nur für Kleinstgruppen mit persönlicher Bekanntschaft • Leicht zu imitieren

Zustellung des Passworts bzw. PIN über zweiten alternativen Kanal (ZAK)

Eine weitere relativ einfache und verbreitete Möglichkeit der PIN Zustellung kann ein zweiter alternativer Kommunikationskanal wie z.B. Telefon oder SMS sein. Dabei wird der PIN nicht in der Einladung, sondern über den alternativen Kanal verschickt und muss vom Teilnehmer manuell eingegeben werden.

Vorteile	Nachteile
• Verbesserte Sicherheit durch parallelen Kanal • Auch für „confidential" Inhalte geeignet • Für Sofortbesprechungen geeignet	• Kontaktdaten der Teilnehmer z.B. Telefonnummer muss bekannt sein • Aufwendig bei der Verteilung, wenn es keine automatische Integration gibt • Mühsame manuelle Eingabe (Medienbruch) • SMS und Telefon sind zumeist nicht verschlüsselt

Zustellung des Passworts bzw. PIN mittels verschlüsselter E-Mail (VEM)

Die Zustellung des PIN in einer verschlüsselten E-Mail ist die naheliegendste Lösung, da sie den Standardzustellmechanismus nicht verlässt. Diese Vorgehensweise setzt aber eine standardisierte Verschlüsselungstechnologie bei allen Teilnehmern voraus.

Vorteile	Nachteile
• Relativ hohe Sicherheit durch Verschlüsselung • Auch für „confidential" Inhalte geeignet • Transparent für das Web-Conf Tool • Für Sofortbesprechungen geeignet	• Man muss sich auf gemeinsamen Verschlüsselungsstandard einigen z.B. S/MIME oder PGP • Verschlüsselungstool muss bei allen Teilnehmern installiert sein

Eine weitere Option dieses Ansatzes wäre die Einbeziehung eines Drittanbieters[4] mit Identity Based Encryption (IBE), wo der gesamte verschlüsselte Mailverkehr transparent über einen Hosted Service abläuft. Die Vorteile liegen in geringen Integrationsaufwandes der Teilnehmer einer Web-Conference und der zusätzlichen Authentifizierung durch einfache Identifier wie z.B. durch eine E-Mailadresse anstatt komplexen Mechanismen. Der Nachteil dabei ist, dass man die Kommunikation auslagert und dem Hosting-Partner alle sensitiven Zugangsdaten anvertrauen muss.

Call-Back Telefon Authentifizierung (CBA)

Diese beliebte Variante benötigt eine Funktion im Web-Conferencing System die sich Call-Back Authentifizierung nennt. Dabei wird bei Online-Zugriffsversuchen eines Teilnehmers automatisch ein Telefonanruf auf seine Nummer generiert, welcher die Eingabe des Zugangs-

[4] Beispielsanbieter für gehostete und verschlüsselte Mailsysteme auf Basis von IBE: Microsoft Exchange Hosted Encryption http://www.microsoft.com/exchange/services/encryption.mspx

codes / PIN einfordert. Unter der Annahme, dass nur der Teilnehmer hinter seinem Telefon sitzt, wird er in die Session eingelassen, wenn der PIN über das Telefon korrekt ist. Damit werden der Einstieg und die PIN-Eingabe von einem quasi-authentifizierten Telefon getrennt durchgeführt.

Vorteile	Nachteile
• Relativ hohe Sicherheit durch parallelen quasi-authentifizierten Kanal für PIN Eingabe (Telefon) • Geringe Systemanforderungen Telefon • Für „confidential" Inhalte geeignet • Für Sofortbesprechungen geeignet	• Web-Conf System muss die Funktion CBA unterstützen • Mühsame manuelle Eingabe (Medienbruch) • Zusätzlicher Zeitaufwand für Eingabe • Zumeist auf fixe Telefonnummer gebunden

Clientseitiges One time password (OTP)

One Time Passwords bieten die Möglichkeit die Sicherheit beim Zugang auf ein Web-Conferencing System zu erhöhen, weil diese PIN nur einmalig gültig sind. Dadurch ist für jeden Zugriff ein neuer OTP notwendig und verhindert so den Missbrauch. Die konkrete Implementierung des OTP kann vom Web-Conferencing System selbst oder durch Drittanbieter angeboten werden. Dabei existieren verschiedenste Methoden wie der OTP generiert wird:

- **Online Lösungen wie z.B. Swivel[5]:** Dabei wird der den einzelnen Teilnehmers bekannte PIN nie bekannt gegeben, sondern daraus und einem Security-String der OTC für die aktuelle Session abgeleitet.
- **Smartphone oder PDA basierte OTP:** Hier wird der Prozess der OTP Berechnung mittels einen mobilen Gerätes durchgeführt. Vorteil liegt in der breiten Verfügbarkeit der Geräte und im Download der OTP-Software.
- **Elektronische Tokengenerator (ID-Token):** Dabei wird für jeden Zugriff von z.B. einem USB-Tokengenerator oder RSA SecureID Token ein einmaliger PIN generiert, der für den Zugriff der Session notwendig ist.
- **TAN Liste:** Ähnlich eines TAN beim Online Banking wird für jede Session immer ein PIN von einer zuvor dem Teilnehmer zur Verfügung gestellten Liste benötigt.

Das OTP Konzept kann in eine 2-Faktor-Authentifizierung erweitert werden, indem zum OTP noch ein generelles Passwort notwendig wird. Zusätzlich bieten die meisten Web-Conferencing Lösungen auch eine Programmierschnittstelle an (API) mit der eine Fremd- oder Eigenlösung für OTP nahtlos eingebettet werden kann.

Vorteile	Nachteile
• Hohe Sicherheit durch entkoppelten OTP • Erweiterte Sicherheit mit 2-faktor Authentifizierung möglich • Teilweise kein Eingriff in die IT-Infrastruktur der externen Teilnehmer notwendig (je nach Lösung) • Für „confidential" Inhalte geeignet	• Relativ hoher technischer und finanzieller Aufwand. Zus. Aufwand für Teilnehmer • Alle Teilnehmer benötigen einen OTP Generator bzw. die Zustellung des initialen Security-Strings, ein Benutzerkonto oder die TAN Liste (z.B. als Brief) • Nur für langfristige und regelmäßige Sessions argumentierbar und sinnvoll

[5] Two-factor Web-Authentication http://www.swivelsecure.com/

SmartCard und PKI Systeme (PKI)

Eine aufwendigere und noch kostspieligere Form der Zugangskontrolle bieten SmartCards mit einer digitalen Signatur und einer angeschlossenen Public-Key-Infrastruktur (PKI). Mit den SmartCards und der digitalen Signatur ist die Identität des Teilnehmers gewährleistet. Mittels des PKI Systems kann die sichere PIN Verteilung für die Web-Conferencing Session durchgeführt werden und die Authentizität auf beiden Seiten gewährleistet werden.

Vorteile	Nachteile
• Sehr hohe Sicherheit durch mehrere Sicherheitsmechanismen • Für „strictly confidential" Inhalte in internen Meetings[6] • Eindeutige Authentifizierung und Verifizierung der Teilnehmer möglich	• Hoher technischer und finanzieller Aufwand • Alle Teilnehmer benötigen Zugriff zum PKI System (Einschränkung d. Mobilität) • Verteilung verursacht zusätzliche Kosten, nur für regelmäßige Sessions geeignet (langfristige Kooperation)

Trusted networks und VPN zwischen Partnern (VPN)

Eine weitere und kostenintensive Möglichkeit zum sicheren Web-Conferencing ist der Aufbau einer permanenten vertraulichen Verbindung zwischen den Teilnehmern. Durch den Einsatz von dedizierten Verbindungen zwischen den Teilnehmern und dem Web-Conferencing System wird ein verschlüsselter Tunnel über das unsichere Internet hergestellt. Zum Einsatz kommen hier Softwarelösungen (Soft-VPN Client) oder spezifische Hardwarekomponenten (Hardware VPN Gateways). Die Zugriffsschlüsselverteilung ist dann zumindest vor externen Angriffen geschützt, interne Angriffe sind aber noch immer möglich.

Vorteile	Nachteile
• Hohe Sicherheit durch eigenes VPN • Für „strictly confidential" Inhalte in internen Meetings[6] • Kann auch für andere Kommunikationsdienste der Partner genutzt werden • Transparent für Web-Conferencing	• Sehr hoher technische und finanzieller Aufwand • Nur für langfristige Partnerschaften geeignet • Gegebenenfalls Eingriff in die Partner IT-Infrastruktur notwendig

Vergleichsmatrix der einzelnen Ansätze und deren Einsatzbereiche

In der nachfolgenden Grafik werden die einzelnen Ansätze in eine Anwendungsmatrix übertragen. Dabei wurde versucht die Lösungsansätze anhand ihrer Praktikabilität den einzelnen Einsatzbereichen zuzuordnen. Die vertikale Achse beschreibt die Vertraulichkeit des Inhalts, der in der Session behandelt wird und den Meetingtyp. Die horizontale Achse beschreibt die Teilnehmergröße, sowie die Natur der Teilnehmer, also ob sie interne Mitarbeiter oder auch externe Partner darstellen.

Daraus ergibt sich ein Möglichkeitsraum der gewisse Vorentscheidungen treffen lässt: die Einsatzbereiche mit Sicherheitsstufe „public" benötigen keinen speziellen Zugangsschutzmechanismus und die schraffierten Bereiche besitzen zumeist keine praktische Anwendung. Verfahren in Klammern könnten für bestimmte Unternehmensziele Anwendung finden und sind daher Grenzbereiche. Die hellen Zellen der Anwendungsmatrix stellen die häufigsten und praktikablen Zugangskonfigurationen dar.

---

[6] Unter der Voraussetzung, dass alle anderen Ebenen der Web-Conferencing Sicherheit garantiert sind

Web-Conferencing Inhalt	Meetingtyp \ TN	Anzahl der Teilnehmer: Kleingruppe – intern	Kleingruppe – extern	Großveranstaltung – intern	Großveranstaltung – extern
public	einmalig	*freier Link, UEM*	*freier Link, UEM*	*freier Link*	*freier Link*
	regelmäßig	*freier Link, UEM*	*freier Link, UEM*	*freier Link*	*freier Link*
internal	einmalig	*PAK, UEM, VEM*	*UEM, CBA*	*UEM, (ZAK, VEM)*	*UEM, VEM*
	regelmäßig	*PAK, UEM, VEM*	*ZAK, CBA, VEM*	*UEM, ZAK, VEM*	*ZAK, VEM*
confidential	einmalig	*VEM, CBA*	*VEM, CBA, (VPN)*	*(VEM)*	
	regelmäßig	*VEM, CBA, PAK*	*VPN, PKI, OTP*	*(VEM, PKI, VPN)*	
strictly conf.	einmalig	*VEM, VPN*	*VEM, VPN (PKI)*		
	regelmäßig	*VPN, PKI, OTP*			

Abb. 3: Vergleichsmatrix der Konzepte und ihrer sinnvollen Einsatzbereiche

Die angeführten Lösungen von Zugangsmöglichkeiten besitzen keinen Anspruch auf Vollständigkeit und zeigen die Komplexität und Vielfältigkeit der Anwendungsszenarios auf. Kostengünstige und schnell aufgesetzte Web-Conferencing Sessions lassen sich schwer mit Hochsicherheitsmechanismen verbinden und stellen immer einen Kompromiss dar.

Darüber hinaus müssen immer zusätzliche Maßnahmen berücksichtigt werden, die eine Web-Conferencing Session sicherheitstechnisch optimieren können. Beispiele dafür sind:

- Sicherheitsschulung und Richtlinien für Web-Conferencing Teilnehmer
- Organisatorische und technische Trennung der Konferenztypen in „interne" und „externe" Konferenzen mit klaren Security Richtlinien
- Monitoring und Logging der Inhalte und der Teilnehmer IP-Adressen
- Sicherheitsaufzeichnungen (Recording) der Teilnehmeraktivitäten
- Regelmäßige Sicherheitsaudits bzgl. Verwendung und Konformität der Web-Conferencing Sessions
- Automatische Löschung der Konferenzinhalte nach Beendigung
- Manuelles Absperren und Aussperren von Teilnehmern aus der Online Konferenz mittels IP- Adressen Nummernkreisen und Berechtigungsrollen

6 Zusammenfassung und Ausblick

Der Einsatz von Web-Conferencing Systemen erfreut sich immer größerer Beliebtheit. Die Gründe dafür sind nicht nur der Komfort und der Zeitgewinn sondern auch die damit verbundene Kostenersparnis. Mit der Einführung von grenzenlosen Web-Conferencing Tools steht das IT-Management aber vor neuen sicherheitstechnischen Herausforderungen. Ein wesentlicher Faktor sind die sicheren Zugangsmechanismen bei heterogenen Online Meetings mit internen und externen Teilnehmern.

In diesem Beitrag wurden die verschiedenen Zugangsverteilungsverfahren skizziert und auf ihre Vor- und Nachteile hin analysiert. Zusätzlich wurden eine Vergleichsmatrix der häufigsten Anwendungsfälle und deren Lösungsmöglichkeiten präsentiert. Die 2-Faktor-Authentifizierung kann heute als state-of-the-art bei sicheren Zugangsystemen mit den 3-Faktoren

„Wissen“, „Besitzt“ und „Merkmal“ gesehen werden [Schne06]. Trotz einer Vielzahl von unterschiedlichen Ansätzen sind die meisten Lösungen nur Kompromisse zwischen Praktikabilität, Sicherheit und Kosteneffizienz.

In Zukunft werden neuartige Ansätze der mehrschichtigen und risikobasierten Authentifizierung sowie der vermehrter Einsatz von verifizierten Drittinstanzen (CA) mit Digitalen Signaturen, Security Tokens und SmartCards, den Zugang zu sicherheitskritischen Anwendungen wesentlich professionalisieren und standardisieren. Sobald die Nutzung dieser Techniken ansteigt und sich klare Standards wie z.B. OTHA (Initiative for open authentication) ausbilden, wird auch die eigene Umstellung und Anpassung der IT-Systeme wesentlich attraktiver und kostensparender erfolgen.

Langfristig gesehen könnten sowohl biometrische Erkennungsverfahren der Benutzer wie auch die Trusted Platform Modules[7] auf Clientseite, wesentlich an Bedeutung gewinnen. Welche Lösungen sich wirklich am Markt durchsetzen, hängt von der Akzeptanz der großen Softwarehersteller, der Sicherheitsstandards und der Kosten für den Betreiber ab.

Die daraus resultierenden rechtlichen Fragen der Authentifizierungsmechanismen mittels physiologischer Merkmale oder globaler Computer-IDs sind derzeit überhaupt noch nicht geklärt und werden noch einiges an Diskussionspotential für die nächsten Jahre liefern.

Literatur

[Adob06] Adobe: Acrobat Connect Professional Solutions: Enterprise Web-Conferencing, http://www.adobe.com/products/acrobatconnectpro/solutions/webconferencing/ (2006).

[AdLl02] C. Adams, S. Lloyd: Understanding PKI – Concepts, Standards and Deployment Considerations, Addison-Wesley Professional (2002).

[AuDM06] T. Austin, N. Drakos, J. Mann: Web Conferencing Amplifies Dysfunctional Meeting Practices, Gartner Research March 2006 (2006).

[CoZo07] ConferZone: Current Vendor Listing, ConferZone.com, http://www.conferzone.com/vendor/index.html (2007).

[CuE+02] M. Curphey, D. Endler, et.al.: A Guide to Building Secure Web Applications: The Open Web Application Security Project, The Open Web Application Security Project (OWASP) (2002).

[Fros05] Frost & Sullivan: Measuring the true Business Benefits of Web Collaboration, Sponsored by WebEx Communications Sept. 2005 (2005).

[Heis06] Heise Security: Web-Conferencing Consolen WebEx-ActiveX-Modul lässt sich Code unterjubeln, http://www.heise.de/security/news/meldung/print/75173 (2006).

[IBM06] IBM Sametime: "IBM Lotus Sametime 1.5 Encryption Vulnerabilities" Security Advisory, http://www-1.ibm.com/support/docview.wss?rs=203&uid=swg21116333 (2006).

[7] https://www.trustedcomputinggroup.org/

[IBM07] IBM Sametime: IBM Lotus Sametime JNILoader Vulnerability, http://www-1.ibm.com/support/docview.wss?uid=swg21257029 (2007).

[IETF07] IETF: Centralized Conferencing (xcon), The Internet Engineering Task Force, http://www.ietf.org/html.charters/xcon-charter.html (2007).

[MaBH04] Mayrhofer, Back, Hubschmid: A Comprehensive Market Survey, 2/2004 Arbeitsberichte des Learning Center der Universität St. Gallen, (2004).

[Mcke05] M. McKenzie: Review Roundup: Five Web Conferencing Packages, Internet Week (2005).

[Micr05] Microsoft Office Live Meeting: Security and Firewall, White Paper, Microsoft Corporation, February, http://www.microsoft.com/office/livemeeting (2005).

[Micr06] Microsoft Office Live Meeting: Security and Firewall - White Paper (2006).

[NiGr06] A. Nilssen, A. D. Greenberg: Kicking the NetMeeting Habit, Wainhouse Research (2006).

[Röss05] R. v. Rössing: Risikoeinschätzung nach Sarbanes-Oxley Act und BSI PAS 56; P. Horster (Hrsg.): DACH Security 2005, syssec S.437-452 (2005).

[Same06] Sametime: IBM Lotus Sametime, Have you seen Lotus Sametime security? http://www-142.ibm.com/software/sw-lotus/products/product3.nsf/wdocs/st75featuresecurity (2006).

[SaTY05] N. Saxena, G. Tsudik, J.H. Yi: Identity-Based Access Control for Ad Hoc Groups, In: Information Security and Cryptology – ICISC 2004, Lecture Notes in Computer Science, Springer Berlin / Heidelberg, S.362-379 (2005).

[Schne06] B. Schneider: Angewandte Kryptographie, Person Studium, München (2006).

[Sham79] A. Shamir: How to share a secret. Communications of the ACM (1979).612-613.

[ShMo06] S. Shi, V. B. Morrow: E-Conferencing for Instruction: What Works? Educause Quarterly, Nr.4 (2006).

[Scho06] C. Schooley: The Forrester Wave: Web Conferencing, Q2 2006, Forrester, June 6 (2006).

[Stie04] O. Stiemerling: Identity Management – Nutzen – Konzepte – Standards, e-cambria Systems, GmbH, http://www.gi-ev.de/regionalgruppen/koeln/vortraege/2004/ Identity%20Management%202004.pdf,18.12.06 (2004).

[Supp05] Support Industry: 2005 Trends and Directions in Web-Based Support, SupportIndustry.com (2005).

[WebE06] WebEx: WebEx Security Overview, www.webex.com, http://www.webex.com /pdf/wp_security_overview.pdf (2006).

[Wool07] D.R. Woolley: Real-Time Conferencing - An independent guide to software & services enabling real-time communication, Think of it, http://thinkofit.com /webconf/realtime.htm (2007).

[XCON07] XCON: Centralized Conferencing Working Group Supplemental Home Page, http://www.softarmor.com/xcon/ (2007).

Authentication Gateway
Sicherer Zugriff auf Internetportale

Walter Hinz · Thomas Palsherm

Giesecke & Devrient GmbH
{walter.hinz | thomas.palsherm}@gi-de.com

Zusammenfassung

In zunehmendem Maße sind Benutzer von Internet-Portalen Angriffen auf ihre Zugangsdaten ausgesetzt. Dies gilt in besonderem Maße für das Online-Banking. Die Internet Smart Card, eine Smartcard die direkt die Internetprotokolle versteht, kann hier Abhilfe schaffen, indem sie als Authentication Gateway in den Datenpfad zwischen den Browser des Benutzers und den Server des Portals gestellt wird und die Speicherung und Übergabe der Zugangsdaten übernimmt. Mit der Bereitstellung des innovativen Formfaktors CardToken und der automatischen Konfiguration des Hostsystems erreicht die Internet Smart Card ein bisher nicht gekanntes Maß an Benutzerfreundlichkeit. Der folgende Artikel gliedert sich in eine kurze Schilderung der Bedrohungsszenarien und stellt danach die Internet Smart Card von Giesecke & Devrient und die Anwendung als Authentication Gateway vor. Ein Ausblick auf mögliche weitere Anwendungen der Technologie bildet den Abschluss.

1 Bedrohungsszenarien

Die Benutzer der Internet-Portale sind heute in zunehmendem Maße Bedrohungen ausgesetzt. Insbesondere die als „Phishing“ bezeichneten Angriffsformen haben stark zugenommen, weil sich den Angreifern hierdurch die Zugangsdaten erschließen, die es ihnen ermöglichen, unmittelbar an das Geld der Angegriffenen heranzukommen. Dies trifft besonders dann zu, wenn es sich bei diesen Internet-Portalen um Online-Bankingseiten handelt.

Beim Phishing wird der angegriffene Internet-Benutzer veranlasst, eine Internetseite zu besuchen, die ihm vorgaukelt, diejenige seiner Bank oder eines anderen ihm bekannten Portals zu sein. Dazu wird das Erscheinungsbild der Originalseite möglichst gut nachgeahmt, so dass der Benutzer keinen Verdacht schöpft. Der Benutzer gibt nun ahnungslos seine Zugangskennung, sein Zugangspaßwort und, im Falle von Online-Banking, womöglich noch eine oder mehrere Transaktionsnummern ein.

Mit den so gewonnenen Daten kann der Angreifer anschließend nach Belieben eigene Transaktionen im Namen des rechtmäßigen Benutzers tätigen.

Da das Online-Banking für die Banken ein sehr großes Rationalisierungspotential darstellt, von dem sie gerne profitieren wollen, sie andererseits aber überhaupt kein Interesse haben, dass dieses Verfahren durch Angriffe in Misskredit kommt, sind sie als Portalbetreiber an wirksamen Abwehrmaßnahmen sehr interessiert. Dabei muss in Betracht gezogen werden, dass sehr wohl Verfahren am Markt existieren, die gegen die bekannten Phishing-Angriffe resistent sind, allerdings ist die Akzeptanz dieser Verfahren unter den Bankkunden sehr gering.

P. Horster (Hrsg.) · D•A•CH Security 2007 · syssec (2007) 284-295.

Die geringe Akzeptanz ist darauf zurückzuführen, dass solche Verfahren, beispielsweise HBCI, die Anschaffung spezieller Hardware, zB eines Klasse-2 Kartenlesers, und spezieller Software, etwa einer so genannten Finanzsoftware erforderlich machen. Dem Benutzer entstehen einerseits Kosten, andererseits Installationsaufwand für Treiber und Software. Außerdem kann der Benutzer bei der Installation eventuell seine Rechnerkonfiguration beschädigen. Hinzu kommt, dass die meisten Nutzer nicht die komplexen Funktionen einer privaten Finanzverwaltungssoftware benötigen, sondern lediglich das Bedürfnis haben, Kontobewegungen zu kontrollieren und Überweisungen zu tätigen.

Aus funktionaler Sicht entspricht diesen beiden Bedürfnissen, Kontrolle/Überweisungen, am besten das so genannte PIN/TAN-Verfahren, das mit dem standardmäßig vorhandenen Internet-Browser arbeitet. Aber gerade dieses Verfahren wird das Ziel der geschilderten Phishing-Angriffe. Es besteht also ein hoher Bedarf, die diesem Verfahren anhaftenden Risiken zu verringern. Gleichzeitig darf dies aber nicht zu einer Belastung des Benutzers mit zusätzlichen Kosten oder zu einem exzessiven Installationsaufwand führen.

In der nachfolgenden Grafik möchten wir eines der fortgeschritteneren Szenarien skizzieren, bei dem der Benutzer durch Manipulation des DNS statt auf die erwartete Webseite seiner Bank auf eine gefälschte Webseite umgeleitet wird, wo seine Zugangsinformationen „abgephischt" werden. Gleichzeitig führt der Angreifer einen Dialog mit der echten Banking-Site und nutzt dabei die Zugangsdaten des Opfers. Es handelt sich hier also um den klassischen Fall eines „Man in the Middle".

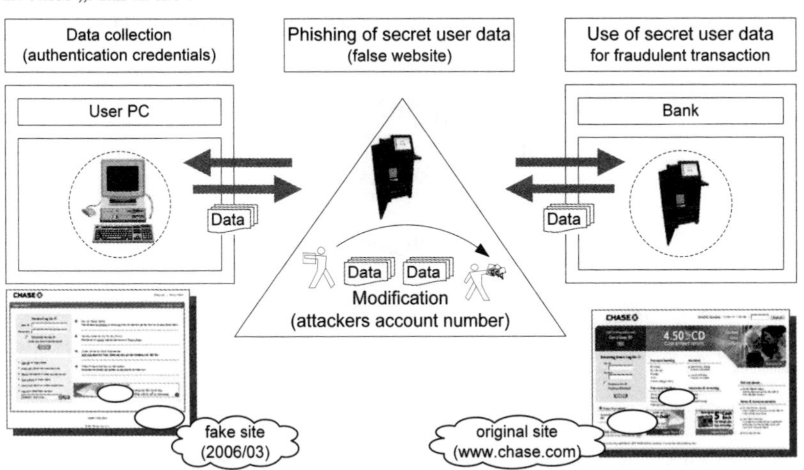

Abb. 1: Angriff eines „Man in the Middle" beim Internet-Banking

In diesem Vortrag möchten wir einen Weg zeigen, wie derartige Manipulationen unterbunden werden können. Wir möchten uns dabei auf das Banking-Szenario konzentrieren. Es gibt aber eine Reihe anderer Anwendungsfälle, wo die gezeigte Lösung ebenfalls eingesetzt werden kann. Für das genannte Angriffszenario ist es entscheidend, dass der Benutzer unbemerkt auf eine gefälschte Webseite gelockt und zur Eingabe seiner Zugangsdaten verleitet werden kann.

Wird dies verhindert, ist eine wesentliche Voraussetzung für den Phishing-Angriff nicht mehr erfüllt.

2 Die Internet Smart Card

Die hier vorgeschlagene Lösung beruht auf der Verwendung einer Smartcard, die den Verbindungsaufbau zum Portalbetreiber und die Eingabe der Zugangsdaten kontrolliert. Es wurde bereits erwähnt, dass für eine erfolgreiche Lösung der aufgezeigten Probleme die Notwendigkeit zusätzlicher Hardware und die Installation zusätzlicher Software unbedingt vermieden werden muss, um eine größtmögliche Akzeptanz beim Benutzer zu erreichen. Aus diesem Grunde scheiden konventionelle Lösungen mit Smartcard, Kartenleser und zu installierender Middleware aus.

Die Lösungsidee besteht vielmehr darin, eine Smartcard zu schaffen, die unmittelbar zu den Schnittstellen eines Standard-PC passt, und zwar hardware- wie softwareseitig.

2.1 Der CardToken Formfaktor

Die universell an aktuellen PCs verfügbare Schnittstelle ist USB, daher muss eine Smartcard, die optimal an die geschilderte Aufgabenstellung angepasst ist, über diese Schnittstelle verfügen. Dabei reicht aber die Nutzung der in der Normung für diese Schnittstelle vorgesehenen Kontakte C4 und C8 noch nicht aus, da auch dann noch mindestens eine Kontaktiereinheit erforderlich wäre, die die Kartenschnittstelle physisch auf die USB-Buchse des PCs umsetzt.

Abb.2: Card Token Formfaktor

Wenn man jedoch die Größe eines konventionellen Chipkartenmoduls mit der Kontaktfläche eines USB-Steckers vergleicht, stellt man fest, dass diese Größen doch sehr ähnlich sind. Es liegt daher nahe, ein alternatives Chipkartenmodul zu konstruieren, das vier Kontaktstreifen nach dem Muster eines USB-Steckers aufweist. Dieses Modul kann mit den bekannten Maschinen zur Chipkartenproduktion in eine Kunststoffkarte von 0,8 mm Dicke eingebettet werden und erfordert also kaum Investitionen in die Produktionsanlage. Ähnlich wie bei einer SIM-Karte wird in die Chipkarte eine Kontur eingestanzt oder eingefräst, an der ein kleiner Teil heraus gebrochen werden kann (siehe Abbildung 2).

Allerdings ist eine Chipkarte für eine USB-Buchse zu dünn. Deshalb sind noch weitere Teile notwendig, um sie – wie gewünscht – steckbar zu machen. Es wurden zwei Kunststoffspritzteile entwickelt, in die das Chipkartenteil so eingepasst wird, dass ein so genannter CardToken entsteht: Ein USB-Token der als Chipkarte auf den entsprechenden Anlagen produziert wird.

Das Ausbrechen der Chipkarte und der Zusammenbau des CardTokens wird vom Anwender erledigt: Nach der optischen und elektrischen Personalisierung der Karte wird sie zusammen mit den zusätzlichen Kunststoffteilen in einem Brief an den Endkunden versandt. Durch eine entsprechende Codierung ist dafür gesorgt, dass der Anwender die Teile nicht falsch zusammenbauen kann.

Wie in der Abbildung 2 durch das Aufdrucken eines Bildes angedeutet wird, ist es ohne weiteres möglich, den CardToken mit personalisierten Informationen zu versehen, da die ursprüngliche Smartcard ja auf den üblichen Personalisierungsanlagen verarbeitet wird. Außer einer Bedruckung mittels Thermotransferverfahren steht auch die Lasergravur auf der Front- und/oder der Rückseite der Karte zur Verfügung.

2.2 Internet-Protokolle auf der Smartcard

Nachdem ein Formfaktor gefunden wurde, der zusätzliche Hardware erübrigt, müssen nun noch Protokolle definiert werden, die seitens des PC keine Installation zusätzlicher Software erfordern. Da der CardToken für Internet-Anwendungen eingesetzt werden soll, bietet sich die direkte Implementierung der Internet-Protokolle an.

Auf der anwendungsnächsten Ebene sind dies HTTP bzw. HTTPS, also das Protokoll, über das Webseiten transportiert werden. Die sichere Variante ist deshalb interessant, weil der Bankverkehr ausschließlich über HTTPS abgewickelt wird und weil dieses Protokoll durch die Möglichkeit der Zertifikatsprüfung auch einen Anknüpfungspunkt bietet, um die Identität des Portalservers zu verifizieren.

Die nächst niedere Protokollschicht wird im Internet durch TCP/IP repräsentiert. Demnach ist auf der Smartcard auch diese Protokollsuite zu implementieren. Diese umfasst neben dem eigentlichen Transportprotokoll noch einige nützliche Werkzeuge wie DNS, DHCP, ICMP usw. Dieser Werkzeugkasten ermöglicht es, dass sich die Internet Smart Card gegenüber dem PC im Wesentlichen wie eine konventionelle Internetverbindung verhält.

Um diesen Eindruck einer Internetverbindung komplett zu machen, bedarf es noch eines auf das USB-Leitungsprotokoll aufgesetzten Emulationsprotokolls, und zwar wird dadurch eine Ethernet-Netzwerkkarte emuliert. Für diesen Zweck stellt Windows bereits einen RNDIS-Treiber zur Verfügung, andere Betriebssysteme wie Linux und Mac-OS haben einen Treiber für CDC-Ethernet eingebaut. Beide Emulationsprotokolle sind einander so ähnlich, dass sie beide gleichzeitig auf der Chipkarte implementiert und je nach Host-Betriebssystem automatisch alternativ selektiert werden können.

Die Abbildung 3 demonstriert den Aufbau des auf der Internet Smart Card implementierten Protokollstacks, wobei hier aus Platzgründen nur die Hauptkomponenten gezeigt sind. Der Protokollstack zweigt aus dem Kernel des Betriebssystems ab, während der Webserver als Hauptapplikation der Internet Smart Card sowohl den Zugriff auf gespeicherte statische HTML-Seiten ermöglicht („Data") als auch mit Hilfe zusätzlich implementierter Webanwendungen („Servlets") dynamisch generierte Webseiten ausliefern kann. Mittels dieser Servlets lässt sich dann die eigentliche, für den Benutzer sichtbare Anwendung implementieren.

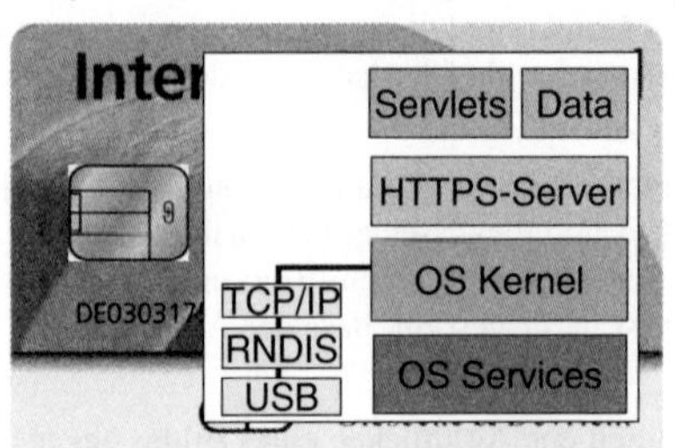

Abb. 3: Internet-Protokollstack auf der Smartcard

Die Nutzung einer Ethernet-Emulation hat die nützliche Folge, dass die Internet Smart Card mit dem Host-PC ein eigenes Netzwerk bildet. Der PC kann TCP/IP-Verbindungen in dieses Netzwerk aufnehmen, die Internet Smart Card kann aber auch über eine Routing-Funktion im PC Verbindungen ins Internet aufnehmen. Eine derartige Funktion steht bei allen in Frage kommenden Betriebssystemen (Windows ab WinME, Linux, Unix) standardmäßig zur Verfügung.

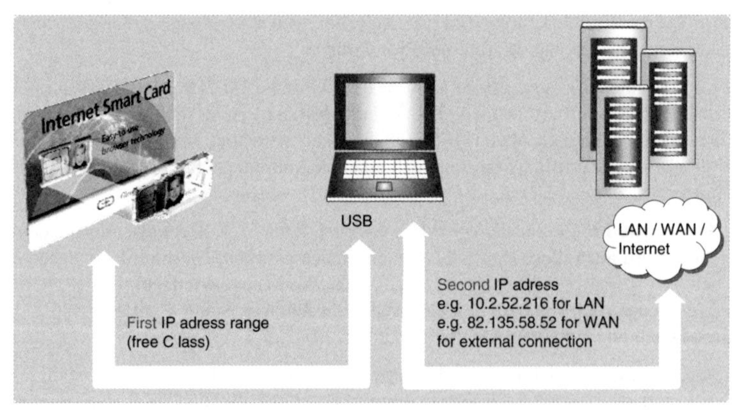

Abb. 4: Internet Connection Sharing

Abbildung 4 demonstriert diese, bei Windows als Internet Connection Sharing bezeichnete Funktion. Dabei wird einem lokalen Netzwerk über einen Routing-PC der Zugriff auf ein externes Netzwerk, bei dem es sich auch um das Internet handeln kann oder um ein LAN, das seinerseits Verbindung zum Internet hat, ermöglicht. Internet Connection Sharing kann ebenso für Modemverbindungen oder andere DFÜ-Adapter eingerichtet werden. Der heute so wichtige Fall eines ADSL-Anschlusses ist mit dieser Skizze auch erfasst, sei es, dass eine PPPoE-Verbindung genutzt wird, die als DFÜ-Adapter eingebunden ist, oder dass ein DSL-Router über ein LAN erreicht wird.

Die Stelle des lokalen Netzwerks wird hier von der Internet Smart Card eingenommen, die auf diese Weise Zugang zum Internet erhält. Umgekehrt ist die Internet Smart Card aus dem Internet heraus nicht sichtbar und daher auch nicht angreifbar.

Die IP-Adressen auf Seiten der Internet Smart Card werden vom DHCP-Server auf der ISC vergeben. Damit das Internet Connection Sharing funktioniert, ist es wichtig, dass die IP-Adressbereiche in den beiden beteiligten Netzwerken unterschiedlich eingestellt sind. Notfalls kann daher der Bereich des DHCP-Servers auf der ISC manuell verstellt werden.

2.3 Automatische Konfiguration

Wenn ein USB-Gerät erstmals an einen PC angesteckt wird, muss es in der Regel konfiguriert werden. Davon ausgenommen sind lediglich einige Geräte, die das Betriebssystem von Haus aus kennt, wie etwa Massenspeicher. Die Internet Smart Card meldet sich beim Einstecken als CD-ROM-Laufwerk an. Danach wird automatisch ein Programm gestartet, das feststellt, ob die Internet Smart Card an diesem System bereits konfiguriert wurde. Falls das nicht der Fall ist, werden die notwendigen Einstellungen jetzt ausgeführt.

Wenn die Internet Smart Card korrekt konfiguriert ist, wird ein Signal an den CardToken gesendet, wodurch das CD-ROM-Laufwerk ab- und das Netzwerk-Device angemeldet werden. In diesem Moment wird bei Windows-Systemen ein entsprechendes Icon angezeigt, so dass der Benutzer die Bereitschaft der Internet Smart Card erkennt. Bei der Erstkonfiguration einer Internet Smart Card muss der Benutzer über Administratorrechte verfügen, bei der späteren Nutzung ist dies nicht der Fall.

2.4 Realisierbarkeit / Hardware

Die vorangehenden Betrachtungen beschreiben gewissermaßen eine Zielvorstellung, deren Realisierung erst in letzter Zeit möglich war. Bevor die benötigte Hardware in Form entsprechend leistungsfähiger Chips verfügbar wurde, haben wir uns längere Zeit bei der Realisierung der Internet Smart Card mit Emulatoren behelfen müssen.

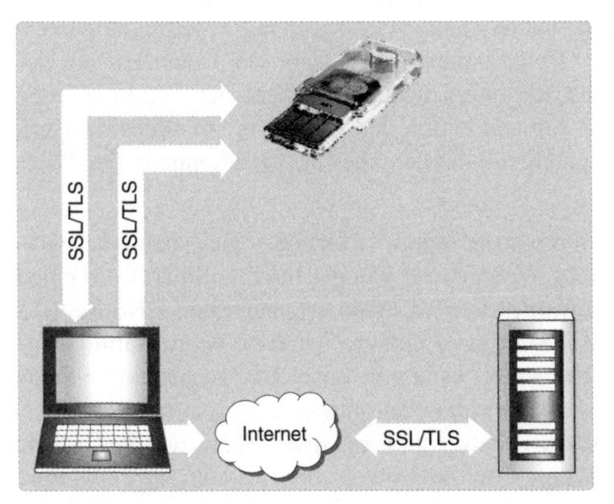

Abb. 5: Authentication Gateway

Die Problematik liegt zum einen in der notwendigen Speichergröße, hier sind die Anforderungen besonders nach ausreichend RAM zu beachten, zum anderen wird ein in den Chip integriertes USB-Interface benötigt, das mindestens mit der Geschwindigkeit von 12 Mbit/s kommunizieren kann. Ein spezielles Problem hierbei betrifft die Verfügbarkeit eines ausreichend stabilen Taktsignals, das entweder aus den Bussignalen regeneriert oder mittels eines integrierten Quarzoszillators erzeugt werden muss. Im letzteren Fall stellt sich die Frage, ob der Oszillator Platz sparend innerhalb des Chipmoduls untergebracht werden kann.

Außer mit dem Emulator haben wir mit verschiedenen in der folgenden Tabelle aufgeführten Chiptypen experimentiert.

	Anforderung	Emulator	SLE88	AT91SC	S3FJ9CH
RAM	24 KB frei	32 KB	32 KB	22+2 KB	28+2 KB
ROM/Flash	512 KB		128 KB	512 KB	%12 KB
E²PROM	512 KB	400 KB	400 KB	384 KB	
Bus Clock	vorhanden	ext. 48 MHz Quarz		48 MHz integriert	(zukünftig) clock recovery
Spannung	5 V			5 V	(zukünftig)

Gegenwärtig erfüllt nur der AT91 im Wesentlichen alle Anforderungen. Die zurzeit verfügbare Demo-Anwendung ist deshalb auf einem solchen Chip implementiert und kann auf Wunsch gern im Anschluss an den Vortrag live vorgeführt werden. Es bleibt noch anzumerken, dass die Entwicklung des (speziellen) SLE88 über die Bereitstellung eines Emulators, der auch für eine Teilphase der Entwicklung genutzt wurde, leider nicht hinauskam.

3 Authentication Gateway

Die Internet Smart Card besitzt als generisches Applikationsprogramm einen Webserver. Die Abbildung 5 verdeutlicht die Anwendung der Internet Smart Card als Authentication Gateway. Der Benutzer baut über seinen Browser eine SSL/TLS-Verbindung zur Internet Smart Card auf, die ihrerseits wieder eine genauso gesicherte Verbindung über das Internet zu einem Webserver unterhält. Der gesamte Datenverkehr des Benutzers mit dem Webserver wird in beiden Richtungen über die Internet Smart Card geleitet. Die Internet Smart Card steuert insbesondere die für die Authentikation des Benutzers am Webserver erforderlichen vertraulichen Daten bei und speichert außerdem die für die Erkennung des Webservers erforderlichen SSL-Zertifikate.

Der Benutzer bekommt also durch Eingabe einer entsprechenden URL, also etwa http://isc.intern in seinen Webbrowser von der Internet Smart Card eine Homepage angezeigt. Da die Internet Smart Card, wie oben erläutert, über einen DNS-Server verfügt und die Hostschnittstelle über DHCP konfigurieren kann, ist diese Namensauflösung tatsächlich ohne weiteres möglich. Diese Homepage kann nun beispielsweise als Login-Seite gestaltet werden, auf der der Benutzer ein Passwort eingeben muss, bevor weitere Zugriffe auf die Internet Smart Card zugelassen werden. Das folgende Beispiel, Abbildung 6, zeigt den Aufruf der Login-Seite über HTTPS mit dem Firefox-Browser. Man erkennt die gelb hinterlegte URL-Zeile und das Schlosssymbol als Indikator für eine SSL-Verbindung.

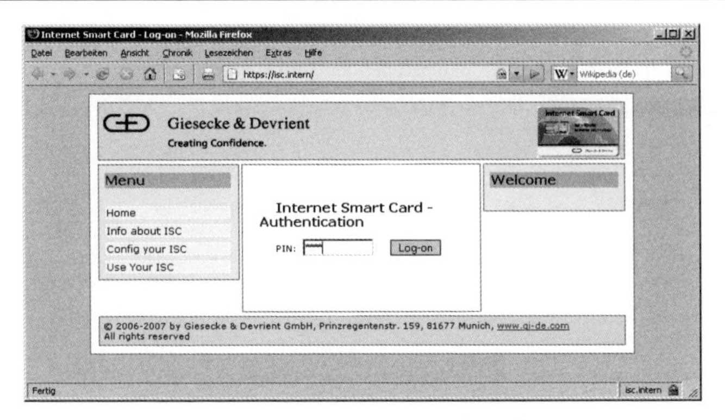

Abb. 6: Login-Seite der Internet Smart Card

Die Komplexität der dargestellten Seite ist nicht zu unterschätzen; es werden immerhin eine HTML-Datei, eine CSS-Datei sowie zwei JPEG-Bilder von der Karte transferiert. Dabei kann die Fähigkeit der Karte zu Multithreading zur Optimierung der I/O-Performance genutzt werden. Das SSL-Serverzertifikat ist in diesem Falle selbstsigniert und muss daher im Browser installiert oder beim Aufruf explizit akzeptiert werden. Es ist jedoch ebenso möglich, das Zertifikat von einer der bekannten Zertifizierungsstellen zu beziehen, wobei allerdings beim Aufruf der ISC eine „offizielle" Domain benutzt werden muss.

Durch Links, die auf den Seiten der Internet Smart Card gesetzt werden, kann beliebig, wie im Internet üblich, durch Anklicken navigiert werden, etwa um Dateninhalte der Internet Smart Card auszugeben oder auch um Konfigurationsparameter anzuzeigen oder zu ändern. Beispielsweise ist es erforderlich anzugeben, ob der Host das Internet über einen Proxy erreicht oder nicht, da die Strategie beim Aufbau von HTTPS-Verbindungen ins Internet davon abhängt.

Eine spezielle Seite der Internet Smart Card kann dazu verwendet werden, über Links eine Verbindung zu externen Portalservern herzustellen und den Benutzer anzumelden. Aus dieser Funktion leitet sich die Bezeichnung „Authentication Gateway" ab. Auf dieser Gatewayseite sind die Links zu den externen Servern in Form einer Liste abgelegt, und zu jedem Link sind auf der Internet Smart Card die Zugangsdaten hinterlegt.

Es sind mehrere Varianten der Internet Smart Card denkbar, die sich in der Art und Weise unterscheiden, wie diese Linkliste erzeugt wird. Sie kann entweder vom Benutzer in einem speziellen Lernmodus der Karte selbst angelegt werden, indem er die betreffenden Server manuell ansurft und seine Zugangsdaten eingibt. Eine weitere Möglichkeit ist, die Linkliste bei der Personalisierung der Karte durch den Herausgeber anzulegen. Außerdem ist auch eine Mischform denkbar, bei der etwa die Bank die Zugangsdaten für ihr eigenes Portal vorgibt, dem Benutzer aber die Möglichkeit einräumt, die Internet Smart Card für den Zugang zu weiteren Portalen selbst zu konfigurieren.

Nachfolgende Abbildung 7 zeigt exemplarisch die Linkseite einer Internet Smart Card, die für den Zugang zu einem Homebanking-Portal eingerichtet ist. In dem dargestellten Fall kann die Verbindung zum Bankserver aus Demonstrationsgründen mit oder ohne SSL hergestellt werden. Im realen Anwendungsfall ist natürlich nur eine SSL-Verbindung interessant (was im Übrigen durch die Markierung des entsprechenden Links angedeutet ist).

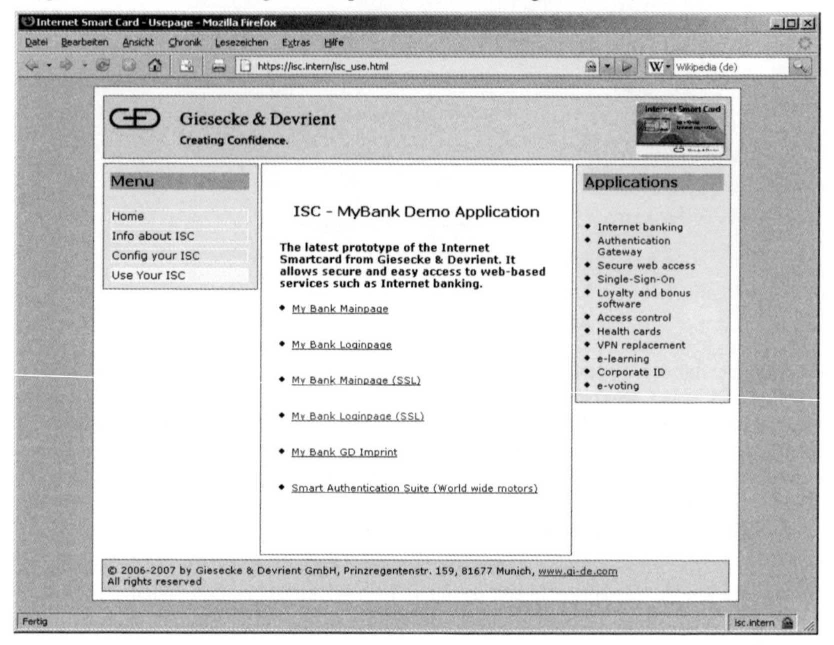

Abb. 7: Demo-Linkseite der Internet Smart Card

Wir wollen uns bei der weiteren Betrachtung mit dem Fall beschäftigen, dass die Internet Smart Card als Zugangsmedium für einen Homebanking-Server genutzt wird. Nehmen wir also an, dass der Benutzer den Link der Bank anklickt.

Die Internet Smart Card baut nun eine Verbindung zu der URL in dem angegebenen Link auf. Im Falle einer Bank wird dies mit Sicherheit eine mit TLS/SSL-geschützte Verbindung sein, so dass die Internet Smart Card anhand des Server-Zertifikats verifizieren kann, dass es sich um den ausgewiesen Bankserver handelt. Die Bank sendet nun als erstes ihre Login-Seite zur Internet Smart Card. Die Internet Smart Card erkennt die Felder zur Eingabe der Zugangsdaten und deaktiviert diese Felder, bevor sie die Seite an den Browser weitersendet.

Der Benutzer braucht lediglich noch auf den „Login"-Button zu klicken. Dann sendet der Browser die Antwortdaten an die Internet Smart Card, diese fügt die gespeicherten Zugangsdaten hinzu und sendet alles weiter an den Bankserver. Der antwortet mit seiner Begrüßungsseite, und so fort. Im Weiteren reicht die Internet Smart Card alle Seiten vom Server an den Browser durch und alle Anfragen vom Browser an den Server. Dabei analysiert sie die eingebetteten Links und modifiziert sie, so dass Site-interne Links aus Sicht des Browser immer auf die Internet Smart Card zeigen und ändert aufgerufene Links entsprechend zurück, bevor sie an den Server gehen.

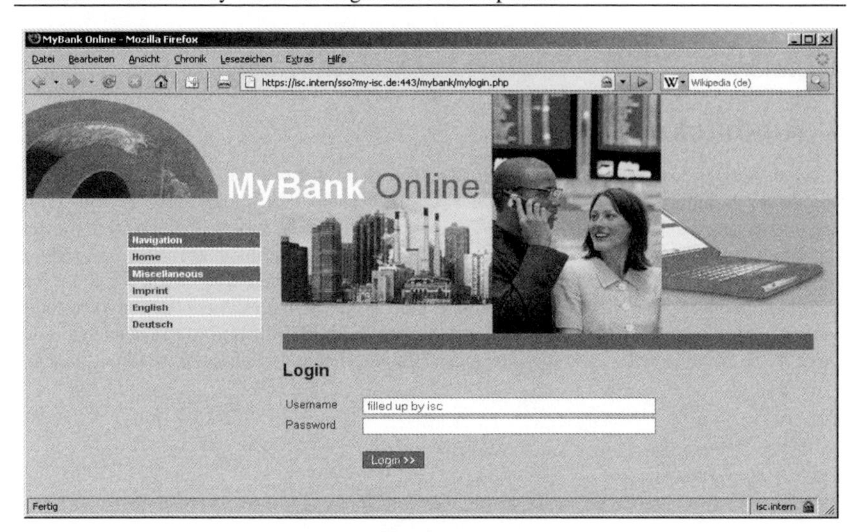

Abb. 8: MyBank Loginseite

Als Vorteil des Authentication Gateway wurde bereits die Prüfung der Serverzertifikate genannt. Ein weiterer Vorteil besteht darin, dass die Zugangsdaten – wenn sie einmal sicher in der Internet Smart Card angekommen sind – auf dem PC nicht mehr sichtbar werden und daher auch nicht mehr abgegriffen werden können. Außerdem ist durch die automatische Konfiguration der Internet Smart Card die Handhabung für den Laien außerordentlich einfach und auch für den nomadischen Einsatz an wechselnden Rechnern geeignet. Daher glauben wir, dass mit dem Authentication Gateway die Sicherheit des konventionellen PIN/TAN-Verfahrens beim Homebanking durch den Ausschluss falscher Verbindungen entscheidend verbessert werden kann, und dass der Authentication Gateway aufgrund seiner einfachen Handhabung bei den Benutzern auch die nötige Akzeptanz findet.

Um die Vorteile der Internet Smart Card Technologie gegenüber den konventionellen Chipkarten-Lösungen herauszustellen, sei noch die nachfolgende Zusammenstellung betrachtet:

	Standard Card Projects	Internet Smart Card Projects
Chip	Medium / low	Medium / high
Reader	Medium / high	n/a
Middleware	Medium	n/a
Applets	Specific work	n/a
Servlets	n/a	Web programming
Roll out	High effort	Low effort
Administration	High effort	Low effort
User guidance	High effort	Not nessecary

Demnach erfordert ein Kartenprojekt zum Einsatz von konventionellen Chipkarten zwar nur moderate Kosten für die Karten selbst, jedoch insgesamt höhere Systemkosten. Demgegenüber ist die Internet Chip Card selbst zwar mit höheren Kosten verbunden, die Systemkosten sind jedoch niedriger durch die Einsparungen bei Kartenlesern, Rollout und Administration.

4 Ausblick

In der bisherigen Darstellung wurden auf der Serverseite des Authentication Gateway genau wie auf der Benutzerseite HTML-Seiten verwendet. Dies hat den Vorteil, dass im Prinzip die Serverseite gegenüber den gegenwärtig genutzten Seiten unverändert übernommen werden kann. Nachteilig ist, dass die Internet Smart Card diese Inhalte analysieren und verarbeiten muss. Eine größere Effizienz und auch einen Gewinn an Sicherheit erhält man, wenn auf der Serverseite eine für maschinelle Verarbeitung konzipierte Schnittstellendefinition verwendet wird. Als Darstellungs- bzw. Transportformate würden sich XML und SOAP anbieten. Auf diese Weise könnte auch wieder das eingangs erwähnte HBCI-Verfahren Anwendung finden.

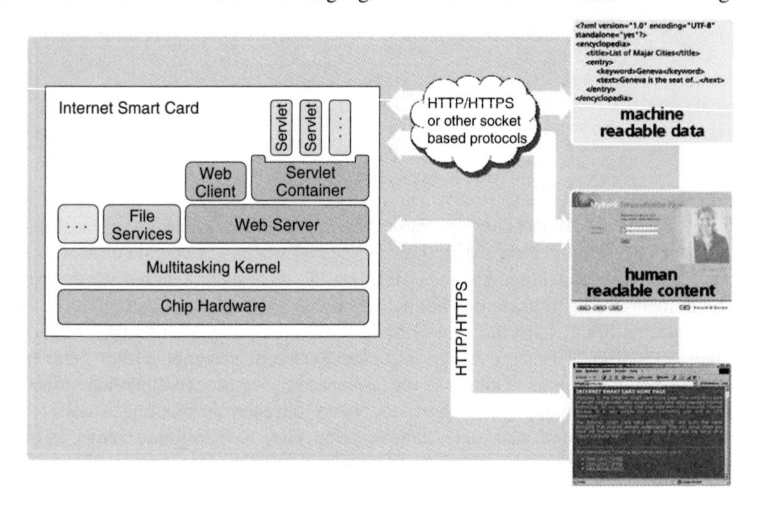

Abb. 9: Internet Smart Card und Web Services

Im Falle einer Maschinenschnittstelle des Banking-Servers würde die Darstellung der übermittelten Daten und der Benutzerdialoge durch den Authentication Gateway erfolgen. Die Benutzerschnittstelle der Bank würde also vom Internetportal auf den jeweiligen Authentication Gateway des Benutzers verlagert. Die benötigte Funktionalität würde durch ein entsprechend gestaltetes Servlet auf der Internet Smart Card realisiert. Die Abbildung 9 zeigt dies in symbolisierter Form.

Literatur

Ein Konzept zukünftiger persönlicher Identifikationsgeräte, bezeichnet als Trusted Personal Devices (TPD), wurde in dem von der Europäischen Kommission geförderten integrierten Projekt InspireD (Integrated Secure Platform for Interactive Personal Devices), an dem die Verfasser dieses Artikels beteiligt waren, entwickelt und ausführlich auf der Projektseite www.inspiredproject.com dargestellt. An diesem Projekt waren die maßgeblichen europäischen Chipkartenhersteller beteiligt und haben zum Projektabschluss eine Reihe von Proofs-of-Concept vorgestellt. Als eine der wesentlichen Gemeinsamkeiten wurde die Nutzung von Internet-Protokollen durch Smartcards herausgestellt.

Einer der Verfasser hat auch mehrfach in Konferenzbeiträgen über InspireD und die Internet Smart Card berichtet, unter anderem:

[HiLM05] W. Hinz, A. Linke, L. Manteau: The Future of Smart Cards, Informations Security Solutions Europe (ISSE) 2005, 27.-29.10.2005, Budapest.

[HiSp06] W. Hinz, S. Spitz: Zur Sicherheit von neuen Chipkartenbetriebssystemen, D·A·CH Security 2006, 28.-29.03.2006, Düsseldorf.

[SpHi07] S. Spitz, W. Hinz: Internet-Sicherheit mit Security-Token, D·A·CH Mobility 2007, 17.-18.10.2007, Ottobrunn.

[Hinz98] W. Hinz: Network Connectivity mit der Internet Smart Card, 17. SIT-Smartcard-Workshop, 06.-07.02.2007, Darmstadt.

Step-Up Authentication in WebSphere Portal

Jan Paul Buchwald · Dieter Buehler · Matthias Falkenberg

IBM Deutschland Entwicklung GmbH
{jpbuch | buehlerd | mfalkenb}@de.ibm.com

Zusammenfassung

Das Einsatzgebiet von Portalsoftware bezieht häufig kritische Prozesse und Daten im unternehmerischen Kontext ein, was den zielgerichteten Einsatz von Authentifikationsstrategien erfordert. Jedoch besitzt das im Zuge der Authentifikation aufgebaute Vertrauensverhältnis unter Berücksichtigung verschiedener Authentifikationsmethoden eine entsprechend unterschiedliche Stärke. Daher ist ein Ausbau dieses Vorgangs zu einem komplexeren Mechanismus in Erwägung zu ziehen, der die jeweilig verwendete Authentifikationsmethode berücksichtigt. Portalressourcen erhalten eine eigenständige Definition ihres Schutzbedarfs, der sich in einer Authentifikationsstufe ausdrückt. Die einzelnen Authentifikationsstufen werden gemäß ihrer Stärke angeordnet, so dass der Benutzer nach Bedarf durch Vorweisen eines stärkeren Berechtigungsnachweises in eine höhere Stufe aufsteigen kann. Im vorliegenden Beitrag wird dieser Ansatz aufgegriffen und mögliche Lösungen anhand vom WebSphere Portal vorgestellt.

1 Überblick

Das WebSphere Portal stellt eine Reihe von Möglichkeiten der Authentifikation zur Verfügung und kann über externe Komponenten um zusätzliche Verfahren erweitert werden. Eine konkrete Portalinstallation wird letztendlich aber für ein bestimmtes Authentifikationsverfahren konfiguriert. Dies wird der grundsätzlichen Aufgabe von Portalen, Ressourcen zu aggregieren und einen zentralen, webbasierten sowie je nach Bedarf geschützten Ausgangspunkt für Zugriffe zu schaffen, in den meisten Fällen gerecht. Allerdings sind Szenarien denkbar, in denen eine einzelne Methode der Authentifikation nicht mehr ausreicht. In diesem Artikel wird dargestellt, wie WebSphere Portal um das Konzept der Step-Up Authentication als eine flexible Authentifikationslösung basierend auf den Sicherheitsbedürfnissen einzelner Ressourcen erweitert werden könnte, um auch die Anforderungen solcher Szenarien zu erfüllen.

Dazu stellt der vorliegende Beitrag zunächst das aktuelle Konzept der Authentifikation im WebSphere Portal vor und thematisiert welche neuen Anforderungen zu stellen sind. Es wird das grundsätzliche Konzept der Step-Up Authentication anschaulich anhand eines Beispiels besprochen und eine Abgrenzung zu themenverwandten Begrifflichkeiten vorgenommen. Zudem zeigt ein Abschnitt die Vorzüge der Step-Up Authentication gegenüber bisherigen Strategien auf. Ein weiteres Kapitel geht auf die Umsetzung im WebSphere Portal ein und arbeitet die Vorteile der Integration einer solchen Lösung heraus. Abschließend werden die gesammelten Erkenntnisse zusammengefasst, und es wird ein Ausblick auf potentielle Fortentwicklungen gegeben.

P. Horster (Hrsg.) · D•A•CH Security 2007 · syssec (2007) 296-304.

2 Motivation

2.1 Bisheriges Konzept der Authentifikation

Das WebSphere Portal ist als eine Web-Applikation im WebSphere Application Server verwirklicht und baut zum Zwecke der Authentifikation auf selbigem auf. Mehrere Möglichkeiten stehen zur Verfügung, um die Identität eines Anwenders zu verifizieren. Neben der formularbasierten Authentifikation, HTTP Basic Authentication gemäß RFC2617[1] und der Verwendung digitaler X.509 Client-Zertifikate kann darüber hinaus eine externe Authentifikationskomponente zum Einsatz kommen. Eine solche externe Komponente übernimmt dann die Aufgabe der Benutzerauthentifikation und gibt die verifizierte Benutzeridentität an das WebSphere Portal über einen so genannten Trust Association Interceptor (TAI) weiter. (vgl. [BUE06], S. 12-15 und [SUN06])

Die nachstehende Abbildung illustriert die obigen Aussagen und verdeutlicht dabei die Einstufigkeit des derzeitigen Ansatzes der Authentifikation im WebSphere Portal. Ein Benutzer wird so lange als anonym behandelt, bis der konfigurierte Authentifikationsmechanismus erfolgreich durchlaufen wurde. Mit Bezug auf dieses eingerichtete Verfahren der Benutzerauthentifikation ist entweder eine Kombination aus Benutzername und Passwort, ein X.509 Client-Zertifikat oder ggf. eine andere Form von Authentifikationsdaten erforderlich. Dem authentifizierten Anwender stehen dann entsprechend den mit der Benutzeridentität verknüpften Berechtigungen zusätzliche Ressourcen zur Verfügung.

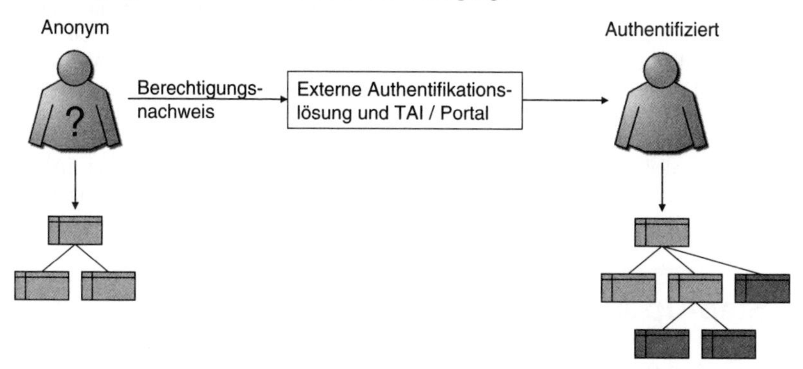

Abb. 1: Bisheriges Konzept der Authentifikation im WebSphere Portal

2.2 Neue Anforderungen

Die momentane Lösung des Vorgangs der Authentifikation im WebSphere Portal entspricht somit dem gängigen Vorgehen bei webbasierten Anwendungen und erfüllt die Ansprüche der meisten Portalszenarien. Allerdings sind Szenarien denkbar, in denen diese Lösung erweitert werden muss. Insbesondere zwei konkrete Anforderungen lassen sich identifizieren:

---

[1] http://www.ietf.org/rfc/rfc2617.txt

- **Simultane Unterstützung mehrerer Methoden der Authentifikation**: Im bisherigen Konzept ist eine simultane Unterstützung unterschiedlicher Authentifikationsmechanismen nicht vorgesehen. Simultan bezieht sich dabei zunächst nicht auf eine Mehr-Faktor-Authentifikation, sondern vielmehr darauf, dass die Anmeldung des Benutzers am Portal mit verschiedenen Arten von Berechtigungsnachweisen möglich ist, ohne zwischenzeitlich eine Neukonfiguration des Systems vornehmen zu müssen. Ob dabei mehr als eine Form von Authentifikationsdaten abgefragt wird, ist an dieser Stelle nicht wesentlich. Folglich bezieht sich die Anforderung darauf, dass bei der Einrichtung des Portals momentan eine Entscheidung für eine konkrete Methode der Authentifikation zu fällen ist. Ein Benutzer wird dann ausschließlich anhand der methodentypischen Berechtigungsnachweise identifiziert oder als anonym behandelt.
- **Definition von ressourcespezifischen Anforderungen an die Authentifikation**: Derzeit gibt es die Möglichkeit, das Portal durch eine konkrete Authentifikationsmethode zu schützen. Portalressourcen sind entweder durch genau diesen gewählten Mechanismus geschützt – wobei durch Steuerung der Zugriffskontrolle eine Differenzierung für Benutzer oder Benutzergruppen vorgenommen werden kann – oder auf Wunsch gänzlich ohne Authentifikation des Anwenders am Portal verfügbar. Diese binäre Differenzierung kann bei der Vielfalt bekannter Authentifikationsmethoden limitierend wirken. Unterschiedliche Bedürfnisse von Portalressourcen in Hinblick auf die Stärke des Vertrauensverhältnisses, das durch einen Authentifikationsvorgang mit einer konkreten Authentifikationsmethode aufgebaut wird, machen es erforderlich, die unterschiedlichen Merkmale der Mechanismen zu betrachten. Beispielsweise kann es für ein Bankportal ausreichen, der Übersicht eines Kontos eine formularbasierte Authentifikation voranzustellen. Um tatsächlich Transaktionen wie die Beantragung eines Darlehens abzuwickeln, könnte hingegen ein X.509 Client-Zertifikat verlangt werden, weil es eine stärkere Form des Identitätsnachweises darstellt. Der Ressourcenbegriff umfasst in diesem Zusammenhang sowohl die Seiten eines Portals als auch die Portlets, die darin aggregiert werden. Letztere besitzen gemäß dem Portlet-Standard JSR 168 (vgl. [ABD03]) zudem drei differente Portlet-Modi (Edit, Help, View). Hinzu kommen ggf. kundenspezifische Portlet-Modi. Eine separate Behandlung ist diesbezüglich ebenfalls anzustreben.

3 Step-Up Authentication

3.1 Das Konzept

Step-Up Authentication ist eine Erweiterung des gängigen Authentifikationskonzepts dahingehend, dass ein Anwender während einer Web-Sitzung in einer Hierarchie von Authentifikationsstufen aufsteigen kann. Diese Rangfolge bezieht sich auf konkrete Authentifikationsmechanismen, die entsprechend der Stärke des mit ihnen verbundenen Vertrauensverhältnisses aufgestellt wird. Die Authentifikationsstufen dienen ferner als Grundlage zur Definition der Bedürfnisse von Ressourcen, sodass ein Anwender zur Erlangung des Zugriffs stets mit einer ausreichend starken Authentifikationsmethode authentifiziert worden sein muss. Ist dies nicht der Fall, kann eine erneute Authentifikation angestoßen werden, um dem Benutzer das Aufsteigen in eine adäquate Authentifikationsstufe zu ermöglichen.

Zur anschaulichen Darlegung des Ansatzes der Step-Up Authentication sei das Beispiel in Abbildung 2 angeführt. Es illustriert wie ein Benutzer beim Zugriff auf ein Portal schrittweise verschiedene Stufen der Authentifikation durchläuft, weil die angefragten Portalressourcen steigende Ansprüche an die Stärke des Identitätsnachweises stellen.

Die Abbildung zeigt, wie die Folge von Requests vom Client an das Portal geschickt wird. Der graustufige Balken veranschaulicht den maximalen Schutzbedarf aller angeforderten Portalressourcen eines Requests. Zudem ist die jeweils aktuelle Authentifikationsstufe des Anwenders auf der rechten Seite der Abbildung notiert.

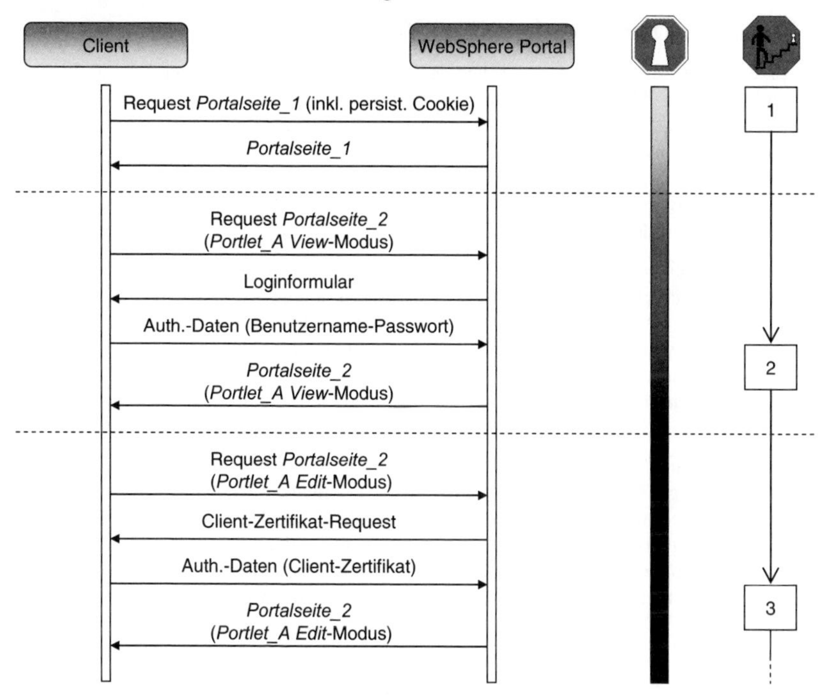

Abb. 2: Szenario der Step-Up Authentication

In der obigen Grafik ist zu erkennen, wie der Benutzer sukzessive in einer Hierarchie von Authentifikationsstufen aufsteigt und somit Zugriff auf die gewünschten Portalseiten mit den darin enthaltenen Portlets erlangt. Die notwendige Annahme für dieses Szenario ist, dass der Benutzer ausreichende Berechtigungen hinsichtlich der rollenbasierten Zugriffskontrolle besitzt, um die benannten Portalressourcen zu verwenden.

Portalseite_1 erfordert keine Authentifikation des Anwenders und wird sogleich an den Client ausgeliefert. Hingegen muss sich der Benutzer mit Namen und Passwort ausweisen, bevor *Portalseite_2* übertragen wird. Der hierbei verwendeten formularbasierten Authentifikation ist die numerisch ausgedrückte Authentifikationsstufe eins zugeordnet, in die der Anwender aufsteigt. *Portalseite_2* beinhaltet *Portlet_A*, das vorerst im View-Modus vorliegt.

Der anschließende Request geht gegen die gleiche Portalseite, bezieht sich jedoch auf den Edit-Modus des enthaltenen Portlets. Mit diesem ist eine höhere Anforderung an die Authentifikation verknüpft, sodass dem Anwender, obgleich er sich zuvor bereits erfolgreich ausgewiesen hat, abermals ein Berechtigungsnachweis abgefordert wird, der den Ansprüchen der adressierten Portalressourcen gerecht wird. Durch die Übertragung eines digitalen Client-Zertifikats erreicht der Anwender Stufe drei in der Hierarchie von Authentifikationsmethoden. Der Erfolg dieser erneuten Authentifikation führt zur Beantwortung des ursprünglichen Requests durch das WebSphere Portal.

3.2 Abgrenzung und weitere Aspekte

Hervorzuheben ist die Trennung zwischen der rollenbasierten Zugriffskontrolle und der Step-Up Authentication. Die rollenbasierte Zugriffskontrolle macht die Gewährung bestimmter Operationen auf Ressourcen von der Benutzeridentität abhängig, ungeachtet der genauen Authentifikationsmethode. Demgegenüber bezieht das hierzu orthogonale Konzept der Step-Up Authentication die Stärke der Authentifikationsmethode ein. Nur wenn das Vertrauen in die Korrektheit der Benutzeridentität ausreichend hoch ist und die notwendigen Zugriffsrechte mit dieser Benutzeridentität verknüpft sind, wird der Zugriff auf eine Ressource gebilligt.

Außerdem erscheint eine Abgrenzung zum Ansatz der Mehr-Faktor-Authentifikation zweckmäßig. Im Rahmen einer Mehr-Faktor-Authentifikation ist ein Anwender stets dazu angehalten, mehr als nur eine Art von Berechtigungsnachweis zu übermitteln. Im Gegensatz zu diesem Vorgehen erzwingt Step-Up Authentication lediglich eine ausreichend starke Authentifikation, die sich aus einer Hierarchisierung von Authentifikationsmethoden und den Anforderungen der gewünschten Ressourcen ergibt. Eine Authentifikationsstufe kann jedoch selbstverständlich als eine Mehr-Faktor-Authentifikation implementiert sein.

Ist eine zusätzliche Authentifikation tatsächlich erforderlich, wird eine potentiell vorhandene HTTP Session nicht beendet, sondern besteht über verschiedene Authentifikationsstufen fort. Das bedingt die Notwendigkeit, einen Schutzmechanismus in das Konzept der Step-Up Authentication zu integrieren, der einen Abgleich der Benutzeridentitäten im Rahmen eines Aufstiegs zu einer höheren Authentifikationsstufe realisiert. Dadurch wird die Verwendung von Berechtigungsnachweisen unterschiedlicher Benutzer innerhalb einer HTTP Session unterbunden.

Schließlich muss die gegensätzliche Gangrichtung, ein Step-Down, in der konzeptuellen Erläuterung des Step-Up Authentication Mechanismus Erwähnung finden, denn es stellt sich die Frage, was passiert, wenn eine einst erreichte Authentifikationsstufe ihre Gültigkeit verliert. Das kann im Zusammenhang mit einem Logout geschehen, oder weil eine für eine konkrete Authentifikationsstufe kontinuierlich durchgeführte Überprüfung plötzlich fehlschlägt. In ersterem Fall kann der Logout-Mechanismus so erweitert werden, dass die Authentifikationsstufe für den sich abmeldenden Benutzer auf einen definierten Wert heruntergesetzt wird, im Beispiel oben etwa die Stufe 1. Im Fall des Fehlschlagens einer Überprüfung muss die Hierarchie der Authentifikationsstufen ausgehend von der zuletzt gültigen in absteigender Folge erneut geprüft werden, bis eine erfolgreiche Überprüfung die momentan gültige Stufe ergibt.

3.3 Vorteile beim Einsatz von Step-Up Authentication

Mit dem WebSphere Portal richtet sich die IBM an Unternehmen, die mit diesem Produkt Geschäftskunden in interne Abläufe integrieren, Endkunden ansprechen und ihren Mitarbeitern eine zentrale, webbasierte Lösung für den Arbeitsalltag bereit stellen. Die Authentifikation ist ein essentieller Bereich der Portalsicherheit und stellt gleichzeitig auch einen Problembereich dar, der in Abhängigkeit vom tatsächlichen Einsatzgebiet mehr oder weniger Aufmerksamkeit in Anspruch nimmt.

Es besteht die verständliche Forderung nach sicheren Authentifikationsmethoden als Bestandteil eines Sicherheitskonzepts für die Portalnutzung. Jedoch existieren gravierende Unterschiede der Authentifikationsmethoden. Zu berücksichtigen sind Aspekte wie:

- Einfachheit der Verwendung,
- Implementierungskosten,
- Integrationsfähigkeit und Interoperabilität mit aktuellen und zukünftigen Lösungen,
- Rechtliche Regulierungen,
- Resistenz gegen Angriffe (z.B. Phishing, Pharming, Sniffing),
- Skalierbarkeit,
- Unterhaltskosten und
- Verlässlichkeit.

Daher kann eine Strategie, die eine einzelne Authentifikationsmethode über das gesamte Portal spannt, nicht für alle Szenarien als zweckdienlich betrachtet werden. Die Sicherheit muss gewährleistet sein, ohne die Anwender bei jedem Zugriff mit unangemessenen Hürden zu konfrontieren und unangemessene Kosten für den Aufbau und den Unterhalt der zugrunde liegenden Infrastruktur zu verursachen.

Eine Handlungsempfehlung ist die Umsetzung des flexiblen Step-Up Authentication Ansatzes. Da es sich zunächst um ein implementierungsunabhängiges Konzept für die Authentifikation handelt, kann es vorerst kostenneutral in die Planung eines Unternehmens aufgenommen werden. Eine konkrete Implementierung, wie sie im Abschnitt 4.2 (S. 303) anhand des WebSphere Portals angedeutet wird, stellt dann die Verknüpfung zwischen verfügbaren Ressourcen und expliziten Authentifikationsmechanismen her. Ist diese Umsetzung wie im vorliegenden Fall als Framework konzipiert, bietet sie zugleich eine adäquate Erweiterbarkeit, sodass ein etappenweiser Ausbau um weitere Authentifikationsmethoden realisierbar ist. Somit ist langfristig eine Anpassung an den technologischen Fortschritt und das technische Verständnis der Anwender erzielbar.

4 Gestaltung des Ansatzes im WebSphere Portal

4.1 Problemstellung externer Authentifikationslösungen

Im Abschnitt 2.1 (S. 297) ist erwähnt, dass neben den Authentifikationsmechanismen, die das WebSphere Portal in Verbindung mit dem WebSphere Application Server selbst bietet, auch eine externe Komponente die Aufgabe der Benutzerauthentifikation übernehmen kann. Am Markt existieren auch bereits Produkte, die eine Step-Up Authentication für Web-Ressourcen realisieren, und es ist zu klären, warum dennoch eine explizite Integration von Step-Up Authentication in das WebSphere Portal sinnvoll ist, die sich auf Portalseiten sowie Portlets samt Portlet-Modi erstreckt.

Die Ursache, weshalb nicht alle Portalszenarien unter Einsatz einer externen Authentifikationslösung umgesetzt werden können, liegt in der Art und Weise der Unterscheidung von Webressourcen anhand der URLs. Portale sind sehr dynamisch. Durch Personalisierung können Portaloberflächen verschiedener Anwender mitunter ebenso verschieden aussehen und unterschiedliche Portlets in wiederum unterschiedlichen Portletmodi aggregieren. Dieser Umstand macht es unmöglich, vorherzusagen, welcher URL zu einem bestimmten Zeitpunkt auf welche genauen Ressourcen zeigt. Abbildung 3 veranschaulicht den Aufbau eines URLs im WebSphere Portal.

```
Protokoll://Hostname:Port/Requestpfad

Requestpfad:
Kontextpfad/Servletpfad/Pfadinformationen

Pfadinformationen:
Codec-Bezeichner/Basisstatus/Delta-Codec-Bezeichner/Statusdelta

Beispiel:
http://localhost:10038/wps/myportal/!ut/p/kcxml/04_Sj9SPykssy0xPLMnMz0vM0Y_
QjzKLN4g3MjT0AclB2d76keiijkhCvh75ualAiUhzoIiha7CZflROanpicqV_sL63foB_QW5oRH
m_oyIAoq5KWQ!!/delta/base64xml/L0lJSklncFNpbEEhIS9JRGpBQUF4QUFFUkNRc1NLU2ch
IS80SVVHUllRcU5FekNVYUEhLzZfMF8yMTFNLzdfMF8xRVNIL24!?
```

Abb. 3: Aufbau eines URLs im IBM Websphere Portal[2]

In dem gezeigten Aufbau eines URLs bezieht sich der Basisstatus auf den aktuellen Zustand aller Fragmente der momentanen Seite. Das Statusdelta trifft indes eine Aussage darüber, wie sich Fragmente bezogen auf den Basisstatus verändern, wenn der URL für einen Request benutzt wird. (vgl. [BEH06])

Eine weitere Möglichkeit, solche Szenarien mit Hilfe einer externen Authentifikationskomponente zu lösen, wäre die Verwendung mehrerer so genannter virtueller Portale. Virtuelle Portale stellen separate Portalinstanzen innerhalb einer WebSphere Portal Installation dar, die jeweils durch einen eindeutigen Präfix in den URLs angesprochen werden (z.B. .../wps/portal/virtualportal1 oder .../wps/portal/virtualportal2). In der externen Authentifikationslösung könnte nun für jeden Präfix ein bestimmter Authentifikationsmechanismus definiert werden, womit alle Seiten des entsprechenden virtuellen Portals durch diesen Mechanismus geschützt wären. Dies ist jedoch mit der Einschränkung verbunden, dass nur komplette Portalseiten geschützt werden können. Außerdem hat diese Lösung den Nachteil zur Folge, dass man sich de facto für jede Authentifikationsstufe in einem anderen Portal bewegt und somit beim Auf- oder Abstieg einer Stufe einen Wechsel der Navigation und des Kontexts in Kauf nehmen muss.

Als Konsequenz gelingt es mit einer externen Authentifikationslösung nicht oder nur mit Einschränkungen und hohem Aufwand, feingranulare Differenzierungen auf der Ebene von Portalseiten oder gar Portlets vorzunehmen. Eben dieser Umstand bedingt den Wunsch nach ei-

[2] Quelle: Nach [BEH06], eigene Darstellung

nem Framework, das in das WebSphere Portal integriert ist und exakt die Ressourcen kennt, die ein Benutzer in einem Request anfordert und auf die gemäß Autorisierung Zugriffsrechte bestehen.

4.2 Technische Integration

Die nachstehende Abbildung veranschaulicht, welche Komponenten in das WebSphere Portal aufzunehmen sind, um die Step-Up Authentication zu integrieren. Eine Gruppierung erfolgt hinsichtlich der Aufgaben Konfiguration und Kontrolle, die im Anschluss an die Grafik näher erläutert werden.

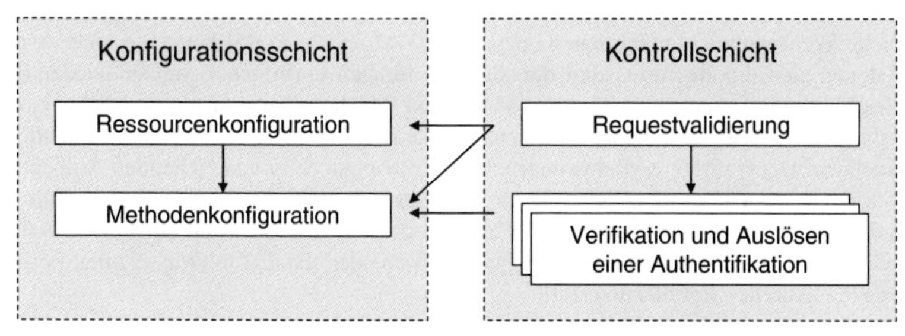

Abb. 4: Komponenten zur Umsetzung der Step-Up Authentication

Die Step-Up Authentication basiert auf einer Definition von ressourcenspezifischen Anforderungen an die Authentifikation. Diese Ressourcenkonfiguration ist eine von der Autorisierung unabhängige ressourcenbezogene Richtlinie. Die darin enthaltenen Regeln repräsentieren die Mindestanforderungen, die Portalressourcen an die Stärke des Vertrauensverhältnisses stellen, das durch einen konkreten Authentifikationsmechanismus aufgebaut wird. Des Weiteren werden die unterstützten Authentifikationsmethoden in eine Hierarchie von Authentifikationsstufen eingegliedert, die eine eindeutige Aussage darüber zulässt, ob sich ein Anwender wiederholt, jedoch mit einer stärkeren Authentifikationsmethode anmelden muss. Die Methodenkonfiguration aus Abbildung 4 umfasst darüber hinaus Parameter, die dem Einrichten konkreter Authentifikationsverfahren dienen.

Neben dem Bereich der Konfiguration wird eine Kontrollschicht für die Verarbeitung von Requests benötigt. Sie integriert sich so in das WebSphere Portal, dass mit jedem eingehenden Request eine Prüfung dahingehend durchgeführt wird, welche Ressourcen adressiert werden. Bei diesem Vorgang werden lediglich diejenigen Ressourcen berücksichtigt, auf die der Anwender gemäß Zugriffskontrolle zugreifen darf. Auf Basis der Daten aus der Konfigurationsschicht werden dann die benötigte Authentifikationsstufe sowie die zuständige Komponente zu deren Verifikation ermittelt. Diese Bestandteile der Kontrollschicht ermöglichen die Unterstützung konkreter Authentifikationsmethoden. Sie übernehmen die Verifikation, ob die Anforderungen an eine bestimmte Authentifikationsstufe erfüllt sind und können ggf. die erforderliche Authentifikation auslösen.

5 Ergebnisse und Ausblick

Der vorliegende Beitrag hat die Idee einer schrittweisen Benutzerauthentifikation aufgegriffen und in eine Portallandschaft am Beispiel des WebSphere Portals übertragen. Es wurde aufgezeigt, welche Szenarien der Step-Up Authentication dort ermöglicht werden, und welche Erfordernisse dies mit sich bringt. Insbesondere ist an eine zusätzliche Konfiguration von Portalseiten und Portlets differenziert nach ihren Portlet-Modi zu erinnern, die sich auf eine Rangliste von Authentifikationsmethoden bezieht. Damit ist es der Implementierung des Step-Up Authentication Mechanismus im WebSphere Portal möglich, die folgenden Fragen zu beantworten und adäquat zu reagieren, z.B. durch das Auslösen einer erneuten Authentifikation:

- Wie fand dic Authentifikation statt?
- Als wie sicher ist die verwendete Methode eingestuft?
- Reicht die derzeitige Stufe für den Zugriff auf die gewünschten Ressourcen aus?

Mögliche Weiterentwicklungen des Konzepts im WebSphere Portal betreffen viele Aspekte, unter denen sich die Beeinflussung der Anzeige für den einzelnen Benutzer wieder findet. Vergleichbar zur Anzeige von Portalressourcen in Abhängigkeit von den tatsächlichen Berechtigungen eines Anwenders ist es denkbar, diese Abhängigkeit auf Step-Up Authentication auszudehnen. Demzufolge entfiele zunächst das Erzwingen einer ausreichenden Authentifikationsstufe, und es würden die Portalressourcen ausgeliefert, deren Anforderungen erfüllt sind. Zusätzlich wäre es einem Anwender über einen separaten Hyperlink auf der Portaloberfläche möglich, einen Authentifikationsvorgang auszulösen, der die Erfordernisse aller Portalressourcen der aktuellen Portalseite erfüllt.

Daneben ist denkbar, auch gesamte Portlet Applications zu Gunsten einer vereinfachten Konfiguration in einer Step-Up Authentication Richtlinie zu erfassen. Dadurch fiele die separate Konfiguration jedes einzelnen Portlets hinsichtlich der benötigten Authentifikationsstufe weg. Noch einen Schritt weiter geht die Vorstellung, Kombinationen von Portalseiten und Portlets innerhalb einer so genannten „Composite Application" als eine konfigurierbare Instanz zu betrachten.

Literatur

[ABD03] A. Abdelnur, S. Hepper: Java Portlet Specification – Version 1.0. Java Community Process (JCP). http://jcp.org/aboutJava/ communityprocess/final/ jsr168 (Zugriff am 11.12.2006, Letzte Änderung am 07.10.2003).

[BEH06] S. Behl, S. Hepper, S. Koch, C. Leue: Exploiting the WebSphere Portal 5.1.0.1 programming model: Part 2: Advanced URL generation. developerWorks. http://www.ibm.com/developerworks/websphere/library/techarticles/0603_ behl/ 0603_ behl.html (Zugriff am 16.12.2006, Letzte Änderung am 08.03.2006).

[BUE06] D. Buehler, T. Hurek, I. Schuster, F. Seliger (2006): IBM WebSphere Portal V5.1 Security Overview. developerWorks. http://www.ibm.com/ developerworks/ websphere/library/techarticles/0511_buehler/0511_buehler.html (Zugriff am 12.12.2006, Letzte Änderung am 02.11.2005).

[SUN06] Sun: Understanding Login Authentication. java.sun.com. http://java.sun.com/ j2ee/1.4/docs/ tutorial/doc/Security5.html (Zugriff am 15.01.2007).

Zulassungs-Management für Backend-Zugriffe durch Portale

Peter Huber · Michael Watzl · Andreas Feldner

TESIS SYSware GmbH
{peter.huber | michael.watzl | andreas.feldner}@tesis.de

Zusammenfassung

Zusammenarbeit über Unternehmensgrenzen hinweg ist ein Trend, der zunehmend an Bedeutung gewinnt – Stichwort „Business to Business Integration/Collaboration". Der Trend wirft seine ganz eigenen Fragestellungen auf – Fragestellungen, zu denen verschiedene Antworten existieren. Unter anderem sind diverse IT-bezogene, technische Standards in diesem Umfeld entstanden. Jedoch zeigt sich in der Umsetzung, dass neben technischen Dingen gerade auch Fragen der Organisation eine Rolle spielen. Wir zeigen einen Ansatz, der auf bewährten Technologien beruht und der die organisatorische Komplexität minimiert. Er zielt darauf ab, sich nahtlos in die bestehende Infrastruktur und Prozesse einzureihen, ohne weit reichende Änderungen zu erfordern.

1 Einleitung und Problemstellung

Dateiserver spielen eine zentrale Rolle bei Collaboration-Plattformen: Über das common internet file system (CIFS, auch als SMB bekannt) lassen sich Verzeichnisse auf Dateiservern freigeben. Unter solchen Freigaben können Verzeichnishierarchien mit gruppenbasierter Berechtigungsverwaltung etabliert werden, die dann als gemeinsame Dateiablagen - oder virtuelle Projekträume - die Zusammenarbeit von weltweit verteilten Teams unterstützen. Vollwertige Dokumenten-Management-Systeme oder Content-Management-Systeme sind oft in Portal-Systeme integriert. Sie unterstützen die Verwaltung umfangreicher elektronischer Dokumente in unterschiedlichen Formaten. Dabei werden neben der reinen Ablage von Dokumenten weitere Funktionalitäten wie Versionierung oder Archivierung bereitgestellt. Die Praxis zeigt jedoch, dass in bestimmten Szenarien „einfache Projektlaufwerke" (Unterverzeichnisse freigegebener Verzeichnisse) gegenüber umfangreichen Collaboration-Plattformen bevorzugt werden. Dabei werden auch funktionale Einbußen in Kauf genommen.

Der Zugriff via CIFS ist nicht für alle Benutzergruppen und Anwendungsfälle geeignet: Beispielsweise sind CIFS-Zugriffe aus dem Internet aus Sicherheitsgründen unerwünscht bzw. nicht akzeptabel. Bei B2B-Projekten stammen die Projektmitglieder aber aus unterschiedlichen Unternehmen. Ebenso existiert auch bei virtuellen Teams kein gemeinsames „internes Netz", das durch eine Firewall schützbar wäre. Um trotzdem die Freigaben auf Dateiservern als virtuelle Team- und Projekträume nutzen zu können, bietet sich die Bereitstellung von Inhalten über ein Web-Portal für berechtigte und ausreichend stark authentifizierte Nutzer an. Beim Einsatz eines Web-Portals lassen sich auch Aspekte aus dem Federated Identity-Management anwenden, um die Verwaltungsaufwände des unternehmensübergreifenden Ansatzes in Grenzen zu halten – z. B. durch den Einsatz einer Liberty-Alliance-Architektur.

P. Horster (Hrsg.) · D•A•CH Security 2007 · syssec (2007) 305-313.

2 Portal-Zugriffe auf Backend-Systeme

Portal-Architekturen bieten verschiedene Möglichkeiten, um einen Single-Sign-On-Zugriff auf Backend-Systeme wie beispielsweise einem Dateiserver zu gewähren. Diese Möglichkeiten werden in den folgenden Abschnitten dargestellt.

2.1 Single Sign-On und Identity Federation

Leider gibt es hier keinen einzelnen Industriestandard, der alle Föderationsanforderungen erfüllt. Neben Security-Tokens zur Beschreibung von Identitäten werden auch Protokolle zum Austausch dieser Security-Tokens sowie Verfahren zur Beschreibung von Vertrauensstellungen zwischen Identity-Providern benötigt. Die einschlägigen Standards lauten:

- SAML: Die Security Assertion Markup Language liegt derzeit in der Version SAML 2.0 vor und stellt wahrscheinlich den wichtigsten gegenwärtig unterstützten und implementierten Föderationsstandard dar. Mit den SAML-Assertions wird web-basierte Föderation ermöglicht (s. [SAML]).
- Liberty Alliance: Mit mehr als 150 Unternehmen – darunter Sun, IBM, CA, Novell – hat dieser Ansatz eine breite Unterstützung in der Industrie. Das Liberty Identity Federation Framework (ID-FF) besitzt zwei wesentliche Funktionen: Identity Federation und Single Sign-On. ID-FF setzt inzwischen auf SAML 2.0 auf (s. [LA]).
- WS-Federation: Web Services Federation Language (WS-Federation) ist eine gemeinsam von IBM, Microsoft, BEA, Verisign und RSA Security entwickelte Spezifikation. Durch die Unterstützung von Microsoft und die Umsetzung der Active Directory Federation Services (ADFS) im Windows Server 2003/R2 ist dieser Standard besonders interessant (s. [WS-Fed])
- WS-Security: Dieser OASIS-Standard definiert, wie Signatur- und Verschlüsselungs-Header in XML-Nachrichten eingebettet werden. Über Profile lassen sich verschiedene Typen von binären Tokens und XML-Security-Tokens in WS-Security-Header einfügen. Damit werden dokumentbasierte Föderationsszenarien denkbar (s. [WS-Sec]).

Login-Credentials (SSO-Tickets, SAML-Assertions, etc.) werden vom Web-Portal an das Backend-System weitergegeben. Damit wird der Web-Portal Benutzer am Backend-System authentifiziert.

Der elegante Ansatz der Identity Federation scheitert oft an fehlenden gemeinsam unterstützten Standards oder an fehlender Interoperabilität. Lokale SSO-Protokolle wie Kerberos scheiden aufgrund der internetweiten Nutzung ebenfalls aus. Außerdem zeigt [MÜNC06], dass in einer Vielzahl von Fällen nach wie vor die Authentifizierung via Konto-ID und Passwort anzutreffen ist, sprich die IT-Systeme nicht auf Föderation vorbereitet sind.

2.2 Ein privilegiertes Credential für alle Zugriffe

Bei diesem Ansatz wird dem Web-Portal ein Credential zur Verfügung gestellt, welches das Portal zu einer privilegierten Anmeldung auf dem Backend-System verwendet.

Der Zugriff über ein privilegiertes Credential verschiebt die Berechtigungsverwaltung für die virtuellen Team- und Projekträume auf das Portal, da man über das privilegierte Credential auf alle Projekträume (Verzeichnisse auf dem Dateiserver) ohne Einschränkungen zugreifen kann. Daher muss das Portal entscheiden, welcher Benutzer welche Dateien sehen darf.

Das ist problematisch und mit hohem Risiko behaftet, da hier die erforderlichen Funktionen und Workflows für die Berechtigungsverwaltung fehlen. Sie müssen in der Portal-Software nachgebildet werden. Fehler in der Berechtigungsverwaltung auf Portal-Ebene führen schlimmstenfalls bei einem unternehmensübergreifenden Service dazu, dass unternehmensfremde Personen sensible Daten unautorisiert einsehen können.

Natürlich müssen bei diesem Ansatz die Credential-Daten – etwa das Tupel (Konto-ID, Passwort) – für das Portal erreichbar gespeichert werden. Die Speicherung muss besonders in diesem Fall nachweisbar sicher geschehen, um einen unbefugten Zugriff auf die hochsensiblen Credential-Daten zu verhindern. Außerdem steigt mit jeder Kopie eines (privilegierten) Credentials der Aufwand für eine Änderung, etwa folgend einer Passwort-Policy, da sämtliche Kopien nachgezogen werden müssen. Das trifft auch auf den nächsten Punkt zu.

2.3 Durch den Benutzer hinterlegte Credentials

Bei diesem Szenario besitzen die Portal-Benutzer neben dem Portal-Konto auch Konten auf den Backend-Systemen. Die Credentials zu diesen Konten werden von den Benutzern selbst im Portal hinterlegt. Das Passwort-Management obliegt hier also komplett den Benutzern.

Der Zugriff mit vom Benutzer selbst hinterlegten Credentials, ist aus sicherheitstechnischer Sicht vorteilhaft: Diese Credentials dienen nicht nur der Authentifizierung am Dateiserver, auch die Autorisierung und das Accounting[1] erfolgen mit Hilfe der Standardmechanismen von NTFS und Active Directory. Als nachteilig erweist sich jedoch, dass unternehmensfremde Personen Konten und Berechtigungen auf den unternehmenseigenen Backend-Systemen (Dateiserver, Active Directory) benötigen. Zudem wird das Zulassungs-Management komplett dem Anwender auferlegt – insbesondere die Behandlung vergessener Passwörter, gesperrter Konten oder gar vergessener Konto-IDs muss hier mit abgedeckt und in die Betriebskosten eingerechnet werden.

Der Zugriff für die unternehmensfremden Kollegen (B2B-User) sollte transparent erfolgen – mit einmaliger Authentifizierung am Portal. B2B-User sollen keine Kenntnis über ihnen zugeordnete Active-Directory-Konten besitzen.

2.4 Zugriff mit Pseudonym-Konten

Ein weiterer Ansatz wurde im Rahmen eines Industrieprojekts für einen Automobilhersteller konzipiert und mit Hilfe eines Credential-Management-Systems (Credential-Vault) und einer Provisionierungskomponente implementiert. Das System ist seit 01.06.2005 beim Kunden produktiv im Einsatz. Am Ende von Q1/2007 wurde der Service von über 7000 Anwendern mit stark steigender Tendenz weltweit genutzt.

Konten und Berechtigungen auf den Backend-Systemen (Active Directory, Dateiserver) werden durch diese Lösung, basierend auf einem Rollenkonzept, transparent eingerichtet. Diese Konten bezeichnen wir als Pseudonym-Konten, da der Benutzer sie nicht direkt einsetzt. Der B2B-Endanwender aus dem Internet hat keinen direkten Zugriff auf die Backend-Landschaft. Er hat keine Kenntnis über die Struktur der Backend-Landschaft und über die ihm 1:1 zugeordneten Pseudonym-Konten. Dieser Ansatz lässt sich sehr gut mit Identity Federation zum

[1] Wir verwenden den Begriff „Accounting" im Sinne von Zurechnung von Aktionen zu einem Konto.

unternehmensübergreifenden Single Sign-On kombinieren. Im Folgenden werden die Architektur und die Funktionsweise dieses Ansatzes erläutert.

3 Architektur der Lösung

Der beschriebene Ansatz ist mit folgenden Komponenten realisiert, Abbildung 1 zeigt einen groben Überblick über die Architektur:

- Web-Portal mit Web-Access-Management-Lösung
- Web-Anwendung für den Zugriff auf Dateiserver-Ressourcen
- Credential-Vault, der die Pseudonym-Credentials für die B2B-Anwender verwaltet
- Provisionierungs-Komponente, die die Pseudonym-Konten im Active Directory pflegt und auf den Dateiserver-Ressourcen berechtigt
- Active Directory für die Authentifizierung und die Verwaltung von Sicherheitsgruppen
- Dateiserver

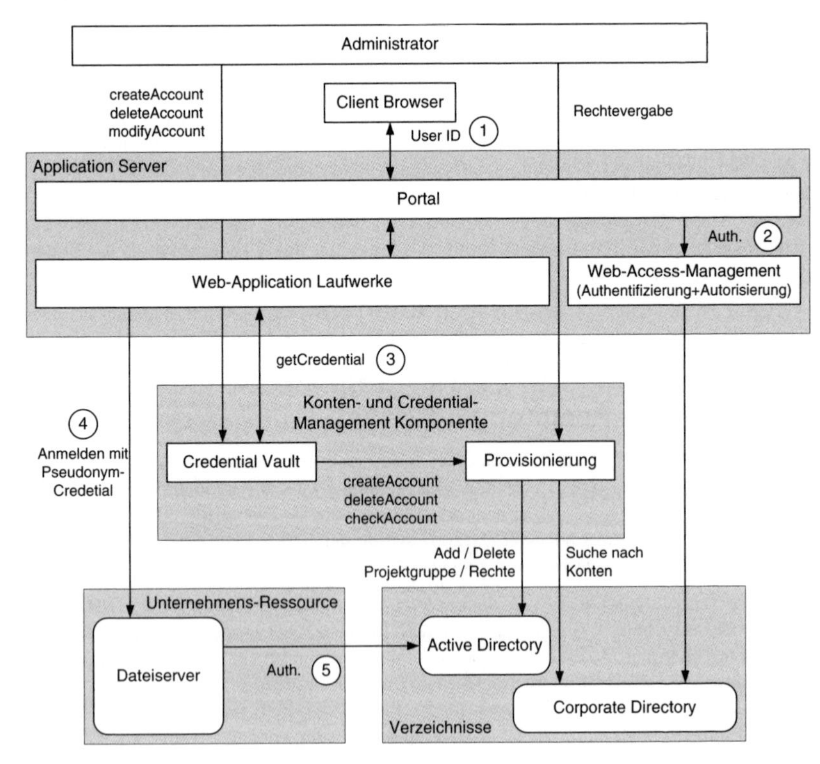

Abb. 1: Bausteine der Lösung

3.1 Zugriff via CIFS aus dem internen Netz

Der interne Nutzer verbindet sich den virtuellen Projektraum „ganz normal" als Netzlaufwerk und hat entsprechend der im NTFS gesetzten Rechte Zugriff auf Daten. Durch die in Windows integrierte Kerberos-Authentifizierung ist bei entsprechenden Trust-Stellungen keine erneute Authentifizierung am Dateiserver nötig.

3.2 Zugriff via Web-Portal aus dem Internet

Der externe Nutzer meldet sich über das Intranet oder über das Internet am Portal mit seiner Portal-Kennung an (Primäranmeldung, siehe Punkt 1 in Abbildung 1). Die Web-Access-Management-Komponente übernimmt hier die Authentifizierung gegen geeignete Backend-Systeme oder die Verifikation mit Identity-Federation-Methoden (Punkt 2).

Die Autorisierung erfolgt in einer ersten Stufe anhand von zugewiesenen Portal-Rollen. Besitzt der Anwender die Rolle „Projektraum", so hat er Zugriff auf die Portal-Anwendung zum Zugriff auf den Dateiserver.

- Die Portal-Anwendung übersetzt die Konto-ID aus der Primäranmeldung mit Hilfe des Credential-Vaults in ein Pseudonym-Credential. Die technische Kopplung zwischen Portal und Vault erfolgt lose auf Basis von beidseitig TLS-authentifizierten Webservices (s. Punkt 3).
- Die Portal-Anwendung meldet sich mit dem Pseudonym-Credential am entsprechenden Dateiserver an (nachgelagerte Anmeldung, s. Punkt 4). Der Dateiserver leitet die Anmeldung an das Active Directory weiter.
- Die Portal-Anwendung scannt, welche Verzeichnisse im Berechtigungskontext des Pseudonym-Credentials gelesen werden können und zeigt diese dem Nutzer im Portal an.
- Der Nutzer arbeitet interaktiv mit der Portal-Anwendung und kann Dateien über die Browser-Schnittstelle auf dem Dateiserver einsehen, modifizieren und ablegen.

3.3 Berechtigungs-Management für interne Zugriffe

Interner Zugriff bedeutet, dass in diesem Fall interne Mitarbeiter aus dem Intranet heraus auf den Dateiserver zugreifen.

Die internen Mitarbeiter haben alle ein Active Directory Konto, das sie für ihre tägliche Arbeit nutzen. Im Folgenden verwenden wir für dieses Konto den Begriff „Basis-Konto" zur Abgrenzung vom Begriff „Pseudonym-Konto".

Zur Verwaltung der Berechtigungen auf dem Dateisystem wird eine bereits bestehende Web-Anwendung eingesetzt. Um den Umgang mit dem komplexen Berechtigungssystem zu vereinfachen, bietet diese Anwendung nur die Abstufungen „Lesen", „Ändern" und „Administration". Technische Details bleiben dem Anwender verborgen.

Die organisatorische Verwaltung der Berechtigungen erfolgt nicht zentral, sondern auf der Ebene von „Projekten". Das bedeutet, ein Projekt hat einen Verantwortlichen (mit Stellvertretern). Dieser Verantwortliche kümmert sich darum, die entsprechenden Basis-Konten der Projektteilnehmer für bestimmte Verzeichnisse zu berechtigen. In einer stark projektgetriebenen Organisation hat der dezentrale Ansatz große Vorteile, da die Entscheidungen dort getroffen werden, wo die Anforderungen dazu auftreten. Das führt zu mehr Sicherheit, beispielsweise durch weniger hängen gebliebene Berechtigungen für Mitarbeiter, die nicht mehr an einem Projekt teilnehmen.

3.4 Berechtigungs-Management für Internet-Zugriffe

Das Berechtigungs-Management beschäftigt sich in diesem Punkt mit den zwei Schichten „Portal“ und „Dateisystem“. Es betrifft größtenteils, wenn auch nicht ausschließlich, die externen Mitarbeiter. Man unterscheidet drei Berechtigungsebenen:

- **Zugriff auf das Portal:** Durch diese Berechtigung erhält der externe Benutzer ein Konto im Corporate Directory. Mit diesem Konto kann er das Portal nutzen. Die Einrichtung dieses Kontos erfolgt durch einen bereits bestehenden Prozess, der insbesondere die Abläufe zwischen Partnerorganisationen und internen Sponsoren regelt. Hier mussten keine neuen Strukturen etabliert werden. Das Projekt fügte sich somit nahtlos in die bestehenden Strukturen und Prozesse ein.
- **Zugriff auf die Portal-Anwendung „Projekträume“:** Diese Berechtigung bekommt der Mitarbeiter durch die Vergabe einer Rolle im Corporate Directory. Anhand dieser und ähnlicher Rollen blendet das Portal Anwendung für den Benutzer ein. Diese Rolle wird über einen bereits zuvor etablierten Prozess vergeben. Es gilt dasselbe, wie für den vorangegangenen Punkt: bestehende Strukturen wurden genutzt. Hinzu kommt aber an dieser Stelle die automatische Einrichtung eines Pseudonym-Kontos im Active Directory. Diese erfordert keine weitere manuelle Interaktion und erfolgt für den Endbenutzer transparent (s. [KUPP04])
- **Zugriff auf das Dateisystem:** Diese Ebene wird genau wie im Kapitel 3.3 „Berechtigungs-Management für interne Zugriffe“ beschrieben behandelt, mit dem Unterschied, dass hier vom Projektverantwortlichen Rechte für Pseudonym-Konten vergeben werden. Um die Berechtigung einfacher zu machen, wird an der Oberfläche der Berechtigungsvergabe nicht die Konto-ID eines Pseudonym-Kontos angezeigt. Stattdessen wird über Namen, Vornamen und Konten-Art ein Konto ausgewählt. „Kontoart“ erlaubt die Unterscheidung von Pseudonym-Konten und Basis-Konten. Durch einen automatischen Abgleich bleiben diese Daten stets aktuell und konsistent (s. Kapitel 3.5 „Pflege der Pseudonym-Konten“).

Für interne Mitarbeiter besteht die Option, einen Portal-Zugang mit Rollen zu bekommen. Das heißt im Fall der virtuellen Teamräume auch, dass sie ein Pseudonym-Konto zusätzlich zu ihrem Basis-Konto im Active Directory bekommen.

Für die Verantwortlichen eröffnet sich somit die Möglichkeit, sowohl die externen als auch die internen Projektmitarbeiter über das Portal zu leiten – sie vergeben einfach nur Berechtigungen für Pseudonym-Konten. Somit können erweiterte Funktionen der Portal-Anwendungen (wie das Versenden von E-Mail Benachrichtigungen beim Upload einer Datei) sicher greifen. Dieser Weg bietet sich beispielsweise für interne Mitarbeiter an, die oft reisen und von unterwegs auf die Daten zugreifen müssen.

3.5 Pflege der Pseudonym-Konten

Die Pseudonym-Konten im Active Directory werden automatisch hinsichtlich Datenkonsistenz und Sicherheit gepflegt. Das bedeutet im Einzelnen:

- Die Verwaltungskomponente ändert zyklisch (derzeit alle zwei Tage) das Passwort für die Pseudonym-Konten und erschwert dadurch den Missbrauch dieser Konten.
  Ausblick: Zur weiteren Erhöhung der Sicherheit ist ein „Ausleihen-Nutzen-Freigeben-Ändern" Ablauf denkbar, der nach jeder Sitzung – mit der Freigabe der Zulassung durch die Portal-Anwendung – die Änderung des Passworts durchführt.
- Ist die Passwortänderung fällig, prüft die Verwaltungskomponente im Corporate Directory, ob das Konto dort noch existiert und eine relevante Rolle besitzt (virtuelle Teamräume, etc.). Ist dies nicht der Fall, wird das zugehörige Pseudonym-Konto aus dem Active Directory gelöscht.
  Ausblick: Wird das Löschen von Konten durch ein Archivieren ersetzt (Verschieben + Deaktivieren) können unter anderem auch später noch Zugriffe über das Boardmittel „Dateisystemüberwachung" ihren Verursachern zugeordnet werden.
- Die Verwaltungskomponente prüft zyklisch die Konsistenz der Stammdaten zwischen dem Konto im Corporate Directory und dem Pseudonyom-Konto im Active Directory. Für relevante Stammdaten (Name, Abteilung, etc.) wird eine Änderung ins Active Directory übernommen.

4 Zusammenfassung der Vorteile der Lösung

In diesem Projekt wurden unterschiedliche Anforderungsbereiche optimal abgedeckt:

4.1 Automatisierung von IT- und Geschäftsprozessen

Bei der Umsetzung konnte ein hoher Automatisierungsgrad erreicht werden. Sämtliche zusätzlichen Prozesse laufen ohne manuelle Interaktion zeitgesteuert ab. Nach der Vergabe der Rolle zum Zugriff auf die Projekträume Webanwendung kann der Benutzer am nächsten Tag bereits darauf zugreifen.

4.2 IT-Sicherheit

Die Lösung bringt ein hohes Maß an Sicherheit. Dies wurde durch folgende Maßnahmen und Punkte erreicht:

1. An der Komponente „Application Server" erfolgt eine strikte Trennung zwischen Innen- und Außensicht. Interne IT-Systeme werden nicht ins Internet exportiert, werden aber doch im Internet nutzbar gemacht (Security-Proxy-Muster).
2. Es werden Pseudonym-Konten im Active Directory verwendet, die nur für den Zweck „Zugriff durch das Portal" erzeugt wurden. Diese Konten sind an die Verwendung durch die Projekträume Webanwendung gebunden (Active Directory „Logon Workstations" Beschränkung für Pseudonym-Konten, TLS-authentifizierte Abfrage der Credentials).
3. Die Abfrage der Zulassungen vom Credential-Vault wird protokolliert. Das Protokoll erlaubt eine Zuordnung von Abfragen zu Benutzern.
4. Das Passwort der Konten wird regelmäßig erneuert. Die dabei vergebenen Passwörter sind sogenannte „starke" Passwörter, die keinem Anwender bekannt sind.

5. Die Vergabe von Rollen an Personen führt automatisch zur Erzeugung eines Active Directory Kontos. Die Rollenbindung schafft somit einen eingeschränkten Benutzerkreis, der sogar auf Active Directory Konten abgebildet ist.
6. Die Pseudonym-Konten sind alle in einem Active Directory abgelegt – keine Föderation. So können „verdächtige" Konten schnell durch einen Administrator gesperrt werden.
7. Die personalisierte Authentifikation gegen das Backend erlaubt eine personengenaue Zuordnung von Benutzeraktionen durch OS-Boardmittel. Die Lösung ermöglicht somit ein personenbezogenes Accounting.

Die Kombination dieser Maßnahmen verhindert einen Missbrauch der Konten und damit einen Missbrauch von sensiblen Daten, die durch die Projekträume-Anwendung ausgetauscht werden.

Sicherheit heißt zudem Anwendungssicherheit: Wird der Zugang zu einer Freigabe nur durch das Portal ermöglicht, kann sichergestellt werden, dass Veränderungen am Datenbestand nur durch die Projekträume-Anwendung erfolgen. Damit wird gewährleistet, dass die Extra-Funktionalität – z.B. E-Mail Benachrichtigung bei Uploads – funktioniert.

4.3 Betreibbarkeit und Betriebskosten

Die Lösung wurde mit den „künstlichen" Pseudonym-Konten und ohne Föderation realisiert. Föderation bedeutet auf der technischen Ebene den Anschluss von externen Datenquellen. Das Gesamtsystem wächst in einem solchen Föderations-Szenario mit jedem neuen Partner. Damit wächst auch die Komplexität solcher Systeme – Stichwort „indirekter Trust". Eine große Lösung bedeutet folglich größeren organisatorischen Aufwand im Betrieb, um z.B. Verantwortlichkeiten zu bestimmen und Abläufe festzulegen.

Auch der hohe Grad der Automatisierung führt zu einem positiven Effekt hinsichtlich Betreibbarkeit und zu niedrigen Betriebskosten.

Diese „schmale" Lösung bezüglich Betriebsorganisation und –aufwand zeigt sich auch im tatsächlich geleisteten Aufwand für den Betrieb. Nach einer Stabilisierungsphase fallen kaum noch Tätigkeiten im Incident- und Problem-Management an. Die Kosten sind von regelmäßigen Betriebs- und Wartungsausgaben dominiert.

4.4 Benutzerfreundlichkeit und -akzeptanz

Die Anwender werden durch diese Lösung nicht beansprucht. Die Vergabe von Konten und Rollen erfolgt entweder automatisiert oder folgt einem bereits bestehenden Verfahren, bei denen stark auf dezentralisierte Strukturen gesetzt wird. Diese Strukturen garantieren einen reibungslosen und transparenten Ablauf. Im Idealfall wissen die Endanwender nicht einmal, dass ihnen ein Pseudonym-Konto zugeordnet worden ist.

4.5 Wiederverwendbarkeit

Die in diesem Projekt erzielten Ergebnisse lassen sich verallgemeinern. Sie lassen sich auf Backend-Systeme übertragen, die nicht direkt über Föderationsmechanismen an ein Portal angebunden werden können oder sollen und wo die Sicherheitsbestimmungen eine personengenaue Authentifizierung und Autorisierung sowie ein personenbezogenes Accounting erfordern. In diesen Fällen kann der Weg über Pseudonym-Konten eingeschlagen werden.

Literatur

[KES06] <kes>/Microsoft-Sicherheitsstudie 2006 „Lagebericht zur Informations-Sicherheit" <kes> – Die Zeitschrift für Informations-Sicherheit, 4/2006, ISSN 1611-440X

[KUPP04] M. Kuppinger „Business Whitepaper: Prozessorientierte IT reduziert Kosten" KUPPINGER COLE + PARTNER, Digital ID Analysis & Evaluation, 2004 http://www.voelcker.com/mm/WP_KCP_fuer_Voelcker_Provisioning_final.pdf

[MÜNC06] P. Münch „Zugangs- und Zutrittskontrolle in der Praxis – Nach wie vor dominiert das Passwort zur Benutzeridentifikation" IT-SICHERHEIT – Management und Praxis, 3-4/2006, ISSN 0948-7328

[STPL06] P. Sterl, C. Pleier „Ein Modell für Identity Management Systeme" CoPers Computer + Personal, 5/2006, ISSN 0943-6669

[LA] The Liberty Alliance http://www.projectliberty.org/

[Portal] Fraunhofer IAO: Marktübersicht Portalsoftware 2005 http://www.media-vision.iao.fraunhofer.de/downloads/Portal_Software.pdf

[SAML] Security Assertion Markup Language (SAML) v2.0 http://www.oasis-open. org/specs/index.php#samlv2.0

[WS-Fed] Web Services Federation Language (WS-Federation) http://specs.xmlsoap.org/ws/ 2006/12/federation/ws-federation.pdf

[WS-Sec] Web Services Security v1.1 http://www.oasis-open.org/specs/index.php#wssv1.1

Sicherheitskonzept für Notfalldaten unter Verwendung der eCard

Martina Heiligenbrunner · Daniel Slamanig · Christian Stingl

Fachhochschule Technikum Kärnten
{martina.heiligenbrunner | daniel.slamanig | christian.stingl}@cti.ac.at

Zusammenfassung

Die elektronische Übermittlung von sensiblen Daten erfordert eine sichere Infrastruktur. Unter Berücksichtigung von rechtlichen und technischen Rahmenbedingungen müssen entsprechende Sicherheitsmaßnahmen umgesetzt werden. Besonders im sensiblen Bereich des Gesundheitswesens werden umfassende Maßnahmen gefordert, um patientenbezogene Informationen sicher und vertraulich übermitteln zu können. In dieser Arbeit wird ein Sicherheitskonzept vorgestellt, das die Datenübermittlung bei medizinischen Notfalleinsätzen betrachtet. Die Erstbehandlung von Patienten am Einsatzort kann effizienter gestaltet werden, wenn Notfalldaten zur Verfügung stehen. Diese können einerseits von Informationssystemen bereitgestellt und andererseits auf einem mobilen Endgerät eines Notfallmediziners dargestellt werden. Dabei ist jedoch essentiell, dass diese Daten effizient, authentisch, integer und vertraulich übermittelt werden. Ebenso muss eine hohe Verfügbarkeit der gesamten Infrastruktur garantiert werden. Zusätzlich muss die Bearbeitung von Daten durch Notfallmediziner verbindlich sein. Generell muss der Datenaustausch von Gesundheitsdaten gesetzeskonform durchgeführt werden. Unumgänglich ist bei einem Notfall, dass die Patienten am Einsatzort eindeutig identifiziert werden können. Anhand der österreichischen Gesundheitskarte (eCard) wird in dieser Arbeit die eindeutige Identifikation von Patienten diskutiert sowie ein bidirektionales und gesetzeskonformes Verfahren zum Datenaustausch vorgestellt. Im Rahmen des Projektes CANIS (CArinthian-Notarzt-Informations-System[1]) wurde die Anwendung der eCard Funktionalität in der Praxis untersucht und analysiert.

1 Einleitung

Im Rahmen einer elektronischen Übermittlung von sensiblen Daten ist ein umfassendes Sicherheitskonzept erforderlich, um Aspekte wie Vertraulichkeit, Integrität und Authentizität gewährleisten zu können. Die Erfüllung dieser Anforderungen wird anhand eines Konzeptes für Gesundheitsdaten untersucht, das auch in anderen Bereichen angewendet werden kann.

Ein wesentlicher Schlüsselfaktor im medizinischen Behandlungsprozess sind Informationen über den Patienten. Speziell bei Notfällen ist es für eine effiziente Behandlung des Patienten von Vorteil, wenn relevante gesundheitsbezogene Informationen am Einsatzort zur Verfügung stehen [ALM+04].

Diese Informationen bezeichnet man als Notfalldaten und sie können beispielsweise folgende Daten umfassen:

---

[1] CANIS, http://www.cti.ac.at/canis

P. Horster (Hrsg.) · D•A•CH Security 2007 · syssec (2007) 314-325.

- Blutgruppe und Rhesusfaktor
- Allergien, Asthma, Diabetes, Epilepsie, Hämophilie, Hepatitis B/C, Herzerkrankungen (Herzklappenfehler, Herzrhythmusstörungen, Myokardinfarkt), HIV, Maligne Hyperthermie, Paresen, Prothesen, Schrittmacher, Transplantate
- Medikamente: Antiarrhythmika, Antiepileptika, Antihypertensiva, Antikoagulantien, Insulin, orale Antidiabetika

Diese Auflistung, die in Österreich als möglicher Notfalldatensatz diskutiert wurde, kann jedoch aufgrund regionaler Unterschiede mehr oder weniger variieren. Die rechtzeitige Verfügbarkeit dieser Informationen kann dazu beitragen, die Erstbehandlung effizienter und effektiver gestalten zu können und potentielle Fehlerquellen, basierend auf falschen bzw. fehlenden Informationen, zu minimieren. Ein Beispiel, das auch die Notfallbehandlung betrifft, ist die Kontraindikation von Arzneimitteln, durch die in Deutschland vermutlich mehr Personen als im Straßenverkehr sterben[2].

Bevor dem Mediziner Notfalldaten zur Verfügung gestellt werden, ist es notwendig, dass der Patient eindeutig identifiziert werden kann. Derzeit kann jedoch in Fällen, in denen eine Kommunikation mit dem Patienten nur eingeschränkt möglich ist, die Identität dann nicht zweifelsfrei festgestellt werden, falls keine anwesende Person die Identität authentisch kundtun kann oder keine physikalischen Medien (Ausweis, etc.) zur Identifikation vorliegen. Daten, die dem Patienten zugeordnet sind, müssen effizient und dabei authentisch, integer und vertraulich übermittelt werden. Die gesetzliche Grundlage für den Austausch von Gesundheitsdaten bildet in Österreich das Gesundheitsreformgesetz [Bund05]. Dieses Gesetz fordert Methoden zur Authentifizierung der involvierten Parteien, den Schutz der Integrität der Daten und die Vertraulichkeit dieser bei einer Übertragung über öffentlich zugängliche Medien.

Im Verlauf der Erstversorgung werden patientenbezogene Informationen (z.B. Erstdiagnose, Erstbehandlung) dokumentiert, die in der nachfolgenden Behandlungskette von enormer Wichtigkeit sind. Werden diese Daten elektronisch in ein Informationssystem (IS) übermittelt, so gelten hinsichtlich der Datenübermittlung dieselben gesetzlichen Anforderungen. Jeder Notfalleinsatz erfordert die Erstellung eines Protokolls, das vertrauliche Patientendaten enthält und vom Notfallmediziner signiert werden muss. Soll dieser Prozess elektronisch abgebildet werden, so muss die Rechtsgültigkeit der digitalen Signatur gegeben sein. Um eine der handschriftlichen Unterschrift gleichgestellten Signatur leisten zu können, müssen die Vorgaben des österreichischen Signaturgesetzes [Sign99] beachtet werden. Systeme, die in medizinischen Notfällen zum Einsatz kommen, müssen eine besonders hohe Verfügbarkeit und Datenqualität aufweisen. Werden zum Beispiel paper tags als Informationsträger für Notfalldaten verwendet, so bieten diese einen begrenzten Platz für medizinische Informationen und können leicht beschädigt bzw. zerstört werden [CKGL04, PWLP99].

Bei Projekten in der Vergangenheit bestand häufig das Problem, dass weder Patienten noch Notfallmediziner aufgrund infrastruktureller Defizite eindeutig identifiziert werden konnten. Weiters war der Einsatz kryptographischer Verfahren (Verschlüsselung und digitale Signatur) aufgrund fehlender flächendeckender Public Key Infrastrukturen (PKI) schwer realisierbar. Durch den österreichweiten Aufbau einer PKI im Gesundheitswesen und der Ausgabe von

[2] Service Institut für Ärzte und Apotheker, http://www.ifap.de

Gesundheitskarten (eCard[3]) wurde nun eine Infrastruktur geschaffen, die zur effizienten Umsetzung von Konzepten, die diese Aspekte berücksichtigen, genutzt werden kann. Derzeit werden auf der österreichischen eCard keine Notfalldaten abgelegt. Ebenso erschwert das Fehlen eines biometrischen Merkmals auf der Karte die eindeutige Zuordnung der Karte zum Patienten. Gegenwärtig wird im Rahmen des Projektes CANIS die praktische Anwendung der eCard-Funktionen untersucht, um das System sicher und gesetzeskonform zu gestalten.

2 Die Funktionalitäten der eCard

Die österreichische Gesundheitskarte (eCard) wurde im Jahr 2005 an ca. 8,2 Millionen sozialversicherte Österreicher ausgegeben. Primär wird diese Karte zur Überprüfung des Leistungsanspruchs eines Patienten bei Behandlungen im Gesundheitswesen eingesetzt. Zusätzlich befinden sich auf dieser Gesundheitskarte personenbezogene Informationen und kryptographische Schlüssel, die zur Erstellung digitaler Signaturen und Datenverschlüsselung verwendet werden können. Um diese Funktionalität nutzen zu können, muss die sog. Bürgerkartenfunktionalität der eCard vom Karteninhaber aktiviert werden. Dies kann über ein Internetportal kostenfrei durchgeführt werden.

2.1 Gespeicherte Daten

Nach erfolgreicher Aktivierung stehen auf der eCard folgende Informationen zur Verfügung (siehe Abbildung 1):

- Personendaten: Vor- und Zuname, Titel, Sozialversicherungsnummer, Geburtsdatum und Geschlecht.
- Personenbindung (siehe 2.2).
- Zertifikate (X.509 Zertifikate) für Anwendungen mit unterschiedlichen Sicherheitsanforderungen:
  - Sozialversicherungszertifikat: Dieses Zertifikat befindet sich schon zum Zeitpunkt der Kartenausgabe auf der eCard und muss nicht explizit aktiviert werden. Jedoch beschränkt sich die Verwendung dieses Zertifikats auf Geschäftsprozesse der Sozialversicherung. Der Zugriff auf die privaten Schlüsselinformationen wird durch den Einsatz einer Ordinationskarte (oCard) eines österreichischen Vertragsarztes autorisiert. Eine PIN-Eingabe ist nicht erforderlich.
  - Verwaltungssignaturzertifikat: Das Zertifikat für Verwaltungssignaturen [Bund04] kann für die Erstellung sicherer digitaler Signaturen (bis Ende 2007) und somit für die Sicherstellung der Datenintegrität verwendet werden. Der Zugriff auf die privaten Schlüsselinformationen des Verwaltungszertifikats ist durch eine 6-stellige PIN geschützt.
  - Gewöhnliches Zertifikat: Das gewöhnliche Zertifikat kann sowohl für die digitale Signatur, als auch zur Verschlüsselung von Daten eingesetzt werden. Der Sicherheitsstandard entspricht dabei ebenso den Anforderungen einer Verwaltungssignatur. Der Zugriff auf die privaten Schlüsselinformationen ist durch eine 4-stellige PIN geschützt.

[3] http://www.chipkarte.at

Als Basis für die kryptographischen Algorithmen der eCard dient das ECC-Verfahren, das auf elliptischen Kurven basiert [Kobl87, Mill85]. Die Schlüssel haben dabei eine Länge von 192 bit[4]. Der Einsatz des ECC Verfahrens führt zu geringem Speicherbedarf für Schlüsselinformationen auf der Chipkarte und hoher Performanz bei der Signaturerstellung bzw. Datenentschlüsselung. Damit diese authentisch vorliegen, sind zusätzlich zu den Signaturzertifikaten noch die Zertifikate der ausstellenden Zertifizierungsinstanzen gespeichert. Die Schlüssel, die von den Zertifizierungsinstanzen verwendet werden, haben eine Schlüssellänge von 3072 bit und beruhen auf dem RSA-Verfahren [RiSA78]. Für die Ausstellung der Zertifikate wurde eine offene Public Key Infrastruktur in Österreich errichtet, die hierarchisch in drei Ebenen (Rootzertifizierungsstelle, Zwischenzertifizierungsstellen, Endbenutzer) gegliedert ist.

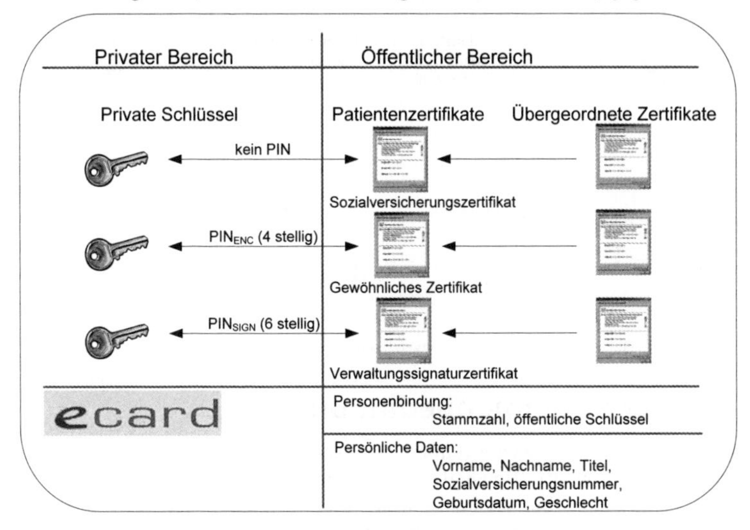

Abb. 1: Auf der eCard gespeicherte Daten

2.2 Personenbindung zur Identifikation

Die sogenannte Personenbindung stellt das zentrale Element der Bürgerkartenfunktionalität dar und wird vorrangig für die Anwendung der eCard im eGovernment genutzt, um eine sichere Abwicklung von Behördenwegen und Verwaltungsverfahren gewährleisten zu können. Ebenso kann die Personenbindung auch in wirtschaftlichen und privaten Bereichen zur eindeutigen Identifikation von Personen und zur Authentifikation herangezogen werden. Die kryptographische Schlüsselinformation eines oder mehrerer Zertifikate wird in Form einer signierten XML-Struktur an eine Person gebunden. Zum Schutz der Integrität dieser Informationen wird die Personenbindung von der Stammzahlenregistrierungsbehörde digital signiert und auf der Karte hinterlegt. Ein wesentlicher Bestandteil der Personenbindung ist die sogenannte Stammzahl. Diese wird von der Stammzahlenregistrierungsbehörde aus der österreichweit eindeutigen Zentralen-Melderegister-Nummer (ZMR) unter Verwendung des

[4] http://www.chipkarte.at

Triple-DES Algorithmus berechnet. Für jeden Anwendungsbereich (z.B. Gesundheit) wird aus der Stammzahl und einem Kürzel für diesen Bereich das bereichsspezifische Personenkennzeichen (bPK) abgeleitet [HoHö04]. Dieses identifiziert jede Person in den Bereichen eindeutig und unterbindet jedoch die Verknüpfung mit anderen Bereichen (vgl. Abbildung 2).

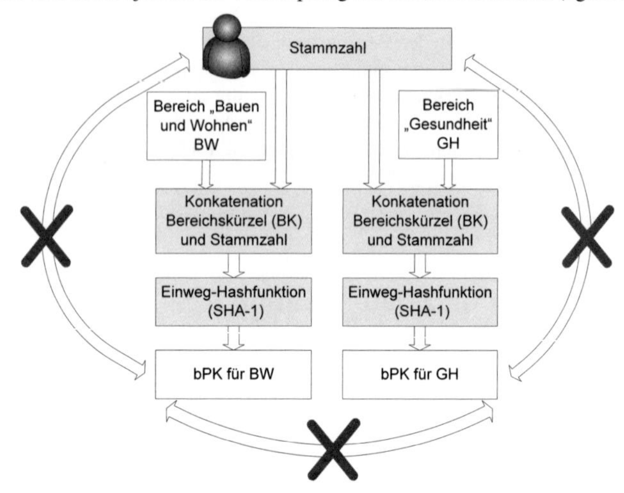

Abb. 2: Berechnung des bereichsspezifischen Personenkennzeichens [ASIT05]

3 Rechtliche Rahmenbedingungen

Die Grundlage für einen sicheren elektronischen Datenaustausch bildet einerseits das österreichische Datenschutzgesetz [Bund00] und andererseits das Signaturgesetz [Sign99]. Bei Verwendung der eCard als Bürgerkarte ist ebenso die Verwaltungssignaturverordnung zu beachten. Diese regelt die Gleichstellung von sicheren Signaturen und Verwaltungssignaturen im Rahmen von Bürgerkartenanwendungen bis zum 31. Dezember 2007. Um die eCard weiterhin für die Erstellung von sicheren digitalen Signaturen verwenden zu können, müssen danach entweder die rechtlichen Rahmenbedingungen angepasst oder qualifizierte Zertifikate auf der eCard gespeichert werden.

Besonders im Gesundheitsbereich bildet neben dem Datenschutzgesetz und dem Signaturgesetz, speziell das Gesundheitsreformgesetz [Bund05] die gesetzliche Grundlage für den Austausch von Gesundheitsdaten. Dieses Gesetz trat 2005 in Kraft und befasst sich mit der Authentifizierung der Leistungserbringer, Integritätssicherung und Datenverschlüsselung. Einem Zugriff auf Gesundheitsdaten muss demnach eine Authentifizierung vorangehen, die durch die Verwendung eines digitalen Zertifikats erfolgen kann. Für die Vertraulichkeit einer Datenübermittlung fordert das Gesetz die Verschlüsselung bzw. Entschlüsselung auf den Anlagen des Senders bzw. Empfängers. Diese Regelung ist genau dann anzuwenden, wenn das Medium für den Datenaustausch nicht dem ausschließlichen Zugriff der involvierten Parteien unterliegt. Die Integrität der Daten muss durch die Anwendung digitaler Signaturen gewährleistet werden. Jedoch steht eine genaue Beschreibung der Anwendung von Sicherheitseinrichtungen in der Form einer Verordnung noch aus. Das österreichische Datenschutzgesetz sieht in Notfallsituationen besondere Regelungen zur Wahrung lebenswichtiger Interessen vor. Jedoch sollte auch in solchen Situationen ein adäquates Sicherheitskonzept angewendet werden.

4 Konzept

Im Rahmen einer Analyse des Notfallprozesses wurden einige Aspekte eruiert, die durch den Einsatz von mobilen und drahtlosen Technologien, z.B. [KaTu06, LaGr00, NSTW06, TWIS03], unterstützt werden können. Hauptaspekte sind dabei folgende Prozesse:

- Ermittlung der Notfalldaten aus einem zentralen Informationssystem (IS).
- Standardisierte Protokollierung der einsatzbezogenen Daten.
- Datenübermittlung an die nachfolgende Gesundheitseinrichtung im Behandlungsprozess.

4.1 Infrastruktur und Datenhaltung

Der Notfallmediziner ist dabei mit einem PDA bzw. Tablet-PC und mobilen Geräten zur Datenerfassung (z.B. Mikrofon für Spracherkennungssoftware) ausgestattet. Das System integriert einen Kartenleser zum Auslesen der eCard des Notfallmediziners und der des Patienten. Es wird vorausgesetzt, dass sowohl der Arzt, als auch der Patient die eCard mitführen. Dabei werden relevante Daten aus der eCard ausgelesen. Die Übermittlung der Daten ins Krankenhausinformationssystem erfolgt drahtlos über GPRS und UMTS und die Kommunikation basiert auf XML bzw. HL7[5].

Das vorliegende Konzept sieht eine zentrale Datenhaltung für Notfalldaten vor. Da es sich beim Projekt CANIS um ein regionales Projekt handelt, gestaltete es sich einfacher, Daten in das Informationssystem einzubringen, zu verwalten, aktuell zu halten und Redundanzen zu vermeiden. Jedoch müssen besonders bei dieser Form der Datenhaltung datenschutzrechtliche Vorgaben beachtet werden. In Kapitel 4.6 werden die rechtlichen Konsequenzen der zentralen Datenhaltung diskutiert. eCard-Besitzer können Daten auf freiwilliger Basis von einem Arzt im zentralen IS ablegen lassen. Der Patient kann die Daten jederzeit aktualisieren bzw. löschen lassen. Ebenso besteht die Möglichkeit, Daten aus dem Informationssystem eines Krankenhauses abzufragen. Da die Notfallmedizin unabhängig von den Krankenhäusern agiert, muss auch in solchen Fällen eine ausdrückliche Zustimmung des Patienten erfolgen. Diese kann im Vorfeld oder auch am Unfallort eingeholt werden.

4.2 Patientenidentifikation

Für die Ermittlung von Notfalldaten am Unfallort ist es unerlässlich, dass identifizierende Informationen über den Patienten vorliegen. Diese können über den Notruf ermittelt werden und vor der Behandlung zur Abfrage von Notfalldaten herangezogen werden. Es sei jedoch darauf hingewiesen, dass auf diese Weise ermittelte Informationen nicht verifiziert werden können und möglicherweise falsch zugeordnete Notfalldaten nach sich ziehen.

Am Unfallort können die Daten der eCard eines Patienten zur Bestimmung der Identität herangezogen werden. Dazu zählen die Stammdaten des Patienten (Sozialversicherungsnummer,

[5] http://www.hl7.org

Name, Geburtsdatum, etc.) bzw. das bereichsspezifische Personenkennzeichen für den Bereich Gesundheit (abgeleitet von der Stammzahl). Gerade mittels des bereichsspezifischen Personenkennzeichens kann eine eindeutige Identifikation des Patienten im IS durchgeführt werden. Damit kann die Übermittlung falscher Notfalldaten nahezu ausgeschlossen werden.

In Fällen, in denen eine Kommunikation mit dem Patienten nicht möglich ist, sind zusätzliche biometrische Daten erforderlich. Idealerweise sollten die biometrischen Daten ohne aktives Zutun des Patienten verifiziert werden können. Auf der eCard wurden bisher weder sichtbar, noch elektronisch biometrische Merkmale hinterlegt. Jedoch soll ab 2010 ein Merkmal zur Verfügung stehen. Bis dato ist noch keine Entscheidung getroffen worden, welches biometrisches Merkmal auf der nächsten Generation der eCard zum Einsatz kommt. Derzeit könnte alternativ dazu ein biometrisches Merkmal in einem zentralen IS gespeichert, bei Bedarf zum Einsatzort übermittelt und vom behandelnden Arzt verifiziert werden.

4.3 Authentifikation eines Notfallmediziners

Um autorisiert Informationen aus dem zentralen IS abrufen zu können, müssen sich der Notfallmediziner und das IS zuvor gegenseitig authentifizieren (vgl. Abbildung 3). Dazu ist es notwendig, die Notfallmediziner und die korrespondierenden Zertifikate[6] im IS zu integrieren, sodass mittels digitaler Signatur unter Verwendung des gewöhnlichen Zertifikats die Authentifikation durchgeführt werden kann. Das Verwaltungssignaturzertifikat wird an dieser Stelle nicht herangezogen, weil es speziell für gesetzeskonforme digitale Signaturen konzipiert wurde. Für die Erstellung serverseitiger Signaturen wird ein entsprechendes Serverzertifikat verwendet. Damit gleichzeitig die Identifikation des Patienten und die Authentifikation des Mediziners effizienter durchgeführt werden können, wäre es wünschenswert, dass im mobilen Endgerät des Mediziners zwei Kartenleser integriert und beide eCards (Patient und Arzt) gleichzeitig ausgelesen werden. In diesem Zusammenhang muss erwähnt werden, dass eine PIN-Eingabe nur für die Authentifikation des Arztes erforderlich ist (einmal pro Session).

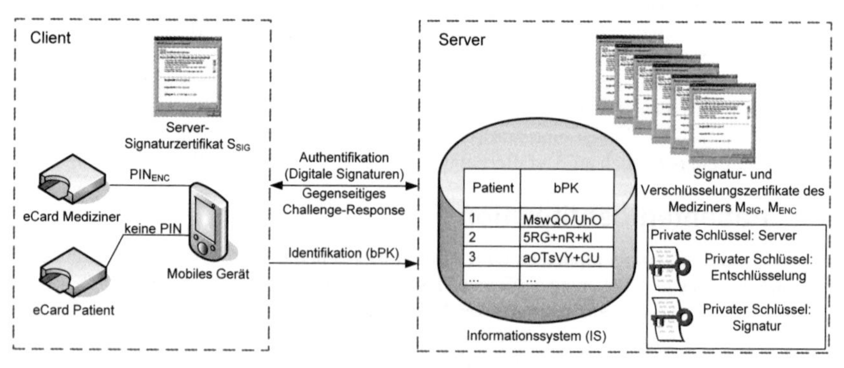

Abb. 3: Authentifikation

[6] Das X.509 Zertifikat beinhaltet den „Distinguished Name“ des Arztes und die öffentliche Schlüsselinformation zum entsprechenden privaten Schlüssel auf der eCard.

4.4 Datenintegrität und Verschlüsselung

Zur Sicherstellung der Integrität von Gesundheitsdaten während einer Datenübermittlung werden digitale Signaturen verwendet (vgl. Abbildung 4). Hierfür wird clientseitig das gewöhnliche Zertifikat des Arztes und serverseitig das Signaturzertifikat herangezogen. Um die Vertraulichkeit der Daten gewährleisten zu können, wird eine End-to-End Verschlüsselung zwischen dem mobilen Endgerät und dem IS realisiert. Im mobilen Endgerät erfolgt die Verschlüsselung mittels des Verschlüsselungszertifikats des Servers und serverseitig mittels des gewöhnlichen Zertifikats des Mediziners. Um die häufige Eingabe von zwei verschiedenen PINs (für die gewöhnliche und die Verwaltungssignatur) zu vermeiden, basieren sowohl digitale Signatur als auch Verschlüsselung clientseitig auf dem gewöhnlichen Zertifikat, obwohl dies unter gewissen Umständen zu Sicherheitsproblemen führen kann [Davi01, MeVO96].

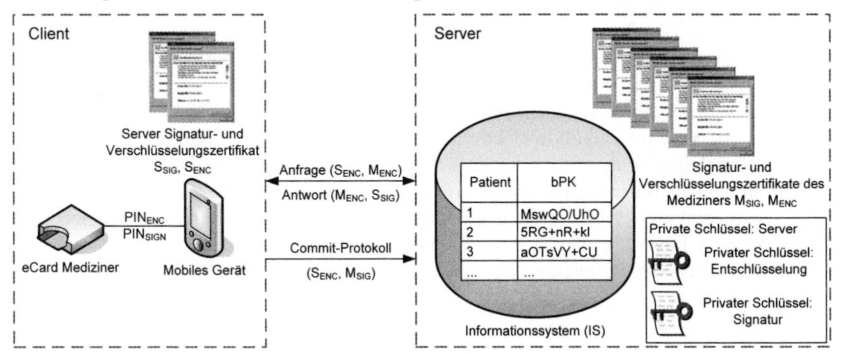

Abb. 4: Kommunikation

4.5 Verbindlichkeit

Für die abschließende Unterfertigung des Notarztprotokolls durch den Mediziner wird das Verwaltungssignaturzertifikat verwendet. Diese Signatur ist bis Ende 2007 der eigenhändigen Unterschrift gleichgestellt und damit momentan gesetzeskonform. Für die Erstellung einer sicheren digitalen Signatur basierend auf den Schlüsseln der eCard werden bereits kostenlose Softwarepakete im Internet zur Verfügung gestellt[7] (siehe Kapitel 5). Das unterfertigte Protokoll wird anschließend in das IS übermittelt und gespeichert. Im Bedarfsfall kann das Notarztprotokoll aus dem IS angefordert werden und die Signatur verifiziert werden.

4.6 Sicherheitsrisiken und Datenschutz

Für das Konzept einer sicheren Datenübermittlung von Notfalldaten müssen die in Österreich gültigen datenschutzrechtlichen Vorgaben beachtet werden. Da Notfalldaten bzw. biometrische Merkmale nur nach Zustimmung des Patienten aufgenommen werden, ist die Speicherung dieser Daten gesetzeskonform. Bei zentraler Speicherung der sensiblen Daten müssen diese hinreichend geschützt in einem IS abgelegt werden. Aufgrund des regionalen Umfangs dieses Projekts birgt diese Art der Datenhaltung nur geringe Risiken hinsichtlich des Miss-

[7] Bürgerkarten-Software, http://www.buergerkarte.at

brauchs durch Datenanalysen oder Verknüpfungen mit anderen Datenbanken. Durch klare Datenschutzrichtlinien und den Einsatz weiterer kryptographischer Verfahren, können diese Risiken zusätzlich gemindert werden. Die Datensicherung gestaltet sich einfacher, da sie zentral durchgeführt werden kann.

Die Möglichkeit einer dezentralen Speicherung der Notfalldaten auf der eCard wird in diesem Konzept nicht betrachtet, da diese Sicherheitsrisiken aufgrund der erschwerten Datenverwaltung birgt. Die Verwaltung und Aktualisierung der sensiblen Daten würde dabei den Kartenbesitzern obliegen, wodurch in einem Notfall die Gefahr der Verwendung „veralteter" Daten besteht.

5 Anwendung

Im Rahmen des Forschungsprojektes CANIS, das einen bidirektionalen Informationsfluss zwischen Einsatzkräften und nachbehandelnden Gesundheitseinrichtungen vorsieht, wurde die praktische Umsetzung einer sicheren Datenübermittlung unter Verwendung der Bürgerkartenfunktionalität der eCard untersucht. Am Einsatzort können Patientendaten aus einem IS abgerufen, ein Notarztprotokoll in elektronischer Form erstellt und an die nachfolgenden Gesundheitseinrichtungen übermittelt werden. Somit kann eine effiziente Behandlung gewährleistet werden. Durch den Einsatz der eCard als Bürgerkarte kann eine zertifikatsbasierte Sicherheitsinfrastruktur verwendet werden (siehe Abbildung 5). Eine Bürgerkartenumgebung, die den Security-Layer[8] implementiert, ermöglicht die Verwendung der eCard-Zertifikate. Im Rahmen der Untersuchung zeigten sich Einsatzbereiche der eCard in folgenden Prozessen:

- Identifikation des Patienten: Derzeit werden Daten, die auf der eCard zum Zeitpunkt der Kartenausgabe elektronisch gespeichert sind, ausgelesen und für die Erstellung des Notarztprotokolls herangezogen. Diese Daten beinhalten Vorname, Nachname, Sozialversicherungsnummer, Geschlecht und Geburtsdatum. Basierend auf der Personenbindung, die auf der eCard des Patienten gespeichert ist, kann in Fällen der Ansprechbarkeit des Patienten ebenfalls eine Identifikation erfolgen.
- Nichtsdestotrotz werden diese Daten derzeit noch nicht genützt um Informationen aus dem IS zu erlangen, da generell nur mit einem biometrischen Merkmal Patienten eindeutig identifizierbar sind. Um Daten sicher abzufragen zu können, wird die Speicherung von biometrischen Merkmalen auf der eCard oder in einem IS diskutiert (vgl. 4.1).
- Authentifizierung des Notfallmediziners: Hierfür wird das Verwaltungssignaturzertifikat, das auf der eCard des Arztes gespeichert ist, verwendet.
- Unterzeichnung des Notarztprotokolls: Die abschließende Unterzeichnung des Notarztprotokolls wird mittels einer digitalen Signatur unter Verwendung des Verwaltungssignaturzertifikats der eCard erstellt.

Die Realisierung einer auf den Daten der eCard basierenden Datenverschlüsselung kann derzeit aufgrund fehlender Treiber für ECC Verfahren noch nicht realisiert werden. Momentan wird das SSL-Protokoll[9] verwendet, um Patientendaten vertraulich zu übermitteln.

[8] Security-Layer Spezifikation, http://www.buergerkarte.at

[9] SSL 3.0 Specification, http://wp.netscape.com/eng/ssl3

Anhand dieses Sicherheitskonzeptes kann im Projekt CANIS eine sichere Identifikation und Authentifikation basierend auf einer österreichweit verfügbaren Public Key Infrastruktur durchgeführt werden.

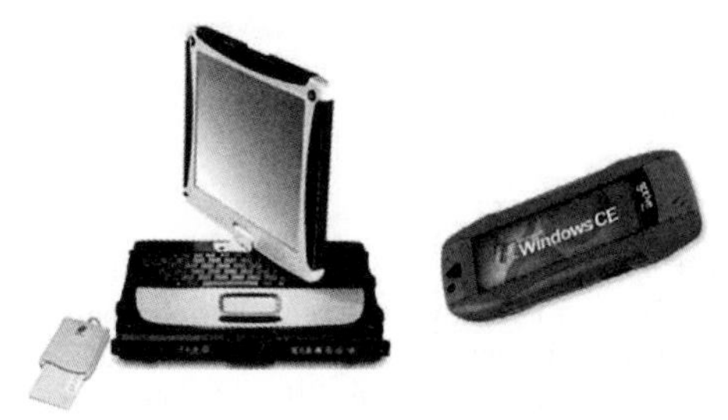

Abb. 5: CANIS Komponenten – Tablet-PC mit externem, PDA mit integriertem Kartenleser

6 Konklusion

In dieser Arbeit wurde gezeigt, dass sowohl die Patientenidentifikation, als auch die Übermittlung sensibler Daten mittels der österreichischen Gesundheitskarte bedeutend verbessert werden können. Jedoch wäre bei eingeschränkter Kommunikation mit dem Patienten ein zusätzliches, auf der eCard gespeichertes biometrisches Merkmal, sehr hilfreich, um eine eindeutige Identifikation einfacher ermöglichen zu können. Es ist jedoch darauf hinzuweisen, dass trotz Vorhandensein eines biometrischen Merkmals in manchen Notfallsituationen auf Grund von massiven Verletzungen die Daten nicht eindeutig verglichen werden können und so eine Identifizierung nicht möglich ist. Basierend auf der aktuellen Gesetzeslage in Österreich müssen Gesundheitsdaten bei elektronischer Übertragung verschlüsselt und deren Integrität mittels digitaler Signaturen sichergestellt werden. Gerade diese Aspekte sind Funktionen des österreichischen Bürgerkartenkonzepts und im speziellen der eCard als eine der Ausprägungen. In dem in der Praxis verwendeten CANIS konnte der Einsatz einer zertifikatsbasierten Infrastruktur die Sicherheit der Übermittlung von Notfalldaten beträchtlich erhöhen. Eine notwendige Voraussetzung für den Einsatz der eCard ist, dass die Aktivierung der Zertifikate vom jeweiligen Kartenbesitzer durchgeführt wird. Dies kann kostenlos über ein Internetportal durchgeführt werden, nichtsdestotrotz ist bisher die Anzahl der Aktivierungen gering. Die Gründe dafür liegen vermutlich einerseits in der geringen Anzahl von Bürgerkartenapplikationen, die die eCard nutzen und andererseits in der fehlenden Verfügbarkeit (z.B. in Microsoft Windows) von ECC Verfahren. Durch die Integration von ECC in der nächsten Generation von Microsoft Windows (Microsoft Windows Vista) bzw. die mögliche Entwicklung von ECC-Treibern wird die zukünftige Verwendung der eCard in Standardapplikationen wesentlich erleichtert. Die für die abschließende Unterzeichnung des Notarztprotokolls verwendete Verwaltungssignatur ist nur bis Ende 2007 als sichere Signatur gültig. Eine Entscheidung ob danach Verwaltungssignaturen weiterhin als sichere Signaturen verwendet werden können oder ob neue Zertifikate ausgegeben werden, ist bisher noch nicht getroffen worden. Das Konzept für sichere Datenübermittlung im CANIS kann auch einfach erweitert werden. Per gesetzlicher Regelung soll in den nächsten Jahren in

Österreich die elektronische lebenslange Gesundheitsakte (ELGA[10]) eingeführt werden. Hierfür wird ein Berechtigungssystem vorgesehen, für das die bestehende eCard Anbindung und die damit geschaffene Berechtigungsabfrage verwendet werden könnte. Abschließend muss festgehalten werden, dass die flächendeckende Verfügbarkeit der eCard in Österreich und die zugehörige PKI zukünftig eine optimale Basis für die Umsetzung von Sicherheitskonzepten im Gesundheitsbereich bieten wird.

Literatur

[ALM+04] Arnold J. L., Levine B. N., Manmatha R., Lee F., Shenoy P., Tsai M. C., Ibrahim T. K., O'Brien D. O., Walsh D. A.: Information-sharing in out-of-hospital disaster response: The future role of information technology. Prehospital and Disaster Medicine, Vol. 19, No. 3, pp. 201–207, 2004.

[ASIT05] Zentrum für sichere Informationstechnologie – Austria, 2005, http://www.a-sit.at

[Bund00] Bundesgesetz über den Schutz personenbezogener Daten - Datenschutzgesetz 2000, http://www.dsk.gv.at/dsg2000d.htm

[Bund04] Verordnung des Bundeskanzlers mit der die sicherheitstechnischen und organisationsrelevanten Voraussetzungen für Verwaltungssignaturen geregelt werden, http://www.signatur.rtr.at/de/repository/legal-verwsigv-20040415.html

[Bund05] Gesundheitsreformgesetz 2005, http://www.bmgf.gv.at

[CKGL04] Chan T. C., Killeen J., Griswold W., Lenert L.: Information Technology and Emergency Medical Care during Disasters, Academic Emergency Medicine, Kluwer, Vol. 11, No. 11, pp. 1229-1236, November 2004.

[Davi01] Davis, D.: Defective Sign & Encrypt in S/MIME, PKCS#7, MOSS, PEM, PGP, and XML. In Proceedings of the General Track: 2002 USENIX Annual Technical Conference (June 25 - 30, 2001). Y. Park, Ed. USENIX Association, Berkeley, CA, pp. 65–78, 2001.

[HoHö04] Hollosi A., Hörbe R.: Bildung von Stammzahl und bereichsspezifischem Personenkennzeichen (bPK). Spezifikation SZ-bPK-Algo V1.0.2, 2004, http:// www.cio.gv.at

[KaTu06] Kardas G., Tunali E.T.: Design and implementation of a smart card based healthcare Information System. Computer Methods and Programs in Biomedicine, Vol. 81, No.1, pp 66–78, January 2006.

[Kobl87] N. Koblitz: Elliptic curve cryptosystems. Mathematics of Computation, American Mathematical Society, 48(177): pp. 203--209, 1987.

[LaGr00] Lambrinoudakis C., Gritzalis S.: Managing Medical and Insurance Information through a Smart-Card-Based Information System. Journal of Medical Systems, Vol. 24, No. 4, 213–234, August 2000.

[10] Arbeitsgemeinschaft Elektronische Gesundheitsakte, http://www.arge-elga.at

[MeVO96] Menezes A. J., Vanstone S. A., and Oorschot P. C.: Handbook of Applied Cryptography. 1st. CRC Press, Inc, 1996.

[Mill85] V. S. Miller, Use of elliptic curves in cryptography. In CRYPTO'85: Proceedings of Crypto, pp. 417-426. Springer, 1985.

[NSTW06] Ng H. S., Sim M. L., Tan C. M., and Wong C. C.: Wireless technologies for telemedicine. BT Technology Journal, Vol. 24, No. 2, pp 130–137, April 2006.

[PWLP99] Plischke M., Wolf K.H., Lison T., Pretschner D.P.: Telemedical support of prehospital emergency care in mass casuality incidents. European Journal of Medical Research, Vol. 4, No. 9, pp. 394–398, September 1999.

[RiSA78] R. Rivest, A. Shamir, L. Adelman: A Method for Obtaining Digital Signatures and Public-Key Cryptosystems. Communications of the ACM, 21 (1978), pp. 120-126.

[Sign99] Rundfunk und Telekom Regulierungs-GmbH (RTR-GmbH): Signaturgesetz. 1999, http://www.rtr.at

[TWIS03] Tachakra S., Wang X.H., Istepanian S.H., Song Y.H.: Mobile e-health: the unwired evolution of telemedicine. Telemedicine Journal and e-Health, Vol. 9, No.3, pp. 247-257, 2003.

Die Basiskonzepte der Sicherheitsarchitektur bei der Einführung der eGK

F. Fankhauser[1] · T. Grechenig[2] · D. Hühnlein[3] · M. Lohmaier[4]

[1] Technische Universität Wien
florian.fankhauser@inso.tuwien.ac.at

[2] RISE – Research Industrial Systems Engineering F&E GmbH
thomas.grechenig@rise-world.com

[3] secunet Security Networks AG
detlef.huehnlein@secunet.com

[4] Gesellschaft für Telematikanwendungen der Gesundheitskarte mbH
manfred.lohmaier@gematik.de

Zusammenfassung

Bei der Einführung der elektronischen Gesundheitskarte (eGK) in Deutschland und der dafür notwendigen Telematikinfrastruktur spielen Datenschutz und die Datensicherheit zentrale Rollen. Die grundsätzliche Konzeption der Sicherheitsarchitektur abgeleitet aus den Prämissen des Deutschen Datenschutzes und seinen Ausprägungen für persönliche Gesundheitsdaten wird dargestellt. Die Kernaspekte der Sicherheitsarchitektur der Telematikinfrastruktur (TI) für die Anwendungen der elektronischen Gesundheitskarte werden erläutert. Die im Feld sicherheitserzeugenden Komponenten werden anhand ihrer Rolle und Funktion in der Gesamtarchitektur erläutert.

1 Einleitung

Gemäß §291a SGB V muss die existierende Krankenversichertenkarte in Deutschland zur Verbesserung der Wirtschaftlichkeit, Qualität und Transparenz der medizinischen Behandlung zu einer elektronischen Gesundheitskarte (eGK) erweitert werden, durch die eine Vielzahl von Telematikanwendungen ermöglicht werden soll. Präziser formuliert wird dabei defacto eine gesicherte, bundesweite und feingliedrige Telematikinfrastruktur für das Gesundheitswesen aufgebaut, bei der der eGK zwar eine nach außen hin deutlich sichtbare Rolle zukommt, diese gleichzeitig aber aus technischer Sicht nur eine von vielen Teilkomponenten darstellt. Neben den beiden Pflichtanwendungen gemäß §291a Abs. 2 SGB V (elektronisches Rezept und elektronischer Versicherungsnachweis) kann der Versicherte der Nutzung einer Reihe von freiwilligen Anwendungen gemäß §291a Abs. 3 SGB V (dem elektronischen Notfallausweis, dem elektronischen Arztbrief, Anwendungen zur Arzneimitteltherapiesicherheit, der elektronischen Patientenakte, dem Patientenfach und der Patientenquittung) zustimmen.

P. Horster (Hrsg.) · D•A•CH Security 2007 · syssec (2007) 326-337.

Darüber hinaus ist die Telematikinfrastruktur offen für weitere Mehrwertdienste. Gemäß §291a Abs. 7 SGB V sind die Spitzenorganisationen der Leistungserbringer (Ärzte, Apotheker, etc.) und Kostenträger (Krankenkassen) für den Aufbau der für die Einführung und Anwendung der eGK notwendigen Informations-, Kommunikations- und Sicherheitsinfrastruktur (Telematikinfrastruktur) verantwortlich. Hierfür wurde die Gesellschaft für Telematikanwendungen der Gesundheitskarte mbH (gematik) gegründet, die

1. die technischen Vorgaben einschließlich eines Sicherheitskonzepts erstellen (§291b Abs. 1 Satz 1 Nr. 1 SGB V) und das notwendige Sicherheitsniveau der Telematikinfrastruktur gewährleisten muss (§291b Abs. 1 Satz 4 SGB V) sowie
2. die Interessen von Patientinnen und Patienten zu wahren und die Einhaltung der Vorschriften zum Schutz personenbezogener Daten sicherzustellen hat (§291b Abs. 2 SGB V).

Das vorliegende Papier beleuchtet kursorisch einige Aspekte des Datenschutzes und der Datensicherheit bei der Einführung der elektronischen Gesundheitskarte aus der Sicht der konkreten technischen Umsetzung.

Abschnitt 2 beleuchtet die wesentlichen Grundsätze des Datenschutzes bei der Einführung der eGK und skizziert deren Umsetzung. Abschnitt 3 widmet sich dem Überblick über die Sicherheitsarchitektur der geplanten Telematikinfrastruktur in der Form eines Ebenenmodells, das eine strukturierte Vorgehensweise bei IT-Sicherheitsrisiken und Umsetzungsmaßnahmen erlaubt. In Abschnitt 4 werden die technischen Kernkomponenten der Sicherheitsarchitektur sowie deren wesentliche Funktionen erläutert. Die wesentlichen Basiskonzepte werden dabei motiviert und systemisch dargestellt.

2 Wesentliche Datenschutzanforderungen

Die Telematikinfrastruktur richtet sich im Sinne des Gesetzgebers in Deutschland prioritär am Nutzen für den Patienten aus und alle Komponenten, Schnittstellen, Dienste und Prozesse der Gesundheitstelematik müssen daher an vornehmer Stelle den Erfordernissen des Datenschutzes und der Datensicherheit entsprechen. Natürlich gibt es dabei wirtschaftliche und operative Grenzen. Da es sich jedoch um eine bundesweite Gesamtsystematik handelt, die umfassende Volumen an hochpersönlichen Gesundheitsdaten genormt transportiert, ist im Sinne des Prinzips „Kettenstärke = Stärke des schwächsten Gliedes" eine umfassende und nachhaltige Etablierung von Datensicherheitsprinzipien mit relativ hoher Striktheit beinahe unausweichlich: Kompromisse im Aufbau und im Betrieb sind in der IT ohnehin Legende. Im vorliegenden Fall der Wahrung von Grundrechten der Bürgerinnen und Bürger sind derartige Kompromisse allenthalben im Aufbau und im Test denkbar, nicht jedoch im Last- und Betriebsverhalten.

Die zu schaffenden technischen Verfahren bei der Einführung der elektronischen Gesundheitskarte richten sich dabei an folgenden Datenschutzgrundsätzen aus:

- Datenhoheit für den Versicherten
  Der Versicherte hat die Datenhoheit für alle seine Anwendungen und Gesundheitsdaten in der Telematikinfrastruktur. Ein Prinzip, das er heute nur theoretisch erleben kann. Praktisch liegen große Mengen an Informationstransaktionen vor, die für den Patienten selbst dann intransparent ablaufen, wenn er daran konkretes Interesse hätte. Eine geregelte Telematikinfrastruktur wird schrittweise sicherstellen können, dass der Patient die Datenhoheit letztlich auch praktisch besitzt. In der öffentlichen Diskussion wird hier oft fälschlich von der Gefahr des „gläsernen Patienten" gesprochen. Faktisch liegt aber der

Status des „daten-entrechteten Patienten" vor. Die faktische und konkrete Etablierung der Datenhoheit für den Patienten ist jedoch genau das Gegenteil des heutigen Status und ist faktisch das einzig brauchbare Mittel gegen den „gläsernen Patienten".

- Freiwilligkeit
  Die Speicherung von Gesundheitsdaten ist grundsätzlich freiwillig und im Ermessen des Versicherten. Ohne die Einwilligung und Freigabe des Versicherten können die freiwilligen medizinischen Anwendungen nicht genutzt werden. Dieses Prinzip der Freiwilligkeit bewirkt zwar einen deutlichen Mehraufwand bei der Etablierung und eventuell einen verminderten Nutzen bestimmter Anwendungen, ist jedoch eine grundsätzlich notwendige Bedingung für die Akzeptanz einer derartigen Systematik. Eine Aushöhlung dieses Prinzips ist auch im Sinne des Vertrauens der Bürgerinnen und Bürger in die eGK-Systematik nicht zweckmäßig.
- Übernahme und Löschung von Daten
  Der Versicherte kann darüber entscheiden, welche seiner Gesundheitsdaten aufgenommen und welche gelöscht werden. Dies ist ein Prinzip, das als konkreter Umsetzungsaspekt des Hoheitsprinzips anzusehen ist.
- Übergabe von Daten
  Der Versicherte kann darüber entscheiden, ob und welche Daten er einem Leistungserbringer zugänglich macht. Auch dieses Konzept ist ein Konkretisierungsaspekt, wobei der Aufwand im Betrieb dafür in verschiedenen Bereichen durchaus aufwändig sein kann (z.B. Verstecken von Rezepten). Dieses Prinzip und seine Durchsetzung ist sowohl ein zu beachtendes Grundrecht als auch eine wesentliche Garantie, dass Schattentransaktionen im großen Ausmaß vermieden werden können: die Systematik bildet damit einfach das natürliche Verhalten der Patienten in bestimmten Fällen geeignet ab.
- Informations- und Leserecht
  Der Versicherte hat das Informations- und Leserecht, über seine gespeicherten Daten und alle diese Daten betreffenden Vorgänge. Dabei liefert letztlich erst die Etablierung einer geregelten Telematikinfrastruktur die technische Option der Lesbarkeit und Transparenz der den Patienten betreffenden Daten durch ihn selbst. Faktisch liegt dieses Recht heute nur sehr begrenzt vor.
- Allgemeine Datenschutzgrundsätze (Zweckbindung, Datensparsamkeit etc.)
  Neben den genannten eGK-spezifischen Datenschutzgrundsätzen sind selbstverständlich auch allgemeine Datenschutzgrundsätze (Zweckbindung, Datensparsamkeit etc.) zu berücksichtigen. Der Datenschutz in Deutschland ist zwar weltweit verglichen auf hohem Niveau, gleichzeitig ist abzusehen, dass andere Länder mit dem stetigen Wachstum der persönlichen Daten im Netz und dem daraus wachsenden Missbrauchspotential nachfolgen werden.

Über obige Grundsätze und deren Realisierung im Rahmen der Telematikinfrastruktur muss der Versicherte gemäß § 6c BDSG in allgemein verständlicher Form unterrichtet werden. Außerdem hat der Herausgeber der eGK dafür Sorge zu tragen, dass die zur Wahrnehmung des Auskunftsrechts erforderlichen Geräte oder Einrichtungen – z.B. in Form von eKiosk-Systemen – in angemessenem Umfang zum unentgeltlichen Gebrauch zur Verfügung stehen.

Zur Umsetzung dieser Grundsätze tragen insbesondere folgende Bereiche bei:

- Rollen- und Berechtigungsmanagement
  Die grundlegenden Rahmenbedingungen des Rollen- und Berechtigungskonzeptes für

die auf der eGK gespeicherten Daten sind in §291a SGB V normiert. Beispielsweise ist in den Absätzen 4 und 5 festgelegt, dass auf bestimmte Daten nur Angehörige eines Heilberufes (z.B. Arzt oder Apotheker) mit Einverständnis des Versicherten zugreifen dürfen. Die technische Realisierung dieser gesetzlichen Anforderungen erfolgt durch die Card-to-Card-Authentisierung zwischen eGK und einem Heilberufsausweis (HBA), sowie einer PIN-Eingabe des Versicherten, durch die das Einverständnis dokumentiert wird. Für den Zugriff auf Daten, die nicht auf der eGK, sondern in verschlüsselter Form in entsprechenden Fachdiensten gespeichert werden, existieren entsprechende Online-Verfahren (z.B. unter Verwendung von Objekt- und Service-Tickets), durch die das gesetzlich normierte Berechtigungskonzept auch für Online-Szenarien umgesetzt wird.

- Versichertenzentrierter Audit-Service
  Gemäß §291a Abs. 6 Satz 2 SGB V ist für Zwecke der Datenschutzkontrolle zu gewährleisten, dass mindestens die letzten 50 Zugriffe auf die Daten des Versicherten protokolliert werden. Die Protokollierung des Zugriffs erfolgt auf der eGK sowie in einem versichertenzentrierten Audit-Service, in dem festgehalten wird wer, wann auf welche medizinische Daten zugegriffen hat. Durch technische Maßnahmen in der eGK (z.B. PIN) bzw. im Audit-Service (z.B. versichertenzentrierte Verschlüsselung) wird sichergestellt, dass ausschließlich der Versicherte Zugriff auf diese sensiblen Protokolldaten erhalten kann.
- Systeme zur Wahrnehmung der aktiven Versichertenrechte
- Ein wesentlicher Grundsatz bei der Einführung der eGK ist, dass der Versicherte die uneingeschränkte Hoheit über seine Daten behält – ohne die explizite Einwilligung des Versicherten können die freiwilligen Anwendungen (Notfalldaten, Arzneimitteldokumentation etc.) nicht genutzt werden. Außerdem kann der Versicherte selbst bestimmen, auf welche Daten/Dienste er einem bestimmten Heilberufler Zugriff gewährt. Deshalb ist es – unter Verwendung von eigens dafür in die internationale Normung eingebrachte Chipkartenkommandos (Activate Record und Deactivate Record) - beispielsweise möglich, eine auf der eGK gespeicherte Verordnung vor einem Heilberufler zu „verstecken“ und sie wieder sichtbar zu machen. Für die Wahrnehmung dieser Versichertenrechte werden dem Versicherten entsprechende kostenfrei nutzbare eKiosk-Systeme zur Verfügung stehen.
- Anonymisierung und Pseudonymisierung
  Ein wichtiger Aspekt für den Schutz personenbezogener Daten ist die Anonymisierung und Pseudonymisierung von Daten. Wie in Abschnitt 4.5 erläutert, wird die Identität des Versicherten in der Telematikinfrastruktur pseudonymisiert. Außerdem bleibt bei Versichertenstatusabfragen die Identität des Arztes gegenüber dem Versichertenstammdatendienst durch Einsatz eines vertrauenswürdigen Intermediärs (Broker) verborgen.

3 Das Schichtenmodell der Datensicherheit der eGK

Im Rahmen der Entwicklung des Sicherheitskonzeptes gemäß §291b Abs. 1 Satz 1 Nr. 1 SGB V wurde für die einzelnen Informationsobjekte und Komponenten in der Telematikinfrastruktur [gemGA] eine Schutzbedarfs-, Bedrohungs- und Risikoanalyse durchgeführt, auf deren Grundlage die notwendigen Sicherheitsmaßnahmen festgelegt wurden.

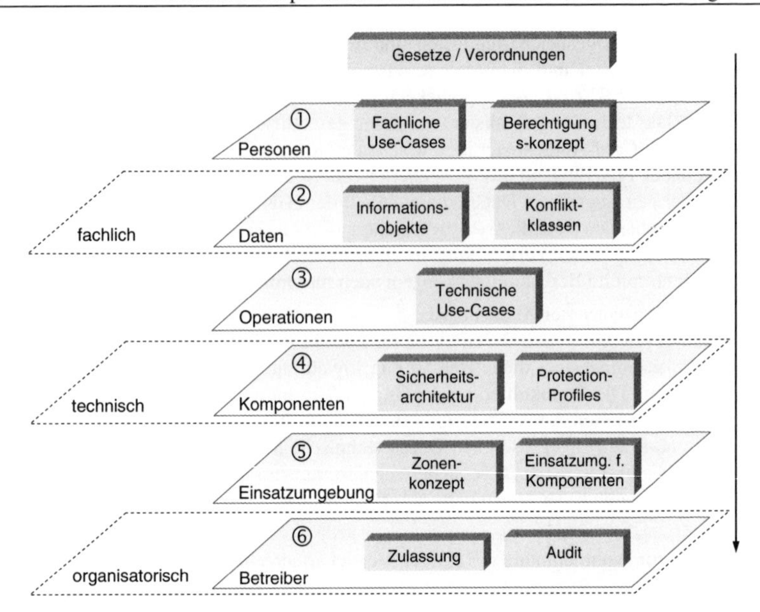

Abb. 1: Schichtenmodell der Datensicherheit in der Telematikinfrastruktur

Diese Maßnahmen können drei unterschiedlichen konzeptiven Räumen (fachlich, technisch und organisatorisch) zugeordnet werden. Innerhalb der Konzept-Räume wird weitergehend auch danach unterschieden, wer die primären Adressaten dieser Maßnahmen sind (Personen, Daten, Operationen, Komponenten, Einsatzumgebung und Betreiber). Dieser Ansatz berücksichtigt damit den Umstand, dass Sicherheitsarchitekturen dynamischen Charakter haben und im Betrieb der laufenden Anpassung unterworfen werden. Bedrohungen und Risiken können laufend neu aus konkreter medizinischer Pragmatik erwachsen, sie entstehen aus klassischen IT-Angriffen oder folgen aus einer konkreten organisatorischen Handhabung, die sicherheitstechnische Relevanz erzeugt.

Analog zur Identifikation einer Bedrohung oder eines Angriffes liegt dessen Auflösung bzw. die zugehörige Lösungsmaßnahme ebenso im Scope der drei Konzept-Räume vor, wobei Risiko und Lösung nicht zwingend im Rahmen desselben Konzeptes gekoppelt werden müssen: z.B. kann eine Klasse von bestimmten technischen Risiken durchaus organisatorisch abgefangen werden. Dabei leiteten sich die fachlichen Anwendungsfälle und die zentralen Eckpfeiler des Berechtigungskonzepts aus den gegebenen rechtlichen Rahmenbedingungen (Gesetze, Verordnungen etc.) ab (dargestellt als Ebene 1 in Abbildung 1). Derartige Maßnahmen betreffen primär die handelnden Personen. Aus den fachlichen Anwendungsfällen leiteten sich die grundlegenden Informationsobjekte, entsprechende Konfliktklassen (Ebene 2, Daten) sowie die technischen Use-Cases (Ebene 3, Operationen) ab.

Aus der Betrachtung der technischen Abläufe folgte das Komponentenmodell (Ebene 4). Den einzelnen Komponenten wird hierbei ein entsprechender angemessener Schutzbedarf zugeordnet, wobei sich dieser in erster Näherung aus dem Maximum des Schutzbedarfs der in dieser Komponente verarbeiteten Daten ergibt. Für alle Komponenten erfolgt dabei eine grundlegende Bedrohungs- und Risikoanalyse. Für besonders sensible Komponenten (z.B. Chipkarten, Konnektor, Kartenterminal), deren systematische Position diese zum Sicherheitsträger der TI macht, werden entsprechende Schutzprofile gemäß Common Criteria erarbeitet, deren Einhaltung als Voraussetzung für die sicherheitstechnische Zulassung der entsprechenden Komponenten dient.

Die Summe und technische Koppelung der sicherheitsrelevanten technischen Komponenten sowie deren normierte Interaktion wird als technische Sicherheitsarchitektur bezeichnet (Ebene 4, Komponenten). Die Kernkomponenten werden in Kapitel 4 dargestellt.

Die einzelnen Komponenten der Sicherheitsarchitektur sind systemisch im Umfeld der für sie vorgesehenen Einsatzumgebung als Sicherheitselemente zu bemessen (Ebene 5). Blackbox-Sicherheitsprüfungen aus diesem Umfeld bilden dabei den Prüfungs- und Risikoraum. Dabei werden die Komponenten mit ähnlichen Anforderungen an ihre technische und organisatorische Einsatzumgebung in einer entsprechenden gemeinsamen Sicherheitszone zusammengefasst. Die unterschiedlichen Zonen sind – z.B. durch entsprechende Firewalls – netzwerktechnisch und organisatorisch voneinander zu trennen. Grundsätzlich können notwendige Sicherheitsfunktionen durch eine Komponente selbst oder – sofern das in der Praxis zuverlässig realisierbar ist – durch entsprechende technische und organisatorische Maßnahmen in der Einsatzumgebung realisiert werden.

Hierbei ist eine systemische Asymmetrie zwischen dezentralen Komponenten (Chipkarten, Kartenterminals, Konnektor etc.) und zentralen Komponenten (Netzdienste, Broker, Fachdienste etc.) zuzulassen. An die Einsatzumgebung für dezentrale Komponenten bei den Leistungserbringern können kaum hohe homogene Anforderungen gestellt werden, weil es die logistischen Umsetzungsaufwände operativ und wirtschaftlich fast unmöglich machen. Deshalb stellen diese Komponenten die Sicherheitsmaßnahmen autark bereit. Bei den zentralen Komponenten, die in Rechenzentrumsumgebungen betrieben werden, können fast alle Sicherheitsanforderungen durch technische und organisatorische Maßnahmen des Betreibers (Ebene 6) realisiert werden.

Die zuverlässige Umsetzung dieser Maßnahmen wird im Rahmen des Zulassungsverfahrens sowie durch entsprechende Audits überprüft. Wesentlich dabei ist auch hier der Grundsatz, dass eine laufende Anpassung der Sicherheitsniveaus prinzipiell vorgesehen ist. Der Erbauer der Systematik (gematik) sollte dazu über die gesamte Aufbauphase die Souveränität über die Systematik behalten, bis die homogene Bereitstellung der Sicherheitsmechanismen über die gesamte Telematik als gesichert anzusehen ist.

4 Die Kernkomponenten der Sicherheitsarchitektur

Im Rahmen der Einführung der elektronischen Gesundheitskarte ist vorgesehen, dass die Leistungserbringer im Gesundheitswesen über ihre bestehenden Primärsysteme (Praxisverwaltungssystem, Krankenhausinformationssystem, Apothekenverwaltungssystem u.ä.) die unterschiedlichen Dienste der Telematikinfrastruktur nutzen (vgl. **Abb. 2**). Damit dies in ausreichend gesicherter Art und Weise geschehen kann, wurden von den IT-System- und Sicherheitsarchitekten mehrere teilweise im Feld bereits vorliegende systemische Komponenten mit entsprechenden Anforderungskatalogen vorgeschlagen: Primärsysteme, Dezentrale Komponenten, Zugangsnetz, Anwendungsinfrastrukturdienste, Public-Key-Infrastrukturen, Card-Application-Management-System (CAMS), Fachdienste, Mehrwertdienste.

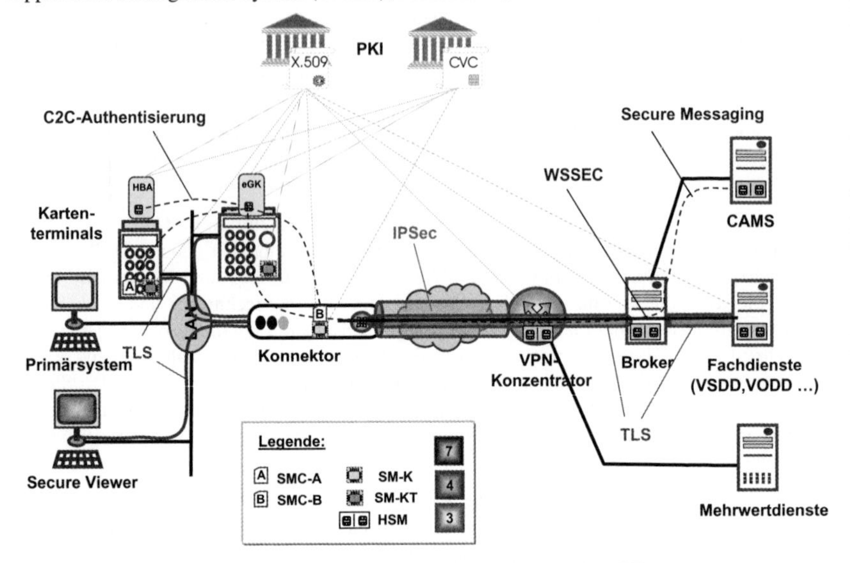

Abb. 2: Sicherheitsarchitektur zur Einführung der eGK

4.1 Primärsysteme

Die Sicherheitsanforderungen an die Primärsysteme werden nicht durch die Telematikinfrastruktur vorgegeben. Das wäre logistisch inoperabel, da z.B. die Systeme bei den niedergelassenen Ärzten zahlreich sind und ungewöhnlich heterogen. Jedoch werden die Primärsysteme vor Angriffen aus der Telematikinfrastruktur konzeptiv dadurch geschützt, indem es nicht möglich ist Verbindungen aus der Telematikinfrastruktur zu den Primärsystemen aufzubauen. Das impliziert, dass die Leistungserbringer – wie bereits bisher – für ihre Umgebung selbst verantwortlich sind und die Vertraulichkeit und Integrität ihrer Systeme und der lokal gespeicherten und übertragenen medizinischen Informationen sicherstellen müssen. Dadurch bildet sich in der Sicherheitsarchitektur auch trefflich die zugrundeliegende rechtliche Verantwortlichkeit ab.

4.2 Dezentrale Komponenten

Um die Fachdienste der Telematikinfrastruktur (vgl. Abschnitt 4.7) nutzen zu können, werden die Primärsysteme (Größenordnung: 100.000 Arzt- und Zahnarztpraxen, 2.000 Krankenhäuser, 20.000 Apotheken) um sogenannte Konnektoren erweitert (siehe Abb. 2). Dazu hat der Konnektor sowohl gesicherte Schnittstellen zu den Primärsystemen als auch zur Telematikinfrastruktur.

Der Konnektor besteht aus zwei logischen Teilkomponenten: dem Netzkonnektor und dem Anwendungskonnektor. Hierbei verbindet der Netzkonnektor die lokalen Netze der Leistungserbringer über ein IPSec-basiertes virtuelles privates Netz (VPN) (siehe [RFC2401] und folgende RFCs) in der Rolle eines VPN Clients mit dem VPN-Konzentrator der Telematikplattform. Die Hardware des Konnektors besitzt eine kryptographische Identität (SM-K), die für die Prüfung der Integrität des Konnektors und für den Aufbau des IPSec-basierten VPN genutzt wird. Für die dynamische Vergabe von IP-Adressen für Konnektoren wird der PPP/IPCP-Mechanismus über L2TP genutzt. Neben der SM-K besitzt der Konnektor eine als PlugIn-Karte im ID-000-Format ausgeprägte Secure Module Card (SMC) Typ B [SMCSpek], die vom Anwendungskonnektor für die Authentifizierung auf Transport- [RFC2246] und Anwendungsebene [WSSec] genutzt wird.

Der Anwendungskonnektor fungiert als Applikations-Proxy zwischen den Primärsystemen der Leistungserbringer und den Fachdiensten der Telematikinfrastruktur. Er realisiert die Ansteuerung der primär involvierten Chipkarten (eGK und Heilberufsausweis (HBA)) über LAN-basierte [SICCT]-Terminals und fungiert hierbei als eine Signaturanwendungskomponente gemäß § 2 Nr. 11 SigG. Hierbei besitzt der Konnektor selbst keine Anzeigekomponente, sondern überträgt bei Bedarf die darzustellenden Daten an das möglicherweise unsichere Primärsystem oder eine vertrauenswürdige Anzeigeeinheit (Secure Viewer).

Medizinische Daten wie z.B. Verordnungen werden durch den Anwendungskonnektor hybrid verschlüsselt und sie existieren somit innerhalb der Telematikinfrastruktur nur in verschlüsselter Form. Letzteres macht den Konnektor zu einer Art definiertes Sicherheitstor in die TI.

4.3 Zugangsnetz

Das Zugangsnetz dient in Verbindung mit den VPN-Konzentratoren der Telematikinfrastruktur zur sicheren Anbindung von zugelassenen Clients an diese. Dazu verbinden sich die Konnektoren über einen VPN-Tunnel mit der Telematikinfrastruktur. Die zu Grunde liegende Zugangsart (ISDN, ADSL, Standleitung,...) ist dabei neutral zu dieser Konzeption.

Die Netzwerk- und Transportschichten (OSI Layer 1-4) implementieren Authentifizierung und Autorisierung von maschinellen Kommunikationsendpunkten, sowie den Schutz der Vertraulichkeit und Integritätsschutz der übertragenden Daten. Die Nichtabstreitbarkeit und weitere Sicherheitsanforderungen werden ausschließlich durch Sicherheitsmaßnahmen in der Applikationsschicht sichergestellt (siehe auch [gemGA]).

Aus dem Zugangsnetz heraus erfolgt kein Verbindungsaufbau zum Konnektor. Alle Verbindungen bei den Leistungserbringern werden vom Konnektor initiiert. Das Zugangsnetz stellt nicht nur eine Verbindung zwischen den Netzen der Leistungserbringer und der Telematikinfrastruktur zur Verfügung, sondern soll auch Zugang zu Mehrwertdiensten bieten. Daher ist eine informationstechnische Trennung erforderlich. Diese informationstechnische Trennung zwischen Telematikanwendungen nach §291a SGB V und Mehrwertdiensten kann auf verschiedene Arten erfolgen. Es muss dabei jedoch sichergestellt sein, dass die Dienste der Telematikinfrastruktur aus dem Leistungserbringernetzwerk ohne Störung durch die Mehrwertdienste erreicht werden können.

Weitere Details zur Realisierung des Zugangsnetzes und der anderen Netze in der zentralen Telematikinfrastruktur sowie damit verbundene Sicherheitsaspekte sind in [gemNetz, gemNS] spezifiziert.

4.4 Anwendungsinfrastrukturdienste

Der Zugriff auf die Anwendungsservices der Fachdienste der Telematikinfrastruktur erfolgt über den Broker, der als Proxy fungiert. Er sorgt für die Lokalisierung von Diensten, das Schreiben der versichertenzentrierten Auditlogs gemäß §291a Abs. 6 Satz 2 SGB V sowie bei Bedarf für die Anonymisierung bestimmter Fachdienstaufrufe (z.B. bei der Abfrage des Versichertenstatus am Versichertenstammdatendienst des zuständigen Kostenträgers).

Die Anonymisierung erfolgt in zwei Schritten. Zuerst werden Nachrichten aus der Telematikinfrastruktur (Telematik Core Messages), die anonymisiert werden sollen, vom Signature Validation Service (SVS) auf deren Gültigkeit überprüft. Dies geschieht durch die Prüfung der Signatur des Ausstellers der Nachricht. Ist diese Prüfung erfolgreich, wird diese Signatur in einem zweiten Schritt durch den Security Confirmation Service (SCS) bestätigt, indem an Stelle der ursprünglichen Signatur eine neue Signatur durch den SCS angebracht wird. Dadurch wird die Überprüfung der ursprünglichen Signatur bestätigt. Daraus folgt, dass die weiteren Dienste dem Broker vertrauen müssen. Da für viele Nachrichten die Rolle des ursprünglichen Senders wichtig ist, wird die Rolle (z.B. Arzt) in die Nachricht aufgenommen. Die genaue Identität des Leistungserbringers ist jedoch bewusst nicht mehr in der Nachricht enthalten, um das erwünschte Niveau der Anonymisierung zu erreichen.

Zugriffe auf die Fachdienste der Telematikinfrastruktur werden versichertenzentriert auditiert. Dadurch wird erreicht, dass Zugriffe auf medizinische Daten für Zwecke der Datenschutzkontrolle nachvollziehbar sind. Es wird jeweils protokolliert wer, wann auf welchen Dienst zugegriffen hat. Die einzelnen Einträge werden dabei im Audit-Service für den entsprechenden Versicherten verschlüsselt.

4.5 Public-Key-Infrastrukturen

In der Telematikinfrastruktur existieren verschiedene Public-Key-Infrastrukturen. Einerseits werden personalisierte X.509-Zertifikate zur Authentisierung, Verschlüsselung und zur Erstellung elektronischer Signaturen (Willenserklärung) angewendet. Zusätzlich gibt es Zertifikate, welche zu technischen Zwecken auch ohne PIN-Eingabe verwendet werden können. Aus Gründen des Datenschutzes, insbesondere zur Vermeidung der unnötigen Verwendung der „Klarnamen“ der Versicherten, wird bei einem Zertifikat im „CommonName“ eine pseudonyme Identität des Versicherten gewählt. Pseudonym-Zertifikate werden z.B. für den Nachweis, dass bei einer Verordnung die eGK eines Versicherten vorgelegen hat, eingesetzt (vgl. [gemX.509]).

Zudem werden CV-Zertifikate (Card-verifiable-Certificates, CVC [ISO7816-8] (Annex A)) verwendet. Das sind auf die für Chipkarten relevanten Informationen reduzierte Zertifikate, die eine Authentifikation einer Chipkarte gegenüber einer anderen Chipkarte (z.B. HBA/SMC gegen eGK) direkt auf Kartenebene ermöglichen. Durch kodierte Rollen im Datenfeld „Certificate Holder Authorization“ des CV-Zertifikats eines HBA bzw. einer SMC ist nach erfolgreicher C2C-Authentisierung der Zugriff auf Daten in der eGK (z.B. Notfalldaten) oder die Freischaltung eines Schlüssels (z.B. Einlösen einer elektronischen Verordnung) möglich. Entsprechende Zugriffe werden durch eine C2C-Authentisierung abgesichert, da der Zugriff auf diese Datenobjekte bzw. Schlüssel - wie in §291a Abs. 5 SGB V gefordert - nur autorisierten Personengruppen erlaubt ist. CV-Zertifikate dienen nur der Sicherstellung der notwendigen Zugriffsberechtigung (Security Environment) in der eGK entsprechend der durchzuführenden

Aktion (z.B. Lesen einer auf der eGK oder auf einem Server gespeicherten Verordnung) (vgl. [gemCVC]).

CV-Zertifikate dienen darüber hinaus zur technischen Echtheitsprüfung auf Kartenebene, so dass es nicht möglich ist elektronische Gesundheitskarten zu „fälschen". Weitere Informationen hierzu finden sich in [gemCVC].

In der Telematikinfrastruktur kommen zwei Typen von Secure Module Cards (SMC) mit CV-Zertifikaten zum Einsatz. Einerseits die SMC-A, die im Kartenterminal Verwendung findet, und die SMC-B im Konnektor. Auf letzterer sind außerdem X.509-Zertifikate für die Institution des Leistungserbringers gespeichert.

Um aktuelle Sperrinformationen für die X.509-Zertifikate zu erhalten, werden in der Telematikinfrastruktur OCSP-Responder eingesetzt.

4.6 Card-Application-Management-System (CAMS)

Für die Verwaltung der Kartenapplikationen existiert in der Telematikinfrastruktur das Card-Application-Management-System (CAMS). Mit Hilfe des CAMS werden die Applikationen auf der eGK verwaltet und Versichertenstammdaten bei Bedarf aktualisiert.

Das CAMS nutzt dazu symmetrische Schlüssel, die auf der eGK aufgebracht sind und für Zwecke des Secure Messaging gemäß [ISO7816-4] zwischen CAMS und eGK genutzt werden. Weitere Informationen zum CAMS finden sich in [gemCAMS].

4.7 Fachdienste

Die verschiedenen Anwendungen der elektronischen Gesundheitskarte werden durch so genannte Fachdienste realisiert, wobei grob die folgenden Fälle unterschieden werden können:

- Pflichtanwendungen (Versichertenstammdatenmanagement (VSDM) und Verordnungsdatenmanagement (VODM)).
- Freiwillige Anwendungen, die auf Wunsch der Versicherten freiwillig genutzt werden können (z.B. das Speichern von relevanten Notfalldaten im Rahmen des Notfalldatenmanagements (NFDM), das Speichern von Informationen für die Arzneimittelinteraktionsprüfung oder in eine elektronische Patientenakte).
- Anwendungen des Versicherten, die der Versicherte ohne Anwesenheit eines Leistungserbringers nutzen kann.

Alle fachlichen Geschäftsvorfälle zur Nutzung von medizinischen Daten und Anwendungen des Versicherten werden von den Primärsystemen initiiert. Über den Konnektor und die weiteren oben skizzierten Komponenten der Sicherheitsarchitektur gelangt eine Anfrage zur Speicherung oder zum Abruf von Informationen schließlich an den Fachdienst. Dieser authentifiziert die Anfrage, indem die entsprechenden Web-Service-Signaturen (des Versicherten, des Heilberuflers und/oder des Brokers) geprüft werden, so dass bei entsprechender Autorisierung der Zugriff gewährt wird.

In der Telematikinfrastruktur werden Berechtigungen durch Tickets abgebildet. Es wird zwischen Service- und Objekt-Tickets unterschieden, die Definition findet sich in [gemGA]: Service-Tickets realisieren die Autorisierung eines Versicherten für genau einen Leistungserbringer oder einen Vertreter zum Zugriff auf die medizinischen Daten des Versicherten in genau einem Fachdienst. Jedem medizinischen Objekt innerhalb eines Fachdienstes ist genau ein Objekt-Ticket zugeordnet. Objekt-Tickets enthalten die Entschlüsslungsinformation zum Zugriff auf die verschlüsselten medizinischen Daten und die Rechte für berechtigte Leistungserbringer zum Zugriff auf das Objekt. Die vom Versicherten in den ausgestellten Service-Tickets dokumentierten Rechte werden in entsprechender Weise in das Objekt-Ticket übernommen.

Die Prüfung der Zugriffsberechtigung auf Fachdienste erfolgt einerseits durch die auf rechtlich vorgeschriebenen Regeln definierten Rollen (Heilberufler, Versicherte, etc.) und andererseits durch die in den Tickets dokumentierten Berechtigungen. Durch das Ausstellen von Service-Tickets kontrollieren Versicherte somit die Informationsflüsse zum und vom Fachdienst.

5 Zusammenfassung

In diesem Beitrag wurden die prinzipiellen Aspekte des Datenschutzes sowie die daraus abgeleiteten Konzepte der Datensicherheit bei der Einführung der elektronischen Gesundheitskarte kursorisch beleuchtet. Die Sicherheit der Telematikinfrastruktur wird durch unterschiedliche Maßnahmen auf verschiedenen fachlichen, technischen und organisatorischen Ebenen (vgl. **Abb. 1**) gewährleistet. Der vorliegende Beitrag stellt dabei lediglich einen schmalen technischen Ausschnitt näher dar. Der interessierte Leser wird auf die umfassenden Spezifikationen der gematik verwiesen [gemSpek].

Literatur

[BDSG] Bundesdatenschutzgesetz: http://www.gesetze-im-internet.de/bdsg_1990/index.html

[gemCAMS] gematik: Einführung der Gesundheitskarte – Kartenmanagement eGK – Schnittstellenspezifikation Card Application Management Service, Version 1.1.0 vom 02.03.2007, via http://www.gematik.de/upload/gematik_CMS_Karten management_eGK_Schnittstellenspezifikation_CAMS_V1_1_0_1665.pdf

[gemCVC] gematik: Einführung der Gesundheitskarte - PKI für CV-Zertifikate - Grobkonzept, Version 1.1.0 vom 21.06.2006, via http://www.gematik.de/upload/ gematik_ PKI_CV-Zertifikate_Grobkonzept_V1_1_0_1566.pdf

[gemGA] gematik: Einführung der Gesundheitskarte – Gesamtarchitektur, Version 0.2.0 vom 16.11.2006, via http://www.gematik.de/upload/gematik_GA_Gesamtarchi tektur_V0_2_0_1281.pdf

[gemNetz] gematik: Einführung der Gesundheitskarte – Netzwerkspezifikation, Version 1.2.0 vom 02.03.2007, via http://www.gematik.de/upload/gematik_INF_Netz werkspezifikation_V1_2_0_1670.pdf

[gemNS] gematik: Einführung der Gesundheitskarte – Spezifikation Netzwerksicherheit, Version 1.0.0 vom 23.02.2007, via http://www.gematik.de/upload/ gematik_ Inf_Netzwerksicherheit_V_1_0_0_1669.pdf

[gemSiko] gematik: Einführung der Gesundheitskarte – Sicherheitskonzept, Version 1.9.0 vom 03.04.2007

[gemSpek] gematik: Spezifikationen zur Telematikinfrastruktur für die Einführung und Anwendung der elektronischen Gesundheitskarte, via http://www.gematik.de

[gemX.509] gematik: Einführung der Gesundheitskarte - Festlegungen zu den X.509 Zertifikaten der Versicherten, Version 1.2.0 vom 02.10.2006, via http:// www. gematik.de/upload/gematik_PKI_X509_Zertifikate_des_Versicherten_eGK_V1_2_0_1567.pdf

[HBASpek] Heilberufs-Ausweis und Security Module Card, Teil 2: HBA - Anwendungen und Funktionen, Version: 2.1.0, via http://www.bmg.bund.de/ nn_600148/ SharedDocs/Gesetzestexte/Gesundheitskarte/HBA-D2,templateId=raw,property=publicationFile.pdf/HBA-D2.pdf

[ISO7816-4] Identification cards — Integrated circuit cards – Part 4: Organization, security and commands for interchange, ISO/IEC 7816-4, 2005

[ISO7816-8] Identification cards – Integrated circuit(s) cards with contacts – Part 8: Security related interindustry commands, ISO/IEC 7816-8, 1999

[RFC2246] T. Dierks, C. Allen: The TLS Protocol – Version 1.0, RFC2246, via http://www.ietf.org/rfc/rfc2246.txt

[RFC2401] S. Kent, R. Atkinson: Security Architecture for the Internet Protocol, RFC2401, via http://www.ietf.org/rfc/rfc2401.txt

[SGB V] Sozialgesetzbuch – Fünftes Buch (V) – Gesetzliche Krankenversicherung, via http://bundesrecht.juris.de/bundesrecht/sgb_5/

[SICCT] TeleTrusT e.V.: Secure Interoperable ChipCard Terminal (SICCT), Version 1.1.0 vom 19.12.2006, via http://www.teletrust.de/fileadmin/files/publikationen/Spezifikationen/SICCT_Spezifikation_1.10.pdf

[SigG] Gesetz über Rahmenbedingungen für elektronische Signaturen und zur Änderung weiterer Vorschriften, http://bundesrecht.juris.de/bundesrecht/ sigg_2001/

[SMCSpek] Heilberufs-Ausweis und Security Module Card, Teil 3: SMC - Anwendungen und Funktionen, Version: 2.1.0, via http://www.bmg.bund.de/cln_041/nn_667298/SharedDocs/Gesetzestexte/Gesundheitskarte/HBA-D3,templateId=raw,property=publicationFile.pdf/HBA-D3.pdf

[WSSec] OASIS: Web Services Security v1.0, via http://www.oasis-open.org/specs/index.php#wssv1.0

Modellbasiertes Testen der deutschen Gesundheitskarten

Christoph Apel[1] · Jürgen Repp[2] · Roland Rieke[2] · Jürgen Steingruber[1]

[1] Giesecke & Devrient München
{christoph.apel | juergen.steingruber}@gi-de.com

[2] Fraunhofer-Institut für Sichere Informationstechnologie
{repp | rieke}@sit.fraunhofer.de

Zusammenfassung

Dieser Beitrag beschreibt die Anwendung eines modellbasierten Verfahrens zur Testfolgengenerierung auf die deutschen elektronischen Gesundheitskarten, Heilberufsausweise und Sicherheitsmodulkarten, um deren Datensicherheit, Interoperabilität und Robustheit zu testen. Zur Modellierung der Chipkartenanwendungen werden asynchrone Produktautomaten (APA) verwendet. Daraus werden abstrakte Kommandofolgen für die Chipkarten berechnet, die dann in einem weiteren Schritt in konkrete ausführbare Kommandos übersetzt werden. Das verwendete Verfahren hat den Vorteil, dass damit komplexe Chipkartenanwendungen in kompakter und übersichtlicher Weise modelliert und automatisiert Testfolgen mit hoher Testabdeckung erzeugt werden können.

1 Motivation

Da die manuelle Testerstellung für umfangreiche Spezifikationen sehr aufwändig und fehleranfällig ist, bieten modellbasierte Verfahren zur Testgenerierung eine interessante Alternative. Dabei werden die Anwendungen nach ihrer Spezifikation modelliert und geeignete Testkriterien definiert, um daraus automatisch Testfälle zu erzeugen. Dieses so genannte modellbasierte Testen stellt sicher, dass die Testfälle mit der zugrunde liegenden Spezifikation konsistent sind und dass systematisch die verschiedenen Aspekte der Spezifikation abgedeckt werden.

Ein modellbasiertes Testverfahren wurde bei G&D mit Unterstützung durch Fraunhofer SIT am Beispiel der Chipkarten für das deutsche Gesundheitswesen implementiert. Das zu testende System besteht hier aus mehreren Chipkartentypen, die miteinander interagieren: die elektronische Gesundheitskarte (eGK), der Heilberufsausweis (HBA) und die Sicherheitsmodulkarte (SMC). Diese werden von verschiedenen Krankenkassen, Ärzte- und Zahnärztekammern und Apothekerverbänden herausgegeben. Sie enthalten sensible Daten und besitzen Sicherheitsmechanismen, um diese zu schützen. Zudem müssen sie geeignet zusammenwirken können und auch auf eine fehlerhafte Benutzung definiert reagieren.

P. Horster (Hrsg.) · D•A•CH Security 2007 · syssec (2007) 338-346.

2 Testaspekte in Bezug auf die Chipkartensicherheit

Die Chipkarte dient als Behälter für geheime Schlüssel, die als Sicherheitsanker für den Zugriff auf sensible Daten dienen. Über diese geheimen Schlüssel werden Authentisierungen der Karten gegeneinander oder gegenüber anderen Instanzen abgewickelt. Zudem werden damit elektronische Signaturen realisiert. Eine erfolgreiche Authentisierung führt zum Setzen eines Sicherheitszustandes in der Chipkarte und öffnet einen sicheren Kanal, der den Zugriff auf sensible Daten erlaubt. An einer Authentisierung können auch mehrere Chipkarten gleichzeitig beteiligt sein. So gibt es z.B. ein Verfahren, wo sich zuerst eine HBA gegen eine SMC authentisiert, damit diese sich gegenüber einer eGK authentisieren kann.

Dieser Zugriff auf sensible Daten ist rollenabhängig, d.h. je nachdem welche Rollen die Authentisierungspartner innehaben, werden unterschiedliche Zugriffe erlaubt oder verboten. Sensible Daten auf der Chipkarte sind neben den Rezepten und Notfalldaten die Einwilligung zum Führen einer Patientenakte und der Schlüssel und das Pseudonym für den Zugriff auf eine Patientenakte.

Die hier entwickelten Tests sollen dabei die folgenden Sicherheitsaspekte abdecken:

1. Es soll das Setzen und Löschen aller Sicherheitszustände in allen Karten getestet werden.
2. In allen Sicherheitszuständen soll sowohl der erlaubte Zugriff, als auch der verbotene Zugriff für alle relevanten Kommandos und Files auf der Chipkarte getestet werden.
3. Es sollen alle Rollen berücksichtigt werden.
4. Es sollen alle möglichen korrekten Kommandoreihenfolgen getestet werden.
5. Zur Sicherstellung der Interoperabilität sollen sämtliche Kryptogramme und Zertifikate von den Chipkarten selbst produziert oder gelesen werden.

3 Asynchrone Produktautomaten

Die formale Modellierung der Chipkartenanwendung wurde auf Basis „Asynchroner Produktautomaten (APA)“, einer allgemeinen Klasse kommunizierender Automaten, durchgeführt. APA sind ein universelles und sehr flexibles Beschreibungsmittel für kooperierende Systeme [ORR00c], zu denen mit dem von Fraunhofer-SIT entwickelten SH Verification Tool ein komfortables Werkzeug für Spezifikation und Analyse zur Verfügung steht [SHVT,ORR00b]. Ein Asynchroner Produktautomat APA kann als eine Familie von Elementarautomaten, auch Transitionen genannt (siehe Abschnitt. 4), angesehen werden. Die Zustandsmenge des APA ist als Produktmenge strukturiert, d.h. jeder Zustand besteht aus mehreren Zustandskomponenten. Die Zustandsmenge einer Zustandskomponente wird als Definitionsbereich der Zustandskomponente bezeichnet. Die Zustandsmengen einzelner Elementarautomaten bestehen wiederum aus Komponenten der Zustandsmenge des APA. Unterschiedliche Elementarautomaten können über gemeinsame Zustandskomponenten ihrer Zustandsmengen „verklebt“ sein. Elementarautomaten können kommunizieren, indem sie auf solche gemeinsamen Zustandskomponenten zugreifen.

Abbildung 2 zeigt die graphische Darstellung eines APA mit den 5 Elementarautomaten „Command“, „Response“, „Read_EF“, „Update_EF“ und „Verify_PIN“ und den Zustandskomponenten „Command“, „IN“, „Response“ und „State“. Kreise repräsentieren die Zustandskomponenten und Rechtecke die Elementarautomaten. Die Nachbarschaftsrelation spezifiziert, welche Zustandskomponenten im Zustand eines Elementarautomaten enthalten sind. Die Nachbarschaftsrelation wird durch Kanten zwischen Elementarautomaten und Zustandskomponenten dargestellt. Nur Zustände dieser Zustandskomponenten können bei einem Zustandsübergang eines Elementarautomaten geändert werden. In der Abbildung 2 kann zum Beispiel ein Zustandsübergang von „Verify_PIN" nur die Zustände von „IN", „Response" und „State" ändern.

Die graphische Darstellung des APA zeigt lediglich die Struktur aus Elementarautomaten, Zustandskomponenten und Nachbarschaftsrelation. Zur vollständigen Spezifikation eines APA müssen zusätzlich die Definitionsbereiche, Zustandsübergangsrelationen und der Initialzustand definiert werden. Ein Zustandsübergang ist dabei ein Tripel (Zustand, Elementarautomat, Folgezustand). Beginnend mit dem Initialzustand definiert die Zustandsübergangsrelation die möglichen Zustandsübergangsfolgen. Diese Folgen von Zustandsübergängen beschreiben das Systemverhalten. Der sogenannte „Erreichbarkeitsgraph" eines APA ist nun ein gerichteter Graph, dessen Knoten die möglichen globalen Zustände und dessen Kanten die Zustandsübergänge des APA beschreiben. Eigenschaften dieses Graphen, und damit des dynamischen Systemverhaltens, können mittels der durch das SH Verification Tool bereitgestellten Verfahren (Abstraktionen, temporale Logik, etc.) untersucht werden. Vor der Berechnung des vollständigen Graphen ist es möglich, Simulationen durchzuführen.

4 Modellierung der Karten und des Testgenerators

4.1 Überblick

Es wurden drei Typen von Chipkarten für das System der deutschen Gesundheitskarte mittels asynchroner Produktautomaten (APA), siehe oben, modelliert: die elektronische Gesundheitskarte (eGK), der Heilberufsausweis (HPC) und die Sicherheitsmodulkarte (SMC). Diese Chipkarten sind im Detail in [Gema06a, Gema06b, Gema06c, Gema06d] beschrieben. Die Chipkarten sind über ein Hintergrundsystem miteinander verbunden. Dieses besteht im Wesentlichen aus den Kartenlesern und der Software, welche die Transaktionen zwischen den Karten steuert (Abbildung 1). Dabei können die HPC und die SMC unterschiedliche Rollenkennzeichen tragen, welche den Zugriff auf die eGK beeinflussen.

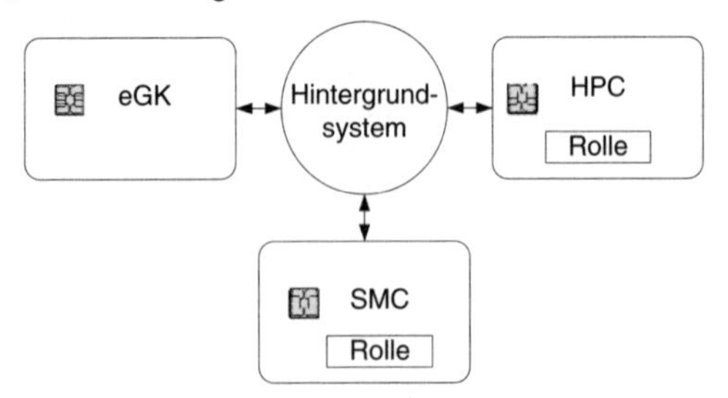

Abb. 1: Das Multikartensystem der deutschen Gesundheitskarte

Für jede Karte wurde ein separates Modell erstellt, welches das Antwortverhalten der Karte beschreibt. Das Hintergrundsystem haben wir als Testgenerator modelliert, welcher zufällige Kommandofolgen für die einzelnen Karten erzeugt. Diese aus abstrakten Kommandos bestehenden Folgen wurden in konkrete Kommandos übersetzt und auf dem Testtool [Gies07] mit realen Chipkarten ausgeführt. Die erzeugten Kommandofolgen testen die Zugriffsicherheit und Interoperabilität der verschiedenen Karten und deren Robustheit gegenüber falschen Kommandoreihenfolgen. Zudem werden damit alle im Rahmen des Modells möglichen Anwendungsfälle abgedeckt.

4.2 Abbildung der Sicherheitsaspekte im Modell

In Abbildung 2 ist der schematische Aufbau des APA einer Chipkarte gezeigt. In der Zustandskomponente „Command" wird vom Testgenerator ein Kommando abgelegt, und dann durch Schalten der Transition „Command" in die Zustandskomponente „In" befördert. Diese Zustandskomponente ist mit Transitionen verbunden, die die Kommandos darstellen, welche die Chipkarte verarbeiten kann. Eine Kommando-Transition schaltet, wenn das entsprechende Kommando auf der Zustandskomponente „In" liegt. Es wird weiter geprüft, ob das Kommando im aktuellen Zustand erlaubt ist, indem der Inhalt der Zustandskomponente „State" ausgewertet wird. Je nachdem, ob das Kommando erlaubt ist oder nicht, wird in der Zustandskomponente „Response" der entsprechende Rückgabewert eingetragen und evtl. der Inhalt von „State" geändert.

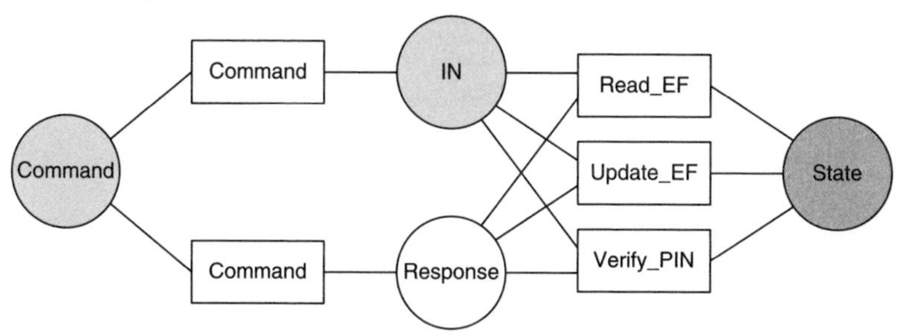

Abb. 2: Schematischer Aufbau des Produktautomaten zur Simulation einer Chipkarte

Auf diese Weise wird das zustandsabhängige Antwortverhalten der Karte beschrieben. Der Sicherheitsaspekt 1 in Abschnitt 2 wird abgedeckt, indem z.B. bei der eGK das Setzen und Löschen der folgenden Sicherheitszustände berücksichtigt wird:

Tab. 1: Sicherheitszustände in der eGK

Zustand	Beschreibung
„init"	Initialzustand nach dem Reset
„pin"	Zustand nach Eingabe der User-PIN
„pin_home"	Zustand nach Eingabe der PIN-home über Internet
„role_verified"	Zustand, nachdem mit VerifyCertificate eine Rolle übertragen wurde
„auth_started"	Zustand nach Übertragung des ersten Teilkommandos einer Authentisierung
„role_authenticated"	Zustand nach Übertragung einer Rolle mittels vollständiger Authentisierung

Die obigen Zustände können auch kombiniert auftreten, so kann gleichzeitig eine PIN und eine Rolle authentisiert sein.

Das tatsächliche Modell ist etwas komplizierter aufgebaut und enthält für die eGK z.B. 9 Kommandos und 4 Zustandskomponenten für die Verwaltung der Zustände.

Zur Abdeckung des Sicherheitsaspektes 2 in Kapitel 2 betrachten wir die Modellierung des Testgenerators, die in Abbildung 3 dargestellt ist.

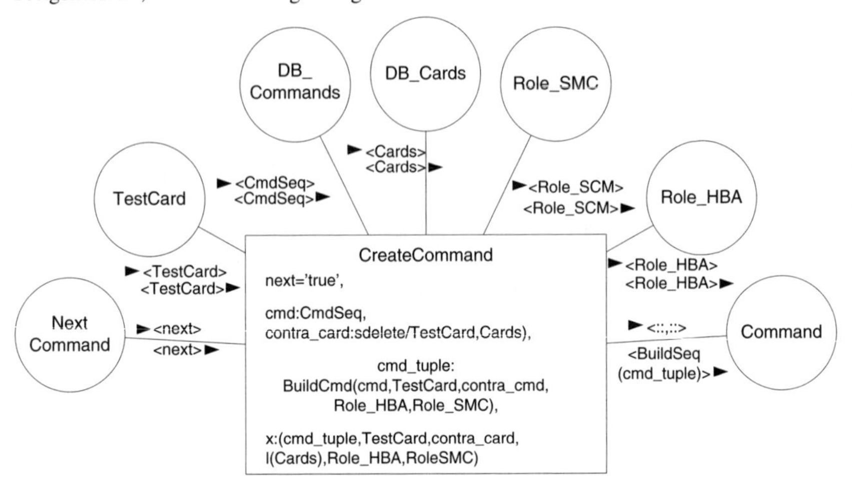

Abb. 3: Modell des Testgenerators

Der Testgenerator wird als eigenständiger APA modelliert. Er besteht nur aus einer Transition „CreateCommand", die dafür sorgt, dass ein Kommando in die Zustandskomponente „Command" gelegt wird, von wo aus es dann von den Kartenmodellen weiterverarbeitet wird (siehe Abbildung 2). Das Kommando wird über die beiden Zustandskomponenten DB_Commands und DB_Cards zusammengesetzt. DB_Commands enthält alle möglichen Kommandos und DB_Cards die möglichen Kartentypen die als Gegenkarte verwendet werden sollen, also „eGK", „HBA" und „SMC". Zustandskomponenten können also nicht nur zur Verwaltung von Zuständen, sondern auch zur Speicherung von Datenmengen dienen.

Der Testgenerator weiß nicht, in welchem Zustand sich die Karten befinden, er wählt zufällig ein Kommando und eine Karte aus. Damit wird der Sicherheitsaspekt 2 realisiert, an die Karten werden auch Kommandos geschickt, die abgelehnt werden müssen, und dies vollständig, d.h. in jedem Zustand werden alle in DB_Commands enthaltenen Kommandos geschickt. Das ist durch die Anlage des Modells als Produktautomat gewährleistet. Damit ist auch der Sicherheitsaspekt 4 erfüllt, denn wenn die Kommandos in zufälliger Reihenfolge geschickt werden, sind auch alle Gutfallvariationen dabei.

Die weiteren Zustandskomponenten „RoleSMC", „RoleHBA", „TestCard" dienen zur Konfiguration der Tests. „RoleSMC", „RoleHBA" enthalten die Rollen der SMC und der HBA, die getestet werden sollen, und „TestCard" bezeichnet die Karte, die im Testfokus steht. Damit können alle Rollen berücksichtig werden, indem für jede Rollenkombination ein Testlauf erzeugt wird, wodurch der Sicherheitsaspekt 3 erfüllt wird.

Das Modell ist so angelegt, dass eine Karte im Testfokus steht, und jeweils die beiden anderen Karten (die dann aus „DB_Cards“ gewürfelt werden) als Lieferanten für Zertifikate, Kryptogramme und Zufallszahlen benutzt werden. Damit wird der Sicherheitsaspekt 5 automatisch abgedeckt.

5 Testgenerierung aus dem Modell

5.1 Generierung abstrakter Testfolgen

Für die modellierten Teile eGK, HBA, SMC, Testgenerator, die ein zusammenhängendes Netz bilden, wurde ein Erreichbarkeitsgraph berechnet, der alle im Modell abgebildeten Kartenzustände, Kommandokombinationen und Kartenkombinationen beinhaltet. Für diesen Erreichbarkeitsgraphen wurde dann eine Chinese Postman Tour (minimaler Pfad, der alle Kanten des Graphen mindestens einmal durchläuft) berechnet, woraus sich eine abstrakte Kommandofolge ergab.

5.2 Konkretisierung zu ausführbaren Testfolgen

Um die erzeugten abstrakten Kommandofolgen auf realen Chipkarten laufen zu lassen, müssen diese noch auf konkrete lauffähige Kommandos abgebildet werden. Abbildung 4 zeigt die Kette der verschiedenen Verarbeitungsschritte. Diese können so automatisiert werden, dass per Knopfdruck das lauffähige Testskript erzeugt wird.

Die Konkretisierung besteht zum einen in einer Aufteilung in mehrere Teilkommandos, zum anderen in einer Anpassung der Syntax, so dass die Kommandos für das Testtool in Form eines Testskripts lesbar werden. So bedeutet beispielsweise das abstrakte Kommando „IntAuth eGK_HPC“, also die interne Authentisierung einer eGK gegenüber der HPC, dass zunächst bei der HPC mit dem Kommando GetChallenge eine Zufallszahl abgeholt wird, da diese als Eingangsdatum für das Kommando InternalAuthenticate benötigt wird, bevor dieses Kommando dann zur eGK gesendet wird.

Jedes abstrakte Kommando wird im Testtool als Modul angelegt, das dann die Kommandodetails abbildet. Das Testtool [Gies07] besitzt eine Multikarten-Schnittstelle und kann vollautomatisch Multikarten-Testskripte abarbeiten.

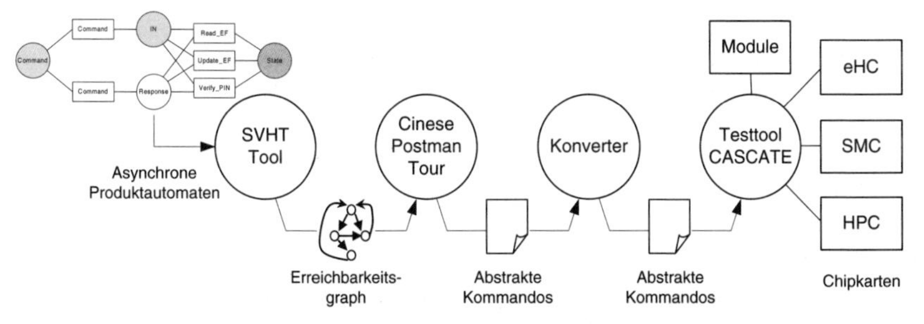

Abb. 4: Verarbeitungsschritte für die Erzeugung von lauffähigen Kommandofolgen

5.3 Ergebnisse

In einem ersten Schritt wurden folgende Kommandos bzw. Kommandogruppen abgebildet:

ReadCert: lesen der Kartenzertifikate

VerifyCert: verifizieren der Kartenzertifikate

VerifyPIN: verifizieren der User-PIN

VerifyPIN_home: verifizieren der PIN-home

IntAuth: interne Authentisierung

ExtAuth: externe Authentisierung (mit MSE+GetChallenge)

ReadEF: Files lesen

UpdateEF: Files schreiben

Reset: Reset der Karte (mit SelectDF)

Manche Kommandos wurden dabei zu Gruppen zusammengefasst. Die Kommandos einer Gruppe werden als Block an die Karte geschickt. Dies ist dann sinnvoll, wenn die Reihenfolge keinen Einfluss auf die Zustände der Karte hat, wie z.B. Lese- und Schreibzugriffe auf die verschiedenen Files (ReadEF, UpdateEF).

Für die eGK als Testfokus ergaben sich (für ein Rollenpaar HBA/SMC) 2283 Zustände im Erreichbarkeitsgraphen und eine abstrakte Kommandosequenz von 3304 Kommandos. Für eine HBA oder SMC als Testfokus ergaben sich etwa 150 Zustände und eine abstrakte Kommandosequenz von 300 Kommandos. Die geringere Zustandsmenge bei der HBA und SMC kommt daher, dass diese keine rollenabhängigen Zugriffe wie in der eGK verwalten müssen. Die Durchlaufzeit für einen Testlauf auf dem Testtool mit einer Rollenpaarung Betrug für eGK und HBA zusammen etwa 40 Minuten. Die sich hier ergebenden Zustandsmengen und Laufzeiten sind noch relativ gering, so dass die geplanten Erweiterungen (siehe Kapitel 6) ohne weiteres realisierbar sind.

Bei der Analyse der entstandenen Kommandofolgen konnten auch wichtige Abläufe wie die Freischaltung der SMC durch die HBA identifiziert werden, die sich aus dem Modell automatisch ergaben.

Bei den Testdurchläufen traten einige Fehler auf. Zum einen waren die verwendeten Testkarten nicht fehlerfrei implementiert und mussten entsprechend angepasst werden, zum anderen war auch die Unsetzung im Modell nicht fehlerfrei. Nach Korrektur dieser Abweichungen liefen die Testläufe ohne Fehler.

Es hat sich damit gezeigt, dass die verwendete Methode sehr gut in der Lage ist, effiziente Kommandofolgen für Testzwecke zu liefern.

6 Ausblick

Modellbasiertes Testen erleichtert das Erzeugen effizienter Testfolgen mit einer hohen Testabdeckung und spart im Vergleich zur manuellen Testgenerierung Zeit bei Entwicklung und Wartung der Testfolgen. Nachdem ein Modell der zu testenden Anwendung entwickelt wurde, kann dessen Korrektheit mit Tool-Unterstützung validiert werden.

Um eine Erweiterung des Modells der Chipkarten für das Gesundheitswesen vorzunehmen, müssen im Wesentlichen die APA angepasst werden. Falls neue Kommandos hinzukommen, müssen auch die Module im Testtool angepasst werden. Es ist geplant, das Modell um die folgenden Funktionalitäten zu erweitern:

- Anzahl der Kommandos. Kommandos, die bisher nicht explizit modelliert worden sind, wie z.B. GetChallenge und ManageSecurityEnvironment, sollen hinzugefügt werden. Damit ist auch eine Erweiterung der Kartenzustände verbunden.
- Detaillierte Rückgabewerte: Im bisherigen Modell werden als Rückgabewerte von der Karte 9000, 6982 und 6xxx abgebildet. Der generische Rückgabewert 6xxx soll weiter präzisiert werden.
- Die von der HPC und SMC unterstützten logischen Kanäle sollen berücksichtigt werden.
- Neben der bisher unterstützten Authentisierungsvariante soll noch eine weitere mit Aushandlung von Session Keys hinzugefügt werden.

Danksagung

Wir danken unseren Kollegen Olaf Henniger und Peter Ochsenschläger für die Mitarbeit an dieser Veröffentlichung und für Ihre Beiträge zur Entwicklung der Methoden und Werkzeuge über die hier berichtet wird. Weiter danken wir Herrn Eberhard Spatz für die hilfreiche Unterstützung.

Literatur

[Gema06a] Gematik: eGK Teil 1: Kommandos, Algorithmen, Funktionen der Betriebssystem-Plattform, Version 1.1.0 (07.02.2006).

[Gema06b] Gematik: eGK Teil 2: Anwendungen und anwendungsspezifische Strukturen. Version 1.2.1. (07.09.2006).

[Gema06c] Gematik: German Health Professional Card and Security Module Card Part1: Commands, Algorithms and Functions of the COS Platform, Version 2.1.0 (2006).

[Gema06d] Gematik: German Health Professional Card and Security Module Card Part 2 and 3: HPC Applications and Functions, Version 2.1.0 (2006).

[Giel93] H. Giehl: Verifikation von Smartcard-Anwendungen mittels Produktnetzen. In: Gesellschaft für Mathematik und Datenverarbeitung mbH, ISBN 3-88457-225-3, November 1993.

[Nebe94] M. Nebel: Ein Produktnetz zur Verifikation von Smartcard-Anwendungen in der STARCOS-Umgebung. In: Gesellschaft für Mathematik und Datenverarbeitung mbH, ISBN 3-88457-234-2, Juli 1994.

[ORR00b] P. Ochsenschläger, J. Repp, R. Rieke: The SH-Verification Tool. In Proc. 13th International Florida Artificial Intelligence Research Society Conference (FLAIRS-2000), pages 18-22, Orlando, FL, USA, May 2000. AAAI Press.

[ORR00c] P. Ochsenschläger, J. Repp, and R. Rieke: Abstraction and composition – a verification method for co-operating systems. Journal of Experimental and Theoretical Artificial Intelligence, 12:447-459, June 2000.

[StEW06] B. Struif, L. Eckstein, U. Waldmann: Use Cases zum elektronischen Arztausweis, Version 1.0, (31.07.2006).

[SHVT] Simple Homomorphism Verification Tool – Manual. Fraunhofer-Institut für Sichere Informationstechnologie.

[Gies07] Giesecke & Devrient: Das Testtool CASCATE® ist ein Test-Studio für Chipkartentests. Es umfasst Testfallmanagement, Testausführung, Testdebugging und Testdokumentation. Entwickelt von Giesecke & Devrient (2007).

Mobile Anwendungsszenarien der elektronischen Gesundheitskarte

Detlef Hühnlein[1] · Torsten Eymann[2]
Ulrike Korte[3] · Thomas Wieland[4]

[1] secunet Security Networks AG
detlef.huehnlein@secunet.com

[2] Universität Bayreuth
torsten.eymann@uni-bayreuth.de

[3] Bundesamt für Sicherheit in der Informationstechnik
ulrike.korte@bsi.bund.de

[4] Hochschule Coburg
thomas.wieland@fh-coburg.de

Zusammenfassung

Im Rahmen der Einführung der elektronischen Gesundheitskarte (eGK) werden die Systeme der Leistungserbringer und Kostenträger im Gesundheitswesen über eine neue Telematikinfrastruktur miteinander vernetzt. Hierbei stehen bislang leider ausschließlich die ortsgebundenen Systeme der Beteiligten im Fokus der Planung und Realisierung. Da aber viele wichtige Anwendungsfälle der eGK – beispielsweise der Zugriff auf Notfalldaten durch Rettungspersonal oder das Ausstellen von elektronischen Rezepten beim Hausbesuch – typischerweise nicht in den Räumlichkeiten der Leistungserbringer erfolgen, müssen zusätzlich auch mobile Einsatzszenarien betrachtet werden. Im Fokus des vorliegenden Beitrags steht die Frage, welche Änderungen oder Ergänzungen der aktuellen Spezifikationen notwendig sind, um den Einsatz von ortsungebundenen Geschäftsprozessen und mobilen Endgeräten in der Gesundheitstelematik zu ermöglichen.

1 Einleitung

Gemäß § 291a Abs. 1 [SGB V] muss die existierende Krankenversichertenkarte zu einer elektronischen Gesundheitskarte (eGK) erweitert werden, durch die eine aktuelle Prüfung des Versicherungsstatus und die elektronische Übermittlung von Verordnungen sowie eine Reihe von für den Versicherten freiwilligen Anwendungen, wie z.B. die elektronische Patientenakte, möglich werden. Auf Basis verschiedener Vorarbeiten [b4h-RA, b4h-SO, FHG-LA] werden derzeit von der Gesellschaft für Telematikanwendungen der Gesundheitskarte GmbH (gematik) die notwendigen Spezifikationen [gemSpek] und Komponenten für die erforderliche Informations-, Kommunikations- und Sicherheitsinfrastruktur (Telematikinfrastruktur) zur Einführung und Anwendung der eGK erarbeitet. Bei der Entwicklung der Spezifikationen [gemSpek] und Komponenten der Telematikinfrastruktur durch die Gesellschaft für Telema-

P. Horster (Hrsg.) · D•A•CH Security 2007 · syssec (2007) 347-359.

tikanwendungen der Gesundheitskarte (gematik) stehen bislang ausschließlich die ortsgebundenen Systeme der Beteiligten im Fokus der Planung und Realisierung. Da aber viele wichtige Anwendungsfälle der eGK – beispielsweise der Zugriff auf Notfalldaten durch Rettungspersonal oder das Ausstellen von elektronischen Rezepten beim Hausbesuch – typischerweise nicht in den Räumlichkeiten der Leistungserbringer erfolgen, und die Tätigkeit von Ärzten, Apothekern und anderen Heilberuflern oft nicht an feste Rechnerarbeitsplätze gebunden ist, müssen zukünftig auch Aspekte der Mobilität berücksichtigt werden, um das volle Potenzial der elektronischen Gesundheitskarte ausschöpfen zu können. In diesem Beitrag soll untersucht werden, welche Änderungen oder Ergänzungen der aktuellen Spezifikationen der gematik für eine mobile Nutzung der elektronischen Gesundheitskarte notwendig sind. Hierfür wird folgendermaßen vorgegangen: Abschnitt 2 beleuchtet einige typische mobile Anwendungsszenarien im Gesundheitswesen. Nach einer Skizze der derzeit geplanten Telematikinfrastruktur in Abschnitt 3 werden in Abschnitt 4 entsprechende Erweiterungen für eine mobile Nutzung der elektronischen Gesundheitskarte vorgeschlagen. In Abschnitt 0 werden die neuen Herausforderungen zusammengetragen, für die in Abschnitt 6 entsprechende Lösungsansätze aufgezeigt werden. In Abschnitt 7 werden schließlich die wesentlichen Erkenntnisse dieser Arbeit zusammengefasst.

2 Mobile eHealth-Anwendungsszenarien

Mobilität ist ein wesentliches Anforderungsmerkmal eines effektiven Gesundheitssystems, nicht nur im Notfall- oder Rettungswesen. Patienten und medizinisches Personal benötigen Informationen blitzartig und an einem nicht vorher bestimmbaren Zugriffsort, oder wollen solche Informationen zur weiteren Verarbeitung an eine zentrale Leitstelle senden. Die Existenz eines stationären Netzes kann hierbei für einige Teilstrecken einer solchen Datenübertragung wertvolle Dienste leisten. Mindestens an einem Ende des Kommunikationsprozesses steht jedoch ein mobiles Endgerät. Im Folgenden sollen schlaglichtartig einige Anwendungsszenarien im Gesundheitswesen beleuchtet werden, in denen die elektronische Gesundheitskarte und der Heilberufsausweis in Verbindung mit mobilen Endgeräten genutzt werden müssen:

- Mobiler Zugriff auf Notfalldaten und weitere Patientendaten
- Prüfen des Versichertenstatus und Ausstellen eines Rezeptes beim Hausbesuch
- Sicherer mobiler Zugriff auf medizinische Daten und Organisationsdaten
- „Komfortsignatur" für Leistungserbringer im Gesundheitswesen

2.1 Mobiler Zugriff auf Notfalldaten und Patientenakten

Ein Notarzt oder Rettungssanitäter benötigt für die Erstbehandlung des Patienten dessen Notfalldaten. Hierfür führt er die eGK in sein mobiles, vertrauenswürdiges Endgerät ein, um den auf der eGK gespeicherten Notfalldatensatz angezeigt zu bekommen. Die Autorisierung für diesen Zugriff erfolgt durch eine Card-to-Card-Authentisierung zwischen der eGK und der in das mobile Endgerät integrierten Mobile Health Card. Bei Bedarf werden die in der Datei EF.NET gespeicherten Daten der SMC-Applikation (z.B. Adresse des VPN-Konzentrators) genutzt, um eine mittels VPN gesicherte Verbindung zu den zentralen Systemen der Gesundheitstelematik aufzubauen. Sofern der Versicherte zustimmt, kann der Arzt auf weitere Patientendaten zugreifen.

2.2 Versichertenstatus und eRezept beim Hausbesuch

Ein weiterer Anwendungsfall ist die Prüfung des Versichertenstatus und das Ausstellen eines elektronischen Rezeptes durch den Hausarzt bei einem Hausbesuch. Hierzu führt der Arzt die eGK des Patienten in sein mobiles Endgerät ein, um die auf der Karte gespeicherten Stammdaten und den Versichertenstatus einzulesen. Bei Bedarf nutzt er eine VPN-gesicherte Verbindung zur Telematikplattform, um den Versichertenstatus beim so genannten Versichertenstammdatendienst online zu prüfen und eine mögliche Aktualisierung der Daten der Karte anzustoßen. Danach gibt er die elektronischen Verordnungsdaten an seinem mobilen Endgerät ein, erstellt für diese gemäß § 2 Abs. 1 Nr. 10 AMVV[1] unter Verwendung seines in der Praxis gesteckten Heilberufsausweises (HBA) oder der HBA-Applikation auf der Mobile Health Card eine qualifizierte elektronische Signatur und schreibt das elektronische Rezept komprimiert und verschlüsselt auf die eGK. Bei Bedarf wird das elektronische Rezept zusätzlich über eine mittels VPN gesicherte Verbindung zum so genannten Verordnungsdatendienst in der Telematikplattform übertragen.

2.3 Zugriff auf medizinische und organisatorische Daten

Mittels der VPN-Technologie des mobilen Endgerätes kann für den Arzt auch ein gesicherter Zugriff auf die in den Primärsystemen gespeicherten medizinischen Daten oder Organisationsdaten (z.B. Terminkalender) und persönlichen Nachrichten möglich sein, so dass auf diese bei Bedarf über mobile Endgeräte zugegriffen werden kann. Als Transportnetze können hierbei drahtlose Wide Area Networks (Funk-WAN), wie z.B. GSM/GPRS, UMTS oder WiMAX, und lokale Netze (WLAN) unterstützt werden, so dass der Zugriff sowohl beim Hausbesuch als auch im klinischen Umfeld ermöglicht wird. Der Betrieb eines WLAN im Krankenhaus unterliegt besonderen Anforderungen zur elektromagnetischen Verträglichkeit, die in der Norm DIN EN 60601-1-2 beschrieben werden, ist jedoch ansonsten problemlos möglich.

2.4 „Komfortsignatur“ für Leistungserbringer

Da für die Erzeugung einer qualifizierten elektronischen Signatur im Gesundheitswesen im Regelfall das jeweilige Stecken des Heilberufsausweises an einem stationären Arbeitsplatz und die Eingabe einer sechsstelligen PIN nötig ist, aber Ärzte und Apotheker typischerweise nicht an einem festen Arbeitsplatz tätig sind, wird eine starke Beeinträchtigung der Abläufe in der Praxis durch die Erstellung von qualifizierten elektronischen Signaturen für elektronische Rezepte befürchtet[2]. Abhilfe verspricht hier die so genannte „Komfortsignatur“ (vgl. [Hühn07], [KiSc06]), für die der Heilberufsausweis beispielsweise einmalig täglich für die Signaturerzeugung aktiviert wird und die Willenserklärung für das jeweilige Erstellen einer qualifizierten elektronischen Signatur durch eine biometrische Authentifizierung oder über ein persönliches mobiles Endgerät des Leistungserbringers, z.B. ein RFID-Token oder eine Bluetooth-fähige Uhr, ausgelöst wird.

---

[1] Verordnung über die Verschreibungspflicht von Arzneimitteln (Arzneimittelverschreibungsverordnung, AMVV), vom 21. Dezember 2005, BGBl. I, S. 3632, http://www.gesetze-im-internet.de/amvv/index.html

[2] Beispielsweise äußerte sich kürzlich ein Vertreter der Ärzteschaft wie folgt: "Jetzt unterschreibt ein Arzt die Rezepte schnell mal am Tresen, das geht zack-zack. In Zukunft muss er für jedes Rezept eine sechsstellige PIN eingeben. [...] Wenn das bei der flächendeckenden Einführung der Karte immer noch so ist, dann ist das elektronische Rezept tot." (vgl. http://www.aerztezeitung.de/docs/2006/06/16/02ao1601.asp?cat=/computer)

3 Geplante Telematikinfrastruktur

Im Rahmen der Einführung der elektronischen Gesundheitskarte ist geplant, dass die Leistungserbringer im Gesundheitswesen (Ärzte, Apotheker etc.) die zentralen Telematikdienste (Versichertenstammdatendienst zur Prüfung des Versicherungsstatus, Verordnungsdatendienst für die Verwaltung von elektronischen Rezepten etc.) über einen so genannten Konnektor nutzen können (Abbildung 1).

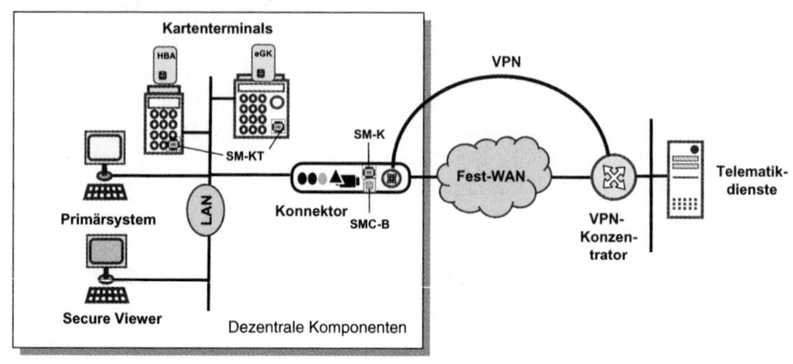

Abb. 1: Geplante Telematikinfrastruktur zur Einführung der eGK

Hierbei verbindet der Konnektor die lokalen Netze der Leistungserbringer über ein IPSec-basiertes [RFC2401] virtuelles privates Netz (VPN) mit der Telematikplattform. Die Hardware dieses Konnektors besitzt eine kryptographische Identität (SM-K), die für die Prüfung der Integrität des Konnektors und für den Aufbau des VPN genutzt wird. Daneben existiert eine als PlugIn-Karte im ID-000-Format vorgesehene Secure Module Card (SMC) Typ B [SMCSpek], die der Institution des Leistungserbringers zugeordnet ist und für die Authentifizierung auf Transport- [RFC2246] und Anwendungsebene [WSSec] genutzt wird. Außerdem fungiert der Konnektor als Applikations-Proxy zwischen den Primärsystemen (Praxisverwaltungssystem, Krankenhausinformationssystem, Apothekenverwaltungssystem etc.) der Leistungserbringer und den zentralen Telematikdiensten. Schließlich realisiert er mittels der Kartenterminals, die ihrerseits mindestens mit einer hardware-basierten kryptographischen Identität (SM-KT) und ggf. einer SMC-A[3] ausgestattet sind, die Ansteuerung der involvierten Chipkarten (eGK und Heilberufsausweis (HBA)). Der Konnektor besitzt selbst keine Anzeigekomponente, sondern überträgt bei Bedarf die darzustellenden Daten an das möglicherweise unsichere Primärsystem oder eine vertrauenswürdige Anzeigeeinheit (Secure Viewer).

Durch diese Telematikinfrastruktur wird gemäß § 291a Abs. 2 und 3 [SGB V] zumindest das elektronische Rezept, der elektronische Versicherungsnachweis, der Notfallausweis, der elektronische Arztbrief, die Anwendungen zur Arzneimitteltherapiesicherheit, die elektroni-

[3] Der Zugriff auf die eGK kann statt mit einem HBA (vgl. [HBASpek]) oder einer SMC-B auch mit einer SMC-A (vgl. jeweils [SMCSpek]) realisiert werden. Diese SMC-A kann auch für Zwecke des Secure Messaging (vgl. [ISO7816-8]) zur sicheren Übermittlung der PIN zu einem entfernt gesteckten HBA (vgl. [VerSA]) oder ein Komfortsignaturverfahren (vgl. [KiSc06]) genutzt werden. Da es nicht ausgeschlossen scheint, die SM-KT und SMC-A auf einer einzigen Chipkarte zu realisieren soll hier nicht näher auf die SMC-A eingegangen werden.

sche Patientenakte, das Patientenfach und die Patientenquittung ermöglicht. Darüber hinaus ist die Telematikinfrastruktur offen für weitere Mehrwertdienste.

4 Mobile Telematikinfrastruktur

Für die mobile Nutzung der elektronischen Gesundheitskarte muss die Funktionalität der verschiedenen dezentralen Komponenten (vgl. **Abb. 1**) auf möglichst einem einzigen mobilen Endgerät – dem „mobilen Konnektor" – realisiert werden. Dieses mobile Endgerät ist über VPN-gesicherte drahtlose Kommunikationsnetze mit der Telematikinfrastruktur oder einem stationären Konnektor gekoppelt (vgl. **Abb. 2**).

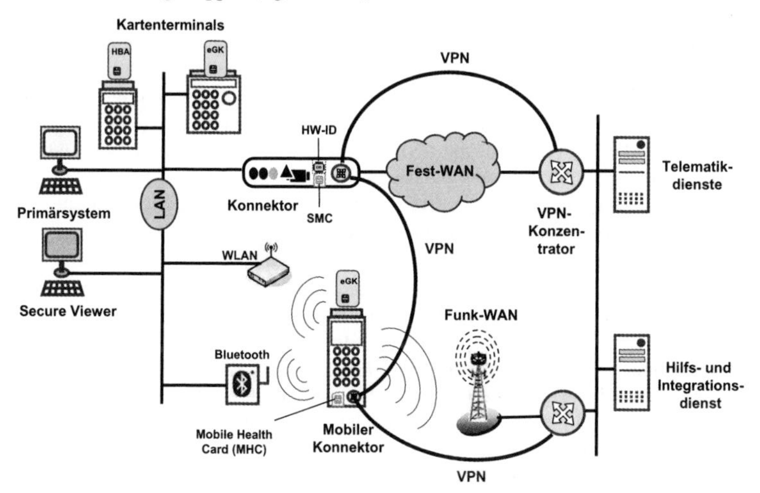

Abb. 2: Erweiterte Systemarchitektur für die mobile Nutzung der eGK

Da mit UMTS, WLAN, Bluetooth etc. drahtlose Kommunikationstechnologien für vielfältige Einsatzumgebungen grundsätzlich zur Verfügung stehen, muss in Abschnitt 0 vor allem die Realisierung des „mobilen Konnektors" näher betrachtet werden.

Darüber hinaus ist es als weitere Zukunftsvision denkbar, die elektronische Gesundheitskarte nicht in Form einer eigenständigen Chipkarte im ID1-Format zu realisieren, sondern als „virtuelle Gesundheitskarte" in Form einer zusätzlichen Chipkartenapplikationen auf einer Multiapplikationskarte. In diesem Fall kann die eGK-Applikation beispielsweise wie in [KrMR07] vorgeschlagen auf einer USIM-Karte aufgebracht werden, so dass mittels des mobilen Endgerätes des Versicherten über NFC-Protokolle [NFC07] drahtlos auf die (virtuelle) elektronische Gesundheitskarte zugegriffen werden kann.

5 Herausforderungen für den mobilen Konnektor

Während die mindestens[4] drei unterschiedlichen Hardwarekomponenten (Primärsystemrechner, Kartenterminal und Konnektor) und bis zu fünf kryptographischen Hardwaremodule (eGK, HBA, SMC-B, SM-K und SM-KT) für den stationären Einsatz aus technischer[5] Sicht vergleichsweise unproblematisch sind, müssen hier für die mobile Nutzung entsprechende Anpassungen vorgenommen werden. Die erstrebenswerte Lösung des „mobilen Konnektors", bei der alle dezentralen Komponenten auf einem einzigen mobilen Endgerät integriert sind, führt zu folgenden Problemen:

1. Viele Chipkartenslots notwendig
   Für die Unterstützung der vorgesehenen kryptographischen Hardwaremodule sind zwei Chipkartenslots im ID1-Format (für eGK und HBA), ein Chipkarten-Slot im ID000-Format (für SMC-B) sowie alternativ Trusted Platform Modules (TPM) für Konnektor und Kartenterminal bzw. zusätzliche Chipkartenslots im ID000-Format (für SM-K und SM-KT) nötig. Darüber hinaus wird für die Nutzung von UMTS ein weiterer Chipkartenslot im ID000-Format für die USIM-Karte benötigt. Gängige mobile Endgeräte besitzen aber nicht ausreichend viele der benötigten Chipkartenslots im ID000- und ID1-Format, so dass eine kostenintensive Spezialentwicklung für die Realisierung des „mobilen Konnektors" notwendig werden würde.
2. Sicherheit von Betriebssystemen für mobile Endgeräte
   Während im stationären Fall die unterschiedlichen Komponenten (Primärsystem, Netz- und Anwendungskonnektor, Kartenterminal) physikalisch oder durch entsprechend sichere Virtualisierungstechniken zumindest logisch voneinander getrennt sind, muss die informationstechnische Trennung auf dem mobilen Endgerät anderweitig erfolgen. Hierbei muss beispielsweise sichergestellt werden, dass möglicherweise existierende Schadsoftware im Primärsystem des mobilen Endgeräts keine Kenntnis von eingegebenen PINs erhalten kann. Deshalb kommt der Sicherheit von Betriebssystemen für mobile Endgeräte eine besondere Bedeutung zu.
3. Beschränkte Rechenleistung mobiler Endgeräte
   Durch den Einsatz von Webservices, die Konsolidierung der verschiedenen Funktionen auf einer Hardware und zusätzlich notwendige Sicherheitsmechanismen gelangt man möglicherweise an die Grenzen der Rechenkapazität heute verfügbarer mobiler Endgeräte. Deshalb sind möglicherweise weitere Optimierungen für die Nutzung mobiler Endgeräte nötig.

6 Skizze möglicher Lösungsansätze

In diesem Abschnitt sollen jeweils mögliche Lösungsansätze für die in Abschnitt 0 zusammengetragenen Probleme aufgezeigt werden.

---

[4] Im Rahmen der aktuellen Spezifikationen der Telematikinfrastruktur ist es insbesondere möglich, den Konnektor in Netz- und Anwendungskonnektor aufzuteilen und unterschiedliche Kartenterminals für eGK und HBA zu nutzen.

[5] Vor dem Hintergrund aktueller Meldungen zu den vermeintlichen Kosten der eGK-Einführung (vgl. http://www.heise.de/newsticker/meldung/78348/) könnte eine kritische Überprüfung der aktuellen Spezifikationen im Hinblick auf Kosten-Nutzen-Aspekte sinnvoll erscheinen.

6.1 Konsolidierung der kryptographischen Identitäten

Während die unterschiedlichen, dem Leistungserbringer zugeordneten kryptographischen Identitäten (HBA, SMC-B, SM-K und SM-KT) zwar unterschiedlichen Zwecken dienen und voraussichtlich von unterschiedlichen Institutionen herausgegeben und verwaltet werden, so existieren keine zwingenden technischen Gründe, wieso die jeweiligen Schlüsselinformationen auf physikalisch getrennten Chipkarten aufgebracht sein müssen. Betrachtet man die Spezifikationen des HBA[6] und der SMC[7] (Typ B), so wird deutlich, dass sich die Strukturen im Wurzelverzeichnis und der DF.ESIGN-Anwendung lediglich darin unterscheiden, dass die jeweiligen CV-Zertifikate möglicherweise von unterschiedlichen Zertifizierungsinstanzen ausgestellt werden und die X.509-Zertifikate beim HBA auf die natürliche Person des Leistungserbringers selbst, aber bei der SMC (Typ B) auf die Institution des Leistungserbringers (z.B. Arztpraxis Dr. Müller) ausgestellt werden. Während die detaillierte Personalisierung der SM-K und SM-KT den Herstellern überlassen ist, so ist festgelegt, dass sie ein asymmetrisches Schlüsselpaar (angedeutet durch EF.PrK_K und EF.PuK_K) und Referenzwerte zur Prüfung der Software-Identität (EF.INT) besitzen müssen.

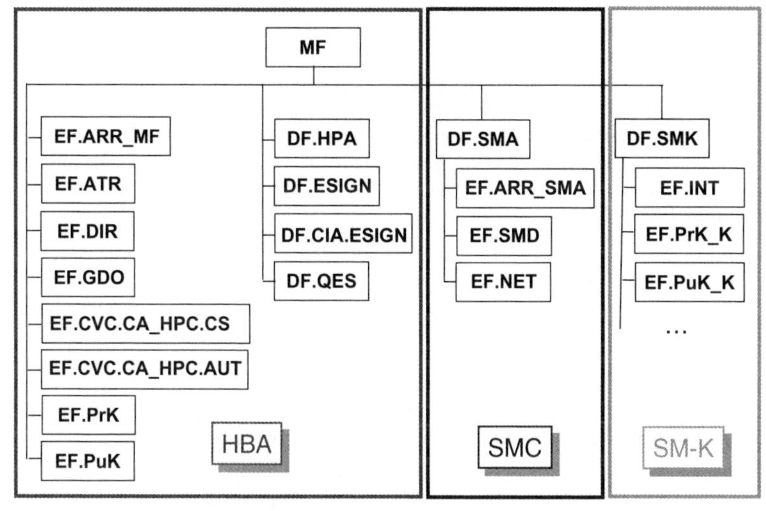

Abb. 3: Dateistruktur einer möglichen „Mobile Health Card"

Da es keinen zwingenden technischen Grund gibt, dass die unterschiedlichen Schlüssel auch im mobilen Einsatzszenario auf unterschiedlichen Chipkarten aufgebracht sein müssen, kann, wie in Abb. 3 angedeutet, die Funktionalität des HBA, der SMC (Typ B) und der SM-K des „mobilen Konnektors" auf einer einzigen Chipkarte – der so genannten Mobile Health Card (MHC) – zusammengefasst werden, sofern diese während des Betriebs fest mit dem persönlichen mobilen Endgerät des entsprechenden Leistungserbringers verbunden ist.

---

[6] Vgl. [HBASpek], Abbildung 1 (Dateistruktur des HBA), Seite 18.

[7] Vgl. [SMCSpek], Abbildung 4 (Strukturübersicht für SMC Typ B), Seite 31.

6.2 Sicherheitsaspekte bei mobilen Endgeräten

Mobile Endgeräte stellen sich technisch durchaus heterogen dar. Es ist auf dem Markt eine große Bandbreite an Geräten mit unterschiedlicher Ressourcenausstattung und daraus resultierenden divergenten Sicherheitsmerkmalen verfügbar. Die wichtigsten Klassen aus Sicht der Nutzung im Gesundheitswesen sind:

1. Notebook, d.h. tragbarer PC
2. PDA, Smartphone oder entsprechendes, aber spezialisiertes Endgerät
3. Mobiltelefon

Viele der oben genannten Einsatzszenarien sind mit allen drei Kategorien realisierbar. Dabei stellt das Notebook jedoch einen Sonderfall dar. Durch integrierte Kartenleser, eine gleichartige Softwareausstattung und entsprechende Netzanbindung kann es ähnlich wie ein stationärer PC behandelt werden. Zunächst stellt lediglich die ggf. nicht permanent verfügbare Verbindung ins Internet und damit zur Telematikplattform einen Unterschied dar, der jedoch für die vorgesehenen Anwendungen nicht kritisch ist. Hier wie dort ist eine kontinuierliche Wartung der Softwareplattform auf den Geräten, einschließlich der regelmäßigen Aktualisierung von Anti-Viren-Programmen, persönlichen Firewalls und des zugrunde liegenden Betriebssystems, ohnehin unverzichtbar. Auch weitere Aspekte der „Betriebssystemhärtung" wie das Abschalten von nicht benötigten Server-Diensten, eine gezielte Verwaltung der Berechtigungen sowie der Verzicht auf Admin-Rechte sind generell zu empfehlen. Idealer Weise sind die minimalisierte Systemplattform und die Anwendungen mit einem unterschiedlichen Bedarf an Sicherheit und Flexibilität mittels vertrauenswürdiger Virtualisierungstechniken voneinander separiert (vgl. [SINA-VW]).

Außerdem ist bei Notebooks die Tatsache von besonderer Bedeutung, dass derartige Geräte grundsätzlich tragbar sind und daher an jeden beliebigen Ort gebracht und dort benutzt werden können. Insbesondere können sie auch von ihrem Benutzer dort vergessen und zurückgelassen oder aber ihm entwendet werden. Auf diese Weise kann einem Unbefugten u.U. ein Rechner mit sensiblen medizinischen Daten – und schlimmstenfalls einem steckenden HBA – in die Hände fallen. Daher ist neben der vertrauenswürdigen Systemplattform auch die sichere Verschlüsselung der Daten und der relevanten Programme bzw. der gesamten entsprechenden Speicherbereiche bei einem Einsatz im Gesundheitswesen zwingend erforderlich.

Daneben sind die drahtlosen Netzwerkverbindungen (Bluetooth, WLAN etc.) über entsprechend sichere Virtuelle Private Netze zu schützen. Da die protokollspezifischen Sicherheitsmaßnahmen hier keinen ausreichenden Schutz bieten (vgl. [JaWe01], [TWP07]), müssen zusätzliche Sicherheitsmaßnahmen auf höheren Schichten (z.B. [RFC2401], [RIM07]) vorgesehen werden.

Während die angeführten grundlegenden Sicherheitsaspekte auch für PDAs und Smartphones gelten, so scheint das Thema Trusted Computing für diese Plattformen jedoch weniger weit entwickelt als beispielsweise für Desktop-Betriebssysteme (vgl. [PRR05], [MuRo05]). Ob hierbei aktuelle Betriebssysteme wie Windows Mobile 5.0 und entsprechende sicherheitsspezifische Ergänzungen, wie das Messaging and Security Feature Pack (MSFP), für eine signifikante Verbesserung sorgen, ist näher zu untersuchen.

Bei Standardgeräten wie marktüblichen PDAs und Smartphones kommt zudem hinzu, dass sie oft über keine Schnittstellen zu einem Kartenleser für Chipkarten verfügen. Einige bieten einen USB-Port an, über den ein Kartenleser angeschlossen werden kann. Bei anderen sind jedoch nur proprietäre Schnittstellen vorhanden. Einen Ausweg bietet hier der Bluetooth-Funkstandard, der inzwischen von den meisten derartigen Geräten unterstützt wird. Hersteller wie Research In Motion (RIM) bieten separate Chipkartenleser mit Bluetooth-Anbindung[8] an, wobei zusätzliche Sicherheitsmaßnahmen auf höheren Ebenen vorgesehen sind. Wie in [RIM07] erläutert, wird die Kommunikation zwischen dem mobilen Endgerät und dem Kartenterminal zusätzlich verschlüsselt, wobei die hierfür verwendeten Schlüssel nicht statisch in den Geräten hinterlegt werden, sondern unter Verwendung eines Passwort-basierten Schlüsselaustausch-Verfahrens auf Basis elliptischer Kurven ausgehandelt werden.

Auch wenn das Abhören von Bluetooth-Verbindungen durch das häufige[9] Wechseln der Sendefrequenz nicht trivial ist, stellt dies für Angreifer mit hohem Angriffspotenzial kein unüberwindbares Hindernis dar (vgl. [Mos07]). Deshalb sind beim Einsatz von Bluetooth – insbesondere für sensible Anwendungen im Gesundheitswesen – wie in [RIM07] zusätzliche Sicherheitsmaßnahmen notwendig.

Für den Einsatz im Gesundheitswesen kommen aus diesen Gründen vor allem spezialisierte Geräte in Frage, die bereits alle notwendigen Kartenleser integriert haben. Für diese ist auch ein angepasster Formfaktor sowie spezielle Software-Umgebung möglich. Erste derartige Geräte sind bereits in einigen Kliniken und bei Pflegediensten im Einsatz.

Bei Mobiltelefonen sind die Möglichkeiten im Allgemeinen noch stärker eingeschränkt. Aufgrund geringer Speicherkapazität, kleinem Display und unzureichenden Eingabemöglichkeiten ist ein direkter Einsatz von Mobiltelefonen als Endgerät bei Anwendungen der eGK eher unwahrscheinlich. Aus Sicht der Systemsicherheit scheinen Mobiltelefone jedoch gewisse Vorteile zu bieten, da eine Code-Signierung auf Anwendungsebene erfolgt und Applikationen gegenüber den anderen Komponenten in einer logisch getrennten Umgebung ablaufen können. Allerdings kann auch hier die Bluetooth-Schnittstelle bei einigen Geräten missbraucht werden, weshalb zusätzliche Sicherheitsmaßnahmen in höheren Protokollschichten angezeigt sind.

Allerdings bedeutet die Interaktion mit dem HBA eine technische Herausforderung für Mobiltelefone. Hier ist die oben genannte Lösung mit einem Bluetooth-fähigen Chipkartenleser oft die einzige Zugriffsmöglichkeit. Weitere bereits genannte Aspekte, wie die Absicherung bei Verlust des Geräts, gelten hier analog.

Aufgrund der Komplexität der Algorithmen beim Einsatz der eGK stellt sich jedoch die Frage, ob Mobiltelefone angesichts der beschränkten Rechenleistung und Speicherausstattung überhaupt dazu in der Lage sind, als Endgeräte zu fungieren.

Zusammenfassend lässt sich festhalten, dass eine Realisierung des mobilen Konnektors auf Basis einer Notebook-artigen Plattform bereits mit heute verfügbaren Mitteln in sehr sicherer Art und Weise möglich ist aber für weniger leistungsfähigere mobile Endgeräte (PDA, Smartphone, Mobiltelefon etc.) in diesem Bereich noch etwas Forschungsbedarf existiert.

[8] http://www.blackberry.com/products/accessories/smartcard.shtml

[9] Typischer Weise 1600 mal pro Sekunde.

6.3 Optionen für die Verteilung der Anwendungslogik

6.3.1 Server-Unterstützung

Sofern ein ausreichend leistungsfähiges Kommunikationsnetz (z.B. WLAN im Krankenhaus) zur Verfügung steht, kann eine Ultra-Thin–Client-Architektur zum Einsatz kommen, so dass das mobile Endgerät lediglich für die Ein- und Ausgabe von Daten genutzt werden muss. Die gesamte Anwendungslogik befindet sich dabei auf dem Server und muss nur dort installiert und gepflegt werden. Das Endgerät übernimmt lediglich die unmittelbare Benutzerschnittstelle.

Hierbei bietet sich vor allem die AJAX-Technologie an. Dabei werden nicht wie klassischerweise stets vollständige Webseiten übertragen, sondern nur einzelne Elemente gezielt aktualisiert. Eine Absicherung der Verbindung ist entweder über eine VPN-Verbindung oder mittels TLS möglich. Die Anwendung auf dem mobilen Endgerät stellt sich dem Benutzer dann wie ein bekannter Web-Browser dar, so dass eine rasche Vertrautheit mit der Nutzung des mobilen Geräts erreicht werden kann.

Eine weitere Möglichkeit ist ein Terminal-Server, bei dem die gesamte Sitzung für Anwendung serverseitig abläuft und der Client ebenfalls nur für Ein- und Ausgabe zuständig ist.

Diese Optionen erleichtern die Verteilung und Wartung der Software, könnten bei der Umsetzung jedoch auf Schwierigkeiten aufgrund des notwendigen lokalen Zugriffs auf den HBA stoßen.

6.3.2 Service-orientierte Realisierungen

Wenn mehr Logik als eine reine Thin-Client-Lösung auf das mobile Endgerät übertragen werden soll, bspw. weil das Gerät auch in Umgebungen mit schlechterer Netzanbindung eingesetzt werden soll, so können rechenintensive Operationen auf einen Server verlagert werden. Beispielsweise kann die vergleichsweise aufwändige Bildung und Prüfung von Zertifikatspfaden unter Verwendung des Server-based Certificate Validation Protocol (SCVP) [SCVP-ID] vom mobilen Endgerät auf einen stationären Konnektor oder einen spezialisierten Dienst in der Telematikinfrastruktur ausgelagert werden.

Doch die Möglichkeiten der Verteilung der Gesamtanwendung gehen weit über die reine Umschichtung von Rechenaufgaben hinaus. Wie in vielen Unternehmensanwendungen geht man auch in der Gesundheitstelematik dazu über, die Software-Architekturen nach den Prinzipien der Service-Orientierung (SOA) zu gestalten [DJMZ05]. Da sich die einzelnen Applikationen in der Telematikplattform der gematik aus Web Services zusammen setzen, ist es naheliegend diesen dienstorientierten Ansatz auch für mobile Anwendungsszenarien der eGK zu verfolgen.

Da es sich bei Web Services um eine sehr einfache und textbasierte Form der Kommunikation handelt, sind diese grundsätzlich auch mit wenig leistungsfähigen Endgeräten wie Mobiltelefonen nutzbar [ElYo04]. Das zugrunde liegende SOAP-Protokoll wird dabei meist über HTTP übertragen. Daher bietet sich zur Absicherung TLS [RFC2246] an. Dies ist jedoch nur dann sinnvoll, wenn eine reine Punkt-zu-Punkt-Verbindung zwischen Nutzer und Anbieter des Web Service möglich ist. Sind dagegen noch Vermittler oder andere Zwischenstationen (z.B. der Broker) an der Übertragung beteiligt, so besteht bei der TLS-Verschlüsselung nur auf jeder Teilstrecke eine sichere Verbindung, jedoch nicht von Ende zu Ende. Hierfür sind weitere

Technologien wie WS-Security [LaKa06] vonnöten. In dieser Spezifikation wird SOAP um Aspekte wie Signatur, Verschlüsselung, PKI etc. erweitert. Für eine Realisierung auf mobilen Endgeräten existieren hierfür auch bereits entsprechende Entwicklungswerkzeuge (vgl. [IBM07, Nokia07]), so dass selbst mit Mobiltelefonen sichere und signierte Verbindungen über Web Services realisierbar sein dürften. Durch eine Kompression der XML-Dokumente, wie sie auch bei einem Verschlüsselungsverfahren integriert werden kann, lässt sich die zu übertragende Datenmenge und damit die Reaktionszeit reduzieren [TVNRS03]. Analoges gilt für PDAs und spezialisierte, Windows Mobile-basierte Endgeräte.

Insgesamt stellt eine verteilte, service-orientierte Architektur einen sehr vielversprechenden Ansatz dar. Aufgrund der Beschränkungen in der Bandbreite bei Datenverbindungen über Mobilfunk und der damit verbundenen Kosten sollten für mobile Anwendungen der eGK Client-Applikationen geschaffen werden, die weitgehend in sich geschlossen arbeiten und den Kommunikationsaufwand gering halten. Die Ende-zu-Ende-Sicherheit bei der Übertragung sensibler Daten mit Web Services kann durch Technologien wie WS-Security aber in jedem Fall gewährleistet werden.

7 Zusammenfassung

In diesem Beitrag wurde untersucht, in welcher Art und Weise die Spezifikationen der Telematikinfrastruktur für die Einführung der eGK ergänzt werden müssen, damit auch eine mobile Nutzung ermöglicht wird. Hierbei sollte insbesondere die Konsolidierung der notwendigen kryptographischen Identitäten auf einem Sicherheitsmodul – der so genannten Mobile Health Card – ermöglicht werden. Während eine spezifikationskonforme Umsetzung auf leistungsfähigen mobilen Endgeräten (z.B. Notebooks) bereits heute möglich ist, scheinen für weniger leistungsfähige Endgeräte (z.B. PDAs und Mobiltelefone) weitere Untersuchungen notwendig, um eine gleichsam sichere und effiziente Nutzung der Gesundheitstelematik zu ermöglichen.

Literatur

[b4h-RA] Projektgruppe bIT4health: Rahmenarchitektur der Telematikplattform im Gesundheitswesen, 2004, via http://www.dimdi.de/static/de/ehealth/karte/karte technik/rahmenarchitektur/index.html

[b4h-SO] Projektgruppe bIT4health: Solution Outline - Skizzierung der Lösungsarchitektur und Planung der Umsetzung, 2004, http://www.dimdi.de/static/de/ehealth/karte/kartetechnik/solutionoutline/index.html

[DJMZ05] W. Dostal, M. Jeckle, I. Melzer, B. Zengler: Service-orientierte Architekturen mit Web Services. Spektrum Akademischer Verlag, Heidelberg, 2005

[eCard-2] BSI: eCard-API-Framework – Teil 2 – eCard-Interface, Technische Richtlinie des BSI Nr. 03112-2, in Vorbereitung

[ElYo04] J. Ellis, M. Young: J2ME Web Services 1.0 (JSR 172), http://sdlc-esd. sun. com/ ESD8/JSCDL/j2me_web_services/1.0-fr/j2me_web_services-1_0-fr-spec.pdf

[FHG-LA] Fraunhofer-Gesellschaft: Spezifikation der Lösungsarchitektur zur Umsetzung der Anwendungen der elektronischen Gesundheitskarte, http://www. dimdi. de/ static/de/ehealth/karte/kartetechnik/loesungsarchitektur/ ergebnisse/ index. html [gemSpek] gematik: Spezifikationen zur Telematikinfrastruktur für die Einführung und Anwendung der elektronischen Gesundheitskarte, via http://www.gematik.de/(S(wf12d1mqulfss355k4wd3zf0))/Standards_Spezifikationen_Normen.Gematik

[HBASpek] Heilberufs-Ausweis und Security Module Card, Teil 2: HBA - Anwendungen und Funktionen, Version: 2.1.0, http://www.bmg.bund.de/cln_041/nn _667298/ Shared Docs/Gesetzestexte/Gesundheitskarte/HBA-D2,templateId=raw, property = publicationFile.pdf/HBA-D2.pdf

[Hühn07] D. Hühnlein: Rechtliche Rahmenbedingungen der „Komfortsignatur", D·A·CH Security 2007, syssec (2007) 189-200.

[IBM07] IBM: Web Services Tool Kit for Mobile Devices, via http://www.alphaworks.ibm.com/tech/wstkmd/

[ISO7816-8] Identification cards – Integrated circuit(s) cards with contacts – Part 8: Security related interindustry commands, ISO/IEC 7816-8, 1999

[JaWe01] M. Jakobsson, S. Wetzel: Security Weaknesses in Bluetooth, in D. Naccache (Hrsg.), Progress in Cryptology - RSA Conference 2001, LNCS 2020, Springer-Verlag, 2001, S. 176-191

[KiSc06] W. Killmann, V. Schenk: Konzept für die Komfortsignatur mit dem Heilberufsausweis, Version 0.6, Stand 06.07.2006

[KrMR07] M. Kröber, W. Mohrs, C. Reiß: SubscriberIdentification-Karten, in B. Struif (Hrsg.) Personal Identity – Documents & Cards in Lifetime, 2007, S. 97-106

[LaKa06] K. Lawrence, C. Kaler: Web Service Security: SOAP Message Security 1.1, OASIS Open 2006, via http://www.oasis-open.org/committees/download.php/21255/wss-v1.1-spec-errata-os-SOAPMessageSecurity.pdf

[MuRo05] T. Murmann, H. Rossnagel: How Secure Are Current Mobile Operating Systems? in D. Chadwick and B. Preneel (Hrsg.): Communications and Multimedia Security, New York, Springer, S. 47-58, via http://sec.cs.kent.ac.uk/cms2004/Program/CMS2004final/p2a2.pdf

[Mos07] M. Moser: Busting the Bluetooth Security Myth – Getting RAW Access, via http://www.remote-exploit.org/research/busting_bluetooth_myth.pdf

[Nokia07] Nokia: Nokia Mobile Web Services Framework, Architecture, APIs, SDK, via http://forum.nokia.com/main/resources/technologies/web_services/index.html

[NFC07] NFC-Forum: The Near Field Communication (NFC) Forum - homepage, via http://www.nfc-forum.org/home

[PRR05] E. Pisko, K. Rannenberg, H. Roßnagel: Trusted Computing in Mobile Platforms - Players, Usage Scenarios, and Interests, DuD, 29, 2005, S. 526-530, via http://www.wiiw.de/publikationen/TrustedComputinginMobilePlatfo1479.pdf

[RFC2246] T. Dierks, C. Allen: The TLS Protocol - Version 1.0, RFC2246, via http:// www.ietf.org/rfc/rfc2246.txt

[RIM07] Research in Motion: BlackBerry Smart Card Reader Security V. 1.5 Technical Overview, http://www.blackberry.com/knowledgecenterpublic/livelink.exe?func = ll&objid=1273847&objaction=open

[RFC2401] S. Kent, R. Atkinson: Security Architecture for the Internet Protocol, RFC2401, via http://www.ietf.org/rfc/rfc2401.txt

[SCVP-ID] T. Freeman, R. Housley, A. Malpani, D. Cooper, T. Polk: Server-based Certificate Validation Protocol (SCVP), Internet-Draft, http://www.ietf.org/internet-drafts/draft-ietf-pkix-scvp-27.txt

[SGB V] Sozialgesetzbuch – Fünftes Buch (V) – Gesetzliche Krankenversicherung (Artikel 1 des Gesetzes v. 20. 12. 1988, BGBl. I S. 2477), zuletzt geändert durch Art. 3a G. v. 20.7.2006 I 1706,http://bundesrecht.juris.de/bundesrecht/ sgb_5/

[SINA-VW] secunet: Die SINA Virtual Workstation 2.1, http://www.secunet.de/fileadmin/Downloads/sina-vw_d.pdf

[SMCSpek] Heilberufs-Ausweis und Security Module Card, Teil 3: SMC - Anwendungen und Funktionen, Version: 2.1.0, http://www.bmg.bund.de/cln_041/ nn_667298/SharedDocs/Gesetzestexte/Gesundheitskarte/HBA-D3,templateId=raw,property= publicationFile.pdf/HBA-D3.pdf

[TVNRS03] M. Tian, T. Voigt, T. Naumowicz, H. Ritter, J. Schiller. Performance Considerations for Mobile Web Services. Workshop on Applications and Services in Wiresless Networks, Bern, Switzerland, July 2003

[TWP07] E. Tews, R.-P. Weinmann, A. Pyshkin: Breaking 104 bit WEP in less than 60 seconds, via http://eprint.iacr.org/2007/120.pdf

[VerSA] Werbe- und Vertriebsgesellschaft Deutscher Apotheker mbH: VERSA – Verteilte Signatur Arbeitsplätze, via www.wuv-gmbh.de/media/versa_abstract.pdf

[WSSec] OASIS: Web Services Security v1.0, via http://www.oasis-open.org/specs/index.php#wssv1.0

Abonnements für elektronische Zeitungen mit statischer Baumstruktur

Franz Kollmann

Universität Klagenfurt
franz@syssec.at

Zusammenfassung

Zur Realisierung von Zugriffskontrollen auf per Broadcast übertragene verschlüsselte elektronische Zeitungen mit festgelegter Baumstruktur werden Abonnenten mit zugehörigen Schlüsseln ausgestattet. Diese können damit übertragene Chiffrate entschlüsseln und somit die Inhalte der jeweiligen Ausgabe beziehen. Da Abonnements zeitlich limitiert und auf Teilbereiche der Zeitung eingeschränkt sein können, müssen solche Aspekte für eine praktische Umsetzung mitberücksichtigt werden. Mit dem zeitlichen Faktor und durch die möglichen strukturellen Untergliederungen multipliziert sich aber die Anzahl der zu verwaltenden Schlüssel im System. Dieser Beitrag behandelt für elektronische Zeitungen zugeschnittene Key-Management-Varianten, die auf typischen Anwendungsszenarien basieren, mit dem primären Ziel, den Aufwand zur Verwaltung von geheimen Schlüsseln sowohl auf Benutzer- als auch Serverseite zu minimieren. Zudem wird hierzu auch die Problematik der Weitergabe von Schlüsseln behandelt.

1 Einführung

Werden einzelne Abschnitte in baumstrukturierten Dokumenten mit jeweils unterschiedlichen Schlüsseln verschlüsselt, so kann eine regulierbare Zugangskontrolle auf solchen Abschnitten realisiert werden: Benutzer erhalten gemäß ihren Berechtigungen Schlüssel und können damit die verschlüsselten Abschnitte entschlüsseln. Mit Zunahme von Dokumenten steigt die Anzahl der zu verwaltenden Schlüssel sprunghaft an. Um die Komplexität des Key-Managements, insbesondere das gegen Ausspähen sichere Verwahren sowie Key-Storage und Key-Retrieval, im Zaum zu halten, sollte ein Key-Management gut überlegt und sorgfältig geplant sein. Im Zusammenhang mit Zugangskontrollsystemen für hierarchische Strukturen gibt es zahlreiche Ansätze in der Literatur, die zur Minimierung des Key-Managements mehr oder weniger gute Ableitungskonzepte vorschlagen. Die erste kryptographische Lösung hierfür ist in [AkTa83] beschrieben; ein Ansatz der zahlentheoretisch fundiert ist. Erweiterungen von Schlüsselableitungen auf Hashfunktionen werden in [Sand87] behandelt. Neuere Varianten versuchen Optimierungen in Bezug auf Effizienz und Flexibilität zu erzielen (siehe [ChCT04],[CLTW04],[AtFB05]). Zudem gibt es auch Key-Management-Schemata, die Zugriffsrechte in Lese- und Schreibrechte weiter untergliedern und entsprechende Ableitungskonzepte hierfür vorsehen [Koll07]. Seit kurzem gibt es auch Ansätze wie [Tzen02], [BeCF02], die die zeitliche Dimension in ihren Konzepten berücksichtigen. Das heißt, dass Schlüssel nicht nur von der jeweiligen Sicherheitsklasse abhängig, sondern auch zeitlich begrenzt gültig sind. Die letztgenannten Beiträge nehmen das RSA-Verfahren [RiSA77] zur Hilfe und setzen für die

P. Horster (Hrsg.) · D•A•CH Security 2007 · syssec (2007) 360-369.

zeitlichen Gewichtungen die Lucas-Funktion ein. Nicht nur der Aufwand für die Initialisierung der Parameter sondern auch die Verwaltung dieser ist bei letztgenannten Verfahren enorm. In diesem Beitrag werden zeitlich abhängige Schlüsselableitungskonzepte basierend auf HMACs vorgestellt, die eine Minimierung der Parameter und damit eine einfache Umsetzung in der Praxis zum Ziel haben.

2 Annahmen und Ausgangsszenario

Das im Folgenden vorgestellte Key-Management-Schema basiert auf der Annahme, dass die wesentlichen Strukturelemente der ausgegebenen Dokumente in einer statischen Baumstruktur dargestellt werden können. Im angeführten Beispiel (siehe Abbildung 1) besteht diese aus einem Titelblatt, einem politischen Teil (der sich in Außen- und Innenpolitik weiter untergliedern lässt) und einem Wirtschaftsteil.

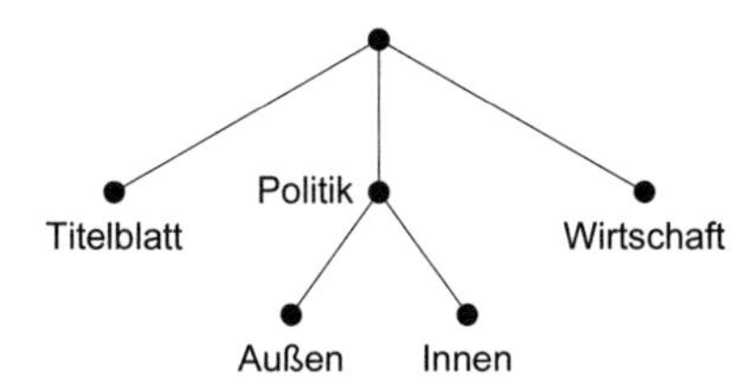

Abb. 1: Feste Baumstruktur B_S einer Zeitung

Zusätzlich wird angenommen, dass es täglich neue Ausgaben der Zeitung gibt. Als Szenario sei eine Agentur angeführt, die täglich elektronische Ausgaben ihrer Zeitungen an Abonnenten übermittelt. Unter einem Abonnement ist in diesem Zusammenhang eine zeitlich limitierte Zugriffsberechtigung auf die gesamten Inhalte oder auf einen Abschnitt (mit eventuell weiteren Unterabschnitten) der täglich herausgegebenen Zeitungsausgaben zu verstehen. Jede Unterteilung der Zeitung, für die im Weiteren ein Abonnement eingerichtet werden soll, wird hierbei in jeder Ausgabe mit einem eignen Schlüssel verschlüsselt. Zur Verschlüsselung der Inhalte wird ein geeignetes symmetrisches Verschlüsselungsverfahren verwendet (siehe Abschnitt 3). Ein Abonnement einer Rubrik umfasst Berechtigungen (in Form von Abonnement-Schlüsseln) zum Erstellen all jener Schlüssel, mit welchen die Inhalte in dieser Rubrik in dem zugehörigen Zeitraum verschlüsselt sind. Die zeitliche Untergliederung kann in der Regel beliebig fein unterteilt werden. In dem Zeitungsbeispiel sollen Dauer-, Jahres- und Monatsabonnements eingerichtet werden. Für diese Zwecke wird der Baum B_T (siehe Abbildung 2) verwendet. Die zur Verschlüsselung verwendeten Schlüssel (Schlüssel zu Blattknoten) können bei Bedarf aus Abonnement-Schlüsseln (Schlüssel zu inneren Knoten) abgeleitet werden, wodurch sich der Aufwand für das sichere Speichern und Verwalten von angesammelten Schlüsseln enorm reduzieren lässt: Der Zeitungsherausgeber muss lediglich den Master-Key (frei gewählte Zufallszahl) sicher verwahren, mit dem gemäß dem Ableitungskonzept (siehe nächster Abschnitt) alle weiteren Schlüssel im System bei Bedarf abgeleitet werden können. Um neben der Struktur auch die zeitliche Dimension zu integrieren, werden Inhalte pro strukturelle Unterteilung sowie pro Tag mit unterschiedlichen Schlüsseln verschlüsselt.

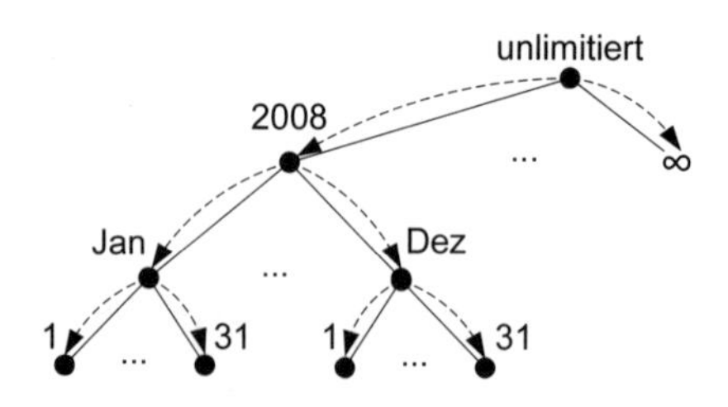

Abb. 2: Aufteilung der Zeitperioden als Baum B_T

3 Ableitungsfunktion

Für die Schlüsselableitung wird eine Einweg-Funktion verwendet (siehe dazu auch [Koll06]). Der Wurzel der Baumstruktur wird ein eindeutiger Bezeichner n_0 und jedem weiteren Knoten i im Baum ein Knotenbezeichner n_i zugewiesen. Hierzu müssen Knoten mit denselben Vorgängerknoten unterschiedliche Bezeichner haben. Hingegen können Knoten mit verschiedenen Vorgängerknoten durchaus auch dieselben Bezeichner haben. Im angeführten Zeitungsbeispiel können hierfür die Bezeichnungen der einzelnen Abschnitte als Knotenbezeichner in B_S bzw. Jahreszahl, Monatsname und Tag im Monat als Knotenbezeichner in B_T benutzt werden. Sei f eine öffentlich bekannte Einwegfunktion (mit oder ohne Falltür), die mittels eines Schlüssels Outputs von geeigneter fixer Bitlänge produziert. Sei k_{mk} eine geheime Bitsequenz, die als Master-Key bezeichnet wird. Der Schlüssel k_0 zugehörig zur Wurzel wird wie folgt berechnet:

$$k_0 = f_{k_{mk}}(n_0) \tag{1}$$

Sei k_i der Schlüssel zum Vorgängerknoten eines Knotens mit Bezeichner n_j. Der Schlüssel k_j zugehörig zum Knoten n_j wird durch den folgenden Ausdruck berechnet:

$$k_j = f_{k_i}(n_j) \tag{2}$$

Durch rekursive Anwendung können somit alle Schlüssel für eine beliebige Baumstruktur generiert werden. Zur Verschlüsselung der Inhalte zugehörig zu den jeweiligen Knoten wird der AES [Rijm04] eingesetzt. Der AES unterstützt Schlüssel von 128, 192 und 256 Bitlänge. Daher muss f so konzipiert werden, dass solche Bitlängen gewährleistet werden. Im vorliegenden Fall wird die Ableitungsfunktion f als HMAC [KrBC97] implementiert:

$$k_j = \mathrm{HMAC}_{k_i}(n_j) \tag{3}$$

HMAC produziert abhängig von der eingesetzten Hashfunktion Outputs konstanter Bitlänge. Bei geeigneter Wahl dieser (z.B.: RIPEMD-256) können die Schlüssel zur Verschlüsselung mit dem AES verwendet werden. In [DoBP96] ist der RIPEMD in der Basisvariante mit 160 Bit sowie in erweiterten Varianten (256 und 320 Bit) beschrieben.

Die hier festgelegte Ableitungsfuntkion wird genutzt, um Ableitungen ausschließlich in eine Richtung zuzulassen. Dadurch werden übergeordnete Schlüssel mächtiger als untergeordnete. Somit können Abonnements festgelegt werden. Im Folgenden werden hierfür verschiedene Ableitungskonzepte vorgestellt.

4 Ableitungskonzepte für Abonnements

Unter einem Abonnement ist hier ein Schlüssel zu verstehen, von dem in einer bestimmten Zeitperiode bzw. unbeschränkt (je nach Konzept) gültige Tagesschlüssel abgeleitet werden können, um verschlüsselte Zeitungsinhalte entschlüsseln zu können. Schlüsselableitungen werden wie in Abschnitt 3 beschrieben durchgeführt. Benutzer, die nur einen Tagesschlüssel besitzen, können nur an dem jeweiligen Tag den zugeteilten Teil der Zeitung entschlüsseln, da nur an diesem Tag dieser Schlüssel verwendet wird. Monatsabonnenten können mit Hilfe der Ableitungsfunktion die entsprechenden Tagesschlüssel ableiten und somit im gesamten Monat die mit diesen Schlüsseln verschlüsselten Zeitungsinhalte entschlüsseln. Analog dazu können Jahresabonnenten ihre Inhalte im zugeteilten Jahr sowie Dauerabonnenten zeitlich unbeschränkt beziehen.

Da Abonnements zeitlich oder strukturell oder durch beide Faktoren eingeschränkt sein können, ist für den jeweiligen praktischen Fall ein geeignetes Konzept notwendig. In Abbildung 3 sind drei mögliche Ableitungsstrategien dargestellt, wie Abonnements für elektronische Zeitungen in der Praxis realisiert werden können.

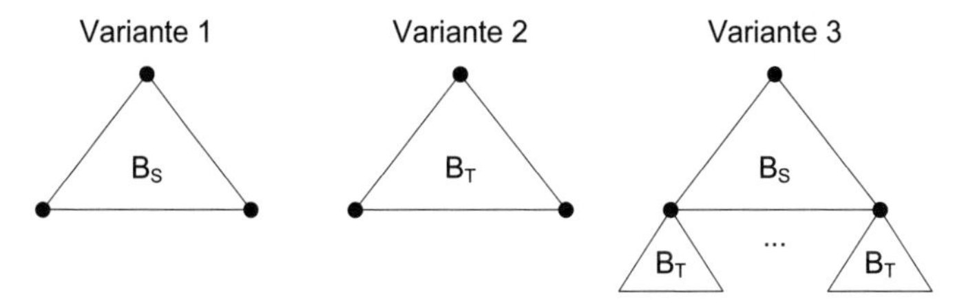

Abb. 3: Mögliche Varianten zur Ableitung von zeitlich begrenzten Schlüsseln

Während in der ersten Variante ausschließlich im Strukturbaum und in der zweiten Variante ausschließlich in der zeitlichen Dimension abgeleitet wird, befasst sich die dritte Variante mit der Kombination von beiden. Theoretisch könnte auch eine vierte Variante angeführt werden, in welcher zuerst in der zeitlichen Dimension abgeleitet und danach in die Baumstruktur übergeleitet wird. Eine solche Variante hat zur Realisierung von Zeitungsabonnements wenig praktische Relevanz und wird hier lediglich als Mischform (siehe Abschnitt 4.4) behandelt.

Im ersten Fall wird die zeitliche Dimension vernachlässigt, wodurch Dauerabonnements eingerichtet werden können. Wenn – wie im zweiten Fall – die strukturelle Sichtweise eingespart wird, dann lassen sich Abonnements mit Vollzugriff einrichten. Hängt man an den Strukturbaum B_S die zeitliche Dimension B_T an (dritte Variante), dann können Abonnements strukturell und zeitlich angepasst werden. Die vorgestellten Varianten eignen sich für bestimmte Praxisfälle mehr, für andere wiederum weniger. In den nachfolgenden Abschnitten werden diese Varianten detailliert behandelt. Anschließend werden Beispiele für Mischformen präsentiert.

4.1 Dauerabonnements auf Rubriken (Variante 1)

Zur ausschließlichen Einrichtung von Dauerabonnements (Abonnements ohne zeitliche Begrenzung) reicht es aus, Schlüsselableitungen lediglich auf der Baumstruktur B_S zu realisieren (siehe Abbildung 1). Schlüssel zu untergeordneten Knoten werden mittels Schlüssel zu strukturell übergeordneten Knoten gemäß dem Ableitungskonzept aus Abschnitt 3 abgeleitet. Die einzelnen Inhalte werden je nach struktureller Zuordnung mit den zugehörigen Schlüsseln verschlüsselt. Das heißt, dass für jede Ausgabe der Zeitung pro strukturelle Untergliederung immer derselbe Schlüssel verwendet wird. Dadurch können Dauerabonnements auf das gesamte Dokument, auf unterschiedliche Teilbäume bzw. auf Blattknoten der Baumstruktur vergeben werden. Hierzu erhalten erstere den Schlüssel zur Wurzel des gesamten Strukturbaumes, zweitere den Schlüssel zur Wurzel der jeweiligen Rubrik (Teilbaum) und letztere den Schlüssel zum jeweiligen Blattknoten. Die abgeleiteten Schlüssel fungieren dabei sowohl als Parameter zur weiteren Ableitung untergeordneter Schlüssel – sofern es solche gibt – als auch für die Verschlüsselung der Inhalte in den jeweiligen zugehörigen Knoten.

4.2 Abonnements mit Vollzugriff (Variante 2)

Falls Abonnenten immer Vollzugriff (Zugriff auf alle Inhalte der Zeitung) haben sollten, es aber bei den Abonnements zeitliche Abstufungen geben sollte, dann ist die Variante 2 die bessere Wahl. Hierzu genügt es, Ableitungen lediglich in B_T zu betrachten. Mit dieser Variante können Abonnements auf beliebigen Strukturknoten der Zeitung definiert werden. Dazu haben Benutzer entweder Zugriff auf alle Inhalte der Zeitung oder auf keinem. Durch die Berücksichtigung der zeitlichen Dimension können solche Abonnements mit Vollzugriff zusätzlich für unterschiedliche Zeitperioden angepasst werden. In Abbildung 2 ist eine Realisierung von Dauer-, Jahres- und Monatsabonnements angeführt. In diesem Beispiel ist zur Ausstattung eines Dauerabonnements der Schlüssel zur Wurzel, der vom Master-Key direkt abgeleitet wird, notwendig. Von diesem werden die Schlüssel der Jahresabonnements abgeleitet. Analog dazu werden die Monatsabonnements von den Jahresabonnements und die aktuellen Tagesschlüssel aus den Monatsabonnements generiert. Die einzelnen Inhalte der Zeitung werden mit dem aktuellen Tagesschlüssel verschlüsselt. Die Abonnenten können mit Hilfe ihres Abonnementsschlüssels die aktuellen Tagesschlüssel in der gegebenen Zeitperiode wie beschrieben ableiten, wodurch sie lediglich ihren Abonnementschlüssel sicher verwahren müssen.

Wenn man Abonnements sowohl von der Zeitungsstruktur als auch von bestimmten Zeitintervallen abhängig machen möchte, dann kann zur Ableitung von zeitlich begrenzten Schlüsseln unter Berücksichtigung der Struktur das folgende Konzept verwendet werden.

4.3 Strukturbaum durch Zeitfaktor erweitert (Variante 3)

Ein Ansatz, den Zeitfaktor mit dem Strukturbaum zu kombinieren, ist, den strukturellen Baum B_S mit der zeitlichen Untergliederungsstruktur B_T zu erweitern (siehe Abbildung 4). Hierzu gilt es zuerst die Struktur der zu abonnierenden Teile in einem Baum zu erfassen. Anschließend wird an den Blättern des Strukturbaumes der Zeitung die zeitliche Dimension angehängt, wobei die Knoten im Strukturbereich (oberer Bereich im Baum) Dauerabonnements bzw. Abonnements mit größtmöglicher Zeitdauer darstellen. Die Blätter des resultierenden Baumes stellen Zugriffe mit kleinstmöglicher Zugriffsdauer dar. Im vorliegenden Beispiel entsprechen die Blätter den Tagesschlüsseln, mit welchen die entsprechenden Inhalte der Zeitung täglich verschlüsselt werden. Dadurch lassen sich Abonnements über beliebigen Zeitperioden definieren.

Mit der vorgestellten Variante können zwar auf unterschiedlichen Rubriken beliebig fein anpassbare zeitliche Unterteilungen vorgenommen werden, allerdings ist die Einrichtung der Abonnements auf Blattknoten des Strukturbaumes beschränkt. Diese Variante ist daher nur dann von Vorteil, wenn Abonnements lediglich auf Blattknoten definiert werden.

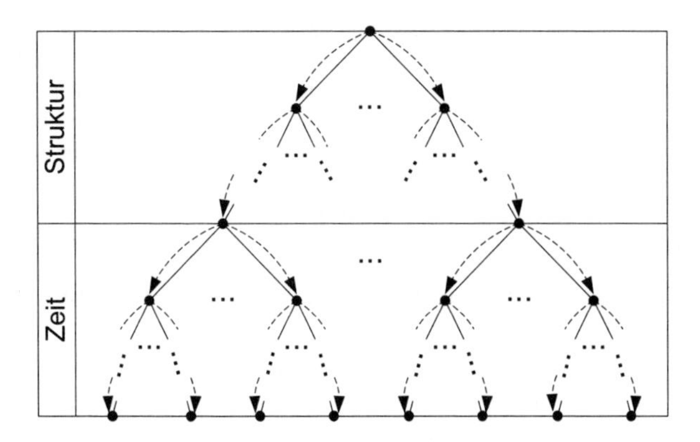

Abb. 4: Ergänzung der zeitlichen Dimension in der Baumtiefe

4.4 Kombinierte Varianten

In diesem Abschnitt werden zwei Beispiele für Ableitungsbäume angeführt, wobei im Ableitungsbaum strukturelle und zeitliche Aspekte so kombiniert werden, dass sie spezielle Fälle abdecken. Während im ersten Beispiel für eine bestimmte Abonnement-Klasse (hier für Jahresabonnements) eine grobe Unterteilung vorgenommen wird, geht es im darauf folgenden Beispiel um eine Feinjustierung einer solcher (im zweiten Fall für Monatsabonnements).

4.4.1 Jahresabonnements unterschiedlicher Mächtigkeit

In Abbildung 5 ist ein Konzept veranschaulicht, das unterschiedlich mächtige Jahresabonnements generiert. Während ein Schlüssel auf der „Jahresebene" (z.B. Schlüssel zum Knoten

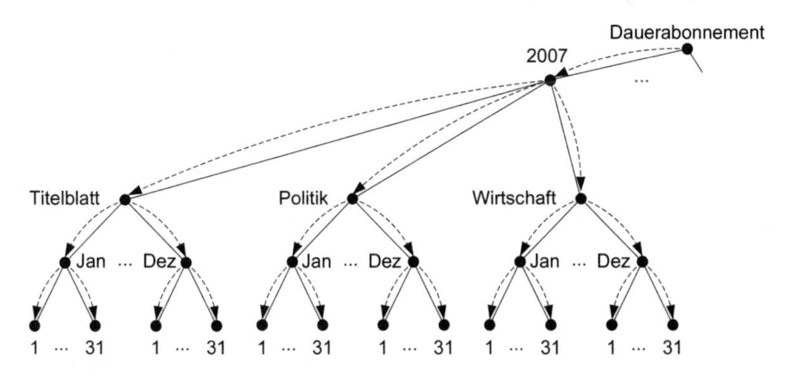

Abb. 5: Unterschiedlich mächtige Jahresabonnements

2007) ein Jahresabonnement auf alle Rubriken darstellt, schränkt ein Schlüssel zu einem Knoten auf der unmittelbar darunter liegenden Ebene die Ableitung auf die jeweilige Rubrik ein.

Dadurch können Jahresabonnements auf die gesamte Zeitung bzw. auf eine der drei Rubriken vergeben werden. Dieser Effekt wird durch Vermischung von Struktur- und Zeitknoten im Ableitungsbaum erreicht. In diesem Beispiel werden die Rubriken „Titelblatt", „Politik" und „Wirtschaft" jeden Tag jeweils mit unterschiedlichen Tagesschlüsseln (entsprechen den Blättern im Schlüsselableitungsbaum) verschlüsselt. Ein Dauerabonnement gibt es für die gesamte Zeitung. Dazu ist der Schlüssel zur Wurzel notwendig, mit dem alle Schlüssel uneingeschränkt ableitet werden können. Monatsabonnements sind lediglich auf einer Rubrik definiert. Für ein Monatsabonnement auf alle drei Rubriken sind hierbei auch drei Schlüssel notwendig.

4.4.2 Monatsabonnements mit regulierbaren Zugriffsvarianten

In Abbildung 6 ist eine Variante dargestellt, in der Monatsabonnements nicht nur auf die gesamte Zeitung, sondern auch auf beliebigen Teilbäumen aus B_S, insbesondere auch auf Blattknoten, vergeben werden können. Jahresabonnements werden aus dem Dauerabonnement, und Monatsabonnements aus Jahresabonnements abgeleitet. Dauer- und Jahresabonnements sind in diesem Fall auf die gesamten Inhalte der Zeitung festgelegt. Hierzu werden die einzelnen Tagesschlüssel pro Rubrik jeweils vom gleichen Strukturknoten des Monatsabonnements abgeleitet.

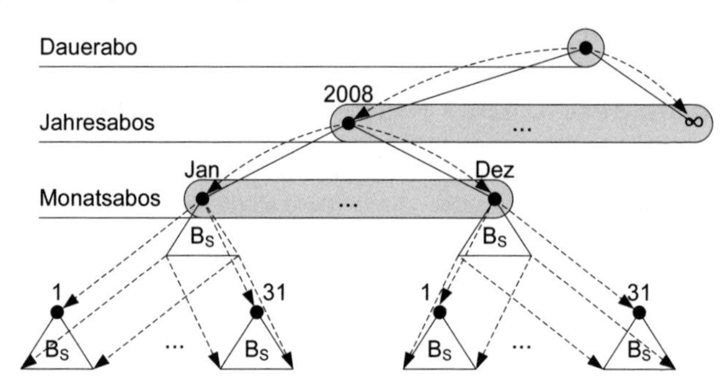

Abb. 6: Monatsabonnements auf beliebige Strukturknoten

5 Weitergabe von Schlüsseln

Um eine Weitergabe von Schlüsseln an Dritte zu verhindern, wird im Folgenden ein Konzept unter zur Hilfenahme von Smartcards diskutiert. Hierzu erhält jeder Benutzer eine Smartcard, die einen eindeutigen Bezeichner uid sowie einen Benutzerschlüssel k_{uid} vertraulich speichert (siehe Abbildung 7). Der Benutzerschlüssel k_{uid} ist ein vom Master-Key $k_{mk'}$ abgeleiteter Schlüssel:

$$k_{uid} = f_{k_{mk'}}(uid) \tag{4}$$

Dazu kann die im Abschnitt 3 beschriebene Ableitungsfunktion verwendet werden. Für die Ermächtigung weiterer Zugriffsberechtigungen stellt der Benutzer eine Anfrage an den Lizenzaussteller, der diese in weiterer Folge mit den hierzu notwendigen Konditionen beantwortet. Nach Erfüllung der Bedingungen verschlüsselt der Lizenzaussteller mit dem Benutzerschlüssel, der durch Ableitung aus Master-Key und uid generiert wird, die angeforderten Schlüssel. Somit können Schlüssel vertraulich an die Smartcard des jeweiligen Benutzers übertragen werden.

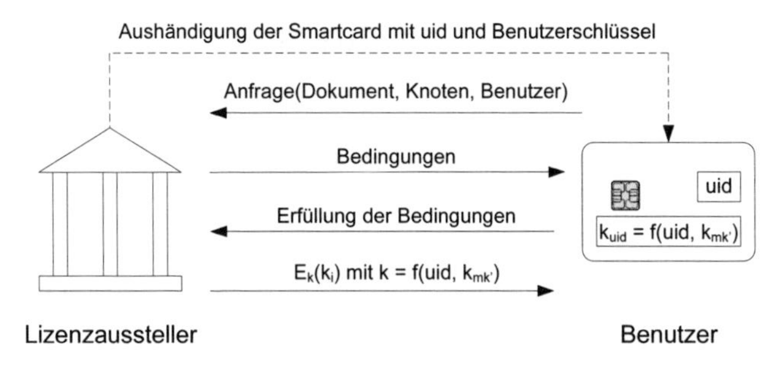

Abb. 7: Abgeleitete Benutzerschlüssel

Mit diesem Ableitungskonzept muss das System keine Benutzerschlüssel speichern; einzig der Master-Schlüssel $k_{mk'}$ muss vertraulich aufbewahrt werden. Operationen, die einen geheimen Schlüssel benötigen (z.B. Entschlüsselung von Chiffraten), werden in der Smartcard ausgeführt, wodurch Schlüssel die Smartcard niemals verlassen. Dies wiederum unterbindet eine Weitergabe von Schlüsseln an Dritte.

6 Speicherbedarf und Sicherheitsaspekte

Abhängig vom jeweiligen Anwendungsfall wird für die Umsetzung ein passendes Ableitungskonzept ausgewählt. Das Ableitungskonzept kann öffentlich bekannt gemacht werden. Alle Schlüssel im System können aus dem Master-Key, der im Besitz des Zeitungsherausgebers ist, abgeleitet werden. Somit muss der Zeitungsherausgeber lediglich den Master-Key (256 Bit) sicher verwahren. Auf der Benutzerseite ist pro Abonnement ein Schlüssel à 256 Bit zu speichern. Mit diesem lassen sich nach Ablauf der zugehörigen Frist keine weiteren gültigen Tagesschlüssel mehr erzeugen, wodurch das jeweilige Abonnement seine Gültigkeit verliert. Falls Abonnements von anderen subsumiert werden (z.B.: Monatsabonnements durch Jahresabonnements), braucht der Benutzer klarerweise nur das übergeordnete Abonnement zu speichern.

Die Sicherheit der vorgestellten Konzepte beruht auf der Einweg-Funktion der hierzu verwendeten HMACs. Ernstzunehmende Attacken auf HMACs basieren auf dem Geburtstagsparadoxon-Effekt der zugrunde liegenden Hashfunktion. Für eine kollisionsresistente Hashfunktion H muss folgende Attacke praktisch undurchführbar sein: Finde zwei unterschiedliche Inputs x_1 und x_2, sodass $H(x_1) = H(x_2)$ gilt. Das Problem bei den hier vorgestellten Ableitungsfunktionen ist aber ein anderes: Es seien l HMAC-Outputs $y_1, \ldots, y_l$ zu den zugehörigen Knotenzeichner $n_1, \ldots, n_l$ gegeben. Finde den Schlüssel $k \in \{0,1\}^{256}$, sodass für alle i mit $1 \leq i \leq l$ die folgenden Bedingung erfüllt sein muss: HMAC$_k(n_i,)$=y_i. Mit anderen Worten wird dadurch eine Attacke beschrieben, die mit Hilfe von Schlüsseln zu Geschwisterknoten den Schlüssel zu deren Vorgängerknoten zu ermitteln versucht. Da ein Angreifer genau an dem einen Schlüssel interessiert ist – nicht an andere, die irgendeine Kollision erzeugen – ist im vorliegenden Fall eine Reduzierung auf das Geburtstagsparadoxon nicht gegeben. Wenn also die hierzu verwendete Hashfunktion die Eigenschaft einer kollisionsresistenten Hashfunktion nicht erfüllen sollte, heißt das noch nicht, dass damit die Sicherheit der Ableitungsfunktion ausgehebelt ist.

7 Zusammenfassung und Ausblick

Dieser Beitrag behandelt Konzepte zur Umsetzung von unterschiedlich mächtigen Abonnements auf per Broadcast übermittelten verschlüsselten elektronischen Zeitungen. Zur Minimierung des Key-Management-Aufwandes der hierzu anfallenden Schlüsseln werden Schlüsselableitungen basierend auf HMACs verwendet, wodurch untergeordnete Schlüssel von übergeordneten Schlüsseln bei Bedarf erzeugt werden können. Die vorgestellten Konzepte ermöglichen eine Reduzierung der anfallenden Schlüssel auf ein Minimum: Während pro Abonnement ein Schlüssel gespeichert werden muss, muss der Zeitungsherausgeber lediglich einen einzigen Schlüssel sicher verwahren.

Die vorgestellten Konzepte bieten sich nicht nur für elektronische Zeitungen an, sondern sie sind generell für jeden digitalen Content mit Baumstruktur konzipiert. Somit können insbesondere auch Videoübertragungen wie die auf XML-basierten Schemata MPEG-7 oder MPEG-21 in Betracht gezogen werden. Vor allem bei Ausstrahlungen mit Live-Übertragungscharakter für ein Millionenpublikum – zum Beispiel Großveranstaltungen wie Fußballweltmeisterschaften, Olympische Spiele etc. – könnte der Aufwand für das Verwalten von unzähligen Schlüsseln sowie für die Authentifizierung der Systemnutzer ein elektronisches Broadcasting-System überfordern. Hingegen würden sich die in diesem Beitrag präsentierten Konzepte für solche Szenarien sehr gut eignen, weil die zu verwaltenden Schlüssel minimiert werden, und eine Authentifizierung der Benutzer nicht notwendigerweise durchgeführt werden muss: Beispielsweise könnten Benutzer durch den Kauf von entsprechenden Prepaid-Karten Abonnements im Vorfeld erwerben. Dadurch lässt sich zusätzlich die Nutzung der Inhalte anonymisieren.

Literatur

[AkTa83] S. Akl, P. Taylor: Cryptographic Solutions to a Problem of Access Control in a Hierarchy. In: ACM Transactions on Computer Systems, ACM (1983), 239–248.

[AtFB05] M. J. Atallah, K. B. Frikken, M. Blanton: Dynamic and Efficient Key Management for Access Hierarchies. In: Proceedings of the 12th ACM Conference on Computer and Communications Security, CCS 2005, Alexandria, VA, USA, Nov 7-11, 2005, ACM, 190–202.

[BeCF02] E. Bertino, B. Carminati, E. Ferrari: A Temporal Key Management Scheme for Securing Broadcasting of XML Documents. In: Proceedings of the 9th ACM Conference on Computer and Communications Security, Washington, ACM, 2002.

[ChCT04] T. Chen, Y. Chung, C. Tian: A Novel Key Management Scheme for Dynamic Access Control in a User Hierarchy. In: Proceedings of the 28th Annual International Computer Software and Applications Conference (COMPSAC04), IEEE, 2004.

[CLTW04] C. Chang, I. Lin, H. Tsai, H. Wang: A Key Assignment Scheme for Controlling Access in Partially Ordered User Hierarchies. In: Proceedings of the 18th International Conference on Advanced Information Networking and Application (AINA04), IEEE, 2004.

[DoBP96] H. Dobbertin, A. Bosselaers, B. Preneel: The hash function RIPEMD-160. homes.esat.kuleuven.ac.be/ bosselae/ripemd160.html, 1996.

[Koll06] F. Kollmann: Key-Management für partielle Verschlüsselung von XML-Dokumenten. In: P. Horster (Hrsg.), D·A·CH Security 2006, syssec, 2006.

[Koll07] F. Kollmann: Realizing fine-granular Read and Write Rights on Tree Structured Documents. In: Second International Conference on Availability, Reliability and Security, IEEE Computer Society, 2007, 517–523.

[KrBC97] H. Krawczyk, M. Bellare, R. Canetti: RFC 2104 - HMAC: Keyed-Hashing for Message Authentication. www.ietf.org/rfc/rfc2104.txt, 1997.

[Rijm04] V. Rijmen: The block cipher Rijndael. http://csrc.nist.gov/CryptoToolkit/aes/, 2004.

[RiSA77] R. L. Rivest, A. Shamir, L. M. Adelman: A Method for Obtaining Digital Signatures and Public-Key Cryptosystems. Tech. Rep. MIT/LCS/TM-82, 1977.

[Sand87] R. S. Sandhu: On Some Cryptographic Solutions for Access Control in a Tree Hierarchy. In: Proceedings of the 1987 Fall Joint Computer Conference on Exploring technology: today and tomorrow, IEEE, 1987, 405–410.

[Tzen02] W.-G. Tzeng: A Time-Bound Cryptographic Key Assignment Scheme for Access Control in a Hierarchy. In: IEEE Transactions on Knowledge and Data Engineering, 14, 1, 2002, 182–188.

Kryptographisch geschützte Wasserzeichencontainer

Martin Steinebach[1] · Michal Kaliszan[2]

[1] Fraunhofer SIT
martin.steinebach@sit.fraunhofer.de

[2] Fraunhofer MCI
michal.kaliszan@hhi.fraunhofer.de

Zusammenfassung

Digitale Wasserzeichen können eine Alternative zu herkömmlichen DRM-Systemen sein. Oft wird hier eine individuelle Markierung von Medien durchgeführt, um Kunden von Urheberrechtsverletzungen abzuhalten. Die Wasserzeichen bringen allerdings oft hohe Kosten bei ihrer Einbettung in die Mediendateien mit sich. Soll das markierte Medium dann auch noch verschlüsselt über das Internet übertragen werden, summiert sich der Aufwand für Markieren und Verschlüsseln. Weiterhin können bei individuell markierten Dateien keine herkömmlichen Caching-Strategien eingesetzt werden, die bei herkömmlichen DRM-Lösungen üblich sind. Wir stellen hier eine Lösung vor, die die Technologie der digitalen Wasserzeichencontainer zum effizienten individuellen Markieren von Medien mit einer Verschlüsslungsstrategie kombiniert, durch die jeder Kunde auf eine gemeinsame Datei zugreifen kann. Nur ein individueller Schlüssel ist für jeden Kunden notwendig. Durch diesen wird aus der herunter geladenen und verschlüsselten Containerdatei ein individuell markiertes Medium. Dabei bleibt der Overhead des Verfahrens niedrig, und zum Markieren können bereits existierende, in der Praxis erprobte Verfahren eingesetzt werden.

1 Motivation

Bei der Verbreitung digitaler Medien im Internet wird bei Digital Rights Management (DRM) [Wen06] Systemen bisher Verschlüsslung eingesetzt, um während der Übertragung und auch auf dem System des Anwenders das Material gegen illegalen Zugriffe und nicht erlaubte Verwendung zu schützen. Vor dem Konsumieren muss das Material allerdings entschlüsselt werden, um wiedergegeben werden zu können. Um hier Kunden davon abzuschrecken, die nun ungeschützten Medien aufzuzeichnen und weiter zu geben, können digitale Wasserzeichen in die Medien eingebettet werden. Diese Wasserzeichen können beispielsweise die Identität des Empfängers als Information in das Medium einbringen. Somit wird gegebenenfalls zwar ein Vervielfältigen der Medien nach der Entschlüsslung nicht verhindert, aber durch die individuelle Kennung kann die Quelle einer eventuell auftauchenden illegalen Kopie identifiziert werden. Dies ist besonders dann wirkungsvoll, wenn der Rechteinhaber oder der Betreiber eines Dienstes direkten Kontakt zum Kunden hat und ihn eindeutig identifizieren kann. Ein Beispiel hierfür sind Online-Shops mit integrierten Bezahlverfahren oder Systeme, in denen nur registrierte Kunden Zugriff auf Inhalte erhalten. In solchen Fällen lässt sich eine Weitergabe der Medien dann auch oft durch entsprechende Regeln in den Geschäftsbedingungen der Anbieter

P. Horster (Hrsg.) · D•A•CH Security 2007 · syssec (2007) 370-380.

leichter verbieten als in dem herkömmlichen Verkauf der Medien über physikalische Datenträger.

Letztendlich erreicht der Rechteinhaber durch das Wasserzeichen zwar keinen Schutz vor einer illegalen Nutzung und Vervielfältigung, kann dies aber gegebenenfalls zurückverfolgen und Schritte gegen diejenigen einleiten, die seine Rechte verletzen. Somit wird in erster Linie ein psychologischer Kopierschutz erreicht, während der Kunde technisch gesehen alle Freiheiten im Umgang mit seinem Medium hat. Um die abschreckende Wirkung noch zu erhöhen, werden vermehrt automatisierte Systeme vorgeschlagen, die selbständig nach potentiell markierten Inhalten in Tauschbörsen oder anderen Verbreitungswegen suchen [DWS+06].

Eine individuelle Markierung der Medien ist allerdings mit einem hohen Aufwand verbunden. Da jede Datei ein eigenes Wasserzeichen erhalten muss, werden viele Markierungsvorgänge notwendig. Diese können durch optimierte Einbettungsverfahren allerdings stark beschleunigt werden, und so existieren eine Reihe von Online-Shops, die ausschließlich mit individuellen Wasserzeichen geschützte Medien verkaufen. Soll allerdings neben den Wasserzeichen noch DRM eingesetzt werden, tritt ein zweites Problem auf: Da jede Datei individuell markiert wird, können nicht die bei DRM Systemen üblichen Caching-Strategien eingesetzt werden, bei denen eine Vielzahl von Kunden auf eine verschlüsselte Datei zugreifen und diese über verteilte Caches herunterladen, um sie dann mit einem an ihr System gebundenen Schlüssel zu entschlüsseln. Somit wird die Netzlast deutlich erhöht, da jeder Kunde eine eigene verschlüsselte und markierte Datei erhält. Abbildung 1 illustriert dies. Die Kunden A und B erhalten jeweils eine mit ihrer Kennung markierte und individuell für sie verschlüsselte Datei.

Jede einzelne Kunde verursacht dementsprechend den gleichen Aufwand für den Vertriebsweg. Durch die notwendige individuelle Handhabe können keine Zugriffe zusammengelegt und somit der Aufwand bei einer großen Zahl von Kunden reduziert werden. Somit kommt für manche Anbieter derzeit eine kombinierte Lösung aus DRM und Wasserzeichen nicht in Frage, insbesondere bei einer hohen Anzahl an erwarteten Kunden, die auf eine kleine Auswahl von Medien zugreifen, wie beispielsweise Musikcharts oder Video on Demand.

Um den Einsatz individueller digitaler Wasserzeichen auch in Kombination mit DRM Systemen interessant zu machen, muss ein Konzept entworfen werden, das individuelle Markierung gemeinsam mit einer Broadcast-ähnlichen Übertragung ermöglicht. Alternativ käme eine Markierung beim Kunden in Frage. Hier besteht allerdings die Gefahr von gezielten Angriffen auf das Markierungssystem und die Wasserzeichenverfahren, da diese auf dem System des Kunden ausgeführt werden müssten. Vorstellbar ist hier ein Angriff, der darauf abzielt, das Wasserzeichenverfahren zu umgehen und somit keine markierten Kopien zu erzeugen. Gelingt dies einem Angreifer, kann er sowohl ummarkierte als auch markierte Kopien eines Mediums erhalten. Vergleicht er diese Kopien, lassen sich Rückschlüsse auf die Vorgehensweise des Wasserzeichenverfahrens ziehen, welche er für Angriffe auf andere Systeme nutzen kann, die die gleiche Technologie einsetzen. Außerdem kann ein Angreifer potentiell in den Besitz des Einbettungsverfahrens und des geheimen Einbettungsschlüssels gelangen, welches ihm das Erzeugen von mit falschen Informationen markierten Kopien ermöglicht. Daher ist es im Allgemeinen zu vermeiden, Wasserzeichenalgorithmen erst auf Kundenseite durchzuführen, wenn nicht von einer außerordentlich sicheren Softwareumgebung ausgegangen werden kann. Dies ist bei den üblichen Geschäftsvorgängen im Online-Verkauf digitaler Medien nicht der Fall und würde zu einem erheblichen Mehraufwand für alle Beteiligen führen.

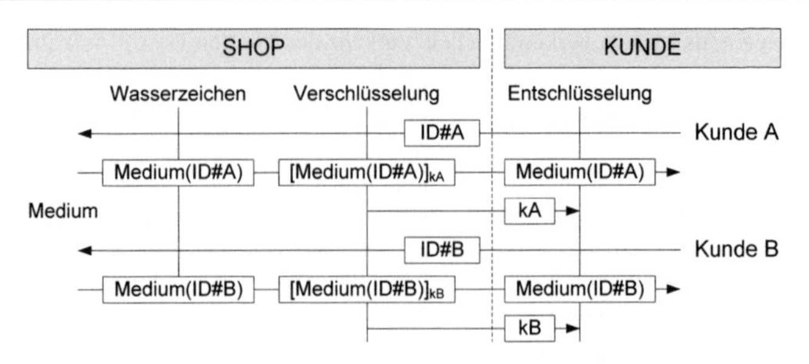

Abb. 1: Herkömmliche Verbreitung von markierten und verschlüsselten Dateien

2 Grundlagen

In diesem Kapitel stellen wir die grundlegenden Technologien vor, die in der von uns vorgestellten Lösung eingesetzt werden. Insbesondere die digitalen Wasserzeichen und die Containertechnologie, die deren Verwendung in Online-Shops ermöglichen werden kurz dargestellt. Darüber hinausgehen wir auch auf Verschlüsselungsmethoden ein, die ein individuelles Entschlüsseln ermöglichen.

2.1 Digitale Wasserzeichen

Ein digitales Wasserzeichen [D00, CMB02] ist ein Signal, welches Informationen nicht wahrnehmbar und gleichzeitig unwiderruflich in ein Trägersignal mittels eines Einbettungsalgorithmus unter Verwendung eines geheimen Schlüssels einbettet. Trägersignale sind insbesondere Bild-, Video- und Audiodaten. Zu jedem Einbettungsalgorithmus existiert auch ein Abfragealgorithmus, der das Wasserzeichen wieder aus dem markierten Datenmaterial auslesen kann, wenn der geheime Schlüssel vorliegt.

Digitale Wasserzeichen müssen für jeden Medientyp individuell entwickelt werden. da unter anderem durch Wahrnehmungsmodelle gewährleistet werden soll, dass das Wasserzeichen für einen Betrachter nicht wahrnehmbar ist. Selbst für einzelne Anwendungen kann es nötig sein, Verfahren anzupassen. Dabei werden in erster Linie die folgenden Eigenschaften der Algorithmen betrachtet: Robustheit, Nicht-Wahrnehmbarkeit, Sicherheit, Komplexität, Kapazität, Verifikation und Invertierbarkeit.

Im Folgenden wird eine Lösung beschrieben, die in erster Linie auf die effiziente Verbreitung von Medien abzielt, welche mit Wasserzeichen zur Kundenidentifizierung versehen sind. Wird ein Medium an unterschiedliche Personen ausgeliefert, will man häufig ein kundenspezifisches Merkmal in das Datenmaterial integrieren, um einerseits legale Kunden zu identifizieren und andererseits illegale Kopien zum Verursacher zurückverfolgen zu können (traitor tracing). Es werden sogenannte Fingerabdrücke, eindeutige Kundenidentifizierungen, in das Datenmaterial eingefügt [CSK06].

2.2 Containerverfahren für digitale Wasserzeichen

Das Konzept der digitalen Wasserzeichen-Container stellt eine Lösung für die hohen Anforderungen an die Rechenleistung von Systemen beim Einbetten digitaler Wasserzeichen dar

[SZF04]. Der Prozess des Einbettens eines Wasserzeichens wird hier in zwei Phasen unterteilt:

- Phase 1 – Vorverarbeitungsphase:
  Für die Vorverarbeitungsphase wird zunächst die Länge der eingebetteten Copyright- und/oder Kunden-Kennung festgelegt. Weiterhin werden an dieser Stelle der geheime Wasserzeichen-Schlüssel sowie alle technischen Parameter festgelegt. Danach wird die Mediendatei in das Containerformat umgewandelt. Dabei werden für alle Positionen innerhalb der Mediendatei, an denen alternativ ein Wasserzeichenbit mit dem Wert „0" oder"1" eingebettet sein kann, jeweils beide Versionen der Position im Wasserzeichen-Container gespeichert. Die Vorverarbeitungsphase dauert dementsprechend ca. doppelt so lang wie ein herkömmlicher Markierungs-Vorgang des eingesetzten Wasserzeichenverfahren. Das Erzeugen des Containers muss jedoch nur ein einziges Mal durchgeführt werden, z.B. wenn die Mediendatei erstmalig in einen Onlineshop eingestellt wird.
- Phase 2 – Markierungsphase:
  Soll nun eine markierte Datei erzeugt werden, ist neben der Containerdatei nur noch die einzubettende Wasserzeichen-Information notwendig. Alle Daten, die zum Erzeugen der markierten Kopie notwendig sind, lassen sich aus dem Container entnehmen: eine individualiserte Mediendatei wird erzeugt. In der Markierungsphase kommen nur noch rasch durchführbare Rechenoperationen zum Einsatz. Das Erzeugen der Kopien geschieht daher deutlich schneller als durch einen Wasserzeichenalgorithmus. Die Markierungsphase kann räumlich und zeitlich getrennt von der Vorverarbeitungsphase ausgeführt werden, der geheime Schlüssel sowie der Wasserzeichen-Algorithmus sind hier nicht mehr notwendig.

2.3 Verfahren zur individuellen Entschlüsslung

Üblicher Weise wird bei einem kryptographischen Verfahren nach dem Verschlüsseln und darauf folgenden Entschlüsseln exakt die gleiche Datei vorliegen wie zu Beginn des Vorgangs. Die Verschlüsslung hat nach dem Entschlüsseln keine Auswirkungen auf das verschlüsselte Datenmaterial. Will man allerdings individuell unterscheidbare Kopien aus einer ursprünglich verschlüsselten Datei erzeugen, so kann dies bei geeigneten Verfahren durch einen modifizierten Schlüssel zum Entschlüsseln geschehen. Im Chameleon-Verfahren [AM97] wird dies umgesetzt. Hier kann aus der verschlüsselten Datei unter Verwendung von für jeden Kunden unterschiedlichen Schlüsseln eine beim Entschlüsseln leicht modifizierte Datei erzeugt werden. Diese unterscheidet sich üblicher Weise beispielsweise in den niedrigsten Bitwerten vom Original, um ein zufälliges Zerstören der Datei zu verhindern.

Allerdings ist dieses Vorgehen nur für Medien geeignet, die robust gegen zufällige Änderungen von Bitwerten sind. Im Falle von komprimierten Mediendateien können hier Probleme auftreten, da beispielsweise das zufällige Modifizieren von Huffman-Kodierten Werten starke Auswirkungen haben kann.

Parvainen und Parnes stellen in [PP01] einen Ansatz vor, der dem grundlegenden Prinzip der Container aus dem vorhergehenden Abschnitt entspricht. Hier wird eine Videodatei in Blöcke aufgeteilt. Von jedem Block existieren zwei Versionen, die entweder eine eingebettete „0" oder „1" enthalten. Für jeden Block und jede Version ist ein eigener Schlüssel vorhanden. Die Blöcke werden nun über einen Multicast-Kanal verteilt. Jeder Nutzer erhält einen bestimmten Satz von Schlüsseln, mit dem er eine vorgegebene Auswahl an markierten Blöcken entschlüsseln kann. So entsteht bei jedem Nutzer eine individuell markierte Kopie des Videos. Allerdings ist der Aufwand hier relativ hoch, da für jeden Block im Video zwei Versionen übertragen werden, der Übertragungsaufwand verdoppelt sich also.

Wir stellen im Folgenden einen Ansatz vor, der sowohl effizienter ist als der in [PP01] vorgestellte, da er gezielt auf die Eigenschaften des verwendeten Wasserzeichen-Verfahrens eingeht und zusätzliche Schutzmechanismen gegen Angriffe enthält.

3 Konzept

In diesem Kapitel beschreiben wir unseren Ansatz, sowohl durch Kryptographie geschützte als auch individuell markierte Medien zu vertreiben. Dazu modifizieren wir die bereits im vorhergehenden Kapitel beschriebene Technologie der Wasserzeichen-Container. Das Grundprinzip ist es hier, aus einer Containerdatei beliebige individuell markierte Mediendateien zu erzeugen. Statt der markierten Medien wird diese Containerdatei in verschlüsselter Form allen Kunden zur Verfügung gestellt. Diese erzeugen beim Entschlüsseln der Containerdatei eine individuell markierte Kopie des in den Container gepackten Mediums. Die Verschlüsselung bei diesem Verfahren muss so gestaltet sein, dass jeder Kunde nur Zugriff auf die Informationen erhält, die zur Erzeugung seiner individuellen Kopie notwendig sind. Die individuelle Kennung in dem Medium muss über den Schlüssel steuerbar sein.

Abbildung 2 zeigt das Konzept: Zuerst wird aus dem Medium eine Containerdatei erstellt, aus der heraus Kopien des Mediums mit einer beliebigen Kennung ID# erzeugt werden können. Danach wird diese verschlüsselt. Wir stellen dabei den Schlüssel als K(i) dar, da nicht ein einziger Schlüssel die Datei wieder herstellt, sondern mit i verschiedenen Schlüsseln sich voneinander unterscheidende Medienkopien aus dem verschlüsselten Container erzeugt werden können. Sowohl Kunde A als auch Kunde B laden nun die gleiche Datei herunter, erhalten aber jeweils einen eigenen Schlüssel. Mit diesem werden dann bei der Entschlüsslung auf Kundenseite die mit den Kennungen für Kunde A und B markierten Kopien erzeugt.

Durch den Einsatz einer verschlüsselten Containerdatei kann jeder Kunde auf eine Ausgangsdatei zugreifen, und muss nur seinen Schlüssel individuell zugestellt bekommen.

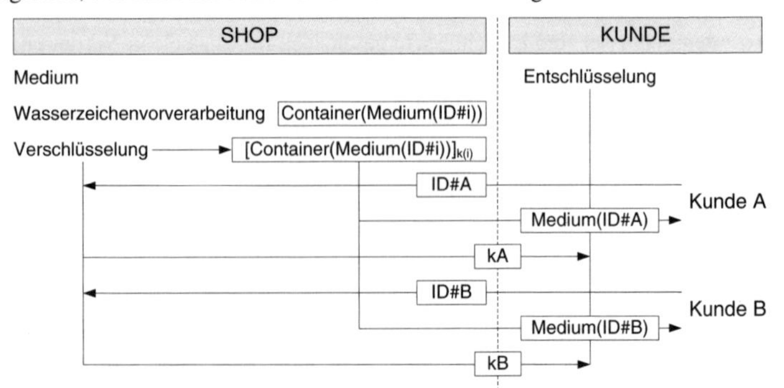

Abb. 2: Konzept der verschlüsselten Containerdateien

Um dieses Konzept umzusetzen, werden zwei kryptographische Mechanismen gemeinsam mit dem Containersystem eingesetzt. Abbildung 3 illustriert dies. Zuerst wird das zu schützende Medium im Containerverfahren in einzelne Abschnitte, sogenannte Frames unterteilt. Diese Frames können mp3 Frames, Gruppen von PCM Samples oder Bildblöcke sein. Danach wird das Wasserzeichenverfahren auf die einzelnen Frames angewandt. Dabei ist es abhängig vom Verfahren, welche Information in die Frames eingebettet wird. Oft unterscheidet man zwischen Synchronisierungs-Informationen, die bei allen Kopien eines Mediums identisch sind und zum Auffinden der markierten Stelle sind sowie den eigentlichen Nutzdaten. Die Frames, die den Nutzdaten zugeordnet werden, müssen im Container doppelt vorhanden sein, jeweils eine Version, in denen die Bits 0 und 1 eingebettet sind. In dem Beispiel werden von den 8 Frames 4 für das Synchronisieren und 4 für die Nutzdaten verwendet. Dementsprechend sind im Container 12 Frames vorhanden, 4 Sync-Frames (Nr. 1 bis 4), 4 Frames mit dem eingebetteten Wasserzeichen 0 und 4 Frames mit der eingebetteten 1. Aus diesem Container kann nun eine Kopie des Mediums erzeugen, die aus den 4 Sync-Frames F(0) bis F(3) und den mit wählbaren Bits markierten Frames F(4) bis F(7) besteht.

Da in vielen Fällen nicht alle Frames von einem Wasserzeichenverfahren verwendet werden, können neben den Frames mit Nutz- und Sync-Daten auch unmarkierte Frames auftreten. Dies geschieht beispielsweise dann, wenn ein Wasserzeichen über eine Datei hinweg eingebettet wird und ein Rest verbleibt, in dem das Wasserzeichen nicht mehr vollständig eingebettet werden kann. Oder ein eingesetztes Wahrnehmungsmodell erkennt, das ein Frame nicht dazu geeignet ist, markiert zu werden, da darin beispielsweise nur eine plane Fläche (Bildwasserzeichen) oder Stille (Audiowasserzeichen) vorhanden ist.

Original mit 8 Frames

F(0)	F(1)	F(2)	F(3)	F(4)	F(5)	F(6)	F(7)

Container mit Sync- sowie Datenframes

1	2	3	4	5	6	7	8	9	10	11	12
F(0) SYNC	F(1) SYNC	F(2) SYNC	F(3) SYNC	F(4) WZ0	F(5) WZ0	F(6) WZ0	F(7) WZ0	F(4) WZ1	F(5) WZ1	F(6) WZ1	F(7) WZ1

Verschlüsselter und permutierter Container

5	12	3	6	4	10	7	2	9	1	11	8
F(4) WZ0	F(7) WZ1	F(2) SYNC	F(5) WZ0	F(3) SYNC	F(5) WZ1	F(6) WZ0	F(1) SYNC	F(4) WZ1	F(0) SYNC	F(6) WZ1	F(7) WZ0

Individuell markierte Kopien nach inverser Permutation und Entschlüsselung

Kennung 0110

1	2	3	4	5	10	11	8
F(0) SYNC	F(1) SYNC	F(2) SYNC	F(3) SYNC	F(4) WZ0	F(5) WZ1	F(6) WZ1	F(7) WZ0

Kennung 1100

1	2	3	4	9	10	7	8
F(0) SYNC	F(1) SYNC	F(2) SYNC	F(3) SYNC	F(4) WZ1	F(5) WZ1	F(6) WZ0	F(7) WZ0

Abb. 3: Aufteilung der Originaldatei in 8 Frames

Für das vorgestellte Konzept muss allerdings nur unterschieden werden, ob von einem Frame eine oder zwei Versionen existieren. Dementsprechend werden Sync-Frames und nicht markierte Frames gleich behandelt.

Nun werden die Frames mit individuellen Schlüsseln verschlüsselt, sowie die Reihenfolge der Frames permutiert. Ohne die Schlüssel kann also auf kein Frame zugegriffen werden, weiterhin ist nicht bekannt, welche Position in der Datei zu welcher Stelle im Medium gehört.

Insbesondere kann ein potentieller Angreifer nicht unterscheiden, ob ein verschlüsseltes Frame zu der Gruppe der Nutzdaten gehört, also eine mit einem komplementären Wasserzeichenbit markierte Kopie des Frames existiert, oder ob es zu den Sync-Frames gehört.

Eine Originaldatei wird in 8 Frames aufgeteilt. Die ersten 4 Frames dienen zum Synchronisieren, die folgenden 4 Frames werden als Nutzdaten für das Wasserzeichen verwendet und sind somit im Container jeweils als 0- und 1-markierte Version enthalten. Vor der Verbreitung des Containers wird dieser Frame-weise verschlüsselt und die Frames permutiert. Alle Kunden greifen dann auf denselben Container zu, allerdings geben die ihnen zugänglichen Schlüssel nur den Zugriff auf die Frames frei, aus denen eine sie erkennbar machenden individuell markierte Kopie entsteht.

Liegt nun diese verschlüsselte und permutierte Containerdatei beim Kunden vor, erhält dieser eine speziell für ihn zusammengestellte Untermenge der Schlüssel, die zum Verschlüsseln der einzelnen Frames verwendet wurden, sowie eine Liste mit Dateipositionen, mit denen er die Schlüssel auf die passenden Frames anwenden kann, um eine korrekte Mediendatei zu erzeugen. Der Kunde erhält dabei alle Schlüssel, die zu den Sync-Frames gehören sowie die Schlüssel, die zu den Frames passen, die seine Kennung erzeugen. Der erste Kunde in unserem Beispiel hat die Kennung 0110. Er erhält also die Schlüssel zu den im ursprünglichen Container aufgeführten Frames 1 bis 4 zum Synchronisieren sowie den Frames 5, 10,11 und 8, in denen die Wasserzeichenbits 0,1,1 und 0 eingebettet sind.

Durch diese Vorgehensweise kann jeder Kunde aus der allgemeinen Containerdatei nur seine individuellen Kopien erzeugen.

4 Implementierung und Ergebnisse

In diesem Kapitel stellen wir eine exemplarisch implementierte Umsetzung des in Kapitel 3 beschriebenen Konzeptes vor. Dabei verwenden wir ein Audiowasserzeichenverfahren für PCM-Daten, das allerdings ebenso für mp3 Dateien eingesetzt wird.

4.1 Wasserzeichenverfahren

Das Wasserzeichenverfahren arbeitet im Frequenzbereich auf unkomprimierten PCM-Audio-Daten und verfolgt einen Spread-Spektrum-Ansatz. Eine detaillierte Beschreibung findet sich in [S04]. Zum besseren Verständnis der Vorgehensweise in der vorliegenden Arbeit wird das Verfahren hier in Grundzügen erklärt.

- In einem ersten Schritt transformiert der Algorithmus zum Einbringen des Wasserzeichens das PCM-Ausgangssignal mit der Fast Fourier Transformation (kurz FFT) in das Frequenzspektrum. Hier ergeben sich bereits die Frames, welche im Audiobereich aus einer Menge von üblicher Weise 2048 Abtastwerten bestehen.

- Im nächsten Schritt wird das Wasserzeichen durch die gezielte Veränderung der Energien pseudozufällig in Abhängigkeit eines geheimen Schlüssels ausgewählter einzelner Frequenzbänder eingebracht. Damit ist das Wasserzeichen über das Frequenzspektrum verteilt. Die Veränderung der unterschiedlichen Frequenzbänder kann unterschiedlich stark ausfallen. Je stärker die Veränderung ist, desto zuverlässiger kann das Wasserzeichen später wieder ausgelesen werden. Gleichzeitig sinkt aber die wahrgenommene Qualität des markierten Materials. Daher wird zur Kontrolle der Änderungen ein Hörmodell eingesetzt, das die menschliche Wahrnehmung simuliert und bei wahrnehmbaren Störungen eine Veränderung des Materials verbietet.
- Im letzten Schritt transformiert der Algorithmus die Daten wieder in das PCM-Format zurück. Um zu verhindern, dass an den Schnittpunkten der Abschnitte Störungen entstehen, werden spezielle Mechanismen zum Überblenden zwischen markierten und unmarkierten Anteilen des Tons verwendet.

Das Verfahren verwendet in Schritt (2) einen geheimen Schlüssel, mit dem die Frequenzbänder ausgewählt werden, die verändert werden sollen. Ohne Kenntnis des Schlüssels ist nicht feststellbar, welche Frequenzen verändert wurden, wenn nicht das Original zum Vergleich vorliegt.

Auf die oben beschriebene Weise können bis zu 21 Bit an Informationen in einer Sekunde Audiodaten eingebettet werden. In der Praxis werden zugunsten einer besseren Zuverlässigkeit des Verfahrens nur 7 Bit pro Sekunde eingebettet.

Es ist zu beachten, dass das Verfahren zum sicheren Erzeugen der Containerdatei außer der in Schritt (1) gewählten Größe der Frames keinerlei Informationen über das Vorgehen des Wasserzeichenverfahrens benötigt. Alleine das Wissen darüber, ob in ein Frame ein Sync-Frame ist oder Nutzdaten enthält, ist ausschlaggebend für die Vorgehensweise des Container-Verfahrens. Das Container-Verfahren hat seinerseits keinen Einfluss auf die resultierende Qualität des Audiowasserzeichens hinsichtlich von Transparenz und Robustheit. Diese entsprechen den Charakteristiken des verwendeten Wasserzeichenverfahrens.

4.2 Geschützter Audio-Wasserzeichencontainer

Unsere prototypische Implementierung des geschützten Wasserzeichencontainers ist in C++ umgesetzt. Sie besteht aus vier Modulen, die gemeinsam alle Schritte von der Markierung über den Container bis zum Auslesen beinhalten:

1. CRYPTOMARK erzeugt aus einer vorgegebenen Audiodatei eine markierte Kopie unter Verwendung des geheimen Wasserzeichenschlüssels und weiterer Parameter. Die Audiodatei wird hier erst wie in 4.1 beschrieben markiert, wobei wie in Kapitel 3 beschrieben von den Frames, die Nutzdaten enthalten, zwei Versionen mit „0“ und „1“ erzeugt werden. Das Resultat wird in den verschlüsselten Container überführt, wobei ein zufälliger Masterkey generiert wird. Dieser Container sowie der zugehörige Masterschlüssel werden ausgegeben.
2. KEYGEN errechnet aus dem Masterschlüssel und dem zu erzeugenden Wasserzeichen, welches den Kunden identifizieren soll den Kundenschlüssel. Dieser Kundenschlüssel wird den dem Kunden gesendet, der bereits den verschlüsselten Container vorliegen hat.
3. CM_CLIENT ermöglicht es dem Kunden, mittels seines Kundenschlüssels aus dem verschlüsselten Container eine Version der verschlüsselten Audiodatei zu entnehmen. Da-

bei wird durch den Kundenschlüssel sichergestellt, dass nur die Frames entnommen werden, deren Aneinanderreihung dem in Schritt 2 festgelegten Wasserzeichen entspricht.

4. CM_RETRIEVE ermöglicht es dem Rechtinhaber, aus einer in Schritt 3 erzeugten Datei das eingebettete Wasserzeichen auszulesen. Dazu sind die Datei, die verwendeten Parameter sowie der geheime Wasserzeichenschlüssel notwendig. Es werden weder Masterkey noch Kundenschlüssel benötigt.

Zum Verschlüsseln wurde in unserem Prototypen wegen der besseren Verfügbarkeit zum Zeitpunkt der Umsetzung 3DES verwendet. Allerdings kann jedes symmetrisches Verschlüsslungsverfahren stattdessen eingesetzt werden. Aktuell würden wir hier ein AES Verfahren mit 192 Bit Schlüssellänge einsetzen, wodurch der Prozess des Ver- und Entschlüsselns deutlich beschleunigt würde.

Als Wasserzeichenlänge wurden 48 Bit verwendet. Dieser Wert liegt im Bereich der in der Praxis mit unserem Wasserzeichen eingesetzten Längen zwischen 32 und 64 Bit. Um möglichst sicher sein zu können, dass das in (4) ausgelesene Wasserzeichen korrekt ist, schlagen wir vor, eine Kundenkennung von 32 Bit und eine zusätzliche Prüfsumme von 16 Bit zu verwenden. Das vollständige Wasserzeichen wurde zweimal in die Datei eingebettet.

Die in (1) erzeugte Containerdatei ist größer als die Originalaudiodatei. Dies ist bei den Containerverfahren generell der Fall, da von einzelnen Positionen der Datei mehrere Kopien vorliegen. In der vorliegenden Implementierung wurde der Container um 6,75% größer als das Original.

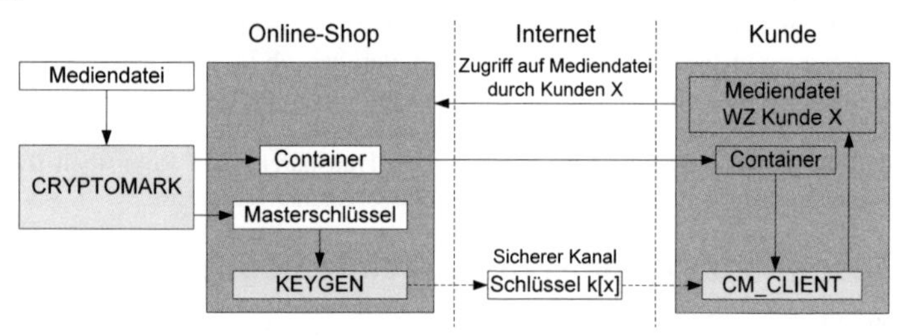

Abb. 4: Schema des Einsatzes der Schritte (1) bis (3)

Zu Abbildung 4: Eine Mediendatei wird in Schritt (1) in einen Container umgewandelt und der zugehörige Masterschlüssel erzeugt. In Schritt (2) wird der individuelle Kundenschlüssel in Abhängigkeit der Identität des Kunden errechnet. Auf dem System des Kunden wird in Schritt (3) aus Container und Schlüssel eine markierte Mediendatei erzeugt.

Wichtig zur effizienten Nutzung in der Praxis ist insbesondere die Möglichkeit, den Schritt (2) schnell durchführen zu können. Das individuelle Erzeugen eines Kundenschlüssels muss umgehend erfolgen können, wenn ein Kunde diesen anfordert. Weiterhin darf der Schlüssel nicht zu groß werden, um durch die notwendige Übertragung keinen übermäßigen Overhead zu erzeugen. In unserem Fall wird der Kundenschlüssel in weniger als einer Sekunde auf einem Standard-PC erzeugt. Seine Größe beträgt 3 kB. Der Kundenschlüssel besteht aus 112 3DES Schlüsseln zu je 192 Bit.

Das Entschlüsseln mit dem Kundenschlüssel ist auf einen Standard-PC um den Faktor fünf schneller als die Abspielgeschwindigkeit des Musikstückes und kann daher in Echtzeit-Anwendungen wie beispielsweise einem Audio-Player eingesetzt werden. Die Wahl eines effizienteren Verschlüsselungsverfahrens kann diesen Vorgang deutlich beschleunigen.

Die zu markierende Audiodatei wird von dem Audiowasserzeichen in Frames zu je 2048 Abtastwerten unterteilt, jeweils drei davon werden verwendet, um ein Wasserzeichenbit einzubetten. Für das Containerverfahren hat das Audiowasserzeichenverfahren dementsprechend eine Framegröße von 6144 Abtastwerten.

5 Zusammenfassung und Ausblick

Wir stellen in unserem Beitrag eine Vorgehensweise vor, die die Vorteile des individuellen Markierens durch digitale Wasserzeichen mit denen einer effizienten Übertragung ähnlich der von DRM-geschützten Dateien bietet. Dabei nutzen wir eine durch Kryptographie geschützte Variante eines digitalen Wasserzeichen-Containers, in welchem zu ausgewählten Positionen innerhalb einer Mediendatei jeweils eine mit einer 0 und eine mit einer 1 markierten Variante vorliegen, aus deren Kombination sich individuell markierte Medien zusammensetzen lassen. Hierdurch entsteht ein großer Vorteil hinsichtlich der Sicherheit der Einbettung, da die eigentlichen Wasserzeichen-Verfahren zum Zeitpunkt der individuellen Markierung nicht mehr verfügbar sein müssen und insbesondere nicht auf dem System eines Kunden ausgeführt werden.

Die Kryptographie verhindert, dass eine Kunde sich selbst aussuchen kann, welche Kombination aus markierten Positionen er zusammensetzt, um seine Identität zu maskieren. Die verschiedenen Positionen und Varianten werden mit individuellen Schlüsseln verschlüsselt. Der Kunde erhält dann eine Menge von Schlüsseln, die nur zu den Varianten passen, welche seine Kennung als Markierung erzeugen. Durch die Zuordnung der Schlüssel wird also gleichzeitig die Markierung im entschlüsselten Medium fixiert.

Wir zeigen auf, wie eine entsprechende Implementierung im Bereich von Audiowasserzeichen aussehen kann. Dabei wird ein 48 Bit langes Wasserzeichen auf Basis eines vorhandenen PCM-Audiowasserzeichens eingebettet. Als Verschlüsslung setzen wir 3DES ein, wobei ein individueller Kundenschlüssel eine Größe von 3 kB hat.

Das Verfahren erweist sich letztendlich als leicht in die Praxis umsetzbar. Einziger Nachteil ist die Notwendigkeit, spezielle Verfahren zum Entschlüsseln auf Kundenseite und Methoden zum Zuweisen und Bereitstellen individueller Schlüssel einzusetzen. Dafür wird hinsichtlich der Effizienz der Verbreitung der geschützten Medien eine deutliche Verbesserung erreicht.

Danksagung

Die Arbeiten und Ergebnisse, die in dieser Veröffentlichung beschrieben sind, werden teilweise von der Europäischen Kommission innerhalb des IST Programms, Vertrag IST-2002-507932 ECRYPT, unterstützt.

Literatur

[AM97] R.J. Anderson, C. Manifavas: Chameleon – A New Kind of Stream Cipher, Springer, LNCS 1267 (1997) 107-113.

[B99] J. Buchmann: Einführung in die Kryptographie, Springer, 1999.

[CMB02] I.J. Cox, M.L. Miller, J.A. Bloom: Digital Watermarking, Academic Press, 2002.

[CSK06] Croce-Ferri, Steinebach, Knoth; Praxisnaher koalitionssicherer Fingerabdruckalgorithmus für Bilder, Tagungsband D·A·CH Security 2006, Horster (Hrsg.), syssec Verlag, ISBN 3-00-018166-0, S. 236-247, 2006.

[Dit00] J. Dittmann: Digitale Wasserzeichen, Grundlagen, Verfahren, Anwendungsgebiete, Springer 2000.

[DWS+06] Diener, Wolf, Steinebach, Wiedling; Suche nach Urheberrechtsverletzungen in Internet-Tauschbörsen mittels digitaler Wasserzeichen, Informatik 2006 - Informatik für Menschen! (Band 1), C. Hochberger, R. Liskowsky (Hrsg.) Lecture Notes in Informatics (LNI) – Proceedings, Volume P-93, ISBN 978-88579-187-4, Köllen Druck+Verlag GmbH, Bonn, S.34-41, 2006.

[PP01] Parviainen, Parnes, Large Scale Distributed Watermarking of MulticastMedia Through Encryption, International Federation for Information Processing Communications and Multimedia Security Joint working conference IFIP TC6 and TC11, 2001.

[S04] Steinebach; Digitale Wasserzeichen für Audiodaten, Dissertationsschrift, Shaker Verlag Aachen, ISBN 3-8322-2507-2, 2004.

[SZF04] Steinebach, Zmudzinski, Fan; The digital watermarking container: Secure and efficient embedding" ACM Multimedia and Security Workshop, 20.-21. September 2004, Magdeburg, Proceedings of the Multimedia and Security Workshop 2004.

[Wen06] Wenjun Weng, Multimedia Security, Technologies for Digital Rights Management, Academic Press, ISBN 0123694760.

Erklärte Sicherheitsprofile – ESPE

Peter Trommler

Fachhochschule Nürnberg
peter.trommler@informatik.fh-nuernberg.de

Zusammenfassung

Feingranulare Zugriffskontrollmechanismen werden zunehmend eingesetzt, um Programme mit einer Teilmenge der Zugriffsrechte des Benutzers auszuführen und so das Risiko der Kompromittierung des Rechners zu minimieren. In diesem Beitrag stellen wir Erklärte Sicherheitsprofile (ESPE) vor. Durch die Verbindung der formal spezifizierten Rechtemenge mit umgangssprachliche Erklärungen wird der Benutzer in die Lage versetzt wird, ohne Expertenwissen einen Zugriffskontrollmechanismus zu konfigurieren. Mit digitalen Unterschriften und cryptographischen Hashes werden die einzelnen Komponenten verbunden. So ist es möglich, dass Programm, Rechtemenge und Erklärung von verschiedenen Personen erstellt werden können. Eine Architektur zur Implementierung wird vorgestellt und an der Java-Plattform exemplarisch diskutiert. Weiterhin wird die Einsetzbarkeit des Verfahrens in einem Unternehmensumfeld betrachtet.

1 Motivation

Die Verteilung von Software über das Internet ist ein kostensparendes Verfahren, aktualisierte Programmversionen an die Kunden auszuliefern. Mit cryptographischen Methoden kann sicher gestellt werden, dass der Programmcode bei der Übertragung nicht manipuliert wurde. Die so bezogenen Programme werden in der Regel lokal installierten Programmen gleichgestellt und dann mit den Zugriffsrechten des aufrufenden Benutzers ausgeführt. Fehler in der Software oder bewusst eingebrachte Hintertüren (Trojanische Pferde) können so die Sicherheit des Benutzers kompromittieren.

Vor diesem Hintergrund wurden die Microsoft Personal Firewall für Windows und für Linux die Erweiterungen AppArmor [App05] und SELinux [LoSm01] eingeführt. Diese Erweiterungen erlauben es, bei der Ausführung eines Programms den Zugriff auf das System auf eine Teilmenge der Zugriffsrechte des Benutzers, der das Programm ausführt, einzuschränken. Die Idealvorstellung ist es, ein Programm genau mit den Zugriffsrechten auszuführen, die es für die Erledigung seiner Aufgabe benötigt. Dabei stellt sich unmittelbar die Frage, wie der Benutzer diese minimale Rechtemenge bestimmen kann. Linux-Distributoren liefern daher eine kleine Menge vorgefertigter Policies mit und im Internet stehen weitere bereit. Dabei stehen für dasselbe Programm häufig verschiedene Rechtemengen zur Auswahl [Spen06].

In diesem Beitrag stellen wir den Ansatz der *Erklärten SicherheitsProfilE (ESPE)* vor. In Abschnitt 2 wird ein Ansatz für vertrauenswürdige Policies mit benutzerfreundlichen Erklärungen vorgestellt. Implementationsaspekte werden in Abschnitt 3 thematisiert und Abschnitt 4 zeigt Anwendungsszenarien im betrieblichen Umfeld auf.

P. Horster (Hrsg.) · D•A•CH Security 2007 · syssec (2007) 381-390.

2 Sicherheitsprofile mit Erklärungen

Die Grundidee bei Sicherheitsprofilen mit Erklärungen ist, einem oder mehreren Dritten bei der Erstellung einer Policy für ein Programm zu vertrauen und eine derartige Policy mit einer für den Endbenutzer verständlichen Erklärung zu versehen.

2.1 Policy und Erklärung

Ein *Sicherheitsprofil* besteht aus einer Policy und dazu gehörenden Erklärungen. Diese Komponenten werden im Folgenden näher betrachtet.

2.1.1 Policy

Eine *Policy* besteht aus einer Menge von Zugriffsrechten, die in einer formalen Sprache spezifiziert sind.

Die Spezifikation der Zugriffsrechtemenge erfolgt in der formalen Sprache, die in der Ausführungsplattform zur Definition von Zugriffsrechten eingesetzt wird, z.B. Policy Files im Fall der Java Runtime mit der Standardimplementierung der Policy-Klasse [GoED03].

Zur besseren Strukturierung der erlaubt es z.B. AppArmor, eine mehrfach benötigte Menge von Zugriffsrechten in einer Datei zusammen zu fassen. Diese Datei kann dann in einer Policy eingebunden werden (include-Direktive). AppArmor wird mit einigen Dateien ausgeliefert, die z.B. bei Policies, die im "Lernmodus" des AppArmor erstellt werden, eingebunden werden. Bindet die Policy in einem Sicherheitsprofil eine dieser Standarddateien ein, so hängt die resultierende Policy von der lokal installierten Version der Standarddatei ab. Entält diese einen Fehler, dann ist auch die resultierende Policy mit diesem Fehler behaftet. Aus diesem Grund muss eine Policy in sich abgeschlossen sein, darf sich also nicht auf lokal installierte Rechtemengen beziehen.

Eine abgeschlossene Policy kann dadurch erreicht werden, dass bei der Erstellung alle einzubindenden Rechtemengen direkt textuell eingefügt werden. Dies erschwert die Lesbarkeit der resultierenden Policy und damit die Überprüfbarkeit durch Dritte. Daher darf eine Policy strukturiert sein, jedoch müssen alle benötigten Dateien zusammen mit der Policy geliefert werden. Dies kann z.B. in einer ZIP-Datei geschehen.

2.1.2 Erklärungen

Die *Erklärungen* sind in natürlicher Sprache abgefasst und für den Benutzer geschrieben. Im Allgemeinen werden unterschiedliche Zielgruppen eine Policy einsetzen wollen. Daher existieren für eine Policy eine oder mehrere Erklärungen. Eine solche Erklärung besteht aus dem Text für den Benutzer und einem Zielgruppenidentifier. Die Zielgruppen sind dabei: Experte, Programmierer, Anwender. Weitere Zielgruppen sind denkbar, jedoch sollte eine solche Erweiterung für eine Ausführungsplattform standardisiert durchgeführt werden, um dem Benutzer die Einstellung der gewünschten Zielgruppe zu erleichtern.

2.2 Rollen

Die Bestandteile einer Policy müssen nicht notwendig von einer Person erstellt werden. Wir unterscheiden daher zwischen einem *technischen Policy-Autor*, der die Zugriffsrechte spezifiziert und *Policy-Erklärern*, der die Wirkungsweise der Policy für den Benutzer verständlich beschreibt.

2.2.1 Technischer Policy-Autor

Der technische Policy-Autor steht vor der Herausforderung, eine möglichst kleine Rechtemenge zu finden, mit der das Programm seine gewünschte Aufgabe gerade noch wahrnehmen kann. AppArmor bestimmt die Rechtemenge durch einen Lernmodus, in dem das Programm unbeschränkt läuft und die Zugriffe protokolliert werden. Mit diesem Ansatz wird weder eine minimale Rechtemenge erreicht, wenn das Programm z.B. ein Trojanisches Pferd enthält und dieses in der Lernphase ausführt, noch das Kriterium aller für die Ausführung erforderlichen Rechtemenge erfüllt, wenn in der Lernphase nicht alle Rechte angefordert werden.

Der Autor des Programms kann die Rechtemenge für die korrekte Ausführung am Besten angeben. Setzt sich dann der Benutzer nicht erneut dem Angriff durch ein Trojanisches Pferd aus? Nicht unbedingt, da der Autor die benötigten Rechte offenlegt, können diese von allen Benutzern gelesen werden. Die Wahrscheinlichkeit, dass eine zu weit gefasste Rechtemenge nicht entdeckt wird, ist gering. Dies hat sich beispielsweise beim Versuch, eine Hintertür in den Linuxkernel einzuschleusen [Poul03], gezeigt. Die Hintertür wurde entdeckt, bevor der Kernel freigegeben wurde.

2.2.2 Policy-Erklärer

Im Allgemeinen wird der Benutzer nicht in der Lage sein, die Eignung einer Policy für eine konkrete Anwendung zu beurteilen. Der Benutzer wird erst durch eine für ihn verständliche Erklärung einer Rechtemenge (Policy) in die Lage versetzt, eine Entscheidung zu treffen. Diese Erklärung wird von einem Policy-Erklärer erstellt. Der Benutzer muss nun nicht mehr alleine dem Hersteller der Anwendung vertrauen, sondern hat im Policy-Erklärer eine dritte, vertrauenswürdige Person.

Diese dritte Person ist daran interessiert, einen guten Ruf durch die Erstellung sicherer Policies zu erwerben.

3 Architektur

In diesem Abschnitt wird eine Architektur zur Implementierung erklärter Sicherheitsprofile aufgezeigt. Zunächst wird untersucht, wie die Policy und die Erklärung mit der Anwendung verbunden werden können. Im Anschluss daran wird die Verwaltung der Policies auf dem Rechner des Benutzers betrachtet die Interaktion der Ausführungsplattform mit dem Benutzer diskutiert. Implementationsaspekte beschließen den Abschnitt.

3.1 Sichere Komposition

Für die sichere Ausführung einer Anwendung werden die drei Komponenten: Anwendungscode, Rechtemenge und mindestens eine Policy-Erklärung benötigt. Jede dieser Komponenten kann von einer anderen Person oder Organisation verantwortet werden. Damit stellt sich die Frage, wie die Komponenten sicher miteinander verbunden werden können.

Die nahe liegende Lösung, dass der Policy-Erklärer den Programmcode der Anwendung, die Rechtemenge und seine Erklärung in einer geeignet strukturiereten Datei, z.B. einem ZIP-Archiv, zusammenfasst und signiert, scheitert oft daran, dass der Policy-Erklärer in der Regel nicht berechtigt ist, den Anwendungscode weiter zu verteilen. Zudem muss der Policy-Erklärer bei jeder Änderung im Anwendungscode die Datei neu erstellen und signieren. Diese

Änderungen erfordern im Fall einer Fehlerbehebung im Programm in der Regel keine Anpassung der Rechtemenge und damit der Erklärung. Somit sollte der Policy-Erklärer in einem solchen Fall möglichst nicht tätig werden müssen.

Bei einer Analyse zeigen sich drei Varianten als flexibler:

- Die Komponenten Anwendungscode, Rechtemenge und Erklärung werden unabhängig voneinander bereitgestellt,
- der Anwendungscode wird mit der Rechtemenge gemeinsam vom Hersteller und die Erklärung wird unabhängig bereitgestellt, oder
- der Anwendungscode wird unabhängig und die Rechtemenge wird mit der Erklärung vom Policy-Erklärer bereitgestellt.

Die gemeinsam bereitgestellten Komponenten werden als Verteilungseinheiten bezeichnet.

In allen drei Varianten muss eine Verknüpfung zwischen den unabhängig bereitgestellten Verteilungseinheiten hergestellt werden. Dazu wird jede Komponente mit einem Uniform Resource Identifier (URI) versehen. In einem Internetszenario bietet es sich an, die Verknüpfung über einen Verweis mit einer URL darzustellen.

Die Policy enthält nun den URI des Programms und die Erklärung enthält den URI der zugehörigen Policy. Damit sind getrennt bereitgestellte Komponenten miteinander verbunden, jedoch noch nicht manipulationssicher.

Zur sicheren Komposition im Internet müssen die Komponenten und die Verweise vor Manipulation geschützt werden. Für den Anwendungscode hat sich das Verfahren des Codesigning etabliert und muss hier nicht weiter betrachtet werden. Der Schutz der Rechtemenge und der Erklärung muss dagegen genauer betrachtet werden, insbesondere, wenn die oben geforderte Flexibilität bei neuen Versionen gewährleistet werden soll.

Das Format der Rechtemenge ist durch eine formale Sprache definiert (z.B. XML-Sprache oder Java Policy). Dementsprechend ist es möglich, eine Standarddarstellung (kanonische Darstellung) zu definieren und diese digital zu signieren. Dies geschieht ählich wie bei XML-Signaturen [EaRS02].

Bei den Erklärungen handelt es sich nicht um formalisierte Texte. Hier stehen wir vor derselben Herausforderung, die auch bei E-Mail-Signaturen besteht: Der Text darf nicht umformatiert werden, wenn er über das Netz übertragen wird. Gleichzeitig muss der Text in einer Form übertragen werden, die vom Zielsystem angezeigt werden kann. Bei westeuropäischen Texten könnte das Zielsystem z.B. die Zeichencodierungen ISO-8859-1 oder UTF-8 verwenden.

Damit können nun die Rechtemenge und die Erklärung mit einer digitalen Unterschrift gegen Manipulationen geschützt werden.

Musste der Benutzer bei signiertem Code eine Signatur prüfen, so muss er nun drei Signaturen prüfen und damit auch die Vertrauenswürdigkeit der entsprechenden Public Keys beziehungsweise Zertifikate festlegen. Zwischen dem Benutzer und dem technischen Policy-Autor muss jedoch keine Vertrauensbeziehung bestehen. Der Benutzer vertraut dem Policy-Erklärer, dass die Policy die Rechtemenge enthält, die die Erklärung beschreibt.

Aus der Sicht des Policy-Erklärers ist nicht entscheidend, dem technischen Policy-Autor zu vertrauen, sondern sicher zu stellen, dass sich die Policy nicht geändert hat. Modifiziert der technische Policy-Autor die Policy, dann wird er sie wieder signieren und eine Verifikation der digitalen Unterschrift beim Benutzer wird erfolgreich sein. Die modifizierte Policy muss aber nicht notwendig zur Erklärung des Policy-Erklärers passen. Dieser Fall tritt ein, wenn Policy und Erklärung nicht in derselben Verteilungseinheit enthalten sind. Theoretisch könnte auch im Fall, dass Policy und Erklärung in derselben Verteilungseinheit enthalten sind, die Policy bei der Übertragung ausgetauscht werden, wenn die Verteilungseinheit nicht durch eine weitere Signatur gegen solche Manipulationen geschützt wird. In jedem Fall ist es also erforderlich, dass in der Erklärung Information enthalten ist, mit der eine veränderte Rechtemenge in einer Policy erkannt werden kann. Wir erreichen dies durch den cryptographischen Hash SHA-1.

Der Benutzer vertraut also dem Programm-Autor und dem Policy-Erklärer. Für beide muss er entsprechende Public Keys verwalten. Die digitale Unterschrift in der Policy dient dem Policy-Erklärer, um die Urheberschaft der Policy nachvollziehen zu können. Abbildung 1 stellt die signierten Komponenten und deren Verweise untereinander dar.

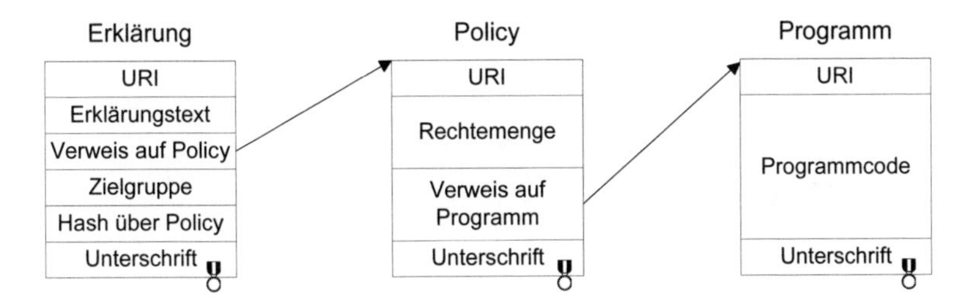

Abb. 1: Verweise zwischen Programmcode, Rechtemenge und Erklärung

3.2 Policyauswahl und Benutzerinteraktion

Der Benutzer muss bevor eine Anwendung zum ersten Mal ausgeführt wird eine Policy angeben. Außerdem sollte eine Policy wieder aus dem System entfernt werden können, wenn die betreffende Anwendung nicht mehr eingesetzt wird.

Möchte der Benutzer eine neue Anwendung erstmalig einsetzen, muss er zunächst mindestens eine Policies finden, die für seine Zielgruppe erklärt ist. Dann kann er die Policy wählen, deren Erklärung mit seinen Sicherheitszielen vereinbar ist. Abbildung 2 zeigt den Auswahldialog der ESPE-Plattform. Beim De-Installieren eines Programms wird die betreffende Policy wieder aus dem System entfernt.

Die im voran gegangenen Abschnitt dargestellte sichere Komposition enthält keine Verbindung vom Programmcode ausgehend zu Policy und Erklärung der Policy. Dies soll auch nicht so sein, da es zu einem Programm eventuell mehrere verschiedene sinnvolle Policies geben kann und darüber hinaus auch mehrere verschiedene Erklärungen für dieselbe Policy existieren können.

Für das Auffinden eines geeigneten erklärten Sicherheitsprofils sind beispielsweise denkbar:

- Suchen im Internet oder
- Installation von einem Datenträger,

die im Folgenden näher betrachtet werden.

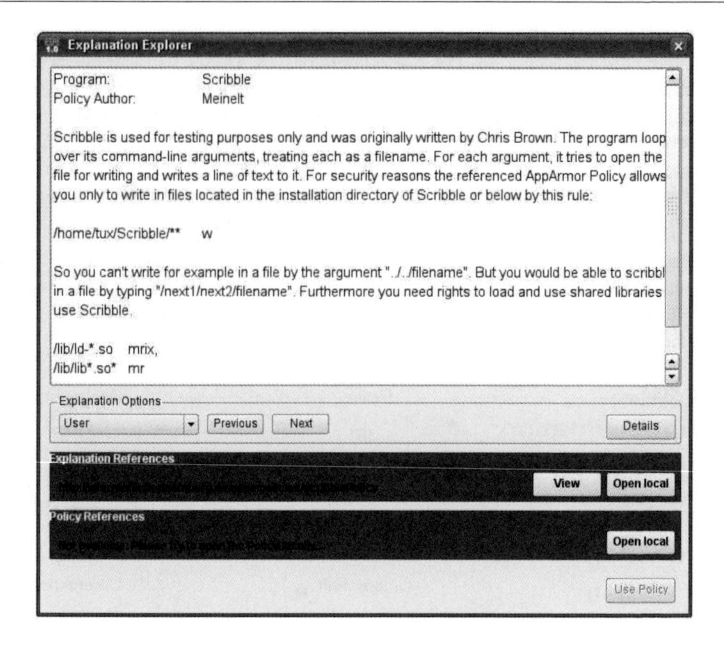

Abb. 2: Policy Auswahldialog

3.2.1 Internet

Der Einsatz einer oder mehrerer Policysuchmaschinen bietet im Internetszenario ein höhere Flexibilität, da so kein Koordinierungsaufwand mit den Programmautoren bzw. den technischen Policy-Autoren anfällt. Die Ausführungsplattform stellt eine Anfrage an die Suchmaschine. Dabei sendet sie den URI des Programms, die Zielgruppe für Erklärungen und eine Liste von Policy-Erklärern, die der Benutzer als vertrauenswürdig eingestuft hat. Besonders die Zielgruppe und eventuell auch die Liste der Policy-Erklärer werden von manchen Benutzern als private Information angesehen. Für diesen Fall werden bei Fehlen einer oder beiden Eingaben, alle passenden erklärten Policies zurückgegeben. Die Ausführungsplattform erledigt dann die verbleibende Filterung.

Nachdem der Benutzer die Wahl der Policy getroffen hat, kann diese, sofern sie nicht bereits Bestandteil der Verteilungseinheit ist, mit der Erklärung oder mit dem Programmcode aus dem Internet beziehen.

3.2.2 Installation von einem Datenträger

Die Verteilungseinheiten können auch auf einer CD zum Benutzer transportiert werden. Dann liest die Ausführungsplattform alle Erklärungen, die zur Zielgruppe des Benutzers passen ein und stellt sie zur Wahl. Dabei müssen nicht alle Verteilungseinheiten auf einer einzigen CD vorliegen.

3.2.3 Eindeutigkeit der URI

Für die sichere Komposition eines erklärten Sicherheitsprofils ist die eindeutige Zuordnung eines URI zu jeweils einer Komponente erforderlich.

Im Internetkontext bietet sich die Verwendung der URL an, um die Eindeutigkeit des URI zu gewährleisten. Dies hat den weiteren Vorteil, dass über die URL in einem Verweis direkt auf die Komponente zugegriffen werden kann.

Bei einer Installation von einem Datenträger wird diese Eindeutigkeit über die Seriennummer und die CA des Zertifikats sichergestellt.

In beiden Fällen obliegt es dem Anbieter (Programm-Autor, technischer Policy-Autor oder Policy-Erklärer) durch eine hierarchische Gestaltung des URI innerhalb seines Namensraums für Eindeutigkeit zu sorgen. Die Authority (DNS-Name des Webservers) bzw. die Zertifikatsinformation stellt dabei die oberste Stufe der Hierarchie dar.

3.3 Implementation

In diesem Abschnitt betrachten wir die Implementation eines Systems mit erklärten Sicherheitsprofilen. Zunächst wird die Ausführung eines Programms betrachtet und dann auf die Installation eines neuen Programms mit einem Sicherheitsprofil eingegangen. Beispielhaft wird die Implementation in der Java Plattform dargestellt. Schließlich betrachten wir eine Verfeinerung der Sicherheitsprofile durch das Einbeziehen der Eingaben des Benutzers während des Programmlaufs.

3.3.1 Ausführung eines Programms

In der Entwicklung sicherer Betriebssysteme hat sich das Konzept des Referenzmonitors bewährt. Dabei wird jeder Zugriff auf eine zu schützenden Ressource durch den Referenzmonitor geleitet, der eine Datenbank mit den Zugriffsrechten konsultiert [Stal95]. Der Referenzmonitor erhält dazu die URI des Programms und die Bezeichnung der gewünschten Ressource, z.B. Lesezugriff auf Datei test.txt. Abbildung 3 zeigt den Ablauf.

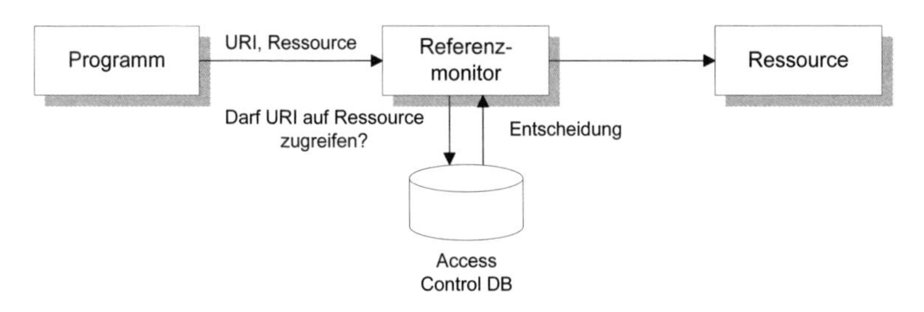

Abb. 3: Zugriffskontrolle durch Referenzmonitor

In einer Java Plattform wird der Referenzmonitor durch den `SecurityManager` implementiert. Beim Start der Java Virtual Machine wird eine Implementierung der `SecurityManger` Klasse angegeben. Die Standardimplementierung verwendet eine Instanz der Klasse `Policy` als Zugriffskontroll-Datenbank. Im Sicherheitsmodell von Java wird das Programm anhand der

URL, von der es geladen wurde, oder der Identität des Signierers bestimmt, welche Policy zum Einsatz kommt [Sun05].

Wird ein Zugriff auf eine Ressource abgelehnt, dann wird eine `SecurityException` ausgelöst, die entweder vom Programm behandelt wird oder zum Beenden des Programms durch die Java Virtual Machine führt.

3.3.2 Installieren eines Programms

Die Installation eines Programms muss um die Aktualisierung der Zugriffskontroll-Datenbank erweitert werden. Die vom Benutzer ausgwählte Policy wird dazu in der Datenbank abgelegt. Der URI des Programms stellt dabei den Primärschlüssel dar, anhand dessen die Policy gesucht wird. Dies setzt voraus, dass der URI des Programms als Bestandteil des Programms gespeichert werden kann. Andernfalls wird der absolute Pfad des Programms mit dem URI in der Datenbank assoziiert. Der Ablauf der Installation ist in Abbildung 4 dargestellt.

In der Standardimplementierung wird die Zugriffskontroll-Datenbank (Klasse `Policy`) durch eine einfache Textdatei implementiert. Diese Implementation wird durch eine Implementation mit einer Datenbank ersetzt.

3.3.3 Verbesserte Genauigkeit der Policy

Bisher haben wir uns auf die Zugriffskontrolle der Ausführungsplattform (Betriebssystem, Java Virtual Machine, ...) gestützt. Die Ausführungsplattformen erlauben es, eine statische Policy analog zur Policy für einen Benutzer zu formulieren. Ein Editor müsste z.B. Zugriff auf alle Dateien, die der Benutzer zugreifen darf, bekommen. Tatsächlich benötigt der Editor jedoch lediglich Zugriff auf die Dateien, die der Benutzer editiert und gegebenenfalls auf Systemdateien des Editorprogramms selbst.

Die Policy könnte erheblich genauer, also mit weniger Rechten formuliert werden, wenn die Information, dass der Benutzer die zu editierende Datei geöffnet hat. In Java gibt es z.B. einen Systemdialog (java.awt.FileDialog), mit dem eine zu öffnende Datei gewählt werden kann. Diese Information kann dem Zugriffskontrollmechanismus zur Verfügung gestellt werden. Eine Policy für den Editor enthält dann Zugriff auf Dateien, die der Benutzer über den Standarddialog der Ausführungsplattform öffnet.

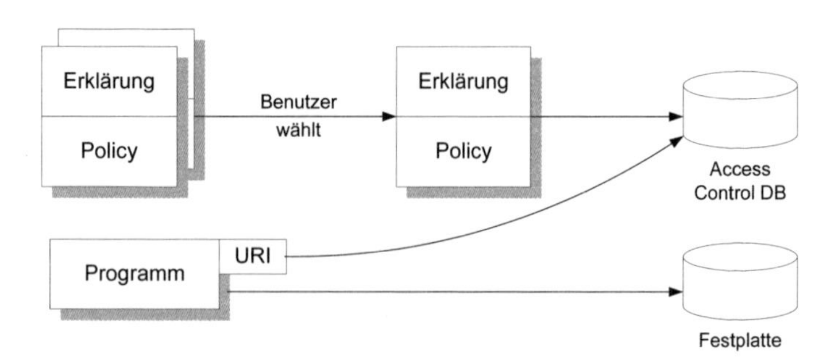

Abb. 4: Installation des Programms und des Sicherheitsprofils

Ein Compiler oder das Satzprogramm LaTeX greift lesend auf die Eingabedateien zu und erzeugt Ausgaben, die sich aus dem Namen einer oder mehrere Eingabedateien durch Ersetzen der Dateiendung ableiten lassen. Werden diese Ableitungsregeln Teil der Policy, so kann gegenüber der Freigabe eines Directories zum Anlegen von Dateien eine genauere Policy formuliert werden.

Weiterhin kann durch die Einrichtung einer entsprechenden API auch der allgemeine Zugriff auf temporäre Verzeichnisse und Caches vermieden werden. Eine Anwendung kann dann so eingeschränkt werden, dass sie nur die Dateien zugreifen kann, die sie auch selbst angelegt hat. So kann eine unerwünschte Kommunikation zwischen Anwendungen über temporäre Dateien unterbunden werden.

4 Einsatzszenarien

Im Firmenumfeld sorgt in der Regel eine Abteilung für die Sicherheit der IT-Ressourcen. Durch den Einsatz von Programmen aus dem Internet könnte jeder Mitarbeiter zum Handlanger eines Angreifers werden, indem er dessen Programm ausführt. Mit dem hier gezeigten Vorschlag, wird der Sicherheitsabteilung ein Mittel an die Hand gegeben, mit dem das Risiko eines Angriffs reduziert werden kann.

Folgende Strategien sind dabei denkbar:

- zentral vorgegeben Sicherheitsrichtlinie,
- vom Benutzer eingeschränkte Sicherheitsrichtlinie,
- vom Benutzer veränderte Sicherheitsrichtlinie und
- eingeschränkt vom Benutzer veränderte Sicherheitsrichtlinie.

Bei einer zentral vorgegebenen Sicherheitsrichtlinie bestimmt die Sicherheitsabteilung, welche Anwendungen mit welchen Rechten ausgeführt werden dürfen. Sie werden sich dabei in der Regel auf die Erklärungen für Experten stützen und gegebenenfalls direkt auf die Spezifikation der Rechtemenge (Policy) zurückgreifen. Um den Aufwand gering zu halten, werden Sicherheitsrichtlinien nicht für individuelle Mitarbeiter sondern für Mitarbeitergruppen erstellt und auf den Rechnern vorinstalliert.

Mit der Strategie der vom Benutzer eingeschränkten Sicherheitsrichtlinie gibt die Sicherheitsabteilung Anwendungen für die Verwendung im Unternehmen frei, der Benutzer entscheidet jedoch selbst, welche Anwendungen er einsetzen möchte und installiert nur die Sicherheitsprofile, der er tatsächlich benötigt. So kann das Risiko vermindert werden, dass zwei oder mehrere Anwendung in einer "Verschwörung" zusammenarbeiten [Trom00] und Informationen schrittweise kompromittieren. Die Sicherheitsabteilung nimmt also die Rolle der Suchmaschine für Sicherheitsprofile wahr.

Benutzer mit sehr speziellen Anforderungen werden bei den bisher vorgestellten Strategien schwer zu berücksichtigen sein. Diese Benutzer sollten über ausreichende Kenntnisse verfügen, die Erklärungen in den Policies gegen die firmenweite Sicherheitsrichtlinie abzuprüfen. Dann kann Ihnen erlaubt werden, die vorgegebene Sicherheitsrichtlinie durch Aufnahme einer neuen Anwendung oder durch Verwenden einer anderen Rechtemenge für eine vorgegeben Anwendung zu erweitern.

5 Zusammenfassung und Ausblick

In diesem Beitrag haben wir einen Lösungsvorschlag für das Problem, feingranulare Zugriffskontrolle zu definieren, vorgestellt. Dabei verlässt sich der Benutzer auf die Kompetenz eines oder mehrerer Dritten, die eine Rechtemenge für die sichere Ausführung der Anwendung definieren und dem Benutzer in natürlicher Sprache eine Beschreibung der Wirkungsweise der Rechtemenge liefern. Wir haben eine Architektur im Internet vorgestellt, mit der die benötigten Komponenten flexibel und sicher verteilt werden können. Schließlich haben wir Einsatzmöglichkeiten in einem betrieblichen Umfeld betrachtet.

In der Zukunft möchten wir einen Prototypen von ESPE auf Basis von AppArmor implementieren. Dabei wird auch untersucht, wie erklärte Sicherheitsprofile mit Parametern realisierbar sind. Der Benutzer kann dann das Sicherheitsprofile an seine Bedürfnisse anpassen, ohne die formale Spezifikation der Rechtemenge selbst editieren zu müssen.

Literatur

[App05] Novell Inc.: Protecting Systems with Novell AppArmor, 2005.

[EaRS02] D. Eastlake, J. Reagle, D. Solo: RFC3275 (Extensible Markup Language) XML-Signature Syntax and Processing. IETF Network Working Group, 2002.

[GoED03] L. Gong, G. Ellison, M. Dageforde: Inside Java 2 Platform Security. Prentice Hall PTR, 2 Aufl., 2003.

[LoSm01] P. Loscocco, S. Smalley: Integrating Flexible Support for Security Policies into the Linux Operating System. In: 2001 USENIX Annual Technical Conference (FREENIX '01), 2001.

[Poul03] K. Poulsen: Thwarted Linux backdoor hints at smarter hacks. In: SecurityFocus, 2003.

[Spen06] R. Spenneberg: SELinux und AppArmor. In: Linux-Kongress 2006, Proceedings of the 13th International Linux System Technology Conference 2006, 113–119.

[Stal95] W. Stallings: Network and Internetwork Security, Principles and Practice. Prentice Hall, Englewood Cliffs, NJ 07632, 1995.

[Sun05] Sun Microsystems: Java Security Overview, 2005.

[Trom00] P. Trommler: The Application Profile Model. vdf Hochschulverlag an der ETH Zürich, 2000.

Vom IT-Grundschutz zum integrierten Informationsschutz

Matthias Frisch[1] · Timo Kob[1] · Andreas Bluhm[2] · Christoph Böhm[2]

[1] HiSolutions AG
{frisch | kob}@hisolutions.com

[2] TU Berlin
andreas.bluhm@sysedv.tu-berlin.de
boehm@cs.tu-berlin.de

Zusammenfassung

Durch den Paradigmenwechsel von der IT-Sicherheit zur Informationssicherheit steigt zwangsläufig auch die Komplexität des Betrachtungsgegenstandes. Der Artikel will aufzeigen, dass dies kein Nachteil sein muss, da sich bei konsequenter Formalisierung von Informationen und Prozessen neue Chancen ergeben. Ebenso wird auf dieser Basis der Ablauf der Schutzbedarfsfeststellung so modifiziert, dass nicht nur der Start der Betrachtung bei den Geschäftsprozessen liegt, sondern dass VOR der Vererbung des Schutzbedarfs von den Prozessen zu Anwendungen etc. und der daraus resultierenden Suche nach geeigneten technischen Maßnahmen zur Erreichung dieses Schutzbedarfs bereits eine Reduktion des Schutzbedarfs durch organisatorische Maßnahmen steht.

1 Einleitung

Mit einer unterdessen gut zwölfjährigen Historie ist der IT-Grundschutz des Bundesamtes für Sicherheit in der Informationstechnologie (BSI) einer der ältesten, erfolgs- und einflussreichsten Ansätze zur Gewährleistung der IT-Sicherheit. In dieser Zeit erfuhr das Werk stetige Modernisierungen und Erweiterungen. Am signifikantesten ist wahrscheinlich die Novellierung im Jahre 2005 mit dem Ziel der Synchronisierung mit dem internationalen Standard ISO27001.

Spätestens hier wurde zumindest sprachlich auch der Wandel von der IT-Sicherheit zur Informationssicherheit vollzogen (wobei sich dies nur auf den BSI Standard 100-1 bezieht, der das Thema „Informationssicherheit" adressiert, die restlichen Standards sowie die Grundschutzkataloge beziehen sich zumindest sprachlich explizit auf IT-Sicherheit).

Trotz des Nachvollziehens dieses in der Fachwelt schon lange unumstrittenen Paradigmenwechsels wird aber die sich hieraus ergebende wachsende Komplexität (aber auch Bedeutung für die Unternehmen) durch den beibehaltenen grundsätzlichen Ansatz der Simplifizierung und Pauschalisierung sowie der Technikzentrierung in den Augen vieler Fachleute nicht adäquat abgebildet, so dass sich die Frage nach einer angemesseneren Antwort stellt.

Das hier vorgeschlagene Konzept geht in zwei zentralen Punkten einen anderen Weg, um einen praktikablen Ansatz zur Erreichung eines angemessenen Sicherheitslevels zu erreichen.

P. Horster (Hrsg.) · D•A•CH Security 2007 · syssec (2007) 391-398.

2 Formalisierung des Gesamtkonstruktes

Verfolgt der klassische Grundschutzansatz das Ziel, dem IT-Sicherheitsbeauftragten durch Pauschalisierung und Simplifizierung die Chance zu geben, mehr oder weniger eigenständig Sicherheit umzusetzen, so wird in dem hier vorgeschlagenen Konstrukt die Komplexität des Themas akzeptiert und belassen und die Machbarkeit der angemessenen Umsetzung dadurch erreicht, dass Zusammenhänge, Abhängigkeiten und Wirkbeziehungen formalisiert und transparent gemacht und auf dieser Basis Aufgaben im Unternehmen verteilt werden (und im Gegenzug auch der Nutzen für den nun größer gewordenen Beteiligtenkreis verdeutlicht wird).

Ziel ist also die Erhöhung des Integrationsgrades der Information Security in das Unternehmen durch Einbettung des Information Security Managements in ein übergreifendes

- Risk Management
- IT-Governance und Corporate Governance
- das Compliance Management
- das IT Service Management

Schlussendlich lässt sich somit auch das Security Management als integraler Bestandteil eines Total Quality Managements darstellen.

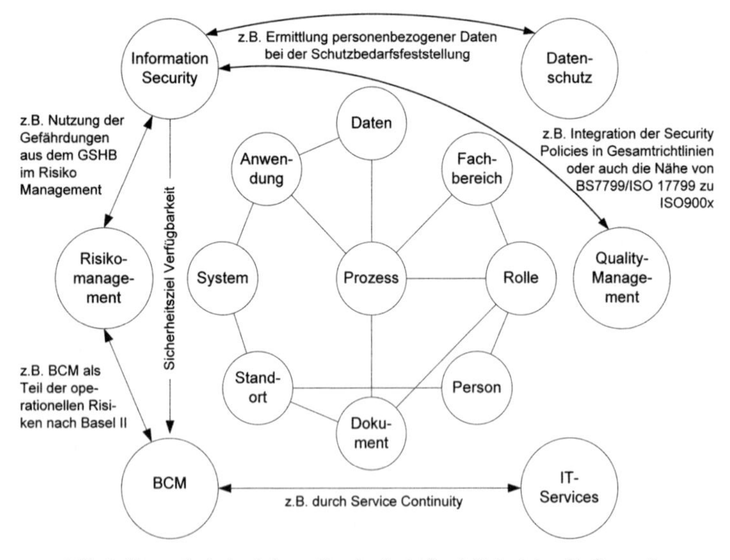

Abb. 1: Exemplarische Informationslandschaft mit Beispielen für Synergien

Erreicht wird dieses Ziel durch

1. Modellierung eines generischen Information Security Managements auf Informationsebene. Im ersten Schritt wird ein objektorientiertes Modell der Informationen inklusive der Berücksichtigung anderer Blickwinkel auf diese Informationen und der sich hieraus ergebenden Synergieeffekte geschaffen. Diese Modellierung unterscheidet sich von

Haus zu Haus entsprechend den verfügbaren Informationen und der individuellen Situation (Konzernstrukturen etc.). In das Informationsmodell fließen nicht nur klassische Asset Informationen sondern auch Security Policies, SLAs etc. ein. Durch die Betrachtung dieser Informationen aus den unterschiedlichen Blickwinkeln ergeben sich Synergieeffekte zwischen den einzelnen Themen. An einer – bewusst plakativen und simplifizierten – Grafik sei dies exemplarisch dargestellt:

1. Modellierung eines generischen Information Security Managements auf Prozessebene Auf Basis des zuvor definierten Informationsmodells werden nun die Prozesse des ISMS definiert und mit den jeweils benötigten Informationen verbunden. Ebenso werden auch die Schnittstellen z.B. zum IT Service-, Risk-, Compliance- und Governance-Management modelliert.

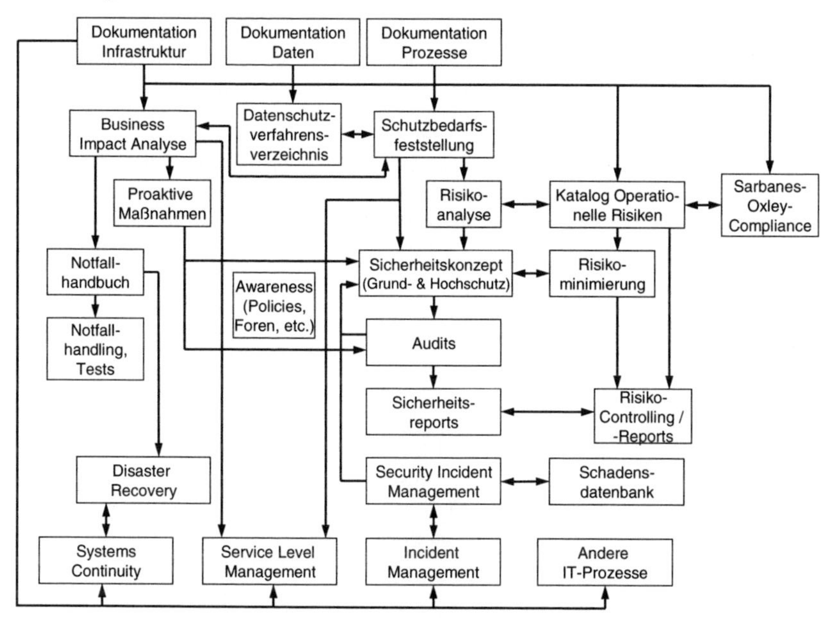

Abb. 2: Exemplarische Prozesslandschaft

2. Integration der existierenden Standards (ISO27001, ISO27004, CoBIT, Grundschutzhandbuch, ISO20000/ITIL, etc.) in dieses Modell. Die Standards werden auf ihre Einzelaspekte (Controls, Maßnahmen, etc.) heruntergebrochen, in das Informationsmodell eingefügt und den jeweiligen Prozessen innerhalb des Information Security Management Systems zugeordnet. Auch die Standards untereinander werden auf diese Weise miteinander verbunden. Entsprechende Vorgaben für diese Mappings existieren z.B. vom BSI (GSHB-ISO27001) oder der ISACA (CoBIT-ISO27001-ITIL). Dies liefert an jedem Prozess verschiedene Blickwinkel sowie Schnittstellen auf andere Themen wie das IT Service-Management.

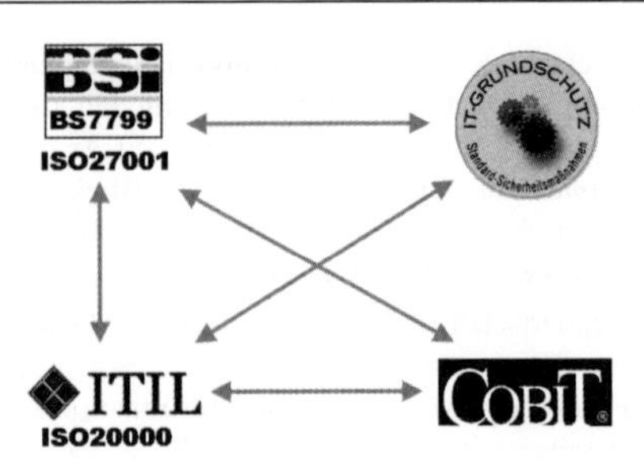

Abb. 3: Existierende Mappings zwischen Standards

3. Formalisierung bestehender Regulatorien und Gesetze wie etwa Sarbanes-Oxley, Basel II/MaRisk, 8. EU-Richtlinie, FDA, etc. und die Einbettung in das Gesamtmodell. Für diverse Regelwerke existieren wiederum Konkretisierungen, die die Einzelanforderungen auf die in Schritt 3 eingebundenen Standards abbildet. Als Beispiel seien hier PCI als Anforderung für die Einbindung von Mastercard- und VISA-Kreditkarten in Onlineshops sowie der PCAOB Audit Standard 2 genannt, die auf ISO27001/ISO17799 gemappt werden. Zur individuellen Anpassung sind also die relevanten Standards auszuwählen und soweit möglich über die zuvor integrierten Standards in das Modell einzufügen.

Tab. 1: Ausriss aus Mapping PCI zur ISO17799:2005 vom PCI

PCI Standard	ISO/IEC 17799:2005	
12.1.2	4	Risk Assessment
12,1	**5,1**	**Information security policy**
12.1.1	5.1.1	Information security policy document
12.1.3	5.1.2	Review of the information security policy
1.1.4, 12.5	6.1.3	Allocation of information security responsibilities
12,8	6.2.1	Identification of risks related to external parties
12,8	6.2.3	Addressing security in third party agreements
12.3.3	7.1.1	Inventory of assets
12.3.4	7.1.2	Ownership of assets
12.3.5	7.1.3	Acceptable use of assets
9,7	7.2.2	Information labelling and handling
12.9.3	8.1.1	Roles and responsibilities
12,7	8.1.2	Screening
12.4, 12.6.2	8.1.3	Terms and conditions of employment

Über dieses vierstufige Vorgehen entsteht so ein exakt auf das Unternehmen angepasstes Modell des ISMS. Durch die Einbindung der Regulatorien ergibt sich nicht nur eine höhere Transparenz des Beitrags der Informationssicherheit zu den unternehmensweiten Compliance-Anforderungen, sondern sorgt auch für eine Reduktion des Auditaufwands, da unterschiedliche Kontrollen nachvollziehbar auf die gleichen Maßnahmen zurückgeführt werden können.

Bei dauerhafter Pflege des Modells wird es so ermöglicht, quasi tagesaktuell Aussagen zur Konformität zu geben.

Tab. 2: Ausriss aus Mapping ISO17799:2001 PCAOB Audit Standard 2 [HaPi06]

ISO17799:2001		PCAOB Audit Standard 2 Paragraph	
3.1.1	Information Security Policy Document	43	Policy manuals support management's assessment of its controls
3.1.1	Information Security Policy Document	40	Security policies form the basis for both IT general controls and specific controls over financial reporting that are part of integrity assurance component of information security
3.1.2	Review and Evaluation	Overall	Quarterly internal assessments of the controls, including policies, and annual assessments by outside auditors are required by the Act
4.1.7	Independent review of Information Security	Overall	For those items that are common to ISO 17799 and SOX, the ISO requirement for review and evaluation will probably be satisfied by the annual outside auditor evaluation of management's assessment of its internal controls.
4.2.1	Identification of risk from third party access	49	The entire risk assessment process is one of the factors that the auditor must evaluate
4.2.2	Security Requirement in third party access	50	This is one component of IT general controls
4.3.1	Security Requirement in outsourcing contracts	49	For completeness, all outsourcing contracts should be evaluated for risks, and security requirements should be included in those contracts where appropriate.
4.3.1	Security Requirement in outsourcing contracts	50	For completeness, all outsourcing contracts should be evaluated for risks, and security requirements should be included in those contracts where appropriate.
5.1.1	Inventory of Assets	24	First step to prevent misappropriation of company assets
5.1.1	Inventory of Assets	40	The inventory of assets becomes part of the IT general controls
6.1.1	Including security in job responsibility	40	One component of the general controls that provide foundation for more specific controls
6.1.1	Including security in job responsibility	50	One component of the general controls that provide foundation for more specific controls
6.1.1	Including security in job responsibility	53	Part of the control environment
6.1.2	Personal screening and Policy	25	regarded as a specific control to prevent fraud, thus satisfying in part the requirements
6.1.2	Personal screening and Policy	40	Significant part of the general controls Specific control to prevent fraud, thus satisfying in part the requirements
6.1.2	Personal screening and Policy	50	Significant part of the general controls
6.1.4	Terms and conditions of employment	53	When coupled with security in job responsibilities, can be a major part of the control environment
6.2.1	Information security education and training	40	An information security education and training program serves as evidence of the strength of the control environment

Das hier vorgeschlagene Konzept ist also nicht zuletzt Konsequenz der Forderung nach einer Industrialisierung – und somit nicht nur gesteigerter Effizienz sondern auch verbesserter Vergleichbarkeit und gesteigerter Nutzentransparenz – des Information Security Managements. Dies bedingt aber genau die gleichzeitige und ganzheitliche Betrachtung der übergreifenden Aspekte, um die gewünschte Hebung von Synergien und die Möglichkeit von Standardisierungs- und somit schlussendlich Skaleneffekten zu erreichen.

Eine weitere auf dieser Basis leicht zu erreichende Möglichkeit ist die Schaffung eines Wirkungsketten-Modells zur ganzheitlichen Betrachtung und Bewertung von Maßnahmen auf Basis des Gesamtmodells. Die Ausgangspunkte der stärksten Wirkungsketten lassen sich anschließend als kritische Erfolgsfaktoren mit entsprechenden KPIs weiter betrachten.

Durch dieses Abhängigkeiten-Netzwerk lässt sich ebenso ein ganzheitliches Risikobewertungsmodell als distributierter Bewertungsprozess (z.B. Erhebung der Schadenshöhe an den Prozessen durch die Fachbereiche, Aggregation der Einzel-Schadenshöhen an den unterstützenden Ressourcen durch Security- oder Risk Management, Bewertung der Eintrittswahrscheinlichkeit an diesen z.B. durch die IT) integriert aufbauen.

Der bisherige Ansatz des Grundschutzes negiert diese Ziele nicht oder verhindert deren Erreichung. In der Praxis führt die anfängliche Simplifizierung und Pauschalisierung aber dennoch zu isolierten Lösungen.

3 Erweiterung um Prozesse und Informationen

Zweiter zentraler Unterschied ist die deutlichere Verschiebung des Fokus weg von der IT hin zum Geschäftsprozess. Derzeit wird für die IT betrachtet, welche Prozesse diese Anwendung unterstützen und welche Daten sie verarbeiteten. Hieraus wird dann der Schutzbedarf der Anwendung abgeleitet. Von diesem Vorgehen wird nicht vollständig abgegangen, es wird aber im ersten Schritt isoliert der Schutzbedarf des Prozesses betrachtet. Für diesen Schutzbedarf (hier Brutto-Schutzbedarf) ist zuerst zu überprüfen, inwieweit durch prozessuale, organisatorische Maßnahmen (z.B. Ersatzverfahren, Kontrollen, etc.) der Schutzbedarf des Prozesses respektive der Daten zu senken ist (hier als Netto-Schutzbedarf bezeichnet) und ggf. diesen erst an die Anwendung etc. weiterzuvererben.

Um dieses Vorgehen zu erleichtern, soll das sich als äußerst erfolgreich erwiesene Konzept der Grundschutzbausteine und -maßnahmen von der Technik auch auf Prozesse und Daten ausgedehnt werden. Um dies praktikabel für den Anwender durchzuführen, gilt es hier Klassifikationen für Prozesse und Daten zu schaffen, für die Standardmaßnahmen und -gefährdungen hinterlegt werden. Ziel ist es also, für bestimmte (z.B. Forschungs- und Entwicklungsprozesse, Rechnungswesen- oder Personalprozesse) Prozesstypen, Gefährdungsklassen, generalisierte Schutzbedarfe und angemessene Maßnahmen zu definieren. Gleiches gilt für Datenklassen (z.B. Produktionsdaten, Kundendaten, Finanzdaten, Planungsdaten, Strategie-Daten etc.). Neben spezifischen Gefährdungen für diese Datenklassen lassen sich hier die Maßnahmen auf einen standardisierbaren Methodenkatalog für den Umgang mit Daten wie etwa Speicherung auf transportablen/festen Speichermedien, Versendung über öffentliche Netze, Erteilung von Zugriffsrechten etc. standardisieren.

Ziel ist es also, für bestimmte Prozesstypen nicht nur Vorschläge für den erforderlichen Schutzbedarf zu geben (um BIA und Schutzbedarfsfeststellung zu beschleunigen respektive Qualitätskontrollen zu ermöglichen), sondern für diese auch bereits einen Katalog von Maßnahmen zur Reduktion des zu vererbenden Schutzbedarfs zur Verfügung zu stellen. Dies könnte für bestimmte Integritätsanforderungen eine zusätzliche Vier-Augen-Kontrolle oder für Verfügbarkeitsanforderungen ein nicht-technischer Ersatzprozess sein, der zu einer Neubewertung der Verfügbarkeit der Ressourcen führt.

Auf dieser Basis lassen sich nun auch unternehmens-/branchenspezifische Besonderheiten als Profile definieren. Hierzu gehören regulatorische Anforderungen (wie oben beschrieben), aber auch unternehmenspezifische strategische Implikationen (z.B. besitzen die Forschungsprozesse/-daten bei einem auf Generika konzentrierten Pharmakonzern eine andere Priorität als bei einem auf eigene Patente ausgerichteten Mitbewerber). Es handelt sich hierbei also um die Formalisierung der Unternehmensstrategie, die in die spezifische Ausprägung des unternehmensspezifischen Security Management-Modells einfließt.

Branchenspezifika können im ersten Schritt durch unterschiedliche Wichtungen einzelner Faktoren innerhalb der Schutzbedarfsfeststellung respektive Business Impact Analyse dargestellt werden. In dem Beispiel werden die drei Faktoren „Direkter wirtschaftlicher Schaden", „Verstoß gegen Gesetze/Verträge" und „Imageschaden" zur Bewertung des Schutzbedarfs/ Impacts verwendet und für Branchen mit unterschiedlichen Faktoren gewichtet (Die hier genannten Faktoren sind natürlich nur exemplarisch zu verstehen):

Tab. 3: Wichtung von Faktoren zur Bewertung der Verfügbarkeitsanforderungen

	Wirtschaftlicher Schaden	Verstoß gegen Gesetze	Imageschaden
Finanzdienstleister	2	2	1
Industrie	3	1	1
Pharma	2	3	2
Handel B2B	3	1	1
Handel B2C	2	1	2
eGovernment	1	3	3
Health Care	3 (hier auch Personenschaden)	1	1

Ebenso können im nächsten Schritt die Sicherheitsziele Vertraulichkeit, Integrität und Verfügbarkeit selbst gewichtet werden. Dies kann zum einen in die Aggregierung zu Schutzklassen einfließen und zum anderen zur Priorisierung von Maßnahmen dienen. Ist dieses Gesamtmodell geschaffen, so entfaltet sich auf diesem Konstrukt der hieraus generierbare Mehrwert, der den Fokus des Grundschutzansatzes zur Schaffung eines Sicherheitskonzeptes (der Standard 100-1 betrachtet den gesamten Managementprozess, die weitergehenden Dokumente unterstützen aber in erster Linie die Schaffung eines Sicherheitskonzeptes) auf alle Aspekte des Information Security Managements erweitert. Beispiele hierfür sind die Schutzprofildefinition und die Unternehmensziel-Formalisierung zur unternehmensspezifischen Konkretisierung eines generischen Security Management-Modells, das den Brückenschlag von der Unternehmensstrategie über daraus abgeleitete Sicherheitsziele bis hin zum konkreten Asset und den hier erforderlichen Schutzmaßnahmen darstellt.

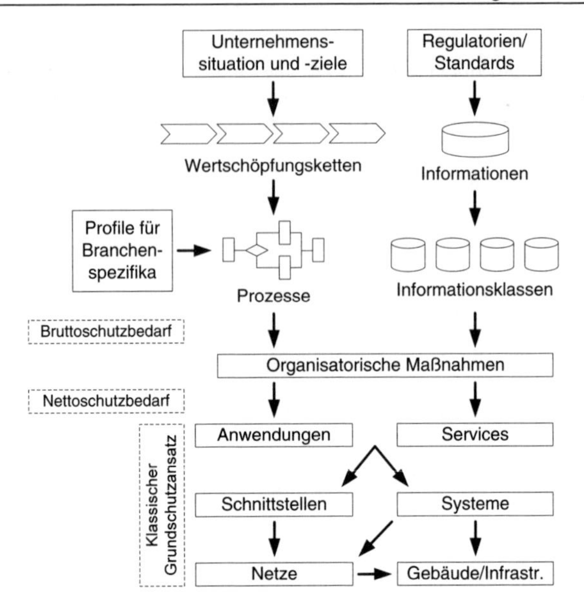

Abb. 4: Vorgehensmodell eines erweiterten Schutzbedarfsfeststellungsprozesses

4 Ausblick

Das vorgestellte Modell ist über einen akademischen Ansatz bereits weit hinaus und wird bei einer wachsenden Zahl von Unternehmen mehr oder weniger konsequent umgesetzt. Dies betrifft vor allem Unternehmen, die sich nicht mehr in erster Linie darum sorgen müssen, eine bestimmte Zertifizierung/Auditierung überhaupt positiv abzuschließen, sondern die die möglichst effektive und effiziente Erreichung mit minimalen Zusatzaufwand über den Regelbetrieb hinaus als nächstes Ziel sehen. Ebenso sind diese Unternehmen an der Transparentmachung des Nutzens der Informationssicherheit über die selbst gesetzten Ziele hinaus – z.B. für Compliance oder den IT-Betrieb – orientiert.

Derzeit noch in den Kinderschuhen stecken eine stärkere Formalisierung der Prozesse und die Spezifizierung von Branchenspezifika. Hier läuft derzeit in Zusammenarbeit mit der TU Berlin und der HiSolutions AG ein von der EU gefördertes Forschungsprojekt mit dem Ziel, nicht nur „Bausteine", sondern darüber hinaus einen regelbasierten Ansatz für eine stärkere Automatisierung zu schaffen.

Literatur

[HaPi06] D.A. Haworth, L.R. Pietron: Sarbanes-Oxley – Achieving Compliance by starting with ISO 17799; www.ism-journal.com, Issue Winter 2006, Seite 73ff

Vom IT-Notfallplan zum BCM durch die Kombination von Standards

Robert Kallwies · Timo Kob · Stefan Nees · Björn Schmelter

HiSolutions AG
{kallwies | kob | nees | schmelter}@hisolutions.com

Zusammenfassung

Der Beitrag will an einigen exemplarischen Beispielen aufzeigen, wie durch die Kombination der Standards IT-Grundschutz und ISO27001 einerseits und dem BS25999 andererseits die Themen Informationssicherheit und Business Continuity Management enger verbunden werden können und welche Erweiterungsanforderungen sich hieraus z.B. für die Grundschutzkataloge ergeben können.

1 Einführung

Spätestens durch die Synchronisierung von IT-Grundschutz und ISO27001 ergab sich das Dilemma, dass die Fokussierung im IT-Grundschutzhandbuch stark auf dem IT-Notfall liegt, während der ISO27001 explizit ein Business Continuity Management verlangt.

Deutlich wird dies auch im vom BSI veröffentlichten Mapping zwischen ISO27001 und IT-Grundschutzhandbuch (GSHB): Wo eigentlich die Abdeckung der ISO27001 durch das GSHB demonstriert werden soll, endet die „Antwort" des GSHB auf die „Frage" der ISO27001 verkürzt gesagt mit dem Verweis auf B1.3 Notfall-Vorsorgekonzept und M6.12 Durchführung von Notfallübungen.

Wer diese Maßnahmen kennt, weiß, dass dies nicht einmal die halbe Wahrheit ist.

Unglücklicherweise belässt es aber auch die ISO27001 bei dem Aufwerfen der Frage und gibt keine Antwort, auch die ISO17799 als „Good Practice" bietet keine erschöpfenden Antworten.

Häuser, die sich somit auf die Umsetzung der genannten Punkte konzentriert haben, erlebten bei Prüfungen dann teilweise unangenehme Überraschungen, wenn die „Antwort" auf die Frage nach einem Business Continuity Management die Prüfer nicht zufrieden stellte. Extrem wird dies gerade im Finanzdienstleistungsumfeld, wo z.B. die MaRisk als deutsche Umsetzung der Basel II-Anforderungen explizit deutlich weitergehende Forderungen stellt.

Nun kann man sich auf den Standpunkt stellen, dass es ja explizit IT-Grundschutzhandbuch heißt, und somit auch nicht der richtige Ort für eine Betrachtung des Themas Business Continuity Management sein kann, die Praxis zeigt aber, dass die Anforderungen auch an ein BCM im Unternehmen oft genug an den IT-Bereich (wenn man Glück hat, handelt es sich um einen IT/Orga-Bereich und ist somit dem Ziel schon etwas näher) gestellt werden. Es ist daher wünschenswert, dass die aufgeworfene Frage auch in diesem Umfeld beantwortet wird.

P. Horster (Hrsg.) · D•A•CH Security 2007 · syssec (2007) 399-405.

Auch wenn die Antwort derzeit nicht im GSHB zu finden ist, so ergibt sich dennoch eine befriedigende Lösung durch das Erscheinen eines neuen Standards am Horizont: BS25999

BS25999, seit Ende 2006 offiziell veröffentlicht, basiert auf der Publicly Available Specification 56 (PAS56:2003), die im März 2003 von der British Standards Institution (BSi) veröffentlicht wurde.

Ein weiterer wichtiger Ansatz ist die Norm PAS 77. Diese erklärt die Prinzipien des IT Service Continuity Management (ITSCM) und weitere Techniken für die Sicherstellung der Leistung von IT-Services vor und nach einer Störung. Durch diese Erweiterung des Blickfeldes bietet sich die Chance, auch das IT-Service Management mit seinen Standards ITIL und ISO20000 einzubinden und proaktiv Anforderungen zu definieren.

Auch wenn nun diese Standards teilweise also nicht international als ISO-Norm gültig sind, geschweige denn in die ISO2700x-Familie aufgenommen ist, haben wir hiermit eine ausreichende Basis, die offenen Punkte der oben genannte Frage zu beantworten.

Interessant – und damit Kernpunkt des hier vorliegenden Artikels – ist nun vor allem die Betrachtung, wo dieser neue Standard nicht einfach ZUSÄTZLICHE Antworten gibt, sondern wo sich darüber hinaus synergetische Effekte ergeben. Erst durch die Schaffung dieser Gemeinsamkeiten gewinnt die Fragestellung zu BCM an die IT(-Sicherheit) überhaupt an Berechtigung und erst hierdurch lässt sich auch wiederum ein Mehrwert der Standards, die in diesem Falle weniger als regulatorische Vorgabe denn mehr als „Best Practice" verstanden werden sollten, ableiten.

Nur durch die Schaffung von Synergieffekten lässt sich auch eine wirtschaftlich zufriedenstellende Antwort auf die immer mehr ansteigende Zahl von unterschiedlichen Compliance-Audits und Zertifizierungen geben. Die hiervon betroffenen Häuser stehen so oft weniger vor der Schwierigkeit, die einzelnen Anforderungen der unterschiedlichen Standards- und Zertifizierungsschemata zu erfüllen, sondern suchen einen Weg die nicht identischen aber doch hinreichend ähnlichen Fragestellungen wirtschaftlich sinnvoll und integriert zu beantworten.

Gerade für Häuser also , die z.B. bereits eine IT-Notfallplanung gemäß GSHB umgesetzt haben, ist es also von Bedeutung, wie sie auf den bestehenden Ergebnisse aufbauend zu einem vollwertigen Business Continuity Management gelangen und zwar zumindest teilweise wiederum aufsetzend auf der Anwendung von Methoden, die im Grundschutzhandbuch ohnehin enthalten sind.

2 Konkrete Ansatzpunkte

Dieser Artikel will, ohne den Anspruch einer erschöpfenden Behandlung des Themas bei der hier erforderlichen Kürze zu erheben, an einen signifikanten Punkten Parallelen aufzeigen und Punkte für eine vertiefte Kombination sowie konkrete Erweiterungsvorschläge am Grundschutzhandbuch aufzeigen.

2.1 PDCA-Zyklus und BCM-Lifecycle

Im BS25999 existiert analog zu dem PDCA-Modell (Qualitätszirkel nach Deming) aus ISO27001 und IT-Grundschutz ein Lebenszyklusmodell. Hinzu kommt noch ein weiterer Lebenszyklus, der innerhalb der Grundschutzbausteine zur Anwendung kommt. Dieser ist aufgegliedert nach Planung und Konzeption, Beschaffung, Umsetzung, Betrieb, Aussonderung, Notfallvorsorge.

Diese sind nicht 1:1 identisch, aber doch nah genug, um hier ein gemeinsames Modell für ein integriertes Management zu schaffen. Wie kann der PDCA-Zyklus gemäß GSHB und ISO27001 mit dem BCM-Lifecycle des BS25999 verbunden werden?

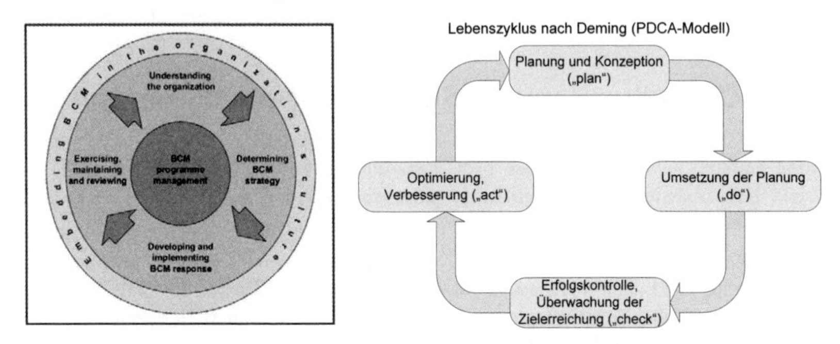

Abb. 1: Business Continuity Management Lifecycle und PDCA-Modell

Zentraler Unterschied ist die im Kreislauf verankerte Verbindung, heraus aus dem eigentlichen Untersuchungsgegenstand, hin zum Gesamtunternehmen („Understanding the organisation"). Die Elemente des PDCA (Plan, Do, Check, Act) sind hier größtenteils zu zwei Punkten zusammengeführt worden. Plan & Do entspricht „Developing and implementing" sowie teilweise „Determinig BCM strategy", Check & Act entsprechen „Exercising, maintaining and reviewing", so dass in der Abbildung des PDCA-Zirkels in den BS25999-Kreislauf keine Schwierigkeiten bestehen.

Nachdenkenswert ist hier die Dimension „Understanding the organization". Hierin steckt die engere Verzahnung mit dem Unternehmen und den Prozessen, dies ist zwar im „Plan" durchaus auch denkbar, aber die explizite Benennung legt doch ein anderes Gewicht auf diesem Thema, wie gerade auch in den unten beschriebenen Differenzen zwischen der Business Impact Analyse gemäß BS25999 einerseits und der Schutzbedarfsfeststellung gemäß IT-Grundschutz andererseits sichtbar wird.

Grundsätzlich sollten aber hinter diesen verschiedenen Lebenszyklusphasen gemeinsame Prozesse gebildet werden, damit zum Beispiel die Auditierung übergreifend durchgeführt wird.

2.2 Sicherheitsvorfallbehandlung und Krisenmanagement

Im bisherigen Grundschutz-Modell wird das Thema Sicherheitsvorfallsbehandlung stark (wenn auch nicht ausschließlich) aus dem Blickwinkel des Vertraulichkeits- und Integritätsbruchs verstanden, hieraus folgt in der Umsetzung eine oft isolierte Betrachtung der Reaktion auf Verfügbarkeitsverluste.

Es stellt sich also die Frage, wie der Grundschutzbaustein zur Behandlung von Sicherheitsvorfällen ergänzt werden kann, um die Anforderungen an „Crisis management planning" der BS25999 zu erfüllen.

Neben der gemeinsamen prozessualen Betrachtung (wenn möglich integriert mit dem klassischen Incident Management des IT-Betriebs, z.B. gemäß ITIL) geht es hier vor allem um eine klare Definition der Schnittstelle zu den Wiederanlauf- und Geschäftsfortführungsplänen für die IT als auch für die Geschäftsprozesse.

Ebenfalls ist das Exit-Kriterium, sprich das Merkmal, wann der Normalzustand wieder erreicht ist, auch im Sicherheitsvorfallmanagement ein wichtiges Kriterium und sollte hier deshalb eindeutig gefordert werden.

2.3 „BCM culture" und IT-Sicherheitssensibilisierung

Im BS25999 wird ein sehr starkes Augenmerk auf die Anforderung „Building and embedding a BCM culture" gelegt, die mit den bisherigen Inhalten des GSHB-Bausteins „B 1.13 IT-Sicherheitssensibilisierung und -schulung" teilweise überlappt, aber teilweise auch deutlich hiervon divergiert.

Der Baustein B1.13 fokussiert – natürlich – ausschließlich auf IT-Sicherheitsschulung bzw. Sensibilisierung, und auch hier besteht wieder eine Konzentration auf die Ziele Vertraulichkeit und Integrität, das Ziel Verfügbarkeit wird hier etwas steifmütterlich behandelt. Sichtbar wird dies z.B. an der dem Baustein zugeordneten Gefährdungsliste:

Die Gefahrenliste spricht zwar von Integritätsverlust/Vertraulichkeitsverlust, nicht aber von Verfügbarkeit oder gar dem Verlust der Unternehmung als Extrem-Ausprägung einer Katastrophe, das Spektrum der Betrachtung muss also ausgeweitet werden. Diese Ausdehnung bedeutet aber nicht nur, dass auf technischer Ebene das Sicherheitsziel Verfügbarkeit ergänzt werden muss, sondern bedingt auch eine stärkere Betrachtung des Geschäftsprozesses, der bisher maximal als Auslöser im Hintergrund betrachtet wurde.

Es gilt also nicht nur, zu schulen, wie Notfälle technisch vermieden werden können und worauf hierbei zu achten ist, sondern es gilt auch, ein Verständnis aufzubauen, wie ein Prozess – bereits vor der technischen Unterstützung so aufgebaut werden kann, dass technische Maßnahmen vielleicht gar nicht erforderlich werden. Dies kann z.B. bedeuten, dass sichtbar wird, dass eine zu extreme Verschlankung eines Prozessablaufs zwangsläufig zu einem erhöhten Ausfallrisiko führt oder dass durch organisatorische Ersatzmaßnahmen ggf. auch auf technische Maßnahmen verzichtet werden kann (Beispiel: Die Definition eines Ersatzprozesses „Abschlagszahlung für Gehälter" könnte die technische Maßnahme „Erhöhung der Ausfallsicherheit des Gehaltskalkulations-Programms" obsolet machen).

Auch die Schulung im Ablauf dieser Ersatzprozesse gehört dann in ein solches Schulungskonzept und sprengt offensichtlich den Rahmen des bisherigen Ansatzes.

Aus diesem Beispiel folgt gleich die nächste Forderung um eine Anpassung der Standards zu erreichen:

Die Maßnahmen der Sensibilisierung müssen laut BS25999 sehr stark auf Personengruppen differenziert werd. So werden Mitglieder des BCM detaillierter geschult als „normale" Mitarbeiter, nach dem obigen Beispiel aber auch die Mitglieder der Orga-Abteilung oder die Bereichsleiter, die ihre Prozesse „krisensicher" ausprägen sollen.

Ein weiterer Punkt ist die Ergänzung des Maßnahmenbündels im Umfeld der Steigerung des Sicherheitsbewusstseins um die Aspekte Tests und Übungen. Ein Ansatzpunkt ist hier in der Maßnahme „Planspiele zur IT Sicherheit" bereits gegeben, im Business Continuity Management besitzt dies aber eine deutlich größere Bedeutung, die sich auch hier widerspiegeln sollte. Hier sollte zusätzlich Maßnahme M6.12 „Durchführung von Notfallübungen“ integriert werden, die aber – wie der nächste Absatz zeigt – auch erweitert werden sollte.

2.4 Neue Anforderungen an Notfallübungen

Aufgrund der bisher stark technischen Sicht des Grundschutzbausteins „Notfallvorsorge“ unterscheidet sich auch der Fokus zur Durchführung von Notfallübungen im Vergleich zu den Anforderungen an Übungen aus der Business Continuity Management-Perspektive des BS25999.

Der BS25999 geht aus seinem Blickwinkel des BUSINESS Continuity Managements hier deutlich weiter (ohne wiederum die Konkretheit des Grundschutzes zu erreichen). Wichtigste Forderung ist die nach der Durchführung ganzheitlicher Notfalltests, sprich die übergreifende Prüfung von Prozess- und Systemabhängigkeiten. Dies erfordert im ersten Schritt somit eine enge Abstimmung der IT-Notfalltests mit den Anforderungen des Business, die bisher so explizit nicht verlangt wurde, was in der Praxis dazu führt, dass die aus Techniksicht augenscheinlichsten Systeme getestet wurden und nicht zwingend die aus Business-Sicht maßgeblichen.

Dies umfasst so auch die Erstellung eines unternehmensweiten Übungsplans, der nicht nur die bisher adressierten technischen Übungen sondern auch die Prozessübungen beinhaltet und – ganz wichtig – diese verzahnt. Dies beinhaltet somit auch den Test von Ausweichstandorten oder – gern vergessen – den Umzug des Adminpersonals.

Die Testergebnisse sind integraler Bestandteil der Awarenesssteigerung, deshalb sollte das gesamte Thema Übung, wie zuvor postuliert, auch in den Maßnahmenkatalog zum Thema Sicherheitsbewusstsein übernommen werden. Wichtig ist in diesem Zusammenhang, dass bereits im Schritt der Testplanung auch geprüft wird, für welche Bereiche, die nicht Bestandteil des Testes sind, die Ergebnisse von Bedeutung sind – auch dies im Hinblick auf die unternehmensweite Optimierung und das Thema Bewusstseinssteigerung.

In der Praxis wird oft festgestellt, dass große Unsicherheit bzgl. der verschiedenen Arten von Tests existieren, auch hier wäre es wünschenswert, wenn die Testarten (Desktop Check, Simulation, Walkthrough, Funktionstest, vollständiger Test) beschrieben und die jeweiligen Vor- und Nachteile sowie Eignungen dargestellt und verglichen werden.

Ebenso wünschenswert – auch wenn dies wiederum den Konkretisierungslevel der BS25999 übertrifft, aber in der Praxis oft nachgefragt wird – wären Aussagen bzgl. der Häufigkeit von Tests. Hier kann es weniger um absolute Zahlen gehen, als vielmehr um konkretere Anhaltspunkte.

Ein Wunsch ergibt sich auch in der Kombination von Business Continuity und Outsourcing, da auch Outsourcing-Partner ggf. in Übungen mit einzubeziehen, ggf. sogar zu schulen sind. Hier existiert ja ein sehr guter Baustein zum Thema Outsourcing, der nur stärker mit den Themen Notfallplanung und Schaffung eines Sicherheitsbewusstseins zu verbinden ist.

2.5 Schutzbedarfsfeststellung & Business Impact Analyse

Der Grundschutzansatz basiert auf der Durchführung einer Schutzbedarfsfeststellung, die den Aspekt Verfügbarkeit berücksichtigt, aber nicht alle Anforderungen, di z.B. der BS25999 an einen Business Impact Analyse stellt, abdeckt.

Dieser letzte Punkt der Kombination von Schutzbedarfsfeststellung und Business Impact Analyse wird an einem konkreten Beispiel demonstriert. Hier wird gezeigt, wie durch eine konsequente prozess-orientierte Herangehensweise und die Ergänzung des zeitlichen Aspektes beide Aufgaben in einem Schritt durchgeführt werden können.

Eine Business Impact Analyse kann als eine prozessorientierte Schutzbedarfsfeststellung bezogen auf das Sicherheitsziel Verfügbarkeit verstanden werden. Solange also die Schutzbedarfsfeststellung auf Anwendungsebene beginnt und den Prozess nur als ein zu beachtendes Kriterium zur Bestimmung des Schutzbedarfes der Infrastruktur betrachtet, werden diese beiden Themen notgedrungen zumindest teilweise isoliert laufen, da die Frage, wie denn wiederum der Schutzbedarf des Prozesses überhaupt bestimmt wird, nicht betrachtet wird. Konsequent zu Ende gedacht würde dies im Übrigen bedeuten, dass für die Ziele Vertraulichkeit und Integrität analog die Datenklassifikation in den Vordergrund rücken müsste. Da aber (trotz der Postulierung des Information Ownership-Prinzips) die meisten Häuser sich enorm schwer tun, ihre Daten zu klassifizieren, wird hier für absehbare Zeit vermutlich doch an der Anwendung gestartet werden und die exakte Bewertung und Zuordnung der Daten eine Ausnahme bleiben.

Der Gedanke des BUSINESS Continuity Managements soll hierbei noch dadurch unterstützt werden, dass der klassische Bottom-Up-Ansatz der Betrachtung der einzelnen Prozesse mit anschließender Aggregierung auf Gesamtunternehmensebene (und anschließender Vererbung auf die Ressourcen) um einen Top-Down-Ansatz durch Einbeziehung der Wertschöpfungsketten inkl. einer Bewertung der strategischen Bedeutung derselben ergänzt werden sollte.

Warum diese Ergänzung eine so hohe praktische Bedeutung hat, sei an einem fiktiven Beispiel demonstriert:

Bei einer Business Impact Analyse bei einem Automobilhersteller bewertet der für Modell A verantwortliche Fachbereich den Prozess „Lenkrad an schrauben" korrekt als hochkritisch, da eine Auslieferung ohne Lenkrad nicht möglich ist.

Parallel bewertet der für Modell B zuständige Fachbereich den Prozess „Vor Auslieferung polieren" als nicht kritisch. Beide Aussagen sind isoliert (im Sinne des Bottom-Up-Ansatzes korrekt)

Die Unternehmensleitung betrachtet aber Modell B (aufgrund höherer Rentabilität, Deckungsbeiträge aber auch der höheren strategischen Bedeutung der Kundenzufriedenheit Modell B-Kunden) als das im Notfall zuerst wieder zu produzierende Produkt (und somit als die höher zu priorisierende Wertschöpfungskette), schlussendlich ergibt sich somit aus Unternehmenssicht (Top-Down-Sicht), dass der Prozess „Modell B polieren" kritischer als der Prozess „Lenkrad an Modell A schrauben" ist, was sich notgedrungen auch auf alle Ressourcen weitervererbt.

Daraus wird ersichtlich, dass auch die Forderung nach stärkerer Prozessorientierung nur der erste Schritt ist und die im BS25999 geforderte erste Aktivität des „Understanding the business“ hierüber noch deutlich hinausgehen kann, und dass diese Ansätze auch eine Perspektive für die IT- oder korrekter gesagt die Informationssicherheit besitzen.

2.6 Nützliche Ergänzungen durch den Grundschutz

Bisher wurde verstärkt auf Defizite des Grundschutzansatzes im Vergleich zu den „reinen“ Business Continuity-Standards/Konzepten geblickt. Aber auch die umgekehrte Richtung ist interessant und bietet Potenziale:

Der erste Ansatzpunkt ähnelt der Diskussion zwischen ISO27001 und IT-Grundschutz. Je nach Blickwinkel wird der deutlich höhere Konkretisierungsgrad des IT-Grundschutz wahlweise als Vor- oder als Nachteil interpretiert. Resultiert ein Nachteil in erster Linie aus dem ggf. größeren Aufwand bei der Zertifizierung (dem aber natürlich auch eine höhere Aussagekraft und Vergleichbarkeit gegenübersteht!) oder der Gefahr der Veraltung einzelner Bausteine, so bietet der gleiche Fakt auf der anderen Seite natürlich auch große Vorteile da der Einstieg, durch das „An die Hand nehmen“ des Anwenders, deutlich leichter ist. Hier soll in diesem Umfeld weniger auf die konkreten technischen Maßnahmen verwiesen werden, als mehr auf das stringente und normativ vorgeschriebene Vorgehensmodell der Modellierung und des Basis-Sicherheitschecks. In dieses Vorgehen ist ja, wie oben beschrieben, auch bisher schon die IT-Notfallvorsorge miteingebunden (gleiches gilt durch die von den Autoren dieses Artikels für den BSI geschriebene Studie „ITIL&Informationssicherheit“ auch für den IT-Betrieb, die derzeit ebenfalls von den Autoren dieses Artikels in den neu zu schaffenden respektive zu erweiternden Bausteinen Patchmanagement und Sicherheitsvorfallbehandlung weiter konkretisiert wird), während die BS25999 zwar die Integration in die Geschäftsprozesse propagiert, aber die bei der Integration der IT- oder Informationssicherheit wiederum sehr oberflächlich bleibt. Bei konsequenter Integration beider Blickwinkel in ein gemeinsames – dauerhaft gelebtes und nicht nur projekthaft umgesetztes – Framework lassen sich so auf beiden Seiten Aufwände minimieren und die Qualität steigern.

3 Ausblick

Erfreulicherweise blieb und bleibt die Zeit zwischen Einreichung des Call for Papers für die zu diesem Artikel korrespondierende Kurzversion und der Erstellung dieses Artikels einerseits und zwischen Redaktionsschluss und dem Erscheinen des vorliegenden Buches andererseits nicht stehen.

So wurden die Autoren dieses Artikels in der Zwischenzeit vom BSI beauftragt, eine Novellierung des Bausteins „Notfallvorsorge“ (zukünftig „Notfallmanagement“) vorzunehmen, in die unter anderem. genau die oben genannten Aspekte miteinfließen werden und eine Synchronisation mit den diversen Standards stattfinden wird.

Um der - über einen „normalen“ Baustein hinausgehenden – Bedeutung des Themas gerecht zu werden, wird in diesem Rahmen auch ein eigener BSI-Standard erstellt, der die bisher existierenden Standards 100-1 bis 100-3 ergänzen wird.

Hierarchisch aggregierte Bewertung der Sicherheit von Organisationen

Steffen Weiß[1,2] · Klaus Meyer-Wegener[1]

[1] Friedrich-Alexander-Universität Erlangen-Nürnberg
{steffen.weiss | klaus.meyer-wegener}@informatik.uni-erlangen.de

[2] DATEV eG Nürnberg
steffen.weiss@datev.de

Zusammenfassung

Für viele Organisationen ist die IT-Sicherheit mittlerweile zu einem wesentlichen Erfolgsfaktor geworden. Deshalb wurden auch schon Verfahren zur Bewertung der IT-Sicherheit entwickelt, doch diese Verfahren decken – sowohl aus wissenschaftlicher wie aus praktischer Sicht – nicht alle Anforderungen ab. Daher werden in diesem Beitrag zunächst die beiden wichtigsten Anforderungen an die Bewertung von IT-Sicherheit herausgestellt und existierende Verfahren bezüglich der Erfüllung untersucht. Anschließend werden grundlegende Bestandteile eines neuen Verfahrens vorgestellt, das die genannten Anforderungen vollständig erfüllen kann.

1 Einleitung

Immer wieder kommt es vor, dass vertrauliche Informationen, etwa zu geplanten neuen Produkten, unbemerkt entwendet werden und in die Hände der Konkurrenz gelangen. Statistiken (z.B. [AHTC04, CsiF04]) belegen, dass dies keine Seltenheit ist. Im Einzelfall können zwar Gegenmaßnahmen vorgeschlagen werden, um so einen Vorfall in Zukunft zu verhindern oder zumindest sehr unwahrscheinlich zu machen. Allerdings muss der Blick auf die gesamte Sicherheit der Organisation ausgeweitet werden, denn neben dieser Angriffsmöglichkeit existieren noch viele weitere.

Es ist daher jeder Organisation zu empfehlen, eine Sicherheitsbewertung durchzuführen. Viele Organisationen beschäftigen sich bereits intensiv damit, welches Vorgehen sie dabei wählen können und so sind diesbezügliche Ansätze auch immer wieder Gegenstand von Industrieforen, beispielsweise der cirsosec TrendTage [Stro07]. Welche Anforderungen an eine solche Sicherheitsbewertung zu stellen sind und was die bekannten Ansätze für Sicherheitsbewertungen leisten, wird in diesem Beitrag diskutiert. Da diese Ansätze die identifizierten Anforderungen nur unzureichend erfüllen, wird auch noch ein neues Verfahren vorgestellt, mit dem diese Lücke geschlossen werden kann.

2 Anforderungen an eine Sicherheitsbewertung

Auf dem ersten Workshop, der sich mit Sicherheitsbewertung befasst hat, wurde eine Reihe von Anforderungen an Sicherheitsbewertungen vorgeschlagen ([Henn02], Seite XVI f). Die

P. Horster (Hrsg.) · D•A•CH Security 2007 · syssec (2007) 406-414.

wichtigsten Anforderungen sind:

- Die *Relevanz*, also die Nützlichkeit der Bewertung für die Entscheidungsträger.
  Geprägt durch Bilanzen sowie Gewinn- und Verlustrechnungen ist der Entscheidungsträger auf Vermögenswerte der Organisationen bzw. deren Verlust ausgerichtet (vgl. z.B. [Bach03]). Verlust entsteht durch erfolgreiche Angriffe, so dass die erste Anforderung ist, den Bezug zwischen (erfolgreichen) Angriffen und den Vermögenswerten herzustellen.
- Die *Wiederholbarkeit* bzw. Reproduzierbarkeit, damit die Bewertung einer Organisation unter gleichen Bedingungen auch zu gleichen Ergebnissen führt.
  Eine Überprüfung von Bewertungen nennt [Henn02] in diesem Zusammenhang zwar nicht, sie ist aber in der Praxis oft angemessener als eine Wiederholung. Daher ist es naheliegend, die Wiederholbarkeit um den Aspekt der Überprüfbarkeit zu ergänzen. Das meint insbesondere, dass die Bewertung für einen Leser konsistent erscheint, sowohl für Experten als auch für Nicht-Experten, und dabei alle Sicherheitseinflüsse wie z.B. ergriffene Maßnahmen und Umgebungsbedingungen sichtbar werden. Dann sollte diese Anforderung mit dem umfassenderen Begriff der *Nachvollziehbarkeit* bezeichnet werden.

Weitere Anforderungen wie etwa die Abgrenzung des untersuchten Problembereichs, eine solide formale Grundlage, ein wohldefinierter Prozess sowie geringe Kosten [Henn02, S. xvi f.] werden bei der folgenden Betrachtung zurückgestellt, bei der Entwicklung des neuen Ansatzes aber mit berücksichtigt.

3 Existierende Ansätze zur Sicherheitsbewertung

Die wichtigsten existierenden Ansätze sollen nun daraufhin untersucht werden, inwiefern sie die hier gestellten Anforderungen erfüllen.

3.1 ISO/IEC 17799

Die internationale Norm ISO/IEC 17799 [ISO05] enthält Praxis-Erfahrungen für das Management der Informationssicherheit. Sie beinhaltet eine größere Anzahl gut strukturierter Richtlinien und grundlegender Prinzipien, wie das Management der Informationssicherheit in Organisationen initiiert, implementiert, gewartet und verbessert werden kann.

Eine Zertifizierung und damit die Bewertung der Sicherheit ist nicht nach ISO/IEC 17799 möglich; sie findet nach ISO/IEC 27001 statt. Diese Norm spezifiziert den Prozess für die Umsetzung eines Informationssicherheits-Managementsystems. Wenn die Organisation die Anforderungen an diesen Prozess erfüllt, erhält sie das Zertifikat. Aber das bedeutet noch nicht zwangsläufig, dass damit auch eine bestimmte Sicherheit erreicht wird. Das hängt in hohem Maße von der Fähigkeit der Sicherheitsbeauftragten in der Organisation ab, die die einzelnen Schritte des Prozesses ausführen. Das Ergebnis des Prozesses und damit die erreichte Sicherheit ist höchstens indirekt Gegenstand der Zertifizierung.

3.2 IT-Grundschutzhandbuch

Durch Anwendung der Standardsicherheitsmaßnahmen des IT-Grundschutzhandbuchs (GSHB) des BSI [BSI05] – mittlerweile auch IT-Grundschutz-Kataloge genannt – wird ein Sicherheitsniveau erreicht, das für den normalen Schutzbedarf ausreichend ist.

Ein wesentlicher Bestandteil dabei ist ein Prozess, der die Modellierung des IT-Systems einer Organisation vorsieht und dazu Bausteine aus den IT-Grundschutz-Katalogen, die in etwa den Vermögenswerten entsprechen, verwendet. Zu den Bausteinen werden im GSHB jeweils Gefährdungen und Maßnahmen genannt. Die Organisation muss die Gefährdungen ihrer Bausteine bewerten und ggf. Maßnahmen ergreifen, wenn entsprechender Schutzbedarf besteht. Die Zertifizierung durch einen Auditor erfolgt unter anderem, auf der Basis der dabei erstellten Dokumente. Danach vergibt er das IT-Grundschutz-Zertifikat, wenn ihm die Modellierung, die Bewertung und die Maßnahmen adäquat erscheinen. Erste Ansätze für eine Nachvollziehbarkeit sind damit zwar gegeben. Insgesamt kann man jedoch nicht von einer nachvollziehbaren Bewertung sprechen, da beispielsweise kein Rückschluss von der Installation einer Maßnahme auf die Erhöhung der Sicherheit möglich ist.

3.3 Risikobewertung

Eine Risikobewertung (engl. risk assessment) in der IT verbindet die Wahrscheinlichkeit von unerwünschten Ereignissen mit der Höhe des Schadens, der bei ihrem Auftreten entsteht. Die Bewertung wird hier also aus Sicht der Entscheidungsträger vorgenommen. Die Bedrohungssituationen werden dabei als *Szenarien* bezeichnet. Es fehlt allerdings die strukturierte Darstellung der Sicherheitseinflüsse. Sie setzt also eine Sicherheitsbewertung bei einzelnen Angriffsmöglichkeiten und Gegenmaßnahmen voraus. Die Relevanz ist hier eindeutig gegeben; allerdings besitzt das Konzept deutliche Defizite bei der Nachvollziehbarkeit:

Die meisten konkreten Ansätze (z.B. Mehari [Clus04], NIST SP 800-30 [StGF02]), die das Konzept umsetzen, basieren auf dem Prinzip,

- die Wahrscheinlichkeit des Auftretens sowie die entstehenden Schäden jeweils auf einer Skala – beispielsweise „hoch" / „mittel" / „niedrig" – einzuordnen (die Bewertung erfolgt dabei für jedes Szenario getrennt)
- und anschließend mit einer allgemeine Funktion in der Art f([Wahrscheinlichkeit des Auftretens], [entstehende Schäden]) = [Risiko] das Risiko zu bestimmen.

Diese Funktion legt – einheitlich für alle Szenarien aller Organisationen, die der Risikoanalyse unterzogen werden – fest, wie hoch das Risiko bei gegebener Wahrscheinlichkeit des Auftretens und gegebenem Schaden ist.

Die Ergebnisse sind in sofern nicht nachvollziehbar, als nur eine sehr geringe Anzahl von Skalenwerten existiert, und die Zuweisung eines Skalenwertes ausschließlich von der Meinung der die Analyse durchführenden Experten abhängig ist. Aussagen darüber, welche Maßnahmen zu ergreifen sind, welche Maßnahmen sich besser eignen etc. können mit diesem Verfahren nicht getroffen werden. Schlussendlich handelt es sich also nicht um eine Bewertung im obigen Sinn, sondern um eine – strukturiert ermittelte – Expertenmeinung.

Sehr eng verwandt mit der Risikobewertung sind ALE-basierte Ansätze (ALE – annual loss expectancy – jährlich zu erwartender Verlust). Sie verwenden jedoch Zahlen an Stelle der qualitativen Skalenwerte. Für weitere Informationen wird auf die Literatur verwiesen (z.B. [Sooh02]).

3.4 Angriffsbäume

In der wissenschaftlichen Literatur werden immer wieder Angriffsbäume vorgeschlagen, um Sicherheitseinflüsse zu strukturieren. Auch wenn diese Arbeiten von der Praxis relativ weit entfernt sind, soll das Vorgehen kurz beschrieben werden, da es einen guten Beitrag zur Nachvollziehbarkeit leisten:

Angriffsbäume modellieren alle denkbaren Angriffe auf ein System [NiST04]. Dabei ist ein Knoten im Baum ein möglicher Angriff. Nachfolgeknoten beschreiben verschiedene Wege für einen Angriff. Bruce Schneier gibt dazu in [Schn00] ein Beispiel an (Abbildung 1). Darin beschreibt er die möglichen Angriffe auf einen Tresor. Auf oberster Ebene identifiziert er vier mögliche Angriffswege:

- Ein Angreifer kann einen Dietrich verwenden; Schneier sieht diesen Angriff (wohl da es sich um einen „vernünftigen" Tresor handelt) als unmöglich an und notiert daher ein „I" für „impossible".
- Der Angreifer kann die Kombination zum Öffnen des Tresors ausfindig machen. Da hier verschiedene Wege existieren, besitzt dieser Knoten weitere Nachfolgeknoten.
- Der Angreifer kann mit Gewalt (z.B. Schweißbrenner) den Tresor öffnen. Da das möglich ist, notiert Schneier hier ein „P" für „possible".
- Schließlich besteht noch die Möglichkeit, dass der Angreifer den Tresor selbst installiert und eine Schwachstelle gelassen hat, über die er den Tresor öffnen kann. Dieser Angriff wird hier ebenfalls ausgeschlossen.

Wie man an diesem Beispiel erkennen kann, lässt sich dadurch das Auftreten von Sicherheitsvorfällen sehr gut strukturieren.

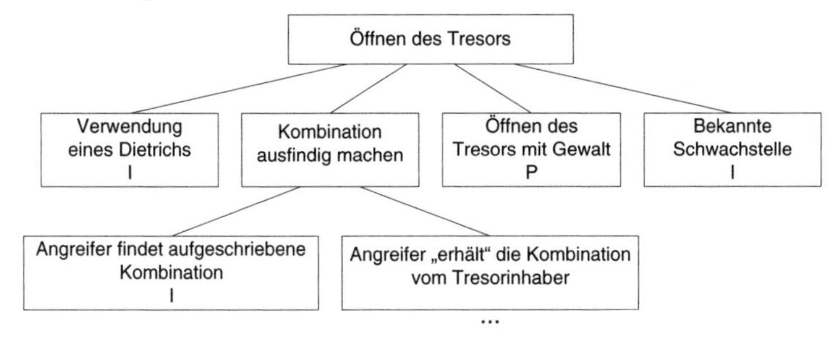

Abb. 1: Angriffsbaum eines Tresors (aus [Schn00], ins Deutsche übersetzt)

3.5 Bewertung der existierenden Modelle

Es ist deutlich zu erkennen, dass keiner der Ansätze Relevanz und Nachvollziehbarkeit zugleich sicherstellen kann. Ansätze wie ISO/IEC 17799 und GSHB erfüllen beide Anforderungen zu Teilen, während beispielsweise die Risikobewertung eine Anforderung ziemlich gut erfüllt, die andere dagegen überhaupt nicht. Angriffsbäume könnten das vervollständigen, was aber einen neuen Ansatz erfordert.

4 Hierarchische Aggregation

4.1 Aufbau des Ansatzes

In der Diskussion der verschiedenen Ansätze in Kapitel 3 wurde immer wieder deutlich, dass die möglichen Angriffe detailliert berücksichtigt werden müssen: Sie sind die Ursache dafür, dass Vermögenswerte geschützt werden müssen, und verlangen nach gezielten Maßnahmen, um diesen Schutz zu erreichen. Die Szenarien, die in der Risikobewertung verwendet werden, bilden hierzu einen ersten Schritt. Das Problem war jedoch, dass noch keine oder zumindest kaum Nachvollziehbarkeit geboten wurde.

Daher wird zur Sicherheitsbewertung nun folgender Ansatz gewählt: Die Bewertung der einzelnen Szenarien wird nachvollziehbar gemacht, indem die Einflüsse in Szenarien mit Angriffsbäumen modelliert werden. Um genauere Ergebnisse zu erhalten, werden an Stelle der Skalenwerte konkrete Werte bei Häufigkeiten[1] und Schäden verwendet.

4.2 Häufigkeit des Auftretens Schadenshöhe

Schon die erste Anforderung (Relevanz) macht deutlich, dass Modelle zur Sicherheitsbewertung Aussagen über die zu erwartenden Schäden machen müssen. Dies zeigt auch die Risikobewertung, wo Aussagen über die Auftrittshäufigkeit und die Schadenshöhe zusammen das Risiko ergeben. Vorausgesetzt, man verwendet keine Skalenwerte, sondern Zahlen, lässt sich sogar berechnen, welche Schäden zu erwarten sind (vgl. ALE, Abschnitt 3.3). Sowohl die Häufigkeit des Auftretens von Schäden als auch die Schadenshöhe sollten deshalb als *Attribute von Szenarien* modelliert werden.

In erster Iteration hat das Modell daher die in Abbildung. 2 am Beispiel dargestellte Form.

Szenario	
Virus durch E-Mail	
Häufigkeit des Auftretens	Schadenshöhe

Abb. 2: Erste Iteration des Modells zur Sicherheitsbewertung

Die Schadenshöhe bezieht sich dabei auf *ein* Auftreten des Szenarios. Bei mehrfachem Auftreten vervielfacht sie sich entsprechend. Es wird angenommen, dass verschiedene Arten des Auftretens, die im Folgenden noch diskutiert werden, keinen Einfluss auf die Schadenshöhe haben. Will man das modellieren, muss man ein weiteres Szenario einführen.

Die Häufigkeit des Auftretens wird nun über Angriffsbäume genauer modelliert. Dadurch ergibt sich eine Hierarchie, die es erlaubt, die Häufigkeit hierarchisch zu aggregieren.

4.3 Einflüsse auf das Auftreten von Szenarien

Die Häufigkeit des Auftretens von Szenarien wird dadurch bestimmt, welche Untervorfälle zu

[1] Bei der Risikobewertung wird die Modellierung normalerweise mit Wahrscheinlichkeiten vorgenommen. Bei der Verwendung von Zahlen an Stelle der Skalenwerte bieten die Häufigkeiten aber bessere Modellierungsmöglichkeiten, deshalb werden sie hier verwendet.

diesem Auftreten geführt haben. Ein Virus, der durch eine e-Mail in die Organisation gelangt, wird beispielsweise dann aktiv, wenn der Benutzer den virulenten Anhang öffnet *und* der Virenscanner die Ausführung dieses Virus nicht unterbindet. Ebenso kann es eine Oder-Verknüpfung zwischen Untervorfällen geben. Das Szenario tritt beispielsweise auch auf, wenn der Virenscanner nicht eingeschaltet *oder* nicht aktuell ist.

Die modelltechnische Erfassung dieser Werte erfolgt in so genannten *o-Bäumen* (occurrence trees), die im Unterschied zu den Angriffsbäumen noch weitere Attribute enthalten. Diese werden zur Modellierung der Einflüsse des Auftretens von Szenarien genutzt. Die einzelne Knoten stellen jeweils Untervorfälle dar und die Kanten in den Bäumen sind mit den Operatoren (UND bzw. ODER) attributiert. Ein Beispiel hierzu ist in Abbildung 3 festgehalten.

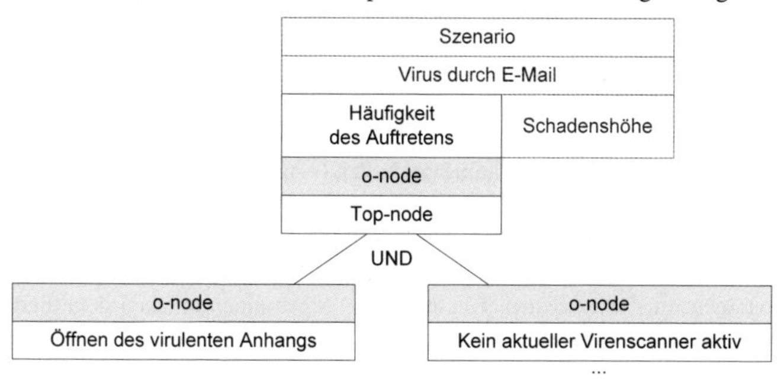

Abb. 3: Ausschnitt aus einem o-Baum

Dabei muss man den Knoten „kein aktueller Virenscanner aktiv" noch weiter detaillieren, weil es dafür mehrere Untervorfälle geben kann: Es ist gar kein Virenscanner installiert oder der Virenscanner ist nicht richtig konfiguriert bzw. nicht aktuell.

Zumindest bei größeren Modellen können Unterbäume theoretisch identisch sein. In diesem Fall macht es Sinn, den Baum einmal aufzustellen und von identischen Blättern auf diesen Unterbaum zu verweisen. Zu diesem Thema werden auch noch detailliertere Untersuchungen durchgeführt, insbesondere dahingehend, wie häufig diese Situation bei realen Modellen auftritt.

Ein weiterer Aspekt bei der Modellierung ist die Unabhängigkeit der verschiedenen Äste. Obwohl bei der Erstellung der bisher modellierten Szenarien nach Abhängigkeiten gesucht wurde, konnten keine Beispiele dafür gefunden werden. Es sollen allerdings noch weitergehende Untersuchungen dazu durchgeführt werden.

4.4 Statistische Daten und der Einfluss von Maßnahmen

Die Blätter der o-Bäume schließlich stellen sehr detaillierte Untervorfälle dar. Nachdem die Abhängigkeiten zwischen den Untervorfällen definiert wurden, kann man die Häufigkeit des Auftretens von Szenarien daraus ableiten, wie häufig die Blätter des o-Baumes auftreten. Deshalb werden die Blätter und die Zwischenknoten ebenfalls mit einem Attribut „Häufigkeit des Auftretens" ausgestattet. Bei den Blattknoten ist es ein statistischer Wert, der eingegeben werden muss und Idealerweise einmalig – z.B. durch eine zentrale Institution – ermittelt und zur Verfügung gestellt wird.

Bei den Blattknoten kommt noch ein weiteres Attribut hinzu: Die ergriffenen Gegenmaßnahmen und ihre Qualität, d.h. der Prozentsatz der Fälle, in denen sie den Angriff erfolgreich abwehren. Auch hier sind zentral bereitgestellte statistische Werte sinnvoll. Ihre Ermittlung könnte durch das Aufstellen von „Sensoren", die Angriffe registrieren (wie bei Intrusion-Detection-Systemen), erfolgen [LLO+03].

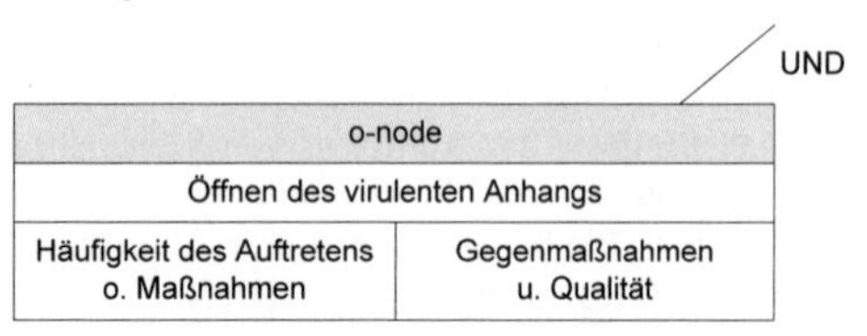

Abb. 4: Blattknoten des o-Baums mit Attributen

Dabei erlaubt das Modell, auch noch zu berücksichtigen, dass

- die – evtl. allgemein zur Verfügung gestellten – statistischen Werte einer individuellen Anpassung bedürfen, beispielsweise weil die Organisation bei einem Vorfall besonders hohen oder niedrigen Häufigkeiten ausgesetzt ist.
- es sich nicht nur um eine einzelne Maßnahme handeln muss, sondern auch mehrere Maßnahmen im Zusammenspiel zum Schutz gegen einen solchen detaillierten Vorfall eingesetzt werden können.

Die Häufigkeit des Auftretens unter Einbeziehung der Gegenmaßnahmen ergibt sich durch Multiplikation mit dem Prozentsatz der Fälle, in denen sie nicht greifen. Diese kann dann nach oben propagiert und aggregiert werden, wobei die UND-Verknüpfung zu einer speziellen Multiplikation und die ODER-Verknüpfung zu einer Addition führen. Die genauen Methoden der Aggregation wurden bereits entwickelt, können aber wegen des Umfangs erst in einem späteren Artikel präsentiert werden.

4.5 Einflüsse in die Schadenshöhe

Bisher wurde in der Literatur über die Ermittlung der Schadenshöhe noch sehr wenig berichtet. Dieser Aspekt ist aber, wie oben diskutiert, notwendig und wurde deshalb im Modell auch umgesetzt.

Der Grundgedanke ist, dass es verschiedene *Schadenstypen* gibt. Neben dem – eigentlich in jedem Szenario vertretenen – Schadenstyp „kein Schaden" könnte man sich beim Szenario „Virus durch E-Mail" beispielsweise die Schadenstypen „Anzeige von Werbefenstern" oder „Modifikation von Dateien" vorstellen.

Für jeden Schadenstyp wird angegeben:

- eine Wahrscheinlichkeit, dass ein Szenario zu einem Schaden von diesem Typ führt. Die Wahrscheinlichkeiten aller Schadenstypen eines Szenarios zusammen müssen 100% ergeben; der Schadenstyp „kein Schaden" wird dabei natürlich berücksichtigt.
- Maßnahmen, die den Schaden zu begrenzen versuchen und dadurch die Wahrscheinlichkeit des Auftretens dieses Schadenstyps verringern, z.B. Trenneinrichtungen, die das Propagieren von Viren durch das Netz verhindern.
- Angaben darüber, welche Kosten bei dem jeweiligen Schadenstyp entstehen.

Selbst wenn man bei einzelnen Schadenstypen beispielsweise die Kosten nicht auf den Euro exakt angeben kann, erhält man durch die verschiedenen Schadenstypen schon eine deutlich exaktere Darstellung der Realität als einen groben Schätzwert.

Ein Angriff könnte auch mehrere Schäden nach sich ziehen – beispielsweise die „Anzeige von Werbefenstern" und die „Modifikation von Dateien". Mit dem gewählten Ansatz muss theoretisch jede Kombination dieser Schadenstypen als eigener Schadenstyp modelliert werden. Was sich in der Theorie sehr aufwändig anhört, hat sich bei unseren bisherigen Modellierungen jedoch als harmlos erwiesen, da solche „Mehrfachschäden" in der Praxis eher selten vorkommen.

5 Zusammenfassung und Ausblick

Als wichtigste Anforderungen für fundierte Ansätze zur Sicherheitsbewertung wurden die „Relevanz für Entscheidungsträger" und die „Nachvollziehbarkeit der Bewertungsergebnisse" identifiziert. Diese werden von ISO/IEC 17799 und Grundschutzhandbuch jeweils teilweise erfüllt, es bestehen in beiden Fällen und bei beiden Anforderungen jedoch Defizite. Die Risikobewertung und ALE-basierte Ansätze stellen zwar die Relevanz sicher, aber die Ergebnisse sind kaum nachvollziehbar. Schließlich bieten die aus der Wissenschaft bekannten Angriffsbäume zwar eine nachvollziehbare Strukturierung, für sich allein aber noch keine Bewertung.

Daher wird ein Modell vorgeschlagen, das auf der Risikobewertung aufbaut und Angriffsbäume für die Nachvollziehbarkeit der Auftrittshäufigkeit hinzufügt. Zudem besteht die Möglichkeit, die verschiedenen Schäden von Szenarien nachvollziehbar zu modellieren. Die Häufigkeiten des Auftretens werden hierarchisch aggregiert. Das Modell ist bereits detaillierter ausgearbeitet, als es hier beschrieben werden konnte.

Im weiteren Verlauf soll eine Erprobung an umfangreichen Szenarien vorgenommen werden. Prototypische Bewertungen der Sicherheit einzelner Organisationen wurden bereits begonnen. Langfristig ist anzustreben, dass das Modell und die benötigten statistischen Werte von einer zentralen Organisation wie dem BSI bereitgestellt werden. Dies hätte den Vorteil, dass das Modell mit den Szenarien, Untervorfällen, Schadenstypen etc. nur einmal entwickelt werden müsste. Die Organisationen vor Ort müssten nur die jeweils relevanten Teile übernehmen. Auch die statistischen Messungen müssten nur einmal gemacht werden. Und schließlich wären die Ergebnisse zwischen Organisationen vergleichbar.

Literatur

[AHTC04] Australian High Tech Crime Centre: Australian Computer Crime and Security Survey. 2004.

[Bach03] J. Bachinger: Effizientes IT-Sicherheitsmanagement – ein controlling-orientierter Ansatz. In: P. Horster (Hrsg.): D·A·CH Security 2003, S. 254-264.

[BSI99] British Standard Institute: Information Security Management – Specification for Information Security Management Systems (BS 7799-2). 1999.

[BSI02] British Standard Institute: Information Security Management – Code of Practice for Information Security Management (BS 7799-1). 2002

[BSI05] Bundesamt für Sicherheit in der Informationstechnik: IT Grundschutzhandbuch.

[Clus04] Club de la securite des systemes d´information francais: Mehari V3 Concepts and Mechanisms. 2004.

[CsiF04] CSI and San Francisco Federal Bureau of Investigation's Computer Intrusion Squad: 2004 CSI/FBI Computer Crime and Security Survey. 2004.

[Henn02] R. Henning (Vorsitzende des Workshops): Workshop on Information Security System Scoring and Ranking. 2002.

[ISO05] ISO/IEC: Information technology – Security techniques – Code of practice for information security management (final draft). 2005.

[LLO+03] J. Levine, R. LaBella, H. Owen, D. Contis, B. Culver: The Use of Honeynets to Detect Exploited Systems Across Large Enterprise Networks. In: Proc. 2003 IEEE Workshop on Information Assurance (United States Military Academy, West Point, NY), 2003.

[NiST04] D.M. Nicol, W.H. Sanders, K.S. Trivedi: Model-Based Evaluation: From Dependability to Security. In: IEEE transactions on dependable and secure computing, vol. 1, no. 1, january-march 2004, S. 48-65.

[Sooh02] K.J. Soo Hoo: How Much Is Enough? A Risk-Management Approach to Computer Security (Working Paper). 2002.

[Schn00] B. Schneier: Secrets and Lies - Digital Security in a Networked World. 2000.

[Stro07] S. Strobel: Sicherheitsbewertung, Messbarkeit und Kennzahlen in der IT-Sicherheit. Cirosec Trend Tage 26.-29. März. 2007.

[StGF02] G. Stoneburner, A. Goguen, A. Feringa: Risk Management Guide for Information Technology Systems (NIST SP 800-30). 2002.

Sichere Plugins durch die Anwendung elektronischer Signaturen

Jürgen Key[1] · Daniel Fischer[2]

[1]NetSys.IT Information & Communication GbR
jkey@netsys-it.de

[2]Technische Universität Ilmenau
daniel.fischer@tu-ilmenau.de

Zusammenfassung

Viele verfügbare Softwareanwendungen basieren auf Plugin-Architekturen oder bieten die Möglichkeit Plugins einzubinden. Mit Hilfe von Plugins lassen sich Softwareanwendungen schnell und einfach funktional erweitern. Problematisch ist, dass bei der Einbindung von Plugins diese nur selten auf ihre Integrität und Authentizität hin überprüft werden. In diesem Beitrag beschreiben wir die Konzeption und prototypische Realisierung einer Lösung zur automatischen Validierung von Plugins mittels elektronischer Signaturen in der Sprache Java. Unsere Lösung überprüft die Integrität des Plugin-Codes und die Authentizität des Plugin-Anbieters beim Download und warnt den Nutzer vor potentiellen Sicherheitsrisiken, wenn eine dieser Überprüfungen nicht erfolgreich durchgeführt werden kann.

1 Einleitung

In vielen Softwareanwendungen wird heute das Design-Pattern „Plugin" verwendet [GHJV95]. Ein Plugin ist ein eigenständiges Programm, das in eine andere Softwareanwendung integriert werden kann, um diese funktional zu erweitern. Im Mittelpunkt einer solchen Architektur steht eine Kernanwendung. Diese stellt eine oder mehrere Schnittstellen (APIs - Application Programming Interfaces) zur Verfügung, an die Plugins angebunden werden können. Dieses Design-Pattern hat sich über die Grenzen einzelner Programmiersprachen hinweg durchgesetzt.

Es ist heute üblich, Plugins über das Internet nachzuladen und anschließend zu installieren. Viele Softwarelösungen verzichten hierbei auf die Validierung der Plugins vor deren Benutzung. Der Code der Plugins wird dann im Kontext der jeweiligen Softwarelösung und mit den Rechten des Nutzers ausgeführt. Eine Prüfung der Integrität des Codes sowie der Authentizität des Verfassers findet nicht statt. Die derartige Verbreitung von Plugins ermöglicht verschiedene Szenarien, in denen der Rechner durch ungeprüfte und leichtfertige Installationen von Plugins Angriffen ausgeliefert ist. Ein potentieller Nutzer lädt Plugins ahnungslos auf seinen Rechner herunter, da er annimmt, dass sie ihm einen Mehrwert liefern. Nach dem Download ist der Code des Plugins Teil der Softwarelösung und kann in ihrem Kontext mit den Rechten des Nutzers zum Beispiel gespeicherte Passwörter ausspionieren.

P. Horster (Hrsg.) · D•A•CH Security 2007 · syssec (2007) 415-425.

Ziel des Beitrages ist es, die Konzeption und prototypische Realisierung einer Lösung zur automatischen Validierung von Plugins mittels elektronischer Signaturen beschreiben. Diese Lösung soll die Integrität des Codes sowie die Authentizität der Quelle des Plugins sicherstellen. Die Umsetzung der Lösung erfolgt in der Sprache Java.

2 Plugins

2.1 Vorteile

Architekturen, die auf Plugins basieren, bieten für Anwender und Entwickler verschiedene Vorteile: Anwender können sich zum Beispiel sehr einfach aus dem gegebenen Funktionsumfang die für sie maßgeschneiderte Konfiguration zusammenstellen. Im Rahmen der Entwicklung ermöglicht dieser Ansatz sehr schlanke Installer: Nur der Kern der Lösung muss ausgerollt werden. Die Anwender wählen anschließend selbständig die Funktionsblöcke, die sie für ihre spezifische Arbeit benötigen. Eine Erweiterung der Funktionalität ist durch Hinzufügen neuer Plugins jederzeit möglich, ohne die Kernanwendung neu installieren zu müssen. Ein weiterer möglicher Vorteil einer solchen Lösung ist eine erhöhte Stabilität des gesamten Systems, da die Entwickler der Kernanwendung nur noch den eigentlichen Kern warten und testen müssen. Um diesen Vorteil nutzen zu können, muss allerdings der Stabilität und Dokumentation der Plugin-API besondere Aufmerksamkeit gewidmet werden.

2.2 Beispiele

Es existieren viele Beispiele für den Einsatz von Plugins. Es sollen hier einige wenige kurz vorgestellt werden:

Der Web-Browser Firefox ist eine Softwareanwendung, die primär dazu dient, HTML-Seiten darzustellen [mozilla]. Die Community hat um die Plugin-API dieses Browsers eine riesige Auswahl von Erweiterungen geschaffen, die - je nach Geschmack - von nützlich bis fragwürdig reichen. Es existieren Downloadmanager, Plugins, die einen Überblick aller aktuell geöffneten Seiten als Miniatur gleichzeitig nebeneinander darstellen und vieles andere mehr.

Auf der anderen Seite - auf der Seite des Web-Servers - existiert ein weiteres Beispiel für den Einsatz von Plugins: der Apache Web-Server [Apache]. Auch hier bietet die Kernanwendung lediglich eine klar definierte und auch eher begrenzte Funktionalität an: Sie stellt Klienten - zum Beispiel Web-Browsern - Dokumente, die mittels HTML formatiert sind, zur Verfügung. Plugins (oder Module, wie sie im Sprachgebrauch des Apache-Projektes genannt werden) erweitern dieses Konzept um neue mächtige Fähigkeiten. Die hier genannten Beispiele können die Möglichkeiten lediglich andeuten: Die Dynamisierung von Webseiten kann durch serverseitige Skripte (unterstützte Sprachen: php, perl, python,...) oder eine Servlet-Engine erreicht werden. Weiterhin existieren Plugins, die den Softwareentwicklungsprozess durch ein Revisionskontrollsystem (Subversion) unterstützen oder es ermöglichen, den Standard DAV (Distributed Authoring and Versioning) zu nutzen [webdav].

Ein weiteres Beispiel ist das Eclipse-Framework [eclipse]. Diese Entwicklungsumgebung kann zum Beispiel durch Plugins um eine Versionskontrolle oder einen Debugger erweitert werden. Darüber hinaus existieren ganze Plugin-Sammlungen, die in ihrer Gesamtheit jeweils die Entwicklung von Software für bestimmte Zielplattformen unterstützen. Beispiele dafür sind unter anderem die Entwicklung von Webanwendungen, .NET-Anwendungen oder Anwendungen für Mobiltelefone und vieles andere mehr.

2.3 Verbreitung

Plugins werden heutzutage meist mit Hilfe des Hypertext Transport Protokolls (HTTP) über das Internet nachgeladen und anschließend installiert. Je nach Gestaltung der Plugin-API und der Sprache, in der die Kernanwendung geschrieben ist, sind manche Softwareanwendungen in der Lage, neue Plugins ohne Neustart sofort nach Abschluss des Downloads zu nutzen. Der Nutzer hat in diesem Fall keine Möglichkeit, nach dem Herunterladen des Plugins und vor dessen Benutzung zunächst eine Prüfung der Integrität und Authentizität des heruntergeladenen Codes manuell durchzuführen. Die Kernanwendung sollte demzufolge in der Lage sein, diese Prüfung automatisch durchzuführen. Leider ist eine solche automatische Prüfung aber bislang eher die Ausnahme. Der Code der Plugins wird in der Regel einfach im Kontext der jeweiligen Softwarelösung und mit den Rechten des Nutzers ausgeführt, ohne Integrität des Codes und Authentizität des Verfassers zu prüfen.

2.4 Sicherheitsprobleme

Die ungeprüfte und leichtfertige Installation von Plugins aus dem Internet ermöglicht verschiedene Angriffsszenarien. Ein Beispiel für einen solchen Angriff ist etwa das Kapern eines Web-Servers und der Austausch eines der von diesem Server angebotenen Plugins gegen eine Version, die zusätzlich zum originalen Code entsprechenden Schadcode enthält. Ein potentieller Nutzer erwartet den versprochenen Mehrwert von der Installation des Plugins und lädt es ahnungslos auf seinen Rechner. Nach der Installation wird der eingeschleuste Schadcode umgehend mit den Rechten des Nutzers ausgeführt.

Besonders gefährlich wird das geschilderte Szenario dann, wenn die eingesetzte Softwarelösung über einen Mechanismus verfügt, automatisch - und gegebenenfalls sogar ohne Nachfrage - neue Versionen bereits installierter Plugins zu laden und zu installieren. Dieses zusätzliche Feature würde auch diejenigen Nutzer gefährden, die bereits eine korrekte Version des Plugins installiert haben, da nun die korrekte automatisch durch die manipulierte Version ersetzt werden würde. Bereits dieses eine Szenario deutet das Gefährdungspotential unkontrolliert installierter Plugins aus nicht vertrauenswürdigen Quellen an.

Kurz gefasst kann man also sagen, dass Plugins eine hervorragende Methode zur Einrichtung von Hintertüren auf Rechnern sind. Die Tatsache, dass das Plugin nur mit den Rechten des Nutzers ausgeführt wird, ist ebenfalls keine Beruhigung, da einerseits der Nutzer selbst schon Zugriff auf sensible Daten hat, die bei Ausspähung bares Geld wert sein können. Man denke da nur an Konten- oder Kreditkartendaten oder Passwörter, die Privatnutzer auf ihrem PC gespeichert haben. Aber auch in Unternehmen existieren solche Daten in Form von Konstruktionszeichnungen oder Formeln neuer Produkte oder Angebotsdaten, beziehungsweise ihre Kalkulationen, die dem Wettbewerber einen Vorteil verschaffen könnten. Andererseits finden Schädlinge - unabhängig vom Betriebssystem - immer wieder neue Wege ihre Privilegien über die des Kontextes auszudehnen, in dem sie ursprünglich ausgeführt wurden. Im Weiteren werden wir uns besonders auf das gewerbliche Umfeld als potentielles Angriffsziel konzentrieren.

2.5 Mögliche Gegenmaßnahmen

Welche Möglichkeiten existieren nun, sich gegen einen solchen Mechanismus zu wappnen? Die einfachste wäre sicherlich, die Benutzung von Plugins generell zu verbieten (in einem Unternehmen, deren IT-Abteilung ein solches Verbot wirkungsvoll durchsetzen kann). Hier muss man sagen, dass die Akzeptanz eines solchen Verbotes sicherlich unter der Belegschaft sehr schwer durchzusetzen wäre. Andererseits ist ein solches Verbot manchmal schlicht illusorisch, weil das Unternehmen auf manche der Plugins für ihre tägliche Arbeit ganz einfach nicht verzichten kann - man vergleiche das Beispiel des Eclipse-Frameworks weiter vorn.

Eine weitere Möglichkeit wäre es, Plugins von einer zentralen Stelle innerhalb des Unternehmens in einem Auditing-Prozess zu validieren. Anwender würden Plugins dann nicht mehr direkt aus dem Internet beziehen, sondern zentral von einem Server innerhalb des Firmennetzwerkes, auf dem nur die in diesem Auditing freigegebenen Plugins zur Verfügung stehen würden.

Bisher haben wir die Risiken im Zusammenhang mit Plugins von der Seite der Anwender betrachtet. Aus diesen Betrachtungen heraus ergibt sich unmittelbar ein Grund für Hersteller solcher Softwareanwendungen, sich ebenfalls damit zu befassen: Sollte irgendwann das Bewusstsein der Anwender oder relevanten Entscheider so weit gereift sein, dass die hier skizzierten Probleme in den Entscheidungsprozess bei der Softwarebeschaffung einfließen, könnten Anwendungen, die von sich aus dieses Problem wirksam entschärfen, durchaus einen Wettbewerbsvorteil gegenüber Konkurrenten haben.

Dieser Ansatz erscheint uns als der erfolgversprechendste und gleichzeitig für den Nutzer transparenteste: Anwendungen zu schaffen, beziehungsweise zu nutzen, welche die Integrität und Authentizität hinzugeladener Komponenten selbsttätig prüfen und den Nutzer beim Fehlschlagen der Prüfung davor warnen, die Komponente einzusetzen. Weiterhin müssen solche Lösungen den Nutzern die Gründe des Fehlschlagens der Validierung in verständlicher Form erklären und mögliche Gegenmaßnahmen anbieten. Dies setzt natürlich voraus, dass die Softwareanwendung selbst wirksam vor einer Manipulation geschützt wird, welche die Überprüfung der Komponenten aushebeln könnte.

3 Stand der Technik

3.1 Java

Die Sprache Java enthält bereits Mechanismen zur Validierung von Java-Code. Dazu werden ebenfalls elektronische Signaturen benutzt. Wir werden im Folgenden die Gründe dafür darlegen, warum uns diese bereits existierenden Validierungsmöglichkeiten nicht ausreichend erscheinen und wir uns entschieden haben, ein eigenes Framework zu konzipieren (die Informationen werden hier für die momentan verbreitetste Java-Version 1.4 gegeben):

Es existiert die Ansicht, dass es bereits reicht, wenn ein Jar-Archiv, das eine Anwendung enthält, elektronisch signiert ist. Das ist falsch. Ein solches Archiv (eine solche Anwendung) informiert den Nutzer zum Beispiel **nicht** darüber, ob die Wurzel der Zertifikatskette von ihm als vertrauenswürdig deklariert ist, sofern die Laufzeitumgebung nicht mit speziellen Optionen gestartet wurde.

Damit die Java-Laufzeitumgebung solche Überprüfungen vornimmt, muss ein spezieller Sicherheitsmanager beim Start der Anwendung spezifiziert werden. Darum ist diese Möglichkeit nicht gegen böswillig handelnde, vergessliche oder faule Nutzer gesichert, die aus unterschiedlichen Motiven die Nutzung des Sicherheitsmanagers unterdrücken könnten.

Ein weiterer Grund, dieser Lösung skeptisch gegenüberzustehen, ist die Tatsache, dass Sicherheitsmanager durch so genannte Policy-Dateien gesteuert werden. Diese Dateien legen fest, welche Rechte eine bestimmte Klasse aufgrund ihrer Zugehörigkeit zu einem bestimmten Namensraum oder ihrer Signatur erhält. Welche Policy-Datei benutzt werden soll, kann beim Start der Anwendung durch den Nutzer angegeben werden und ist daher ebenso gegen die bereits oben angegebenen Kategorien von Nutzern anfällig.

Der Gefahr, dass der Sicherheitsmanager ausgeschaltet oder durch eine entsprechende Policy-Datei anders konfiguriert wird, könnte man durch die Benutzung von Java-WebStart entgehen. Anwendungen, die über diesen Mechanismus gestartet werden, erhalten per se zunächst einmal gar keine Rechte. Erst, wenn sie elektronisch signiert werden, kann ihnen der Entwickler eine gewisse Menge von Rechten einräumen. Das ist zunächst ungefährlich, da der Nutzer beim Start solcher WebStart-Anwendungen zunächst auf die Signierung aufmerksam gemacht wird und entscheiden kann, ob er diese Anwendung mit den erweiterten Rechten wirklich starten möchte. Dabei wird ihm angezeigt, mit welcher Signatur die Anwendung signiert wurde, so dass er aufgrund der hier gezeigten Informationen den Start der Anwendung immer noch verhindern kann. An der Variante WebStart mit elektronischer Signatur gibt es allerdings aus unserer Sicht zwei wesentliche Kritikpunkte: Aus der Sicht des Entwicklers ist dieses Vorgehen extrem unflexibel, denn er kann beim Deployment die von der Anwendung benötigten Rechte nicht feingranular vergeben. Er muß sich vielmehr für eine von zwei möglichen Sets von Rechten entscheiden. Die Konsequenz daraus ist, dass die Anwendung möglicherweise (fast immer) viel mehr Rechte erhält, als sie wirklich benötigt - ein Gedanke, der unter Softwaresicherheitsaspekten nicht gerade beruhigend wirkt. Aus der Sicht des Anwenders ist jedoch ein zweiter Punkt sogar als noch viel kritischer zu bewerten: Entscheidet sich der Entwickler für das umfassendere der beiden möglichen Sets, kann ein Java-Programm, das mit den Rechten in diesem Set ausgestattet ist, sehr einfach mittels eines kleinen `static`-Codeblocks aus dieser Sandbox ausbrechen und sich **alle** Rechte verschaffen.

Abschließend möchten wir deutlich machen, dass wir die Möglichkeiten zur Absicherung von Code, welche die Sprache Java bereits von Haus aus bietet, keineswegs ablehnen. Unserer Meinung nach kann man die genannten Möglichkeiten aber zu leicht manipulieren oder gar deaktivieren. Wir benutzen in der vorliegenden Arbeit die verfügbaren Mechanismen, um daraus eine Lösung zu konstruieren, die nicht von Policies oder Sicherheitsmanagern abhängt und daher nicht vom Anwender umgangen oder abgeschaltet werden kann. Wir verwenden dazu die getesteten und verifizierten Klassen und Methoden, welche die Sprache Java zum Umgang mit elektronischen Signaturen zur Verfügung stellt so, dass Authentizität und Korrektheit von nachgeladenen Softwarekomponenten unabhängig von den Einstellungen der Laufzeitumgebung immer validiert werden.

3.2 Frameworks

Es existiert in vielen verbreiteteten Softwarelösungen keine Unterstützung zur automatischen Überprüfung der Integrität und Authentizität von Plugins. Beispiele für Lösungen und Frameworks, die von uns daraufhin untersucht wurden, sind unter anderem:

- JPF - das Java Plug-in Framework
- Eclipse - Entwicklungsplattform
- JSR - die Java Specification Requests (JSRs)

Das Java Plug-in Framework (JPF) ist eine Laufzeitumgebung, die Plugins dynamisch zur Anwendung hinzulädt, wenn sie zum erstenmal benötigt werden [plugin]. Eines der Hauptziele bei der Entwicklung war, Plugins für die Kernanwendung ohne höheren Speicherverbrauch und Performance-Einbußen zur Verfügung zu stellen. Die Themen Integrität und Vertrauenswürdigkeit werden im Projekt nicht bearbeitet, obwohl das Framework Plugins erst nach Bedarf lädt und der Nutzer gegebenenfalls gar nichts davon bemerkt, dass ein neues Plugin seine Arbeit aufgenommen hat. Es ist zwar auf der entsprechenden Internetseite die Rede von „Integrity Checks", aber es wird nicht ausformuliert, was diese Checks beinhalten.

Der Name Eclipse steht für verschiedene Softwareanwendungen. Gemeinsam ist diesen Anwendungen, dass sie durch Plugins erweiterbar sind. Die bekannteste Anwendung ist sicher die Eclipse-IDE. Wir konzentrieren uns aber bei der Betrachtung vorhandener Frameworks zur Plugin-Entwicklung auf die Eclipse Rich Client Platform (RCP) [rclient]. Dieses Framework bietet Entwicklern Unterstützung in vielen Bereichen der Entwicklungsarbeit - unter anderem kann man eigene Anwendungen mit einer API zur Einbindung von Plugins ausstatten [Bolo03]. Auch bei Eclipse besteht die Möglichkeit, Plugins aus der Kernanwendung heraus direkt einzubinden, ohne die Kernanwendung neu starten zu müssen. Jedoch fehlt auch hier ein konsistentes Konzept zur Sicherstellung von Integrität und Authentizität von Code und Autor.

Sun initiierte den Java Community Process (JCP) [jcp]. Dieser ermöglicht es der Community, Vorschläge, Verbesserungen und Erweiterungen des Systems Java (Sprache, Bibliotheken und Laufzeitumgebung) einzubringen. Diese so genannten JSRs werden dann in einem Peer Review analysiert und eventuell realisiert. Es existieren mehrere JSRs, die sich mit dem Thema Plugins beschäftigen: JSR 198 beschäftigt sich mit einer standardisierten Plugin-API für integrierte Entwicklungsumgebungen (IDEs), wie zum Beispiel Netbeans oder Eclipse [Cronem]. Die Überprüfung der Integrität und Authentizität von Plugins wird auch hier ausgespart. Das gilt ebenfalls für JSR 168, der sich mit der Entwicklung einer standardisierten Schnittstelle zwischen Portalsystemen und Portlets befasst [Hepper]. JSR 277 beschreibt ein Java Module System, das unter anderem die Überprüfung der Integrität und Authentizität von Softwaremodulen zum Ziel hat [Ho]. Dieser JSR befindet sich allerdings noch im Stadium des Peer Review. Es existiert noch keine prototypische Implementierung.

4 Konzeption der Lösung

Zur zuverlässigen Überprüfung der Integrität und Authentizität von Plugins werden elektronische Signaturen eingesetzt. Jedes Plugin besteht aus einer oder mehreren Dateien. Die Gesamtheit dieser Dateien wird als Plugin-Archiv bezeichnet. Der Download eines Plugins zum Zielrechner ist der Vorgang der Übertragung dieses Plugin-Archives über das Internet.

Das Plugin-Archiv wird vom Plugin-Anbieter elektronisch signiert.

Nach dem erfolgreichen Herunterladen überprüft unsere Lösung selbständig die Korrektheit der Signatur des Plugins und damit die Integrität der Inhalte des Plugin-Archivs. Die Authentizität des Plugin-Anbieters wird durch die Prüfungen der Gültigkeit des Zertifikates und der Vertrauenswürdigkeit der Certificate Authority (CA), die das zur Signierung benutzte Zertifikat ausgestellt hat, sichergestellt. Des Weiteren wird geprüft, ob das Zertifikat über einen Eintrag in einer Certificate Revocation List (CRL) zurückgezogen (ungültig gemacht) wurde.

Schlägt einer dieser Tests fehl, wird der Nutzer darüber informiert und kann entscheiden, ob er das Risiko der Benutzung des betroffenen Plugins trotzdem eingehen möchte.

Ist ein heruntergeladenes Plugin dagegen überhaupt nicht signiert, wird der Nutzer ebenso über diese Tatsache informiert. Das entstandene Framework ist in diesem Fall dahingehend konfigurierbar, ob die Nutzung unsignierter Plugins von vornherein unmöglich sein soll. Die Alternative dazu ist, dass der Anwender der Benutzung unsignierter Plugins explizit zustimmen muss. Als Voreinstellung ist es unmöglich, unsignierte Plugins zu benutzen.

5 Prototypische Realisierung

Wir betrachten zunächst das Secure Plugin Framework allgemein und anschließend im Kontext des Projekts sQLshell.

5.1 Secure Plugin Framework

Nach einer kurzen Einführung in das generelle Design und die Plugin-Installation werden die Signatur-Validierung und Zertifikats-Verifizierung vorgestellt.

5.1.1 Design

Die Plugin-Archive werden als JAR-Dateien realisiert. Plugin-Archive enthalten immer ein BeanShell-Skript, das den Eintrittspunkt beziehungsweise die Verbindung mit der Plugin-API der Softwarelösung darstellt. Sie können beliebig viele weitere Dateien enthalten. Diese Dateien können zum Beispiel Ressourcen sein oder auch JAR-Dateien, in denen die für die Funktionalität des Plugins benötigten Klassen zusammengefasst sind.

Es existieren so genannte Plugin-Verzeichnisse im Internet, die Metadaten zu beliebig vielen Plugins enthalten können. Diese Metadaten jedes Plugins umfassen unter anderem folgende Informationen:

tooltip: Beschreibung des Plugins, durch angehängte zweibuchstabige ISO-Ländercodes kann hier Internationalisierung erreicht werden - etwa `tooltip` als Defaultsprache und `tooltip_fr` für französisch.

location: URL, unter der das Plugin-Archiv heruntergeladen werden kann.

version: Versionsnummer - damit kann der Nutzer über eine mögliche Plugin-Aktualisierung durch eine neue Version aufmerksam gemacht werden. Unser Framework unterstützt keine automatische Aktualisierung ohne die Zustimmung des Anwenders!

Die Plugin-Verzeichnisse bestehen aus einer JAR-Datei, welche die Informationen in Form einer Properties-Datei kapselt. Plugin-Verzeichnisse müssen durch den Administrator des Servers elektronisch signiert werden, Plugin Archive durch den Plugin-Anbieter.

Daraus resultiert, dass im Zuge der Installation eines Plugins zunächst die Authentizität des ausgewählten Plugin-Verzeichnisses sichergestellt werden muss. Anschließend muss nach Herunterladen eines Plugin-Archivs und vor seiner Aktivierung dessen Authentizität und Integrität verifiziert werden. Erst wenn beide Schritte erfolgreich waren, wird das Plugin zur Softwarelösung hinzugefügt und ist dann für den Nutzer einsetzbar.

5.1.2 Plugin-Installation

Der Ablauf der Installation eines neuen Plugins stellt sich wie folgt dar:

0. Validierung der Signatur der Klassen des Frameworks. Dieser Schritt dient der Kontrolle. Er soll sicherstellen, dass die Mechanismen, die zur Validierung der Plugins dienen sollen, nicht manipuliert wurden. Beim Fehlschlagen dieser Validierung wird der Nutzer informiert und der Vorgang abgebrochen.

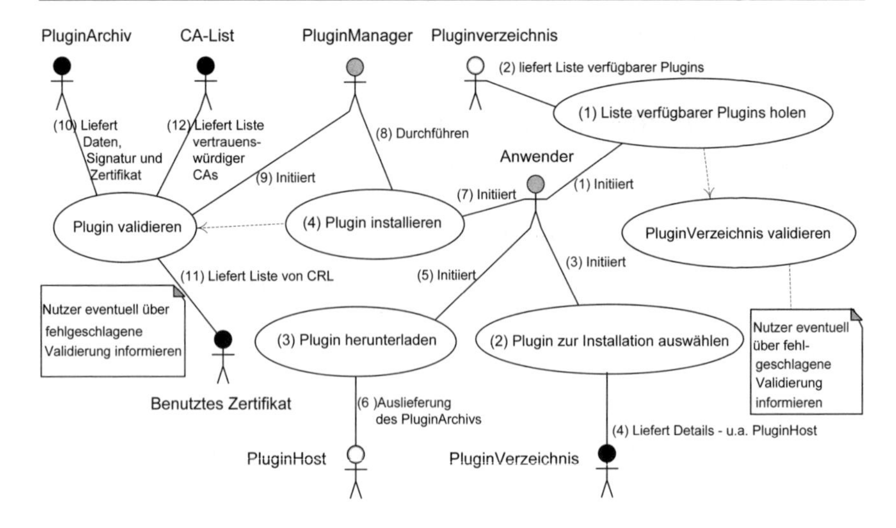

Abb. 1: Ablauf bei der Installation eines neuen Plugins

1. Herunterladen und Validieren des Pluginverzeichnisses. Aus dem Pluginverzeichnis kann der Nutzer entnehmen, welche Plugins zur Verfügung stehen. Da hier unter anderem die URLs verzeichnet sind, unter denen die jeweiligen Pluginarchive zum Download verfügbar sind, muss die Unversehrtheit dieser Verzeichnisse ebenfalls über elektronische Signaturen sichergestellt sein.
2. Nutzer entscheidet sich für die Installation eines bestimmten Plugins
3. Herunterladen des Pluginarchives
4. Validieren des Pluginarchives und anschließende Installation des Plugins zur Benutzung in der Kernanwendung, wenn die Validierung erfolgreich war.

Dieser Ablauf ist in Abbildung 1 zur Veranschaulichung in UML-Notation dargestellt. Schritt 0 ist dabei besonders wichtig, da dadurch garantiert wird, dass die Logik zur Validierung von Pluginverzeichnis und Pluginarchiv nicht korrumpiert ist.

5.1.3 Signatur-Validierung

Java stellt zur Arbeit mit Jar-Dateien verschiedene Klassen im Namensraum `java.util.jar` zur Verfügung. Benutzt man diese Klassen, erfolgt die Validierung der Signatur einer JAR-Datei automatisch. Wenn eine Datei innerhalb des Plugin-Archivs (JAR-Datei) signiert ist und diese Signatur validiert werden konnte, liefert die Methode `validate` der Klasse `JarEntry` einen von `null` verschiedenen Wert. Sollte sie `null` zurückliefern, kann man anhand der Attribute (Metadaten im Manifest) leicht feststellen, ob die betreffende Datei innerhalb des Archivs überhaupt signiert ist oder ob sie über eine elektronische Signatur verfügt, die nicht verifiziert werden kann.

Ist das Pluginverzeichnis oder eine Datei innerhalb eines Pluginarchives nicht signiert, kann der Entwickler entscheiden, ob der Nutzer die Möglichkeit erhält, unsignierte Plugins trotzdem zu benutzen. Voreinstellung in einem solchen Fall ist, die Benutzung zu verhindern.

Ist die betreffende Datei signiert, kann die Signatur aber nicht verifiziert werden, wird davon ausgegangen, dass der Inhalt der Datei manipuliert wurde. In diesem Fall wird die Benutzung des Pluginverzeichnisses oder -archivs unterbunden.

5.1.4 Zertifikats-Verifizierung

Die Verifikation der zum Signieren benutzten Zertifikate erfolgt in drei Schritten:

- Überprüfung, ob das aktuelle Datum im Gültigkeitsbereich des Zertifikates liegt.
- Überprüfung, ob das Zertifikat zurückgezogen wurde. Dieser Schritt ist optional und wird nur bearbeitet, wenn im Zertifikat Quellen für CRLs gefunden werden.
- Überprüfung, ob das Root-Zertifikat der Kette als vertrauenswürdig eingestuft ist.

Die Überprüfung von Schritt eins wird durch die Klasse `X509Certificate` bereits abgedeckt. Die entsprechenden Methoden werfen Exceptions, wenn das zu testende Datum vor Beginn oder nach dem Ende des Gültigkeitszeitraumes des Zertifikats liegt. In einem solchen Fall wird die Benutzung des Pluginverzeichnisses oder -archivs verhindert.

Schritte 2 und 3 werden durch die im Namensraum `java.security.cert` bereitgestellten Klassen abgedeckt. Dazu kommt der **PKIX**-Algorithmus zur Verifikation von Zertifikatsketten zum Einsatz.

Das Fehlschlagen von Schritt 2 verhindert ebenfalls die Nutzung des betroffenen Pluginverzeichnisses oder -archivs.

Ist das Root-Zertifikat der Kette vom Nutzer nicht als vertrauenswürdig eingestuft, wird der Nutzer benachrichtigt und kann entscheiden, ob er das betroffene Pluginverzeichnis oder -archiv dennoch benutzen möchte.[1] Abbildung 2 fasst die Abhängigkeiten der entstandenen Klassen im Secure Plugin Framework zusammen.

5.2 Secure Plugin Framework im Projekt sQLshell

Das Secure Plugin Framework setzen wir bereits in der Softwarelösung sQLshell ein [sqlshell]. Die sQLshell ist ein leistungsfähiges Werkzeug für Datenbankentwickler. Neben allgemeinen Datenbankoperationen unterstützt es den Nutzer bei der visuellen Konstruktion von Abfragen, der Erzeugung von Reports, bei der Codegenerierung für Datenbankapplikationen oder auch bei der Migration zwischen verschiedenen Datenbanksystemen. Die sQLshell unterstützt eine Vielzahl von Datenbanken.

Da Datenbanken oft sensible Daten enthalten, deren Ausspähung besonders kritisch ist, erschien es uns als naheliegendste Möglichkeit, die prototypische Implementierung in der sQLshell zu testen. Das Secure Plugin Framework erlaubte es uns, die sQLshell von einer bis dahin monolithischen Anwendung in eine Kernanwendung und verschiedene Plugins aufzuteilen. Die Voreinstellung des Frameworks hinsichtlich unsignierter Plugins wurde beibehalten - es ist dem Nutzer nicht möglich, unsignierte Plugins über das Framework einzuspielen und zu benutzen.

[1] Momentan erwägen wir, dem Nutzer darüber hinaus die Möglichkeit zu geben, dass betroffene Wurzelzertifikat dauerhaft als vertrauenswürdig einzustufen.

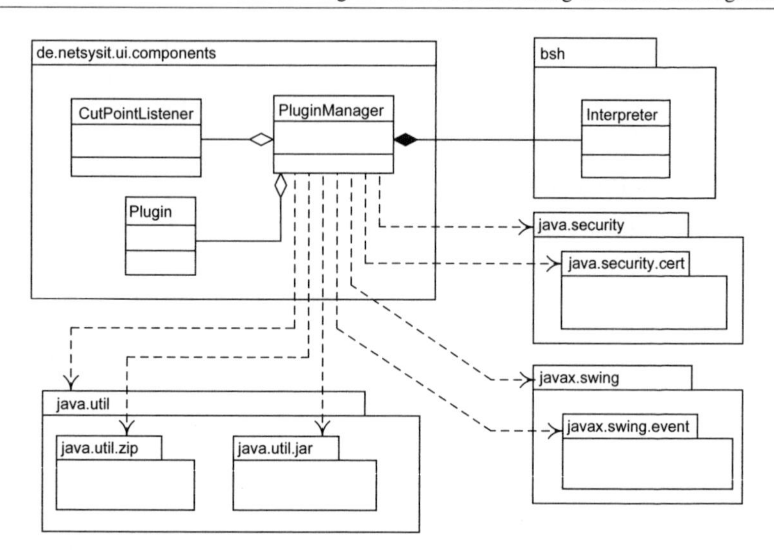

Abb. 2: Abhängigkeiten der Klassen im Secure Plugin Framework

6 Schlussbetrachtungen

Durch die konsequente Benutzung elektronischer Signaturen im Management von Plugins kann eine durchgehende Authentizitäts- und Integritätsprüfung aller auf nicht vertrauenswürdigen Servern liegenden Ressourcen gewährleistet werden. Dadurch können Angriffe durch die Einschleusung von Schadcode über Plugins verhindert werden.

Die Bordmittel von Java erlauben hierzu eine einfache Umsetzung der Prüfung der Integrität der Pluginverzeichnisse und -archive und der Authentizität der Plugin-Anbieter.

Die vorliegende Arbeit erhebt nicht den Anspruch, die völlige Sicherheit einer auf Plugins basierenden Anwendung zu gewährleisten. Ein Szenario, das zum Beispiel nicht durch rein technische Mittel entschärft werden kann, ist Folgendes: Ein Angreifer manipuliert den Code eines Plugins und signiert es mit einem Zertifikat, das Angaben enthält, die den persönlichen Daten des ursprünglichen Autors auf einen flüchtigen Blick hin sehr ähnlich sehen. Dieses Zertifikat ist ansonsten technisch korrekt: es ist zum Zeitpunkt des Angriffes gültig, steht auf keiner Certificate Revocation List und die Wurzel der Kette ist vom Opfer als vertrauenswürdig eingestuft. Ein solches Szenario geht über den Anspruch der präsentierten Lösung hinaus, da die Abwehr eines derartigen Angriffs in den PKI (unglaubwürdige Ähnlichkeit der persönlichen Daten zweier Zertifikatsinhaber) als auch im Bereich der ProblemAwareness des individuellen Nutzers (gründliches Prüfen aller Daten zum Urheber statt gedankenloses „OK"-Klicken, sobald die Worte elektronische Signatur auftauchen) liegen muss.

Schon beim Design des Prototypen haben wir darauf geachtet, ihn so generisch zu halten, dass diese Lösung ohne Änderungen auch nachträglich in beliebige Softwareanwendungen integriert werden kann. Obwohl wir den Prototypen in Java entwickelt haben, sollte es problemlos möglich sein, die genannten Ideen auch in andere Programmiersprachen zu transportieren.

Literatur

[Apache] The Apache Software Foundation. Apache http server project. http://httpd.apache.org/modules/, 2005.

[Bolo03] A. Bolour. Notes on the eclipse plug-in architecture. http://www.eclipse.org/articles/Article-Plug-in-architecture/plugin_architecture.html, 2003.

[Cronem] J. Cronembold. Jsr 198: A standard extension api for integrated development environments. http://jcp.org/en/jsr/detail?id=198.

[eclipse] The Eclipse Foundation. Eclipse - an open development platform. http://www.eclipse.org, 2007.

[GHJV95] E. Gamma, R. Helm, R. Johnson, J. Vlissides. Design Patterns, Elements of Reusable Object-Oriented Software. Addition-Wesley, 1995.

[Hepper] S. Hepper. Jsr 168: Portlet specification. http://jcp.org/en/jsr/detail?id=168.

[Ho] S.M. Ho. Jsr 277: Java module system. http://jcp.org/en/jsr/detail?id=277.

[jcp] Sun Microsystems. Java community process. http://jcp.org/, 2007.

[mozilla] Mozilla. Firefox add-ons. https://addons.mozilla.org/en-US/firefox/, 2007.

[plugin] JPF Team. Java plug-in framework. http://jpf.sourceforge.net/index.html, 2007.

[rclient] The Eclipse Foundation. Rich client platform. http://www.eclipse.org/home/ categories/rcp.php.

[sqlshell] NetSys.IT GbR. sQLshell. www.sqlshell.de, 2007.

[webdav] IETF WEBDAV Working Group. World wide web distributed authoring and versioning. http://ftp.ics.uci.edu/pub/ietf/webdav/, 2003.

Digitale Handschrift
Extraktion gerätespezifischer Merkmale

Andrea Oermann · Claus Vielhauer · Jana Dittmann

Otto-von-Guericke Universität Magdeburg
{andrea.oermann | claus.vielhauer | jana.dittmann}@iti.cs.uni-magdeburg.de

Zusammenfassung

Die Handschrift ist aufgrund ihrer individuellen Charakteristik eine leichte und akzeptierte Methode, einen Menschen zu identifizieren und wird daher sowohl in analogen als auch in digitalen Kommunikationssystemen gern angewandt. Dies wird zusätzlich dadurch unterstützt, dass mobile Stift-basierte Eingabegeräte zunehmend verwendet werden, gerade wenn es um sichere elektronische Geschäftsprozesse geht. Der hier vorgestellte Ansatz soll der Entwicklung sicherheitsrelevanter Anwendungen und der Gewährleistung der Integrität und Authentizität von Informationen in digitalen Systemen dienen und kann in Szenarien wie z. B. der Biometrie, der digitalen Forensik, der (Langzeit-) Archivierung und der eTechnologien seine Anwendung finden. Es wird ein Ansatz zur Extraktion gerätespezifischer Merkmale anhand digitaler Handschriftensamples vorgestellt, und dessen Einfluss auf eine robuste und zuverlässige Bestimmung von Digitalisiergeräten von Handschrift wird mittels eines Entscheidungsbaum-Modells evaluiert. Anhand des Modells werden 19 so genannte Output Klassen (OPCs) zur Klassifizierung der Geräte festgelegt. Es wird geprüft, ob die extrahierten Merkmale ausreichend für eine eindeutige Bestimmung der verwendeten Geräte sind. Die Ergebnisse werden mittels einer zweiten Klassifizierungsmethode mit dem Tool „Weka" validiert. Ca. 40.000 Samples digitalisiert mit 23 verschiedenen Geräten wurden für unsere Untersuchungen herangezogen. Im Durchschnitt konnte eine Identifikationsrate von 87% erzielt werden. Die Ergebnisse* zeigen, dass eine Klassifizierung von Geräten möglich ist, jedoch weitergehender Forschung bedarf.

1 Einleitung

Digitale Handschrift findet heute weit verbreiteten Einsatz, besonders wenn es darum geht, sichere Authentifizierungsmethoden anbieten zu können. Die eigene, individuelle Handschrift, insbesondere die Unterschrift, ist seit jeher eine akzeptierte und einfache Methode, eine Person zu authentifizieren, ihr eine Identität zuordnen zu können. Ebenso wie in herkömmlichen analogen Systemen ist in heutigen digitalen Kommunikationssystemen der Bedarf, auf solche Authentifizierungsmethoden zurückgreifen zu können, gegeben.

Im Gegensatz zu analogen Systemen stellt dies jedoch eine erheblich anspruchsvollere Aufgabe dar. Denn zunächst ist es fragwürdig, ob eine digitale Form der Unterschrift aufgrund ihrer in einem Bitstrom aus Nullen und Einsen repräsentierten und dadurch leicht manipulierbaren Form rechtskräftig ist. Dies zeigt, dass sich die Anforderungen verändert haben. Die As-

---

* Unter http://omen.cs.uni-magdeburg.de/itiamsl/cms/front_content.php?idart=234 können die kompletten Ergebnisse inklusive Tabellen und Abbildungen eingesehen werden.

P. Horster (Hrsg.) · D•A•CH Security 2007 · syssec (2007) 426-437.

pekte der Sicherheit müssen anders gehandhabt werden. Informationen unterliegen Bedrohungen, wie sie in der analogen Welt in der Form und dem Ausmaß nicht vorkommen. Die Sicherung der Integrität und Authentizität in digitalen Kommunikationssystemen unterliegt folglich neuen Herausforderungen. Eine Wahrung dieser Sicherheitsaspekte ist gerade bei der analog-digitalen Wandlung aufgrund rechtlicher und technischer Belange besonders schwierig.

Es müssen daher Lösungen gefunden werden, die ein erhöhtes Maß an Sicherheit bieten, gleichzeitig aber in einem machbaren und angemessenen Rahmen (Kosten, Organisation, Zuverlässigkeit) umsetzbar sind und zudem von den Benutzern akzeptiert werden [OeDi06], d.h. so unauffällig wie möglich in die gewohnten Abläufe integriert werden können. Der in diesem Beitrag vorgestellte Ansatz setzt an dieser Stelle an. Ohne großen Aufwand können bestehende Anwendungen erweitert und damit die Sicherheit erhöht werden. Der Ansatz kann zudem gleichsam in den in verschiedensten Bereichen eingesetzten sicherheitsrelevanten Anwendungen integriert werden. Dies könnte u. a. der Bereich der Biometrie oder der digitalen Forensik sein, kann aber auch die (Langzeit-)Archivierung oder den Einsatz von so genannten eTechnologien (Oberbegriff für eCommerce, eGovernment, eHealth etc.) betreffen. Diese Bereiche werden im folgenden Kapitel 2 als konkrete Anwendungsszenarien dargestellt.

So kann es zur Erhöhung der Sicherheit der Integrität und Authentizität von großem Vorteil sein, nicht nur die Identität eines Benutzers bestimmen zu können, sondern zusätzlich auch das Gerät, mit dem z.B. eine digitale Unterschrift geleistet wurde. In Bezug auf die Bekämpfung der Computerkriminalität aber auch für die Gestaltung sicherer Geschäftsprozesse kann zusätzliches Wissen, welches Gerät zur Digitalisierung der Informationen benutzt wurde, entscheidend sein. Der in diesem Beitrag vorgestellte Ansatz erweitert die bestehenden Lösungen mit eben diesem Ziel. Basierend auf digitalisierten Handschriftensamples werden gerätespezifische Merkmale extrahiert, um so das jeweils verwendete Digitalisiergerät (Tablet PC, PDA, etc.) bestimmen zu können. Dies ist etwa in den Alltagsszenarien Medizin, mobiles e-Payment oder im Rahmen von sicheren elektronischen Geschäftsprozessen, insbesondere der digitalen (Langzeit-)Archivierung nützlich, aber auch im Umgang mit Computerkriminalität. Also überall dort, wo die Integrität und Authentizität von Personen und persönlich sensitiven Daten sicher und zuverlässig geschützt werden müssen (Privacy und Security Policies) und wo sich die Verwendung mobiler Stift-basierter Eingabegeräte immer mehr durchsetzt.

Der hier vorgestellte Ansatz setzt an vergleichbaren Lösungen an, die für andere Medien wie Bild, Text oder Audio entwickelt wurden. Lösungsvorschläge zur Bestimmung der verwendeten Kamera sind in [FrLG06] und [LuFG05] vorgestellt, während in [MAC+05] und [MCA+05] Ansätze zur Bestimmung des Druckers oder in [OeLD05] ein Konzept zur Identifikation des Mikrofons präsentiert wurden. In [KMM+06] ist dazu eine kurze Zusammenfassung zu finden.

Der Beitrag ist wie folgt strukturiert: Im Kapitel 2 werden exemplarische Anwendungsszenarien des vorgestellten Ansatzes aufgezeigt. Dazu zählen die Biometrie, die digitale Forensik, die (Langzeit-)Archivierung und eTechnologien. Im Kapitel 3 wird die Digitalisierung von Handschrift erklärt, und es wird die generelle Klassifizierung von Digitalisiergeräten (Sensoren) beschrieben. Im Kapitel 4 wird der Ansatz zur Extraktion von gerätespezifischen Merkmalen anhand digitaler Handschrift vorgestellt. Das Test-Setup und die Testumgebung werden in Kapitel 5 beschrieben. Das Kapitel 6 beinhaltet die Ergebnisse und dessen Auswertung. Eine Zusammenfassung und ein Ausblick im Kapitel 7 schließen den Beitrag.

2 Anwendungsszenarien

Zu den Anwendungsszenarien zählen z. B. Biometrie, digitale Forensik, (Langzeit-) Archivierung und eTechnologien. Bereiche also, in denen, wie in der Einleitung bereits erwähnt, die Integrität und Authentizität von Personen und persönlich sensitiven Daten sicher und zuverlässig vor Verletzungen geschützt werden müssen, sicherheitsrelevanten Anwendungen zum Einsatz kommen und mobile Digitalisiergeräte eine zunehmende Verwendung finden.

Das Ziel der Biometrie in der biometrischen Benutzerauthentifizierung ist es, einen Benutzer anhand seiner individuellen Charakteristiken zu identifizieren bzw. verifizieren. Solche Charakteristiken des Menschen sind entweder dynamisch (verhaltensbasiert), wie die Sprache oder Handschrift oder statisch (physiologisch) wie der Fingerabdruck, Iris oder das Gesicht. Der Prozess einer biometrischen Authentifizierung kann in [Vielh06] oder [GuMc97] nachgelesen werden. Um Algorithmen zur biometrischen Benutzerauthentifizierung evaluieren und auswerten zu können, muss eine ausreichende statistische Messgröße zur Verfügung stehen. Dazu werden so genannte Semantiken eingeführt, was bedeutet, dass ein Benutzer verschiedene Inhalte, wie Unterschrift, Zeichen, Zahlen, Sätze, Phrasen etc., schreiben muss [Viel06]. Die Integration von Wissen wie über das verwendete Digitalisiergerät (Kamera, Mikrophon, Tablet PC) als Parameter innerhalb des Authentifizierungsprozesses kann zusätzlich die Performance erhöhen, wie erste Testergebnisse in [Viel06] gezeigt haben.

Während die Biometrie die so genannte on-line Verifikation bzw. Identifikation eines Benutzers darstellt, bezieht sich die Forensik auf die Sicherung von hinterlassenen Spuren. Die digitale Forensik bezeichnet demnach die Sicherung von hinterlassenen Spuren in digitalen Systemen. Dies spielt insbesondere eine Rolle in der Computerkriminalistik, also dort, wo Daten in digitalen Systemen gezielt manipuliert werden oder wo sich Personen unautorisierten Zugang zu Daten verschaffen. Hier kann das Wissen über das verwendete Digitalisiergerät von entscheidender Bedeutung sein, Angreifer zu identifizieren. In diesem Kontext haben wir in [OeDV07] den Begriff der Sensometrie eingeführt als die Anwendung von Methoden für die Analyse und Bestimmung von Geräten, mit denen analoge Signale wie z.B. Handschrift digitalisiert werden. Sensometrie wird in diesem Zusammenhang als das Verbindungsglied zwischen Biometrie und Forensik definiert, da es beide Bereiche gleichermaßen beeinflusst.

Des Weiteren kann das Wissen über das verwendete Digitalisiergerät für eine vertrauenswürdige (Langzeit-) Archivierung digitaler Medien von Bedeutung sein, da dies die Gewährleistung der Authentizität bei der Einspeisung (Ingest [CCSDS02]) von Informationen in das Archivierungssystem unterstützen würde. In heutigen netzwerkgestützten Kommunikationssystemen ist es erforderlich, dass Informationen ortsunabhängig und zu jeder Zeit verfügbar sein müssen. Aus diesem Grund und auch zur grundsätzlichen Erhaltung von Informationen von bleibendem wissenschaftlichem, künstlerischem oder gesellschaftlichem Wert [BRSS03], werden immer mehr bisher analog vorliegende Informationen digitalisiert. Dadurch ist der Zugang zu Informationen erleichtert und die Kommunikationsprozesse können effektiver und kostengünstiger gestaltet werden.

Gleichzeitig ist dadurch aber auch deren Authentizität bedroht. Der hier vorgestellt Ansatz wirkt dem dahingehend entgegen, dass das Wissen über das Digitalisiergerät als so genannte Metadaten mit archiviert werden und so die Bedrohung der Authentizität eingeschränkt und die Nachweisbarkeit gewährleistet werden kann.

Weiterhin impliziert die digitale (Langzeit-) Archivierung von multimedialen Inhalten ein Digitalisieren dieser Inhalte mit verschiedenen Sensoren. Dies schließt wiederum eine erhöhte und einfache Verfälschbarkeit ein, was die Nicht-Abstreitbarkeit gefährdet. Die hier dargestellte Ansatz soll diesbezüglich für eine sicherere Nachweisführung dienen, dass mögliche Verfälschungen nicht abstreitbar sind und der Ursprung zuverlässiger identifiziert werden kann.

Digitale (Langzeit-) Archivierungssysteme sind darüber hinaus unweigerlich mit dem Einsatz von eTechnologien verbunden. Geschäftsprozesse, in denen Informationen digitalisiert und archiviert werden, gehören zum Alltag eines jeden Unternehmens oder der Verwaltung. Der Begriff eTechnologien soll als zusammenfassender Oberbegriff für eCommerce, eGovernment, ePayment, eHealth etc. stehen. In Bezug auf eTechnologien erfreut sich die Verwendung mobiler Stift-basierter Eingabegeräte, wie PDAs oder Mobiltelefone einer zunehmenden Akzeptanz und Verbreitung für die Abwicklung von Geschäftsprozessen. Um diese Prozesse sicherer und effektiver zu gestalten, kann auch hier die Bestimmung der benutzten Geräte von entscheidender Bedeutung sein.

3 Digitalisierung und Klassifizierung

In diesem Kapitel werden die grundlegende Digitalisierung sowie die digitale Repräsentation von Handschrift erläutert. Darauf aufbauend wird die generelle Klassifizierung von Digitalisiergeräten beschrieben. Dieses Kapitel bildet die Basis des von uns entwickelten Ansatzes zur Bestimmung und Extraktion gerätespezifischer Merkmale von Digitalisiergeräten von Handschrift.

3.1 Digitalisierung von Handschrift

Mittels Digitalisiergeräte wie z.B. Tablet PCs oder PDAs wird die analoge Handschrift, die als ein kontinuierliches dynamisches Signal repräsentiert wird, digitalisiert, d.h. das kontinuierliche Signal wird in ein diskretes Signal umgewandelt. Bei einer solchen analog-digital Umwandlung wird die Dynamik der Bewegung eines Stifts während des Schreibprozesses mittels der Sensortechnologie erfasst. Die Bewegung des Stifts wird während des Schreibprozess in diskreten Abständen (Abtastrate) abgetastet und als Folge von diskreten Werten gespeichert. Hierbei gilt: Je höher die Abtastrate, desto höher die gebotene Sicherheit. Die Hauptdimensionen solch einer Bewegung sind determiniert durch die horizontale und vertikale Stiftposition, den Druck, der auf den Sensor ausgeübt wird und den Stiftwinkeln.

3.2 Digitale Repräsentation von Handschrift

Die digitale Darstellung von kontinuierlichen Signalen beruht auf die abgetasteten diskreten Werte, für welche die folgenden Notationen verwendet werden: horizontale Stiftposition $x(t)$, vertikale Stiftposition $y(t)$ und Druck $p(t)$. Einige Geräte können die zusätzlichen Werte Azimuth $\Theta(t)$ (Orientierung der vertikalen Projektion des Stifts zur Schreibfläche) und Altitude $\Phi(t)$ (Winkel zwischen Stift und Schreiboberfläche) bereitstellen. Diese drei bzw. fünf Werte sind die primären diskreten Werte, die für die digitale Darstellung von Handschrift benötigt werden. Mit dem Ziel, Handschriften im Kontext von Biometrie anzuwenden und Algorithmen zur biometrischen Benutzerauthentifizierung zu analysieren und zu evaluieren, wurden zusätzlich weitere statistische Werte, so genannte sekundären Werte, aus den primären Werten abgeleitet und zu Untersuchungen herangezogen. Zu solchen sekundären Werten zählen z.B. maximale/minimale x- und y-Positionen oder die Zeitdauer eines Samples. In [Viel06] sind 68 sekundäre Werte aufgeführt. Sowohl die primären als auch die sekundären Werte werden für die, in diesem Beitrag vorgestellten Untersuchungen zur Extraktion der gerätespezifischen Merkmale des verwendeten Digitalisiergerätes, herangezogen, wie später in Kapitel 4 und 5 beschrieben wird. Extraktion dieser Werte geschieht anhand der, mit den Digitalisiergeräten aufgenommenen Handschriftensamples.

3.3 Klassifizierung von Digitalisiergeräten

Wie schon im Abschnitt 2.1 erwähnt, haben Geräte zur Digitalisierung von Handschriften bestimmte Merkmale, die durch ihre designbedingten Eigenschaften begründet sind. Diese Eigenschaften können wie folgt unterteilt werden:

- Bildauflösung: Low (< 100 lpi), Medium (100 lpi ≤ Bildauflösung < 2000 lpi) oder High (≥ 2000 lpi).
- Quantisierung Drucksignal: Binär (PenUp/PenDown) oder > 2.
- Azimuth / Altitude: Hier wird zwischen True und False unterschieden.

Die Bildauflösung ist ein entscheidender Faktor für die Klassifizierung von Geräten zur Handschriftendigitalisierung und bezieht sich auf die Signale der horizontalen und vertikalen Stiftpositionen. Bei einigen Geräten wird die Bildauflösung durch das Design des Gerätes beeinflusst, nämlich dann, wenn die Bildauflösung eines Gerätes durch dessen Bildschirmauflösung der Anzeige begrenzt wird. Geräte können auch eine identische Bildauflösung und Bildschirmauflösung aufweisen oder die Bildauflösung ist abhängig vom Gerätetreiber variabel. Die Quantisierung des Drucksignals steht im Zusammenhang mit dessen Dimensionalität und beschreibt, inwieweit ein Gerät in der Lage ist den Druck zu messen, der während des Schreibvorgangs auf den Sensor ausgeübt wird. Es wird unterschieden zwischen der binären Druckquantisierung (PenUp/PenDown) und der Druckquantisierung >2. Die Signale bzgl. der Winkel eines Stifts im Verhältnis zur Schreiboberfläche des Bildschirms (Azimuth und Altitude) können von einem Gerät entweder gemessen und bereitgestellt werden (True) oder nicht (False). Entsprechend dieser Merkmale können die Digitalisiergeräte von Handschriften grundlegend klassifiziert werden. Eine detaillierte Beschreibung ist in [Viel06] zu finden.

4 Extraktion gerätespezifischer Merkmale

In diesem Kapitel wird die Grundidee der Extraktion von gerätespezifischen Merkmalen anhand digitaler Handschrift dargelegt. Dazu werden zunächst das Konzept und die Ziele beschrieben und die Merkmale erklärt. Darauf aufbauend wird der Merkmalsvektor aufgestellt. Abschließend werden das Entscheidungsbaum-Modell eingeführt und die OPCs definiert.

4.1 Konzept und Ziele

Zur Extraktion von gerätespezifischen Merkmalen wird die im Folgenden beschriebene Prozedur angewandt: Zunächst werden die Daten (Handschriftensamples) analysiert, die unseren existierenden Datenbanken entstammen. Die Handschriftensamples wurden für Auswertungen im Kontext der biometrischen Benutzerauthentifizierung angesammelt. Aus verschiedenen Datenmengen digitalisierter Handschriftensamples wurden insgesamt 40.000 Samples von 23 verschiedenen Geräten für unsere Tests ausgewählt. Für jeden Gerätetyp ist die Datenmenge in zwei disjunkte Teile aufgeteilt worden. Der eine Teil dient der Analyse der Daten, innerhalb derer die gerätespezifischen Merkmale extrahiert wurden, während der zweite Teil zum Testen dient. Zur Verifizierung der Merkmale wurde so ein Modell in Form eines Entscheidungsbaums erstellt. Dadurch konnten 19 verschiedene so genannte Outputklassen festgelegt werden, denen die verwendeten Digitalisiergeräte zugeordnet werden können. Die genauen Merkmale werden im Folgenden erläutert. Im nächsten Schritt wurde das Entscheidungsbaummodell getestet. Das Testen selbst besteht wiederum aus zwei Schritten. Im ersten Schritt wird das Modell des Entscheidungsbaums angewandt, um Geräte den festgelegten OPCs zuzuordnen. Im zweiten Schritt werden die Ergebnisse aus dem ersten Schritt mittels einer zweiten Klassifizierungsmethode validiert. Hierzu wird das Tool „Weka“ [Weka07] angewandt.

4.2 Merkmale

Zur Erstellung des Entscheidungsbaum-Modells müssen zunächst die, die Entscheidung beeinflussenden, Merkmale extrahiert werden. Die herangezogenen Daten liegen mit bestimmten Parametern vor und können formalisiert als Inputvektor wie folgt beschrieben werden:

$$I = \{\text{Sample Id, Event Id}, x(t), y(t), x\_old(t), y\_old(t), t, p(t), \Theta(t), \Phi(t)\}$$

wobei x(t) = x-position, y(t) = y-position, x_old(t) = old x-position von dem vorhergehenden Abtastpunkt, y_old(t) = old y-position von dem vorhergehenden Abtastpunkt, t = timestamp die Zeit in Millisekunden angibt, an dem der Stift die Schreiboberfläche am Koordinatenpunkt (x,y) berührt hat, p(t) = Druck, $\Theta(t)$ = Azimuth, und $\Phi(t)$ = Altitude.

Um normalisierte Werte zu erhalten, werden die Daten vorverarbeitet. Dabei werden verwirrende und unbrauchbare Daten entfernt, wie Schreibpausen und Zeitdifferenzwerte über 100 Millisekunden. Letzteres ist dadurch zu begründen, dass die meisten Geräte keine Abtastrate weniger als 10 Hz haben.

Nach der Vorverarbeitung werden die Merkmale extrahiert, die einen entscheidenden Einfluss auf die Bestimmung des verwendeten Gerätes haben. Wie bereits in [OeVD07] detailliert beschrieben, zählen zu diesen Merkmalen: Altitude Typ (AT), Druck Level Typ (DLT), Druck Differenz Wert (DDW) und Zeit Differenz Wert (ZDW) zwischen zwei aufeinander folgenden Abtastpunkten und die durchschnittliche Zeitdauer (DZ) als der durchschnittliche Zeitabstand zwischen aufeinander folgende Abtastpunkte des gesamten Samples.

4.3 Merkmalsvektor

Die zuvor beschriebenen und extrahierten Merkmale lassen sich in einem Merkmalsvektor zusammenfassen, der wie folgt formalisiert werden kann:

$$F = \{AT, DLT, DDW, ZDW, DZ\}$$

Die Elemente des Merkmalsvektors können dabei unterschiedliche Zustände einnehmen, wobei 0 als Platzhalter für die Ausreißer steht. Dies ist im Folgenden aufgelistet:

AL	Altitude Wert	→	{0, 1, 2, 3}
DLT	Druck Level Typ	→	{0, 1, 2, 3, 4, 5}
DDW	Druck Differenz Wert	→	{0, 1, 2, 3}
ZDW	Zeit Differenz Wert	→	{0, 1, 2, 3, 4, 5, 6}
DZ	Durchschnittliche Zeitdauer	→	{0, 1, 2}

Die einzelne Belegung der Zustände lässt sich aus den in [OeVD07] ausführlich dargestellten Mustern ableiten.

4.4 Entscheidungsbaum-Modell und OPCs

Wie im vorhergehenden Abschnitt beschrieben wurde, können bestimmte gerätespezifische Merkmale extrahiert werden. Um zu evaluieren bzw. zu überprüfen, inwieweit diese Merkmale für einen bestimmten Gerätetyp ausreichend charakterisierend sind, wurden sie für eine Gerätebestimmung herangezogen. Durch die erzielten Ergebnisse lassen sich diesbezüglich Rückschlüssen ziehen.

Basierend auf den extrahierten Merkmalen, die im Merkmalsvektor zusammengefasst sind, wurde ein Entscheidungsbaum-Modell erstellt (siehe Abbildung 1), anhand dessen die benutzten Digitalisiergeräte klassifiziert werden können. Mittels dieses Entscheidungsbaum-Modells konnten 19 so genannte „Output Klassen“ (OPC) festgelegt werden, denen die 23 verschiedenen Geräte zugeordnet werden können. Hierbei ist festzuhalten, dass einige Geräte mehreren Klassen zugeordnet werden, während einige Klassen mehr als ein Gerät beinhalten. Dies ist auf die extrahierten, die Geräte klassifizierenden Merkmale zurückzuführen.

Die Output Klassen sind in Tabelle 1 aufgelistet. Mit dem hier vorgestellten Ansatz lassen sich Digitalisiergeräte von Handschrift teilweise exakt bestimmen während in einigen Fällen lediglich eine Gruppe von Geräten zusammengefasst werden kann.

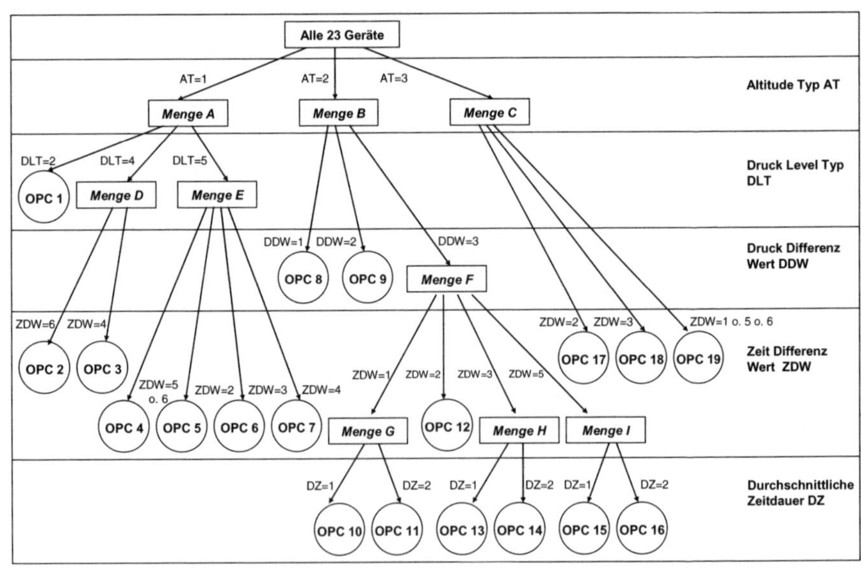

Abb. 1: Entscheidungsbaum-Modell zur Bestimmung der Output Klassen

Tab. 1: Zuordnung der der Digitalisiergeräte zu den Output Klassen

Output Klassen	Digitalisierungsgeräte
OPC 1	Aiptec 8000
OPC 2	Logitech IO
OPC 3	StepOver+Pad, StepOver+Pad Inkpen, StepOver blueM Pad
OPC 4	Wacom USB Screen
OPC 5	Intuos 2 Screen,Volito 2 Screen
OPC 6	Palm, Touch Eizo, Wacom Screen, Wacom USB Screen
OPC 7	Stepover No Pressure
OPC 8	Cintiq15x,Wacom USB No Angle, Toshiba
OPC 9	Wacom USB NO Angle
OPC 10	Toshiba
OPC 11	Wacom Volito
OPC 12	Wacom Volito
OPC 13	Toshiba , Pocket PC
OPC 14	Touch, Wacom USB NO Angle
OPC 15	Toshiba
OPC 16	Touch
OPC 17	Wacom USB, Wacom, Intuos 2 No Angle, Intuos
OPC 18	Intuos 2 No Angle, Intuos 2 Ink Pen, Wacom Intuos 2
OPC 19	Wacom USB, Wacom Intuos 2

5 Testsetup, Umgebung, Ziele und Methodologie

In diesem Kapitel wird das Testsetup beschrieben. Dies umfasst eine nähere Erläuterung der Testumgebung, der Testmenge, der Testziele sowie der Methodologie.

5.1 Testsetup und Testumgebung

Als Testumgebung dient PlataSign, ein von unserer Arbeitsgruppe entwickeltes Softwaretool zur Evaluation von biometrischen Authentifikationssystemen, insbesondere solcher basierend auf Handschrift. Dies ermöglichte den Zugriff auf eine bereits existierende Datenbank mit vielen Handschriftensamples, die bereits für andere Forschungszwecke innerhalb der Biometrie angesammelt wurden. So konnten, wie bereits in Kapitel 4 beschrieben, ca. 40.000 Samples für unsere Untersuchungen genutzt werden, die mit 23 unterschiedlichen Geräten aufgenommen (digitalisiert) wurden. Die Anzahl der Samples variiert dabei je nach Gerätetyp. Die in Kapitel 2 beschriebenen Semantiken, die für die Auswertung von Algorithmen zur biometrischen Benutzerauthentifizierung von entscheidender Bedeutung sind, haben auf unsere Untersuchungen keinen Einfluss.

5.2 Testmethodologie und Testziele

Die Methodologie unserer experimentellen Tests hat folgende Ziele: Zunächst soll eine korrekte Klassifikation der Digitalisiergeräte basierend auf das dafür entwickelten Entscheidungsbaum-Modell erreicht werden. Dadurch können implizit die dafür extrahierten gerätespezifischen Merkmale validiert werden, d.h. es kann überprüft werden, ob die Merkmale ausreichend für eine erfolgreiche Bestimmung der verwendeten Geräte sind.

Weiterhin soll das Entscheidungsbaum-Modell wiederum evaluiert werden, indem ein speziell zur Klassifizierung entwickeltes Tool „Weka“ [Weka07] angewandt wird. Anders als bei der Anwendung des Entscheidungsbaum-Modells werden hier keine Output Klassen definiert, denen die Geräte dann zugeordnet werden. Stattdessen werden die Geräte mit speziellen Clustering-Algorithmen, die von dem Tool bereitgestellt werden, klassifiziert. Anders als im ersten Test ist hier eine genaue Bestimmung der 23 Geräte das Ziel. Die Klassifizierung mit dem Tool „Weka“ basiert ebenso wie das Entscheidungsbaum-Modell auf dem Merkmalsvektor und damit auf den zuvor extrahierten Merkmalen.

Die so genannte korrekte Identifikationsrate (Anzahl der richtigen Zuordnungen im Verhältnis zur Gesamtanzahl der Samples) und die falsche Identifikationsrate (Anzahl der falschen Zuordnungen im Verhältnis zur Gesamtanzahl der Samples) dienen in unseren Experimenten als Messgrößen. Weiterhin gibt es die Non-Klassifikation, welches die Anzahl der Samples, die nicht klassifiziert werden können, im Verhältnis zur Gesamtanzahl der Samples angibt. Solche Non-Klassifikationen können z. B. durch fälschliche Programmunterbrechungen verursacht werden. Diese Messgrößen ermöglichen eine Analyse inwieweit der vorgeschlagene Ansatz basierend auf den extrahierten gerätespezifischen Merkmalen eine robuste und zuverlässige Bestimmung von Digitalisiergeräten von Handschrift liefert.

6 Testergebnisse und Evaluierung

In diesem Kapitel werden die Ergebnisse der experimentellen Tests dargestellt, evaluiert und ausgewertet. Anhand des Entscheidungsbaum-Modells und der festgelegten OPCs konnte eine durchschnittliche Identifikationsrate von 87% erreicht werden. Zur Einsicht einer Auswertungstabelle wird auf [OeDV07] verwiesen.

Alle getesteten Digitalisiergeräte wurden nach Anwendung des Merkmalsvektors in die definierten Output Klassen verteilt. 12 der 23 Geräte (52,17%) konnten zu 100% der richtigen OPC zugeordnet werden, während 3 der restlichen 11 Geräte mit annähernd 100% richtig bestimmt werden konnten. Lediglich die Non-Klassifikationen haben hier das Ergebnis negativ beeinflusst. Einige Geräte konnten jedoch nur sehr unzuverlässig bestimmt werden mit einer Identifikationsrate zwischen 36,80% und 51,72%. Das bedeutet, dass jedes zweite dieser Geräte (Wacom USB, Touch, Aiptec Hyperpen 8000) nicht korrekt zugeordnet werden konnte. Es handelt sich hierbei um Geräte mit variierender Druckquantisierung, was eine Erklärung für dieses Ergebnis sein könnte. Für das Gerät Wacom Intuos 2 NO ANGEL wurde das schlechteste Ergebnis erzielt, es wurde lediglich zu 16,22% der richtigen OPC zugeordnet. Dies kann dadurch begründet werden, dass dieses Gerät eigentlich keine Winkel-Informationen anbietet, in einigen Samples dies aber dennoch der Fall war.

Für alle StepOver Geräte konnte auf den ersten Blick eine zu 100% korrekte Zuordnung erreicht werden. Drei diese Geräte haben dieselbe Sensortechnologie und konnten daher lediglich in einer OPC zusammengefasst werden. Sie können mittels der extrahierten Merkmale nicht explizit bestimmt werden. Dies gilt auch für die Geräte mit keiner Druckquantisierung und geringer Bildauflösung wie Palm, Touch Eizo und Wacom USB Screen.

Die Evaluierung mit dem Tool „Weka" hat die Ergebnisse der Tests die auf dem Entscheidungsbaum-Modell beruhen vorrangig bestätigt. Probleme traten hier bei denselben Geräten auf. Es müssen demnach weitere Merkmale extrahiert werden, um die Zuverlässigkeit der Bestimmung solcher Digitalisiergeräte für Handschrift zu erhöhen.

7 Zusammenfassung und Ausblick

In diesem Beitrag wurde ein innovativer Ansatz vorgestellt, gerätespezifische Merkmale aus digitalen Handschriftensamples zu extrahieren und deren Einfluss auf eine robuste und zuverlässige Bestimmung von Digitalisiergeräten von Handschrift zu evaluieren. Die extrahierten gerätespezifischen Merkmale wurden in einem Merkmalsvektor zusammengefasst, auf dessen Grundlage ein Entscheidungsbaum-Modell entwickelt wurde. Anhand des Modells konnten 19 so genannte Output Klassen (OPCs) zur Klassifizierung der Geräte festgelegt werden konnten. Dieser Ansatz der Gerätebestimmung erlaubt es Rückschlüsse zu ziehen, ob die extrahierten Merkmale ausreichend sind für eine eindeutige Bestimmung der verwendeten Geräte. Eine Validierung des Ansatzes erfolgte durch die Anwendung einer zweiten Klassifizierungsmethode mit dem Tool „Weka".

Zusammenfassend lässt sich sagen, dass Digitalisiergeräte von Handschrift mit diesem Ansatz zum Großteil exakt bestimmt werden konnten, während in einigen Fällen lediglich eine Gruppe von Geräten zusammengefasst werden konnte. Das Ergebnis von einer durchschnittlichen Identifikationsrate von 87% basierend auf ca. 40.000 Samples von 23 Geräten zeigt das Potential eines solchen Ansatzes, weist aber gleichzeitig auf weiteren Forschungsbedarf hin. Insbesondere bei Geräten a) mit derselben Sensortechnologie, b) mit einer niedrigen Auflösung und c) mit einer variablen Druckquantisierung konnte keine zuverlässige Identifikationsrate erreicht werden. Die zusätzliche Evaluierung mit dem Tool „Weka" hat die Ergebnisse der Tests, die auf dem Entscheidungsbaum-Modell beruhen, bestätigt. Probleme traten hier bei denselben Geräten auf. Als Fazit ist demnach festzustellen, dass weitere gerätespezifische und statistische Merkmale extrahiert werden müssen, um die Zuverlässigkeit der Bestimmung solcher Digitalisiergeräte für Handschrift zu erhöhen.

Generell lässt sich sagen, dass neben den Ansätzen für andere Medien auch dieser Ansatz in Bezug auf die Gestaltung sicherer digitaler Kommunikationssysteme und die Gewährleistung der Integrität und Authentizität von Informationen viel versprechend ist. Es hat sich gezeigt, dass in den aufgeführten Anwendungsszenarien Biometrie, digitale Forensik, (Langzeit-) Archivierung und eTechnologien der Bedarf besteht, auf dieses zusätzliche Wissen in Form von Metadaten, welches Gerät zur Digitalisierung benutzt wurde, zurückgreifen zu können. Dies ist wichtig, gerade wenn es darum, geht Geschäftsprozesse sicher zu gestalten, Manipulationen aufzudecken bzw. vorzubeugen, die Privatsphäre von Personen auch in digitalen Systemen zu schützen und letztlich vertrauenswürdige Systeme zu entwickeln.

Danksagungen

Diese Veröffentlichung entstand in Zusammenarbeit mit dem Bundesministerium für Bildung und Forschung (BMBF) innerhalb des Projekts NESTOR II „Expertise Vertrauenswürdige und Abgesicherte Langzeitarchivierung Multimedialer Inhalte", sowie in Kooperation mit dem EU Network of Excellence BioSecure (IST-2002-507634 BIOSECURE) und dem EU Network of Excellence

SIMILAR (Proposal Reference Number: FP6-507609). Der Inhalt dieser Veröffentlichung steht in alleiniger Verantwortung der Autoren und widerspiegelt somit in keiner Weise Positionen der deutschen Regierung oder der Europäischen Union. Weiter danken wir Herrn Vissapragada Venkata Ramana Murthy für seine Arbeit bei der Analyse der Datenbank sowie der Implementierung und Evaluierung des Entscheidungsbaummodells.

Literatur

[BRSS03] U.M. Borghoff, P. Röding, J. Scheffczyk, L. Schmitz: Langzeitarchivierung; Methoden zur Erhaltung digitaler Dokumente, dpunkt.verlag Heidelberg (2003).

[CCSDS02] Consultative Committee for Space Data Systems (CCSDS): Reference Model for an Open Archival Information System (OAIS), Recommendation for Space Data System Standards, CCSDS 650.0-B-1, BLUE BOOK, January 2002 (2002). http://public.ccsds.org/publications/archive/650x0b1.pdf

[FrLG06] J. Fridrich, J. Lukas, M. Goljan: Digital Camera Identification from Sensor Noise, In: IEEE Transactions on Information Security and Forensics, June 2006, Vol. 1(2), (2006) 205-214.

[GuMc97] J. Gupta, A. McCabe: A Review of Dynamic Handwritten Signature Verification, Technical report at James Cook University, Australia, (1997).

[KMM+06] N. Khanna, A. K. Mikkilineni, A. F. Martone, G. N. Ali, G. T.-C. Chiu, J. P. Allebach, E. J. Delp: A survey of forensic characterization methods for physical devices, In: Proceedings of the 6th Digital Forensics Research Workshop (DFRWS), Lafayette, Indiana, August 2006, (2006) 17-28.

[LuFG05] J. Lukas, J. Fridrich, M. Goljan: Determining Digital Image Origin Using Sensor Imperfections, In: Proc. SPIE Electronic Imaging San Jose, CA, January 16-20, (2005) 249-260.

[MAC+05] A.K. Mikkilineni, O. Arslan, P.-J. Chiang, R.M. Kumontoy, J.P. Allebach, G.T.-C. Chiu, et al.: Printer forensics using svm techniques, In: Proceedings of the IS&T's NIP21: International Conference on Digital Printing Technologies, Baltimore, MD, October 2005, Vol. 21, (2005) 223-226.

[MCA+05] A. K. Mikkilineni, P.-J. Chiang, G. N. Ali, G. T. C. Chiu, J. P. Allebach, Edward J. Delp III: Printer identification based on graylevel co-occurrence features for security and forensic applications, In: Proceedings of the SPIE International Conference on Security, Steganography, and Watermarking of Multimedia Contents VII, SSWMC, San Jose, California, USA, January 17-20, vol. 5681, (2005) 430-440.

[OeLD05] A. Oermann, A. Lang, J. Dittmann: Verifyer-Tupel for Audio-Forensic to Determine Speaker Environment, In: City University of New York (Organizer): Multimedia and Security, MM & Sec'05, Proceedings ACM, Workshop New York, NY, USA, August 1-2, (2005) 57-62.

[OeDi06] A. Oermann, J. Dittmann: Trust in E-Technologies, In: Encyclopedia of E-Commerce, E-Government and Mobile Commerce, Mehdi Khosrow-Pour (Ed.) Information Resources Management Association, USA, Idea Group Reference, Hershey London Melbourne Singapore, (2006) 1101–1108.

[OeDV07] A. Oermann, C. Vielhauer, J. Dittmann: Sensometrics: Identifying Pen Digitizers by Statistical Multimedia Signal Processing, In: Proceedings of SPIE Electronic Imaging – Multimedia on Mobile Devices III, Vol. 6507, (2007) 65070I-1 - 65070I-12.

[Viel06] C. Vielhauer: Biometric User Authentication for IT Security, Advances in Information Security, Vol. 18, Springer, New York (2006).

[Weka07] Weka University of Waikato: Weka 3 Data Mining Software in Java, University of Waikato (E. Frank), 2007. http://www.cs.waikato.ac.nz/~ml/weka/index.html

Kombination von Sensoren zur biometrischen Handschriftenerkennung

Tobias Scheidat · Claus Vielhauer · Andrea Oermann

Otto-von-Guericke Universität Magdeburg
{tobias.scheidat | claus.vielhauer | andrea.oermann}@iti.cs.uni-magdeburg.de

Zusammenfassung

In diesem Artikel soll die Möglichkeit der Kombination von zwei Sensoren zur biometrischen Handschriftenerkennung untersucht werden. Dabei wird mit einem Stift zur Erfassung von dynamischen Handschriftendaten auf einem biometrischen Unterschriftentablett geschrieben, dadurch werden gleichzeitig zwei unterschiedliche Repräsentationen desselben Schriftzuges erzeugt. Diese dienen als Grundlage für die biometrische Fusion, mit dem Ziel, die Erkennungsgenauigkeit der einzelnen auf diesen Sensoren basierenden Systeme zu verbessern. Basierend auf drei unterschiedlichen Fusionsstrategien werden Authentifikationsergebnisse erzielt, die besser sind als die individuellen Ergebnisse. Das beste Fusionsergebnis führt zu einer relativen Verbesserung von ca. *36,2%* in Bezug auf die Erkennungsgenauigkeit im Vergleich zum entsprechenden besten Einzelergebnis.

1 Motivation

Die sichere automatische Authentifikation von Personen bzw. Informationen gewinnt in unserer heutigen technisierten Zeit immer mehr an Bedeutung. Nach Bishop [Bish05] wird dafür heute hauptsächlich die Authentifikation durch geheimes Wissen, durch persönlichen Besitz oder durch biometrische Merkmale genutzt. Ein typisches Beispiel für die Nutzung von geheimem Wissen, das nur der autorisierten Person zur Verfügung steht, ist die Verwendung eines Passworts bei der Anmeldung an ein Computersystem. Bei der Authentifikation mittels eines persönlichen Gegenstandes wird dieser dem geschützten System auf geeignete Weise präsentiert, und es wird im Erfolgsfall Zugriff auf dieses gewährt. Bei der Verwendung biometrischer Verfahren wird die Authentifikation dagegen anhand physischer Merkmale (z.B. Fingerabdruck, Iris) oder typischer Verhaltensweisen (z.B. Handschrift, Sprache) durchgeführt. Das hat den Vorteil, dass das Authentifikationsobjekt mit der Person bzw. dessen Verhalten verbunden ist und dadurch nicht verloren gehen oder an Dritte weitergegeben werden kann, wie dies bei den beiden anderen genannten Verfahren der Fall ist. Bei geheimem Wissen bzw. persönlichem Besitz kann das Authentifikationsobjekt bewusst weitergeben werden (Weitersagen bzw. Übergabe) oder unbewusst verloren gehen (Vergessen bzw. Verlieren). Eine Erhöhung der Sicherheit kann durch die Kombination der Verfahren untereinander bzw. mit sich selbst erreicht werden. So ist zum Beispiel mittlerweile die Verwendung einer persönlichen Identifikationsnummer (geheimes Wissen) mit einer SmartCard (persönlicher Besitz) bei Bankgeschäften üblich, z.B. zum Abheben oder zur Überweisung von Geld. Zurzeit besteht großes Interesse an der Kombination biometrischer Verfahren, um die jeweilige Performanz der Authentifikation der einzelnen beteiligten Systeme zu erhöhen.

P. Horster (Hrsg.) · D•A•CH Security 2007 · syssec (2007) 438-449.

In diesem Beitrag wird ein Verfahren zur Kombination von biometrischen Sensoren zur Erfassung dynamischer Handschriften vorgestellt. Der Vorteil liegt in der gleichzeitig Erfassung ein und desselben Schriftzuges durch zwei unterschiedliche Sensoren, wodurch auch zwei unterschiedliche Repräsentationen der Schriftprobe erzeugt werden. Durch die einzelne Verarbeitung dieser Rohdaten in einem biometrischen System wird jeweils ein Ähnlichkeitswert (Matching Score) erzeugt, der angibt, in wie weit die aktuelle Schriftprobe mit der im System hinterlegten übereinstimmt. Die Idee unseres Ansatzes liegt in der Fusion der Matching Scores, um die individuellen Ergebnisse basierend auf den einzelnen Sensoren zu verbessern. Um zusätzlich auch die Auswirkungen von geheimem Wissen zu untersuchen, werden so genannte Handschriftsemantiken verwendet. Dabei handelt es sich um alternative Inhalte des Geschriebenen, die anstatt der üblichen Unterschrift verwendet werden und auch auf geheimem Wissen basieren können.

Dieser Beitrag ist wie folgt gegliedert: Im anschließendem Abschnitt wird eine Einführung in die biometrische Benutzererkennung gegeben und die für die Tests verwendete biometrische Hardware vorgestellt. Eine Beschreibung der Grundlagen der biometrischen Fusion wird im dritten Abschnitt gegeben. Außerdem wird ein Szenario vorgestellt, das drei Methoden zur Benutzererkennung (geheimes Wissen, persönlicher Besitz und Biometrie) verwendet. Der vierte Abschnitt beschreibt die biometrische Fusion, die Datenbank und die Methodologie, die für die Evaluierung herangezogen wurden. Im darauf folgenden fünften Abschnitt werden die Testergebnisse der beiden Sensoren einzeln und deren Fusion diskutiert. Der sechste Abschnitt gibt eine kurze Zusammenfassung des Beitrages und einen Ausblick auf die zukünftige Arbeit basierend auf den gewonnenen Erkenntnissen.

2 Biometrische Benutzererkennung

Dieser Abschnitt gibt einen kurzen Einblick in die Grundlagen der biometrischen Benutzererkennung. Außerdem werden drei Klassen vorgestellt, in die die heutzutage gebräuchlichen Sensoren zur dynamischen Handschriftenerfassung eingeordnet werden können. Die im Rahmen dieser Untersuchung für die Datenerfassung eingesetzten Sensoren und deren Eigenschaften werden ebenfalls beschrieben.

2.1 Grundlagen

Die Authentifikation mithilfe der Biometrie kann unterschieden werden in die Verifikation und die Identifikation. Bei einer Verifikation überprüft das System, ob die aktuell präsentierten biometrischen Daten mit den hinterlegten Referenzdaten einer behaupteten Identität (z.B. Nutzername) in ausreichendem Maß übereinstimmt. Das bedeutet, es wird ein 1:1 Vergleich durchgeführt. Ein Vergleich aller gespeicherten Referenzdaten mit den aktuellen Daten findet bei einer Identifikation statt (1:n Vergleich). Ergebnis einer biometrischen Authentifikation ist also entweder die Information, ob eine Person diejenige ist, die sie vorgibt zu sein (Verifikation) oder wer die Person ist (Identifikation).

Bevor eine Authentifikation stattfinden kann, muss ein Nutzer im System registriert und seine biometrischen Daten hinterlegt werden. Dieser Vorgang wird als Enrollment bezeichnet. In Abbildung 1 ist der Enrollmentprozess dargestellt: Im ersten Schritt werden die biometrischen Daten erfasst, die der Nutzer dem System präsentiert. Bei der Merkmalsextraktion werden spezielle Werte berechnet, die für einzelne Person charakteristisch sind (intra-personelle Konstanz) bzw. für unterschiedliche Personen möglichst unähnlich sind (inter-personelle Varianz), um dieselbe Person als diese zu erkennen bzw. unterschiedliche Nutzer voneinander unterscheiden zu können. Im Allgemeinen werden diese Werte in einem so genannten Merkmalsvektor zusammengefasst, welcher mit der Identität des Besitzers verknüpft und als Referenzdatum im System gespeichert wird. Während des Authentifikationsprozesses werden nach der Erfassung der aktuellen Daten ebenfalls die Merkmale extrahiert. Diese werden dann mit den in der Datenbank hinterlegten Referenzdaten verglichen, und ein so genanter Matching Score wird ermittelt, der ein Maß für deren Ähnlichkeit bzw. Unähnlichkeit darstellt. Dieser Wert ist die Grundlage für die Entscheidung, ob der aktuelle Benutzer eine vorgegebene Person ist bzw. welche Identität er hat.

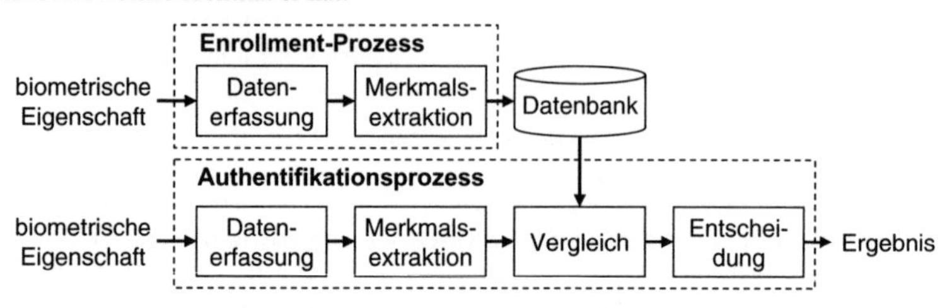

Abb. 1: Schematische Darstellung von Enrollment- und Authentifikationsprozess

2.2 Hardware zur Erfassung von Handschriftendaten

Für die biometrische Verwendung von Handschriften können statische und dynamische Repräsentationen des Schriftbildes verwendet werden. Unter statischen Handschriftendaten wird im Allgemeinen das Schriftbild selbst verstanden. Für eine biometrische Untersuchung können dann unterschiedliche Merkmale herangezogen werden, z.B. die Neigung der Schrift oder die Relationen von Schnittpunkten zueinander. Während also statische Methoden auf dem Ergebnis des Schreibprozesses, dem Schriftbild, basieren, untersuchen dynamische Methoden den Schreibprozess selbst. Bei der Erfassung der Schrift werden bestimmte physische Merkmale der Schrift zeitabhängig erfasst. Bei der heutzutage verwendeten Hardware sind dies hauptsächlich:

- $x(t)$: horizontales Positionssignal des Stiftes,
- $y(t)$: vertikales Positionssignal des Stiftes und
- $p(t)$: Signal des Druckverlaufs, ausgeübt auf das Tablett oder die Spitze des Stiftes.

Spezielle Hardware ist auch in der Lage, Stift bezogene Winkel zu messen, zum Beispiel erfassen einige Grafik-Tabletts zusätzlich:

- $\Phi(t)$: Höhenwinkel des Stiftes über dem Tablett und/oder
- $\Theta(t)$: Seitenwinkel des Stiftes über dem Tablett.

Basierend auf diesen Daten können statistische Werte bestimmt werden, die als Basis zur Unterscheidung von unterschiedlichen Nutzern bzw. zur Erkennung eines Nutzers dienen können. Typische statistische Werte sind hier zum Beispiel die Schreibgeschwindigkeit, die Dauer des Schreibprozesses oder der Verlauf des Druckes. Im Folgenden wird auf unterschiedliche Hardware-Klassen zur Erfassung dynamischer Handschriftendaten eingegangen.

2.2.1 Handschriftenerfassung basierend auf Grafik-Tabletts

Grafik-Tabletts werden hauptsächlich zur Erstellung und Bearbeitung von verschiedenartiger Computergrafik verwendet. Aus diesem Aufgabenbereich resultieren auch die meist hohen Auflösungen in den Bereichen X-/Y-Koordinaten und Druck. Für die Datenerfassung wird neben dem Tablett meist auch ein spezieller Stift verwendet, der die Position und den Druck ermittelt und auch an der Bestimmung der Winkel beteiligt ist. Die erforderliche Verbindung zwischen Tablett und Stift kann dabei beispielsweise durch elektromagnetische Resonanz hergestellt werden. Bei herkömmlichen Grafik-Tabletts erscheint der Schriftzug entweder nur auf dem Bildschirm oder bei der Verwendung von Tintenminen zusätzlich auf einem auf dem Tablett liegenden Papier. Die zweite Variante entspricht dabei am ehesten dem menschlichen Schreibverhalten, da der geschriebene Text unmittelbar an der Stiftspitze erscheint. Der gleiche Effekt kann durch die Verwendung von so genannten aktiven Displays erzielt werden, bei denen der Monitor mit dem Tablett kombiniert ist. Solche aktiven Displays sind als Monitore, in TabletPCs oder PDAs (Personal Digital Assistant) erhältlich.

2.2.2 Handschriftenerfassung basierend auf Stiften

Die Erfassung dynamischer Handschriftendaten ist ebenfalls mit speziellen Stiften möglich. Dabei werden die Daten vom Stift aufgenommen und gespeichert oder direkt an den Computer übertragen. Üblich ist die Erfassung von Position und Druck, es existieren aber auch Stift basierte Lösungen, die Winkel erfassen können. Ein Vorteil liegt darin, dass auf Papier geschrieben wird und so das Original dem Schreiber des Schriftstückes zur Verfügung steht. Obwohl diese Stifte ursprünglich allein für die Aufzeichnung handschriftlicher Notizen und Skizzen konzipiert wurden, haben sich Scheidat und Vielhauer in [ScVi06] unter anderem mit deren Eignung zur biometrischen Benutzerauthentifikation befasst. Dieser Studie zufolge ist z.B. der Logitech io Personal Digital Pen für die Verwendung zur Benutzerauthentifikation geeignet. Die Autoren berichten von einer teilweise besseren Performanz des Stiftes in Bezug auf die Authentifikationsgenauigkeit gegenüber bisher von ihnen verwendeter Grafik- bzw. Unterschriftentabletts. Aufgrund dieser Ergebnisse wurde für die in diesem Artikel beschriebene Studie ebenfalls der Logitech io Personal Digital Pen als Sensor zur Datenerfassung verwendet.

Logitech io Personal Digital Pen

Ursprünglich wurde der Logitech io Personal Digital Pen (nachfolgend als IOPen bezeichnet) für die Digitalisierung von handschriftlichen Notizen und Zeichnungen entwickelt. Der IOPen arbeitet mit einem von der Firma Anoto (siehe auch [Anot05]) entwickelten Verfahren auf Basis eines speziellen Papiers. Wie in Abbildung 2 dargestellt, ist dieses bedruckt mit 0,1 mm großen Punkten, die basierend auf einem Raster von 0,3 mm scheinbar willkürlich verteilt sind. In dieser Verteilung sind jedoch gezielt spezielle Informationen und Eigenschaften kodiert. Das Raster ist für jedes einzelne Blatt Papier einzigartig. Der verwendete Stift verfügt über eine integrierte digitale Kamera, die die Punkte innerhalb eines 6 x 6 Rasters erfassen kann. Aufgrund der minimalen Verschiebungen der Punkte innerhalb des Rasters ist die eindeutige Bestimmung der Position der Stiftspitze möglich, die zusammen mit dem ermittelten Aufsetzdruck und zusätzlichen Informationen über das Papier (Kennung von Seite, Schreibblock und dessen Hersteller) im internen Speicher des Stiftes abgelegt wird. Der IOPen verfügt über eine Speicherkapazität von ca. 40 A4 Seiten, wobei die Daten über eine USB-Schnittstelle an einen PC übertragen werden können. Geräte der neuesten Generation verfügen auch über die Möglichkeit, Bluetooth für die Kommunikation zu verwenden. Die drahtlose Datenübertragung bietet sich für die praktische Anwendung des Stiftes als biometrischer Sensor durch ihre einfache Handhabung an.

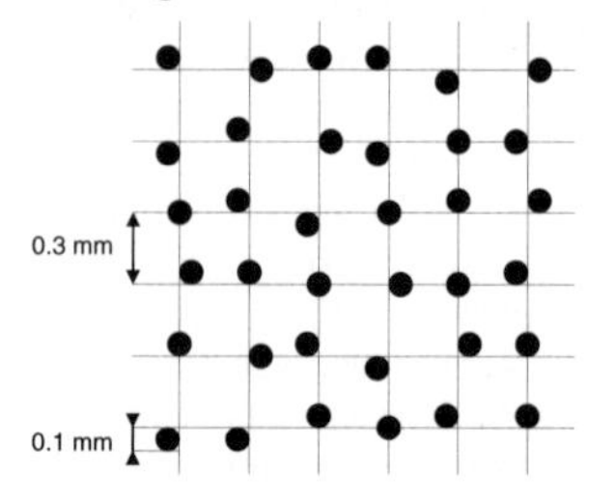

Abb. 2: Beispielhafte Darstellung des Punktrasters, auf dem die Funktionsweise IOPen beruht

2.2.3 Handschriftenerfassung basierend auf Unterschriftentabletts

Die Tabletts dieser Klasse sind speziell für die Erfassung dynamischer Daten von Unterschriften entwickelt wurden. Dazu sind sie in der Lage, die Daten beispielsweise über Druck- oder Ultraschallsensoren in der Tablett-Oberfläche zu erfassen. Daher ist die Verwendung von beliebigen Stiften möglich, und es kann durch ein Dazwischenlegen des zu unterzeichnenden Schriftstückes und die Nutzung eines normalen Schreibstiftes ein Dokument unterzeichnet werden. Auf diese Weise kann auch im Nachhinein die Echtheit der auf dem Dokument enthaltenen Unterschrift mit der gespeicherten digitalisierten Unterschrift überprüft werden. Diese Anwendung ist nur ein Beispiel aus einer Menge an Möglichkeiten der Unterschriftentabletts. In [Viel06] wird die Verwendung von Unterschriftentabletts der Firma StepOver zur Benutzerauthentifikation untersucht. Da die angegebenen Ergebnisse bezüglich der Authentifikation sehr viel versprechend sind, wurde ein StepOver blueM Pad III als zweite Sensor-Hardware für die Testdatenerfassung ausgewählt.

StepOver blueM Pad III

Das StepOver blueM Pad III (nachfolgend als SignPad bezeichnet) ist ein Unterschriftentablett, das auf in die Schreiboberfläche integrierten Drucksensoren basiert. Auf der Schreibfläche von ca. 8 cm mal 6 cm können neben Unterschriften auch andere handschriftliche Semantiken wie zum Beispiel Passwörter, Zahlen oder Symbole aber auch kürzere Texte aufgenommen werden. Die Übertragung der Daten erfolgt über die USB-Schnittstelle, wobei die Daten bei der Übertragung durch ein offenes Protokoll inklusive einer Prüfsumme gesichert sind.

2.2.4 Kombination von zwei Sensoren zur Handschriftenerfassung

Die in dieser Arbeit vorgenommene Fusion von Daten basiert auf dem IOPen und dem SignPad. Dabei wurde jede Schriftprobe gleichzeitig auf beiden Geräten erfasst, indem mit dem IOPen über dazwischen gelegtes Spezialpapier auf dem SignPad geschrieben wurde. Dadurch entstanden jeweils zwei dynamische Repräsentationen einer Schriftprobe, die sich, bedingt durch abweichende technische Eigenschaften der Sensoren, voneinander unterscheiden. In Abbildung 3 ist das Wort *Magdeburg* dargestellt, einmal aufgenommen mit dem IOPen (Abbildung 3a) und einmal mit dem SignPad (Abbildung 3b).

Abb. 3: Grafische Darstellung des Wortes *Magdeburg*, erfasst mit IOPen (a) und SignPad (b)

Bei der Betrachtung der Abbildung 3 fallen optische Unterschiede auf, die auf die technischen Unterschiede beider Geräte zurück zu führen sind: Während in der Darstellung des Schreibergebnisses des SignPad (Abb. 3b) anhand verschiedener Grautöne unterschiedliche Druckstufen zu erkennen sind, ist der maximale Druck beim IOPen (Abb. 3a) sehr schnell erreicht. Dieser wird auch im weiteren Verlauf aufrechterhalten. Augenscheinlich ist auch die unterschiedliche Qualität der Samples, da das Schriftbild des IOPen nur auf *179* erfassten Punkten basiert, beim SignPad sind es dagegen *1409* Punkte.

3 Kombination von Authentifikationsmethoden

Die Kombination verschiedener Authentifikationsverfahren wird genutzt, um einerseits eine höhere Sicherheit zu erreichen und andererseits das Vertrauen des Nutzers in die automatische Authentifikation zu erhöhen. Dieser Abschnitt beschreibt die Grundlagen der biometrischen Fusion und geht auf die in dieser Arbeit vorgeschlagene Kombination von zwei biometrischen Sensoren zur dynamischen Handschriftenerkennung ein. Darauf aufbauend wird ein Szenario beschrieben, dass die drei Faktoren Biometrie, geheimes Wissen und persönlichen Besitz kombiniert.

4 Biometrische Fusion

Bei der Verwendung von geheimem Wissen oder persönlichem Besitz zur Authentifikation gibt es nur die beiden Möglichkeiten, dass das Authentifikationsobjekt entweder gültig ist oder aber nicht. Aufgrund von Veränderungen oder äußeren Einflüssen ist es in der Biometrie nicht möglich, immer identische Daten zu erhalten. Beispielsweise verändern sich die meisten biologischen Merkmale einer Person mit dem Alter (z.B. Faltenbildung, Zittern der Hände), der Nutzer ist in seiner Bewegungsfreiheit eingeschränkt oder es werden andere Sensoren verwendet. Daher müssen Toleranzbereiche festgelegt werden innerhalb derer eine Authentifikation gültig ist, um diese Schwankungen auszugleichen. Das bedeutet, dass eine hundertprozentige Erkennung nicht möglich ist und es auch zu Fehlentscheidungen kommen kann. So können möglicherweise nicht autorisierte Personen vom System zugelassen werden, während registrierte Nutzer abgelehnt werden können.

Eine Möglichkeit, die genannten Nachteile teilweise zu kompensieren, ist die biometrische Fusion. Hierbei werden biometrische Modalitäten, Algorithmen oder Instanzen einzelner Modalitäten, oder Sensordaten einzelner oder mehrerer Modalitäten miteinander kombiniert. Die Fusion kann an verschiedenen Punkten innerhalb des Authentifikationsprozesses durchgeführt werden. Bei der Fusion auf *Feature Extraction Level* werden die Merkmalsvektoren der beteiligten Subsysteme miteinander kombiniert, z.B. durch Aneinanderhängen. Es entsteht ein neuer Merkmalsvektor, der die Grundlage für den Vergleich der Referenz- und Authentifikationsdaten bildet. Dadurch kann aber ein Vektor erzeugt werden, der durch seine Dimension zur Weiterverarbeitung unhandlich ist. Die Fusion auf *Matching Score Level* kombiniert die individuellen Scores zu einem einzelnen Wert. Darauf basierend wird die finale Entscheidung des fusionierten Systems getroffen. Der Vorteil dieser Methode liegt darin, dass die Anzahl der zu fusionierenden Matching Scores der Anzahl der beteiligten Subsysteme entspricht. Dadurch ist auch eine Gewichtung der Scores der einzelnen Subsysteme auf relativ einfache Weise möglich, z.B. durch Multiplikation eines Wertes entsprechend der Authentifikationsperformanz der Subsysteme. Die Entscheidungen der vollständig durchlaufenden Subsysteme werden bei einer Fusion auf *Decision Level* miteinander kombiniert. Dies ist beispielsweise durch Boolesche Operationen möglich. Nachteil dieser Verfahrensweise ist, dass zu diesem späten Zeitpunkt der Fusion nur noch wenig Einfluss auf das Fusionsergebnis ausgeübt werden kann.

5 3-Faktoren-Szenario zur Benutzererkennung

Die Kombination von verschiedenen Faktoren zur Benutzerauthentifikation soll die Sicherheit aber auch das Vertrauen der Nutzer in das jeweilige System erhöhen. Prominentes Beispiel ist die Kombination einer PIN (geheimes Wissen) und einer SmartCard (persönlicher Besitz) für automatisierte Bankgeschäfte. Henninger und Franke schlagen in [HeFr04] eine Methodik vor, Unterschrift und SmartCard zu kombinieren. Dabei werden die Referenzdaten auf der SmartCard im Besitz des Nutzers und nicht in einer Datenbank des biometrischen Systems gespeichert. Nachdem die aktuellen Daten vom Hostsystem an die Karte übertragen wurden, werden diese mit den Referenzdaten verglichen und das Authentifikationsergebnis zurückgegeben. Dieses Verfahren könnte das Vertrauen der Anwender erhöhen, da sich die Referenzdaten immer im Besitz des Nutzers befinden und bei entsprechendem Umgang mit der Karte nicht manipuliert oder missbraucht werden können.

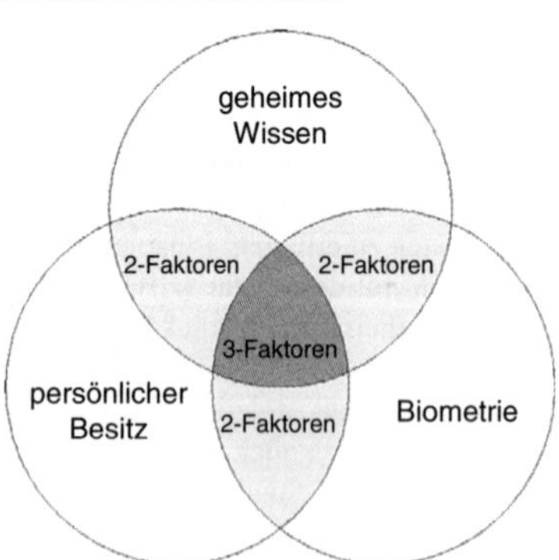

Abb. 4: Authentifikationsfaktoren und deren Kombination

Abbildung 4 zeigt schematisch die Kombination der drei Authentifikationsfaktoren geheimes Wissen, persönlicher Besitz und Biometrie. Neben den bereits genannten 2-Faktoren-Authentifikationen sind ebenfalls Szenarien denkbar, bei denen alle drei Faktoren miteinander fusioniert werden. Eine weitere Möglichkeit bietet die Kombination mehrer Instanzen eines einzelnen Faktors, beispielsweise die Verwendung mehrere Passwörter, mehrerer Schlüssel oder biometrischer Modalitäten (vgl. Abschnitt 4).

Durch die hier vorgeschlagene Kombination von biometrischen Sensoren unter der Verwendung von Semantiken ist es auf relativ einfache Weise möglich, Biometrie mit Wissen und Besitz zu kombinieren. So kann man sich beispielsweise das folgende Kunde-Bank-Szenario vorstellen: Für eine Transaktion ist die Eingabe einer PIN (*geheimes Wissen*) über den eigenen IOPen (*persönlicher Besitz*) des Kunden und ein Signaturtablett (*persönlicher Besitz*) der Bank notwendig. Über *biometrische Algorithmen* ist dann die Überprüfung möglich, ob es sich bei dem Schreiber auch um den Inhaber des IOPen handelt oder etwa um einen Betrüger. Allgemein wird ein Betrüger es schwer haben, gleichzeitig die PIN in Erfahrung zu bringen, den IOPen zu stehlen und zusätzlich das typische Schreibverhalten des Kunden an einem Signaturtablett der Bank nachzuahmen. Weiterhin kann das Sicherheitsniveau gesteigert werden, wenn die eindeutigen Daten, die im Spezialpapier von Anoto kodiert sind, herangezogen werden. So ist die Festlegung bestimmter ID-Bereiche für verschiedene Verwendungszwecke innerhalb des vorgestellten Szenarios denkbar. Beispielsweise könnten Enrollments auf Papier eines eingeschränkten ID-Bereichs durchgeführt werden bzw. der Kunde erhält zum Zweck der Authentifikation Papier, welches ihm später wieder zugeordnet werden kann.

6 Testsetup

In diesem Abschnitt wird die Fusion, die den Tests zugrunde liegende Datenbank und die verwendete Methodologie für die Evaluierung beschrieben. Ebenfalls erfolgt eine kurze Einführung in die Problematik von biometrischen Tests und die Vorstellung der verwendeten biometrischen Fehlerraten.

6.1 Fusion

Für die Verifikation basierend auf den Daten der beiden Sensoren wurde jeweils der Biometric Hash Algorithmus von Vielhauer et. al verwendet [ViSM02]. Dieser ursprünglich zur Generierung biometrischer Hashwerte konzipierte Algorithmus ermittelt einen Merkmalsvektor, der aus 69 statistischen Merkmalen besteht. Die der Verifikation zugrunde liegende Klassifikation nutzt die Hamming Distanz zur Bestimmung des Matching Scores. Liegt dieser unterhalb eines festgelegten Schwellwertes, gilt die Verifikation als erfolgreich.

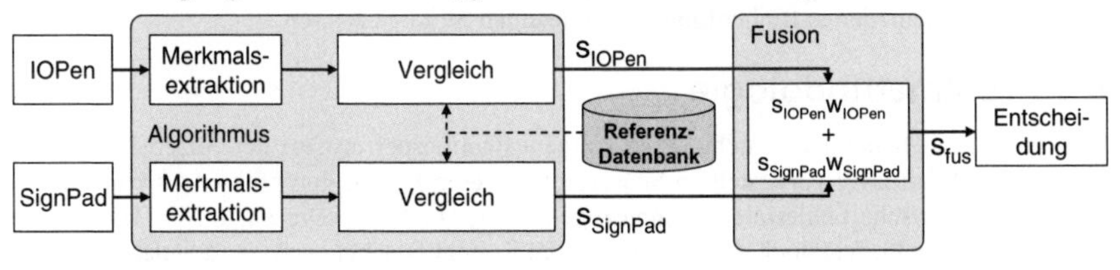

Abb. 5: Fusion der Sensordaten von IOPen und SignPad auf Matching Score Level

Die in diesem Beitrag betrachtete biometrische Fusion kombiniert die beiden vorgestellten Sensoren (IOPen und SignPad), um die Authentifikationsperformanz zu erhöhen. Dabei erhöht sich jedoch nicht der vom Nutzer geforderte Aufwand, da zur Erzeugung der beiden für die Fusion erforderlichen Datensätze nur eine einzelne Schriftprobe notwendig ist. Die biometrische Fusion selbst, basierend auf den Daten der beiden Sensoren, findet auf dem Matching Score Level innerhalb des Authentifikationsprozesses statt (vgl. Abbildung 5). Die dabei erzeugten individuellen Matching Scores s_{IOPen} und $s_{SignPad}$, Indikatoren für die Ähnlichkeit der aktuellen Authentifikationsdaten mit den gespeicherten Referenzdaten, werden gewichtet und zu einem finalen Matching Score s_{fus} summiert: $s_{fus} = s_{IOPen}w_{IOPen} + s_{SignPad}w_{SignPad}$

Die Gewichte w_{IOPen} und $w_{SignPad}$ werden dabei abhängig von der Authentifikationsperformanz des verwendeten Algorithmus ermittelt, getrennt für die jeweiligen Daten der beiden Sensoren. Für die Bestimmung der Gewichte wurden drei Strategien verwendet, die von Vielhauer und Scheidat in [ViSc05] beschrieben wurden. Die *gleich gewichtete Fusion* bewertet jedes beteiligte Subsystem mit dem gleichen Gewicht (hier *0,5*). Bei der *linear gewichteten Fusion* wird das Gewicht in Abhängigkeit zur Equal Error Rate (EER) bestimmt. Der Wert des Gewichtes ist dabei umgekehrt proportional zur jeweiligen EER der einzelnen Subsysteme. Für die quadratisch gewichtete Fusion werden die Werte der Gewichte der linearen Strategie quadriert. Für jede Strategie ist die Summe der Gewichte gleich *1*, das heißt, falls notwendig wird eine Normalisierung durchgeführt. Für weitere Informationen zu den Fusionsstrategien sei der interessierte Leser an die Literatur verwiesen ([ViSc05]).

6.2 Evaluationsdatenbank

Für jeden Nutzer wurden Daten in fünf verschiedenen handschriftlichen Semantiken erfasst. Bei einer Semantik handelt es sich um alternative Schreibinhalte, die als Ersatz bzw. Ergänzung zur allgemein gebräuchlichen Unterschrift verwendet werden können. In [Viel06] wurde gezeigt, dass andere Semantiken alternativ zur Unterschrift für die Benutzerauthentifikation genutzt werden können. Für unsere Untersuchungen haben wir neben der *Unterschrift* vier weitere repräsentative Semantiken ausgewählt: Bei der *vorgegebenen PIN* wird von allen Testpersonen die gleiche Ziffernfolge (77993) geschrieben, demzufolge spielt der geschriebene Inhalt für die Authentifikation nur eine untergeordnete Rolle. Im Gegensatz dazu können die Testpersonen bei der *geheimen PIN* selbst eine fünfstellige Ziffernfolge wählen. So kann die Biometrie um den Faktor des geheimen Wissens erweitert werden. Zu einem gewissen Grad ist auch die Antwort auf die Frage „Woher kommst du?“ (Semantik *Woher*) mit geheimem Wissen verbunden. Hier konnte beobachtet werden, dass einige Testpersonen ihren Wohnort angeben, andere ihren Geburtsort und wieder andere ihr Heimatland. Das *Symbol* enthält ebenfalls geheime Informationen, einerseits welches Symbol gezeichnet wurde und andererseits wie es gezeichnet wurde. So kann beispielsweise das „Haus des Nikolaus“ auf sehr vielen verschiedenen Reihenfolgen der einzelnen Striche basieren.

6.3 Testmethodologie

Um eine vergleichende Untersuchung der Authentifikationsperformanz der einzelnen Systeme basierend auf den zwei vorgestellten Sensoren und deren Fusion durchführen zu können, haben wir biometrische Fehlerraten herangezogen (siehe [Lass02]). Die *False Non Match Rate* (FNMR) beschreibt, wie hoch der Anteil der vom System fälschlicherweise abgelehnten autorisierten Personen ist. Der Anteil der fälschlicherweise vom System angenommenen nicht autorisierten Personen wird durch die *False Match Rate* (FMR) angegeben. Als Vergleichswert in unseren Untersuchungen haben wir die *Equal Error Rate* (EER) gewählt, die den Wert angibt, an dem FNMR und FMR gleich sind.

Für die erste Evaluierung unseres Konzeptes wurden von insgesamt *10* Personen pro Semantik jeweils *10* Schriftproben (Samples) aufgenommen. Davon wurden *5* Exemplare verwendet, um durch Austausch eines Samples jeweils *5* Referenzdatensätze mit je *4* Samples zu erzeugen. Die restlichen *5* Samples wurden als Verifikationsdaten genutzt. Um die FNMR zu bestimmen, wurde jeder Enrollment-Datensatz mit den Verifikationssamples der gleichen Person verglichen. Die FMR wurde ermittelt, indem die Enrollments jeweils einer Person mit den Verifikationsdaten aller anderen registrierten Personen verglichen wurden. In diesem geschlossenen Szenario werden nur im System registrierte Nutzer berücksichtigt und Angreifer nicht betrachtet.

7 Testergebnisse

Nachdem die Tests entsprechend der in Abschnitt 4 beschriebenen Methodologie durchgeführt wurden, werden in diesem Abschnitt die Ergebnisse vorgestellt. Dabei wird zuerst vergleichend auf die einzelnen Ergebnisse basierend auf den einzelnen Sensoren eingegangen und anschließend die Resultate der Fusion diskutiert. In Tabelle 1 sind die Ergebnisse der Tests dargestellt, unterteilt nach einzelnen Sensoren, den untersuchten Semantiken und den drei Fusionsstrategien. Zur besseren Übersicht sind die besten Ergebnisse basierend auf den einzelnen Sensoren kursiv, während die besten Fusionsergebnisse fett gedruckt sind.

Tab. 1: EERs der einzelnen Sensoren und ihrer Fusion für die gegebenen Semantiken

	Einzelne Sensoren		Fusion		
	EER_{IOPen}	$EER_{SignPad}$	EER_{gleich}	EER_{linear}	$EER_{quadratisch}$
Signatur	0,0585	*0,0482*	0,0407	0,0385	**0,0384**
PIN (77993)	0,1311	*0,1296*	0,0837	**0,0827**	**0,0827**
PIN (geheim)	*0,0704*	0,0829	0,0606	0,0544	**0,0538**
Woher	*0,0315*	0,0476	**0,0260**	0,0280	0,0267
Symbol	*0,0479*	0,0699	0,0443	**0,0391**	0,0395

Betrachtet man die Ergebnisse der einzelnen Sensoren, fällt auf, dass keines der beiden Geräte für alle Semantiken besser geeignet ist, als das andere. Das SignPad liefert als Unterschriftentablett für die Semantik Signatur das bessere Ergebnis mit einer EER von 0,0482, wogegen die EER des IOPen hier etwas höher ist (0,0585). Schlechte Verifikationsergebnisse liefern beide Sensoren für die gegebene PIN, wobei das SignPad mit einer EER von 0,1296 ein etwas besseres Ergebnis liefert als der IOPen mit einer EER von 0,1311. Gleichzeitig sind diese Ergebnisse die schlechtesten im gesamten Testszenario, was wahrscheinlich an der Art der Semantik liegt. Einerseits besteht eine PIN naturgemäß aus Ziffern, die aus einem verhältnismäßig kleinen Alphabet an verwendbaren Zeichen stammt (0-9). Auf der anderen Seite schreiben in diesem Fall alle Personen die gleiche Folge von Ziffern (77993). Daher ähneln sich die Eingaben der unterschiedlichen Nutzer mehr als bei anderen Semantiken, vor allem wenn diese zusätzlich noch den Faktor des geheimen Wissens beinhalten (geheime PIN, Woher und Symbol). So ist bei der geheimen PIN die EER (0,0704) des IOPen nur noch halb so groß, wie bei der gegebenen PIN. Beim SignPad verbessert sich die EER um ca. ein Drittel (0,0829), sie ist damit aber schlechter als die EER des IOPen. Die besten Einzelergebnisse werden von beiden Sensoren in der Semantik Woher erreicht. Diese enthält ebenfalls zu einem gewissen Grad geheime Informationen, zusätzlich ist hier die Länge der Eingabe nicht vorgegeben und es können zusätzlich zu den Zeichen des Alphabets Sonderzeichen oder Ziffern verwendet werden. Die berechnete EER für den IOPen beträgt 0,0315 und für das SignPad 0,0476. Die

EER für die Semantik Symbol beträgt für den IOPen 0,0479 und ist niedriger als die EER für das SignPad (0,0699).

Werden die Resultate der Fusion in die vergleichende Betrachtung mit einbezogen, fällt auf, dass jede der drei Fusionsstrategien die jeweiligen besten Einzelergebnisse der Sensoren signifikant verbessern. So wird beispielsweise die bereits gute EER des IOPen für die Semantik Woher (0,0315) sowohl durch die gleich (0,0260) als auch durch die linear (0,0280) und die quadratisch (0,0267) gewichtete Fusion noch weiter verbessert. Die höchste relative Verbesserung durch eine Fusion wird bei der gegeben PIN 77993 erzielt. Hier liegt der Wert der EER (0,0827) basierend auf der linearen bzw. quadratischen Wichtungsstrategie ca. 36,2% unter dem besten einzeln ermittelten Wert von 0,1296 für das SignPad.

Ein interessanter Vorteil der hier vorgeschlagenen Vorgehensweise ist, dass es trotz nur einmaliger Präsentation des biometrischen Merkmals der Handschrift zwei verschiedene Repräsentationen gibt. Fusioniert man die beiden Matching Scores, die auf Systemen basierend auf den beiden Sensoren ermittelt wurden, so erhält man in jedem Fall ein besseres Ergebnis im Vergleich zu den einzelnen Ergebnissen.

8 Zusammenfassung und Ausblick

In diesem Artikel werden Möglichkeiten zur Verbesserung der Verifikationsperformanz eines auf dynamischer Handschrift basierenden biometrischen Systems untersucht. Es werden sowohl zwei alternative Erfassungssensoren vorgestellt und evaluiert, als auch die Möglichkeit ihrer Kombination studiert. Bei den Sensoren handelt es sich zum einen um eine spezielle Hardware zur Erfassung von dynamischen Unterschriften (StepOver blueM Pad III) und zum anderen um einen Stift, der ursprünglich für die Aufzeichnung handschriftlicher Notizen entwickelt wurde (Logitech io Personal Digital Pen). Das besondere bei der Datenerfassung ist, dass die Schriftproben gleichzeitig mit beiden Sensoren erfasst werden, indem mit dem Stift auf dem Tablett geschrieben wird. Dadurch wird ein und derselbe Schriftzug von zwei Sensoren erfasst, deren technische Eigenschaften (z.B. Auflösung) unterschiedlich sind. Es entstehen zwei unterschiedliche Repräsentationen einer Schriftprobe, die durch den gleichen Verifikationsalgorithmus ausgewertet werden. Diese Untersuchung befasst sich mit dem Vergleich der Ergebnisse basierend auf den einzelnen Sensoren als auch mit deren Fusion zur Verbesserung der Verifikationsperformanz. Die Evaluierungen basieren auf fünf unterschiedlichen handschriftlichen Semantiken: Signatur, gegebene PIN, geheime PIN, die Antwort auf die Frage „Woher kommst du?“ und Symbol.

Allgemein wurde festgestellt, dass sich im dargestellten Szenario die Semantik „Woher“ am besten zur Verifikation eignet. Basierend auf dieser Semantik wurden sowohl die besten einzelnen Ergebnisse als auch die besten Fusionsergebnisse bestimmt. Die Equal Error Rate (EER) für den IOPen beträgt 0,0315 und für das SignPad 0,0476. Diese Ergebnisse wurden durch jede der drei Fusionsstrategien noch verbessert: EER_{gleich}=0,0260, EER_{linear}=0,0280 und $EER_{quadratisch}$=0,0267. Zusätzlich stellte sich heraus, dass für jede Semantik die Fusion immer zu einer Verbesserung im Vergleich zu den einzelnen Ergebnisse führte, unabhängig davon, mit welcher Gewichtungsstrategie sie durchgeführt wurde. Vergleicht man das jeweils beste Ergebnis basierend auf den einzeln getesteten Sensoren mit dem entsprechenden besten fusionierten Resultat, ergibt sich eine relative Verbesserung der Verifikationsperformance zwischen 17,4% und 36,2%.

In Rahmen zukünftiger Arbeit sollte die Datenbasis dieser Untersuchung vergrößert werden, um die Ergebnisse anhand einer repräsentativeren Anzahl von Nutzern zu bestätigen. Es werden des Weiteren andere Geräte zur Erfassung von Handschriftendaten daraufhin untersucht werden, ob sie sich für eine Fusion auf Basis unterschiedlicher Sensoren eignen, wie sie in diesem Artikel beschrieben wurde. Diese könnten dann einzelne Komponenten des vorgestellten auf Fusion basierenden Systems ersetzen bzw. das System ergänzen, um die Authentifikationsperformanz zu erhöhen. Zu weiteren Verbesserungen könnte auch die Anpassung der Algorithmen an die einzelnen Sensoren führen. Da die Daten durch die technischen Unterschiede der Erfassungshardware differieren, sollte die Möglichkeit der Optimierung der verwendeten Algorithmen basierend auf den Eigenschaften der Hardware untersucht werden.

Danksagungen

Diese Veröffentlichung entstand in Kooperation mit dem EU Network of Excellence, BioSecure (IST-2002-507634 BIOSECURE) und mit Unterstützung der Deutschen Forschungsgemeinschaft. Der Inhalt dieser Veröffentlichung steht in alleiniger Verantwortung der Autoren und widerspiegelt somit in keiner Weise die Meinung der Europäischen Union.

Literatur

[Anot05] Anoto, http://www.anoto.com

[Bish05] Matt Bishop: Introduction to Computer Security; Addison-Wesley, Boston, ISBN 0-321-24744-2; 2005.

[HeFr04] O. Henniger, K. Franke: Biometric User Authentication on Smart Cards by Means of Handwritten Signatures. In: Biometric Authentication, First International Conference, ICBA 2004, Hong Kong, China, Proceedings. Lecture Notes in Computer Science Vol. 3072 Springer (2004), 547-554.

[Lass02] G. Laßmann (Ed.), TeleTrusT Deutschland e.V., Bewertungskriterien zur Vergleichbarkeit biometrischer Verfahren – Kriterienkatalog – Version 2.0, http:// www.teletrust.de /down/kritkat_2-0.zip, 2002.

[ScVi06] T. Scheidat, C. Vielhauer: Untersuchung der Möglichkeit eines biometrischen On-Pen Matching, in P. Horster (Hrsg..): D·A·CH Security 2006, syssec (2006) 392-404.

[ViSc05] C. Vielhauer, T. Scheidat: Fusion von biometrischen Verfahren zur Benutzerauthentifikation; in P. Horster (Hrsg.), D·A·CH Security 2005, syssec (2005) 82-97.

[ViSM02] C. Vielhauer, R. Steinmetz, A. Mayerhöfer: Biometric Hash based on Statistical Features of Online Signature. In: Proceedings of the International Conference on Pattern Recognition (ICPR); Conference on Pattern Recognition (ICPR), August, Quebec City, Canada, ISBN 0-7695-1696-3, 2002 Vol. 1, S. 123 – 126

[Viel06] C. Vielhauer: Biometric User Authentication for IT Security: From Fundamentals to Handwriting, Springer, 2006.

Trusted-Computing-Anwendungen mit Open Source Software

Wilhelm Dolle[1] · Christoph Wegener[2]

[1] HiSolutions AG
dolle@hisolutions.com

[2] wecon.it-consulting
wegener@wecon.net

Zusammenfassung

Dieser Beitrag beleuchtet den aktuellen Stand von öffentlich verfügbaren Open Source Softwareprojekten, die die Fähigkeiten eines Trusted Platform Moduls unter einem freien Betriebssystem wie Linux nutzbar machen.

1 Motivation

Trusted Computing ist ein relativ neuer und kontrovers diskutierter Ansatz, die Sicherheit von IT-Plattformen zu erhöhen. Er besteht unter anderem darin, dass diesen Systemen die Möglichkeit gegeben wird, sich gegenseitig zu authentisieren und so eine vertrauenswürdige Umgebung aus Hard- und Software zu schaffen. Ein Kernelement dabei ist ein Hardwarebaustein, der von einem Konsortium aus Unternehmen, die sich als "Trusted Computing Group" (TCG) zusammengeschlossen haben, unter dem Namen "Trusted Platform Module" (TPM) spezifiziert wird. Die zum großen Teil frei zugänglichen Spezifikationen werden von der TCG laufend überarbeitet und aktualisiert. Erste Versionen der Spezifikation dienen bereits jetzt als Grundlage für die millionenfache Produktion von TPM-Chips und deren Integration in entsprechende Systeme. Neben dem TPM sind weiterhin sichere Betriebssysteme notwendig, um die Funktionen des TPM nutzen zu können und diese als Dienste dem Anwender zur Verfügung zu stellen. Entgegen der optimistischen Annahmen der letzten Jahre, hat sich vor allem dieser Aspekt als sehr schwierig und nur langfristig umsetzbar herausgestellt. Komplette Betriebssysteme, die Trusted Computing unterstützen, sind auch im Jahre 2007 nur am fernen Horizont zu erahnen. Allerdings existieren eine Reihe, mehr oder weniger sinnvolle, Anwendungsszenarien, in denen Applikationen eingesetzt werden, die von einem TPM profitieren. Dazu gehören unter anderem das sichere Speichern von kryptographischen Schlüsseln bei Anwendungen wie Festplattenverschlüsselung oder dem Einsatz von SSL-Zertifikaten.

Dem breiten Einsatz von Trusted Computing steht noch eine bedeutende Herausforderung bevor: Der Anwender muss dieser "vertrauenswürdigen" Technik sein persönliches Vertrauen schenken. Bisher jedoch sind alle Versuche, den Endanwender davon zu überzeugen, dass Trusted Computing seine Privatsphäre nicht verletzen wird, sondern ihm ein Werkzeug zur Erhöhung der Sicherheit seines Systems an die Hand gibt und so den Schutz seiner Privatsphäre eher noch erweitert, fehlgeschlagen. Betrachtet man den aktuellen Stand verfügbarer

P. Horster (Hrsg.) · D•A•CH Security 2007 · syssec (2007) 450-458.

Informationen, ist der technische Standard ziemlich offen und bietet mannigfaltige Möglichkeiten, Trusted Computing sowohl datenschutzfreundlich als auch datenschutzfeindlich einzusetzen. Will man die Effekte dieser Technik auf den Schutz der Privatsphäre ermitteln, muss man die Anwendungen betrachten, die in Zukunft mit großer Wahrscheinlichkeit von ihr Gebrauch machen werden. Quelloffenheit ist hierbei natürlich ein positiver Aspekt, ermöglicht sie es doch, den Code auf genaue Funktion, Hintertüren und Schwachstellen hin zu kontrollieren. Auch wenn Quelloffenheit lange nicht das einzige Kriterium sein kann, so wäre damit ein erster Schritt zu größerem Vertrauen möglich.

Wir betrachten den aktuellen Stand von frei verfügbaren Open Source Software(OSS)-Projekten, die die Fähigkeiten eines Trusted Platform Modules unter einem freien Betriebssystem (z.B. Linux) nutzbar machen. Dabei werden die entsprechenden Open Source Projekte zunächst thematisch in die Bereiche Infrastruktur, Schnittstellen und Anwendungen gegliedert.

2 Infrastruktur-Projekte

Infrastruktur-Projekte schaffen die Voraussetzungen, dass ein TPM-Chip in ein Open Source Betriebssystem eingebettet und die grundsätzlichen Funktionalitäten über das Betriebssystem angesprochen werden können.

2.1 TPM-Emulator

Der TPM-Emulator [MaSt04, TPME] ist für wissenschaftliche und experimentelle Zwecke gedacht und simuliert die Funktionsweise eines TPM-Chips mit Hilfe von Software. Der TPM-Emulator implementiert als Kernelmodul die überwiegende Mehrzahl der TPM-Befehle (gemäß der TPM-Spezifikation Version 1.2) und ist damit eine Alternative für PCs und Server, welche nicht über einen als Hardware eingebauten TPM-Chip verfügen.

2.2 TPM-Gerätetreiber

TPM-Treiber haben unter Linux in den offiziellen Kernel ab der Version 2.6.12 Eingang gefunden; bisher sind die TPM Device Driver für verbreitete TPM-Chips der Hersteller Infineon, Atmel und National Semiconductor integriert. Ab der Kernel-Version 2.6.17 sind aktualisierte und überarbeitete TPM-Gerätetreiber – auch mit Unterstützung für TPM-Chips der Version 1.2 – enthalten. In den Kernel geladen erzeugen diese Treiber ein Character Device, über welches der TPM-Chip nun aus dem Betriebssystem, gemäß der Spezifikation über den TCG Software Stack, ansprechbar ist.

2.3 TrouSerS

Der TCG Software Stack (TSS) regelt den Zugriff der Anwendungen auf den TPM-Chip. Alle Zugriffe werden dabei über einen zentralen Dienst abgewickelt. Die TSS-Spezifikation ist dabei grundsätzlich betriebssystemunabhängig, unterscheidet aber genau zwischen Kernel- und Usermodus, sowie zwischen System- und Userprozessen. Insgesamt werden vier Subsysteme ("Module") definiert, welche ihre Dienste über spezifizierte Schnittstellen ("Interfaces") zur Verfügung stellen. Die Spezifikation sieht ebenso vor, dass der Zugriff einer Anwendung sowohl über das lokale IT-System erfolgen kann, aber auch durch ein entferntes IT-System über das Netz – z.B. unter Nutzung von Remote Procedure Calls (RPC). Mit dieser Öffnung der Funktionalitäten für entfernte IT-Systeme ergeben sich neue Anwendungsmöglichkeiten, welche maßgeblich zur eigentlichen Brisanz von Trusted Computing beitragen.

Das Projekt "TrouSerS" [TrouSerS] ist eine quelloffene Implementierung des TCG Software Stacks und ist, bis auf ein paar kleine Abweichungen, konform zur TSS Spezifikation 1.10. TrouSerS unterstützt TPM-Chips der Version 1.1b, die Unterstützung von TPM-Chips der Version 1.2 ist angekündigt.

Das Betriebssystem selber und die Anwendungen auf einem System greifen nicht direkt über die Hardware-Treiber auf das TPM zu. Alle Zugriffe werden, gemäß der Interface-Spezifikation des TCG Software Stack, über einen zentralen Dienst abgewickelt. Lediglich dieser Dienst kommuniziert dann über den TPM-Gerätetreiber mit dem TPM.

Die primären Designziele von TSS sind:

- Bereitstellung eines einzigen Zugangspunkts zu den Funktionen des TPM (durch das TSS Service Provider Interface)
- Synchronisierter Zugriff auf das TPM (durch den TPM Request Manager)
- Transparentes Handling von Interna, wie beispielsweise Byte-Ordering und Alignment (intern durch den TSS)
- Verwalten der TPM-Ressourcen (durch den TSS Core Service)

Der TSS ist in verschiedene unabhängige Subsysteme unterteilt (vgl. Abbildung 1), die über definierte Interfaces kommunizieren, welche in der Spezifikation beschrieben sind:

- TSS Service Provider (TSP)
- TSS Core Service (TCS)
- TCPA Device Driver Library (TDDL)
- TPM Device Driver

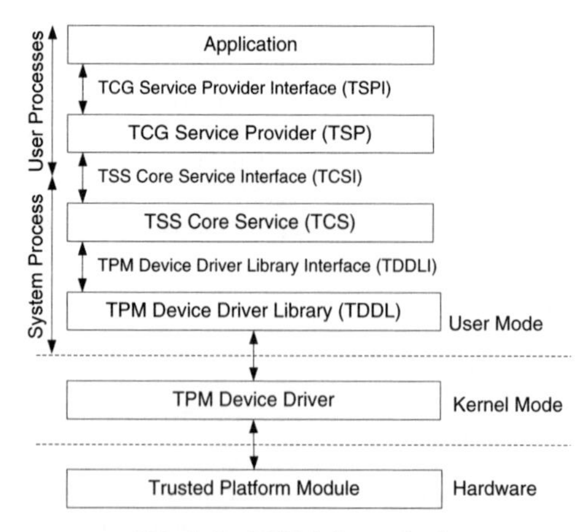

Abb. 1: Der TCG Software Stack

Das Trousers-Projekt ist ein unter der CPL (Common Public License) stehender Open Source-TSS. Das Projekt umfasst TSP, TCS und TDDL, die TPM Device Driver sind bereits in den Standard-Kernel integriert worden und nicht mehr Teil des Pakets. Trousers implementiert den TSS Core Service als Unix-Dienst "TCSD" und die TCG Service Provider als Shared Libraries. Zusätzlich kümmert sich die Software um die persistente Speicherung von Daten und um den Remote-Zugriff auf den "TCSD".

Programme, die das TPM benutzen möchten, müssen einen so genannten TCG Service Provider nutzen. Jede Applikation bekommt einen eigenen TSP, der in ihrem Prozesskontext läuft. Die TSPs kommunizieren mit dem TSS Core Service des Betriebssystems (bei Trousers der "TCSD"), der ihnen die gewünschten Funktionen zur Verfügung stellt. Die TPM Device Driver Library (TDDL) sorgt zwischen dem TCS und dem TPM-Gerätetreiber für die Abstraktion verschiedener Implementierungen der Hardware.

Über die Konfigurationsdatei tcsd.conf kann man den Dienst an seine Anforderungen anpassen. Im Prinzip ist das Aufbau der Datei selbsterklärend, zusätzlich existiert eine man-Page. Unter anderem lassen sich hier diverse Logfiles einstellen und angeben, welche Werte in den verschiedenen PCRs abgelegt werden. Sehr interessant ist auch die, aus Sicherheitsgründen per default deaktivierte, Funktion, den TCS über ein Netzwerk von einem Remote-Rechner ansprechen zu können. Technisch wird dies realisiert, indem auf zwei Systemen jeweils die TCS-Dienste über eine vorgeschaltete RPC-Schnittstelle Daten austauschen.

Trousers bietet so eine Schnittstelle, um die Funktionalitäten des TPM-Chips aus dem Userspace zu nutzen. Um mit dem TPM-Chip über die TSS-API in Kontakt zu treten, muss zunächst ein so genannter "TSPI Context" erzeugt werden, an den man sich im nächsten Schritt binden kann. Im Rahmen dieses TSPI-Kontextes kann nun mit der eigentlichen, anwendungsspezifischen Programmierung begonnen werden.

2.4 TPM-Tools

Mit dem Projekt TrouSerS ausgeliefert werden außerdem eine Reihe von Hilfsprogrammen (die so genannten "TPM-Tools"), mit denen eine sinnvolle Nutzung des TPM-Chips erst möglich wird: Die Hilfsprogramme implementieren administrative Funktionen, beispielsweise um den Besitz über den TPM-Chip "zu übernehmen"; dieser als "Take Ownership" bezeichnete Prozess erzeugt die später benötigten kryptographischen Schlüsselpaare und setzt ein zusätzliches Eigentümerpasswort. Mit weiteren Managementbefehlen können z.B. ein Selbsttest durchgeführt werden, Passwörter geändert werden, Versions- und Zustandsinformationen ausgegeben werden usw., wobei einige Operationen eine Authentifizierung mittels des Eigentümerpassworts und / oder physikalischer Präsenz erforderlich machen.

3 Schnittstellenprojekte

Schnittstellenprojekte bedienen vorhandene Software-APIs, um die Funktionalitäten der TPM-Chips in bereits etablierte Software einzubinden.

"Java Wrapper" für TrouSerS

Der Java TSS Wrapper [JTW] bietet eine objekt-orientierte Java API für die Benutzung und Interaktion mit dem TCG Software Stack zum Erstellen von Java-Anwendungen und liegt aktuell in der Version 0.2.4 vor. Der Java TSS Wrapper wird im Rahmen von Trusted Java entwickelt, das Teil des OpenTC [OTC] Projekts ist.

TPM-Engine für (Open)SSL

OpenSSL in der Version 0.9.8 bringt die so genannte TPM-Engine mit: Dabei handelt es sich um die Möglichkeit, kryptographische Funktionen an externe Module ("Engines") zu delegieren, statt sie direkt durch die OpenSSL Software-Implementierung zu realisieren. Diese Engines sind typischerweise hardwarebasiert und können beispielsweise Smart-Cards oder eben auch TPM-Chips sein.

PKCS#11 Interface für TPM-Chips

Der Standard PKCS#11 (Cryptographic Token Interface Standard) beschreibt eine Schnittstelle zu einem Token, welches kryptographische Informationen enthält und über das diese kryptographischen Funktionen ausgeführt werden können. Diese Schnittstelle wird über den Trusted Software Stack einen standardisierten Zugriff auf den TPM-Chip und seine Funktionen ermöglichen.

4 Anwendungsszenarien

Nach einem groben Überblick über die Architektur der offenen Implementierung des Trusted Computing und aktueller Infrastrukturprojekte sollen nun Anwendungsszenarien vorgestellt und hinsichtlich ihrer Praktikabilität und ihres Nutzen bewertet werden. Anwendungsszenarien bauen auf den Schnittstellen auf oder greifen direkt auf die Infrastrukturprojekte zu, um konkrete TPM-Anwendungen zu implementieren.

4.1 Verschlüsselung von Dateien

Die Verschlüsselung von Dateien ist ein prädestiniertes Einsatzgebiet für den TPM-Chip. So verwundert es nicht weiter, dass mit den TPM-Tools auch ein Programm "tpm_sealdata" mitgeliefert wird, mit dem Dateien unter Nutzung des TPM-Chips verschlüsselt ("data binding") und an eine spezielle Plattformkonfiguration ("data sealing") gebunden werden können. Für das Entschlüsseln ist kein entsprechendes Programm enthalten, wohl aber eine Bibliothek "libtpm_unseal". Diese Bibliothek enthält eine Funktion "tpmUnsealFile", mit der einmal verschlüsselte Dateien wieder entschlüsselt werden können

Beim Verschlüsseln von Dateien mit tpm_sealdata wird folgende Vorgehensweise implementiert: Zunächst wird durch den Zufallszahlgenerator des TPM-Chips ein symmetrischer AES-Schlüssel mit einer Länge von 256 Bit erzeugt. Mit diesem symmetrischen Schlüssel wird der Klartext der Datei verschlüsselt. Diese Verschlüsselung erfolgt dabei nicht durch den TPM-Chip – dieser hat nämlich gar keine AES-Funktionalität eingebaut – sondern durch die Kryptobibliotheken von OpenSSL. Der TPM-Chip wird dann wieder genutzt, um diesen symmetrischen Schlüssel zu schützen: Der TPM-Chip erzeugt dazu ein neues RSA Objekt, mit dem der symmetrische AES Schlüssel geschützt wird. Das erzeugte RSA-Objekt wiederum wird (beim Export) mit dem Storage Root Keys (SRK) des TPM-Chips geschützt. Dadurch entsteht wieder eine Vertrauenskette: Die Wurzel des Vertrauens ist der SRK, dessen privater Schlüssel im TPM-Chip gespeichert ist. Nur mit diesem SRK kann das RSA-Objekt richtig entschlüsselt werden, und nur dieses RSA-Objekt kann den symmetrischen AES Schlüssel entschlüsseln, und nur mit diesem symmetrischen Schlüssel können wiederum die Daten korrekt entschlüsselt werden. Somit können also alle erforderlichen Informationen bedenkenlos auf der Festplatte gespeichert werden.

Bei der Nutzung von tpm_sealdata dürfen (laut man-Pages) keine Passwörter für den "Owner" und den SRK vergeben sein; falls diese bereits bei der Übernahme des TPM-Chips gesetzt worden sein sollten, können sie mit dem TPM-Tools-Befehl "tpm_changeownerauth" wieder geändert werden. Dann funktioniert auch das Entschlüsseln einer Datei mit dem Programm tpm_unseal problemlos.

Die Verschlüsselung von Daten mit Unterstützung des TPM-Chips ist in der vorhandenen Implementierung ein gelungener "Proof of Concept"; trotzdem erscheint die Verschlüsselung von Daten mit dieser Methode als wenig praktikabel – dazu dauert das Erzeugen der Zufallszahlen für den AES Schlüssel und der RSA-Objekte im TPM-Chip zu lange; weiterhin muss man sich die Frage stellen, ob das Verschlüsseln einzelner Dateien einen signifikanten Sicherheitsgewinn darstellt. Interessanter wäre, gesamte Dateisysteme zu verschlüsseln und den dabei verwendeten symmetrischen Schlüssel mit Hilfe des TPM-Chips zu sichern. Bei den meisten Szenarien darf also getrost darüber philosophiert werden, ob tatsächlich ein signifikanter Gewinn an Sicherheit erreicht wird – und wie z.B. mit dem Problem umgegangen wird, dass der TPM-Chip eines Tages seinen Dienst versagt.

4.2 Integration in (Open)SSL

Ein Beispiel für eine komplexere Anwendung ist die TPM-Engine für OpenSSL. Dabei wird wie bereits beschrieben die Möglichkeit von OpenSSL genutzt, krytographische Funktionen auch an externe Module ("Engines") delegieren zu können, statt sie durch die OpenSSL Software-Implementierung zu erbringen. Diese Fähigkeit von OpenSSL kann nun genutzt werden, um eine Root-CA aufzubauen, deren privater Schlüssel durch den TPM-Chip gesichert ist. Damit ist der private Schlüssel – und damit die RootCA – direkt an den Rechner geknüpft; Offline-Angriffe auf die CA werden somit nahezu unmöglich.

Um das Zusammenspiel von OpenSSL mit dem TPM-Chip zu testen, ist allerdings mindestens OpenSSL in der Version 0.9.8 erforderlich. Gegebenenfalls muss also eine entsprechend aktuelle Version heruntergeladen und kompiliert werden. In diesem Fall empfiehlt es sich, beim ./configure die Optionen --prefix und --openssldir geeignet zu belegen, um diese OpenSSL Version in ein separates Verzeichnis zu installieren.

Anschließend kann der Quellcode der TPM-Engine heruntergeladen, kompiliert und installiert werden. Hier sollte beim ./configure die Option --with-openssl auf den Pfad der soeben installierten OpenSSL Version 0.9.8 gesetzt werden, wodurch die erzeugte Bibliothek "libtpm" in das Verzeichnis ./lib/engines des OpenSSL Installationspfades kopiert wird.

Mit dem ebenfalls erzeugten Programm "create_tpm_key kann" nun der private Schlüssel der Root-CA erzeugt werden. Durch den Aufruf "create_tpm_key TPM_ROOT_CA.key" wird – unter Nutzung der TSS-API – ein "RSA Objekt" im TPM-Chip generiert, welches den privaten Schlüssel der Root-CA repräsentiert. Nachdem im TPM-Chip die RSA Slots ebenfalls volatil sind, muss das RSA-Objekt persistent gespeichert werden. Deshalb wird es beim Export aus dem TPM-Chip mit dem öffentlichen Schlüssel des Storage Root Keys (SRK) verschlüsselt und anschließend in der Datei "TPM_ROOT_CA.key" abgelegt. Die somit erzeugte Datei beinhaltet also den durch den SRK geschützten privaten Schlüssel der Root-CA in Binärform. Für Dritte enthält die Datei nur sinnfreie Bitfolgen; der Import dieser Datei in eine andere

TPM-Plattform würde scheitern, da diese einen anderen SRK hätte und somit die Datei nicht korrekt entschlüsseln könnte.

Nun kann die Root-CA angelegt werden, wobei die folgenden Befehlssequenzen relativ zum gewählten OpenSSL Installationspfad angegeben sind. Zunächst muss die Umgebungsvariable "OPENSSL_CONF" auf die Datei ./openssl.cnf gesetzt werden; in dieser Datei können dann die für die Root-CA gültigen Parameter (z.B. der Distinguished Name) gesetzt werden; schließlich kann das Skript ./misc/CA.sh -newca aufgerufen werden. Dieses Skript ermöglicht den Import eines vorhandenen privaten Schlüssels – dementsprechend muss der Pfad der soeben erzeugten Datei TPM_ROOT_CA.key angegeben werden, welche dann durch das Skript in die gängige CA Verzeichnisstruktur kopiert (und in "cakey.pem" umbenannt) wird.

Abschließend muss noch ein selbst-signiertes Root-Zertifikat (unter Nutzung des vom TPM-Chip gesicherten privaten Schlüssels) erzeugt werden. OpenSSL delegiert über die beiden Parameter -keyform und -engine die Handhabung des privaten Schlüssels der Root-CA an die TPM-Engine; dann wird (für die Selbstsignierung der Root-CA) der öffentliche Schlüssel der Root-CA mit dem Distinguished Name der Root-CA verknüpft, gehasht, mit dem privaten Schlüssel des RSA Objekts signiert und zusammen mit dem Distinguished Name und dem öffentlichen Schlüssel der Root-CA als X.509 Zertifikat in der Datei "TPM_ROOT_CA.crt" unter dem Pfad ./demoCA/ gespeichert.

Um nun neue Zertifikate zu erzeugen, muss zunächst ein Certificate Signing Request (CSR) erstellt werden, wobei die Schlüsselerzeugung von OpenSSL vorgenommen wird (also ohne das Zutun des TPM-Chips):

./bin/openssl req -new -keyout ./cert1.key -days 365 -nodes -out ./cert1.req

Um diesen CSR mit dem privaten Schlüssel der Root-CA signieren zu können, ist nun wieder der Einsatz der TPM-Engine erforderlich:

./bin/openssl ca -keyform engine -engine tpm -keyfile ./demoCA/private/cakey.pem -in ./cert1.req -out ./cert1.crt -cert ./demoCA/TPM_ROOT_CA.crt

Alle weiteren operativen Tätigkeit der Root-CA (Widerrufen von Zertifikaten, Erzeugen von Revocation Lists usw.) können völlig analog abgehandelt werden.

Die TPM-Engine ermöglicht erstmals eine sinnvolle Nutzung des TPM-Chips. Durch die Integration in OpenSSL wird ganz allgemein die Handhabung von Zertifikaten (welche durch den TPM-Chip gesichert sind) deutlich vereinfacht. Neben der vorgestellten Root-CA gibt es noch andere Einsatzszenarien: So könnte man beispielsweise einen SSL-Webserver mit einem (durch den TPM-Chip gesicherten) X.509 Zertifikat ausstatten. Auf diese Weise würden auch Angriffe unterbunden, mit denen aus dem Hauptspeicher des Rechners der private Schlüssel des Zertifikats ausgelesen werden kann. Gegen den Einsatz in SSL-Webservern spricht die niedrige Geschwindigkeit von RSA-Operationen im TPM. Zudem bleiben alle Sitzungsschlüssel im Hauptspeicher, diese sind also für Angreifer weiterhin erreichbar.

4.3 Trusted/Secure Boot

Der Bootprozess ist für die Gewährleistung der Vertrauenswürdigkeit eines IT-Systems von hoher Bedeutung; dementsprechend muss schon hier sichergestellt werden, dass keine der genutzten Komponenten unbefugterweise ausgetauscht, modifiziert oder kompromittiert wurde. In diesem Zusammenhang verwendet man in der Literatur (vgl. [SWS]) die Begrifflichkeiten

"Trusted Boot", "Secure Boot" und "Authenticated Boot": Beim Trusted Boot werden die relevanten Systemkomponenten lediglich vermessen ("Measurement Flow"); beim Secure Boot werden darüber hinaus zusätzlich Aktionen ("Enforcing") ausgelöst (z.B. Abbruch des Bootvorgangs, "Kernel panic", Konsolenmeldung, etc.), falls sich der gemessene Ist-Wert und der erwartete Referenzwert unterscheiden ("Execution Flow"). Beim Authenticated Boot schließlich wird beim Execution Flow noch weiter differenziert: Der prüfenden Instanz ist eine Menge von Referenzwerten bekannt, welche gültige Plattformkonfigurationen darstellen (z.B. bestimmte Betriebssystem-Versionen mit spezifizierten Patch-Levels). Damit kann die prüfende Instanz anhand der gemessenen Ist-Werte entscheiden, wie weiter zu verfahren ist.

Mit der Verifikation des Bootvorgangs kann die Integrität der gesamten Plattform vom Systemstart bis in die Anwendungsebene erfasst und überprüft werden – und gegebenenfalls auch der Bootvorgang gestoppt werden. Von zentraler Bedeutung sind dabei das relevante Teile des BIOS und der TPM-Chip: Nur diese beiden Komponenten sind per Definition vertrauenswürdig – das BIOS ist dabei der unbedingte Vertrauensanker ("Core Root of Trust for Measurement", CRTM), der TPM-Chip ist sein "krytographischer Erfüllungsgehilfe".

Zur Umsetzung der Konzepte kann in zum Beispiel der von den IBM Labs in Japan implementierte "GRUB TCG Patch" [GP] genutzt werden – ein Patch für den Bootloader GRUB, um während des Bootvorgangs mit dem TPM-Chip Messungen vorzunehmen. Dieser Patch erlaubt allerdings bisher keine Auswertung der Messergebnisse oder gar ein "Enforcing". Nach Beendigung dieses Vorgangs übergibt GRUB die Kontrolle an den Linux-Kernel und der Bootvorgang läuft seinen gewohnten Gang.

Ein großes Problem ist bei diesem Vorgang die durchgehende Vertrauenskette vom Systemstart bis in die Anwendungsebene. Hier ist ein großer Aufwand erforderlich und die bisher bekannten technischen Implementierungen setzen daher zur Zeit auch nur einen kleinen Teil der Konzepte um, in der Praxis sind sie aber noch nicht besonders hilfreich.

Konzeptioneller Knackpunkt ist nach wie vor das Management der Referenzwerte für eine große Zahl von individuellen Plattformen. Die Referenzwerte müssen geeignet auf der Plattform hinterlegt werden und bei Bedarf (z.B. BIOS Updates, Security Patches des Kernels) aktualisiert werden können.

4.4 EMSCB Turaya Crypt, VPN

Das Projekt mit Turaya [Turaya] setzt als "Proof-of-Concept" verschiedene Facetten der Einsatzmöglichkeiten von Trusted Computing um. Zum einen wird ein gepatchter Bootloader GRUB eingesetzt, der mit Hilfe des TPM-Chips Messungen vornimmt, bevor er die Kontrolle an einen L4-Microkernel übergibt. "Turaya-Crypt" bietet die Möglichkeit, Dateisysteme (oder Teile) davon zu verschlüsseln und diese sogar an eine spezielle Plattform-Konfiguration zu binden. Mit "Turaya-VPN" schließlich kann eine mittels VPN gesicherte Verbindung zu einem Testserver aufgebaut werden.

Alle diese Features können im Prinzip die Möglichkeiten des TPM-Chips nutzen, in der Demo-Version ist dies aber (noch) nicht konsequent umgesetzt. Sicherheitsrelevante Informationen wie Keys oder Zertifikate liegen jedoch grundsätzlich in einem für das Gast-System nicht zugänglichen und allein durch den L4-Microkernel kontrollierten Bereich. Ein Angreifer, der es schafft das Gast-System zu kompromittieren, hätte also trotzdem keinerlei Zugriff auf diese sicherheitskritischen Informationen.

Ist ein TPM-Chip im System vorhanden können darüber hinaus können grundlegenden Eigenschaften des TPM-Chips (z.B. der Public-Key des auf dem TPM-Chip gespeicherten "Endorsement Keys", die Werte der PCRs, die Version des TPM-Chips oder auch die Anzahl der RSA-Slots) ausgelesen und Zufallszahlen mit dem TPM-Chip erzeugt werden.

4.5 TPM Keyring für eCryptFS

eCryptfs ist ein kryptographisches Filesystem für Linux und erweitert das Standard Cryptfs mit einem verbesserten Schlüsselmanagement und einer verbesserten Rechtevergabe. eCryptfs speichert die kryptographischen Metadaten im Header jeder Datei – dadurch können Dateien zwischen verschiedenen Rechnern ausgetauscht werden und sind überall dort entschlüsselbar, wo der "richtige" Key vorhanden ist. Der TPM-Keyring stellt nun einen Key-Manager mit graphischer Unterstützung für TPM-basierte Keys im eCryptfs zur Verfügung. Dadurch lassen sich Dateien mit durch das TPM-geschützte Schlüssel kryptographisch gesichert ablegen. Der Schlüsselaustausch wird dabei über den TCS-Daemon geregelt.

5 Fazit

Es gibt eine Reihe von ersten Ansätzen, welche die Konzepte rund um das Thema "Trusted Computing" mit Open Source Projekten in die Praxis umzusetzen. Mit den TPM-Tools steht ein Werkzeug zum Verschlüsseln von Daten mittels des TPM bereit, die OpenSSL-Engine bietet die Möglichkeit, eine RootCA mit Hilfe des TPM aufzubauen und so (weitgehend) vor Offline-Angriffen geschützt zu sein. Auch Virtualisierungsprojekte bieten interessante Ansätze, die äußerst viel versprechend erscheinen und die Hoffnung wecken, Viren, Würmern und "Phishern" zukünftig besser entgegen treten zu können.

Allerdings bleibt es in vielen Fällen "noch" bei Konzeptstudien und ersten Ansätzen. Probleme rund um die Migration von Schlüsseln oder gar dem Storage Root Key sind nach wie vor ungelöst und schränken eine wirkliche Praxistauglichkeit noch erheblich ein. Dennoch bietet die Technologie rund um das Trusted Computing (mittels Open Source Software) eine Menge Potenzial – Digital Rights Management (DRM) sollte nicht die einzige Anwendung bleiben, die im Zusammenhang mit Trusted Computing breit diskutiert wird.

Literatur

[GP] GRUB TCG Patch to support Trusted Boot; http://trousers.sourceforge.net/grub.html

[JTW] Trusted Java – Teil des OpenTC Projekts; http://trustedjava.sourceforge.net/

[OTC] OpenTC Projekt; http://www.opentc.net/

[MaSt04] M. Strasser: A Software-based TPM Emulator for Linux, Semester Thesis, ETH-e Zürich, 2004, www.infsec.ethz.ch/people/psevinc/TPMEmulatorReport.pdf

[TPME] Project: Software-based TPM Emulator; http://developer.berlios.de/projects/tpm-emulator/

[TrouSerS] Trousers – An open source TCP Software Stack implementation, http://trousers.sourceforge.net

[Turaya] Turaya Project Page; http://www.emscb.de/content/pages/turaya.htm

Eine 8-Bit Highspeed Softwareimplementierung von Whirlpool

Stefan Berger · Robert Könighofer · Christoph Herbst

Technische Universität Graz*
{stberger | king}@sbox.tugraz.at
christoph.herbst@iaik.tugraz.at

Zusammenfassung

Dieser Beitrag präsentiert eine performanceoptimierte Softwareimplementierung einer modernen Hashfunktion auf einem 8-Bit Mikrokontroller. Als Zielplattform dient ein ATMega163 von Atmel®. Sämtliche präsentierten Konzepte lassen sich aber für die meisten 8-Bit Plattformen anwenden. SHA-1 und Whirlpool wurden als potentielle Kandidaten für einen geeigneten Hashalgorithmus in Betracht gezogen. Aufgrund einer Analyse des Performancepotentials und einer Abwägung der Sicherheitsaspekte wurde schließlich Whirlpool ausgewählt und für die Zielplattform implementiert. Dieser Artikel beschäftigt sich sowohl mit der Evaluierung der beiden Kandidaten als auch mit der optimierten Implementierung von Whirlpool. Wir legen unsere Designüberlegungen dar und präsentieren konkrete Performancewerte.

1 Einführung

Eingebettete Systeme haben mittlerweile Einzug in fast alle Bereiche der digitalen Informationsverarbeitung gefunden und gewinnen immer mehr an Bedeutung. Die zunehmende Vernetzung dieser Geräte im Sinne von *Pervasive Computing* und *Ubiquitous Computing* verlangt Mechanismen zur Erreichung unterschiedlichster Sicherheitsziele in der Kommunikation. Geräte, deren Hardware auf anwendungsspezifische Aspekte optimiert ist, kommen zunehmend in die Verlegenheit, in gewissem Maße gesicherte Kommunikationsdienste anbieten zu müssen. Eine Implementierung entsprechender Algorithmen ist deshalb häufig nur in Software möglich. Bedenkt man die limitierten Ressourcen solcher Systeme, so wird klar, dass effiziente Algorithmen für kryptographische Basisfunktionalitäten wie Hashfunktionen von entscheidender Bedeutung sind.

Neben der Berechnungskomplexität, die beim Einsatz auf Eingebetteten Systemen von großer Wichtigkeit ist, spielt auch die Erfüllung von Sicherheitskriterien eine besondere Rolle bei der Wahl eines geeigneten Hashalgorithmus. SHA-1 und Whirlpool sind zwei in der Praxis weit

* The research described in this paper has been supported by the European Commission through the IST Programme under contract IST-2002-507932 ECRYPT. The information in this document reflects only the authors' views, is provided as is and no guarantee or warranty is given that the information is fit for any particular purpose. The user thereof uses the information at its sole risk and liability.

verbreitete Algorithmen, die diese Anforderungen erfüllen. Mit dem Atmel ATMega163 wurde als Zielplattform ein in vielen unterschiedlichsten Gebieten einsetzbarer "State-of-the-Art" Mikrokontroller gewählt. Die in diesem Beitrag vorgestellten Konzepte sind aber auf die meisten 8-Bit Plattformen übertragbar. Für die Implementierung der Hashfunktion auf dem Mikrokontroller musste ein guter Kompromiss zwischen Laufzeit, benötigtem Arbeitsspeicher und benötigtem Programmspeicher gefunden werden. Um dem in vollem Umfang nachkommen zu können, erfolgte die Implementierung in Assembler.

In diesem Artikel werden, nach ein paar allgemeinen Überlegungen zu Hashfunktionen, SHA-1 und Whirlpool als potentielle Kandidaten für die Implementierung auf dem Zielsystem gegenübergestellt. Einer kurzen Beschreibung der Architektur der letztlich ausgewählten Hashfunktion Whirlpool folgt dann die Diskussion der Implementierung im Detail. Schließlich werden konkrete Performanceergebnisse präsentiert.

2 Allgemeines über Hashfunktionen

Hashfunktionen können gemäß [Pren98] in Funktionen mit Schlüssel und Funktionen ohne Schlüssel eingeteilt werden. Hashfunktionen mit Schlüssel werden auch Message Authentication Codes, kurz MACs, genannt. Ein Input beliebiger Länge wird unter dem Einfluss eines Schlüssels auf einen Output fixer Länge abgebildet. Wird in diesem Beitrag von Hashfunktionen gesprochen, so sind allerdings Hashfunktionen ohne Schlüssel, sogenannte Modification Detection Codes, kurz MDCs, gemeint. Diese bilden eine Nachricht beliebiger Länge auf einen Hashwert fixer Länge ab. Eine spezielle Untergruppe stellen hier die kryptographischen Hashfunktionen dar.

An Hashalgorithmen für kryptographische Zwecke werden besondere Anforderungen gestellt. Bei gegebenem Hashwert soll es nicht möglich sein, auf die Nachricht rückzuschließen (First Preimage Resistance) oder eine zweite Nachricht zu finden, die auf den selben Hashwert abgebildet wird (Second Preimage Resistance), bzw. überhaupt zwei Nachrichten zu finden, die auf den selben Hashwert abgebildet werden (Collision Resistance).

Hashfunktionen finden sich in einer großen Anzahl von unterschiedlichsten Anwendungen wieder. Diese sind dabei nicht immer kryptographischer Natur. Die Erzeugung von Zufallszahlen, Hashtabellen für effiziente Look-Ups sowie Codes zur Fehlererkennung und Fehlerkorrektur sind nur einige Beispiele. Anwendungen für kryptographische Hashfunktionen liegen vor allem im Bereich der:

- Passwortverifikation: Um das Speichern der Passwörter im Klartext zu vermeiden, wird ihr Hashwert gespeichert. Im Vorgang der Authentifizierung wird erneut der Hashwert berechnet und mit dem gespeicherten Wert verglichen.
- Digitale Signaturen: Häufig wird nicht die Nachricht selbst, sondern nur ihr Hashwert signiert, um den Rechenaufwand zu verringern.
- Message Authentication: Die eingesetzten Message Authentication Codes werden oft aus einer kryptographischen Hashfunktion gebildet (z.B. als HMAC, definiert in [NIST02]).

Mit den in diesem Beitrag vorgestellten Konzepten können derartige Problemstellungen bzw. Teilbereiche davon auch auf 8-Bit Systemen effizient und sicher in Software gelöst werden.

3 Ein Vergleich zwischen SHA-1 und Whirlpool

Whirlpool versucht die für kryptographische Hashfunktionen geforderten Eigenschaften durch ein *Substitution-Permutation*-Netzwerk basierend auf dem Rijndael-Algorithmus [DaRi02], der auch im AES (siehe [FIPS01]) zum Einsatz kommt, zu realisieren. Gemäß [RiBa01] besteht der Hashalgorithmus aus zehn Runden, in denen jeweils eine Rundenfunktion angewendet wird. Der produzierte Hashwert hat eine Länge von 512 Bits. SHA-1 bedient sich der sogenannten *Recursive Message Expansion*, die das Ergebnis in 80 Runden berechnet. Die Länge des Ergebnisses beträgt hier jedoch nur 160 Bits. Beide Algorithmen sind iterative Konstrukte, die die Inputdaten in 512-Bit Blöcken entgegennehmen und durch Anwendung einer Verdichtungsfunktion auf den aktuellen Inputblock und dem vorhergehenden Zwischenergebnis jeweils das nächste Zwischenergebnis und schließlich den Output errechnen. Man spricht hier von einer sogenannten *Merkle-Damgård* Konstruktion (siehe [Merk89] und [Damg90]). Die Algorithmen wurden vor allem hinsichtlich der zu erwartenden Performance auf einem 8-Bit System analysiert. Überlegungen bezüglich der Sicherheit fanden auch Berücksichtigung.

Um die Performancedaten auf Systemen mit limitierten Ressourcen besser abschätzen zu können, wurden beide Algorithmen in C implementiert. Der Code wurde mit *CrossWorks for AVR*[1] kompiliert und im integrierten taktzyklentreuen Simulator ausgeführt. Als Zielplattform wurde ein Atmel® ATmega163 gewählt. Da beide Algorithmen auf einer Merkle-Damgård Konstruktion mit selber Blockgröße basieren, wurde nur ein Aufruf der Verdichtungsfunktion gegenübergestellt. Um die Vergleichbarkeit der Ergebnisse sicherzustellen, wurde versucht, beide Algorithmen möglichst effizient zu implementieren. Es wurden lediglich primitive C-Konstrukte und Datentypen verwendet. Die Ergebnisse sind in Tabelle 1 dargestellt.

Tab. 1: Performance in C

Kriterium	Whirlpool	SHA-1
Taktzyklen pro Verdichtungsfunktion	88 764	52 119
Programmspeicher	$1352\,Bytes$	$1600\,Bytes$
Uninitialisierter Speicher	$6 \cdot 64 \cdot uint8 = 384\,Bytes$	$80 \cdot uint32 = 320\,Bytes$ $64 \cdot uint8 = 64\,Bytes$
Initialisierter Speicher	$2 \cdot 256 = 512\,Bytes$	$0\,Bytes$
Arbeitsspeicher gesamt	$896\,Bytes$	$384\,Bytes$
Speicher gesamt	$2248\,Bytes$	$1984\,Bytes$

Zusammenfassend kann gesagt werden, dass SHA-1 auf einem 8-Bit Mikrokontroller deutlich schneller ist. Whirlpool kommt mit weniger Programmspeicher aus, benötigt jedoch mehr Arbeitsspeicher. Das kann im Wesentlichen darauf zurückgeführt werden, dass der resultierende Hashwert länger ist. Wie schon erwähnt basiert Whirlpool auf weniger Runden, wobei diese jedoch komplexer sind. Dieser Umstand lässt mehr Optimierungspotential vermuten. Darüber hinaus ist aufgrund dieser Komplexitätsüberlegung anzunehmen, dass im Falle von Whirlpool mehr Spielraum für unterschiedliche Kompromisse, also für die Optimierung einzelner Performanceparameter auf Kosten anderer, vorzufinden ist.

Ein weiteres Argument für Whirlpool ist die höhere Sicherheit. Gegen SHA-1 existiert eine Attacke, mit der eine Kollision in maximal 2^{63} Operationen gefunden werden kann (siehe

[1] Verfügbar unter http://www.rowley.co.uk/

[WaYY05]). Im Vergleich zur Suche nach Kollisionen über Probieren, die nach dem Geburtstagsparadoxon (siehe [MeOV96]) in 2^{80} Operationen eine Kollision findet, stellt diese Attacke eine deutliche Reduktion des Rechenaufwands dar. Nach Preneel (siehe [Pren98]) müssen etwa 2^{80} Operationen für eine Attacke notwendig sein, um einen Algorithmus für die nächsten 20 Jahre als sicher bezeichnen zu können. Diese Grenze ist im Falle von SHA-1 deutlich unterschritten. Für Whirlpool ist zur Zeit noch keine Attacke bekannt. Bei einem 512-Bit Hashwert ist auch in absehbarer Zukunft keine Attacke nach dem Geburtstagsparadoxon denkbar. Es müsste schon ein Weg gefunden werden, die Anzahl der notwendigen Operationen um einen enormen Faktor zu reduziert, um in den Bereich des technisch Machbaren zu gelangen.

Aufgrund der in diesem Abschnitt dargelegten Vorteile entschieden wir uns dafür, Whirlpool performanceoptimiert und in Assembler für die Zielplattform zu implementieren.

4 Die Architektur von Whirlpool

Details über den Whirlpool-Hashalgorithmus sollen hier nicht diskutiert werden, es sei hier auf [RiBa01] verwiesen. Dieser Abschnitt soll lediglich einen groben Überblick über die Komponenten liefern, und so als Grundlage für die nachfolgenden Umsetzungskonzepte dienen. Im Folgenden werden die in Tabelle 2 zusammengefassten Bezeichnungen verwendet.

Tab. 2: Zusammenstellung der Bezeichnungen

Bezeichnung	Beschreibung
f	Verdichtungsfunktion
W	Verschlüsselungsalgorithmus
ρ	Rundenfunktion
γ	S-Box-Transformation
π	Zyklische Permutation
θ	Lineare Diffusion
σ	Schlüsseladdition
K^r	Rundenschlüssel der Runde r
R^r	Rundenergebnis der Runde r
c^r	Rundenkonstante der Runde r

Bei Whirlpool handelt es sich um einen iterativen Algorithmus. Die Nachricht wird in Blöcke gleicher Länge geteilt. Diese Blöcke werden von einer Verdichtungsfunktion f wie in Abbildung 1 dargestellt in einen Hashwert transformiert.

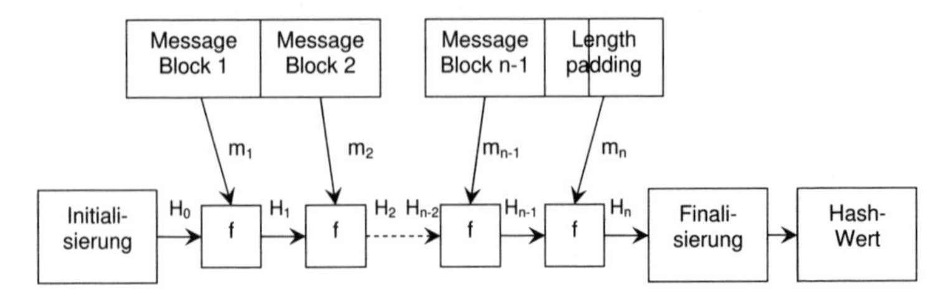

Abb. 1: Merkle-Damgård Konstruktion

Man spricht von einer sogenannten *Merkle-Damgård Konstruktion*, die in [Merk89] und [Damg90] näher behandelt und analysiert wird. Whirlpool verzichtet auf eine Finalisierung und initialisiert H_0 mit Null.

Die Verdichtungsfunktion f ist ihrerseits in der sogenannten *Miyaguchi-Preneel Struktur* ausgeführt. Diese wurde unabhängig voneinander von Shoji Miyaguchi [7] und Bart Preneel [8] vorgeschlagen. Sie basiert auf einem Verschlüsselungsalgorithmus W, und ist in Abbildung 2 dargestellt.

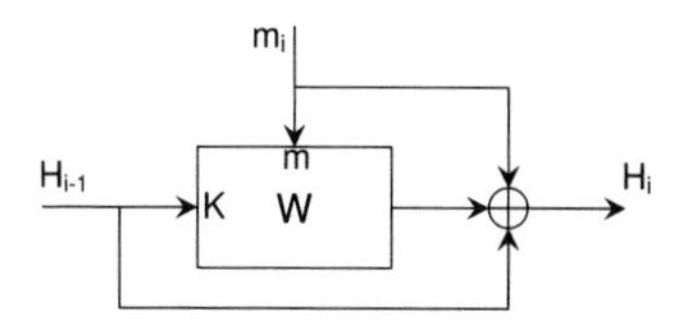

Abb. 2: Miyaguchi-Preneel Struktur

Beim Verschlüsselungsalgorithmus W handelt es sich um eine blockweise Verschlüsselung, wobei jeder Block eine Größe von 512 Bits aufweist. Die Arbeitsweise ist der des AES-Algorithmus *Rijndael* sehr ähnlich und wird in Abbildung 3 veranschaulicht. In zehn Runden wird eine Rundenfunktion ρ dazu verwendet, um aus dem vorigen Rundenschlüssel K^{r-1} und einer Rundenkonstanten c^r einen neuen Rundenschlüssel K^r zu erzeugen. Mit diesem wird dann das Rundenergebnis R^{r-1} der vorigen Runde verschlüsselt, und führt so zu einem neuen Rundenergebnis R^r.

Die Rundenkonstante c^r, der Rundenschlüssel K^r sowie das Rundenergebnis R^r und das Endergebnis $W[K](m)$ der Verschlüsselung sind Blöcke mit einer Länge von 64 Bytes. All diese Größen werden durch Matrizen der Größe 8x8, deren Elemente Bytes sind, repräsentiert.

Der untere Teil von Abbildung 3 zeigt die Rundenfunktion ρ. Diese setzt sich aus vier Schritten zusammen:

- **S-Box-Transformation γ:** Hierbei handelt es sich um ein Ersetzen aller Elemente w der Matrix durch Elemente $S[w]$.
- **Zyklische Permutation** π: In diesem Schritt wird die Spalte j $(0 \leq j \leq 7)$ der Matrix um j Positionen nach unten rotiert.
- **Lineare Diffusion** θ**:** Dieser Schritt entsprich einer Multiplikation mit einer konstanten Matrix. Die Elemente werden dabei mit einer Polynommultiplikation berechnet. Das Aufsummieren erfolgt mit Hilfe der xor-Operation.
- **Schlüsseladdition** σ**:** Alle Elemente der Matrix werden mit dem entsprechenden Element in einer Schlüsselmatrix über eine xor-Operation verknüpft.

5 Implementierung von Whirlpool

Unterschiedliche Kompromisse zwischen den wesentlichen Performanceparametern wie Laufzeit, benötigtem Arbeitsspeicher und benötigtem Programmspeicher sind möglich. Je nach Anwendung werden bestimmte Parameter von größerer Bedeutung sein, und andere eine eher untergeordnete Rolle spielen. Es wurden deshalb drei Versionen erstellt, die jeweils unterschiedlichen Anforderungen genügen:

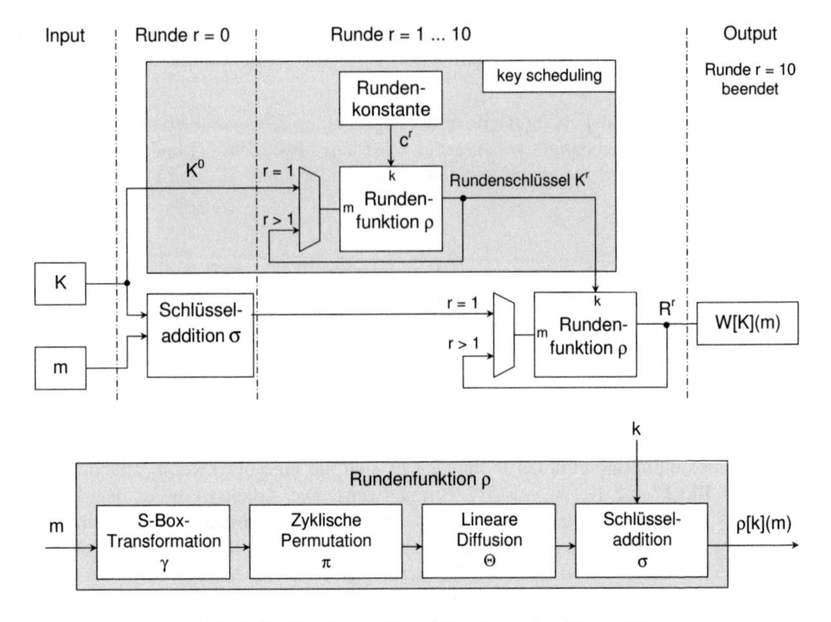

Abb. 3: Der blockweise Verschlüsselungsalgorithmus W

- **Standard:** In dieser Version wurde versucht, sowohl den benötigten Speicher als auch die Laufzeit in gleichem Maße zu minimieren.
- **Laufzeitoptimiert:** Die Verkürzung der Laufzeit erfolgte zu Lasten des benötigten Arbeitsspeichers.
- **Speicheroptimiert:** Diese Version kommt mit sehr wenig Arbeits- und Programmspeicher aus, ist aber deutlich langsamer.

Die nachfolgenden Konzepte beziehen sich in erster Linie auf die Standardversion, finden teilweise aber auch in anderen Versionen Verwendung.

5.1 Grundsätzliche Designüberlegungen

Der einfachste Ansatz wäre es, eine Rundenfunktion zu implementieren, die in jeder Runde zunächst den Rundenschlüssel K^r und anschließend das Rundenergebnis R^r berechnet. Diese Vorgehensweise ist allerdings mit einigen Nachteilen verbunden. Der Schlüssel k, der dieser Rundenfunktion zugeführt wird, müsste immer in einer 64-Byte-Matrix vorliegen. Im ersten Schritt ist dieser Schlüssel k gleich einer Rundenkonstanten c^r. Obwohl nur die erste Zeile dieser Matrix ungleich Null ist, müsste die ganze Matrix im Speicher verfügbar sein. Die Schlüsseladdition σ als letzter Schritt der Rundenfunktion würde hier für alle Zeilen außer der ersten effektlos ausgeführt werden. Weiters müssten die Speicherplätze der unnötigen Matrix beschrieben und ausgelesen werden. Auch können Synergien zwischen den Rundenfunktionen einer Runde nicht genutzt werden. Der Rundenschlüssel K^r muss in den Speicher geschrieben werden, um kurz darauf für die Berechnung des nächsten Rundenergebnisses R^r wieder ausgelesen zu werden. Das Halten der berechneten Daten in Registern wäre wesentlich effizienter, ist hier allerdings aufgrund der begrenzten Anzahl von Registern nicht möglich. Der intuitive Ansatz führt also zu einem unnötig großen Speicherbedarf und zu unnötig vielen Taktzyklen.

Eine wesentlich vorteilhaftere Vorgehensweise liegt darin, zunächst nur eine Zeile des Rundenschlüssels K^r zu berechnen. Das Ergebnis bleibt in den Registern und dient im nächsten Schritt gleich der Berechnung der entsprechenden Zeile des Rundenergebnisses R^r. Erst danach wird die nächste Zeile berechnet. Es muss ein Algorithmus gefunden werden, der das Ergebnis der Rundenfunktion für eine Zeile in den selben Registern, in denen der Schlüssel k für die Rundenfunktion gespeichert wird, ablegt. Der Algorithmus kann so zweimal pro Zeile einer Runde aufgerufen werden, ohne dass der Rundenschlüssel wieder aus dem Speicher geladen werden muss, da das Ergebnis der ersten Rundenfunktion als Schlüssel für die zweite dient. Weiters muss die Rundenkonstante nicht in einer Matrix im Speicher vorliegen. Die Register für den Schlüssel k der Rundenfunktion werden in jeder Runde vor der ersten Rundenfunktion der ersten Zeile mit den entsprechenden Werten der Rundenkonstanten initialisiert. Für alle weiteren Zeilen werden die Register auf Null gesetzt.

Das zeilenweise Vorgehen ist möglich, weil alle Elemente der Rundenfunktion zeilenweise berechnet werden können. Die Schlüsseladdition σ und die S-Box-Transformation γ könnten sogar elementweise durchgeführt werden. Die zyklische Permutation könnte ohne Probleme am Beginn jeder Runde extra abgehandelt werden. Sie kann in die zeilenweise Abarbeitung aber auch effizient integriert werden, wie in Kapitel 5.3.1 noch erläutert wird. Bei der linearen Diffusion θ handelt es ich um eine Matrixmultiplikation mit einer konstanten Matrix. Gemäß den Rechenregeln für die Matrixmultiplikation hängt eine Ergebniszeile nur von einer Inputzeile ab. Da aber jedes Element der Ergebniszeile von allen Elementen der Inputzeile abhängt, ist ein Vorgehen in kleineren Einheiten als Zeilen nicht sinnvoll.

5.2 Speicherarchitektur

Wie schon erwähnt, sind sowohl das Rundenergebnis R^r als auch der Rundenschlüssel K^r Matrizen der Dimension 8x8, deren Elemente Bytes sind. Matrizen werden sequentiell im Speicher abgelegt. Ein Element der Zeile i und der Spalte j wird immer am Index $8 \cdot i + j$ gespeichert, wobei alle Indizes bei 0 starten. Aus den Überlegungen in Punkt 5.1 folgt, dass nur das Rundenergebnis R^r und der Rundenschlüssel K^r im Speicher präsent sein müssen. Dafür würden 128 Bytes benötigt werden. In der Standardversion unserer Implementierung ist allerdings jeder dieser beiden Speicherbereiche doppelt vorhanden. Dies ist in Abbildung 4 illustriert.

In einer Runde wird aus Bereich 1 gelesen und in Bereich 2 geschrieben, in der nächsten Runde passiert das umgekehrt. Weiters werden die höherwertigen sechs Bits dazu verwendet, um eine Speicherstelle innerhalb einer der vier Blöcke auszuwählen, und die niederwertigen zwei Bits dazu, um einen Block auszuwählen. Diese beiden Maßnahmen bringen Geschwindigkeitsvorteile im Schritt der zyklischen Permutation. Der Abschnitt 5.3.1 beschreibt diese im Detail.

Es werden nun also 256 Bytes benötigt. Diese können mit 8 Bits adressiert werden. Der Block wird so in den Speicher gelegt, dass das niederwertigste Adressbyte mit 0 startet. Alle Speicherstellen innerhalb der Speicherstruktur unterscheiden sich folglich nur im niederwertigsten Byte. Für den Zugriff muss auch nur dieses eine Adressbyte manipuliert werden. Das bringt gegenüber der Manipulation von 16-Bit Adressen auf einem 8-Bit Mikrokontroller natürlich Geschwindigkeitsvorteile, da 16-Bit Operationen in der Regel nur durch zwei 8-Bit Operationen realisiert werden können.

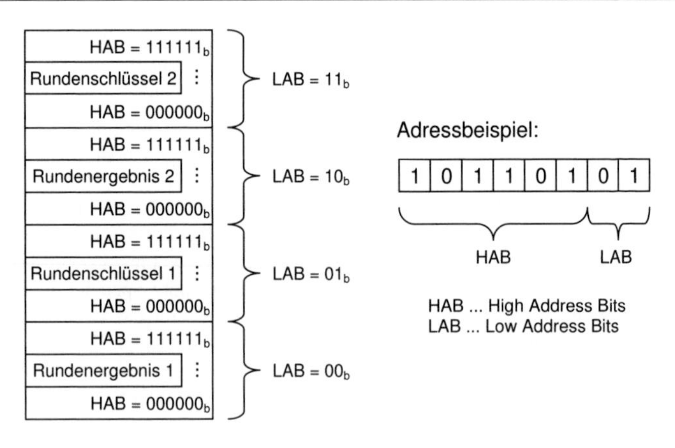

Abb. 4: Speicherarchitektur

5.3 Die Verdichtungsfunktion

Die Implementierung der Verdichtungsfunktion f gliedert sich in drei Teile. Im ersten Teil werden Registerinhalte gesichert, die interne Speicherstruktur wird gefüllt, und die Schlüsseladdition von Runde 0 wird durchgeführt. Im zweiten Teil werden durch wiederholtes Anwenden der zeilenweisen Rundenfunktion die Ergebnisse der Runde 1 bis 10 berechnet. Im dritten Teil wird schließlich die xor-Verknüpfung der Miyaguchi-Preneel Struktur berechnet und das Ergebnis an die richtige Stelle geschrieben. Im Folgenden sollen die wesentlichen Überlegungen des zweiten Teils präsentiert werden.

5.3.1 Die zyklische Permutation

Die Zyklische Permutation ist eine Rotation der Spalte j um j Positionen nach unten. Das könnte sowohl für das Rundenergebnis R^r als auch für den Rundenschlüssel K^r zu Beginn jeder Runde durchgeführt werden. Diese Methode würde allerdings eine zusätzliche Lade- und Speicheroperation für alle 56 Elemente der Spalten 1 bis 7 erfordern. Die explizite Rotation kann jedoch auch vermieden werden. Anstatt die Elemente der Spalte j um j Positionen nach unten zu rotieren, können sie um j Positionen weiter oben gelesen werden. Dies ist in Abbildung 5 illustriert.

Elemente, die nach einer gedachten Rotation in einer Zeile stehen würden, werden im Folgenden als Elemente einer *virtuellen Zeile* bezeichnet und sind in Abbildung 5 gleich schattiert. Anstatt die Elemente einer echten Zeile zu lesen, müssen die Elemente einer virtuellen Zeile gelesen werden. Die Schwierigkeit liegt hier in der Berechnung der Speicheradressen dieser Elemente. Um von einem Element zum nächsten zu gelangen, muss in einer Modulo-64-Arithmetik jeweils 7 abgezogen werden, wie sich leicht überlegen lässt. Gemäß der in Kapitel 5.2 beschriebenen Speicherarchitektur werden allerdings die höherwertigen sechs Bits zur Auswahl einer Speicherstelle innerhalb eines 64-Byte Blockes verwendet. Anstatt in einer Modulo-64-Arithmetik jeweils 7 abzuziehen, ist in einer Modulo $4 \cdot 64 = 256$ Arithmetik jeweils $4 \cdot 7 = 28$ abzuziehen, um zum nächsten Element einer virtuellen Zeile zu gelangen. Auf einem 8-Bit Mikrokontroller werden nun alle Operationen implizit in einer Modulo-256-Arithmetik durch-

0	1	2	3	4	5	6	7
8	9	10	11	12	13	14	15
16	17	18	19	20	21	22	23
24	25	26	27	28	29	30	31
32	33	34	35	36	37	38	39
40	41	42	43	44	45	46	47
48	49	50	51	52	53	54	55
56	57	58	59	60	61	62	63

Zyklische Permutation ⟹

0	57	50	43	36	29	22	15	Virtuelle Zeile 0
8	1	58	51	44	37	30	23	Virtuelle Zeile 1
16	9	2	59	52	45	38	31	Virtuelle Zeile 2
24	17	10	3	60	53	46	39	Virtuelle Zeile 3
32	25	18	11	4	61	54	47	Virtuelle Zeile 4
40	33	26	19	12	5	62	55	Virtuelle Zeile 5
48	41	34	27	20	13	6	63	Virtuelle Zeile 6
56	49	42	35	28	21	14	7	Virtuelle Zeile 7

Abb. 5: Zyklische Permutation

geführt. Es ist hier also keine weitere Bitmaskierung für die Modulo-Operation nötig. Dieser Umstand macht die auf den ersten Blick unnötig komplizierte Speicheranordnung erst sinnvoll, weil so die Anzahl der Taktzyklen enorm reduziert wird. Die Adresse des nächsten zu lesenden Wertes kann auf diese Weise mit *einer* elementaren Operation bestimmt werden. Pro Zeile kostet die zyklische Permutation auf diese Weise nur sieben Taktzyklen, die in jeder der acht Zeilen, sowie in jeder der 20 Rundenfunktion anfallen. Die zyklische Permutation findet folglich mit 1 120 Taktzyklen das Auslangen. Eine explizite Rotation würde auf einem Mikrokontroller der AVR-Familie mit 2 Taktzyklen pro Lese- und Schreiboperation insgesamt 4 480 Taktzyklen benötigen. Diese Einsparungen entsprechen etwa 10% der gesamten Taktzyklen des Algorithmus. Die Ergebniszeilen müssen für diesen Ansatz linear in den Speicher zurückgeschrieben werden, sodass ein Auslesen nach obiger Methode in der nächsten Runde wieder einer zyklischen Permutation entspricht. Würden die Ergebniszeilen in den selben Speicherbereich linear zurückgeschrieben werden, so würden Werte von nachfolgenden virtuellen Zeilen überschrieben werden. So schnell der Ansatz auch ist, er macht also einen zweiten Speicherbereich notwendig, in den die Ergebniszeilen abgelegt werden (siehe Abbildung 4).

5.3.2 Die S-Box-Transformation

In jeder der zehn Runden wird die Rundenfunktion zwei mal abgearbeitet. Dabei müssen alle 64 Werte w der Eingangsmatrix mit $S[w]$ ersetzt werden. Insgesamt sind daher $10 \cdot 2 \cdot 64 = 1\,280$ Ersetzungen notwendig. Aus diesem Grunde und auch aufgrund der Komplexität der Ersetzungsregel S wurde diese nicht entsprechend ihrer mathematischen Definition ausprogrammiert, sondern als "Table-Look-Up" implementiert. Da nur 256 verschiedene Werte w auftreten können, stellt das kein großes Problem bezüglich der Speicherressourcen dar. Die Tabelle hat 256 Einträge, kann offline berechnet werden, und wird in den Programmspeicher geladen. Der Speicherbereich der Tabelle wird so gewählt, dass das niederwertigste Byte der Startadresse Null ist. So kann die Transformation nämlich sehr einfach und effizient in die zyklische Permutation integriert werden. Anstatt die Elemente einer virtuellen Zeile sofort in die Register zur Weiterverarbeitung zu laden, wird jeder Wert zunächst in das niederwertigste Zugriffsregister auf den Programmspeicher geladen. Erst in der darauffolgenden Ladeoperation aus dem Programmspeicher wird der nun bereits transformierte Wert in das entsprechende Register zur Weiterverarbeitung geladen. Für jedes zu ersetzende Byte w ist zusätzlich nur die Ladeoperation aus dem Programmspeicher erforderlich. Auf einem Mikrokontroller der AVR-Familie benötigt diese drei Taktzyklen, was insgesamt $3 \cdot 1\,280 = 3\,840$ Taktzyklen ergibt.

5.3.3 Die lineare Diffusion

Wie schon erwähnt, ist die lineare Diffusion eine Multiplikation mit einer konstanten Matrix. Die Elemente werden hier über eine Polynommultiplikation berechnet, die Addition ist als xor-Verknüpfung definiert. Der Begriff der Polynommultiplikation soll hier nur kurz angeschnitten werden. Bytes als Elemente des Galois Feldes $GF(2^8)$ können als Polynome vom Grad 7 interpretiert werden. Die Polynommultiplikation ist als Multiplikation zweier solcher Polynome definiert, wobei das Resultat mit einem irreduziblen Polynom reduziert wird, sodass das Ergebnis wieder ein Element von $GF(2^8)$ ist. Im Falle von Whirlpool wurde die Polynomdarstellung von 0x11D als irreduzibles Reduktionspolynom festgelegt. Näheres zu dieser Operation und ihrer Implementierung kann in [WBV+97] nachgelesen werden.

Eine Funktion, die zwei beliebige Werte im Wege der Polynommultiplikation multipliziert, ist nur mit großem Rechenaufwand zu realisieren. Bei direkter Implementierung der Matrixmultiplikation wären für jede Zeile 64 Polynommultiplikationen nötig. Insgesamt würde das auf $10 \cdot 2 \cdot 8 \cdot 64 = 10\,240$ Polynommultiplikationen pro Verdichtungsfunktion führen. Auch bei einer sehr effizienten Implementierung dieser Operation würde das den Flaschenhals des ganzen Algorithmus darstellen. Es wurde deshalb der Implementierungsvorschlag in [RiBa01] umgesetzt, bei dem alle notwendigen Polynommultiplikationen auf Polynommultiplikationen mit 2 zurückgeführt werden. Diese Operation ist 24-mal pro Rundenfunktion und Zeile also $24 \cdot 8 \cdot 20 = 3\,840$ mal erforderlich. Sie kann allerdings sehr effizient implementiert werden. Der Wert muss lediglich einmal nach links geschoben werden. War er größer als 127, so ist mit dem Modul 0x11D über eine xor-Verknüpfung zu reduzieren. Das höchstwertigste Bit wird dabei immer gelöscht. Die gesamte Operation entspricht also einer xor-Verknüpfung mit 0x1D falls beim Schieben ein Überlauf aufgetreten ist. Auf einem Mikrokontroller der AVR-Familie kann das in drei Taktzyklen ausgeführt werden.

5.3.4 Die Schlüsseladdition

Diese kann in den Schritt der linearen Diffusion effizient integriert werden. Durch geschickte Wahl von temporären Registern und der Reihenfolge der Berechnung in der linearen Diffusion mit der Schlüsseladdition kann erzielt werden, dass das Ergebnis wieder in den Registern, in denen zu Beginn der Schlüssel stand, zu liegen kommt. Aufgrund der Tatsache, dass das Ergebnis der ersten Rundenfunktion einer Runde der Schlüssel für die zweite Rundenfunktion ist, kann so der Algorithmus zur Berechnung einer Zeile der Rundenfunktion zweimal hintereinander aufgerufen werden, ohne dass der Schlüssel wieder aus dem Arbeitsspeicher geladen werden muss.

6 Performance-Ergebnisse

Die Performancedaten der drei Versionen des Whirlpool-Algorithmus sind in Tabelle 3 zusammengefasst. Zum Vergleich sind auch die Daten der C-Implementierung eingetragen.

Von entscheidender Bedeutung ist hier, dass alle Teile des Algorithmus eine Laufzeit haben, die von den Inputdaten unabhängig ist. Datenabhängige Laufzeiten sind ein Angriffspunkt für Laufzeit-Attacken (siehe [Koch96]). Zwar ist in die Berechnung des Hashwertes keine geheime Information involviert, die mit Hilfe dieser Form der Seitenkanalattacke ausspioniert werden könnte, der Hashalgorithmus wird aber möglicherweise auf geheime Daten, z.B. bei Verwendung in einem MAC, angewendet.

Tab. 3: Performance-Ergebnisse

Version	Takte pro Verdichtungsfunktion	Arbeitsspeicher	Programmspeicher
Speicheroptimiert	37320	128 + 2 Bytes	646 + 256 Bytes
Standard	34206	256 + 2 Bytes	604 + 256 Bytes
Laufzeitoptimiert	32846	512 + 2 Bytes	604 Bytes
in C	88764	896 Bytes	1352 Bytes

Leider konnten in der bestehenden Literatur keine Arbeiten gefunden werden, mit denen unsere Ergebnisse in Relation gestellt werden könnten. Es existieren lediglich Ansätze zur Implementierung von Whirlpool in Hardware sowie auf 32- oder 64-Bit Prozessoren. Die Bedingungen sind hier aber zu unterschiedlich, ein Vergleich hätte wenig Aussagekraft.

7 Fazit

Wie sich herausgestellt hat, ist Whirlpool für den Einsatz auf einem System mit limitierten Ressourcen bestens geeignet. Der Algorithmus bietet ein großes Optimierungspotential mit vielen Möglichkeiten für unterschiedliche Kompromisse. Obwohl bereits die Implementierung in C mit großer Sorgfalt durchgeführt wurde, konnte durch die in diesem Beitrag angerissenen Konzepte noch eine erhebliche Verbesserung aller Performanceparameter erzielt werden.

Da alle Mikrokontroller der AVR-Familie von Atmel® den selben Kernbefehlssatz besitzen, kann die von uns gefundene Lösung ohne Modifikationen auch auf anderen Mikrokontrollern dieser Familie ausgeführt werden. Es wurden weiters ausschließlich Instruktionen verwendet, die auf jedem modernen Mikrokontroller und jeder modernen Smartcard zur Verfügung stehen. Die Implementierung kann also recht einfach auf andere Plattformen portiert werden.

Literatur

[Damg90] I. Damgard. A design principle for hash functions. In CRYPTO '89: Proceedings of the 9th Annual International Cryptology Conference on Advances in Cryptology, pages 416–427, London, UK, 1990. Springer-Verlag.

[DaRi02] J. Daemen, V. Rijmen. The Design of Rijndael: AES - The Advanced Encryption Standard. Springer, 2002.

[FIPS01] FIPS. Advanced Encryption Standard (AES). National Institute for Standards and Technology, pub-NIST:adr, November 2001.

[Koch96] Kocher. Timing attacks on implementations of diffie-hellman, RSA, DSS, and other systems. In CRYPTO: Proceedings of Crypto, 1996.

[MeOV96] A.J. Menezes, P.C. van Oorschot, and S.A. Vanston, editors. Handbook of Applied Cryptography. CRC Press, 1996.

[Merk89] R.C. Merkle. One way hash functions and des. In CRYPTO '89: Proceedings on Advances in cryptology, pages 428–446, New York, NY, USA, 1989. Springer-Verlag New York, Inc.

[NIST02] National Institute of Standards and Technology (NIST). The keyed-hash message authentication code. Federal Information Processing Standards Publication (FIPS PUB) 198, March 2002.

[Pren98] B. Preneel. Cryptographic primitives for information authentication — state of the art. Lecture Notes in Computer Science, 1528:31–104, 1998.

[RiBa01] V. Rijmen, P. Barreto. The WHIRLPOOL hash function. World-Wide Web document, 2001.

[WaYY05] X. Wang, A. Yao, F. Yao. New collision search for SHA-1. In Presented at rump session of CRYPTO 2005, 2005.

[WBV+97] E. De Win, A. Bosselaers, S. Vandenberghe, P. De Gersem, J. Vandewalle. A fast software implementation for arithmetic operations in $GF(2^n)$. Technical report, K.U. Leuven, Leuven, 1997.

Sicherheitsrelevante Anwendungen der Satellitennavigation

Stefan Baumann · Thomas Sichert

IABG
{baumanns | sichert}@iabg.de

Zusammenfassung

Seit der Verfügbarkeit des US-amerikanischen NAVSTAR-GPS (Navigation System with Timing and Ranging - Global Positioning System) Mitte der 1990er Jahre (Initial Operational Capability in 1993 und Full Operational Capability in 1995) wird die Satellitennavigation neben der ursprünglich vorgesehenen militärischen Nutzung auch in zahlreichen zivilen Anwendungsgebieten eingesetzt. Typische Beispiele sind das Vermessungswesen, Luftfahrt, Straßenverkehr, Bauwerksüberwachung, Landwirtschaft, Synchronisierung von Kommunikationsnetzwerken, ortsbezogene Dienste, Freizeitanwendungen, etc. Neben unkritischen Massenmarktanwendungen wird die Satellitennavigation auch zunehmend von verschiedenen Nutzergruppen für sicherheitsrelevante Anwendungen eingesetzt, z.B. Streckennavigation und Non Precision Approaches (NPA) in der Luftfahrt, Search and Rescue (SAR) Anwendungen in der Schifffahrt, etc.. Zukünftige Satellitensysteme, wie das europäische Galileo, bieten speziell hierfür verbesserte Leistungsmerkmale und spezifische Dienste, die die hohen Anforderungen der sicherheitsrelevanten Einsatzbereiche besser abdecken. Der Einsatz der Satellitennavigation in sicherheitsrelevanten Anwendungsbereichen wird daher in den nächsten Jahren zunehmen. Zuverlässige Informationen zur Leistungsfähigkeit der verschiedenen Satellitennavigationssysteme und deren kombinierter Nutzung in unterschiedlichen Empfangsbedingungen und für differenzierte Einsatzszenarien sind eine wesentliche Voraussetzung für die Entwicklung und Einführung satellitenbasierter Sicherheitsanwendungen. Umfangreiche Erprobungen in Labor und unter realitätsnahen Einsatzbedingungen von Empfängern, Endgeräten und kompletten „End-to-End"-Anwendungen werden daher in den nächsten Jahren gemeinsam mit Aspekten der Standardisierung und Zertifizierung eine wesentliche Rolle spielen. Den technischen Weiterentwicklungen der Satellitennavigationssysteme sind allerdings zum Teil physikalische Grenzen gesetzt, die für Anwendungen mit sehr hohen Anforderungen eine Kombination der Satellitennavigation mit terrestrischen Systemen, zusätzlichen Sensoren oder speziellen Verfahren erforderlich machen. Dieser Beitrag gibt einen kurzen Überblick über die heute existierenden und zukünftig verfügbaren Satellitennavigationsysteme, stellt einige sicherheitsrelevante Anwendungsbeispiele vor und diskutiert die Vorteile und Grenzen der Satellitennavigation für diese Anwendungen. Abschließend werden verschiedene Kombinationsmöglichkeiten der Satellitennavigation mit anderen Positionsbestimmungssystemen oder -sensoren aufgezeigt, die vor allem die Verfügbarkeit unter schwierigen Empfangsbedingungen und in Gebäuden verbessern.

1 Satellitennavigationssysteme

1.1 NAVSTAR-GPS

Das NAVSTAR-GPS ist seit 1993 mit mindestens 24 Satelliten in Betrieb und ist somit das erste operationelle Satellitennavigationssystem. GPS wird unter der Leitung des amerikani-

P. Horster (Hrsg.) · D•A•CH Security 2007 · syssec (2007) 471-478.

schen Verteidigungsministeriums vom Air Force Space Command betrieben. GPS bietet einen verschlüsselten Precise Positioning Service (PPS) für militärische Nutzer und einen offenen Standard Positioning Service (SPS) für zivile Nutzer. Bis zum Jahr 2000 wurde die Genauigkeit des SPS durch die Selective Availability (SA) auf ca. 120m verschlechtert. Seit der Abschaltung der SA bietet GPS allen Nutzern eine horizontale Genauigkeit von 13m und eine vertikale Genauigkeit von 22 m [FRP01]. Sowohl das Raum- als auch das Bodensegment werden permanent modernisiert. Zukünftig wird der militärisch P/Y-Code durch den M-Code ersetzt. Mit der nächsten Satellitengeneration wird den zivilen Nutzern eine zweite Frequenz zur Verfügung gestellt. Eine dritte zivile Frequenz ist geplant. Dadurch können vor allem Fehlereinflüsse der Ionosphäre eliminiert werden und somit die Genauigkeit gesteigert werden bzw. die Phasenmehrdeutigkeiten schneller gelöst werden.

1.2 GLONASS

Die Abkürzung des russischen GLONASS Systems steht für Globalnaja Nawigazionnaja Sputnikowaja Sistema (Globales Navigations Satelliten System). GLONASS ähnelt in der technischen Konzeption weitgehend GPS. Unterschiede bestehen unter anderem in der Anzahl der Umlaufbahnen (3 statt 6), der Orbit-Höhe (19 100 statt 20 200 km), der Orbit-Inklination (64° statt 55°), der Signalzugriffsart (FDMA statt CDMA), etc. GLONASS wurde 1996 mit 24 Satelliten in Betrieb genommen. Bis 2001 verringerte sich die Satellitenkonstellation aufgrund der geringen Lebensdauer der Satelliten auf 7. Seit 2002 werden verstärkt neue modernisierte Satelliten in den Orbit gebracht. Derzeit (Stand 10.1.2007) befinden sich 16 GLONASS-Satelliten im Orbit, von denen 10 operationell sind. Für 2007 sind die Starts von 6 weiteren GLONASS-Satelliten angekündigt. Bis 2010 soll wieder ein Komplettausbau des Systems erreicht werden.

1.3 Space Based Augmentation Systems

EGNOS (European Geostationary Navigation Overlay Service), WAAS (Wide Area Augmentation System) und MSAS (Multifunctional Transport Satellite System Space-based Augmentation System) sind regionale Ergänzungssysteme zu GPS und GLONASS die über geostationäre Satelliten differentielle Korrekturdaten, Integritätsinformationen und Ranging-Signale für Europa, die USA und Japan abstrahlen um die Genauigkeit, Integrität und Verfügbarkeit der Satellitennavigationssysteme zu verbessern.

1.4 Galileo

Galileo ist ein ziviles europäisches Satellitennavigationssystem, das von der EU und der ESA im Rahmen einer Public Private Partnership (PPP) entwickelt wird und ab 2011 den operationellen Betrieb aufnehmen soll. Seit Dezember 2005 befindet sich der erste Testsatellit (GIOVE-A) im Orbit, strahlt erste Signale aus und sichert die benötigten Frequenzen. Der zweite Testsatellit (GIOVE-B) soll 2007 folgen. Anschließend werden vier IOV (In Orbit Validation) Satelliten gelauncht und erprobt. Basierend auf den Erfahrungen mit den GIOVE- und IOV-Satelliten werden die restlichen 26 Satelliten gebaut und bis Ende 2010 in die Orbits gebracht. Die insgesamt 27 operationellen und 3 Ersatz-Satelliten verteilen sich in einer Höhe von 23 600 km auf 3 Satellitenbahnen mit einer Inklination von 56°.

Galileo wird von einem privatwirtschaftlichen Konsortium betrieben und bietet den verschiedenen Nutzergruppen folgende Dienste:

- Open Service: gebührenfrei, Leistung vergleichbar mit GPS SPS in 2011 (modernisiert)
- Commercial Service: gebührenpflichtig, höhere Genauigkeit und Servicegarantie
- Safety-of-Life Service: höhere Integrität und Kontinuität
- Search and Rescue Service: inkl. Kommunikationslink mit Rückkanal
- Public Regulated Service: verschlüsselte Signale für höhere Genauigkeit, mit Integritätsinformation und gesicherter Verfügbarkeit

Die Dienste werden im L-Band ausgestrahlt und sollen zum Teil Genauigkeiten von 4m horizontal und 8m vertikal bieten. Im Gegensatz zu GPS und GLONASS werden bei einigen Diensten Informationen zur Integrität der Satelliten mit dem Galileo Signal-in-Space (SiS) ausgestrahlt. Der Galileo Konzessionär bietet den kommerziellen Kunden eine Service-Garantie für das SiS, so dass zukünftig höherwertige Dienste, insbesondere für sicherheitskritische Anwendungen, auf den Galileo Signalen aufgebaut werden können.

2 Beispiele für sicherheitsrelevante Anwendungen

Folgende Beispiele sollen den aktuellen Einsatz und die zukünftigen Perspektiven der Satellitennavigation für verschiedene sicherheitsrelevante Anwendungsbereiche verdeutlichen:

Luftfahrt

In der Luftfahrt wird heute GPS bei der Streckennavigation und für NPAs (Non Precision Approach) eingesetzt. Hierfür existieren im zivilen Bereich internationale Standards und Zertifizierungsvorschriften wie z.B. TSO-C129 [TSO92], TSO-C145, TSO-C146, RTCA/DO 208, RTCA/DO 229 und militärische Ergänzungsvorschriften z.B. GRAM 001A.

Zukünftig bietet die Satellitennavigation vor allem das Potential auch für präzise Anflug- und Landeverfahren (CAT I) eingesetzt zu werden. Entsprechende Verfahren werden derzeit durch internationale Gremien wie die ICAO (International Civil Aviation Organization) erarbeitet und erprobt. Dadurch könnten zukünftig auch Flughäfen ohne ILS (Instrument Landing System) oder MLS (Microwave Landing System) bei schlechten Witterungsbedingungen angeflogen werden.

Weiterhin könnten zukünftig durch eine verstärkte Nutzung der Satellitennavigation terrestrische Streckennavigationshilfen reduziert werden und der Luftverkehr insgesamt durch direktere Routenführung und Verringerung der Abstände zwischen den Flugzeugen effektiver organisiert werden. Die höhere Ausfallsicherheit durch ein zweites Satellitennavigationssystem bietet das Potenzial für eine stärkere Nutzung in der Luftfahrt.

Schienenverkehr

Im Schienenverkehr wird derzeit GPS überwiegend zur Ortung von Güterwagons oder für Fahrgastinformationssysteme eingesetzt.

Zukünftig bieten genauere und zuverlässigere Satellitennavigationssysteme die Möglichkeiten auch sicherheitsrelevante Anwendungen wie z.B. die Zugsteuerung zu unterstützen.

Im Schienenverkehr werden ähnlich wie in der Luftfahrt sehr hohe Anforderungen an die Integrität der verwendeten Positionsbestimmungssysteme gestellt.

Search and Rescue (SAR)

Heute werden GPS-Empfänger gemeinsam mit dem COSPAS SARSAT Satellitensystem zum Absetzen von Notrufen vor allem in der Luftfahrt und der Seeschiffahrt verwendet. Dabei handelt es sich um einen unidirektionalen Kommunikationslink, d.h. der Notrufende erhält keine Rückmeldung, ob seine Nachricht von der COSPAS-SARSAT Bodenstation und den nachgeschlagenen Notrufzentralen empfangen wurde.

Der SAR-Dienst von Galileo bietet zukünftig in Kombination mit dem COSPAS SARSAT System die Möglichkeit über einen Rückkanal eine Bestätigung zu empfangen, dass der Notruf von der Notrufzentrale empfangen wurde.

Straßenverkehr

Fahrzeugnavigationssysteme, Flottenmanagement, Diebstahlschutz und automatische Notrufsysteme sind bereits heute weit verbreitete Verkehrstelematikanwendungen.

Zukünftig werden neue, sicherheitsrelevante Anwendungen wie z.B. Advanced Driver Assistance Services (ADAS) auch im Bereich des Straßenverkehrs erwartet. Unter dem Begriff ADAS werden verschiedene Fahrerassistenzanwendungen wie z.B. frühzeitige Kurvenerkennung, Warnung des Fahrers bei Abweichungen von der Fahrspur, automatische Geschwindigkeitskontrolle, etc. zusammengefasst.

BOS

Verschiedene Anwendungen, die auf der Bestimmung, Übertragung und Auswertung von Positionsinformationen basieren werden heute vereinzelt von verschiedenen BOS eingesetzt. Typische Beispiele sind Zielführung zum Einsatzort, Flottenmanagement, Überwachung von Personen, Fahrzeugen und Gütern, Generierung eines Einsatzlagebildes, Einsatzplanung und –koordination, etc.

Hemmnisse einer weiteren Verbreitung dieser Anwendungen sind häufig die derzeit im Stand-Alone Mode (ohne differentielle Korrekturdaten) erreichbare Genauigkeit von GPS, die Signalabschattung in Straßenschluchten oder unter Vegetationsabdeckung, fehlende Integritätsangaben und Servicegarantien, etc. Mit der Einführung von Galileo und speziell dem Public Regulated Service (PRS) können diese Hemmnisse zum Teil beseitigt bzw. abgeschwächt werden, so dass zukünftig mit einer verstärkten Nutzung der Satellitennavigation im BOS-Bereich zu rechnen ist.

Militärische Anwendungen

Im militärischen Bereich werden heute militärische und zivile GPS-Empfänger für verschiedene Anwendungen wie z.B. Waffenlenkung, Navigation von Personen, Fahrzeugen, Schiffen und Flugzeugen, Lagebilddarstellung, Einsatzkoordinierung, etc. eingesetzt.

Ähnlich wie im BOS-Bereich werden vor allem durch die Nutzung des Galileo PRS zukünftig auch im militärischen Bereich bestehende Anwendungen verbessert und weiter ausgebaut werden und neue Anwendungen entwickelt werden.

3 Vorteile der Satellitennavigation

Der Einsatz von Satellitennavigationsystemen für sicherheitsrelevante Anwendungen bietet gegenüber konventionellen Systemen oder Verfahren folgende wesentlichen Vorteile:

Genauigkeit

Wie bereits angesprochen bietet GPS seit der Abschaltung der SA auch den zivilen Nutzern eine Genauigkeit von 13 m (horizontal) bzw. 22 m (vertikal). In der Praxis werden unter guten Empfangsbedingungen wesentlich höhere Genauigkeiten erreicht. Galileo wird ab 2011 den Nutzern einen Positionsbestimmungsdienst mit einer garantierten Genauigkeit von 4 m (horizontal) bzw. 8 m (vertikal) bieten. Durch differentielle Korrekturverfahren (DGNSS) können in Echtzeit oder im Postprocessing noch höhere Genauigkeiten (bei entsprechenden Aufwand bis zu einigen mm) erreicht werden. Solche Genauigkeiten können mit anderen Systemen regional-global nicht erreicht werden.

Globale Verfügbarkeit

Satellitenbasierte Positionsbestimmungssyteme bieten den Vorteil, dass die Systeme weltweit und unabhängig von terrestrischer Infrastruktur genutzt werden können.

Empfängermarkt

Durch die zahlreichen Anwendungsbereiche der Satellitennavigation und die zunehmende Verbreitung in den letzten Jahren ist eine Vielzahl verschiedener Empfängertypen von unterschiedlichen Herstellern am Markt verfügbar. Das Portfolio reicht von preisgünstigen Einfrequenzempfängern für Freizeitanwendungen, über leistungsstarke geodätische Mehrfrequenzempfänger bis zu maritimen oder Luftfahrtempfängern, die in komplexe Bordsysteme integriert sind und internationalen Standardisierungs- und Zertifizierungsanforderungen entsprechen. Verschiedene Hersteller bieten EGNOS-fähige GPS Empfänger an und auch kombinierte GPS/GLONASS Empfänger sind am Markt erhältlich. Die Signalstruktur von Galileo wurde so gewählt, dass eine einfache Kombination von GPS und Galileo und damit auch die Produktion von preisgünstigen Empfängern für den Massenmarkt ermöglicht wird. Zukünftig werden vor allem kombinierte GPS/Galileo Empfänger eingesetzt werden, die die Signale der insgesamt fast 60 Satelliten nutzen und somit eine wesentlich höhere Verfügbarkeit bieten können.

Hochwertige Galileo Dienste

Vor allem für sicherheitsrelevante Anwendungen spielen hohe Systemperformance und Service-Garantien eine wesentliche Rolle. Hier bieten die verschiedenen Galileo Dienste, deren Schwerpunkte je nach Dienst in den Bereichen Genauigkeit, Integrität, Kontinuität, Verschlüsselung, Kommunikationslink liegen, verbesserte Leistungsmerkmale gegenüber den heutigen Satellitennavigationssystemen. Die folgende Abbildung gibt einen Überblick über die verschiedenen Galileo-Dienste – mit Genauigkeit bei einer bzw. zwei Frequenz(en).

	Open Service (OS)	Commercial Service (CS)		Public Regulated Service (PRS)		Safety of Life Service (SoL)	SAR
Abdeckung	Global	Global	Lokal	Global	Lokal	Global	Global
2 Frequenzen	4 m / 8 m	1 m	10 cm	6,5 m / 12 m	1 m	4-6m	<10 m
1 Frequenz	15 m / 35 m		(DGNS)			(DGNS)	
Verfügbarkeit	99,8%	99,8%	99-99,9%	99,8%	99%		
Integrität	–	im Mehrwertdienst enthalten		JA		JA	–

Abb. 1: Übersicht der Galileo-Dienste [RfHe05]

4 Einschränkungen der Satellitennavigation

Trotz der genannten Vorteile ist der Einsatz der Satellitennavigation für sicherheitsrelevante Anwendungen auch mit einigen Nachteilen verbunden, die bei der Nutzung berücksichtigt werden müssen:

Systembetrieb durch Militär

Sowohl GPS als auch GLONASS werden vom Militär betrieben, eine Garantie für eine kostenlose und technisch uneingeschränkte zivile Nutzung gibt es daher nicht. Erst Galileo wird ab 2011 ein nicht-militärisch kontrolliertes Satellitennavigationssystem bieten, das sogar (für kommerzielle Kunden) eine Servicegarantie bzgl. des SiS übernimmt.

Signalverfügbarkeit

Alle Satellitennavigationssysteme (einschließlich Galileo) senden aus großer Entfernung mit geringer Leistung und in einem Frequenzband das durch Hindernisse stark gedämpft wird. Für einen optimalen Empfang der Satellitensignale ist daher eine direkte Sichtverbindung zwischen der Empfängerantenne und dem Satelliten erforderlich. Werden die Signale durch Vegetation, topographische oder künstliche Hindernisse geschwächt bzw. abgeschattet, verschlechtert sich die Qualität der Positionsbestimmung bzw. kann keine Positionsbestimmung durchgeführt werden.

Jamming / Spoofing / Interferenzen

Aufgrund der im vorangehenden Kapitel genannten Gründe können die Signale der Satelliten lokal leicht gestört (Jamming) oder verfälscht (Spoofing) werden. Hierfür reichen bereits Störsender mit geringer Sendeleistung aus. Auch andere Quellen elektromagnetischer Strahlung (z.B. aktive TV Antennen) können den Empfang der Satellitensignale lokal stören.

5 Lösungsansätze

Aufgrund der oben genannten Einschränkungen beim Einsatz von satellitenbasierten Navigationssystemen für sicherheitsrelevante Anwendungen werden in den folgenden Abschnitten einige Lösungsansätze vorgestellt, die es ermöglichen eine zuverlässigere und robustere Positionslösung zu ermitteln.

Hochempfindliche GNSS-Empfänger

Moderne „high sensitive“ GPS-Empfänger verfügen über eine große Anzahl von Korrelatoren, dadurch können auch schwache Signale verarbeitet werden und somit auch unter ungünstigen Empfangsbedingungen noch eine Positionsbestimmung durchgeführt werden.

Assisted-GNSS

Bei Assisted-GNSS Verfahren werden die Informationen zu den Satellitenbahnen und den Uhrenabweichungen der einzelnen Satelliten bzw. der kompletten Konstellation (Almanach bzw. Ephemeriden) über terrestrische Kommunikationslinks (GSM, GPRS, UMTS) an die Empfänger übertragen. Dadurch muss der Empfänger diese Informationen nicht mehr aus den Satellitensignalen auslesen und kann somit die Time-To-First-Fix (TTFF) bei Start des Empfängers erheblich reduzieren. Dies ist vor allem für Anwendungen interessant bei denen der Empfänger in der Regel ausgeschaltet ist um Strom zu sparen, bei Bedarf aktiviert wird und dann möglichst schnell eine aktuelle Positionsinformation berechnen soll.

Kombination mit Sensoren

Durch die Kombination eines Satellitennavigationsempfängers mit zusätzlichen Sensoren wie z.B. Magnetometer, Gyrometer, Beschleunigungsmesser, barometrischer Höhenmesser lassen sich über Koppelnavigationsverfahren kurz- bis mittelfristige Ausfälle der Satellitensignale überbrücken. Da die Sensoren jedoch eine starke zeitliche Drift, bzw. Anfälligkeiten auf Umwelteinflüsse (z.B. elektromagnetische Felder, Luftdruckänderungen, etc.) aufweisen, können langfristige Ausfälle der Satellitensignale mit dieser Methode nicht kompensiert werden.

Kombination mit Map-Matching Algorithmen

Durch Abgleich der Positionsinformationen mit digitalen Karten können vor allem für Straßenverkehrsanwendungen (Beschränkung der Bewegungsfreiheit auf das Straßennetz) Plausibilitätsprüfungen vorgenommen werden und eventuelle Positionsfehler korrigiert bzw. fehlende Positionsinformationen durch Inter- oder Extrapolation bestimmt werden.

Kombination mit Mobilfunkortung

Mobilfunksysteme bieten verschiedene Verfahren der Positionsbestimmung mit unterschiedlichen Genauigkeitsstufen. Beispiele hierfür sind Zell-ID, Zell-ID mit Timing Advance (TA), Feldstärkemessungen, Angle-of-Arrival (AoA), Time-of-Arrival (ToA), Time Difference-of-Arrival (TDOA), etc. Im Gegensatz zu den Satellitennavigationssignalen sind die Mobilfunksignale auch in Gebäuden zu empfangen, so dass sich beide Technologien sinnvoll ergänzen. Allerdings ist für eine hochgenaue Positionsbestimmung über mobilfunkbasierte Verfahren eine gute Geometrie der Basisstationen erforderlich. Dies ist nicht überall möglich da die Funknetzplanung aus wirtschaftlichen Gründen darauf aufgebaut ist mit möglichst wenigen Basisstationen ein möglichst großes Gebiet abzudecken. Außerdem beschränkt sich die Mobilfunkabdeckung auf wirtschaftlich interessante Regionen und ist nicht flächendeckend.

Kombination mit Loran-C

Aufgrund der Langwelleneigenschaften verfügt Loran-C über eine sehr gute Verfügbarkeit in Umgebungen in denen der Empfang von Navigationssatelliten durch Abschattungseffekte limitiert ist (Straßenschluchten, unter Vegetationsbedeckung, in Gebäuden, etc.). Da die Loran-C Sender über eine sehr große Sendeleistung (einige 1000 kW) verfügen können die Signale nicht gestört werden. Eine Kombination von Satellitennavigation und Loran-C ist auf Basis der Rohdaten möglich, da bei Loran-C ebenfalls Signallaufzeiten für die Positionsbestimmung verwendet werden. Dies bedeutet, dass eine Positionslösung auch dann ermittelt werden kann, wenn die Einzelsysteme dazu nicht in der Lage sind, z.B. durch die Kombination von 2 GPS Pseudorangemessungen und 2 Laufzeitmessungen zu Loran-C Sendern. [GLA06]

6 Ausblick

Bereits heute wird die Satellitennavigation in einigen Bereichen wie z.B. der Luftfahrt, BOS, SAR, etc. für sicherheitsrelevante Anwendungen eingesetzt. Definierte Verfahren zur Evaluierung der Leistungsfähigkeit der Satellitennavigationssysteme, der Empfänger, Endgeräte und der resultierenden Anwendungen existieren heute lediglich im Luftfahrtbereich.

Die laufende Modernisierung der existierenden Satellitennavigationssysteme und neue Systeme werden zukünftig die Leistungsmerkmale wie Genauigkeit, Integrität, Kontinuität, etc. signifikant verbessern und somit die Nutzung für sicherheitsrelevante Anwendungen weiter verstärken bzw. neue sicherheitsrelevante Anwendungen ermöglichen. Mit der zunehmenden internationalen Nutzung der Satellitennavigation für sicherheitsrelevante Anwendungen zu denen auch der militärische Bereich und Anwendungen der BOS zählen, entsteht zukünftig der Bedarf die Einsatzmöglichkeiten und -grenzen anhand objektiver Testkriterien und Testabläufe zu evaluieren, Standards für internationale und einsatzkräfteübergreifende Operationen zu definieren und entsprechende Zertifizierungsrichtlinien zu erarbeiten. Hierbei ist zu beachten, dass es sich nicht um eine IT Sicherheitszertifizierung nach Common Criteria handelt. Bei der Labor-Evaluierung der Empfänger und Endgeräte für den sicherheitsrelevanten Einsatz sind neben den üblichen EMV Untersuchungen auch Klimatest (inkl. Staub und Korrosion), Vibrations- und Schocktests, etc. durchzuführen um die Funktionsfähigkeit der Endgeräte auch unter extremen Bedingungen gewährleisten zu können. Zur Untersuchung der navigationsspezifischen Parameter wie z.B. Genauigkeit, Integrität, Kontinuität, etc. sind spezifischen Erprobungen unter realitätsnahen Einsatzbedingungen unter unterschiedlichen Empfangsbedingen notwendig.

Aufgrund der erforderlichen direkten Sichtverbindung zwischen den Empfängern und den Satelliten werden jedoch auch zukünftig Probleme hinsichtlich einer Dämpfung bzw. Abschattung der Signale in schwierigen Empfangsbedingungen auftreten. Für einige sicherheitsrelevante Anwendungen wird daher zukünftig die Verwendung von hochempfindlichen Empfängern, eine Stützung der Satellitennavigation z.B. durch mobilfunkbasierte Positionsbestimmungsverfahren oder Loran-C, eine Kombination mit Map-Matching Verfahren oder die Einbindung von Zusatzsensorik eine Rolle spielen. Auch für diese kombinierten Verfahren und die resultierenden Endgeräte und Dienste müssen zukünftig geeignete Testverfahren, Standards und Zertifizierungsvorschriften erarbeitet und eingeführt werden, um einen erfolgreichen Einsatz dieser Technologien für sicherheitsrelevante Anwendungen zu gewährleisten.

Literatur

[TSO92] Technical Standard Order C 129 (Airborne Supplemental Navigation Equipment Using the Global Positioning System (GPS), US Department of Transportation / Federal Aviation Administration 1992.

[FRP01] Federal Radionavigation Plan, US Department of Defense and US Department of Transportation 2001.

[RfHe05] J. Rüffer, J. Hemmert: Galileo meets Geodesy, in: Der Vermessungsingenieur 06/2006 520-526.

[GLA06] The Case for eLoran, General Lighthouse Authorities of the United Kingdom and Ireland, 2006.

Chipkarten in österreichischen PKIs Analyse des Status Quo

Christian Stingl · Daniel Slamanig · Michael Reiner · Jürgen Thierry

Fachhochschule Technikum Kärnten
{c.stingl | d.slamanig | m.reiner | j.thierry}@cti.ac.at

Zusammenfassung

Neben dem Business2Business (B2B) Bereich werden auch im Business2Consumer (B2C) bzw. Consumer2Consumer (C2C) Bereich zunehmend digitale Signaturen und Datenverschlüsselungen bei Transaktions- bzw. Kommunikationsprozessen eingesetzt. Entscheidend für den Erfolg ist neben der Erstellung der digitalen Signatur speziell die einfache Verifikation dieser. Zusätzlich zur Signaturprüfung und der Prüfung des Zertifizierungspfades, die von der Clientsoftware automatisch durchgeführt werden können, obliegt die Identifikation des Signators dem Benutzer. In dieser Arbeit werden die österreichweiten Public-Key Infrastrukturen (PKIs) hinsichtlich dieser Problematik analysiert. Dabei wurde beispielsweise für das Produkt a-sign Premium2 der Fa. A-Trust ermittelt, dass ca. 8% aller Zertifikatsinhaber aufgrund der personenbezogenen Daten in den Verzeichnisdiensten nicht eindeutig identifiziert werden können, da zumindest eine weitere Person existiert, die den selben Namen besitzt. Aus der Untersuchung kann abgeleitet werden, dass die Anzahl der Duplikate zukünftig noch steigen wird.Weiters wird in dieser Arbeit die Integration von in Österreich verfügbaren Chipkarten, die Träger der privaten Schlüsselinformationen sind, unter Microsoft Windows untersucht. Das primäre Ziel war neben der Offenlegung der Kommunikation zwischen PC und Chipkarte, die Manipulation der ausgetauschten Daten. Dies wurde mittels einer Proxy DLL durchgeführt, da sich dieser Ansatz hinsichtlich der oben genannten Aspekte optimal eignet. Damit knnen die PIN, wenn sie über den PC eingegeben wird, eruiert und die ausgetauschten Daten leicht manipuliert werden. Dies gilt nicht nur für Kartenleser der Sicherheitsklasse 1, sondern im Fall des analysierten Softwareprodukts unter bestimmten Bedingungen auch bei Kartenlesern der Sicherheitsklasse 3. Als Konsequenz sollten digitale Signaturen ausschließlich auf PCs erstellt werden, die unter alleiniger Kontrolle des Signators sind.

1 Einführung

In den letzten Jahren fand im Business2Consumer (B2C) Bereich der elektronische Handel zunehmend Anklang und Verbreitung. Daneben wurde auch der Government2Citizen (G2C) Bereich stark forciert. Aufgrund der Offenheit des Internets müssen bei diesen Kommunikationsbeziehungen einerseits die Vertraulichkeit und die Integrität der übertragenen Daten in hohem Maße geschützt, als auch die Identifikation der Kommunikationspartner gewährleistet werden. Ersteres wird im Allgemeinen durch digitale Signaturen und Datenverschlüsselung realisiert, wobei die notwendigen privaten Schlüsselinformationen auf Security Tokens (z.B. Chipkarten) hinterlegt werden können. Die Bindung der öffentlichen Schlüsselinformation an eine Identität erfolgt im Allgemeinen bei Public-Key Infrastrukturen (PKIX) auf der Basis von X.509 Zertifikaten. Diese Variante ist bei offenen Public-Key Infrastrukturen (PKI) weit ver-

P. Horster (Hrsg.) · D•A•CH Security 2007 · syssec (2007) 479-488.

breitet und auch die größten österreichischen Realisierungen basieren darauf. In dieser Arbeit wurden die PKIs der Fa. *A-Trust* und des *Hauptverbandes der österreichischen Sozialversicherungen (HVB)* zur Analyse herangezogen. Die Produkte dieser beiden Anbieter können auch im Consumer2Consumer (C2C) Bereich und als Ausprägung der österreichischen Bürgerkarten im E-Government eingesetzt werden.

2 Bürgerkartenkonzept

Das österreichische Bürgerkartenkonzept [bcard] stellt die sichere Abwicklung von Verwaltungsverfahren, z.B. Behördenwegen, über das Internet durch die Anwendung kryptographischer Verfahren sicher. Das Herzstück dieses Konzeptes bildet die sogenannte Bürgerkarte, die nicht für eine spezielle Ausprägung, sondern für ein Funktionskonzept steht. Dieses Funktionskonzept beinhaltet zwei zentrale Elemente:

- Authentifikation: Jede Person kann unter Verwendung einer digitalen Signatur an elektronischen Geschäftsprozessen teilnehmen und rechtskonforme Signaturen erstellen.
- Identifikation: Die kryptographischen Schlüsselinformationen (öffentliche Schlüssel), die für die Verifikation digitaler Signaturen notwendig sind, werden durch die sogenannte Personenbindung eindeutig einer (natürlichen) Person zugeordnet.

Eine Ausprägung der Bürgerkarte (z.B. a-sign Premium2 der Fa. A-Trust) ermöglicht es jedem österreichischen Bürger bzw. jeder österreichischen Bürgerin grundsätzlich Verwaltungsverfahren elektronisch abzuwickeln. Konkrete Realisierungen der Bürgerkarte sind in Form von Chipkarten (Smartcards), Mobiltelefonen, USB-Token, etc. möglich.

Dabei ist die sogenannte Personenbindung ein zentrales Element, das eine Verbindung zwischen kryptographischer Schlüsselinformation eines oder mehrerer Zertifikate mit einer (natürlichen) Person ermöglicht. Dies wird durch eine XML-Datenstruktur, die Personendaten (Nachname, Vorname, Geburtsdatum), öffentliche Schlüsselinformationen der Zertifikate, die Stammzahl einer Person und die Signatur der Stammzahlenregisterbehörde enthält, realisiert. Die letztgenannte Signatur garantiert die Integrität der Daten und identifiziert die ausstellende Behörde. Die Personenbindung dient der automatisierten Identifikation im E-Government und wird auf der Bürgerkarte hinterlegt. In Österreich ist jede Person durch eine eindeutige Ordnungsnummer identifizierbar. Diese entspricht bei Besitz der österreichischen Staatsbürgerschaft der Zentralen-Melderegister-Nummer (ZMR-Nummer) und bei allen anderen natürlichen Personen der Ergänzungsregister-Nummer (ER-Nummer). Die Stammzahl ist eine eindeutige von der Stammzahlenregisterbehörde vergebene ID, die aus der ZMR- bzw. ER-Nummer (Basiszahl) unter Einsatz des Triple-DES Algorithmus berechnet wird. Würde diese Zahl jedoch als Identifikationsmerkmal (z.B. Primary Key) in verschiedenen Applikationen eingesetzt werden, so könnten Daten dieser Applikationen unerwünschterweise verknüpft werden. Deswegen werden in unterschiedlichen Bereichen (z.B. Bauen und Wohnen, Gesundheit, etc.) sogenannte bereichsspezifische Personenkennzeichen (bPK) eingesetzt, die aus der Stammzahl einer Person mittels eines öffentlich bekannten Verfahrens abgeleitet werden können. Daher ist die Geheimhaltung dieser Zahl zwingend erforderlich.

Das Zertifikat zur Signaturerstellung und die Personenbindung werden ebenfalls auf einer Ausprägung der Bürgerkarte hinterlegt. Basieren Signaturerstellung und Datenverschlüsselung auf dem selben Zertifikat, so sind Angriffe auf das Signaturverfahren möglich [Davi01]. Deshalb wird meist zusätzlich zum Signaturzertifikat ein Zertifikat zur Datenverschlüsselung hinterlegt.

Auf Basis des Signatur- und des E-Governmentgesetzes [SigG, eGovG] können folgende Arten von digitalen Signaturen realisiert werden. Diese unterscheiden sich primär hinsichtlich des Sicherheitsbedarfs und des Verwendungszwecks:

- Sichere Signatur: Eine sichere digitale Signatur ist der eigenhändigen Unterschrift zu 100% gleichgestellt. Der dabei verwendete private Schlüssel darf ausschließlich zur Signaturerstellung herangezogen werden.
- Verwaltungssignatur: Die Verwaltungssignatur ist im E-Government bis zum 31.12.2007 mit einer sicheren Signatur gleichgestellt. Diese Signatur kann beispielsweise mit einem Verwaltungszertifikat auf der österreichischen Gesundheitskarte (eCard) erstellt werden. Derzeit sind keine Informationen über den zukünftigen Status der Verwaltungssignatur bekannt.
- Gewöhnliche Signatur: Die Schlüsselinformationen, die dem gewöhnlichen Zertifikat zugeordnet werden, sind für elektronische Geschäftsfälle geeignet, die niedrigen bis mittleren Sicherheitsbedarf erfordern. Sie können dabei zur Signaturerstellung, Authentifikation, zum Schlüsselaustausch und zur Datenverschlüsselung eingesetzt werden.
- Amtssignatur: Die Amtssignatur wird durch ein speziell ausgewiesenes Signaturzertifikat realisiert und dient der Erkennbarkeit einer österreichischen Behörde auf einem Dokument.

Um eine digitale Signatur im C2C verifizieren zu können, müssen die folgenden Punkte betrachtet werden:

- Identifikation: Der Signator muss anhand der Informationen, die in der signierten Nachricht zur Verfügung stehen, eindeutig identifiziert werden. Dies erfolgt bei einer Public Key Infrastruktur auf Basis von X.509 mittels dem Distinguished Name (DN).
- Signaturprüfung: Dabei wird überprüft, ob die Signatur dem Dokument und dem Signator eindeutig zugeordnet werden kann.
- Zertifizierungspfad: Verifikation aller Zertifikate in der Zertifikatskette.
- Verifikationsmodell: Dieses Modell legt die Verifikationsparameter (z.B. Zeitpunkt) der Signatur und der übergeordneten Zertifikate fest. Dabei kann das Schalenmodell, das erweiterte Schalenmodell oder das Kettenmodell zum Einsatz kommen (vgl. z.B. [GiSc]).

Die Signaturprüfung, die Erstellung und Validierung des Zertifizierungspfades sowie das zugrundeliegende Verifikationsmodell sind von der clientseitigen bzw. serverseitigen Implementierung abhängig. Jedoch liegt die eindeutige Identifikation des Signators im Allgemeinen in der Verantwortung des Empfängers (Benutzers). Gerade bei PKIX ist deswegen die Zusammensetzung des DN, z.B. Nachname, Vorname, Organisation, Adresse, etc. [x520], für die eindeutige Identifikation des Signators von enormer Wichtigkeit.

3 Analyse der Ausprägungen der Bürgerkarte

Die in Österreich häufigsten Ausprägungen der Bürgerkarte sind einerseits die Gesundheitskarte (eCard) des HVBs und andererseits die a-sign Premium Produkte der Fa. A-Trust. Jeder versicherte österreichische Staatsbürger bzw. jede österreichische Staatsbürgerin ist im Besitz einer eCard. Die Aktivierung der Bürgerkarten-Funktionalität kann kostenfrei über das Internet durchgeführt werden. Nach erfolgreicher Freischaltung beinhaltet die eCard,

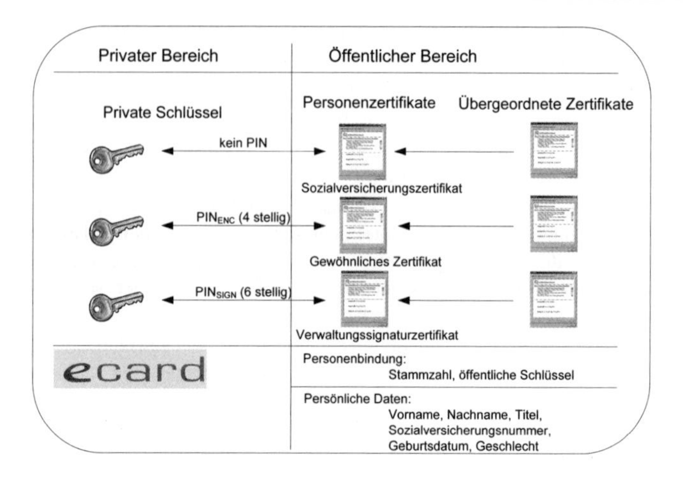

Abb. 1: Daten auf der österreichischen Gesundheitskarte (eCard)

zusätzlich zum Zertifikat für die Applikation "Krankenscheinersatz" (Sozialversicherungszertifikat), ein Signaturzertifikat (Verwaltungssignaturzertifikat) und ein Verschlüsselungszertifikat (Gewöhliches Zertifikat).[1] Für jedes dieser Zertifikate wird die private Schlüsselinformation in einem geschützten Bereich und das Zertifikat der ausstellenden Zwischenzertifizierungsstelle gespeichert. Weiters befinden sich noch die Personenbindung und im sogenannten "Öffentlichen Bereich" Personendaten und Versicherungsdaten (EHIC - European Health Insurance Card) auf der Karte. Mit dem Signaturzertifikat kann eine Verwaltungssignatur, die bis Ende 2007 der sicheren Signatur gleichgestellt ist, erstellt werden.

Das Produkt a-sign Premium beinhaltet ebenfalls ein Signatur- und ein Verschlüsselungszertifikat, wobei das Signaturzertifikat zur Erstellung sicherer Signaturen herangezogen werden kann. Tabelle 1 listet die verwendeten Algorithmen und Schlüssellängen obiger Produkte auf.

Tab. 1: Auflistung der eingesetzten Algorithmen und Schlüssellängen der analysierten Produkte

Anbieter	Produkt	Zertifikat	Zwischenzertifikat	Wurzelzertifikat
A-Trust	a-sign Premium1 signature	RSA-1024	RSA-2048	RSA-2048
A-Trust	a-sign Premium1 encryption	RSA-1024	RSA-2048	RSA-2048
A-Trust	a-sign Premium2 signature	ECC-192	RSA-2048	RSA-2048
A-Trust	a-sign Premium2 encryption	RSA-1536	RSA-2048	RSA-2048
HVB	eCard Verwaltungssignatur	ECC-192	RSA-3072	RSA-4096
HVB	eCard einfache Signatur	ECC-192	RSA-3072	RSA-4096

Für die Identifikation der Endbenutzer in den Produkten können der Distinguished Name (DN) und spezielle Erweiterungen (z.B. E-Mail) herangezogen werden. Folgende benutzerspezifische Informationen stehen zur Verfügung:

[1] Aufgrund der ECC-Schlüssel kann dieses Zertifikat derzeit unter Microsoft Windows nicht eingesetzt werden.

- eCard: Vorname, Nachname, E-Mail (optional) [hvb].
- a-sign Premium: Titel, Vorname, Nachname, Seriennummer, Geburtsdatum (optional) und E-Mail (optional). In bestimmten Fällen kann eine Berufsbezeichnung (z.B. Rechtsanwalt) und ein eindeutiger Code (z.B. Rechtsanwaltscode) integriert werden [atrust].

Durch den relativ geringen personenbezogenen Inhalt der Zertifikate kann im Allgemeinen die Aktualität der Informationen über die gesamte Gültigkeitsperiode (eCard: 5 Jahre, a-sign Premium: 3 Jahre) des Zertifikates gewährleistet werden. Derzeit muss bei Änderungen der persönlichen Informationen ein neues Zertifikat erstellt und eine neue Karte ausgegeben werden. Dies bedingt einerseits relativ hohe Kosten und andererseits ist damit ein erhöhter Verwaltungsaufwand verbunden, da Zertifikate beispielsweise historisiert werden müssen. Für das System wäre es kostengünstiger, wenn man bei Änderung von personenbezogenen Informationen (z.B. E-Mail) die zugehörigen Zertifikate aktualisieren könnte.

Grundsätzlich könnte bei einer signierten Nachricht der Signator mittels der Seriennummer des Zertifkates bzw. der Seriennummer im DN eindeutig identifiziert werden. In der Praxis muss dies jedoch auf Basis der benutzerspezifischen Informationen erfolgen. Ist weder das Geburtsdatum, noch die E-Mail Adresse des Signators bekannt, so ist eine eindeutige Identifikation bei zwei oder mehreren Personen mit identischem Namen unmöglich. In [HeSS06] wurde die Häufigkeit von Namensgleichheiten bezogen auf obige Produkte auf Basis von zwei unterschiedlichen Varianten analysiert. In dieser Arbeit werden diese Varianten neu definiert:

- Variante 1: Die Anzahl derjenigen Personen, deren Vor- und Nachname zumindest noch einmal im System vorhanden ist.
- Variante 2: Die Anzahl derjenigen Personen nach Variante 1, die unter zusätzlicher Verwendung der E-Mail Adresse als nicht identisch aufgefasst werden können. Personen, die zwei unabhängige Zertifikate mit der selben E-Mail Adresse besitzen, werden nicht gezählt.

Tab. 2: Beispiel für die Berechnung der Anzahl nach Variante 1 bzw. Variante 2

Vorname	Nachname	E-Mail	Variante 1	Variante 2
foo	bar	foobar@company.com	✓	✓
foo	bar	foobar@company.com	✓	×
foo	bar	foobar@private.com	✓	✓
foo	bar		✓	✓
Anzahl			4	3

Basierend auf dieser Konvention wurden die LDAP-Verzeichnisse des HVBs und der Fa. A-Trust (Stand: 12.04.2007) separat ausgewertet (siehe Tabelle 3). Dabei wurden nur diejenigen Zertifikate betrachtet, die zum Analysezeitpunkt gültig waren.[2] Für das Produkt a-sign Premium2 resultiert daraus, dass 8,26 % aller Zertifikatsinhaber auf Basis der Variante 2 nicht eindeutig identifiziert werden können.

Somit kann eine Signatur, die von einer dieser Personen erstellte wurde, nicht eindeutig dieser zugeordnet werden. Es muss jedoch erwähnt werden, dass in der Variante 2 Personen inklu-

[2] Beim HVB wurde die Information aus dem LDAP und bei der Fa. A-Trust die Certificate-Revocation-List (CRL) verwendet.

Tab. 3: Ergebnisse der Analyse der Produkte bezüglich Variante 1 und Variante 2

Produkt	Gesamtanzahl	Variante 1		Variante 2	
		Anz.	[%]	Anz.	[%]
a-sign Premium2	52.150	6.409	12,29	4.309	8,26
eCard	13.110	465	3,55	465	3,55

diert sind, die gleichzeitig mehrere gültige Zertifikate mit unterschiedlicher E-Mail Adresse besitzen. Bei der eCard trifft dies nicht zu, da jede Person nur ein gültiges Zertifikat besitzen kann. Aus den hervorgehobenen Werten (siehe Tabelle 4) kann man schließen, dass ca. $(3.68 - 3.47)/3.47 \approx 6\%$ der Personen gleichzeitig zwei oder mehrere gültige Zertifikate besitzen.

Tab. 4: Häufigkeitsanalyse der Duplikate von eCard und a-sign Premium2

	eCard		a-sign Premium2			
	Variante 1 und 2		Variante 1		Variante 2	
Anzahl	Anzahl	[%]	Anzahl	[%]	Anzahl	[%]
1.000	0	0	26	2,60	6	0,60
2.000	12	0,60	54	2,70	25	1,25
3.000	26	0,87	94	3,13	47	1,57
4.000	36	0,90	139	3,48	77	1,93
5.000	67	1,34	202	4,04	113	2,26
6.000	102	1,70	277	4,62	164	2,73
7.000	130	1,86	328	4,69	205	2,93
8.000	166	2,08	390	4,88	247	3,09
9.000	211	2,34	465	5,17	310	3,44
10.000	262	2,62	516	5,16	347	3,47
11.000	316	2,87	581	5,28	391	3,55
12.000	394	3,28	646	5,38	438	3,65
13.000	**451**	**3,47**	689	5,30	**479**	**3,68**
13.110	465	3,55				
15.000			827	5,51	588	3,92
20.000			1.316	6,58	991	4,95
25.000			1.711	6,84	1.356	5,42
30.000			2.252	7,51	1.832	6,11
35.000			2.820	8,06	2.347	6,71
40.000			3.486	8,72	2.808	7,02
45.000			5.166	11,48	3.446	7,66
50.000			5.989	11,98	4.029	8,06
52.150			6.409	12,29	4.309	8,26

Um eine eindeutige Identifikation des Signators zu ermöglichen, könnte theoretisch auch die Seriennummer des Zertifikates herangezogen werden. Für den Endbenutzer ist die vertrauenswürdige Ermittlung dieser Nummer jedoch nicht praktikabel. Alternativ dazu könnten vom Zertifikatsaussteller zusätzliche Informationen (z.B. Adressinformation, Organisation, Telefonnummer) im LDAP-Verzeichnis zur Verfügung gestellt werden. Diese Informationen könnten grundsätzlich auch in den Zertifikaten integriert werden. Problematisch dabei ist jedoch die Verifikation dieser Informationen (z.B. Organisation) durch den Zertifikatsaussteller und andererseits die Wahrung des Datenschutzes. Beispielsweise könnten diese Informationen für unerwünschte Werbeaussendungen (z.B. SPAM) herangezogen werden. Zudem würde sich damit die Häufigkeit von Änderungen dieser Informationen erheblich erhöhen. Aufgrund der vorliegenden Entwicklung (siehe Tabelle 4) ist davon auszugehen, dass die Anzahl namensgleicher Personen bei zunehmender Verbreitung noch steigen wird. Dieses Verhalten sollte beobachtet werden, um gegenebenfalls Adaptierungen vornehmen zu können.

4 Angriffe gegen Softwareprodukte für Bürgerkarten

Die nachfolgenden Analysen wurden alle unter Microsoft Windows durchgeführt, da dieses Betriebssystem im Bereich der Consumer die größte Verbreitung hat. Unter Microsoft Windows (bis Windows XP) werden durch den CryptoAPI kryptographische Verfahren für die Anwendungsentwicklung zur Verfügung gestellt. Die eigentlichen Implementierungen dieser Verfahren befinden sich in den Cryptographic Service Providern (CSPs), die von Microsoft aber auch anderen Softwareanbietern realisiert werden. Durch diese offene Architektur können die Algorithmen einerseits in Software und andererseits z.B. auf Basis von Chipkarten realisiert werden. Private Schlüsselinformationen können entweder im Betriebssystem oder auf einem Security Token vertraulich hinterlegt werden. Im Allgemeinen ist es daher notwendig für jede Chipkarte einen speziellen CSP zu erstellen. Alternativ dazu kann auch die Spezifikation PKCS#11 unterstützt werden. Ein CSP muss Operationen, die einen privaten Schlüssel benötigen (Signaturerstellung, Entschlüsselung) mittels Funktionen der Chipkarte realisieren. Die korrespondierenden Publik-Key Operationen (Verifikation, Verschlüsselung) können im Gegensatz dazu mit jedem Standard-CSP, der dieselben Algorithmen unterstützt, erfolgen.

Für die Verschlüsselungszertifikate der Produkte der Fa. A-Trust steht ein CSP, der sogenannte a-sign Client, zur Verfügung. Da diese Produkte das RSA-Verfahren [RiSA78] einsetzen und dieses in Microsoft Windows nahtlos integriert wurde, können diese Produkte für kryptographische Operationen herangezogen werden. Im Gegensatz dazu basieren die Verfahren der eCard auf elliptischen Kurven [Kobl87, Mill85], wobei diese erst ab dem Betriebssystem Microsoft Windows Vista unterstützt werden. Für die Signaturzertifikate (HVB und A-Trust) stehen momentan keine CSPs zur Verfügung. Die Erstellung einer digitalen Signatur kann deswegen nur mittels spezieller Softwareprodukte (Bürgerkartenumgebung) realisiert werden.

Tab. 5: Verfügbarkeit von Cryptographic Service Providern (CSPs) für die analysierten Produkte

Anbieter	Produkt	CSP (Microsoft)	CSP (Chipkarte)
A-Trust	a-sign Premium2 signature	×	×
A-Trust	a-sign Premium2 encryption	✓	✓
HVB	eCard Verwaltungssignatur	×	×
HVB	eCard einfache Signatur	×	×

Für die Kommunikation mit Chipkarten werden unter Microsoft Windows im Allgemeinen zwei Schnittstellen eingesetzt. Einerseits *PC/SC* (Personal Computer Smart Card) [pcsc] auf Basis der *WinScard.dll* und andererseits *CT-API* (Card Terminal API), die in Deutschland, mit Fokus auf das deutsche Gesundheitssystem, entwickelt wurde. Die Schnittstelle, die herangezogen wird, hängt einerseits vom Softwareprodukt und andererseits vom verwendeten Kartenleser ab.

Das primäre Ziel war die Offenlegung der Kommunikation zwischen PC und Chipkarte sowie die Manipulation der ausgetauschten Daten. Unter Microsoft Windows können dazu unter anderem folgende Ansätze verfolgt werden (vgl. z.B. [apdu, api]):

- *Proxy DLL*: Bei diesem Ansatz wird ausgenutzt, dass Windows beim Laden einer DLL diese zuerst im aktuellen Verzeichnis sucht. Wird nun eine gleichnamige DLL in diesem Verzeichnis hinterlegt, die alle Funktionsaufrufe der Original-DLL implementiert und/oder an diese weiterleitet, so kann die Kommunikation protokolliert und manipuliert werden, ohne dass das Softwareprodukt davon Kenntnis erlangt.
- *IAT Patching/API Patching*: Bei diesen Ansätzen werden Adressen (in der Import Address Table (IAT) bzw. direkt im Code (API Patching)) manipuliert, sodass eigene Codefragmente ausgeführt werden können.
- *DLL Injection*: Bei diesem Ansatz wird eine DLL mittels Callback-Funktionen in das Softwareprodukt eingeschleust.

Für diese Arbeit wurde der Proxy DLL Ansatz gewählt, da einerseits nur spezielle Softwareprodukte betrachtet wurden (und nicht systemweit protokolliert werden soll) und andererseits Manipulationen effizient durchgeführt werden können. Ein weiterer Vorteil ist, dass lediglich Schreibrechte auf das Verzeichnis des Softwareproduktes erforderlich sind. Das Einschleusen der Proxy DLL kann über die Installation des Softwareproduktes bzw. durch nachträgliches Einfügen im entprechenden Verzeichnis erfolgen.

Im vorliegenden Fall wurde in der Proxy DLL für die *WinScard.dll* ausschließlich der *SCardTransmit* Befehl gekapselt (wrapping) und alle anderen Funktionen weitergeleitet (forwarding). Für den CT-API wurde der Befehl *CT_Data* herangezogen. Abbildung 2 zeigt schematisch die Kapselung der *SCardTransmit* Methode der *WinScard.dll*.

```
...
//Wrapper fuer die Funktion SCardTransmit
SCardTransmit(
  IN SCARDHANDLE hCard,
  IN LPCSCARD_IO_REQUEST pioSendPci,
  IN LPCBYTE pbSendBuffer,
  IN DWORD cbSendLength,
  IN OUT LPSCARD_IO_REQUEST pioRecvPci,
  OUT LPBYTE pbRecvBuffer,
  IN OUT LPDWORD pcbRecvLength
){
LONG res;

//Protokollierung und Manipulation der Eingabeparameter
...

//Aufruf der originalen SCardTransmit Funktion
res = (*System32_SCardTransmit)(hCard, pioSendPci, pbSendBuffer,
        cbSendLength, pioRecvPci, pbRecvBuffer, pcbRecvLength);

return res;
...
```

Abb. 2: Kapselung der SCardTransmit-Methode in einer Proxy DLL

Mit dieser Methode wurden die APDUs (Application Protocol Data Unit) der kryptographischen Operationen während der Kommunikation mit der Chipkarte manipuliert. Beispielsweise kann bei einer Signaturerstellung mit einem Kartenleser der Sicherheitsklasse 1 sowohl die PIN eruiert werden, als auch der zu signierende Hashwert ausgetauscht werden. Weiters ist es damit einfach möglich über den CSP der Fa. A-Trust das Signaturzertifikat anzusprechen, obwohl dies im CSP nicht vorgesehen wurde. Wird ein Kartenleser der Sicherheitsklasse 2 oder 3 verwendet, so erfolgt die Eingabe der PIN direkt am Kartenleser. Deswegen kann im Gegensatz zum obigen Beispiel nur der Hashwert ersetzt werden. Wird jedoch im Softwareprodukt TrustDesk Standard der CT-API Treiber entfernt, so erfolgt die Kommunikation über die Schnittstelle PC/SC und die Eingabe der PIN erfolgt am PC.

Folglich sollten deswegen keine kryptographischen Operationen auf PCs erfolgen, die nicht unter alleiniger Kontrolle des Signators sind. Dies ist auch eine Grundforderung des österreichischen Signaturgesetzes für die Erstellung einer sicheren Signatur.

Die Bürgerkartenumgebungen TrustDesk Basic/Standard[3] und hotSign[4] wurden hinsichtlich des Ansatzes Proxy DLL untersucht. In den Produkten beider Anbieter wird direkt auf die Chipkarten-Schnittstelle im *%WINDIR%/system32* Verzeichnis verwiesen. Bei den Produkten der Fa. IT Solution kann dies jedoch durch Änderung eines Parameters im Softwareprodukt bzw. in der Registrierungsdatenbank von Microsoft Windows umgestellt werden. Beim Produkt der Fa. BDC, das sich direkt ins *%WINDIR%/system32* Verzeichnis installiert, bringt dieser Ansatz keinen Erfolg. Um hier einen DLL Proxy Angriff starten zu können, muss die Windows File Protection umgangen werden. Dies kann jedoch durch Anwendung einiger undokumentierter Befehle relativ einfach bewerkstelligt werden. Damit ist es dann ebenfalls möglich dieselben Manipulationen, wie oben beschrieben, durchzuführen.

5 Zusammenfassung und Ausblick

In dieser Arbeit wurden die zwei größten österreichweiten Public-Key Infrastrukturen analysiert. Speziell beim Produkt der Fa. A-Trust ist die Anzahl an namensgleichen Zertifikatsinhabern relativ hoch. Dies bedingt, dass beim österreichweiten Einsatz digitaler Signaturen in vielen Fällen keine eindeutige Identifikation des Signators möglich ist. Aus unserer Sicht ist davon auszugehen, dass die Anzahl der namensgleichen Personen bei größerer Verbreitung dieser Technologie noch steigen wird. Das Verhalten dieser Entwicklung muss zukünftig beobachtet werden, um gegenebenfalls Adaptierungen vornehmen zu können.

Weiters wurden in dieser Arbeit Softwareprodukte, die obige Produkte unterstützen, hinsichtlich potentieller Angriffe untersucht. Dabei wurde der Ansatz Proxy DLL gewählt, da dieser sowohl Protokollierung als auch Manipulation von APDUs effizient ermöglicht. Damit kann bei Kartenlesern der Sicherheitsklasse 1 leicht die PIN ausgelesen und der zu signierende Hashwert eruiert werden. Bei Kartenlesegeräten der Klasse 3 ist lediglich der Austausch bzw. die Manipulation des Hashwertes möglich. Konsequenterweise sollten deswegen digitale Sig-naturen nur auf Rechnern erstellt werden, die unter alleiniger Kontrolle des Signators stehen.

Ein Aspekt, der zukünftig untersucht werden soll, ist die Entwicklung einer Proxy DLL für den CryptoAPI, um umfangreichere Manipulationen bezüglich obiger Softwareprodukte analysieren zu können. Weiters müssen derartige Szenarien unter Microsoft Windows Vista betrachtet werden, da in diesem Betriebssystem die Sicherheitsarchitektur beträchtlich geändert wurde.

[3] IT Solutions, http://www.itsolution.at/

[4] BDC, http://www.bdc.at/

Literatur

[apdu] A. Fernandez. WinSCard APDU View Utility. http://www.fernandes.org/apduview/index.html

[api] Y. Kaplan. API Spying Techniques for Windows 9x, NT and 2000 (2000). http://www.internals.com/articles/apispy/apispy.htm

[atrust] A-Trust. Certification Practice Statement für qualifizierte Zertifikate a.sign Premium, http://www.signatur.rtr.at/repository

[bcard] Österreichische Bürgerkarte, http://www.buergerkarte.at

[Davi01] D. Davis. Defective Sign & Encrypt in S/MIME, PKCS#7, MOSS, PEM, PGP, and XML. In Proceedings of the General Track: 2002 USENIX Annual Technical Conference. Y. Park, Ed. USENIX Association, Berkeley, CA, pp. 65-78, 2001.

[eGovG] Bundesgesetz über Regelungen zur Erleichterung des elektronischen Verkehrs mit öffentlichen Stellen – E-Government-Gesetz – EGovG, http://www.cio.gv.at/egovernment/law/

[GiSc] E.G. Giessmann, R. Schmitz. Zum Gültigkeitsmodell für elektronische Signaturen nach SigG und X.509. DUD, 7, pp. 401–404.

[HeSS06] M. Heiligenbrunner, D. Slamanig, C. Stingl. Analysis of Austrian citizen cards. In Proceedings FH Science Day 2006, Hagenberg, Shaker Verlag, pp. 194–203, 2006.

[hvb] Hauptverband der österreichischen Sozialversicherungsträger. Certification Practice Statement (CPS) Verwaltungs- und gewöhnliche Signatur-Zertifikat, http://www.signatur.rtr.at/repository.

[Kobl87] N. Koblitz. Elliptic curve cryptosystems. Mathematics of Computation, American Mathematical Society, 48(177), pp. 203–209, 1987.

[Lang06] H. Langweg. Malware Attacks on Electronic Signatures Revisited. In Sicherheit 2006. Konferenzband der 3. Jahrestagung Fachbereich Sicherheit der Gesellschaft für Informatik, pp. 244–255, 2006.

[Mill85] V. S. Miller. Use of elliptic curves in cryptography. In Proceedings of CRYPTO'85, pp. 417–426. Springer, 1985.

[pcsc] PC/SC Workgroup. http://www.pcscworkgroup.com/.

[RiSA78] R. Rivest, A. Shamir, L. Adelman. A Method for Obtaining Digital Signatures and Public-Key Cryptosystems. Communications of the ACM, 21 (1978), pp. 120-126.

[SigG] Bundesgesetz über elektronische Signaturen - Signaturgesetz SigG 1999, http://www.signatur.rtr.at/de/legal/sigg.html

[SpCL02] A. Spalka, A.B. Cremers, H. Langweg. Trojan Horse Attacks on Software for Electronic Signatures. Informatica, Special Issue "Security and Protection" Vol. 26 No. 2 July 2002. pp. 191–204.

[x520] X.520: The Directory: Selected Attribute Types, ITU-T Recommendation X.520, 1993.

Certification Practice Statement und Certificate Policy nach RFC 3647

Klaus Schmeh

cv cryptovision gmbh
klaus.schmeh@cryptovision.com

Zusammenfassung

Ein Certification Practice Statement (CPS) sowie mehrere Certificate Policys (CP) sind wichtige Bestandteile einer Public-Key-Infrastruktur (PKI). Unter einem CPS versteht man ein Dokument, das von einer Zertifizierungsstelle herausgegeben wird, um die Rechte und Pflichten des Betreibers und der Anwender festzulegen. Ein CP regelt den Umgang mit einzelnen Zertifikats-Typen. Die wichtigste Literaturquelle für die Erstellung von CPS- und CP-Dokumenten wurde von einer IETF-Arbeitsgruppe entwickelt und als RFC 3647 veröffentlicht [CFS+03]. Inhalt dieses RFCs ist eine generische Anleitung zur Erstellung von CPS und CP. Trotz seiner Popularität weist RFC 3647 einige Nachteile auf, die sich oft erst beim Einsatz in der Praxis zeigen. Weitere Schwierigkeiten ergeben sich dadurch, dass RFC 3647 auf den englischsprachigen Markt zugeschnitten ist, während in Deutschland/Österreich/Schweiz übliche Anforderungen nicht berücksichtigt werden. Der vorliegende Beitrag nennt die wichtigsten Probleme bei der Anwendung des RFC. Außerdem werden mögliche Alternativen und Lösungsmöglichkeiten betrachtet. Der Autor dieser Arbeit hat bereits zahlreiche CPS- und CP-Dokumente für unterschiedliche PKIs verfasst.

1 Ein Standard mit Tücken: RFC 3647

RFC 3647 ist ein „Informational RFC" und hat daher nicht den Status eines Internet-Standards [CFS+03]. Dennoch ist es gerechtfertigt, von einem (De-facto-)Standard zu reden, da RFC 3647 eine große Verbreitung und eine erhebliche normative Wirkung hat. Nahezu jeder CPS/CP-Autor nutzt diesen RFC als Informationsquelle, zumal es derzeit keine nennenswerte Alternative gibt.

Der zentrale Inhalt eines CPS oder CP nach RFC 3647 ist ein so genanntes „Set of Provisions". Damit ist eine Sammlung von Bestimmungen (Provisions) gemeint, die zusammen die Nutzung der Zertifikate und die Funktionsweise der Zertifizierungsstelle (CA) regeln [Schm07]. RFC 3647 zählt 58 solcher Bestimmungen auf. Dabei werden jeweils der Name und ein möglicher Inhalt der Bestimmung genannt. Alle Bestimmungen sind optional, und die beschriebenen Inhalte sind als Vorschläge zu verstehen. Es gibt laut RFC 3647 keine Pflichtinhalte für ein CPS oder CP. RFC 3647 ist daher nicht mit der Spezifikation eines Netzwerk-Protokolls zu vergleichen, das bis auf das Bit genau umgesetzt werden muss. Vielmehr sollte man sich darunter eine Art Baukasten vorstellen, aus dem beliebige Teile entnommen und in beliebiger Form zusammengesetzt werden können.

Die in RFC 3647 aufgeführten Bestimmungen sind in zwei Ebenen gegliedert und durchnummeriert. Dadurch geht aus dem RFC eine mögliche Gliederung eines CPS- oder CP-

P. Horster (Hrsg.) · D•A•CH Security 2007 · syssec (2007) 489-496.

Dokuments hervor. Dabei dienen die Namen der Bestimmungen als Überschriften. Erfahrungsgemäß setzen nur wenige CPS/CP-Autoren die Gliederung von RFC 3647 originalgetreu um. In den meisten Fällen dient der RFC lediglich als Anregung und als Checkliste.

Nach den Erfahrungen des Autors ergeben sich bei der Nutzung von RFC 3647 verschiedene Probleme, die auf unvermeidliche Rahmenbedingungen, redaktionelle Mängel und auf ein unglückliches Design zurückzuführen sind. Diese Probleme sind der Gegenstand dieser Arbeit. Dabei soll nicht verschwiegen werden, dass die Autoren des RFC Pionierarbeit leisteten und dass es deutlich einfacher ist, im Nachhinein auf Probleme hinzuweisen, als diese vorab zu vermeiden. Die vorliegende Arbeit soll daher keine Kritik an den Autoren darstellen, sondern vielmehr dazu beitragen, das Thema CPS/CP-Generierung weiterzuentwickeln.

2 Strukturelle Probleme

Die Gliederung eines CPS oder CP nach RFC 3647 ist aus folgenden Gründen unvorteilhaft:

- Erfahrungsgemäß ist es sinnvoll, Policy-Dokumente nach Komponenten, Rollen und Prozessen zu gliedern. Eventuell können weitere Bestandteile – etwa eine Einführung oder ein Kapitel über Policy-Aspekte – hinzukommen. RFC 3647 sieht dagegen eine ganz andere Aufteilung vor, die neun Kapitel umfasst:

  1. Introduction
  2. Publication and Repository Responsibilities
  3. Identification and Authentication
  4. Certificate Life-Cycle Operational Requirements
  5. Facility, Management, and Operational Controls
  6. Technical Security Controls
  7. Certificate, CRL, and OCSP Profiles
  8. Compliance Audit and Other Assessment
  9. Other Business and Legal Matters

  Diese Gliederung wirkt unübersichtlich und kontraintuitiv. Eine klassische Komponenten-Rollen-Prozesse-Gliederung wäre vermutlich die bessere Wahl gewesen.

- Einige der neun in RFC 3647 vorgesehenen Kapitel sind in der Praxis sehr kurz oder sogar leer. Kapitel 2 und 8 haben beispielsweise keine Unterkapitel und fallen dadurch meist sehr knapp aus. Auch Kapitel 9 ist trotz vieler Unterkapitel meist wenig umfangreich. Ein Großteil des Inhalts konzentriert sich daher auf die Kapitel 3, 4, 6 und 7. Bei einer herkömmlichen Komponenten-Rollen-Prozesse-Gliederung würde sich dagegen eine gleichmäßigere und daher übersichtlichere Verteilung ergeben.

- Die Prozesse, die innerhalb einer PKI vorkommen, stehen laut RFC 3647 in einem CP/CPS nicht hintereinander, sondern sind auf die Kapitel 4, 5 und 6 verteilt. Auch dies ist sehr unvorteilhaft.

- Es gibt in CPS- und CP-Dokumenten nach RFC 3647 keine unmittelbar erkennbare Stelle, an denen die Komponenten einer PKI aufgezählt werden. Ein CPS/CP-Autor muss diese wichtigen Informationen daher an einer schlecht auffindbaren Stelle (meist in der Einführung im Unterkapitel *Overview*) ablegen.

- Es gibt laut RFC 3647 kein dediziertes Kapitel zur Beschreibung von Rollen. Dies ist ein Nachteil, da jede PKI ein Rollenmodell benötigt. Statt Rollen ist nur von „Participants“ die Rede, für die es jedoch keinen vordefinierten Platz zur vollständigen Beschreibung gibt. Meist erfolgt die Rollenbeschreibung im ersten Kapitel, das eigentlich der Einführung dient.
- Wichtige Gliederungspunkte fehlen. So sieht RFC 3647 kein Literaturverzeichnis und kein Management Summary vor.
- Ein CPS sollte stets Verweise auf die unterstützten CPs enthalten. Seltsamerweise gibt es nach RFC 3647 keine dafür vorgesehene Stelle.
- Das Abkürzungsverzeichnis von RFC 3647 ist nicht vollständig. So fehlt der unten erwähnte Begriff „PDS“. Dies ist zwar eine Nebensächlichkeit, wirkt jedoch unschön.
- Für den Enrollment-Prozess – dies ist der wichtigste Prozess in einer PKI – gibt es in RFC 3647 kein dediziertes Kapitel. Stattdessen ist das Enrollment in vier Teilprozesse aufgeteilt. Dies ist nicht intuitiv und erfordert eine unnatürliche Zerteilung des Prozesses.
- RFC 3647 sieht eine Trennung in CP und CPS vor. Die meisten CA-Betreiber benötigen diese Trennung jedoch nicht, sondern bevorzugen – schon alleine aus Kostengründen – ein Dokument, das beide Bereiche abdeckt. Eine solche Zusammenfassung von CP und CPS ist in RFC 3647 jedoch nicht vorgesehen.
- Ein Problem in jedem CPS- oder CP-Dokument ist die Vertraulichkeit der darin enthaltenen Informationen. RFC 3647 sieht vor, dass vertrauliche Informationen in ein eigenes Zusatzdokument ausgelagert werden können, das als „PKI Disclosure Statement“ (PDS) bezeichnet wird. Eine solche Vorgehensweise, die ein zusätzliches Dokument vorsieht, ist vielen PKI-Betreibern zu komplex. Sinnvoller ist es meist, nur nichtvertrauliche Informationen in ein CPS oder CP aufzunehmen, während vertrauliche Daten in das Betriebskonzept (ein solches ist ohnehin notwendig) aufgenommen werden.

Insgesamt sorgt die unglückliche Strukturierung, die in RFC 3647 vorgeschlagen wird, für unübersichtliche CPS/CP-Dokumente. Zudem halten sich viele CPS/CP-Autoren nicht an die Struktur, was die Vergleichbarkeit unterschiedlicher CPS/CP-Dokumente erschwert. Nach Ansicht des Autors wäre eine komplette Neustrukturierung sinnvoll.

3 Inhaltliche Probleme

Abgesehen von der unglücklichen Struktur gibt es weitere Probleme bei der Arbeit mit RFC 3647. Die folgende Liste nennt Beispiele:

- Die Namensgebungen für CPS und CP sind unglücklich gewählt. Die beiden Abkürzungen sehen sich sehr ähnlich. Die Mehrzahl von CP ist CPs, wodurch Verwechslungen mit CPS vorprogrammiert sind. Besser wäre es gewesen, beispielsweise die Abkürzungen DCP (Digital Certificate Policy) und CAP (CA Poliy) zu wählen.
- Der Begriff Smartcard (oder ein Synonym dazu) kommt in RFC 3647 nicht vor. Es gibt daher auch keine Prozesse für das Smartcard-Management. Dieses Fehlen dürfte darauf zurückzuführen sein, dass Smartcards in den USA weniger bedeutend sind als in Europa. Hier zeigt sich die amerikanische Herkunft von RFC 3647. Es soll jedoch nicht verschwiegen werden, dass europäische Firmen an der Gestaltung von RFC 3647 hätten mitwirken können, dies jedoch nicht taten.

- PGP bzw. PGP-Zertifikate spielen in RFC 3647 keine Rolle. Dies ist einerseits konsequent, da die PKIX-Arbeitsgruppe der IETF lediglich X.509-Zertifikate vorsieht. Andererseits gibt es in der Praxis jedoch PKI-Betreiber, die auch PGP-Zertifikate nutzen wollen.
- RFC 3647 sieht drei unterschiedliche Prozesse für die Generierung eines neuen Zertifikats als Ersatz für ein vorhandenes vor: Certificate Renewal (hierbei wird ein neues Zertifikat generiert, das denselben Schlüssel sowie dieselben Inhalte wie ein vorhandenes hat), Certificate Re-key (hier ändert sich der öffentliche Schlüssel, über die anderen Inhalte wird nichts gesagt), Certificate Modification (hier ändert sich der Inhalt des Zertifikats, nicht aber der öffentliche Schlüssel). Wie man leicht nachvollzieht, ist die Definition von Certificate Renewal unsinnig, da eine Zertifikats-Neugenerierung nur dann einen Sinn hat, wenn sich irgendwelche Zertifikats-Inhalte ändern. Zumindest der Gültigkeitszeitraum und die Seriennummer werden in der Praxis nicht unverändert bleiben. Eine saubere Abgrenzung zwischen Certificate Renewal und Certificate Modification wäre daher angebracht.

4 Probleme für deutschsprachige Autoren

Für deutschsprachige CPS/CP-Autoren ergeben sich bei der Nutzung von RFC 3647 einige zusätzliche Probleme. Diese sind größtenteils unvermeidlich, da RFC 3647 auf Englisch verfasst wurde. Hier eine Übersicht:

- Die in RFC 3647 aufgeführten Bestimmungen sind nur auf Englisch vorhanden. Es gibt keine offizielle deutsche Übersetzung. Da jedoch viele deutschsprachige CPSs und CPs existieren, sind zahlreiche unterschiedliche Übersetzungen im Umlauf. Gleiches gilt natürlich auch für alle anderen Sprachen außer Englisch.
- Ein ähnliches Problem ergibt sich mit den Begriffsdefinitionen in RFC 3647. Sie alle sind englisch, und es gibt keine offizielle deutsche Übersetzung. Daher sind oft unterschiedliche deutschsprachige Begriffe für dieselbe Sache im Umlauf.
- RFC 3647 enthält keinerlei Bezug zum deutschen Signaturgesetz oder zur EU-Signaturrichtlinie, obwohl dies aus europäischer Sicht durchaus sinnvoll wäre. Auch andere Signaturgesetze werden nicht genannt.

Die genannten Probleme ließen sich durch ein nationales CPS/CP-Profil lösen, das im deutschsprachigen Raum beispielsweise vom BSI oder von einer TeleTrusT-Arbeitsgruppe erstellt werden könnte.

5 Veraltete Inhalte

RFC 3647 wurde im Jahr 2003 veröffentlicht. Auf Grund der Schnelllebigkeit der PKI-Branche haben sich seitdem zahlreiche neue Aspekte in diesem Bereich ergeben, die naturgemäß im RFC fehlen. Hier eine Auswahl:

- Kurzlebige Zertifikate werden in RFC 3647 nicht erwähnt, obwohl diese in den letzten Jahren deutlich an Bedeutung gewonnen haben.
- Roaming-Keys werden in RFC 3647 ebenfalls nicht erwähnt. Dabei spielen diese derzeit eine zunehmend wichtige Rolle.

- Das Thema Identitiy Management, das derzeit eine immer größer werdende Verzahnung mit PKI aufweist, wird in RFC 3647 nicht erwähnt.

Alle genannten Versäumnisse lassen sich in der nächsten RFC-Version ohne größeren Aufwand beheben. Auf Grund der erwähnten Schnelllebigkeit der PKI-Branche stellt sich jedoch die Frage, ob ein RFC überhaupt der richtige Rahmen für eine CPS-CP-Anleitung ist. Besser wäre es vermutlich, eine andere Form des Dokuments zu wählen, das ständig aktuell gehalten werden kann.

6 Fazit und Lösungsvorschläge

RFC 3647 ist nicht optimal konzipiert und in einigen (wenigen) Teilen bereits veraltet. Zudem ergeben sich Probleme für nichtenglischsprachige Autoren. In diesem Kapitel werden einige Aspekte beschrieben, die zur Verbesserung der Lage beitragen können.

6.1 Umgang mit RFC 3647

Beim Verfassen eines CPS oder CP nach RFC 3647 empfehle ich folgende Vorgehensweisen:

- Die von RFC 3647 vorgegebene Struktur ist zwar nicht optimal, sollte jedoch für eine gute Vergleichbarkeit unterschiedlicher CPS/CP-Dokumente nicht abgeändert werden. Dies hat zur Folge, dass zahlreiche Unterkapitel leer bleiben, was jedoch in Kauf genommen werden kann.
- Komponenten einer PKI sollten im Kapitel *Overview* (Überblick) beschrieben werden.
- Rollen sollten im Kapitel *PKI Participants* (PKI-Teilnehmer) beschrieben werden.
- Ein Management Summary kann in Kapitel *Overview* (Überblick) eingearbeitet werden.
- Ein Literaturverzeichnis lässt sich am besten im Unterkapitel *Definitions and Acronyms* (Definitionen und Abkürzungen) unterbringen.

6.2 Übersetzungsvorschläge

Da die Inhalte von RFC 3647 nur in englischer Sprache vorliegen, bietet es sich an, eine deutsche Übersetzung mit normativem Charakter zu erstellen. Dies kann die vorliegende Arbeit natürlich nicht leisten. Dennoch sei im Folgenden ein Vorschlag für eine sinnvolle Übersetzung der relevanten Begriffe gemacht. Dieser Vorschlag kann vorläufig als Ersatz für eine standardisierte Übersetzung dienen. Die jeweiligen Übersetzungsvorschläge decken sich mit den in [Schm07] aufgeführten Übersetzungen. Der Autor empfiehlt, folgende Begriffe aus dem RFC 3647 wie folgt zu übersetzen:

- Certification Authority (CA): Zertifizierungsstelle
- Registration Authority (RA): Registrierungsstelle
- Provision: Bestimmung
- Subscriber: Inhaber (eines Zertifikats)

Im Folgenden werden die Übersetzungen der Originalbezeichnungen (in Klammern) der Kapitel und Unterkapitel aus dem RFC aufgelistet.

Einführung

Originalbegriff: Introductions

1. Überblick (Overview)
2. Name und Kennung des Dokuments (Document Name and Identification)
3. PKI-Teilnehmer (PKI Participants)
4. Verwendung der Zertifikate (Certificate Usage)
5. Policy-Verwaltung (Policy Administration)
6. Definitionen und Abkürzungen (Definitions and Acronyms)

Veröffentlichung und Aufbewahrung

Originalbegriff: Publication and Repository Responsibilities (es gibt keine Unterkapitel)

Identifizierung und Authentifizierung

Originalbegriff: Identification and Authentication

1. Namensgebung (Naming)
2. Initiale Überprüfung der Identität (Initial Identity Validation)
3. Identifizierung und Authentifizierung für Erneuerungsanträge (Identification and Authentication for Re-key Requests)
4. Identifizierung und Authentifizierung für Sperranträge (Identification and Authentication for Revocation Requests)

Anforderungen an das Zertifikate-Management

Originalbegriff: Certificate Life-Cycle Operational Requirements

1. Zertifizierungs-Anträge (Certificate Application)
2. Verarbeitung der Zertifizierungs-Anträge (Certificate Application Processing)
3. Ausstellen der Zertifikate (Certificate Issuance)
4. Entgegennahme von Zertifikaten (Certificate Acceptance)
5. Nutzung von Schlüsselpaaren und Zertifikaten (Key Pair and Certificate Usage)
6. Zertifikats-Erneuerung (Certificate Renewal)
7. Zertifikatsschlüssel-Erneuerung (Certificate Re-key)
8. Zertifikats-Modifikation (Certificate Modification)
9. Zertifikats-Sperrung und -Suspendierung (Certificate Revocation and Suspension)
10. Zertifikatsstatus-Dienste (Certificate Status Services)
11. Ende der Geschäftsbeziehung (End of Subscription)
12. Recovery (Key Escrow and Recovery)

Bauliche und organisatorische Bestimmungen

Originalbegriff: Facility, Management, and Operational Controls

1. Physikalische Sicherheitsmaßnahmen (Physical Security Controls)
2. Organisatorische Sicherheitsmaßnahmen (Procedural Controls)
3. Personelle Sicherheitsmaßnahmen (Personnel Security Controls)
4. Auditierung (Audit Logging Procedures)
5. Archivierung (Records Archival)
6. CA-Schlüsselwechsel (Key Changeover)

7. Notfall-Management (Compromise and Disaster Recovery)
8. CA- und RA-Betriebsende (CA or RA Termination)

Technische Sicherheitsbestimmungen

Originalbegriff: Technical Security Controls

1. Generierung und Initialisierung der Schlüssel (Key Pair Generation and Installation)
2. Schutz der privaten Schlüssel (Private Key Protection and Cryptographic Module Engineering Controls)
3. Weitere Aspekte des Schlüsselpaar-Managements (Other Aspects of Key Pair Management)
4. Aktivierungsdaten (Activation Data)
5. IT-Sicherheits-Bestimmungen (Computer Security Controls)
6. Sicherheitsbestimmungen für das Zertifikate-Management (Life Cycle Security Controls)
7. Bestimmungen zur Netzwerksicherheit (Network Security Controls)
8. Zeitstempeldienst (Time-stamping)

Zertifikats-, Sperrlisten-, und OCSP-Profile

Originalbegriff: Certificate, CRL, and OCSP Profiles

1. Zertifikatsprofil (Certificate Profile)
2. Sperrlisten-Profil (CRL Profile)
3. OCSP-Profil (OCSP Profile)

Evaluierung und Überprüfung

Originalbegriff: Compliance Audit and Other Assessment (es gibt keine Unterkapitel)

Sonstige gesetzliche und geschäftliche Aspekte

Originalbegriff: Other Business and Legal Matters

1. Gebühren (Fees)
2. Finanzielle Aspekte (Financial Responsibility)
3. Vertraulichkeit geschäftlicher Daten (Confidentiality of Business Information)
4. Vertraulichkeit persönlicher Daten (Privacy of Personal Information)
5. Urheberrecht (Intellectual Property Rights)
6. Vertretung und Garantien (Representations and Warranties)
7. Ausschluss-Klauseln (Disclaimers of Warranties)
8. Haftungs-Beschränkungen (Limitations of Liability)
9. Entschädigungen (Indemnities)
10. Fristen und Terminierung (Term and Termination)
11. Persönliche Mitteilungen und Kommunikation mit Teilnehmern (Individual notices and communications with participants)
12. Zusätze (Amendments)
13. Schlichtung (Dispute Resolution Procedures)

14. Gültige Gesetze (Governing Law)
15. Sonstige gesetzliche Bestimmungen (Compliance with Applicable Law)
16. Weitere Bestimmungen (Miscellaneous Provisions)
17. Sonstige Bestimmungen (Other Provisions)

6.3 Weitere Lösungsvorschläge

Die in dieser Arbeit aufgezeigten Probleme machen deutlich, dass ein RFC nicht das richtige Medium für ein CPS/CP-Rahmenwerk ist. Stattdessen wäre es sinnvoller, eine Art der Publikation zu wählen, bei der eine regelmäßige Aktualisierung des Inhalts möglich ist (bei einem RFC vergehen Jahre bis zu einer neuen Version). Es erscheint sinnvoll, etwa alle sechs Monate eine Aktualisierung vorzunehmen. Denkbar wäre es, ein solches CPS/CP-Rahmenwerk ähnlich wie ein Open-Source-Software-Projekt zu organisieren. Zusätzlich wäre es sinnvoll, von der jeweiligen Version des Rahmenwerks nationale Profile zu erstellen. Im deutschsprachigen Raum käme TeleTrusT als Projektträger infrage. In einem deutschen Profil sollten beispielsweise die Übersetzung der relevanten Begriffe sowie rechtliche Aspekte enthalten sein. Sinnvoll wäre außerdem die Erstellung eines Standards für eine „Simple CA Policy" (SCAP). Eine solche würde denselben Zweck wie eine CP/CPS erfüllen, wäre jedoch einfacher aufgebaut. Es ist zu erwarten, dass mehr PKI-Betreiber an einer solchen einfachen Policy interessiert sind als an einem ausführlichen CPS/CP-Dokument nach RFC 3647.

Es ist klar, dass die genannten Lösungsvorschläge mit Aufwand verbunden sind, der von interessierten Unternehmen unentgeltlich erbracht werden müsste. Inwiefern es realistisch ist, diese Vorschläge in die Praxis umzusetzen, hängt vor allem von der Nachfrage nach CPS/CP-Dokumenten ab, die von PKI-Betreibern ausgeht. Sollte sich diese Nachfrage in den folgenden Jahren weiterhin positiv entwickeln, dann dürften sich auch ausreichend Kräfte finden, um die beschriebenen Schritte in die Praxis umzusetzen.

Literatur

[CFS+03] S. Chokhani, W. Ford, R. Sabett, C. Merrill, S. Wu: Internet X.509 Public Key Infrastructure Certificate Policy and Certification Practices Framework. IETF RFC 3647 (2003).

[Schm07] K. Schmeh: Kryptografie – Verfahren, Protokolle, Infrastrukturen, Dpunkt-Verlag (2007).

Erfolgskriterien von Public-Key-Infrastrukturen

Anja Beyer[1] · Sophie Hellmann[2] · Malte Hesse[3] · Friedrich Holl[4]
Peter Morcinek[4] · Sachar Paulus[5] · Helmut Reimer[2]

[1] TU Imenau
anja.beyer@tu-ilmenau.de

[2] TeleTrusT e.V.
{sophie.hellmann | helmut.reimer}@teletrust.de

[3] FH Gelsenkirchen · Institut für Internet-Sicherheit
hesse@internet-sicherheit.de

[4] Fachhochschule Brandenburg
morcinek@fh-brandenburg.de

[5] SAP
sachar.paulus@sap.com

Zusammenfassung

FH Brandenburg und TeleTrusT haben in den letzten Monaten zusammen ein Projekt zur Analyse von Erfolgskriterien für Public-Key-Infrastrukturen durchgeführt. Die Ergebnisse: soziologische Aspekte spielen eine größere Bedeutung als zunächst angenommen, betriebswirtschaftliche Argumente wirken nur im Kontext eines konkreten Geschäftsprozesses und die Anwender nehmen PKI-Anwendungen nur an, wenn sie beim Einführungsprozess begleitet werden.

1 Einführung

Das Projekt "Erfolgskriterien für Signatur-, Identifizierungs- und Authentifizierungsverfahren auf Basis asymmetrischer kryptographischer Verfahren", gemeinsam durchgeführt von der FH Brandenburg und dem TeleTrusT e.V., hat zum Ziel, zu ermitteln, wann und warum PKI-Projekte erfolgreich sind und wann nicht. Dieser Artikel stellt die Vorgehensweise vor und im Anschluss daran die Ergebnisse und Empfehlungen.

Zur strukturierten Herangehensweise wurde das Thema in drei Teil-Aspekten bearbeitet: technische Perspektiven, betriebswirtschaftliche Aspekte und Nutzungs- oder soziologische Aspekte. In einer ausführlichen Literaturstudie wurden die technischen Perspektiven, etwa zum Einsatz von Biometrie und von Tokens, aber z.B. auch zur Austauschbarkeit von Kryptoalgorithmen zusammen getragen und über eine Reihe von Experten-Interviews validiert. Die be-

P. Horster (Hrsg.) · D•A•CH Security 2007 · syssec (2007) 497-506.

triebswirtschaftlichen Aspekte wurden durch die Projektpartner der FH Brandenburg erarbeitet. Die Nutzungsaspekte wurden wiederum in zwei Phasen zusammengetragen, indem zuerst erfolgreiche Implementierungen von PKI in der Praxis in Interviews untersucht und dann die bisher gesammelten Ergebnisse in einem High-Level-Expertenworkshop diskutiert und reflektiert wurden.

Begleitend wurden die erreichten Erkenntnissen und Empfehlungen in projektinternen Workshops weiter bearbeitet. Ein Ziel des Projektes war dabei, herauszufinden, wo weiterer Forschungs- und Förderungsbedarf für PKI-Technologie bzw. Anwendungen besteht und wo weiteres Potenzial für Innovationen zu finden sein könnte. In diesem Beitrag werden die Ergebnisse und Empfehlungen des Projektteams vorgestellt.

2 Ergebnisse

In den folgenden Abschnitten werden die Ergebnisse, geordnet nach den drei Teil-Aspekten technische Perspektiven, betriebswirtschaftliche Aspekte und Nutzungs- oder soziologische Aspekte, dargestellt.

2.1 Technische Perspektiven

PKI hat für eine Infrastrukturtechnologie vergleichsweise sehr lange Implementierungsphasen (Planung, technische Realisierung, Definition der Policy, Bestimmung der Token, Benutzerintegration, Implementierung in Anwendungen) und hohe anfängliche Investitionskosten. Voraussetzung für den Erfolg ist, dass zumindest lange Nutzungsdauern technisch vorgesehen sein müssen, damit sich die Kosten amortisieren. Dazu gehört die Bedingung, dass die Anwendungsumgebungen über den gleichen Zeitraum stabil bleiben. Als Beispiel sind für den Bereich Finanztransaktionen und Bankdienstleistungen die Kryptoparameter für eine ausreichende Anwendungssicherheit zu nennen. Ebenfalls wesentlich ist die Beachtung des Zeitraumes, der für die Gewöhnung der Benutzer an die Identifikations-, Authentifizierungs- oder Signaturanwendungen in Verbindung mit dem vorgeschriebenen Handling der Zertifikate und Token (häufig der Mitarbeiterausweis) notwendig ist.

In wie weit eine Technologie sich durchsetzt, reguliert üblicherweise der Markt, und der Technologie-Markt „denkt" immer kurzfristiger. Gerade unter diesen Gesichtspunkten ist eine technologische Ausrichtung an langfristiger Verwendung nicht sinnvoll. Unter diesem Gesichtspunkt der Praktiker muss auch die Fokussierung auf die Stabilität der kryptographischen Basis - zumindest in dem Maße, in dem es in Deutschland in den letzten Jahren diskutiert wurde - in Frage gestellt werden. Konkret: die Austauschbarkeit der Algorithmen und die langfristig gewählte Schlüssellänge als Konsequenz einer langen Nutzungsdauer sind im Hinblick auf Unternehmensanwendungen als im Prinzip esoterisch anzusehen. Für staatliche Anwendungen hingegen, die langfristige Sicherheit benötigen (dazu zählen nicht nur Ausweisdokumente, sondern z.B. auch gesetzlich längerfristig zu archivierende Dokumente) kann dies durchaus eine sinnvolle und notwendige Entscheidung sein, bei der allerdings die Durchsetzbarkeit mit bedacht werden müsste. Die Planungs- und Realisierungsphasen sind im öffentlichen Bereich eher länger als in Unternehmen. Deshalb sind Anforderungen an standardisierte stabile Parameter der Technologie höher. Während Unternehmensanwendungen es sich leisten können, "kurzfristig" zu denken und nur kurze Amortisationszeiten in Betracht zu ziehen, ist das bei staatlichen Anwendungen anders. Konflikte in diesem Bereich treten demnach logischerweise genau dort zu Tage, wo beide Einsatzgebiete sich berühren, etwa beim Steuerrecht. Der Consumer-Markt ist in diesem Kontext eher dem Unternehmensumfeld zuzurechen, da eine Dienstleistung, die PKI verwendet, üblicherweise von einem wirtschaftlich denkenden Unternehmen erbracht wird.

Interoperabilität, als wesentliche Voraussetzung für erfolgreiche PKI-Anwendung verstanden, wird ebenfalls immer noch kontrovers diskutiert. Bei "monoprozessualen" Anwendungen von PKI-Technologie (also Einsatzgebieten, wo die eingesetzte PKI genau einem an einen Prozess gebundenen Zweck dient, wie etwa einem VPN (Virtual Private Network) oder einer Software-Update-Infrastruktur spielt die Interoperabilität so gut wie keine Rolle, da sie komplett transparent integriert werden kann. Bei "multiprozessualer" Anwendung (also Einsatzgebieten, wo mehrere Prozesse auf die Komponenten und Sicherheitseigenschaften zugreifen, wie z.B. E-Mail-Sicherheit oder Authentifizierung) hingegen ist Interoperabilität „Programm" und unabdingbar. Sie wird weitestgehend durch den Markt getrieben, wie sich das etwa bei S/MIME oder SSL gezeigt hat. Dennoch ist eine Anschubunterstützung wichtig, um eine mögliche Standardisierung in Aussicht zu stellen. Bestes Beispiel: PGP und S/MIME sind bis heute inkompatible Standards. Bei staatlichen und unternehmerisch global angelegten Anwendungen ist hingegen auch der internationale Aspekt von Standardisierungen zu beachten. Fazit bleibt: Standards und Interoperabilität kann man nicht verordnen, der Markt muss sie fordern und fördern.

Die Anwendungsintegration ist ebenfalls vorrangig marktgetrieben. In diesem Bereich gibt es auch bisher nicht viele standardisierte Vorgehensweisen. Es zeigt sich aber, dass nicht nur die Algorithmen, sondern auch die Implementierungen (bei multiprozessualen Anwendungen) interoperabel sein müssen. Die Digitale Signatur ist ein Sonderfall: dort ist die Interoperabilität nicht nur auf Implementierungs- sondern sogar auf Dokumentenebene notwendig. Dies zeigt sich bei der qualifizierten Signatur, wo durch national unterschiedliche Regulierungen Interoperabilitätsprobleme auf internationaler Ebene entstanden sind. Ob das Ziel der Dokumenteninteroperabilität mit proprietären, jedoch gesetzlich vorgeschriebenen Signaturverfahren erreicht werden kann, ist fraglich. Der größte Bedarf im Bereich der Anwendungsintegration wurde beim Schlüsselmanagement identifiziert: Oft wird das Key Management noch als "proprietäre" Eigenschaft der Anwendungsintegration gesehen, obwohl – insbesondere im Unternehmensumfeld – die Verwaltung der Schlüssel sich zunehmend als das Hauptproblem herauskristallisiert, auch für monoprozessuale Anwendungen. Die Entwicklung gemeinsam verwendbarer Schlüssel oder alternativ die Verwaltung parallel existierender Schlüssel ist anzustreben.

Es gibt technische Anforderungen an Umsetzbarkeit und Akzeptanz, die wiederholt über die Lebensdauer der Anwendung nachgehalten werden müssen. Dies bezieht sich insbesondere auf zwei Aspekte (auf die bei den Nutzungsbedingungen genauer eingegangen werden wird): die transparente Realisierung von Technik für den Benutzer (technische Zwänge sollte er weder nachvollziehen noch sich darauf einstellen müssen), und wenige Entscheidungen für den Benutzer bzw. die weitestgehende Übernahme von Vertrauensentscheidungen durch die Technik ("Policy-based decision making") im Zusammenhang mit Identifizierung und Authentifizierung.

Eine Ergänzung der rein softwarebasierten Verwendung von Zertifikaten - auch wenn dies heute immer noch besser ist als die Verwendung von Passwörtern - durch Tokens ist mittelfristig notwendig. Die physische Gestaltung der Token ist noch offen: ob Smart-Card im klassischen Chipkartenformat, als USB-Token, oder in Gestalt bestehender Devices wie etwa

Handys, MP3-Player, Kameras oder PC-Platinen (als ‚Hardware-Module', Trusted Computing wurde interessanterweise von den Teilnehmern gar nicht genannt), oder im staatlichen Umfeld Ausweise - die Form ist nicht als relevant anzusehen, weder für den prinzipiellen Erfolg von PKI noch für eine bestimmte Ausprägung. Eine Kombination mit biometrischen Techniken ist jedoch abzusehen und nicht zu vermeiden. Im Consumer- und Unternehmenskontext zwar vorrangig aus Usability- und Bequemlichkeitsgesichtspunkten, im staatlichen Bereich auch aus Sicherheitserwägungen heraus eingesetzt, dienen sie der eindeutigen Identifikation von Personen. Hier darf es allerdings zunächst keinen Zwang zur Interoperabilität geben. Hingegen ist eine Förderung von bestimmten Token gebunden an die Akzeptanz der Verbraucher sinnvoll. Interoperabilität wird zwingend, wenn jeweils eine kritische Masse, mit „smarten" Devices, „cooles" Design u.ä. erreicht ist. Das ist aber ein langwieriger Prozess. Gerade die Smart-Card wird immer wieder in Frage gestellt, im staatlichen Umfeld ist sie aber – ergänzt durch die neuen Konzepte einer kontaktlosen Schnittstelle – noch immer favorisiert. Wichtig ist im Hinblick auf die Diskussion bezüglich der Austauschbarkeit der Algorithmen, dass die Smart-Cards bzw. allgemeiner die Tokens diese unterstützen.

Schließlich brauchen die neuen, aufkommenden IT-Technologien wie Service-Orientierte Architekturen, Smart Items und der ubiquitäre Gebrauch von intelligenten Geräten neue Vertrauensmodelle und damit stellen sie auch neue Herausforderungen an die PKI-Implementierungen.

Zusammengefasst haben die Workshopteilnehmer folgende Auffassungen im Zusammenhang mit den technischen Perspektiven vertreten:

- Die Austauschbarkeit von Algorithmen ist bei staatlichen Anwendungen sinnvoll, beim Unternehmenseinsatz eher nicht,
- Interoperabilität und Anwendungsintegration sind vorrangig marktgetrieben,
- Chipkarten werden durch andere Token ergänzt werden. Der Formfaktor spielt dabei keine wesentliche Rolle, Biometrie wird eine zunehmend eingesetzt werden,
- Die isolierte Betrachtung von Mensch und Technik ist nicht sinnvoll.

2.2 Betriebswirtschaftliche Betrachtungen

Die Akteure sind nach folgenden Szenarien zu trennen: Subjekt-Subjekt, Subjekt-Objekt und Objekt-Objekt (wobei Subjekte natürliche oder juristische Personen sein können). In Subjekt-Subjekt-Beziehungen fallen z.B. E-Mail-Kommunikation oder Instant Messaging, aber auch Online-Steuererklärungen. In den Subjekt-Objekt-Bereich fallen Web-Seiten oder "normale" Anwendungen im Internet bzw. innerhalb einer Organisation und in die Objekt-Objekt-Kategorie fallen die meisten System-Kommunikationen, so z.B. Zahlungsläufe, Kreditkarten-Clearance-Prozesse oder auch automatisierte Online-Bestellprozesse. Mit dem Trend zu Service-Orientierten Architekturen werden die direkten Subjekt-Subjekt-Aktivitäten zunehmend durch Ketten der Form Subjekt-Objekt-Objekt-...-Objekt-Subjekt-Beziehungen abgelöst, wobei die Objekte in der Mitte der Kette zu Beginn der Anfrage noch nicht feststehen müssen. Das wirft bzgl. Vertrauensbeziehungen und deren Verwaltung natürlich einen erheblichen Bedarf an Klärung, evtl. sogar Forschung auf.

Aus Sicht der verschiedenen Stakeholder (B2B, B2C, G2C etc.) macht die Natur des Stakeholders für die PKI losgelöst von der Anwendung keinen Sinn. Erst durch die Betrachtung des von der PKI unterstützten Prozesses wird eine Unterscheidung sinnvoll. Das Problem dabei ist, dass eine Betrachtung jedes einzelnen Geschäftsprozesses enorm aufwändig ist. Grundsätzlich ist an diesem Punkt die Diskussion „Infrastruktur vs. Prozess“ notwendig. Dabei ist das identifizierte Problem, dass PKI als Infrastruktur aus Sicht des Einsparpotenzials nicht direkt prozessrelevant ist (wie unter anderem auch E-Mail oder Netzwerktechnologie). Diese Schwierigkeit, bei Innovationen keine an Prozessen ausgerichtete ROI-Rechnung durchführen zu können, gilt grundsätzlich für jeden Fall, wo Investitionen in technische Grundlagen notwendig sind, um neuartige Prozesse zu ermöglichen. Identitätsmanagement als große Herausforderung für PKI leidet unter dem gleichen „Henne-Ei-Problem“: ohne Grundlagentechnologie keine neuen, schlanken Prozesse mit Einsparpotenzial; das Einsparpotenzial ergibt sich aber nicht für die Technologie-Treiber. Letztendlich bleibt PKI ein Geschäftsprozess-Enabler (wie Service-Orientierte Architekturen), dessen Aufwendungen sich nur im Kontext von konkreten Prozessen betriebswirtschaftlich begründen lassen. Wo das nicht geht, führt nur die positive Bewertung einer innovativen Infrastruktur zur Einführung einer PKI. Dieses Prinzip findet in Unternehmen aber immer weniger Anhänger.

Somit ergeben sich zwei mögliche finanziell motivierte, in der Natur der Sache aber ähnliche Argumentationen für PKI: PKI als Kosteneinsparungsmaßnahme, da damit Prozesse erstmalig digitalisiert werden können (z.B. elektronische Rechnungen) oder PKI als Maßnahme zur Steigerung der Geschäftsprozesseffizienz, da damit bestehende Prozesse beschleunigt oder vereinheitlicht, also eleganter und mit weniger Aufwand elektronisch abgebildet werden können (z.B. Authentifizierung mit Zertifikaten bei Business Process Outsourcing).

Das generelle Problem ist, dass selbst der Prozess-Verantwortliche oft keinen Überblick über die Kosten eines Prozesses hat, weil die Kostenstrukturen oft in Unternehmen (noch?) an Infrastruktur- und Systemkomponenten hängen. Auch kann er oft den Nutzen nicht quantifizieren, geschweige denn das Risiko. In der Summe ergibt sich, dass Prozess-Kosten sehr schwer zu berechnen sind, demzufolge Einsparungen eher selten objektiv nachgewiesen werden können und wenig vergleichbar sind, da sie direkt an die Komplexität des Geschäftsmodells des Unternehmens gekoppelt sind. Es bleibt somit festzuhalten, dass PKI als Enabler für Geschäftsprozesse Vorinvestitionen erfordert und damit die Entscheider von der Sinnhaftigkeit von PKI überzeugt sein müssen, weil eine rein betriebswirtschaftliche Betrachtung aufgrund von Prozess-Kosten-Einsparungen in der überwiegenden Anzahl der Fälle nicht sinnvoll möglich ist.

Unabhängig davon ist festzustellen, dass eine nicht unbeträchtliche Anzahl von PKIs schon in der Praxis ausgerollt wurden; gerade multinationale Unternehmen haben in der einen oder anderen Form schon PKI-Projekte realisiert. Oft wird aber die PKI nicht so flächendeckend genutzt, wie sie genutzt werden könnte. Ein positives Beispiel ist Siemens, wo die PKI mit Anwendungsservices wie Authentifizierung verknüpft ist und damit eine Motivation für Fachabteilungen besteht, sich dieser Services zu bedienen. Bei aller Diskussion wurde daher auch von den Workshopteilnehmern bestätigt, dass es durchaus eine Reihe von erfolgreichen Implementierungen gibt.

Auch wenn das Thema "Return on Security Investment" (ROSI) nicht direkt PKI-relevant ist, spielt es doch bei den Diskussionen um betriebswirtschaftliche Betrachtungen von Sicherheits-Maßnahmen immer eine zentrale Rolle. Grundsätzlich geht es dabei um die Frage: will ich Schaden eindämmen, also Maßnahmen gezielt einsetzen, um bestimmte Ereignisse in ihrer Wirkung zu schwächen, oder will ich - analog einer Versicherung - Vorsorge treffen, damit generell mein Status Quo besser geschützt bleibt. Damit ist ROSI nicht auf Sicherheit beschränkt, die Frage stellt sich für alle möglichen Risiken, die ein Unternehmen bedrohen. Das wesentliche Problem dabei ist - in beiden Alternativen -, dass ROSI wie „Kaffeesatzlese-rei" ist, denn die Kalkulationen gehen immer von "verhindertem angenommenen Schaden" aus. Das impliziert aber die Annahme, dass ein Schadensfall nicht nur mit einer gewissen Wahrscheinlichkeit eintritt, sondern sogar (im Verhältnis der Wahrscheinlichkeit) tatsächlich irgendwann auftreten würde, wenn die schützende Maßnahme nicht umgesetzt würde - was aber ja keiner weiß.

Wenn jedoch der Nutzen nicht direkt monetär ausgedrückt werden kann, so kann man dennoch versuchen, den Nutzen zumindest qualitativ zu erfassen. Nun ist bei PKI ein wesentlicher Faktor, dass "in der Natur der Dinge von PKI das Asymmetrische" liegt. Das heißt, aus Nutzengesichtspunkten ist es sehr wahrscheinlich - und das zeigt auch die Praxis -, dass der, der die Kosten trägt, oft nicht den Nutzen hat. Die Betrachtung zu PKI als Infrastruktur hat gezeigt, dass ein gewünschter Kosten-Nutzen-Transfer auf der Infrastrukturebene gar nicht stattfinden kann, sondern erst auf der Ebene der Geschäftsprozesse. Das geht innerhalb eines Unternehmens oder einer Organisation auch relativ gut - im Rahmen der Möglichkeiten, eine Infrastruktur-Investition überhaupt auf Prozess-Ebene als Nutzen erkenntlich zu machen. Aber bei organisationsübergreifenden Prozessen ist nun klar, dass ein Kosten-Nutzen-Transfer nur schwierig realisiert werden kann. Das ist auch der Grund dafür, dass Bezahlmodelle bzw. Ansätze zur Verlagerung der Kosten keine Akzeptanz im Markt finden - ein Grund für den Niedergang der Trust Center. Es muss daher andere Motivatoren für die Kostenübernahme geben - und zu den "Kosten" zählen nicht nur Produkt- und Projektkosten, sondern auch weiche Faktoren wie Gewohnheitsänderungen, Schulungsbedarf oder Abgabe von Kontrolle. Eine mögliche Motivation - die aber erfahrungsgemäß nicht lange anhält - ist die der Compliance, also dass das Risiko für Geschäftsführer verringert wird. Entsprechend könnte es motivierend sein, PKI als Enabling-Technologie eingesetzt wird, wenn die Haftung auf der Seite des Dienste-Anbieters verstärkt wird. Ein Gegenargument könnte sein, dass dadurch die Innovationsgeschwindigkeit verringert wird.

Es bleibt die Möglichkeit, nachzuweisen, dass die Sicherheit von Informationen verbessert worden ist. Das ist ein wichtiges Feld, und bisher gibt es dort im Wesentlichen keine nennenswerten Ergebnisse. Das liegt hauptsächlich daran, dass der Wert von Informationen so schwer zu bestimmen ist (man kann den Wert von Informationen eigentlich gar nicht bestimmen, man kann jeweils die Verfügbarkeit, die Integrität und die Vertraulichkeit von Information versuchen zu schätzen), und natürlich wie schon erwähnt daran, dass Vorfälle so schwer quantifiziert und nachvollziehbar erfassbar sind. Letztendlich brauchen wir hier die Kompetenzen und Erfahrungen der Versicherungsbranche. Es stellt sich die Frage, wann die Versicherungsbranche in der Lage ist, IT-Sicherheit zu berechnen, wenngleich in der Versicherungsbranche kein Interesse zu erkennen ist, Anstrengungen in diese Richtung zu unternehmen.

Zusammengefasst kann man feststellen, dass PKI ohne Anwendung nur eine Infrastruktur ohne Wert ist. Der Wert kommt von den unterstützten, neu möglichen Prozessen. Gibt es keine neuen Prozesse, die damit unterstützt oder verschlankt werden können, braucht man auch keine PKI. Konsequenterweise hat - auf die Spitze getrieben - PKI in einer ROSI-Berechnung nichts zu suchen. PKI ist in erster Linie "Business Enabler", und nur nachrangig Sicherheitstechnologie. PKI muss den Beweis antreten, dass ein Prozess ohne PKI teurer wird als mit ihm. Ist PKI aber einmal etabliert, so zeigen die positiven Beispiele, sind die Vorteile für die Unterstützung weiterer Geschäftsprozesse offensichtlich.

2.3 Nutzungsbedingungen

Bei Produkten machen inzwischen Open Source Lösungen einen großen Anteil aus, oft finden sich aber auch Eigenentwicklungen und individuell in die Geschäftsprozessanwendungen integrierte Projektlösungen. Erste Produkte im PKI-Bereich sind inzwischen wieder abgekündigt worden, dabei handelt es sich aber nicht um Prozessintegrations-Komponenten sondern um Infrastrukturprodukte. Lösungen von der Stange sind in der Praxis eher selten, der Markt ist demnach noch nicht "commoditized", also noch kein Massenmarkt. Dazu passt, dass die Interoperabilität zwischen Lösungen oft noch nicht so weit ist, wie es für die Kunden wünschenswert wäre. Das betrifft insbesondere das Schlüsselmanagement. Kunden wünschen sich eine zentrale Verwaltung von allen Schlüsseln in ihrer Organisation und nicht eine anwendungsspezifische. Dafür ist aber die Interoperabilität bei der Schlüsselverwaltung unbedingte Voraussetzung. In der Praxis haben sich die unterschiedlichen Regulierungen von Krypto-Einsatz und -Import – obgleich für Verschlüsselung und nicht für Authentifizierung und digitale Signatur gedacht – als größte Hürden in diesem Zusammenhang erwiesen. Dies trifft naturgemäß nur für internationale Unternehmen zu.

PKI ist kein Selbstzweck und muss damit anderen Projektzielen untergeordnet sein. Ein unseres Erachtens noch wichtigerer Punkt ist die Beobachtung, dass PKI-Projekte "empfindlich" sind. Darunter verstehen wir, dass sich die Anforderungen und Bedingungen, die sich im Laufe des Projektes oft ändern, den Erfolg des PKI-Projektes in Frage stellen können. Die größten Schwierigkeiten sind aber meist politischer Natur. Hauptgrund ist paradoxerweise die Vertrauenswürdigkeit der Prozesse, die mit PKI eingeführt werden, denn die neue Vertrauenswürdigkeit bedeutet gleichzeitig eine Einschränkung der Freiheit von Prozessbeteiligten, also einen individuell empfundenen Kontrollverlust: die Beteiligten können die Prozesse nicht mehr nach eigener Einschätzung (möglicherweise durchaus im Sinne des Unternehmens) manipulieren. Abstrakter formuliert: PKI zentralisiert Vertrauensentscheidungen und sichert einen vorgesehenen Prozessablauf - gewolltes Ziel der Unternehmensleitung In der Praxis ist dies aber schwer durchsetzbar, weil es den individuellen Interessen der Mitarbeiter entgegenläuft bzw. entgegenlaufen kann. Entsprechend stark sind die individuell empfundenen Veränderungen eines PKI-Projektes.

Der Nutzen von IT-Sicherheit ist im Allgemeinen für den Anwender nicht fassbar. Dementsprechend bringt er kein Verständnis auf für zusätzliche Handlungen oder Entscheidungen, die im Umfeld von IT-Sicherheit erforderlich wären. Die Erwartung (und diese ist sowohl für Verbraucher als auch für Anwender im Unternehmensumfeld gleich) ist, dass die Geschäftsprozesse, in die sie eingebunden sind, sicher sind, und dass kein eigener Beitrag zur Sicherheit des Prozesses notwendig sein darf.

Um eine Akzeptanz für PKI-Anwendungen zu schaffen müssen deshalb Vertrauensentscheidungen (die heute bei PKI-Anwendungen in den gängigen Produkten durch den Anwender zu treffen sind, so z.B. "möchten Sie diesem Zertifikat vertrauen?") einfach und transparent sein, also im Kontext und in der Sprache des Geschäftsprozesses leicht nachvollziehbar sein. Es darf keine vom Geschäftsprozess losgelöste Entscheidung getroffen werden müssen. Was wäre auch deren Wert? Ich vertraue ja auch keiner Person vollumfänglich zu jedem Thema, Vertrauen ist immer auf eine Transaktion bezogen. Aus Akzeptanzgründen sind deshalb Idealerweise keine Entscheidungen durch den Anwender zu treffen und die entsprechenden Alternativen durch die Vertrauensparameter des Geschäftsprozesses vorweggenommen.

Erfahrene PKI-Projektleiter berichteten, dass die Aufwände für den Support, also Help-Desk, Onsite-Schulungen bei PKI ungleich höher seien als durchschnittlich bei IT-Projekten beobachtet. Einerseits warnten sie davor diesen Teil des Projektes zu unterschätzen, andererseits wurde mehrfach darauf hingewiesen, wie kritisch es für den Gesamtprojekterfolg sei, im Help-Desk geschulte Mitarbeiter zu haben, die die Sicherheitsvorgaben nicht durch falsche Ratschläge korrumpieren. Die Teilnehmer des Workshops bestätigten, dass die formalen Handbücher wie Certificate Practice Statement, in der Praxis nicht benutzt würden, "diese seien etwas für Juristen".

Letztendlich ist für den Anwender zentral, dass er ein subjektives Gefühl der Sicherheit hat, damit er den Geschäftsprozess annehmen kann. Das tatsächliche Sicherheitsniveau kann dabei durchaus gering sein. Dieses subjektive Gefühl ist sehr individuell: ein sehr erfahrener PC-Anwender mit ausgeprägtem Sicherheitsbewusstsein fühlt sich deutlich sicherer, wenn er Vertrauensentscheidungen selbst treffen kann, während ein Durchschnittsanwender dadurch eher erschreckt wird. Die schweren Probleme bezüglich der Akzeptanz treten erst bei organisationsübergreifenden Prozessen auf, weil gerade dort die Vertrauensentscheidungen nicht einfach und/oder nachvollziehbar sind. Aus IT-Leiter-Sicht ist häufig nicht klar, wer in einem solchen Szenario für die IT-Komponenten verantwortlich zeichnet. Letztendlich muss man zwischen drei verschiedenen Szenarien unterscheiden:

- dem Massenmarkt (Online Shopping, Homebanking, etc.):
  dort muss die Benutzung für den Anwender so leicht und so billig wie möglich sein. Dies kann durchaus bedeuten, dass PKI-Lösungen aufgrund ihrer Komplexität keine Anwendung finden. Zumindest sind in diesem Kontext die Anforderungen an Einfachheit, Transparenz und minimale Kosten für PKI-Lösungen besonders hoch
- dem Unternehmenseinsatz:
  in diesem Umfeld ist eine größtmögliche Flexibilität erforderlich, d.h. je nach Höhe der Sicherheitsanforderungen müssen unterschiedliche Modelle, von der Technologie bis zur Stringenz der Mitarbeiterhandlungen, um- und durchgesetzt werden. In diesem Umfeld besitzen nun Standardisierungen nicht die höchste Priorität, Insellösungen sind hier durchaus sehr erfolgreich. Standardisierung wird sich nur nach Marktregeln etablieren.
- dem Einsatz mit staatlichem Interesse (Ausweise, aber auch steuerrelevante Prozesse der Finanzverwaltung):
  dort ist Standardisierung, in Verbindung mit hoher Sicherheit und Nachhaltigkeit erforderlich. Entsprechend sind Austauschbarkeit der Algorithmen, Einsatz von Biometrie und vorkonfigurierte Vertrauensentscheidungen als grundsätzlich nutzbare Standards gesetzt.

Alle drei Szenarien funktionieren nach eigenen Marktdynamiken. Somit ist eine Vergleichbarkeit der PKI-Anwendungen nur schwer möglich, insbesondere bezüglich ihrer Einsatzbedingungen.

Bei der Diskussion um Haftungsfragen ist festzustellen, dass qualifizierte Zertifikate mit heutigem Stand kaum verwendet werden. Die "A-Priori"-Regulierung der Haftungsfrage ist weltfremd; es wird stattdessen empfohlen, mit PKI-Anwendungen unterschiedlicher Sicherheitsstufen in die Anwendung zu gehen und auf das "gelebte Recht" zu warten. Die Sinnhaftigkeit des Sicherheitsniveaus von qualifizierten Zertifikaten wird nicht in Frage gestellt, alleine die "staatliche Verordnung" dieses hohen Sicherheitsniveaus, verbunden mit den Kosten für alle Beteiligten, ist kritikwürdig. Darüber hinaus sollte die Haftungsfrage wegen des Einsatzes einer Technologie wie PKI nicht neu gestellt werden, da sie für den Geschäftsprozess sowieso beantwortet werden muss.

Als Fazit ergibt sich: wir brauchen einfache und nachvollziehbare Vertrauensentscheidungen für den Benutzer. Viele Tools machen es sich hier zu leicht und dem Benutzer zu schwer. Darüber hinaus müssen die unternehmenspolitischen Probleme vorher gelöst werden, um den Einsatz einer PKI erfolgreich machen zu können. Dabei ist zu beachten, dass diese Probleme nicht mit technischen "Kniffen" erledigt werden können, auch wenn die Technik unter Umständen vor neue Anforderungen gestellt wird - das Problem ist menschlich / soziologisch und muss dementsprechend angegangen werden. Es empfiehlt sich somit, bei PKI-Projekten Change-Management-Experten hinzuzuziehen. Qualifizierte Zertifikate "sind die Mühe nicht wert" – zumindest für den Unternehmenseinsatz ist das Kosten-Nutzen-Verhältnis nicht akzeptabel. Wir brauchen stattdessen mehr Interoperabilität, und zwar an zwei wesentlichen Stellen: bei der Integration der PKI in Geschäftsprozesse und bei der Verwaltung der Schlüssel. Wir müssen darüber hinaus weiter Konzepte entwickeln, um einfache(re) organisationsübergreifende Vertrauensbeziehungen zu modellieren, wie z.B. "Instant workgroups". Wesentlich zu beachten dabei ist, dass Vertrauen prozessbezogen ist und einem Kommunikations- oder Geschäftspartner nicht grundsätzlich entgegengebracht werden kann. Die Tools müssen diese Orientierung widerspiegeln.

Unseres Erachtens ist die wichtigste Erkenntnis aus diesem Abschnitt folgende: Sicherheit ergibt sich aus Vertrauen und Kontrolle und Reduzierung von Kontrolle kann nur durch Aufbau von Vertrauen kompensiert werden.

3 Empfehlungen

Im technischen Bereich gelten aufgrund der Erkenntnisse die folgenden Empfehlungen:

- Die Token und ihre Personalisierung bilden einen erheblichen Kostenfaktor jeder PKI-Implementierung. Investitionssicherheit in diesem Bereich erfordert höhere Flexibilität bezüglich der in Hardware implementierten Algorithmen und Parameter. Dafür sind entsprechende Incentives für die Hardware-Hersteller notwendig. Alternative Formen zur SmartCard sollten weiter auf Alltagstauglichkeit untersucht werden.
- Schlüsselmanagement wird in der Zukunft eine wesentliche PKI-Grundfunktionalität sein, die anwendungsübergreifend realisiert werden soll. Entsprechend sollte die Interoperabilität von Schlüsselmanagement im Sinne eines "virtuellen Schlüsselbundes" gefördert werden.
- Neue IT-Infrastrukturtrends müssen mit einbezogen werden, insbesondere Service-Orientierte Architekturen, dort ist Vertrauensbildung noch nicht modelliert. Es sollten Frameworks für die Anwendungsintegration entwickelt werden.

Im betriebswirtschaftlichen Bereich empfehlen wir:

- Um dem negativen Image zu begegnen, dass PKI zur Zeit hat, sollte entsprechendes Marketing durchgeführt werden, etwa in der Form von veröffentlichten Best Practice-Beispielen.
- Return-On-Security-Kalkukationen sind – Stand heute – nicht in der Lage, Sicherheitsausgaben zu rechtfertigen. Entsprechend stellt sich die Forderung, ROSI-Bewertungsverfahren praktikabler, handhabbarer zu machen (bspw. im Sinne des Pareto-Prinzips),

und um bestehende, in der Praxis verwendete Kennzahlensysteme für Sicherheitseigenschaften von Geschäftsprozessen zu erweitern.

- Es bietet sich an, die Wirkung von Haftungsregelungen bzw. technologie-orientierte Regulierungen und mögliche Konsequenzen für PKI-Anwendungen im B2B und B2C-Umfeld zu untersuchen. Ein alternativer Baustein könnte die Entwicklung bzw. Förderung von Gütesiegeln für die Vertrauensbildung im elektronischen Geschäftsverkehr sein.

Die Empfehlungen im soziologischen Umfeld sind die folgenden:

- Im PKI-Umfeld sollten die Abhängigkeiten von Technik, Wirtschaft und soziologischen Aspekten untersucht werden, um im elektronischen Geschäftsverkehr Vertrauensbildung zu verbessern.
- Qualifizierte Zertifikate können mit ihrem Zweck für den regulierten Einsatz im Urkundsbereich (im strengen Sinne für Formvorschriften) zunächst nur auf nationaler Ebene verwendet werden. Sie sind nicht als prägend für die in diesem Beitrag behandelten PKI-Anwendungen anzusehen.
- Es sollten Formen einfacherer organisationsübergreifender Vertrauensmodelle ("instant workgroups") untersucht werden.
- Wichtig ist auch die Forderung und Förderung "Globaler" Digitaler Identitäten mit öffentlicher Akzeptanz sowie die Förderung von sicherheitsbewusstem Verhalten (durch verschiedene Maßnahmen, etwa Steuervorteile).

4 Ausblick

PKI muss zukünftig stärker im Spannungsfeld von Technik, Betriebswirtschaft und Sozialwissenschaft betrachtet werden, erst dann wird sich der Erfolg der Enabling-Technologie für Geschäftsprozesse erweisen. Hier einige Ideen (zum Teil auch von den Teilnehmern des Workshops) für die nächsten Schritte:

- Vorbereitung einer vergleichenden Untersuchung in Industrien, die eine hohe technologische und Prozess- Standardisierung erreicht haben und die Frage beantworten, warum es dort wirksamere Standards gibt.
- Entwicklung von Simulations- bzw. Szenariotechniken für unterschiedliche Geschäftsfälle. Aspekte, die es dabei zu berücksichtigen gibt: Anforderungen von Anwenderseite, Anwendungsfälle, unterschiedliche Branchenspezifika.
- Weiterhin wurde vorgeschlagen, das Thema zu verbreitern: was für PKI im Speziellen gilt, gilt weitgehend auch für die allgemeine IT-Sicherheit. Viele der Fragestellungen sind auch für die breitere Sicherheits-Diskussion wichtig.

Literatur

[EKIAS07] Projekt-Homepage: Erfolgskriterien für Signatur-, Identifizierungs- und Authentifizierungsverfahren auf Basis asymmetrischer kryptographischer Verfahren, mit weiteren Projektinformationen und Berichten: https://ekias.fh-brandenburg.de/

Quantitative Wirtschaftlichkeitsbetrachtungen für IT-Notfallmaßnahmen

Roland Gabriel[1] · Jochen Wiedemann[1,2] · Andreas Knäbchen[2]

[1] Ruhr-Universität Bochum
jochen.wiedemann@ruhr-uni-bochum.de

[2] Accenture GmbH
andreas.knaebchen@accenture.com

Zusammenfassung

Der vorliegende Beitrag stellt einen praxisorientierten Ansatz zur Planung von angemessenen reaktiven IT-Notfallmaßnahmen dar. Dieser Ansatz wurde entwickelt in Zusammenarbeit zwischen dem Institut für Sicherheit im E-Business an der Ruhr-Universität Bochum und der Unternehmensberatung Accenture. Im vorgestellten Planungsmodell werden quantitative Größen für eine Wirtschaftlichkeitsbetrachtung herangezogen. Im Gegensatz zu den viel diskutierten Ansätzen im Bereich RoSI („Return of Security Investment") wird ein Vorhandensein ausreichender Daten für objektive Eintrittswahrscheinlichkeiten nicht vorausgesetzt. Das Planungsmodell stützt sich auf eine ökonomische Bewertung der Auswirkung bei IT-Ausfall und die Kostenschätzung reaktiver IT-Notfallmaßnahmen. Diese werden relativ zueinander auf Grundlage geeigneter Annahmen verglichen, um eine möglichst optimale Lösung auszuwählen. Anhand eines Fallbeispiels aus der betrieblichen Praxis wird die Anwendbarkeit dargestellt. Abschließend werden Erfolgskriterien abgeleitet, die eine organisatorische Verankerung des Modells in einer Unternehmung unterstützen.

1 Einleitung

„Sind die geplanten IT-Notfallmaßnahmen mit jährlichen Kosten von über 50 Millionen Euro angemessen?", fragte ein IT-Bereichsleiter.[1] Diese Bewertung der Angemessenheit ist insbesondere schwierig bei der Planung von Notfallmaßnahmen. Dies gilt in dreifacher Hinsicht. Zum einen sind Notfallmaßnahmen zur Wiederherstellung von kritischen Geschäftsabläufen nach einem Notfall oder einer erheblichen Störung meist sehr kostenintensiv. Dabei besteht insbesondere die Gefahr, einen Großteil des IT-Budgets für nicht erforderliche Maßnahmen aufzuwenden und so die verfügbaren Mittel für Investitionen in neue Anwendungen und eine bessere Unterstützung der Geschäftsbereiche zu reduzieren. Zweitens signalisiert diese Frage die große Unsicherheit, mit der Entscheidungen zu Notfallmaßnahmen getroffen werden. Oftmals verfügen Unternehmungen nicht über geeignete Experten und Auswahlverfahren, um zu einer belastbaren Entscheidung über erforderliche Notfallmaßnahmen zu gelangen. Drittens ist die Frage sehr pauschal formuliert. Es fehlen Methoden und praktische Hilfsmittel, die

[1] Fragestellung aus der betrieblichen Praxis, die im Fallbeispiel in Kapitel 4 nochmals aufgegriffen wird.

P. Horster (Hrsg.) · D•A•CH Security 2007 · syssec (2007) 507-518.

die Angemessenheit der Notfallmaßnahmen in Bezug zum Risikoprofil der Unternehmung darstellen.

1.1 Zielsetzung des Beitrags

Der vorliegende Beitrag soll Unternehmungen eine praxisorientierte Hilfestellung geben, die sich mit der Bestimmung angemessener Ausgaben für reaktive (d.h. wirkungsbezogene) IT-Notfallmaßnahmen im Kontext des betrieblichen operationellen IT-Risikomanagements[2] beschäftigen. In der Praxis sind zur Begründung von Investitionen in Notfallmaßnahmen quantitative Wirtschaftlichkeitsbetrachtungen erforderlich. Dabei sind die in der Literatur beschriebenen Analysemethoden oftmals praktisch wenig einsetzbar:[3] es mangelt insbesondere im Bereich der Risikobewertung an einer Datengrundlage für die objektive Bestimmung von Eintrittswahrscheinlichkeiten.[4] Besonders aufgrund der Komplexität und Dynamik[5] betrieblicher IT-Unterstützung ist die Modellierung der Abhängigkeiten (beispielsweise durch Fehlerbaumanalysen) praktisch kaum möglich.[6] Das hier vorgestellte Planungsmodell nutzt einige wenige belastbare Größen als Eingangswerte für die Auswahl der optimalen Notfallmaßnahmen. Diese Größen umfassen die ökonomische Bewertung der Auswirkung bei IT-Ausfall (Folgeschaden im Zeitverlauf) und die Kosten alternativer IT-Notfallmaßnahmen. Beide sind gut bestimmbar. Dadurch bleibt der Planungsaufwand überschaubar. So konnte beispielsweise auch die eingangs zitierte Frage mit einem potenziellen jährlichen Notfallbudget von 50 Millionen Euro mit limitiertem Aufwand beantwortet werden.

1.2 Gliederung

Kapitel 2 diskutiert die Notwendigkeit und Kosten von Notfallmaßnahmen sowie besondere Schwierigkeiten, die Unternehmungen im Auswahlverfahren für Notfallvorsorge beeinträchtigen. Anschließend wird in Kapitel 3 ein dreistufiges Verfahren vorgestellt, das eine quantitative Wirtschaftlichkeitsbetrachtung bei zeitlich begrenztem Aufwand als Grundlage für eine belastbare Planung von Notfallmaßnahmen nutzt. Die Anwendung dieser Methodik wird anhand eines Fallbeispiels aus der betrieblichen Praxis in Kapitel 4 näher verdeutlicht. Erfolgskriterien für eine effektive und effiziente Planung von Notfallmaßnahmen werden zusammengefasst in Kapitel 5, das mit einem Ausblick abschließt.

2 IT-Notfallvorsorge

2.1 Notwendigkeit

Es gibt eine Vielzahl von Ursachen, die Unternehmungen veranlassen, ihre IT-Notfallvorsorgemaßnahmen zu überprüfen und bei Bedarf auszubauen.

---

[2] Vgl. [Hech06], S. 25ff.

[3] Für eine Darstellung unterschiedlicher Methoden sowie deren Vor- und Nachteile vgl. [NFKP05], S. 17ff.

[4] Vgl. [NFKP05], S. 17; [FaKo03], S. 10; [KPMG03], S. 15.

[5] Vgl. [Lapr95], S. 1: "Our society has become increasingly dependent on computing systems and this dependency is especially felt upon the occurrence of failures."

[6] Vgl. [Mock03], 167ff. und [Neub06], S. 8.

Interne Anforderungen werden beispielsweise durch die interne Revision definiert, die im Rahmen ihrer Prüfungstätigkeit wesentliche IT-Risiken identifiziert. Auch Feststellungen von Wirtschaftsprüfern können diesbezügliche Anforderungen verstärken. Ein weiterer interner Einflussfaktor besteht in der Notwendigkeit zur Erfüllung von offiziellen Standards, deren Konformität durch unternehmungsinterne Richtlinien eingefordert wird. Auch in der Nachbereitung von geschäftskritischen Notfällen wird eine besondere Wichtigkeit auf Vorsorgemaßnahmen gelegt (u.a. zur Begrenzung eines potenziellen Reputationsschadens[7]).

Externe Anforderungen resultieren aus verpflichtenden gesetzlichen oder regulatorischen Vorgaben wie Sarbanes-Oxley, KonTraG oder Basel II.[8] So enthält beispielsweise die Sektion 404 von Sarbanes-Oxley Vorgaben hinsichtlich der Durchführung von IT-Notfallvorsorgeplanung. Möglicherweise ergibt sich auch extern ausgelöster Handlungsbedarf durch eine ungenügende Vorsorge im Branchenvergleich, die zu einem Wettbewerbsnachteil führen könnte. Ein weiterer Einflussfaktor kann durch Kunden- bzw. Geschäftspartner aufkommen, falls über vertragliche Vereinbarungen ein bestimmter Reifegrad an IT-Notfallvorsorge zur Risikoüberwälzung abgestimmt ist.[9] Auch nach Eintritt eines Großschadens in einer fremden Unternehmung kann die Sensibilität innerhalb der eigenen Geschäftsleitung steigen. Gerade spektakuläre Ereignisse (z.B. Terroranschlag auf das World Trade Center im Jahr 2001)[10] werden oftmals zum Anlass genommen, den Reifegrad der eigenen Notfallvorsorge zu überprüfen.

2.2 Kosten von Notfallmaßnahmen

Notfallmaßnahmen sind aber nicht nur notwendig sondern in der Regel auch äußerst kostenintensiv. Dies hängt mit den potenziell erforderlichen Investitionen in zusätzliche IT-Infrastruktur zusammen. Je nach Anforderung an den maximalen Datenverlust und die Wiederanlaufzeit im IT-Notfall ergibt sich eine hohe Schwankungsbreite der Kosten für Vorsorgemaßnahmen. So stellt eine so genannte „Hot-Standby“ Lösung letztlich nichts anderes als ein zweites, komplett ausgebautes System dar, das jederzeit das Primärsystem ersetzen kann. Damit verdoppeln sich nahezu die jährlichen Infrastrukturkosten im Vergleich zu einer nicht vollständig redundant ausgebauten Systemumgebung. Bei Vergleich unterschiedlicher Notfallmaßnahmen fällt weiterhin auf, dass eine Verkürzung der Wiederherstellungszeit zu einem überproportionalen Anstieg der damit verbundenen Kosten führt. Anders formuliert: Ein kleiner Fehler in der Abschätzung der geschäftlich notwendigen Wiederherstellungszeit kann erhebliche Mehrkosten bei den Notfallmaßnahmen nach sich ziehen.

Die Marktforschungsunternehmung Forrester bestätigt diesen Sachverhalt in einer empirischen Studie aus dem Jahr 2006. Nach dieser Untersuchung sehen 43% der europäischen Unternehmungen den Bereich „Sicherheit und Notfallvorsorge“ als einen der drei wichtigsten Einflussfaktoren auf das IT-Budget in den nächsten Jahren bis 2011 an. Gerade bei Investitio-

[7] Zur Auswirkung von Sicherheitsvorfällen auf den Aktienkurs vgl. insbesondere [ITMM06], S. 4ff. und [CGLZ03], S. 431.

[8] Vgl. [Fieg06], 5ff.: Im Rahmen der zitierten Arbeit erfolgt eine ausführliche Diskussion der gesetzlichen Anforderungen als Ausgangspunkt für das Risikomanagement in einer Unternehmung.

[9] Insbesondere relevant bei hohen Abhängigkeiten von Lieferketten, vgl. [ZsMR05], S. 3401.

[10] Die Bank of New York hat nach den Terroranschlägen vom 11. September 2001 einen Schaden durch „Business Disruption and System Failure“ von 242 Millionen Dollar vor Steuern hinnehmen müssen. Dies zeigt die enorme Auswirkung bei Eintritt von wesentlichen Risiken, vgl. hierzu [FDJR06], S. 1845.

nen in redundante IT-Komponenten ergeben sich auf lange Sicht hohe Investitionen. Dies wird zusätzlich durch einen schnellen technologischen Wandel verstärkt, der eine ständige technische Anpassung der Ersatzinfrastruktur bedingt.

2.3 Schwierigkeiten bei der Planung

Planungsverfahren für eine wirtschaftlich angemessene und damit effiziente Notfallvorsorge sind in vielen Unternehmungen nicht etabliert.[11] Ein fehlender Bezug zu den Geschäftsprozessen und die Schwierigkeit der Quantifizierung[12] der IT-Risiken sind hierbei die beiden wesentlichen Hindernisgründe. Entscheidungen über das geeignetes Vorsorgeniveau und entsprechende Maßnahmen werden meist ausschließlich in den IT-Abteilungen[13] bearbeitet und beteiligen nicht die Fachseite als Auftraggeber und Dienstnehmer der IT-Unterstützung.[14] Auch wenn punktuell geeignete Planungsverfahren eingesetzt werden, so scheitern viele Unternehmungen an der abteilungsübergreifenden Verankerung einer kontinuierlichen Notfallvorsorgeplanung in ihre Arbeitsabläufe.

3 Quantitative Wirtschaftlichkeitsbetrachtungen

Die hier vorgestellten Wirtschaftlichkeitsbetrachtungen zur Auswahl der optimalen Notfallmaßnahme folgen einem dreistufigen Verfahren:

1. Ökonomische Bewertung der Auswirkung bei IT-Ausfall mit allen relevanten Akteuren
2. Kostenschätzung alternativer reaktiver IT-Notfallmaßnahmen
3. Auswahlprozess der optimalen Lösung mit zeitlicher Begrenzung je Auswahlschritt

3.1 Ökonomische Bewertung bei IT-Ausfall

Ein IT-Notfall kann die Durchführung eines Geschäftsprozesses unmöglich machen. Dies zieht einen Schaden nach sich.[15] Diese Größe kann mit den Verantwortlichen für Geschäftsprozesse und Risikomanagement abgeschätzt werden, beispielsweise über die Betrachtung der auftretenden Kostensteigerung und des Umsatzverlustes, siehe dazu Abbildung 1.

Dazu werden die schätz- und bezifferbaren Auswirkungen identifiziert und mit Bewertungsmodellen unterlegt. Mittels Expertenschätzungen wird anschließend eine Größenordnung des Gesamtschadens abgeleitet und alle getroffenen Annahmen dokumentiert. Hierbei kann beispielsweise auf Erfahrungen aus früheren Störungen zurückgegriffen werden. Eine weitere Möglichkeit besteht im Zugriff auf öffentliche Schadensdatenbanken für den so genannten Bereich „Operational Loss", in denen beispielsweise für Finanzdienstleister geeignetes Datenmaterial aufbereitet wird.[16] Alle nicht bezifferbaren, langfristigen Folgen wie Reputations-

---

[11] Laut einer Studie von KPMG ist nur bei 44,6% der großen Unternehmungen eine Notfallorganisation festgelegt, vgl. dazu [KPMG03], S. 24.

[12] Vgl. [Hech06], S. 101.

[13] Zu organisatorischen Aspekten des Informationsmanagements vgl. [GaBe], S. 153ff.

[14] Vgl. [ElSH99], S. 43: „Preparations for information technology disaster tend to be hardware and systems software focused."

[15] Für ein Modell zur Bewertung von Schäden bei „Large-Scale Internet Attacks" vgl. [DüWP04], S. 224ff.

[16] Für eine ausführliche Darstellung und Bewertung ähnlicher Schadensdaten, vgl. [FDJR06], S. 1825ff.

schäden müssen qualitativ bewertet werden. Falls hierbei bestandsgefährdende Auswirkungen ab einer bestimmten Ausfallzeit identifiziert werden, muss diese Information in das spätere Auswahlverfahren als Nebenbedingung einfließen.

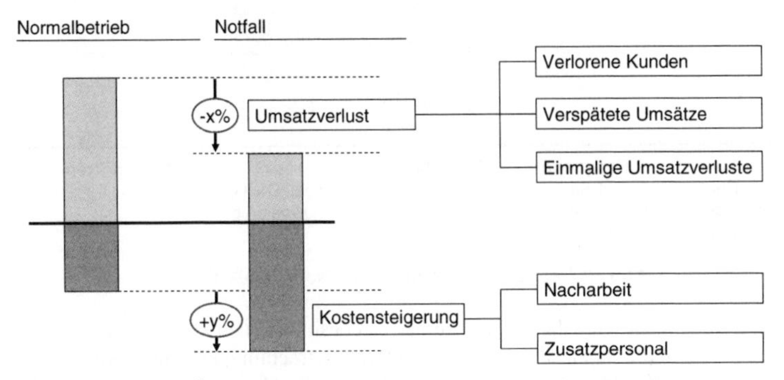

Abb. 1: Ökonomische Auswirkung im Notfall (Vereinfachung)

Eine Annahme der Eintrittswahrscheinlichkeit des Notfalls ergibt anschließend eine Abschätzung der jährlichen Folgeschadenserwartung (Basis FSE). Wichtig hierbei ist, dass die Annahme des IT-Gesamtausfalls ausreicht, da bei reaktiven IT-Notfallmaßnahmen ausschließlich die Veränderung der Auswirkung in die Risikobewertung einfließt. Damit ist die erste Stufe der Betrachtung abgeschlossen.

3.2 Kostenschätzung von IT-Notfallmaßnahmen

In einem zweiten Schritt werden die Kosten alternativer Notfallmaßnahmen abgeschätzt. Eine geeignete Größe dafür sind die jährlichen Gesamtkosten („Total Cost of Ownership" – TCO).[17] Hierbei müssen technische und nicht-technische Maßnahmen unterschiedlichen Umfangs betrachtet werden. Neben IT-infrastrukturellen Maßnahmen werden hierzu organisatorische Vorbereitungen betrachtet, die eine Begrenzung der ökonomischen Auswirkung nach Eintritt des IT-Notfalls erreichen. Wichtig ist dabei, dass nur Größenordnungen der Kosten bestimmt und keine detaillierten Lösungen erarbeitet werden.

3.3 Auswahlprozess einer optimalen Lösung

Im dritten Schritt werden die IT-Notfallmaßnahmen miteinander verglichen. Jede Lösungsalternative verringert die Ausfallzeit um einen individuellen Wert, dies ergibt eine reduzierte Schadenserwartung (Reduzierte FSE). Im Lösungsvergleich zweckmäßig ist die Betrachtung des jeweiligen Netto-Nutzens (NN) der Alternativen für Notfallmaßnahmen.

Netto-Nutzen = Basis FSE – Reduzierte FSE – TCO

Diese Formel ist in Abbildung 2 verdeutlicht.

[17] Vgl. [GaBe03], S. 148ff.

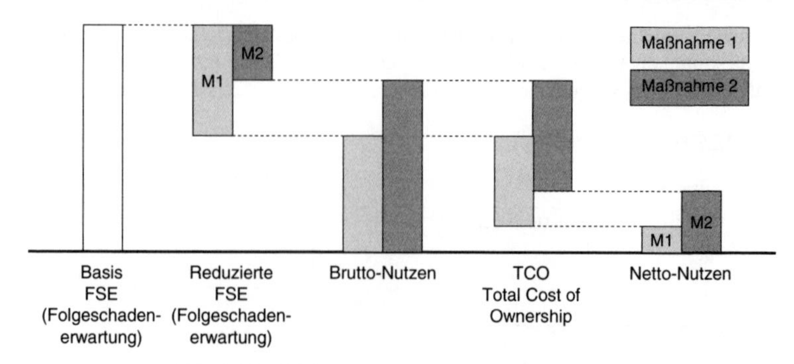

Abb. 2: Vergleich unterschiedlicher Notfallmaßnahmen

Ungeeignete bzw. nicht wirtschaftliche Alternativen besitzen einen kleinen oder sogar negativen Netto-Nutzen und können sofort aus der weiteren Betrachtung eliminiert werden. Ziel des Vergleichs ist die Identifikation der optimalen, d.h. für die Unternehmung wirtschaftlichsten Lösung mit Hilfe quantitativer Größen. Kann hierbei nicht eindeutig entschieden werden, so können die Nebenbedingungen aus den qualitativ bewerteten Auswirkungen in den Entscheidungsprozess hinzugezogen werden. Im Unterschied zu RoSI-Betrachtungen („Return of Security Investment") liegt der Fokus somit nicht auf der Errechnung des absoluten Nettonutzens, sondern auf der Betrachtung des relativen Unterschieds verschiedener Lösungsalternativen. Beim Vergleich unterschiedlicher reaktiver Maßnahmen reduziert sich dabei der Schadenserwartungswert nicht durch eine veränderte Eintrittswahrscheinlichkeit. Der betrachtete Hebel liegt in der Verkürzung der IT-Ausfallzeit, die eine direkte Abhängigkeit zu der ökonomischen Auswirkung darstellt und damit das Risiko reduziert.[18]

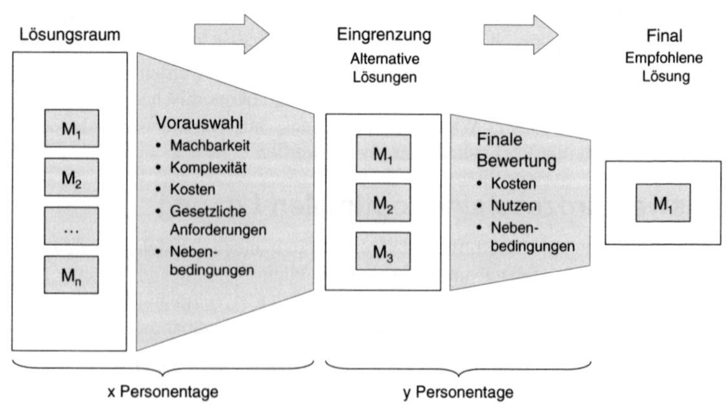

Abb. 3: Schrittweise Auswahl mit zeitlicher Begrenzung

[18] Hierbei wird der mathematisch-technische Risikobegriff zugrunde gelegt, der ein Risiko versteht als Produkt der Eintrittswahrscheinlichkeit mit der Auswirkung, vgl. hierzu [Jone06], S. 9ff.

Um den Auswahlprozess in der Praxis effizient durchzuführen (d.h. geringer zeitlicher Aufwand der beteiligten Experten, kurze Durchlaufzeit des Prozesses), sollte er in mehreren Stufen erfolgen, siehe dazu Abbildung 3.

Die einzelnen Stufen werden mit vordefiniert zeitlich begrenztem Aufwand durchgeführt. Eine detaillierte Betrachtung aller Alternativen würde Zeit verlieren, die für die effektive Analyse von zwei oder drei geeigneten Lösungen verwendet werden kann. In der Regel wird über zwei bis maximal drei Iterationen des Auswahlprozesses die optimale Notfallmaßnahme mit ausreichender Verlässlichkeit identifiziert.

4 Fallbeispiel

Im Folgenden wird ein Fallbeispiel aus der betrieblichen Praxis vorgestellt. Nach der Beschreibung der Ausgangssituation wird die Durchführung des Planungsmodells detailliert beschrieben und der realisierte Nutzen für die Unternehmung dargestellt. Das Fallbeispiel belegt, dass das hier vorgeschlagene Planungsmodell die Notfallvorsorge in Unternehmungen wirksam unterstützen kann.

4.1 Ausgangsituation

Die Geschäftsprozesse der Unternehmung im Betrachtungsumfang sind das Kundenbeziehungsmanagement sowie Teile des Auftragsmanagements. Basierend auf einer umfangreichen IT-Unterstützung werden die dargestellten Prozesse durch ein großes Call Center mit mehr als 10.000 Mitarbeitern betrieben.

Aufgrund der intensiven Kundenorientierung forderte die Geschäftsleitung eine hoch verfügbare IT-Unterstützung. Damit verbunden war die Anforderung nach sehr kurzen Wiederherstellungszeiten (< 5 Minuten) nach einem Notfall innerhalb der IT. Dazu hatten die IT-Entscheider eine so genannte „Hot-Standby"-Lösung vorgesehen, um die Anforderungen hinsichtlich einer zeitnahen Wiederherstellung realisieren.

Dabei wurden ökonomische Wirtschaftlichkeitsbetrachtungen zur Angemessenheit der Notfallplanung nicht durchgeführt. So existierte keine monetäre Bewertung der Auswirkung im Schadensfall. Auch eine Risikoanalyse für (Notfall-)Ereignisse mit geringer Eintrittswahrscheinlichkeit und hoher Auswirkung lag nicht vor.

Aus diesen Gründen ergaben sich Unsicherheiten bezüglich der Angemessenheit der hohen langfristigen Investitionen. Um diese Unsicherheit zu klären wurde das vorgestellte Planungsmodell angewandt.

4.2 Wirtschaftlichkeitsbetrachtungen

Im Rahmen einer ausführlichen ökonomischen Bewertung wurden gemeinsam mit den Verantwortlichen für die Geschäftsprozesse geeignete Schätzmodelle entworfen, um die ökonomische Auswirkung bei IT-Ausfall zu bestimmen. Dabei wurde der Fokus auf schätz- und bezifferbare Kosten gelegt, langfristige Auswirkungen wurden qualitativ bewertet. Folgende Annahmen wurden zur Situation während des Ausfalls getroffen.

- Eine lokale Arbeit an den Arbeitsplatzrechnern ist möglich und die Telefonanlage, Mail- sowie Faxfunktionalität stehen zur Verfügung.
- Kurz nach Eintritt des Notfalls kann die Dauer des IT-Ausfalls abgeschätzt werden.

- Auch Großereignisse führen zu einer maximalen Notfalldauer von etwa 30 Tagen, da in diesem Zeitraum mit hohem Druck der Geschäftsleitung eine 80%-ige Wiederherstellung der IT-Systeme erfolgen kann.
- Eine lange Notfalldauer (über 10 Tage) wird meist durch Großereignisse ausgelöst, die hohe Medienpräsenz haben und dadurch aktiv an die Kunden kommuniziert werden können. Dies könnte Kunden- und Umsatzverluste begrenzen.
- Es erfolgt keine besondere Betrachtung von kritischen Zeitperioden (Weihnachten, Werbeaktionen, etc.). Diese liegen häufig vor und führen zu keiner Schwankung der Notfallkosten von mehr als 25%.
- Die Datensicherung erfolgt bei dem Großteil der IT-Systeme an einem zweiten Standort, d.h. ein Totalverlust von Kunden- und Auftragsdaten ist nicht zu erwarten.

Aufgrund der hohen Mitarbeiterzahl im Call Center wurden signifikante Produktivitätsverluste angenommen. Hierzu wurde bei einem längeren IT-Ausfall eine weitere Kostensteigerung durch Zusatzpersonal erwartet, das papierbasierte Aufträge im Rahmen manueller Ersatzprozesse aufarbeitetet. Weitere schätzbare Auswirkungen lagen im Bereich der direkten Umsatzverluste und Kundenverluste. Diese wurden mittels eines Kundenwertmodells (engl. Customer Lifetime Value) bewertet und durch Expertenschätzungen unterlegt. Diesbezügliche Auswirkungen waren jedoch vernachlässigbar im Vergleich zu den hohen Produktivitätsverlusten.

Die Folgeschadenanalyse zeigt einen nahezu linearen Verlauf der Auswirkung von täglich ein bis zwei Millionen Euro. Unter der Annahme, dass eine IT-Umgebung nach spätestens 30 Tagen ohne IT-Notfallvorsorge zu 80 Prozent wiederhergestellt werden kann, sind in Summe bei einem großen Notfall etwa 40 Millionen Euro an Folgeschaden zu erwarten. Wird weiterhin eine Unschärfe von 50 Prozent angenommen, so wird pessimistisch die maximale Schadenshöhe von etwa 60 Millionen Euro erreicht.

Im nächsten Schritt wurden ausführliche Kostenschätzungen zu möglichen reaktiven Notfallmaßnahmen durchgeführt. Hierbei wurden folgende sechs Alternativen bewertet.

1. Die ursprünglich geplante Lösung für **„Hot-Standby“** sollte eine Wiederherstellung innerhalb von wenigen Minuten im Notfall ermöglichen. Dies wäre durch eine zweite redundante technische Infrastruktur mit umfangreicher synchroner Replikationsarchitektur ermöglicht worden. Aufgrund der hohen Systemkomplexität wurden hierfür jährliche Kosten von mehr als 50 Millionen Euro geschätzt.
2. Eine weitere mögliche Lösung für **„Warm-Standby“** könnte durch die Erweiterung von Testsystemen gemeinsam mit einer asynchronen Replikationsarchitektur eine IT-Wiederherstellung in wenigen Stunden ermöglichen. Jährliche Kosten von knapp über 23 Millionen Euro wurden bestimmt.
3. Für eine **„Cold-Standby“** Lösung gemeinsam mit einer erweiterten Replikationsarchitektur wären jährliche Kosten in Höhe von etwa 10 Millionen Euro notwendig. Hierbei wäre eine Wiederherstellung in etwa zwei bis vier Tagen möglich, durch einen teilweisen Neuaufbau von eigens dafür vorgehaltener Ersatzinfrastruktur.
4. Der Abschluss einer **Liefervereinbarung** mit Herstellern wurde als weitere Maßnahme untersucht. Hierzu würde der Hersteller die erforderliche Auswahl an Hardware vorhalten und diese innerhalb weniger Tagen im IT-Notfall an einen Ersatzstandort ausliefern. Je

nach Umfang der Vorhaltung wurden jährliche Kosten von 4 bis 6 Millionen Euro geschätzt.

5. Eine weitere Möglichkeit bestand in der Bereitstellung eines **stark reduzierten Ersatzsystems** auf alternativer technologischer Grundlage, das ausgewählte Abfragen (im Rahmen des Kundenbeziehungsmanagement) auf eine alternative Datensicherung zulässt. Weiterhin sollten hiermit elektronische Formulare hinterlegt werden, die eine papierbasierte manuelle Bearbeitung technisch unterstützen (für das Auftragsmanagement). Im gegebenen Kontext war eine solche Lösung für 1 bis 2 Millionen Euro möglich.
6. Die kostengünstigste Lösungsalternative lag in der organisatorischen Vorbereitung von **manuellen Ersatzprozessen** mit einer ausgewählten Bearbeitung je nach Kundensegment unterstützt durch papierbasierte Formulare. Diese so genannte manuelle Notfallstrategie müsste jährlich angepasst und mit umfangreichen personalintensiven Übungen organisatorisch verankert werden. Hierfür wurden jährlichen Kosten von bis zu einer halben Million Euro angenommen.

Vergleicht man oben geschätzte Kosten der Notfallmaßnahmen und pessimistische IT-Ausfallkosten von 60 Millionen Euro pro Schadensfall, so müsste ein Großereigniss mindestens alle sechs Jahre eintreten, um eine Lösungsalternative der Klasse „Cold-Standby“ oder besser (jährliche Kosten von 10 Millionen Euro oder mehr) zu rechtfertigen. Eine solch hohe Häufigkeit konnte aufgrund von Erfahrenswerten nicht begründet werden; sie wurde deshalb als unrealistisch eingeschätzt.

Es verblieben daher nach dieser ersten Auswahlstufe nur noch die Notfallmaßnahmen 4 (Liefervereinbarung), 5 (Ersatzsystem) und 6 (manueller Ersatzprozess) als wirtschaftlich denkbare Lösungsoptionen. Der Kreis dieser Lösungsoptionen definierte klare Randbedingungen für die zweite Auswahlstufe.

In der zweiten Auswahlstufe wurden die besonders erfolgskritischen Kundenprozesse identifiziert, die in einem stark reduzierten Ersatzsystem abgebildet werden können. Gemeinsam mit manuellen Ersatzprozessen können damit hochwertige Kundensegmente bedient werden, die einen besonderen Einfluss auf einen möglichen Reputationsverlust haben. Ein Abschluss von Liefervereinbarungen wurde geprüft. Aufgrund der umfangreichen Vertragsverhältnisse und Abnahmemengen wurde von den einzelnen Herstellern jedoch äußerst kurze Lieferzeiten ohne gesonderte vertragliche Vereinbarung im Notfall zugesagt.

Der Auswahlprozess, der innerhalb von sechs Wochen abgeschlossen wurde, bestimmte damit die wirtschaftlichste Lösung als eine Kombination der Optionen 5 und 6: ein stark reduziertes Ersatzsystem in Verbindung mit ablauforganisatorischen Vorbereitungen (d.h. manuellen Ersatzprozessen). Die jährlichen Einsparungen lagen damit im höheren zweistelligen Millionenbereich und können für Neuinvestitionen eingesetzt werden. Die jährlichen Einsparungen lagen damit im höheren zweistelligen Millionenbereich und können für Neuinvestitionen eingesetzt werden.

Die Abbildung 4 zeigt den Verlauf der Wiederherstellung und die Nutzung der IT-Notfallmaßnahmen.

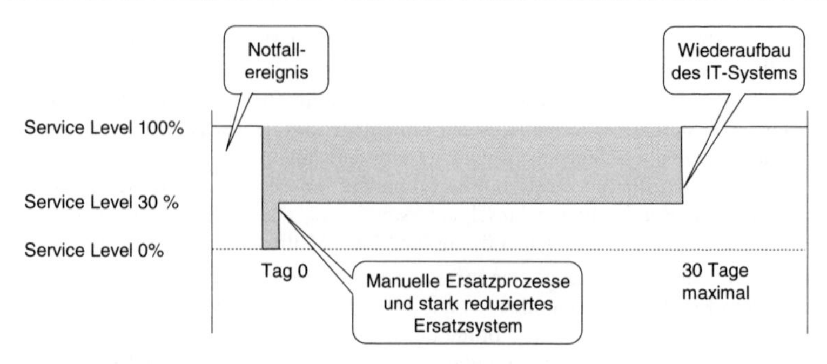

Abb.4: Wiederherstellungsszenario

5 Zusammenfassung und Ausblick

Zusammenfassend lassen sich fünf kritische Erfolgsfaktoren für die Planung von Notfallmaßnahmen ableiten, die zusätzlich als Prüfkriterien genutzt werden können, um den organisatorischen Reifegrad des eigenen Planungsverfahrens zu bewerten.

1. Grundsätzlich ist eine frühzeitige und dauerhafte Einbeziehung aller relevanten Akteure notwendig. Dies schließt insbesondere die Verantwortlichen für die Geschäftsprozesse und das Risikomanagement mit ein. Dabei unterstützen die fachlichen Geschäftsbereiche die Abschätzung der betrieblichen Auswirkung des Ausfalls der IT-Unterstützung. Das Risikomanagement stellt die Anwendung alternativer Instrumente (z.B. Versicherung von IT-Betriebsunterbrechung) zur Risikosteuerung sicher.
2. Insbesondere das Planungsverfahren selbst muss effizient und effektiv sein. Dabei ist hierfür der veranschlagte Aufwand anzupassen sowohl an den Grad der Beteiligung an der Wertschöpfung der Geschäftsprozesse als auch an die Komplexität und Dynamik der IT-Unterstützung. Dazu sollten die einzelnen Auswahlschritte zeitlich begrenzt werden.
3. Zentrales Ziel jeder Notfallmaßnahme ist die Wiederherstellung der Wert schöpfenden Geschäftsprozesse. Aus diesem Grund sind alle Maßnahmen zum Betrieb dieser Geschäftsprozesse im IT-Notfall zu berücksichtigen. Dies schließt auch die strukturierte Vorbereitung und Nutzung von nicht-technischen Ersatzprozessen mit ein.
4. Das Planungsverfahren erfolgt schrittweise und zielt darauf ab, ungeeignete Notfallmaßnahmen frühzeitig unter dokumentierten Annahmen zu eliminieren. Dies hilft signifikant den Planungsaufwand zu reduzieren.
5. Als wesentliches quantitatives Element des gesamten Auswahlverfahrens dienen die Schätzmodelle für die ökonomische Bewertung der Auswirkung bei IT-Ausfall, die gemeinsam mit den Verantwortlichen der Geschäftsprozesse erstellt werden. Oftmals stellt schon die Diskussion der Einflussfaktoren und weiterer notwendiger Annahmen einen ersten Schritt zur Einschätzung der Anforderungen an IT-Notfallvorsorge dar.

Weitere mögliche Betrachtungsaspekte des Untersuchungsgegenstands liegen in der Nutzung alternativer Instrumente für IT-Risikosteuerung, die präventiv (d.h. ursachenbezogen) wirken. Hierbei könnten Auswahlverfahren entwickelt werden, die ohne eine umfangreiche Datengrundlage zu objektiven Eintrittswahrscheinlichkeiten eine möglichst optimale Entscheidung herbeiführen. Weiterhin wäre eine ausführliche Bewertung der qualitativen nicht-bezifferbaren (meist langfristigen) ökonomischen Auswirkungen bei IT-Ausfall notwendig, um diese weiter im Planungsmodell zu verankern.

Literatur

[CGLZ03] K. Campbell, L.A. Gordon, M.P. Loeb, L. Zhou: The economic cost of publicly announced information security breaches: empirical evidence from the stock market. In: Journal of Computer Science, Nr. 11, S. 431-448, 2003.

[DüWP04] T. Dübendorfer, A. Wagner, B. Plattner: An Economic Damage Model for Large-Scale Internet Attacks. In: Proceedings of the 13th IEEE International Workshops on Enabling Technologies: Infrastructure for Collaborative Enterprises (WETICE'04), Vol. 0, S. 223-228, 2004.

[ElSH99] D. Elliott, E. Swartz, B. Herbane: Just Waiting for the Next Big Bang: business continuity planning in the UK finance sector. In: Journal of Applied Management Studies, Vol. 8, No. 1, S. 43-60, 1999.

[FaKo03] U. Faisst, M. Kovacs: Quantifizierung operationeller Risiken – ein Methodenvergleich. In: Die Bank, Jg. 43, Nr. 5, S. 342-349, 2003.

[FDJR06] P. De Fontnouvelle, V. Dejesus-Rueff, J.S. Jordan, E.S. Rosengren: Capital and Risk: New Evidence on Implications of Large Operational Losses. In: Journal of Money, Credit and Banking, Jg. 38, Nr. 7, S. 1819-1846, 2006.

[Fieg05] S. Fiege: Risikomanagement- und Überwachungssystem nach KonTraG - Prozess, Instrumente, Träger, GWV Fachverlage GmbH, Wiesbaden, 2006 (zugl.: Berlin, Univ., Diss.).

[GaBe03] R. Gabriel, D. Beier: Informationsmanagement in Organisationen, 1. Aufl., Verlag W. Kohlhammer, Stuttgart, 2003.

[Hech06] A. Hechenblaiker: Operational Risk – eine methodenkritische Analyse der Messung von IT-Risiken, GWV Fachverlage GmbH, Wiesbaden, 2006 (zugl.: München, Univ., Diss.).

[ITMM06] M. Ishiguro, H. Tanaka, K. Matsuura, I. Murase: The Effect of Information Security Incidents on Corporate Values in the Japanese Stock Market, in: Workshop of Economics in Information Security 2006, Online: http://wesii. econinfosec.org/draft.php?paper_id=23, abgerufen am 12. April 2007.

[Jone06] A. Jonen: Semantische Analyse des Risikobegriffs - Strukturierung der betriebswirtschaftlichen Risikodefinitionen und literaturempirische Auswertung, in: Beiträge zur Controlling-Forschung, Nr. 11, 2006, http://www-bior.wiwi.uni-kl.de/rewe/Forschung/Beitraege_Controlling-Forschung/ 11_Hauptdokument_Risikodefinition.pdf, abgerufen am 2. März 2007.

[KPMG03] KPMG : Risikomanagement in deutschen Unternehmen – Ergebnisse der Umfrage über den Status von Risikomanagement-Systemen und deren Beitrag zur Unternehmenssteuerung, http://www.kpmg.de/library/pdf/030514_Risikomana gement_ in_deutschen_Unternehmen_ de.pdf, abgerufen am 2. März 2007.

[Lapr95] J.-C. Laprie: Dependability of Computer Systems: from Concepts to Limits. In: Proceedings of Software Reliability Engineering, Vol. 6, S. 2-11, 1995.

[Mock03] R. Mock: Risiko, Sicherheit und Zuverlässigkeit - Analysemethoden in der "Information and Communication Technology". In: Informatik Spektrum, Springer Verlag, 21. Juni 2003, S. 167-172, 2003.

[Neub06] S. Neuber: Marketing für IT-Sicherheitsleistungen, Arbeitsbericht Nr. 13 des Instituts für Sicherheit im E-Business, Bochum 2006.

[NFKP05] T. Nowey, H. Federrath, C. Klein, K. Plößl: Ansätze zur Evaluierung von Sicherheitsinvestitionen. In: Sicherheit 2005. Beiträge der 2. Jahrestagung des GI-Fachbereichs Sicherheit, Lecture Notes in Informatics (P-62), S. 15-26, Köln, 2005.

[Taka06] S. Takahashi: IT Services Spending Forecast – 2006 To 2011, Forrester Research, Online: http://www.forrester.com/Research/PDF/0,,38001,00.pdf, abgerufen am 26. März 2006.

[ZsMR05] G.A. Zsidisin, S.A.Melnyk, G.L. Ragatz: An institutional theory perspective of business continuity planning for purchasing and supply management. In: International Journal of Production Research, Vol. 43, No. 16, S. 3401-3434, 2005.

Verteilte Suche nach digitalen Wasserzeichen in eMule

Martin Steinebach[1] · Michael Wagner[2] · Patrick Wolf[1]

[1] Fraunhofer SIT
martin.steinebach @sit.fraunhofer.de

[2] Universität Kassel
wagner@vs.uni-kassel.de

Zusammenfassung

Trotz aller Versuche der Musik- und Filmindustrie, gegen das illegale Verbreiten von Medien über Internet-Tauschbörsen vorzugehen, wird Filesharing immer beliebter. Dementsprechend wird eine Vielzahl von Ansätzen verfolgt, gegen diese Verbreitung vorzugehen. Digitale Wasserzeichen stellen hier eine Methode dar, um urheberrechtlich geschütztes Material mit einer Kundenkennung zu versehen und so gegebenenfalls die Weitergabe von Medien auf ihre Quelle zurückzuverfolgen. Um diese Identifizierung durchführen zu können, müssen allerdings zuerst die markierten Medien mit der entsprechenden Filesharing-Software heruntergeladen werden. Wir stellen hierzu eine verteilte Lösung zum Download von diesen Dateien auf der Basis einer von Schlüsselworten gesteuerten Suche vor. Hierzu wird ein geeignetes Netzwerk ausgewählt und ein als Open Source vorliegender Client so modifiziert, dass er automatisiert abhängig von Schlüsselworten Dateien herunterladen kann und diesen Suchvorgang mit anderen Clients gleichen Typs synchronisieren und Kollisionen auflösen kann.

1 Schwarzkopien im Internet

In diesem Abschnitt wird über Motive des Schwarzkopierens und über die Psychologie des Kopierens diskutiert. Die Motive für das Tauschen sind sehr unterschiedlich. Sie reichen von wirtschaftlichen über ideologische bis zu sozialen Motiven. Zu den wirtschaftlichen Motiven zählt unter anderem die Theorie des Homo oeconomicus, d.h. das Handeln zum größtmöglichen Nutzen. Dies unterstreicht auch eine Studie der Universität Zürich [BMR04] aus dem Jahr 2004, in der unter anderem die Gründe, warum keine kommerziellen Angebote genutzt werden, untersucht wurden. Dabei wurden unter anderem zu hohe Preise, mangelnde Kompatibilität der Formate, ein zu geringes Angebot, zu komplizierte Kaufvorgänge aber auch das Vorhandensein kostenfreier Alternativen in Tauschbörsen genannt.

Das sind allerdings nicht die einzigen Gründe für die Nutzung von Internet-Tauschbörsen. Hier greifen weitere Motive, wie beispielsweise mangelndes Unrechtsbewusstsein. Zudem vermuten die Filesharer kein Risiko und fühlen sich anonym und unbeobachtet. Diesen Tatbestand belegen mehrere Studien. Unter anderem geht aus der Studie „Digitale Mentalität" der Universität Witten/Herdecke [WH04] hervor, dass es „ein verbreitetes Bewusstsein für die Tatsache, dass Raubkopieren eine Straftat ist, die wirtschaftlichen Schaden verursacht [gibt]". Weiter heißt es, dass „dieses Bewusstsein [...] jedoch meist nur geringen Einfluss auf das tat-

P. Horster (Hrsg.) · D•A•CH Security 2007 · syssec (2007) 519-530.

sächliche Raubkopierverhalten [hat]. Im Falle der Urheberrechtsverletzung, die durch digitale Vervielfältigung begangen wird, bleibt ein intuitives Geständnis für das damit verbundene Unrecht aus, weil das Tatbestandsmerkmal der Wegnahme fehlt, das unseren historisch gewachsenen Vorstellungen von Diebstahl zu Grunde liegt".

Markus Giesler zeigt zudem in seiner Studie „Rethinking Consumer Risk" [Gies04], dass das Risiko, einer Straftat in Form eines Urheberrechtsvergehens überführt zu werden, gegen Null tendiert. Dies führt er in seiner Studie auf das Prinzip der Kollektivierung von Risiko zurück. Das bedeutet: Je größer die Zahl der Nutzer in einer Tauschgemeinschaft ist, desto geringer ist das Risiko für den Einzelnen.

2 Pirateriebekämpfung

Es gibt verschiedene Ansätze zur Pirateriebekämpfung im Internet. Jeder dieser Ansätze greift einen anderen Punkt auf. Ein Ansatzpunkt ist das Vorgehen gegen die Tauschnetzwerke selbst. Hier muss zwischen dem Vorgehen gegen Netz-Betreiber und Netz-Entwickler differenziert werden. Ein weiterer Ansatzpunkt ist das Vorgehen gegen die Internetzugangsanbieter und gegen die Tauschbörsennutzer, wobei zwischen Up- und Downloadern unterschieden werden muss. Auch Kopierschutzverfahren zählen zu den Maßnahmen.

Der Prozess gegen Napster war der Beginn immer neuer Prozesse gegen Anbieter von Tauschbörsen-Software. Abschluss einer ganzen Serie von Prozessen bildet der zurzeit noch laufende Prozess gegen den Tauschbörsen-Anbieter Limewire. Andere Tauschbörsen-Anbieter gingen in letzter Zeit dazu über, außergerichtliche Vergleiche mit den Rechtsvertretern zu schließen, um einem Gerichtsprozess aus dem Weg zu gehen. So zahlte im September 2006 der inzwischen aufgelöste eDonkey-Betreiber MetaMachine 30 Millionen US-Dollar an die RIAA. Zuvor hatte schon der Anbieter der Software Kazaa nach einem langen Rechtsstreit einer außergerichtlichen Einigung zugestimmt.

Gleich zweifach sind die Internet-Zugangsanbieter von der Pirateriebekämpfung betroffen. Zum einen forderte die RIAA 2003 erstmals die Anbieter auf, technische Vorkehrungen zu treffen, Filesharing zu unterbinden. Diese Forderungen wurden immer wieder wiederholt. Zuletzt durch den Branchenverband IFPI auf der Messe Popkomm.

Zum anderen sind die Zugangsanbieter durch Forderungen seitens der Urheberrechtsvertreter zur Ermittlung von Kundendaten durch eine IP-Adresse betroffen. In Deutschland ist dies aber rechtlich umstritten. So hat ein Urheber zurzeit keinen Auskunftsanspruch. Nur die Strafverfolgungsbehörden verfügen über diesen Anspruch nach §100g[1]. Daher wählen die Rechteinhaber derzeit den Umweg über ein Strafverfahren. Wesentlich problematischer ist dabei noch, dass Zugangsanbieter nach dem §96 verpflichtet sind, nach Beenden einer Verbindung alle Daten zu löschen, es sei denn, sie seien aus abrechungstechnischen Gründen zwingend erforderlich. Allerdings erfordert eine am 21. Februar 2006 durch den Rat der Europäischen Union verabschiedete Richtlinie über die Vorratsdatenspeicherung eine Anpassung des Gesetzes bis spätestens zum März 2009. Der Richtlinie nach müssen bestimmte Daten – insbesondere Verkehrsdaten und Standortdaten, die bei der Bereitstellung und Nutzung öffentlicher e-

[1] Gesetz über Urheberrecht und verwandte Schutzrechte:
http://www.gesetze-im-internet.de/bundesrecht/urhg/gesamt.pdf

lektronischer Kommunikationsdienste anfallen von den Diensteanbietern auf Vorrat für mindestens sechs Monate gespeichert werden.

Ein weiterer Versuch, die Piraterie einzuschränken, besteht darin, den Austausch von urheberrechtlich geschütztem Material uninteressant zu machen. Dies kann. durch die Verbreitung manipulierter Musikstücke in den jeweiligen Tauschbörsen und den Einsatz von manipulierten Servern geschehen.

Einer der aktuellsten Ansätze zur Pirateriebekämpfung stammt von der Schweizer Firma Logistep. Diese entwickelte eine Software, die automatisch nach unerlaubten Download-Angeboten in Tauschbörsen sucht. Jede Rechtsverletzung wird automatisch über eine Anwaltskanzlei zur Anzeige gebracht. Gleichzeitig wird eine Email an den entsprechenden Service-Provider abgesetzt mit der Aufforderung, die entsprechenden IP-Adressen und die zugehörigen Kundendaten zu sichern.

Der Kopierschutz ist auch zu den Maßnahmen der Pirateriebekämpfung zu zählen. Waren früher bei analogen Medien eine Art natürlicher Kopierschutz durch die Qualitätsverluste beim Kopieren gegeben, ist es heute dank digitaler Technik möglich, grenzenlos Kopien in fortdauernd gleichbleibender Qualität anzufertigen. Daher existieren heute mehrere verschiedene Kopierschutzverfahren.

Eine Möglichkeit greift auf gezielte Abweichungen vom Standard im Speichermedium (CD, DVD) zurück. Die meisten Kopierprogramme für CDs gleichen diese Abweichungen als Beschädigungen aus. Der Kopierschutz bei Programmen überprüft eben diese Abweichungen. Fehlen diese, wird das Programm nicht ausgeführt. Bei Musik-CDs basieren die Abweichungen auf Fehlern, die von CD-Playern ignoriert werden aber in CD-Laufwerken in Computern zu Fehlern führen, so dass diese dort nicht gelesen werden können. Allerdings gibt es inzwischen zahlreiche Möglichkeiten diesen Kopierschutz zu überwinden, z.B. Brennprogramme, die jede Abweichung mitkopieren, oder neue CD-Laufwerke, die diese CDs auch lesen können.

Moderne Kopierschutzverfahren setzen auf Verschlüsselung der Inhalte. Dadurch entsteht ein entsprechender Abspielschutz. Mit diesem lässt sich nun über spezielle Abspiel-Hard- und Software kontrollieren, was der Nutzer mit dem Medium machen darf. Allerdings schränkt dieses System die Nutzung stark ein. Zudem wirkt eine zu starke Restriktion wohl eher kundenfeindlich und hat somit auf dem freien Markt kaum eine Chance. So verwendet der zurzeit mit Abstand erfolgreichste kommerzielle Download-Anbieter Apple in einem iTunes Music Store nur ein nominelles DRM. Richard Stallmann sagt hierzu in einem Interview, dass statt einem „Digital Rights Management" lediglich ein „Digital Inconvenience Management" zum Einsatz kommt, da iTunes es erlaubt, erworbene Musikstücke auf eine Audio-CD zu brennen. Diese können von dieser CD aus wiederum problemlos in ein digitales Format umgewandelt werden. Beim zurzeit zweitgrößten Download-Dienst, eMusic.com, kommt sogar gar kein DRM zum Einsatz.

Digitale Wasserzeichen können in Bilder, Audiodaten und Videos eingebettet werden, um Urheberrechte zu schützen, einen Quellennachweis zu führen oder die Medien einer Verkaufstransaktion zuordnen zu können. Besonders der letzte Fall ermöglicht eine Verfolgung der unerlaubten Weitergabe digitaler Medien in das Internet, ohne direkt gegen Tauschbörsen-Betreiber oder Internet-Dienstleister vorgehen zu müssen. So können sie eine Alternative zu restriktiven Kopierschutzverfahren und DRM Systemen darstellen. Die Herausforderung hierbei ist allerdings das Auffinden der markierten Medien im Internet. Ohne entsprechende

Mechanismen bleiben Wasserzeichen passive Markierungen, die zwar das Potential einer Verfolgung von Urheberrechtsverstößen bieten, für diese aber einen hohen Aufwands erfordern. Daher ist es notwendig, möglichst effizient und flächendeckend nach markierten Medien zu suchen, um Nutzer von der unerlaubten Weitergabe der Medien abzuschrecken.

Dabei wird noch folgendem Prinzip vorgegangen:

- Im ersten Schritt markiert der Anwender seine Medien durch Wasserzeichenverfahren beispielsweise mit einer Transaktionsnummer. Die markierte Kopie wird dann an seine Kunden weitergegeben.
- Der Anwender teilt dem Überwachungsmechanismus mit, welche Verbreitungswege beobachtet werden und welche darin vorkommenden Medien nach den Wasserzeichen durchsucht werden sollen.
- Nun werden Medien, die beispielsweise in einer Tauschbörse vorkommen und auf die die Suchkriterien zutreffen, untersucht, ob sie eine Markierung enthalten. Um diese Suche effizient zu gestalten, werden verschiedene Filtermethoden angewandt.
- Wird ein Wasserzeichen ausgelesen, so kann der Anwender das Medium einer Transaktion zuordnen und somit den Kunden identifizieren, der die Quelle der illegalen Kopie ist.

Im weiteren Verlauf dieser Arbeit stellen wir eine entsprechende Lösung für die Tauschbörse eMule vor. Dabei gehen wir im nächsten Kapitel auf die notwendigen Grundlagen ein, beschreiben das Konzept und diskutieren am Ende unsere exemplarische Implementierung.

3 Grundlagen

In diesem Abschnitt stellen wir die beiden grundlegenden Technologien unserer Arbeit, digitale Wasserzeichen und Internet-Tauschbörsen vor.

3.1 Digitale Wasserzeichen

Digitale Wasserzeichen ([CMB02], [Ditt00]) sind eine Technologie, um durch nicht-wahrnehmbare, gezielte Veränderungen an Multimediadaten, beliebige Informationen in digitale Medien (wie zum Beispiel Audio, Video, Bilder, etc.) einzubetten. Dabei wird die Sicherheit und Geheimhaltung der eingebetteten Information durch einen geheimen Schlüssel garantiert. Ohne den geheimen Schlüssel lässt sich das Wasserzeichen nicht auslesen oder verändern. Wasserzeichen können so gestaltet werden, dass sie robust gegenüber Veränderungen des Trägermediums sind. Dies bedeutet, dass die eingebettete Information auch nach der Veränderung des markierten Mediums noch vorhanden ist.

Der Wasserzeichenalgorithmus besteht aus zwei Prozessen: dem Einbettungsprozess (Watermark Embedding) und dem Abfrage- bzw. Ausleseprozess (Watermark Retrieval). Der Einbettungsprozess fügt die Wasserzeicheninformation (Watermark Message) in das Datenmaterial (Cover) ein und es entsteht das markierte Trägersignal. Der geheime Schlüssel wird dabei benutzt, damit das Wasserzeichen nicht von Angreifern manipuliert oder gelöscht werden kann. Der Abfrageprozess funktioniert umgekehrt. Er extrahiert mit dem geheimen Schlüssel aus dem markierten Material die Wasserzeicheninformation. Da das Wasserzeichen nicht entfernbar sein soll, kann man mit dem Abfrageprozess nur die Wasserzeicheninformation auslesen, aber nicht das Original wiederherstellen. In der Praxis werden oft zusätzliche Parameter verwendet, z.B. Wasserzeichenstärke oder Initialisierungswerte.

3.2 Internet-Tauschbörsen

Internet-Tauschbörsen sind Plattformen zum Austausch von Dateien über das Internet. Sie kombinieren Suchalgorithmen für verteilte Systeme und eine dezentrale Speicherung von Daten und werden durch Peer-to-Peer-Netzwerke realisiert. Die Nutzung erfolgt durch Computerprogramme (sogenannte Clients), die auf jedem teilnehmenden Rechner installiert sind. Diese Clients implementieren Kommunikationsprotokolle und stellen Anwendern deren Funktionalitäten über eine Benutzerschnittstelle zur Verfügung. Das Downloadangebot einer Tauschbörse besteht aus der Summe der von allen Teilnehmern bereitgestellten Daten. Die Freigabe von Dateien für den Zugriff anderer Nutzer wird als „File Sharing" bezeichnet. File Sharing steht inzwischen synonym für den Dateiaustausch in Internet-Tauschnetzwerken.

Grundsätzlich kann zwischen zwei Grundtypen von Peer-to-Peer-Netzen unterschieden werden, dem serverbasiertem und dem serverlosem Peer-to-Peer-Netz. Beim serverbasierten Peer-to-Peer-Netz übernimmt ein übergeordneter Server die Koordinierung des Netzes. Die Verwaltung der Nutzer und der Dateien findet zentral statt. Lediglich der eigentliche Dateiaustausch findet direkt zwischen zwei Peers statt. Man spricht bei dieser Lösung auch von hybridem Peer-to-Peer, da es eine Zwischenlösung zwischen einer Client/Server-Architektur und einer vollständigen Peer-to-Peer-Lösung ist. Beim serverlosen Peer-to-Peer-Netz gibt es keine zentrale koordinierende Instanz.

Des Weiteren können Peer-to-Peer-Netze unterschiedlich strukturiert sein. Sie können flach oder hierarchisch aufgebaut sein. Beim hierarchischen Aufbau haben einige Peers besondere Funktionen, z.B. Verwaltungsaufgaben in serverlosen Netzen. Diese ausgewählten Computer werden als „Supernodes" bezeichnet und dienen als Knotenpunkte. Diese Struktur kann unter anderem zu einer besseren Skalierbarkeit verhelfen.

Eines der wichtigsten Merkmale der Tauschbörsen ist das verwendete Suchverfahren. Es kann hier zwischen drei gebräuchlichen Algorithmen unterschieden werden:

- Ein zentraler Suchindex auf einem Server
- Jeder Peer verwaltet sein eigenes Dateiangebot. Suchanfragen müssen an jeden Teilnehmer geschickt werden (Broadcast).
- Verteilter Suchindex

Tauschbörsen sind wohl die bekannteste Anwendung von Peer-to-Peer-Netzen. Daher werden Peer-to-Peer-Netze und der Begriff Peer-to-Peer oft fälschlicherweise synonym mit den Begriffen Internettauschbörsen bzw. engl. Filesharing verwendet.

4 Konzept

Unser Ziel ist der Entwurf eines verteilten Systems zum effizienten Auffinden und Herunterladen von mit digitalen Wasserzeichen markiertem Material in Internet-Tauschbörsen. Die gefundenen Dateien werden nach dem Download an die integrierte Analyse-Komponente übergeben. Die zu findenden digitalen Medien wurden mit einem digitalen Wasserzeichen, wie z.B. einer Kundennummer, versehen. Damit ist eine eindeutige Identifizierbarkeit des Käufers möglich.

Um dabei eine hohe Effizienz und Performance zu erreichen, wurde dazu ein verteiltes System entworfen. Da das Auslesen eines Wasserzeichens einen Zeitaufwand nahe Echtzeit benötigt sowie durch die große Anzahl der in Internet-Tauschbörsen verfügbaren Dateien, kann durch die parallele Verarbeitung in einem verteilten System eine wesentlich höhere Such- und Analyseleistung gegenüber einer Einzelrechnerlösung erreicht werden.

Da das Hauptaugenmerk auf dem effizienten Download der gesuchten Dateien liegt, wird das Analyseverfahren nur als Blackbox-Verfahren betrachtet und es erfolgt keine Überprüfung auf Validität der Analyseparameter. Um den Such- und Analysevorgang zu synchronisieren und um Kollisionen zu vermeiden, wird das verteilte System nach dem Master-Slave-Prinzip realisiert. Dabei übernimmt eine Instanz im System, der sogenannte Master, die Aufgabe, die Suche und Analyse zentral zu koordinieren. Die untergeordneten Instanzen, die sogenannten Slaves, sind dabei nur Befehlsempfänger.

Bei diesem Systemaufbau ist auch eine zentrale Steuerung des Systems durch einen Benutzer vorgesehen. Dieser kann alle für einen Such- und Analysevorgang nötigen Parameter, z.B. Suchbegriffe wie „Metallica", Auswahl des Wasserzeichen-Algorithmus oder Wahl des zu suchenden Medientyps, zentral an einer Benutzerschnittstelle des Masters eingeben und verwalten.

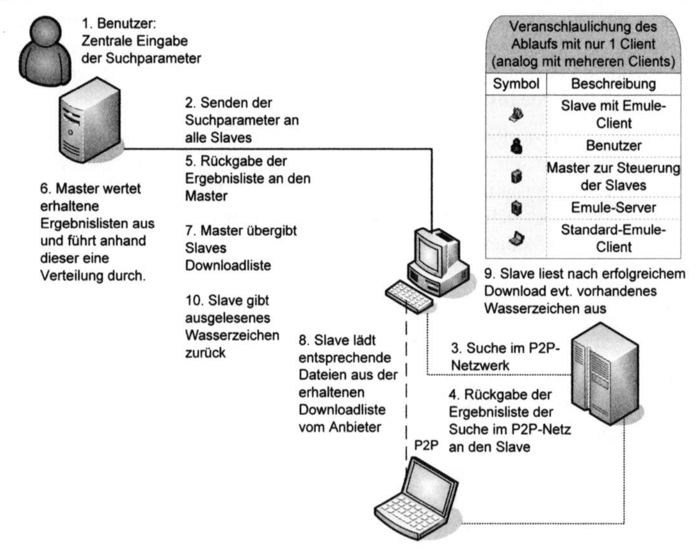

Abb. 1: Suche nach Master/Slave Prinzip

Abbildung 1 zeigt den Ablauf eines Suchvorgangs, der im Folgenden beschrieben wird. Im ersten Schritt erfolgt eine Eingabe der Suchparameter in der Benutzerschnittstelle des Masters. Dabei legt der Anwender zunächst fest, mit welchem Suchwort nach welchem Medientyp (z.B. Audio-Dateien) gesucht werden soll. Zudem erfolgt eine Auswahl des in diesem Vorgang zu verwendenden Wasserzeichen-Algorithmus und des zu verwendenden Wasserzeichen-Schlüssels.

Nach Eingabe der Parameter werden diese an alle dem Master bekannten Slaves geschickt. Jeder der Slaves führt im Anschluss eine Suche in dem ihm bekannten Tauschbörsen-Netzwerk durch. Im Beispiel wurde dabei das eMule- bzw. eDonkey-Netwerk ausgewählt. In diesem Netzwerk wird eine Suche an einen der zentralen Server geschickt und dieser sendet eine entsprechende Ergebnisliste zurück.

Nach Erhalt der Suchergebnisse aus dem Internet-Tauschbörsennetzwerk sendet jeder der Slaves diese Ergebnisse an den Master zurück. Der Master koordiniert diese Suchergebnisse nun und wählt zu jeder gefundenen Datei (mehrere Slaves können dieselbe Datei in Tauschbörsennetzwerk finden) den bestmöglichen Slave zur weiteren Verarbeitung aus.

Nach der Verteilung aller Suchergebnisse sendet der Master an jeden Slave eine individuelle Bearbeitungsliste. Diese Liste enthält neben den verschiedenen Datei-IDs die zur anschließenden Analyse nötigen Angaben zu Wasserzeichen-Algorithmus und zu verwendendem Schlüssel.

Jeder Slave beginnt nun mit dem Download der ihm zugewiesenen Dateien. Nach dem Download einer der Dateien beginnt der Slave mit dem Auslesen des Wasserzeichens unter Verwendung des zugewiesenen Wasserzeichen-Algorithmus und des Schlüssels. Nach der Analyse sendet der Slave das Analyse-Ergebnis, im Idealfall ein ausgelesenes Wasserzeichen, zum Master.

Dieses Beispiel beschreibt lediglich den Ablauf im Idealfall. Allerdings treten in einem verteilten System zahlreiche Ausnahmen, wie z.B. der Ausfall eines Slaves, auf. Um diese zu berücksichtigen, sind verschiedene Ausnahmefälle und entsprechende Ausnahmebehandlungsmethoden entworfen worden.

4.1 Anforderungen

Wichtigste Anforderung an das System ist das effiziente Auffinden und Analysieren von mit digitalen Wasserzeichen versehenen Dateien. Diese Anforderung wird durch den Aufbau eines verteilten Systems und durch eine entsprechende Lastverteilung erfüllt.

Eine weitere Anforderung ist die Transparenz gegenüber der verwendeten Internet-Tauschbörse. Es soll für das ganze System unerheblich sein, welcher Slave welche Tauschbörse nutzt. Diese Anforderung wird unter anderem. durch die Definition einer allgemeinen Schnittstelle zur Tauschbörse erfüllt.

Um gute Ergebnisse zu erreichen, ist das unerkannte Verbleiben im Tauschbörsen-Netzwerk unerlässlich. Viele Internet-Tauschbörsen verfügen über Mechanismen, auffällige Clients aus dem Netzwerk auszuschließen. In vielen Systemen ist z.B. der übermäßige Download gegenüber geringem oder keinem Upload, d.h. dem Anbieten von Dateien in der Tauschbörse, ein Ausschlusskriterium. Einfache Gegenmaßnahme gegen dieses Ausschlusskriterium ist das Anbieten von legalen Dateien in der Tauschbörse, wie von Open-Source-Produkten.

Weitere sehr wichtige Anforderungen für das System sind die gute Ausnutzung der zur Verfügung stehenden Ressourcen, eine gute Skalierbarkeit und eine Fehlertoleranz bei Ausfall eines Slaves. Diese Anforderungen werden durch die Wahl der verwendeten Kommunikationsplattform, durch eine angemessene Lastverteilung und durch die konsequente Verwendung von Behandlungsmethoden in Ausnahmefällen gewährleistet.

Zuletzt wird eine gute Erweiterbarkeit um neue Wasserzeichenalgorithmen und um weitere Internet-Tauschbörsen gefordert. Diese Forderungen sind nötig, um das System an die sich ständig weiterentwickelnden Technologien anzupassen. Zudem lässt sich das System auf die verschiedenen Bedürfnisse von verschiedensten Kunden anpassen. Um diese Anforderung zu erfüllen, wird zur Wasserzeichen-Analyse der in der Abteilung MERIT des Fraunhofer-Instituts SIT entwickelte „AlgorithmManager" verwendet. Dieser ist eine generische Lösung zum Zugriff auf Wasserzeichenfunktionalitäten.

Anforderungen, die lediglich im Idealfall erfüllt sein müssen, sind die vollständige Analyse aller zu einer Suchanfrage gefundenen Dateien und die Fehlertoleranz bei Ausfall des Masters. Die vollständige Analyse kann kein zwingendes Kriterium sein, da in einem Peer-to-Peer-Tauschbörsensystem in regelmäßigen Abständen Clients ein- und austreten. Daher ist es möglich, dass seltene Dateien bei Austritt eines oder mehrerer Clients aus dem System nicht mehr verfügbar sind.

Das während dieser Arbeit entwickelte Modell sieht eine hohe Fehlertoleranz vor. Diese wurde auch für die Slaves während der ersten exemplarischen Implementierung realisiert. Lediglich auf die Fehlertoleranz bei Ausfall des Masters wurde aus Zeitgründen in der Implementierung verzichtet.

5 Implementierung und Ergebnisse

In der ersten exemplarischen Implementierung wird der Internet-Tauschbörsen-Client eMule verwendet. Dieser ist der zurzeit neben Bittorrent meistgenutzte Client. Vorteile gegenüber Bittorrent sind die bessere Suchfunktion und das bereits vorhandene Webinterface. Dadurch ist eine Anbindung des Clients an den Slave ohne Eingriff in den Quellcode möglich. Dies hat zum Vorteil, dass bei einem Update nur auf zumeist geringe Änderungen am Webinterface reagiert werden muss und nicht auf die oft weitreichenden Änderungen im Quellcode.

5.1 Aufbau des Prototypen

Sowohl der Master als auch die Slaves erben zunächst einmal von der Basisklasse Peer. In diese werden die Standardfunktionen zum Eintritt in das JXTA-Netzwerk bereitgehalten. Des Weiteren verwenden sowohl Master als auch Slaves die Schnittstelle *Database* sowie deren Implementierung *XMLData*. Eine weitere Gemeinsamkeit von Master und Slaves ist, dass beide Typen mehrere Dienste im JXTA-Netzwerk anbieten bzw. nutzen.

Der gesamte Programmfluss erfolgt im Allgemeinen ereignisgesteuert. Mögliche Ereignisse sind unter anderem:

- Eintritt eines neuen Slaves
- Start einer neuen Analyse
- Resultate zur ausgeführten Analyse im Filesharing-Netzwerk gefunden
- Neuer Download-Auftrag
- Analyse zu einer Datei abgeschlossen
- Austritt eines Slaves
- Abbruch einer Analyse
- Ausfall des Masters

5.2 Aufbau eines Slaves

In diesem Abschnitt wird der Aufbau eines Slaves behandelt. Ein Slave besteht zunächst einmal aus einer großen Anzahl von Klassen. Diese können unterteilt werden in die Klasse der GUI, Klassen, die Dienste im JXTA-Netzwerk anbieten, Klassen, die zur Anbindung an die Internet-Tauschbörse genutzt werden, und Klassen, die Dienste im JXTA-Netzwerk suchen und nutzen, und zuletzt noch die in einem eigenem Thread laufende Klasse *AlgorithmWorker* (siehe Abschnitt 5.4).

Die Klassen *NewSearchInput*, *DownloadService* und *StopUnstartedDownloadsService* bieten Dienste im JXTA-Netzwerk an und die Klassen *RegisterNewClient*, *SendSearchResult*, *SendAnalysisResult* und *SendStoppedDownloads* suchen und nutzen die Dienste im JXTA-Netzwerk. Die Klasse *RegisterNewClient* verwendet zudem zwei weitere Klassen *NetworkBandwidth* und *WindowsSystemInformation* zur Bestimmung der Systeminformationen.

Die GUI besteht hier nur aus einer Klasse. Weiterhin verfügt die Klasse *settings* über eine eigene GUI. Diese Klasse dient zur Verwaltung und zum Lesen und Schreiben der Einstellungen. Die Internet-Tauschbörse wird über die Schnittstelle *Filesharing* angesprochen. Diese wird durch die Klasse *EMule* implementiert (siehe Abschnitt 5.3). Zudem existieren dazu die beiden Klassen *FilesharingError* und *FilesharingMonitor*.

5.3 Anbindung an eMule

Die Klasse *EMule* ist eine Implementierung der Schnittstelle Filesharing. Mit dieser wird der transparente Zugriff des Slaves auf eine Tauschbörse gewährleistet. Die Nutzung der Datei-IDs aus dem eMule-System als interne Datei-IDs spielt dabei keine Rolle. Die Nutzung dieser IDs ist lediglich der einfachste Weg, auch intern eine eindeutige Identifizierbarkeit zu gewährleisten. Wenn eine weitere Tauschbörse neben eMule angebunden werden soll, müsste zudem eine „Übersetzung" zwischen den Datei-IDs der verschiedenen Systeme erfolgen, um eine doppelte Behandlung der Dateien zu vermeiden.

Durch die Klasse EMule erfolgt die Anpassung des Webinterfaces des eMule-Clients an die Schnittstelle zu den Internet-Tauschbörsen. Diese Anpassung erfolgt mittels des in [GHJV05] definierten Entwurfsmusters des sogenannten Adapters bzw. Wrappers. Eine Adapter- oder Wrapperklasse übersetzt eine Schnittstelle in eine andere Schnittstelle und ermöglicht somit eine Kommunikation über diese. Da es sich in diesem Fall um ein Webinterface handelt, besteht die Übersetzung aus einer Umwandlung der Befehle der Filesharing- Schnittstelle in einen entsprechenden „Uniform Resource Locator (URL)" des Webinterfaces und in der anschließenden Konvertierung der durch die URL bezogenen Daten im Hypertext Markup Language (HTML) -Format in entsprechende Java-Variablen. Dies erfolgt mittels eines HTML-Parsers. Hierbei ist wichtig, dass beim verwendeten eMule-Client die Sprache auf„Deutsch" gestellt ist, da ansonsten Fehler beim Parsen auftreten.

5.4 Anbindung an die Wasserzeichenverfahren

Die Anbindung an den zur Wasserzeichen-Analyse genutzten AlgorithmManager erfolgt über die Klasse *AlgorithmWorker*. Diese Klasse basiert auf einer Warteschlange, in die jeder einzelne Analyse-Auftrag eingereiht wird. Jeder Auftrag wird nacheinander ausgeführt. Dazu wird eine den Analyse-Parametern entsprechende Instanz des AlgorithmManagers geladen. Mit dieser wird ein neuer Detektor geladen, der unter Verwendung des angegebenen Wasserzeichen-Algorithmus und Schlüssels die angegebene Datei untersucht. Nach der Analyse wird entweder die gefundene Wasserzeichen-Information oder die Zeichenkette „unknown" an den Slave übergeben, der diese dann an den Master sendet.

Im Praxistest wurde das entwickelte System im realen eDonkey- bzw. eMule-Netzwerk evaluiert. Um Vergleichswerte zu erlangen, wurden dazu verschiedene Tests durchgeführt. Zunächst wurde das System bestehend aus nur einem Slave und einem Master als Simulation eines normalen Filesharing-Clients ausgeführt. Im Anschluss wurde das System bestehend aus zwei Slaves und einem Master getestet und zum Schluss das System bestehend aus drei Slaves und einem Master. Es wurden die Anzahl und die Größe der heruntergeladenen Dateien zu einem Suchwort in einem gegebenen Zeitraum gemessen. Die Tests wurden für eine Zeitdauer von zwei Stunden ausgeführt und jeweils zweimal für zwei verschiedene Suchbegriffe ausgeführt. Der erste Test erfolgte für das Suchwort „Tomte". Dadurch wurde das System für eine sehr begrenzt verfügbare Menge von Dateien getestet. Im zweiten Test wurde nach dem Suchwort „Metallica" gesucht. Dabei wurde immer die Grenze von 300 Suchresultaten pro Client erreicht. Bisher wurde der Test nur auf einer begrenzten und durch die Clients geteilten Bandbreite durchgeführt. Weitere Tests mit mehr und voneinander unabhängigen Clients werden einen tieferen Aufschluss über die Wirksamkeit des Herangehens zeigen.

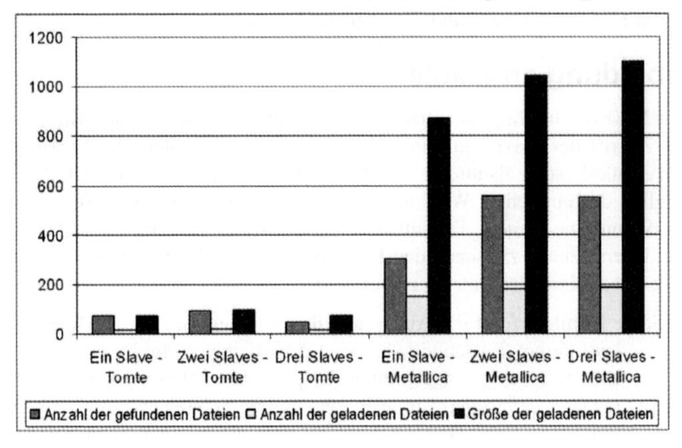

Abb. 2: Ergebnisse Praxistest

Abbildung 2 zeigt die Ergebnisse: Bei „Metallica" ist ein deutlicher Zuwachs an Suchtreffern über das System beim Einsatz mehrerer Clients zu erkennen. Es wurden auch mehr Dateien erfolgreich heruntergeladen. Bei dem Beispiel „Tomte" ist zu erkennen, dass drei Slaves hier ein schlechteres Ergebnis liefern als zwei. Wir gehen davon aus, dass dies mit den Zeitpunkten des Suchvorgangs zusammenhängt. Es kann nicht sichergestellt werden, dass im Praxistest für alle Konstellationen gleiche Bedingungen im Netz herrschen, was angebotene Dateien betrifft.

6 Zusammenfassung und Ausblick

Digitale Wasserzeichen zur Kundenverfolgung können nur dann helfen, die Rechte von Urhebern zu schützen, wenn wirksame Methoden zum Aufspüren von markierten Medien vorhanden sind. Heute werden die meisten dieser Medien noch manuell gesucht. Wir stellen in unserer Arbeit ein Verfahren vor, welches eine entsprechende Suche automatisiert durchführt. Dabei werden neue Techniken eingesetzt, um die Effizienz des Verfahrens zu steigern. Während herkömmliche Systeme zumeist auf eine leistungsfähige Schnittstelle zum durchsuchten Netz setzen, ist unser Verfahren in der Lage, von verschiedenen Punkten parallel in das Netz einzusehen. Durch geeignete Kommunikationsmechanismen können mehrere Rechner als Schnittstelle zu einem Netz dienen, und dadurch für jede Datei, die potentiell ein Wasserzeichen enthält, den effizientesten Weg des Herunterladens aufzeigen.

So wird der Tatsache Rechnung getragen, dass ein Tauschnetzwerk zwar theoretisch einen gleichberechtigten Austausch zwischen allen Beteiligten ermöglichen soll, in der Praxis aber in Abhängigkeit vom Eintrittspunkt in ein Netz immer nur ein Ausschnitt dieses Netzes tatsächlich durchsucht werden kann. Dementsprechend unterscheiden sich Suchergebnisse auf ein Netzwerk und mit einem Suchbegriff teilweise stark, je nachdem über welchen Eintrittspunkt in das Netz die Suche initiiert wurde.

Neben der effizienten Suche nach markierten Dateien können durch dieses System auch verschiedene andere Mechanismen auf entsprechende Tauschbörsen realisiert werden. Insbesondere kann eine der realen Situation im Netzwerk hinsichtlich des Anzahl, Verfügbarkeit und Verbreitung von Werken möglichst nahe Zählung vorgenommen werden, wodurch systematische Analysen der Tauschbörsen möglich werden. So kann beispielsweise das Nutzerverhalten erforscht werden.

Unsere Arbeit stellt einen weiteren Schritt in die Umsetzung von verzahnten und netzwerkübergreifenden Systemen zur automatisierten Suche nach markierten Medien dar. In der Zukunft wird das vorgestellte System in ein übergeordnetes Framework integriert, wo es neben verschiedenen anderen Schnittstellen zu Tauschbörsen und anderen Internet-Kanälen eingesetzt wird. Dabei werden weitere Probleme gelöst werden müssen, um die Effizienz des Frameworks zu gewährleisten. Dies betrifft die Suche nach Medien genauso wie die Filterung von falsch benannten Dateien, das Identifizieren von bereits untersuchten Duplikaten, das schnelle Erkennen von nicht markierten Medien und der Austausch von Informationen über Medien zwischen den Suchmechanismen in den einzelnen Netzwerken.

Literatur

[BMR04] T. Bamert, T.S. Meier-Bickel, C. Rüdt: Zürich, Universität (Hrsg.): Musik-Downloads. 2004. Kurzbericht zur Studie.

[CMB02] I.J. Cox, M.L. Miller, J.A. Bloom: Digital Watermarking, Academic Press, San Diego 2002.

[Dit00] J. Dittmann: Digitale Wasserzeichen, Grundlagen, Verfahren, Anwendungsgebiete, Springer, Berlin 2000.

[Gie04] M. Giesler: Rethinking Consumer Risk., http://www.markus-giesler.com, Toronto 2004.

[GHJV05] E. Gamma, R. Helm, R. Johnson, J. Vlissides: Design Patterns. Boston MA: Addison-Wesley 1995.

[HD05] M. Hauswirth, S. Dustdar: Peer-to-Peer: Grundlagen und Architektur, Datenbank-Spektrum 13, p. 5 - 13, dpunkt.verlag, Wien 2005.

[KB05] Y. Kulbak, D. Bickson: The eMule Protocol Specifikation. January 2005. http://prdownloads.sourceforge.net/emule/protocol_guide.pdf

[KS06] J. Krömer, E. Sen: No copy. Berlin: Tropen-Verlag.

[TSM03] A.S. Tanenbaum, M. van Steen, J. Muhr: Verteilte Systeme. Pearson Studium.

[Wen06] W. Weng, Multimedia Security, Technologies for Digital Rights Management, Academic Press.

[WH04] Universität Witten/Herdecke, Institut für Strategieentwicklung: Digitale Mentalität, 2004. http://download.microsoft.com/download/D/2/B/D2B7FE98-CA92-4E18-ACD6-4A915B4CAFF/Digitale_Mentalitaet.pdf

Eine Architektur für Identity Management

Axel Kern · Martin Kuhlmann · Claudia Walhorn

Beta Systems Software AG
{axel.kern | martin.kuhlmann | claudia.walhorn}@betasystems.com

Zusammenfassung

Eine Architektur für Identity Management steht im Spannungsfeld von Sicherheitsrichtlinien des Unternehmens, gesetzlichen Regulierungen, dem Wunsch nach Automatisierung der Geschäftsabläufe sowie der Senkung von Administrations- und Betriebskosten. Verzeichnisdienste, User-Provisioning-Systeme, Authentifizierungs- und Autorisierungsmechanismen sowie Identity-Audit-Funktionen müssen jeweils für sich und im Zusammenspiel optimal eingesetzt werden, wenn man eine effiziente Architektur aufbauen will. Im vorliegenden Artikel charakterisieren wir die Bestandteile einer Architektur für Identity Management und benennen ihre wichtigsten qualitativen und quantitativen Ziele. Es werden Vorschläge zum Entwurf und zur Optimierung der Architektur gemacht. Schließlich geben wir einen Ausblick auf zukünftige Herausforderungen durch SOA-Technologien und den Ansatz eines föderierten Identity Managements.

1 Einleitung

Das Thema Identity Management (IdM) hat in den vergangenen Jahren stetig an Bedeutung gewonnen. Ein Hauptgrund hierfür ist der steigende Kostendruck im Bereich der IT, der nach zunehmender Standardisierung und Automatisierung der Prozesse der IT-Sicherheit verlangt.

Der andere wichtige Treiber ist die zunehmende Notwendigkeit, ein systematisches Risikomanagement aufzubauen. Unternehmen erkennen die Risiken, denen sie dadurch ausgesetzt sind, dass sie immer flexibler auf Marktanforderungen reagieren müssen, ihr Angebotsportfolio häufig umstellen, Geschäftsmodelle umstrukturieren oder Fusionen und Übernahmen bewältigen müssen. Auf technischer Ebene bedeutet dies, dass Netzwerke immer offener und Technologien vielfältiger, komplexer und damit unübersichtlicher werden. Hat man beispielsweise gerade das Web Access Management im Griff, steht nun die Frage ins Haus, ob und wie das Thema „Föderiertes Identity Management“ bewältigt werden kann. Der CSI/FBI Computer Crime and Security Survey 2006 [CSI06] nennt nicht umsonst den unberechtigten Zugriff auf Informationen als zweitgrößte IT-relevante Schadensursache.

Auf organisatorischer Ebene müssen zudem zahlreiche gesetzliche Regulierungen eingehalten werden. Diese reichen vom sicheren Umgang mit Finanzdaten (etwa reguliert durch den „Sarbanes Oxley Act“, s. z.B. [Röss05]) über den Schutz personenbezogener Daten von Mitarbeitern und Kunden (Datenschutzgesetze) bis hin zu branchenspezifischen Vorschriften (etwa Basel II [BAfB04] und MaRisk der Bundesanstalt für Finanzdienstleistungsaufsicht (BaFin) [BaFi05] für Finanzinstitute oder das amerikanische FDA 21 CFR im Pharmabereich).

P. Horster (Hrsg.) · D•A•CH Security 2007 · syssec (2007) 531-539.

Eine IdM-Architektur steht somit im Spannungsfeld von Sicherheitsrichtlinien des Unternehmens, der gesetzlichen Regulierungen und dem Wunsch nach Automatisierung der Geschäftsabläufe sowie Senkung der Kosten. Sie wird zudem beeinflusst von der Komplexität der bestehenden IT-Infrastruktur und auch vom Geschäftsmodell des Unternehmens: Die Sicherheitsproblematik eines industriellen Fertigungsunternehmens unterscheidet sich beispielsweise beträchtlich von der eines Internet-Handels.

2 Fachliche Aufgaben einer IdM-Architektur

Was sind nun die zentralen fachlichen Aufgaben einer IdM-Architektur? Es geht beim Identity Management hauptsächlich um Informationen zu Mitarbeitern, Partnern und Kunden im Hinblick auf deren Nutzung von IT-Systemen. Die zugehörigen Benutzerinformationen müssen zunächst schnell und korrekt überall dort zur Verfügung stehen, wo sie benötigt werden: in IT-Systemen, Applikationen und auch als Information für andere Menschen wie etwa in einem Telefonbuch. Die Verwaltung dieser Informationen muss zudem möglichst kostengünstig erfolgen.

Auf der operativen Ebene ist darüber hinaus die sichere Authentisierung und Autorisierung zu gewährleisten: in Service-orientierten Architekturen, Web-basierten Systemen, Mainframe-Anwendungen und über Systemgrenzen hinweg.

Wie Mitarbeiter IT-Systeme nutzen sollen, ist eine Frage der Betriebsorganisation. Mitarbeiter in den Fachabteilungen sollten also in die Lage versetzt werden, möglichst ohne Intervention von IT-Spezialisten ihre Arbeitsumgebung einzurichten und zu verwalten. Gleichzeitig müssen die Prozesse der Verwaltung von Benutzerinformationen und Zugriffsrechten sowie die Zugriffsrechte selbst gemäß den Sicherheitsrichtlinien des Unternehmens definiert sein. Dies ist nur erreichbar, indem systemübergreifend die Benutzeradministration und Zugriffsrechteverwaltung harmonisiert und zentrale Kontrollfunktionen etabliert werden. Ein standardisiertes Identity Management hat darüber hinaus den Vorteil, dass schnell auf organisatorische Änderungen wie etwa bei Fusionen und Übernahmen reagiert werden kann.

Eine IdM-Architektur kann wesentlich dazu beitragen, die Einhaltung von Regulierungen („Compliance") möglich und preiswert zu machen: Zwischen 2004 und 2006 sind die Ausgaben für Financial Compliance Management von unter 5% auf 10-15% des IT Budgets gestiegen; nur durch das Zusammenwirken der richtigen Tools mit den richtigen Prozessdefinitionen lässt sich Compliance kosteneffizient erreichen – und dies ist eine Architekturaufgabe.

Der Sicherheits- und Compliance-Aspekt macht das Thema Identity Audit zu einem relevanten Bestandteil der IdM-Architektur: Sicherheitsrelevante Daten müssen korreliert und für die Revision nach Compliance-Gesichtspunkten ausgewertet werden können. Bei Schadensvorfällen muss eine forensische Analyse möglich sein. Log-Informationen müssen noch nach bis zu sieben Jahren vorhanden und interpretierbar sein – so lang sind etwa die vom Sarbanes-Oxley-Rahmenwerk COBIT geforderten Aufbewahrungszeiten [ITGI05].

Schließlich erfordert die sich verstärkende Zusammenarbeit über Unternehmensgrenzen hinweg den übergreifenden Austausch von Benutzer- und Berechtigungsdaten. Dies geht nur mit zentralen, standardisierten Schnittstellen und einem transparenten Autorisierungskonzept für Mitarbeiter, Partner und Kunden.

3 Komponenten einer IdM-Architektur

Abbildung 1 zeigt schematisch die wesentlichen Komponenten einer IdM-Architektur. Den Kern bilden User-Provisioning und die verschiedenen Verzeichnisdienste. Diese stehen in Beziehung zu Systemen mit führenden Daten (wie z.B. HR-Systemen, Organisationsdatenbanken oder Werkzeugen zur Geschäftsprozessmodellierung), mit Systemen zur Authentisierung und Autorisierung sowie mit den inhärenten Security-Komponenten der eingesetzten IT-Systeme.

Im Folgenden sollen einige Beziehungen zwischen den Komponenten einer IdM-Architektur näher beleuchtet und Vorschläge zum Entwurf und zur Optimierung der Architektur gemacht werden.

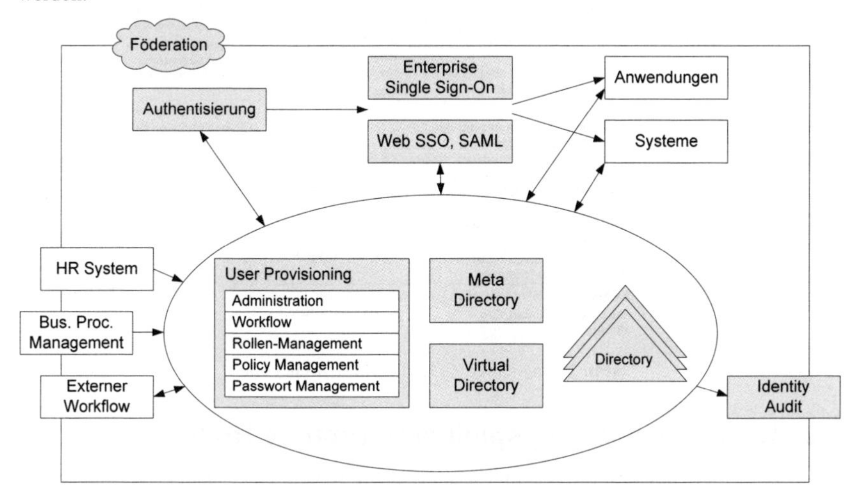

Abb. 1: Skizze einer IdM-Architektur

3.1 Verzeichnisstruktur übersichtlich gestalten

Die zentrale Konzeption einer IdM-Architektur sollte man zunächst nicht verwechseln mit einem monolithischen Ansatz. Dies wird besonders deutlich an der Strategie für die Verzeichnisse als IdM-Kernobjekte: Weder ein „Mega-Directory" noch eine Zersplitterung in eine dreistellige Anzahl von Verzeichnissen, wie in vielen Großunternehmen der Fall, sind die Lösung. Ein separates Partnerverzeichnis statt der Vermischung von Partner- und Mitarbeiterinformationen in einem Verzeichnis kann schon allein wegen Unterschieden in den Strukturen der zu pflegenden Daten sinnvoll sein. Auch an Hand der unterschiedlichen angestrebten Ziele sollte man überlegen, wie viele und welche Verzeichnisse man braucht: Als Ziele zu nennen wären etwa Authentisierung, Autorisierung, Personalisierungsservices in Portalen, Telefonverzeichnis, CRM oder System- und Netzwerkmanagement.

In der Praxis erschweren eine zu große und unübersichtliche Anzahl von Benutzerverzeichnissen und -datenbanken, komplexe Synchronisationsdatenflüsse und sukzessiv implementierte Ad-Hoc-Lösungen (z.B. aufwändige FTP-Datenübertragungen) die Verwaltung der IdM-

Infrastruktur; die Datenqualität ist unzureichend und die Verwaltungsmechanismen sind teuer und unsicher. In diesen Fällen sollte zunächst die Situation analysiert und qualitative Ziele definiert werden (siehe Abbildung 2). Durch den gezielten kombinierten Einsatz von Provisioning-, Meta-Directory- und Virtual-Directory-Techniken kann man dann diese Ziele erreichen.

Ziele? / Aktivitäten? / Werkzeuge?	Provisioning, Meta Directory	„Virtualisierung"	Directory Synchronisierung
Datenpflege	▸ Provisioning Funktionen: Workflow, RBAC, Audit, ...	▸ Reduzierte Speicherung redundanter Daten	▸ Datenbereinigung mittels Synchronisation
Verbesserung der Datenqualität	▸ Automatisiertes Provisioning vom HR-System	▸ Erstellung von dezentralen Views auf das zentrale Verzeichnis	▸ „Single Point of Maintenance" für Daten; Datenverteilung ▸ Datenbereinigung
Zentrale Sicht vs. Flexibilität/ Verfügbarkeit	▸ Provisioning dezentraler Verzeichnisse ▸ Provisioning System Repository als zentrales Verzeichnis	▸ Erstellung von dezentralen Views auf das zentrale Verzeichnis ▸ Directory Joins	▸ Synchronisation von dezentralen Verzeichnissen
Optimierte Datenflüsse	▸ Ersetzung von Peer-to-Peer Synchronisation durch zentrales Provisioning wo sinnvoll		▸ Optimierung von bestehenden Peer-to-Peer Datenflüssen
Verfügbarkeit	▸ Provisioning von Anwendungen über zertifiziertes API	▸ SQL-Datenbanken via LDAP zugänglich machen	
Reduzierte Datenredundanz	▸ Zentrale Pflege allgemeiner Benutzerdaten ▸ Provisioning von „Special Purpose" Verzeichnissen	▸ Mit „virtuellen" Views auf Daten arbeiten	
Transparenz	▸ Konsolidierte Sicht herstellen ▸ Nutzung von Rollen, Org.-Strukturen etc.	▸ Mit „virtuellen" Views auf Daten arbeiten	

Abb. 2: Qualitative Ziele einer IdM-Architektur

3.2 User Provisioning spielt eine zentrale Rolle

Das User Provisioning spielt in diesem Zusammenhang wegen seiner vielfältigen Funktionen sowie des zentralen Ansatzes, der eine gute Kontrolle der Benutzerverwaltung ermöglicht, eine besondere Rolle.

Provisioning-Systeme automatisieren zunächst die Verwaltung von Benutzern und Zugriffsrechten. Dazu werden Änderungen im Benutzerstamm und in der Organisation aus HR-Systemen, Corporate Directories und Organisationsdatenbanken aufgenommen und konsolidiert. Die Benutzer werden dann entsprechend ihrer Position und Aufgabe in den an das Provisioning-System angebundenen Systemen, Applikationen und Verzeichnissen („Zielsysteme", „Provisioning targets") eingerichtet (siehe Abbildung 3). So kann etwa ein Windows-Benutzerkonto mit entsprechenden Sicherheitseinstellungen (Kennwort-Intervall, Logon-Zeiten, Home Directory usw.) und Gruppenzugehörigkeit erstellt, ein RACF-Mainframe-Benutzerkonto mit Berechtigungen eingerichtet und ein Telefonverzeichniseintrag erzeugt werden. Um den Provisioning-Prozess konform zu den Sicherheitsrichtlinien des Unternehmens durchführen zu können, sollten die Zielsystem-Konnektoren des Provisioning-Systems möglichst granulare Sicherheitseinstellungen und Autorisierungen ermöglichen. Das Provisioning-System benötigt darüber hinaus Mechanismen, um die Sicherheitsrichtlinien zu definieren und deren Einhaltung zu kontrollieren. Zu den Kontrollmechanismen gehört neben einem

Berichtswesen die Möglichkeit, aktuelle Zielsystemeinstellungen mit den im Provisioning-System definierten Richtlinien abzugleichen, Verstöße zu eskalieren und zu korrigieren.

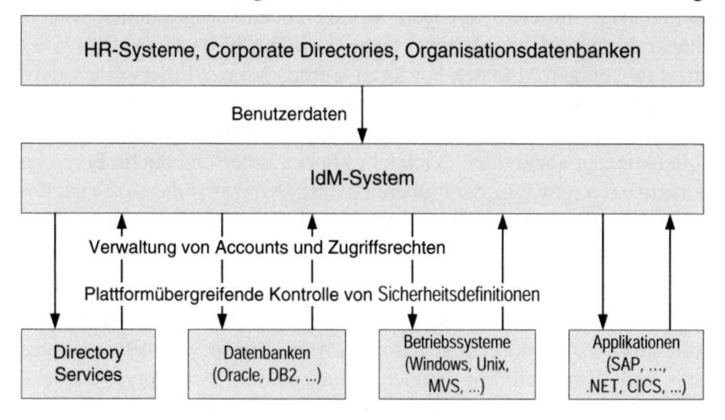

Abb. 3: User Provisioning

Als wichtigstes Werkzeug für die Definition von Sicherheitsrichtlinien hat sich die rollenbasierte Administration (Role-Based Access Control, RBAC) etabliert [FSGK01]. Noch vor wenigen Jahren fürchtete mancher den Aufwand zur Erstellung eines Rollenkonzeptes. Diese Skepsis ist jedoch der Erkenntnis gewichen, dass die großen Vorteile von RBAC hinsichtlich Transparenz, Automation und Compliance einige Anstrengungen rechtfertigen. Ein klassisches Beispiel für den Nutzen von rollenbasierter Administration im Unternehmen ist die einfache Einhaltung der Funktionstrennung („Separation of Duty", SoD); von der BaFin [BaFi02] wird für das Kreditwesen etwa die Trennung von Markt- und Marktfolgeaktivitäten gefordert.

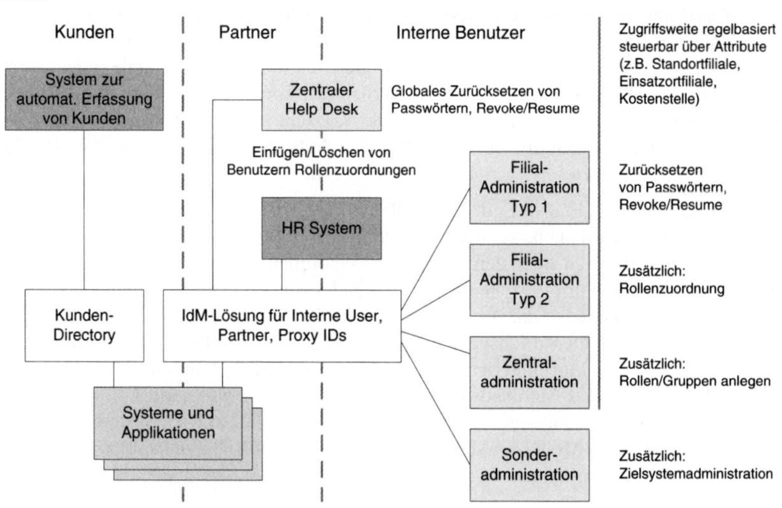

Abb. 4: Beispielarchitektur bei einer europäischen Bank

Beim IdM-Anbieter Beta Systems nutzen mittlerweile etwa 75% der Provisioning-Kunden rollenbasierte Administration. Es stellt sich heraus, dass durch die Kombination von Geschäftsprozess-Analyse mit einer auf Data-Mining-Techniken gestützten Analyse der bestehenden Rechtestrukturen („Role Mining", siehe auch [KSS03]) der Aufbau eines Rollenkonzeptes durchaus in wenigen Monaten bewältigt werden kann. Mittlerweile kann man sich bei der Rollenkonzeption auch auf einen ANSI-Standard stützen (ANSI 359-2004) [ANSI04]. Große Unternehmen sollten sich nicht vornehmen, ihre ganze Organisation in einem einzigen logischen Rollenkonzept abzubilden. Vielmehr können unterschiedliche Bereiche verschiedene Konzepte realisieren, etwa im Zentralbereich eines Konzerns die Kostenstellenstruktur, im Filialbereich die Kombination aus Organisationseinheit und Funktionshierarchie. Ratsam ist es darüber hinaus, Rollen in zwei oder maximal drei Stufen aus Teilrollen aufzubauen.

Abbildung 4 zeigt beispielhaft die IdM-Architektur einer großen europäischen Bank. Benutzer und ihre Grundrechte werden automatisch über eine Anbindung an das HR-System erfasst. Manuelle Administration erfolgt durch mehrere Typen von Administratoren, die sich durch Umfang und Administrationsbereich unterscheiden. Außerdem wurde ein zentraler Help Desk integriert. Ingesamt konnte ein hoher Automatisierungsgrad erreicht werden.

3.3 Administrationskonzept und Workflow

Eine weitere wichtige Aufgabe der IdM-Architektur, die durch Provisioning-Systeme abgedeckt wird, ist die Unterstützung des Workflows für die Benutzer- und Rechteverwaltung mit zentralen und dezentralen Administrationsfunktionen sowie Genehmigungsverfahren. Eine zentrale Kontrolle ist einerseits erforderlich, andererseits ist aber übertriebener Zentralismus bei der Administration träge, teuer und fehleranfällig. Wo es sinnvoll erscheint, wie z.B. beim Zurücksetzen von Passworten oder beim Beantragen zusätzlicher Berechtigungen, sollte auch der Endbenutzer in den Identity-Management-Prozess eingebunden werden. Auf technischer Ebene gilt es, sowohl professionelle Administrationswerkzeuge bereitzustellen als auch geeignete Web-Interfaces für Business-User, die nur gelegentlich neue fachliche Berechtigungen beantragen wollen. Eine Einbindung dieser Interfaces in vorhandene Workflows ist dabei vorteilhaft. Eine standardisierte IdM-Architektur bietet darüber hinaus zentrale Schnittstellen, über die z.B. mit Outsourcern oder Partnerunternehmen kommuniziert werden kann. Insgesamt am effizientesten ist somit ein ausgewogenes Konzept zwischen zentraler und dezentraler Ausführung von administrativen Tätigkeiten. Die Aufstellung eines entsprechenden Business Case ist zu empfehlen.

Um eine durchgehende „End-to-End"-Kontrolle der Zugriffsrechte vom Benutzer bis zur genutzten Ressource zu erhalten, genügt es letztlich nicht, Benutzerkonten und Gruppenmitgliedschaften zu verwalten oder den Zugang zu Webseiten mit Web-Access-Management-Systemen zu schützen. Für die strategischen Anwendungen wie etwa die Buchungsapplikationen einer Bank sollten daher die Autorisierungen der Benutzer für Services und Datenobjekte (oft auch mit „Entitlement Management" oder „fine-grained authorisation" bezeichnet) in die zentrale IdM-Architektur integriert werden. Diese Einbindung hat neben dem Kontrollaspekt auch den Vorteil, dass Automatisierungsfunktionen und rollenbasierte Administration für das Entitlement Managemenent genutzt werden können. Die Firma Beta Systems bietet dazu beispielsweise mit ihrem Modul SAM aConnect die Möglichkeit, Benutzerautorisierungen direkt aus dem Provisioning-System zu steuern [KKKR04].

3.4 Business Case für Authentisierung und Single Sign-On

Ebenfalls Teil der IdM-Architektur sind die Techniken zur Authentisierung von Benutzern für die Nutzung von Netzwerken, Anwendungen und Systemen. Hier sollten die Anforderungen je nach Geschäfts- und Aufgabenbereich festgelegt werden: Mitarbeiter im Bereich HR oder Corporate Finance fallen beispielsweise meistens in eine andere Risikokategorie als Sachbearbeiter, die lediglich Bestellungen abwickeln. Die Anzahl der genutzten Anwendungen, die Risikoklassifikation der verwendeten Daten und der Zugriffskanal (wie z.B. VPN) sind jeweils Kriterien, mit denen über den Einsatz und die Kombination von Techniken wie 2-Faktor-Authentisierung, automatische Passwort-Synchronisation und Single Sign-On entschieden werden kann. Neben diesen Sicherheitsaspekten bestimmen Benutzerproduktivität und Helpdesk-Kosten den Business Case für Authentisierungstechniken. Wenn der Benutzer etwa durch Passwort-Synchronisation oder Enterprise Single Sign-On (ESSO) weniger Passwörter benötigt, so wird er diese seltener vergessen. Das Resultat sind eine geringere Zahl von Helpdesk-Anfragen des Benutzers sowie erhöhte Sicherheit.

Authentisierungssysteme halten ihre Daten oft in Verzeichnissen; bei der Überlegung, in wie weit bestehende Verzeichnisse genutzt werden können, ist vor allem die geforderte hohe Verfügbarkeit zu berücksichtigen. Außerdem können diese Systeme auf mindestens zwei Arten sinnvoll mit den zentralen Provisioning-Systemen verknüpft werden. Erstens kann die Provisioning-Lösung die Benutzer in den Authentisierungssystemen verwalten; dies ist insbesondere vorteilhaft, wenn mehrere einander nachgelagerte Authentisierungssysteme aufeinander abgestimmt werden müssen. Zweitens ergänzen sich Provisioning und Authentisierung beim Audit: Während das Provisioning-System Informationen über die Zugriffsrechte eines Benutzers zu einem bestimmten Zeitpunkt liefert, wird über die Protokolldatei z.B. des ESSO-Systems sichtbar, wann der Benutzer sich an- und abgemeldet hat.

3.5 Kontrollinstanz Identity Audit

Der Aspekt Identity Audit ist ein weiterer Bereich, den eine IdM-Architektur abzudecken hat. Er umfasst die Kontrolle und Nachvollziehbarkeit der identitätsbezogenen Aktivitäten im Unternehmensnetzwerk. Die typischen Fragestellungen, die in diesem Zusammenhang beantwortet werden müssen, sind:

- Welche Rechte hatte ein Mitarbeiter zu einem bestimmten Zeitpunkt?
- Wer hat wem wann welche Rechte erteilt?
- Wer hat wann welche Ressourcen genutzt?

Identity Audit überwacht zudem die Einhaltung von Sicherheitsrichtlinien wie etwa des „Least Privilege“-Prinzips oder der oben erwähnten „Separation of Duties“ im Zusammenhang mit rollenbasierter Administration. Konkret lassen sich beispielsweise viele Forderungen des Risikomanagement-Frameworks ISO 17799 (Kapitel 9, „Access Control“) [ISO00] durch Identity Audit abdecken. Für die Etablierung eines Kontrollkreislaufs nach ISO 27001 ("Plan-Do-Check-Act") [ISO05] spielt Identity Audit ebenso eine wichtige Rolle.

Möglichkeiten und Grenzen des Identity Audit sollten im Unternehmen präzise definiert und kommuniziert werden, damit im Zusammenspiel von Identity Audit und System Audit weder Lücken noch ein Übermaß an Aktivitäten entstehen.

Technisch wird Identity Audit realisiert durch Protokollierungs-, Überwachungs- und Auswertungswerkzeuge für Benutzereinstellungen und Berechtigungen, für Aktivitäten der Benutzerverwaltung und für Systemzugriffe. Da ein umfassendes Identity Audit die Korrelation von Benutzerdaten auf verschiedenen Systemen erfordert, sollte es eng mit dem Provisioning-System verzahnt sein, das diese Informationen enthält (s.a. [KKW06]).

4 Neue Herausforderungen

Zukünftig hat die IdM-Architektur neue Herausforderungen zu meistern: Die Zusammenarbeit zwischen Unternehmen und SOA-Technologie haben zur Idee einer „portablen Identität" geführt; das Service-orientierte Konzept eines föderierten Identity Management mit Identity-Providern und Identity-„Konsumenten" erfordert eine Anpassung der IdM-Architektur und stellt neue Fragen: Wie können Revisionsfähigkeit, Rollenkonzepte, die Verteilung von personenbezogenen Informationen und Fragen der Semantik gelöst werden? Unternehmen sollten die Anforderungen für ihre individuellen, konkreten Szenarien analysieren und die Einführung von neuen Föderationsstandards wie SAML oder SPML nicht rein technikzentriert angehen.

Hat man eine integrierte IdM-Architektur mit wenigen Schnittstellen und klaren Prozessen etabliert, sind in jedem Fall Föderation wie auch andere zukünftige Technologien einfacher integrierbar.

Literatur

[ANSI04] ANSI 259-2004.

[BAfB04] Basler Ausschuss für Bankenaufsicht: Internationale Konvergenz der Eigenkapitalmessung und der Eigenkapitalanforderungen; Bank für Internationalen Zahlungsausgleich (BIS), Basel, Juli 2004.

[BaFi02] Bundesanstalt für Finanzdienstleistungsaufsicht: Rundschreiben 34/2002 (BA), 20. Dezember 2002, Bonn.

[BaFi05] Bundesanstalt für Finanzdienstleistungsaufsicht: Rundschreiben 18/2005 (BA), 20. Dezember 2005, Bonn.

[CSI06] 2006 CSI Computer Crime and Security Survey, Computer Security Institute, www.gocsi.com.

[FSGK01] D.F. Ferraiolo, R. Sandhu, S. Gavrila, D.R. Kuhn, R. Chandramouli: Proposed NIST Standard for Role-Based Access Control. ACM Transactions on Information and System Security (TISSEC), 4(3): S. 224_274, August 2001.

[ISO00] BS ISO/IEC 17799:2000.

[ISO05] ISO/IEC FDIS 27001:2005.

[ITGI05] CobiT 4.0, IT Governance Institute, 2005.

[KKKR04] A. Kern, M. Kuhlmann, R. Kuropka, A. Ruthert: Ein Modell für die effiziente Administration applikatorischer Sicherheit. In P. Horster (Hrsg.): Elektronische Geschäftsprozesse 2004, syssec (2004) 88-99.

[KKW06] A. Kern, M. Kuhlmann, C. Walhorn: Geschäftsprozessorientiertes Identity Management ermöglicht Compliance. In P. Horster (Hrsg.): D·A·CH Security 2006, syssec (2006) 76-87.

[KSS03] M. Kuhlmann, D. Shohat, G. Schimpf: Role Mining – Revealing Business Roles for Security Administration using Data Mining Technology. Proc. of the Eighth ACM Workshop on Role-Based Access Control, Como, S. 179-186, Juli 2003.

[Röss05] R. v. Rössing: Risiokoeinschätzung nach Sarbanes-Oxley Act und BSI PAS 56; in P. Horster (Hrsg.): D·A·CH Security 2005, syssec (2005) 437-452.

VoIP-Security – Standards, Evaluierung und Konzeptbeispiele anhand von Asterisk

Kai-Oliver Detken[1] · Evren Eren[2]

[1] DECOIT GmbH
detken@decoit.de

[2] FH Dortmund
eren@fh-dortmund.de

Zusammenfassung

Mit Einführung der VoIP-Technologie lassen sich die Arbeitsprozesse schneller und effektiver umsetzen, was zu erheblichen Kosteneinsparungen führen kann. Allerdings werden die Sicherheitsaspekte angesichts dieser Kostenvorteile oft vernachlässigt. Durch die Integration der Sprachdatenübertragung in das IP-Netz ergeben sich aber unbestritten neue Herausforderungen an die IT-Sicherheit. VoIP-Pakete werden über ein so genanntes „Shared Medium" übertragen, also über ein Netz, welches sich mehrere Teilnehmer und unterschiedliche Dienste teilen. Unter gewissen Voraussetzungen kann es Angreifern möglich sein, die Daten auf dem Übertragungsweg abzugreifen und das Gespräch aufzuzeichnen. Es existieren beispielsweise Programme, mit deren Hilfe der Datenstrom auch aus geswitchten Umgebungen mittels „ARP-Spoofing" abgegriffen und daraus wieder eine Audiodatei erzeugt werden kann. Dieser Beitrag hat das Ziel, bestehende Risiken bei der Verwendung der VoIP-Technologie und mögliche Lösungsansätze für eine sichere Verbindung aufzuzeigen. Dabei werden die Standards und ihre Sicherheitsmechanismen einer kritischen Betrachtung unterzogen sowie Szenarien aufgezeigt. Als Realisierungsbeispiel wird die Open-Source-Lösung Asterisk näher untersucht und für die Sicherheitsanforderungen evaluiert.

1 Stand der Technik

Das Telefonieren mittels IP kann sich für den Teilnehmer genauso darstellen wie in der klassischen Telefonie. Wie bei der herkömmlichen Telefonie teilt sich das Telefongespräch hierbei in drei grundsätzliche Vorgänge auf. Diese Vorgänge sind der Verbindungsaufbau, die Gesprächsübertragung und der Verbindungsabbau. Im Unterschied zur klassischen Telefonie werden bei VoIP aber keine „Leitungen" durchgeschaltet, sondern Sprache wird in kleinen IP-Paketen transportiert.

Der Auf- und Abbau von Rufen (Rufsteuerung) erfolgt über ein von der Sprachkommunikation getrenntes Protokoll. Auch die Aushandlung und der Austausch von Parametern für die Sprachübertragung erfolgt über andere Protokolle als die der Rufsteuerung. Um in einem IP-basierten Netz eine Verbindung zu einem Gesprächspartner herzustellen, muss die aktuelle IP-Adresse des gerufenen Teilnehmers innerhalb des Netzes bekannt sein, jedoch nicht notwendigerweise auf der Seite des Anrufers. Feststehende Anschlüsse wie im herkömmlichen

P. Horster (Hrsg.) · D•A•CH Security 2007 · syssec (2007) 540-552.

Festnetz (Public Switched Telephone Network – PSTN) gibt es in rein IP-basierten Netzen nicht. Die Erreichbarkeit des Angerufenen wird, ähnlich wie in Mobilfunknetzen, durch eine vorangegangene Authentifizierung des Gerufenen und einer damit verbundenen Bekanntmachung seiner momentanen Adresse, ermöglicht.

Aufgrund z. B. von Ortswechsel des Teilnehmers, Wechsel des Teilnehmers am gleichen PC oder die dynamische Adressvergabe beim Aufbau einer Netzwerkverbindung ist eine feste Zuordnung von Telefonnummern zu IP-Adressen nicht möglich. Die allgemein angewandte Lösung besteht darin, dass die IP-Telefonie-Teilnehmer bzw. dessen Endgeräte ihre aktuelle IP-Adresse bei einem Dienstrechner (Registrar-Server) unter einem Benutzernamen hinterlegen. Der Verbindungsrechner für die Rufsteuerung, oder manchmal sogar das Endgerät des Anrufers selbst, kann dann bei diesem Server die aktuelle IP-Adresse des gewünschten Gesprächspartners über den angewählten Benutzernamen erfragen und damit die Verbindung aufbauen.

Durch Nutzung des gleichen Netzes und der damit verbundenen Teilung mit anderen Teilnehmern wird die Sprache ungeschützt übertragen. Zwar besteht die Möglichkeit, die Übertragung zu verschlüsseln, jedoch wird dies häufig von den Anwendern nicht genutzt oder von den Herstellern bzw. Anbietern nicht angeboten. Einerseits liegt dies an fehlenden Implementierungen oder an der Unkenntnis über diese Möglichkeit, andererseits kann eine Verschlüsselung auch die Sprachqualität beeinträchtigen, weshalb sich häufig Anwender zu Gunsten der Sprachqualität entscheiden.

Ein VoIP-System lässt sich auf verschiedene Arten realisieren. Es gibt einige konkurrierende Protokolle mit spezifischen Vor- und Nachteilen. Insbesondere der Verbindungsaufbau muss gesichert werden, um die Authentizität der Teilnehmer zu gewährleisten und ein Umleiten bzw. Abhören des Datenstromes zu verhindern. Auch der Schlüsselaustausch zur Absicherung der nachfolgenden Nutzdaten muss auf sicherem Wege erfolgen. Zusätzlich soll der Datenstrom ebenfalls verschlüsselt gesendet werden, um ein Abhören bzw. Manipulieren der gesendeten Daten zu unterbinden.

Dazu gehört neben der Nutzung von geeigneten starken Verschlüsselungstechniken auch ein gutes und sicheres Schlüsselmanagement. Konfigurationsschnittstellen der einzelnen Komponenten sind ebenfalls mit einem verschlüsselten Zugang (z.B. https) zu schützen. Zusätzlich muss sichergestellt werden, dass die anfallenden Gebühren (bei Telefonaten zwischen einem VoIP-Netz und einem klassischen Telefonnetz wie z.B. ISDN) korrekt erfasst werden können und nicht manipulierbar sind (etwa durch das Verhindern des Abbaus der Verbindung).

Ebenso muss das Netzwerk gegen Angriffe Dritter (Hacker) sowie Viren, Würmer, Trojanische Pferde und andere bösartige Software geschützt werden. Dies lässt sich am besten mit geeigneten Firewall-, Intrusion-Detection-Systemen und Virenscannern realisieren. Außerdem ist darauf zu achten, etwaige Designfehler bei der Implementierung der VoIP-Software zu vermeiden, durch die Sicherheitslücken entstehen können.

Verbreitete Signalisierungsprotokolle sind:

- Session Initiation Protocol (SIP), IETF RFC-3261
- Session Description Protocol (SDP), IETF RFC-4566
- H.323 – Packet-based multimedia communications systems, ITU-T-Standard
- Inter-Asterisk eXchange Protocol (IAX)

- ISDN over IP – ISDN/CAPI-basierendes Protokoll
- MGCP und Megaco – Media Gateway Control Protocol H.248, gemeinsame Spezifikation von ITU-T und IETF
- MiNET – von Mitel
- Skinny Client Control Protocol – von Cisco

Im Normalfall schickt jedes Endgerät die codierten Sprachdaten direkt über das Netzwerk an die IP-Adresse der Gegenstelle. Die Gesprächsdaten fließen also nicht über den Server eines VoIP-Providers, sondern werden direkt zwischen den Endgeräten der Teilnehmer ausgetauscht.

<table>
<tr><td>Audio-
Applikationen</td><td>Video-
Applikationen</td><td colspan="4">Terminal Kontrolle und Management</td><td>Daten</td></tr>
<tr><td>G.711
G.722
G.723
G.728
G.729</td><td>H.261
H.263</td><td rowspan="2">RTCP</td><td rowspan="2">Terminal zu
Gatekeeper
Signalisierung

RAS</td><td rowspan="2">H.255.0
Q.931
Verbindungs-
signalisierung
(Call Setup)</td><td rowspan="2">H.245
Kontroll-
kanal</td><td>T.124</td></tr>
<tr><td colspan="2">RTP</td><td>T.125</td></tr>
<tr><td colspan="4">Unzuverlässiger Transport (UDP)</td><td colspan="2">Zuverlässiger Transport
(TCP)</td><td rowspan="3">T.123</td></tr>
<tr><td colspan="6">Netzwerkschicht (IP)</td></tr>
<tr><td colspan="6">Sicherheitsschicht (IEEE 802.3)</td></tr>
<tr><td colspan="7">Bitübertragungsschicht (IEEE 802.3)</td></tr>
</table>

Abb. 1: Protokollstack bei VoIP

Der eigentliche Transport der Daten erfolgt über das Real-Time Transport Protocol (RTP), gesteuert durch das Real-Time Control Protocol (RTCP). RTP verwendet zur Übertragung in der Regel das User Datagram Protocol (UDP). UDP kommt zum Einsatz, da es ein minimales, verbindungsloses Netzwerkprotokoll ist, das nicht auf Zuverlässigkeit ausgelegt wurde wie beispielsweise das Transmission Control Protocol (TCP). Dies bedeutet, dass der Empfang der Sprachpakete nicht bestätigt wird, also keine Übertragungsgarantie besteht. Der Vorteil von UDP ist aber dessen geringere Latenzzeit gegenüber der von TCP, da nicht auf eine Bestätigung gewartet und fehlerhafte Pakete nicht erneut gesendet werden und sich somit der Datenfluss insgesamt nicht verzögert. Eine vollkommen fehlerfreie Übertragung ist ohnehin nicht nötig, da die gesprochene Sprache eine hohe Redundanz aufweist und heutige Codecs in der Lage sind, Fehler bis zu einer bestimmten Anzahl zu korrigieren. Für ein kontinuierliches Gespräch ist eine geringe Antwortverzögerung wesentlich wichtiger.

Die Anforderungen an das Netz für Datenübertragung und IP-Telefonie unterscheiden sich erheblich. Neben der erforderlichen Übertragungskapazität (ca. 64 kbit/s für ein unkomprimiertes Gespräch) haben insbesondere Qualitätsmerkmale wie Latenz, Jitter und Paketverlustrate erheblichen Einfluss auf die erreichbare Sprachqualität. Durch Priorisierung und entsprechende Auslegung der Netze ist es möglich, eine entsprechende Steuerung vorzunehmen, um unabhängig von der sonstigen Netznutzung zuverlässig eine gleich bleibende Sprachqualität zu erreichen.

2 Asterisk

Asterisk [ASTE07] ist eine Open-Source-Software, die alle Funktionalitäten einer herkömmlichen Telefonanlage abdeckt. Asterisk unterstützt VoIP mit unterschiedlichen Protokollen und kann mittels relativ günstiger Hardware mit Anschlüssen wie POTS (analoger Telefonanschluss), ISDN-Basisanschluss (BRI) oder -Primärmultiplexanschluss (PRI, E1 oder T1) verbunden werden. Asterisk wurde ursprünglich von Mark Spencer der Fa. Digium (http://www.digium.com) entwickelt. Wichtige Erweiterungen und Applikationen stammen aber auch von anderen Entwicklern. Veröffentlicht wurde die Software unter der GNU General Public License. Aufgrund dieser Tatsache schreitet die Weiterentwicklung rasch voran.

Die folgenden Funktionen stellen einen Auszug dar:

- Wählregeln, die sich individuell anpassen und sich durch zusätzliche Applikationen erweitern lassen, so dass exakt entschieden werden kann, was mit einem eingehenden Anruf passiert.
- Interaktives Sprachmenü zur Führung des Anrufers durch die Menüs, um z.B. das richtige Zielsystem zu erreichen.
- Zeit- und Kostenabrechnung für jeden Teilnehmer bzw. jede Nummer.
- Voicemail bietet ein komplettes Anrufbeantwortersystem mit passwortgeschütztem Zugangssystem, Weiterleitung der Aufzeichnungen per E-Mail sowie zwischen den verschiedenen Teilnehmern.
- Warteschlange mit Musikunterstützung für z.B. Call Center, um Kunden eine Möglichkeit zu geben, einen Teilnehmer zu erreichen.
- Konferenzraum, um eine einfache Möglichkeit zu bieten, mit mehreren Teilnehmern gleichzeitig zu sprechen.
- Anrufweiterleitung bei „nicht erreichbar" oder „besetzt".
- Blacklists zum Blocken unerwünschter Teilnehmer (vorausgesetzt, die Rufnummer wird übermittelt).

Des Weiteren unterstützt Asterisk viele paketbasierte Protokolle wie z.B. IAX/IAX2, H.323, SIP, MGCP und SCCP.

Da jedoch nicht nur paketbasierte Systeme angebunden werden sollen, werden auch diverse Protokolle der traditionellen Telefonie unterstützt wie z.B. E-DSS1 (Euro-ISDN), National ISDN2, DMS100, BRI (ISDN4Linux) und 4ESS. Aufgrund der Vielfalt von Asterisk, müssen auch die unterstützten paketbasierten Protokolle einer Sicherheitsuntersuchung unterzogen werden. [KESS06]

3 Risiken

Durch den Transport von Sprachdaten über standardisierte, offene Datennetze ergeben sich zahlreiche Bedrohungen. Verschärft wird die Bedrohungslage dadurch, dass VoIP-Systeme aus vielen Einzelkomponenten bestehen und jede dieser Einzelkomponenten für sich genommen bereits ein komplexes, vielschichtiges System mit möglichen Schwachstellen darstellt.

3.1 Protokolle

Das Ausmaß der Bedrohungen bei den Übergängen zwischen Netzen hängt von den dabei verwendeten Protokollen ab. Für die Medienströme wird fast ausschließlich RTP und für die Signalisierung H.323, SIP, MGCP und MEGACO verwendet. Dazu kommen fallweise proprietäre Protokolle zum Einsatz.

3.1.1 H.323

Die wesentlichen Angriffspunkte der Protokolle der H.323-Familie sind Täuschung der Identität seitens des anrufenden Teilnehmers, sowie Manipulation der Nachrichten mit Hilfe von Man-in-the-Middle-Attacken. Gelingt es einem Teilnehmer mit falscher Identität Sprachverbindungen über ein Gateway zu führen, so ist der Weg zum Gebührenbetrug oder anderen kriminellen Handlungen unter falscher Identität möglich.

Die Anruferidentifikation kann dabei anhand der IP-Adresse, der H.323-Identifikation oder der Absender-Rufnummer durchgeführt werden. Häufig wird aber nur eines dieser Kriterien – nämlich die H.323-Identifikation – für die Authentifizierung in Verbindung mit einem Passwort verwendet. Dabei werden die Daten unverschlüsselt über das Netz übertragen. Um an diese Daten zu gelangen, genügt es dem Angreifer, den Signalisierungsstrom im Netz mit Hilfe einer der oben beschriebenen Attacken abzugreifen. Der binäre Datenstrom lässt sich dann mit einem beliebigen ASN.1-Parser – z. B. mit dem Packet Sniffer Wireshark (ehemals Ethereal) – decodieren und im Klartext darstellen.

Des Weiteren ist es möglich, beim Verbindungsaufbau die Transportadressen der Sprachströme zu verändern, wodurch diese an eine beliebige IP-Adresse umgeleitet, und dort abgehört, aufgezeichnet oder gar verändert weitergeleitet werden können. Diese Bedrohungen betreffen Endgeräte ebenso wie Gateways.

3.1.2 Session Initiation Protocol (SIP)

Das Session Initiation Protocol (SIP) bietet eine Sicherung der Nachrichten unter Verwendung kryptographischer Hashes und Verschlüsselungsmechanismen an. Dies erlaubt eine zuverlässige Authentifizierung und Absicherung gegen Veränderungen der Signalisierungsnachrichten. Allerdings sind nicht alle Header durch Hashing abgedeckt, wodurch eine Manipulation der Absenderkennung möglich ist. Wird keine Absicherung der SIP-Nachrichten mit Hashes vorgesehen, so können die im Bereich H.323 beschriebenen Angriffe sogar mit noch einfacheren Mitteln realisiert werden, da die Nachrichten im ASCII-Text kodiert werden. Hierzu reicht ein kurzes Skript, das bestimmte Header der Nachricht umschreibt und weiterleitet. Auch hier sind Endgeräte und Gateways betroffen.

3.1.3 Real-time Transport Protocol (RTP)

Das Real-time Transport Protocol (RTP) dient der Übertragung der Medienströme von Echtzeit-Anwendungen. Dabei werden in jedem Datenpaket die notwendigen Informationen zur Rekonstruktion der Daten mit übertragen. Dazu gehören insbesondere Sequenznummer, Zeitstempel des Datenpakets, Art des Medienstroms (Audio/Video) und Länge des RTP-Headers. Mit diesen Informationen kann eine Menge von Datenpaketen einer Verbindung in einer korrekten Reihenfolge mit dem passenden Codec decodiert und auf einem Ausgabegerät abgespielt werden, ohne auf die Signalisierung dieser Verbindung zurückgreifen zu müssen. Diese einfache Decodierung des Medienstroms versetzt einen Angreifer in die Lage, die Datenpakete eines Sprachstromes abzuhören und zu manipulieren, sobald er auf diese zugreifen kann. Dabei ist sogar die Reihenfolge der empfangenen Datenpakete unerheblich. Zwar entstehen Lücken bei der Decodierung, wenn bestimmte Datenpakete fehlen, jedoch ist dies nicht mit einem Synchronisationsverlust des Kanals verbunden.

3.1.4 MGCP und MEGACO

Bei den Protokollen MGCP und MEGACO sind Sicherheitsmechanismen ebenfalls nicht direkt vorgesehen. Gelingt es einem Angreifer, Datenströme abzuhören und zu manipulieren, so können diese decodiert und beliebig verändert werden. Falls die Daten mit ASN.1 oder in ASCII codiert sein sollten, ist für die Offenlegung ein ASN.1-Parser notwendig.

Die oben genannten Protokolle werden nur zwischen VoIP-Servern und Gateways bzw. zwischen Gateways selbst eingesetzt. Somit sind von den Manipulationen der Protokoll-Nachrichten nur Gateways betroffen.

3.1.5 Skinny Client Control Protocol (SCCP)

Das Skinny Client Control Protocol (SCCP) ist ein proprietäres Kommunikationsprotokoll, das für die Kommunikationssteuerung zwischen IP-Telefonen und dem Gatekeeper (bei Cisco der Call Manager) verwendet wird. Es ist nicht öffentlich dokumentiert und kann vom Hersteller jederzeit verändert werden.

Die Abläufe des Protokolls sind einfach gehalten. Die gesamte Verbindungssteuerung läuft in einer einzigen TCP-Verbindung ab, in der parametrisierte Befehle binär-codiert übertragen werden. In älteren Protokollversionen, die immer noch in sehr vielen Endgeräten verwendet werden, wird lediglich die MAC-Adresse zur Authentifizierung übertragen. Diese Kommunikation lässt sich relativ einfach nachbilden (ca. 300 Zeilen Perl-Code sind hierzu notwendig) und somit dem Gatekeeper ein fremdes IP-Telefon vortäuschen. Auf diese Weise kann auf fremde Kosten telefoniert, die Identität gegenüber Dritten vorgetäuscht, aber auch eine Denial-of-Service-Attacke auf VoIP-Server durchgeführt werden.

Neuere Versionen von SCCP-basierten IP-Telefonen verwenden SCCPS für die Authentifizierung X.509-Zertifikate und verschlüsseln den TCP-Signalisierungsstrom mit Hilfe von TLS.[1] Damit ist Identity-Spoofing sowie das Dekodieren der Kommunikationsdaten zwischen IP-Telefonen und dem Gatekeeper nicht mehr möglich. Für die Steuerung unterschiedlicher Leistungsmerkmale der Telefone wird verstärkt HTTP verwendet. Auch dies läuft bislang ohne Verschlüsselung ab. Damit kann auch hier die Kommunikation abgehört und die Nachrichten manipuliert werden.

3.1.6 InterAsterisk eXchange Protocol (IAX)

Das InterAsterisk eXchange Protocol (IAX) ist eine Entwicklung der Open Source Community. Es eignet sich zur Vernetzung von Asterisk-Servern sowie als Endgeräte-Kommunikationsprotokoll zur Übertragung von Medien (Audio, Video, Texten und Bilder). Signalisierung und Datenübertragung werden über UDP-Port 4569 abgewickelt. Das IAX-Protokoll ist sehr schlank gehalten und eignet sich gut für die Kommunikation in privaten Netzen (NAT) sowie durch Firewalls.

[1] Hinweis: Analog zu HTTPS (Port 443) wird standardmäßig der TCP-Port 2443 verwendet, für SCCP wird der TCP-Port 2000 genutzt.

Die Hauptmerkmale des IAX-Protokolls lassen sich wie folgt zusammenfassen:

- Proprietär, jedoch offen.
- Signalisierungs- und Medientransport werden über einen einzigen Port (UDP 4569) abgewickelt. Dadurch ist das Protokoll IAX2 einfach über NAT-Umgebungen zu transportieren und die Regeln in Firewalls sind überschaubar.
- Schlank durch binäre Codierung und geringen Protokoll-Overhead. IAX weist ein Protokoll-Overhead von nur vier Bytes auf, um Sprach- und Videopakete auszutauschen.
- Die Bündelung mehrerer IAX-Verbindungen zwischen zwei Asterisk-Servern zu einem Trunk ist möglich.

Im eigentlichen IAX-Protokoll wurden keine Sicherheitsmechanismen verankert. Dies wurde in der Version IAX2 nachgeholt. Hinzu kommt, dass IAX-Endgeräte relativ selten am Markt vorkommen, so dass dieses Protokoll nur in Szenarien mit Asterisk-Servern relevant ist [ERDE07].

3.2 Bedrohungen und Attacken

Attacken können bei VoIP auch von Nichtexperten ausgeführt werden, da es eine ausreichende Anzahl von Tools frei im Internet gibt. Neben den typischen Attacken gegen Netzwerk- und IT-Systeme kommen dabei auch spezielle VoIP-Angriffe zum Tragen. Diese Attacken betreffen alle Netzwerkschichten. Die Verfügbarkeit des VoIP-Dienstes hängt direkt mit der Verfügbarkeit der Netzwerkinfrastruktur zusammen. Dadurch können Angriffe wie Denial-of-Service (DoS) den VoIP-Dienst genauso negativ beeinflussen wie andere IT-Dienste.

Dadurch, dass VoIP UDP und TCP nutzt, sind folgende Netzwerkattacken relevant:

- Denial-of-Service (DoS)
- ARP, MAC, IP, UDP, IRDP Spoofing
- SYN-, PING- oder MAC-Flooding
- TCP-Session-Hijacking
- RST-Attack
- Data Injection through ISN-Guessing
- Sniffing
- Replay

Diese Attacken lassen sich noch einfacher ausnutzen, wenn Netzwerkbereiche den gleichen Trust-Level ohne Benutzerauthentifizierung teilen. Auf der anderen Seite müssen folgende Angriffe gegen die Applikationsschicht einbezogen werden:

- Abfangen der Anschlussgebühren
- Rufmanipulation
- Nichtautorisierte Nutzung (Phreaking)
- Dialer
- Verletzung der Privatsphäre
- Spam over IP Telephony (SPIT)

Weitere Sicherheitsrisiken wie z.B. dynamische Portnutzung, Konfiguration von Netzwerkequipment (Standardports, Passwörter, Administration), fehlerhafte Implementierung in VoIP-Protokollen, Angriffe gegen IP-PBX und Betriebssysteme von VoIP-Systemen sind möglich.

3.3 Angriffstools

Es existieren außerdem viele Angriffstools, mit denen VoIP-Systeme direkt attackiert werden können. Die hier aufgelisteten Tools adressieren die Anfälligkeit der SIP- und RTP-Protokolle:

- **Cain & Abel:** bedient sich des ARP-Spoofing, d.h. es werden ARP-Abfragen vorgetäuscht und MAC-Adressen gefälscht, wodurch der Sprachverkehr umgeleitet und abgehört werden kann.
- **Vomit:** wandelt ein Cisco-basiertes IP-Telefongespräch in ein WAV-File um, die mit jedem Audio-Player abgespielt werden kann. Vomit erfordert eine tcpdump-Ausgabedatei. Es arbeitet nur mit dem G.711-Codierungsstandard zusammen.
- **VoIPong:** erkennt und filtert VoIP-Calls in einem Datenstrom heraus. Es legt eine Kopie eines G.711-Gesprächs an und konvertiert dieses in ein WAV-File. Unterstützt werden die Protokolle SIP, H.323, SCCP, RTP und RCTP.
- **SIP Vulnerability Scanner (SiVuS):** untersucht VoIP-Installationen auf Fehler. Dies wird durch das Initiieren von Attacken vorgenommen. Es können auch eigene SIP-Nachrichten generiert werden.
- **SIPcrack:** als Protokoll-Login-Cracker enthält es zwei Programme: SIPdump, um die eingelogten SIP-User zu finden und SIPcrack, um die Passwörter der gefundenen SIP-User mittels Bruteforce-Attacks zu ermitteln.
- **RingAll:** ermöglicht DoS-Attacken auf ungeschützte SIP-Clients.

Weitere Tools, die auf Netzwerkebene VoIP zu schaffen machen könnten, sind Wireshark (ehemals Ethereal), Sipsak, Nmap und THC-Hydra. Eine größere Auswahl kann auf den Webseiten der VOIP Security Alliance (http://www.voipsa.org) abgefragt werden.

3.4 Bewertung und Auswirkungen

VoIP bietet grundsätzlich eine größere Angriffsfläche als die traditionelle Telefonie. Dies liegt zum einen an der Nutzung offener Netzprotokolle, die meistens ungesichert betrieben werden und zum anderen an der gemeinsamen Kommunikationsplattform (Sprache und Daten über ein gemeinsames Netz). Allerdings muss man die Schwächen auch klar von den VoIP-Szenarien abhängig machen, um eine Bewertung vornehmen zu können:

- **Campus VoIP:** In einer Campus-VoIP-Umgebung wird eine Nebenstellenanlage auf IP-Basis verwendet, die auch als IP-PBX (Private Branch eXchange) bezeichnet wird. IP-Telefone und/oder Softphones sind mit dieser Nebenstellenanlage verbunden. Der Verbindungsaufbau in das öffentliche Telefonnetz wird über Gateways ermöglicht. Realisiert werden kann dieses System Hardware-basiert (aufgerüstete Nebenstellenanlage mit VoIP-Interface) oder Software-basiert (Serversystem mit VoIP-Software). Beide Varianten sind schwer von außen zu attackieren, da die Telefongespräche nicht über das

Internet oder andere unsichere Netze geführt werden. Potenzielle Attacken müssen daher hauptsächlich aus dem Intranet kommen oder von außerhalb über die Firewall.

- **IP Centrex / Hosted IP:** Diese VoIP-Variante beinhaltet eine virtuelle, IP-basierte Nebenstellenanlage, die von einem Provider zur Verfügung gestellt wird. Der Provider ist hierdurch in der Lage, eigene Sprachdienste anzubieten, ohne dass ein Unternehmen eigene Gateways oder PBX-Systeme anschaffen muss. Aus Sicht des Unternehmens muss nur eine ausreichende Internet-Anbindung vorhanden sein und IP-Telefone und/oder Softphones müssen angeschafft werden. Attacken auf das VoIP-System können über das Intranet oder über das Internet (aus dem Providernetz) erfolgen.
- **VoIP-Trunks:** VoIP-Trunkverbindungen lösen zunehmend herkömmliche verbindungsorientierte Telefonverbindungen ab. Dies liegt an der zunehmenden Konvergenz der Netze und den sich daraus resultierenden Kosteneinsparungen. Auch erhöht sich die Flexibilität, wenn keine T1- oder PRI-Interfaces mehr verwendet werden müssen. Allerdings kann es hierbei auch zu einem höheren Angriffspotenzial kommen, wenn die Übertragung über unsichere Netze realisiert wird. Speziell die Attacken aus dem Internet führen dazu, dass Unternehmensnetze verletzlicher werden.

Auf Asterisk bezogen sollte eine Campus-VoIP-Lösung zum Einsatz kommen, die keine unsichere Kommunikation über das Internet ermöglicht. Durch die bereits vorhandene Absicherung des Firmennetzes gegenüber äußeren Angreifern, wird auch das VoIP-System geschützt. Hinzu kommt, dass ein Quality-of-Service (QoS) konsequent umgesetzt werden kann, um die Sprachqualität auf einem höchstmöglichen Niveau zu halten. VoIP wird in diesem Szenario einfach als ein weiterer IP-Dienst begriffen, der sehr hohe Anforderungen an das Netz und die Sicherheit stellt.

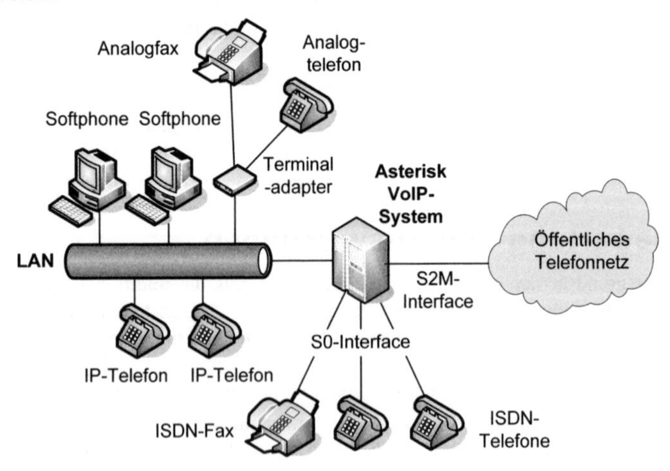

Abb. 2: Asterisk VoIP-Szenario

VoIP-Netzwerke beinhalten viele unterschiedliche Komponenten wie IP-Telefone, Gateways, Server (Gatekeeper bzw. SIP Proxy), Router, etc., die spezielle Anforderungen an die Sicherheit besitzen. Dabei muss bei VoIP sowohl die Netzwerk- als auch die Applikationsseite mit betrachtet werden. Dies beinhaltet auf der Netzwerkseite die Bereiche Netzwerksicherheit,

Virtual LANs (VLAN), Verschlüsselung, Authentisierung, Firewalls, IDS/IPS, NAT und STUN, Soft- und Hardphones, Netzwerkequipment, Betriebssysteme, QoS, Remote Management und Patchmanagement. Die Netzwerksicherheit wird hier nicht weiter betrachtet, da hier die grundsätzlichen Sicherheitsanforderungen umgesetzt werden müssen.

Dies verhält sich bei den verwendeten Signalisierungsprotokollen, die ein VoIP-System verwendet, etwas anders. Da hier Asterisk als VoIP-System angesehen werden soll, kommen für die Betrachtung unseres Szenarios die sicherheitstechnisch erweiterten Protokolle SRTP, IAX2 und Sicherheitsmechanismen für SIP in Frage:

- **SRTP:** Es wird eine Verschlüsselung der Medienströme vorgenommen. Um eine Verschlüsselung zu gewährleisten, muss zunächst ein Schlüsselaustausch erfolgen. Aufgrund der AES-Verschlüsselung ist sichergestellt, dass der Inhalt eines Gespräches nicht aufgezeichnet werden kann. Durch die Verwendung von SHA-1 werden die Gesprächsteilnehmer authentifiziert. Der Schlüssel, welcher genutzt wird, um die Nutzdaten zu verschlüsseln, wird allerdings über SIP übertragen. Somit kann der Schlüssel ausgespäht werden, wenn SIP nicht ausreichend abgesichert ist[2].
- **SIP:** SIP wurde um diverse Sicherheitsmechanismen wie TLS, HTTP Digest, IPsec mit IKE und S/MIME erweitert. Es wird Ende-zu-Ende-Sicherheit und Hop-by-Hop-Kommunikation angeboten[3]. SIP wird bei Asterisk jedoch nur über UDP realisiert. Das schließt die Absicherung über TLS aus, da dies TCP voraussetzt. Obwohl es schon einige Bemühungen gab, andere Sicherheitsmechanismen für SIP zu realisieren, wird bei Asterisk nur SIP Digest Authentication mit MD5 eingesetzt. Hierbei kann der Message Digest in der Konsole generiert und in der Konfiguration eingetragen werden. Die fehlenden Sicherheitsmechanismen für SIP sollen über die nächste Generation des SIP-Channels (Version 3[4]) nachgeholt werden, die jedoch noch über das Projekt „Pineapple“ in der Entwicklung sind. [PINE07] Da hier ein stärkerer Eingriff in der Architektur von Asterisk notwendig ist, wird es hier auch keine Rückwärtskompatibilität geben. Die Entwicklung hängt vom Sponsoring und der Beteiligung an der Entwicklung ab.
- **IAX2:** Es handelt sich bei IAX2 (im Gegensatz zu SIP) nicht um ein textbasiertes, sondern Binärprotokoll. Ursprünglich wurde das IAX-Protokoll entwickelt, um eine Kommunikation zwischen Asterisk-Servern zu realisieren. Allerdings beherrscht IAX auch die Möglichkeit, Gespräche zu initialisieren und Sprachdaten zu übertragen. Dafür werden einige Sicherheitsmechanismen zur Verfügung gestellt. Asterisk-Server können sich gegenseitig über eine PKI authentifizieren. Dazu findet ein RSA- oder alternativ ein Diffie-Hellman-Schlüsselaustausch statt. Zur Verschlüsselung der Nachrichten wird hier AES mit 128 Bit verwendet. Da IAX2 für den Verbindungsaufbau nur einen UDP Port (4569) benötigt, muss auch nur dieser Port in der Firewall geöffnet werden.

Da die IP-Endgeräte heute bis auf Ausnahmen kein IAX2 unterstützen, muss auf die Sicherheitsmechanismen in der SIP-Spezifikation und SRTP ebenfalls zurückgegriffen werden.

---

[2] der Schlüssel wird im SIP-Body über die SDP-Parameter übertragen

[3] Zur Hop-by-Hop-Absicherung gehören TLS und IPsec und zur Ende-zu-Ende-Absicherung zählen SIP-Digest-Authentication und S/MIME. S/MIME ist im RFC-3261 allerdings nur optional definiert.

[4] Aktuell wird Version 1 eingesetzt. Version 2 hatte nur Patch-Level-Status und wird nicht mehr weiter entwickelt

IAX2 sollte zur Kopplung von Asterisk-Servern zwischen verschiedenen Standorten zum Einsatz kommen. Neben der erhöhten Sicherheit kann auch ein Sprachqualitätszuwachs dabei registriert werden sowie eine verbesserte Ausnutzung der vorhandenen Bandbreite.

Eine weitere Methode der Absicherung von Asterisk (für das Szenario „VoIP-Trunks") ist die Absicherung über das SIMCO[5]-Protokoll. Das SIMCO-Protokoll ist dabei vollständig konform zum MIDCOM Protokoll[6]. Digium Partner Ranch Networks hat hierfür (Ende Januar 2006[7]) auf Wunsch von Digium selbst seinen Programmcode der Community bereitgestellt. Dieser steht in einem getrennten Entwicklungszweig „Asterisk-Netsec" zur Verfügung. Durch die Implementierung dieses Protokolls in Asterisk, werden über „Policy Rule Control Messages" Firewall Ports (insbesondere für RTP) dynamisch[8] frei geschaltet. Die Kommunikation vom Asterisk-Server zum Middlebox-Gerät[9] verläuft dabei abgesichert über OpenSSL. Obwohl diese Methode bewusst sehr generisch entwickelt wurde, ist zurzeit der Einsatz nur über Geräte von Ranch Networks bekannt.

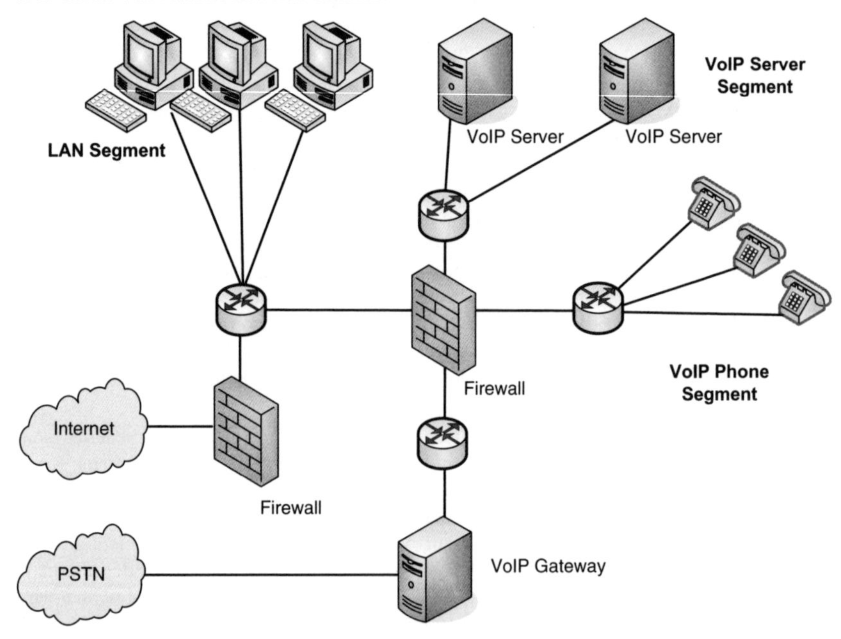

Abb. 3: Einsatz von Firewalls und VLANs zur Absicherung des VoIP-Systems

[5] SIMCO: SImple Middlebox COnfiguration, RFC-4540

[6] MIDCOM: MIDdlebox COMmunication, RFC-3303 und RFC-3304

[7] http://tinyurl.com/2nfujr oder http://tinyurl.com/2tq9wz

[8] nur, wenn gerade ein Anruf durchgeführt wird

[9] z.B. NAT Device, Firewall, Ranch Network Device oder Kombinationen aus diesen

Des Weiteren sollte eine Separation der Daten- und des VoIP-Bereichs erfolgen, um Kollisionen und Engpässe zu vermeiden. Zum einen sollte der VoIP-Bereich separat durch Firewalls abgetrennt werden, um einen zusätzlichen Schutz zu ermöglichen. Zum anderen sollten auch die IP-Telefone in einem anderen Subnetz bzw. anderem Netzsegment enthalten sein. Dies ermöglicht eine bessere Aufteilung der Netze und die effiziente Einführung von Priorisierungsmechanismen (Q-Tag, DiffServ). Über VLANs kann auch auf Schicht 2 eine Teilung der Netze erfolgen, so dass auf logischer Ebene Sprache und Daten getrennt werden, während man beide Verkehrstypen über die gleiche Infrastruktur nutzen kann [ERDE07].

Tab. 1: Übersicht über Risiken und Kompensationsverfahren

Risiken	Praxisansätze
Application Level Attacken	Application Level Gateways, Firewalls und ISD/IPS
DoS/DDoS	IDS/IPS Aktuelle Patch-Levels Anti-Virus-System Policy-basierte Sicherheitszonen VLAN
Abhören	VPN zum Isolieren von VoIP-Datenverkehr Verschiedene Verschlüsselungen
Attacken gegen die Protokolle	Application Level Gateways und IDS/IPS
SPIT	Starke Authentifizierung, Autorisierung und IPsec
Nicht autorisiertes SIP-Monitoring und Spoofing	Starke Authentifizierung, Autorisierung und IPsec

4 Ausblick

Das oftmals eingesetzte SIP-Protokoll kann ebenso nicht in allen in der Praxis anzutreffenden Formen als hinreichend sicher betrachtet werden. Es verfügt zwar über Sicherheitsmechanismen (bspw. Call-IDs auf der Basis von Hashes), bietet jedoch Angriffsmöglichkeiten für DoS-Attacken. Außerdem könnte das Phreaking mit VoIP sozusagen ein Revival erleben. Das Szenario beruht darauf, dass bei der VoIP-Kommunikation die Signalisierung (beispielsweise via SIP) von den Sprachdaten (Payload, bspw. RTP) entkoppelt ist. Zwei speziell präparierte Clients bauen über den SIP-Proxy ein Gespräch auf und verhalten sich absolut standardkonform. Nach dem Gesprächsaufbau wird dem SIP-Proxy ein Gesprächsabbau signalisiert. Dieser sieht die Sitzung als beendet an und verbucht das Gespräch. Einzig der RTP-Datenstrom wird von den Clients aufrechterhalten. Die Gesprächspartner telefonieren anschließend kostenlos weiter. Ein anderer sicherheitsrelevanter Bereich ist zwar nicht ausschließlich auf diese Technik begrenzt, wird jedoch durch die geringen Kosten, die für die Gespräche anfallen, begünstigt. So besteht die Möglichkeit einer Art von „VoIP-Spam", auch SPIT („Spam over Internet Telephony") genannt.

Für sicheres VoIP muss daher momentan ein Campus-Szenario betrieben werden, aus dem heraus über ISDN kommuniziert wird. VoIP sollte hier als zusätzlicher IP-Dienst begriffen werden, der vom restlichen Netz separiert operiert. Zukünftig kann dann eine Anbindung an öffentliche VoIP-Provider vorgenommen werden, wenn die Signalisierungsstandards ein hohes Sicherheitsniveau übergreifend erreicht haben sowie Authentifizierung und Verschlüsselung auch von Providern angeboten werden.

Literatur

[ASTE07] http://www.asterisk.org

[ERDE07] E. Eren, K.-O. Detken: Voice-over-IP Security Mechanisms – State-of-the-art, risks assessment, concepts and recommendations. 8th International Symposium on Communications Interworking, Santiago de Chile 2007.

[HJP06] Handley, Jacobson, Perkins: SDP – Session Description Protocol. RFC-4566. Network Working Group. Category: Standards Track. IETF 2006.

[KESS06] L. Kessner: VoIP-Standards und Migration verschiedener Unternehmensszenarien. Diplomarbeit, Hochschule Bremen, Studiengang: Technische Informatik, Bremen Januar 2006.

[PINE07] Pineapple-Projekt: http://www.codename-pineapple.org/start.shtml

[RSC+02] Rosenberg, Schulzrinne, Camarillo, Johnston, Peterson, Sparks, Handley, Schooler: SIP – Session Initiation Protocol. RFC-3261. Network Working Group. Category: Standards Track. IETF 2002.

[SKR+02] Srisuresh, Kuthan, Rosenberg, Molitor, Rayhan: Middlebox communication architecture and framework. RFC-3303. Network Working Group. Category: Informational. IETF 2002.

[SMS+02] Swale, Mart, Sijben, Brim, Shore: Middlebox Communications (midcom) Protocol Requirements. RFC-3304. Network Working Group. Category: Informational. IETF 2002.

[SQC06] Stiemerling, Quittek, Cadar: NEC's Simple Middlebox Configuration (SIMCO) Protocol Version 3.0. RFC-4540. Network Working Group. Category: Experimental. IETF 2006.